2014

浙江财政年鉴

Finance Yearbook of Zhejiang

（总第14卷）

浙 江 省 财 政 厅 主 办
浙江财政年鉴编辑委员会编

中華書局

图书在版编目(CIP)数据

浙江财政年鉴. 2014 / 《浙江财政年鉴》编辑委员会编.
—北京:中华书局 2014.10
ISBN 978-7-101-10460-8

Ⅰ. 浙 … Ⅱ. 浙 … Ⅲ. 地方财政—浙江省—2014—年鉴
Ⅳ. F812.755-54

中国版本图书馆 CIP 数据核字(2014)第226425号

责任编辑: 朱 慧
盛滢婷

浙江财政年鉴 2014
《浙江财政年鉴》编辑委员会编
*
中 华 书 局 出 版
(北京市丰台区太平桥西里 38 号 100073)
http://www.zhbc.com.cn
E-mail:zhbc@zhbc.com.cn
浙江新华数码印务有限公司印刷

889 * 1194 1/16 26.75 印张 60 插页 1000 千字
2014 年 11 月第 1 版 2014 年 11 月第 1 次印刷
印数:1—2200 册 定价: 260 元

ISBN 978-7-101-10460-8

《浙江财政年鉴》编辑委员会

《浙江财政年鉴》编辑部

《浙江财政年鉴》联络员

编辑说明

《浙江财政年鉴》是浙江省财政厅主办的省级财政专业年鉴，以文为主，辅以图表，图文并茂，全面系统反映浙江省财政工作各方面的基本情况，是资料性与史实性相结合的工具书，为从事财政工作的人士及专家、学者提供可靠信息资料。

《浙江财政年鉴》每年出版一卷，2014卷（总第14卷）以翔实的资料和图表，记载了2013年浙江省财政改革与发展情况，综合反映全省各级财政部门深入贯彻党的十八大精神，遵循“促进发展、保障民生、科学理财、加强监管”的理财观，秉承“实、稳、优”财税核心价值理念，做好“生财、聚财、用财”三篇文章，夯实“业务、作风、制度”三项建设，发挥财政职能作用，优化收支结构，加强民生保障，深化财政管理改革，为推动全省经济社会持续平稳健康发展所付出的努力。

本卷年鉴主体结构继续保持以往年鉴整体架构的稳定性和内容的连续性，全卷分八篇和附录共九部分，约计100万字，依次为：财经文献、全省财政工作、市县（市、区）财政工作、财经统计资料、财政法规选编、财政文选、财政工作大事记、财政机构人员以及附录。本卷年鉴的有关编辑情况作如下说明：

一、在“市县（市、区）财政工作”篇中，因体制和口径等原因，宁波市及所辖区、县、市“财政总收入”统一表述为“公共财政预算收入”，“公共财政预算收入”统一表述为“地方财政收入”。

二、在“财经统计资料”篇中，因统计口径原因，将上卷“2008~2012年浙江省政府非税收入情况表”调整为“2011~2013年浙江省政府非税收入表”。本卷选录的各项财政数据均为2013年财政决算数。

三、本卷年鉴继续附赠全文检索数据库电子版年鉴光盘（不再另设文字索引），并在光盘内收录2013年浙江省财政重点工作的有关视频信息。

本卷年鉴在年鉴编辑委员会的领导下，由省财政厅各处室局、直属各单位和十一市及其所辖县（市、区）财政局提供大量数据资料、文稿和图片，经编审修改补充后成书。其间得到省国税局、省地税局的关心和支持。在此谨向给予《浙江财政年鉴》编纂工作支持和帮助的各级财税部门及所有单位和相关人员表示感谢。为进一步提高《浙江财政年鉴》的编辑水平，欢迎读者对本年鉴的不足之处给予批评指正。

《浙江财政年鉴》编委会

2014年10月

浙江省财政收支规模图

单位：亿元

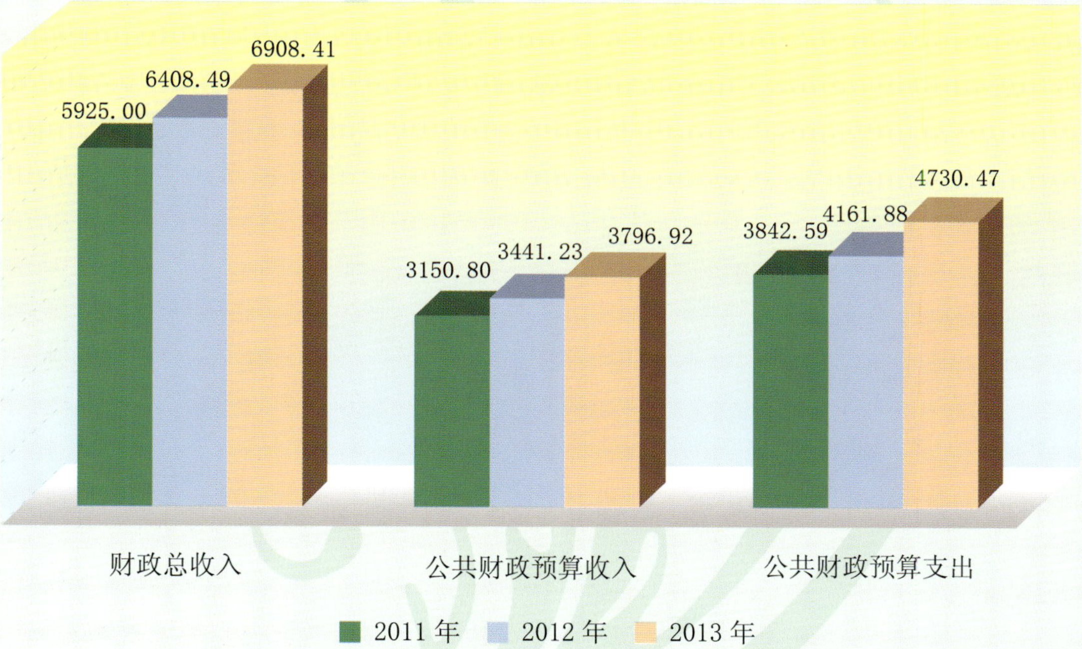

浙江省财政收支增长速度图

单位：%

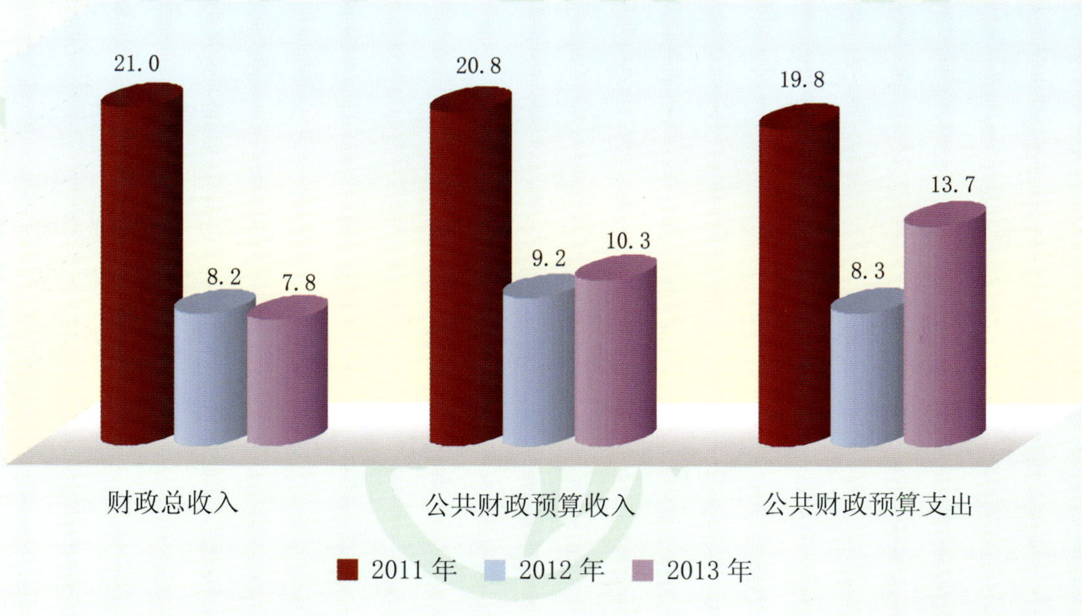

2013 年浙江省公共财政预算收入组成图

单位：亿元

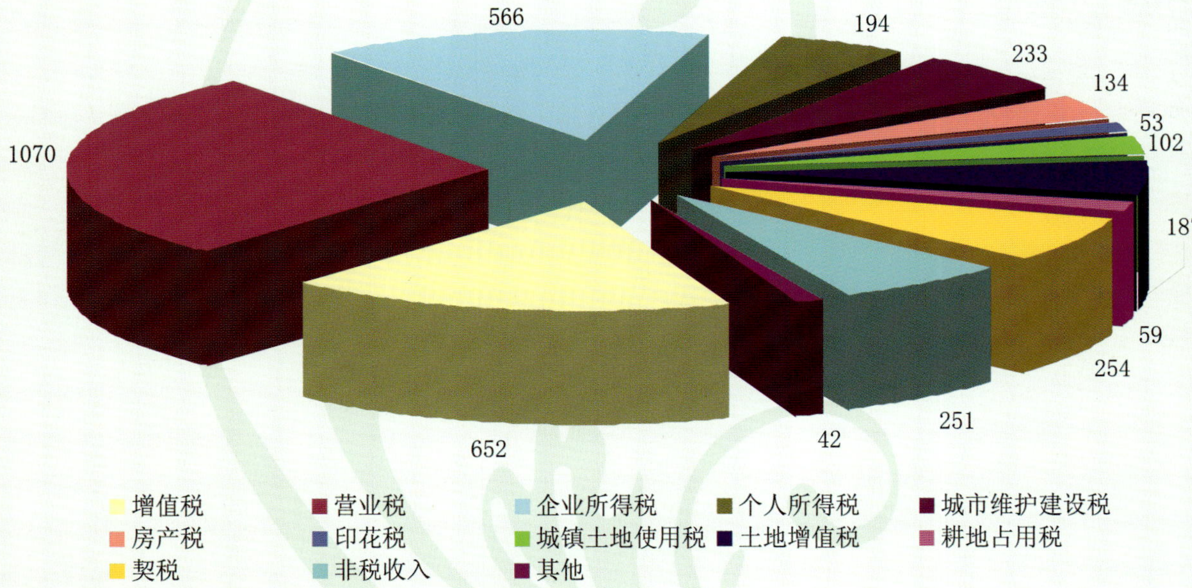

2013 年浙江省公共财政预算支出组成图

单位：亿元

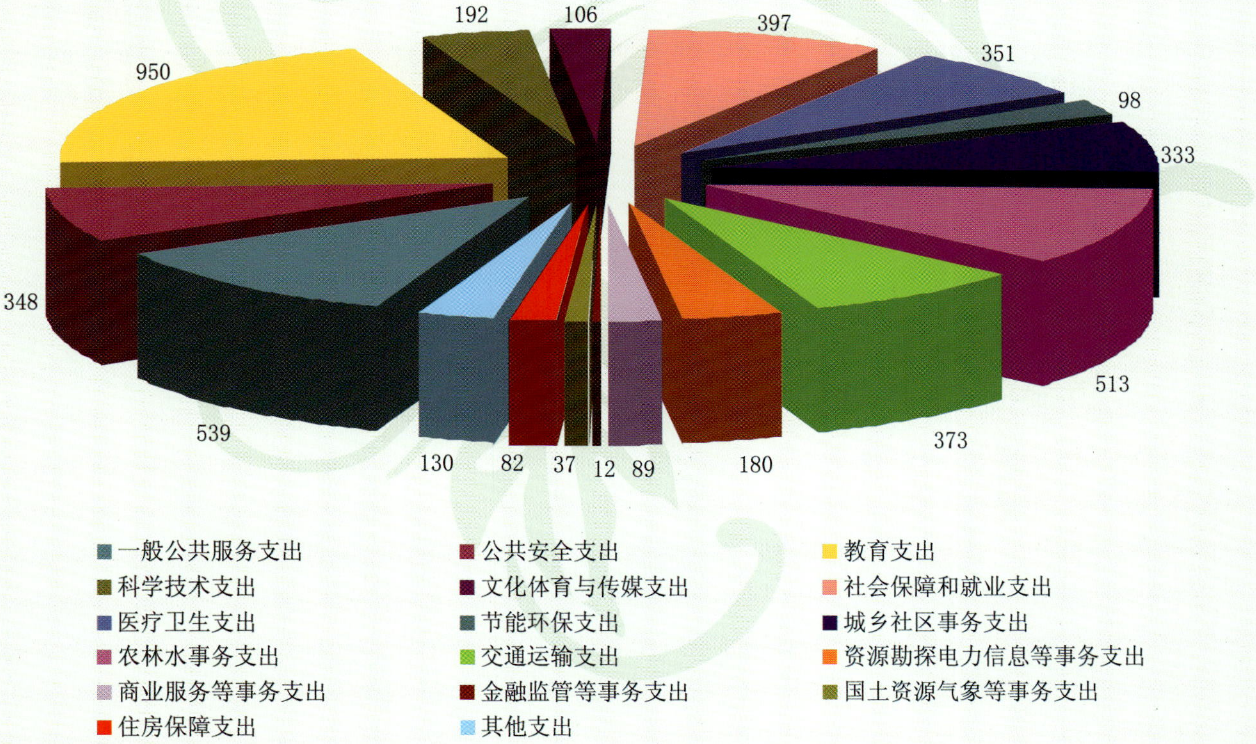

2013 年 7 月 24 日，省委副书记、省长李强在省直单位教育实践活动联系点——省财政厅调研。在听取厅长钱巨炎关于省财政厅、省地税局开展党的群众路线教育实践活动情况和对省政府意见建议的汇报后，李强指出，教育实践活动要抓出成效，关键要做好结合文章，做到规定动作与自选动作相结合、领导带头与开门搞活动相结合、解决现实问题与建立长效机制相结合、开展活动与促进工作相结合，力争使作风有大转变，执行力有大提升，服务全省经济社会发展的能力有大提高。

2014 年春节前夕，省委副书记、省长李强在省财政厅调研并慰问干部职工。在厅长钱巨炎的陪同下，李强先后走访慰问了厅总预算局、行政政法处、社保处等处室，并向干部职工致以节日的问候。

2014 年 1 月 10 日，省政府召开全省财政地税工作电视电话会议，省长李强到会讲话。李强强调，各地各部门要进一步深化财税改革，加快建立现代财政制度，发挥财税杠杆的撬动作用，为全面深化改革提供制度保障和财力保障。是日，全省财政地税工作会议在杭州召开。各市、县（市）及萧山、余杭、柯桥、上虞区财政局长、分管地税副局长，各区财政局长，省级单位财务部门负责人，省财政厅、省地税局相关部门负责人参加会议。会议深入学习贯彻党的十八届三中全会、省委十三届四次全会、全省经济工作会议、全国财政工作会议和全国税务工作会议精神，回顾总结 2013 年全省财政地税工作，明确今后一个时期财税改革发展的总体要求，部署 2014 年财政地税重点工作。省财政厅党组书记、厅长、省地税局局长钱巨炎代表厅党组作工作报告。

省、部领导关心浙江财政

1 2014 年 1 月，省委常委、省委秘书长赵一德在省财政厅调研并慰问干部
2 2013 年 5 月，省人大常委会副主任冯明在省财政厅调研
3 2013 年 8 月，副省长黄旭明在省财政厅调研

1

2

3

4

5

6

4 2013 年 7 月，财政部副部长刘昆在浙江调研
5 2013 年 8 月，财政部副部长王保安在浙江调研
6 2013 年 10 月，财政部部长助理胡静林在浙江调研

按照省委部署，省财政厅深入开展党的群众路线教育实践活动，2013年下半年，厅党组成员分赴基层开展走亲连心，重点围绕经济发展、民生问题及省财政厅在“四风”方面存在的问题，面对面听取基层干部群众的意见和建议，及时解决实际问题。

1 厅党组书记、厅长钱巨炎在嘉兴市南湖区走访汽车零部件生产车间
2 厅党组副书记、副厅长罗石林在庆元县社会服务管理指挥中心走访调研
3 厅党组成员、纪检组长秦忠在金华调研企业生产经营情况
4 厅党组成员、副厅长金慧群在兰溪市赤溪街道插口村调研农家书屋建设
5 厅党组成员、副厅长魏跃华在绍兴市柯桥区调研
6 厅党组成员、副厅长薛小杭在杭州市会计人员服务中心走访调研
7 厅党组成员、副厅长王广兵在景宁县澄照乡金丘村调研村级农业产业发展状况
8 厅党组成员、总会计师赵立妙在长兴县槐坎乡新四军苏浙军区革命旧址瞻仰老一辈革命者的光辉足迹
9 厅党组成员、省金融控股公司董事长、党委书记、总经理杜祖国在舟山市走访调研

2013年，省财政厅主办省政协重点提案——第38号提案《关于进一步提高民生财政绩效的建议》。该提案由省长李强领导办理、省政协主席乔传秀领导督办。提案办理调研组深入实地考察民生项目建设与使用情况，听取基层部门对民生财政资金使用和管理的意见和建议，提案办理工作最终获得办理态度和办理结果“双满意”。

1 省长李强主持召开第38号重点提案办理工作座谈会
2 副厅长罗石林主持召开第38号重点提案主会办单位座谈会
3 调研组在杭州市财政局开展专题调研
4 调研组在常山县赵家坪农房安置区实地察看项目情况
5 调研组在衢州市柯城区府山街道社会组织服务中心调研

2013年省财政加大资金统筹力度，深入推进粮食生产功能区和现代农业园区建设。当年各级财政累计投入44.18亿元，其中省以上财政投入26.26亿元。财政资金的投入带动社会资金45.13亿元，形成财政投入为引导、工商资本为主体、其他资本为补充的多元化投入机制。

1 滩涂养殖
2 现代农业园
3 袋料黑木耳仿生栽培示范基地
4 现代渔业生产基地
5 现代农业综合区茶叶产业示范区喷灌基地

1

2

3

4

5

2012～2013年，省财政安排战略性新兴产业专项资金11亿元，重点支持智慧城市项目建设、省级工业设计基地建设、重点企业研究院建设，其中支持全省（不含宁波）77家重点企业建设企业研究院，安排补助资金5.55亿元，有力地促进全省工业企业转型升级，提升市场竞争力。

1 纺织技术中心一角
2 转杯纺纱机
3 船厂设计院大楼
4 全自动络筒车间一角
5 舟山扬帆船厂鸟瞰

根据省委、省政府关于高技能人才建设新要求，省财政统筹存量增量资金，设立高技能人才队伍建设专项资金，分三年（2013～2015年）安排2.29亿元，支持高技能人员培训、人才激励、人才引进、基础平台建设等。

6 杭钢集团公司技能大师邵宏斌小组在工作现场
7 杭州技师学院高技能人才公共实训基地
8 湖州技师学院新校区
9 全省岗位大练兵技能大比武活动开幕式

2013 年，浙江省财政厅紧密结合财税业务，举办“财政干部讲坛”、趣味运动会、书画摄影作品展、“能者为师，以师带徒”等活动，强化“实、稳、优”财税核心价值理念，有力推进财税文化建设。

1 财政厅干部职工参观书画摄影作品展
2 财政干部讲坛现场
3 讲坛现场互动提问
4 厅业务处室与综合处室结对互帮互学的在岗培训模式
5 趣味运动会拔河比赛
6 趣味运动会入场式

1

2

3

4

5

6

目　录

财经文献

●省十二届人大二次会议重要文件

●省委省政府重要财经文件

●全省财政地税工作会议精神

全省财政工作

●全省财税工作概况

●财政分项工作概况

●宁波市财政工作概况

●温州市财政工作概况

●绍兴市财政工作概况

●金华市财政工作概况

●舟山市财政工作概况

●台州市财政工作概况

●丽水市财政工作概况

财经统计资料

财政法规选编

财政文选

●省领导论财政

●厅领导谈财政

财政工作大事记

财政机构人员

附 录

●专题经验介绍

●调研报告精选

TABLE OF CONTENTS

财经文献

zhejiang caizheng nianjian

省十二届人大二次会议重要文件

政府工作报告(摘要)

——2014年1月16日在浙江省第十二届人民代表大会第二次会议上

浙江省省长 李 强

一、2013年主要工作

2013年是本届政府的开局之年。一年来,省人民政府认真贯彻党的十八大和十八届二中、三中全会精神,深入实施"八八战略",全面落实省委十三届三次、四次全会精神,围绕干好"一三五"、实现"四翻番",认真执行省十二届人大一次会议决议,牢牢把握稳中求进工作总基调,开拓进取、扎实工作,克服国内外市场复杂多变和自然灾害等困难,完成了稳增长、调结构、促改革、惠民生等目标任务。

(一)打好转型升级"组合拳"。坚持综合施策、多管齐下,努力实现速度、质量、效益的统一。全省生产总值37568.5亿元,增长8.2%;人均生产总值68462元,增长7.9%;公共财政预算收入3797亿元,增长10.3%。以治水为突破口倒逼转型升级。大力实施治水攻坚战,全面实行"河长制",治水工作取得明显成效。强力推进"三改一拆",累计改造旧住宅区、旧厂区、城中村建筑面积1.9亿平方米,拆除违法建筑1.5亿平方米。深入开展"四边三化"和"双清"行动,积极防治空气污染,4000万亩省级以上生态公益林补偿标准由每年每亩19元提高到25元。积极推进节能减排,预计单位生产总值能耗下降3.5%以上,化学需氧量、二氧化硫、氨氮和氮氧化物减排完成年度目标。以科技创新引领转型升级。认真实施创新驱动发展战略,全社会研究与试验发展经费支出占生产总值比例达到2.2%。积极推进青山湖科技城、未来科技城和高新技术产业园区建设。组织实施重大科技专项和重大技术攻关计划,培育发展重点企业研究院,加快省级特色工业设计示范基地建设,开展智慧城市试点。以"四换三名"促进转型升级。积极推进腾笼换鸟、机器换人、空间换地、电商换市,新增高新技术企业640家,淘汰高能耗、重污染企业1029家,完成工业技改投资4661亿元,盘活存量建设用地9.6万亩,电子商务交易额突破1.6万亿元。大力培育名企名品名家,积极推进"个转企、小升规、规改股、股上市"。以发展现代农业支撑转型升级。加强农业科技进步,加快建设粮食生产功能区和现代农业园区,积极培育家庭农场、专业合作社等新型农业经营主体,积极推进畜牧业转型升级,大力发展旱杂粮,制定实施浙江渔场修复振兴计划,农林牧渔业结构得到优化。以"411"扩大有效投资行动推动转型升级。浙商回归到位资金1750亿元,实际利用外资141.6亿美元,央企合作项目完成投资800亿元,固定资产投资增长18.1%。杭州东站枢纽、嘉绍大桥、大众30万辆汽车生产基地等一批重大基础设施项目和产业项目建成投运。统筹做好促消费、稳出口等各项工作,外贸出口增长10.8%,社会消费品零售总额增长11.8%。

(二)加大体制改革力度。把深化改革作为贯穿本届政府始终的头等大事,以审批制度改革为突破口,纵向撬动政府职能转变,横向撬动经济社会各领域改革,不断激发民间活力。率先开展新一轮审批制度改革。大幅削减审批审核事项,省级行政许可事项从706项减少到424项、非行政许可事项从560项减少到96项。在绍兴市柯桥区开展企业投资项目高效审批改革试点,审批时间大幅缩短。支持舟山群岛新区行政管理体制改革,赋予省级行政审批等权限。支持嘉兴市将审批权限委托县(市、区)管理。创新审批方式,规范中介服务,推行并联审批、联合审批、审批代理、审批全程监督等制度。积极推进政府职能转变。全面清理省级各部门行政权力,启动富阳市推行权力清单制度试点,依法削减行政权力,公开权力运行流程。研究制定省级行政机构改革总体方案,完成工商、质监管理体制调整和省食品药品监管职能整合。积极推进经济社会领域改革。加快"四大国家战略举措"相关改革，研究宁波—舟山港一体化、岸线资源管控等改革举措，积极推进舟山群岛新区建设，深化义乌各项改革，提请审议温州市民间融资管理条例，推进嘉善县域科学发展示范点建设配套改革。积极开展国家有关部委各项改革试点，实施海宁市资源要素市场化配置改革试点、台州市小微企业金融服务改革创新试点，深化小城市培育试点。加快教育、医疗、文化等领域体制改革，出台实施促进民办教育健康发展和民营医疗机构加快发展的意见。推进对外交流与合作。外事、港澳、对台、侨务工作取得新成绩，对口支援和区域合作工作取得新进展。

（三）统筹推进各项事业发展。着力保障和改善民生。努力提高城乡居民收入，全省城镇居民人均可支配收入37851元，增长9.6%；农村居民人均纯收入16106元，增长10.7%。加强就业服务体系建设，新增城镇就业104.3万人。加强社会保障工作，新增养老保险参保人数270万、医疗保险参保人数161万，城乡居民最低生活保障月均标准分别提高到526元和406元，开工建设各类保障性住房19.4万套、竣工11.1万套。扎实做好稳定物价工作，全省居民消费价格总水平上涨2.3%。认真办好整治城乡环境、治理城市交通拥堵、改善困难群众生活等十个方面的民生实事，分解落实任务，加强督查考核，全省各级财政共投入525亿元，完成了年度目标任务。认真抓好社会事业各项工作。完成学前教育三年行动计划，加快发展义务教育、职业教育和高等教育，加强城乡公共卫生服务体系和公共文化服务体系建设，稳步发展人口计生、老龄、妇女儿童、残疾人、慈善、民族宗教等事业，群众健身活动蓬勃开展，体育健儿在第十二届全运会上取得历史最好成绩。大力支持国防建设和军队建设。扎实推进国防动员、人民防空、双拥优抚等工作，促进军民融合式发展。加强平安浙江和法治浙江建设。创新和发展"枫桥经验"，积极推进社会管理创新，加大食品药品安全整治和监管力度，全面开展安全生产大排查大整治专项行动，安全生产事故起数、死亡人数、直接经济损失分别下降5%、2.2%和8.4%。全面推进社会治安防控体系建设，严厉打击各类违法犯罪活动。

（四）全力应对重大自然灾害。坚持把人民生命安全放在首位，严密监测、科学应对，广大干部群众、驻浙部队和武警部队官兵第一时间投身抗灾救灾，最大限度减少人员伤亡和财产损失。全力抗击历史罕见高温干旱，切实保障电力供应，加强水资源科学管理和合理调度，开展人工增雨作业，有效保障生活生产用水。全力抗击"菲特"台风及其带来的百年不遇强降雨，及时启动防台抗台应急预案，加强海塘、江河堤坝、水库除险加固，转移和撤离危险区域群众128万人，投入抗灾救灾财政资金34亿元，扎实做好受灾群众救助、灾区排涝防疫、灾后恢复生产和水利设施大摸底、大检修等各项工作。全力防控人感染H7N9禽流感疫情，切实加强监测预警、病原防控、疫情排查和舆论引导，做好感染病人救治，尽最大努力减少死亡病例。

（五）切实加强政府自身建设。全面开展党的群众路线教育实践活动。坚决落实中央"八项规定"、省委"六个严禁"的要求，认真查摆"四风"方面的突出问题，制定落实切实可行的整改措施，努力在转作风、促发展上求实效。加强法治政府建设。坚持依法行政，出台法治政府建设实施标准，积极开展综合执法试点，规范行政处罚自由裁量权。加强政府立法工作，制定出台省政府规章8件，提请省人大常委会审议和修改地方性法规议案10件。加强和改善政府服务。深入开展省级机关百组调研和"进村入企"大走访活动，切实做好"服务企业、服务基层"各项工作，健全便民服务体系，帮助基层、企业和群众解决实际困难。认真落实党风廉政责任制和廉政准则。加强廉政风险防控，推进预算决算公开和公务消费审计监督，严格控制"三公"经费，全省公务接待、公务用车、因公出国（境）等经费支出下降15%。

我们也清醒地看到，与人民群众的要求和期待相比，政府工作还存在不少差距。主要是：政府职能转变仍然滞后，形式主义、官僚主义、享乐主义和奢靡之风等问题在一些部门和一些地方依然存在，一些领域消极腐败问题依然多发频发。城乡居民收入持续稳定增长的基础还不稳固，城镇居民人均可支配收入增速扣除价格因素后，与年初确定的预期目标尚有一定差距。经济发展中的结构性问题和深层次矛盾依然存在，过多依赖低端产业、过多依赖低成本劳动力、过多依赖资源环境消耗等问题还没有根本改变，中心城市的集聚辐射功能不强，部分地区生态环境恶化趋势尚未得到有效遏制，抗灾能力不强，社会矛盾依然多发易发。对这些问题，我们一定高度重视，采取有力措施认真加以解决。

二、2014年工作总体要求

2014年工作的总体要求是，认真贯彻落实党的十八大及十八届二中、三中全会精神和中央有关会议精神，深入实施"八八战略"，以改革统领全局，坚持稳中求进、改中求活、转中求好，"五水共治"、"五措并举"，着力在提质增效上见成效，在改善民生上出实招，在狠抓落实上下功夫，实现全面深化改革的良好开局，推动经济持续健康发展与社会和谐稳定，为全面完成"十二五"规划、干好"一三五"、实现"四翻番"奠定坚实基础。

建议2014年全省经济社会发展的主要预期目标是：在优化结构、提高质量的基础上，地区生产总值增长8%左右，地方财政收入增长8%左右，城镇居民人均可支配收入和农村居民人均纯收入均增长8%左右，居民消费价格指数与国家价格调控目标保持衔接，研究与试验发展经费支出占生产总值比例持续提高，单位生产总值能耗及化学需氧量、二氧化硫、氨氮、氮氧化物排放量等节能减排指标，完成或超额完成国家下达的目标任务。

在工作中，要坚持以改革为统领，突出一条主线，守住三条“底线”，促进全省经济社会持续健康发展。

坚持以改革为统领，就是把改革创新贯穿于经济社会发展的各领域、各环节，以改革统领各项工作。

围绕使市场在资源配置中起决定性作用深化经济体制改革，充分发挥经济体制改革牵引作用。坚持和完善基本经济制度，积极推进国有企业、民营企业建立健全现代企业制度，大力发展混合所有制经济，促进各种所有制经济取长补短、相互促进、共同发展，不断激发市场主体活力。加快完善现代市场体系，实行统一的市场准入制度、市场监管制度，大力发展地方资本市场和地方金融，探索建立城乡统一的建设用地市场，推进资源要素配置市场化。加快转变政府职能，优化政府机构设置，进一步简政放权，强化政府公共服务、市场监管、社会管理、环境保护等职责，处理好政府与市场的关系、政府与社会的关系。

突出一条主线，就是突出加快转变经济发展方式主线，不断提高经济增长的质量和效益。

坚定不移地开展“五水共治”。把“五水共治”作为倒逼经济转型升级的战略举措，全面开展水环境治理，坚决消灭垃圾河，铁腕整治黑河、臭河，全力推进防洪排涝、城乡供水重点工程建设，切实加强饮用水水源保护，大力推行节约用水。

坚定不移地实施创新驱动发展战略。加快科技教育人才强省建设，深化科技体制改革，加大创新投入，建设创新平台，实施重点企业研究院、重大技术攻关、重点创新团队“三位一体”自主创新推进工程，大力发展网上技术市场，加强企业与科技、金融“双对接”，支持杭州创建国家自主创新示范区，加快建设创新型省份。

坚定不移地推进“四大国家战略举措”。大力推进海洋经济发展示范区建设，加快舟山群岛新区改革发展，深化义乌国际贸易综合改革，深化温州金融综合改革，充分发挥战略引领作用。积极推进嘉善县域科学发展示范点建设。

坚定不移地实施主体功能区战略。研究制定省域总体规划，优化人口和生产力布局。加强交通基础设施特别是轨道交通体系建设，促进区域联动、城乡融合。积极推进先进制造业向产业集聚区集中，现代服务业向中心城市集中，促进产城融合、集聚发展。积极推进山区科学发展，加大衢州、丽水等欠发达地区及重点生态功能区的扶持力度，支持湖州等有条件的地区创建国家生态文明示范区，促进绿色发展、生态富民。

坚定不移地把发展提升民营经济放在更加突出位置。坚持权利平等、机会平等、规则平等，切实保障民营企业依法平等使用生产要素、公开公平公正参与市场竞争的合法权利，积极保护和扶持小微企业，促进市场主体加快升级。鼓励支持民营企业参与大项目建设，鼓励支持民营企业参与国有企业改革，充分激发民营经济活力和创造力，促进民营经济新发展新提升。

守住三条“底线”，就是把百姓增收、生态良好、社会平安作为经济社会发展的“底线”，努力使浙江人民更加富裕、环境更加秀美、社会更加和谐。

不断提高收入水平是民愿所盼。提升工业化、加快城市化，努力为城乡居民创造数量更多、收入更高的就业岗位，推动更多的农村劳动力转移就业，推动更多的农村居民到城镇落户，推动更多的贫困农户脱贫致富奔小康，努力实现居民收入增长与经济发展同步。

促进生态环境加快好转是民意所指。实行最严格的环境保护制度，加强能源资源节约，大力发展新能源，加大化学需氧量、二氧化硫、氨氮、氮氧化物等污染物减排力度，研究制定推进烟尘粉尘、总磷总氮减排的具体办法，加强环境保护、污染治理和生态修复，加快建设美丽浙江。

保持社会和谐稳定是民心所向。创新社会治理体系，健全群众诉求表达、利益协调、权益保障和社会矛盾化解机制，完善社会公共安全治理体系，加强企业安全生产基础建设，确保人民安居乐业、社会安定有序，加快建设平安浙江。

三、2014年重点工作

根据中央和省委的总体部署，2014年工作要突出抓改革、治环境、促转型、惠民生。重点抓好以下几方面工作：

（一）加快政府自身改革，切实转变政府职能。全面推行政府权力清单制度。依法取消和严格管理一批不符合全面深化改革要求的行政权力，依法公开权力运行流程，研究制定省级政府部门一般不再直接向企业分配和拨付资金、不再直接向企业收取行政事业费的具体办法。深化行政审批制度及要素市场化配置改革。再取消和下放一批省级审批权限，加快建设省级网上政务平台，全面实行高效审批，加快工商登记制度改革，推进水电气、建设用地、环境容量等资源要素差别化定价，建立健全工业用地、节能量、水权、排污权交易制度。抓好各级各类试点。积极推进核准目录外企业投资项目不再审批试点，加快平湖市产业结构调整机制创新试点、德清县城乡体制改革试点、开化县重点生态功能区示范区建设试点。支持各地开展改革试点，在台州市开展促进民间投资改革试点，在嘉兴市各县（市）开展各具特色的改革试点，形成改革试点集成效应，并适时在全省推开。开展新一轮政府机构改革。精简机构、精简人员，优化政府机构设置、职能配置、工作流程，完善决策权、执行权、监督权相互制约相互协调的行政运行机制，不断提高依法行政水平。建立健全作风建设长效机制。加强调查研究，建设新型智库，完善政府决策咨询制度，加快电子政务建设，推进决策公开、管理公开、服务公开、结果公开、“三公”经费公开。加强高素质公务员队伍建设，严格执行中央和省委关于改进工作作风、密切联系群众的各项规定，健全廉政风险防控机制，着力提高政府公信力和执行力。

（二）加快生态环境保护机制创新，促进生态环境全面好转。全力打好“五水共治”攻坚战。组织实施“十百千万治水大行动”，加大源头地区水环境保护力度，加强重点流域、重点地区水环境治理，加强近海海域污染防治，加快污水管网建设，积极推进城镇截污纳管全覆盖、农村污水处理和生产生活垃圾集中处理全覆盖，加快推进污水处理厂提标改造，大力推进“强库固堤”和防洪排涝工程建设，加强农田水利建设，加快推进饮用水供水体系建设，统筹推进节约用水一揽子政策举措，形成“五水共治”的标准化工作体系。联动推进城乡环境综合整治。大力实施大气污染防治行动计划，加大雾霾治理力度，重点加强燃煤电厂脱硫脱硝及除尘技术设备改造，加强机动车尾气治理，做好防治建筑扬尘、禁止秸秆焚烧、淘汰黄标车、推广清洁汽油等相关工作。加强农业面源污染防治，重点做好畜禽养殖污染整治。开展土壤环境调查，做好重污染区域耕地用途调整，加强土壤污染治理技术攻关，由点到面实施清洁土壤行动。深入开展“四边三化”行动，重点加强平原绿化，努力提高平原地区林木覆盖率。建立健全环境治理与生态保护机制。按照中央提出的“谁受益谁补偿”“谁污染谁付费”原则，建立健全与污染物排放总量挂钩的财政奖惩制度、与出境水质和森林覆盖率挂钩的财政生态补偿制度，推进环境污染第三方治理，加大环保执法力度，切实保护好绿水青山。

（三）加快产业结构调整机制创新，推动经济转型升级。大力发展现代农业。守住粮食安全红线，坚持高效生态农业发展方向，加强以种业为重点的农业科技创新，大力发展生态循环农业，加快农业结构调整，发展规模经营，扩大旱杂粮种植面积，推广新型农作制度，推进农药化肥减量使用，完善强农惠农富农各项政策，加快建设绿色农业强省。大力发展先进制造业和现代服务业。加快信息化和工业化深度融合国家示范区建设，积极推进制造业与生产性服务业联动发展、融合发展，大力发展战略性新兴产业和高新技术产业，加快培育能够支撑未来发展的大产业，研究制定信息、环保、健康、旅游、时尚、金融、高端装备等产业发展规划。大力实施“四换三名”工程。淘汰改造1000家高能耗、重污染企业，完成5000亿元企业技改投资，盘活8万亩存量建设用地，组织5000家实体企业发展电子商务。实施百家龙头企业、千家品牌企业、万家高新技术企业培育工程，联动推进标准强省、质量强省、品牌强省战略，加快培育经营管理、研发设计、高级技工三支人才队伍。大力推进“411”扩大有效投资行动计划。改革项目管理体制，突出好项目、大项目建设。改革产业集聚区管理体制，强化核心区块建设。完善浙商回归和激发民资、引进外资、对接央企工作机制，不断优化投资结构、提高投资质量。改革投融资体制，积极吸引各类企业参与政府项目投资。

（四）加快城乡体制改革，统筹推进新型城市化和新农村建设。健全城乡发展一体化体制机制，为愿意进城的农民和愿意留在农村的农民创造平等的制度条件。依法维护农民土地承包经营权，保障农户宅基地用益物权，保障农民对集体资产股份的占有、收益、有偿退出及抵押、担保、继承权，稳妥推进“三权到人（户）、权跟人（户）走”，加快改革户籍制度。积极推进大中小城市和小城镇协调发展，为进城农民和城镇居民创造更好更多的发展机会。研究制定杭州、宁波、温州和金华—义乌都市区规划纲要，推进区域中心城市与相邻县市一体化发展，加强县城和中心镇改革发展，促进县域经济向城市经济转型，着力提高城市带动农村发展能力，形成以工促农、以城带乡、工农互惠、城乡一体的发展格局。加快建设美丽乡村，为留在农村的农民创造更好更优的生产生活条件。加大统筹城乡发展力度，深入推进“千村示范、万村整治”工程，调整优化村庄布局，强化农房设计服务，彰显江南地域特色，加强历史文化村落保护，加强农村公路建设和维护，促进城市基础设施和公共服务向农村延伸，让广大农民共同分享城市化成果。

（五）积极构建开放型经济新体制，以开放促改革、促发展、促转型。创新外贸发展方式。重点支持高附加值产品出口、服务贸易出口，鼓励先进装备、关键技术、能源等重要原材料进口，加快跨境电子商务发展，形成新的增长点。创新外资利用方式。放宽外商投资准入，探索实行外资准入前国民待遇加负面清单管理模式，完善“招大、引强、选优”机制，大力引进世界500强等优质外资项目。创新对外投资方式。完善支持“走出去”政策体系，支持企业和个人扩大对外投资，鼓励优势企业“走出去”投资建立经贸合作区、制造基地、研发设计机构和市场营销网络，开展跨国并购和国际技术合作。创新开放平台建设。加快宁波现代化国际港口城市建设，积极争取设立舟山自由贸易港区，整合提升各类保税区、开发区，加快建设义乌“无水港”，推动电商平台国际化，办好浙台经贸合作区。创新国际国内合作交流机制。充分发挥外事资源优势，广泛开展友城合作、对外宣传、公共外交、民间友好、人文交流和友好结对交流，探索建立经常性交流机制。认真落实国家区域发展总体战略，积极参与丝绸之路经济带、21世纪海上丝绸之路、长江经济带建设。加快推进长三角区域一体化发展，继续做好援藏援疆援青等对口支援工作。

（六）深化社会事业和文化事业改革创新，努力增进民生福祉。千方百计增加城乡居民收入。健全政府促进就业责任制度，完善扶持创业的优惠政策，切实做好以高校毕业生为重点的青年就业和农村转移劳动力、城镇困难人员、退役军人就业，适时提高最低工资标准和城乡居民最低生活保障标准。建立更加公平可持续的社会保障制度。推动城乡居民基本养老保险制度、基本医疗保险制度整合，探索建立城乡居民大病保险制度，有序推进机关事业单位养老保险制度改革，建立健全社会保障待遇确定和正常调整机制。加强为低收入群众服务的养老机构、福利机构建设，健全残疾人权益保障制度。大力发展教育事业。坚持育人为本、德育为先，积极推进学前教育提质发展，全面推进义务教育和高中段教育均衡发展，利用信息化手段扩大优质教育资源覆盖面，推进学校标准化建设。深化产教融合、校企合作，加快建设现代职业教育体系。加快高校改革发展，实施重点高校建设计划，着力提升师资队伍，建设一批全国有影响的学科，推动高等院校办出特色、争创一流。大力发展医疗卫生事业。深化公立医院综合改革，推进公立医院管办分离，完善优质医疗资源"两下沉、双提升"工程实施机制，全面取消以药养医，开展分级诊疗试点，建立社区医生和居民契约服务关系，积极推进商业医疗保险。实施"单独两孩"政策。大力发展文化事业和文化产业。加快重大文化工程建设，完善城乡基本公共文化服务体系。整合农村文化、远程教育、科学普及、体育健身等设施，加快建设农村文化礼堂。深化文化体制改革，健全文化市场体系，促进文化产业规模化、集约化、专业化发展。开展全民健身活动，办好第十五届省运会。放手发展民办社会事业。加大政府购买公共服务力度，鼓励和支持民办教育、民办医疗、民办养老、民办体育、民办文化加快发展。

（七）加强社会治理方式创新，确保社会和谐稳定。完善社会管理体制机制。大力弘扬社会主义核心价值观，加强法治宣传和教育，加强诚信体系建设。加快社会管理法规、体制机制、能力、人才队伍和信息化建设，创新发展"枫桥经验"，深入开展平安创建系列活动。健全重大决策社会稳定风险评估机制，创新信访工作机制，加强城乡社区建设，健全流动人口服务管理体系，推进社会组织健康有序发展，有效预防和化解各类社会矛盾。健全公共安全体系。加强食品药品和农产品质量安全监管，建立健全全过程监管和可追溯制度。深化安全生产管理体制改革，建立隐患排查和安全预防控制长效机制，有效防范较大事故，遏制重特大事故发生，保持生产安全事故起数、死亡人数和单位生产经营活动死亡率持续下降。健全防灾减灾救灾体制，加强防灾基础设施建设，探索建立重大事故和重大自然灾害保险制度。加强社会治安综合治理，完善立体化社会治安防控体系，依法严密防范和严厉打击各类违法犯罪活动。大力推进军民融合深度发展，切实做好国防建设、国防教育、国防动员、人民防空和双拥优抚等工作。

（八）健全为民办实事机制，着力解决人民群众最关心、最直接、最现实的利益问题。坚持尽力而为、量力而行，选择群众反映强烈的突出问题，切实加大财政投入，明确任务表、时间表、责任表，努力办好十方面民生实事。

一是加强污水治理。消灭垃圾河，有效治理黑河、臭河1000公里；加快城镇污水处理设施建设，69个没有污水处理设施的建制镇年内全部开工建设；加强污水处理厂技术改造，75家城镇生活污水处理厂排放水质达到国家一级A类标准。

二是加大雾霾治理力度。开展新一轮燃煤电厂脱硫脱硝及除尘技术设备改造，年内有20%的燃煤电厂启动实施；淘汰10万辆黄标车，有效削减PM2.5排放。

三是加强城乡环境综合整治。继续大力推进"三改一拆"，建立健全有违必拆的长效机制，积极创建"无违建县"。全面推进农村污水治理，受益农户达到110万户。加大治理城市交通拥堵工作力度，设区市市区公交分担率平均提升2个百分点以上。

四是全面开展农产品质量安全保障行动。所有县（市、区）建成农产品安全快速检测室，对公众免费开放；200家城镇农贸市场改造成为"放心市场"；三分之一城镇超市设立"放心柜"。

五是稳步提高低收入群众收入水平和生活水平。四档最低工资标准平均提高8%以上；城乡居民最低生活保障标准同比增长8%以上；开工建设城镇保障性安居工程住房15万套，竣工11.5万套。

六是积极推进标准化中小学校建设。全省标准化中小学校比例达到65%，比上年提高10个百分点。

七是完善医疗保险和医疗救助制度。积极推进城乡居民大病保险制度建设，年内实现制度全覆盖。完善困难群众大病救助机制，各县（市、区）按户籍人口不低于人均13元标准筹集医疗救助资金。

八是加强农村文化服务体系建设。新增农村文化礼堂1000个；农村应急广播体系覆盖30%的村庄，两年实现全覆盖。

九是加快养老服务体系建设。新建4000个城乡社区居家养老服务照料中心，新增机构养老床位2万张。

十是省市县各级政府"三公"经费预算支出削减30%，全部用于"五水共治"。

关于2013年全省和省级预算执行情况及2014年全省和省级预算草案的报告(摘要)

——2014年1月16日在浙江省第十二届人民代表大会第二次会议上

浙江省财政厅

一、2013年预算执行情况

2013年，面对严峻复杂的外部环境和困难挑战，全省各地各部门认真贯彻党的十八大、省第十三次党代会和省十二届人大一次会议决议精神，秉承“促进发展、保障民生、科学理财、加强监管”的理财观，切实做好“生财、聚财、用财”三篇文章，全省财政预算运行和执行情况良好，财政职能进一步发挥，促进了全省经济企稳向好和社会和谐稳定。

(一)公共财政预算执行情况

1. 全省公共财政预算执行情况

(1)收入预算执行情况

2013年全省公共财政预算收入汇总预算为3718.00亿元，执行数为3796.92亿元，完成预算的102.1%，比上年增长(以下简称“增长”)10.3%。(全省收入组成情况见215页“2013年浙江省公共财政收支决算分级表”收入合计数——编者注)

(2)支出预算执行情况

2013年全省公共财政支出汇总预算为4370.00亿元，执行数为4730.78亿元，完成预算的108.3%，增长13.7%。(全省支出组成情况见215页“2013年浙江省公共财政收支决算分级表”支出合计数——编者注)

按照现行分税制财政体制和国家有关政策规定计算，2013年全省公共财政预算收入加上中央税收净返还和中央各项补助，以及地方政府债券收入、结转下年支出款项等，预计2013年全省公共财政预算收支平衡。

2. 省级公共财政预算执行情况

(1)收入预算执行情况

2013年省级公共财政预算收入预算为275.60亿元，执行数为275.61亿元，完成预算的100.0%，增长8.0%。(省级收入情况见215页“2013年浙江省公共财政收支决算分级表”省级收入数——编者注)

(2)支出预算执行情况

2013年省级公共财政支出预算为462.60亿元，执行数为481.80亿元，完成预算的104.2%，增长11.9%。(省级支出情况见215页“2013年浙江省公共财政收支决算分级表”省级支出数——编者注)

按照现行分税制财政体制和国家有关政策规定计算，2013年省级公共财政预算收入加上中央税收净返还、中央各项补助和市、县(市)净上交，以及结转下年支出款项等，预计2013年省级公共财政预算收支平衡。

(二)政府性基金预算执行情况

1. 全省政府性基金预算执行情况

2013年全省政府性基金预算收入执行数为4440.64亿元，完成预算的170.3%，增长71.9%；支出4381.19亿元，完成预算的169.9%，增长70.7%。

2. 省级政府性基金预算执行情况

2013年省级政府性基金收入134.50亿元，完成预算的100.7%，增长5.0%；支出23.88亿元，完成预算的190.3%，增长61.6%。

全省和省级政府性基金收支增幅较大，主要是房地产市场活跃，土地出让收入增加较多。

二、2013年预算执行效果

(一)努力增收节支，缓解财政收支矛盾。坚持依法治税，夯实税收征管基础，优化收入结构，提升收入质量。税收收入占公共财政预算收入比重为93.4%，公共财政预算收入占财政总收入比重为55.0%，均位居全国前列。密切关注“营改增”等重大税制改革，认真分析其对经济发展和地方可用财力的影响，落实过渡性扶持政策。坚持有保有压、统筹兼顾，确保促进发展、改善民生等各项重点支出需要。坚持勤俭办一切事业，从严控制行政经费和一般性支出，压缩“三公”经费和会议费，全省和省级公共财政预算拨款安排的“三公”经费支出分别比上年下降(以下简称“下降”)15%、20.3%，其中公务接待费分别下降24.7%、35.3%，因公出国(境)费分别下降18.9%、31.7%，公务用车购置及运行费分别下降2.6%、5.9%。

(二)发挥财政职能，推动经济转型升级。继续落实积极的财政政策，争取中央基建投资资金42.80亿元、地方政府债券143亿元，支持“四大国家战略举措”实施、基础设施建设以及社会事业发展。实施创新驱动发展战略，加大财政科技投入，优化科技支出结构，加快创新型省份和国家技术创新工程试点省建设，支持青山湖科技城和未来科技城发展。安排工业和信息化财政资金13.50亿元，支持传统产业改造提升和战略性新兴产业、高新技术产业创新发展。统筹省以上财政资金26.30亿元，推进粮食生产功能区和现代农业园区建设。持续加大生态环保投入，省财政安排生态环保资金68.20亿元，支持重点区域、重要流域和重点行业污染防治和污染减排。完善森林生态效益补偿机制，将省级以上公益林的最低补偿标准从19元/亩·年提高到25元/亩·年，为全国省级最高。按照行政审批制度改革和简政放权的要求，继续落实结构性减税和清费减负政策，推进“营改增”改革试点，取消和免征56项行政事业性收费，降低21项收费标准，临时性下浮部分中小微企业社会保险费缴费比例，累计为企业减负近150亿元。

（三）优化支出结构，切实保障改善民生。坚持民生导向，做好政府“十方面实事”和重大民生事业的资金保障工作。全省新增财力用于民生支出比重达70.3%，继续保持在三分之二以上。加大财政教育投入，获全国财政教育投入状况分析评价工作第一名，由此获得中央补助资金2.50亿元。跨四部门整合设立基本公共文化服务专项资金5.20亿元，完善公共文化服务体系运行保障机制。做好企业退休人员基本养老金调标工作，人均每月增加230元，达到约2300元，位居全国前列。提高城乡居民基本医疗保障财政最低补助标准至290元。加大城乡医疗救助力度，各级财政安排人均补助达到13元。深化完善公立医院投入和补偿机制改革，统筹2亿元资金推进城市医疗资源下沉，已有15家省级医院与24个县市区27家医院开展了托管合作办医，使当地群众在家门口就能享受优质医疗服务。筹措保障性住房建设资金153亿元，支持公共租赁住房等19.4万套保障性住房开工建设，全省困难群众家庭住房条件得到进一步改善。安排山区经济、特别扶持、专项扶贫等各类资金42.30亿元，重点支持欠发达地区发展。

（四）深化财政改革，健全公共财政体系。推进政府全口径预算体系建设，加强地方政府性债务计划管理，建立完善地方政府债务管理和风险预警机制。在深入推进专项性一般转移支付改革基础上，2013年选取战略性新兴产业等9个专项资金36亿元实施竞争性分配改革，从“一对一”单向审批转向“一对多”竞争性分配，约束和规范省级部门的资金分配权，提高资金分配的客观性、公开性和公平性，有效避免“会哭的孩子有奶吃”、“跑部钱进”等现象。深化国库集中支付与公务卡改革，全省已有239个乡镇启动了乡镇财政国库集中支付改革。积极开展政府购买服务试点，首次将城乡居民大病保险纳入集中采购目录范围。

（五）强化财政监管，提高理财管财水平。创新财政资金保值增值方式，探索财政资金竞争性存放试点，安排30亿元省级资金实施竞争性存放，3年将增加收益近亿元。稳步推进“数字财政”建设，借助信息化手段，清晰反映财政资金的来龙去脉和使用绩效。加快乡镇财政和乡镇公共服务平台建设，实现财政资金就地就近监管、财政服务就地就近提供。积极推进政府预决算和“三公”经费公开，3月公开了省级公共财政预算拨款安排的“三公”经费预算总额；10月67家省级部门公开了“三公”经费情况，主动接受社会监督。

（六）认真办理人大代表建议。在省十二届人大一次会议上，人大代表提出财政预算相关的建议共343件。根据省十二届人大一次会议决议精神，省财政厅认真承办人大代表建议，与代表一对一沟通，并按时办理完毕，满意率百分百。主办件中，所提问题及建议已经解决和已列入计划解决的占83.3%，还有些问题及建议将随着经济社会发展和财政改革的深入逐步解决。代表提出的关于提高生态公益林补偿资金标准的建议，省委、省政府充分听取各方意见，吸收了省人大的调研成果，研究提高了省以上公益林的最低补偿标准。代表提出的关于加大力度扶持山区经济发展的建议，在充分调研的基础上，省委、省政府设立了山区经济发展专项资金，2013～2017年，每年安排10亿元，支持欠发达山区县（市、区）经济发展。

在看到成绩的同时，我们也清醒地认识到，财政运行和预算执行中还存在一些问题，需要认真研究解决。一是财政收入增长乏力与支出刚性增长矛盾突出；二是预算管理制度的完整

财政支持新农村建设

性、科学性、规范性和透明度还不够,预算执行的严肃性和均衡性有待进一步提高;三是部分专项资金交叉重叠、分配不规范、执行进度慢、使用效益较低、结转较多等,预算绩效管理仍需加强;四是地方政府性债务增长较快,管理不够规范,债务风险有所累积。对此,我们高度重视,将通过深化改革、创新机制、完善制度、严格管理等一系列扎实有效的举措切实加以解决。

三、2014 年预算草案

(一)2014 年财政经济形势

2014 年,浙江省财税改革任务艰巨,财政经济形势复杂严峻,财政收支矛盾依然突出。从收入看,财政收入中低增速常态化趋势已经明朗,推进"营改增"等税制改革、实施支持小微企业发展的税收优惠政策、继续清理收费和政府性基金、房地产市场的不确定性,都可能带来减收因素。从支出看,支持全面深化改革和促进各项社会事业发展都需要增加投入,特别是在更高起点上满足民生需求的难度不断加大,财政支出压力较大。

(二)财政预算编制的指导思想

根据对 2014 年财政经济形势的分析和预测,按照中央和省委对经济工作的总体部署以及财政改革总体要求,全省 2014 年财政预算安排的指导思想是:全面落实党中央、国务院和省委有关决策部署,遵循"促进发展、保障民生、科学理财、加强监管"的理财观,做好"生财、聚财、用财"三篇文章。进一步加大财政体制机制改革,发挥财政改革在整体改革中的基础性和支撑性作用;进一步实施积极的财政政策,推动经济转型升级和民生改善;进一步创新财政管理制度,优化支出结构,压缩行政成本,盘活存量资金,提升财政资金使用绩效。

(三)2014 年公共财政预算草案

1. 全省

(1)收入预算

根据当前财政经济形势及上述指导思想,结合贯彻《国务院关于编制 2014 年中央和地方预算的通知》关于"收入预算编制要坚持实事求是、积极稳妥、留有余地,与 2014 年国内生产总值等经济社会发展指标相适应"的要求,建议参考 2014 年浙江生产总值增长 8%左右的预期目标,2014 年全省公共财政收入预期为 4100.00 亿元,增长 8.0%左右,加上转移性收入 1051.71 亿元(其中:预期中央税收返还收入 452.91 亿元,中央各项补助收入 480.00 亿元,动用预算稳定调节基金 20.00 亿元,动用上年结余结转收入 96.59 亿元,调入资金 2.21 亿元),全省公共财政收入合计 5151.71 亿元。

(2)支出预算

围绕省委、省政府中心工作,拟安排 2014 年全省公共财政支出预算 4932.00 亿元,比上年调整后执行数(调减地方政府债券因素)增长 7.5%,加上转移性支出 219.71 亿元(其中:预计上解上级支出 180.71 亿元,债券还本支出 39.00 亿元),全省公共财政支出合计 5151.71 亿元。

收支相抵,全省公共财政收支预算平衡。

2. 省级

(1)收入预算

2014 年省级公共财政收入预期为 292.10 亿元,增长 6.0%,加上转移性收入 1652.64 亿元(其中:预期中央税收返还收入 382.04 亿元,中央各项补助收入 434.00 亿元,省级分成收入 699.32 亿元,市县上解中央收入 136.01 亿元,调入资金 1.27 亿元),省级公共财政收入合计 1944.74 亿元。

(2)支出预算

围绕省委、省政府中心工作,拟安排 2014 年省级公共财政支出预算 474.50 亿元,比上年调整后执行数(调减一次性增加的省交通集团公路建设资本金)增长 5.0%,加上转移性支出 1470.24 亿元(其中:预计税收返还支出 248.63 亿元,补助市县支出 1085.60 亿元,上解中央支出 136.01 亿元),省级公共财政支出合计 1944.74 亿元。

收支相抵,省级公共财政收支预算平衡。

(四)2014 年政府性基金预算草案

1. 全省

2014 年,全省政府性基金收入预期 4177.96 亿元,下降 5.9%。全省政府性基金支出预算安排 4177.96 亿元,下降 4.6%。收支相抵,全省政府性基金收支预算平衡。

2. 省级

2014 年,省级政府性基金收入预期为 141.30 亿元,增长 5.0%。省级政府性基金支出预算安排 14.37 亿元,下降 39.8%,主要是 2013 年执行数中一次性建设项目完成。加上补助市县支出 105.99 亿元、结余结转下年支出 20.94 亿元,省级政府性基金支出合计 141.30 亿元。收支相抵,省级政府性基金收支预算平衡。

(五)2014 年社会保险基金预算草案

1. 全省

2014 年,全省社会保险基金收入预期为 2316.23 亿元,增长 9.5%。全省社会保险基金支出预算安排 1929.75 亿元,增长 17.5%。收支相抵,本年收支预期结余 386.48 亿元。

2. 省级

2014 年,省级社会保险基金收入预期为 124.35 亿元,增长 12.3%。省级社会保险基金支出预算安排 73.33 亿元,增长 26.1%。收支相抵,本年收支预期结余 51.02 亿元。

(六)2014 年国有资本经营预算草案

1. 全省

2014年全省国有资本经营收入预期为27.62亿元，加上动用上年结余结转收入7763万元，全省国有资本经营收入合计28.40亿元。2014年国有资本经营支出预算安排26.19亿元，加上调出资金2.21亿元，全省国有资本经营支出合计28.40亿元。收支相抵，全省国有资本经营收支预算平衡。

2. 省级

2014年省级国有资本经营收入预期为13.42亿元，加上动用上年结余结转收入173万元，省级国有资本经营收入合计13.44亿元。2014年省级国有资本经营支出预算安排12.17亿元，加上调出资金1.27亿元，省级国有资本经营支出合计13.44亿元。收支相抵，省级国有资本经营收支预算平衡。

四、深化改革、强化管理，确保圆满完成全年预算任务

（一）推动经济转型升级和民生改善。继续实施积极的财政政策，充分发挥财政在推动经济转型升级和改善民生中的职能作用。加强对"五水共治"的资金保障，省级财政未来7年将筹措600多亿元，通过财政资金的杠杆引导，吸引金融资本和社会资本广泛参与。坚持"五措并举"，推进实施创新驱动发展战略，优化促进经济发展各类资金的方向和结构，提升资金使用绩效。加大对"四换三名"、扩大有效投资、浙商回归、新型城市化等重大举措的支持力度，加快推进产业转型升级。继续落实结构性减税和清费减负政策，切实减轻企业特别是中小微企业的负担。统筹做好民生事业的政策和资金保障工作，确保民生支出占财政支出的比重达到三分之二以上，每年新增财力三分之二以上用于民生，着力提高基本公共服务均等化水平。

（二）深化财税体制改革。一是落实中央深化财税体制改革的各项部署和举措，密切关注"营改增"、消费税、房产税等重大税制改革，分析其对我省经济社会发展和可用财力的影响，研究谋划我省的应对之策和改革思路。二是建立健全事权与支出责任相适应的省以下财政体制，完善有利于促进基本公共服务均等化和主体功能区建设的公共财政体系。研究出台生态主体功能区建设机制创新试点财政扶持政策，加快推进省内重点生态功能区建设。三是进一步清理、整合财政专项资金，逐步取消竞争性领域财政专项资金，严格控制引导类、救济类、应急类财政专项资金。规范财政专项资金管理，创建专项资金绩效预算管理模式，从2014年起，省级专项资金连续安排最长时间不超过三年，到期后评估，绩效好的根据需要予以继续安排，绩效不好的取消或调整使用方向。四是深化专项性一般转移支付改革，按照事权和支出责任划分原则，进一步甄别省级财政专项转移支付资金，属市县事务的纳入专项性一般转移支付，采用"因素法"分配，原则上省级部门不再直接向市、县企业分配财政资金。确需按项目管理的专项资金，在兼顾欠发达地区的基础上，纳入竞争性分配改革。

（三）创新财政管理制度。一是加快推进公共财政体系建设，建立公开、透明、规范的预算制度。推进全口径预算编制，全面反映政府收支总量、结构和管理活动。二是改进预算控制方式。收入预算从约束性转向预期性，弱化对收入预算的考核，促进税收依法征管。硬化支出预算约束。建立跨年度预算平衡机制，研究编制3年滚动预算，提高预算编制的前瞻性和可持续性。超收收入原则上用于补充预算稳定调节基金或化解政府性债务。三是要大力防控地方政府性债务风险。明确地方政府举债权限和用途，逐步建立以政府债券为主体的地方政府举债融资机制，实行分类管理和限额控制。加强对PPP模式的研究，鼓励准公益性项目通过政府专项债务和PPP等模式融资。进一步完善地方政府性债务管理办法和风险预警机制，加强高风险地区债务预警和监管。四是全面清理规范财税优惠政策，凡不符合法律和行政法规规定的政策一律停止执行，限期整改，维护公平竞争的市场秩序。五是全面推进乡镇财政国库集中支付和公务卡改革。落实公务卡强制结算目录，切实提高公务卡使用率。六是在城乡居民大病保险纳入集中采购目录范围的基础上，进一步规范有序地开展政府向社会力量购买服务工作，充分发挥市场和社会在提供公共服务中的作用。

（四）盘活财政存量资金。按照关于盘活财政存量资金、集中财力办大事的要求，加大清理财政结余、整合财政专项资金力度，统筹用于"五水共治"。加快结转项目执行，切实发挥资金绩效。建立结转结余资金定期清理机制，加大资金统筹使用力度。推进政府会计改革，加快建立权责发生制政府综合财务报告制度。规范往来款管理，全面清理对外借款，严禁违规对外借款。开展国库现金流量预测，稳步推进省级国库现金管理，进一步推动财政资金竞争性存放。

（五）降低行政运行成本。严格遵守各项财经制度，大力压缩"三公"经费和行政成本。2014年全省公共财政预算拨款安排的"三公"经费预算总额在2013年年初预算基础上压缩30%，省级"三公"经费压减2.13亿元，全部用于"五水共治"和雾霾治理。除必要的执法执勤、机要通信、应急用车、特种专业技术用车和按规定配备的其他车辆外，一般公务用车不得更新和新购。建立健全厉行节约的制度体系，制定完善公务接待、因公出国、公务用车等方面的制度，明确支出标准和操作规范，为厉行节约反对浪费提供长效的制度保障。

（六）推进预算公开透明。大力推进政府财政预决算、部门预决算和"三公"经费公开，细化公开内容。2015年前全省所有市、县都要按规定公开政府财政预决算、部门预决算和"三公"经费。建立省级财政专项资金全过程管理信息公示公开制度。

浙江省第十二届人民代表大会财政经济委员会关于2013年全省和省级预算执行情况及2014年全省和省级预算草案的审查报告

（2014年1月19日浙江省第十二届人民代表大会

第二次会议主席团第四次会议通过）

浙江省第十二届人民代表大会第二次会议审查了省财政厅受省人民政府委托提出的《关于2013年全省和省级预算执行情况及2014年全省和省级预算草案的报告》。财政经济委员会根据代表们的审议意见，对预算报告和预算草案进行了审查。现将审查结果报告如下：

一、2013年，面对严峻复杂的国内外发展环境，全省各级政府和财政部门认真贯彻中央和省委决策部署，严格执行省十二届人大一次会议决议，积极发挥财政职能作用，推动经济转型升级，切实保障和改善民生，不断提高理财管财水平，为深入实施"八八战略"、干好"一三五"、实现"四翻番"提供了有力保障。全省预算执行情况总体良好，预计全省和省级财政收支平衡。同时，预算编制的完整性和执行的严肃性仍需进一步加强，财政资金使用绩效有待进一步提高，地方政府性债务管理尚存在薄弱环节。对此，必须采取有效措施，认真加以解决。

二、本次会议审查了公共财政预算、政府性基金预算、国有资本经营预算、社会保险基金预算等4本预算草案。同时，还审查了69个省级部门预算草案，并对省经济和信息化委员会、省人力资源和社会保障厅部门预算草案进行了重点审查。财政经济委员会认为，省人民政府提出的2014年全省和省级预算草案，符合预算法等法律法规的规定，体现了全面深化改革和"五水共治"、"五措并举"等决策部署的要求，遵循了量入为出、确保重点、厉行节约、注重绩效的原则，总体可行。建议本次会议批准省人民政府提出的2014年省级预算，同意《关于2013年全省和省级预算执行情况及2014年全省和省级预算草案的报告》。

三、2014年，要认真贯彻落实全面深化改革的总体部署，继续做好"生财、聚财、用财"工作，促进全省经济社会持续健康发展。为此，财政经济委员会建议：

（一）确保收入平稳增长，提高财政保障能力。坚持依法治税，规范非税收入管理，强化税收征管服务。积极培育财源，夯实收入增长基础。规范和加强对政府性基金预算收入、国有资本经营预算收入和社会保险基金预算收入的征缴，进一步提高财政保障能力。

（二）完善财税政策措施，不断优化支出结构。紧紧围绕"五水共治"等中心工作，调整优化财政政策，重点加强产业转型升级、创新驱动发展、新型城市化、现代农业和治水治气治堵等财政支持，切实加强社会保障、教育、医疗卫生、文化等财政保障。进一步落实结构性减税和清费减负政策，切实减轻企业，特别是中小微企业负担，不断增强我省经济发展活力。

（三）提升财政监管水平，增强资金使用绩效。切实增强预算执行的严肃性，严格预算调整追加。清理、整合、规范专项转移支付项目，促进专项资金的合理分配和使用。加强国有资产财政监管。加强结余结转资金清理，盘活财政存量资金。落实压缩"三公"经费的目标要求，推进政府预决算和"三公"经费的公开。做好财政资金绩效评价和绩效审计工作，提高资金使用绩效。

（四）深化财政体制改革，深入推进全口径预算体系建设。改进预算管理制度，进一步增强预算的完整性、准确性和透明度。完善一般性转移支付增长机制，合理确定、稳步提高一般性转移支付比重，加大对欠发达地区的扶持力度。继续深化财政体制改革，建立跨年度预算平衡机制，推进政府购买公共服务。加强地方政府性债务管理，防范财政风险。

省委省政府重要财经文件

中共浙江省委　浙江省人民政府
关于推进舟山群岛新区建设的若干意见

（2013 年 4 月 22 日　浙委发〔2013〕13 号）

推进舟山群岛新区建设，是我国探索海洋经济科学发展新路径、实施海洋强国战略、完善区域发展总体战略的重大举措。根据《国务院关于浙江舟山群岛新区发展规划的批复》（国函〔2013〕15 号）精神，结合我省实际，现就推进舟山群岛新区建设提出如下意见。

一、推进舟山群岛新区建设的总体要求

（一）指导思想。以邓小平理论、“三个代表”重要思想、科学发展观为指导，全面贯彻落实党的十八大精神和省第十三次党代会、省委十三届二次全会精神，深入实施“八八战略”，按照干好“一三五”、实现“四翻番”的要求，紧紧围绕浙江海洋经济发展先导区、海洋综合开发试验区和长江三角洲地区经济发展重要增长极的战略定位，进一步深化改革开放，先行先试，着力优化空间开发格局，着力调整海洋经济结构，着力实施海洋综合管理，着力加强海洋生态文明建设，逐步将舟山群岛新区建设成为我国大宗商品储运中转加工交易中心、东部地区重要的海上开放门户、重要的现代海洋产业基地、海洋海岛综合保护开发示范区和陆海统筹发展先行区，努力打造面向环太平洋经济圈的桥头堡。

（二）基本原则。推进舟山群岛新区建设，必须坚持尊重规律、科学发展，正确处理整体推进与重点突破、开发利用与生态保护、对外开放与国防安全等关系，不断提高科学发展水平；坚持先行先试、开放发展，努力形成特色鲜明、优势突出的开发开放格局；坚持转型升级、高效发展，促进海洋经济结构优化和发展方式转变，全面提高海洋综合开发效率和效益；坚持陆海统筹、联动发展，努力实现陆海产业联动发展、基础设施联动建设、资源要素联动配置、生态环境联动保护；坚持生态优先、和谐发展，高度重视海洋生态环境保护和海洋生态文明建设，促进人海和谐、永续发展，确保人民安居乐业、社会安定有序。

（三）发展目标。到 2015 年，海洋生产总值年均增长 17%以上，港口货物年吞吐量达到 4 亿吨以上，“三位一体”港航物流服务体系建设取得重大突破，现代海洋产业体系框架基本形成，产业空间布局更加合理，海洋生态环境保护能力持续加强，海洋科技创新成果转化体系基本形成，教育现代化基本实现，区域性服务功能明显提升。到 2020 年，海洋生产总值年均增长 20%左右，港口货物年吞吐量达到 6 亿吨以上，海洋经济竞争能力和辐射功能显著增强，国际物流枢纽岛、对外开放门户岛、海洋产业集聚岛、国际生态休闲岛和海上花园城建设初具成效。

二、完善舟山群岛新区管理体制

（四）创新行政管理体制。设立中共浙江舟山群岛新区工作委员会和浙江舟山群岛新区管理委员会，全面负责舟山群岛新区规划、建设、管理等事宜。适时实行舟山群岛新区和功能区扁平化管理模式，合理调整部分行政区划相协调的机构精简、职能综合、结构合理、运行高效的行政管理体制。

（五）扩大行政管理权限。赋予舟山群岛新区省级经济社会管理权限。省直有关部门全面落实第一批下放的 400 项行政审批及管理事项，并根据舟山群岛新区建设发展需要，继续深化行政审批制度改革，做到能放则放、能减则减、能快则快，全面下放行政审批及管理事项。舟山市要根据流程最优、环节最少、时间最短、服务最佳的要求，进一步精简审批程序、改进审批方式、缩短审批时间，建立公开透明、规范便捷的行政审批制度。

（六）加强海洋综合管理。发挥海洋渔业、环保、交通、边防、海事、海关、检验检疫等涉海部门的职能作用，积极探索海洋管理综合行政执法和联合执法体制，加快建立海洋海岛综合保护开发的综合协调机制。建立海岸带资源综合管理机制，推进城乡规划、土地利用规划、生态环境功能区规划与海洋功能区划相衔接，促进海岸带资源统筹协调利用。加强海洋联合执法队伍，完善海上执法预警系统、海上 110 接处警平台、海上遇险求救 12395 体系和应对海上突发事件快速反应工作机制，形成统一高效的海洋联合执法体制。

三、加大财政政策支持力度

（七）完善财政管理体制。建立有利于舟山群岛新区建设和管理的财政体制，将省对岱山县、嵊泗县的财政体制相关职能委托给舟山市管理，增强舟山群岛新区推进重点建设的资金统筹协调能力。舟山群岛新区范围内收取的海域使用金、无居民海岛使用金、渔业资源增殖保护费等规费收入留省部分全额返还舟山群岛新区。健全县级基本财力保障机制，加大奖补力

度、提高基本公共服务水平和财政保障能力。

(八)加大财政投入力度。积极用好和继续争取中央财政支持舟山群岛新区建设的各项资金,加大国家港口建设费倾斜扶持,推进海洋经济创新发展区域示范。加大省对舟山群岛新区建设的财政资金保障力度,有效解决建设资金短缺问题。继续加大省对舟山的一般性财政转移支付力度,加大边境地区转移支付等相关资金支持力度,加强边远海岛基础设施、社会保障、基础教育、公共卫生等领域建设。2013~2017年,省财政继续安排专项资金,并进一步加强周转调度,加大力度支持舟山群岛新区建设。省政府在分配地方政府债券额度时,向舟山群岛新区倾斜。省直部门在安排涉海专项资金、促进产业转型升级各类资金、国债资金等补助时,向舟山群岛新区倾斜。各类财政资金支持舟山群岛新区建设时,要考虑舟山财力可能,降低地方配套资金比例。省海洋产业基金、创业风险投资引导基金等优先支持舟山群岛新区项目,引导带动社会资金投向舟山群岛新区建设。

(九)增强税收优惠扶持。全面落实国家和我省支持海洋经济、战略性新兴产业、现代服务业、临港先进制造业、现代渔业发展的各项税收优惠扶持政策。对经认定的高新技术企业,减按15%的税率征收企业所得税。落实支持远洋渔业发展的有关税收政策。实行现行中资"方便旗"船税收优惠政策。支持符合条件的企业申请开展保税油供应业务。努力争取宁波—舟山港共享上海国际航运中心政策,列为启运港退税政策试点。对开展海外船舶融资租赁业务的企业,争取实行出口退税试点。支持建设国家旅游综合改革试点城市,争取实行旅游购物离境退税和离岛免税政策。

四、全方位深化对外开放

(十)扩大口岸开放范围。在确保军事设施和军事行动安全保密的前提下,继续扩大舟山群岛新区口岸开放范围,合理整合布局口岸监管查验场所,有序推进重点项目码头船坞扩大对外开放。推进舟山机场开放和扩能改造,增开通向国内主要城市的航线航班,开辟港澳台和国际客货运航线或包机航线航班。加快推进低空开放,发展直升机、水上飞机等通用航空,提高岛际旅游、紧急救助、污染监控配套服务能力。开辟舟山至台湾海上航线,开辟两岸海上邮轮航线,扩大沈家门港对台小额贸易业务。开展国际游艇及游艇装备交易业务,建设游艇和海洋旅游资源交易中心,支持舟山群岛新区在游艇产品开发、行业管理、人才培训等方面先行先试。吸引国际邮轮或邮轮公司在舟山群岛新区登记注册,允许境外邮轮公司注册设立外商投资企业,开展经批准的国际航线邮轮服务业务,建设舟山邮轮母港。

(十一)优化对外开放环境。积极争取国家口岸开放审批事权,简化口岸开放办理程序,扩大舟山群岛新区政府口岸管理事权,增强口岸管理部门综合协调能力。科学规划口岸查验机构的布局和设置,合理配置查验机构和人员编制。加大口岸基础设施建设投入,加快电子口岸建设,创新进口大宗散货分港装卸监管、出口直通放行、"一站式"查验监管服务、智能边检平台、锚地协作共管等便捷通关、检验检疫模式,提升口岸监管、查验效能,提高通关效率。建立杭州海关与宁波海关、浙江检验检疫局与宁波检验检疫局跨辖区联系配合机制,宁波海关、宁波检验检疫局对涉及舟山的进出口货物实行两班制查验和出口货物365天无假日通关制度,对转关、转检货物设立专门绿色通道,进一步简化进出口转关、转检手续,推进跨关区、跨检区通关货物"应转尽转"。深化区域通关、检验检疫监管模式改革,加强跨区域口岸合作,扩大舟山与内陆省份的贸易便利化适用范围。积极争取实行过境国际海员、国际邮轮游客、入境旅游团队短期停留的免签证政策。

(十二)提升对外开放层次。加快建设舟山港综合保税区,按照"一区两片"架构规划建设舟山岛片区和衢山片区,尽快实行封闭运作和管理。继续争取将舟山港综合保税区列为国家进口基地和整车进口口岸,支持开展国际船舶登记、国际船舶租赁、离岸金融等业务试点。继续支持金塘等有条件的地区申报设立保税仓库、保税物流中心(B型)等海关保税监管场所。加快建设大宗商品储运中转加工交易中心,创新大宗商品交易模式,建设国际化市场体系,加快探索建立自由贸易园区。积极进行建立自由港区的改革探索,全面推进贸易投资便利化,切实提高资源配置能力和对外开放水平。

(十三)加强开放区域合作。加大与上海浦东新区等沿海开放地区的交流合作。进一步完善上海、宁波、舟山三地港口合作机制,推进宁波—舟山港与嘉兴港整合发展。推进浙台(普陀)经贸合作区等合作平台建设,完善交流机制,加强与港澳台地区在金融、航运、现代海洋产业等方面的合作。坚持陆海统筹、山海联动,支持其他地区以各种形式参与舟山群岛新区建设,规划建设海洋产业合作发展示范基地。支持舟山各类产业园区推行园中园和一区多园模式,探索与发达国家和地区合作共建园区,建设有国际竞争力的特色海洋经济合作园。加强与东北亚主要国家和地区在海事、海警、渔业、海上搜救等方面合作,健全海上突发事件联合应急体系,共同提高航海保障、海上救生和救助服务水平。支持舟山群岛新区对接中日韩自由贸易区和区域全面经济伙伴关系,逐步提高贸易投资便利化水平。

五、构建现代海洋产业体系

(十四)明确海洋产业发展导向。制定《浙江舟山群岛新区海洋经济优先发展产业指导目录》,鼓励发展港航物流、海洋工程装备与船舶、海洋电子信息、海洋旅游、海洋资源综合开发利用、海洋生物、远洋渔业等重点海洋产业,加快构建现代海洋产业体系。舟山群岛新区重点发展产业优先列入省级以上相关规划,引导国内资金、技术、人才集中配置。

(十五)推进海洋产业集聚发展。大力支持舟山海洋产业集聚区建设,推进舟山经济开发区、定海工业园区、岱山经济开发区等产业园区整合提升，支持舟山创建国家级经济技术开发区，将嵊泗洋山港经济开发区纳入省级开发区考核管理序列。重点支持创建省级船舶装备高新区，争创国家级高新区。支持舟山申报创建国家服务外包示范城市，支持中国（舟山）大宗商品交易中心、舟山国际水产城等现代服务业集聚示范区发展，推进建设省级流通业综合改革试验区，加快建立海洋海岛旅游度假区。继续推进舟山国家级船舶出口基地和国家级水海产品外贸转型升级示范基地建设，积极申报国家级进口贸易促进创新示范区，打造我国重要的商品进出口基地。支持浙江船舶交易市场建设功能完善、交易规范、辐射全国的船舶交易平台。支持舟山提升发展现代海洋渔业，建立健全现代渔业体系，建设国家远洋渔业基地。加大对渔港经济区建设的补助力度，推进渔港经济区建设。

（十六）培育涉海龙头企业集团。进一步优化市场准入，大力吸引中央企业、省内外优秀骨干企业、高新技术企业、外资企业投资建设舟山群岛新区。全面落实国家鼓励民营经济发展和我省支持浙商创业创新的扶持政策，大力实施浙商回归工程，引导民间资本和民营企业投资基础设施、公用事业、现代海洋产业等领域。大力对接中央企业、省属企业，促进国有企业和民营企业互动发展。落实省级外商投资审批权限，支持引进世界500强和现代海洋产业领军企业。鼓励海洋企业集团化发展，对海洋新兴产业和现代服务业企业组建集团的，母公司最低注册资本放宽到1000万元，子公司数量放宽到3个，母公司和子公司合并注册资本放宽到3000万元。鼓励海洋企业实施并购重组，按规定积极落实企业重组相关税收优惠政策，制定土地、信贷等激励政策，对总部设在舟山群岛新区的企业实行“一企一策”激励措施。

（十七）抓好海洋产业重大项目。建立舟山群岛新区重点建设项目库，舟山群岛新区重点产业项目优先列入省重点项目计划，优先申报列入国家重点项目计划。对国务院审批或核准的固定资产投资项目，可以适当减免海域使用金；对纳税确有困难的，经批准可以减免城镇土地使用税。对省级以上重点项目，确有需要的，省里可以帮助协调解决融资担保再保等增信问题。省级涉海重大项目优先布局在舟山群岛新区。

六、健全海洋金融支撑体系

（十八）建立健全涉海金融机构。加快推动设立海洋发展银行、海洋开发保险公司和舟山船舶金融租赁公司等金融机构。放宽外资金融机构经营准入，支持符合资质要求的外资航运保险公司设立营业机构，允许符合条件的外资银行在舟山设立分支机构、依法经营人民币业务。建立大宗商品贸易结算中心，按规定开办跨境贸易结算、离岸金融业务、离岸服务外包业务。支持保险公司、保险组织在舟山群岛新区设立营业机构，开办航运保险、渔业保险等业务。积极引入和支持国内外大型金融企业在舟山群岛新区建立支持海洋经济发展的业务中心总部或分支机构。支持各类金融机构在舟山群岛新区设立或转型成服务海洋经济发展的专业性分支机构。在保持县（区）法人地位总体稳定的前提下，推动农村信用社、农村合作银行改制为农村商业银行，鼓励设立村镇银行，支持符合条件的小额贷款公司按照有关规定申请改制设立村镇银行。

（十九）推进金融产品和服务方式创新。实行更加开放的金融政策，创新发展大宗商品、航运等领域的金融产品。支持浙江舟山大宗商品交易所创新发展，开拓大宗商品交易品种，创新交易方式，逐步建立全国重要的大宗商品综合性交易中心。加大对舟山群岛新区建设的信贷支持力度，积极推动海域使用权抵押贷款、在建船舶抵押贷款等信贷产品创新，鼓励金融机构采取银行贷款等方式加大对海洋经济重点领域、重点项目、重点企业的融资支持力度，更多地吸引国内政策性贷款和国际贷款。联合国内外战略合作伙伴，设立舟山群岛新区基础设施建设基金。创新舟山群岛新区投融资体制，做大做强投融资平台，支持中央和省属国有企业参与舟山群岛新区基础设施等重点项目的投资建设。大力发展金融租赁、信托等非银行金融业务，支持企业利用多层次资本市场发展壮大，在境内外证券市场上市融资或到区域性股权交易市场挂牌开展股权、债权融资，支持企业发行私募债、集合债等债务融资工具。加大保险资金运用力度，创新海事责任保险，拓宽舟山群岛新区建设中长期直接融资渠道。支持民间资本发起或参与设立中小金融组织，组建专业性融资担保公司，开展涉海中小企业联保贷款试点。鼓励民间资本设立股权投资、创业风险投资等基金，支持中小企业创业创新。探索设立民间融资服务中心，建立民间融资备案管理制度，开展民间融资专业化管理，提供民间融资信息服务，加强对各类民间融资中介的管理与服务。加快推进社会信用体系建设，进一步完善中小企业信用信息数据库，持续深化并拓展中小企业信用体系试验区建设，积极推动信用评级的开展和应用。完善地方金融管理体制，强化日常监管，有效防范系统性风险和区域性风险。

七、保障用地用海和岸线有效利用

（二十）创新土地利用管理模式。规范推进陆海统筹试点和土地利用总体规划评估修改试点工作，合理调整土地利用规模、结构、布局和时序，结合实际积极探索节约集约用地、保护耕地的土地利用方式。适应舟山群岛新区建设需要，合理调整基本农田保护任务和布局，同步调减相应的标准农田保护任务。首期新增建设用地规模控制在80平方公里以内，严格按照土地利用总体规划组织建设。舟山群岛新区建设用地指标实行差别化管理，省新增建设用地指标重点保障对舟山群岛新区发展有重大影响的交通、能源、水利等基础设施建设项目，优先支持大宗商品中转储运、现代海洋产业和海洋资源综合开发利用等海洋经济重大项目用地。加大舟山群岛新区国家和省级重点基础设施项目耕地占补平衡跨区域统筹力度。国家级、省级重点建设项目及舟山群岛新区发展规划确定的建设项目，在立足自身实现占补平衡的基础上，实行省内统筹；经评估省域内确实不能平衡的，争取开展国家统筹补充耕地试点。支持舟山积极探索建设占用耕地“先挂后补”“渔耕结合”等耕地占补平衡新途径。

（二十一）加大用海用岛保障力度。修编海洋功能区划，实施海洋资源分类分级管理，推进海洋资源市场化配制改革。完善海域使用权、无居民海岛使用权登记管理制度，搭建海域、海岛使用权储备交易平台，实行经营性用海海域使用权招拍挂制度，探索建立海域、海岛使用权二级市场。开展凭海域使用权证书按程序办理项目基本建设手续工作，做好海域使用管理与土地管理衔接。合理安排围填海年度计划指标，优先保障舟山群岛新区项目建设用海。开展海岛资源综合调查，加强无居民海岛规划与管理，探索海岛综合保护开发模式。对集中连片开发使用海域的项目，鼓励编制实施区域建设用海规划，规划区的单宗用海项目在规划获批后可以简化用海审批程序。完善海域使用制度，规范征占用海程序，严格保护渔业生产和渔民权益。

（二十二）有序开发利用岸线资源。严格实施海洋功能区划，实行岸线分类指导与管理。优化岸线开发利用方案，坚持“深水深用”，促进“浅水深用”，鼓励公用码头建设。建立海洋资源统筹整合、统一管理、统一开发的体制机制，严格实施自然岸线利用阶段性开发限制，加强重要岸线的战略预留，加强海岛自然岸线保护和整治修复。杜绝圈占岸线等行为，严格控制海湾内填海造地等破坏自然岸线资源的活动。

八、强化海洋科技创新驱动

（二十三）加快海洋科技创新。以创建省级船舶装备高新区为核心载体，加大省级重大科技专项重点支持海洋科技园、创新引智园建设力度。省级船舶装备高新区可享受青山湖科技城发展扶持政策。开展科技体制创新、重点产业技术创新体系建设、人才培养引进使用综合试点，加快创新型企业和科技型中小企业发展。鼓励和引导金融资本参与海洋科技创新与产业化，形成多元化海洋科技投融资体系。

（二十四）优先发展海洋教育。由我省承担的国家教育体制改革试点和省级教育体制改革试点项目，适合舟山群岛新区参与的，均可试点，并享受相关政策。大力支持海洋类院校和学科专业建设，支持浙江大学舟山校区（浙江大学海洋学院）建设，支持浙江海洋学院发展，加快培育建设海洋类大学。支持引入国内外知名院校，设立面向外籍人士子女的国际学校，推进教育国际化发展，建设我国重要的海洋高级人才培养基地。支持办好浙江国际海运职业技术等涉海职业学校，筹建舟山技师学院，建设渔业专业技术、渔民转产转业培训和国际海员培养基地。完善教育经费保障机制，省对舟山群岛新区教育转移支付执行省对经济欠发达地区补助政策。

（二十五）打造海洋人才高地。省级重大人才工程、省“千人计划”、省级人才基地和载体等向舟山群岛新区倾斜，帮助推进和协调海洋经济人才和项目落户舟山群岛新区。继续实施省“百人计划”，加强舟山群岛新区人才内外交流和培训。指导和支持舟山群岛新区实施人才工作重点工程，建立海洋创新人才管理改革试验区。支持舟山群岛新区优先引进高层创业、高端创新、高级管理人才，确保一定比例的省海洋经济发展专项资金用于舟山群岛新区海洋人才和创新团队的培养引进。对引进国家级科研机构、国家重点高校、海外知名大学、世界500强企业的高级专业技术职称或博士学位等高层次人才，所支付的一次性住房补贴、安家费、科研启动经费等费用，符合国家规定的，可在计算企业所得税前扣除。在事业单位岗位中，允许适当提高海洋经济专业技术高级岗位的结构比例。扶持海洋人才在舟山群岛新区创业，对自主创新产品可实行政府首购或订购。深化工资收入分配制度改革，建立与舟山群岛新区经济发展相适应、有利于海内外人才引进的薪酬制度。

九、加强基础设施建设

（二十六）加快综合交通网建设。加大舟山群岛新区重大基础设施项目投资，完善跨部门、跨地区联动的投融资机制，集中财力办大事。进一步推进连岛通道建设，加强与上海、宁波快速便捷的陆岛交通联系。加快推进宁波—舟山港六横梅山疏港公路、岱山至舟山本岛疏港公路等项目建设，建成主要大岛环岛公路，规划研究宁波—舟山铁路、北向大通道、舟山本岛南部诸岛公路等。优化港口集疏运基础设施，加大国省道改造力度。对国省道干线公路的补助标准在原有标准基础上提高10%，对纳入国省道调整方案的县道养护按国省道标准执行，进一步研究和加大舟山群岛新区路网体系建设。建设大型专业化铁矿石、油品接卸及转运码头，支持符合条件的货主码头改建为公共码头。加强重要巷道、锚地、引航基地的规划建设，支持纳入国家基础设施规划。省级交通技改资金在同等条件下优先支持舟山船舶更新改造。加大对舟山群岛新区重要物流基地、乡镇以上客运站等交通项目建设补助力度。

（二十七）加快能源保障网建设。省里增加舟山群岛新区电力分配指标，提高舟山群岛新区能源保障能力。加快推进六横电厂、舟山电厂二期等电源工程建设，规划舟山电厂三期电源工程建设，完善独立海岛离网能源保障系统。规划建设LNG发电厂、LNG接收站及利用基础设施，支持舟山群岛新区建设长三角天然气储运交易中心。加快舟山500千伏网架和舟山与大陆高压联网第二通道建设，建设舟山岛—岱山岛—衢山岛—小洋山岛—泗礁岛的多端柔性直流输电工程，加快自动化、智能化配电网建设，提高对分布式电源的消纳能力。优先支持发展清洁能源项目，降低清洁能源开发利用成本。

（二十八）加快水资源利用网建设。实行最严格的水资源管理制度。统筹规划海岛水库、大陆引水和海水淡化工程，加快推进舟山大陆引水三期、嵊泗大陆引水工程等建设，建设一批岛际引水、本地蓄水、海水淡化中水回用和雨水利用等项目。大陆引水三期工程、重大海水淡化工程纳入省水资源保障百亿工程，省级资金按工程资本金的30%给予补助。建设海水淡化示范城市，开展海水淡化水进入市政供水系统试点，推进水资源节约保护和开发利用。

（二十九）加快海洋信息网建设。加强信息基础设施建设，打造无线城市。以交通、港航、物流、船舶、贸易、旅游、教育、医疗等为重点，推广物联网、云计算、智能终端等现代信息技术应用。支持三年内在舟山市区建成"数字城管"。建设海洋空间基础地理信息系统和海洋信息服务平台，构建海洋立体观测体系。抓好"智慧城市"建设示范试点，以信息化应用促产业发展，建设"智慧舟山"。

（三十）加快海洋防灾减灾网建设。开展气象、水文、地质、海洋灾害监测预警，推进监测资料共享，建立区域共同防范洪涝、台风、旱灾等自然灾害长效机制。开展海洋灾害风险评估与区划工作，加强标准海塘、标准渔港、避灾避难安置场所、救灾物资储备仓库、溢油应急设备库等基础设施建设。加快消防站点建设，强化石油化工等特殊行业消防安全工作。建设海事监管基地及海洋灾害应急辅助决策平台、海上搜救中心搜救应急信息平台等，加强动态监测网络与评价能力建设，提升海上安全生产、环境保障服务和应急救助能力。

十、保护海洋生态环境

（三十一）优先配置环境容量资源。支持舟山群岛新区加快发展，对单位GDP能耗指标和污染物排放总量指标实行差别化政策，下达舟山的节能减排目标任务给予适当倾斜。实行以环境质量为导向、以确保环境功能区达标为前提、有利于舟山群岛新区建设的污染物排放总量控制制度。充分发挥市场机制作用，进一步完善排污权交易制度，扎实推进排污权有偿使用和交易。重大建设项目要达到节能减排指标，力求达到行业领先水平。对重大项目建设优先保障排污总量指标采取一事一议原则，支持在企业集团内统筹解决，其他重大项目排污总量指标，由省内统筹解决。

（三十二）加强海洋保护与生态修复。加强自然岸线、岛礁海湾、海岛植被和海洋生态保护，对具备开发基础条件的重要海岛，强化开发建设过程中的保护，实现环境保护、水土保持设施与推进主体功能建设同步；对暂不开发的岛屿，科学规划生态保育模式，预留发展空间。加强领海基点海岛保护。实施重大海洋生态保育工程，实施水生生物资源养护、湿地保护与修复和海域生态保护计划，加大海洋自然保护区、海洋特别保护区等建设力度。对部分景区实行"轮休"或"限流"措施。大力实施舟山渔场振兴工程，优化休渔期制度和禁渔区制度，恢复舟山渔场渔业资源生成量。建设"绿色舟山""美丽海岛"，加快沿海基干林带建设和森林抚育，推进绿道网建设，加强各类工程建设绿化，支持创建国家森林城市、国家园林城市、国家环保模范城市、国家级海洋生态文明示范区。

（三十三）加强陆海污染综合防治。严格控制陆源污染物排海，推进陆海污染同步监督防治，在区域生态功能分区、陆域生态空间管制、岸线资源开发利用引导和产业空间准入的基础上，建立海域、陆域、岸线和产业"四位一体"的环境管理体系。加强涉海项目区域规划论证和海洋环境评价，加强固定资产投资项目节能评估审查，加大落后产能淘汰力度，推行清洁生产和循环经济，完善生态补偿机制。加强海岸（洋）工程、陆源入海排污口和船舶污染监督监测，严格控制船舶污染物排放，加快建设溢油风险防范体系、溢油应急中心和应急救援基地，优化油品码头空间布局，健全环境风险防范体系。建立和完善海洋环境立体监测、废弃物海洋倾倒监管、海洋自然灾害及海上突发事件响应等机制，推进涉海环境联合执法和跨行政区域海洋污染联合防治。建立区域大气污染及近岸海域环境质量联防联控体系。

十一、创新海岛社会管理

（三十四）推进城乡统筹发展。坚持走新型城市化道路，深入实施统筹城乡综合配套改革，着力破解城乡二元体制，加快形成城乡一体化制度体系。加快城市现代化建设，高起点修编和实施城市总体规划，突出海洋海岛特色，优化城乡空间布局，推进港口、产业与城市联动发展，加快地下空间开发利用，建设集约、智能、绿色、低碳的群岛型花园城市。围绕渔（农）村产权制度、户籍制度等重点领域，开展各类改革试点工作。加快推进农村土地、房屋等各类产权的确权登记颁证，积极引导确权后的产权交易流转，建立农村土地承包经营权、渔（农）村宅基地和集体建设用地产权交易平台和市场化流转办法。实施农村土地综合整治示范工程，加快农房改造示范村建设，以乡镇为单位，实行宅基地跨村使用。优化海岛城乡建设用地空间布局，合理有序开发利用低丘缓坡。支持特色农业精品化、专业化发展。扩大农村有效抵押物范围，探索开展农村住房产权和土地承包经营权抵押贷款试点，加大"三农"信贷投入。进一步放宽城镇落户政策，逐步建立取消农业户口和非农业户口的性质划分、以合法稳定住所或者合法稳定职业为基本条件、按经常居住地登记户口为基本形式的城乡统一的户籍管理制度，加快取消渔（农）业转移人口市民化的政策性、体制性障碍。完善渔（农）业经营管理体制机制，实现市场化、规模化、效益化。创新公共服务供给方式，提高供给能力和服务水平，促进城乡基本公共服务均等化，努力实现城镇基本公共服务常住人口全覆盖。

（三十五）保护和发展海洋文化。在舟山群岛新区建设过程中，要积极保护历史文脉，深度挖掘人文资源，加强海洋文化精品创作，努力打造一批具有鲜明时代特征、反映海洋文化特色的优秀文艺作品。加快建设提升博物馆、展览馆、影剧院等公共文化设施，大力发展旅游、节庆、会展、创意、运动休闲等文化产业，办好中国海洋文化节，创建全国文明城市，建设国内外知名的海洋文化名城。

（三十六）完善社会公共服务。加强民生保障，提高城乡居民就业和收入水平。支持创建国家级创业型城市，构建和谐劳动关系，逐步提高最低工资标准，确保到2020年实现地区生产总值、人均生产总值、城镇居民人均可支配收入、农村居民人均纯收入比2010年翻一番。建立全覆盖、保基本、多层次、可持续的社会保障体系，省级促进就业资金和城乡居民医疗保障补助资金加大对舟山群岛新区的转移支付力度。加强住房保障体系建设。深化医药卫生体制改革，制定实施有舟山群岛新区特色的健康发展战略和健康发展计划，提高全民健康水平。深入开展"网格化管理、组团式服务"工作，完善多元化矛盾化解机制和社会应急联动救助平台，改进沿海边防治安管理服务，推进社会治安防控体系建设，加强社会治安综合治理，建设平安舟山。

（三十七）推进军民融合式发展。科学统筹舟山群岛新区建设与国防海防建设，编制军民融合发展专项规划，建立健全军民融合发展长效协调机制，推进基础设施建设、保障体系、应急管理领域军民融合发展，加强科技研发、人才培养等领域军地交流合作与互促共赢，积极创建军民融合式发展示范区。

十二、加强组织协调

（三十八）注重统筹协调。浙江海洋经济发展示范区工作领导小组要把舟山群岛新区建设作为建设海洋经济强省的重中之重，协调解决舟山群岛新区建设中的重大事项。充分发挥浙江舟山群岛新区工作领导小组及办公室职能作用，每年定期召开会议，专题听取舟山群岛新区建设情况汇报，加大对重大问题的统筹协调、任务分工和督促考核。完善海洋经济统计监测制度，建立舟山群岛新区建设考核评价机制。加强与国务院有关部门的沟通衔接，建立省部际联席会议制度，研究提出国务院有关部门支持舟山群岛新区建设的具体措施，加强对舟山群岛新区建设的指导和支持。

（三十九）创新体制机制。积极争取国家赋予舟山群岛新区更多的先行先试政策，努力在对外开放、财政税收、用地用海、金融创新、产业发展、基础设施建设等方面取得进一步突破。加强地方立法，完善配套制度，推动和保障舟山群岛新区建设。舟山群岛新区要大胆改革创新，进一步推进海洋海岛开发开放综合配套改革试点，着力在提升对外开放层次、发展大宗商品国际储运中转加工交易、培育海洋新兴产业、推进海洋海岛综合保护开发、创新海洋综合管理体制等方面深化体制机制改革。国家和省重大体制机制改革优先在舟山群岛新区开展试点，支持舟山群岛新区探索海洋经济科学发展新路径，为实施海洋强国战略创造经验。

（四十）强化工作合力。省直各部门要把推进舟山群岛新区建设放到重要位置，根据国务院批复和本意见要求，按照职责分工，加大工作力度，改进工作作风，在资金安排、项目布局、体制创新等方面给予积极支持。各市要站在全局的高度，结合本市实际，创新工作思路，大力支持舟山群岛新区建设，有效促进海陆联动发展。宁波和舟山地域相邻、港口相通、人文相融，要全面加强两市深度合作，统筹港口建设管理、海洋产业发展、基础设施建设、生态环境保护等，建立有效的区域统筹发展机制，共同打造浙江海洋经济发展示范区的核心区。舟山市要充分发挥主观能动性，自力更生，奋发有为，积极探索有利于舟山群岛新区科学发展的体制机制，认真实施舟山群岛新区建设三年行动计划，扎实推进重大项目建设，全面落实各项工作任务。全省要加大对舟山群岛新区的宣传力度，鼓励社会各界积极参与舟山群岛新区建设，形成全社会支持舟山群岛新区发展的良好氛围。

省直有关部门要根据本意见要求，抓紧制定和完善具体的实施办法，举全省之力推进舟山群岛新区又好又快发展。

中共浙江省委　浙江省人民政府 关于全面实施"河长制" 进一步加强水环境治理工作的意见

（2013年11月15日　浙委发〔2013〕36号）

2003年以来，我省持续推进生态省建设，先后开展三轮"811"生态环保行动，全面加强水污染防治和水环境保护，全省水质总体稳定向好。同时，也要清醒地看到，我省主要水系的部分河段水环境污染问题仍然突出，平原河网和近岸海域污染严重，一些城乡河道存在脏乱差现象，直接影响广大人民群众的生产生活。为进一步加强我省水环境治理，全面改善水环境，加快推进转型升级，促进经济持续健康发展和社会和谐稳定，特提出如下意见。

一、加强水环境治理工作的总体要求

（一）指导思想。以邓小平理论、"三个代表"重要思想、科学发展观为指导，牢固树立生态文明理念，以建设生态浙江、美丽浙江为目标，以保障人民群众身体健康为出发点，按照安全饮水、科学调水、有效节水、治理污水的要求，坚持城乡统筹、区域协作、陆海联动，坚持依法治水、科学治水、全民治水，全面实施“河长制”，认真落实各级党委、政府的环境保护责任，动员全社会参与水环境治理，建立健全水环境保护长效机制，持续改善水环境质量、维护水生态安全，以治水为突破口推进转型升级，为建设物质富裕精神富有现代化浙江提供坚实的环境保障。

（二）工作目标。经过5年努力，全省主要水污染物排放总量明显下降，地表水环境质量明显改善，饮用水水源地水质基本达标，垃圾河、黑臭河全面消除，人民群众满意度明显提高。到2017年，全省Ⅰ～Ⅲ类水质断面比例比2012年提高5个百分点；劣Ⅴ类水质断面比例下降5个百分点，其中平原河网劣Ⅴ类水质断面减少30%；八大流域跨市、县（市、区）交接断面消除劣Ⅴ类水质，全省交接断面水质达标率提高5个百分点。

二、实行最严格的水环境保护制度，全面提升环境标准和监管水平

（三）严格环境准入。按照空间、总量、项目“三位一体”环境准入制度，进一步细化环境准入要求，严格环境准入标准。严守生态红线，对饮用水水源保护区、自然保护区等重要生态敏感区依法实施强制性保护。严格控制高耗能、重污染产业的发展，凡不符合环境功能区准入要求的建设项目一律不得审批。严格执行建设项目环评审批与区域环境质量、污染减排绩效挂钩制度，实行“以新带老”、“增产减污”和“区域削减替代”的总量平衡政策和替代削减标准。建设项目不符合排污总量削减、替代比例或准入条件的，一律不予批准建设。

（四）严格水污染物排放标准。严格执行国家环保标准，确保污染物稳定达标排放，适时提高重点流域环保标准。根据生态环境承载能力状况，确定污染控制重点地区，分流域、分行业制订和实施针对化学需氧量、氨氮、总氮、总磷的特别排放限值。严格落实太湖流域水污染物特别排放限值，钱塘江流域、其他六大流域、全省所有地区分别于2014年底前、2015年底前、2016年底前，全面实施制浆造纸、电镀、羽绒、合成革与人造革、发酵类制药、化学合成类制药、提取类制药、中药类制药、生物工程类制药、混装制剂类制药、杂环类农药等行业水污染物特别排放限值。

（五）严格环境执法监管。实行最严格的水环境监管制度。坚持对环境违法行为实行“零容忍”，进一步加大环境行政处罚力度，建立健全严格高效的环境监管体系和执法网络。各级各有关部门要依法加强监管，综合运用经济处罚、挂牌督办、区域限批、限期治理、行政约谈等手段，从严从重打击各类环境违法行为。创新行政监管方式，畅通信访举报渠道，注重环境信访与执法联动，推进行政处罚信息公开，建立健全舆情监控和应对机制。强化行政机关与司法机关的协作配合及监督制约，加强行政执法与刑事司法衔接，深化环保公安联动执法机制，完善环保非诉案件执行机制，积极开展环境公益诉讼，建立健全环境司法检验鉴定和环境损害评估机制。依照破坏环境资源保护罪的刑事立法和司法解释，切实加大对涉嫌违法犯罪行为的打击力度，综合运用行政、民事、刑事手段，遏制环境违法行为高发现象。充分利用现代信息技术提高环境监控能力，推进污染源在线设施强制检定和数据超标依法处罚工作。推进污染源在线监测系统建设，到2017年，90%以上的省控重点污染源建成在线监测系统。开展河道监控信息系统建设，充分利用地表水质自动监控系统，加强河道水质监控。

三、加快环保基础设施建设，提高水环境治理能力

（六）着力提高城镇污水处理效率。继续加强城镇污水处理厂建设，加快污水收集管网特别是支线管网建设，积极推进雨污分流，全面封堵违法排污口，进一步提高城镇污水收集率和城镇污水处理厂的负荷水平。到2015年，设区城市、县以上城市污水处理率分别达到92%、88%，建制镇污水处理率达到45%以上，实现乡镇污水处理设施全覆盖；到2017年，设区城市、县以上城市污水处理率分别达到95%、90%，建制镇污水处理率达到60%。坚持“一厂一策”，加快推进污水处理设施提标改造。到2015年，太湖流域、钱塘江流域污水处理厂出水水质执行一级A标准，其他流域污水处理厂执行一级B标准；到2017年，所有污水处理厂执行一级A标准。加强重点行业取水定额管理，提高工业企业用水效率，到2017年，印染企业重复用水率达到40%以上，其中非棉项目重复用水率达到55%以上，造纸企业综合废水重复利用率达到65%以上。加强污水处理设施运行管理，积极推行第三方运营模式，提高污水处理厂专业化管理水平。加强进出水监管，有效提高污水处理厂纳管达标率和出水达标率。

（七）全面推进农村生活污染治理。深入开展“美丽乡村”“四边三化”“三改一拆”“双清”行动，积极推进村庄环境综合整治。以治理农村生活污水、垃圾为重点，深入推进农村环境连片整治。因地制宜选择适用的生活污水治理模式，提升农村生活污水治理效率。邻近城镇、条件适合的村庄，要积极纳入城镇污水处理厂集中处理。不具备纳入城镇污水处理厂集中处理条件的村庄，要因村制宜建设村域生态化污水治理设施，或采取联户式、分户式处理生活污水，到2017年，农村生活污水治理行政村覆盖率达到90%以上，农户受益率达到60%以上。加强对河道、池塘、沟渠周边及水面垃圾的清理，建立健全环境卫生长效管理机制，积极探索农村垃圾减量化、资源化处理的有效途径，全面实现农村生活垃圾日产日清。

（八）切实加强危险废物和污泥处置监管。建立危险废物和污泥产生、运输、储存、处置全过程监管体系，实现源头管理精细化、贮存转运规范化、过程监管信息化、设施布局科学化、利用处置无害化。严格落实企业主体责任和行政主管部门监管责任，推进企业危险废物和污泥无害化处置。建成一批危险

废物填埋场，改扩建一批焚烧处置设施。到2017年，危险废物年处置能力新增25万吨，工业危险废物无害化利用处置率达到90%以上。以县以上城市污水处理厂和制革、印染、造纸产业集聚区为重点，合理布局、加快建设污泥集中处置设施，到2017年，污泥无害化处置率达到95%以上。

四、深入推进重污染行业整治提升，促进产业转型升级

（九）全面整治重污染行业。严格执行重污染高耗能行业整治提升标准，按照关停淘汰一批、整合入园一批、规范提升一批的要求，坚持以治促调、有保有压、腾笼换鸟，深入推进重污染行业整治提升，加快实现行业结构合理化、区域布局集聚化、企业生产清洁化、环保管理规范化、执法监管常态化。大力推进铅蓄电池、电镀、化工、印染、造纸、制革等重污染行业整治，到2015年，全面完成重污染高耗能行业整治提升任务。各地要从实际出发，加大区域内其他重污染高耗能行业整治力度。同时，开展对水环境影响较大的“低、小、散”落后企业、加工点、作坊的专项整治。

（十）加快淘汰落后生产能力。严格执行国家和省落后生产能力淘汰指导目录、《浙江省淘汰落后产能规划（2013～2017年）》。适时修订发布《浙江省淘汰落后生产能力指导目录》。各地要在国家、省定标准基础上，制订行业范围更宽、要求更严的淘汰落后生产能力标准，坚决关闭能耗高、污染重、治理无望的企业和生产线。根据区域产业结构调整的需要，逐步淘汰一批不具有能源资源节约和环保优势、产品附加值较低、相对落后的生产能力。

（十一）完善产业转型升级倒逼机制。坚持标准先行、执法跟进、问责到位，切实加强对重污染企业的监管，不断巩固深化整治成果，严防污染反弹。对废水超过纳管排放标准排入污水处理厂的企业，一律责令限期治理；对废水没有达标、直接向环境排放的企业，一律停产整治；对没有污水处理设施、也没有接入排污管网的企业，一律关停；对违法排污、严重超标排放的企业，一律按最高限额进行处罚；对涉嫌环境犯罪的，一律由司法机关依法追究刑事责任。以纳税工业企业吨排污权指标为主要评价标准，综合考虑用地、用电、用水、能耗等因素，对重污染行业产业转型升级进行量化考核、综合排序和分行业排序，对排名靠后的企业依法实施综合整治措施，倒逼转型升级。

五、大力发展高效生态农业，全面加强农业面源污染防治

（十二）着力加强种植业污染防治。大力发展生态循环农业，开展农业废弃物资源化利用。加快推广应用测土配方施肥技术，引导农民科学施肥，鼓励施用有机肥，减少农田化肥氮磷流失，到2017年，商品有机肥施用量比2012年增加30%以上，化肥施用量逐年下降。大力推广运用病虫害绿色防治和精准施药等技术，引导农民使用生物农药或高效、低毒、低残留农药，切实降低农药对土壤和水环境的影响，到2017年，化学农药使用量比2012年减少10%以上。健全化肥、农药销售登记备案制度，建立农药废弃包装物和废弃农膜回收处理体系。

（十三）扎实推进畜禽养殖污染减排。调整优化畜牧业布局，大力发展农牧紧密结合的生态畜牧业，实行畜禽养殖区域和污染物排放总量控制，促进畜牧业转型升级。严格执行禁养区、限养区制度，以规模化养殖场（小区）为重点，加快推进污染减排重点工程建设，加强养殖密集区污染防治，鼓励和引导养殖专业户适度集约化经营，推行养殖废弃物统一收集、集中处理。结合“三改一拆”，依法限期拆除“低、小、散、乱”养殖场（棚）。到2015年，全省生猪饲养量减少400万头，其中嘉兴市、衢州市分别调减生猪饲养量45%和15%。

（十四）加强水产养殖污染防治。坚持生态优先，加快现代生态渔业建设，着力构建环境友好型的水产养殖业。按照不同养殖区域的生态环境状况、水体功能和水体承载能力，科学划定禁养区、限养区，确定合理的养殖种类、容量和方式，严格控制水库、湖泊和滩涂养殖规模。开展山塘水库生态循环养殖和土著鱼类资源增殖与养护，恢复生物多样性。开展水产养殖集中区域水环境检测工作。深化水产养殖水污染治理，全面开展渔业养殖园区和特种水产养殖场养殖尾水污染治理，大力推广配合饲料养殖，全面整治投喂冰冻海水小杂鱼等严重污染环境的养殖方式。到2017年，普及推广稻鱼共生、稻鱼轮作等生态养殖面积50万亩，开展水产养殖废水治理的规模水产养殖场面积达到50万亩，山塘水库洁水渔业面积达到100万亩。

六、扎实推进河道综合整治，加大水生态修复力度

（十五）实施河道综合整治。继续深入实施万里清水河道建设和中小河流治理，加大河湖水系连通及水生态保护与修复力度，开展河道生态示范工程建设，加强平原淤积河道清淤工作，建立河道淤积情况监测和清淤长效机制。按照引得进、流得动、排得出的要求，增强水体流动性，提高水环境承载能力，构建良好的水生态系统。到2017年，新增河道整治8000公里，治理中小河流1000公里，其中列入国家中小河流治理重点县试点规划的21个县（市、区）、200个乡镇、2600个村的农村河道整治全面完成，平原河网全面清淤一遍，农村区域水环境显著改善。以浦阳江水环境综合治理为示范，加快推进金华江、东阳江、鳌江、运河等主要污染河段的污染整治。全面清除河道内堆积的废弃物，恢复河道功能。加强河道采砂管理，全面取缔非法采砂行为，修订县（市、区）河道采砂管理规划，对影响饮用水水源保护和重要水生态功能的河道全部实行禁采。建立河道保洁长效管理机制，到2014年底，全省河道保洁基本实现全覆盖。

（十六）实行最严格水资源管理制度。进一步优化水资源配置，强化水资源和水域保护，严格执行水资源开发利用控制、用水效率控制和水功能区限制纳污3条红线，构建水资源合理配置和高效利用体系。到2015年，全省用水总量控制在229亿立方米以内，万元GDP用水量和万元工业增加值用水量较

2010年平均每年下降5.4%，农业灌溉水有效利用系数提高到0.58以上。积极开展节水型社会建设标准化市、县（市、区）创建活动，到2015年，全省三分之一的县（市、区）基本达到节水型社会建设标准。

（十七）加强船舶污染防治。加快取缔各类挂桨机船舶，所有机动船舶要按有关标准配备污染防治设备。港口和码头等船舶集中停泊区域，要按有关规范配置船舶含油污水、垃圾的接收存储设施，建立健全含油污水、垃圾接收、转运和处理机制，做到含油污水、垃圾严格按照规定实施接收处理。大力整治建筑行业泥浆运输，禁止泥浆排入河道。

（十八）加强近岸海域污染治理。坚持陆海统筹，加强近岸海域污染综合防治，从源头上有效控制陆源污染排放，强化海域污染监控和港口污染治理，有效遏制海洋生态环境恶化趋势。全面加强杭州湾、乐清湾等重要海湾的污染治理。加快建立海洋生态补偿和生态损害赔偿制度，加强渔业资源保护，开展海洋生态修复工程，推进海洋保护区建设，切实提升海洋环境风险处置能力。合理开发和科学利用滩涂资源，切实加强滩涂围垦区水环境保护。

（十九）加强湖泊和湿地生态保护。开展重点湖库生物资源调查和生态环境安全评估，按照“一湖一策”的要求，制订实施水环境保护和水生态系统修复规划。积极争取水质良好湖库国家试点政策，大力推进重点湖库的生态环境保护。主要饮用水水源和其他重要湖库的入湖库河口要因地制宜建设湿地处理系统，降低入湖库氮磷总量。湖滨带全面开展生态修复。积极推进水环境生物修复保护，在江河湖库开展水生生物的增殖放流，提高水体自身净化调节功能。贯彻实施《浙江省湿地保护条例》，加强对滨海、河流、湖泊、溪源、高山湿地等重要湿地的保护，遏制湿地面积萎缩和功能退化的趋势。加大水系源头的湿地保护和生态公益林抚育力度，加强溪源湿地和高山沼泽湿地的保护和植被恢复。

七、切实加强饮用水水源保护，确保城乡居民饮水安全

（二十）严格饮用水水源保护。科学划定饮用水水源保护区。坚决取缔饮用水水源一级保护区内所有与供水设施和水源保护无关的建设项目，禁止一切可能污染饮用水水源的活动。坚决取缔二级保护区内所有违法建设项目。严格控制水源地上游及周边地区的开发活动，杜绝水源保护区内违法网箱养殖、渔业养殖、农家乐等活动，严厉打击水源保护区内一切威胁水质安全的违法行为。

（二十一）全面推进合格规范饮用水水源保护区创建。严格排查饮用水水源地安全隐患，到2013年底，全面完成饮用水水源污染隐患整治。全面推进饮用水水源集雨区范围生产生活污水和垃圾治理，积极引导支持饮用水水源保护区范围内农民下山脱贫或生态移民。深入开展污染防治，积极开展水源地生态保护与修复，加快推进合格规范饮用水水源创建，到2015年，全省所有集中式饮用水水源地全面完成合格规范饮用水水源创建工作。

（二十二）加强饮用水水源地环境应急预警。完善饮用水水源预警监测自动站建设和运行管理，加快形成全天候实时监测的水环境质量监控体系。强化饮用水水源保护区环境应急管理，饮用水水源上游及周边生产、使用有毒有害化学品的企业必须制订应急预案，建设事故应急池，配备应急物资。积极推进城市应急备用饮用水水源地建设。加强对道路水路危险化学品运输安全管理，落实饮用水水源保护区及周边沿线公路等必要的隔离和防护设施建设。强化跨区域跨部门联合预警，建立联动应急预案和响应机制，定期组织开展演练，全面提升饮用水水源保护应急保障和处置能力。

八、全面实施“河长制”，强化水环境治理工作保障

（二十三）加强组织领导。各级党委、政府要把水环境治理摆到更加突出的位置，切实加强领导、落实责任、完善措施，扎实推进各项工作。各级政府对本行政区内的水环境质量负总责，要抓紧制订本地区水环境治理的具体实施方案，明确工作目标和主要任务，建立健全目标责任制和工作推进机制。各级人大及其常委会、政协要积极支持、监督水环境治理工作。各级宣传、农办、发展改革、经济信息、科技、公安、财政、国土资源、环保、建设、交通运输、水利、农业、林业、卫生、工商、海洋与渔业、旅游、物价、海事等部门要各负其责，密切配合，协同推进水环境治理工作。

（二十四）全面实施“河长制”。依据河道分级情况，建立省级、市级、县级、乡（镇）级河长体系，到2013年底，实现“河长制”全覆盖。其中，钱塘江、瓯江、曹娥江、苕溪、飞云江、运河等跨设区市的水系，由省领导担任河长，省直有关部门负责具体联系，有关市、县（市、区）政府为责任主体。各级河长负责牵头推进所包干河道水系水环境治理的重点工作，强化督促检查，确保完成各项目标任务。各级河长的名单要在主要新闻媒体上公布，接受社会监督。切实加强对“河长制”实施工作的组织协调，并按照目标责任制的要求严格考核，考核结果纳入生态建设工作年度考核，并作为对领导班子和领导干部综合考核评价的重要依据。

（二十五）健全工作机制。完善水污染防治相关法规规章，加大依法监管力度。切实加强基层环境执法监管力量，积极开展乡镇综合执法试点。强化水环境治理的区域、流域协作机制，充分调动上下游和相关地区共同保护水环境的积极性。严格执行污水处理收费政策，逐步提高污水处理收费标准。加强环境资源配置量化管理，严格排污许可证管理，深入推进排污权有偿使用和交易，全面实施企业刷卡排污总量控制和产业转型升级排污总量控制激励制度，促进环境资源市场化配置。严格执行水资源论证和取水许可制度，依法足额征收水资源费，鼓励企业开展中水回用。对高污染、高耗能、高耗水行业实行

差别电价、水价。进一步完善生态补偿和污染赔偿机制。建立问责和奖惩机制，严格督查考核，全面落实跨行政区域河流交接断面水质目标管理考核制度。积极推进水环境治理产业化、市场化，引导和鼓励社会资本参与水环境治理，投资污水、垃圾、污泥处理等环保基础设施建设和运营。

（二十六）强化要素保障。各级政府要把环境保护作为公共财政支出的重点，按照保证环保投入增长幅度高于经济增长速度的要求，进一步加大对水环境治理的财政支持力度。加大省级财政投入力度，持续加大省级生态环保财力转移支付资金投入，加强对各类生态环保专项资金的整合，引导资金投入向水环境治理倾斜。强化环保基础设施建设用地保障。加强水污染防治和水环境保护领域的科研攻关，重点抓好农村污水治理、饮用水安全保障、面源污染控制、湖库富营养化控制、生态修复等方面技术的研究和推广。大力发展环保产业，加快培育一批环保特色产业基地，为水环境治理提供产业支撑。

（二十七）动员全民参与。充分发挥新闻舆论的引导和监督作用，报刊、广播、电视、网络等新闻媒体要广泛持久地开展多层次、多形式的生态文明建设宣传教育活动，加强对先进典型的总结和推广，形成推进共建共享生态文明的良好氛围。引导企业履行社会责任，自觉防治污染，积极推行清洁生产，大力发展循环经济。积极培育发展民间环保组织和环保志愿者队伍，充分发挥其在加强环境宣传教育、开展环境公益服务、维护公众环境权益等方面的积极作用。进一步增强社会各界和人民群众投身水环境治理的责任意识、参与意识，形成全社会关心、支持、参与和监督水环境治理的良好氛围。

附件：浙江省“河长制”实施方案（略）

中共浙江省委办公厅　浙江省人民政府办公厅
关于切实做好党政机关厉行节约工作的通知

（2013 年 6 月 9 日　浙委办发〔2013〕45 号）

各市、县（市、区）党委和人民政府，省直属各单位：

为深入贯彻落实中央和省委、省政府关于厉行勤俭节约、反对铺张浪费的有关要求，大力弘扬艰苦奋斗的优良传统，经省委、省政府同意，现就进一步做好我省党政机关厉行节约工作通知如下：

一、认清形势，统一思想，深刻领会厉行节约工作的重大意义

认真贯彻落实党政机关厉行节约要求，是保持我省经济社会又好又快发展的客观需要，也是加强党风廉政建设、密切党群干群关系、维护党和政府良好形象的必然要求。当前，我省正处于深入实施“八八战略”，加快建设物质富裕精神富有现代化浙江和干好“一三五”、实现“四翻番”，坚定不移推进经济转型升级的重要时期，进一步做好厉行节约工作显得尤为重要和紧迫。全省各级党政机关要自觉把思想和行动统一到中央和省委、省政府的部署要求上来，进一步增强责任感和紧迫感，从讲纪律、赢民心的高度，维护好发展好当前政通人和、风清气正的好局面；要把反对浪费作为执政为民的重要抓手，切实做好厉行节约工作，使有限的财政资金发挥最大效益。

二、明确目标，狠抓落实，加大推进厉行节约工作的执行力度

在保证工作任务不减、工作质量不降的前提下，压减行政支出，降低行政成本。

（一）政府性的楼堂馆所一律不得新批新建。严格控制政府自身建设投入，政府性的楼堂馆所一律不得新批新建，已批在建的要严格控制投资规模，不得突破预算，严禁超标准装修。继续从严控制机关办公楼等维修改造，确实需要的，应严格履行审批程序，严格执行国家有关标准。做好项目全过程监管，落实节能设计评审，强化工程造价和投资控制，从严控制概算调整，规范项目竣工决算管理。严禁对办公楼及附属设施进行豪华装修，严肃查处各种违规建设行为。部分单位办公用房紧缺的，要尽量通过盘活存量、调剂余缺解决。

（二）确保财政供养的人员只减不增。严格控制行政机构设置和行政编制，各地不得突破省下达的行政编制总额，不得自定用于党政机关的编制或各类专项编制。加强和规范事业单位机构编制管理。结合事业单位分类改革，按照控制总量、盘活存量、优化结构、有减有增原则，充分挖掘现有人员编制潜力，保障公共服务基本需求。严肃机构编制纪律，严禁越权审批机构、擅自提高机构规格；严禁超编进人、超职数和超机构规格配备领导干部；严禁上级业务部门干预下级机构设置和编制配备。强化机构编制管理与组织人事管理、财政预算管理等综合约束机制。全面实行机构编制实名制管理，严格编制使用制度，优化编制资源配置，用好用活现有编制资源，工作任务增加部门所需编制主要通过内部整合调剂解决。

（三）确保“三公”经费只减不增。加强因公出国（境）费、公务接待费、公务用车购置及运行费的管理和控制，确保“三公”经费只减不增。

1. 压缩因公出国（境）经费支出。从严控制因公出国（境）团组数和人数，严格审批，坚决制止组织无实质内容的出访团组或出席一般性国(境)外国际会议和论坛。严禁借考察、学习、培训、研讨、招商、参展等名义用公款变相出国(境)旅游。不得接受或变相接受企事业单位资助,或向下级机关和下属单位摊派、转嫁费用。严格执行出国(境)费用报销程序、范围和标准,凡超出报销范围的开支一律由个人承担。

2. 控制公务用车经费支出。严格公务用车编制和配置标准管理,对事业单位公务用车逐步实行编制管理。建立完善对购车实行数量和经费"双重控制"的工作机制,严禁超编制、超标准配车。进一步完善和加强公务用车使用管理,实行定点加油、定点维修、定点保险,不得对公务用车进行豪华装饰,努力降低运行成本。做好公务用车政府采购工作,在不造成浪费的前提下逐步替换成国产品牌汽车,努力降低购置和维修成本。

3. 减少公务接待费用支出。进一步规范公务接待管理,建立健全管理制度,明确接待规范和标准。严格执行公务接待定点接待制度,有食堂的部门公务接待一般应安排在机关食堂,按标准实行工作餐,不得提高接待标准。不得以会议和培训等名义列支、转移公务接待费用,不得向下级单位或其他关联单位转嫁接待费用。

(四)严格执行各项开支标准。进一步制定和完善基本支出、项目支出等各项支出标准,健全各项资产配置标准,有开支标准的项目必须严格执行既定标准。严格按照标准核拨人员经费和公用经费。严格执行"三公"经费和会议费等行政经费开支标准,没有按规定编制预算的经费,预算不予安排。公务接待费预算必须明确并按照接待对象、人数、批次和经费标准编制。因公出国(境)费严格实施经费与组团双控工作机制,经费预算必须明确并按照工作任务、出访地、人数、时间和经费标准编制。公务用车购置及运行费预算必须明确并按照公务用车编制、实有车辆、购置原因以及购置标准、车均运行经费标准编制。会议费预算要严格按照会议分类档次、人数、时间和开支标准编制。各类培训预算要严格按参加培训的人数、天数、开支标准编制,不得向参训人员收取培训费、资料费等费用。国内因公出差的,必须严格执行差旅费开支标准,超过标准的部分由个人承担。

(五)加强资产配置使用管理。进一步规范和加强资产配置、使用和处置管理,实现资产管理与预算管理、财务管理和政府采购相结合。资产配置应经济适用,严格执行有关标准,无特殊工作需要,不得超标准配置资产。凡是能通过调剂方式解决的,原则上不得购置。对于配置计划内的资产,应纳入政府采购管理。健全账卡管理、档案管理等日常管理制度,建立资产年度决算报告制度,在决算报告中全面反映资产配置、使用和处置等情况。资产处置应当与资产配置、使用和回收利用相结合,逐步建立资产共享、循环利用机制。严格资产处置、出租申报审批手续,未经批准不得自行处置和出租。资产出租收入、处置收入严格按照政府非税收入和国家有关规定管理。

(六)大力推进信息工程共建共享。把推进信息工程共建共享作为信息化建设的重点,按照资源共享、业务协同、安全可靠、节省资金的要求,健全信息化规划体系,加强对政府投资信息化建设项目的管理,积极推进党政机关信息化大平台建设,实行一个平台各家共用共享机制,降低建设和运行成本,切实提高设施设备利用率和资金使用效益,防止重复建设。

(七)严格控制一般性支出。与公共活动无关的经费一律不得开支。从严控制会议规模、规格,加强对会议的统筹,多采用网络视频会议方式召开,尽量压缩会期,会议现场要简朴。大力精简文件简报,法律法规和党内法规已有明确规定的,以及现行文件规定仍然适用的,不再发文;可发可不发的文件,一律不发。大力节约水电油费用的支出,积极开展节能节水改造,推行资源消耗定额管理。节约办公耗材,规范办公用品的采购、配备、使用管理。节约用粮,做好机关食堂及所属单位餐厅的节约粮食工作。认真落实中央和省委、省政府有关规定,继续清理规范并从严控制庆典、论坛、节会和评比、达标、表彰等活动,严格申报审批制度。对批准开展的,要严格规范实施,坚持勤俭节约,不得以各种名目乱收费、乱摊派,不得以开展活动为由滥发钱物,不得滥用财政资金举办活动搞"形象工程"。

(八)深化预算改革和绩效管理。继续深化预算管理改革,提高财政资金使用绩效。完善全口径预算制度,细化预算编制,严格审核各项支出预算。加大专项资金的清理整合力度,积极推进专项性一般转移支付改革,加大资金统筹力度。全面推进国库集中支付制度,健全预算执行动态监控体系。进一步推进公务卡制度改革,全面推行公务卡强制结算目录制度,扩大公务卡结算范围,规范公务支出。深化政府采购制度改革,拓宽政府采购范围,扩大政府采购规模,切实节约行政开支。建立覆盖全部政府性资金、贯穿全过程的监督机制,推进预算绩效管理,强化预算绩效目标,申请项目资金预算必须提出项目应达到的绩效目标,无绩效的项目一律不得安排预算。扩大绩效跟踪和评价范围,逐步开展部门(单位)支出管理整体绩效评价,加强绩效管理结果应用。积极稳妥推进包括"三公"经费在内的财政预决算信息公开,主动接受社会监督。

三、加强领导,精心组织,确保厉行节约各项政策落到实处

各地各单位要结合实际,认真抓好本通知的贯彻落实。各级党委、政府要对厉行节约工作负总责,各级纪检监察机关和机构编制、发展改革、经济和信息化、财政、人力社保、审计、外事、机关事务管理等部门要按照职能,明确责任,履职尽责,协调配合,形成齐抓共管合力。有关部门要健全管理机制,进一步细化政策措施,完善厉行节约的各项规章制度,按制度办事、靠制度管人,从源头上防止资源浪费,降低行政成本。要强化督查,加大对厉行节约工作的监督检查力度,对违反规定的,要依据有关法律法规和党纪政纪,严肃追究主要领导、分管领导和直接责任人的责任。

全省财政地税工作会议精神

深化财税体制改革　建立现代财政制度（摘要）

浙江省省长　李　强

一、上年"生财、聚财、用财"的文章做得很好，要一以贯之地做深做透

尽管过去的一年国内外经济形势比较复杂严峻，财税工作难度也比较大，广大财税干部牢牢坚持"促进发展、保障民生、科学理财、加强监管"的理财观，"生财、聚财、用财"三篇文章做得实、稳、优，可圈可点，突出表现在三个方面：

一是财力持续增长，结构持续优化。2013 年，全省财政总收入 6908 亿元，增长 7.8%；其中公共财政预算收入 3797 亿元，增长 10.3%，公共财政预算收入占财政总收入比重为 55%，提高 1.3 个百分点，可用财力"蛋糕"持续做大。全省税收收入 3546 亿元，占公共财政预算收入比重为 93.4%，继续位居全国前列。全省公共财政预算支出 4731 亿元，增长 13.7%；新增财力用于民生支出的比重继续保持在 2/3 以上。

二是改革不断深入，绩效不断提高。大力推进财税体制机制创新，深化专项性一般转移支付改革，积极探索财政资金竞争性分配改革。按照"亩产论英雄"理念，开展城镇土地使用税政策调整试点，借助财税杠杆促进要素资源集约节约利用。顺利完成"营改增"扩大试点，持续深化行政审批制度改革，地税系统行政审批事项由 122 项减少到 16 项，省级地税部门实现了非行政许可项目"零审批"。

三是服务更加有力，作风更加过硬。全省改革重点在哪里，财税职能就跟到哪里。大力支持"四大国家战略举措"、创新驱动发展、"四换三名"、治水治污、"三改一拆"、"四边三化"、浙商回归、十方面民生实事等重大部署。争取中央基建投资资金 42 亿元、地方政府债券 143 亿元；实施结构性减税和清费减负政策，累计为企业减负 150 亿元；生态公益林最低补偿标准提高到每亩 25 元；全省地税系统（不含宁波）落实高新技术企业所得税优惠 26 亿元，落实研发费加计扣除 58 亿元。可以讲，转型升级"组合拳"的一招一式，都看得到财税的"影子"，听得到财税的"声音"。特别是直面"四风"问题，先后出台了一系列"三公"经费管理制度，全省"三公"经费支出下降 15%。

这些成绩的取得，离不开各级党委政府的坚强领导，离不开各地、各有关部门的大力配合，更离不开广大财税干部的扎实工作。在此，我代表省委省政府向大家表示衷心的感谢！希望广大财税系统再接再厉，继续坚持科学的理财观，继续保持良好的精神状态，紧密结合今年中央改革精神和我省改革重点，认真总结好经验好做法，及时加以创新提升，尤其是对于看准了的举措，要加快落实到制度上，以此找准财税改革的撬动点，把"生财、聚财、用财"三篇文章做得更好，为全面深化改革提供有力的制度保障和财力保障。

二、财税改革牵一发动全身，必须统筹兼顾、协同推进

财税改革在改革全局中起着基础性和支撑性的作用，牵一发而动全身，与其他改革都息息相关。三中全会强调，要完善立法、明确事权、改革税制、稳定税负、透明预算、提高效率，建立现代财政制度，改革预算管理制度，建立事权与支出责任相适应的制度。这些要求包含着丰富的内容，事关一系列改革中的攻坚克难和协调配套问题。各级党委政府的"一把手"和财税部门的"操盘手"，要转变传统思维"惯性"，强化统筹兼顾、协同推进的理念，把握好五对关系。

一是政府和市场的关系。当前，财税运行面临的一大问题就是，财政作用的"万能化"，财政支出责任的"无限化"。比如，有的地方以"保增长"为由，把财政资金和财税政策作为刺激经济的"灵丹妙药"和"万能钥匙"；有的地方以"惠民生"为由，相互攀比，不切实际地提高标准，将准公共产品甚至私人产品当成公共产品来提供；有的地方以"保稳定"为由，无论是自然灾害造成的损失，还是责任事故造成的赔偿，不管分内分外、不分青红皂白，都要财政来兜底。这些现象根子在于政府职能边界不清，习惯"大包大揽"，客观上给财税平稳健康运行带来很大压力。要吃透三中全会精神，权衡好政府的"宽度"和市场的"广度"，划清"为"与"不为"的边界，把市场和政府的作用结合起来，坚持财税的公共性、公平性、普惠性，把着力点放到完善财税政策、提供公共产品、优化发展环境上来，更多地运用经济手段、法律手段来调节生产关系，推动经济更有效率、更加公平、更可持续，切实把"支出责任无限化"关进"理性财政"的笼子里，真正把该管的事管住管好。

二是当前和长远的关系。财税要稳健，必须瞻前顾后，算好当前账和长远账。特别是在座的市县长们主政一方，不能光自己红红火火，给后任留一屁股烂账，几年甚至十几年缓不过

气来。因此，我们做决策、办事情，先要问一问三个问题。一问：收入是不是可持续？我们不能为了追求短期的高增长，把筹码全部押在房地产上，过分依赖“土地财政”，更不能做杀鸡取卵的事，去收“过头税”。要坚决杜绝“寅吃卯粮”、转引税款、虚收空转等违法行为，注重培育稳定、优质、广泛的税源，建立可持续的收入结构和增长模式。二问：支出能不能承受？欧洲一些国家“高福利、高债务”模式，超出了生产力发展水平，带来的不仅是财政问题，更可怕的是社会问题。我们出台任何一项政策、提高任何一项标准之前，都要考虑财政的可承受能力。有些政策现在财政保障没有问题，但随着形势变化，支出范围可能扩大，支出标准可能提高，支出基数就可能滚得很大，而财政收入有不确定性，未来能否承受是个大问题。三问：债务可不可控？欧债危机对经济社会的影响，大家都很清楚了。我们不能只管借、不管还，借的时候“拍脑袋”决策，还的时候“拍屁股”走人，这是不讲“官德”！各级政府和有关部门负责人一定要有底线思维和风险意识，眼光要放得更长远一点，空间要预留得更大一点，步子要迈得更稳一点。

三是存量和增量的关系。去年以来，中央一系列宏观政策里有明显的存量调整思维。比如货币政策，面对资金面紧张，没有一如既往地下调准备金率，而是盘活存量资金，用好增量资金。财政政策也一样，摒弃了传统的大规模刺激经济的做法，要求盘活存量资金，集中有限财力用于重点领域和关键环节。这就是向存量要空间、向管理要绩效。我们要坚持存量、增量一起抓，通过优化增量来盘活存量，通过盘活存量来带动增量。做大增量，就是要以产业集聚区为主平台，着重培育和引进一批牵引力强、行业关联性强、带动能力强的龙头型项目、骨干型企业，激发千千万万浙商回乡投资创业的热情，引导民间资本进入基础设施、公共服务、金融服务等领域，进一步做大“蛋糕”，涵养税源，壮大财力；同时优化财政投入结构，把财政增量更多地投向重大改革领域和重点民生项目，把政府性资源、资金、资产真正用好。盘活存量，就是要向改革要空间、向管理要空间、向结构要空间，避免一方面财力吃紧，另一方面财政资金被低效使用或浪费；避免一方面大量财政资金“躺在银行”里，只能拿低利息，另一方面却想尽办法去融资，还要支付高利息。

四是投入和绩效的关系。财政是取之于民、用之于民。没有绩效的投入，不仅浪费财力，还会影响政府的形象和公信力，老百姓不满意不答应。我们的财政投入很多，摊子很大，到底绩效怎么样，该不该花，值不值得花，要考虑一下。我们不能光去争资金、争项目，结果钱花得好与坏一个样，项目“遍地开花”、资金“天女散花”。我们也不能把重点支出与财政支出、生产总值等简单挂个钩，先定支出盘子再填项目，导致“钱等项目”等现象。我们更不能把专项当成“自留地”，热衷于“分钱分粮”。我们要改变这种“按权力分配”的现象，全面建立“按绩效配置”的体制机制，确立绩效目标、强化绩效导向、加强绩效评估，打破财权财力被切割、被固化的格局，确保把有限的财力用到最有需求、最有效率的地方。

五是算小账和算大账的关系。良好的财税秩序、严明的财经纪律，是做好财税工作的内在要求，也是完善社会主义市场经济体制的重要保障。近年来，我们着力规范财税秩序，但还是存在一些问题。比如，有的地方为了招商引资，绕开法律法规，变相出台一些财税优惠政策，如收入全留、增量返还、先征后返等，刻意打造政策“洼地”。地区之间搞低水平的政策比拼，互相抢挖税源，既侵蚀了税源税基，又破坏了公平竞争。有的部门错误地认为“能从财政要来钱就是给基层做贡献”，往往通过编造项目、虚列人头等方式套取财政资金，使得财政资金配置低效化。这种光打自己的小算盘，看不到全省的大算盘，是要不得的，不仅与现代财政制度和法治理念背道而驰，而且任其蔓延下去，会严重干扰财税体制的正常运行，影响改革发展大局。我们要树立全局观、法治观，大力清理整顿各种财税乱象，严明财税纲纪，整饬财税秩序，营造公平的竞争环境。

三、加快构建现代财税制度，服务全面深化改革大局

2014年是全面深化改革的开局之年。开局开得好不好，财税工作特别是财税改革至关重要。我们也看到，财政收入中低速增长趋于常态化，财政支出刚性增大趋于常态化，收支“紧平衡”趋于常态化，再加上深化改革和转型发展的双重倒逼，要求我们必须加快建立现代财税制度，为全面深化改革做好服务。

一是提升改革创新能力。要吃透中央财税改革精神，预早谋划，争取主动。今年中央财税改革的力度大大超过往年，对我省可用财力的影响肯定不会小，要密切关注。财政部明确今年财税改革的重点是预算管理制度改革和税制改革。预算管理制度改革方面，将建立定位清晰、分工明确的政府预算体系，改进年度预算控制方式，硬化支出预算约束，弱化收入预算考核，全面清理规范财税优惠政策等。税制改革方面，包括“营改增”扩围、消费税征收范围和税率调整、房地产税改革、资源税从价计征、排污费改税等。这些改革牵动面都比较广，有的还触及深层次的利益调整。我们要加强评估，提早谋划。比如，资源税从价计征、排污费改税怎么与我省要素市场化配置改革结合；消费税改革怎么与扩大消费需求结合等等，中央财税改革肯定为我们提供了更大的政策空间，怎么在中央大政策基础上，研究促进我省转型升级的财税政策，需要创造性地贯彻落实中央改革精神。这样向国家反映情况，提意见建议，更接地气，工作也更主动。财税部门既要当好参谋，又要做好沟通工作。

贴近我省深化改革重点，完善体制，精准发力。省委四次全会明确了我省深化改革的“任务书”，这些改革任务或多或少都与财税有关。财税如何围绕全省改革重点，精准发力，高效作为，要好好思考。总的要求是，我省全面深化改革指向哪里，

财税就要跟进到哪里。要支持重大改革事项,"四大国家战略举措"、嘉善科学发展示范点,海宁市要素市场化配置改革、德清县城乡体制改革等一批县域改革试点,是我省今年改革的重头戏,要给予有力的财税支持,特别要发挥好财政资金、政策对社会资本的撬动作用,引导更多的民间资本参与"四换三名"、浙商回归、扩大有效投资等,真正把激活民间活力这篇文章做透。要支持民生事业发展,我们的财力主要是"兜底线"、"保基本",该保障的要保障好,但不做过多过高、不切实际的承诺。更重要的是,通过财政杠杆的合理引导,深化"非禁即入"的审批制度改革,吸引更多社会资本投向民生领域。尤其是对于一些事务性服务,要通过公开招标、定向补贴、定额包干等方式向社会购买。目前,政府购买服务通盘性、前瞻性还不够,临时性、随意性比较大,还没有统一可行的标准。今后在政府采购中,要引入预算化管理、第三方评估监管、全程管理跟踪,研究出台政府购买服务的政策、办法,确保政府购买服务项目设置合理、执行规范、成果有效。要支持生态环境治理,省里今年把"五水共治"作为头等大事,未来7年省财政将投入不少于600个亿治水,这笔钱一定要管好用好。上年省政府出台了主体功能区规划,怎么促使各地按照主体功能定位来优化人口、城市、产业布局,需要完善财税政策特别是生态补偿机制来破题。对于优化开发区域、重点开发区域,财税政策的指向就是以更少的资源、环境代价,产出更高的税源,逼着他们走绿色发展、集约发展的路子。对于重点生态功能区、生态经济区,财税政策的指向就是把输血和造血结合起来,激励他们提供生态屏障,帮助他们发展生态经济。对于禁止开发区域,财税政策的指向就是鼓励他们把整个区域搞成自然保护区、风景名胜区、国家公园等,让老百姓在保护生态上尝到甜头,真正把青山绿水变成"金山银山"。生态补偿的目的也在于此,而不是借"生态补偿"之名,向上要钱,搞大兴土木式的开发。

紧扣基层群众强烈呼声,自我革命,提升效能。这些年,财税部门大胆试、大胆闯,在专项性一般转移支付、财政资金竞争性分配等方面作了很多探索,涉财涉税审批事项清理了不少,基层和社会反响很好。但我们也看到了,财政的每一分钱是怎么花的,方方面面都十分关注。财税职能发挥得怎么样,最终还是要通过自身改革来实现。希望各级财税部门勇于向自我"开刀",以基层群众意见和实际问题为导向,继续深化财税审批制度改革,转变财税职能,把不该管的放给市场、交给社会,把该由市县管的交给市县,尽快建立权力清单,真正通过改革提能增效。

二是提升税源培植能力。税源是财政收入的源泉,是吃饭干事的保障。培植税源关键是要找到财税杠杆撬动的支点,通过财政的"四两拨千斤"作用,真正把改革红利和民间活力激发出来。

最近,我省海宁要素市场化配置改革试点、平湖产业转型升级改革试点,以及柯桥、安吉的城镇土地使用税政策调整,核心内容是建立"以效益论英雄"的评价机制,以及相应的差别化要素配置机制。他们的做法就是奖励一部分、惩罚小部分、促进大部分,尤其通过板子打在小部分,给企业普遍带上转型升级的"紧箍咒"。我们就是要找准这个撬动的支点,不仅看税源的"块头",还要看单位要素投入的税源产出;不仅看毛税源,还要看净税源,即税源背后的资源消耗、环境治理等隐性成本。像重大产业项目、高端优质项目等等,都是税源丰厚的好项目,也是这套机制的受惠者。这个机制健全了,一方面,对好项目、大项目的吸引力大大增强了;另一方面,也能加快倒逼低小散弱的企业或者加快兼并重组、或者加快改造提升、或者加快关停退出。这样,经济增长和税源配置就更有后劲了。

税源转化为税收,要靠管理,也要靠服务。省里出台的加强税收征管保障工作的意见,各地、各部门要贯彻落实好,加快建立现代税收征管体系,提高税收管理现代化水平。要强化依法治税,增加涉税违法成本,促进依法诚信纳税,进一步维护税法的权威性、严肃性。要进一步优化财税服务,抓紧落实促进养老、健康、信息、文化等服务消费的财税配套政策,尽快培育一些有潜力的消费热点。要落实好结构性减税政策,落实好财政支农政策和小微企业帮扶政策,落实好促进民间投资的财税政策,完善促进企业创业创新的税收政策,进一步激发民间活力。

三是提升财政绩效管理能力。要用改革的精神统筹绩效管理,以财政资金使用绩效的提升来检验财税改革成果,重点解决六个问题:

要解决财政支出结构固化僵化的问题。打个比方,就是"买盐的钱不能买油"。各位市县长对此感触最深。对你们来讲,这个钱到了你的盘子里,怎么统筹使用最有效益,你们最清楚。改革就是要赋予你们更大的财力统筹权,让你们能够把财政资金更好地用到刀刃上。根据中央要求,要进一步清理规范重点支出同财政收支增幅或生产总值挂钩事项,不再采取先确定支出总额再填项目的办法,根据经济社会发展的实际需求和绩效,实事求是、科学合理地安排财政资金。

要解决专项过多过散效益不高的问题。专项多、方向散、规模小,不利于集中财力办大事,也增加了监管难度。我们要加大清理整合力度,严格控制引导类、救济类、应急类专项;进一步完善转移支付制度,深化专项性一般转移支付改革,引入竞争机制和程序,把专项性资金的分配从"一对一"的固定拨付,改为"一对多"的竞争性分配,就是"谁的效益好,谁来用这笔钱",提高财政资金的使用效益。

要解决存量资金沉淀的问题。就是财政结转结余资金管理不活,满足于"躺在银行"吃利息。财税部门要有当家理财的强烈意识,提高资金调度能力,探索多渠道的资金保值增值方式,想方设法把沉淀资金盘活,增加收益。要树立"大财政"观念,加强对政府性资源、资产、资金的统筹管理,树立操盘意识,运用市场化手段和现代理财方式,经营好、运作好政府财力的“大盘”。前不久,义乌市在盘活财政存量资金上出了不少好招。如,合理调度财政间歇资金、“存款置换贷款”、改进财政存款理财方式等,值得各地学习借鉴。

要解决民生投入适销对路的问题。这些年,我省民生投入力度很大,存量的70%以上、增量的三分之二以上用于民生,五年全省民生投入超过了1万亿元,但老百姓的意见还很多,最尖锐的是环境污染。对此,我们要改革民生投入机制,以老百姓的需求为导向,注重制度建设,做到“花钱买制度”而不是“花钱买稳定”,把重点放在守住底线、保住基本上来,算好资金保障、改革成本、支付压力、潜在风险等几本大账,把改革风险降到最低,尤其要把老百姓当前最关注的“五水共治”、“大气污染”等问题治理好。

要解决公务支出刚性约束不够的问题。“三公”经费是最受老百姓诟病的地方。通过教育实践活动,“四风”问题的整改,有了较大的改观。我们要继续抓下去,扎紧“钱袋子”,过好“紧日子”。2014年全省“三公”经费要比上年再削减30%。省里带头,省级“三公”经费压缩2亿元以上,压缩出来的资金全部用于“五水共治”。各地要不折不扣地执行,还要向社会公开。

要解决公建项目超概的问题。这是一个带有普遍性的老问题。现在,重点项目各方面盯得紧,有所好转,但一些中小项目,特别是几百万、几十万的项目,不太引人注目,问题比较多。别看项目小,一年下来全省就是个天文数字。原因恐怕有几个方面:心理上,财政资金、公建项目是“唐僧肉”,人人都想吃一口;态度上,公建项目花的不是自己的钱,公家的钱管那么死干什么,不想得罪人;责任上,尽管看起来制度很完善,但除了查实腐败的,很少有人被追责;操作上,设计和预算把得不严、考虑不全,工程上马后,这也没算那也没算,变更的口子越开越大。最近,我了解到上虞从前年就抓了这个问题,不仅政府项目,而且村级工程也管起来,平均每年节约2亿元财政资金,很值得大家借鉴:第一条,纪检监察部门牵头监管,当“黑脸包公”。第二条,“先个人后组织、先经济后追责”,防止有人借集体决策逃避责任。第三条,划红线,1000万元以下政府项目设计变革超过10%,1000万元以上的超过8%,监察部门就上门调查。村级工程变更率不得超过20%,超过了就取消该项目获得财政补助资格,并暂停该村下一年度所有项目的立项。第四条,抓中介,对失信的中介机构,公开通报。再加上审计机构事先介入,提高预算的准确率,效果很明显。希望各地好好地抓一抓,把手指缝捏紧了,也让我们的干部少栽跟斗。

四是提升财税监管服务能力。财税资源能不能用到点子上,纳税人是不是满意,不光要看我们的统计指标,还要多问一问纳税人,多问一问预算单位,多征询同级人大的意见建议,看他们满不满意。

如何更科学。美国这样的发达国家为什么都会发生“财政悬崖”?高消费的模式、庞大的军事开支,加上量化宽松财政政策,使得美国政府债务“滚雪球”一样扩大。奥巴马第一任的4年里,财政赤字达到5万亿美元。我们在出台财税政策、安排资金时,要坚持“用制度说话”、“用数据说话”,量入为出、精准投放,减少人为主观因素的影响,提高财税配置的科学性。省里正在全面梳理权力清单,相应地要清理规范财税优惠政策,凡不符合法律和行政法规规定的财税政策一律停止执行。对行业或企业获得财政补贴的合法合规性,进行全过程全方位监督,确保企业公平竞争。今后政府部门不再直接面向企业“分钱分粮”,原则上不再直接向企业分配财政资金,逐步取消竞争性领域专项,严格控制其他专项。

如何更稳健。今年中央将改进预算管理制度,对年度预算控制的核心是收支平衡。这就是讲,税收不再是任务,而是预期。由此,要建立跨年度预算平衡机制。这对我们来讲,预算要留有余地,赤字要有跨年度的弥补机制,特别是对最大项目要有科学决策,不能光靠举债来维持。现在看来,各地财政账面上基本都是平衡的,问题在政府性债务上,尤其是一些市县债务增长较快,风险有所累积,必须高度重视。各市县主要领导要纠正不正确的政绩导向,根据实际情况合理配置财力、安排项目,决不能盲目透支。风险指标较高的地区,要抓紧研究压缩债务规模在警戒指标内的措施,提出风险处置应对预案,避免资金链断裂,防止系统性风险。要加强政府融资平台管理,抓紧剥离融资平台公司承担的政府融资职能,积极探索PPP(公私合作)等模式。PPP模式能够减少政府对资源的直接配置,解决“融资平台债务高”、“公共服务供给效率低”、“民间资本进入难”三大问题,实现政府融资、公共服务供给、民间资本准入的三方共赢。下一步,要抓紧研究PPP模式的具体管理办法。

如何更透明。你们搞的“数字财政”和《税友龙版》,基本把财税“大数据”集中起来了,能够比较清晰地反映每笔财政资金、每笔税收的来龙去脉,有利于高效监管,有利于及时掌握趋势变化,对于保持财税稳健运行很有意义。下一步,还要加强两个“公开”,一个是财政预算特别是“三公”经费的公开,接受社会监督;还有一个是财政资金、政策的公开,这是市场规则的重要组成部分,理应公之于众,特别是我们搞财政资金的竞争性分配改革,如果准入条件、申报程序、政策机制不公开透明,就不可能保证公平性,更谈不上有竞争性。

最后需特别强调的是,今年财税改革任务很重,在座各位担子不轻,大家要齐心协力,共担责任。财税改革不能光算“最大公约数”,关键要算“最小公倍数”,只有大家意见统一了,共识更加广泛了,改革才能走下去。推进财税改革,不能光问“谁动了我的蛋糕”,而要多问“为什么会动我的蛋糕”、“谁和我一起做大蛋糕”,如果“我的蛋糕少了,但全局的蛋糕多了”,这样的改革就应该全力支持。希望各位市县长多关心、多支持财税工作,真正用改革的精神来统领,做到从大局着眼出发,让财力配置更加科学合理,更加符合全面深化改革的要求,更加符合市场规律运行的要求。希望各部门树立“全省一盘棋”的意识,把财税改革作为本部门改革的重要内容,多给予理解、支持和配合。希望财税部门更加积极有为,去年省财政厅、省地税局教育实践活动很有成效,广大财税干部要把全面深化改革与教育实践活动结合起来,进一步增强政治定力和大局意识,进一步提升理财治税能力,进一步改进工作作风,守好纳税人的“钱袋子”,用好纳税人的每分钱,以实实在在的行动赢得纳税人的满意度,为全面深化改革做好服务!

(2014年1月10日在全省财政地税工作电视电话会议上的讲话)

在全省财政地税工作会议上的讲话(摘要)

浙江省财政厅厅长兼省地方税务局局长　钱巨炎

一、2013年财政地税主要工作

面对复杂严峻的财税经济形势和艰巨繁重的财税发展改革任务,全省各级财政地税部门在党委、政府的正确领导下,深入贯彻党的十八大精神,遵循“促进发展、保障民生、科学理财、加强监管”的理财观,秉承“实、稳、优”财税核心价值理念,做好“生财、聚财、用财”三篇文章,夯实“业务、作风、制度”三项建设,推动全省经济社会持续平稳健康发展,财税事业取得了新成绩。2013年,全省公共财政预算收入3797亿元,比上年增长10.3%;全省公共财政预算支出4731亿元,增长13.7%。地税部门组织各项收入5020亿元,同口径增长11.3%,其中:税收收入3067亿元,同口径增长9.7%;社会保险费收入1636亿元,同口径增长15.8%。

(一)围绕中心、服务大局,扎实做好三篇文章

紧紧围绕省委、省政府决策部署,以做好“生财、聚财、用财”三篇文章为目标,出实招、求实效,充分发挥财税对经济社会发展的支撑保障引导作用。

——围绕做好“生财”文章,进一步提升经济发展的质量和效益

着力稳增长。落实积极的财政政策,注重政策的协调性、针对性和稳定性,增强“三驾马车”的驱动力和企业发展的内生动力。投资方面,将省级海洋经济发展专项资金增至12亿元,推进海洋经济示范区、舟山群岛新区等“四大国家战略举措”实施。筹措落实省级财政性资金130亿元,争取中央基建投资资金43亿元并发行地方政府债券143亿元,推动实施“411”有效投资行动计划以及社会事业发展。鼓励民间资本投资重大基础设施项目。将小城市培育试点专项资金规模增加至15亿元,推进新型城市化建设。消费方面,支持商贸流通基础设施建设,继续实施节能产品财政补贴推广,优化消费环境,改善消费预期。外贸方面,整合外经贸扶持政策,支持企业“走出去”开拓国际市场,促进外贸稳定增长和结构优化。帮扶企业方面,发挥省中小企业再担保公司和政府采购的政策功能,缓解企业融资难。继续落实结构性减税和清费减负政策,推进“营改增”改革试点,取消和免征56项行政事业性收费,降低21项收费标准,临时性下浮部分中小微企业社会保险费缴费比例,累计为企业减负近150亿元。

着力促转型。推动“四换三名”、产业集聚区、浙商创业创新等重大战略实施,切实做好政策和资金保障工作。深入实施创新驱动发展战略,加大财政科技投入,设立初期规模6亿元的创新强省产业基金,引导企业真正成为创新主体。全省地税系统落实高新技术企业所得税优惠26亿元,增长10.6%,落实企业研究开发费加计扣除58亿元,增长23.6%。安排工业和信息化财政资金13.5亿元,支持传统产业改造提升和战略性新兴产业、高新技术产业创新发展,助推经济转型升级。推进高层次创新团队和高技能人才队伍建设,为创新驱动发展提供智力保障。加强财税政策引导,鼓励“个转企”、“小升规”、“规改股”、“股上市”。扎实开展城镇土地使用税政策调整试点工作,有效促进土地节约集约利用。落实节能节电节水企业所得税优惠政策,以及政府优先或强制采购政策。深化文化体制改革,扩大文化产业专项资金规模,发展壮大文化产业。

着力抓统筹。落实新一轮省对市县财政体制改革,实施区域统筹发展激励奖补政策,推动区域统筹协调发展。安排山区经济、特别扶持、专项扶贫等各类资金42.3亿元,重点支持欠发达地区发展,进一步缩小区域发展差距。完善支农投入稳定增长机制,吸引金融资本、社会资金投入现代农业发展和新农村建设。安排省级农村交通基础设施建设养护资金12.4亿元,推进城乡交通统筹发展。落实好强农惠农富农政策,加快培育农业新型经营主体,支持农民专业合作组织和农业龙头企业发展。统筹省以上财政资金26.3亿元,推进粮食生产功能区和现代农业园区建设。制订“31066”行动计划,重点支持农业综合开发现代园和特色园建设。开展农村综合改革示范试点,探索建立新型农

业社会化服务体系，深化农村产权制度改革，促进村级集体经济发展，深入实施村级公益事业一事一议财政奖补政策。

——围绕做好"聚财"文章，进一步壮大政府可用财力

加强税收征管。坚持依法治税，夯实税收征管基础，提升收入质量，税收收入占公共财政预算收入比重达93.4%，继续位居全国前列。提升站位，健全税收预测和分析机制，牢牢把握组织收入主动权。报请省政府出台《关于加强税收征管保障工作的意见》，完善部门信息共享和协作机制，构建社会综合治税体系。加强分税种分行业税源管理，强化高收入者个人所得税及股权转让等非劳动所得税征管。运用第三方信息开展税源数据比对和税收风险管理，夯实基础、挖潜增收。开展税收专项检查，严厉查处虚开发票等行为，整顿税收秩序。

规范非税收入管理。完善政府非税收入管理制度，确保依法及时足额征收。加强非税收入征管组织机构建设，整合监管职能和业务流程，提高征管效能；强化票据管理，发挥"以票管收、以票控费"的作用。加强非税收入分析和预测，确保收入均衡入库。探索非税收入电子化收缴改革，提高非税收入征管信息化水平。

盘活存量资金。按照收入一个"笼子"的要求，强化预算"盘子"的完整性和统筹力，逐步建立统筹政府所有可用财力的体制机制，增强财政调控能力。激活各类闲置和沉淀资金，切实消化和压缩结余结转资金规模。开展国库现金管理，提升资金调度能力，增强财政资金的流动性。不断创新财政资金保值增值方式，调整优化存款结构和规模，提高理财收益水平。

——围绕做好"用财"文章，进一步提高财政资金使用绩效

严格支出管理。坚持"量入为出、统筹兼顾、突出重点"的原则，进一步统筹各级财力，合理安排财政支出。以作风建设和教育实践活动为契机，认真贯彻落实厉行节约有关规定，报请省政府出台《关于切实做好党政机关厉行节约工作的通知》，从严控制行政经费和一般性支出，压缩"三公"经费和会议费。全省公共财政拨款安排的"三公"经费支出下降15%，其中接待费下降24.7%。

支持社会事业发展。全面落实财政教育投入各项目标要求，健全激励机制，深化民办教育综合改革，鼓励和引导民间力量进入教育领域，推进各项教育事业全面发展。整合设立基本公共文化服务专项资金，完善公共文化服务体系运行保障机制。支持农村文化礼堂建设，加强文化遗产保护传承利用。保障浙江音乐学院(筹)、浙江小百花艺术中心等重点文化工程建设。

完善社会保障体系。增加企业退休人员基本养老金月人均230元，达到约2300元，位居全国前列。提高城乡居民基本医疗保障财政最低补助标准至290元。加大城乡医疗救助力度，各级财政安排人均补助达到13元。完善我省职工基本养老保险省级调剂政策。按时完成基层医疗卫生机构债务化解任务。深化完善公立医院投入和补偿机制改革，统筹2亿元资金推进城市医疗资源下沉。筹措保障性住房建设资金153亿元，支持公共租赁住房等保障性住房开工建设。加强道路交通事故社会救助基金管理，推动全省道路交通事故社会救助基金实质化运作。

深化"平安浙江"建设。筹措落实29.8亿元政法奖励性补助资金，支持全省政法部门加强履职支撑能力建设，提高城乡居民的安全感。围绕质量强省的目标，落实检验检测项目技术装备经费，重点加强对食品安全监管的投入，全面提升我省产品的质量。规范出租房税收征管，在增加税源的同时，加强社会管理。

助推生态文明建设。坚持"绿水青山就是金山银山"的发展理念，构建财税支持生态文明建设的体制机制。持续加大生态环保投入，省财政累计安排生态环保资金68.2亿元，支持重点区域、重要流域和重点行业污染防治和污染减排。完善具有浙江特色的生态环保补偿机制，推动排污权有偿使用和交易试点。以治水为突破口，加大海塘堤坝维护、大江大河治理等水利基础设施建设投入，统筹重点流域水污染防治。将省级以上公益林的最低补偿标准提高到25元/亩·年，为全国省级最高。深入实施"千村示范万村整治"工程，重点支持历史文化村落保护利用，加快农村环境连片整治，推进美丽乡村建设。

（二）抓住机遇、强本固基，努力夯实三项建设

在发挥好财税职能的同时，练好内功、夯实基础，全面推进"业务、作风、制度"三项建设。

——夯实业务建设，进一步提高财税管理水平

推进财税改革。在深化专项性一般转移支付改革基础上，探索实施竞争性分配改革，选取9个专项资金36亿元进行改革试点。全面启动乡镇财政国库集中支付改革，扩大国库集中支付和公务卡改革覆盖面。稳步推进"数字财政"建设，编制完成详细规划和业务需求，重点开发民生地图和预算单位数据库；深化《税友龙版》应用，完成省局到市局的数据下行工作，提高数据质量和深化数据分析利用，加强信息系统运维和需求管理，保障信息系统安全高效运行。制订乡镇财政管理规范化建设3年行动计划，大力推进乡镇财政和乡镇公共财政服务平台建设。积极开展政府购买服务试点，并与部门预算改革有机结合，为部门预算管理提供有效支撑。

强化财税监管。推动财税法制建设，加强规范性文件管理。积极稳妥推进预算信息公开，首次公开省级部门决算和"三公"经费情况。同时，将131项涉财涉税权力事项向社会公开。加强地方政府性债务管理，摸清债务底数，强化债务预警和高风险地区债务监管，规范政府融资行为，严格控制乡镇新增债务，有效防范财政金融风险。强化财税执法监督，创新开展网上远程督察，深化工作流管理，通过对工作环节的限时设定和全程监控，进一步规范财税执法行为。

——夯实作风建设，进一步优化服务环境

各级财政地税部门严格按照中央和省委有关要求，切实加强作风建设，进一步提能增效，进一步优化服务环境。

开展教育实践活动。省财政厅、省地税局和部分市局深入开展了以“为民务实清廉”为主要内容的党的群众路线教育实践活动。按照“照镜子、正衣冠、洗洗澡、治治病”的总要求，广泛征求社会公众和服务对象的意见建议，全面查找在“四风”方面存在的突出问题，深刻剖析原因。深入开展“六项集中行动”。坚持把整改落实贯穿活动始终，并将整改落实与建章立制结合起来，新制定或修订完善加强“三公”经费管理等多项制度，努力将教育实践活动成果制度化、长效化。加强注册会计师行业党建工作，推动行业科学发展。

提升行政效能。积极推进行政审批制度改革，全面清理涉财涉税审批管理事项。省财政厅会同有关部门取消了 2 大类、7 小项审批前置中介服务项目，行政许可事项由 9 项减少为 5 项，非行政许可审批事项由 13 项减少为 9 项。全省地税系统行政许可事项由 4 项减少为 3 项；非行政许可审批事项由 122 项减少为 16 项，省地税局实现“零审批”。办税服务再提速，单笔业务平均办理时间由 6.5 分钟压缩到 3 分钟，纳税人平均等候时间由 8.7 分钟缩短为 6 分钟，窗口评价满意率由 95.5% 提高到 98.4%。

优化财税服务。创新服务载体，开展纳税服务志愿者、“纳税人之家”等税收主题活动。搭建并完善“12366”语音服务、税企通等税企交流平台，提供全方位服务。开展“走基层访企业活动”，坚持省市县上下联动，重点走访省级产业园区、重大税源企业和浙商回归企业，了解企业需求，帮助解决实际问题。加强与预算单位的沟通和交流，整合财政业务软件和办事流程，切实减轻预算单位工作量。推动财税普法，做好财税政策的宣传和培训，维护好人民群众的知情权和参与权。

——夯实制度建设，进一步增强财税队伍的凝聚力和战斗力

坚持以财税文化为引领，不断完善干部队伍建设和党风廉政建设的各项制度，以制度管人管事，约束权力运行，营造风清气正的干事创业氛围，增强干部队伍的凝聚力和战斗力。

推进干部队伍建设制度化。紧密结合财税业务，举办青年论坛、演讲比赛、趣味运动会、摄影书画展等主题活动，强化“实、稳、优”财税核心价值理念。坚持“德才兼备、以德为先”的用人导向，完善干部培养使用机制。加强分层分类培训，探索业务处(科)室与综合处(科)室结对互帮互学机制，总结推广“花钱少、效果好、可复制”的在岗培训模式，增强学习教育的针对性和实效性。加强市县地税局一把手任免和资格条件管理，深入推进地税基层单位非领导职务配备。加大对年轻干部的培养力度，选派财税干部到专业对口部门、市县局、重点工程挂职锻炼。

推进党风廉政建设制度化。积极履行“一岗双责”，建立健全责任体系，强化考核，出台党风廉政作风效能建设量化考核办法。建立工作人员礼品登记报告制度。推进廉政风险防控与财税业务工作互促互进，借助“数字财政”和《税友龙版》等信息化手段，构建“科技+制度”的防控模式。加强对财税重点部位和关键环节的监督，分类分层推进“阳光财税”建设，以公开促廉洁。加强廉政宣传教育，提升干部“廉商”。

在看到成绩的同时，我们也清醒地意识到，财税收入增长乏力与支出刚性增长矛盾突出，预算管理制度的完整性、科学性、规范性和透明度不够，预算执行的严肃性和均衡性有待进一步提高，部分专项资金交叉重叠、分配不规范、使用效益较低、结转较大，预算绩效管理仍需加强，地方政府性债务增长较快，管理不够规范，债务风险有所累积；防范和化解财税执法风险压力不断增加，干部执法水平和履职能力有待加强，高素质领军人才的培养步伐需进一步加快等等。我们要高度重视这些问题，采取有力措施加以解决。

二、今后一个时期财政地税工作的总体要求

——全面把握、深刻领会十八届三中全会和省委十三届四次全会精神

十八届三中全会审议通过的《关于全面深化改革若干重大问题的决定》，深刻阐明了全面深化改革的重大意义和未来走向，明确了全面深化改革的指导思想、目标任务和重大原则，以及战略重点、工作机制和推进方式，是指导新形势下全面深化改革的纲领性文件。省委十三届四次全会深入贯彻落实十八届三中全会精神，作出了再创体制机制新优势的战略部署，明确了我省全面深化改革的总体要求和目标路线。可以说，十八届三中全会和省委十三届四次全会确定的每一项目标任务、每一条改革举措，都与财税工作息息相关，反映出对财税工作的新要求和新期望，同时也给我们带来新机遇和新挑战。

首先，《决定》提升了财政的地位和作用。《决定》明确财政是国家治理的基础和重要支柱，科学的财税体制是优化资源配置、维护市场统一、促进社会公平、实现国家长治久安的制度保障，把财政提升到全新的高度，意味着财税职能必须从“经济管理”向“国家治理”转变，凸显了财税体制改革在全面深化改革、完善和发展社会主义市场经济制度中的重要作用。

其次，《决定》为财税体制改革指明了方向。《决定》提出，必须完善立法、明确事权、改革税制、稳定税负、透明预算、提高效率，建立现代财政制度，发挥中央和地方两个积极性。同时，从改进预算管理制度、完善税收制度、建立事权和支出责任相适应的制度 3 个方面，对财税体制改革作出具体部署。这些部署实现了新时期财税改革理论和政策的新突破，有利于统一思想、提高认识，为我省进一步深化财税体制改革指明方向。

再次，《决定》为财税工作提供了重要依据。当前，财税工作的突出难题就是政府与市场边界不清，支出责任无限扩张；法治意识不强，随意出台财税优惠政策等现象比较突出，既干

扰了正常的财税运行秩序，又增加了财政负担。《决定》突出了市场的作用和法治的精神，明确市场在资源配置中起决定性作用，要求完善立法，建立现代财政制度，加强人大预决算审查监督，清理规范税收优惠政策。这一系列具有现代理念和市场化思维的理财治税思路，为做好财税工作提供了重要依据，是做好财税工作的“尚方宝剑”。

最后，《决定》对财税工作提出了更高要求。财税改革在整体改革中发挥着基础性和支撑性作用，责任重大、使命光荣、任务艰巨。改革发展中的许多突出问题都会集中反映到财税工作中，随着改革的深入推进，将会出现新的困难和矛盾。因此，如何处理好全面改革与财税自身改革、改革红利与改革成本、存量改革与增量改革等重大关系，将更加考验财税部门的智慧和能力，更加体现财税部门的思想作风和工作水平。

——树立五大理念，统筹谋划财税改革思路

面对改革带来的机遇和挑战，我们要把学习贯彻全会精神和做好财税工作有机结合起来，把思想和行动凝聚到各项改革任务的落实上来，以“时不我待、只争朝夕”的精神，积极谋划当前和今后一个时期的财税改革举措，争创体制机制新优势。要在改革精神的统领下，牢固树立五大理念。

一是市场理念。《决定》明确提出，要处理好政府和市场的关系，使市场在资源配置中起决定性作用和更好发挥政府作用，这是做好财税工作的重要法则。当前首要之举，就是要厘清政府与市场、社会的边界，清晰界定公共财政的支出责任，改变以往“大包大揽、疲于应付、被动埋单”的局面。要加强对支出政策的评估，守住公共性原则。在此基础上，要善于用市场观念和契约精神来统筹财税工作。尊重企业的市场主体地位，尽量减少直接给钱和行政干预，按照李强省长在全省经济工作会议上关于“省级部门一般不再直接向企业分配财政专项”的要求，逐步取消竞争性领域专项和“一企一策”式的优惠政策，营造公平竞争的市场环境。充分发挥财税政策和财政资金“四两拨千斤”的引导带动作用，借助 PPP 等创新模式，构建多元化、有效率的投入机制；积极探索政府购买服务，在部分领域尝试用合同、委托等市场化手段向社会力量购买公共服务。同时要加强财政管理，大胆引入竞争性分配、竞争性存放等市场竞争机制，变传统的行政配置为市场化配置，把有限的财政资源配置到“刀刃”上。

二是法治理念。《决定》更加突出法治在财税体制改革中的作用，明确提出必须完善立法，建立现代财政制度。要进一步强化依法行政、依法理财治税的理念，将法治思维拓展到财税改革的整个过程和各个方面。要落实税收法定原则，按照统一税制、公平税负、促进公平竞争的要求，加强对税收优惠特别是区域税收优惠政策的规范清理，避免将税收政策作为招商引资、发展地方经济的“招牌”和“筹码”，刻意打造税收“洼地”，搞恶性竞争；要提高依法治税能力，绝不能为完成任务去收“过头税”。要增强预算刚性，主动配合人大预决算审查监督，突出对支出预算和公共政策等的实质性审查。要强化执行和监督，树立规矩意识，将行政权力用制度、信息化技术等手段加以固化，压缩自由裁量空间，增加违法违规成本，提高法律法规的权威性和威慑力。

三是发展理念。当前，我省正处于加快创新驱动发展的转型期和全面深化改革的攻坚期。在这个过程中，必然会经历爬坡过坎的“阵痛”和“成长的烦恼”，可能会牺牲部分经济增长速度和财税收入增幅。对此，财税部门要用发展的眼光来看待这场变革，要认识到转型成效和改革红利的释放是长期的、必然的，暂时的“阵痛”，是为了夯实做优财税长期可持续增长的基础。既要保持定力，注重财税政策的稳定性和延续性；更要突出政策的精准发力，通过财税杠杆的撬动，切实改变浙江产业结构“低、小、散”的状况，发挥好产业集聚区的功能，推动产业向“高、新、特、优”方向发展。

四是底线理念。凡事从最坏处打算，向最好处努力，充分考虑各种可能性，守牢政策底线，确保财税平稳健康运行。制定出台财税政策，特别是增支政策时，既要尽力而为，更要量力而行，不要把胃口一下子吊得太高；要把可能遇到的情形都考虑进去，不仅要看当前的可支付能力，还要看长远的可支付能力；不仅要测算直接的支出，还要评估因“羊群效应”可能带来的隐性支出压力。在保障民生时，要按照“社会政策要托底”的原则，树立“托底”、“补短板”思想，立足发展阶段和财力实际，托牢民生保障底线、补长区域发展短板，多“雪中送炭”，少“锦上添花”，规划好与经济社会发展相适应、与人民群众需求相协调、多层次、分阶段、稳步推进的民生保障路线图。

五是绩效理念。加强预算绩效管理是新形势下做好财税工作的迫切要求，要坚持把绩效作为配置财政资源的重要依据。促进发展方面，要注重政府引导、财税支撑和市场主体的协同发力，利用财税杠杆充分调动促进经济发展的各种积极因素，实现经济效益、社会效益和生态效益的有机统一。保障民生方面，要把区域特色、财力可能和民生需求结合起来，充分尊重受益对象和基层群众的原始诉求，以群众需求为导向，体现公共产品的多元化和差异性。科学理财方面，要大力优化支出结构，压缩“三公”经费和行政成本，整合清理专项资金，集中财力办大事。加强监管方面，要加快推进“数字财政”建设，借助信息化手段清晰反映并跟踪每一笔财政资金的来龙去脉和使用绩效，把监管触角延伸到财税运行的细节末梢。同时，要注重加强财税内部绩效管理，以内促外，提升效率。

三、2014 年财政地税重点工作

2014 年是贯彻落实十八届三中全会、全面深化改革的开局之年，是党的群众路线教育实践活动的深化之年，也是“干好‘一三五’、实现‘四翻番’”的承上启下之年。我们要认清形势，把握大局，进一步增强危机感和责任感，以更加扎实的工作

推动浙江经济社会持续健康较快发展。

（一）2014年财税经济形势

从经济形势看，世界经济将延续缓慢复苏态势，同时也存在不稳定不确定因素。我国经济仍具有很大发展潜力，但增长速度的换挡期、结构调整的阵痛期、前期刺激政策的消化期"三期"叠加对经济的影响不可能在短期内消除，经济运行稳中也有忧，稳中也有险。随着我省全面深化改革再创体制机制新优势的不断推进，及"五水共治"、"四换三名"、创新驱动发展、有效投资等转型升级"组合拳"效应的不断显现，可持续增长的基础更加扎实，但经济发展的内生动力和创新活力仍显不足，中小企业生产经营困难仍较明显，金融潜在风险尤需高度关注。

从财税形势看，2014年财税收支仍然偏紧，收支矛盾依然比较突出。一是财税减收因素不断显现。房地产业对财税增收的贡献存在较多不确定性，制造业回升基础仍不稳固，企业经营状况不容乐观；"营改增"继续扩围和清费减负政策的落实，带来新的减收。二是财政增支压力不断加大。促进经济稳定增长、调整优化经济结构、保障改善民生等仍需要保持较大的支出力度，党的十八大提出"两个翻一番"的具体目标，十八届三中全会提出"全面深化改革"的部署，以及我省"两富"现代化浙江建设目标的实现，都需要坚实的财力支撑和保障。

从改革任务看，要实现"到2020年，在重要领域和关键环节改革上取得决定性成果"的目标，今明两年至关重要。全国财政工作会议和税务工作会议已部署了今年财税体制改革的重点，其中在预算管理制度改革方面有7项任务，在税收制度改革方面有8项任务，除此之外，还要协同推进养老、医药卫生、教育、科技、住房等相关领域的改革。中央经济工作会议将控制和化解地方政府性债务风险列入今年经济工作的重要任务，提出了明确要求。这些改革部署，耦合性强、关联度高，很多触及深层次的矛盾和问题，时间紧、任务重、难度大，有的需要我们马上推进落实，有的需要我们结合浙江实际，深入研究应对之策，有的需要我们根据这些部署，谋划好相应的改革思路和举措。

（二）2014年财税工作的指导思想和主要任务

浙江省2014年财政地税工作的指导思想是：认真贯彻落实党的十八届三中全会和省委十三届四次全会精神，深入实施"八八战略"，遵循"促进发展、保障民生、科学理财、加强监管"的理财观，坚持稳中求进工作总基调，以改革创新为主线，努力做好"生财、聚财、用财"三篇文章，着力深化改革，再创财税体制机制新优势；着力彰显职能，推动经济转型升级和民生持续改善；着力提质增效，提升财税政策和财政资金绩效；着力夯实基础，提高财税科学化规范化信息化管理水平；着力规范管理，整顿财税秩序，严肃财经纪律；着力防控风险，确保财税持续平稳健康运行。

2014年全省和省级公共财政收入预期分别为4100亿元、292.1亿元，增长8.0%和6.0%；拟安排全省和省级公共财政支出预算分别为4932亿元、474.5亿元，增长7.5%和5.0%。上述安排尚待省人代会批准。全省地税系统组织的税收收入预期是3305亿元，同比增长7.8%。

围绕上述目标，重点做好以下工作：

1. 着力在深化改革上下功夫，再创财税体制机制新优势。落实中央深化财税体制改革的各项部署和举措，研究谋划我省的应对之策和改革思路。财政体制改革方面，健全完善事权与支出责任相适应的省以下财政体制，完善有利于促进基本公共服务均等化和主体功能区建设的公共财政体系。研究出台生态主体功能区建设机制创新试点财政扶持政策，加快推进省内重点生态功能区建设。进一步完善转移支付制度，深化专项性一般转移支付改革，按照事权和支出责任划分原则，属市县事务的都要纳入专项性一般转移支付，原则上省级部门不再直接向市县企业分配财政资金。确需按项目管理的专项，要推进竞争性分配改革，重点支持平台建设。预算管理制度改革方面，健全公共财政体系，建立公开、透明、规范的预算制度。要按照《决定》精神，保障好重点项目的支出，但不再采取同财政收支增幅或生产总值挂钩的方式。加大专项资金清理整合力度，逐步取消竞争性领域专项和地方资金配套，严格控制引导类、救济类、应急类专项。审核预算的重点由平衡状况、赤字规模向支出预算和政策拓展。研究编制3年滚动预算。严格超收收入管理，原则上用于补充预算稳定调节基金或削减债务；当年减收的，原则上通过调入预算稳定调节基金或压缩支出解决。创建专项资金3年滚动的绩效预算管理模式，从2014年起，省级专项资金连续安排最长时间不超过3年，到期视评估结果决定继续安排或取消、调整。税收制度改革方面，加强税制改革宏观研究，对中央和地方的税种划分提出合理化建议；密切关注"营改增"、消费税、房地产税、环境保护税等重大税制改革，认真研究改革内容、制度设计、征管配套措施及对地方可用财力的影响，及时为党委政府提供决策参考。配套改革方面，要积极协同推进养老、医药卫生、教育、科技、住房等相关领域的改革。特别是要关注并研究国家推出的机关事业单位基本养老和职业年金制度改革，提早做好预案。自身改革方面，深化行政审批制度改革，建立权力清单制度，从法律依据、市场规律、现实意义等方面梳理财税行政权力。推进干部人事制度和组织机构改革，强化机构编制管理，优化机构设置和职能配置；积极推进市、县地税局领导异地任职，加强系统"三师"等专业人才建设和培养。切实做好国家税务总局绩效管理在我省地税的试点工作。

2. 着力在彰显职能上下功夫，推动经济转型升级和民生持续改善。加强对"五水共治"的资金保障，合理确定各级政府的投入比例，通过财政资金的杠杆引导，吸引金融资本和社会资本广泛参与，省财政将在未来7年筹措600多亿元资金投入治水。加大对"四换三名"、扩大有效投资、浙商创业创新、新型城市化等重大战略的支持力度，加快推进产业结构调整。认真落实促进民间投资的财税政策，激发民间资本活力。建立健全支持生态文明建设的政策体系，发挥财税政策的“正向引导”和“逆向倒逼”双向调节作用，推动企业转型升级。落实好结构性减税和清费减负政策，切实减轻企业特别是中小微企业负担。支持实施农业可持续发展战略，加快转变农业发展方式。稳定财源税源，下大力气培育新兴优质税源，挖掘新的税收增长点，努力实现财税收入持续稳定增长。全面推进城镇土地使用税政策调整促进土地节约集约利用工作。夯实房产土地税源信息基础，在存量中寻求增量。按照“守住底线、突出重点、完善制度、引导舆论”的原则，推动民生事业发展，把加大民生投入与完善制度有机结合起来，增强民生政策的公平性和可持续性。城乡居民社会养老保险基础养老金提高至100元，进一步提高基本医疗保障财政最低补助标准，全面推进公立医院改革。实施新一轮特别扶持政策，构建与大扶贫格局相匹配的财政政策体系，促进欠发达地区跨越式发展。

3. 着力在提质增效上下功夫，提升财税政策和财政资金绩效。将税收发展的速度优势、规模优势内化为质量优势，使税收增长与经济增长更加协调，与税源实际更加契合，实现真实、没有水分的增长。建立健全厉行节约反对浪费长效机制，制定完善会议费、差旅费、培训费、因公出国、公务用车等方面的制度，加快建立科学合理、完整规范、符合各地实际的公务支出标准体系。2014年全省公共财政预算拨款安排的“三公”经费预算总额在2013年初预算基础上压缩30%，省级“三公”经费压减2.13亿元。改革公务用车制度，加强公务用车管理，一般公务用车不得更新和新购。积极盘活存量资金，建立结转结余资金定期清理机制，加大资金统筹使用力度，加快结转项目执行。凡连续两年不使用的结转结余资金统筹用于“五水共治”。稳步推进省级国库现金管理，探索财政资金竞争性存放，提高理财收益。积极探索政府购买服务工作，真正发挥市场和社会在提供公共服务中的作用。

4. 着力在夯实基础上下功夫，提高财税科学化、规范化、信息化管理水平。全面推进乡镇财政国库集中支付改革和公务卡改革，切实提高公务卡使用率。认真落实新行政、事业单位会计制度，在所有市县全面试编权责发生制政府综合财务报告。加快“数字财政”建设，深化《税友龙版》应用，为科学决策、有效管理、优质服务提供支撑。进一步推动乡镇财政建设，促进公共服务下农村。继续做好财政预决算和“三公”经费公开，2014年，全省所有市县政府要公开财政预决算，半数以上市县政府要公开“三公”经费和本级部门预决算。建立省级专项资金全过程管理信息公示公开制度。深化政府采购监管，推进电子化政府采购。贯彻落实《关于加强税收征管保障工作的意见》，积极推动税收征管保障立法，强化第三方数据信息应用。探索建立以风险管理为导向的所得税管理体系，加大高收入者个人所得税征管力度，落实好企业年金、职业年金个人所得税递延政策。加强土地增值税管理。强化大企业税收管理，完善五位一体的税源管理互动工作机制。探索施行税务“黑名单”制度。持续推进社保费征管基础建设，健全社保费长效征缴机制。拓展完善浙江地税网上办税服务厅功能，提高纳税服务信息化水平。扎实做好纳税人满意度调查，及时整改所反映的问题，确保满意度继续位居全国前列。

5. 着力在规范管理上下功夫，整顿财税秩序，严肃财经纪律。近年来，我们在规范财税秩序方面做了许多工作，但也要清醒地看到，当前，在政府之间、财政部门与预算单位之间、上下级财税部门之间、政府与企业之间，财税纪律松弛、甚至破坏正常财税秩序的现象仍屡见不鲜，财税工作领域失范失序有所加重。对此，财政部明确，要下狠心、出重拳，重振财税纲纪，整饬财税秩序，严肃财经纪律，对违反《财政违法行为处罚处分条例》的行为，要严肃处理。下一步，要根据国家统一部署，全力清理规范财税优惠政策，如对各类区域的税收优惠、收入全留或增量返还；对企业的税费减免、先征后返和财政补贴，低价出让转让土地和国有资产等，凡不符合法律和行政法规规定的政策一律停止执行。要规范往来款管理，全面清理对外借款，严禁违规对外借款。在座的各位局长，要加强对干部职工的财税纪律教育，增强对财税纪律的敬畏心和遵从度，形成秩序井然、风清气正、廉洁从政的良好氛围。

6. 着力在防控风险上下功夫，确保财税持续平稳健康运行。首先，要大力防控地方政府性债务风险。把短期应对措施与长期制度建设结合起来，加强源头防范，明确责任落实，做好化解债务风险的各项工作。要明确地方政府举债权限和用途，开展浙江省政府债券自发自还试点，逐步建立以政府债券为主体的地方政府举债融资机制，实行分类管理和限额控制。要加强对PPP模式的研究，鼓励准公益性项目通过政府专项债务和PPP等模式融资。进一步完善地方政府性债务管理办法和风险预警机制，加强高风险地区债务预警和监管，抓紧研究制定风险处置方案，防止由局部性风险引发系统性风险。要强化考核，省财政将在考核的基础上，对仍超警戒线的市县，扣减转移支付金额，不安排地方政府债券，也不审批土地储备机构的融资规模。要积极做好债务审计数据公开和应对工作，对可能产生的影响早作预案。同时，还要密切关注金融风险。其次，要大力防范行政执法风险。健全防控机制，强化执法监督，实施执法责任制人机结合考核、疑点提取和实地督察相结合的税收执法督察模式。积极响应涉财涉税诉求，筹建全省财税系统网评员队伍，提升舆情引导与管理能力。制订全省财税系统2013~2017年惩防体系建设实施细则，突出问题导向，推动源头治腐工作任务的落实，继续依托信息化手段，加大科技防控风险的力度。

（2014年1月10日）

全省财政工作

全省财税工作概况

全省财政

【概况】 2013年,浙江省实现生产总值37568.49亿元,比上年增长8.2%。其中:第一产业增加值1784.62亿元,第二产业增加值18446.65亿元,第三产业增加值17337.22亿元,分别增长0.4%、8.4%和8.7%。人均生产总值68462元,增长7.8%。三次产业增加值结构比由上年的4.8∶50.0∶45.2调整为4.8∶49.1∶46.1。全年固定资产投资20194.07亿元,增长18.1%;社会消费品零售总额15138.04亿元,增长11.8%,扣除价格因素,实际增长10.7%。全年进出口总额3358.46亿美元,增长7.5%,其中:进口870.42亿美元,下降1.0%;出口2488.04亿美元,增长10.8%。全年居民消费价格指数为102.3,商品零售价格指数为101.0。当年全省城镇居民人均可支配收入37851元,增长9.6%;农村居民人均纯收入16106元,增长10.7%;城乡居民收入差距缩小到2.35∶1。

2013年,全省财政总收入6908.41亿元,增长7.8%;公共财政预算收入3796.92亿元,增长10.3%,其中税收收入3545.66亿元,增长9.8%。全省公共财政预算支出4730.47亿元,增长13.7%。省级公共财政预算收入275.61亿元,增长8.0%;省级公共财政预算支出481.80亿元,增长11.9%。财政总收入占全省生产总值的比重为18.4%。当年全省及省级财政收支平衡。

【增收节支优结构】 提升财政收入质量。分析"营改增"试点进展及对地方财力影响,落实"营改增"试点期间预算管理办法及过渡性扶持政策;加强收入分析、预测和监控,实时跟踪收入走势,密切关注收入进度、结构,剖析变动原因。重点关注宏观经济走势和重点行业税源变化,科学研判全年收入规模,着力优化财政收入结构,促进收入平稳增长。当年全省公共财政收入完成预算的102.1%,占财政总收入的比重为55.0%,比上年提高1.3个百分点;公共财政预算收入中税收收入占比93.4%,财政收入结构继续保持较优。盘活财政存量资金,逐步建立统筹政府所有可用财力的体制机制,增强财政调控能力。激活各类闲置和沉淀资金,消化和压缩结余结转资金规模。加强国库现金管理,提升资金调度能力,增强财政资金的流动性。创新财政资金保值增值方式,调整优化存款结构和规模,提高理财收益水平。在确保全省财政收入稳步增长的基础上,积极争取中央财政政策和资金,支持全省经济社会发展,扩大政府可用财力。

规范政府非税收入管理。完善政府非税收入管理制度,确保依法及时足额征收。推进"收入法治化、监管一体化、资金预算化、运行数字化"建设,规范非税收入管理体系。加强非税收入征管组织机构建设,整合监管职能和业务流程,提高征管效能。强化票据管理,发挥"以票管收、以票控费"的作用。加强非税收入分析和预测,确保收入均衡入库。探索非税收入电子化收缴改革,提高非税收入征管信息化水平。当年全省收缴政府非税收入4891.73亿元。

厉行节约保障重点支出。坚持"量入为出、统筹兼顾、突出重点"的原则,合理安排财政支出,确保促进发展、改善民生等各项重点支出需要。全省新增财力用于教育、医疗卫生、就业和社会保障等民生支出比重为70.3%,继续保持在三分之二以上。贯彻落实厉行节约有关规定,从严控制行政经费和一般性支出,压缩"三公"经费和会议费,全省公共财政拨款安排的"三公"经费支出比上年下降15.0%,其中公务接待费下降24.7%。

【发挥职能促转型】 保障重大战略项目实施。扩大有效投资,筹措落实省级财政性资金130.25亿元,争取中央基建投资资金42.79亿元并发行地方政府债券118.00亿元(不含宁波),推动实施"411"有效投资行动计划*以及"四换三名"*、产业集聚区、浙商创业创新等重大战略,发挥投资对经济发展的持续拉动作用。完善新一轮省海洋经济发展专项资金补助政策,资金规模由每年10.00亿元增加到12.00亿元,用于推进海洋经济发展示范区、舟山群岛新区等"国家战略举措"实施。落实中央和省级交通基础设施建设养护资金,全面实施"大港口、大陆网、大航空、大水运、大物流"五大建设。支持大宗商品交易平台、海陆联动集疏运网络、金融和信息支撑服务系统"三位一体"港航物流服务体系建设。实施新型城市化发展纲要,加大扶持力度和范围,推进都市区和城市群规划建设,推动县城、中心镇建设发展和小城市培育,小城市培育试点专项资金规模由每年10.00亿元增加到15.00亿元。统筹安排浙江省对口支援新疆、西藏、青海建设资金16.29亿元,支持对口援建地区经济发展。

支持经济稳健发展。落实积极的财政政策,发挥财政对经济的支撑、保障和引导作用。落实扩大内需、促进消费各项政策,做好家电、摩托车下乡财政补贴资金清算工作,自实施补贴政策以来,全省兑付补贴资金32.91亿元。支持商贸流通基础设施建设,实施节能产品财政补贴推广,优化消费环境,改善消费预期。整合外经贸扶持政策,落实商务促进专项资金外贸部分4.60亿元,支持企业"走出去"开拓国际市场,促进外贸稳定增长和结构优化。加大对中小微企业的扶持力度,落实省中小企业扶持资金7181万元,重点支持中小微企业科技创新、节能减排、融资服务、教育培训以及中小企业公共服务平台建设等，增强中小微企业发展活力。发挥省中小企业再担保公司和政府采购的政策功能，缓解企业融资难。落实结构性减税和清费减负政策，推进“营改增”改革试点，取消和免征56项行政事业性收费，降低21项收费标准，临时性下浮部分中小微企业社会保险费缴费比例，累计为企业减负近150亿元。推动区域统筹协调发展，安排山区经济、特别扶持、专项扶贫等资金42.29亿元，重点支持欠发达地区发展及扶贫开发、特色产业发展和公共服务均等化项目建设，缩小区域发展差距。

助力经济转型升级。安排战略性新兴产业专项资金6.00亿元，专项用于支持现代装备制造业发展、智慧城市建设、工业设计基地建设及重点企业研究院建设等，鼓励引导企业发展战略性新兴产业。安排财政资金6.20亿元，支持传统产业改造提升、高新技术产业创新发展、信息服务业发展及淘汰落后产能等，助推经济结构战略性调整。加强财税政策引导，鼓励“个转企”“小升规”“规改股”“股上市”*。落实服务业相关专项资金2.10亿元，重点支持公益性较强或带动作用明显的服务业重大建设项目建设。

推动实施创新驱动发展战略。加大财政科技投入，优化科技支出结构，加快创新型省份和国家技术创新工程试点省建设，支持青山湖科技城和未来科技城发展。设立浙江省创新强省产业基金，支持省内具有产业和技术优势的战略性新兴产业、高新技术产业、高效农业和现代服务业等领域的创新成果产业化。发挥省创投引导基金的杠杆作用，增强投资导向性，带动各类资本支持创投产业发展，截至2013年末，省创投引导基金阶段参股的11家基金累计投资项目84个，投资金额12.87亿元，联合社会其他机构共同投资56.49亿元。支持“人才强省”建设，加大对高层次人才、高技能人才、特级专家、欠发达地区人才开发的奖补力度。

推进生态文明建设。坚持“绿水青山就是金山银山”的发展理念，构建财税支持生态文明建设的体制机制，推进环境综合整治，深化“三改一拆”*、城市治堵、“双清”*等专项行动。深入实施“千村示范万村整治”工程，重点支持历史文化村落保护利用，加快农村环境连片整治，推进美丽乡村建设。持续加大生态环保投入，省财政安排生态环保资金68.20亿元，支持重点区域、重要流域和重点行业污染防治和减排。完善具有浙江特色的生态环保补偿机制，推动排污权有偿使用和交易试点。以治水为突破口，统筹重点流域水污染防治。完善森林生态效益补偿机制，将省级以上生态公益林的最低补偿标准从每年19元/亩提高到25元/亩。加大资金投入，推动矿山环境综合整治，完成84个废弃矿山治理，新建绿色矿山28家，累计建成绿色矿山238家。加大企业节能降耗和淘汰落后产能扶持力度，做好节能和新能源产品推广应用，完成全省节能家电、高效电机、新能源汽车等节能产品财政补贴推广各项工作。

【保障财力惠民生】 加大财政支农投入。支持水利基础设施建设，安排专项资金41.55亿元重点支持“强塘”工程、“水资源保障百亿工程”、农村饮水安全工程等重点项目建设。完善支农投入稳定增长机制，引导金融资本、社会资金投向现代农业发展和新农村建设。落实好强农惠农富农政策，加快培育农业新型经营主体，支持农民专业合作组织和农业龙头企业发展。统筹省以上财政资金26.26亿元，推进粮食生产功能区和现代农业园区建设。全省实施农业综合开发土地治理项目134个，治理面积70.1万亩。制定“31066”行动计划*，重点支持农业综合开发现代园和特色园建设。开展农村综合改革示范试点，探索建立新型农业社会化服务体系；深化农村产权制度改革，促进村级集体经济发展。实施村级公益事业一事一议财政奖补政策，全省各级财政（不含宁波）用于村级公益事业一事一议财政奖补支出31.42亿元，建成村级公益事业项目7174个。

保障教育事业发展。支持基础教育加快发展，落实普惠性民办幼儿园奖补政策，促进学前教育三年行动计划目标实现；促进义务教育均衡发展，安排省补助资金1.08亿元支持全省中小学教师培训；实施教育信息化工程，安排省补助资金9000万元，从基础设施、服务体系建设和应用推进等方面提高全省中小学信息化水平；安排省补助资金1.00亿元，解决中小学学生上下学交通安全问题。推动职业教育发展，完善市县职业教育发展相关考核指标体系，安排职业教育质量提升转移支付资金2.46亿元，推动全省职业教育发展。提升高等教育办学经费保障水平，生均定额标准从7250元提高到9000元。促进民办教育发展，深化民办教育综合改革，鼓励和引导民间力量进入教育领域。健全家庭经济困难学生资助政策体系。重点落实中职学生资助政策，免除全省51万学生的学费，并落实贫困学生和涉农专业学生享受国家助学金政策，全省各级财政共计安排资金15.31亿元。

完善公共文化服务体系。整合公共文化服务相关资金5.20亿元，实行专项性一般转移支付，支持引导各市、县（市、区）完善公共文化服务体系运行保障机制。安排专项资金3000万元，支持农村文化礼堂建设。安排专项资金5.10亿元，保障浙江音乐学院（筹）、浙江小百花艺术中心等重点文化工程建设。加大文化遗产保护力度，安排专项资金1.00亿元支持全省省级文物、大遗址、宗祠、非物质文化遗产保护。深化文化体制改革，推进国有经营性文化单位转企改制。加强省属国有文化企业的资产监管，扶持全省文化产业发展。

推进就业和社会保障体系建设。全省财政社会保障和就业支出397.06亿元，增长14.9%。支持实施积极就业政策，促进高校毕业生就业创业。规范就业资金管理，明确各类高技能人才专项资金补助标准和管理要求。加快推进新型农村合作医疗制度、城镇居民基本医疗保险制度整合，全省68个统筹地区实现城乡居民医保并轨。全省城乡居民基本医疗保险各级财政补助标准提高到每人425元/年。支持社会养老服务体系建设，安排省级补助3.18亿元支持公办养老机构、居家养老照料中心的建设和民办非营利性养老机构发展。完善社会救助资金监管，落实低保标准动态调整机制，全省城乡低保标准分别为月人均526元和406元。统筹医疗救助资金，全省实际人均筹资标准13元。做好企业退休人员基本养老金调标工作，企业退休人员基本养老金月人均增加230元，达2300元/月。支持全省保障性安居工程建设，落实保障性住房建设资金153.73亿元，确保公共租赁住房等19万套保障性住房开工建设。

促进医疗卫生事业发展。全省医疗卫生支出350.73亿元，增长14.7%。推进城市优质医疗资源下沉，统筹存量增量资金2.00亿元加大省财政扶持力度，重点支持基层医院专科建设和人才队伍培养。推进公立医院综合改革，深化完善公立医院投入和补偿机制改革，提出公立医院"建设发展靠政府、运行补偿靠服务"的补偿机制改革思路。支持社会力量办医，省财政设立面向全省非公立医疗机构的临床特色学科发展专项资金500万元，重点支持一批具有较强创新能力和服务能力的临床特色学科发展。支持全省卫生高层次人才培养，省财政对入选的卫生领军人才、创新人才和医坛新秀三类培养对象分别给予100万元、40万元和5万元的经费资助。提高公共卫生服务保障水平，城乡居民基本公共卫生服务人均补助标准从25元提高至30元，全省实际人均补助34元，下达省级补助资金6.27亿元。落实专项资金确保新生儿疾病筛查、适龄儿童窝沟封闭、预防艾滋病梅毒和乙肝母婴传播等新增重大公共卫生服务项目开展。

加强社会管理。加大政法经费投入，筹措落实29.78亿元政法奖励性补助资金，支持全省政法系统提升履职能力。深化"平安浙江"建设，筹措落实专项资金推动全省各地"网格化管理、组团式服务"、乡镇社会服务管理中心规范化建设、特殊人群服务管理、重大决策社会稳定风险评估等工作的开展。围绕"质量强省"目标，落实检验检测项目技术装备经费，重点加强对食品安全监管的投入。保障流动人口服务经费，支持流动人口管理工作创新。完善村级组织运转经费保障政策，加强基层政权组织建设，维护社会和谐稳定。

【深化改革谋发展】 完善财政体制。落实新一轮省对市县财政体制，发挥新体制在促进经济转型升级、区域统筹协调发展、基本公共服务均等化方面的作用。落实区域统筹发展激励奖补政策，引导设区市加大对所辖县(市)发展的投入，提高区域内经济社会发展的均衡性和协调性。做好均衡性转移支付等一般性转移支付，加大对欠发达地区的支持力度，逐步缩小地区间财力差距。2013年省对市县转移支付1106.10亿元，其中：对欠发达地区转移支付556.36亿元，增长17.0%；发达县和欠发达县人均公共财政收入比率为2.29∶1，通过省级财政调控，人均公共财政支出比率为1.07∶1，保持较好的均衡水平。

推进各项财政改革。在深化专项性一般转移支付改革基础上，探索实施财政资金竞争性分配改革，选取战略性新兴产业等9个专项资金计36亿元进行改革试点。改革实施中注重分类引入竞争机制，规范竞争性分配方式和程序，建立全过程、全方位的公开机制，强化全过程绩效管理。全面启动乡镇财政国库集中支付改革，扩大国库集中支付和公务卡改革覆盖面。稳步推进"数字财政"建设，重点开发民生地图和预算单位数据库，借助信息化手段，清晰反映财政资金使用绩效。制定乡镇财政管理规范化建设(2013~2015年)行动计划，推进乡镇财政和乡镇公共财政服务平台建设。推进政府采购支持本省中小企业信用融资试点，197家中小企业与试点银行建立信贷关系，信用融资规模逾4亿元。开展政府购买服务试点，首次将城乡居民大病保险纳入集中采购目录范围。推进行政审批制度改革，全面清理涉财审批管理事项。省财政厅会同有关部门取消2大类、7小项审批前置中介服务项目，行政许可事项由9项减少为5项，非行政许可审批事项由13项减少为9项。

【科学理财强监管】 推进财政"大监督"体系建设。深化"三位一体"组织机构建设，明确财政监督职能。完善财政监督制度，组织实施部门决算报表质量检查和重点项目绩效评价，开展省级部门绩效自评与考核，强化部门使用财政资金的绩效责任意识。严把项目资金审核关，当年审核各类财政项目327个，审核金额78.06亿元，净核减资金7.15亿元，平均核减率9.2%。

加强财政专户清理与国库资金安全管控。规范财政专户开立核准程序，有效控制新增专户数量。全省县级以上财政部门撤销财政专户195个，其中省级撤销8个，设区市撤销30个，县(市、区)级撤销157个。推进国库集中支付资金动态监控，建立动态监控报告制度，规范资金拨付各个环节，建立财政资金安全管理长效机制。

稳妥推进信息公开。将政府预决算和"三公"经费向社会公开。推动部门预决算公开，68家省级部门向社会公开部门预算及决算，67家省级部门公开"三公"经费情况，131项涉财涉税权力事项向社会公开，主动接受社会监督。

加强行政事业单位国资监管。完善制度体系，加强资产管理信息系统与"数字财政"信息平台的融合和一体化建设。完善资产配置预算编审制度，加大资产配置预算审核力度。从严审批资产出租、事业单位对外投资、资产报废、转让、调拨、捐赠、企业改制等事项。开展"春泥护花"行动，整理修复计算机1138台，为欠发达县(市)的38所中小学建立计算机教室。规范资产收益管理，维护国有资产安全，防止国有资产流失。当年省级收缴国有资产收益2.36亿元。

强化对会计中介机构监管。全年审批新设会计师事务所3

家、会计师事务所分所5家,转制设立特殊普通合伙会计师事务所1家。加强对会计中介机构的日常监督管理,做好会计师事务所、资产评估机构变更备案工作。开展会计师事务所专项检查,规范事务所内控制度化建设。

推动财政法制建设。推进地方财政立法,加大财政普法宣传力度。加强行政规范性文件管理,做好财政行政规范性文件合法性审核、公开征求意见等工作。规范财政行政执法,当年依法办理行政复议答复案件3起,应诉案件1起,依法作出行政复议决定1起,配合财政部行政应诉案件1起。

加强地方政府性债务管理。摸清债务底数,对各县市政府性债务与各家银行、相关部门进行债权债务对账,夯实地方政府性债务基础。强化债务预警和高风险地区债务监管,规范政府融资行为。控制乡镇新增债务,防范财政金融风险。加强土地储备与融资管理,严格规范土地储备融资规模审批。

【转变作风优队伍】 开展教育实践活动。开展以"为民务实清廉"为主要内容的党的群众路线教育实践活动。按照"照镜子、正衣冠、洗洗澡、治治病"的总要求,征求社会公众和服务对象的意见建议,查找在"四风"方面存在的突出问题,剖析原因。深入开展"六项集中行动"。坚持把整改落实贯穿活动始终,并将整改落实与建章立制结合起来,新制定或修订完善加强"三公"经费管理等19项制度,将教育实践活动成果制度化、长效化。

推进党风廉政建设。履行"一岗双责",建立健全责任体系,强化考核,出台党风廉政作风效能建设量化考核办法。建立工作人员礼品登记报告制度。推进廉政风险防控与财税业务工作互促互进,借助"数字财政"和《税友龙版》等信息化手段,构建"科技+制度"的防控模式。加强对财税重点部位和关键环节的监督,分类分层推进"阳光财税"建设,以公开促廉洁。加强廉政宣传教育,提升干部"廉商"。

推进干部队伍建设。坚持"德才兼备、以德为先"的用人导向,完善干部培养使用机制。加强分层分类培训,探索结对互帮互学机制,总结推广"花钱少、效果好、可复制"的在岗培训模式,增强学习教育的针对性和实效性。加大对年轻干部的培养力度,选派干部到专业对口部门、市县局、重点工程、艰苦地区挂职锻炼。丰富财税文化生活,紧密结合财税业务,举办青年论坛、演讲比赛、趣味运动会、摄影书画展等主题活动,强化"实、稳、优"财税核心价值观。 (省财政厅供稿 盛滢婷执笔)

注:

*"411"有效投资行动计划:"4"指"四大万亿"工程,即万亿产业转型升级工程、万亿基础设施完善工程、万亿统筹城乡建设工程、万亿公共服务提升工程,"1"指建设1000个以上省重大项目,第二个"1"指带动全社会固定资产投资超过10万亿元。

*"四换三名":"四换"即腾笼换鸟,大力发展高附加值、低能耗、低污染产业;机器换人,实现减员增效;空间换地,实现节约集约用地;电商换市,大力发展电子商务;"三名"指着力培养名企、名品、名家,打造行业龙头。

*"个转企"、"小升规"、"规改股"、"股上市":"个体工商户的组织形式转型升级为企业"、"小微企业转型升级为规模以上企业"、"规范化的公司改成股份有限公司"、"股份公司争取上市挂牌"。

*"三改一拆":指在城区中开展的旧住宅区、旧厂区、城中村改造和拆除违法建筑。

*"双清":指清理河道、清洁乡村。

*"31066"行动计划:全省通过3年(2013~2015年)扶持创建10个农业综合开发现代园(即现代农业园区),66个农业综合开发特色园。

全省国税

【概况】 2013年,全省国税总收入5022.29亿元,比上年增长6.2%;国税部门组织收入3814.40亿元,增长9.7%;办理出口退(免)税1713.57亿元。

【收入特点】 收入增幅中间高、两头稳。一季度全省国税收入增长7.6%,实现良好开局;随着经济稳中向好,二、三季度全省国税收入实现较快增长,分别增长10.3%和13.5%;四季度由于上年同期基数抬高,全省国税收入增幅回落,实现7.5%的平稳增长。

"营改增"成效显著。全省入库"营改增"增值税118.00亿元,剔除全省非"营改增"企业增加抵扣57.17亿元后,全省"营改增"净增收约60.83亿元,拉动全省国税收入增长1.75个百分点。"营改增"试点优化了税制结构,解决了重复征税问题。当年减轻试点企业税收负担44.70亿元,全省97.4%的"营改增"纳税人税负下降或不变。

地方级收入快速增长。全省国税组织中央级收入2803.62亿元,增长5.80%;地方级收入1010.77亿元,增长22.0%;地方级收入增幅超过中央级16.2个百分点。当年全省财政总收入中国税部门组织收入3588.42亿元,增长9.7%,超过全省财政总收入增幅1.9个百分点,占全省财政总收入的51.9%,为浙江经济社会发展提供财力保障。

征管促收成效明显。实施"信息管税",全面推进税源专业化管理,加强税务稽查,优化纳税服务,多措并举,着力于提高纳税人税法遵从度,保障税款及时足额入库,促进国税收入增长。当年全省入库查补税款27.11亿元,清缴以前年度欠税1.32亿元。

【全力推进"营改增"试点】 做好"营改增"试点扩围。组织开展广播影视业"营改增"试点测算评估工作,制定下发扩围试点工作实施方案和工作计划表,明确相关税收与管理政策,组织开展培训和税控系统设备发放、安装测试,确认试点纳税人888户,其中一般纳税人203户。

保障"营改增"试点平稳运行。加大"营改增"相关税收政策宣传辅导力度,优化办税服务,做好试点后政策衔接,实现新旧税制平稳过渡。开展对重点行业和重点问题调研,了解掌握和解决试点过程中政策和管理问题。

开展"营改增"试点效应分析。开发应用"营改增"效应分析系统,以纳税人税负变动和效应分析为重点,分析税制改革对税收收入、经济发展的影响。截至当年底,全省17.58万户纳税人纳入"营改增"试点范围,试点纳税人应纳"营改增"增值税税款92.50亿元,全省企业因"营改增"减税123.64亿元,其中"营改增"企业减税51.07亿元,一般纳税人增加抵扣72.57亿元。

【服务经济社会转型发展】 支持重大战略举措的税收政策。围绕实施"四大国家战略举措"等开展税收政策调研,义乌市市场采购贸易方式出口货物免税管理办法(试行)获国家税务总局批复,梳理出台推进"个转企"税收政策。

落实各项结构性减税政策。全省企业享受研发费用加计扣除额94.20亿元,办理固定资产进项税额申报抵扣184.27亿元,对月销售额不超过2万元的个体工商户和企业免征增值税28.68亿元,办理各类税收减免和先征后退税额183.77亿元。

落实出口退税政策。推行出口退税分类管理,下放出口退税审批权限,做好出口企业日常预警监控和专项核查工作,办理出口退(免)税1713.57亿元。

【全面推进依法行政】 深化税收执法风险防控机制建设。根据《浙江省国税系统基层单位税收执法风险防范手册》,以"浙江国税基层单位税收执法风险管理信息系统"为载体,对登记管理等9类124个重点执法行为,278个执法风险点进行详细描述,提出具体防范要点和处理依据,提高执法正确率。开发并运行"法规查询子系统",收录3420条税收法律法规,方便执法人员在税收执法中的依据援引,提高执法质量和执法效率。

依法查处涉税违法案件。全省国税稽查部门当年检查纳税人9023户,其中税务机关实施检查企业户数3689户,发现有问题户数3598户,结案户数3596户;累计查补收入22.46亿元,实际入库21.45亿元。组织查处税款在100万元以上大要案130件,查补税款4.05亿元。

加强重大税务案件审理。当年受理重大税务案件465件,审结案件398件,退补查24件,改变稽查初审意见78件。实际入库金额3.66亿元,经重大税务案件集体审理后增加查处和罚款金额1141.83万元,集体审理后减少查处和罚款金额3490.88万元,移送公安机关案件72件。

【加强税收征管】 全面推进税源专业化管理。加强重点税源风险管理,实施"统一分析、分类应对"的风险管理办法,应用重点税源管理信息系统对省国税局重点税源企业进行风险分析识别和等级排序,分两批产生4957户企业风险应对任务,入库查补税款、加收滞纳金、冲减留抵税金、冲减应退税额6.97亿元,调整以前年度亏损7.68亿元,其中纳税评估任务的查实率为90.8%。

深入实施"信息管税"。深化网络发票综合应用,加强免税农产品发票信息和电力信息应用,推进发票查验工作,试点无线网络开票方式。截至当年底,全省已有55.02万户纳税人纳入网络发票系统在线开票,开具网络发票3.88亿份,总金额6.38万亿元。

加强各税种管理。完善福利企业监督检查制度,建立货物运输业增值税专用发票税收风险防控机制。抓好企业所得税预缴、汇缴管理,完善汇算清缴后续审核办法,全年后续审核补缴企业所得税4.62亿元,减少亏损31.66亿元。加强反避税管理,强化非居民税收管理,其中一起非居民企业间接转让居民企业股权案件追缴税款4.50亿元。开展大企业税务审计工作,对3户企业集团开展全流程、全税种税收风险管理。

依法查处涉税违法行为。开展行业税收专项检查和区域专项整治,抓好医疗卫生行业和"营改增"试点行业发票使用情况专项整治工作,开展打击骗取出口退税专项行动,严厉打击发票违法犯罪活动。当年查处涉税违法企业3598户,累计查补收入22.46亿元,缴获各类假发票578.01万份,查处虚假发票32.54万份。

【优化纳税服务】 推进纳税服务绩效评价体系建设。开发纳税服务绩效评价管理信息系统,优化系统设计,完善指标体系,做好系统数据提取和试点运行准备。

加强纳税服务平台建设。推进办税服务厅标准化、规范化建设,全省82个主要办税厅实现标准化、规范化建设"全覆盖"。完善办税服务厅动态管理、现场管理等各项制度,规范延伸办税场所管理。做好财税服务热线12366运行维护工作,加强网上办税服务厅建设和管理。发挥税务中介组织作用,探索纳税服务社会化。

优化办税服务。推进自助办税服务,推广应用"税捷通"自助办税项目。做好重点税源企业风险提示工作。加强和改进基层纳税服务工作,调整完善服务职能、精简规范服务流程、深化涉税审批改革专题调研。联合省地税局开展2011~2012年度纳税信用等级评定工作。

开展政策宣传辅导。开展"六五"普法工作,以及第22个税收宣传月活动。开展“助力产业集聚·国税服务同行”活动，与大企业签订《税收遵从合作协议》。

（省国税局供稿　王　伟执笔）

全省地税

【概况】 2013年，全省地税部门组织收入5019.90亿元，比上年增长11.3%。其中：税收收入3067.02亿元，增长9.7%；社保基金收入1635.94亿元，增长15.8%。

【收入分析】 经济税收协调发展，税收增幅总体平稳。全年税收收入实现平稳增长，四个季度税收同口径增幅分别为9.2%、11.8%、11.1%、5.8%。

收入结构持续优化，地方税种增长加速。全省地方税占比69.8%，较上年提高0.9个百分点。营业税、地方十税实现两位数增长，增幅分别为14.0%和12.9%，其中契税、土地增值税增幅较快。所得税增幅相对落后，个人所得税增长8.4%，其中工资薪金和财产转让所得增长稳定，个体工商户生产经营所得、利息股息红利所得增长乏力，折射企业生产经营困难。

房地产业税收贡献突出，制造业税收显著回升。当年房地产业税收入库898.62亿元，增长24.8%，对总体税收增收贡献66.1%，房地产业税收占比29.3%。随着房地产市场交易降温，其税收增幅逐季回落。受有效投资增长拉动，建筑业税收稳定增长，全年增长12.5%，房地产和建筑业合计拉动总体税收增长7.8个百分点。制造业税收全年下降2.6%，从趋势来看，显现企稳回升迹象。金融业全年维持低增长态势，增长3.4%。住宿餐饮业税收全年同口径下降5.5%。

地区税收齐头并进，浙中西地区增幅领先。各地区税收增长大体均衡，有8个地区实现两位数增长，增幅均在10%~18%之间。宁波税收增幅为9.5%，舟山、嘉兴税收增幅分别为6.7%和3.4%。

【服务发展】 加强调研与分析。开展经济税源调研，比较分析浙江、江苏等地税收差距，从税收视角反映省际间发展差异；开展分行业、分税种税负分析，从税负视角反映全省经济税收增长潜力；加强对微观个体以及行业、区域性税收风险分析、结构性减税政策效应分析，将税收数据转化为反映经济发展的“窗口”和“眼睛”。

推进“个转企”工作。参与研究制定省政府系列扶持政策，下发《关于推进个体税收“建账建证、预警管理”的通知》，明确个体税收“建账建证、预警管理”的标准和目标，建立健全“倒逼”机制。出台扶持个体工商户和小微企业做大做强的实施意见，细化地税扶持政策，召开全省地税系统推进个体工商户转企业及小微企业规范升级工作视频会议。

推进重大战略部署实施。落实税费优惠政策，推动省“四大战略”“四大建设”和浙商创业创新加快实施，持续推进产业集聚区、省级特色工业设计基地建设。围绕创新驱动发展重大战略部署，重点落实好企业研发费加计扣除和高新技术企业所得税优惠两大税收政策，鼓励支持企业成为技术创新主体，当年全省地税系统（不含宁波）落实高新技术企业所得税优惠26.00亿元，增长10.6%，落实企业研究开发费加计扣除58.00亿元，增长23.6%。为支持浙商创业创新，开展“服务推进年”活动，走访浙商回归企业2605户，累计减免浙商回归企业税费6.80亿元。落实对2万元以下营业额的部分小微企业免征营业税等政策，帮助小微企业提振发展信心。经省政府同意，2013年对部分中小微工业企业临时性下浮社会保险费缴费比例，减征社保基金收入69.50亿元。

【推动改革】 配合做好“营改增”扩大试点。完成交通运输业和部分现代服务业“营改增”试点纳税人“清票清税”工作，移交广播影视服务业试点纳税人名单和相关税收征管信息，16.8万户企业经确认后纳入“营改增”试点范围。加强“营改增”试点纳税人后续管理，防止出现漏征漏管户和重复征税。组织开展广播影视服务、铁路运输和邮政服务等行业“营改增”试点准备和相关测算工作。2013年因“营改增”直接减少全省（不含宁波）地税税收收入135.72亿元。

利用税收杠杆促进资源要素市场化配置。调整城镇土地使用税政策，开展土地集约节约利用试点工作。柯桥区、安吉县平均亩产税收大幅提高，土地利用效应明显提升，高耗能高排放行业投资得到有效抑制。2012年柯桥区规模以上企业亩均税收贡献12.2万元，同比增长17.9%；安吉县规模以上企业亩均税收贡献9.9万元，同比增长18.2%。柯桥区盘活存量土地4308亩，安吉县盘活土地3160亩。

深化行政审批制度改革。全面进行涉税审批和管理事项的全面清理和改革，全省地税系统行政许可事项由4项减少为3项；非行政许可审批事项由122项减少为16项，省一级实现“零审批”；涉税管理事项由原来的112项减少为37项。缩短办税时限，节约纳税人办税时间成本，保留的16项审批事项中，有8项缩短办理时限，在法定时限上提速40%；37项涉税管理事项中，有29项缩短办理时限，在法定时限上提速85%。依托网税系统实现涉税事项办理全程可跟踪、公开全透明，纳税人可以在电脑上全程跟踪文书流转情况，及时了解审批进程，第一时间获取审批项目结果。

【税收法治】 推进依法行政。坚持依法征收，开展税收执法监督检查和执法责任制计算机考核，防范税收流失风险及虚收带来的执法风险。

加强协税护税机制建设。推进全省税收征管保障立法工作，提请省政府出台加强税收征管保障工作的意见。要求各级政府部门充分发挥职能优势，推进联合办事，保障税收收入稳步增长，并对建立健全涉税信息传递与交换工作机制和职能部门税收协作职责两个方面作了明确规定。

发挥稽查职能。组织开展税收专项检查，打击发票违法犯罪活动，开展重点税源企业检查、区域税收专项整治及医疗卫生行业专项整治工作，集中力量查处重大税收违法案件，整顿和规范地方税收秩序。当年全省地税稽查部门对10229户纳税人组织实施检查，查补各项收入20.64亿元，查处大要案227件，移送司法机关处理32件。

【征收管理】 深化《税友龙版》应用。加强信息系统运维和需求管理，改进《税友龙版》业务功能。完成省到市的数据下行工作，提高数据质量和深化数据分析利用。开展全省地税系统网络与信息安全专项检查，组织安全应急演练，保障信息系统安全高效运行。

信息管税堵漏增收。全面开展税务登记验证工作，核实税务登记户籍管理信息，堵塞征管漏洞。以风险管理为导向，加强零申报核查管理。加强分税种分行业税源管理，强化高收入者个人所得税及股权转让等非劳动所得税征管。开展房产税、城镇土地使用税税源信息普查，提高两税税源信息质量。强化网络发票应用和管理，试点开展发票信息查验比对工作，遏制“大头小尾”发票等违法行为。

统筹推进社保费征管。完善社会保险费长效征缴机制建设，探索社保费征管改革。巩固以工资总额为缴费基数的自行申报制度；试点推进企业职工个人缴费信息采集与个人明细申报；统一全省基本养老保险缴费比例至14%（除个别统筹地外）；全面实现税费同步登记等措施，实现社会保险费收入稳定增长。

【提升效能优化服务】 建设覆盖全省的办税服务厅综合管理系统，对全省256个标准化办税服务厅进行全天候、360度全方位实时监控。系统运行以来，办税服务厅单笔业务平均办理时间由6.5分钟提速到3.0分钟；纳税人平均等候时间由8.7分钟缩短到6.0分钟；窗口评价满意率由95.5%提高到98.4%。开展“转作风、优环境、促发展——全省地税系统走基层访企业‘三联动’主题活动”，覆盖全省所有基层税务分局和所有省级产业园区，以及大部分重点税源企业和重点浙商回归企业。建立省—市—县三级联动、覆盖分局基层一线工作人员和所有纳税人的工作交流平台，全省基层地税干部和纳税人提问逾万个，解答率90%。 （省地税局供稿 金胤秋执笔）

附表：

2013年浙江省地税组织收入情况统计

单位：万元

项 目	累计入库	上年同期	同比增长%	项 目	累计入库	上年同期	同比增长%
税务部门组织的收入	50198968	46401801	11.3	13. 契税	2542031	1927221	31.9
一、税收收入	30670173	29237792	9.7	二、非税收入	19528795	17164009	14.0
1. 营业税	10671468	10634912	14.0	1. 教育费附加	1130272	1078554	4.8
2. 企业所得税	4422272	4627127	-4.4	2. 文化事业建设费	17076	60256	-42.3
3. 个人所得税	4845423	4471465	8.4	3. 社保基金收入	16359396	14124412	15.8
4. 资源税	92286	84066	9.8	其中：(1)养老保险基金	10127420	8662075	16.9
5. 土地使用税	1024491	1053992	-2.8	(2)医疗保险基金	4268816	3718613	14.8
6. 城建税	2413863	2276991	6.0	(3)失业保险基金	853326	765193	11.5
7. 印花税	525396	462356	13.6	(4)工伤保险基金	401221	354263	13.3
8. 土地增值税	1865333	1497294	24.6	(5)生育保险基金	239636	208112	15.2
9. 房产税	1341088	1269330	5.7	4. 水利建设专项资金	975853	922000	7.0
10. 车船税	338571	284876	18.9	5. 地方教育附加	751460	722026	4.1
11. 烟叶税	946	905	4.5	6. 残疾人就业保障金	237610	209718	13.3
12. 耕地占用税	587003	647261	-9.3				

财政分项工作概况

财政总预算及地方预算

【概况】 2013年,浙江省财政预算工作秉承"促进发展、保障民生、科学理财、加强监管"的理财观,加强财政收入管理,优化财政支出结构,深化预算管理改革,加快完善体制机制,强化地方政府性债务管理,预算工作实现持续平稳健康发展。全省公共财政预算收入3796.92万元,完成预算的102.1%,比上年增长10.3%;全省财政支出4730.78亿元,完成预算的108.3%,增长13.7%。省级公共财政预算收入275.61亿元,完成预算的100.0%,增长8.0%;省级财政支出481.80亿元,完成预算的104.2%,增长11.9%。按照现行分税制财政体制和国家有关政策规定计算,全年全省、省级公共财政预算收支平衡。

【加强财政收入管理】 密切关注全省各地收入进度、结构,实时跟踪收入走势,加强收入分析、预测和监控,科学预判全年规模,制定好组织收入预案,合理安排退库进度,规范非税收入预算管理,促进收入平稳、高质量增长。2013年,全省公共财政预算收入占财政总收入的比重为55.0%,税收收入占公共财政预算收入的比重为93.4%,两项指标均位居全国前列。

【优化财政支出结构】 坚持有保有压、统筹兼顾,促进支出结构优化。从严控制行政经费和一般性支出,压缩"三公"经费和会议费,2013年全省和省级公共财政拨款安排的"三公"经费支出分别比上年下降15.0%、20.3%,其中接待费分别下降24.7%、35.3%。保障促进发展、改善民生等各项重点支出需要,研究制定山区经济发展专项资金、新一轮海洋经济发展专项资金、新一轮重点欠发达县特扶资金分配方案以及财税支持"个转企"扶持政策,落实省级产业集聚区财政政策,助推经济转型升级。坚持民生导向,着力保障改善民生,全省新增财力用于民生支出比重为70.3%,继续保持在三分之二以上。

【编制审核预算】 编制全省和省级预算草案。编制完成《浙江省2012年全省和省级预算执行情况及2013年全省和省级财政预算草案的报告》,在省十二届人大一次会议上通过。做好全口径预算上会审查准备工作。根据十八大关于"加强全口径预算审查和监督"的要求,做好公共财政预算、政府性基金预算、社会保险基金预算和国有资本经营预算草案提交省十二届人大二次会议审查的多项准备工作,并会同省人大财经委编制《全口径预决算100问》。编制、审核省级部门预算。编制完成报送人代会的《浙江省2013年省级部门预算(草案)》。共有69个省级部门的部门预算提交省十二届人大一次会议审查并获通过。研究提出省级政府预算及重点项目资金安排建议。起草呈省长、省政府常务会议、省委财经领导小组审批的《关于2013年省级政府预算及重点项目资金安排的汇报》。

【强化地方政府性债务管理】 加强地方政府性债务管理。将各市县政府性债务与各家银行、相关部门进行债权债务对账,夯实地方政府性债务基础;对BT(建设——转让)项目进行清理核实,对违规集资行为提出整改要求,督促相关市县积极化解集资形成的债务,防范债务风险。加强土地储备融资管理。贯彻落实中央文件精神,与省国土厅联合下发《关于贯彻国土资源部 财政部 中国人民银行 中国银行业监督管理委员会关于加强土地储备与融资管理的意见》,并制定出台加强土地储备融资管理的具体实施意见。做好2013年度土地储备融资规模的审批工作,对符合文件规定的市县下发《土地储备机构融资规模控制卡》。加强地方政府债券管理。2013年,积极向财政部争取浙江省(不含宁波)地方政府债券118亿元,按因素法分配,主要用于保障性安居工程建设、普通公路建设发展等重大公益性项目支出,加大保障民生和经济结构调整的支持力度。

【建立厉行节约长效机制】 牢牢把握政府预算这一源头管控环节,压缩"三公"经费预算,2013年省级公共财政拨款的"三公"经费比上年下降3.7%。落实中央精神,将省级党政机关由公共财政预算拨款安排的日常公用经费压减5%,一般性项目支出压减10%,全部用于"治水"等民生支出。牵头组织开展"三公"经费集中检查行动,研究起草"三公"经费使用检查工作方案,要求全省11个市和129个省级部门采取自查自纠和重点检查相结合的方式对"三公"经费管理控制和厉行节约政策贯彻等方面进行检查,督促各地各部门厉行节约过紧日子。加强规章制度建设,建立健全厉行节约长效机制。按照中央八项规定、李克强总理"约法三章"和省委省政府工作要求,及时报请省委、省政府下发《关于切实做好党政机关厉行节约工作的通知》。同时配合相关处室制定《浙江省省级机关会议费管理办法》《浙江省省级机关差旅费管理规定》《浙江省省级机关培训费管理办法》等具体经费管理规章制度。

【推进预决算信息公开】 推进"三公"经费公开。在继续做好财政总预算公开和部门预算公开的基础上,贯彻落实国务院提出的两年内公开省级“三公”经费的要求。3月5日，在财政厅网站上公开了省本级2013年“三公”经费预算，包括因公出国（境）经费、公务接待费、公务用车购置及运行费三项经费分项预算汇总数以及比上年增减情况。10月，67家省级部门陆续在门户网站上公布“三公”经费情况。推进省级以下预决算公开。根据中央要求，结合浙江省实际，制定下发《浙江省财政厅转发财政部关于推进省级以下预决算公开工作的通知》，明确2015年前，全省所有市、县（市、区）都要按规定公开政府财政预决算、部门预决算、“三公”经费。

【推动省级专项资金竞争性分配改革】 报请省政府下发《关于实施省级专项资金竞争性分配改革的通知》，在现行专项性一般转移支付改革的基础上，实施财政专项资金竞争性分配改革。分类引入竞争机制，把适合项目管理的产业发展类、公共事业类两类财政专项资金，纳入竞争性分配改革的范围。同等条件下，优先支持欠发达地区和海岛地区项目。规范竞争性分配方式和程序，纳入竞争性分配的财政专项资金原则上采用招投标法进行分配。推进项目信息公开，通过竞争性分配确定的扶持项目，建立全过程、全方位的公开机制。强化全过程绩效管理，绩效评价结果作为预算分配和调整的主要依据之一。当年选取战略性新兴产业等9个专项资金36亿元进行改革试点。

【落实省对市县财政体制】 落实新一轮省对市县财政体制，发挥新体制在促进经济转型升级、区域统筹协调发展、基本公共服务均等化方面的作用。做好新旧体制衔接有关工作，按季完成应下放市县的省级征收金融业营业税、所得税以及烟草企业所得税的调库工作。落实区域统筹发展激励奖补政策，引导设区市加大对所辖县（市）发展的投入，2012年各设区市对所辖县（市）补助突破20亿元，省财政兑现区域统筹发展激励奖补资金8.87亿元，共同用于支持相关县（市）经济社会发展，提高区域内经济社会发展水平的均衡性和协调性。完成2012年度省对市县结算，兑现地方财政税收收入增长奖补等政策，做好均衡性转移支付等一般性转移支付分配，加大对欠发达地区的支持力度，逐步缩小地区间财力差距。2012年度省对市县转移支付932亿元，其中：对欠发达地区转移支付475.50亿元，比2011年增加49.50亿元，增长11.6%。

【做好“营改增”试点相关工作】 落实“营改增”试点期间预算管理办法以及过渡性扶持政策，建立季报制度，及时了解市县对因新老税制转换而增加税负企业的补助兑现情况，确保试点工作平稳有序推进。落实好试点期间财政扶持政策，明确职责分工，增强政策实施的可操作性和统一性，会同省国税局、地税局联合下发《关于营业税改征增值税试点期间财政扶持政策的补充通知》，对企业申报、税务部门审核、财政资金拨付等问题进行了明确。

【推进数字财政建设】 牵头开展数字财政联席会议工作，完成各项工作任务。根据分工，牵头做好“业务规范”“预算决策支持应用创新”和“预决算公开支撑应用创新”等课题的编写、修改工作，按时完成当年数字财政的建设工作。

【注重调查与研究】 组织开展区域统筹发展、地方政府融资平台债务管理、完善预算定额和支出标准体系建设等调研。完成调研课题《政府全口径预算编制及资金统筹使用管理研究》，获2013年度全省财政系统调研报告二等奖。编撰《城市区域协调发展的基础——浙江省现行市对市辖区财政体制研究》一书，弥补了浙江省一直以来缺乏系统研究市区财政体制的空白。收集整理自1980年以来全省财政体制的文件资料，并编印成册，供财政系统干部学习。2013年，厅总预算局党支部获省直机关“改革先锋”荣誉称号。

（省财政厅总预算局供稿　郭丽丽执笔）

财政税政

【积极争取优惠政策】 向上争取舟山群岛新区等有关税收优惠政策。经与省有关部门和舟山市共同努力，2013年1月17日国务院正式批复《浙江省舟山群岛新区发展规划》，规划明确提出要完善财税支持政策，探索通过税收减免等措施，支持海洋经济等新兴产业发展，贯彻落实支持远洋渔业发展的有关税收优惠政策等。2013年11月，舟山保税港正式通过国务院工作组验收。

向上反映有关房产税制改革的调整建议。起草浙江省改革实施办法，会同省地税局及杭州市财政地税局多次向财政部反映意见建议，部分建议得到财政部采纳。

【推进“营改增”试点】 自2012年12月1日实施“营改增”试点以来，各项工作扎实推进，试点企业户数稳步增加，社会各界反映正面积极，改革效应逐步显现。至2013年12月全省（不含宁波，下同）17.58万户企业经确认后纳入“营改增”试点范围，试点企业一般纳税人中86.6%税负减轻，试点小规模纳税人中99.9%税负减轻。主动配合省国税局等部门做好“营改增”试点分析评估工作，逐月分析预测“营改增”试点改革对浙江经济和财政收支的影响。按照省政府提出的“不增加试点企业负担”的原则，做好“营改增”试点税负增加企业的财政补助工作，截至2013年底已发放补助资金0.49亿元。

根据国务院要求，2014年1月1日铁路运输和邮政服务业纳入“营改增”试点，会同省国、地税部门及时做好铁路运输和邮政服务业“营改增”纳税户的征管交接等工作。

【企业所得税税源调查】 开展全省2012年度企业所得税税源调查工作。调查范围为2012年度所有查账征收的法人企业或法人单位，具体包括：所有法人企业、有纳税义务的事业单位、社会团体、民办非企业单位（法人）和基金会等。调查采用分层抽样方法。全省收集有效样本企业4235户，超财政部任务数的21.0%。调查涉及所有类型企业，其中内资企业占93.9%，港澳台商投资企业占2.3%，外商投资企业占3.7%，其他类型的企业占0.1%。在所有调查企业中，经认定的高新技术企业1512户，占35.7%；非高新技术企业2723户，占64.3%。调查的样本企业资产总计22795.14亿元，实现收入15732.88亿元，利润总额1278.97亿元，应纳税所得额1021.50亿元，按适用税率计算应纳所得税额198.01亿元，剔除税额减免及抵免因素后，实际应纳所得税195.35亿元。

【重点产品国际竞争力调查】 组织开展全省2013年重点产品国际竞争力调查、关税政策建议等工作。全省有效调查企业277户，内资企业192户，占69.3%；港澳台资企业30户，占10.8%；外商投资企业55户，占19.9%。调查的重点产品36个，增补产品275个。根据调查结论，全省重点产品数少，增补产品数多，行业较分散，企业不集中。

【涉税资格认定】 会同省国税局、省地税局认定获得公益性捐赠税前扣除资格的社会团体277户；获得公益性捐赠税前扣除资格的群众团体2户；获得免税资格的非营利组织159户。配合做好高新技术企业认定工作，2013年省高新技术企业认定管理工作领导小组（由科技厅、省财政厅、省国税局、省地税局组成）分两批认定600户高新技术企业；对之前认定的高新技术企业进行复审，通过复审的491户企业继续获得高新技术企业资格至2015年12月31日。

（省财政厅税政处供稿　张丽萍执笔）

预算执行

【开展省级财政资金竞争性存放试点】 出台《省级财政资金竞争性存放试行办法》，按照“公开、公平、竞争、择优”的原则，从财政专户资金安排30亿元开展竞争性存放招投标试点，中标平均年收益率5.275%，高于3年期定期存款基准利率1.025个百分点，3年增加收益9225万元，其中各中标银行承诺向省慈善总会捐款5399万元。

【试编权责发生制政府综合财务报告】 完成2012年度省级政府综合财务报告试编工作，加强对嘉兴市、海盐县等试点市县的业务指导，对试编中的问题及难点进行分析研究，提出解决方案及改进措施，为2013年度权责发生制政府综合财务报表试编工作扩大到全省所有市、县（市、区）做好准备。

【推进部门决算公开】 制定《2012年度省级部门决算信息公开工作实施方案》，完成部门决算网络版编审系统开发，完善决算报表任务参数，加大审核力度，提高编审效率和报表质量，加强督促检查，及时汇总省级部门决算公开情况。截至2013年底，省级68个部门首次在各自网站公开了2012年度部门决算，决算公开部门的收支占省本级部门决算收支的比重为94.9%。

【发行浙江省地方政府债券兑付旧债本息】 2013年，发行浙江省地方政府债券118亿元（不含宁波），比上年增加31亿元，其中：5年期债券59亿元，年利率3.96%，7年期债券59亿元，年利率4.17%。及时向市县收缴并按时归还财政部2010年度发行的地方政府债券本金47亿元，各期地方政府债券利息7.30亿元。

【清查地方财政资金对外借款】 根据财政部要求，落实地方财政对外借款清查、整改工作。出台《浙江省财政厅转发财政部关于开展地方财政对外借款清查工作的通知》，在全省范围内开展地方财政对外借款全面清查，对省本级纳入清查范围的对外借款情况进行全面梳理，根据借款情况分类落实整改措施。

【加快预算执行信息化建设步伐】 推进“数字财政”建设，牵头数据仓库建设，编写预算执行业务规范及各项创新应用详规和业务需求。启动省级财政国库集中支付电子化改革，组建领导小组，落实工作人员，梳理业务流程，制定实施方案。推进财税库银横向联网建设，实现与省地税、人行国库横向联网，推动与省国税、宁波人行国库联网，提高财政数据获取的及时性和准确性。

【建立预算执行情况协调机制】 牵头建立季度预算执行情况协调会机制，定期就支付审核、动态监控中发现的问题及时与各业务处室（局）沟通协调，共同协商解决问题的办法和途径，促进制度完善，形成监管合力，提高预算执行的科学化、规范化水平。

【启动乡镇财政国库集中支付和公务卡改革试点】 16408家县级以上预算单位均实施财政国库集中支付和公务卡改革，实现全省全覆盖。239个乡镇启动财政国库集中支付改革，1007个乡镇的1476家预算单位实施公务卡改革，91个市县已建立公务卡强制结算目录制度，推动财政支出规范高效、公开透明。

【省级国库集中支付资金审核】 严格支出审核，省级审核直接支付业务11.15万笔，金额341.18亿元；审核集中核算单位授权支付业务15.18万笔，金额19.63亿元；审核集中核算单位其他资金业务8.73万笔，金额101.19亿元。

【扩大省级国库集中支付资金范围】 出台《浙江省财政厅关于省级集中核算单位其他资金实行国库集中支付的通知》，完善相应的支付和会计核算办法，从2013年6月开始，省级集中核算单位国库集中支付资金范围实现全覆盖。

【推进国库集中支付资金动态监控】 落实厉行节约有关规定，加强财政资金监管。省级建立动态监控报告制度，监控非集中核算单位授权支付金额28.67亿元，确认违规1.81亿元，纠正1.73亿元，纠正率95.6%。19个市、县（市、区）建立动态监控管理制度，33个市、县（市、区）对违规资金进行统计。

【加强财政资金安全管理】 出台《关于切实加强财政资金安全管理的通知》和《浙江省省级财政资金拨付管理规程》，要求各级财政部门从资金拨付的各个环节加强管理，建立财政资金安全管理长效机制。开展财政资金安全检查，及时纠正问题，排除资金安全隐患，夯实各项基础工作，规范和强化内部制约机制。

【规范省级预算单位账户管理】 严把预算单位账户新设、变更审批关，加强日常监督。出台《浙江省财政厅关于严格落实省级预算单位银行账户年检意见的通知》，督促预算单位整改清理违规账户。截至2013年底，省级经审核应补办审批手续的64个账户均已整改，应整改撤销的404个账户已撤销351个，整改6个，暂时保留25个，尚未撤销22个。

【清理整顿财政专户】 规范财政专户开立核准程序，有效控制新增专户数量。规范存量专户归并，加强专户归口管理。2013年，县级以上财政部门撤销财政专户176个，其中省级撤销8个，设区市撤销30个，县（市、区）级撤销138个。

【提高预算执行分析质量】 提前财政收支数据快报报送时间，加强对财税库银联网数据的分析利用，及时掌握预算执行动态。2012年度获得全国预算执行分析一等奖，连续7年获此殊荣。针对热点难点问题，开展专题分析，《高新技术产业发展的财税对策研究》《温州"金改"的热期待与冷思考——对温州金融综合改革情况的调研报告》被财政部推荐发表于《预算管理与会计》，《不断提高预算执行分析水平》被财政部推荐发表于《中国财政》。

【全面提升服务水平】 开展群众路线教育实践活动，通过核算中心平台，召开服务对象座谈会，对存在的问题立整立改。完善ETC托收方式，出台《浙江省财政厅关于进一步明确省级集中核算单位业务审核要件的通知》，规范审核流程。规范个人所得税纳税申报，各集中核算单位于5月份全部办理纳税登记证，6月起实现各单位自行申报个人所得税。

（省财政厅预算执行局供稿　沈　维执笔）

财政综合

【概况】 2013年，浙江财政综合工作以政府非税收入管理为主线，发挥政策调控功能，落实结构性减负政策，完善制度配套，推进"收入法治化、监管一体化、资金预算化、运行数字化"建设，强化土地、住房、彩票资金和财政票据监管，积极为推动经济转型升级、保障和改善民生、优化支出结构提供政策支持和财力保障。全年全省非税收入4890.37亿元，比上年增长62.8%。其中，省级非税收入229.00亿元，增长5.0%。

【发挥政府非税政策调控功能】 分四批次先后取消和免征城市房屋安全鉴定费等56项行政事业性收费，降低21项收费标准。会同省地税局全面落实2013年开始施行的《浙江省地方水利建设基金征收和减免管理办法》，全年分三批次对992家申请减免金额超过30万元的企业，审核减免地方水利建设基金11.47亿元。明确对浙江省范围内月销售收入或月营业收入不超过2万元的企业或非企业性单位，暂免征收地方水利建设基金。将年度地方水利建设基金减免额在30万元以上的审批权限由省级下放到市县。继续暂停各级各部门申请设立新的专门面向企业收取的行政事业性收费项目。会同省物价局等部门提出将排污费征收标准大致提高一倍方案上报省政府。加强海域使用金征收管理，全年全省征收入库海域使用金32.01亿元（其中中央6.59亿元，地方25.42亿元）。调整和理顺省级国有资本收益和国有资产有偿使用收入执收程序，实行省本级财政部门统一执收。当年收取省本级国有资本收益和国有资产收入13.94亿元。

【推进非税收入法治化】 公布《2012年浙江省政府性基金项目目录》和《浙江省2013年政府非税收入项目目录》。制定《浙江省省级政府非税收入管理考核评价办法》,促进省级政府非税收入依法及时足额收缴。制定《浙江省省级政府非税收入收缴银行代理业务年度综合考评办法》,提高代理业务水平和服务质量,促进代收资金安全。制定《浙江省财政票据管理实施办法》,强化政府非税收入收缴管理,完善票据管理制度,发挥"以票管收,以票控费"的功能作用。会同省卫生厅制定《关于贯彻实施医疗收费票据使用管理办法的意见》,整合医疗收费票据种类,采用防伪技术,明确领用范围,规范全省医疗收费票据使用管理。布置启动全省医疗收费票据换版工作,至年底全省全部实现新老票据平稳有序转换。

【促进非税收入监管一体化】 深化综合处与票据中心一体化运作,票据中心增挂"省级政府非税收入服务中心"牌子,提升非税征管效能。规范财政票据印刷合同续签工作,做好票据印制审核、发放、核销和销毁等工作,确保票据管理规范、各项财政资金及时足额上缴。全年全省审批印制票据10.15亿份(其中省本级1.04亿份)。省级发放票据9744.05万份(其中省本级单位3740.95万份)。省本级核销票据8068.14万份,结报上缴财政资金134.86亿元,其他资金164.37亿元。省本级集中销毁11家单位票据2738.78万份。制发财政票据使用管理政策汇编,加强对市县财政票据管理业务的指导。受财政部票据中心的委托对浙江出入境检验检疫局等5家单位票据核销工作进行重点检查。加强对省级执收单位执收行为和代理银行代收行为日常监管,及时掌握收缴动态,规范执收、代收行为。推进省公安交通管理部门的行政事业性收费直接缴入省级财政结算户工作。开展涉企、环境保护等方面政府非税收入重点检查和调研,加强收入监管。

【提升非税收入资金预算化】 提升省本级政府非税收入计划管理,对省本级各部门收入收缴进度进行了3次通报,提高政府非税收入预算管理科学化、精细化水平。优化政府财力结构,将外国人签证费等88项具有专款专用性质的非税收入,由公共财政预算调整到政府性基金预算管理。探索建立以项目为导向的非税收入报表体系,规范报表口径,调整报表编报频度,提升报表编报和使用技术手段,提高报表编报质量和效率。

【加快非税收入运行数字化】 扩大新版非税系统在市县执收单位的应用覆盖面,全省(不含宁波)89个市、县(市、区)均已启用新版非税系统,执收单位使用覆盖率为88.3%。全省实现执收单位应用全覆盖的市县有73个,占82.0%;其中,杭州、湖州、台州和衢州市全市执收单位端已全面推广应用。深化业务需求分析,完善系统功能,整合政府非税收入征管系统和报表填报系统。升级完善土地出让收支管理信息系统,对使用信息系统的74个市县财政、国土部门近200名业务骨干进行业务培训。梳理财政票据管理流程,提出财政票据使用和管理电子化改革业务需求。

【加强土地、住房资金监督管理】 加强土地出让收入征收管理,当年全省实现土地出让收入总额3879.23亿元,完成年初收入预算的189.5%,比上年增长84.4%。全省从土地出让收入中计提地方农田水利建设资金48.37亿元,教育资金61.36亿元,安排用于保障性安居工程建设资金66.36亿元。明确省属用地土地出让收入省与杭州市的有关结算政策,加强省属用地成本管理。督促各地贯彻保障性安居工程建设及保障性住房资金筹集的相关规定,落实从土地出让收入和住房公积金增值收益中计提保障性安居工程建设资金政策。全年筹集政府住房资金73.68亿元,其中,从土地出让收入(收益)中计提安排用于保障性安居工程建设资金66.36亿元,从住房公积金增值收益中计提廉租住房资金6.39亿元,其他政府住房基金收入9222万元。开展对嘉兴、湖州、舟山、温州和省直住房公积金管理情况检查工作,促进各地提升住房公积金管理水平。深化住房分配货币化改革,省直单位审批发放职工一性次住房补贴5373人次,审批补贴资金1.59亿元(其中财政专项补助0.45亿元)。审核批复2013年度省直单位住房资金收支计划。

【强化彩票市场和资金监管】 向财政部争取到体育彩票"飞

体彩公益金资助的希望小学多媒体教室

鱼”游戏在舟山市发行销售，支持舟山群岛新区建设发展。支持省体彩中心向国家申报“11选5”高频等游戏调节基金派送活动。会同省民政厅调整对义乌市福利彩票公益金分成政策，支持义乌市发展。及时下达2013年体育彩票县（市）、区专项补助资金指标，提高彩票业务费预算完整性。及时拨付“十二五”第二批资助青少年校外活动保障和能力提升项目专项彩票公益金5297万元。浙江省销售彩票210.75亿元，增长19.9%，成为全国第四个年销售彩票超200亿元的省份，筹集彩票公益金60.14亿元，增长17.2%。

【部门预算归口单位财务管理工作】 做好省物价局、省级两个彩票中心和省直单位住房公积金管理中心部门预决算管理工作。落实中央“八项”规定，对省物价局2013年“三公”经费进行缩减，配合做好省物价局2012年部门决算信息公开事宜。对物价部门原中央、省财政预算安排的专项资金进行科学合理整合，出台《浙江省价格监管专项性一般转移支付资金使用管理暂行办法》，强化价格监管专项资金管理。

（省财政厅综合处供稿　张　静执笔）

会计管理

【贯彻落实会计法规制度】 做好财政部布置的XBRL*试点工作。会同省国资委选定4家国有企业进行XBRL试点，4家企业按时完成并报送XBRL格式的企业财务报告，得到财政部肯定。贯彻实施事业单位会计准则和制度。举办全省事业单位会计准则和制度师资培训班，会同省财政厅各业务处（室）和浙江财经大学，分4期对所有省级事业单位财务会计人员进行培训。组织全省财会人员参与财政部等部门组织的全国企业内部控制规范知识竞赛，被财政部授予组织奖。做好会计科研课题的研究工作。正式批准立项浙江省2013年度会计科研课题28项，评审结项24项。

【加强会计中介机构监管】 做好会计中介机构设立审批工作。全年审批新设会计师事务所3家、会计师事务所分所5家，转制设立特殊普通合伙会计师事务所1家。截至年底，全省会计师事务所计346家，其中：有限责任所183家，合伙所161家，特殊普通合伙所2家；分所31家，其中本省事务所设立的分所15家，省外事务所在浙设立的分所16家。加强对会计中介机构的日常监督管理，做好会计师事务所、资产评估机构变更备案工作。全年完成80余家会计师事务所、9家资产评估机构的变更备案工作。对45家不符合变更条件的事务所申请予以退回。对涉及股东（合伙人）发生变更的25家会计师事务所相关人员进行面谈。会同省财政厅监督局、省注协，对87家会计师事务所是否持续符合设立条件进行专项检查，促进对事务所的长效管理。开展全省代理记账机构大普查。对全省代理记账机构的基本信息进行采集，经逐级汇总后，建成了统一格式、统一内容的省、市、县（市、区）三级代理记账机构数据库，并形成“浙江省代理记账机构现状研究”的调研报告，为“数字财政”会计中介机构数据库建设提供数据支持。

【组织各类会计资格考试】 在杭州考点试运行会计从业资格无纸化考试的基础上，4月底在全省全面推广会计从业资格无纸化考试。考试过程实行全过程电子摄像（录音）监考，实现“无人监考、远程监控”。全年超过32万人次报名参加会计从业资格无纸化考试。结合全省从业资格无纸化考试的实际情况，制订《浙江省会计从业资格考试管理规定》。试行会计专业技术初级资格无纸化考试。按照财政部会计资格评价中心的统一部署，选择省本级进行试点，462名考生参加试点考试，为在全省全面推广会计专业技术初级无纸化考试积累经验。组织会计专业技术资格纸笔考试考务工作。全省各级会计考试管理机构通过层层落实考务责任制，明确考试各环节的职责，严格考务纪律，加强监考、巡考，完成各项考试考务工作。全年12万人报名参加初级、中级、高级会计资格考试。截至12月底，全省持有会计从业资格证书1127369人，其中，具有高级会计师资格8483人（其中教授级53人），占持证人员0.7%；具有会计师资格62236人，占持证人员5.1%；具有初级会计师资格186582人，占持证人员15.2%。

【会计专业技术资格评审】 按照加快高级会计人才队伍建设的需要，与省人力资源和社会保障厅沟通协调，启动对原《浙江省高级会计师资格评价条件》的修订工作。在广泛征求意见的基础上，制定新的《浙江省高级会计师资格评价条件》。新评价条件的主要亮点是恢复了财税经济师申报高级会计师的资格，为广大财税干部学习财会业务、拓宽职业规划提供了更有利的平台。组织开展教授级高级会计师评审，坚持“严格标准，树立标杆”的原则，“成熟一个，评审通过一个”。当年参评对象24人，评审通过13人。做好2012年度高级会计师资格评审工作，参评对象726人，评审通过553人。

【会计人员管理】 针对浙江会计从业资格管理实际，为增强原会计从业资格管理办法的可操作性，对该办法实施“二上二下”征求意见，充分吸收各地财政部门和专家意见建议，重新修订《浙江省会计从业资格管理实施办法》。强化会计人员继续教育，根据财政部继续教育管理办法，制定《浙江省会计人员继续教育实施办法》，并下发《浙江省财政厅关于做好2013年度会计人员继续教育工作的通知》,对全省会计人员继续教育的对象、内容、形式、组织实施、管理等作明确规定。丰富网络继续教育内容,及时清理、更新课件,网络课件的总量从上年的71门课程增加到111门课程,课时总长从290小时增加到350小时。

【高端会计人才培养】 制定《浙江省会计行业中长期人才发展规划(2013~2020年)》。明确未来8年全省会计人才培养工作的指导方针、发展目标、主要任务、政策措施、重大工程和组织实施。加大全省高端会计人才培养力度,创新培训方式,加强培训管理。如增加异地培训课堂、举办学员自主讲堂、课余分组集体讨论提交讨论报告等等。在继续做好全省第三期会计领军人才培训工作的同时,第四期全省会计领军(后备)人才培训项目于12月5日在上海财经大学正式开班,全省会计领军(后备)人才在培人数已为100人。利用财政部总会计师素质提升工程平台,推动全省各类企事业单位开展高级会计人员轮训。全年组织4期全省大中型企事业单位总会计师等高级会计人员计683人赴三大国家会计学院培训。

【参与数字财政建设】 按照数字财政整体规划要求,对牵头的应用小组工作进行明确分工,成立人员管理、中介管理和报表平台三大模块小组,对照任务进度重点推进,提前完成小组详细规划和《会计人员信息管理》《会计从业资格考试管理》《会计专业技术资格考试管理》《高级会计师资格考评管理》《会计人员继续教育管理》《代理记账机构管理系统》六个业务需求。同时,配合其他应用小组开展工作。对现有的会计信息管理系统进行提前规划,按照数字财政的管理要求和浙江省会计管理的实际,配合省财政厅数字中心,制订分步实施计划,对全系统进行逐步升级更新,以符合数字财政总体规划和要求。

【提升服务水平】 先后下发《浙江省财政厅关于进一步加强会计管理提升服务水平的通知》和《浙江省财政厅关于深入开展群众路线教育实践活动提升会计管理服务水平的通知》,同时将《浙江省会计人员服务中心窗口服务规范(试行)》提供给各地作为服务窗口工作参考。在全省会计管理系统开展以"为民、务实、清廉"为主要内容的党的群众路线教育实践活动,深入基层,走访服务窗口、事务所、培训点、考点,召开座谈会,广泛征求意见,立行立改,提升服务水平。开展会计服务提升月活动。重视网络微博时代的舆情应对管理,自觉接受社会监督。做好网络维护,开辟会计考试常见问题答疑专栏,提高网上会计咨询服务速度,增强网络服务能力。结合"数字财政"工作,建设、维护财政门户网站的会计事务专栏,增加窗口弹出功能和短信群发功能,为服务对象提供便利。

(省财政厅会计处供稿　程少春执笔)

注:

XBRL:可扩展商业报告语言(eXtensible Business Reporting Language)是一种新兴的电子财务报告格式,它产生的目的在于解决传统电子财务报告在转换和利用上的低效率。

行政政法财政财务管理

【概况】 2013年,行政政法财政财务管理工作按照"依法治税、为民理财、务实创新、廉洁高效"的总体工作思路,落实财政经费保障,确保部门职能履行;优化财政资源配置,推动经济发展方式转变;完善财政财务制度,提高科学理财水平;深化财政管理改革,探索资金监管新机制。

【加大政法转移支付】 调整优化政法经费支出结构,加大财政转移支付力度,重点向欠发达地区、向基层倾斜,切实保障各级政法机关履职资金需求。当年省财政下达政法奖励性补助资金29.78亿元。

【推进监狱体制改革】 按照"全额保障、监企分开、收支分开、规范运行"的要求,落实监狱、劳教系统布局调整、扩容专项经费4.59亿元,推进临海监狱等一批重点工程建设;推进省属监狱系统(东联集团)产业结构调整,完成浙江五一机械有限公司、杭州武林机器有限公司股权转让。

【加大"平安浙江"建设投入】 督促全省各级财政投入"平安浙江"建设工作经费29.24亿元。省财政继续安排"平安浙江"建设和社会管理专项资金1800万元,落实司法救助项目资金900万元,下达法律援助、法律顾问、社区矫正、人民调解、解决疑难复杂信访等专项转移支付资金6245万元。筹措落实"上合组织"地震救援实战演练保障经费3015万元,确保演练设施装备建设和演练准备工作的开展。

【支持"人才强省"建设】 发放实际到岗的270名高层次人才奖励资金2.51亿元,下达特级专家工作资助676万元,安排补助资金800万元支持欠发达地区引进高层次人才和紧缺人才,落实农村党员干部现代远程教育经费2550万元。扩大大学生村官补助范围,提高欠发达地区大学生村官人均薪酬补助标准,下达补助资金1.76亿元。

【支持"质量强省"建设】 安排标准化战略和质量管理专项资金3070万元,省本级重点检验装备项目2500万元,省级产品监督抽查专项4500万元;支持食品安全监管工作,安排中央转移支付食品安全专项经费1500万元；安排“省长质量奖”500万元表彰全省质量管理优秀企业。

【支持“旅游强省”建设】 投入旅游发展专项资金8000万元，重点支持旅游基础设施建设、重大旅游活动、旅游品牌宣传，促进旅游业转型升级。做好推进旅游专项资金竞争性分配的前期工作。

【贯彻落实《行政单位财务规则》】 运用多种形式，广泛宣传《规则》修订的必要性、原则和主要内容；下发《浙江省财政厅关于贯彻落实行政单位财务规则的通知》，对全省贯彻落实《规则》要求进行部署；开展三期《规则》培训，邀请财政部专家对厅机关、下属单位和市、县(区)财政部门开展培训；直接帮助培训财政管理基础相对薄弱的10个市、县。

【完善行政政法财务制度建设】 制定《平安浙江建设和社会管理创新专项资金使用管理办法》《浙江省法律援助经费管理办法》《浙江省工商行政管理部门工商事业专项补助经费管理办法》《质监部门省级专项性一般转移支付管理办法》《质监部门省级专项经费管理办法》《浙江省青少年教育经费使用管理办法》等资金管理办法，完善行政政法部门财务管理机制。

【推进专项性一般转移支付改革】 扩大“因素法”分配范围，新增对省委政法委平安建设和社会管理创新专项采取“因素法”进行分配，全省行政政法口实行“因素法”分配的转移支付资金项目达到11个，资金总额37.17亿元；完善政法奖励性补助分配因素，将全省平安考核结果、政法部门提供的业务考核结果应用到资金分配和绩效评价中，将财力因素由乘数调整为因素，加大对业务装备经费的分配比重；拓宽专项性一般转移支付分配方式覆盖面，整合质监部门省级专项资金成一个项目，实行因素分配法和项目申报制，引进竞争性分配机制，提高专项资金使用的灵活性和绩效性。

【落实杭州铁路运输法院、检察院管理体制改革事宜】 向财政部争取经费补助基数1396万元，下达杭州铁路运输法院2013中央补助基数，将杭州铁路运输检察院纳入省级机关会计集中核算。

【完善政法经费保障绩效考核机制】 组织召开全省政法经费保障绩效考核电视电话会议，统一财政、政法部门对政法经费保障绩效考核工作的认识；成立由厅长任组长、分管副厅长、公检法司四部门财务分管领导任副组长，行政政法处处长任办公室主任的浙江省政法经费保障绩效考核工作领导小组，领导和指导政法经费保障绩效考核工作；开展2012年度政法经费保障绩效考核，组织省级公检法司四部门对全省10个市和20个县(市、区)进行了实地重点核查，覆盖范围为全省市县数的1/3；根据核查结果，组织对2012年全省市、县政法经费保障绩效情况进行集中评价，评选出优秀、良好市县24个，并将考核结果应用于2013年政法奖励性资金的分配当中。

【实行政法业务装备动态管理】 会同省高院、省检察院、省公安厅、省司法厅联合印发《关于全省统一使用政法业务装备动态管理系统软件的通知》，分系统进行6期软件使用培训，受训650人。组织全省各政法单位编报2012年政法经费报表和政法业务装备动态管理系统软件相关数据。

【组织开展省级法院执行款检查】 布置开展省级法院执行款清查工作，要求省高院、宁波海事法院成立执行款清查领导小组，对执行款账户自开设至2012年12月31日止的经费收支情况进行全面清查。省高院清查出5年以上执行到账尚未支付完毕执行款57笔，金额2793万元，全额上缴省财政。

（省财政厅行政政法处供稿　何小康执笔）

教科文财政财务管理

【概况】 2013年，浙江省财政教科文和国有文化资产管理工作通过完善教科文事业投入机制、创新管理方式，支持教育发展，推动科技创新，增强文化实力，促进体育、人口计生、档案等各项事业发展。

【支持教育优先发展　深化教育综合改革】 加大公共财政预算教育投入力度。2013年，省级财政性教育支出预算90.53亿元，比上年增长12.1%。落实财政教育投入考核分析评价各项要求，在财政部对2012年财政性教育经费投入占比目标的考核评价中，获得满分。

支持基础教育加快发展。落实普惠性民办幼儿园奖补政策，实施2011~2012年省扶持民办幼儿园发展奖补资金绩效评价工作，促进学前教育三年行动计划目标实现。通过省奖补政策的引导，2013年农村民办普惠性幼儿园在园幼儿数量比上年增长10.0%，幼儿园教师医疗、养老保险参保率从上年的37.2%提高到38.4%，师生比从上年的1∶22调整到1∶21。促进义务教育均衡发展，安排省补助资金1.08亿元支持全省中小学教师培训的实施，出台《中小学(幼儿园)教师教育专项资金管理办法》，加大市县在组织开展教师培训和教师教育改革、学校和教师在选择参加培训和改革等方面的自主性。实施教育信息化工程，安排省补助资金9000万元，从基础设施、服务体系建设和应用推进等方面提高全省中小学校信息化水平。安排省补助资金1亿元，解决中小学学生上下学交通安全问题。研究外来流动人员子女教育的财政压力问题，完善外来流动人员子女教育专项资金分配政策。关注残障儿童特殊教育的需求，开展提高残障儿童受教育水平的调研，支持特殊教育学生随班就读工作开展。适应高中课改需要，推进普通高中多样化发展建设。

健全家庭经济困难学生资助政策体系。落实覆盖学前至研究生各阶段的资助政策。完善中职学生资助政策并督促落实，全省各级财政安排15.31亿元资金免除全省51万学生的学费，落实贫困学生和涉农专业学生享受国家助学金政策。完善研究生奖助政策体系，研究拟定《浙江省研究生国家助学管理暂行办法》。

完善高等教育支持政策。提高高等教育办学经费保障水平，提高生均定额标准，从7250元提高到9000元；研究非定额学校的经常性拨款办法，使非定额学校分类过渡到按定额法核定经常性拨款。完善相关考核指标体系，制定《高等教育质量工程——教师素质与科研提升计划》《高等教育质量工程——教学业绩提升计划》。支持国家"2011协同创新计划"高校建设。加强高校负债管理，严格贷款审批，压缩负债规模，开展独立学院负债调研，支持浙江财经大学、浙江外国语学院、浙江工业大学通过土地置换方式化解债务。

提升职业教育基础能力。完善市县职业教育发展相关考核指标体系，安排职业教育质量提升转移支付资金2.46亿元，推动全省职业教育内涵发展。以教育支出分类改革试点为依托，研究职业教育经费标准，加快全省职业教育生均经费制度的建立。支持做好第一批国家示范性中职院校建设计划验收工作。

促进民办教育发展。完善教育投入激励机制，深化民办教育综合改革，鼓励和引导民间力量进入教育领域。设立支持民办教育发展专项资金，制定出台《支持市县民办教育发展专项资金管理办法》，激励市县财政加大对民办教育投入。参与研究制定《促进民办教育健康发展的意见》。

【支持创新驱动发展　优化科技支出结构】　加大省本级财政科技投入。安排科技资金30.34亿元，支持重大科技专项实施、科技成果转化工程实施、网上技术市场建设、青山湖科技城建设、企业研究院建设等一系列省级科技重点工作。引导市县加大财政科技投入，为推进全省经济转型升级、加快创新型省份和国家技术创新工程试点省建设提供财力支持。

推进投入保障机制改革。对省农科院、省医科院、省计量院等省级院所财务状况进行实地调研，通过数据分析和资料收集，提出财政投入增量与科研院所创新绩效挂钩办法，以院所争取的纵向科研经费和向社会服务的横向科研课题收入为主要的绩效指标，挂钩补助经费用于院所人员支出和运行保障，支持院所改革和创新发展，提升科研服务能力。

创新管理方式。综合运用无偿资助、贷款贴息、风险补偿、引导基金、绩效奖励等多种方式，完善财政资金的引导放大机制。引导市县和企业加大研发投入，创新财政科技资金支持方式，通过挂钩市县上一年规模以上工业企业研发投入占主营业务收入比重排名情况，及市县上一年培育高新技术企业的工作绩效，安排2013科技产出绩效挂钩补助资金6000万元，用于企业研发补助，主要用于列入获奖排名企业及培育高新技术企业。配合制定领军型科技创新团队的引进和培养政策，省、市、县财政联合给予每个团队500万元~1000万元的经费补助，支持由领军型人才领衔、国际领先、国内一流的技术创新团队来浙创新创业。

【促进文化事业发展和产业提升】　支持覆盖城乡的公共文化服务体系建设。整合原分散的公共文化服务相关资金，设立浙江省基本公共文化服务专项资金，下达5.64亿元，支持引导各市、县（市、区）完善公共文化服务体系运行保障机制。出台《浙江省文化礼堂建设先进县（市、区）评定奖补办法》，实施奖补政策扶持农村文化礼堂建设。支持重大公共文化工程和文化项目建设，确定浙江音乐学院（筹）建设资金筹集方案并安排建设资金4.50亿元；安排浙江小百花艺术中心建设资金6000万元。

加大文化遗产保护力度。促进文化艺术传承和发展，安排文化遗产保护资金1亿元，用于支持全省省级文物、大遗址、宗祠、非物质文化遗产保护。

推进文化体制改革。会同相关部门推进第二批非时政类报刊出版单位等国有经营性文化单位转企改制，推动浙江美术报、浙江老年报等非时政类报刊建立健全现代企业制度。扩大浙江省文化产业发展专项资金规模，完善文化产业专项资金扶持方向，推动文化产业发展。

推进文化资产监管。通过调查摸底，初步掌握全省文化产业和省属国有文化企业概况，组织开展《浙江省文化产业发展财政支持研究》等课题研究。完成浙江日报报业集团、浙江广播电视集团、浙江联合出版集团2012年度薪酬绩效考核工作。研究提出省属文化企业外派监事会的建设方案。参与东海电影集团组建工作，对所涉国有独资文化企业的出资和国有资产评估等相关工作进行审核把关，提出合理化建议。

【促进其他社会事业发展】　支持人口和计划生育重点项目实施。规范资金管理，整合并重新制定省人口和计划生育专项性一般转移支付资金管理办法，通过不同因素和权重，分类支持市县计生工作，强化财政引导作用，提升全省计生工作绩效。支持体育事业发展，落实省级体彩公益金转移支付市县资金实施专项性一般转移支付改革，按因素法分配，支持市县体育事业发展。支持全民健身活动，为全民健身设施建设和活动开展提供资金保障。支持省档案馆新馆建设。

【加强财政教科文财务管理】 推进省级事业单位改革。配合省事改办研究完善省级事业单位转企改制配套政策。推进涉及行政审批前置中介服务事业单位改革。加强对其他事业单位绩效工资工作管理，会同省人力社保部门先后出台三个涉及绩效工资细化管理的文件，优化完善省级事业单位绩效工资制度。

加强财政资金财务管理。开展建立“两纵两横”高校绩效挂钩补助办法的研究。参与科技专项资金管理，加大科技经费审核力度，会同省科技厅出台《支持青山湖科技城引进共建创新载体专项资金管理暂行办法》。整合原分散在文化、广电、新闻出版、文物等部门的基层公共文化服务建设、农村电影公益性放映、广电惠民服务工程、乡镇广电站设施设备更新改造、农家书屋建设、博物馆纪念馆免费开放等专项资金，以及中央财政专项转移支付补助或奖励用于基本公共文化服务的专项资金，设立浙江省基本公共文化服务专项资金，按因素法分配，避免以往基本公共文化服务项目多头补助的问题，确保财政资金分配公平公正，提高财政资金使用绩效。

加强预算执行管理。按照预算执行有效性和均衡性的要求，落实教科文部门预算执行主体责任，建立预算执行进度通报考核制度、预算执行与预算安排相挂钩制度和处室内部责任制，支出进度有明显改进。改革资金拨付方式，中小学扶困助学、免费教科书补助等资金均采用当年预拨、次年结算的方法，在年初将资金下达至市县，提高预算资金执行进度。2013 年省级财政教科文资金预算综合执行率 85.6%；转移支付下达率 98.7%。

推进信息化建设。参与“数字财政”建设，按有关要求，有步骤地将教育支出数据纳入其中，发挥数据集聚和共享作用。

（省财政厅教科文处供稿　徐佳梦执笔）

行政事业单位资产管理

【概况】 2013 年，行政事业资产管理工作以完善制度体系、加大监督力度、创新管理手段履行财政部门的综合监管职责，提高行政事业单位资产管理科学化、规范化、信息化水平。

【完善制度体系】 会同省教育厅、省审计厅联合制定并经省政府办公厅转发出台《浙江省高等学校国有资产管理办法》，推进高校国有资产规范化管理。

【提升信息化水平】 根据“数字财政”总体规划，制定数据仓库建设中有关资产数据库的建设方案和资产业务规范，加强资产管理信息系统与“数字财政”信息平台的融合和一体化建设。升级完善省级资产管理信息系统，完成省级单位的新旧系统转换，实现系统平稳过渡。

【资产配置管理】 贯彻落实中央和省委、省政府关于厉行勤俭节约、反对铺张浪费的有关要求，按照资产管理与预算管理相结合原则，完善资产配置预算编审制度，加大资产配置预算审核力度，核定省级单位年度资产配置限额。完成 400 多家省级单位资产配置预算审核，核减各类资产数量 55185 件。

【资产使用和处置管理】 从严审批资产出租、事业单位对外投资、资产报废、转让、调拨、捐赠、企业改制等事项。全年审核办理行政事业单位资产报废、报损事项 557 批次，接收、核销账面资产 63920 万元；办理调拨、捐赠事项 45 批次，核销账面资产 3077 万元；审批对外投资事项 12 批次，涉及资产价值 33784 万元；审核股权转让、企业改制、资产划转等事项 28 批次，涉及资产价值 9.89 亿元。开展“春泥护花”行动，整理修复计算机 1138 台，为欠发达县（市）的 38 所中小学建立计算机教室。

【资产收益管理】 规范省级行政事业单位国有资产收入的执收程序，由单位自行开票缴款调整为财政统一开票执收，利用资产信息系统实现资产收益的上缴。当年省级收缴国有资产收益 2.36 亿元，其中出租收入 1.80 亿元、处置收入 2587 万元、对外投资收益 3039 万元。

【事业单位分类改革中国有资产管理】 参与省级非时政类报刊杂志出版单位和经营性事业单位转企改制相关政策的研究制定。按职责分工做好改革改制中的清产核资、财务审计、资产评估以及国有资产的处置、国有股权管理等审核审批工作，维护国有资产的安全完整，防止国有资产流失。

【行政事业单位所属企业国有资产监管】 加大《浙江省省级事业单位出资企业国有资产管理暂行办法》的执行力度，强化对行政事业单位所属企业关系国有出资人权益变动重大事项的审核审批。强化省属高校校办企业规范化管理。参与公安机关保安服务公司脱钩改制工作。结合国有资本经营预算单位调研，做好行政事业所属企业的调查摸底。

【业务培训】 组织全省财政系统和省级资产管理人员业务培训和研讨，主动参与全省统计、公安、交通、质监、测绘、高校以及舟山、丽水等地方财政部门的业务培训，促进相互交流，提高资产管理队伍的决策水平和业务能力。

（省财政厅资产处供稿　饶亚君执笔）

农业财政管理

【概况】 2013年，浙江省农业财政管理工作围绕中央和省委、省政府确定的强农惠农政策，加大财政支农投入，优化支农支出结构，规范支农资金监管。全省公共财政农林水事务支出513.03亿元，比上年增长25.7%；其中省本级预算安排农林水事务支出45.82亿元，增长12.3%。

【落实惠农补贴政策】 安排扶持粮食生产各类补贴资金5.24亿元，提高订单水稻良种奖励标准，支持水稻生态补贴政策试点和水稻集中育秧补贴，对粮油种植大户给予补贴。实施农机具购置补贴和粮油作物机械化作业环节及统防统治补贴。森林生态效益补偿标准从19元/亩提高到25元/亩，安排森林生态效益补偿资金5.96亿元，完善森林生态效益补偿机制，开展省级以上森林类自然保护区的核心区及缓冲区集体林租赁试点工作，并将租赁试点范围扩大到实验区。开展森林抚育补贴、造林补贴和林木良种补贴试点。应对禽流感安排扶持家禽业发展补助资金1.21亿元支持种禽生产企业、规模养殖场和禽类加工企业恢复生产。

【支持现代农业发展】 按存量70%统筹省级现代农业生产发展资金、现代种业发展资金、农机化促进工程资金、木本粮油和主导产业资金、现代渔业发展资金、水产种子种苗资金、农业科技专项资金、农业标准化示范推广资金、农业产业化贴息资金、农民专业合作社资金等，用于现代农业园区和粮食生产功能区建设，新增资金全部用于现代农业园区和粮食生产功能区建设。对通过验收的现代农业园区给予奖励。2013年中央和省财政安排现代农业园区和粮食生产功能区建设资金26.26亿元，同比增长9.6%；其中省财政安排和整合专项资金14.65亿元，增长8.6%。

【支持农业基础设施建设】 安排水利专项资金41.50亿元，重点支持“强塘”工程、治太骨干工程、“水资源保障百亿工程”、小型农田水利重点县、农村饮水安全工程等重点项目建设。一次性安排9亿元专项资金，支持各地开展高标准基本农田建设。安排1.23亿元专项资金，支持“千万亩标准农田质量提升工程”建设。省财政安排2.35亿元专项资金，支持标准渔港建设和维护，实施海洋生态环保及近岸海域环境实时监测系统建设、海洋防灾减灾体系建设等。安排7.46亿元专项资金，支持农业综合开发中低产田改造、高标准农田和现代农业产业体系建设。安排1.30亿元专项资金，支持省气象防灾减灾中心、山洪地质灾害气象保障工程和气象灾害预警信息发布平台建设。

【支持农业新型经营主体培育】 安排1.40亿元专项资金，支持农业龙头企业、家庭农场和农民专业合作组织发展创新。安排0.90亿元专项资金，实施农村创业创新实用人才培训，支持千万农民素质培训工程建设。

【支持农业农村生态保护和建设】 安排5.69亿元专项资金，重点支持历史文化村落保护利用，继续支持待整治村环境综合整治和美丽乡村先进县创建。安排0.81亿元专项资金，支持畜禽养殖排泄物资源化利用、农村能源综合利用和生态循环农业示范工程建设。安排2.50亿元专项资金，支持农村河道综合整治和保洁，改善水环境。

【支持欠发达地区脱贫致富】 贯彻落实省委、省政府新一轮扶贫政策，安排5.49亿元专项资金，支持农民异地搬迁和发展来料加工业、扶贫小额信贷、低收入农户集中村建立资金互助组织。按照重点欠发达县特别扶持政策三年规划和年度项目计划，落实特别扶持资金16.80亿元。

【加强财政支农资金整合与管理】 制订《2013年全省财政支农资金整合工作方案》和《浙江省农业农村发展重点领域、重点项目扶持导向目录》，完善财政支农专项资金的分类。会同省级农口部门完成2012年度县级财政支农资金整合考评工作，对云和县等17个县（市、区）给予奖励。

【完善和创新资金管理制度】 修订《浙江省“千村示范万村整治”工程项目与资金管理办法》等8个财政支农资金和项目管理制度，完善支农资金管理的制度体系。会同省级农口部门启动农业重大项目建设，落实2013年专项性一般转移支付方案，引入竞争机制，开展财政支农专项资金竞争性分配改革。通过公开竞选，确定第一批6个农业重大项目。继续推行小型农田水利重点县等公开竞选制度，通过公开竞选产生第五批中央财政小型农田水利重点县16个。

完成2012年度全省小型农田水利重点县建设绩效评价工作，并获中央对省考评优秀等次；会同省水利厅委托中介机构对2010~2011年度中小河流治理项目、2011年度第二、三批中央财政小型农田水利重点县、2010~2012年度第一、二、三批山洪灾害防治县级非工程措施项目进行重点检查。完成2012年度中央现代农业生产发展资金中央对省级的绩效评价工作，并获得优秀等次；委托中介机构开展2012年度现代农业生产发展资金项目以及2012年度农民专业合作社项目的绩效评价，并将评价结果在全省范围内予以通报。

【做好各项基础工作】 根据《浙江省农业财政工作年度考核暂行办法》，开展市县财政支农工作年度考核，对遂昌县等15个优秀市县和嵊州市等20个良好市县进行通报表彰。牵头完成项目支出预算管理应用创新规划和业务需求的编制工作。做好2012年度省级农口部门行政事业单位、资产、企业会计决算报表汇审工作，完成省级农口部门2013年度预算审核、批复工作。做好2012年度农业综合开发资金决算和财政资金拨款进度表编报工作，并获财政部2012年度农业综合开发资金决算编报工作先进单位。完成人大建议和政协提案3件主办件、129件会办件的办理工作。完成《完善财政农业投入与管理机制研究》课题，获全省财政系统调研报告二等奖。省财政厅被省委、省政府评为2012年度社会主义新农村建设优秀单位和“低收入农户奔小康工程”结对帮扶先进单位，被省委评为“千村示范万村整治”工作先进单位，被省政府办公厅评为全省“百万”造地保障工程建设先进集体，被浙江省贫困地区和革命老区建设领导小组评为“低收入群众增收行动计划”先进集体。

（省财政厅农业处供稿　王　姣执笔）

基层财政管理

【概况】 2013年，全省基层财政工作按照全省财政工作布署，推进乡镇财政机构建设，全面开展乡镇公共财政服务平台试点，推进乡镇财政就地就近资金监管，深入实施一事一议财政奖补政策，推进农村综合改革示范试点工作，提高乡镇财政科学化精细化管理水平。

【推进乡镇财政建设】 每季对各地乡镇财政建设情况进行全省通报，督促各地加快乡镇财政建设进程。召开全省基层财政工作会议，部署今后三年的工作任务。制定《全省乡镇财政管理规范化建设（2013～2015年）行动计划》，力争到2015年，基本实现“三个一”的总体建设目标，即：一个机构——健全的乡镇财政管理机构组织体系；一个平台——便捷的乡镇公共财政服务平台模式；一个系统——一体的县乡财政信息化管理系统。下发《浙江省财政厅关于发挥市级管理职能作用　进一步推动乡镇财政建设工作的通知》，要求发挥市级财政部门的管理职能作用，加强乡镇财政管理机构设置和人员力量配备，推动本地区乡镇财政建设工作。总结丽水市、湖州市、金华市从市级层面大力推进乡镇财政建设的专题材料，总结常山县、金东区、嘉善县、松阳县等地加强乡镇财政建设与资金监管、乡镇公共财政服务平台建设以及乡镇财政国库集中支付方面的典型做法，印发各地学习交流，推进各项工作。举办2013年全省乡镇财政管理处（科）长暨重点乡镇财政所长培训班，对各市、县（市、区）乡镇财政管理处（科）长和部分乡镇财政所长计198人进行培训。截至12月31日，全省（不含宁波）73个市、县（市、区）财政局已经设立乡镇财政管理处、科，机构设置率87%；901个乡镇单独建立乡镇财政所（局、办），机构设置率90%。

【全面开展乡镇公共财政服务平台建设】 总结2012年16个县（市、区）试点工作，下发《2012年度乡镇公共财政服务平台建设试点工作情况的通报》。制定《关于全面开展乡镇公共财政服务平台建设工作的通知》，从2013年起，在全省全面开展乡镇公共财政服务平台建设工作。根据省财政厅数字财政建设要求，组织编制《乡镇公共财政服务平台建设详细规划》和《乡镇公共财政服务平台创新业务需求》，参与乡镇公共财政服务平台管理软件的开发推广工作。加强宣传培训工作，在《浙江财税与会计》上发表《打造公共财政服务平台　提升乡镇公共服务水平》《弘扬枫桥经验　加快平台建设　构建阳光和谐财政》等专题文章。举办乡镇公共财政服务平台管理信息系统培训班，对29个县（市、区）财政局乡镇财政管理科科长和信息中心的技术人员进行培训，为乡镇公共财政服务平台管理系统上线运行做准备。在全省基层财政干部培训班上再次对乡镇

村级公益事业一事一议项目——农村养老互助会

公共财政服务平台建设工作进行培训。组织督查组赴富阳、嵊州等11个县(市、区),现场查看乡镇公共财政服务平台建设进展情况。全年省财政共下达乡镇公共财政服务平台建设专项资金2.30亿元。截至12月31日,全省(不含宁波)74个县(市、区)中,有46个县(市、区)建成416个乡镇公共财政服务平台场所,比上年增加358个;有14个县(市、区)已上线运行省财政统一开发的"乡镇公共财政服务平台管理信息系统"。10月23日,在省委举行的"枫桥经验"50周年纪念大会期间,省委书记夏宝龙视察了枫桥镇社会服务管理中心后对乡镇公共财政服务平台建设工作给予充分肯定。

【开展乡镇财政就地就近资金监管工作】 对全省县、乡两级财政部门2012年度的乡镇财政资金监管工作进行检查。根据财政部相关通知要求,北京市财政局检查组对浙江省省本级、萧山区和文成县的乡镇财政资金监管工作进行了检查。检查结束后,对全省2012年度乡镇财政资金监管工作检查情况予以书面通报,并就存在问题进行整改,制定下发《浙江省乡镇财政资金监管实施办法(试行)》。同时,受财政部委托,浙江省对海南省开展检查工作。当年争取到中央财政专项下达的乡镇财政资金监管补助经费5400万元。

【深入实施一事一议财政奖补政策】 加大财政奖补资金投入。全年全省各级财政用于村级公益事业一事一议财政奖补支出31.40亿元,比上年增加7.90亿元,其中,省级财政专项安排一事一议财政奖补资金5.00亿元,中央奖补5.88亿元,增加1.03亿元;吸引村民群众和社会投入23.32亿元,建成村级公益事业项目7174个。组织开展一事一议财政奖补规划编制试点工作。选择桐庐、桐乡、仙居、玉环、东阳、江山6县市开展一事一议财政奖补中长期规划编制试点,增强村级公益事业建设财政奖补工作的计划性和前瞻性。组织开展"一事一议财政奖补省级示范项目"评选活动。按照议事规范、群众参与程度、绩效情况的要求,在全省上万个村级公益事业财政奖补项目中,经过层层推选,评出100个一事一议财政奖补省级示范项目给予通报表彰。开展一事一议财政奖补助推美丽乡村建设试点工作。浙江省被财政部、国务院农村综合改革工作小组列入"一事一议财政奖补推动美丽乡村建设"试点省份,选择玉环、遂昌、龙游、永嘉、安吉5个县进行试点,重点探索低成本、可借鉴的做法。省农村综合改革办公室、省财政厅制定《关于开展一事一议财政奖补促进美丽乡村建设试点工作的通知》和试点批复方案,争取到中央财政奖励资金8000万元。及时总结印发《龙游县贺田村垃圾分类减量处理的实践与启示》《安吉县利用金融贷款支持美丽乡村建设做法》《遂昌县发展农村电子商务促进美丽乡村建设》等典型经验。

【推进农村综合改革示范试点工作】 试点工作重点围绕农村产权制度改革、建立新型农业社会化服务体系、探索发展村级集体经济有效实现方式进行改革试验。11月27日,国务院农村综合改革工作小组办公室、新华社中国金融信息中心联合在浙江海盐举办"就地城镇化的海盐样本"专题研讨会,作为农村综合改革示范试点县的海盐县,在深化农村产权制度改革、激发农村发展活力、促进就地城镇化方面进行了有益的实践和探索,成为各方关注的热点。

(省财政厅基层财政管理处供稿　苗林炯执笔)

企业财政财务管理

【概况】 2013年,浙江省企业财政财务管理工作着力做好财政企业口"稳增长""调结构"和"促转型"各项工作,筹措专项补助资金31.06亿元,争取中央补助资金55.73亿元,推进经济持续、平稳、健康发展。

【促进工业投资增长】 提前在2012年底下达2013年工业转型升级财政专项资金2.00亿元,支持重点技术改造项目,促进工业企业扩大技术改造投资;会同省经信委开展2012年度工业投资考核工作,并根据考核结果从工业转型升级专项资金中安排3000万元奖励各市;当年新增预算安排战略性新兴产业专项资金1.00亿元,专项用于支持现代装备制造业发展,通过协同制造和技术改造带动企业有效投资。

【扩大社会居民消费】 贯彻落实中央和省有关促进消费政策措施,做好家电、摩托车下乡财政补贴资金清算工作,自中央实施家电、摩托车下乡补贴政策以来,全省共发放补贴资金32.91亿元;支持商贸流通基础设施建设,推进重点流通企业改造提升、商品交易市场提升发展和文明示范农贸市场创建,支持万村千乡市场工程、浙货品牌连锁经营体系和电子商务重点工程建设。

【保持外贸出口稳定】 筹措落实商务促进专项资金外贸部分4.10亿元,开发区建设发展专项资金5000万元,争取中央财政外经贸专项资金4.88亿元,研究完善2013年度外经贸促进各项政策,促进外贸稳定增长和结构优化;会同省商务厅推进商务领域专项资金转移支付改革,研究出台《浙江省商务促进财政专项资金使用管理暂行办法》。

【加大对中小企业扶持】 筹措落实省中小企业扶持资金4000万元和公共服务平台建设省级配套资金3181万元,争取中央中小企业专项资金2.02亿元，参与中小企业发展有关政策的制定，支持中小微企业科技创新、协作配套、节能减排、融资服务、教育培训以及小微企业上规升级工作等，推进中小企业公共服务平台网络建设按计划进行。

【引导服务产业发展】 筹措落实服务业相关专项资金2.10亿元，重点支持公益性较强或带动作用明显的服务业重大建设项目建设；争取中央服务业相关专项资金3.01亿元，重点支持国家广告产业试点园区、电子商务示范基地、农村市场与农产品流通集中连片建设和民生商贸服务业发展。

【支持工业转型升级】 筹措落实工业和信息化专项资金、战略性新兴产业专项资金等13.50亿元，争取国家相关专项资金3.32亿元，推动传统产业转型升级和战略性新兴产业发展，引导信息化与工业化深度融合。贯彻落实省委关于全面实施创新驱动发展战略，加快建设创新型省份的决定要求，设立浙江省创新强省产业基金，并制定《浙江省创新强省产业基金管理办法》，支持省内具有产业和技术优势的创新成果产业化。

【促进企业节能降耗】 筹措落实节能财政专项资金1.31亿元，并根据各市县能耗水平、工业循环经济发展情况等因素，切块下达节能与工业循环经济专项资金9000万元。支持重点用能企业以合同能源管理方式开展节能技术改造，督促节能服务公司加快项目实施。拨付差别电价款8101万元，支持地方政府通过市场机制淘汰落后产能；下达关停小火电补助资金1.58亿元，支持各地淘汰关停小火电工作。

【推广节能和新能源产品】 做好节能家电、高效电机等节能产品财政补贴推广各项工作，争取中央财政补贴资金11.59亿元。督促、指导杭州市有序推进节能减排财政政策综合示范试点各项工作，帮助杭州市争取中央财政专项资金7.57亿元。指导杭州、金华、绍兴、湖州城市群成功入围新能源汽车推广应用城市，计划在2013年至2015年期间推广新能源汽车10500辆。

【编制执行国有资本经营预算】 做好2013年国有资本经营预算草案的编制工作，完善省本级国有资本经营预算管理制度。根据省政府关于加大技术创新投入的要求，结合省属企业改革发展转型升级的实际需求，当年省本级国有资本经营预算安排国有企业研发性支出1.45亿元、省属企业人才教育培训支出500万元，同时明确经费使用方案和标准。

【做好国企职教幼教退休教师生活补贴工作】 筹措国有企业职教幼教退休教师生活补贴资金，指导、督促市、县做好资金申报和清算工作，全省(不含宁波)预拨国有企业职教幼教退休教师2011~2013年度生活补贴补助资金3551万元；同时在国资预算超收中安排3340万元资金，确保2014年全省各地退休教师生活补贴的及时足额发放。

【做好长广集团矿井关闭工作】 根据省委、省政府专题会议精神，做好长广集团最后一对矿井七矿实施政策性关闭的相关工作，保证七矿顺利关闭，确保长广集团从此退出煤炭产业转型升级。会同省国资委研究闭矿所需的各项费用，落实2013年安置费用1.80亿元，以保证矿工的妥善安置和闭矿的安全平稳。

【落实中央粮食补贴政策】 争取粮食风险基金中央补助资金2.42亿元，筹措落实省级配套资金，分配拨付中央农资综合补贴资金12.02亿元，完成全省630万农户补贴资金兑付工作。根据财政部有关文件要求，建立产粮(油)大县奖励资金绩效评价机制，分配拨付中央产粮(油)大县奖励资金8324万元。

【筹措粮食安全财政保障资金】 筹措落实省级粮食风险基金3.21亿元，其他粮食资金2.70亿元。完善省级粮食补贴资金分配方式，除考虑各地储备规模、仓容等基本因素之外，集中部分资金重点补助有粮油产业发展项目的市县。优化粮食资金结构，对1.64亿斤市县中心粮库仓容进行奖补，落实38395只彩钢板组合仓财政配套资金并全部发放到农户。会同省粮食局完成调运东北粮食生产基地自产粳稻和省内粮食骨干企业采购东北大米费用补贴的审核拨付工作。

【做好省级储备商品管理】 筹措储备商品补贴资金6354万元，做好猪肉、食糖、化肥、棉花、农药、医药等储备管理工作。贯彻落实国家发改委、财政部《缓解生猪市场价格周期性波动调控预案》，密切关注猪肉等农产品市场价格波动情况，并提出调控建议，做好应急准备。

【加强供销社专项资金管理】 争取中央新网工程专项资金4166万元，筹措供销社扶持资金3000万元，加大对专业合作社、农资网络建设、农产品市场升级改造的支持力度，并完成供销社扶持资金的专项性一般转移支付改革。

【做好企业财务基础管理工作】 做好2012年度全省5606户国有企业、537户集体企业、13202户外资企业年度财务报告的审核、汇总、分析和上报工作，推进企业财务快报扩户至5000户，其中外资企业决算工作获财政部通报表扬。

【开展调查研究工作】 为办理衢州市人大代表和政协委员提出的要求对巨化集团相关政府职能移交给衢州市后新增负担部分给予补助的2个提案,由省财政厅带队赴衢州实地调研,提出使代表、委员满意的答复意见,为最终解决衢州市的具体问题打下良好基础。

【牵头做好“双服务”工作】 2013年继续负责省财政厅牵头的省直第八服务组联络工作,围绕“优化投资结构,加强要素保障”“三改一拆”“破解审批制度改革障碍”等主题,由省财政领导带队,于3月、6月、10月分别赴绍兴各市县开展“双服务”工作,帮助企业和基层解决实际问题。全年服务组走访企业和基层60余家,解决实际问题和落实帮扶政策15个,向省直部门和市、县党委政府发送抄告单14份。

(省财政厅企业处供稿　沈燕萍执笔)

金融财务管理

【支持省属金融企业改革发展】 调整浙商银行股权结构,强化省政府对浙商银行的宏观引导。完成财通证券公司股份制改造,支持财通证券公司发行短期融资券,增加资金流动性。加强省农信联社资金运作收益管理,提升农村合作金融系统应对风险的能力。推动永安期货公司股改和上市发展,完成其国有股权管理方案等工作。

【加强地方金融企业国有资产和财务监管】 做好地方金融企业国有资产产权登记、财务快报、年报等基础工作。探索对地方金融企业实施有效财务监管的方式,委托会计师事务所对部分金融机构进行会计信息质量检查,对部分农村合作金融机构开展呆账核销检查。深化省级金融企业绩效评价工作,绩效评价结果除用于核定省级金融企业负责人薪酬外,还作为省委组织部加强金融企业经营业绩考核的重要依据。

【健全金融企业激励约束机制】 依据《浙江省省级金融企业负责人薪酬管理办法》,核定浙商银行、财通证券公司和省农信联社3家省级金融企业主要负责人2012年度薪酬。做好省财务开发公司经营业绩考核和主要负责人年薪、工资总额审核工作。健全收入分配调控,加强财通证券股份有限公司和浙江省永安期货股份有限公司工资总额预算监督管理。配合制定省属国有企业负责人职务消费管理办法,规范国有金融企业负责人职务消费行为。

【推动农业保险工作和政策性农村住房保险工作】 增加农业保险品种,增强抵御风险能力,全省农业保险品种33个,其中财政补贴主要险种17个。鼓励各地开展地方特色险种试点,对批准的试点险种按“以奖代补”方式给予保费补贴。当年拨付中央财政保费补贴资金1.67亿元,省级财政保费补贴资金1.70亿元,及时动用巨灾风险准备金给予遭受旱灾农户抗灾补助。组织开展2011~2012年度农业保险保费补贴绩效评价工作,总体绩效评价结果为优级。

实施政策性农村住房保险工作,全年全省财政拨付农村住房保险保费补贴资金7223万元。

【开展农业贷款风险补偿】 发挥财政资金导向作用,鼓励金融机构加大支农信贷力度,对全省农村合作金融机构涉农贷款比上年度净增额按照0.5%的比例进行风险补偿,缓解“三农”融资困难。省财政拨付农村合作金融机构农业贷款风险补偿资金2016万元,撬动农村合作金融系统涉农贷款49亿元。

【加大对小微企业融资支持力度】 推进小微企业贷款风险补偿工作,对金融机构新增一般小微企业贷款给予0.5%的风险补偿,对金融机构新增服务业小微企业贷款给予0.8%的风险补偿。全省财政安排风险补偿资金6437万元,允许银行业金融机构将风险补偿资金的50%用于个人奖励,鼓励信贷员支持小微企业融资的积极性。

【支持融资性担保体系建设】 对中小信用担保机构实施小企业贷款担保风险补偿,省财政核拨风险补偿资金4036万元,争取中央财政中小企业信用担保资金7940万元,支持融资性担保机构发展。完善再担保体系,发挥省再担保公司的增信、分险和放大功能。

【加大对新型金融组织扶持力度】 争取中央财政定向费用补贴资金5.33亿元,增强新型农村金融机构的持续发展能力和抗风险能力。安排小额贷款公司风险补偿资金1293万元,引导小额贷款公司增加涉农涉小贷款,降低放贷利率。安排资金352万元支持小额信贷信息服务平台建设,提升小额贷款公司服务小微企业能力。

【实施银行业金融机构直接债务融资奖励】 2013年省财政首次安排专项资金2000万元,对20家银行业金融机构进行奖励,支持其在银行间交易市场为浙江省中小企业承销债务融资工具。该项政策带动中小微企业直接融资732亿元,拓宽了企业融资渠道。

【推动多层次资本市场发展】 省财政安排补助资金1000万元

支持股权交易市场建设，鼓励企业进场挂牌交易，对推荐进入浙江股权交易中心挂牌的前200家企业的中介机构，按每家挂牌企业20万元的标准奖励。

【支持金融集聚区和金融创新示范县建设】 省财政建立完善考核机制，对全省部分金融业发展重点建设项目和金融创新项目补助财政资金687万元，营造促进地方金融企业发展的良好环境。

【推动政府外债在建项目的实施】 推进世行贷款钱塘江流域小城镇环境综合治理项目实施，至年底完成提款报账4732万美元，占项目贷款总额的47.3%，其中，金华市婺城区及诸暨市的水厂已投产并供水，建德梅城镇的垃圾填埋场开始试运行，兰溪游埠镇、衢州市衢江区、磐安县尖山镇的污水处理厂即将完工。加快推进世行贷款林业综合发展项目，至年底完成报账1316万美元，占世行贷款总额的62.7%。实施完成全球环境基金赠款多氯联苯管理与处置示范项目，处置多氯联苯污染物约11200吨，实现设定目标。

【做好外债新项目前期准备工作】 做好世行贷款浙江农村生活污水处理系统建设项目前期准备工作。该项目贷款额度2亿美元，是近十年来浙江省规模最大的国外优惠贷款项目。协调各方推动项目进展，配合世行完成项目“鉴别团”和“准备团”的工作。做好欧洲投资银行木本油料发展和竹林培育提升项目各项准备工作。该项目贷款额度2500万欧元，是全省首个获得欧洲投资银行支持的贷款项目，年底通过欧洲投资银行的项目评估。申报全球环境基金赠款项目，支持浙江绿色物流平台协作示范工程项目建设。

【规范政府外债管理基础性工作】 按时报送政府外债各类报表，及时做好政府外债统计监测预警管理信息系统维护工作，上述两项工作获得财政部通报表彰。根据财政部要求，牵头完成世行贷款项目典型案例撰写工作，并被列入全国世行项目案例撰写示范省之一。

【规范外债项目全过程管理】 实施财政专项检查和绩效评价，委托会计师事务所开展外国政府贷款嘉兴市污水处理二期项目的绩效评价工作，以及世行贷款林业综合发展项目、清洁发展基金委托贷款项目的财政专项检查工作。配合国家审计署上海特派办做好全省政府外债债务审计工作。

【加强非贸易非经营性外汇管理】 根据中共中央、国务院《党政机关厉行节约反对浪费条例》精神，在保障全省重要外事活动的基础上严格控制党政机关因公临时出国(境)用汇。全年全省累计执行非贸易非经营性购汇人民币限额9361万元，较上年同口径下降23.8%。

(省财政厅金融处供稿　刘　涛执笔)

社会保障财政财务管理

【概况】 2013年，全省社会保障财政财务管理工作围绕保障和改善民生工作主线，合理安排投入，规范财政管理，提高制度公平性和可持续性。全年全省财政社会保障和就业、医疗卫生支出分别为397.06亿元和350.73亿元，分别比上年增长15.0%和14.6%，占全省财政支出的8.4%和7.4%；五项社会保险基金总收入1849.34亿元，支出1340.36亿元，滚存结余3325.22亿元。

【完善就业投入政策】 加大就业投入。落实积极就业政策，拨付省级就业资金2.07亿元，用于兑现各项补贴政策。支持高技能人才实施规划，省财政2013~2015年安排2.29亿元，重点用于高技能人才激励、人员培训、人才引进、基础平台建设等方面。出台促进高校毕业生就业创业、完善公共就业服务体系、开展青年创业圆梦行动等政策文件，支持高校毕业生就业创业和公共就业服务体系建设。

规范就业资金管理。组织开展2010~2012年全省就业政策落实和就业资金使用情况督查，厘清就业资金规范管理和提高绩效工作重点。制定《浙江省省级高技能人才专项资金管理暂行办法》，明确各类高技能人才专项资金补助标准和管理要求。

【完善社会保险财政管理】 加强养老保险制度改革与研究。开展全省养老保险基金运行情况专题调研，形成《关于我省职工基本养老保险基金管理现状及对策的汇报》，提出应对基金收支风险和全国统筹政策的措施建议。研究制定全省下一轮基本养老保险省级调剂方案，上调地方上缴比例至5.0%，适当扩大省级调剂补助范围，加大调剂补助奖励力度。开展被征地农民与职工基本养老保险、城乡居民社会养老保险制度并轨调研。

推动基本医保制度整合和提升统筹层次。指导各地加快推进新型农村合作医疗制度、城镇居民基本医疗保险制度整合，全省68个统筹地区实现城乡居民医保并轨。全省城乡居民基本医疗保险各级财政补助标准提高到每人377元，省财政下达补助资金31.10亿元。推进医保基金市级统筹全面实施，指导湖州、金华等地建立大病医疗保险制度。

落实社保费临时减征政策。在确保基本养老保险待遇按时足额支付、基金正常运行前提下，为支持实体经济发展，对符合条件的中小微工业企业实施临时性下浮社会保险费缴费比例政策，全年全省减免社会保险费69.50亿元。

加强社保资金保值增值工作。与银行签订《社保基金管理服务协议书》，规范保值增值操作流程，明确执行社保基金优惠利率和定期存款利率上浮政策。继续调整和优化存款结构，做大协议存款规模，省级社保资金平均年化收益率为4.6%，比上年平均年化收益率提高13.0%，增加收益4.13亿元。做好省级财政资金竞争性存放银行后的社会责任贡献捐赠资金管理，制定《社会责任贡献捐赠项目管理办法》，做好2013年省级财政资金竞争性存放招投标（一期）中标银行社会责任贡献捐赠资金收缴和管理工作。

完善社会保险基金预决算编制工作。根据社会保险基金预算提交省人大审议要求，采取科学计算方法实现基金预决算报表审核标准化、自动化和网络化，提高编制质量，增强社保预算约束力。

【推进社会救助和社会福利体系建设】 支持社会养老服务体系建设。研究落实全省发展养老服务业有关政策，安排社会养老服务体系建设省级补助3.18亿元，支持公办养老机构、居家养老照料中心的建设和民办非营利性养老机构发展。实施养老服务与管理类专业毕业学生入职奖补办法，对入职本省非营利性养老服务机构从事养老服务、康复护理等工作满五年的高等院校、中职学校的毕业生给予一次性奖补。

做好社会救助和灾害救助等工作。完善社会救助资金监管，制定《浙江省最低生活保障资金管理办法》，重点推动社会救助管理信息化，改进监管手段提高监管效率。全年下达城乡最低生活保障金、低保对象春节慰问补助、一次性生活困难补助等省级补助资金10.22亿元，落实低保标准自然增长机制，全省城乡低保标准分别为月人均526元和406元，全年三次启动困难群众基本生活价格补贴发放工作。积极筹措医疗救助资金，全省实际人均筹资标准13元，下达医疗救助省级补助资金2.49亿元。加大重特大疾病医疗救助力度，确保符合条件的家庭患重特大疾病政策范围内门诊和住院自费医疗费用救助比例为50.0%以上，全省城乡低保对象政策范围内住院自费医疗费用救助比例为60.0%。做好自然灾害灾情应急保障工作，落实“菲特”台风、特大干旱、春荒冬令救济等各类救灾资金1.54亿元。开展移民扶持资金使用管理和项目实施情况检查与调研，制定出台《浙江省大中型水库移民后期扶持专项资金使用管理办法》。

促进残疾人和红十字事业发展。实施无固定收入残疾人生活补贴发放、残疾儿童学前教育助学工作和扩大重度残疾人托（安）养工程实施对象等三项工程，新增省级补助资金9500万元。做好第八届全国残疾人运动会结余资金的使用管理工作，明确结余资金统筹用于特殊困难残疾人救助、人工耳蜗救助基金、省级残疾人庇护机构和残疾人文化体育设施设备补助等公益项目。推动红十字会人道救助工作，安排专项资金支持人体器官捐献和造血干细胞捐献，支持开展10万人红十字公益性应急救护培训。

【支持深化医药卫生体制改革】 促进城市优质医疗资源下沉。统筹存量增量资金2亿元加大省财政扶持力度，研究建立资源下沉专项资金竞争性分配机制，其中新增资金1.00亿元重点支持基层医院专科建设和人才队伍培养培训。安排专项资金1.05亿元支持医疗卫生服务体系中相对薄弱的精神卫生专业医疗机构和妇幼保健机构建设。

推进公立医院综合改革。牵头制定全省推进公立医院投入和补偿机制改革的指导意见，提出公立医院“建设发展靠政府、运行补偿靠服务”的补偿机制改革思路。加强市、县公立医院药品零差率改革跟踪评估和研究，指导各地落实公立医院财政补助政策。截至年底，除杭州市明确与省级医院在2014年1季度同步启动外，其他各市全部启动改革。

支持社会力量办医。参与研究制定民办医疗机构发展政策，明确政府以购买基本医疗和公共卫生服务方式促进非公立医疗机构发展。设立民办医疗机构临床特色学科发展专项资金500万元，经公开申报评审支持浙江绿城心血管病医院等10家非公立医疗机构特色学科建设。

加大卫生人才队伍投入。制定浙江省卫生高层次人才培养工程实施办法和资金管理办法，省财政对入选的卫生领军人才、创新人才和医坛新秀三类培养对象分别给予100万元、40万元和5万元的经费资助。会同制定引导和鼓励医学院校毕业生到基层工作有关政策，省财政按照本科生4.6万元、专科生2.6万元标准实施学费代偿。参与研究制定临床护理津贴等政策措施以加强护理队伍建设。

完成基层医疗卫生机构债务化解工作。组织开展全省基层医疗卫生机构债务化解核查工作，全省共核定基本药物制度实施前因建设发展形成的债务余额4.99亿元。截至年末，通过各级财政专项安排等渠道实际化解4.69亿元，化债率94.0%，除9个县（市、区）因客观原因尚在实施中，全省基本完成国家规定的化债任务。

提高公共卫生服务保障水平。城乡居民基本公共卫生服务人均补助标准从25元提高至30元，全省实际人均补助37元，下达省级补助资金6.27亿元。落实专项资金确保新生儿疾病筛查、适龄儿童窝沟封闭、预防艾滋病梅毒和乙肝母婴传播、耐多药肺结核等新增重大公共卫生服务项目开展。做好建德丙肝感染事件患者生活救助金的补助工作。支持人感染H7N9禽流感防控工作，研究制定全省救治政策落实防控经费。

【做好社保待遇标准调整工作】 采取普遍调整和适当倾斜相结合的办法提高2013年企业退休人员基本养老金标准，其中普调部分每月人均增加230元。同步提高精减退职人员、计划外长期临时工、企业遗属等人群待遇水平。安排城乡居民养老保险省级补助31.03亿元，全省城乡居民养老金水平为每人每月150元。

【规范津贴补贴工作】 研究制定省直机关年终一次性奖金发放方案和年度目标考核奖方案，以及统发津贴补贴发放办法调整方案和年休假规范管理办法，做好新一轮统发工资代发银行确定及协议签订工作。研究提出市县津贴补贴动态调整和调控机制及托低调整补助办法。

【落实财政管理改革要求】 严格控制社保口部门"三公"经费，推进"三公"经费决算信息公开。整合归并社保口专项资金，将食品药品监督管理能力建设专项和红十字会人道救助专项纳入专项性一般转移支付管理，规范专项资金分配方式。参与数字财政建设工作，牵头完成预算单位服务示范及推广项目详细规划及业务需求编制工作。完成对高技能人才公共实训基地建设补助资金（2010~2011年）和农村孕产妇住院分娩补助资金（2012年）绩效评价工作，其中，高技能人才公共实训基地建设补助资金绩效评价结果与当年省级补助挂钩。

（省财政厅社保处供稿　黄　青执笔）

经济建设财政财务管理

【扩大有效投资】 2013年，安排中央基建投资资金42.79亿元，协调落实省级财政性资金130亿元，围绕基础设施完善、统筹城乡建设两大领域，推进省级重大项目建设。落实中央和省级交通基础设施建设养护资金106.95亿元，安排省交通集团资本金30亿元，全面实施"大港口、大陆网、大航空、大水运、大物流"五大建设，全年完成投资约770亿元。设立省山海协作产业园建设专项资金2亿元，推进山海协作产业园建设。安排高标准基本农田建设资金6亿元，支持15个国家级示范县和17个省级示范县改善农田排灌条件，提升耕地质量。

【支持海洋经济发展】 完善新一轮省海洋经济发展专项资金补助政策，资金规模由每年10亿元增加到12亿元，安排中央补助浙江省的海洋经济创新发展区域示范专项资金1亿元，推进海洋经济发展示范区和舟山群岛新区建设。筹措落实省级资金12.27亿元，支持大宗商品交易平台、海陆联动集疏运网络、金融和信息支撑服务系统"三位一体"港航物流服务体系建设。推进海洋勘探开发和海洋地理信息测绘，为浙江海洋经济发展示范区规划建设和培育海洋新兴产业提供支持。

【支持新型城市化和新农村建设】 实施新型城市化发展纲要，推进都市区和城市群规划建设，推动县城、中心镇建设发展和小城市培育，进一步加大扶持力度和范围。小城市培育试点专项资金规模由10亿元增加到15亿元，全面启动农房改造示范村建设试点工作，落实省级财政资金4.70亿元，结合"三改一拆"*、"四边三化"*、农村连片整治等专项资金，支持全省两批计310个农房改造示范村建设。安排省级农村交通基础设施建设资金12.38亿元，用于农村公路建设和水上康庄工程，推动城乡交通一体化进程。

【支持对口援建】 统筹安排浙江省援建资金，对市县援建资金进行余缺调剂。安排对口支援新疆、西藏、青海建设资金计13.27亿元，落实各省级对口援建指挥部工作经费，确保对口支援建设工作有效实施。开展项目评估，下达长效帮扶青川县资金1060万元，提升青川县经济社会可持续发展能力。制定《浙江省对口帮扶四川藏区专项资金管理办法（试行）》，及时拨付对口帮扶四川藏区资金2000万元。

【推进生态文明建设】 安排省级生态环境保护和污染治理各类专项资金17.40亿元，重点支持"811"生态文明建设推进行动*、生态治理和修复项目、刷卡排污监管系统、重点污染源刷卡系统和环境自动监测监控预警体系建设。统筹重点流域水污染防治、城乡污水处理设施等方面资金9.18亿元，支持全省污水处理基础设施建设。落实新安江流域水环境补偿资金1亿元，促进千岛湖上游水环境综合治理。争取中央资金8.97亿元，提前完成全省病险水库除险加固建设任务，支持19个国家级中小河流治理重点县项目建设。安排建筑节能、可再生能源和支持循环经济专项资金8.06亿元，支持节能低碳产业和新能源、可再生能源发展。组织实施2011和2012年度项目的考核验收，推进农村环境连片整治示范项目建设。

【保障民生投入】 支持缓解城市交通拥堵。研究制订治理城市交通拥堵考核奖励方案和优先发展城市公共交通的财政支持政策，落实省治堵办工作经费，推进治理城市交通拥堵工作。

改善城乡困难群众住房条件。贯彻落实国家和省有关保障性住房财政支持政策，建立多元化的投入机制，筹措落实保障性住房建设资金140.73亿元，支持全省公共租赁住房等

19.4万套保障性住房开工建设，落实中央财政资金1.50亿元，完成农村困难家庭危房改造3.7万户，加快推进城乡保障性住房建设。

抗击“菲特”台风。拨付资金4.41亿元，其中争取中央财政资金3.67亿元，专项用于灾后地质灾害、风景名胜、交通等基础设施修复。

落实油价补贴政策。争取中央2012年度油价补贴资金70.42亿元，预拨2013年度油价补贴资金27.14亿元，向部分公益性行业和困难群众分配下达油价补贴资金。

【强化政府投资预算管理】 贯彻实施《浙江省政府投资预算管理办法》，在调研和征求意见的基础上，印发并实施《浙江省政府投资预算管理实施细则》和《浙江省政府投资项目绩效评价管理办法》，建立省级政府投资预算编报与计划的衔接机制，实施政府投资项目全过程管理。明确规定政府投资项目绩效评价的内容，完善政府投资绩效评价体系，规范政府投资项目绩效评价组织管理，建立政府投资项目绩效奖惩机制，将绩效管理覆盖政府投资项目管理全过程。

（省财政厅经建处供稿　彭新宇执笔）

注：

“三改一拆”：指在城区中开展的旧住宅区、旧厂区、城中村改造和拆除违法建筑。

“四边三化”：即在公路边、铁路边、河边、山边等区域开展洁化、绿化、美化行动。

“811”生态文明建设推进行动：“8”是指生态经济、污染减排、环境质量、污染防治、生态保护与修复、环境安全保障能力建设、生态文化建设、生态文明制度建设8个方面的工作目标；“11”一方面是指节能减排、循环经济、绿色城镇、美丽乡村、清洁水源、清洁空气、清洁土壤、森林浙江、蓝色屏障、防灾减灾、绿色创建11项专项行动，另一方面是指健全综合考核评价体系、完善环境准入制度、加强环保法规标准建设、完善环境经济政策、严格环境执法监管、完善监测监控预警体系、强化环境科技支撑、完善生态环保投融资机制、积极培育生态文化、加强国际国内生态环保合作交流、积极开展试点示范11项保障措施。

财政监督

【概况】 2013年，浙江省财政监督工作坚持依法监督、规范管理和注重绩效原则，整合监督资源，规范监督流程，开展财政监督检查，做好预算绩效管理，加强项目预算监审。

【加强财政监督制度建设】 开展《浙江省财政监督条例》立法调研，撰写条例立法可行性报告和条文初稿；出台《浙江省省级预算绩效目标管理暂行办法》，明确财政部门、主管部门、预算单位工作职责，规范绩效目标编制、审核、批复工作内容及工作流程；出台《省财政厅内部预算绩效管理工作目标考核办法》，细化厅机关目标责任制考核预算绩效管理部分的标准；制定《省财政厅委托社会中介机构服务管理办法》和《省财政厅委托社会中介机构服务考评管理办法》初稿，明确中介机构付费标准、招投标和委托程序、合同要约、考评管理等。

【组织实施重点项目绩效评价】 选择“千村示范万村整治”项目（2008~2012年度）实施全省上下联动绩效评价，委托社会中介机构并成立项目评价组，对全省12个县、120个行政村实地走访和调查问卷，了解项目实施绩效状况，形成项目综合评价报告。

【开展政策绩效评价试点】 创新绩效评价模式和方法，以“农家书屋”“村村通”“县级图书馆”和“送戏下乡”项目为切入点，委托浙江大学公共政策研究院进行公共政策绩效评价，以对受益群体和相关群体的调查问卷为主要评价方法，从第三方的角度评判财政政策实施效果和专项资金使用绩效，并提出完善政策、改进管理、提高绩效的建议。

【推动部门绩效管理工作】 组织开展部门绩效自评。组织110个省级部门202个项目开展绩效自评，发现问题294个，保持部门绩效自评全覆盖。

抽查部门绩效自评质量。选择8个部门绩效自评项目，围绕项目绩效目标实现、项目实施与管理、专项资金的使用等情况，实施抽查，查找项目管理实施和自评工作中存在的问题，督促整改落实。

开展部门预算绩效管理考核。开展省级部门预算绩效管理考核，充分利用预算绩效管理纳入省政府对省直单位目标责任制考核的契机，试行省政府44个直属单位预算绩效排名，加强部门使用财政资金的绩效责任意识。

【加强预算绩效目标监审】 出版《浙江省预算项目绩效目标管理典型案例汇编》，通过典型案例形式辅导省级部门填报项目绩效目标。明确预算绩效目标申报和审核要求，实施项目绩效目标分类管理。省级部门申报项目预算时必须填列项目绩效目标，省财政厅归口业务处对绩效目标进行审核，省财政厅监督局在审核基础上加强监审，对绩效目标不明确、设置不科学的项目建议“不进入下一步预算编审流程”。

【开展部门决算报表质量检查】 服务预算管理，对10个省级部门下属的183家二级预算单位2012年度部门决算报表质量开展检查。主要检查内容为单位的财务收支、报表编制质量、预算绩效等，并对单位对外投资和在建工程现状进行摸底调查。

【开展反不当支付研究】 完成反不当支付课题研究，提出反不当支付定义、内容及实现途径。研究反不当支付信息化系统，提出业务需求，并对涉农项目进行试点。

【开展会计信息质量检查】 加大教育、交通、公共事业等重点行业、重点企业的检查力度，对724家企事业单位开展会计信息质量检查，投入1752人次，检查发现违规问题涉及户数504户，涉及金额141.84亿元。

【开展注册会计师执业质量检查】 对350多家会计师事务所开展日常监督，重点关注会计师事务所保持设立条件情况、内部治理和质量控制情况、注册会计师任职资格和职业情况等。根据日常监管情况选取104家进行重点检查。

【加强财政投资项目资金监审】 审核完成各类财政投资项目327个，审核金额78.06亿元，净核减资金7.15亿元，平均核减率9.2%。其中：部门项目支出预算审核71.06亿元，核减不合理资金6.73亿元；省级政府投资项目国库集中支付进度款审核5.45亿元，核减资金2985万元；政府工程采购项目审核71个，审核金额1.56亿元，核减资金1226万元。

【项目费用指标体系建设和测算】 上下联动，深化项目技术经济指标体系建设，初步完成《城市道路路灯工程项目费用指标》和《医院项目费用指标》的测算工作。

【加强财政监督信息化建设】 梳理财政监督业务工作内容，编制工作流程图，撰写财政监督业务规范。牵头研究收支分析与动态监控、反不当支付2个创新应用小组详细规划和业务需求。开发完善财政项目审核信息管理系统，整合专业审核工作，具备项目管理、信息资源、档案管理、统计报表等功能。

【做好审计联络保障】 通过联席会议制度等形式，沟通工作计划，实现信息共享、结果共享。完成各项审计联络保障工作，包括省审计厅同级审计、全部政府性资金审计、转移支付专项审计，审计署上海办对地方政府负债、财政存量资金等项目的审计。做好财政部专员办对浙江省中央财政专项转移支付资金对账工作的联络保障工作。

（省财政厅财政监督局　王翾锋执笔）

农业综合开发

【概况】 2013年，浙江省农业综合开发工作以实施31066行动计划为重心，以质量提升年活动为抓手，推进高标准农田和新型农业经营体系建设，培育优势特色产业，促进农业产业转型升级，全力助推全省现代农业发展。全省农业综合开发（不含部门项目）共投入资金21.83亿元，比上年增长39.0%。其中中央财政资金5.92亿元，省级财政资金6.72亿元，市县财政配套资金2.89亿元，自筹资金（含银行贷款）3.75亿元，其他资金2.55亿元。全省实施农业综合开发土地治理项目134个，治理面积70.1万亩，其中：中低产田改造项目29个、高标准农田示范工程项目27个，山区小流域农业生态工程项目33个，实施省级集中安排科技推广项目45个；实施产业化经营财政补助项目125个，产业化经营中央财政贷款贴息项目93个，产业化经营省财政贷款贴息项目258个。

嘉兴现代渔业特色园之青鱼加工项目

【制定实施31066行动计划】 按照国家农业综合开发办公室的工作思路，结合省委、省政府关于加快推进农业现代化的要求，经过调研并反复讨论修改，印发《农业综合开发助推浙江现代农业发展31066行动计划》，按照扶优、扶特、扶大、扶强的原则，通过3年（2013~2015年）时间扶持创建10个农业综合开发现代园（即现代农业园区），66个农业综合开发特色园，简称31066行动计划，着力扶持农业合作化经营、产业化发展和现代农业园区建设，走出一条符合浙江实际的农业综合开发助推现代农业发展、推进城乡一体化新路子。2013年，开展1个现代园项目、2个龙头企业带动产业发展项目、3个特色园项目试点。

研究配套制度。设立实施31066行动计划办公室，专门负责现代园和特色园试点项目。研究制定与31066行动计划相配套的规程和办法，包括现代园项目申报指南、现代园竞争立项办法、现代园竞争立项操作规程、现代园项目实施管理办法、现代园建设管理监督检查规程、现代园项目资金管理办法、农业综合开发财政资金股权投资试点办法、特色园创建管理指导意见等8个制度试行稿。

全面启动实施。为使31066行动计划起好步，组织召开设区市财政局分管领导、农业综合开发办公室主任会议，启动实施31066行动计划，并作为今后农业综合开发工作的重要抓手。通过集中评议、实地考察、现场陈述答辩等方式，对各地申报的16个项目实行差额竞争，择优确定湖州市吴兴区南太湖现代农业园区、淳安县茧丝绸总公司千岛湖牌优质桑蚕茧产业化提升、浙江省农村发展集团上虞有限公司3万头金华猪保护和产业化开发利用建设、嘉兴市秀洲区现代渔业特色园、舟山市普陀区海洋渔业特色园、江山市猕猴桃特色园等6个项目为2013年试点项目。同时，加强政策宣传，指导项目所在地有关部门按要求编制完成项目可行性研究报告和实施方案，了解项目实施过程中遇到的困难和问题，妥善协调解决，确保试点工作顺利推进。

【开展质量提升年活动】 印发《关于开展农业综合开发质量提升年活动的通知》，要求各农业综合开发县严把立项、计划、质量、报账、廉政五个关口，全面提升农业综合开发基础管理、项目管理、资金管理和综合管理的水平。按照工作部署，各县农业综合开发办公室开展自查，针对项目建设和管理质量中存在的薄弱环节，逐个查找原因，提高质量提升年活动的实际效果。活动结束后，通报活动情况，总结好的做法，提出存在问题，采取整改措施，建立健全农业综合开发质量提升长效机制。

【编制高标准农田建设规划】 按照国家农业综合开发办公室相关要求，编制完成《浙江省农业综合开发高标准农田建设实施规划（2013~2020年）》初稿，并邀请国土、水利、农业等部门的专家进行专题研究和论证，按照专家提出的意见，进一步修改完善相关内容，并报规划国家农业综合开发办公室审定。

【规范项目评审工作】 规范评审程序。以制度建设为保障，严格评审程序，细化评审内容，优化评审方法，强化评审责任，实现项目评审工作规范化，提高项目评审质量。组织专家对全省上报的可研报告进行集中评议，对每个项目形成评议意见，并组织项目考察组，对项目进行实地踏勘、考察后形成项目考察报告，作为项目立项的重要依据，为科学合理选项奠定基础。

强化专家管理。重建农业综合开发项目评审专家库，优化专家结构，建立健全专业性强、覆盖面广、能实行动态和信息化管理的专家库，储备各类专家137人。专家主要由农业综合开发系统专业技术人员、科研院所和大专院校人员组成。评审时，结合项目特性，从专家库中根据项目类型随机选择评审专家，同时实行回避制度。跟踪评审专家的业务水平、工作态度，为实行专家库动态管理提供依据。加强专家构成与项目专业需要的针对性，除保证一定数量的工程技术专家外，吸收财务专家参与项目评审，提高了项目评审工作质量。

深化结论运用。将集中评议形成的评审意见及时下发到各申报单位，督促其按照评审意见重新编制可研报告或者补充说明材料，夯实项目前期工作。制定评审参考指标和对应的评分标准，实行评审专家独立打分，由以往的定性评审为主改为定性和定量相结合评审办法，取得了较好效果。

【抓好监督管理工作】 开展农业综合开发项目绩效评价工作。根据《浙江省农业综合开发项目绩效评价实施办法（试行）》规定，各地农业综合开发办公室按要求对2012年度496个项目（土地治理项目和包括财政资金贴息在内的产业化经营项目）进行绩效自评，在各地自评基础上，省农业综合开发办公室委托中介机构对江山市、德清县、舟山市等13个县（市）开展现场绩效评价，规范农业综合开发项目资金管理，强化支出责任，建立科学、合理的绩效评价管理体系，提高财政资金使用效益。

开展2012年度农业综合开发工作考评。按照《浙江省农业综合开发工作考评办法（试行）》规定，着重考核各农业综合开发县在资金管理、项目管理、综合管理以及廉政建设方面的工作情况，并将考评结果作为分配2013年省以上财政农业综合开发增量资金、2014年省以上财政农业综合开发存量资金的重要依据。

做好直接审价审计和工程结算审价检查工作。为进一步加强农业综合开发土地治理项目建设成本管理，规范项目工程结算审查工作，引入社会中介力量参与资金和项目管理监督检查，直接委托中介机构对长兴县、缙云县等地的20个2012年度土地治理项目进行审价及审计。委托有资质的中介机构另选淳安县、海盐县等地对已竣工的7个2012年度土地治理项目进行工程结算审价检查,以提升各地工程审价的质量,提高项目资金使用效益。

【做好农发宣传工作】 多次向国家农业综合开发办公室汇报浙江省31066行动计划开展情况,得到国家农业综合开发办公室的肯定。上报的《浙江省认真学习部办领导讲话精神 部署如何开创农发工作新局面》刊登在《中国农业综合开发》2013年第4期杂志上。上报省政府的2条农业综合开发财政信息被《浙江政务信息》采用,其中《省财政积极支持农业综合开发特色园创建》得到了省政府领导的批示,同时,结合政务公开,加强农业综合开发政策在政府门户网站的宣传力度。2013年农业综合开发项目申报指南等政策及时在省财政厅门户网站公开,2013年农业综合开发拟立项项目按规定在省财政厅门户网站公示。

(浙江省农业综合开发办公室供稿 方优良执笔)

政府采购(控购)监督管理

【概况】 2013年,浙江省政府采购(控购)监督管理工作以深化政府采购制度改革为中心,扩大政府采购规模,创新和完善政府采购监管。全年实现政府采购预算1130.83亿元,实际采购金额983.76亿元,资金节约率13.0%。采购规模占当年全省公共财政预算支出和全省GDP的比重分别为20.8%和2.6%。

【推进制度建设】 讨论完善《浙江省实施〈政府采购法〉办法》(修改稿),推动该实施办法的立法进程。制定《关于规范政府采购供应商资格设定及资格审查的通知》。受财政部委托,牵头组织《政府采购货物和服务招标投标管理办法》的修订工作,召开相关省市座谈会,研究修订思路,梳理实践中发现的问题,总结各地的制度创新经验,组织各省分工合作,并完成第一稿修改工作。结合财政部修订后的《政府采购品目分类表》,从目录分类、级次细化、名称规范等方面,研究修订2014年全省政府采购目录及限额标准,确定集中采购目录范围。开展政府购买服务试点工作,首次将城乡居民大病保险纳入2014年全省集中采购目录范围。同时,将政府采购目录及标准的修订、完善,与部门预算编制改革相结合,突出其政策引导和规范业务的作用。

【加强业务监管】 加强日常项目管理,严审采购需求和结果。加强对采购需求及采购标准的审核,杜绝不按预算采购和超资产配置标准采购。结合政府采购"国货"要求,完成新一轮环保仪器、医疗设备和教育科研仪器进口产品的专家论证工作,并以清单形式正式发布,从源头和关键环节强化进口产品审核管理。2013年,全省政府采购进口产品11.95亿元,占采购规模的1.2%。

开展履约情况专项检查,推动新一轮全省联动协议供货。会同省监察厅、省审计厅,联合杭州市对在杭77家公务用车定点维修企业、154家会议培训定点饭店(宾馆)等定点企业开展履约情况专项检查。重点检查定点企业不履行合同约定、私下协助单位奢侈办会、超标准培训等违规行为。完善"分工合作、结果共享"和"联合监管、分工负责"的全省联动采购机制。实行按入围分工开展季度价格监测报告制度。扩大省市联动采购范围,完成小额物业管理、车辆保险、杭外定点饭店、办公家具、办公用纸、办公耗材等项目定点采购工作。首次将印刷、物业管理服务项目纳入省级定点采购范畴。

发挥第三方价格监测机构作用,加强协议供货产品价格监管。委托"北京中关村电子产品价格指数"调查机构独立开展协议供货期价格调查7批次,调查产品涉及便携式计算机、台式机、打印机、复印机、一体机、数码相机、数码摄像机、投影仪等8大类累计2008款次,总体协议供货上限平均价低于市场价的3.9%,仅186款产品价格略高于市场价,占总产品数的9.0%,上限平均价高于市场价5.4%。对上述价格偏高产品的供应商视情节轻重作出处理并公告,全年共下架市场停销产品和专供产品220款,对供应商作出诚信记录20条,其中问题较严重的取消该品牌协议供货资格。同时对承诺最低价入围的办公耗材实施价格调查核实制度,退回产品入库申请3000余条,防止高价产品入库上网。通过调查整顿,协议供货产品价格虚高情况得到改善,截至12月13日,浙江省协议供货8大类291款产品平均上限价低于市场可比价4.5个百分点。

组织医展会采购工作。组织两期医展会政府采购工作。按照"科学、择优"的原则,采取集中采购需求、差额竞争入围、优惠率计分,以及标书需求网上公示、事先公布评审办法和评审标准的做法,在医展会开始前招标入围了一批诚实守信的供应商及其性能成熟、价格合理的产品。两期医展会累计750余家国内外供应商参展,展览面积22000余平方米,专业观众6.7万人次。七大类共197个标项,合计356款产品入围,与2012年同期相比,平均入围单价下降8.5%。

加强政府采购代理机构管理考核。按照"省和市县分工,结果统一公布"的原则,会同省审计厅、省监察厅开展对全省100家社会代理机构的考核工作,其中甲级代理机构31家,乙级69家。经考核,认定考核合格单位93家,不合格单位7家,并对浙江国际招(投)标公司等19家考核优胜单位,按规定授予星级。同时,针对考核发现的问题,向有关代理机构发出整改通知书21份,督促整改落实。

创新政府采购模式。经过两年的探索和论证,决定在浙江省政府采购活动中引入大卖场采购模式。完成对试点供应商的招标工作，并进入到信息系统后续开发对接阶段。

依法做好举报、投诉、复议、诉讼等案件处理工作。全省办理政府采购投诉案件 75 件，其中省本级 16 件。处理来信来访案件 60 余件，回复率 100%，无一件复访。作出行政处罚决定书 5 份。处理行政处罚听证及信访复查案件 3 起，移送公安机关 1 件。同时，对省纪委重点关注的浙江省药检所迁建等影响较大的项目，采取提前介入机制，及时纠正存在的问题。与省财政厅法规处配合，做好广州三环公司等 3 家单位对省财政厅提起行政诉讼和行政复议案的应诉工作。除 2 起撤诉或撤回复议申请外，1 起获财政部维持决定。

【发挥政策导向功能】 引导本省企业参与政府采购竞争。印发《关于规范政府采购供应商资格设定及资格审查的通知》，创造有利于中小企业参与政府采购的政策环境。联合省经信委、省发改委等单位制定《关于"浙江制造"认定推广和应用的实施意见》，研究制定"浙江制造精品"重点推广目录产品，引导和鼓励政府机关、事业单位和国有企业使用"浙江制造精品"产品。

支持本省中小企业信用融资试点。截至 8 月，浙江省本级开展政府采购支持中小企业信用融资试点工作已有 1 周年，共有 197 家中小企业与试点银行建立了信贷关系，信用融资规模为 4 亿元。继省本级后，绍兴、嘉兴、湖州相继进行试点。

推进残疾人庇护产品优先采购等重大民生项目采购工作。与省残联、省民政厅联合发出《关于开展残疾人庇护产品政府优先采购及制定庇护产品目录试点工作的通知》，选取杭州市西湖区、宁波市海曙区、温州市鹿城区、嘉善县作为试点地区，按照"政府主导、社会参与、因地制宜、示范先行"的思路，探索残疾人庇护产品目录制订及政府优先采购工作。并对省福利彩票中心专用纸张采购、全省疫苗采购等重大民生项目评标进行现场监管。

倡导企业合法经营诚实守信。以政府采购信息化为基础和支撑，推进以供应商库、商品服务库、评审专家库为主要内容和载体的政府采购诚信体系建设。利用协议供货全省联动、浙江省医展会等平台，扩充商品服务库入库品种。至年底，已有注册入库的正式供应商 11007 家、临时供应商 22813 家，累计入库商品 83051 种。落实供应商网上报名资格预审和中标成交供应商资格后审制度，推进政府采购供应商诚信档案建设，按规定完成对 18 家供应商的诚信扣分及 14 家供应商诚信加分工作。

【深化公车治理】 做好全省公务用车专项治理工作，梳理并上报全省豪华公务用车继续留用情况，清理市县豪华车辆，同时开展全省事业单位公务用车清理工作。制定浙江省党政机关公务用车配备使用管理办法贯彻实施、公务用车登记上牌和全省公务用车控购工作有关事项等制度规范。完善公务用车控购管理系统，实现全省各级行政事业单位公务用车控购网上申办，公车配备实时监控的管控体系，推动公务用车管理信息化、配备标准化以及运行经费定额化。研究公务用车使用国产车问题，开展省产汽车政府采购情况调研，研究各级党政机关和事业单位换购国产品牌汽车的相关政策措施。

【加快 GPA* 谈判研究】 组织东部地区各省市修改完善加入 GPA 出价策略和出价建议，协助财政部制定中国加入 GPA 第 5 份出价清单。同时重点研究制定配套改革措施。2013 年，浙江省完成 6 个 GPA 研究报告并通过专家评审。

（省财政厅政府采购监管处供稿　冯　华执笔）

注：

* GPA："政府采购协议"的英文缩写，是世界贸易组织（WTO）框架下的一个诸边协议，由 WTO 成员国自愿加入。

财政政策法规

【推动地方财政立法】 配合省法制办开展《浙江省实施〈政府采购法〉办法》立法调研工作，将《浙江省实施〈政府采购法〉办法》和《浙江省国家赔偿费用管理办法》申报为 2014 年省政府规章二类立法项目。

【开展立法后评估】 对《浙江省政府投资预算管理办法》进行立法后评估，在杭州市、湖州市等 12 个市、县（市）财政局、相关业主单位和主管部门以及省发改委等 11 个省级部门中开展问卷调查，赴湖州市、义乌市进行实地调研，了解该办法的实施情况，完成立法后评估报告，提出进一步完善立法的意见建议。

【管理行政规范性文件】 出台《浙江省财政厅行政规范性文件管理办法》，做好财政行政规范性文件合法性审核、公开征求意见等工作，并按规定报省法制办统一登记、备案。

【推进行政审批制度改革】 开展财政行政审批制度改革工作，厅本级合并减少行政许可事项 4 项，保留 5 项行政许可；取消减少非行政许可事项 3 项，保留 10 项非行政许可。清理规范财政行政审批前置中介服务，取消 2 大项、减少 7 小项行政审批前置中介服务，保留 2 大项、4 小项行政审批前置中介服务，农业综合开发项目审批事项前置中介服务时间比上年加快 2~3 个月、最高收费标准同比降低约 40%。

【加强财政普法】 组织开展浙江"法治宣传月"和"12·4"全国法制宣传日宣传活动，组织全省财政系统发放《浙江省政府投资预算管理办法》普法宣传挂图3500份；充实省财政厅门户网站法制园地法制信息370多条；在会计人员服务中心、票据中心等服务窗口开展"财政普法伴我行"活动。

【开展法制培训】 开设法制讲座，由专家向厅机关公务员专题讲解行政规范性文件制定起草和管理工作。组织厅机关公务员和参公单位人员277人参加省直机关公务员年度学法考试。开办全省财政法制骨干培训班，组织全省市县财政部门法制骨干集中学习法律法规。

【规范财政行政执法】 2013年依法办理行政复议答复案件3起，应诉案件1起，依法作出行政复议决定1起，配合财政部行政应诉案件1起。对拟做出的行政处罚、重大行政许可以及行政处理决定进行事前法律审核。举办杭州三尚医疗器械有限公司处罚案件专家论证会。组织全省财政系统开展财政行政许可案卷和行政处罚案卷评查工作。

【支付国家赔偿费用】 2013年收到省高院提出的国家赔偿费用支付申请7起，根据法律法规规定启动国家赔偿费用支付程序，审核赔偿费用支付申请，向7位申请人支付国家赔偿费用共1108万元。

（省财政厅政策法规处供稿　王新江执笔）

财政纪检监察

【落实党风廉政建设责任制】 贯彻《关于实行党风廉政建设责任制的规定》，协助省财政厅党组落实"一岗双责"，完善反腐倡廉的领导体制和工作机制，对2012年全厅落实党风廉政建设责任制和推进惩防体系建设情况进行开展自查，制定《关于分解落实2013年省直单位反腐倡廉建设责任分工的通知》，把由财政部门落实的4项牵头工作和14项参与工作进行责任分解，逐项细化落实到各责任处室，明确各单位的责任主体意识，促进反腐倡廉工作的深入开展。同时，加强责任考核，制定《浙江省财政厅党风廉政作风效能建设量化考核办法》，从组织领导、宣传教育、惩防体系建设、作风效能、廉洁自律、信访投诉六个方面，对廉政建设、作风建设、效能建设、纠风等工作进行百分制量化考核，考核结果纳入厅目标责任制考核范围。

【廉政风险防控建设】 做好廉政风险防控机制的"巩固、深化、提高"工作。在巩固示范点建设的基础上，紧紧抓住腐败易发多发的重点领域、关键环节和重要岗位，研究廉政风险防控长效管理办法，将廉政风险防控的相关要求纳入党风廉政建设作风效能一揽子考核范围内，细化、量化考核内容，督促风险防控各项工作任务的落实。拓宽廉政信息收集渠道，逐步建立廉政风险预警信息库，加强对信息的识别、分析、研判，根据风险的级别和特征，及时将倾向性、苗头性问题解决在萌芽状态，初步形成廉政风险"信息收集——分析评估——重点预警——跟踪反馈"四位一体的信息预警分析机制。同时，加大科技防控力度，把风险防控的理念融入数字财政业务设计之中，力求通过"制度+科技"的模式对风险进行防范和控制。

【坚持廉政教育】 把反腐倡廉宣传教育纳入本部门、本系统年度宣传教育总体部署，形成人教、法规、机关党委、纪检监察等部门共同参与的"大宣教"格局。在全系统开展以"勤政、廉政、善政"为主题的廉政微言征集活动，全年征集干部原创廉政格言、诗词、短信以及话题评论1831条。举办优秀廉政微言展览，变"被动说教"为"主动谈廉"，弘扬财税清风正气，集聚正能量。拓展网上廉政宣教平台，把内网平台作为廉政教育宣传的重要阵地和窗口，在首页醒目位置定期展示干部优秀廉政格言，及时更新廉政热点栏目。对近年来各部门出台的关于党风廉政建设和作风建设的党纪条规，特别是省财政厅制发的规范干部履职行为等内部管理制度进行梳理，把廉政知识、电教片搬到网上，拓宽学习教育的时间和空间。

【加大监督检查力度】 综合运用参加重要会议、开展专项检查和治理、信访处理等监督措施，加强对重点岗位和关键环节的监督。强化对领导干部特别是领导班子成员廉洁从政行为的监督。加强对党组"三重一大"事项、遵守党的纪律、执行民主集中制以及个人事项报告制度等情况的监督，向全系统书面征求意见，年初按规定向省纪委报送《省财政厅廉情报告》。开展工作人员在外兼职情况"回头看"，对未按规定辞去在外兼职的两名处级干部进行诫勉谈话、通报批评，另有一人免职降薪处理。加强对重要干部任免情况的监督。通过参与选人用人过程、调查处理信访举报等方式，对班子成员分工、中层干部任免、重要岗位调整等进行监督，对拟提拔任用的8名领导干部作出廉政鉴定。强化对财政专项管理的监督检查。参与全国小型农田水利重点县申报、地方政府债务招投标、财政资金竞争性存放、全国会计人员从业资格考试等过程监督和检查，及时发现可能存在的涉及党风廉政建设的问题，提出有针对性的意见建议。

【作风效能督查】 结合省直正风肃纪专项行动要求，加大检查力度和密度，对工作人员执行"两局"规定、遵守工作纪律，特别是对窗口单位服务态度、服务质量、服务满意度等方面进行暗访和抽查,及时通报检查中发现的问题,对有令不行、屡次违规的干部进行谈话提醒,全年组织内部日常纪律检查10余次,没有收到反映机关作风效能的有效投诉,在省正风肃纪工作小组和新闻媒体多次暗访中均没有发现问题。加强对党的群众路线教育实践活动的督导,成立省财政厅党组金控公司督导组,逐一与班子成员及部门负责人逐个谈话听取意见,审阅"四风"问题自查提纲和对照检查材料,及时提出修改意见,并将各个节点上的工作情况及时向省委督导组进行汇报。

【注重信访举报】 省财政厅重视信访举报查处,每件群众来信都由纪检组长亲自签批,对具有可查性的线索进行初核,全年受理信访举报17件(其中省纪委转办5件),转初核15件,对一些苗头性、倾向性问题及时提醒、及时纠正,对查无问题的在一定范围内通报调查结果,澄清事实,对核查属实的提请有关部门进行组织处理。梳理分析系统查办案件情况,对系统2013年发生的9起违纪违法案件进行剖析,及时上报财政部。密切关注网民对财政部门和干部在党风廉政建设方面的反映,健全网络舆情信息共享机制。

【配合省委巡视工作】 根据省委的统一部署,7月29日,省委第一巡视组进驻省财政厅,对2008年以来省财政厅党风廉政建设和反腐败工作、执行中央八项规定精神、严明党的政治纪律和执行民主集中制等方面的情况进行巡视。省财政厅专门成立巡视工作组,召开省财政厅、省地税局巡视工作动员会,配合省委巡视组做好个别谈话、座谈了解、资料查阅、实地调研等各个环节的联络工作。

【推进"阳光财政"建设】 2013年,根据全省深化"阳光工程"建设的意见,省财政厅成立"阳光财政"建设组织协调小组,制订《浙江省财政厅推进"阳光工程"建设的实施方案》,明确四大公开重点,依托内外网络,分类分层推进财政信息公开,提高财政工作和内部管理的透明度。推进财政权力公开透明运行,依法梳理审核行政职权,开展非行政许可审批事项清理,推进审批事项内部整合,编制行政职权目录,明确权力行使的主体、依据、运行程序及必要的监控措施,对119项财政行政权力事项全部在省"阳光工程网"上"裸晒"。推进省级"三公"经费预算公开。按照中央和省委省政府厉行节约、反对铺张浪费的要求,向全社会公布省级"三公"经费总预算情况,加快省级部门"三公"经费预算公开步伐,指导市县做好"三公"经费公开准备工作。推进财政转移支付资金分配结果公开,省级部门"三公"经费在互联网上公开,省级专项性一般转移支付资金除涉密资金外,分配结果向全省所有市县财政部门公开。推进省财政厅机关内部人事、财务、资产、基建等事项公开,加强内部管理透明度,防止"暗箱操作",避免"灯下黑"。

【加强系统指导交流】 加强对市县财政反腐倡廉工作的指导和交流,年初下发《全省财政地税系统纪检监察工作要点》,明确系统纪检监察工作目标任务。年中,深入市县开展专题调研,召开系统纪检监察工作座谈会,探讨交流工作中的问题和经验,相互借鉴、取长补短。结合党的群众路线教育实践活动,开展省财政厅机关和厅属单位专兼职纪检监察人员会员卡先行清退活动,带头转作风、严纪律、作表率。

(省财政厅监察室供稿　杨一斐执笔)

人事·党建

【"三位一体"组织体系建设】 按照"三位一体"的组织架构原则,经多次征求意见并提交厅长办公会议审议通过,正式印发财政监督局新的工作职责,进一步明确预算编制、执行、监督之间的职责分工。汇总整理厅机关各处室局职责及内部分工情况,为推进数字财政建设提供组织保证。

【机构和编制管理】 根据深化公共财政改革和财政事业发展需要,向省编委报送财政票据管理中心增挂浙江省政府非税收入征收管理中心牌子、增加省财政厅行政编制等请示。省编办已批复同意省财政票据管理中心增挂浙江省政府非税收入征收管理中心牌子,并增加省财政票据管理中心处级领导职数1名、非领导职数1名。推动厅所属事业单位参照公务员法管理,向省公务员局报送要求3家下属单位参公管理的相关材料。组织开展部门职责清理工作,根据省编办的部署,组织编报《省财政厅履职分析报告》、重点领域课题调研报告以及《部门职责梳理情况表》、《部门职权清单总表》、职权履行流程图、职权事中事后监管制度等。贯彻实施事业单位岗位设置和绩效工资管理工作,调整省数字中心、农审中心、招待所、莫干山庄等4家单位岗位设置方案。

【干部队伍建设】 做好干部选拔任用、职务晋升、岗位交流和挂职锻炼等工作。3名主任科员提职选派援藏、援青和援疆工作,2名干部提任处级领导职务,13名处级领导干部试用期满按期转正。9名选调公务员明确了职务,4名新录用公务员转正定级,8名科级以下干部晋升职务。3名处级领导干部和7名科级干部在厅内部进行岗位交流。推进干部外派培养锻炼,全年选派10名处级干部、6名科级干部到舟山新区、基层财政部门和省级相关企事业单位挂职锻炼。根据省金融控股有限公司发展的需要，对省金融控股有限公司及子公司的班子成员进行调整。根据省委组织部和基层有关部门的要求，安排8名基层财政部门的干部到厅机关上挂锻炼。

根据厅机关和厅属单位的用人需求，做好人员招录、选调等工作，全年新增工作人员18名，其中：厅机关从基层选调公务员4名，接收安置军转干部1名；审核中心公开招考录用公务员1名，核算中心从基层公开遴选、选调公务员5名；注册会计师服务中心、后勤中心公开招考录用工作人员6名；省世界银行业务培训中心安置退役士兵1名。

【出国（境）管理】 贯彻执行中央和省委加强因公出国（境）管理的相关规定，压缩因公出国（境）任务，取消组团赴国外培训考察计划。全年全厅因公出国人次比上年减少三分之一，出国经费下降54.8%。加强因私出国（境）管理，及时收缴因私护照、港澳通行证等，做好新增、减少人员的出国（境）信息备案工作。

【干部教育培训】 成立“全省财政系统财税政策研究人才库”，选拔确定30名人才库成员；推动各人才库建立“动态管理”“常态联动”和“热点跟踪”三大机制，发挥人才库“打造业务权威、引领队伍提升专业素养、解决实际问题”的作用。开展“能者为师，以师带徒”学习活动，组织厅机关综合处室科级干部与预算编制人才库成员“师徒结对”，利用实际案例模拟实践预算编制业务。建设“在线题库”，在省财政厅和部分市财政局测试的基础上通过验收，为财政干部提供在线学习和培训平台。创新财政干部讲坛形式，首次邀请市局干部走上省厅讲坛，主讲“如何加快预算执行进度”。倡导厉行节约、勤俭办班、保证质量的培训理念，在全省财政系统总结和推广“在岗培训”模式，受到财政部干教中心的充分肯定，财政部《培训动态》和门户网站、《中国财经报》、搜狐和中国网等媒体相继进行了报道。

【财税文化建设】 结合党的群众路线教育实践活动和“我的中国梦”主题教育实践活动，举办全省财政地税系统“践行财税文化·共铸中国梦想”主题演讲比赛，推进全省财税系统精神文明建设，丰富财税文化活动载体，提振财政干部“精、气、神”。

【党的群众路线教育实践活动】 充分调动领导干部和广大群众“两个积极性”，夯实学习教育和查摆问题“两个基础”，抓牢整改落实和建章立制“两个关键”，完成各项“规定动作”和“自选动作”，扎实开展教育实践活动。强化学习教育。先后组织4次党组理论学习中心组学习会，多次支部专题学习会议，举办处以上党员干部十八大精神轮训、“党的群众路线教育和党性修养”专题讲座，组织观看专题教育片，开展“三思”“三观”大讨论，掀起学习热潮。真心听取意见。通过走访人大代表政协委员、基层走亲连心、蹲点调研、调查问卷、意见箱、网络留言等多种方式，广泛征求社会各界、预算单位和基层群众等服务对象的意见建议，征求到各类意见建议1243条次。认真查摆问题。党员领导干部按照“照镜子、正衣冠、洗洗澡、治治病”的总要求，在全面开展谈心谈话的基础上，撰写对照检查材料，准确聚焦“四风”查找自身存在的问题。组织民主生活会。以整风精神开展批评和自我批评，达到“团结——批评——团结”的目的。抓好专项整治。深入开展“六项集中行动”，整治学风、文风、会风，规范党员干部工作和生活待遇，严纪律、正作风。建立长效机制。针对查摆出来的问题制定整改措施，注重从体制机制上找原因，完善制度设计，强化制度执行，把教育实践活动成果制度化、巩固化、长效化。

省财政厅群众路线教育活动促进了作风建设和各项财政工作，得到省委督导组和联系点领导的肯定和表扬。2013年，省财政厅因公出国费、公务接待费、公车购置及运行费分别下降54.8%、35.1%、21.5%，“三公”经费降幅大于全省和省级平均水平；会议数量较上年同期下降22.0%；文件发放数下降6.9%；清理评比达标表彰项目39个，下降92.9%；清理超标公务用车2辆。

【机关党建工作】 开展“严纪律、正作风、作表率”专项行动，贯彻落实中央“八项规定”和省“28条办法”“六项禁令”，通过自查自纠、明察暗访、总结规范等方式，加强机关干部政治纪律和作风建设，省正风肃纪工作小组数次明察暗访，没有发现省财政厅有违纪问题。组织参加“服务型机关建设年”活动，通过组织“联系和服务群众”为主题的中心组学习、举办千字笔谈、组织在职党员进社区志愿服务活动等，推动窗口单位岗位提升服务水平，推进服务型机关建设。贯彻《中国共产党党和国家机关基层组织工作条例》和省委《实施意见》，举办支部书记和组织委员党务培训班，编写《简明党务手册》。开展党组织“系统联动服务于民”专项行动，结合“服务企业、服务基层”活动，开展党组织结对帮扶，召开民主党派人士同心座谈会，将劳务派遣员工的党员组织关系转到厅机关党委管理。

【服务离退休干部】 落实离退休干部政治、生活“两项待遇”，组织老干部学习中央、省委有关会议和领导同志讲话精神，参加各类学习辅导、座谈活动；及时调整离休干部公用经费标准，做好老干部走访慰问工作，全年走访慰问离退休干部150多名，并为22名老干部申报了困难补助。深入街道和社区调研养老、助老工作，及时掌握离退休干部近况和需求，有针对性开展服务保障工作。做好离退休干部体检、学习休养等活动组织工作，开展各类兴趣小组活动，鼓励支持老干部报名参加老年大学学习。加强离退休党支部建设,发挥离退休党支部的桥梁作用。

（省财政厅人事处[离退休干部处]、机关党委供稿　章荣忠执笔）

办公室工作

【信息调研】　提高综合文稿质量,完成综合材料60余篇。创设手机报,以手机彩信形式将财政信息推送给省人大代表、政协委员、厅机关干部职工以及市县局主要领导。做好《浙江财政信息》等编报工作,向省委、省政府、财政部专报信息769期,得到国务院领导批示1条、省领导批示11条。组织系统调研工作,健全调研长效机制,注重调研成果的转化和运用,全省财政系统共完成调研课题85篇,评选出优秀课题41篇。

【财政宣传】　开展财政新闻宣传,50余篇稿件在多家主流媒体刊发,其中《我省提高公益林补偿标准》刊在《浙江日报》头版头条并得到省长批示。密切与省人大代表、政协委员的联系,通过寄送《浙江财政信息资料》、"两会"前征求预算报告草案意见、编印《浙江财政预算读本》等方式,增进人大代表、政协委员对财政工作的理解和支持。加强专题宣传,健全网络舆情响应机制,引导社会舆论。

【公文管理】　建设公文智能交换与跟踪系统,明晰文件管理责任,提高公文运转效率。严把公文审核关,全年发文3402件,比上年压缩6.9%。整合打字室和文印中心,优化人员和设备配置,节约成本、提高效率。

【政务督查】　做好省政府部门目标考核工作,完善厅考核办法,实行分类分项量化测(互)评,扩大考评办成员范围,提高考核公信度。加强沟通协调,做好政务督查,督办省领导批示件601件、办公交办件748件,完成省政府重点工作等专项督查反馈10余次。承办建议提案657件(其中主办56件),答复满意率100%。

【信息公开】　配合有关处室做好年度信息公开重点工作,涉财权力事项和"三公"经费等重点事项在厅门户网站和"浙江阳光工程网"上公开,分配财政专项资金发文在厅内网公开。做好依申请公开工作,回复公开申请17件。

【保密档案与信访工作】　在全厅范围内开展保密普查,摸清保密工作底数,做好办公用房搬迁过程中保密工作。完成存放在文欣大厦等档案搬迁工作。规范信访工作办理程序,处理信访件151件。

【财务管理】　厉行节约,制订"三公"经费使用检查集中行动工作方案,控制和规范"三公"经费、会议费支出。规范公务接待行为,机关接待按照从简原则凭餐券安排食堂工作餐。厅本级公务接待费同比下降36.6%,"三公"经费整体下降34.9%。严格预算编制管理,在保障重点工作的同时切实压缩行政成本。落实会议审批制度,削减会议活动32个,同比减少22.0%,会议费下降47.2%。制定厉行节约措施,规范厅属事业单位的经费管理,统一共性支出标准,做好厅属有关单位的经营责任制考核工作。

【资产管理】　组织专业人员对厅机关及厅属事业单位资产逐一清查核对,确保资产账实相符。对留存在文欣大厦的报废和暂不使用的资产进行清理,并分类处置。

【基建工作】　加强工程招投标管理,工程施工和设备采购全部在省政府采购平台上采用公开招投标形式确定承包或采购单位。加强工程建设资金管理,按照合同规定拨付工程进度款。加强对参建单位的监管,严把施工质量,确保无安全事故发生。加快工程建设进度,如期完成厅机关办公楼维修节能项目工程改造、万里综合办公楼整修等任务。

【机关大楼回迁】　本着安全、快速、有序、节约的原则,组织实施厅机关办公楼及万里综合楼整体回迁工作。办公用房分配严格按中央和省有关规定执行,一律不新购办公用具和设备。

【后勤保障】　以一卡通为后勤服务管理的纽带,强化服务功能开发和管理。办好机关食堂,实行楼层合理有序分流就餐。组建保安队伍,抓好上岗培训,明确保安岗位职责,确保办公大楼安全。划分车辆停放区域,缓解车位紧张问题。制定《浙江省财政厅公务车辆使用管理办法》,实行公务用车"网上审批"预约,统一管理与调度。

【工会工作】　加强工会组织建设,完成厅机关工会换届改选。做好厅机关及厅属事业单位劳务派遣员工入会工作,维护劳务派遣人员的合法权益。组织参加省直机关第十一届运动会,举办省财政厅第四届趣味运动会,丰富会员的文娱生活。落实慰问制度,关心会员工作生活。推进民主制度建设,维护会员合法权益。　（省财政厅办公室供稿　王　琛执笔）

企事业单位概况

浙江省财务开发公司

【概况】 2013年,省财务开发公司按照省委、省政府决策部署,落实省金融控股公司组建后的系列相关工作,加强各类投资项目股权管理,推进公司战略转型、稳健发展。

【推进省金融控股公司运营】 根据省委、省政府组建省金融控股公司的战略定位,按照规范程序做好相关金融股权划转工作,先后完成财通证券、义乌农商银行、舟山定海农商银行、交通银行等股权划转,充实省金融控股公司的金融资产配备,推进省金融控股公司全面运营。

【加强各类投资项目管理】 做好以上市公司股权管理为重点的各类投资项目管理,加强行业政策研究和数据测算分析,对物产、中大两公司非公开发行股票、轻纺城规划建设物流中心、小商品城商业地产项目、中国电信分红等重要决策议案进行合规审议,推动参股企业完善公司治理和规范经营管理。及时收回各参股投资项目分红,加强东方星空对外投资项目审核把关,规范推进省远洋渔业国有股权转让事宜,维护国有股东权益。

(省财务开发公司供稿　尤敏强执笔)

浙江省金融控股有限公司

【概况】 2013年,浙江省金融控股有限公司运营开局。公司着力加强股权管理、促进业务协同、完善风险控制,推进省级金融投资管理平台建设,全年实现合并净利润13.70亿元。

【推进金融投资管理平台建设】 加强重点金融股权管理。推动浙商银行增资扩股,正式完成定向认购股份工作。推动财通证券完成股份制改造,支持配合永安期货改制上市。初步建成金融市场体系。参与组建浙江金融资产交易中心,初步建成以省金融市场公司为投资管理主平台的"1+X"金融市场体系,为对接全国多层次资本市场奠定基础。参与温州金融综合改革。注资入股温州市金融投资集团,推进地方金融产业发展。探索金控平台业务协同。组织省引导基金参股合作基金团队组成"千亿考察团",实地考察省海洋基金舟山项目,开展业务资源对接。

【发挥政府性股权投资基金创新引领作用】 做好省引导基金首批参股到期资金退出工作。做好合胜基金及红土基金的参股资金退出工作。继续抓好有利于浙江省产业结构调整升级的特色基金运作。引导基金连续第四年获得中国有限合伙人联盟"十佳政府引导基金管理团队"称号,并获中国创投委首次颁发的全国唯一"最佳政府引导基金奖"。省海洋产业基金实施直投项目。与舟山市、区两级政府合作,做好金塘港区南部区块开发前期准备工作,加强重要战略性资源储备和管理。设立运作省创新强省基金。贯彻省创新驱动发展战略,成立浙江省创新发展投资有限公司,设立规模为6亿元的浙江省创新强省产业基金。

【缓解中小微企业融资难】 强化风险管控。对再担保项目按照更严格的标准进行确认和风险管理,通过责令限期整改、解除再担保协议等风险管控措施,强化担保机构规范管理。开拓新型业务。完成再担保主体信用评级工作,取得大公国际"AA"评级。探索开展增信业务,开启直接融资担保。截至2013年底,省再担保体系内担保机构累计发生额突破300亿元,再担保累计发生额78.60亿元,为3242家次中小微企业的融资提供支持。

【开展党的群众路线教育实践活动】 坚持开门搞活动,深入查摆"四风"问题。班子及部门副职以上党员干部撰写对照检查材料,开展批评与自我批评。坚持立说立行、即知即改,开展一系列调研活动、扶贫工作、实战培训、员工座谈会等,围绕加强工作调研、强化费用管理、完善内部审计、规范公文处理等工作出台10余项管理办法。落实中央八项规定和省委28条办法、六项禁令,做到令行禁止。执行《党政机关厉行节约反对浪费条例》《党政机关办公用房建设标准》等有关规定,细化费用支出管理,"三公"经费大幅降低。

(省金融控股有限公司供稿　尤敏强执笔)

财税政策研究

【服务中心工作取得新成果】 做好厅重点课题的研究工作。完成"浙江省生态文明建设的财税实践与思考"课题,并在全省财政课题评选中获一等奖。完成"外来人员子女教育对发达地区的财税影响分析"课题。在实证研究基础上,提出了如何更好地应对外来人员子女教育问题的财税对策,在全省财政课题评选中获一等奖。

做好省委省政府重点课题的研究工作。与厅办公室合作完成省委重点课题《关于我省深化经济体制改革的总体思路和工作举措研究》的子课题《推进创新驱动的财政政策研究》。在厅相关处室协同配合下，完成省政府重点课题《推动民营经济转型升级的财税政策研究》和《完善公共财政制度，促进城乡一体化的成就和思路》研究任务。

开展立项课题研究工作。完成省科技厅重点软科学研究项目《促进居民收入分配结构调整的财税政策研究》。按照项目分年度完成的研究计划，修改完善研究报告，并于年内进行项目的验收审核。

协同配合做好专题研究。联合省财政厅经建处开展《小城镇建设的财税对策研究》。先后完成《浙江省小城镇建设的财政对策研究》、《我省小城镇建设的财税思考》和《促进中心镇城镇化健康发展的若干思考》等研究报告。其中《浙江省小城镇建设的财政对策研究》得到厅领导的肯定，并被省委、省政府相关内参刊发，为新一轮小城市培育行动提供了决策参考。完成省编委规范行政权力运行专题调研《关于政府购买服务的调查与思考》的研究任务。配合厅社保处，参与研究完成《关于我省职工基本养老保险基金管理现状及对策》汇报材料，报告获得省领导的批示肯定。协助相关业务处室完善研究报告。协助厅总预算局完善省政协“民生财政绩效”第38号重点提案调研报告、厅农业处牵头的中国农村财经研究会课题《城乡一体化的财政政策研究》、厅监督局牵头的《公共支出政策绩效评价的调研报告》等材料。参与数字财政建设规划编制工作，参与起草宏观经济资料数据库详细规划及建设方案，编撰《数字财政工作简报》，撰写“数字财政建设的工作总结和思路汇报材料”。

提升科研软实力，做好借脑研究工作。与上海财经大学构建协同研究机制。省财政厅作为上海财经大学中国公共财政研究院理事成员单位，借助其研究资源和研究优势，开展全方位的研究合作，按照合作协议意向，委托开展“完善政府预算报告研究”和“公立医院改革补偿机制研究”两个项目。联合厅人事处组建全省财政政策研究人才库，并通过系统培训等方式提升科研能力，为全省财税改革与发展提供智力支持。联合厅机关党委组织全省财政系统干部开展学习十八届三中全会精神的征文活动，为浙江省下一步财税改革出谋划策。组织全省财税系统干部参与首届全国财政系统财税知识网络答题竞赛活动，提升干部业务素养。

参与厅领导的调研工作。参与部分厅领导年度工作思路调研，并负责撰写调研报告。参与赴舟山市百组调研活动，并撰写调研报告。参与赴乐清市群众路线教育实践“走亲连心”活动。参与社会保险五项基金调研活动。参与省环保厅牵头的省直第四服务小组赴嘉兴的双服务活动。

做好省财政厅陈列室布展工作。通过走访老同志等形式，继续收集资料、照片，为厅陈列室布展工作打好基础。统筹协调厅陈列室装修工作，修改完善设计方案，配合设计施工方及时高质量地完成装修工作。精心安排展板内容，编辑或合作编辑展板48块。初步构建数字陈列室框架。

【杂志宣传工作跨上新台阶】 《浙江财税与会计》编辑部围绕财税中心工作，深入宣传各项财税政策、重大财税改革和财政厅党组工作重要理念，发挥杂志的宣传“喉舌”作用。重点宣传全省财政地税工作电视电话会议、全省财政地税局长座谈会、省财政厅党的群众路线教育实践活动、厅领导年度工作思路调研等一系列会议和活动内容，使财政各项工作得到宣传、贯彻。重点关注全省财税改革热点和社会经济热点，组织宣传“财税助推创新驱动发展战略实施”“财政支持美丽乡村建设”等20多个专题内容。通过“本刊报道”“政策释疑”“政策法规”等栏目，加强最新财政、税收、财务会计等政策宣传。开辟“代表委员谈财政”栏目，广泛征求对财政工作的意见与建议，争取广大代表委员对财政工作的支持。

创新办刊理念，丰富刊物内容与形式。完善杂志栏目，丰富杂志版式。完善杂志网络电子版，扩大读者面。实行重点栏目策划制、栏目负责制，以及利用通讯员队伍，上下联动，丰富杂志内容，确保稿件质量。增加报道性稿件与图片内容，扩容杂志整体信息量，增强杂志的可读性。加大财政改革热点的报道与浙江省企业先进理财经验的总结与宣传。

提高编辑和管理水平，提升杂志整体质量。规范和严格执行编辑部各项内部制度与流程。做好杂志赠阅发行工作。梳理杂志数据库，针对性地扩大赠阅范围，坚持向省级人大代表、政协委员赠送杂志。做好杂志通联工作。举办通联工作座谈会暨系统财会类期刊主编培训班，不断壮大通讯员队伍，提高素质，丰富稿源。注重与读者交流，开展读者问卷调查，不断吸收读者的意见、建议。利用杂志QQ群，丰富通联新手段。

【年鉴编纂工作进入新阶段】 做好《浙江财政年鉴》2013卷编纂工作。改进版式和内容，提高编撰质量。全卷分八篇和附录共九部分，计100万字。在保持整体架构稳定性基础上，调整版式和内容，使表述更规范、表格更细化、彩图插页版式更精致。精益求精，做好编审工作。召开厅内联络员会议，并利用现代信息平台及时向各市、县(市、区)布置编纂任务。健全年鉴考核制度、编辑部内部三审制，提高编辑质量。制作集文字、图片、表格、视频为一体的全文本检索数据库电子光盘随书赠送，提高检索效率。撰写全国和省级相关年鉴稿件，按时完成《浙江年鉴》2013卷和《中国财政年鉴》2013卷的“浙江省财政工作”稿件撰写任务。其中《中国财政年鉴》2012 卷的“浙江财政工作”一文被中国财政杂志社评为二等奖；同时浙江省财政厅获“2012 年《中国财政年鉴》优秀撰稿单位”称号。《浙江财政年鉴》2012 卷在中国出版协会举办的第七届全国年鉴编校质量评比活动中获一等奖。

按计划推进《浙江通志·财政卷》编纂工作。制订落实篇目实施方案。根据篇目实施方案要求，各处室局及有关单位承担各自的资料收集工作。为保证《财政卷》编纂质量，1949 年前的资料以课题承包的方式由财政史专家承担。定期开展培训工作。根据省志办对《浙江通志》编纂信息系统的升级情况，全年举办四次业务培训，提高工作效率。做好各项服务协调工作。注重与各联络员沟通、做好服务协调工作。联系省档案馆获取部分与财政工作相关的历史档案光盘资料，供各处室单位联络员查阅。与省志办联系，获取参考资料供联络员传阅学习。编写“如何搜集资料”，印发各联络员学习。做好篇目完善工作，提请省志办审议，在《财政卷》中恢复“财政监察”相关内容。配合省志办做好综合协调工作，邀请相关处室负责人及有关专业人员对相关问题进行分析和解释，理顺并调整篇目，得到省志办领导好评。2013 年，《财政卷》编辑部被评为《浙江通志》创优工程 2012 年度编纂工作先进单位，并得到厅领导肯定。

【成果转化工作呈现新气象】 办好《浙江财税参阅》，为领导提供经济、财税理论方面的新信息，围绕热点、难点问题，开展研究供领导决策参考，推进科研成果转化，并得到厅领导批示肯定。全年共编辑 31 期。

推介优秀科研成果，做好成果转化工作。向省委、省政府推荐优秀成果评奖。推荐《财政促进我省区域协调发展的体制与政策研究》《现行分税制财政体制对发达地区财政影响分析——基于江浙沪数据》参与浙江省党政系统 2012 年度优秀调研成果评选，分获二、三等奖；推荐《我省与江苏固定资产投资对地方税收收入影响比较分析》《浙江省预算绩效管理改革的实践与思考》参与 2012 年度浙江发展研究评选，分获一、三等奖。课题成果的转化工作得到厅领导的批示肯定。通过刊物对课题研究成果及财政系统干部的精品文章进行宣传，并向《今日浙江》《财政研究》等刊物推荐发表，促进科研精品成果的转化，扩大浙江财政改革与发展的影响力。

（省财政厅政研室供稿　陈优芳执笔）

数字财政建设

【概况】 2013 年，浙江省财政信息化建设工作以数字财政建设为重点，编制完成数字财政各子课题详规和需求，开发民生地图、预算单位数据库等创新应用系统。继续做好金财工程一体化软件升级推广工作，着力加强信息安全和数据中心建设，全省财政信息系统安全平稳运行。

【开展项目需求分析和标准制定工作】 按照《浙江数字财政建设总体规划》，编制完成《浙江数字财政技术架构顶层设计》《数字财政建设基础层规范》《浙江省财政业务基础数据规范》等 17 个文件规范和业务需求。采集医院、学校、水库及地税、统计、公安、环保、工商、档案等单位的业务数据，为数据仓库的建设及创新应用打下基础。

【反不当支付应用成效显著】 作为数字财政重要创新应用，反不当支付在涉及个人补助、企业补助、预算单位项目三个层面取得重要突破。在个人补助方面，借助乡镇公共财政服务平台采集数据，对公安、社保、民政、农业等不同部门人员数据比对，发现大量因信息交换不及时导致重复、冒领或超期领用补助等不当支付现象。在企业补助方面，借助数据仓库采集全省企业补助项目数据，通过比对分析对重复申报、分拆上报等现象进行提示，提高财政管理水平。在预算单位项目管理方面，通过部门决算报表质量检查，对在建工程、对外投资两个专项手续完备性、经营状况、盈利情况等方面进行重点审查，为后续项目资金分配及绩效评价提供依据。

【推广乡镇公共财政服务平台软件系统】 在 2012 年试点的基础上对乡镇服务平台进行改造升级，使民生补助项目申请、受理、审核、发放和公开公示全部通过软件系统实现，形成申请审批一条龙服务、数据信息一站式查询、补助资金一卡通支付的公共财政服务模式。部分地区将社保、医保等功能进行整合，利用数字电视、触摸屏和网络等技术手段，把公共财政服务从乡镇延伸到村级便民服务中心，使村民能够在家门口享受到便捷的服务。该系统的上线使全省乡镇公共服务管理和信息化建设水平跃上新台阶。人力资源和社会保障部对浙江省乡镇公共服务平台给予高度评价，广东、天津等兄弟省市前来调研学习。省委书记夏宝龙视察诸暨市枫桥镇乡镇公共财政服务中心时对多媒体查询系统给予充分肯定。

【完善数据仓库民生地图创新应用】 以地理信息系统为平台，以平板电脑为载体，建立数据仓库并对数据进行挖掘利用，通过民生地图创新应用进行全面直观展示。用户可以直观实时在系统中查询一个地区公共财政收支状况、医疗教育等公共资源配置、民生项目建设及使用情况、环境人口等各项数据，为决策者提供分析决策依据。

【初步完成预算单位数据库系统】 经过多年积累，财政部门积累大量预算单位财政数据，这些数据分散在各业务处室和各业务系统中成为“信息孤岛”，查询和利用极为不便。预算单位数据库系统将预算单位的人、财、物配置及现有财政数据和报表集中展现，使用者能看到单位每一个专项每一笔钱的收入来源和支出去向。

【金财一期工程浙江省项目竣工验收】 金财一期工程浙江省项目于2008年立项，预算投资9119万元，其中中央在地方建设系统投资1550万元，地方财政安排7569万元。2013年开展项目清理、初始资料整理等工作，组织会计师事务所等机构对项目进行审计、绩效评价和监理工作。11月份对工程、技术、财务、档案、综合五个单项进行验收，在此基础上完成初步验收和整改。12月19日由财政部信息网络中心、省发改委、省财政厅、省档案局、省质监局等单位组成项目验收委员会，对浙江省建设项目进行终验。验收委员会认为，经过5年建设，建设单位完成全部建设内容，项目组织架构技术规范符合标准，项目实施过程规范，实际完成投资9121万元，符合投资规模，同意通过竣工验收。

【软硬件系统升级性能优化】 完善部门预算、指标管理、预算单位门户等一体化软件，对新版预算执行动态监控系统、移动办公平台、会计人员管理信息系统等进行升级开发。组织实施省财政厅数据中心财政应用一体化软件部署架构的升级。针对单台的小型机存在的单点故障弊端，集中部署多个节点的WAS集群并对中间件版本进行升级，利用负载均衡设备进行任务分发，提高一体化软件的稳定性和可用性。完成数字财政数据库RAC硬件平台的部署，为数字财政数据仓库的建设提供软硬件平台。

【保障网络安全】 完成省市县三级客户端安全监控管理平台的部署，对客户端准入、外联管理、杀毒软件、系统补丁升级等进行监控管理，制定《浙江省财政厅业务专网终端安全管理办法》，确保财政业务专网安全可控。组织实施完成省到各地市防毒墙的部署。全年完成省市县三级数据备份故障排除、应急恢复、恢复测试等服务120次。组织实施厅办公大楼智能化系统项目建设与管理，做好数据机房的改造和搬迁，配合大楼的整体搬迁做好网络与通讯的保障。

【综合管理和培训工作】 完成ORACLE数据库、国有土地出让收支管理信息系统全省实施、网络学校在线题库、移动办公平台应用软件、会计管理软件、乡镇公共财政服务平台等项目政府采购工作。组织全省数字财政建设、部门预算管理等培训班8期，共2183人次参加培训。

（省财政厅数字中心供稿　王洪俊执笔）

会计人员服务工作

【会计从业资格管理】 按照《会计从业资格管理办法》具体要求，结合窗口实际工作，制订并落实有关规章制度，依法做好省级及中央在杭单位人员会计从业资格行政许可事项的审批工作，以及会计从业资格注册、变更、调转等日常性工作，全年累计办理新证506人，办理外省调入会计人员872人，办理省内调入会计人员1268人，办理调出会计人员271人。开展普通会计人员网络继续教育培训，累计培训4729人。根据省财政厅《关于2013年会计从业资格无纸化考试工作有关事项的通知》要求，于3月份完成会计从业资格无纸化考试省级考点建设。2013年累计报名参加考试人数3469人，其中全科2957人，双科327人，单科185人。

【会计专业技术资格考试】 根据省财政厅《关于2013年度会计专业技术资格考试工作有关事项的通知》要求，9月14日至19日，作为会计专业技术初级职称无纸化考试浙江省唯一考试试点，省级考点安排了9个场次，考试人数462人，为2014年在浙江省全面推开会计专业技术初级职称无纸化考试打下基础。10月26日至27日，组织会计专业中级技术资格考试考场86个，报名考试人数2574人。

【高级会计师考评结合】 根据省财政厅《关于2013年度会计专业技术资格考试工作有关事项的通知》要求，组织2013年度全省高级会计师资格考试工作，全省2181名报考人员于10月27日在浙江大学西溪校区举行考试，本次考试合格人数为609人。按照省财政厅《关于开展2013年度高级会计师资格评审工作的通知》要求，受理并初审省级单位和驻浙机构142人的高级会计师申报材料。按照省财政厅《关于2013年度教授级高级会计师资格申报的通知》要求，受理全省24人的教授级高级会计师申报材料。

【高级会计人员继续教育培训】 2013年举办高级会计人员继续教育培训班16期，其中在杭州举办4期，通过三个国家会计学院合作组织10期，与舟山、杭州市联合举办2期。举办总会计师素质提升班4期。全年参加培训人员5419人次，比上年增加835人次。讲授课程涉及《事业单位会计准则》全面解析、新的事业单位会计制度的主要变化及其衔接办法、行政事业单位财务管理创新、行政事业单位内部控制及风险防范、营业税改增值税对企业纳税的影响和会计处理方法、税收筹划及风险管理、基于战略的财务报表分析、集团财务战略与财务控制模式等内容。（省会计人员服务中心供稿　宋士良执笔）

财政干部教育

【概况】 2013年，省财政干部教育中心、省中华会计函授学校秉承“实、稳、优”的财税核心价值理念，开展全省财政支农政策培训工作，推动干部教育培训工作规范化，继续做好大中专学历教育工作，发挥浙江省财政教育培训网功能。

【财政支农政策培训】 下达培训计划，加强日常督查，举办师资和软件培训班，开发《农村集体经济组织“三资”管理》培训课件，开展培训课题的研究和实地调研等。全年全省开展财政支农政策培训累计30575人次，培训任务完成率为财政部总校培训计划的116.7%。通报全省财政支农政策培训的进展情况，建立全省财政支农政策培训督查机制，得到中华会计函授学校的肯定，并向全国推广。

【教育培训】 落实培训办班各项制度，完善培训工作量化考核表，做好办班情况反馈和整理归档培训资料等相关工作，根据厅机关处室局人员变动实际，与厅人事处共同对厅机关干部教育培训工作联络员进行确认并召开联络员工作会议，全年完成厅机关培训办班24个共计26期，培训干部3340人次。发挥资源优势，指导各级函校系统开展继续教育，将《村集体经济组织“三资”管理》教学课件应用于农村财会人员的培训，2013年指导全省函校系统开展会计人员继续教育144252人次、会计电算化2476人次、会计职称辅导329人次、会计从业资格辅导21577人次。

【学历教育】 按照“从严治学、质量第一”的办学方针，开展教学工作秩序的清理整顿，做好教学管理、命题审核等各项教务工作，组织巡考检查考风考纪，修订教材等。继续做好大中专学历教育工作，培养财会人才。全年新招收录取大专生1042人，中专生252人；毕业大专生1308人，中专生722人；截至2013年12月底，在校注册大专生2283人，中专生499人。

【维护管理财政教育培训网站】 做好浙江省财政教育培训网的设备更新维护与技术保障的托管和网站工作，发挥“浙江省财政教育培训网站”作用。全年在财经法规、学历教育、干部培训、理论探索等19个栏目登载各类文章258篇，增加“深入学习党的十八大重要精神专题讲座”和“高端人脉管理”两个高质量视频。截至2013年12月31日，网站点击访问量为6013348人次。（省财政干教中心供稿　王承峰执笔）

道路交通事故社会救助基金管理

【概况】 2013年，浙江省道路交通事故社会救助基金管理中心（下称“省中心”）各项工作有序开展。截至2013年底，全省35个市、县（市）建立道路交通事故社会救助基金（下称“救助基金”）管理机构，占应建机构市县的53.8%；43个市、县（市）开设救助基金特设专户（或专户，下同），占应设特设专户市县的66.2%。其中，部分市、县（市）救助基金管理机构已根据省中心要求，开展符合地方特色的救助基金垫付业务。

【制度建设】 省中心协助出台浙江省道路交通事故社会救助基金管理操作规程，明确救助基金的具体实施流程，指导全省救助基金的申请、审核、垫付、追偿和管理工作；协助出台救助基金省级财政补助资金管理暂行办法。为加强规范管理，强化制度保障，省中心出台浙江省道路交通事故社会救助基金管理工作考核办法和省中心拨付资金管理暂行办法，明确省中心资金分配的补助对象、要求和条件，力求规范救助基金管理工作。

【内部管理】 为完善省中心内部管理机制，制定省中心工作规则、财务管理办法、固定资产管理制度等18个文件，从人事、财务、固定资产等各方面强化制度保障。

【基金运行】 全省各级救助基金运行平稳良好。2013年，省级救助基金共筹集资金3.95亿元，其中省中心从交强险保费收入中提取1.34亿元，省级财政预算安排2.43亿元，其他资金来源0.18亿元，并按照相关制度安排分配给各已开设救助基金特设专户（或专户）的市、县（市），发挥资金的使用效益。

【自身建设】 加强调研，与云南、四川、黑龙江等兄弟省交流学习，吸取当地救助基金管理工作中的先进做法和成功经验；加强培训，多次召开全省救助基金管理培训工作会议，对救助基金相关文件进行答疑解读；加强宣传，与公安、卫生等相关部门多次沟通，广泛宣传“依法救助”的理念，发挥救助基金扶危济困的良好社会效益。（省道交中心供稿　陆昉宇执笔）

协会学会活动

注册会计师　资产评估行业管理

【概况】 2013年，浙江省注册会计师协会围绕《浙江省注册会计师行业发展规划(2012~2015年)》，以诚信文化建设年为契机，以促进行业健康发展、提升行业管理水平、提高服务会员质量为目标，创新行业服务和管理模式，促进行业跨越式发展。截至12月31日，全省有会计师事务所346家，注册会计师5271名，资产评估机构154家，注册资产评估师1666名。

【推进诚信文化建设】 以"诚信文化建设年"活动为切入点，制定活动实施方案，开展以诚信建设为主要内容的行业文化建设。举行2011~2012年度优秀注册会计师、优秀注册资产评估师评选表彰活动，50名受表彰人员的先进事迹在《浙江日报》专版刊登；组织新注册人员遵守职业道德诚信宣誓活动，320余名新注册会计师和50余名新注册资产评估师参加宣誓仪式；举办行业"诚信杯"羽毛球比赛，来自全省16支代表队、百余名队员参赛。

【助力行业发展】 下发《关于切实做好行政审计前置中介服务审计评估项目有关工作的通知》，规范行政审计前置中介服务审计评估项目的服务收费；与省高院建立工作会商机制，加大对破产案件管理人工作的指导力度，支持中小会计师事务所的发展；联合浙江股权交易中心举办业务培训班，全省有132家会计师事务所220余人参加培训。

【组织业务质量检查】 与省财政厅会计处、财政监督检查局联合开展会计师事务所执业质量检查，抽调检查人员65名，组成15个检查小组对86家会计师事务所进行检查，经省注协第三届惩戒委员会第三次会议审议，对7家会计师事务所和16名注册会计师作出行业惩戒。抽调检查人员26名，组成6个检查组对资产评估机构的执业质量进行检查，同时，对1家被投诉举报的评估机构进行专项检查。

【加强执业质量队伍建设】 制定《浙江省注册会计师协会执业质量兼职检查员管理办法》，建立一支由107名注册会计师和52名注册资产评估师组成的兼职检查员队伍。出台《浙江省会计师事务所　资产评估机构执业质量检查工作廉政规定》，就检查组和检查人员廉洁自律提出"十不准"规定以及违反规定的处理措施，进一步加强资产评估机构执业质量检查廉政建设工作。

【组织执业资格考试】 完成全省注册会计师考试考务费收费标准调整工作。组织开展浙江省注册会计师全国统一考试。考试期间，省市两级考办均设立值班室，负责处理考试期间的突发事件和异常情况。2013年，全省31606人报考注册会计师专业阶段考试，合计82609科次；1486人报考注册会计师综合阶段考试；49人报考注册会计师英语测试。936人(不含宁波)报考注册资产评估师执业资格考试，合计3188科次。

【规范日常管理和服务】 完成注册会计师、注册资产评估师年检，共有4748名注册会计师和1555名注册资产评估师通过任职资格检查；批准注册会计师注册481名，为307名注册会计师办理转所手续，注销注册会计师72名，办理注册资产评估师注册初审及转报66名，为72名注册资产评估师办理转所手续，上报撤销注销17名，批准166人加入中国注册会计师协会、72名注册会计师转非执业，为49名非执业会员办理转会。为126名注册会计师、16名注册资产评估师出具股东(合伙人)证明。

【继续教育培训】 2013年组织注册会计师继续教育培训5014人次，注册资产评估师继续教育培训1649人次。选拔17名合伙人赴澳大利亚参加为期21天的行业拔尖人才(合伙人)培训班。同时，组织协会秘书处27人次参加中国注协的选学培训。

【行业党建】 组织行业广大党员、从业人员学习领会十八大和省"两会"精神；建立行业内"两代表一委员"信息库，各级人大代表、政协委员和党代表52名入库；建立健全联系机制，推进行业统战工作；通过在行业内开展"青春党建"、"青春建功中国梦"和"青春在岗位闪光"系列活动，以主题党日活动为着力点，开展党员青年志愿者服务行动。截至2013年12月31日，全省会计师事务所中已成立党组织207个，党员人数3622人；成立团组织142个，团员人数2628人，6个市注协成立行业团委。

【加强行业宣传力度】 通过各主流媒体宣传行业发展情况，借助中国注协网站、中国注册资产评估师协会网站等行业媒体，扩大行业的社会影响力。注重发挥协会网站和会刊的核心宣传作用。

（省注协供稿　蓝红伟执笔）

浙江省财政学会

【开展课题研究】 牵头承担中国财政学会、财政部财政科研所协作课题"加强生态保护的财税政策研究"。由浙江省财税政策研究室、省财政学会牵头，财政部科研所基础理论研究室、安徽省财政科学研究所，太原市财政科学研究所、浙江省常山县生态富民财政金融科学研究中心参与，承担了中国财政学会、财政部财政科研所协作课题"加强生态保护的财税政策研究"。完成《生态文明建设的财税政策研究》课题分报告，并牵头完成

《生态环境保护的财税政策研究》课题总报告。

各分会积极开展课题研究。预算与会计研究会完成《浙江省关于逐步将地方政府债务收支纳入预算管理的思考和建议》和《浙江省现行市对市辖区财政体制研究》两个重点课题。农村财政研究会完成《城乡一体化的财政对策思考》课题。

【举办各类学术研讨会】 举办协作课题研讨会。4月17日，在嵊州市举办"促进文化产业发展的财政政策研究"协作课题研讨会。

举办学术沙龙。6月29日，在浙江大学举办"当代浙学论坛"分论坛——"城镇化建设与财税政策"学术沙龙。来自财政部财政科研所、浙江大学、浙江财经大学、浙江工业大学、杭州电子科技大学、浙江工商大学等高校和省财政厅、地税局有关处室局的30余位代表参加。

【举办全省学会秘书长和科研骨干培训班】 10月28～30日，全省财政科研工作会议暨学会秘书长和科研骨干培训班在桐庐县召开。来自全省各市、县（市、区）财税（会）学会的秘书长和科研骨干140余人参加会议。培训班邀请浙江大学经济学院教授朱柏铭、财政部科研所研究员赵全厚和省委政策研究室副主任应雄分别作了"财税理论工作者应有的人生态度"、"当前财政形势与财政改革"和"从调查研究到学术起草"的学术报告。

【组织全省各地学会开展研究活动】 组织全省各市县财税（会）学会开展课题研究。2013年，全省各市县财税（会）学会完成课题112个，研究范围涉及经济转型升级、财政体制完善、财源建设、城乡统筹发展、乡镇财政建设、绩效预算、政府债务、医疗卫生改革、财政支持新农村建设等。学会就这些课题成果进行评选，评出一等奖6篇，二等奖20篇，三等奖36篇。

组织省内部分市、县（市、区）完成"完善乡镇财政建设研究"上下协作课题研究。围绕全省乡镇财政建设和管理的现状、存在的问题以及如何进一步完善开展研究。共收到相关研究成果20个。

【提高刊物编辑水平】 2013年，《浙江财政研究》围绕财政改革与发展中的热点和难点问题，紧扣"营改增"改革、政府债务、海洋经济、乡镇财政建设、预算绩效管理、经济转型升级等各主题开展稿件的征集和筛选，在稿件筛选过程中注重理论性与实践性的有机结合。全年《浙江财政研究》出刊6期。

（省财政学会供稿　虞　斌执笔）

浙江省会计学会

【会计学术研究与交流】 开展学术活动。组织开展2013年"会计学术研究"征文活动。活动收到参选论文158篇，符合征文条件的111篇；学会按照"公平、公正"原则，组织业内专家进行评审，评出一等奖8篇，二等奖16篇，三等奖24篇，鼓励奖30篇。

参与浙江省社科联主办的省社科界首届学术年会。2013年9月，举办浙江省社会科学界首届学术年会分论坛"成长的烦恼——优化中小企业发展财务环境研讨会"。会议以《小企业会计准则》执行为背景，就《小企业会计准则》的实施、中小企业财务环境、融资渠道、税收政策、企业自身发展等主题，从不同视角、不同层面展开深入研讨和交流，既有理论高度，又有实践深度，达到获取新知、启迪思维、交结同道、开拓思路的目的。学会专门将研讨会的研究成果编辑成册，为提高中小企业的管理水平提供理论指导和经验借鉴。

组织参与全国会计学术交流。按照中国会计学会要求，组织2012年度会计学优秀论文参选推荐工作。承办中国会计学会华东片区学会工作调研会。组织参加中国会计学会南方片区第28次学术研讨会，在研讨会上作交流发言；学会推荐的《〈会计法〉实施相关问题的研究》一文入选《中国会计学会南方片区第28次学术研讨会优秀论文集》。

【加强人才选拔与培训】 做好会计领军（后备）人才选拔工作。组织2013年度全国会计领军（后备）人才（学术类）选拔工作。经过全省选拔，浙江省有两位同志通过全国笔试，并于12月赴厦门国际会计学院参加面试。

提高服务意识，做好各类会计人员培训工作。在全面实行会计从业资格无纸化考试、会计人员继续教育逐步被网络培训所替代的大背景下，除做好普通会计人员继续教育以外，举办高级会计师资格考前辅导班；协助省注协举办两期"中小企业会计与审计业务"培训班。

【提升会刊质量】 做好《浙江财税与会计》编辑部会计组稿件编审工作。配合新的会计制度法规的实施，及时宣传报道并推动贯彻实施，重点对《小企业会计准则》《事业单位会计准则》《事业单位会计制度》《行政单位财务规则》《行政事业单位内部控制》《会计从业资格管理办法》等进行深入宣传。深入基层一线，挖掘素材，组织稿源，相继宣传报道了衢州东方、传化集团、温州交运集团、中南卡通等企业转型升级、内部控制以及财务管理等方面的成功经验。关注财会热点问题，组织专题探讨，2013年，组织了"推动小企业内控建设"、"弘扬优秀会计文化"等专题稿件，为全省会计人员经验交流、理论探讨和成果展示提供平台。

【加强学会自身建设】 组织学会秘书处全体同志学习时事政治，做到"二个结合"，即个人学习和集中学习相结合，十八届三中全会精神学习与实际工作相结合。领会精髓要义，主动做好学会工作。在加强学习的同时，健全完善工作机制和各项管理制度，规范内部管理，促进学会日常工作有序高效运行。

（省会计学会供稿　薛文耀执笔）

市县（市、区）财政工作

zhejiang caizheng nianjian

杭州市财政工作概况

杭州市

【概况】 2013年,杭州市实现地区生产总值8343.52亿元,按可比价计算,比上年增长8.0%。其中:第一产业增加值265.42亿元,增长1.5%;第二产业增加值3661.98亿元,增长7.4%;第三产业增加值4416.12亿元,增长9.0%。三次产业结构比为3.2∶43.9∶52.9。全市按常住人口计算,人均GDP为94566元,增长7.4%。全社会固定资产投资4263.87亿元,增长14.5%。社会消费品零售总额3531.17亿元,增长13.0%。外贸进出口总额650.70亿美元,增长5.5%。市区城镇居民人均可支配收入41262元,增长10.0%;农村居民人均纯收入18923元,增长11.2%。全市完成财政总收入1734.98亿元,增长6.6%,其中:公共财政预算收入945.20亿元,增长9.9%,占财政总收入的比重为54.5%;税收收入910.67亿元,占公共财政预算收入的比重为96.3%。全市公共财政预算支出855.74亿元,增长8.8%。市区财政总收入1515.76亿元,增长6.4%,其中市区公共财政预算收入820.73亿元,增长9.8%。市区公共财政预算支出666.23亿元,增长7.1%。市本级财政总收入288.55亿元,增长1.4%,其中市本级公共财政预算收入107.36亿元,增长16.9%。市本级公共财政预算支出196.69亿元(含地方债券支出12.10亿元),增长6.0%。全市各级财政收支平衡,预算执行情况良好。

【组织财政收入】 提升收入组织能力。探索建立"以税源风险管理为导向,以分类分级专业化管理为基础,以纳税评估为手段"的税源专业化管理模式,有效提升组织收入能力。规范税源税种管理。对全市2130户重点税源企业实施精细化管理,全年重点税源企业入库税款297.55亿元,增长11.2%;制订个人股权评估核查指导意见,加强个人股权转让监管,全年股权转让个人所得税入库8.93亿元,增长199.4%。健全非税征管机制。深化非税收入征收管理,拓展资源类收入空间。非税收入征管信息化建设稳步推进,非税收入征管信息系统全面上线。全年市本级完成非税收入841.56亿元,增长112.8%。其中政府性基金收入822.30亿元,增长120.0%。加强社会保险基金征管。运用数据比对、审核评析等方法规范征收,组织市本级社会保险基金收入300.00亿元,增长0.3%。

【支持经济发展】 贯彻落实优惠政策。依法落实结构性减税政策和浙商回归、自主创新等各项优惠政策,全年市区为企业减免各类地方税费51.07亿元;推进广播影视服务业和铁路运输业、邮政服务业"营改增"试点工作,移交"营改增"试点企业347户;开展清费减负工作,免征小型、微型企业32项行政事业性收费,为企业减负1.35亿元。加强财政资金整合。联合市经信委、市科委出台《杭州市工业和科技统筹资金使用管理办法》,对66项产业政策所涉及的13.41亿元资金进行整合,实行资金竞争性分配,对重大项目进行"发点球"式的重点扶持,支持电子商务等重点产业的发展。突出政策扶持重点。对共性技术攻关、产业链提升、协同创新、创新源培育等重大创新项目,探索开展政策量身定制。出台《杭州市青山湖科技城、未来科技城创新发展专项资金管理办法(试行)》,促进科技成果转化。创新财政扶持方式。实行"补、投、保、贷、奖"等多种投入方式,构建财政资金"无偿资助——天使投资——政策担保——科技贷款——还贷周转——引导基金——产业资助——上市培育"的创新扶持链,逐步建立政府引导、市场主导的财政投入新模式,最大限度发挥财政资金对创业创新、转型升级的推动作用。

【优化支出结构】 合理调整支出结构,保障各项重点支出需要。市本级全年用于民生及社会事业支出138.01亿元,增长4.5%,占公共财政预算支出比重为74.8%。完善社保体系建设。完善各类保障性政策,安排31.50亿元支持就业创业、城乡居民养老保险、医疗保险补助和保障企业退休人员统筹外待遇等工作。完善覆盖城乡的最低生活保障和救助体系,城乡居民最低生活保障标准提高到588元/月。支持城乡统筹发展。投入12.12亿元,支持中心镇、中心村、美丽乡村精品村、风情小镇建设、农村河道综合整治等,推进"美丽杭州"建设。出台十余项强农惠农政策,创新农业综合开发科技投入机制,促进特色农业发展和农户持续增收。加大文教事业投入。完善文化产业扶持政策,修订《青年文艺家发现计划资金管理办法》,开展文创专项资金网上申报,提高财政资金绩效。完善公共文化保障体系,投入7.41亿元促进公共文化和体育事业发展。加大教育保障力度,投入31.49亿元,推进优质均衡的杭州特色现代教育体系建设。保障城市基础建设。安排城市建设和维护资金50.18亿元,推进数字城管、道路保洁、序化整治等城市长效管理项目建设。安排"公交优先"项目建设资金10.20亿元,着力缓解城市道路交通两难问题。投入9.12亿元推进城乡保障性住房建设。助推生态文明建设。争取中央财政补助资金8.70亿元,实施"清水治污"工程,改善城市、农村水环境和保障饮用水安全。投入政府性基金1.56亿元,用于城区绿化建设,美化城市环境。投入政府性基金及转移支付资金4.35亿元,开展西湖综合保护。完善生态补偿机制，深入开展对大气以及重点污染源的综合整治，推进“三江两岸”* 饮用水源保护工程、保障实施“四边三化”* 整治工作。

【深化财政改革】 健全财政体制机制。完善市区财政管理体制，调整杭州经济开发区财政体制，促进开发区开发建设；明确省级下划金融业和电力生产企业税收收入预算分配管理体制，健全市区地方财政税收收入和金融保险业营业税等增收奖补机制，调动各区发展经济的积极性；出台《关于进一步完善税收征管和规范财税秩序的通知》，规范税收属地征管秩序。完善政府预算体系。完善预算集中审查、部门决算批复和预算执行分析机制，规范预算调整和财政资金二次分配。加强政府投资预算管理，提高政府投资效益。全面实施行政事业单位资产配置预算，加强国有资本监管。提高国有资本经营收益收缴标准，扩大收缴面，推进国有资本经营预算编制。推进预算信息公开。建立健全部门预决算公开的制度和机制，主动接受社会监督。细化预算编制，增加预决算公开内容，试行部门决算人大审查制度；公开市级财政“三公”经费预算总额，62 家市级部门公开“三公”经费预算情况。推进“数字财政”建设。制订推行“数字财政”一体化软件实施方案。在试点运行的基础上完善财政业务流程，制订实施一体化软件应急预案。制订培训方案，对所有预算单位开展业务和软件培训。

【加强财政监管】 深化财政绩效管理。提请杭州市人民政府出台关于全面推进预算绩效管理的实施意见，构建规范的绩效管理总体目标；实施 300 万元以上的部门预算项目支出同步申报绩效目标制度；开展重点评价和绩效自评，促进财政资金规范有效使用；制订预算绩效考核办法，考核结果纳入全市综合考评。拓宽财政监督范围。围绕财政管理中心工作，及时调整检查重点，对 24 家市本级二级及基层预算单位开展财政财务监督检查暨决算数据核查工作，重点关注部门决算报表编报质量、小专项资金管理、使用和效益等情况。加强政府采购管理。推进政府采购标准化建设，深化网上商城采购应用，引入批量集中采购，提高采购效率。

【加强队伍建设】 开展党的群众路线教育实践活动。以为民务实清廉为主题，广泛开展学习讨论，提出 4 个方面 25 项具体整改措施，13 项需要突破的重点难点问题。加强干部能力建设。以创建学习型组织为依托，不断加强干部队伍能力建设。开展财政预算管理岗位比武大赛，共有 45 周岁以下 99 名干部职工参赛，涌现出 5 名岗位能手；举办 40 余个培训班，培训干部 7000 余人次。加强廉政建设。严格贯彻落实中央、省市各项规定，厉行勤俭节约，精简各类会议，严格控制公务接待、会议和各类培训活动，局会议经费同比下降 53.0%，公务接待经费同比下降 61.0%，因公出国经费同比下降 27.0%。2013 年，杭州市财政局再次被市委、市政府评为“市直单位综合考评满意单位”。

（杭州市财政局供稿　刘　淮执笔）

注：

＊三江两岸：“三江”，包括新安江、富春江、钱塘江，以及浦阳江、兰江、大源溪、分水江等主要支流。“两岸”，指三江沿线可视范围，上游起于建德市新安江大坝，下游止于杭州经济开发区和大江东新城。

＊四边三化：指在公路边、铁路边、河边、山边等区域开展洁化、绿化、美化行动。

上城区

【概况】 2013 年，杭州市上城区实现地区生产总值 738.59 亿元，比上年增长 6.5%。其中：第二产业实现增加值 341.60 亿元，增长 5.1%；第三产业实现增加值 396.99 亿元，增长 7.6%。三次产业结构比为 0∶46.3∶53.7。全区财政总收入 90.59 亿元，增长 5.5%，其中公共财政预算收入 57.43 亿元，增长 6.2%，占财政总收入的 63.4%。公共财政预算支出 18.00 亿元，增长 1.7%。其中用于民生支出 14.60 亿元，占公共财政预算支出的 81.1%。全年财政收支平衡，略有结余。

【组织财政收入】 推进财源税源建设。利用现有的南宋御街、玉皇山南园区、复兴商圈、望江新城等资源优势，结合湖滨名品街二期和山南文创（金融）产业园招商工作的开展，发挥产业集聚效应，全年湖滨路特色街、南山路特色街、玉皇山南园区以及河坊街（中山中路）四个特色街区累计实现公共财政预算收入 2.70 亿元，增长 9.1%。发展楼宇经济，引进增长前景好、生命周期长的产业、企业，全年楼宇经济实现公共财政预算收入 31.32 亿元，增长 23.9%，其中亿元楼宇 9 幢，千万元楼宇 54 幢。理顺收入分配关系。理顺街道之间财政收入分配关系，出台《关于完善区内企业搬迁财政收入分配的意见》，调动各经济部门积极性，发挥协税护税机制作用。全年辖区内六个街道实现公共财政预算收入 32.06 亿元，增长 3.9%，占全区公共财政预算收入的 55.8%。强化非税收入征管。规范各类非税收入及政府监管收入的集中收缴，在 2012 年初正式启用新版“非税收入征管信息系统”的基础上，对执收单位收入项目及预算管理方式作了重新认定，制订相关操作流程。全年累计实现非税收入 1.58 亿元，增长 39.4%。

【扶持经济发展】 落实财政扶持政策。落实各项财政扶持政策,发挥财政资金“四两拨千斤”的政策激励和导向作用,制定《杭州市玉皇山南国际创意产业园招商体制机制的意见》等政策,推动产业转型升级。全年受理、审核、上报项目79个,涉及企业366户次,拨付项目142个,涉及企业780户次,拨付各类财政奖励资助资金2.20亿元。强化为企服务意识。以“为企服务”为工作重点,加强与重点骨干企业的联系,为企业提供政策、信息、咨询、资金等服务,帮助企业解决经营中遇到的实际困难与问题,建立和谐的财企关系,打造服务型财政。拓宽企业融资渠道。拓宽中小企业融资渠道,全年新增两家小额贷款股份有限公司,合计发放贷款225笔,涉及企业171户,金额4.51亿元,缓解中小企业融资难题。

【优化支出结构】 严控行政运行支出。贯彻落实中央、省、市关于改进工作作风、密切联系群众的各项规定和要求。按照“总量控制、规范管理、有效压缩”的原则,严禁超标准配置公务用车及超标准配置办公家具,严控各类庆典活动及机关办公用房装修。强化“三公”经费支出管理,明确会议费、招待费支出相关规定,全年“三公”经费总体比上年下降36.3%,其中:招待费下降50.4%,公务用车费下降4.3%,因公出国费下降25.0%。会议费也得到较好控制,累计下降74.7%。保障各项民生投入。坚持将新增财力三分之二以上用于改善民生,打造“惠民财政”品牌。完善社会保障体系建设,足额保障养老服务、促进就业、各项社会优抚救助、企退人员节日慰问等社会保障资金需求。推进“平安上城”建设,落实政法系统各项待遇,推进政法装备配备五年规划的实施。确保教科文卫事业投入,促进全区义务教育、学前教育、特殊教育全面均衡发展,完善基层医疗卫生机构经费保障机制,推进科技成果转化,全年区本级科教文卫四项支出7.08亿元,增长7.0%。全年民生类支出为14.60亿元,增长1.8%,占公共财政预算支出的81.1%。加大城市建设投入。根据“保重点、保民生、保续建”原则,加强全区建设资金保障力度,全年累计投入背街小巷改造、庭院改造、截污纳管、绿化美化等环境改善工程资金9737万元,投入危旧房改善工程资金1.56亿元,提升城市环境面貌,提高居民生活品质。同时,加大建设项目融资及监管力度,通过盘活地块、扩大融资渠道等方式,加大望江地区、工业园区等重点工程项目投入,保证了全区重点工程项目的顺利推进。

【规范财政管理】 扩大参与式预算试点。在上年区民政局和区残联两个部门开展参与式预算试点的基础上,试点范围扩大为区司法局、区风景旅游局、区安监局和区国土分局四部门。通过“参与恳谈——听取意见——调整预算——预算实施——期中跟踪——年终审计”的编制和执行流程,确保财政资金使用效益,财政预算公开化。完善国库集中支付改革。巩固国库集中支付改革成果,启动单位公务卡应用,解决国库集中支付中同城收款等问题,搭建财政资金运行的“直通车”和“安全网”。截至当年底,公务卡已在全区50%以上预算单位应用。推动“数字财政”建设。启动“数字财政”工程,着手制定“数字财政”总体规划、详细规划和分年度推进计划,为下一步“数字财政”工作的全面开展做好准备。

【强化财政监督】 规范行政权力运行。推进财政行政审批事项标准化建设,编制行政许可、非行政许可运行流程图,明确各管理事项各环节要素。制定《财政性资金拨款操作规范》《财政资金存款管理操作规范》《财政收入退库(付)业务操作规范》等规范性文件,细化各类财政性资金审批权限、操作流程及授权管理,推进财政管理的科学化和精细化。提升财政资金使用绩效。建立决算数据为预算编制提供参考的反馈机制,制定《上城区区级部门决算批复工作实施方案》,2013年首次对2012年部门决算进行批复,为下一步部门决算、行政经费和“三公”经费信息公开夯实基础。制定安全生产专项资金管理办法和食品安全专项资金管理办法,确保每项专项资金均有专门的管理办法,确保财政资金的规范使用,提升财政资金使用绩效。强化国有资产管理。结合上城区实际,拟定行政事业单位资产配置管理暂行办法和行政事业单位国有资产处置管理暂行办法,对细化部门预算、优化资产配置管理和规范资产处置流程等方面进行规范管理。对区级行政、事业单位和指挥部房产以及经营性房产出租行为进行清查清理,摸清国有资产家底,探索区国有资产保值增值路径。

【提升队伍素质】 推动党风廉政建设。以创建“学习型机关”为抓手,学习贯彻落实中央改进工作作风、密切联系群众“八项规定”以及省、市、区委各项作风建设规定,落实民主评议、述职述廉、公述民评等廉政制度,推进党务公开、政务公开,按照“一岗双责”的要求,将党风廉政建设与各项业务工作同安排、同检查。开展岗位调整和交流。开展新一轮科级干部推荐选拔工作,5名干部新任副科级职务,1名干部新任正科级职务,并对部分科室人员进行轮岗交流。探索青年人才培育机制。通过改进方法、丰富内容、完善制度等方式,加强干部政治理论学习,完善“科长讲坛”、“干部讲坛”,开展“青年沙龙”、课题调研和导师帮扶等活动,落实培训考核机制,打造一支“政治优、业务精、作风硬”的财政干部队伍。

(杭州市上城区财政局供稿　王　颖执笔)

下城区

【概况】 2013年,杭州市下城区实现地区生产总值643.57亿元,按可比价比上年增长8.7%。其中:第二产业增加值51.61亿元,增长0.2%;第三产业增加值591.96亿元,增长8.5%。三次产业结构比例调整为0∶8.1∶91.9。按常住人口计算,人均生产总值122329元,增长10.8%。全年财政总收入124.79亿元,下降2.8%;公共财政预算收入77.50亿元,增长0.4%,占财政总收入的62.1%,其中税收收入75.59亿元,占公共财政预算收入的97.5%。公共财政预算支出完成20.91亿元,增长0.2%。当年财政收支平衡,略有结余。

【组织财政收入】 关注收入变化动态。密切关注国家税制、财政体制改革动向,注重涉税信息共享和收入组织联动,妥善解决大企业外迁、金融企业税收级次调整、营改增等涉税难题,提高对大额股权转让、房地产清算、跨地区关联交易等行为的税收关注度。强化税源管控。加强对重点项目、企业的效益跟踪和风险防控,建立外迁企业动态预警系统,启动和完善应急预案。规范非税收入。全面推行新版非税收入征管系统,将计生收入、教育收费和其他行政事业性收费分别纳入公共财政预算、财政专户和政府性基金管理。全年非税收入5.66亿元,增长12.0%,其中政府性基金收入3.08亿元,增长14.1%。

【支持经济发展】 完善产业政策。完善新一轮"1+X"经济扶持政策*,明确大项目扶持政策操作细则,出台中国(杭州)跨境贸易电子商务产业园、创新中国产业园、浙江(杭州)人力资源服务产业园以及孩儿巷婴童街等配套财政扶持政策。加大政策引领。兑现各级各类财政扶持资金2.73亿元,其中区级财政扶持资金1.54亿元,扶持企业524家次。做好减负清费工作。完成外贸企业出口退税10.74亿元,兑现宣传文化企业增值税退税4107万元。鼓励品牌销售总部、股权投资、融资租赁以及信息软件、电子商务、物联网等创新型企业的培育和引进。加快要素集聚。加大政策和资金倾斜,促进区北部地区提速发展。区北部地区当年公共财政预算收入增速高于全区增速15.2个百分点。争取省市人才配套资金,加快"产学研"平台建设,保障"521"人才、"513武林英才"*等项目实施。搭建融资平台。综合应用创业投资引导基金、科技信贷风险池基金和联保通基金,合力缓解企业融资难问题,累计为26家企业办理股权出质登记,融资8.55亿元。加强政企交流。定期联系走访120家年税收千万元以上企业,了解并帮助企业解决发展难题。针对经济和政策要点,举办重点企业财务高管研修班、企业家沙龙及各类专题辅导,鼓励企业创新求变。

【促进民生改善】 全年民生事业投入16.71亿元,高于财政支出增速0.3个百分点。其中,政府为民办实事项目区级投入1.37亿元。支持教育科技事业发展。投入教育支出5.51亿元、科技支出9312万元,保障义务教育学杂费减免和学前教育发展,加快教师人才队伍培养,完成国家知识产权强区工程试点区创建。支持文化卫生事业发展。投入公共文化专项资金4826万元,鼓励文化创意产业发展,改建提升5个街道综合文体活动中心和15个社区文体活动室,完成省级文化先进区创建。投入公共卫生经费6948万元,启动医疗卫生信息化建设,设立药品周转金1500万元,积极应对人感染H7N9禽流感疫情,基本公共卫生服务人均经费提高到45元。加快社会保障体系建设。投入促进就业专项资金3456万元,加大就业创业资金扶持,提高社区公益性岗位人员待遇,推进浙江(杭州)人力资源服务产业园建设。投入残疾人就业保障金3127万元、城市居民最低生活保障金1363万元、养老服务专项资金3037万元。促进社会管理体系建设。投入公共安全专项资金4813万元,建设动态视频监控系统共享平台,增强政法业务装备保障,完善社会治安防控体系。投入城建综合管理专项资金1.52亿元、地方水利建设基金2389万元,优化河道慢行系统和绿带景观,启动备塘河整治、黑臭河道治理等一系列工程项目。

【推进财政改革】 严控"三公"支出。"三公"经费支出2887万元,下降20.7%。其中:因公出国(境)费用支出355万元,增长0.9%;公务接待费支出1185万元,下降34.9%;公务用车费支出1347万元,下降8.3%。加快信息公开。财政总预决算报告通过政府网站向社会公开,涉及教育、医疗卫生、社会保障和就业、农林水事务、住房保障等支出信息细化到"项"级科目。深化集中支付改革。实现包括学校、医院在内的所有预算单位集中支付改革"全覆盖",将省市转移支付往来资金纳入国库集中支付范畴,完成国库集中支付业务31561笔,支付总额24.14亿元。规范公务支出行为和标准,制定并实施公务卡强制结算目录制度。全年新办公务卡1646张,完成刷卡结报912万元。

【强化监督管理】 完善绩效评价制度。全面推行部门专项资金使用绩效自评工作,初步建立项目绩效评价指标,委托中介机构对河道整治等重点民生项目支出实施绩效评价。严格监督审查。集中开展民政、残联、计生、城管部门和社团收费等重点资金使用情况专项检查,实施对教育系统预算编制、预算执行和会计信息质量的监督抽查,健全"小金库"长效管理机制。推行数字采购。90%以上政府采购产品纳入"网上商城",教育系统10万元以上50万元以下的小型基建类项目纳入定点采购范围。加强国资监管。实施部门房产清查,核对房产数量、性质和使用状况,推动房产管理使用和租赁制度的改革。完善区属国资营运机构监管和薪酬制考核,区属国有企业当年营业收入9177万元,报表利润1617万元。统筹政府性债务管理,协调各融资平台有序开展融资工作。全年新增银行贷款18.60亿元，主要用于推进百井坊地区综合改造、城中村改造等政府重点项目建设。

【加强队伍建设】 坚定理想信念。开展“弘扬下城精神——我们的价值观”大讨论和“一诺五赛”两项活动，以“服务之星”、开放式党课、正能量微讲堂等学习载体，深入学习领会党的十八大精神。树立清廉政风。严格执行公务接待制度，提高无纸化办公率，减少办文办会数量。注重廉政文化教育，定期开设“道德讲堂”，发送原创廉政短信等。深化作风建设。完善内控制度建设，倡导“九项”优化服务标准，结对武林街道建立作风效能互查小组。开展财政基层党建教育实践基地、财政服务进社区以及党员进社区等活动，继续保持与基层单位、困难群众的结对和帮扶。当年区局获区行风评议第1名、区满意单位评选第3名，获区级荣誉21项、市级荣誉11项。

（杭州市下城区财政局供稿　马英喆执笔）

注：

＊“1+X”经济扶持政策：“1”指《下城区进一步促进经济发展的若干意见》，“X”是指促进高新技术产业、文化创意产业、旅游会展业、商贸服务业、中介服务业、房地产建筑业、社区服务业、楼宇经济、总部经济和促进企业上市等经济扶持政策。

＊“513武林英才”项目：指用3年左右时间，以金融服务、文化创意、信息软件、电子商务、物联网5大产业为重点，引进和培养带项目、带技术的海内外高层次创业创新团队10个；力争引进和培养海内外高层次创业创新人才30名。

江干区

【概况】 2013年，杭州市江干区实现生产总值422.20亿元，按可比价计算，比上年增长7.1%。其中：第一产业增加值0.70亿元，下降16.6%；第二产业增加值127.30亿元，增长5.6%；第三产业增加值294.20亿元，增长7.8%；三次产业结构比为0.1∶30.2∶69.7。按常住人口计算，人均生产总值68369元，增长22.3%。全区完成财政总收入96.41亿元，其中公共财政预算收入57.97亿元，分别增长12.1%、9.6%；公共财政预算支出30.79亿元，增长6.3%。全年财政收支平衡。

杭州东站客运中心鸟瞰

【组织财政收入】 强化税收征管力度。强化对全区重点税源的分析排摸，促进税收按时、按进度入库，做到应收尽收；关注重大税制改革动向，及时做好应对预案，确保税收平稳过渡；提升楼宇资源效益，试点实施租税联动机制*，提高楼宇资源产税率；深化部门协作机制，多举措搭建“蓄税池”，确保存量税源不流失。公共财政预算收入占财政总收入的60.1%；税收收入56.45亿元，占公共财政预算收入的97.4%。加强非税征收管理。全区79家一级单位启用全省非税征管信息系统；联合多部门规范社会团体收费行为；全区组织非税收入4.85亿元，增长21.3%。

【支持经济发展】 完善政策扶持。健全地方产业扶持政策体系，出台加快开放型经济发展的若干政策意见以及加快信息服务业发展的实施意见等文件，支持新兴财源建设；实施“金融新蓝海”战略*，引进金融重点项目，打造金融特色楼宇。全区落实产业扶持资金3.37亿元，增长24.0%，其中区本级承担2.44亿元；组织企业申报国家、省市财政扶持项目69个，助推企业发展。强化服务企业意识。落实营改增、个转企等财政扶持企业政策，加快企业发展；搭建企业发展平台，承办第十届浙商投融资大会等活动，推进浙商回归工程；深化进户入企活动，提供政策、资源、人才等针对性服务，增强综合服务能力，提升地区吸引力。

【保障民生事业】 2013年，区本级新增财力1.69亿元，其中用于民生事业支出1.26亿元，占新增财力74.6%。支持教育事业发展。区本级预算内安排教育经费5.79亿元，增长10.2%，占公共财政支出的比重高于省定考核标准；着力保障教育布局调整，促进优质教育资源均衡发展。支持文化事业发展。安排专项资金2360万元，增长15.9%，支持公共文化体育服务设施体系建设，推动人文城区和文化强区建设。支持卫生事业发展。安排医疗卫生投入1.55亿元，增长9.7%；支持基层医疗卫生体制改革，筹集财政资金保障公共卫生服务中心建设。支持社会保障事业发展。实施新一轮民生政策，落实省养老保险新政。

【深化厉行节约】 落实中央关于八项规定和六项禁令的要求,从严、从紧控制一般性支出,缩减部门年初预算2000万元用于民生新政支出。完善支出标准体系,制订会议费、培训费、差旅费综合开支标准,节约行政成本。强化"三公"经费监管机制,实行月度动态报告,全区"三公"经费比上年下降21.7%。

【规范财政管理】 实施镇街园区新体制。实施新一轮街镇和科技经济园财政管理体制,加大对中心区主导产业的激励力度,激发街镇调整经济发展思路、促进产业转型的积极性。深化部门预算改革。细化部门预算编制,完善支出定额体系,建立健全预算与资产管理、预算与绩效管理、预算与执行相结合的机制,推进凯旋、采荷、闸弄口街道部门预算上区人代会审阅,推进预决算信息公开。深化财政支出管理改革。实现二级单位国库集中支付制度改革全覆盖,试点推进镇(街道)国库集中支付制度改革;推广公务卡应用,增强支出规范性和透明度;深化政府采购管理,出台政府采购管理实施办法,扩大政府采购范围和规模,规范政府采购行为,强化采购资金效益。深化财政绩效管理改革。将资金规模30万元以上的预算项目纳入绩效目标管理范围;试点实行全民健身工程等项目的绩效评价,推进全程监督管控;开展绩效评价和监督检查,涉及16个重点民生项目,加强评检结果运用。

【健全政府性投资项目监管】 规范债务管理。科学编制政府性债务计划,报区政府常务会议审批后执行,控制政府性债务风险。加强融资对接。召开江干区政府投资建设项目融资会,创新融资渠道,降低融资成本,确保建设资金平衡。深化建设单位监管。建立政府投资项目建设单位财务监管网络系统,统一会计核算软件,制订项目成本化管理的核算办法,实施会计委派,强化项目成本管理;实施工作性考核,督促目标任务的完成,提升项目管理水平。

【加强国有资产管理】 制订区级行政事业及国有建设单位房产集中管理办法,建立"房产所有权和日常管理权相分离"的管理体制。加强资产配置、处置行为,实行"收支两条线"管理,区经营性房产年租金收入1167万元,增长10.3%。

【干部队伍建设】 加强干部教育培训。制订培训计划,开展业务讲堂、道德讲堂等活动,提升干部业务知识和道德水平。强化党风廉政建设。签订反腐倡廉建设责任书,强化"一岗双责"的落实;开展廉政风险排查,查找梳理岗位风险点,制定对应防控措施;制定《作风效能问责办法》,把作风效能情况与年度考核有机结合;加强联系群众,制定改进工作作风实施办法十二条;通过开展警示教育、参观于谦祠等活动,提高机关干部勤廉意识。丰富财政文化内涵。加大省市区的文明创建力度,增强集体荣誉感;成立各类兴趣小组,丰富干部业余文化生活。

(杭州市江干区财政局供稿　许彦阁执笔)

注:

*租税联动机制:通过政策激励措施更大程度地调动楼宇业主引税管税积极性,充分运用经济手段提高业主招商工作的力度,降低商务楼宇的空置率,加快资源去化速度、提高楼宇税收贡献率。

*"金融新蓝海"战略:以建设长三角区域金融服务中心核心区为目标,以金融要素市场交易区、中小金融机构总部集聚区、资产(财富)管理投资机构核心区为方向,以钱江新城金融城为主要集聚平台,以金融特色楼宇打造为载体,发展多元化金融机构、多层次资本市场、多样化金融产品,构建"一心三区"金融发展格局。

拱墅区

【概况】 2013年,杭州市拱墅区实现地区生产总值372.39亿元,按可比价计算,比上年增长7.9%。其中:第二产业增加值111.39亿元,增长5.2%;第三产业增加值261.00亿元,增长9.2%。三次产业结构比为0∶29.9∶70.1。全区财政总收入92.86亿元,增长0.2%,其中公共财政预算收入55.49亿元,增长7.5%。全区公共财政预算收入占财政总收入的59.8%,税收收入占公共财政预算收入的97.0%。全区公共财政预算支出21.85亿元,增长9.2%。全区财政运行情况良好,收支平衡。

【组织财政收入】 提高统筹能力。开展重点税源企业、房地产企业专题调研,科学制订时点收入计划,确保收入任务完成。强化工作合力。完善国地税联席会议、经济部门横向联系等机制,发挥国地税、街道、经济等部门合力,形成横纵结合的组织收入网络。加强重点税源和楼宇税收征管和服务,2013年全区纳税超千万元企业122家,实现楼宇税收17.30亿元,增长19.4%。加强非税收入管理。全面推行新版非税收入系统,重新核对编排部门收费项目和收费编码,提高非税收入征收效率。动态跟踪教育、城管、建设等单位,实时掌握非税收入征缴情况。开展财政票据管理培训,规范财政票据管理。

【支持经济发展】 落实各项扶持政策。安排科技资金7430万元,引导企业加大技改、科研等投入,落实"旭日计划"、院士工作站奖励等经费,鼓励企业科技创新。落实产业扶持资金6380万元,用于发展现代服务业、建筑业、文化创意等产业,吸引浙商回归。推动"营改增""个转企"改革。加强财税协同推进,落实"营改增"政策，全年直接减税9400万元，减轻涉改企业负担。安排"个转企"扶持资金500万元，以特色产业、新兴产业、服务业为重点，引导个体户转型升级。构建融资担保服务体系。区中小企业担保公司为区内企业提供融资担保2.10亿元。与杭州市中小企业担保公司签署合作协议，加强优势互补，拓宽合作领域。引导街道成立"创扶基金池"，支持园区开展"联合天使"风险池基金运作。推动园区发展。调整完善区对园区财政体制，理顺财政分配关系。强化政策引导，统筹安排资金，支持国家级广告产业园创建，促进信息软件、电子商务、广告文创等新兴产业发展。

【保障民生支出】 加大民生投入，提高公共服务均等化水平，区级新增财力79.0%用于民生。加大社会保障投入。投入经费2.07亿元，落实城乡居民养老医疗保险补助、居家养老经费、低保救助金等经费，改善困难人群基本生活条件。保障实事工程。投入经费1.44亿元，确保截污纳管、110社会应急联动中心、助贫扶困暖心工程、庭院改造"回头看"、山洪灾害防治等经费需求，集中力量解决涉及群众切身利益的热点难点问题。支持公共文化服务体系建设。投入经费1651万元，保障运河龙舟赛、社区休闲运动会、全民健身活动、送电影下基层等文体活动开展，支持公共文体场馆开放式服务，扶持群众文化团队发展。加快教育现代化步伐。投入经费6.44亿元，保障学前教育和义务教育经费，满足数字校园建设、新建和改造校舍经费需求，推动优质教育均衡发展。深化卫生强区建设。投入经费5227万元，用于基本药物制度改革，完善社区公共卫生服务，支持社区卫生站点建设，推动社区中医药工作，打响中医药服务品牌。优化城市环境。筹集资金3.41亿元，加大河道整治力度，保障清淤疏浚和生态治理，推进公园建设、水环境改善等工作，优化城市环境。完善基础设施。筹集资金3.27亿元，重点投入建设金昌路、杭行路延伸支路等道路；推进公共停车场库建设，采取政府投资和社会力量投资相结合，支持紫荆公园、国际会展中心等停车场库建设，缓解居民停车难题。

【规范财政管理】 深化预算执行监管。出台区级部门预算结转和结余资金管理办法，累计收缴历年结余1717万元。实现一级预算单位公务卡改革全覆盖，开设公务卡宣传专栏，累计发放公务卡2300余张。开展部门决算批复，提高部门决算数据质量。建立重点项目管理电子档案，重点建设项目实现直接支付全覆盖，提高预算执行刚性。深化街道财政管理。落实资金800万元，用于支持对口街道开展大封闭管理、幸福大家园等协作项目，推进协作街道与对口街道楼宇共建共享。启动街道国库集中支付改革试点工作，把街道财政管理纳入区级金财工程一体化系统，将公务卡改革向街道延伸。夯实财务基础。开展新版《行政单位财务规则》和《事业单位财务规则》培训。组织区内100余家二级独立核算事业单位财务培训，提高财务人员素质。出台二级预算单位财务管理暂行办法，规范二级预算单位财务行为。依托会计继续教育培训，新开设"营改增"会计、财税政策解读、《小企业会计准则》等培训课程。当年5人入选省市会计领军人才培训项目。

【强化财政绩效管理】 深化国资管理，突出资产绩效。修订区级行政事业单位常用资产配置标准，推进资产管理与预算管理相结合。开展建设单位存量房产调研，建立存量房产基本信息资料库。加强房产公开招租管理，修订行政事业单位房产出租管理办法，将街道房产纳入出租管理范围。完善资产报废程序，规范操作流程，完成46家单位1066件集中处置报废资产审核批复，已分批纳入市公共资源交易平台公开拍卖。将二级预算单位纳入固定资产实名制和条形码管理，扩大管理覆盖面。加强财政监督，突出预算绩效。制定区级部门预算项目支出绩效管理规程，开展部门预算编制、执行及财务情况检查，对2012年监督整改落实情况"回头看"。17家单位参加项目绩效自评，实施2011~2012年截污纳管和数字校园网络主干建设项目绩效评价，提高资金使用效益。

【加强队伍建设】 开展学习十八大主题教育活动。通过多种形式的学习，引导党员干部全面准确领会十八大精神实质。开展"财政讲堂"宣讲，讲解政策法规、财政业务、廉政效能等知识。强化党风廉政和作风建设。层层落实廉政责任，增强党员廉洁意识。深入贯彻落实"八项规定"，完善领导班子自身建设，精简会议文件。开展治庸治懒治散治奢"效能亮剑"专项行动，开展公述民评。推进服务型党组织建设。开展"服务企业、合力发展"活动，走访服务企业720家次，助推企业发展。以财政、会计学会为纽带，发挥桥梁纽带作用，开展10次学术讲座和专题研讨，为企业发展出谋划策。实施党员旁听党委会议制度，邀请普通党员旁听党委会，提出意见建议，局党委研究并答复。开展"微心愿"认领，为困难群众送去电风扇、拐杖、MP3等物品，帮助社区群众圆"梦"。提升干部素质。组织后备人才库选拔，开展财政岗位练兵，"师徒结对"，帮助局后备人才库成员及新进人员钻研业务，熟练岗位技能。

（杭州市拱墅区财政局供稿　贾顺波执笔）

西湖区

【概况】 2013年，杭州市西湖区实现地区生产总值696.87亿元，比上年增长8.3%。其中：第一产业增加值4.35亿元，下降

6.4%;第二产业增加值105.33亿元,增长6.6%;第三产业增加值587.19亿元,增长8.8%。三次产业结构比为0.6∶15.1∶84.3。按户籍人口计算,人均生产总值为11万元,增长8.3%。全年财政总收入132.87亿元,增长8.5%;公共财政预算收入81.78亿元,增长8.0%,占财政总收入的61.5%;其中税收收入79.43亿元,占公共财政预算收入的97.1%。公共财政预算支出40.73亿元,增长2.3%,其中区级专款支出10.36亿元,省市专款支出4.35亿元,其他不含专款支出26.02亿元。全区财政收支平衡,预算执行情况良好。

【组织财政收入】 加大协税护税力度。发挥各镇街的主体作用,加强部门间协调配合。实现税收2.22亿元,比上年净增1.72亿元。吸引如支付宝、华策影视、浙江六和律师事务所等异地501家优质税源企业迁入本区。加速股权投资集聚。着力打造杭州市高端金融中介服务中心,新引进股权投资基金管理公司和基金项目25家。集聚天堂硅谷、浙商创投、省创投等省内知名投资机构入驻西湖区相关楼宇,全区共有股权投资基金管理公司和基金公司195家,实现财政总收入2.85亿元、公共财政预算收入1.56亿元。加快楼宇经济发展。精心打造高端特色楼宇,做好入驻企业的税收统计和分析,及时掌握楼宇内新入驻企业和异地纳税企业的动态情况,增加区内企业税收贡献率。全年税收千万元楼宇45幢,其中亿元楼13幢,实现公共财政预算收入28.29亿元,楼宇税收贡献率为81.5%。加强非税收入管理。全面启用新版浙江省非税征管系统,建立健全"以票治费、以票管收"的票据管理机制。征收各项政府非税收入8.69亿元,增收2.32亿元,增长36.4%。

【支持经济发展】 完善扶持政策。整合完善现有财政扶持政策,重点扶持科技含量高、发展潜力大、税收贡献大的企业。兑现补助资金。全年兑现企业扶持发展资金2.25亿元,扶持企业627家次、扶持项目146个。开辟融资新蓝海。出资4000万元引导民间金融资本有效投入,发行小企业集合信托债券基金"苏堤春晓"*,为区内50家小微企业取得总计1.05亿元的资金支持,有效缓解中小企业融资难问题。出资1000万元建立"科技风险池"基金*,为区内23家企业争取发展资金1.60亿元。推进"个转企""小升规"*。做好政策宣传、开辟绿色通道、落实减免税政策、筹措扶持资金,为全区完成转型的655家个体户累计发放扶持资金562万元。

【保障民生支出】 全年用于民生类支出30.26亿元,占公共财政预算支出的74.3%。重点加大对"三农"、科技、教育、公共卫生、社会保障、公共安全等社会事业的投入,提升基本公共服务均等化水平。促进教育均衡发展。区本级教育投入9.59亿元,加大优质教育资源均衡配置,加快学军小学之江校区等10个项目建设,建成2所小学、4所幼儿园并投入使用,优质义务教育覆盖率97.2%。支持科技兴区战略。加大科技三项经费投入力度,全年科技投入7750万元,保障重大科技项目实施。加大社会保障事业投入。安排资金2.64亿元,落实各类抚恤、低保、城乡居民医保补贴等社会保障投入,推进与经济社会发展水平相适应的民生保障体系建设。

【统筹城乡发展】 深入开展区县协作、"联村结对"及其他援助欠发达地区工作,全力支持"四边三化""三改一拆""三退三进"等项目推进工作,推动美丽乡村、三江两岸生态景观保护与建设等城乡基础设施建设,提升区域环境质量及城乡居民生活品质。筹集资金25.20亿元,保障拆迁安置房建设、公共停车场建设、"友爱·无碍"幸福出行双百工程*等民生实事项目。

【强化财政管理】 推进预算管理改革。出台《西湖区区级事业单位预算管理若干规定(试行)》,加强事业单位预算管理;全面做好预算信息公开准备工作,稳妥推进财政总决算和部门预、决算公开。加强"三公"经费管理。严格控制行政支出,压缩部门公用经费10%,统筹安排用于民生支出。开展"三公"经费全程跟踪监督,实行定期报送机制,合理控制支出规模,全年"三公"经费下降31.0%。深化国库集中支付和公务卡改革。创新镇街部门财政直接支付网上审核结报机制,预算执行率较上年同期提高9个百分点。推行支付电子化管理,全年通过国库清算系统清算的资金20.60亿元。出台公务卡强制结算目录,全年开设公务卡1418张,公务卡结算金额401万元。推进国有资产管理改革。整合国有零星房产,通过公开拍卖进行房产置换,提升国有房产价值;开展国有房产专项清查,全区行政事业单位、国有企业、指挥部清查上报房产607处(不含教育系统),建筑面积计47万平方米,账面价值6.88亿元;出台《杭州西湖投资有限公司监督管理办法(试行)》,增强公司竞争能力,确保国有资产保值增值。完善基建预算管理机制。依托政府投资项目信息化建设平台,提高基建预算编制的科学化和规范化水平。2013年完成审核各类概、预、结算303项,送审金额11.80亿元,审定10.80亿元,核减1.00亿元,核减率8.7%,提出意见599条。加强财政监督和绩效管理。以查促管,通过财政监督检查强化单位预算绩效管理理念;创新预算绩效评价工作机制,提高绩效评价结果应用力度。

【加强队伍建设】 加强党风廉政建设。坚持党政领导负总责,分管领导对分管科室负责,抓好反腐倡廉工作任务的分解、落实、督促和检查。做到组织领导到位、分工落实到位、部署计划到位、宣传教育到位、制度保障到位。加大反腐倡廉教育力度。

开展"勤廉财政、服务大局"主题教育活动。设立举报电话、意见箱,接受社会监督,杜绝"索、拿、卡、要"等行为。优化财政工作作风。结合群众路线教育实践活动,开展"作风更实、服务更优、效率更高"为主题的"金点子"征集、"听百姓心声、创财政新业"等一系列活动,切实改进工作作风、服务基层群众。通过阳光团队的评选、机关效能建设、财政文化建设,增强机关和谐共事、共创良好佳绩的和谐氛围。局机关连续四年被评为西湖区满意单位。 (杭州市西湖区财政局供稿 李 斐执笔)

注:

*"苏堤春晓":是由中新力合股份有限公司与区发改局、区财政局、区科技局合作发起的面向西湖区中小微企业的信贷产品,主要扶持科技型、文创型和现代服务业等西湖区重点扶持产业,以信用、商业模式等作为入选条件,开辟了中小微企业银行贷款之外的融资渠道,破解了中小微企业融资难问题。

*"科技风险池"基金:即由西湖区科技局联合杭州市高科技担保有限公司、杭州银行科技支行共同组建的"西湖区科技型初创企业联合天使担保风险池",帮助西湖区企业实现低成本融资。

*"个转企、小升规":"个转企",即个体户转型升级为企业,"小升规"即小微企业转型升级为规模以上企业,为了鼓励和支持具有一定规模的个体工商户转型升级为企业和扶持小微企业做大做强,财税部门给予一定的政策扶持。

*"友爱·无碍"幸福出行双百工程:为2013年西湖区8件实事项目之一,即对西湖区已建的100个公共服务场所的无障碍设施进行完善,对新增的百个公共服务场所无障碍设施进行配套建设;在老年人集聚的多层住宅楼道安装3000张"爱心椅"。

高新技术产业开发区(滨江)

【概况】 2013年,杭州高新技术产业开发区(滨江)实现生产总值598.64亿元,按可比价比上年增长10.5%。其中:第一产业增加值1.74亿元,下降6.0%;第二产业增加值297.94亿元,增长12.8%;第三产业增加值298.96亿元,增长8.1%。三次产业结构比为0.3∶49.8∶49.9。全区财政总收入140.50亿元,增长22.0%,其中公共财政预算收入75.40亿元,增长17.7%,占财政总收入的比重为53.7%,公共财政预算收入中税收收入73.14亿元,占比为97.0%;公共财政预算支出52.31亿元,增长9.6%。全区财政收支平衡,并有结余。

【组织财政收入】 强化税源管理。会同商务、税务、工商等部门招商引资,引入增量税源。实施安商稳商工程,加大为企服务力度,帮助企业用足用好政策,留住存量税源。监控企业股权转让、激励等财务事项,争取一次性税源不流失。建立协税护税网络,发挥国、地税协税作用,加强对税务关系不在本区企业的管控。提高收入分析能力。采集经济、税收运行信息,重点分析主要行业、骨干企业的税收走势及宏观政策对财政收入的影响程度,统筹分析财政增支减收因素,合理预测全年财政运行情况,提高财政运行月度分析质量和时效。组织非税收入。完善土地出让金收支管理,加强与市财政、土地储备中心协调联系,确保土地出让返还款项及时足额入库。强化票据管理,实现非税管理新系统全面上线运行,监控非税收入收缴情况,规范非税收入管理。全年组织非税收入111.28亿元,增长179.8%,其中政府性基金收入109.02亿元,增长188.2%。

【支持经济发展】 助推创新驱动战略实施。落实《关于进一步深化改革 创新建设世界一流高科技园区的若干意见》,集聚人才创新创业,支持领军企业加大研发投入和自主创新,促进传统企业转型升级,推动战略性新兴产业集群发展。加快创投体系建设。依托区风险投资公司,引进中金公司联合组建创投公司,设计合理基金规模,吸纳社会资金和民间资本,全区全年集聚创投机构150余家,管理创业资本规模超200亿元,举办创业投资项目发布会72场,对130个创业团队项目投资4.98亿元。支持企业项目申报。全年申报各类项目180个,其中新入选国家重大科技专项、国家信息安全专项、国家"863"计划*、科技支撑计划26项,列入国家火炬计划和重点新产品计划24项。获上级资助8.08亿元。规范落实扶持政策。落实各级产业扶持政策,增强企业发展后劲,推进项目早落点、早投产、早见效,全年扶持各类产业项目349个,兑现产业扶持资金19.29亿元,增长21.7%,占公共财政预算支出的36.9%。

【优化支出结构】 加大民生投入。2013年区级公共财政预算支出中民生事业支出35.71亿元,增长14.9%。加大教育投入,实施学校建设五年计划,安排2.66亿元用于新建扩建中小学、幼儿园以及校舍维修,全年教育支出6.25亿元,增长29.8%;加大公共卫生投入,完善公共卫生服务体系,分别安排4432万元和483万元补助社区卫生服务机构和城乡居民医疗保险,全年医疗卫生支出1.47亿元,增长39.4%;加大文化体育投入,开展体育强区创建,全年文化体育支出1.26亿元,增长17.5%;推进就业和社会保障工作,拨付就业专项扶持资金785万元,缴纳失地农民养老保险1.63亿元,发放企业退休人员节日慰问金3720万元,发放低保残保、居家养老、高龄老人长寿金等优抚金2536万元,全年社会保障及就业支出4.95亿元,增长34.5%;加大城市管理投入力度,改善居民生活环境,全年城市管理经费支出2.87亿元,增长36.7%;加大公共安全经费投入,维护社会稳定，全年公共安全支出1.24亿元，增长10.4%。保障政府重点投资项目。2013年政府性投资项目支出50.01亿元，增长18.9%，其中：投入25.25亿元用于城市功能、生态环境等基础设施建设，投入11.40亿元用于保障房建设，投入8.55亿元推进奥体中心、文化中心、阳光家园等建设，投入4.81亿元加快网络与通信设备生产基地和感知中心等产业项目建设。厉行节约控"三公"。落实中央关于厉行节约的八项要求，严控"三公"经费，降低行政运行成本。全年"三公"经费支出2138万元，比上年同期下降36.0%。

【加强财政管理】 完善预算编制体系。细化政府性基金预算编制，加强政府债务计划管理，实行预算单位决算批复制度，完善预算调整管理办法，提高预决算编制质量。加强预算执行管理。实现国库管理和会计核算向预算执行的整体转换，有序推进"一体化"建设。推进公务卡改革扩面，实现区街两级全覆盖，增强公务消费透明度，累计办理公务卡1950张，全区全年公务卡消费1669万元。加强资金安全管理，开展银行账户验审工作，检查区本级及街道财政账户、印鉴及票据保管、内控管理情况并落实整改。

【强化财政监督】 加强政府采购监管，实施"管办分离"工作机制，拟定政府采购管理实施办法，规范政府采购行为，全年采购金额3.60亿元，平均资金节约率20.0%。推进绩效评价工作，选择金额大、规范难、有代表性的项目开展绩效评价，引入中介机构，增强监督检查和绩效评价力量，促进用款单位提升绩效管理理念，提高资金使用绩效，全年完成绩效评价项目12个，涉及财政资金4.50亿元。强化政府投资项目概预算编审质量管理，确保概预算审核准确性，全年审核概预算项目225个，审核金额45.48亿元，净核减2.01亿元，核减率4.4%。制定《2013年滨江区政府投资建设项目资金计划及融资计划》，提前落实融资规模，降低融资成本，提高资金使用效益，全年偿还到期贷款21.95亿元，压缩政府负债10.54亿元。

【强化国资监管】 有效盘活空置房产，开展招商招租，全年租金收入2.00亿元。理顺国有企业出资关系，按照出资人关系相应调整国有企业董事会及管理人员。健全国有企业管理制度，出台《国有企业机构设置和人员配置管理办法》与《国有企业领导人员职务消费管理办法》，促进国有企业领导人员廉洁履职。

【加强队伍建设】 加强学习型机关建设，开展专业知识和应用技能学习培训，组织学习培训4期，提高财政干部工作能力和水平。落实党风廉政责任制，层层签订党风廉政建设责任状。深化反腐倡廉教育，开展"学党章、守纪律、转作风"主题教育活动。推进廉政文化建设，开设廉政书屋，组织文体活动，发挥廉政文化的渗透作用，促进干部廉洁自律。推进机关作风建设，开展创建服务型机关"十个一"活动，建立党小组联社一对一民情联系服务点和重点税源企业服务机制，增强财政服务意识。开展"公述民评"活动，接受社会各界评议，提高机关执行力。

（杭州高新技术产业开发区［滨江］财政局供稿　裘　骏执笔）

注：

＊国家"863"计划：即国家高技术研究发展计划。

萧山区

【概况】 2013年，杭州市萧山区实现地区生产总值1663.53亿元，按可比价计算，比上年增长8.3%。其中：第一产业增加值59.66亿元，增长2.9%；第二产业增加值965.86亿元，增长7.9%；第三产业增加值638.01亿元，增长9.5%。三次产业结构比为3.5∶58.1∶38.4。按户籍人口计算，人均生产总值134182元，增长2.6%。全区完成财政总收入229.01亿元，下降0.7%，其中公共财政预算收入126.52亿元，增长3.1%；公共财政预算支出115.81亿元，比上年增长6.9%。按现行财政体制计算，可用资金为130.80亿元，增长4.4%。财政可用资金与财政支出相抵，年末财政滚存结余13.19亿元，财政收支平衡。

【组织财政收入】 强化收入分析预测。密切关注经济走势及营业税改增值税试点、房产税改革试点等重大税制改革动向，加强财政、国税、地税三方协作，提高收入预测的准确性。完善重点税源管理。扩大监控范围，全区重点监控税源企业1236家，覆盖面为70.1%，对税款变动幅度在25.0%以上、税款缴纳1000万元以上的前105家纳税大户进行重点申报分析研判。优化收入结构。公共财政预算收入占财政总收入比重为55.2%；税收收入121.10亿元，占公共财政预算收入95.7%。组织非税收入。健全非税收入征管机制，组织非税收入5.41亿元，增长18.6%。政府性基金收入196.49亿元，增长276.3%。组织社保基金收入。完成社会保险基金收入40.94亿元，增长20.2%。

【支持经济发展】 推进金融集聚建设。区金融创新中心建成运营，26家总部和功能机构落户，省股权交易中心萧山代理中心成立，12家企业成功挂牌。投入1197万元用于企业上市培育和奖励，开元产业信托、永盛新材料在港交所上市，3家企业向证监会上报材料，6家接受省证监局辅导，100家进入拟上市企业培育阶段。加快高端创新人才引进。安排1.00亿元人才工作专项资金,实施企业高层次人才生活津补贴制度,新增国家“千人计划”人选8名,省级10名。兑现补助资金。做好区级重点工业技改、高新技术产业、清洁生产等项目的审核兑现工作,拨付各类扶持资金16.40亿元。减轻企业负担。办理出口退税62.80亿元,减免行政事业性收费等2.00亿元,减免税收2.65亿元,减征企业社会保险费4142万元,减免水利建设专项资金1.75亿元。

【保障民生支出】 全年用于民生方面的支出88.74亿元,占全区公共财政预算支出的76.6%。支持农村建设与发展。安排“美丽乡村”专项资金6500万元,启动6个美丽乡村精品特色区块、4条精品线路和13个精品村建设。安排5.00亿元用于农村土地开发整理复垦,加快推进土地综合治理和基础设施投入。安排粮食生产扶持资金7080万元、增长18.9%。安排林业建设资金4590万元,用于村庄绿化、生态公益林补助和防护林带建设。安排2500万元资金用于江东生态循环农业示范区建设。支持教育事业发展。优化义务教育资源配置与建设,创建成为全国首批义务教育基本均衡区。免除公办(民办)中职学校全日制在校学生学费3208万元。全年教育支出26.59亿元,增长13.0%。支持医疗卫生事业发展。加快区级公立医院和社区卫生服务机构综合改革,提升基本公共卫生服务水平,全年医疗卫生支出10.56亿元,增长1.7%。支持文化体育事业发展。推进农村文化礼堂和村级品牌文化广场建设,全年文化体育支出1.86亿元。支持社会保障事业发展。创建充分就业城区和创业型城区,落实社会保障各类政策。全年就业再就业专项资金支出10.29亿元,分别发放低保金、残保金和物价补贴8216万元、4258万元和2230万元。维护社会稳定。加大“平安萧山”建设,完成“电子警察升级改造”,全年公共安全支出6.00亿元。

【推进财政改革】 调整完善财政体制。调整完善区、镇(街)财政体制,优化财力分配,提升区级财政统筹力,强化困难镇(街)公共财力的保障。扩大国库集中支付范围。全区237家区级部门预算单位全面实施国库集中支付改革,通过国库集中支付方式支出资金38.00亿元。推行单位公务卡改革。下发区级预算单位实行单位公务卡的通知,将预算单位水费、电费、电话费三项经费采用公务卡托收。调整现行土地出让金分配结算办法。进一步理顺土地出让金分配关系,控制土地成本,提高出让土地效益。开展国有资产清产核资。通过对381家区级行政事业单位和国有企业的清产核资,清理核实区级有效资产1013.00亿元,为盘活存量、提高使用绩效、化解政府债务奠定基础。

【强化财政监管】 完善财政资金运行体系。出台《萧山区财政局财政性资金预算指标和资金流转控制规程》《萧山区区级财政专项资金管理办法》等一系列综合性管理实施办法,规范财政性资金管理,初步建立预算编制、执行、监督三分离的财政资金运行体系。清理整合全区性专项。联合区监察局、审计局重点检查2011~2012年度部分全区性专项资金,309项全区性专项整合为147项,压缩金额4.10亿元。做好财政对外借款清查工作。全面梳理每笔出借资金的形成原因、审批程序、期限和现状,核实2012年底区本级财政对外借款72.70亿元,通过清理,归还借款7.70亿元,补列预算9.40亿元。推进权力阳光运行。公开129个专项资金运行结果、97个专项资金运行结果与使用情况、12个专项资金全过程运行情况。开展绩效评价。实施绩效评价项目38个,其中财政部门评价项目16个,单位自评项目22个,比上年增长22.6%,涉及资金28.00亿元。

【深化干部队伍建设】 加强党风廉政监督。出台行政机关“一把手”不分管财务有关实施细则,对党风廉政建设领导小组、兼职监察员队伍、效能督查小组和内部审计委员会进行调整完善,明确各小组的职责和分工。加大行风政风建设。创建依法行政示范单位,被浙江省政府确定为省级“依法行政示范单位”。开展“网上局长接待日”活动,现场回复网上提问146个。创新干部教育培训机制。编写考试题库,组织全体干部业务考试,以考促学,形成比学赶超的学习风气,提高干部队伍的业务素质。组织干部参加《小企业会计准则》的抽考工作,获得杭州地区第二名的成绩。 (杭州市萧山区财政局供稿 陈 燕执笔)

余杭区

【概况】 2013年,杭州市余杭区实现地区生产总值934.41亿元,按可比价计算,比上年增长10.2%。其中:第一产业增加值46.86亿元,下降2.8%;第二产业增加值435.40亿元,增长6.4%;第三产业增加值452.15亿元,增长16.2%。三次产业结构比由上年的5.7∶49.7∶44.6调整为5.0∶46.6∶48.4,第三产业比重较上年提高3.80个百分点。按户籍人口计算,全区人均生产总值为104188元,增长8.6%。全区财政总收入完成200.10亿元,增长19.8%;公共财政预算收入完成126.10亿元,占财政总收入的63.0%,增长20.5%。税收收入完成121.90亿元,占公共财政预算收入的96.7%。全区公共财政预算支出111.50亿元,增长18.9%。全年财政收支平衡。

【组织财政收入】 优化收入结构。全区地税部门组织收入147.43亿元,增长17.3%,其中地税收入100.30亿元,占财政总收入的50.1%,增长14.0%。强化税情预测分析。研究重大税制改革对本区地方财力和征管模式改革的影响,完善税收预警机制，提升税情预测精准性。深化重点税源管理。扩大重点税源监控范围，全区重点税源监控企业863户数，监控面比上年扩大22.2%，其中重点企业税收66.30亿元，占地税税收收入的66.1%。实施房产税、土地使用税税源动态征管机制。开展自然人股权转让计税依据评估，加强自然人股东股权转让个人所得税征管。加强税收属地化管理，清理“区内经营、区外纳税”企业185户。促进非税征管机制。推进非税收入信息化建设，应用行政事业性收费系统和土地出让金管理系统，全年完成非税收入297.74亿元，增长52.8%。

【支持经济转型升级】 推进产业平台健康发展。完善“五城一基地”*产业平台财政体制和土地出让金分配体制，增强各平台主体的可用财力，调动发展实体经济的积极性。加大实体经济扶持力度。全年兑现用于支持企业发展的各类扶持资金20.83亿元，增长69.6%，其中：产业发展资金15.43亿元，科技专项资金5.40亿元。出台建筑业财政扶持政策，支持区内建筑企业做强做大做优，招引区外优质企业进驻本区。建立“还贷周转应急资金”，累计为85家工业企业解决周转资金28.59亿元。实施科技创新“523”计划*，安排财政专项资金2.00亿元，专门用于支持中小微科技企业发展，对12个政府返租创建的科创园下达补助资金6000万元。深化财税服务举措。实施财税干部联系服务重点企业及村（社区）制度，与63家重点骨干企业及14个村、社区进行“一对一”联系结对服务，帮助企业用足用好财税优惠政策，支持村、社区集体经济发展。

【优化支出结构】 保障重点项目支出。安排47.14亿元资金助推“三改一拆”工作；推进“四边三化”工作，安排5.73亿元资金用于交叉口、互通区、入城口的整治；推动“清水治污”计划，安排13.33亿元支持大气污染防治、中小河流整治、清水入湖等工程；启动实施温室甲鱼整治工作，着力解决温室甲鱼养殖污染问题。助推美丽乡村及新农村建设，落实专项资金2.91亿元，致力改善农村人居环境。保障重点民生支出。全年用于社会保障和就业支出11.40亿元，增长17.1%；用于改善民生的支出累计为80.78亿元，占全区公共财政支出的72.5%。全区预算内农业、教育、科技三项法定支出分别为75.64亿元、23.49亿元和5.40亿元，分别增长16.1%、13.7%和28.7%。加快推进公共医疗卫生体制改革，安排4.67亿元用于各级医疗卫生机构的建设及运行补助、大型设备购置；支持教育事业发展，投入4.65亿元用于校舍改造；支持文体事业发展，安排2.39亿元用于推进公共文化体系建设，发展群众性文化体育活动。严控“三公”经费。压缩一般性支出，完善会议费、培训费、差旅费、出国费等四项综合性开支管理办法，下达“三公”经费和会议费控制数，做好动态监管工作，全年全区“三公”经费、会议费支出同比分别下降20.0%和37.0%。

【深化财政管理改革】 清理整合财政专项资金。按照“突出大专项，压缩小专项”的原则，累计清理整合全区财政专项资金601项，减少和归并91项，涉及资金2.97亿元。推进预算编制管理改革。科学安排全年可用资金、区级政府投资项目资金、公共预算资金和其他财政性资金，部门预算编制按照“保运转、重整合”的原则，仅保留部门正常运行的经费，其他资金按轻重缓急列入专项资金预算统筹安排。推进“阳光财政”建设。出台《余杭区财政预算信息公开实施办法》，公开全区31个部门的部门预算和2013年全区“三公”经费预算；加强镇街财政管理，全面实施镇街国有资产条形码管理工作，在运河街道试点镇街国库集中支付制度和镇街公共财政服务平台建设；实施公立医院财政投入机制改革、公务用车改革、政府信息化项目管理、国有企业投资监管等49项重点创新工作。

【加大财政监管力度】 增强监管主动性。定期梳理分析公共财政预算、土地出让金、区级国有平台公司、区级财政收支等四本大账情况；制订全年政府性负债控制性目标，加强政府性融资审批管理工作，及时做好资金调度工作，健全筹融资管理体系。加强财政资金绩效考核。推行政府投资项目财政跟踪评审操作办法，提高资金使用绩效。推进区级部门预算项目支出绩效目标管理试点工作，选择10家区级单位15个预算支出项目实施重点监管考核试点，完成全省联动项目“2008～2012年‘千村示范万村整治’工程项目”的绩效评价，完成“香港科技大学物联中心”和林水专项中的“河道整治”两个专项资金绩效管理项目。深化国库集中收付制度和公务卡制度改革，实时掌握财政资金监管信息，全年公务卡公务消费结算5870笔，报销金额1693万元。修订完善《余杭区行政事业单位常用办公设备配置和物业管理支出控制标准》，规范行政事业单位资产管理和物业管理支出。

【加强干部队伍建设】 完善干部选拔任用制度。开展新一轮竞岗交流工作，提拔任用正科级领导干部5人、副科级领导干部10人；制订培养年轻干部实施办法，从思想、学习、工作、组织四个方面，重点培养40周岁以下年轻干部。推进党风廉政建设。严格执行作风建设问责制，加大巡查力度，转变工作作风，推进实施“百名党员访企业”和“一村一社区一机关”活动；整合完善财税干部廉洁从政制度体系，编发《余杭区财税系统干部廉洁从政手册》。提升干部业务技能。修订完善“财税能手”评选办法，组织100多名年轻骨干进行“财政能手”考试评比；构建以新法规、新知识为内容的全员业务轮训、以网络学校为平台的基础性教育、以专题讲座为载体的中层干部培训、以“财税能手”评选活动为抓手的巩固型教育等培训体系。

（杭州市余杭区财政局　李　金执笔）

注：

＊“五城一基地”：乔司国际商贸城、临平新城、杭州北部新城、杭州未来科技城（海创园）、杭州余杭经济技术开发区、仁和先进制造业基地。

＊“523”计划：2013～2015年三年时间里，在环杭州主城区周边区域建成科技创新园50个，总建筑面积200万平方米以上，新增科技型中小微企业3000家以上，培育国家火炬计划、高新技术企业和国家重点支持领域高新技术企业300家以上。

富阳市

【概况】　2013年，富阳市实现地区生产总值571.40亿元，比上年增长9.1%。其中：第一产业增加值38.00亿元，增长3.0%；第二产业增加值324.10亿元，增长7.6%；第三产业增加值209.30亿元，增长12.8%。三次产业结构比由上年的6.6∶59.5∶33.9调整为6.7∶56.7∶36.6。按户籍人口计算，人均生产总值86758元，增长8.6%。全市财政总收入83.21亿元，增长6.0%，其中公共财政预算收入46.36亿元，增长10.4%；公共财政预算支出52.69亿元，增长9.9%。全年财政收支平衡，略有结余。

【组织财政收入】　优化收入结构。公共财政预算收入占财政总收入比重55.7%，其中税收收入43.04亿元，占公共财政预算收入的92.8%。管控重点税源。年初确定重点税源企业605户，同比增加188户，监控面比上年扩大45.0%。夯实征管基础。加强户籍管理，清理非正常户47户、专项管理户2768户、管理未到位户1229户，其中非正常户补缴税费110万元。规范非税收入管理。创新精细化管理非税收入征收成本，明确成本性支出范围，实施按实结算，防止单位挤占成本性支出。组织非税收入52.35亿元，比上年增加5.69亿元。

【支持经济发展】　强化扶持政策执行力。制订各类财政补助资金实施细则。对富春、东洲、银湖3个街道及场口新区的六大行业建立“亩产税收论英雄”的导向机制。兑现涉企扶持资金7.75亿元，其中本级资金6.20亿元。加大财源建设力度。出台加快开放型经济发展的补充意见（试行）等文件，推进招商引资、总部经济、循环经济、股权投资业发展，优化资源配置和集约节约用地，认定零地招商＊引进企业66家，新增税收3.68亿元。推进“塔基工程”＊建设。出台工业兴市“塔基工程”建设实施意见等6个文件，促进经济转型升级、发展方式转变和企业做大做强。完成“个转企”1200家、“小升规”80家，提供52家科技型和成长型小微企业“塔基工程”专项贷款1.48亿元。落实清费减负政策。开展社保费临时性集中减征，减免企业负担4.10亿元，涉及企业9000户次。完善金融服务体系。出台促进富阳市小额贷款公司健康发展的实施意见等4个文件，提升小额贷款公司抗风险能力。提供转贷应急专项资金16.30亿元，提供贷款担保8.73亿元，涉及企业307户（次）。

【保障民生事业】　全年财政直接用于民生项目支出44.30亿元，增长11.3%，占公共财政支出的84.1%。加大城乡统筹力度。用于“美丽乡村”建设资金2.90亿元，其中4000万元投向欠发达地区一般村的扶持。安排1000万元用于农村饮用水改造提升，专项解决山区、欠发达地区的“饮水难”、“饮水差”问题。全年农口系统安排政府性专项预算项目27个，预算金额10.50亿元，其中市本级预算7.86亿元。完善社会保障体系。组织各类社保基金收入47.74亿元，支出31.93亿元，累计结余52.89亿元。实施被征地人员、城乡居民养老保险人员转保工作，惠及群众4万多人。从1月1日起，率先实施城乡居民重大疾病保险制度，打破医药费报销最高限额的限制。在全省率先推行“先诊疗、后付费”试点工作，为市民卡用户提供便捷的医疗模式。确保困难群体救助。制定社会救助政策9个，逐步统一实现城乡低保标准。修订重度残疾人托安（养）工程、小康工程等补助政策与标准，扩大残疾人托安（养）范围。加大教育文化投入。教育、文化支出18.59亿元，其中基本建设支出3.15亿元。建成并启用银湖中学、贤明中学，全市23个乡镇（街道）成为省和杭州市教育强乡镇。启动建设“三馆合一”＊、泗洲造纸遗址保护等工程，完成文创大厦主体工程，建成开放气象科普公园。建成市医疗卫生中心和市妇保院二期工程。

【严控“三公”经费】　全年“三公”经费和会议费，分别同比下降12.3%、45.4%。修订完善公务接待费管理办法和定点饭店管理办法，落实公务卡强制结算管理办法，至8月，完成全市公务卡（单位卡）推广工作。完成第二轮车改，涉及单位24家，公务用车39辆。对18家党政机关公车治理，处置超编车及3辆豪华公务用车。重新界定财政支出边界，调整政策制定的范围和标准，对2013年预算单位的基本支出、部门项目、政府专项预算指标结余，一律由市财政清理收回统筹安排，用于医院设备购置等民生项目。

【规范依法行政】　开展“依法行政年”，规范乡镇财政建设。出台进一步推进乡镇财政管理规范化建设的通知，完成乡镇财政公共服务平台建设。出台市级财政国库集中支付银行代理业务综合考评暂行办法，明确相关资金支付与清算流程，并在新登镇试点。推进行政审批事项改革，对78项涉税即办事项实现窗口即时办理，清理行政许可、非行政许可及对外服务事项权力，保留行政许可4项，非行政许可3项。建立业务发言人制度，选拔13位发言人作为财税政策的权威解答人。加强会计队伍管理，按照法律程序，对两名违法会计人员处以吊证处理。

【加强财政监管】 开展"绩效管理年"，理顺财政"三级管理"*职责，提高财政资金绩效。开展财政监督。专项检查涉农政府专项13个、具体项目105个，涉及财政资金2.11亿元；监督检查4所义务制学校和职业学校的会计质量；检查两家担保公司信用担保资金和4个政府投资项目。强化资金绩效。出台财政支出绩效评价管理暂行办法及实施意见、目标申报管理等规定，完成25个自评项目、3个重点项目及省、杭州市联动项目的绩效评价及考核工作；首次将11个政府专项列入2014年预算支出绩效目标申报管理工作。下放涉农项目。向基层财政分局首次下放涉农项目管理权限15项，完成涉农项目立项、验收，踏勘700余个。建立涉农项目库，对2014年10个涉农政府专项纳入系统申报，防止项目申报的盲目性、随意性。控制政府投资项目规模。完成项目审核961个，其中自审项目100个，增长35.0%，送审金额15.45亿元，核减金额1.37亿元，核减率8.9%。规范政府采购。启用政府采购评审专家语音抽取系统，首次对小额物业管理项目进行招标，完成政府采购4135批次，实际采购金额2.04亿元，节约采购资金1900万元，资金节约率8.4%。摸清国资家底。开展316家行政事业单位固定资产清查处置工作，盘实资产存量；完成房地产集中管理信息，并对4家参公事业单位房地产实施集中管理。做强投融资平台。重新修订政府投资机构经营业绩考核体系，完善绩效管理、薪酬考核等考核内容，增强平台造血功能，激发发展潜力，提升运营水平。

【加强队伍建设】 出台《公务员绩效管理考核办法》，将日常工作考核结果与年底评优相结合，扩大公务员年度民主评议的级次和范围，避免以往"一票制"的偶然性和不合理性。建立干部职称与职务挂钩机制，46名干部报名参加中级职称考试，全局中层干部94.0%拥有职称。实行干部岗位交流常态化。开展《小企业会计准则》培训，启动中级会计师专业资格考试培训，组织中层干部为期3天的封闭式授课。开展全局业务考试，240人参加闭卷考试，合格率100%。3人入选杭州市行政事业类会计领军人才库。加强廉政风险防控，举办"依法行政、强化监督、防范风险、关爱干部"主题教育活动，排查各类风险点144个，风险问题5个。 （富阳市财政局供稿　刘学文执笔）

注：

*"零地招商"：在不增加项目用地的前提下，鼓励引导富阳市外投资者（含富商）在富投资，并办理工商注册登记和纳税登记的手续。

*"塔基工程"：以"个转企""小升规"为目标，按照"培育发展一批、改造提升一批、依法规范一批、回归还原一批"的要求，加大对小微企业的政策扶持。

*"三馆合一"：博物馆、美术馆、档案馆合为一体。

*"三级管理"：市财政局、基层分局、乡镇（街道）财政所管理模式。

临安市

【概况】 2013年，临安市实现地区生产总值409.22亿元，按可比价格计算，比上年增长9.0%。其中：第一产业增加值35.58亿元，增长3.0%；第二产业增加值225.41亿元，增长7.6%；第三产业增加值148.23亿元，增长13.0%。三次产业结构比为8.7∶55.1∶36.2。按户籍人口计算，人均生产总值为77700元，可比价增长9.4%。全年完成财政总收入48.64亿元，增长10.1%，其中公共财政预算收入26.12亿元，占财政总收入比重为53.7%，增长10.4%。税收收入24.99亿元，占公共财政预算收入比重为95.7%。全市公共财政预算支出41.82亿元，增长15.2%。全年财政收支平衡，略有结余。

【组织财政收入】 强化收入预测分析。关注宏观经济和企业经营形势变化，研究经济走势、财税政策调整和企业经营状况对税费收入影响，重点税源监控企业660家，占税收的61.8%。加强税收征收管理。深化《税友龙版》模块应用、数据下行和分析，实施"营改增"扩面工作，建立税收征管风险制度，开展税收绩效考核，启用社会化办税软件代征税款，推进"个转企"与规范企业升级管理，完善存量房交易价格申报质量评估机制。规范非税收入管理。制定采矿权有偿出让管理办法，深化非税收入管理系统改革，全年征收非税收入26.74亿元，增长20.3%。加强社保基金征管。加强地方水利建设基金征管，落实工伤保险差别费率，建立社会保险费征管长效机制，全年征收社会保险费收入15.41亿元，增长62.5%。

【支持经济发展】 完善政策体系。会同有关部门制定加快建设工业强市、推动十大产业发展2013年行动计划、推进农业产业化发展和生态文明先行区建设等30多项政策。兑现各类扶持资金12.27亿元，为18家企业办理周转金3.01亿元，缓解企业融资难题。落实税费减免政策。落实文化改制企业、高新技术企业、小型微利企业、研发费加计扣除企业、国产设备投资抵免企业、安置残疾人员企业等税收优惠政策；全年审核办理各类减免税1.62亿元，所得税税前扣除9917万元，减免地方水利建设基金2253万元；落实部分中小微工业企业临时性下浮基本养老保险费缴费比例减征政策，减征社会保险费4551万元。支持科技事业发展。通过服务青山湖科技城招院引所、实施重大科技项目、配合出台科技型中小微企业认定管理办法等举措，加快推进高新技术产业发展。全年科学技术资金投入2.05亿元，增长19.4%。

【优化支出结构】 全年保障民生支出31.22亿元，增长18.4%，占公共财政预算支出的74.7%。支持教育事业发展。推进临安中学迁建项目，完成青山初中改扩建二期工程、特殊学校迁建项目、昌北初中扩建三期工程并交付使用；启动板桥小学、西林小学和晨曦小学西校区改扩建工程，开工并基本完成清凉峰中心幼儿园主体建设；创建省三级以上幼儿园20所，义务教育标准化学校38所。全年教育支出10.04亿元，增长6.1%。支持文化事业发展。支持市重点工程文体会展中心项目建设，确定农村历史建筑修缮项目38个，投入经费2300余万元，现已完工26处。建成杭州市级文化示范村14个，省级老年体育活动中心1个，杭州市城市体育提升工程村级体育健身广场、公园3个。全年文化体育与传媒支出7694万元，增长19.4%。加大社会保障投入。支持"四边三化""三改一拆"和抗台抗旱，实施被征地农民与老农保制度转换，提高企业退休职工基本养老、失业保险和城乡居民基本医疗保险金等发放标准。全年社会保障和就业支出3.77亿元，增长16.9%。支持医疗卫生事业发展。推进医药卫生体制改革，开展公立医院综合改革试点，提升公共卫生服务能力，完善基本医疗保障办法，市内住院报销比例提高到70.0%，实现医保主要政策框架与杭州市区接轨。全年医疗卫生支出3.61亿元，增长47.7%。支持农林水建设。全面推进"绿色家园、富丽山村"建设，完成村庄环境综合整治行政村30个，启动2条美丽乡村精品线和1个精品区块建设，全市美丽乡村精品村和特色村已占全市行政村数的24.0%。全年农林水事务支出4.81亿元，增长23.8%。控制政府运行成本。制定行政事业单位物业管理办法，从严控制行政经费和一般性支出，全年一般公共服务经费支出增幅低于公共财政预算支出6.9个百分点，"三公"经费支出1.19亿元，同比下降20.5%。

【推进财政管理改革】 细化部门预算、专项预算、国有资本经营和基金项目预算编制，启用新预算编制管理系统，所有部门预算提交市人代会审议，推进预算信息公开。出台青山湖科技城财政管理办法，推进镇街财政所标准化建设。全市239家单位纳入国库集中支付，启动镇街国库集中支付改革，深化公务卡制度改革，全年发卡5777张，现金使用量同比下降44.0%。

【强化财政监督】 制定财政专户资金管理办法，开展财政财务专项检查，实行预算资金绩效评价试点，涉及财政资金6476万元。制定政府性投资项目工程量变更管理等办法，全年核减工程造价5292万元、核减率12.1%。制定政府采购供应商诚信管理等办法，全年节约资金2567万元、节约率18.0%，推进公务用车专项治理和改革。加强对财会人员管理，全年组织各类业务培训3168人次、考核1381人次。

【加强国资管理】 在全市范围内推广应用资产管理信息系统和资产条码管理系统，实现资产全过程的网络动态管理和监督。加强对行政事业单位出租房（地）产管理、监督、检查工作，理清租赁关系，建立长效管理机制。研究制定全市国有企业改制剥离资产"三改一拆"行动方案。加强对地方政府融资平台公司管理，防范财务风险。

【提升队伍素质】 抓教育培训。开展"打造书香机关·提升素质能力"活动，邀请专家作廉政报告；安排财税骨干赴上海财经大学轮训；组织中层干部到监狱接受警示教育；会计结算中心获"杭州市五一巾帼标兵岗"称号。抓制度建设。制定落实八项规定实施意见、效能建设督查问责等制度，健全党风廉政建设、行风监督评议等27项办法。抓监督管理。加强基层党组织建设，健全阳光考核和党员发展管理，开展述职评议、公述民评和财税廉内助等活动，形成局领导不定期暗访、机关科室与基层分局交叉检查、中层干部轮流巡查的监管格局。

（临安市财政局供稿　邵佳路执笔）

桐庐县

【概况】 2013年，桐庐县实现生产总值278.04亿元，按可比价格计算，比上年增长8.1%。其中：第一产业增加值20.86亿元，增长2.8%；第二产业增加值160.32亿元，增长6.6%；第三产业增加值96.86亿元，增长12.0%。三次产业结构比为7.5∶57.7∶34.8。按户籍人口计算，人均生产总值68642元，增长7.9%。全县财政总收入37.44亿元，增长10.1%，其中公共财政预算收入22.13亿元，增长13.5%。全县公共财政预算支出29.97亿元，增长11.0%。全年财政收支平衡。

【组织财政收入】 加强税源管理。监控重点税源企业400户，推进税源管理专业化进程。加强涉税信息比对分析。实施建筑企业所得税预警制，强化建筑项目登记管理。建立涉税信息共享机制，深化第三方数据应用。开展房产税、城镇土地使用税清查，推进房地产项目土地增值税清算。做好"营改增"征管衔接及收入影响分析。推进“个转企”,落实小微企业税收起征点优惠政策。财政收入质量持续提升。全年公共财政预算收入占财政总收入的比重为59.1%;公共财政预算收入中的税收收入20.12亿元,占比90.9%。规范非税监管。开展行政事业单位机关事业类、企业类“双费种”登记和社保费个人明细申报试点。推广应用新版非税收入信息系统。组织非税收入19.40亿元,增长92.4%,其中政府性基金收入17.00亿元,增长111.1%。组织全县社会保险基金收入15.10亿元,下降8.7%。

【促进经济转型发展】 加快现代农业提质增效。争取省级以上农业综合开发资金3575万元,兑现现代农业产业化政策资金3500万元。推进土地开发整理。加快高标准农田、“两区”建设,支持现代农业产业化发展。建设“一乡一业”现代农业示范区14个。完成百强企业“亩产税收”综合贡献评价服务机制调研。推进企业转型升级。兑现涉企扶持资金2.00亿元。制定出台促进快递业、总部经济等发展政策。完善医疗器械、建筑业等涉企扶持政策。筹集人才专项资金800万元。落实科技创新“双十”培育计划*资金200万元,开展规模以上企业科技“全覆盖”。全年安排科学技术支出1.16亿元,增长13.2%。重点支持科技攻关、科技创新平台、产学研合作。兑现结构性减税清费政策,全年减免税额9190万元,集中减征社保“四费”*3266万元。支持第三产业提速发展。落实现代服务业专项资金1.02亿元,其中文创扶持资金500万元,扶持文创产业做大做强;旅游发展专项资金1500万元,推进省级全域旅游专项改革试点县建设。落实电子商务专项资金500万元,成立电商协会,推动电商产业园、阿里巴巴桐庐产业带发展。

【支持城乡统筹发展】 推进美丽乡村建设。修订完善美丽乡村建设实施意见,安排城乡统筹资金3.94亿元。安排乡村慢生活体验区项目资金1000万元;安排农村历史建筑维修资金1150万元,江南古村落风景区创成3A级景区。筹集一事一议财政奖补资金4687万元,完成一事一议财政奖补三年规划编制,实施村级公益事业项目105个。深化一事一议财政支农奖补机制,整合农田水利、环境整治、农民安全饮水工程及美丽乡村建设等涉农项目资金。被农业部授予全国首批一事一议规范县称号。加大农村生态治理力度。启动农村生活垃圾分类收集处理全覆盖。安排小农水利重点县、千库保安和城市排山洪等工程建设资金8000万元。完成农村生活污水处理设施全覆盖。县治水经验被评为全国基层治水十大经验之一。提升农村生活品质。制定出台扶持薄弱村发展集体经济等激励政策。落实“区县协作”“联乡结村”项目资金8371万元。安排农村住房改造项目资金439万元,加大农村危房改造投入,安排农村困难家庭危房改造项目资金650万元。安排农村“文化礼堂”建设资金228万元,安排农民教育培训资金190万元,推动人文桐庐、文化强县建设。兑现家电下乡补贴395万元,发放种粮农民补贴1241万元,落实强农惠农政策。推进分水镇小城市培育和中心镇建设,安排中心镇“数字城管”资金393万元,实现城乡一体化发展。

【保障民生事业发展】 全年用于民生保障和社会事业支出24.65亿元,占公共财政预算支出的82.2%,增长15.0%。推进教育事业发展。实施“教育卫生质量双提升”工程,全年安排教育支出6.95亿元,增长11.4%,达到“三增长、两提高”*目标比例。推进医疗卫生发展。安排医疗卫生支出2.93亿元,增长30.1%。完善公立医院财政补偿政策,推进县级医疗卫生体制改革。投入795万元建成县残疾人康复中心。推进文化事业发展。安排文化体育与传媒支出6636万元,增长13.5%。深化文化强县建设,确保文化投入高于财政经常性收入增长比例。推进社会保障事业发展。安排社会保障和就业支出3.56亿元,增长18.1%。提高老年人春节慰问金、社会救助、农村五保供养和城乡低保发放标准,向60周岁以上老人发放春节慰问金2645万元。降低大病致贫救助门槛,行政村实现“银龄互助会”和居家养老服务站全覆盖。推进生态文明发展。安排节能环保支出9569万元。支持国家生态文明建设示范区、“三改一拆”、“四边三化”等专项工作。

【推进财政管理改革】 深化预算管理改革。初步构建由政府公共预算、政府性基金预算、国有资本经营预算、社会保障预算及政府性债务计划组成的“全口径”政府预算体系。推进预算公开,部门预算编制接受人大代表公开审议。加强乡镇财政管理。健全乡镇财政管理机构,启动乡镇公共财政服务平台建设试点。加强预算执行管理。实施公务卡强制结算目录,全年公务卡消费784笔,同比增长155.4%。试点实施乡镇国库集中支付制度,完成乡镇公务卡发放。严格控制一般性支出,“三公”经费下降20.6%。出台《行政事业单位常用资产配置预算标准》,强化资产管理与预算管理有机结合。严格预算执行,从严控制预算追加。加强政府采购管理。出台县政府采购履约验收管理办法,推动分散采购委托代理工作,全年政府采购资金节约率12.5%。推进公车改革。制定县级机关非参公事业单位车辆定编等方案,完成首轮公务用车制度改革。加强数字财政管理。完善数字财政建设,加强数据共享及深度开发利用。

【强化财政监督管理】 加大国资管理。加强国有企业、国有资产及财务监管,规范国有企业用工管理。加强政府债务管理。严格举债和担保程序,摸清债务底数,提高债务风险防范能力。强化资金监管。加强政府性投资项目评审,完成各类财政投资评审项目52个,审减投资1.26亿元。扩大预算绩效评价项目覆盖面,强化评价结果与预算编审的有机结合。开展财政资金安全检查整改,建立预算执行动态监控制度。修订政府性资金存贷挂钩办法,直接挂钩政府性资金与金融机构政府性贷款规模。开展农业专项资金清理。整合农业发展专项资金,健全支农项目库建设。

【加强干部队伍建设】 深化党风廉政建设。制定《关于进一步深化作风建设的通知》。以《税友龙版》、"金财工程"及电子监控为依托,做好《税友龙版》廉政效能风险防控模块推广应用工作。完善干部培育机制。开展党的十八届三中全会精神、《小企业会计准则》、财税业务知识等培训和竞赛。完成新一轮中层干部竞争上岗和一般干部轮岗。选派年轻干部到对口部门、基层挂职锻炼。全局拥有省级各类人才库成员15人。推进财税文化建设。举办"中国梦"主题演讲比赛等活动,参加机关健身运动会,获个人、团体多项第一。县局连续7年被县政府授予"依法行政优秀单位"称号,连续8年在县级部门综合考评中获得优秀。 (桐庐县财政局供稿 胡 丹执笔)

注:

*"双十"培育计划:从2013年开始启动实施行业引领型科技创新项目和科技型小微企业"双十"培育计划,发挥科技创新在推动产业升级、经济转型发展中的引领支撑作用。

*社保"四费":即职工基本养老保险费、失业保险费、工伤保险费和生育保险费。

*"三增长,两提高":"三增长"即财政经常性收入增长,财政教育拨款有所增长,且高于财政经常性收入增长;生均教育经费有所增长;教育工资和生均公用经费有所增长。"两提高"即财政教育经费支出占国民生产总值的比例有所提高;教育经费支出占财政总支出的比例有所提高。

建德市

【概况】 2013年,建德市实现生产总值271.24亿元,比上年增长7.8%。其中:第一产业增加值27.55亿元,增长6.2%;第二产业增加值149.34亿元,增长8.5%;第三产业增加值10.75亿元,增长12.7%。三次产业结构比为10.1∶54.8∶35.1。按户籍人口计算,人均生产总值53384元。全社会固定资产投资额117.65亿元,增长22.3%;消费品零售总额77.27亿元,增长14.8%。全市财政总收入30.72亿元,增长4.0%,其中公共财政预算收入17.31亿元,增长8.2%;公共财政预算支出27.43亿元,增长8.6%。全年财政收支平衡。

【组织财政收入】 优化收入结构。公共财政预算收入占财政总收入的比重为56.3%,税收收入占公共财政预算收入95.3%。创新征管举措。强化部门协作,与国土、住建、法院等部门协作,实现"信息共享";强化股权转让个人所得税征管,入库税款864万元;规范破产企业税收债权法律保护,申报税收债权12件,保障国家税款优先入库。加强非税征管。推进非税收入征管信息系统应用,开展行政事业性收费验审和财政票据年检;构建土地出让金收支管理一体化平台,加大土地出让金征收催欠力度;全年组织非税收入18.01亿元,增长30.0%,其中政府性基金收入17.18亿元,增长31.0%。完善社保费征缴。调整工伤保险、生育保险费率,出台社保费征管业务操作规程,做好自谋职业者社会保险费地税自行征收工作,全年组织社会保险基金收入10.33亿元,减征10.8%。

【支持经济发展】 建立健全扶持政策。出台各类产业扶持政策13项,培育鼓励小微企业做强做大,推进科技创新和品牌创建,开拓国际国内市场,发展外向型经济。兑现补助资金。落实本级财政扶持企业资金1.80亿元,指导295家企业向上争取补助资金8011万元。减轻企业负担。按规定取消、免征和降低部分行政事业性收费,兑现各项结构性减税政策9357万元;临时性下浮企业社保费缴费比例,减征2460万元,惠及中小微工业企业1770户;办理财政应急转贷资金358笔,为企业节省利息支出3300万元。优化服务环境。开展服务企业百日专项行动,推进行政审批制度改革,建立培育上市企业点对点服务机制。

【保障重点支出】 全年用于民生保障和社会事业支出21.63亿元,增长10.8%,占公共财政支出的78.6%,较上年提高1.7个百分点。落实强农惠农政策。农林水事务支出4.39亿元,增长10.4%,主要用于加快现代农业发展,支持草莓、莲子等特色产业培育,壮大农业龙头企业,扶持农民专业合作组织、小型农业水利设施建设、农村综合改革等方面。支持发展科教文卫事业。科教文卫支出11.14亿元,增长9.9%,用于扶优扶强、推进重大科技创新项目;发放义务教育学生爱心营养餐,开展"书香"校园活动;实施校舍维修改造,开展文化"四送"*活动,扶持婺剧发展,加大对农村历史建筑和非物质文化遗产的保护力度。深化新医改和公立医院改革,公立医院财政补助2420万元,较上年增长86.1%。社保就业支出增长13.3%,新增支付精减退职人员生活补助1470万元,保障就业长效机制实施,加大农村低保补助和生活救助,增加财政对社保基金的补助。支持生态建设。节能环保投入1.19亿元,增长5.8%,主要安排用于"三改一拆"、"三江两岸"、"四边三化"、化工电镀行业整治提升等重点工作资金保障,加强生态城市建设,推进资源综合利用和可再生能源建设。

【深化财政改革】 深化预算管理改革,设立预算编制中心,实施编制、执行、监督三分离,提高预算编制的科学化水平。首次试编国有资本经营预算,完善全口径政府预算体系。制订公务卡强制结算目录,规范和减少预算单位现金结算行为。梳理规范财政业务内部流程,健全内部监督制约机制,试行网上银行支付,加快资金拨付效率。推进乡镇财政规范化建设,启动乡镇国库集中支付改革试点。

【强化财政监管】 开展财政对外借款清查,压缩财政暂付款规模,做好财政专户清理整顿工作,确保财政资金安全。配合审计部门开展地方政府债务审计工作,摸清"家底",做实债务基数。健全国资监管制度,加强行政事业单位资产管理,促进国资规范化管理。开展"厉行勤俭节约、反对铺张浪费"专项治理,压缩一般性开支,规范"三公"经费管理,实行公务支出月报制度,严格四项费用开支标准,全市"三公"经费和会议经费支出下降8.9%,其中会议经费下降39.2%、公务接待支出下降15.5%。规范政府采购行为,组织政府采购7380万元,节约资金772万元。加强工程建设项目概、预、结算审核,审查项目106个,核减资金2068万元。实施专项资金绩效目标申报管理,对15个民生项目试行绩效目标批复,加强财政支出绩效评价,实施监督检查项目20个、绩效评价项目52个,涉及资金3.51亿元。

【加强队伍建设】 强化勤政廉政建设。开展廉政风险防控机制建设,构建以"制度+科技+文化"为核心的三位一体廉政风险体系。强化基础基层建设。筹备成立建德市财政局直属机关委员会和建德市财政局直属机关纪律检查委员会;开展"制度建设年"活动,修订完善局系统工作目标责任制考核办法;开展部分中层岗位竞聘和一般干部轮岗交流,轮岗交流面占全局干部队伍总数的18.9%。强化能力素质建设。实行干部学习日制度,制订年度干部理论知识、业务培训教育计划,按月下发指导性学习安排。提高干部队伍业务素质。

(建德市财政局供稿 骆 炳执笔)

注:

*"四送":送书、送戏、送电影、送器材。

淳安县

【概况】 2013年,淳安县实现生产总值173.31亿元,按可比价格计算,比上年增长10.3%;其中:第一产业增加值28.66亿元,增长3.0%;第二产业增加值71.02亿元,增长10.8%;第三产业增加值73.63亿元,增长12.6%;三次产业结构比为16.5∶41.0∶42.5。按户籍人口计算,人均生产总值37964元,增长4.2%。全县财政总收入19.20亿元,增长11.6%,其中公共财政预算收入12.55亿元,增长11.9%;全县公共财政预算支出37.59亿元,增长36.8%。全年财政收支平衡。

【组织财政收入】 优化收入结构。公共财政预算收入占财政总收入比重为65.4%;税收收入11.55亿元,占公共财政预算收入比重为92.0%。强化分析预测。关注经济走势、财税体制改革动向,建立税源企业税收收入预测报表制度。加强财政、国税、地税三方协作,提高收入预测准确度,把握收入主动性。加强税源管理。实施税源专业化管理,强化重点行业、企业、项目税源的监控分析,重点税源管理企业增加到200户,重点税源税收占税收收入比重61.0%,提高5.2个百分点。提高征管效率。深化《税友龙版》应用,强化数据分析和清理,开展房产税、土地使用税税源普查;加强综合税负预警,实施纳税评估113户;建立审计式税务检查机制,优化稽查主协查制度,全年查补入库税费986万元。加强社保费扩面征缴,组织社保基金收入5.84亿元,增长22.0%。规范非税收入监管。规范非税收入分类、预算、收缴管理,新版非税收入征管软件覆盖全部125家征收单位。全年组织非税收入13.38亿元,下降15.6%,其中政府性基金收入11.95亿元,下降16.8%。

【支持经济发展】 完善扶持政策。修订服务业扶持政策,出台商业特色街区、商贸服务业发展扶持办法,制订现代农业园区、建筑业、小微企业创业基地财税扶持政策。完善个体工商户转型升级企业扶持奖励办法,累计"个转企"473家,提前两年完成三年任务。加大奖补力度。设立科技城建设专项资金3000万元,扶持战略性新兴产业、特色优势产业和科技服务类企业发展。安排食品安全专项资金1000万元,促进食品安全监管体系建设。全年拨付涉企财政扶持资金2.71亿元。优化城市环境。加大基础设施投入,支持景观飘带、珍珠广场、淳杨公路等重点项目建设,拨付政府投资项目建设资金67.00亿元。落实减负政策。落实"营改增"、小微企业营业税减征政策,移交国税"营改增"企业24户。全年审核减免困难企业房产税、水利建设专项资金、中小微企业社保费等税费7397万元。服务企业发展。开展支持浙商创业创新专项行动,通过现场走访、企业座谈、专题培训等形式,宣传最新财税扶持政策,协调解决企业困难。深化行政审批改革,简化办事流程,压缩审批时限,提升财税服务效率。

【促进城乡统筹发展】 全年财政投入"三农"资金19.78亿元,增长22.1%。支持基础设施建设。加大资金整合力度,拨付城乡统筹建设资金17.76亿元,推进汾口浪川城乡统筹产业集聚区、中心镇、中心村、特色村和美丽乡村精品带建设。实施千岛湖镇撤村建居和农民异地转移集聚工程，新转移集聚人口3680人。完善涉农政策体系。制定扶持经济薄弱村集体经济、毛竹产业、农业产业化发展等财政奖补政策，出台农村基础设施长效维护制度，扶持集体经济薄弱村发展等项目资金管理办法。加快农业综合开发。统筹项目申报和资金管理，“千岛湖牌优质桑蚕茧产业化提升项目”被列为国家农业综合开发试点。强化农业园区和农业龙头企业培育，新增省级农业示范园区3个，新增省市级农业龙头企业6家。推进美丽乡村建设。实施全县景区化战略，扶持乡村休闲旅游产业发展。加大一事一议奖补政策力度，推进农村公益事业建设。

【保障民生事业支出】 全年民生保障和社会事业支出24.98亿元，占当年公共财政新增财力的70.1%。支持教育科技事业发展。全年教育支出7.45亿元，增长12.4%。安排150万元提高偏远农村教师待遇，投入1642万元实施农村教育设施和食宿改善工程。实行民办教育财政扶持，引进2所优质民办教育学校。加大科技投入，人均科普经费2.4元。全年科技事业支出7708万元，增长20.3%。支持文化体育事业发展。全年文化体育与传媒支出5768万元，增长21.1%。修缮17处农村历史建筑，建设23处村级文化礼堂。落实经费保障全民健身、体育赛事活动开展。促进医疗卫生事业发展。全年医疗卫生投入3.65亿元，增长27.0%。实施公立医院改革政策性亏损财政补助，支持县级医院委托省市优质医院管理。投入2.33亿元提高城乡居民医疗保险财政筹资标准。加快社会保障体系建设。全年社会保障和就业支出2.85亿元，增长23.9%。安排城乡居民社会养老保险资金9627万元，企业退休人员基本养老金标准人均提高257元/月。支持安居工程建设，建设保障性住房40610平方米，实施农村危旧房改造220户。加大生态环保事业投入。全年生态环保建设投入3.73亿元，重点保障污水处理设施、排污管网及生态系统监测等设施建设。投入1500万元，实施行政村生态环境综合整治项目20个。保障乡镇交界断面水质考核资金，支持“美丽杭州”实验区建设。

【推进财政管理改革】 深化预算管理。完善预算定额标准体系，规范预算支出项目。接受县人大常委会财政事项专题询问，落实人大监督审议建议。盘活存量资金，开展预算单位结余资金清理。推进国库集中支付改革。深化国库集中支付制度和公务卡制度改革，推行公务卡强制结算目录管理，4个乡镇实施国库集中支付改革。全年国库集中支付资金15.15亿元，累计办理公务卡3242张，预算单位公务卡结算支出354万元，增长297.0%。严控“三公”经费支出。落实“三公”经费预决算制度，严格执行四项经费支出标准。制定公务用车控购管理办法，建立预算单位“三公”经费统计报送制度。全年“三公”经费支出下降14.6%。

【强化财政监督管理】 强化预算绩效管理。建立预算绩效运行跟踪监控机制，对55个预算支出50万元以上的政策性项目实施绩效目标管理，涉及金额2.28亿元。组织绩效评价项目16个，涉及财政资金2.38亿元。实施行政事业单位监督检查18家，整改落实问题38项，涉及金额4473万元。加强政府投资项目监管。制定政府投资项目竣工财务决算实施办法，完善预算审核提速增效机制。完成政府投资项目预算审核40.48亿元，核减不合理资金2.33亿元。加强政府采购监管。加强政府采购预算编制和预算执行管理，依法处理政府采购违规案件2起。全年政府采购1.19亿元，节约采购资金0.21亿元。加强国有资产监管。制定行政事业单位国有资产配置管理办法，出台通用办公设备家具购置费预算标准，全年办理国有资产划转5081万元，审批处置国有资产2964万元。强化财会从业人员教育。开展新《会计从业管理办法》《事业单位会计准则》《事业单位会计制度》宣传和培训，完成会计人员继续教育3666人次，组织财政支农政策培训452人次。加强“阳光政务”建设。全年公开政府采购项目信息157项、政府投资项目信息169项。

【创新乡镇财政管理】 全县乡镇财政总收入2.37亿元，增长2.6%，占全县财政总收入的12.3%；乡镇公共财政预算收入1.07亿元，增长3.9%，占全县公共财政预算收入的8.5%。推进乡镇财政规范化建设，完成全部23个乡镇公共财政服务平台硬件建设。规范乡镇财政队伍建设，招录乡镇财政人员8名。推进乡镇公共财政服务平台软件运行，完成县乡财政联网。加强乡镇财政资金管理，落实就近就地监管办法，6项涉农民生补助资金纳入乡镇公共财政信息系统软件管理。规范乡镇财政和政府单位财务核算体系，实施乡镇财政财务分账核算。

【加强干部队伍建设】 开展主题教育。开展“学党章、守纪律、转作风”主题学习实践活动，组织“三问三送”“结对帮扶”等活动，举办“学习十八大、践行新党章”专题报告会。注重干部培养。实施青年干部三年培训计划，组织参加省市局《小企业会计准则》统考，平均成绩列杭州6县市第一名。全年新招录6名公务员和1名事业单位干部，组织提拔县管干部1名。丰富文化建设。组织各类文体活动，开展“奉献财税”演讲比赛。完善财税课题调研机制，实施调研文章公开演讲展评。完成调研课题8个，获市一等奖、省二等奖各1篇。深化效能建设。建立兼职纪检监察员制度，强化机关作风效能监督检查。开展局内科室“问效评议”活动，组织科室创建县级“满意基层（站所）”活动。

（淳安县财政局供稿　何　润执笔）

宁波市财政工作概况

宁波市

【概况】 2013年,宁波市实现生产总值7128.87亿元,按可比价格计算,比上年增长8.1%。其中:第一产业增加值276.35亿元,下降1.2%;第二产业增加值3741.72亿元,增长8.2%;第三产业增加值3110.80亿元,增长8.8%。三次产业结构比调整为3.9∶52.5∶43.6。按户籍人口计算,人均生产总值为123139元。全社会固定资产投资3422.95亿元,增长18.0%。社会消费品零售总额2635.71亿元,增长13.3%。外贸进出口总额1003.30亿美元,增长3.9%,其中出口657.10亿美元,增长7.0%;进口346.20亿美元,下降1.4%。港口货物吞吐量完成4.96亿吨,增长9.5%;集装箱吞吐量完成1677.4万箱,增长7.0%。城市居民人均可支配收入41729元,增长10.1%;农村居民人均纯收入20534元,增长11.1%。全市公共财政预算收入1651.18亿元,增长7.5%,其中地方财政收入792.81亿元,增长9.3%;全市公共财政预算支出939.89亿元,增长13.5%。全市地方财政收入占公共财政预算收入的比重为48.0%,地方财政收入中税收收入占比92.5%。市级公共财政预算收入349.57亿元,增长3.8%,其中地方财政收入72.08亿元,下降2.5%;市级公共财政预算支出197.05亿元,增长10.3%。全市及市级财政收支平衡,预算执行情况良好。

【强化组织收入】 完善财政收支分析联席会议制度,做好财政收支预测分析。加强重点税源预测和分析,推进税源监控平台建设。规范土地增值税征收管理,深化房地产税收征管一体化系统应用工作。设立与直属分局合署的大企业管理局,对全市大企业进行纳税风险税务审计,入库税款4326万元。拓展网上办税业务,纳税人网办业务比例达到72%,基本实现网上大厅与实体大厅业务同质化要求,为纳税人提供方便快捷的办税服务。规范非税收入管理,拓展资源类收入空间,加强和规范排污权有偿使用收入管理,推进基金预算结余结转资金管理,全年非税收入806.81亿元。

【服务经济发展】 落实优惠政策。落实结构性减税政策和清费减负工作,执行暂免征收部分小微企业营业税等税收政策,加大鼓励高新技术企业、小型微利企业、节能环保企业等税收优惠政策落实力度,推动"个转企"等工作。及时出台"菲特"台风受灾企业灾后自救全力恢复生产有关税收政策,并简化对受灾纳税人的办事程序,在最短时间内落实政策,帮助企业渡难关。支持调结构促转型。市级设立2.10亿元专项资金支持战略性新兴产业发展,投入1.00亿元推进"高成长企业培育计划"和"机器换人",落实2.58亿元支持外经贸发展、拨付2.20亿元扶持服务业重点领域发展。支持创新驱动,安排智慧城市建设专项资金3.00亿元、人才发展专项资金3.05亿元,新材料科技城建设资金4.00亿元。支持城市经济发展,市级落实中心城区城市维护与建设项目资金35.74亿元,投入金融发展专项资金2.48亿元。支持生态文明建设,市级落实1.99亿元推进节能环保和淘汰落后产能,实施八大重污染行业专项整治提升。

【优化支出结构】 压减一般性支出。落实中央八项规定和厉行节约反对浪费条例,压缩一般性支出,对各部门公用经费和小专项实现零增长,"三公"经费预算在上年执行数基础上压缩10%。规范开支标准,协同有关部门制订出台公务接待规定、规范因公出国管理,出台公车配备使用管理规定,全面停止新建党政机关楼堂馆所,严格控制办公用房维修改造项目。当年宁波市"三公"经费支出比上年下降19.1%。保障民生支出。坚

财政政策扶持产业链龙头企业技术改造

持有保有压，落实好各项民生政策，全市民生支出598.83亿元，占地方财政支出比重65.5%，其中市本级民生支出113.56亿元，占比63.4%。全年教育支出24.47亿元，主要用于高等教育发展、支持普惠民办性幼儿园等学前教育发展、提高生均经费定额标准等。市级普高、职高生均公用经费分别由2400元、4300元提高到2600元、4500元。社会保障和就业支出19.97亿元，主要用于企事业单位退休人员、城乡居民等各类人群待遇的发放、帮扶高校毕业生、城镇困难人员、退役军人等重点人群就业、保障困难群众的基本生活以及推进社会养老服务体系建设等。医疗卫生支出11.13亿元，主要用于促进市级公立医院发展、建设医疗卫生基础设施项目、保障城镇居民医疗保险制度运行、提高城镇居民基本医疗保险财政补助水平。文化体育与传媒支出4.26亿元，用于支持艺术剧院改造，宁波博物馆、保国寺提升改造等工程，支持扩大公共文化服务体系建设覆盖面。市级投入67.8亿元推进十方面41项民生实事项目。支持抗洪救灾和复产重建。面对"菲特"强台风造成的损失，通过整合市级财政专项资金、统筹行政经费及"三公"经费结余等办法，筹措救灾复产资金6.28亿元，争取中央、省财政补助3.15亿元，统筹用于支持抗洪救灾和灾后复产重建。

【深化财政管理改革】 推进综合预算改革，出台结余结转资金管理办法，盘活存量资金，加强政府性基金预算管理，建立健全覆盖全市的预算执行动态监控体系，增强政府财力统筹力度。探索预算绩效管理改革，加强对重大项目的财政支出评价工作。推进预决算信息公开，市级和宁海县、镇海区等向社会公开当年"三公"经费预算信息。全面实施国库集中支付改革，市级公共财政预算资金和政府性基金预算资金全部纳入国库集中支付范围。深化公务卡制度改革，在全市推行公务卡强制结算目录。创新政府采购方式，推行网上竞价采购。

【加强财政监督管理】 深化财政监督，探索预算绩效管理改革，加强对重点项目的财政支出绩效评价工作；建立健全覆盖全市的预算执行动态监控机制，规范预算单位支付行为。开展财政专项资金检查工作和"三公"经费使用检查集中行动，提升财政监督能力。完成全市地方政府性债务风险调查摸底工作，完善计划管理，防范债务风险。完善国有资产管理体系，推进国有资产处置进场交易管理。实施会计准则制度，提升会计管理水平。

【加强干部队伍建设】 推进党建廉政工作。深入开展党的群众路线教育实践活动。广开门路征求意见，通过走访基层、问卷调查、召开各个层面的座谈会、设置意见箱等多种方式征求到各类意见建议200余条。查摆"四风"方面存在问题，坚持立行立改，抓好整改落实。全年会议较上年减少30.8%，文件精简12.5%，清理不适宜规范性文件21件，制定和完善制度57件。做好干部管理和教育培养。完善干部选拔任用办法，坚持"公开公平、竞争择优、能干实干"的选人用人原则，2名干部任副局级领导，24名干部选拔到局中层领导岗位。重视干部岗位激励，通过向上争取职数和职级、向外输送干部及优化机构设置等渠道，为干部提供机会。启动会计硕士专业学位培养工程，加大年轻干部和专业人才培养力度。深化反腐倡廉建设。注重教育引导，组织开展"廉政文化进财税"系列活动，提高党员干部廉洁自律的自觉性。推进网上行政执法暨电子监察系统建设，加大对重点领域和关键环节的监督检查力度，实现财税干部和财政资金"双安全"。

（宁波市财政局供稿　谢　鲁执笔）

注：

因体制和口径原因，宁波市及所辖县（市、区）"财政总收入"统一表述为"公共财政预算收入"，"公共财政预算收入"统一表述为"地方财政收入"，特此说明。

鄞州区

【概况】 2013年，宁波市鄞州区实现生产总值1177.70亿元，比上年增长9.5%。其中：第一产业增加值40.10亿元，增长0.5%；第二产业增加值714.80亿元，增长8.6%；第三产业增加值422.80亿元，增长12.3%。三次产业比重依次为3.4%、60.7%和35.9%。按户籍人口计算，人均生产总值140926元，增长12.2%。全年固定资产投资505.10亿元，增长20.2%。全年公共财政预算收入258.63亿元，增长9.0%，其中地方财政收入153.29亿元，增长12.5%，占公共财政预算收入的59.3%；税收收入142.96亿元，占地方财政收入的93.3%。公共财政预算支出120.22亿元，增长8.3%。全年财政收支平衡。

【组织财政收入】 密切关注经济形势及宏观政策变化对财政收入的影响，加强与国地税的联系，做好收入定期分析和前瞻性预测工作。全区23个乡镇（街道）完成公共财政预算收入121.70亿元，增长11.0%。21个乡镇（街道）收入逾1亿元，其中10个逾5亿元。加强非税收入管理，全年收缴非税收入10.33亿元。

【支持经济发展】 整合和完善财政支持经济发展的多项政策，安排财政扶持资金8.40亿元，重点支持实体经济。加大财政科技投入，落实5.06亿元支持企业自主创新，增长24.2%。全年第二产业税收104.2亿元；第三产业税收81.43亿元，增长

22.7%,对财政收入的贡献率为39.1%。落实结构性减税和清费减负政策,加大鼓励高新技术企业、小型微利企业、节能环保企业等优惠政策落实力度,支持推动"个转企"等工作。

【保障民生支出】 加大对民生的保障和支持力度,全年用于民生支出76.30亿元。教育支出21.35亿元,重点支持巩固城乡统筹全免费义务教育、支持实施教育三年提升计划、强化学前教育公益性和普惠性,促进教育均衡发展。社会保障和就业支出16.79亿元,支持老年人生活补贴政策与城乡居民养老保险制度并轨,提高低保标准至人均每月588元,发放社会救助款2.70亿元;加大就业和创业扶持力度,新增就业岗位2.4万个,7008名城镇失业人员实现再就业。医疗卫生支出9.16亿元,农村医保统筹政策住院费用补偿比例提高到75.0%,支持医药卫生体制改革,健全医疗服务体系。

【支持"三农"发展】 建立财政支农稳定增长机制,全年"三农"支出50.00亿元,增长9.9%。加大财政转移支付力度,安排1.00亿元专项转移支付资金,用于8个乡镇的13个民生项目建设,促进乡镇基本公共服务均等化和区域协调发展。完善一事一议财政奖补机制,实施项目29个,涉及18个乡镇29个行政村,总投资3151万元,受益人数19324人。

【深化财政改革】 深化国库集中支付改革,将工业发展资金、农业综合开发基金、基本建设资金等纳入专项集中支付,全年国库集中支付金额79.88亿元。扩大公务卡覆盖面,严格执行公务卡强制结算目录。建立结转结余资金清理机制,收回各类结余资金1.15亿元。落实中央八项规定和厉行节约反对浪费条例,压缩一般性支出,规范开支标准,制订公务接待规定、因公出国管理规定,牵头制订公车配备使用管理规定,控制办公用房维修改造项目,"三公"经费支出下降10.2%。出台乡镇(街道)财政工作新质量化管理体系建设的意见,搭建质量化管理体系框架。推广应用乡镇财政专项资金监管系统,逐步实现全区专项资金高质量统一管理。

【强化国资监管】 建立健全涵盖国有企业财务管理、资产处置、人员机构、薪酬分配、档案管理等监管内容的制度体系。完善行政事业单位资产处置机制,明确资产处置的审批权限、申报程序、处置方式、收益分配等。对国有企业(资产)进行归并重组,重组后资产规模179.05亿元,增长163.2%。完成行政事业单位经营性资产整合移交。在全区行政事业单位推广资产管理信息系统,把资产配置、使用、处置、统计、产权登记等各项资产数据全部纳入信息系统。健全政府性债务有效管理机制,完善债务预警机制,监控债务规模,防范债务风险。

【加强财政监督】 向社会公开2012年度区级决算及2013年度预算情况,指导54家部门做好2013年度部门预算公开。加强对财政政策落实情况及重大财政专项资金使用情况的监督检查,做好7个重点项目的绩效评价。扩大绩效目标实施范围,将1500万元以上预算的30个项目纳入目标管理,涉及资金21.00亿元,制订"专项资金预算绩效目标书"提交人代会审议。重视项目运行绩效,健全季度绩效目标完成情况分析制度。创新政府采购方法,推行网上竞价采购。扩大集中采购规模,全年完成政府采购金额86.30亿元,增长35.3%,资金节约率7.4%。做好政府采购平台、专项资金绩效管理平台、行政事业单位资产管理信息系统、乡镇数字化网上考核系统等软件的开发应用和维护升级工作,提升财政信息化监管水平。

【提升队伍素质】 贯彻落实党风廉政建设各项规定,组织开展"廉政文化进财政"系列活动,开展《廉政准则》贯彻执行情况专项检查。创建学习型机关,制订干部能力素质提升培训方案,涵盖14项业务培训及多项综合素质培训。开展高校联动培训,鼓励干部提高学历层次及技能水平。严格执行作风建设规定,改进调查研究、精简会议活动、规范出访活动、厉行勤俭节约。开展爱心捐款和城乡共建等活动。开展形式多样的文体活动,增强全局干部团队凝聚力。

(宁波市鄞州区财政局供稿　毛　玮执笔)

海曙区

【概况】 2013年,宁波市海曙区实现生产总值523.52亿元,按可比价计算,比上年增长6.7%。其中:第二产业增加值86.03亿元,增长7.6%;第三产业增加值437.49亿元,增长6.6%,对经济增长的贡献率分别为19.3%和80.7%;三次产业结构比调整为0∶16.4∶83.6。按户籍人口计算,人均生产总值17.52万元,增长6.9%。社会消费品零售总额408.91亿元,增长10.0%。自营进出口总额68.21亿美元,增长2.7%。固定资产投资118.62亿元,增长24.5%。城镇居民人均可支配收入41729元,增长10.1%,扣除物价因素,实际增长7.7%。全区完成公共财政预算收入78.08亿元,增长10.1%,其中地方财政收入53.70亿元,增长10.4%;公共财政预算支出25.85亿元,增长15.6%。全区地方财政收入占公共财政预算收入的68.8%,税收收入占地方财政收入的96.2%。全年财政收支平衡。

【科学组织财政收入】 强化收入分析预测。健全财政收入目标责任体系及收入分析、监控良性互动机制。提高与税务部门、街道协作力度,动态监控税源增长情况。加强收入测算分析,全面客观掌握全区经济发展情况。落实政策强化服务。贯彻落实区政府《关于进一步促进区域经济转型升级的若干政策意见》精神,发挥财政政策和资金在财源培育发展中的导向作用,建立领导干部联系服务制度,丰富政策推广模式,畅通企业诉求表达渠道。提升财源建设水平。完善区与街道财力分配办法,修订《海曙区街道财源建设工作奖励补助办法》,调动街道引企稳企的积极性。加大非税收入征管。规范征收管理方式,全年收缴非税收入 2.03 亿元。

【助推经济转型升级】 加大扶持力度。累计安排扶持经济各类支出 2.74 亿元,主要用于落实各项企业扶持政策及外贸企业补贴政策。审核兑现产业扶持资金 1.24 亿元,惠及企业 663 家。发展总部经济,推进维科、狮丹奴等总部在建项目;提升商贸业品质,举办宁波购物节海曙区活动,一批世界知名品牌入驻开业。加大都市工业转型力度,辖区企业获国家“863 计划”立项,授权专利增长 48.0%,限额以上科技服务业实现产值 12.33 亿元,增长 19.3%。推进电子商务强区建设,中国(宁波)跨境贸易电子商务服务出口试点项目落户本区,辖区企业入选“商务部 2013~2014 年度电子商务示范企业”。推进产业平台建设,鼓楼历史文化街区开街运营,宁波节能环保科创园开园,宁波微电影主题文化产业园、城隍庙区域文化产业改造提升项目启动建设。强化要素支撑。区首家村镇银行正式开业,“个转企”三年目标任务提前完成,4 个商务楼宇改造提升项目启动试点,“千人计划”、“3315 计划”* 开始启动运作。

【保障民生需要】 全年民生支出 20.18 亿元,占公共财政预算支出的 78.1%。其中教育、医疗卫生、社会保障和就业等支出分别增长 0.8%、4.3%、21.6%。推动教育优质均衡发展。安排教育支出 4.58 亿元,新增省定义务段标准化学校 8 所,义务段入学率、中小学巩固率、初中升高中段比例、三残儿童入学率均为 100%。推进基本公共卫生服务均等化。安排医疗卫生支出 1.51 亿元,加大城镇居民基本医疗保险财政补助力度,推进区属公立医院综合改革,确保基层医疗卫生机构运转顺畅。加大就业及社会保障投入。安排社会保障和就业支出 3.27 亿元,新增就业人员 12619 人,户籍人口养老参保比例 97.5%,区失独老人照护院投入运营。推进住房保障工作。安排住房保障支出 1.10 亿元,首批 1008 户公共租赁住房配租完成,新增廉租住房保障家庭 542 户,危房解危 1400 平方米。推进城市管理创新。安排城乡社区事务及环境保护支出 4.00 亿元,发挥智慧城管平台效能,推进街面保序、道路清爽、“三改一拆”、疏堵保畅、雨污水管网改造等工作。

【深化财政管理改革】 推进国库集中支付改革。全区 119 家单位新国库系统正式上线运行,国库集中支付动态监控运作机制建设工作逐步推开。巩固公务卡改革成效。截至 2013 年底,全区开设预算单位公务卡专户 119 家,发放个人公务卡六千余张。推动预算公开。政府序列的 35 家部门预算在人代会上公开,提前完成预算公开任务。推行政府采购电子竞价模式。调整修改 2014~2015 年度集中采购目录及限额标准,当年政府采购实际金额 2.06 亿元,资金节约率 17.6%。深化国有资产管理改革。探索国有资产全流程管理模式,全区 148 家行政事业单位固定资产纳入信息化系统集中管理。加强会计事务管理。推行会计从业资格“无纸化”考试及继续教育“考培分离”模式。开展注册会计师行业廉洁从业建设,引导会计师事务所健全内控制度,提高从业人员责任感。

【强化财政监督管理】 强化项目资金统筹管理。引入政府重大建设项目资金集中管理模式,通过银企直联,实现对资金的跟踪监控、统一管理、集中融资、科学调剂,确保全区重大建设项目推进。引入跟踪审计,完善融资平台公司运作流程及内控制度。规范基建资金拨付流程,加强政府投资项目基建财务管理。启动预算绩效管理改革试点。完成 24 个试点项目预算绩效管理编报和集体会审,5 家重点评审单位绩效申报书收入区十届人大三次会议资料。完善“三公”经费管控。建立“三公”经费月度支出分析机制,牵头制订公务接待管理办法,加强全区公务用车编制、配备标准、购车流程及使用管理,全年“三公”经费支出结构和总量得到有效控制。

【提升队伍建设水平】 深化廉洁机关建设。成立区财政局纪检组,制订加强机关效能和作风建设的若干规定,抓好建设责任、宣传教育、日常督查等廉政效能建设重点,获区廉洁机关创建先进单位称号。深化服务型机关建设。全面开展提升“服务质量年”活动,依托数字化财政信息平台,打造科学理财效能品牌和普惠民生服务品牌。深化学习型机关建设。完善党组中心组学习和干部职工学习各项制度,整合各级各类宣教资源,安排“十八大精神”学习贯彻大会、道德讲堂公开课、财政干部综合素质培训班等业务学习活动 20 余场次。拓展干部成长空间。强化科学用人机制和德才兼备用人导向,健全岗位目标责任考核机制,完成新一轮干部提拔任用及轮岗交流工作。

(宁波市海曙区财政局供稿　王丽洁执笔)

注:

*“3315 计划”:即宁波市海外高层次人才引进计划,指引进并重点支持一批海外高层次人才来宁波创新创业,力争 30 名列入中央“千人计划”、300 名列入省海外高层次人才引进计划、1000 名列入市海外高层次人才引进计划,新增海外创新创业人才 5000 名。

江东区

【概况】 2013年,宁波市江东区实现生产总值432.40亿元,按可比价格计算,比上年增长7.20%。其中:第一产业增加值0.30亿元,下降40.2%;第二产业增加值162.80亿元,增长9.30%;第三产业增加值269.30亿元,增长6.00%。三次产业增加值结构比调整为0.1∶37.6∶62.3。按户籍人口计算,人均生产总值163169元。全社会固定资产投资135.10亿元,增长20.6%。社会消费品零售总额224.30亿元,增长12.1%。全区公共财政预算收入65.62亿元,增长8.15%。地方财政收入46.58亿元,增长10.5%,其中税收收入43.12亿元,占地方财政收入的92.6%。公共财政预算支出30.24亿元,增长17.1%。全年财政收支平衡,略有结余。

【组织财政收入】 全面落实财政增收举措。分解年度收入任务,定期召开经济形势分析会和收入专题分析会,密切关注国家财税改革动向。加强重点行业、重点税源跟踪预警,着力解决组织收入实际问题。加大组织收入考核力度。开展"跨越提升"竞赛活动,每月定期公布收入增幅排名,增强部门、街道抓收入的紧迫感和责任感。加强非税收入规范化征管,按照"应收尽收"原则,全年实现非税收入3.46亿元,下降12.4%。

【支持经济发展】 强化政策扶持。落实积极财政政策,以及稳增长措施,促进投资、消费协调增长。开展"营改增"试点工作,实施过渡性财政扶持政策,累计兑现营改增扶持资金0.13亿元,减轻试点纳税人负担。整合完善重点产业扶持政策,加大重点行业、重点税源扶持力度,兑现财政扶持资金4.00亿元,重点支持金融服务等现代服务业加快发展,促进电子商务、平台经济等新型业态培育壮大。落实支持外贸发展各项政策,全年出口退税44.50亿元,拨付外贸扶持资金3600万元,支持企业开拓国际市场。支持创新驱动。加大创新强区投入,科学技术支出1.74亿元,增长15.4%。培育初创型科技企业,支持技术创新、成果转化和创新公共服务平台建设。加快高层次人才培养引进,加强创新型人才队伍建设,发放人才住房补贴、政府特殊津贴和服务业特殊津贴,加快构筑区域性人才高地。调整完善节能减排扶持政策,加快淘汰落后产能。保障项目建设。筹集资金14.73亿元,支持保障房建设和宁丰、余隘等重点区块拆迁改造。落实专项资金支持家博会、美食节等重点消费节庆活动,带动提升区内消费能级。

【加大民生保障】 坚持把保障改善民生和提升生活品质作为财政保障优先方向,全区民生支出20.50亿元,新增财力的73.6%用于民生改善。全力保障实事工程建设。全年投入资金1.49亿元完成背街小巷综合整治、菜市场标准化改造等十大实事工程。支持教育优先发展,公共财政预算教育支出4.36亿元,增长11.3%。加大社会保障和就业投入,支出3.73亿元,增长56.0%;完善医疗卫生体系建设,支出1.78亿元,增长16.5%。加大核心区块建设保障力度,城市建设管理支出5.68亿元,增长18.2%。支持文化事业发展,文化体育与传媒支出0.33亿元,增长43.3%。加大社会管理方式创新和公共安全投入,公共安全及国防支出2.49亿元,增长8.7%。提高自然灾害等突发事件应对能力,及时下拨资金0.11亿元,保障抗击"菲特"台风帮扶救灾资金需要。

【推进财政管理改革】 推进公共财政管理改革,深化项目支出分类改革。完善财政管理制度体系,出台预算单位公务卡强制结算目录和财政国库集中支付动态监控管理暂行办法,健全财政管理制度体系。深化国库集中支付改革,实现单位、资金"全覆盖"。加强财政资金动态监管,完善预算执行动态监控体系,部门资金支付实现24小时动态监控。严格"三公"经费管理,实行"三公"经费月报制度。加大专项结余资金清理力度,提高资金使用绩效。加强政府性债务和国有资产管理。及时清理融资主体往来资金,减少资金占用。加大行政事业资产管理力度,组织开展全区行政事业单位房产专项清查,累计清查各类房产70万平方米。提高国有资产处置效益,通过公开竞价等形式公开处理废旧资产152批次。推进财政信息化、智慧财政建设,围绕深化项目支出分类改革,启动基本数据库与项目库"两库建设"。推进国有企业财务信息系统建设,研发推广"江东区国企财务系统",实行国企财务"一体化、信息化"管理,增强国企财务监管力度。加快完善区、街道财政体制,调动街道组织财政收入的积极性和主动性。

【强化财政监督】 推进预算信息公开,主动向社会公开区级预决算执行情况,信息公开部门增至31个。实施财政"大监督"管理模式,在公用事业、教育事业等行业开展会计信息质量检查,重点对4家单位进行专项检查。深化预算绩效管理,推进财政支出绩效评价,重点对教育部门2011~2012年度教育支出实施整体绩效评价。启动老小区物业管理等专项资金绩效评价工作。加强财政资金绩效自评,全区57个部门的57个项目经费实施绩效自评,涉及资金1.10亿元。

【规范会计管理】 优化会计行业管理。加大会计管理信息化建设力度,启动江东区会计管理信息化系统平台建设。完善会计人员继续教育管理服务力度,扩大网络继续教育"考培分离"

范围,会计继续教育和考试报名实现"网上操作"。严格会计行业行政审批管理,新发放会计从业资格证书586本,新审批符合条件代理记账机构2家。开展代理记账机构年度登记普查。加大财务人员培训力度,组织会计新制度、新规定专题培训10余场,累计培训财会人员8000多人(次)。

【加强干部队伍建设】 学习党的十八大、十八届三中全会精神,推动干部能力建设、机关党建和廉政建设。组织开展"中国梦、我行动"主题宣教活动,提升党员干部大局意识。强化落实党风廉政建设责任制。深化"阳光工程"建设,重点突出党务政务和"三公"经费公开,构建公开透明的阳光工作体系。完善科学用人导向,提高财政干部素质能力。4名干部经过选拔竞聘走上中层岗位。深化"联系服务群众年"活动,组织干部参加各类志愿服务活动,党员干部志愿服务参与面100%。

(宁波市江东区财政局供稿 刘建春执笔)

江北区

【概况】 2013年,宁波市江北区实现生产总值278.43亿元,比上年增长9.2%。第一、二、三产业增加值分别为6.01亿元、98.69亿元、173.73亿元,分别增长-1.4%、7.6%和10.6%。三次产业结构比调整为2.2∶35.4∶62.4。全区人均生产总值12万元,增长8.9%。全区公共财政预算收入66.50亿元,增长10.2%,其中地方财政收入41.90亿元,增长15.8%;公共财政预算支出34.93亿元,增长21.7%。全年财政收支平衡。

【组织财政收入】 优化财政收入结构,公共财政预算收入占财政总收入的51.6%,税收收入63.60亿元,占公共财政预算收入的95.6%。完善收入考核机制,按月、季度分析收入形势,促进收入均衡入库。细化收入增长目标激励措施,推动"基层财政倍增计划"*,各街道、镇全年完成公共财政预算收入50.67亿元,增长13.0%;把握企业培育情况,调整重点梯队,促进"金财511工程"*发展,全年62家重点纳税企业实现税收收入18.20亿元,增长16.2%。加强非税收入管理,规范罚没收入、房租收入等管理方式,全面应用非税收入征缴管理系统,全年组织非税收入2.90亿元。

【支持经济发展】 加大财政扶持力度,完善经济政策体系,全区落实各类政策扶持资金4.02亿元,促进制造业和现代服务业发展。深化"营改增"改革试点,落实过渡性财政扶持政策,累计拨付政策补助941万元,涉及企业40家。支持创新驱动战略,促进"创新江北"建设,推进区科创中心、区中部科技创业园、浙大工业技术研究院等创新平台发展,促进产学研合作升级。保障全区重点区块、项目建设,配合"瞪羚计划"*实施,加快土地利用和出让步伐,稳定城市建设资金来源,巩固政银合作关系,拓宽融资渠道,促进城市功能完善与形象提升。

【支持"三农"建设】 加大"三农"投入力度,公共财政预算内投入3.05亿元,增长70.3%。支持农村生态环境建设,区级投入1808万元,开展"四边绿化"建设、畜禽整治、生态环境整治等活动,通过省级生态区创建技术核查;推进水环境整治,建成10公里生态河道和7个村的生活污水处理设施;支持水利设施建设,区级投入6676万元,重点保障姚江东排工程、姚江堤防维修工程建设和资金监管。支持新农村建设,区级投入1428万元,改善村容村貌,重点支持"美丽乡村""农房两改"等项目,开展村级公益事业一事一议财政奖补工作,区级投入250万元,按进度拨付资金,组织业务培训,开展专项检查,督促问题整改,保障项目建设,提高农村基础设施水平。加快现代农业发展,区级投入977万元,扶持农业龙头企业发展,促进精品园项目建设。

【支持社会事业】 全区投入民生领域资金21.12亿元,增长26.2%,占公共财政预算支出的60.5%。坚持教育优先战略,公共财政预算内教育支出5.26亿元,增长3.7%,保障教育法定支出要求,创建全国义务教育基本均衡区,推进大庆北路配套学校等教育基础设施建设。推进医疗卫生体制改革,公共财政预算内医疗卫生支出2.27亿元,增长59.8%,完善基层卫生服务体系,开展家庭医生制服务和中医"治未病"健康工程,按宁波市第九医院托管合作协议,开展相应财政补助工作。支持社会保障与就业,公共财政预算内社会保障和就业支出2.09亿元,增长18.9%,落实促进就业再就业各项财政政策,推进城乡各类养老保险制度转换衔接。支持文化事业建设,公共财政预算内文化体育与传媒支出4253万元,增长16.7%。举办"星期六·相约老外滩"等系列活动,完善公共文化服务体系建设。筹集与拨付救灾重建资金,支持"菲特"台风灾后重建及恢复生产。

【科学化精细化管理】 邀请区人大、政协等社会各界参与探索财政预算绩效改革,完善第三方财政支出绩效评价机制,加强预算绩效结果应用。推进国有公司整合改革,制订整合方案,完善实施细则,提高国有资产管理水平。深化国库集中支付制度改革,开展财务软件等各项配套机制建设。推进财政基础信息库和项目库二期建设,强化部门预算管理。加强基层财政建设,确定新一轮区对镇、街道财政管理体制(办法),慈城镇成为乡镇国库集中支付制度试点镇。加强政府性债务管理,配合审计署驻上海特派办,完成全区政府债务专项审计。开展“三公”等经费监管工作,出台落实会议费与培训费管理制度,完善国有公司经常性费用支出预算管理,实现政府资金全口径管理。

【加强财政监督】 推进综合监督体系建设,完善制度方案设计,加强与审计、纪检等部门的联系,形成内外结合的监督网络。完善第三方财政支出绩效评价机制,采用竞争性谈判模式,组织中介机构开展评价工作,加强评价报告的结果应用。强化会计管理,开展会计信息质量检查,促进各部门规范财务制度。完成会计人员继续教育工作,组织开展全区农村会计人员财政支农政策培训。加快财政信息公开步伐,完成财政预决算公开及政府序列部门预算向人代会公开等事项。加强国有企业监管,完成22家国有企业审计,规范国有企业营运。开展国有资产清查工作,梳理全区国有资产情况,采用公开招标形式,加强对房产出租监管。

【加强队伍建设】 通过局中心组(扩大)会议等各种形式,组织学习十八大及十八届三中全会精神,全面领会改革部署。加强党风廉政建设,开展廉政警示教育,组织廉政讲座、法庭旁听等活动,树立廉政理念,加强行风督导员沟通联系,完善岗位廉政风险内控机制建设,推进惩防体系建设。转变作风,落实中央“八项规定”、省委“六个严禁”等各项作风建设规定。开设财政论坛、道德讲堂,强化财政核心价值观,增强团队凝聚力。

(宁波市江北区财政局供稿 包 鑫执笔)

注:

*基层财政倍增计划:指为确保实现“十二五”期间财政收入增收规划,力争实现全区财政收入倍增目标,区政府于2011年出台针对街道(镇)的一系列政策组合。

*金财511工程:指为顺利实现江北区国民经济和社会发展第十二个五年规划,促进经济转型升级,拓展财政收入规模,区政府于2011年出台的培育重点税源企业的措施。

*瞪羚计划:即重点区块开发培育计划,旨在通过全区各相关部门发扬“瞪羚”精神,谋求“瞪羚”速度,助力推进两江北岸开发和全区功能区块建设。

镇海区

【概况】 2013年,宁波市镇海区实现生产总值325.22亿元,按可比价格计算,比上年增长8.1%。其中:第一产业增加值6.71亿元,第二产业增加值171.94亿元,第三产业增加值146.57亿元,分别增长1.8%、7.6%和8.8%。三次产业结构比调整为2.1:52.9:45.0。城镇居民人均可支配收入、农村居民人均纯收入分别为41729元和22605元,分别增长10.1%和12.1%。全年固定资产投资242.48亿元,增长20.6%。全区公共财政预算收入82.51亿元,增长10.0%,其中地方财政收入44.97亿元,增长9.3%,占公共财政预算收入的54.5%;公共财政预算支出41.87亿元,增长2.2%。全年财政收支平衡。

【组织财政收入】 加强与国地税等部门配合,分解税收收入目标任务。密切关注重大政策、税收结构、重点行业、重点税源企业等关键因素的影响变化情况,做好测算分析工作,准确掌握全区经济态势。实施税收增长激励政策,调动各方培植财源积极性。全年税收收入42.00亿元,增长10.3%,占地方财政收入的93.4%。组织开展非税征管情况清查,将罚没收入全部纳入非税征管系统,做好煤尘排污费和新一轮排污权总量有偿使用征管。全年组织非税收入29.06亿元,增长35.7%。

【支持经济发展】 完善政策体系,突出扶持重点,财政资金重点用于缓解企业融资困难、促进海洋经济和城市经济等新兴产业培育、支持科技创新“六大平台”*及“121”人才培养工程*等方面。完成441个申报项目的审核和资金兑付,涉及企业(个人)6120家次,兑现区本级专项资金4.12亿元,转拨上级各类奖励补助资金2.08亿元。建立违法企业“黑名单”,违法企业不再享受政策资金补贴。

【保障社会事业发展】 全年各项民生投入29.71亿元,占公共财政预算支出的71.0%,增长13.3%。社会保障和就业支出4.37亿元,增长23.7%。健全基层医疗卫生机构,推进公立医院改革,实现社区卫生星级服务站全覆盖;提高新农合筹资标准和报销比例,为参保农民购买大病商业保险;安排城乡养老、精简职工等特殊人员困难补助1.07亿元,安排城乡低收入群众生活、临时救助、残疾人生活补助和康复工程等资金0.25亿元;安排创业就业补助资金2190万元。教育支出9.01亿元,增长12.3%。设立学前教育专项补助资金3234万元,完善“政府主导、社会参与”的学前教育财政扶持机制;安排职高国家助学金126万元,免费教育经费925万元;落实教育培训专项资金965万元;帮困助学资金400万元,进城务工人员子女专项经费及民办学校建设补助965万元。文化事业发展支出8251万元,增长8.0%。支持“雄镇大舞台”“公益文化免费培训、免费开放”等文化品牌创建;推进城乡一体化公共图书馆服务体系建设。环境保护支出3.84亿元,增长11.6%。重点推进城乡环境整治和生态保护、后海塘煤尘整治、废气专项整治等清洁空气行动及精细小化工行业整治。

【支持“三农”建设】 健全财政支农资金稳定增长机制，促进农业生产、农民增收和农村社会事业发展。财政投入“三农”资金1.75亿元，增长2.1%。安排1.00亿元推进“三村一线”*等为主要内容的新农村建设。推进村级一事一议财政奖补项目，落实项目15个，总投入资金1182万元，其中财政奖补资金886万元，村集体补助资金296万元。推进现代高效生态都市农业转型步伐，重点扶持精品水果、蔬菜园、特种养殖、园艺组培等项目，引导社会投资7628万元，建设完成农业产业化项目37个。

【深化财政改革】 加强预算绩效管理，将此列入镇（街道）财政工作及国有资产经营考核，全年落实评价项目34个，评价金额7.53亿元。深化部门预算改革，预算安排在500万元以上的经常性项目要求设置项目预算绩效目标。扩大国库集中支付范围，将基建资金纳入国库集中支付系统，集中支付金额39.55亿元，其中直接支付金额34.54亿元。完善政府采购管理，建立协议供货产品网上竞价制度，加强政府采购标后管理，完成采购项目450个，采购金额25.08亿元，资金节约率6.7%。

【强化财政监管】 严控行政经费支出，全区102家行政事业单位和政府性投资公司接待费、会议费总额核定数削减10.0%，对公务接待费支出进行单项控制，实际支出下降22.0%。推进公务卡强制结算，将公务接待费等16项支出纳入公务卡强制结算范围，全区公务卡累计开卡6107张，消费总额4527万元。推行国库集中支付动态监控，对全区146家预算单位的财政资金支付活动纳入全过程动态监控中，全年拦截疑似违规支付379笔。细化行政事业单位资产监管，建立“统一接收资产、定期公开处置”的报废资产集中处置机制。强化政府性债务管理，组织开展全区政府性债务摸底调研，推进政府性债务优化管理和信息系统提升。

【加强队伍建设】 落实中央“八项规定”、省委“六个严禁”等文件要求，开展严守“正风肃纪”规定承诺、会员卡清理、副科级以上干部个人廉情信息申报等工作，建立每月明察暗访制度，定期通报检查情况。提高服务效能，结合“三思三创”、“创先争优”、“连心解忧”等活动，走访服务单位370多家，组织财务软件、财政政策等培训30余场。深化教育培训，举办干部专业技能、廉政、心理健康、党史等专题讲座，组织干部赴高校进行系统业务学习，完成培训32期。加强财政文化建设，发挥党、工、青、妇等组织作用，举办知识竞赛、读书沙龙、党日纪念等系列活动18次。（宁波市镇海区财政局供稿 张 慧执笔）

注：

*六大平台：指中科院宁波材料所初创产业园、中科院大连物化所国家技术转移中心宁波中心、中国金融数字文化城、清华校友创业创新基地、西电宁波信息技术研究院及产业园、国际应用能源技术创新研究院。

*“121”人才培养工程：每5年为一个培养周期，每个周期按3个层次选拔和培养优秀中青年人才130名。其中第一层次10名，第二层次20名，第三层次100名。

*“三村一线”：全面小康村、中心村、特色村和旅游精品线创建专项行动。

北仑区

【概况】 2013年，宁波市北仑区（包括宁波保税区和大榭开发区）实现地区生产总值924.62亿元，按可比价计算，比上年增长6.1%。其中：第一产业增加值8.29亿元，下降12.9%；第二产业增加值573.23亿元，增长5.8%；第三产业增加值343.10亿元，增长7.2%。三次产业结构比调整为0.9∶62.0∶37.1，第三产业增加值占地区生产总值比重比上年提高1.3个百分点。按户籍人口计算，全区人均生产总值240471元。全年全区公共财政预算收入180.11亿元，增长18.8%。区本级公共财政预算收入74.95亿元，增长37.2%，其中地方财政收入42.27亿元，增长31.6%，占公共财政预算收入的56.4%。在地方财政收入中，税收收入83.12亿，占比91.9%。全区公共财政预算支出83.77亿元，增长21.6%。全年财政收支平衡，预算执行情况良好。（以下数据仅指北仑区本级）

【组织财政收入】 密切关注经济运行态势，依法加强税收征管，涵养优质税源，培植新兴财源，优化税收收入结构，强化优质税源对收入的支撑。当年全区新增企业6701户，地方财政实力和税收保障能力进一步加强。高度重视税源信息日常监测、分析，加大财政、工商、国税、地税、街道五部门联动，构筑协税护税机制。健全非税收入管理机制，完善专项资金管理方法，增强政府调控能力，全年完成政府非税收入6181万元。

【支持经济发展】 运用财政政策导向，推动产业转型升级。加大资金扶持力度，配合“龙腾”工程*、“鸿鹄”计划*实施，兑现科技、外经贸、循环经济、旅游业、文化、交通运输等各类产业扶持资金10.69亿元，合理优化全区企业梯度，拓展小微企业发展空间，推进人才特区建设，完善科技创新体制。打造优质创新平台，全区有5个团队获得“3315”团队计划*支持，争取市补资金2200万元。深化“营改增”改革试点，累计兑现“营改增”试点过渡性扶持资金2312万元。全面落实中央各项优惠政策，累计兑现家电、摩托车下乡财政补贴资金2207万元，下拨粮食政策性专项补贴2372万元，发放种粮农民农资综合补贴资金140

万元。加快现代农业发展,拨付财政贴息 154 万元扶持农业龙头企业。加强融资平台建设,拓展融资渠道,构建多元化融资模式,保障各在建、续建项目实施。

【保障民生支出】 财政支出继续向民生领域倾斜,教育、社会保障和就业、医疗卫生、节能保护、住房保障等民生支出 27.96 亿元,增长 23.1%,高出公共财政预算支出增长幅度 1.5 个百分点。统筹城乡协调发展。推进"三改一拆"专项行动,投入 1500 万元改善城乡面貌,拆除违法建筑 170 万平方米。安排水环境整治和绿网工程建设资金 1.00 亿元,推动"国家级生态园区"创建。开展村级公益事业建设一事一议工作,8 个项目通过验收,补助资金 599 万元。加大科教文卫事业投入。全年教育投入 12.43 亿元,扩大优质教育资源,提高教育信息化和国际化水平。完善资金投入稳定增长机制,加快公共文化服务体系建设,开展"文化阳光工程",建成北仑区宁波职业技术学院图书馆,累计投资 2.21 亿元。健全城乡居民医疗体系,统筹全区医疗卫生资源,安排 4.50 亿元用于第二轮医疗体制改革财政补助。强化社会保障体系建设。安排 782 万元用于社会养老机构建设,累计拨付低保资金 1204 万元,下发 5460 万元再就业资金,确保下岗失业人员再就业。健全残疾人社会保障体系,发放残疾人社会保障费用 544 万元。加大住房保障力度,完善多层次城镇住房保障体系,推进保障性安居工程建设,全年投入 1.33 亿元用于公租房建设。加强社会管理。优化食品安全监督体系,改善食品市场基础设施和环境,累计投入 3900 万元,实施农村菜市场三年改造工程,新建改造农村菜市场 12 个。

【创新财政管理】 优化预算编制,严格控制"三公"经费支出,"六费"* 项目支出实行更严格的经济类科目指标管理,单位 100 万元以上项目同步编制绩效评价预算。加大资金统筹力度,压缩部门结余资金规模,激活可用存量资金,提高资金使用效益。提升国库集中支付资金规模及财政直接支付比例,增加公务消费透明度。加强国有资产管理,逐步推进资产管理系统区内覆盖。持续加大"阳光采购"力度,完善"电子反拍"政府采购系统,资金节约率 2.1%。对 2012 年度学前教育经费、市政养护等 11 个项目开展绩效后评价,为下一年部门预算编制提供实证。

【强化队伍建设】 深入学习领会十八届三中全会精神,完善中心组理论学习制度,强化密切联系群众意识和政治纪律教育,提高干部职工理论水平、政治修养和政策水平。优化干部队伍结构,通过以老带新,新老结合,建立科学的干部梯队制度。加强财政文化建设,开展道德讲堂、廉政文化进机关、参观警示教育基地等主题活动,提高干部廉政意识,增强队伍凝聚力和向心力。(宁波市北仑区财政局〔宁波经济技术开发区财政局〕供稿 袁 瑜执笔)

注:

*"龙腾"工程:选择一批规模优势强、科技水平高、辐射带动力强、拥有自主知识产权的龙头骨干企业进行重点培育,致力于提高企业的核心竞争力和产业带动力。

*"鸿鹄"计划:择优选取一批高成长型的科技型、创新型小微企业,强化个性扶持,培育重点企业的后备力量。

*"3315"团队计划:面向全球引进并支持一批由海内外创业创新领军人才领衔的掌握国际先进技术、能引领产业发展的高端创业创新团队。

*"六费":指公务接待费、会议费、培训费、差旅费、公务用车购置及运行费、因公出国(境)经费。

大榭开发区

【概况】 2013 年,宁波市大榭开发区实现生产总值 184.15 亿元,比上年增长 8.3%。其中:第二产业增加值 130.72 亿元,增长 9.6%;第三产业增加值 53.43 亿元,增长 5.4%。三次产业结构比调整为 0 : 71.9 : 28.1。按年末常住人口计算,人均生产总值 401259 元。全区公共财政预算收入 102.08 亿元,增长 0.9%,其中地方财政收入 30.58 亿元,增长 5.8%;全区公共财政预算支出 33.04 亿元,增长 3.0%。全年财政收支情况良好,财政收支平衡。

【组织财政收入】 提前启动收入攻坚机制,建立健全部门协作机制,组成联合工作小组,细化分工,深入一线了解企业经营动态、实时掌握收入进度,强化对税收占比高、增收潜力大的重点税源企业协调交流。加强税收预测,确保掌握重点税源企业每月税收情况和生产经营动态,及时做出税收预测。坚持每月召开收入情况通报会、每季度召开收入形势分析会,做好企业异动数据分析,随时掌握收入入库情况。强化税收征管,提升征管质效,利用信息化手段,完善征管基础数据,开展第三方数据分析和比对工作,堵塞征管漏洞。做好纳税评估、12 万元以上个税自行纳税申报等工作。财政收入结构不断优化,税收收入占地方财政收入比重为 97.8%,当年地方财政收入占公共财政预算收入比重由上年的 28.5% 提高到 30.0%。全面推行非税收入信息化管理,行政事业性收费信息化率 100%,强化"以票控费",全年实现非税收入 2.95 亿元,增长 13.2%。

【支持企业转型升级】 落实税收优惠政策,会同地税部门累计减免地方水利建设基金 1.42 亿元,备案企业所得税优惠事项,

宁波大榭二桥建成通车

中支付改革，出台公务卡强制结算目录。强化“三公”经费支出监管，配合区纪工委出台公务接待规定，重点压缩公务接待经费、因公出国（境）经费、公务用车购置及运行费用预算规模，全区“三公”经费下降26.2%。强化区属国有企业监管，委派财务人员进驻国有企业接管财务管理工作。加强国有企业往来账款清理，规范企业资金管理，防范财务风险。推进政府投资项目工程实时监控系统建设及运行，提高政府投资项目管理的科学性。加大各项目资金结余分类清理力度，加强财政存量资金管理，提高财政资金使用效率。

涉及税额1304万元；办理企业财产损失企业所得税税前扣除21户次，涉及损失金额1.33亿元；为困难企业减免房产税、城镇土地使用税17户次，涉及税额956万元。加大企业帮扶力度，及时贯彻落实企业扶持政策，累计兑现上级各类专项补助资金4518万元。

【加大民生支出】 加大对教育卫生投入。区财政教育支出1.95亿元，增长5.4%。加快发展公益性普惠型学前教育，完成学校教学楼改造和社区教育学院建设工程，推进教育信息化三年发展规划实施及中小学校小班化改革，深化市民终身教育。医疗卫生支出4300万元，全面落实医疗价格改革实施方案，所有药物实行零差率销售，共享省、市优质医院医疗管理资源，为群众提供优质医疗卫生服务。健全就业和社会保障机制。社会保障和就业支出4.11亿元，增长69.8%。发放土地被征用人员养老补贴、就业补贴及定额补贴、企业外来务工人员职业培训补贴等各类资金，出台促进就业政策意见，新增就业岗位400余个。扩大社保覆盖面，本地户籍人员各类社保参保率97.3%。深入实施民生实事工程。建成环境质量监测体系，邻里中心示范街，大榭剧院投入运行，大榭二桥建成通车，管廊带、大工业供水等重大基础设施建设加快推进，实施区内公交刷卡优惠政策，大榭公共自行车系统建成投入使用，图书馆、青少年宫、游泳馆、滨海公园、老小区综合改造工程、保障房等民生工程建设扎实推进。

【推进财政改革】 强化财政支出管理，深化部门预算、国库集

【加强财政监管】 开展预算支出绩效考评，完成信息化建设专项经费和老人津贴专项经费等多个民生项目预算支出绩效考评；完善财政资金管理制度，严格管理预算单位和财政专项资金账户开设、变更、撤销，出台大额资金管理办法，保障财政资金安全；加强对各行政事业单位资金使用情况及会计信息质量监督检查，及时反馈检查情况，并督促相关单位及时整改。规范财政工作流程，保证行政管理权健康运行。

【干部队伍建设】 开展党的群众路线教育实践活动，查摆“四风”方面问题，落实各项整改措施。开展“正风肃纪”专题教育，及时传达学习中央、省、市等出台的一系列文件精神。加强日常效能监察，不定期开展风纪检查和明察暗访。开展党风廉政防控工作，利用多载体开展警示教育，落实廉政谈话等制度，做到廉政教育经常化。落实干部年度教育培训积分管理制度，鼓励干部参加研究生学历教育和职业继续教育。开展中层干部竞聘上岗，激发干部队伍活力。发挥财政文化作用，利用党团工妇等载体，组建文体兴趣小组，丰富业余文化生活。

（宁波大榭开发区财政局供稿　吴　丹执笔）

余姚市

【概况】 2013年，余姚市实现地区生产总值749.62亿元，比上年增长7.3%。其中第一、二、三产业增加值分别为40.06亿元、444.47亿元、265.09亿元，分别增长-10.0%、8.7%、7.6%。三

次产业结构比调整为 5.3 : 59.3 : 35.4。按户籍人口计算,人均生产总值为 89799 元。全市公共财政预算收入 106.34 亿元,下降 5.8%,其中地方财政收入 59.64 亿元,下降 3.3%;全市公共财政预算支出 74.59 亿元,增长 10.0%。全市财政收支平衡。

【组织财政收入】 财政收入结构持续优化,全市地方财政收入占公共财政预算收入的比重为 56.1%;公共财政预算收入中税收收入占比 97.8%。加强房地产交易、股权转让税收征管和土地增值税清算审核,入库相关税收 3.75 亿元。加强第三方涉税信息收集和应用,开展小规模纳税人“以电核税”试点。实施劳务派遣行业专项纳税评估。配合做好宁波市财税智能管理系统二三期研发工作,数据监控模块在全局上线运行。加强规费征管,完成社保由地税全责征缴的体制调整。地税部门征收各项税费 88.76 亿元,增长 7.8%。加强非税收入征管,全市非税收入 2.36 亿元,下降 37.3%。

【支持经济发展】 加大财税扶持力度,当年全市落实各项财政扶持资金 24.70 亿元。围绕全市经济社会发展目标,会同有关部门研究完善财政扶持经济政策。加强政策宣传,组织开展“送政策进千企、优服务促发展”主题宣讲活动。加大对担保公司、金融机构对中小企业担保和贷款的扶持奖励力度,解决企业融资难问题。扩大“营改增”试点范围,做好广播影视业“营改增”工作;实施“营改增”过渡性财政扶持政策。扶持培育规模企业,对三家企业制订“一企一策”支持办法。贯彻实施小微企业免征营业税政策,扶持小微企业发展。

【加大财政支农力度】 整合涉农资金,重点支持精品村建设。投入 1.30 亿元支持农田水利建设。支持现代农业建设,投入 2000 万元推进现代农业园区和粮食功能区建设,新建现代农业示范园区 2 个、精品园 6 个和标准化粮食功能区 2.4 万亩;安排 802 万元资金扶持家禽业发展,应对 H7N9 禽流感;投入 1500 万元支持杨梅、茶叶等种植业发展。促进农业转型升级,增进农业经济持续增长,安排 2000 万元资金扶持村级集体经济发展;支持农村幸福美丽新家园建设,安排 2000 万元资金支持中心村、特色村、农村精品线等建设。

【支持灾后恢复重建】 面对特大洪涝灾情,迅速制定出台财税减免和补助政策,及时做好优惠政策的宣传、受灾户损失的调查核实和减免税手续的办理。开辟财政“绿色通道”,向 22 个乡镇(街道、开发区)拨付 600 万元财政救助资金。安排市级财政应急救灾资金 1.21 亿元,并根据工作或工程进度及时拨付到位;争取上级救灾资金 3.43 亿元,用于灾后重建。

【支持社会事业发展】 公共财政用于民生支出 56.99 亿元,增长 11.1%,占全市公共财政预算支出的 76.4%。增加教育投入,确保教育重点项目实施,全年教育支出 13.44 亿元,占公共财政预算支出的比重为 18.0%。支持文化事业发展,推动公共文化服务体系建设,全市文化体育和传媒支出 1.42 亿元,增长 9.2%。加大社会保障和促进就业投入,主要用于基本养老保险基金、自然灾害等生活补助资金及企业退休职工一次性生活补助等,全年社会保障和就业支出 11.97 亿元,增长 32.6%。保障医疗卫生事业发展,医疗卫生支出 7.52 亿元,增长 9.5%,其中基本药物制度改革补助资金和城镇居民基本医疗保险补助增支 7132 万元。促进农林水事业发展,全市农林水事务支出 8.48 亿元,增长 4.4%。加大交通基础设施建设,交通运输支出 3.50 亿元,增长 58.5%。

【推进财政改革】 深化国库集中支付改革,启动乡镇(街道)财政国库集中支付试点。扩大财政国库支付实施范围,将 23 家有关部门的下属单位纳入国库集中支付,全市纳入国库集中支付的单位达 212 家。全面启用国库集中支付动态监控系统。推进公务卡改革,出台大额现金管理办法,开展公务卡使用情况专项检查,实行公务卡强制结算目录,公务支出现金结算金额下降 60.0%。

【强化财政监管】 将所有自收自支单位列入部门预算编制管理,按部门预算支出政策安排支出预算。开展财政专户清理撤并工作,撤并账户 17 个。深化公车改革,规范公务接待。完善政府采购,实施电子政务监理打包招标,规范政策性项目资金使用管理,做到“一项目一办法”。加强涉农项目资金管理,对 300 万元以下的支农项目委托中介机构进行审计,对部分涉农政策资金进行整合。加强资金管理,清理撤销财政专户 17 个。完成政府综合财务报告试编工作。加强财政支出绩效评估,对 202 个 2012 年政策性补助项目的预算执行情况进行评估监督,对 21 个项目实施绩效评价。

【加强国资管理】 深化国有企业体制改革。调查摸清国有资产,盘活存量资产。加强国有资产管理制度建设,修订完善企业国有资产管理办法,制订出台国有企业年度考核办法。抓好制度落实,委托会计师事务所对全市 82 家国有及国有控股企业 2012 年财务会计报告、国有资产管理办法执行情况进行审计。强化资产使用、出租、处置管理。加强行政事业单位资产管理,完善资产管理信息系统建设。制订市级行政事业单位国有资产使用、处置管理办法和罚没物品管理、处置暂行办法。

【加强队伍建设】 加强干部教育培训，组织学习十八大和十八届三中全会精神。出台一系列干部人事管理制度，激发队伍活力。开展“三思三创”*“五联五促”*“三进三送”*等活动。加强财税文化建设，开展各类文明创建活动。落实党风廉政建设责任制，健全岗位廉政风险防控机制，贯彻落实中央“八项规定”、省委“六个严禁”和宁波市机关干部“正风肃纪十项规定”。加强廉政教育和廉政文化建设，举办廉政教育专题报告会，组织党风廉政建设知识在线答题、“廉政小小说比赛”“廉政征文评比”“廉政短信比赛”等活动。

（余姚市财政局供稿　陈立军执笔）

注：

*“三思三创”：思进思变思发展、创业创新创一流。

*“五联五促”：联行政村促发展、联党员责任区促和谐、联农户促感情、联企业促转型、联项目促落实。

*“三进三送”：进村、进企、进户，送政策、送服务、送温暖。

慈溪市

【概况】 2013年，慈溪市实现地区生产总值1031.09亿元，按可比价格计算，比上年增长9.0%。其中第一、二、三产业增加值分别为49.30亿元、593.56亿元、388.23亿元，增幅分别为1.9%、9.5%、9.0%，三次产业结构比调整为4.8∶57.5∶37.7。按户籍人口计算，人均生产总值98882元。全市完成公共财政预算收入164.53亿元，增长12.7%，其中地方财政收入92.05亿元，增长13.1%；全市公共财政预算支出81.19亿元，增长11.2%。全市财政收支平衡。（杭州湾新区因体制调整，以下支出相关数据不包括杭州湾新区）

【组织财政收入】 强化税收预测分析。全面推进税收风险监控平台建设，完善税收横向协作机制和基础信息质量管理，深化具体税种征收情况分析，提高税收预测分析的及时性和准确性。加强分税种管理体系。强化所得税管理，规范房地产税收管理，加强土地增值税清算力度，完善个体税收社会化管理机制。创新推进纳税评估工作。全年评估纳税户935户，入库税费、滞纳金4899万元。地税部门（不包括杭州湾新区、庵东镇）组织各项收入86.37亿元，增长7.7%。财政收入结构不断优化。全市地方财政收入占公共财政预算收入的55.9%；税收收入59.22亿元，占地方财政收入的64.3%。加强非税收入征管，全年非税收入62.82亿元，增长5.3%。

【服务经济发展】 完善财税扶持政策。梳理整合各类产业扶持政策，支持工业强市建设，推动战略型新兴产业跨越发展，改造提升传统优势产业，加大对文化产业、商贸服务业、总部经济的扶持力度，完善“四换工程”*激励机制，鼓励企业创新商业模式，兑现财政扶持资金5.11亿元。落实财税优惠政策。重点落实“营改增”试点过渡性财政扶持资金81万元；设立5700万元专项资金用于灾后自救和恢复生产，减免各类税费4.52亿元，落实各项强农惠民补贴1.84亿元。提升财税优质服务。搭建“税企发展大讲堂”平台，宣讲财税政策，为全市32400户建账企业完成“两则”*转换，为全市160家企业提供会计准则适用、会计基础规范化及企业财务税务风险防范等“智力服务”。

【保障民生支出】 全年公共财政预算资金用于民生支出65.30亿元，增长13.2%，占公共财政预算支出的80.4%。加大“三农”投入力度。“三农”投入47.70亿元，增长11.1%，推进现代农业转型升级，投入3000余万元推进“美丽乡村”建设，支持壮大村级集体经济，落实3.28亿元保障农村公共服务和公共设施建设。提高社会保障水平。社会保障和就业支出10.91亿元，增长10.0%。推进城乡居民养老保险全覆盖，实施社会养老服务体系建设三年行动计划，对无固定收入残疾人实施生活补贴，调整社会保险费缴费水平和待遇享受水平。支持社会事业发展。教育支出19.07亿元，增长5.9%，以创建省教育现代化市为目标，规范学前教育和民办教育，提升教育水平加大义务教育段农村学校财政支持力度；文化体育事业支出1.10亿元，增长5.0%，支持文化强市建设，尝试公办学校体育场馆向社会开放，设立2000万元专项资金加快文化产业发展，创建首批省公共文化服务体系示范区；医疗卫生支出7.50亿元，增长7.7%，巩固完善基本药物制度改革，建立城乡居民医疗保障大病保险制度，创新实施“政府助学金”引导慈溪籍医学专业毕业生回归。助推宜居城市建设。全市生态建设资金支出9.66亿元，增长10.3%，推进生态环境综合治理，深化“森林慈溪”建设，全面推广城乡公交一体化建设，拨付经费2.55亿元。

【推进财政改革】 强化财政预算管理。推进预算绩效管理，制订出台财政支出项目预算绩效目标管理办法（试行）及相关评审工作规程，完成首轮7个项目的预算绩效目标申报。推进镇级财政管理改革。加强镇级财政财务资金管理，实施镇级财政财务互审检查，启动乡镇公务卡制度改革，加快推进镇级财政管理信息化建设。深化国库集中支付改革。全面推进国库集中支付改革，实现全市174家一级、二级预算单位全部财政资金国库集中支付改革双覆盖；实行预算执行动态监控，推广公务卡应用，并将公务卡改革实施范围扩大到各镇（街道）、各财政体制独立的产业平台(指挥部)。扩大预算信息公开范围。及时通过政府门户网站公开市本级政府总预算、19个镇(街道)总预算及46个市级部门预算的相关信息,当年市级部门及下属事业单位部门预算草案全部提交人代会审议。

【深化财政监管】 完善行政事业单位国有资产管理。实施固定资产网络动态管理,采用纸质审批与网络审批双轨平行的资产处置办法,核算全市行政事业单位国有资产总量;健全公务接待、公车管理及党政机关厉行节约等相关制度,全年"三公"经费支出下降11.0%。完善财政监督检查。根据《2013年"阳光民生"财政财务检查计划》,对包含一级、二级预算单位的20家单位开展监督检查;推进绩效评价扩面与重点评价,完成绩效评价项目68个。规范政府性资金管理。盘活存量资金,清理统筹结余结转资金2.00亿元;加强市级财政资金调控能力,调度资金9.12亿元;开展财政资金保值增值,办理社保定期存款47.90亿元,增加利息收入1.54亿元。加强政府性投资项目管理。加大项目决策、论证、监督管理力度,制定政府投资项目部分政策处理内容及上限标准意见,推进内部工作标准化建设,加强已竣工未决算项目清理评审,完成决算审核项目93个。

【加强队伍建设】 加强作风效能,深化廉政建设。以学习十八大精神为契机,强化党建工作;加强作风效能建设,推进系统党风廉政建设责任制,创新系统廉政教育方式,分层次多形式开展各类廉政教育活动。强化干部教育,实施多元培训。制订干部教育培训计划,实施分层次、分类别的多元化教育培训项目;创新业务考试机制,完成上机考试软件平台的开发搭建工作。完善绩效考核,加强干部管理。完善各类绩效考核办法,调整考核指标体系;完善选人用人机制,加强系统中层干部梯队培养;建立健全"兼职带教"工作,有40名干部签署师生结对协议。注重财税文化,推进文明创建。推进财税文化网络化建设工程,以群团组织为纽带,组织开展各类活动;加强机关、基层文明创建。 (慈溪市财政局供稿　宋开拓执笔)

注:

*"四换工程":腾笼换鸟、机器换人、空间换地、电商换市。

*"两则":企业会计准则、小企业会计准则。

奉化市

【概况】 2013年,奉化市实现生产总值290.36亿元,比上年增长6.7%。其中:第一、二、三产业增加值分别为28.35亿元、134.03亿元、127.98亿元,增幅分别为-0.9%、6.2%、9.0%,三次产业结构比调整为9.7∶46.2∶44.1;人均生产总值60037元,增长6.8%。全市公共财政预算收入51.18亿元,增长14.7%,其中地方财政收入26.57亿元,增长9.0%;公共财政预算支出45.52亿元,增长16.8%。全年财政收支平衡。

【组织财政收入】 强化收入分析预测。加大财政、国税、地税三方信息协作力度,细化收入增长目标管理,提高收入征管工作的前瞻性、科学性。加强税费日常管理。落实建筑业应税所得率调整工作;落实社保费由地税部门全责征收的平稳过渡。夯实税收管理基础。推进智慧财税建设,抓好税务登记率、申报率等日常征管质量考核;推进税收征管档案标准化、规范化建设,夯实征管基础。加强税收精细化管理。选择驾校、美容美发器具生产、厨卫等3个本地特色行业进行调研和数据分析,建立行业纳税评估模型;强化应税财产登记管理,推广应用存量房交易评税系统,采用"一房一价"评税征收方式。加强非税收入管理。规范非税收入征收和票据使用,全年组织非税收入2.43亿元。

【服务经济社会发展】 服务经济转型升级。保障对重点行业、战略性新兴产业、现代服务业等关键行业的资金需要,全年兑付政策扶持资金2.54亿元,鼓励高新技术研发、清洁型生产、服务型企业发展;落实减税清费政策,为企业减免税费2.67亿元。服务中小企业发展。改善企业融资环境,运用"政府引导基金"、企业转贷专项应急资金和中小企业担保公司,为中小企业办理转贷256户(次),累计转贷资金14.73亿元;政府中小企业信用担保公司全年为73户企业提供融资担保2.51亿元。服务政府投资大项目、大平台建设。通过预算安排、银行融资、争取上级支持等多渠道筹集建设资金57.20亿元,保证重点工程、实事工程项目建设。服务社会发展。整合市级财政专项资金、统筹行政经费及"三公"经费结余,及时筹措救灾复产资金,保障干旱、洪水和台风灾后恢复和建设。

【保障民生支出】 全市财政民生支出34.45亿元,增长15.3%,占同口径财政支出的75.7%。农林水支出11.07亿元,增长12.2%,主要用于发放政策性农业保险、农资综合直补、农机购置补贴等惠农补贴;安排3000万元用于支持60个村开展固本强基工作,投入1660万元用于农村基础设施建设;争取和落实村级公益事业建设一事一议财政奖补资金2300万元,带动社会资金4516万元;推进"美丽乡村"建设,加快农业综合开发和农业产业化进程,全年改造中低产田2.4万亩。教育支出9.31亿元,增长20.5%。投入1.42亿元资金保障教育基础设施建设;投入4800多万元,用于保障中小学生食堂、校舍、校车安全,补助贫困学生。社会保障和就业支出3.67亿元,主要用于提高城乡居民养老保险、失土农民养老保障待遇、机关事业单位遗属补助和精减退职人员待遇标准,实现城乡低保一体化;落实各类保障就业政策,帮扶各类就业群体。医疗卫生支出3.28亿元,增长4.4%。新农合筹资标准930元/人,政策范围内住院报销比例为75%以上;安排公立医院改革补助资金,建立基层医疗机构财政补偿机制,扩大基本药物制度覆盖范围;落实资金支持市卫生应急指挥中心、数字化社区卫生服务中心、结构化电子病历改造等现代化公共卫生设施建设。

【推进财税改革】 完善财政体制机制。制定并明确经济开发园区财政结算体制,激发园区创收动力,增强园区债务自控能力。加强部门预算管理。加强预算指标管理,落实预算指标下达、录入、审核岗责体系,从紧做好预算调整;加强对部门预算执行的监管和结余资金统筹管理;推进预算信息公开,按照要求和规定程序向社会公开年度部门预算。深化国库集中支付改革。集中支付规模48.85亿元,增长18.8%,其中直接支付占比93.7%;应用预算单位授权支付监控平台,严控违规授权支付;落实公务卡结算制度,规范公务消费行为。完善乡镇财政管理体制。全面推广应用乡镇财政管理平台,各镇、街道完成信息化、制度化、规范化改革,提高资金运行及监管水平。强化国资监督管理。理顺政企关系、完善运作机制,出台国有企业经营者、劳动者管理办法,拟定国有投资公司管理体制,清理国有公司资产、负债情况,完善委派财务人员对市投融资平台运行情况的监控,提升国资监管能力,防范地方债务风险。

【强化财政监督】 强化政府资金监管。做好对"三农"、教育、卫生等民生相关项目资金管理使用情况的监督检查,把好各项政府投资资金审核关口;加强政府采购监管,拓展采购范围,开展网上竞价;强化政府投资项目审核监督,实行"事前预防、事中控制、事后严审"的跟踪审查办法,对总投资57.10亿元的政府性基建工程项目进行财务审核,审减政府资金2.56亿元。探索绩效预算管理模式。从完善机构设置、构建评价体系、开展评价实践、建立监控体系、引入竞争性分配等五个方面,探索建立切实可行的绩效评价管理体系,提高财政资金使用效益。保障资金运行安全。开展地方财政对外借款清理,对超期借款、不合规借款进行重点催收;关注农村养老保险、新型农村合作医疗保险等基金动态,提高基金抗风险能力。强化会计人才建设。抓好会计领军人才培养,推进会计继续教育网络授课模式,构建会计人才梯队。

【加强队伍建设】 围绕中心抓业务培训。开展技能考试、业务讲座和岗位练兵,推行"传帮带"制度。立足实效抓廉政建设。构筑网络廉政学习版块,运用网络手段实施廉政政策宣传;落实党风廉政建设责任制,推进"效能亮剑"行动,对基层服务窗口不定期开展效能纠察活动。着眼实际抓服务优化。开展纳税服务调研,改进工作作风,规范依法行政行为,提升财税服务水平。 (奉化市财政局供稿 吕昂迪执笔)

宁海县

【概况】 2013年,宁海县实现生产总值384.48亿元,比上年增长9.1%。其中:第一产业增加值39.33亿元,增长2.1%;第二产业增加值208.43亿元,增长8.8%;第三产业增加值136.72亿元,增长11.6%。三次产业结构比调整为10.2∶54.2∶35.6。按户籍人口计算,人均生产总值62262元,增长8.7%。城镇居民人均可支配收入、农村居民人均纯收入分别为39942元和18431元,增长9.4%和11.4%。全县公共财政预算收入60.41亿元,增长9.5%,其中地方财政收入33.14亿元,增长11.0%。地方财政收入中税收收入27.80亿元,占比83.9%。公共财政预算支出46.71亿元,增长12.0%。全县财政收支平衡。

【依法组织收入】 优化分析研判。关注税收征管体制改革最新动态,建立规模以上企业财务指标和分户分税种入库两大数据库,定期开展重点税源、行业形势分析,提高月、季、年度税收预测准确率。全县地税部门组织收入43.39亿元,增长8.8%。细化税种管控。运用存量房评税系统、开发建筑业项目管理软件、开展票表比对和劳务派遣行业纳税评估、规范安利移动联通行业代开手续费、加强房地产权、股权转让税收管理等,实现应收尽收。规范规费征缴。根据社保费征收体制调整要求,及时调整社保费缴费基数、费率及征收属期,做好欠费清缴,当年入库14.85亿元,增长27.0%。完善非税收缴。非税收入收缴系统全面上线,实现非税收入管理实时化,全年政府非税收入30.34亿元,增长35.6%,其中土地出让收入14.41亿元,增长22.4%。

【助推经济转型升级】 落实各项优惠政策。落实结构性减税、临时性下浮社保费缴费比例等政策,取消43项涉企行政事业性收费,免征11项行政事业性收费,全年减轻企业和劳动者负担1.53亿元。促进产业结构调整。全年兑现产业扶持资金3.42亿元,其中县本级1.77亿元,重点支持新兴产业培育和特色产业提升。推进政银合作发展融资,引进低成本资金3.23亿元,累计放贷600余次计22.32亿元,惠及企业300余家。优化涉企便民服务。加强政策宣传,印发政策汇编、建立"村级便民服务站",完善税收指导员制度,提高宣传的广泛性和针对性。启用"智慧财税"系统,增加12个网办事项,推出27项免填单服务,开通网上办事咨询留言,网上办理业务量占总业务量的72%,缩减办理时间40%以上。

【促进民生事业发展】 推进城乡统筹发展。全年兑现财政支农资金8.33亿元,增长11.5%。支持现代农业园、粮食生产功能区建设,推进"美丽乡村"、畜禽养殖业整治等惠民工程,做好农业综合开发、农村公益事业项目一事一议、欠发达村庄提升工程等农村基础设施建设。统筹"菲特"台风复产重建资金3183万元,集中用于本县灾后重建和支援余姚市。完善"政府直补专用卡"直接支付网络平台,农资综合直补资金、粮食收购价外补贴资金、石油价格改革补贴资金7356万元直接拨付到户。推进社会事业发展。提高农村义务教育经费保障水平,促进义务教育和职业教育均衡发展,全年兑现教育经费9.24亿元。支持公立医院改革,推进县第一医院住院楼建设,启动县中医院迁建工程;提高人均基本公共卫生服务补助标准,扩大免费服务范围,兑现医疗卫生支出4.53亿元,增长14.3%。出台新一轮失业保险基金预防失业促进就业政策,提高农村"三老"(农村老党员、老干部、老模范)人员补助标准,扩大残疾人补助范围,兑现社会和保障支出5.85亿元,增长13.6%。完善生态环保财力转移支付、环境整治与保护专项补助等生态环保补偿机制,加大节能减排和淘汰落后产能扶持力度,推进"生态宁海"建设。

【深化财政改革】 深化预算管理改革。完善预算编制、执行、监督"三位一体"的财政管理体系,推进预算信息公开,向社会公开当年"三公"经费公共财政预算信息。实施"比例分享"的工业园区财政结算体制,理顺县级财政与乡镇、园区财力分配。深化国库集中支付改革。推进国库集中支付扩面,全县261家预算单位实现国库集中支付全覆盖,218家预算单位纳入公务卡结算体系,并延伸至下属二级预算单位、乡镇街道和乡镇卫生院;出台实施预算单位公务卡强制结算目录,提高公务卡使用率,公务支出现金结算金额下降63.9%。深化国有资产管理体制改革。出台国有企业财务总监委派试行办法、经营者业绩考核办法和人事管理暂行办法等。深化政府采购管理。引入行贿犯罪信息查询,提高政府采购门槛,推行网上竞价采购,巩固"阳光采购"实效,节约资金4458万元,节约率13.4%。

【提高财政监管能力】 加强资金支出监管。深化国库集中支付动态监控,落实"两对账两确认"*、"两严两改"*制度,开展财政结余资金清理、"三公"经费专项检查以及财政专户归并,全年压缩财政往来款项60.6%,保留财政专户28个。加强资产财务管理。开展行政事业单位财务辅导和资产清查,专项审计单位经营收支情况、财务状况;推行资产增减自查和资产购置事前审批制度,提前介入资产购置行为。加强基建财务管理。采用全过程跟踪评审和评审复核,推行财政投资第三方评价机制,强化评审中介机构监管,提升财政投资评审质量,全年核减资金1.07亿元,核减率7.5%。加强会计教育。推进会计学历提升工程,加大高层次会计人才培养力度。

【提升干部队伍素质】 推进财税文化建设。开展"中国梦"系列活动,编写财税文明三字经,强化干部职工勤政、廉政意识。加强干部培训选调管理。实施全员培训计划,通过干部在岗自学、岗位技能培训、专项业务培训及"以考促学"四方面,全面提升干部业务素质。组织开展干部竞聘上岗,6名干部选拔到局中层领导岗位。深化党风廉政建设。层层签订党风廉政责任书,落实"首问责任制";完善财税系统党风廉政风险防控机制,加强重点岗位排查与防范,推进"满意机关、科室、基层站所"、窗口服务专项治理等活动。

(宁海县财政局供稿　葛晨晓执笔)

注:

*"两对账两确认":即上门对账、六方对账和交接登记确认、异常大额支付核实确认制。

*"两严两改":即严格执行支农项目的县级评审和联合验收制、严格按进度拨付支农专项资金,改由金融机构直接拨付补助资金、改由中介机构验收工业扶持项目。

象山县

【概况】 2013年,象山县实现地区生产总值368.85亿元,比上年增长8.0%。其中:第一产业增加值57.97亿元,增长1.4%;第二产业增加值166.50亿元,增长8.3%;第三产业增加值139.38亿元,增长10.1%。三次产业结构比调整为15.9∶45.8∶38.3。人均生产总值67121元。全县完成固定资产投资161.16亿元,增长17.1%;社会消费品零售总额169.89亿元,增长14.8%;自营进出口总额23.99亿美元,增长8.6%。城镇居民人均可支配收入40175元,农村居民人均纯收入18127元,分别增长9.0%和10.6%。全县公共财政预算收入50.62亿元,增长8.5%,其中地方财政收入30.69亿元,增长12.5%;全县公共财政预算支出54.54亿元,增长19.1%。全年财政收支平衡。

【组织财政收入】 强化收入形势研判，分析政策性因素变化动向，收入结构持续优化。全县地方财政收入中税收收入27.56亿元，增长13.1%，占地方财政收入的89.9%。强化收入分析和预测，监控重点税源企业435户。建立季度纳税评估名单审核备案制，对30户规模企业进行评估，补征各项税款119万元。开展“千家企业纳税辅导行动”，辅导新办企业443户次，通过纳税评估、CA认证、所得税汇算清缴等方式培训纳税人3155户。强化非税收入征管，推广非税收入管理系统，全县138家预算单位和未纳入县财政国库结算的150家领票单位，全部纳入非税系统管理。全年组织非税收入3.13亿元。

【推动县域经济科学发展】 落实小微企业暂免征收营业税等结构性减税政策和各项稳增长调结构促转型财税优惠政策，落实各项税收优惠1.74亿元，惠及企业625户次。深化企业培育工程，新增规模企业49家、亿元企业5家，列入市优势总部企业5家，完成“个转企”755家。扩大行政事业性收费减免范围，全年为企业减轻税费1230万元。落实科技三项费用1.20亿元，加大技改资金投入，完成县级技改和节能减排项目205个，财政贴息1520万元。实施创新驱动战略，推进高成长企业培育工程建设，申报宁波市重点产业技术改造等9个项目，争取上级补助1133万元。

【推进社会事业协调发展】 公共财政预算资金用于民生支出42.62亿元，占公共财政预算支出的78.1%。*推进教育优先发展*。教育支出8.00亿元，占地方财政支出的26.9%。落实2000万元，支持乡镇5所幼儿园建设。免收义务教育阶段学生课本费、学杂费2521万元，惠及学生49016名。落实家庭经济困难学生资助政策体系，资助家庭困难学生16014名，涉及资金1696万元。增加“奖教惠师”经费4568万元，提高4395名教师福利待遇。拨付1.63亿元专项资金，用于全县66所中小学校园安全工程、维修更新教学设备及还本付息。*力促医疗卫生事业发展*。调整完善新型农村合作医疗制度，提高农民医疗保障水平，为全县135.6万人次农民结报医药费3.91亿元。完善城市社区和农村基层卫生服务体系，投入6500万元保障全县基层医疗机构落实基本药物制度改革，全面实施基本药品零差率销售，减轻群众基本用药负担。*加快“三农”建设步伐*。涉农支出16.82亿元，发放油价补贴资金11.79亿元，降低渔业生产成本。争取上级财政资金4561万元，用于农业综合开发和精品园区等项目建设。落实农村住房两改补助资金4000万元、扶持经济薄弱村发展资金2000万元，保障农村集体经济项目开发扶持、运行经费和经营性创收奖励。投入1500万元专项资金，启动15个欠发达村村庄整治，落实小康村等创建资金1282万元，推进新农村建设。加大海洋经济支持力度，注入150万元资金，实施海洋经济提升行动。争取一事一议资金1700万元，惠及85个村的84个项目。*改善城市基础设施建设*。全县生态建设资金支出5636万元，有效改善生态环境。落实本级财政资金8.09亿元，争取上级补助和融资资金13.50亿元，支持象山县墙头中心粮库、西周污水处理、环象山港公路、安居房工程等一大批重点实事工程建设。

【推进财政改革】 推进国库集中支付改革，规范提升国有资产、政府建设项目管理，完善改进政府采购，增强科学理财能力。全县141家单位实行国库集中支付，并逐渐向乡镇拓展。出台公务卡强制结算目录，推出个人公务卡直接支付还款业务，简化个人公务卡还款操作流程。完善乡镇财政管理，出台加强乡镇（街道）财政管理的若干意见，建立健全政府性债务借贷审批、项目审批、利率调控等制度，恢复乡镇财政所建制，增设乡镇财政管理科，全面规范加强乡镇财政管理工作。

【加强财政监管】 对工程结算实行监理单位、建设单位、财政部门“三重审核”模式，全年审查工程结（决）算项目215个，审定投资10.23亿元，核减投资7708万元，核减率7.1%。开展会计信息质量检查，查处违纪违规资金4338万元。制订出台规范政府采购一揽子管理办法，探索创新政府采购方式、落实政府采购预算制度，提高财政资金使用绩效，当年采购金额5.63亿元，节约资金7693万元，节约率12.1%。发挥项目委派会计（财务总监）作用，在加强日常监管基础上，对专项资金和工程项目资金实行重点控管，制止和纠正违规违纪金额1.86亿元。完成国资监管机构组建，形成常态监管格局。出台加强企业国有资产监督管理的意见，加强企业财务、企业用工、工资、企业投融资和资产处置等方面管理，采用保留、归并、转让、注销等方式清理整合国有企业。规范国资处置行为，通过公开拍卖和公开招租，国资增值1100万元。

【增强队伍素质】 *提升干部素质*。扩大业务培训范围，分步落实全员培训计划，对所有税收岗位干部职工进行全员轮训。开展以“谈思路、谈建议、谈想法”为主要内容的“中层干部系列谈”活动，全年举办5期，15位科室（分局）负责人走上讲台。关注年轻干部成长，8名新招录干部与6名业务骨干结成师徒对子。*推进党风廉政建设*。签订党风廉政建设责任状。在局域网《廉政之窗》专栏定期发布廉政动态、警钟长鸣等内容，发挥廉政教育宣传作用。组织开展廉政文化进机关活动，营造敬廉尚廉的良好氛围。 （象山县财政局供稿 刘丹丹执笔）

温州市财政工作概况

温州市

【概况】 2013年,温州市实现生产总值4003.86亿元,比上年增长7.7%,增幅比上年提高1.0个百分点。其中:第一产业增加值115.39亿元,下降0.8%;第二产业增加值2015.48亿元,增长7.8%;第三产业增加值1872.99亿元,增长8.0%。按户籍人口计算,人均地区生产总值49817元,增长7.1%。三次产业结构比调整为2.9∶50.3∶46.8。城镇居民人均可支配收入37852元,增长8.7%;农村居民人均纯收入16194元,增长10.0%。全年社会固定资产投资2950.00亿元,增长25.2%。社会消费品零售总额2136.38亿元,增长11.2%。全年实现外贸进出口总额206.02亿美元,增长0.8%,其中进口总额24.56亿美元,下降10.5%;出口总额181.46亿美元,增长2.6%。全年全市财政总收入565.63亿元,增长9.2%,其中公共财政预算收入323.98亿元,增长11.9%,占财政总收入比重为57.3%;市本级财政总收入115.39亿元,增长7.1%,其中市本级公共财政预算收入76.84亿元,增长8.2%。全市公共财政预算支出437.96亿元,增长12.9%;市本级公共财政预算支出71.31亿元,增长7.4%。全年财政运行状况良好,全市及市本级财政收支平衡。

【组织财政收入】 *提高收入分析水平。*加强"营改增"试点对收入影响测算,开展经济税源调研和重点行业、重点企业税源专题分析;完善月度税收分析制度;制定全市工贸行业重点企业税源监控分析办法。*加强税收征收监管。*制定《加强税收征缴安全管理若干意见》,实行月度门征税款专户对账安全通报。全年全市组织地方税收收入295.31亿元,增长10.3%,占公共财政预算收入比重为91.2%,下降1.2个百分点。*加强非税收入征管。*制定《温州市政府非税收入管理办法》;全面上线新版非税收入征管系统,覆盖289家执收单位,覆盖面100.0%,在线执收单位261家,在线率90.3%;创新非税收入缴款方式,全市81家执收窗口全部安装POS机或其他缴款终端。全年全市组织非税收入667.79亿元,增长62.1%,其中政府基金收入639.03亿元,增长63.8%。

【支持经济转型升级】 *助推产业结构优化升级。*全年下达产业转型升级资金8545万元,支持实施"机器换人"、"总部经济"、行业公共服务平台等七大类项目;下达发展现代港口物流资金2518万元、服务业专项资金1207万元、旅游发展资金4033万元、产品质量发展资金1050万元、低碳发展专项资金1241万元、民航发展专项资金1875万元,支持国家低碳城市试点工作、现代服务业、质量强市、港口物流等事业发展。全年争取国家级、省级产业扶持资金7400万元,比上年增长20.0%;审核拨付鼓励开放型经济发展专项资金7299万元,受益企业520家。*落实企业优惠政策。*安排补助资金2734万元,减轻市区小额贷款公司税费负担,鼓励其支持实体经济发展。出台《温州市鼓励和支持金融业发展改革与创新业绩考核办法》,拨付财政专项资金420万元。*加大对企业帮扶力度。*开展"进万企解难题"专项行动,累计走访企业5866户次,解决和处理各类问题2029个;实施驻企服务员制度。

【保障重点支出】 *支持完善社保体系建设。*安排资金1.78亿元,落实城乡居民养老保险;拨付资金1840万元,用于退休人员社会化管理;安排资金2000万元,扶持民办养老机构发展;拨付资金9275万元,落实新农合和城镇居民基本医疗保险一体化工作;拨付专项资金4382万元,推进基本公共服务均等化;安排资金2000万元,扶持民办医疗机构发展;拨付资金1000万元,用于促进再就业;拨付专项资金1031万元,推进残疾人共享小康工程。*支持发展教育事业。*全年市本级安排教育支出18.53亿元,增长18.9%,坚持教育优先发展战略,推进学前教育、义务教育、普高教育、中职教育、高等教育发展,推进全市民办教育综合改革,鼓励温州肯恩大学和浙江安防学院引进高端人才特色办学。*支持发展农村事业。*安排农资综合补贴资金1.20亿元,通过"一卡通"直接发放到全市65万户种粮农民;落实市级储备粮经费4420万元,确保本级13.25万吨储备粮资金需求;下达补助资金389万元,改造市区农贸市场;争取省级、中央农业综合开发资金8517万元,增长29.7%。*支持建设"平安大市"。*下达专项资金976万元,支持市级"菜篮子"生产基地和质量监测平台建设;拨付救灾资金4000万元,用于防控"禽流感"疫情和抗击台风"菲特"。*保障重点惠民项目建设。*全年支出各类建设资金97.28亿元,保障各类社会事业项目建设资金需求。

【深化财政改革】 *推进预算管理改革。*44个市直部门预算报市人代会审查,其中10个重点部门审查赞成率90.0%;加快会计核算向国库集中支付转轨,市级预算单位所有政府投资项目资金均纳入国库集中支付。提高公务卡使用率,非现金结算方式提高到94.0%。*完善财政体制。*落实省对市(县)新体制,争取到省新体制区域统筹发展奖补资金9455万元;调整市对区财政体制，下放企业547户，全年增加各区财政2.61亿元。推进"数字财政"建设。财政信息化系统全面应用于政府投资、土地出让、新版非税征管及政府采购等工作，自主开发集财政体制、街道考核、年初部门预算导入等为一体的"数字财政"应用平台。

【强化财政监管】 加强财政资金监管。对预算单位不合规支付开展动态监控试点，纠正不合规支付272笔，涉及金额4537万元；开展土地出让金专项督查活动，催缴入库土地出让金7.99亿元；开展财政资金安全大检查活动，追回资金700万元。加强行政事业单位资产管理。严格资产出租、对外投资审批，完成7家单位46处房产出租审批，完成温州报业集团、肯恩大学对外投资审批；严格资产处置审批，完成153家单位总计2.24亿元资产处置审批。改善财政法治环境。加强部门预算管理，严格执行部门预算，清理压缩部门结余财政资金1.99亿元，全年部门预算执行率96.8%；加强单位财务监管，出台《行政事业单位财务管理考核试点办法》，对各部门单位财务管理中的基础制度建设、日常管理和工作绩效进行全方位监督考核。

【加强队伍建设】 加强教育培训。开展学习党的十八届三中全会精神系列活动；全年举办各类培训班34期，参训2470人次。健全干部选拔交流机制。完成中层干部竞争上岗和干部轮岗交流，30位干部提任中层正副职岗位，33位中层干部、192位一般干部轮岗交流；133位干部通过非领导职务晋升。健全考核机制。出台工作目标责任制考核办法，推行局管干部年度述职制度，实施干部全员绩效考核。通过拓展考核范围，逐步建立起纵向到底、横向到边的考核体系。落实党风廉政建设责任制。开展干部法纪教育活动，组织在岗干部职工专项清退各类会员卡，并做出零持有报告，调查处理信访举报19件，办结率100.0%。深化财税文化建设。完成党工妇团换届工作；开展第七届财税文化节，2000人次参与各项活动。

（温州市财政局供稿　李　侠执笔）

鹿城区

【概况】 2013年，温州市鹿城区实现生产总值717.96亿元，按可比价格计算，比上年增长4.5%。其中：第一产业增加值1.66亿元，下降2.2%；第二产业增加值203.50亿元，增长3.5%；第三产业增加值512.80亿元，增长5.0%。按户籍人口计算，人均生产总值98358元，增长3.6%。三次产业结构比调整为0.2∶28.4∶71.4。全年全区公共财政预算收入22.21亿元，增长7.0%，区本级公共财政预算收入21.27亿元，增长7.0%。全区公共财政预算支出11.27亿元，增长9.2%，区本级公共财政预算支出10.94亿元，增长9.4%。全年财政运行情况良好，全区及区本级财政收支平衡。

【促进经济发展】 落实企业帮扶政策。安排企业扶持专项资金2000万元，出台加快创建鹿城区特色商业街、推进区域资本市场建设、加快实体经济发展等扶工兴贸政策，支持电子商务、现代服务业和楼宇经济等新兴产业发展。助推产业创新升级。安排科技经费4265万元，修订《温州市鹿城区专利专项资助管理办法（试行）》，对企业设备投资按照项目类别给予财政补助，协助企业以技术改造促转型，支持企业实现专利产业化，推动知识产权强区建设。繁荣市场刺激消费。落实财政消费补贴政策，完成家电下乡扫尾工作，自家电下乡政策实施以来补贴家电54536台，补贴资金1744万元。加大财政对旅游开发的投入力度，安排旅游促销宣传专项资金300万元，支持旅游公共服务体系建设、旅游资源开发和智慧旅游建设工作。

【组织财政收入】 完善收入预测分析机制。拓宽信息采集渠道，加强经济走势分析，关注宏观经济政策变动对财政收入的影响，提高预算执行质量和财政收支预测能力。全年税收收入占公共财政预算收入的94.3%，比上年下降0.2个百分点。优化税收征管环境。完善协税护税激励机制，调整区对街道、镇财政管理体制，完善街镇税收考核机制，科学核定支出基数，全年累计下达街镇体制结算资金2.47亿元，增长34.5%，财力向基层倾斜。强化非税收入征管。非税收入征管新系统上线。规范票据管理，提高非税收入征管效率，做到非税收入应收尽收，及时足额入库。全年实现非税收入3.81亿元，增长41.7%。

【支持改善民生】 落实强农惠农政策。筹措资金3.87亿元，重点投入农村基础设施建设、农村环境治理和生态保护、美丽乡村建设、农业科技和动植物防疫等项目，落实农资综合直补等惠农政策，开展村级公益事业一事一议财政奖补，促进农村稳定、农业增产、农民增收。支持教育发展。安排教育经费6.61亿元，实施农村中小学校舍安全工程，支持社区教育发展，推进民办教育综合改革试点，落实义务教育免学杂费政策，促进教育均衡发展。深化医疗卫生改革。安排医疗卫生经费2.83亿元，支持"国家卫生城市"和省级卫生强区创建工作。加大城乡公共卫生投入，人均基本公共卫生服务经费标准提高到30元。健全社会保障体系。安排社保经费1.61亿元，全面实施城乡居民基本医疗保障体系改革，落实居家养老服务专项资金300万元，完善居家养老服务体系，提高90岁及百岁以上老人生活补贴标准。支持重点项目建设。筹措重点建设资金

20.20亿元,签约BT(建设——转让)融资建设合同金额53.34亿元,与银行对接贷款合同金额21.63亿元,支持保障房等重点工程项目建设。促进其他社会事务发展。建立文化投入稳定增长机制,安排1500万元用于文化大繁荣建设。落实专项资金促进平安鹿城、人才强区、城建维护等事业发展。

【推进财政改革】 完善部门预算改革。试编全口径政府收支预算,将政府性基金和财政专户管理资金全部纳入预算编制范畴。推进国库集中支付和公务卡制度改革。扩大国库集中支付改革范围,当年12月藤桥镇和五马街道启动乡镇国库集中支付改革试点,全区153家单位纳入国库集中支付管理系统。出台预算单位公务卡强制结算目录,规范公务支出行为。推进重点项目绩效评价。全年完成财政专项资金绩效评价项目42个,涉评金额1.24亿元。完成公务用车改革。出台公务用车管理制度改革的实施意见,全区174辆公车拍卖,575万元车辆拍卖款上缴财政非税专户。

【加强财政监管】 规范国有资产管理。全年处置固定资产1623万元。加强国企资产管理,走访调研并协助国企进行制度建设,完成产权登记、数据采集和报表报送,防止国有资产流失。加强政府采购监管。全年执行各类政府采购预算7.84亿元,实际采购金额6.97亿元,节约资金8741万元,节约率11.1%。加强工程结算审价工作管理。全年送审金额1.61亿元,审定金额1.55亿元,节约金额647万元,节约率4.0%。加强会计事务管理。全年办理各类会计服务事项1761项,组织会计人员继续教育培训班41期,参加培训人员4877人次。开展《小企业会计准则》专家咨询活动2次。

【提升队伍素质】 加强干部党建理论学习。制订学习计划,通过专题党课、专题会议、集中研讨、夜学自学等方式,提升干部理论基础水平。开展党的群众性路线教育实践活动前期准备工作,深入基层调研,倾听群众意见,以身作则严格要求。完成"六五"普法中期评估资料整理,清理行政审批事项和规范性文件,重新梳理即办制内容,优化干部作风,提高机关效能。推进党风廉政建设。执行中央"八项规定",制定实施细则,并进行阶段性整改。 (温州市鹿城区财政局供稿 潘 旻执笔)

瓯海区

【概况】 2013年,温州市瓯海区实现生产总值378.27亿元,按可比价格计算,比上年增长8.7%。其中:第一产业增加值5.48亿元,下降5.5%;第二产业增加值220.93亿元,增长8.3%;第三产业增加值151.86亿元,增长10.0%。人均生产总值89224元。三次产业结构比调整为1.4∶58.4∶40.2。城市居民人均可支配收入39094元,农村居民人均纯收入20019元,分别增长8.4%和9.5%。全年实现财政总收入42.11亿元,增长14.3%,其中公共财政预算收入21.01亿元,占财政总收入的49.9%,增长27.0%;公共财政预算支出24.02亿元,增长24.1%。全年财政运行状况良好,财政收支平衡。

【组织财政收入】 加强税源培植。全年税收收入19.90亿元,占公共财政预算收入的94.7%。定期召开税收收入分析会议,加强对重点行业、重点企业、重点工程的分析,密切关注税源状况和发展趋势,实现税收均衡入库。利用多种途径和方式向企业宣传涉企政策。提高税收社会化征管水平。通过与工商部门协作,堵塞税源管理漏洞。开展个人出租房屋税收委托代征试点。加强非税收入控管。新版非税征管信息系统扩面至135家单位,实现非税征管全覆盖。全年组织非税收入3.67亿元,增长27.3%。

【服务经济发展】 扶持企业转型发展。预算安排涉企资金5802万元,用于税收上台阶、"亩产论英雄"考核、品牌建设与质量强区建设等奖励,助力企业转型升级。支持基础设施建设。探索与银行、券商等金融机构合作,加大对西部交通网、铁路配套项目、中心区建设等城市基础建设工程的资金支持。规范项目融资建设管理。制定《瓯海区政府投资项目BT融资建设管理暂行办法》,改变BT融资建设管理无章可循的被动局面。建立政府投资项目融资建设合同(框架协议)审批制度,推进项目审批专业性、严谨性、合法性。

【保障民生支出】 落实支农惠农政策。全年实施一事一议财政奖补项目41个,获省级补助1007万元,筹集区级配套资金1163万元。开展农村土地开发工作,完成4个镇街10个土地开发项目和2个标准农田建设、1个标准农田质量提升项目,累计拨付资金4484万元,提升农业综合生产能力。改善社会民生事业。安排专项资金365万元支持职业教育发展;落实奖补资金202万元用于提升民办教育水平;安排落实2646万元保障基本药物制度实施;安排1562万元完善基本公共卫生服务体系;支持国家卫生城市建设,支持社区卫生服务中心及省级慢性病综合防控示范区创建等工作。支持社会保障制度改革。新农合财政补助资金人均450元,高出全国标准195元;发放困难群众基本生活价格补贴;安排最低生活保障费、坟墓生态化改造等专项资金。

【深化财政改革】 推进公共财政预算改革。按照综合预算、零基预算的要求编制部门预算，建立健全预算支出绩效目标管理机制，提高部门预算的科学性和规范性。深化国库集中支付制度改革。全区111家区级预算单位全部纳入国库集中支付制度改革，选择娄桥街道作为乡镇国库集中支付改革试点，确定“一级政府、一级财政”的运行模式，做好方案制订、业务培训、数据调试、设施保障等前期工作。推进公务卡制度改革。激活公务卡3692张，全面推行公务卡强制结算制度，有效规范公务消费行为。实行“三公”经费月报制，使“三公”经费的增长得到有效控制。加强镇街财政管理。完善区对镇街收入分成办法和转移支付等制度。试点建设乡镇（街道）公共财政服务平台，完善镇街财政机构建设，发挥公共财政管理职能。

【强化财政监督】 规范财政资金安全管理。制定《用款计划审批工作流程（试行）》。开展区财政局内部财政资金安全检查、区级财政对外借款情况清查。强化项目监督管理。对区本级负担的政府投资项目实施全过程跟踪监督，其中重大项目执行预算审核制度，对其他项目的立项、概算、造价等重点环节进行把关审核。全年累计评审完成49个项目工程预算，修正不合理金额3194万元；审核工程结算项目459个，送审造价2.10亿元，审定造价1.93亿元。健全财政绩效评价体系。以项目资金的绩效评价为重点，开展财政部门绩效评价、项目单位自评、省市上下联动项目绩效评价、财政支出项目预期绩效目标综合评审等工作。

【完善国资监管】 推进国有资产集中营运。7家国有企业的出资人变更为区国资办，完善企业国有资产管理制度，规范地方国有资产监管工作。完善国资监管制度。开展区级国有企业财务机构设置及人员配置、财务制度建设、财务收支管理、会计核算、印章管理和票据管理等专项监督检查。完成《瓯海区区级国有企业人员及薪酬管理试点方案》起草工作，建立有效的激励与约束机制。维护国有资产安全完整。对全区97家部门单位开展国有房产土地专项清理工作，解决国有房产管理中权属不明、两证不齐、账实不符、配置不均、出租（出借）行为不规范等问题，对部分闲置房产土地提出拍卖、置换、出租等处置建议。加强国有资产处置监管。累计受理资产报废审批107项计3678万元，资产报废备案30项计75万元，资产调拨审批147项计2.51亿元。

【推进队伍建设】 加强廉政作风建设。全面排查廉政风险点，建立廉政风险防控工作长效机制，开展会员卡专项清退活动，落实中央八项规定精神。贯彻执行《温州市纠风工作责任追究暂行办法》，推进政风行风建设。加强机关文化建设。结合“瓯韵书香”全民学习月活动，开展宣讲团授课、“一把手”上党课、机关学习会等多种形式的学习教育活动。设立“女性书吧”、党员读书角，营造良好的学习氛围。开展主题实践活动。选派优秀党员参加“感悟十八大，传递正能量”演讲比赛、区第二届“微型党课”比赛；开展“学习雷锋、关爱他人、奉献社会”学雷锋志愿者活动、“五四”青年志愿者活动。当年区局先后获得省市区13个集体荣誉称号。

（温州市瓯海区财政局供稿　叶一瑞执笔）

龙湾区

【概况】 2013年，温州市龙湾区实现生产总值306.90亿元（不含温州经济技术开发区），比上年增长9.2%。其中：第一产业增加值2.15亿元，第二产业增加值204.15亿元，第三产业增加值100.60亿元，分别增长5.4%、8.7%、10.3%。三次产业结构比调整为0.7∶66.5∶32.8。全年区本级财政总收入37.62亿元，增长7.4%，其中公共财政预算收入19.15亿元，增长10.5%；公共财政预算支出18.82亿元，增长13.9%。全年财政收支平衡。

【组织财政收入】 收入结构持续优化。全年组织税收收入18.20亿元，增长11.1%，占公共财政预算收入的95.0%。做好收入分析预测。关注财税体制改革动向，加强财政经济运行监控分析，准确掌握收入情况与运行动态，增强组织收入的主动性。规范非税收入管理。拓宽非税收入渠道，加强政府非税收入票据管理，以票管费，以费促收，实现执收单位、银行、财政三方非税收入数据共享，上线开票单位65.0%以上。全年组织非税收入34.81亿元。

【支持经济发展】 加大扶持实体经济力度。奖励突出贡献企业，帮助企业申报各类项目资金，落实扶持资金8200万元，其中争取上级补助资金2998万元。通过财政资金杠杆作用，利用中小企业专项信用贷款等措施，帮助企业融资5.80亿元。助推经济结构调整。全年支持企业技术创新投入956万元，推进节能减排，全年安排节能环保支出2751万元，其中区本级节能环保支出2530万元，增长6.7%，推进经济结构优化升级。加大科学技术支出比重，全年科技支出4364万元，增长40.4%。其中科技创新平台建设投入1290万元，科技贷款贴息120万元，知识产权保护经费227万元。提高重点项目建设资金筹措能力。全年向上争取基建投资资金2.30亿元，筹措资金56.10亿元，支持城市主干道等重大基础设施项目和保障房、文教卫领域重点民生项目建设。

【保障民生支出】 全年民生支出13.92亿元,占公共财政预算支出的74.0%。坚持财政收入增量投入民生领域和支出存量结构调整并举。加大教科文投入。全年教育支出4.51亿元,增长22.2%。其中教育专项支出6980万元,学前教育1364万元,推进"四个一"工程*,支持创建现代化教育强区。加快公共文化服务体系建设,文化体育与传媒投入5266万元,增长89.1%,保障各类群众文化体育活动开展。加大社会保障、医疗卫生支出。提高社会保障能力,全年社会保障和就业支出1.05亿元。支持居家养老服务,居家养老服务照料中心实现全区覆盖,出台《老龄事业发展"十二五"规划》《全面推进居家养老服务工作的实施意见》等系列政策文件,支持"四位一体"*工作开展;支持医疗卫生事业发展,全年医疗卫生支出1.96亿元,增长49.5%。其中基本药物补偿经费支出2993万元,村级医疗机构建设经费支出458万元,医疗设备购置经费支出500万元,卫生强区创建经费700万元,公共卫生经费845万元。加大农林水事务支出。加大财政支农惠农投入和政策实施力度,全年拨付农林水事务支出9249万元,增长10.0%。重点保障现代农业园区、海滨中低产田改造项目和永兴高标准农田改造等项目建设支出。保障区域环境品质提升。探索开展公共设施维护等领域的政府购买社会组织服务工作,支持"六城九市"*联创,"四边三化"、"美丽乡村"*建设。全年城乡社区事务支出2.16亿元,增长15.1%。

【推进财政管理改革】 推进预算管理改革。加强部门预算编制和管理,完善部门预算分项审查制度,15个单位的部门预算报区人大常委会分项审查并上区人代会审议。强化"绩效目标申报、绩效过程跟踪、实施结果评价、评价结果运用"机制,全年申报预算绩效目标118个,涉及金额3.56亿元。推进国库集中支付改革。率先在全市开展街道国库集中支付改革,区本级148家单位和5家街道实现改革全覆盖。严格执行公务卡改革制度,区本级预算单位公务消费90.0%以上以非现金方式结算。加强节支降低行政成本。落实改进作风、厉行节约等各项措施,"三公"经费下降16.6%,各行政事业单位公用经费压减5.0%,节约资金154万元,专项经费压减1212万元,合计节约资金1366万元。推进政府采购规范化管理。全年政府采购预算1.57亿元,实际中标金额1.38亿元,节约资金1908万元,节资率12.2%。提高财政资金使用效益。强化结转结余资金定期清理机制,加大资金统筹使用力度,全年收回结余资金6853万元,提高财政资金使用效益。

【强化财政监管】 加强政府投资项目监管。完善区政府投资项目BT融资建设管理办法,全年对418个政府投资项目进行财政评审,核减金额8220万元,核减率6.0%。规范财政资金账户管理。全年撤销清理财政专户13个,清理各类出借资金7.50亿元。加强国资监管。出台完善区级国资营运公司工资总额预算管理办法、董事会工作规程、监事会工作规程等国资监管制度。推进行政事业单位固定资产管理。加强业务培训、单位自查,通过重点走访、分类抽查等工作方式,将160家行政事业单位固定资产纳入信息化管理。提升会计管理服务水平。履行会计管理和监督职能,规范会计秩序,实现网络继续教育一条龙服务,提高会计人员业务素质。

【加强队伍建设】 加强作风效能建设。出台《科室工作目标责任制考核办法》《个人绩效考核办法》,加强"361°效能服务品牌"*建设;深入企业,开展"千名干部进千企解千难"和驻企服务员活动,解决问题13个。以服务承诺、限时办结为宗旨,提升办事效率。推进党风廉政建设。开展"财政讲坛""道德讲堂"和"月读一书"活动,组织观看反腐影片,加强廉政教育。注重干部能力建设。制订全局干部教育培训计划,全年组织各类培训,参加人员589人次。丰富财政干部文化建设。发挥工青妇组织的作用,组织全局干部职工参加各类活动,激发干部干事创业积极性。局下属会计核算中心获"全国巾帼文明示范岗"和"浙江省二十佳巾帼文明岗"双重称号。

(温州市龙湾区财政局供稿 姜赛芬执笔)

"美丽温州 最美街区"建设

注：

＊“四个一”工程：一流的校园环境、一流的教师队伍、一流的教学设施和一流的教育成果。

＊“四位一体”：居家养老工作确保领导联系、部门挂钩、企业结对、社会组织参与。

＊“六城九市”：六城：全国文明城市、国家园林城市、国家森林城市、国家卫生城市、国家环保模范城市和国家历史文化名城；九市：创新城市、信用城市、智慧城市、低碳城市和民政强市、质量强市、教育现代化市、卫生强市、体育强市。

＊“美丽乡村”：生产发展、生活宽裕、乡风文明、村容整洁、管理民主。

＊361°效能服务品牌：即360°全方位服务+1°个性化的超值服务。

瑞安市

【概况】 2013年，瑞安市实现生产总值635.95亿元，比上年增长9.5%；人均生产总值52152元。其中：第一、二、三产业增加值分别为19.11亿元、319.53亿元、297.31亿元，增幅分别为-1.9%、10.2%、9.4%。三次产业结构比调整为3.0∶50.2∶46.8。社会消费品零售总额261.04亿元，增长11.4%。全社会固定资产投资371.75亿元，增长17.5%。外贸进出口总额37.43亿美元，增长5.4%。城镇居民人均可支配收入42302元，农村居民人均纯收入17553元，分别增长8.5%和9.8%。全市财政总收入78.63亿元，增长9.2%；其中公共财政预算收入44.74亿元，增长10.1%，占财政总收入的56.9%。公共财政预算收入中税收收入40.88亿元，占公共财政预算收入的91.4%。全年公共财政预算支出50.68亿元，增长8.7%。财政运行情况良好，全年财政收支平衡。

【组织财政收入】 完善重点税源控管机制。关注宏观经济和税制改革运行情况，开展经济税源调研分析，全市重点税源监控企业增至1081户，入库税收占税收总额的64.1%。完善社会综合治税机制。实施“以电控税”、欠税追缴、供水供电环节的税务登记前置等方法，与法院建立企业破产涉税（费）事项处理协作机制，堵塞税收征管漏洞。完善非税收入征缴机制。实行非税收入管理考评制度，出台特许经营权公开竞价办法，规范土地出让金征缴结算，在全市111家执收单位推广应用非税收入管理信息系统，全市组织非税收入132.38亿元，增长127.7%。加强社保费征收和结算，入库社保费28.39亿元，增长17.5%。

【扶持实体经济发展】 保障政府有效投资。发挥财政资金对经济发展的支撑拉动作用，通过预算安排直接投资、资本金注入、政府补贴等方式，累计筹集资金34.70亿元，重点支持丁山二期围垦造地、滨海大道瑞安段、客运中心站等重点项目建设，改善经济发展环境。减轻企业负担。兑现结构性减税、“清费减负”等优惠政策，推进“营改增”试点工作，执行临时性下浮中小微工业企业社保缴费比例政策，取消、免征和降低部分行政事业性收费，减轻税费负担4.75亿元。发挥财政应急转贷专项资金作用，累计为企业提供临时周转资金34.50亿元。促进产业转型升级。筹措落实产业发展专项资金2.30亿元，设立中小企业担保风险补偿、亩均创税费奖励、税费增收奖励等8项专项资金，重点支持科技创新和先进制造业、现代服务业发展。完善产业发展财税扶持政策，协同相关部门制订出台进一步鼓励企业整合重组的实施意见、推进扶工兴贸工作意见、加快小微企业创业园建设实施办法等政策文件，引导企业通过合并、改制、分立等形式做优做强。推进“个转企”（个体工商户转为企业）工作，梳理编发《“个转企”税费政策专册》，出台试点期间过渡性财政扶持政策，全市完成“个转企”6786户，总量位居全省首位。

【保障民生支出】 加大财力向民生倾斜的力度，公共财政用于民生方面支出38.37亿元，增长7.3%。推动区域统筹发展。财政支农项目支出6.87亿元，增长13.3%，重点支持农村一事一议、农业“两区”、高楼绿道等项目建设；加大对欠发达地区的财政转移支付力度，落实中心镇发展专项资金和生态补偿资金9000万元，推进城乡一体化进程。支持社会事业发展。教育支出15.52亿元，增长9.0%，保障重点教育项目建设及学前教育、职业教育和民办教育等发展；医疗卫生支出3.02亿元，增长33.5%，重点支持深化医药卫生体制改革和“省卫生强市”创建；文化体育与传媒支出7237万元，增长13.5%，完善基本公共文化服务体系；节能环保支出7967万元，增长113.7%，支持节能减排、环境美化等，推进“绿色瑞安”建设。完善社会保障体系。全年社保基金支出38.8亿元，保障全市养老金按时有序发放，提高城乡居民医疗保险待遇水平，城乡居民基本医疗人均筹资标准提高到600元，其中政府补助标准提高到人均425元；投入保障性安居工程建设资金7364万元，主要用于公租房和廉租房建设；拨付救灾补助资金1979万元，帮助受灾民众恢复生产生活。提升社会管理水平。落实政法经费等资金5.18亿元，支持科技强警、创新社会管理和化解社会矛盾等，深化“平安瑞安”建设。

【深化财政改革】 深化预算管理改革。深化预算编制改革，试编社保基金预算，细化部门预算编制，提高部门预算完整性，市级部门预算编制覆盖率100.0%。开展财政结余资金清理，提高资金使用效益，清理结转结余资金1700万元，重新安排历年清理资金2.37亿元。推进国库集中支付改革。启动镇街国库集中支付改革试点，陶山镇国库集中支付系统上线，改进单一账户体系，实现市镇(街道)财政专线联网；严格执行公务卡强制结算目录，规范和减少预算单位现金支付结算，非现金结算方式占比90.4%。探索专项资金管理改革，规范专项资金“二次分配”，落实专委会审批制度。加强镇街财政建设。调整完善镇街财政管理体制，加大对基层财力倾斜力度，全年实现镇街体制结算拨款4.57亿元，增长15.4%，提高镇街开发建设的积极性。出台《关于加强镇街财政管理和推进镇街公共财政服务平台建设的实施意见》，在15个镇街单独设置财政所(局)和财政支付核算中心，实现各镇街财政编制单列，增加镇街财政人员编制12名。

【强化财政监管】 加强政府采购监管。推进政府采购诚信体系建设，全年政府采购规模36.95亿元，资金节约率11.1%。强化财政投资项目“五算”审核*。全年审定投资额44.57亿元，核减工程造价1.49亿元。推进国有资产管理改革。组建公用事业投资集团等政府投融资平台，扩大投融资平台资产总量，盘活国有存量资产2.99亿元，提升政府融资和财力保障能力。推进财政信息公开。做好财政预决算信息公开准备工作，主动接受人大、审计及各方面的监督，全市90个一级部门单位的部门预算报市人大，其中2个部门单位报人代会重点审查。推进财政支出绩效管理改革。完善预算绩效机制，对200万元以上大额专项支出、政府投资项目等实行绩效目标管理。加强财政支出绩效评价工作，实施对33个项目的重点绩效评价，涉及资金10.45亿元，增长333.6%。

【加强队伍建设】 完善选才用才机制。开展中层干部竞争上岗工作，选拔中层正职9名、中层副职28名。转变机关工作作风。开展“财税干部进千企解难题”活动，建立驻企服务员制度，走访受困受灾企业478家，解决涉财涉税问题197个。加大效能督察力度，推动机关作风转变。加强廉政风险防控。贯彻落实中央八项规定及厉行节约有关规定，严格执行党风廉政建设责任制，组织开展“清廉·实干·圆梦”廉政主题教育活动，强化对会议费、接待费、“三礼”(礼金、礼券、礼卡)清理的廉政监督。深化财税文化建设。开展“同谱中国梦、共抒财税情”主题党建、“凝心聚力　梦圆财税”文化节等活动，做好党的群众路线教育实践活动前期准备工作；编发《瑞安财税》2期，做优财税文化品牌。当年瑞安市局被评为全省财政系统依法行政工作优秀单位及瑞安市落实党风廉政建设责任制、驻企服务、“平安瑞安”建设等工作先进单位。

(瑞安市财政局供稿　阮吟捷执笔)

注：

*“五算”审核：指对基本建设项目开展的估算、概算、预算、结算和决算进行审核。

乐清市

【概况】 2013年，乐清市实现生产总值657.92亿元，比上年增长6.5%。其中：第一产业增加值19.61亿元，减少1.5%；第二产业增加值392.97亿元，增长9.0%；第三产业增加值245.34亿元，增长3.1%。三产结构比调整为3.0∶59.7∶37.3。人均生产总值51612元，增长5.7%。城镇居民人均可支配收入41067元，农村居民人均纯收入19094元，分别增长8.3%和9.4%。全市财政总收入102.35亿元，增长11.6%，其中公共财政预算收入51.29亿元，增长12.2%，占财政总收入的50.1%；全年公共财政预算支出51.35亿元，增长10.5%。实现财政综合收支平衡。

【组织财政收入】 公共财政预算收入中税收收入47.80亿元，占比93.2%，比上年提高1.0个百分点。做好重点税源监控。提高重点税源监控和分析能力，动态监控全市808户重点税源企业，及时掌握变化情况，全年实现重点税源企业税收26.08亿元，占地方税收收入的66.0%。强化征管手段。规范股权转让所得税收征管，出台个体工商户定额管理办法和村集体安置房税收管理办法，按照控制新欠、压缩陈欠的原则，落实欠税管理措施。注重非税收入征管。上线运行新版非税收入征管信息系统，实现财政、执收单位、银行三方数据实时链接。健全规费征缴机制，促进规费收入稳定增长，各项非税收入63.29亿元，增长5.9%。

【助力经济发展】 清理各类财政扶持政策。出台乐商回归、网络经济、文化产业、小微企业、区域资本市场建设等扶持实体经济发展的财政政策，支持经济发展方式转变。促进经济结构调整。拨付专项资金6651万元，支持工业强市建设，重点保障科技创新园、国家工业电气质量检验检测中心、电气工业设计基地建设。支持服务业发展提速提质，制定支持服务业跨越发展实施意见，全年兑付服务业发展扶持资金965万元。减轻企业税费负担，助推转型升级。落实税费减免政策，累计减免各项税费5.30亿元，落实企业技术开发费加计扣除4.93亿元。投入应急转贷资金1.50亿元，帮助78家企业解决短期资金周转，累计融资22.40亿元。落实企业扶持资金8661万元，争取上级补助资金9076万元，重点支持企业自主创新、技改贴息、开放型经济和企业上市等。保障政府投资建设。筹集财政建设资金31.35亿元，保障重点项目建设资金需求，支持河道整治、治水治污、交通路网、城市基础设施等重点工程建设。建设政府投融资平台，启动二期企业债券的项目申报工作，落实重点工程融资额度7.00亿元。

【确保民生支出】 全年公共财政预算支出中民生项目投入39.81亿元，增长10.4%，占财政总支出的77.5%。落实强农惠农政策。“三农”支出29.79亿元。整合现代农业、农田水利、农业综合开发等项目资金2.21亿元，重点支持农业农村建设；75个村级公益事业项目一事一议筹资筹劳财政奖补资金4231万元；拨付扶贫资金3678万元，加快欠发达地区发展。保障教育经费。全年教育经费支出16.03亿元。统筹校舍建设资金3.26亿元；落实义务教育教师绩效工资6.98亿元；拨付义务教育食宿、学杂费减免、教科书及作业本减免、爱心营养餐、教师培训等专项资金8407万元；安排职高免学费补助经费、助学金3371万元。加大医疗卫生投入。卫生事业经费支出6.40亿元。落实医疗保障资金3.66亿元；安排9443万元用于基本公共卫生服务经费、重点公共卫生经费、公立医院综合改革和基本药物零差价销售补助等。健全社会保障体系。社会保障和就业支出3.40亿元。拨付城乡居民养老保险基金补助1.25亿元；安排稳定企业就业岗位补贴1535万元；发放城乡低保补助、优抚金、临时救助金7678万元。加快文化体育事业发展。文化体育与传媒经费支出4439万元。统筹1000万元专项资金，推进文化大市建设；安排文化产业发展专项资金500万元；落实专项建设资金300万元，建成农村文化礼堂36个。

【推进财政改革】 开展镇(街道)财政改革。参考全省试点县市改革情况，结合乐清实际，在清江镇和城东街道，开展国库集中支付试点工作。推广公务卡结算。实行公务卡强制结算目录制度，加强公务卡应用管理，提高公务卡应用面，实现全市所有镇(街道)公务卡制度全覆盖。深化预算编制管理。细化“三公”经费与会议费分类预算编制，建立部门预算基础资料库，完善预算指标管理，启用分口来源指标，从源头上控制资金分配流向。

【加强财政监督】 推进重点项目绩效管理。拟定并提请市政府出台《关于全面推进预算绩效管理实施意见》，全年实施重点项目绩效评价8个，自评项目61个，项目预期绩效申报56个，涉及财政资金20.87亿元。加强预算项目专业评审。完成各类项目审核377个，审核金额6.79亿元，审定金额6.04亿元，净核减7477万元。建立财政性资金项目评审社会中介机构试运行备选库。规范政府采购管理。制定《乐清市政府采购供应商投诉处理工作规程(试行)》，扩大政府采购范围，全年政府采购预算金额9.40亿元，实际采购7.78亿元，节约财政资金1.62亿元，资金节约率17.2%。拓宽存量资金增值渠道。完善商业银行财政存款管理办法，加快回收长期挂账资金。

【重视队伍建设】 加强作风效能建设。制定贯彻落实改进工作作风密切群众八项规定的实施意见和专项督查工作方案，当年“三公”经费下降26.3%，其中公务接待费下降51.6%。组织干部参加驻企服务活动，帮助企业解决实际问题。推进党风廉政建设。全面推进廉政风险防控机制建设，排查风险点134条。制定《领导集体决策重大问题议事规则》和廉政风险预警的责任追究制度等。加强廉政文化建设，组织中层干部开展警示教育，编印《廉洁财税学习文摘》，开展廉政微言征集活动，丰富廉政文化教育内容。注重干部能力建设。开展各类培训，举办小企业会计准则、职业道德、公务礼仪、名师讲座等各类培训，提升干部素质。丰富财政文化建设内容。搭建活动平台，开展形式多样的文体活动。开展“红七月”纪念建党92周年系列活动，组织十八大精神集中学习和“中国梦”主题学习培训。

（乐清市财政局供稿　邱聪伟执笔）

永嘉县

【概况】 2013年，永嘉县实现生产总值291.90亿元，按可比价格计算，比上年增长8.0%。其中：第一产业增加值9.62亿元，下降1.1%；第二产业增加值179.24亿元，增长8.7%；第三产业增加值103.04亿元，增长7.5%。三次产业结构比调整为3.3∶61.4∶35.3。按户籍人口计算，人均生产总值为30216元，增长11.4%；城镇居民人均可支配收入30116元，增长8.6%，扣除价格因素实际增长6.2%；农村居民人均纯收入12704元，增长10.0%，扣除价格因素实际增长7.5%。全县财政总收入38.64亿元，增长7.6%；其中公共财政预算收入20.85亿元，增长13.0%。公共财政预算支出40.20亿元，增长15.7%。全县财政收支平衡，预算执行情况良好。

【组织财税收入】 加强综合税收分析。全年税收收入19.49亿元，增长12.43%，占公共财政预算收入的93.5%。及时关注、跟踪宏观经济形势和企业经营变化，开展经济税源、政策效应、管理风险和预测预警分析。制订组织收入预案，落实收入调控措施，加强税收征管力度，优化财政收入质量。扩大重点税源监控面，全年1051户重点税源监控户税收收入12.55亿元，增长10.5%，占地税税收收入的67.9%。强化政府非税收入收缴管理。完善征缴信息实时联网机制,建立监控管理体系,全年组织非税收入 68.76 亿元,同比下降 26.1%。

【支持经济转型升级】 减轻企业负担。贯彻落实清费减负政策,对小型微利企业免征部分行政事业性收费;及时审批困难企业的减免税。全年取消、降低和免收各类税费 2731 万元。引导企业转型升级。支持和服务温商回归创业创新,促进经济结构调整和产业转型升级。完善财政扶持政策,支持大平台、大产业发展,促进循环经济、开放型经济、民营经济转型升级。落实总部经济、楼宇经济财政扶持政策。全年拨付企业转型升级资金 7632 万元。

【保障重点支出】 全县公共财政预算支出中用于民生支出 29.84 亿元,占比 74.2%。保障美丽乡村建设投入。推进村级公益事业建设一事一议财政奖补工作,被国务院综改办列为全国一事一议美丽乡村建设试点县,县本级支出 942 万元,争取上级资金补助 3760 万元。落实教育优先发展政策。教育支出 11.48 亿元,达到法定增长要求,健全教育经费保障机制,推进全县教育现代化建设进程;实施扶困助学政策,落实助学资金 4937 万元。保障基层文化建设投入。支持农村特色文化、电影公益性放映、农家书屋、舞台艺术送农民等文化活动。保障社保资金投入。提高新农合筹资标准,新农合人均财政补助提高到 420 元。保障重点工程投入。依据项目实际进度,累计拨付县内重点工程建设资金 8.97 亿元,支持诸永高速公路温州段延伸工程、41 省道上塘至九丈段、41 省道南复线岩头至大若岩段、雁楠公路、瓯北大桥等项目建设。

【深化财政改革】 推进乡镇财政体制改革。从统一机构名称、规范人员配备、建立监管体系三个方面入手制定《关于加强乡镇财政建设的实施意见》,组织实施工作全面铺开。做好国库集中支付改革。下发《乡镇国库集中支付改革方案》,将闲散资金与沉淀资金集中到国库,缓解财政收支压力。全面推行公务卡结算制度,全年发卡 9554 张。

【规范财政监督管理】 开发财政项目评审管理软件,全年审核项目金额 12.91 亿元,审定金额 11.57 亿元,核减率为 11.4%。因管理软件的使用,每个项目审核时间平均缩短 2 天。组织开展财政专户情况调查摸底和专户清理整改,财政专户由原来的 58 个下降到 36 个。

【加强队伍建设】 开展“定员定岗双向选择用人机制”试点工作。推行全员绩效考核。出台《永嘉县财政地税局全员绩效考核办法》,实行层级绩效考核;注重扩大参与面,加强监督,增强绩效考核工作的透明度,确保绩效考核结果的准确性。

(永嘉县财政局供稿 叶 帆执笔)

洞头县

【概况】 2013 年,洞头县实现生产总值 60.32 亿元,比上年增长 9.1%。其中:第一产业增加值 5.05 亿元,增长 6.1%;第二产业增加值 25.49 亿元,增长 7.5%;第三产业增加值 29.78 亿元,增长 11.0%。三次产业结构比调整为8.4∶42.2∶49.4。人均生产总值 45801 元,增长 35.0%。全社会固定资产投资 70.30 亿元,增长 48.3%。城镇居民人均可支配收入 28825 元,增长 12.0%;农村居民人均纯收入 13412 元,增长 13.1%。全县财政总收入 7.96 亿元,增长 2.7%,其中公共财政预算收入 3.83 亿元,增长 13.0%,占财政总收入的 48.1%。全年公共财政预算支出 15.41 亿元,增长 16.9%。全年财政运行状况良好,财政收支平衡。

【组织财政收入】 加强税源监管。关注营业税改征增值税后交通运输等行业的变化趋势,分析测算政策执行对洞头县企业和财政收入的影响,出台实施方案和试点期间的财税优惠政策;加强税源监控,每月对纳税企业 30 强进行综合排名。当年 30 强企业实现税收 5.07 亿元,占财政总收入的 63.7%。加强税收征管。落实国家对房地产税收调控政策,规范耕地占用税和契税征管。与县国土资源局、住房和城乡规划建设局建立信息共享工作机制。加强房产税收、土地税收征管。做好个人所得税全员申报、年收入 12 万元以上个人所得税自行申报以及企业所得税汇算清缴工作。全年地税部门组织税收收入 3.43 亿元,增长 14.5%,占公共财政预算收入的 89.6%。加强规费征缴。开展社保费欠费催缴和清理工作,做好 2012 年度社保费清算工作,加强对企业月度社保费申报数据的比对和纠错,确保社保费及时、足额入库。全年组织规费基金收入 2.40 亿元,增长 24.4%。加强非税收入征管。将预算外资金全部纳入公共财政预算收入管理,完善国有资产(资源)有偿使用、行政事业性收费等非税收入征收。启用新版的非税收入征管系统,全年实现非税收入 3.93 亿元,下降 24.2%。

【支持经济发展】 助推地方经济转型发展。研究制定振兴实体经济以及海运业、渔船更新改造、旅游业等传统产业发展的财税服务政策,兑现各项优惠政策 4252 万元,促进洞头经济转型升级。落实中央、省市结构性减税和清费减负等政策,全年为企业减免各类税费 1.06 亿元。完善企业应急转贷专项资金运作和中小企业贷款风险补偿机制,全年发放应急转贷资金

9316万元,缓解企业资金周转困难。保障重点项目建设。通过向上争取、调剂村级闲置资金、搭建融资平台、向国家政策性银行贷款以及加大土地出让金征缴力度等多种渠道,全年筹融资10.80亿元,保障渔港、工业区、水利、交通、城乡供水等重点项目资金需求。

【保障民生支出】 全县用于民生事业各项支出11.61亿元,占公共财政预算支出的75.3%,增长17.3%。支持农村事业发展。整合支农资金1600万元,完成82个整村推进项目,实施11个村级公益事业一事一议财政奖补项目,争取省市专项资金383万元,县级配套320万元。加大教育投入。教育支出2.63亿元,增长14.1%。加快教育基础设施建设,深化民办教育改革,提高医学教育学校生均公用经费标准,促进城乡教育均衡发展。完善社保体系建设关注弱势群体。全年社会保障和就业支出8472万元,增长72.0%。调整提高城乡居民最低生活保障标准,分别从475元、360元提高到640元和450元;支持社会兴办养老机构,通过政府购买服务,推进社会保障体系建设。深化医疗卫生改革。全年医疗卫生支出1.13亿元,增长46.0%。实施县级公立医院改革,加快推进基层社区医疗卫生机构的规范化建设,加大对民办医疗机构的扶持力度,鼓励社会资本办医,完善公共卫生服务体系。支持专项工作开展。安排资金1.01亿元,支持"六城联创"*"三改一拆""四边三化"等专项工作。

【推进财政改革】 理顺财政体制。落实省对县财政新体制,做好洞头财政职能委托温州市管理的有关工作以及明确瓯江口税收管辖权划转洞头后有关财政体制政策。加强乡镇财政建设,完成所有乡镇(街道)财政所和公共财政服务中心建设。深化预算管理改革。全面完成乡镇(街道)国库集中支付改革;实行公务卡强制结算,非现金结算率98.0%。出台全面推进预算绩效管理的实施意见,把预算绩效管理工作纳入县对部门绩效考核范围。出台加快推进县级公共财政预算改革的实施意见,完成民政、计生卫生、文化、社保等涉及民生领域的15个部门的部门预算上会审查试点工作。加强国有资产管理。全面启用行政事业资产管理信息系统,全县181家行政事业单位纳入系统管理,实现国有资产动态监控;完成188家部门单位政府存量房的清查工作,摸清家底,确保国有资产保值增值;完善国有企业财务总监派遣机制。

【强化财政监管】 加大政府投资建设项目审价力度。全年完成财政投资建设结算审价项目249个,核减建设资金1331万元,有效节约政府投资资金。加强政府采购监管。全年执行集中采购预算8248万元,采购金额6912万元,节约采购资金1336万元,节约率16.2%。控制政府运行成本。按照中央和省市相关要求,压缩县级部门一般性支出3000万元;"三公"经费和会议费分别下降22.4%、34.1%。加快数字财政建设。完成省财政厅"数字财政"建设前期准备工作;加强会计考务管理,实现会计从业资格考试无纸化。

【加强队伍建设】 加强干部教育培训。制订年度培训计划,每月举办一期干部读书班及道德讲堂活动,组织完成调研报告45篇;公开招录和调入财税干部8名,选派优秀干部到村任职锻炼。提升服务水平。开展驻企服务员、基层走亲和财税干部进百企、解难题专项活动,走访企业325家,为企业解决难题82个;推进行政审批制度改革,下放权力事项93项,加快办事效率。强化廉政建设。按照八项规定要求,加强廉政教育,提高干部职工廉政意识。县财政局获洞头县民主评议行风满意单位第2名、党风廉政建设优秀单位、绩效考核一等奖等荣誉。

(洞头县财政局供稿　朱红波执笔)

注:

*"六城联创":创建国家卫生县城、国家级生态县、省级森林城市、省级园林城市、省级旅游经济强县和省级示范文明城。

平阳县

【概况】 2013年,平阳县实现生产总值298.53亿元,比上年增长9.9%。其中:第一产业增加值13.21亿元,下降4.6%;第二产业增加值146.92亿元,增长9.0%;第三产业增加值138.40亿元,增长12.5%。三次产业结构比调整为4.4∶49.2∶46.4。按户籍人口计算,人均生产总值为34068元,增长9.6%。社会消费品零售总额125.24亿元,增长16.2%。全社会固定资产投资256.05亿元,增长41.1%。外贸进出口总额7.69亿美元,增长4.6%。城镇居民人均可支配收入31264元,农村居民人均纯收入13045元,分别增长8.7%和8.3%。全县财政总收入33.03亿元,增长15.1%,公共财政预算收入20.36亿元,增长18.9%,占财政总收入的61.6%,其中税收收入18.61亿元,增长25.2%,占公共财政预算收入的91.4%。公共财政预算支出33.82亿元,增长19.3%。全年预算执行情况良好,财政收支平衡。

【组织财政收入】 完善重点税源控管机制。开展经济税源调研分析,全县重点税源监控企业135户,入库税收占税收总额的69.5%。完善社会综合治税机制。组织税源调查,完善协税护税网络建设。实施欠税追缴、供水供电环节的税务登记前置等办法,与法院建立企业破产涉税(费)事项处理协作机制,堵塞税收征管漏洞。推进税种管理。做好企业所得税汇算清缴,加强个人所得税全员申报和年收入12万元以上自行申报管理,落实二手房转让有关营业税政策,实施保险机构代收代缴车船税,开展土地增值税清算和房产税税源清查,加强城建税等异常信息比对,加大对契税、耕地占用税挖潜堵漏力度,促进各税种增收及结构优化。规范非税收入征管。健全非税征管体系,提升征管质量,依托政府非税收入征管信息系统,依法征收,应收尽收。全县实现非税收入53.84亿元,增长1.4%。

【支持经济转型升级】 落实各项财政扶持政策。建立驻企服务员制度,运用政策、资金等多种手段,为企业发展创造良好环境。落实清费减负、结构性减税等相关政策,取消、免征和降低部分行政事业性收费及社会保险费,制定落实各项税收优惠政策,实施"营改增"试点期间过渡性财政扶持政策,累计为企业减免各项税费1.99亿元。推进产业结构优化升级。争取省扶持企业财政资金750万元,落实技改专项资金283万元,引导企业技术改造投入资金5883万元;拨付转型升级财政专项资金329万元,推进科技创新、品牌创建、标准化建设。完善以亩均税费为核心的企业综合评价和分类管理机制,促进经济结构调整和产业转型升级;制定鼓励浙商创业创新扶持实体经济发展的财税政策措施,推出扶工兴贸财税扶持政策,引导企业转型提升和总部回归。支持个体工商户转为企业,促进"低小散"产业规范升级。

【保障民生支出】 支持强农惠农。支持现代农业发展,加大农业综合开发投入,全面开展村级公益事业建设一事一议财政奖补工作,农林水事务支出6.41亿元,增长79.1%。优先发展教育事业。教育支出8.81亿元,占公共财政预算支出的26.0%。全力保障重点教育项目建设,支持学前教育、职业教育和民办教育等发展。支持社会保障体系建设。完善农村城镇低保生活补助政策,提高城乡居民最低生活保障标准,拨付最低生活保障金5714万元;安排流乞救助、优抚、退役安置、社会救济等专项资金3150万元。深化医药卫生体制改革。安排医疗卫生事业经费3.89亿元,组织开展基层医疗卫生机构债务清理核实工作,出台城乡居民基本医疗保障实施细则,医保支出4.41亿元。保障社会公共安全和稳定。安排政法部门经费1.93亿元,增长17.9%。改善城乡居民生活环境。落实节能环保支出3500万元,做好农村污水处理、生态县创建、工业污染整治、生活垃圾处理等工作。

【深化财政管理改革】 推进部门预算编制改革。加快支出标准体系建设,将上级补助资金纳入预算编制范围;对项目支出推行项目库管理,建立部门预算编制初审、联审、平衡性审核机制;规范部门预算编制的制度和程序,建立从预算编制到执行的监督机制;按照预算安排和时间进度拨付款项,并定期对预算的执行情况进行检查。清理结余资金。根据建立国库单一账户体系要求,对全县行政事业单位预算结余资金进行清理,上解清理资金9358万元,规范县级部门预算结余资金管理,提高财政资金使用效益。加强财政专户资金管理。开展财政资金安全管理自查、督查工作,针对薄弱环节进行整改,对现有的除社保资金外的25个专户进行整合。推进国库集中支付和公务卡结算制度改革。实现县一级预算单位国库集中支付全覆盖,对鳌江镇、万全镇实行乡镇国库集中支付制度改革试点。全面推进公务卡制度改革,实现县一级预算单位全覆盖。健全国有资产管理体系。出台十大国有投资公司考核办法和国有企业集中核算实施方案;加大国有资产盘活力度。

【强化财政监督管理】 加强财政资金监管。开展县级财政专项资金和专项补助清理,规范财政资金审批程序,全面实施支农资金项目网上申报和项目库管理系统,清理核实政府融资平台公司及其债务,加强对政府性债务的统计和监控。推广应用绩效目标管理。选取农业、教育等20个部门的50个项目开展绩效自评,涉及财政资金3.01亿元。确定工商、民政等8个部门的9个项目为重点评价对象,涉及财政资金1.67亿元。优化财政法治环境。加强会计法宣传,促进会计行为规范和会计信息质量提高;加强工程建设领域突出问题治理,开展指挥部财务收支、会计代理记账机构执业及《会计法》实施情况检查,做好强农惠农资金专项清查和土地出让收支管理专项检查;加强财政法制建设,清理规范行政审批,细化行政处罚自由裁量权。

【加强干部队伍建设】 深化"五型机关"* 创建活动。组织开展"我们的价值观"等主题教育活动,依托教育培训载体,全年组织实施各类教育培训500人次。加强财税文化建设。举办机关文化节、趣味运动会,刊编《平阳财税》十三期,成立志愿者服务队,做好干部职工特殊困难调查和补助慰问工作。加强干部作风建设。加大治庸治懒力度,开展行风建设"回头看",组织明察暗访活动;在财税信息网上设立举报投诉栏,对投诉件进行核实回复。加强党风廉政建设。落实惩防体系建设要求,建立干部信息库,健全公务人员利益冲突回避约束机制,加强工作人员因私出国(境)管理。

(平阳县财政局供稿　蔡景积执笔)

注:

*"五型机关":指学习型、责任型、效率型、服务型、廉洁型政府机关。

苍南县

【概况】 2013年，苍南县实现生产总值364.59亿元，按可比价格计算，比上年增长8.1%。其中：第一产业增加值26.38亿元，下降0.7%；第二产业增加值171.05亿元，增长5.8%；第三产业增加值167.16亿元，增长11.9%。三次产业结构比为7.2∶46.9∶45.9。全县财政总收入37.03亿元，增长15.3%；公共财政预算收入23.65亿元，增长22.4%，占财政总收入比重为63.9%。全县公共财政预算支出45.33亿元，增长19.1%。全县财政运行情况良好，财政收支平衡。

【组织财政收入】 强化税收计划管理，实行月度税收分析例会制度和重大税款报告制度。完善部门信息共享，建立财政、地税、国土、住建四部门联系机制，推进社会综合治税体系建设。开展漏征漏管户和非正常户专项清理、欠税专项整治等工作，夯实征管基础。全年税收收入20.84亿元，占公共财政预算收入的88.1%。健全社保费征缴机制，扩大征收面。推进政府非税收入收缴电子化，强化非税收入财务管理和核算，健全政府非税收入征管体系，全年征缴非税收入52.94亿元，增长213.3%。

【助推经济发展】 健全扶持政策，出台和完善助企强工、浙商回归、商贸流通、农业产业现代化、技术创新、节能产品惠民工程、开放型经济以及淘汰落后产能等政策，促进经济发展。加大扶持企业力度，全年拨付涉企扶持资金4477万元，安排企业转贷资金2000万元，累计周转金额5.72亿元。帮助企业减轻费负，取消和免征19项行政事业性收费，落实结构性减税政策3.77亿元，临时性下浮部分中小微企业社会保险费3668万元。服务企业，开展主题走访活动，累计走访企业301户、基层单位与行业协会10家，解决实际问题143个。

【加大民生投入】 推进义务教育均衡发展，拨付资金14.08亿元。支持职业教育和农村学前教育，深化民办教育综合改革试点。建立健全覆盖城乡居民的社会保障制度体系，拨付资金8.09亿元，落实城乡养老保险、城乡居民合作医疗保险和被征地农民养老保险政策。拨付资金7170万元，使城镇、农村居民最低生活保障标准分别提高至517元和391元。推进医疗制度改革，拨付资金1.45亿元，化解基层医疗卫生机构债务，设立民办医疗机构奖补政策资金，为基本公共卫生服务、以及公立医院改革和基层医疗卫生机构实施基药制度提供财力保障，创建省级生态县，拨付资金3900万元，开展“四边三化”、清洁家园、城乡环境综合整治等活动。

【深化财政改革】 深化预算编制改革，提请县政府出台加快推进县级公共财政预算改革的实施方案，实现“全口径”政府预算管理体系。探索大监督机制，出台构建财政大监督体系的通知和财政大监督体系运行实施方案，构建财政监督、绩效管理、项目预算审核一体化运作的监督体系。深化国库集中支付及公务卡改革，完成灵溪镇、金乡镇国库集中支付改革试点，扩展改革成果。强化乡镇财政管理，完成灵溪、龙港、钱库、赤溪、藻溪五个中心镇公共财政服务中心场所改扩建工作。稳步推进公车改革，配合做好公车收缴、拍卖和调剂工作。

【强化财政监管】 推进预算绩效管理，提请县政府出台《全面推进预算绩效管理的实施意见》，制定《苍南县县级部门预算绩效管理工作考评办法》，将预算绩效管理纳入政府对部门的年度工作目标责任制考核体系。开展县级部门单位30万元以上专项资金项目的绩效自评，自评率100.0%，涉及财政资金18.60亿元。强化资金管理，制定和完善预算支出追加、乡镇发展扶持资金和农业财政专项资金等22个管理办法，完善财政运行机制。加强财政内部监督，开展土地出让金分成、乡镇体制结算、预算追加等事前监督，健全监督体系。规范政府投资项目审核行为，全年审核政府性投资项目工程648个，送审结算金额5.27亿元，核减金额3744万元，核减率7.1%。

【加强队伍建设】 完善干部教育培训办法，分别举办中层干部、一般干部素质提升班，营造良好学习氛围。建立中层干部竞争上岗与退出机制，一般干部轮岗交流制度，量化、细化工作考核办法，提高干部工作积极性。完善党组理论中心组学习制度，增加学习内容，扩展参与范围，带动局内各党支部日常学习。完善《议事规则》，规范和精简会议，全局会议费、接待费、培训费分别下降64.6%、56.7%、42.2%。强化作风建设，成立日常作风督查组，开设内网廉政教育频道，增强干部勤政廉政意识。

（苍南县财政局供稿　陈　强执笔）

文成县

【概况】 2013年，文成县实现生产总值58.62亿元，比上年增长8.2%，人均生产总值16286元。其中：第一产业增加值6.45亿元，增长2.9%；第二产业增加值20.00亿元，增长3.9%；第三产业增加值32.17亿元，增长12.0%。三次产业结构比为11.0∶34.1∶54.9。全社会固定资产投资50.53亿元，增长31.7%；社会消费品零售总额28.19亿元，增长17.5%；外贸进出口总额3002万美元，增长22.7%。全年实现财政总收入7.35亿元，增长14.9%，其中公共财政预算收入5.83亿元，增长18.4%，占财政总收入的79.3%；公共财政预算支出24.61亿元，增长15.1%。全县预算执行情况良好，财政收支平衡。

【组织财政收入】 全年税收收入2.98亿元，增长13.1%，占公共财政预算收入的51.1%。加强税源管理。开展重点税源调查，掌握税源动态情况。召开收入分析工作例会，跟踪收入进度，加强税收分析预测。规范非税收入管理。加强土地出让金催收催缴，全年入库土地出让金收入8.40亿元。启用新版政府非税收入征管信息系统，实现财政、银行、单位三方信息共享。建立非税收入考核机制，规范非税收入监督管理，全年征缴非税收入2.85亿元，增长13.1%。

【服务经济发展】 支持重点项目建设。安排项目前期工作经费1000万元，做好生态建设、社会事业、民生保障、产业发展、交通建设等领域的重点项目包装。统筹安排6.60亿元支持全县重点项目建设，集中财力建设一批民生工程项目。支持产业发展。安排3000万元扶持百丈漈生态产业园建设，完善园区基础设施。安排旅游发展专项资金3000万元，支持景区配套设施建设、旅游宣传、旅游品牌创建和休闲旅游项目发展。扶持企业发展。落实扶工兴贸税费优惠政策，安排企业发展专项资金4945万元，用于奖励再生资源回收企业、工业技改及小额贷款公司补助。扶持小微企业发展，减免部分小微企业地方水利建设基金10万元，暂时性下调部分中小微工业企业社会保险费缴费比例，减征138万元。发展总部经济。宣传和落实总部经济财税扶持政策，引进总部企业17家，其中两家注册资本金在500万元以上。

【优化支出结构】 保障民生支出。全年用于民生方面支出18.53亿元，增长11.26%，占公共财政预算支出的75.3%。安排教育事业支出5.17亿元，支持职业教育、民办教育和学前教育发展；安排文化体育支出1.28亿元，支持文化事业和群众体育、竞技体育及体育产业发展；安排医疗卫生支出2.37亿元，保障医疗卫生体制改革；安排社会保障和就业资金1.75亿元，支持城乡居民养老保险事业，保障特殊人群医疗补助、民政优抚及农村救济补助等；安排农林水事务支出5.01亿元，支持“三农”事业发展。严格支出管理。落实厉行节约有关规定，从严控制行政经费和一般性支出，压缩“三公”经费，全年“三公”经费支出3902万元，下降10.9%，其中公务接待费支出下降22.9%。

【推进财政改革】 深化国库集中支付改革。把教育、卫生系统所属的乡镇级40个学校、11个卫生院纳入国库集中支付改革扩面范围，开展乡镇集中支付试点。加快推进公务卡结算方式改革，将170家预算单位纳入公务卡改革。推进乡镇公共服务平台建设。加快乡镇公共服务平台建设，将乡镇财政涉农综合服务事项整合到公共财政服务大厅，把各部门到乡镇的31项涉农资金整合到公共服务平台，实行全程服务。实施乡镇财务管理岗位考核办法，规范乡镇财政财务管理，实施增收节支奖励政策，调动各部门、乡镇增收节支的积极性，全年各单位预算外收入增加2000万元。

【加强财政监管】 完善绩效评价机制。出台《关于全面推进预算绩效管理的实施意见》和《文成县预算绩效管理办法》，加强预算绩效管理制度建设，完成46个绩效自评项目、5个重点评价项目和3个省市县上下联动绩效评价项目。加强财政监督检查力度。组织全县财政性资金安全大检查，开展财政资金专项检查，重点对“三公”经费支出、涉农资金等进行检查，做好会计信息质量监督检查工作，收回违规发放补贴18万元。规范行政事业单位资产管理。出台行政事业单位办公用房装修、通用办公设备配置标准和国有资产配置管理暂行办法，规范行政事业单位资产配置标准。清理整合专项资金，盘活存量资金。对全县三年以上的账面结余结存进行全面清理，共清理全县财政专户3173项，清理整合资金1.96亿元。对财政专户和会计核算闲置资金实行银行定存和协议存款，全年净创理财（利息）收入4469万元。

【深化队伍建设】 加强财政文化建设。全年开办4期财政干部读书班，邀请专家学者授课。规范内部管理。实行局领导工作一周安排制度，每位班子成员每周一上交一周安排，由办公室印发给相关科室和人员。健全干部考核机制。制订实施目标责任考核制度和干部全员绩效考核制度，实行考核结果与奖惩、干部选拔任用挂钩。加强作风建设。落实中央八项规定，规范干部从政行为。加强党风廉政建设。开展警示教育，完善廉政风险防控机制，加强“三公”经费、政府采购等关键环节的监督，确保资金安全、干部安全。

（文成县财政局供稿　王彬彬执笔）

泰顺县

【概况】 2013年，泰顺县实现生产总值58.91亿元，按可比价格计算，比上年增长9.4%。其中：第一产业增加值6.05亿元，增长7.6%；第二产业增加值22.62亿元，增长11.9%；第三产业增加值30.24亿元，增长8.1%。三次产业结构比为10.3∶38.4∶51.3。全年财政总收入7.06亿元，增长9.8%，其中公共财政预算收入5.62亿元,增长14.2%,占财政总收入的79.6%。全县财政总支出23.54亿元,其中地方公共财政预算支出10.72亿元,增长12.0%。全县预算执行情况良好,财政收支平衡。

【加强收入管理】 加强收入分析。综合分析经济、征管、政策等因素对财政收入的影响,定期收集和分析统计、经信、发改等部门数据,提高组织收入的主动性和准确性;加强重点税源监控管理,扩大监控面。强化各项收入征收。完善"五费合征"征缴机制,科学编报政府非税收支计划,做好社保费和国有土地使用权出让收入征管,做到应收尽收,确保规费、非税等各项收入任务完成。全年组织各项规费收入3.72亿元,增长18.7%;完成非税收入8.73亿元,增长108.8%。优化收入结构。全县公共财政预算收入占财政总收入的比重79.6%,比上年提高3.1个百分点,税收收入3.08亿元,占公共财政预算收入的比重为54.8%,地方可用财力进一步提高。向上争取资金。完善考核办法,形成全县通力合作的激励机制,利用好"特扶"和生态文明建设补偿政策,全年争取各项财政转移支付资金16.81亿元。

【支持经济发展】 支持中小企业发展。落实扶持中小企业发展各项优惠政策,向上申报企业补助项目11个,下达扶持企业补助资金1341万元。支持重点项目建设。整合财政资金8.23亿元,支持重点工程建设项目,推进县城新区开发;支持重点民生工程和交通网络提升工程,加快城乡统筹发展。统筹安排2026万元,支持"廊氡"*"乌飞"*等旅游平台建设,推进生态旅游主业化发展。

【保障民生支出】 推进社会事业发展。投入教育经费5.07亿元,保障民办教育综合改革,推进创建省级教育现代化县进程。落实医疗卫生经费2.28亿元,完善基本药物制度,保障卫生体制改革,提高城乡基本公共卫生服务均等化水平。落实文体经费5603万元,保障农村基层文化建设,助推体育强县创建。推进社保体系建设。落实社会保障资金1.94亿元,保障城乡居民养老保险资金,完善社会养老服务体系。安排1200万元,完成农村危旧房改造5147户以及保障性安居工程建设。推进"三农"发展。申报支农项目239项,下达各级财政支农资金5.88亿元,推进农业农村基础设施建设;争取农业综合开发项目省市财政补助资金1061万元,提高农业综合生产能力。支持生态文明建设。统筹节能环保资金8087万元,保障乡镇垃圾、污水处理等生态环保基础设施投入,推进乡村环境整治工程建设,支持国家级生态县创建。

【深化财政改革】 完善预算编制管理。深化预算管理制度改革,着手编制政府性基金和社保基金预算,细化部门预算编制;加强政府性债务管理,实现动态监控管理;强化非税收支预算管理,提高资金使用效益。优化预算执行管理。深化国库集中支付改革,国库直接支付率94.6%;国库集中支付改革向乡镇全面推进,完成罗阳镇国库集中支付试点工作;推进公务卡制度改革,县级公务卡消费1412万元,比上年增加1257万元。推进财政配套改革。完善"一级政府、一级财政"的中心镇财政管理体制,落实乡镇财政增收奖励资金2792万元,培育中心镇发展。推进乡镇公共财政服务平台建设,完成罗阳镇财政财务管理办公室和公共财政服务中心场所建设。全面启动"数字财政"建设,完成新版非税收入征管系统升级和上线应用。

【强化监督管理】 加强项目资金结算。出台《项目工程变更价款管理暂行规定》《重大建设项目前期工作经费管理实施细则》等规范性文件,严格项目资金审核,全年审核结算项目101个,送审价6298万元,核减资金462万元。开展财政支出绩效评价。制定财政大监督运行机制改革方案,推进财政支出绩效评价,选择50个项目开展绩效自评,5个项目重点评价,涉及财政资金3.80亿元;做好省市联动绩效评价,涉及项目资金7076万元。严控行政支出。落实厉行节约、控制行政成本各项规定,控制一般性支出,加强"三公"经费动态监管,全年全县"三公"经费下降25.9%。加强政府采购监管,资金节约率15.0%。盘活财政存量资金。科学测算现金流量,在确保财政资金安全前提下,对专户资金进行归口管理,采取定期、协议等方式存入银行,增加年收益3000万元;规范财政出借资金管理,出台财政对外借款清理方案,收回以前年度出借资金2400万元。加强国有资产管理。推进全县225个行政事业单位资产管理信息系统建设,实现国有资产管理业务的规范化、流程化、网络化;加强资产出租、资产处置和有偿使用收入管理,防止国有资产流失。审核审批各类资产处置事项,解缴财政专户资金178万元。

【加强队伍建设】 加强干部队伍建设。健全全员绩效考核及工作目标责任制考核机制,制订干部教育培训计划,全年举办各类培训班7期,275人次参加。完善干部选拔任用长效机制,注重岗位需要和个人业务相结合,激发干部干事创业活力。推进机关作风转变。制定《行政问责制》,明确行政问责的适用范围、适用对象、适用程序,严肃行政纪律,强化行政责任;出台《关于改进工作作风的六项规定》。强化党风廉政建设。落实党风廉政建设责任制,完善反腐倡廉领导体制和工作机制,创新廉政文化载体,营造浓厚的廉政文化氛围。

(泰顺县财政局供稿　包巧谱执笔)

注:

*"廊氡":指廊桥——氡泉旅游度假区。

*"乌飞":指乌岩岭——飞云湖旅游功能区。

嘉兴市财政工作概况

嘉兴市

【概况】 2013年,嘉兴市实现生产总值3147.66亿元,比上年增长9.3%,增幅比上年提高0.6个百分点。其中:第一产业增加值155.62亿元,增长0.8%;第二产业增加值1726.73亿元,增长9.9%;第三产业增加值1265.31亿元,增长9.4%。三次产业结构比由上年的5.2∶55.5∶39.3调整为4.9∶54.9∶40.2。按常住人口计算,人均生产总值69164元,增长8.9%。全市固定资产投资额1910.15亿元,增长16.3%。社会消费品零售总额1196.93亿元,增长13.1%。外贸进出口总额317.63亿美元,增长10.5%。全市城镇居民人均可支配收入39087元,增长9.5%;农村居民人均纯收入20556元,增长10.3%。全市财政总收入517.49亿元,增长9.7%,其中公共财政预算收入282.31亿元,增长9.5%;全市公共财政预算支出303.36亿元,增长16.4%。市本级财政总收入154.95亿元,增长6.4%,其中公共财政预算收入88.46亿元,增长5.3%;市本级公共财政预算支出99.23亿元,增长13.7%。全市公共财政预算收入占财政总收入比重为54.6%;税收收入267.74亿元,占公共财政预算收入比重为94.8%。全市及市本级财政收支平衡。

【组织财政收入】 加强收入预测分析。推动建立由市政府领导牵头的季度收入形势分析例会制度,研究解决组织收入有关问题。实施收入计划倒排机制,建立月度工作报告制度,为决策提供参谋。加强税收征管。出台《嘉兴市税收保障办法》,整合政府各部门信息资源,解决征纳双方因信息不对称导致的税源流失问题,全年补缴税费3800多万元。加强非税征管。出台《嘉兴市非税收入缓减免管理办法》,严格规范非税收入缓减免行为。拓展政府资源性非税收入,将政府出资建设的公共停车场、利用政府储备土地设立的临时停车场、道路停车泊位收入纳入财政管理。全年组织非税收入288.21亿元,增长25.3%。

【助推经济转型升级】 优化财税政策。出台支持民营经济"二次创业"的财税扶持政策,助推民营企业转型发展。加大战略性新兴产业扶持力度,出台LED半导体照明产业地方扶持政策、光伏产业发展扶持政策等。强化"亩产论英雄"导向,市本级和海宁市列入全省开展调整城镇土地使用税政策促进土地集约节约利用第二批试点地区。加强金融扶持。组建嘉兴市中小企业再担保有限公司,截至2013年末,在保余额5.09亿,受益企业226家;引导银行业金融机构设立市本级中小企业互助成长基金,全年累计发放贷款1.67亿元,受益企业135家;鼓励和引导信贷资金向中小企业倾斜,全年累计发放信用贷款4.98亿元。深入推进"政采贷"(政府采购支持中小企业信用融资试点)业务,市级全年累计放贷9600万元。实施"营改增"试点。出台"营改增"试点期间过渡性财政扶持政策,全市共拨付补助资金448万元,促进现代服务业转型发展。启动广播影视服务业"营改增"试点,全市共确定240户试点纳税人名单。落实税费减免。依法依规落实各类税费减免政策,全市减免各项税费28.27亿元,增长17.4%。加快推进人才引进驱动创新。市本级筹措人才专项资金6500万元,用于支持第三批"精英引领计划"项目的实施,完善城市基础设施筹集资金2.16亿元。支持公交优先战略和改善城市交通秩序,支持"三改一拆",制订生猪养殖业转型升级项目补助办法。深化"双千双百"*进村入企走访服务活动,走访企业84家,帮助企业解决实际困难和问题。

【保障民生事业】 支持"生态嘉兴"建设。助推水环境治理,制订2013年市财政支持治水攻坚战行动计划,全年安排市级水环境治理资金9.06亿元。建立市区饮用水水源地保护生态补偿机制,从2013年起市财政每年安排专项资金3000万元。推进美丽乡村建设,全市安排美丽乡村建设资金2.06亿元。加大支农投入。应对台风"菲特",市级财政在原有预算安排基础上,追加应急救援资金650万元,用于受灾群众转移安置、水利工程修复加固等资金需求。出台实施新一轮村级集体经济"壮大计划",支持农民增收致富。支持教育事业发展。对普惠性幼儿园继续提高生均财政补助标准,促进学前教育发展。推动全市创建教育现代化(县、市)区,至2013年底嘉兴市成为省内唯一所有县(市、区)全部通过国家义务教育均衡发展评估的设区市。支持文化事业发展。全年安排文化事业发展资金4000万元、文化产业专项资金1000万元。实施"文化有约"公益性文化场馆免费开放工程,以政府购买服务方式,满足市民不同层次文化需求。完善社会保障体系。企业退休人员基本养老金月人均增加345元,提高至每人每月1962元。提高城乡居民基本医疗保障财政最低补助标准至336元。加大城乡医疗救助力度,市本级财政安排人均补助为8元。推进市级公立医院综合改革,研究完善一系列相关财政经济配套政策。市本级筹措保障性住房建设资金1.31亿元,支持公共租赁住房等保障性住房开工建设。市道路交通事故社会救助基金进入实质性运作。

【深化财政改革】 完善区级财政体制。调整完善市级特定企业和金融业财政预算管理办法，调动市、区积极性，促进市本级经济发展。研究中央分税制财政体制改革，制订初步应对预案。深化部门预算改革。细化部门预算编制，将基本支出、项目支出内容细化到每一个经济分类款级科目。加强部门“三公”经费管理，全市“三公”经费支出下降15.7%，其中公务接待费下降18.6%。推进国库集中支付和公务卡改革。实现市级行政事业单位工资财政直接支付全覆盖。制定市级预算单位公务卡管理和使用情况考核暂行办法，考核结果作为加强财政管理、追加预算和编制下年度预算的参考。截至2013年末，全市共办理公务卡6707张，累计刷卡消费1365万元，消费金额较上年同比增长25.3%。推动乡镇公务卡和国库集中支付制度改革，全市实施国库集中支付改革的乡镇数由1个增加到18个。

【盘活财政存量资金】 整合政府性专项资金。针对市级政府专项资金管理中使用分散、绩效不高等问题，推动出台《嘉兴市级政府专项资金管理办法》，涉及财政资金规模4.30亿元。加强结余资金清理回收。按照《嘉兴市市级行政事业单位财政拨款结余资金管理暂行办法》，清理回收2012年底前结余资金3206万元。规范财政资金存放商业银行管理。实施按银行纳税情况确定政府性资金存放商业银行比例，安排5.00亿元资金由活期转存定期；实施财政间隙资金竞争性招投标存放，按资金收益率从高到低确定中标银行，共投放财政间隙资金12.00亿元；实施社保基金协议存款，达成定期存款协议66.23亿元。三者累计增加年收益1.20亿元。开展财政对外借款清查。收回财政资金5.56亿元，完善财政对外借款的回收保障和责任追究机制。

【强化财政监管】 规范预算单位财务行为。选择教育、民政、社保、农业、水利等与民生支出关系密切的20个单位，实施部门决算报表质量检查。建立市级财政预算执行动态监控机制，确保财政资金安全、规范、有效使用。加强预算绩效管理。出台《嘉兴市预算绩效管理办法》，构建贯穿预算编制、执行、监督全过程预算绩效管理体系。开展绩效评价，市级确定35个自评项目、6个重点评价项目，涉及资金6.06亿元。加强政府采购监管。审核调减政府采购预算8000多万元。开展“阳光采购”，探索全过程服务型政府采购运作模式。加强政府投资项目监管。制订加快推进市级政府投资项目竣工验收工作措施，完成竣工财务决算审核项目48个，净核减资金1400多万元。出台城市有机更新资金*管理办法，确保市区14个地块的城市有机更新资金有序运行。加强政府性债务管理。将债务收支计划编制范围由市级扩大到所辖区，并做好与人民银行、银监会及商业银行的债务对账工作。

【深化干部队伍建设】 加强学习力建设。与湖州市财政局联合举办优秀青年（后备）干部培训班，探索实施中层干部培训课程招标，重点为财政学和金融学专业课程，共有7所院校参加投标，清华长三角研究院中标。加强党风廉政建设。制订年度党风廉政建设工作要点，明确全年工作重点。签订《党风廉政建设责任书》，层层落实责任。开展廉政书画摄影比赛、廉政格言征集等活动，打造“操守有节”廉政文化品牌。加强机关效能建设。根据中央“八项规定”、省委“六个严禁”等规定，制订实施细则。运用网上举报信箱、聘请特邀监察员等不同形式，自觉接受社会监督。2013年，市财政局连续第12年被市委、市政府评为“五型”（学习型、创新型、服务型、效能型和廉洁型）机关考核一等奖。 （嘉兴市财政局供稿 陆毓英执笔）

注：

*“双千双百”：千个村（社区）、千家企业、百个重点投资项目、百个重点科技成果转化项目。

*城市有机更新资金：指城市有机更新中各个建设活动主体筹措的用于区块内房屋征收补偿、基础设施建设等开发性支出的资金。

南湖区

【概况】 2013年，嘉兴市南湖区实现生产总值385.60亿元，比上年增长9.7%；人均生产总值88822元。其中：第一产业增加值15.31亿元，下降1.2%；第二产业增加值164.35亿元，增长11.4%；第三产业增加值205.94亿元，增长9.0%。三次产业结构比为4.0∶42.6∶53.4。全区财政总收入46.83亿元，增长1.8%，公共财政预算收入26.94亿元，增长0.1%，其中区级公共财政预算收入19.47亿元，增长0.9%；全区公共财政预算支出20.07亿元，增长2.1%。全区财政收支平衡。

【组织财政收入】 加强重点税源管理。对房地产业、地方金融业、上市公司等重点行业和重点企业实施税收专业化管理。加强房地产企业土地增值税清算，入库税款1.98亿元。优化收入结构。全年公共财政预算收入占财政总收入的57.5%，其中税收收入23.51亿元，占比87.3%。加强非税收入征管。全区地方政府性基金收入5.17亿元，土地出让收入4.02亿元，分别增长44.8%和55.8%。全年收缴非税收入3.43亿元，下降2.3%。

【加快产业转型升级】 发挥财政资金引导作用，全年安排工业发展资金、新兴战略产业引导资金和三产服务资金各2700万元，用于支持大平台、大产业、大项目、大企业建设。推动科技与金融结合,全年安排科技支出7604万元,用于促进科技成果转化、领军人才和创新团队建设。落实企业税收优惠政策,减免税额5.21亿元,办理出口退免税14.89亿元。会同税务部门做好"营改增"试点期间过渡性财政扶持资金的审核和兑现工作,支持现代服务业发展。

【保障民生事业发展】 支持教育事业发展。公共财政教育投入5.56亿元,占全区公共财政预算支出的27.7%,其中公益性幼儿园补助760多万元,保障学前教育均衡发展。助推医药卫生改革。安排医疗卫生支出8272万元,强化公共卫生补助和基层医疗机构医改补助,推进基本药物制度实施。加大社会保障事业投入。加大就业人员社会保险补助和创业培训补助,全年安排社会保障和就业资金1.50亿元。加大文化产业投入。全年安排1944万元,重点用于文化设施建设和新型文化业态发展。推进安居工程建设。安排资金2700万元,对11个老旧住宅小区实施综合整治改造,改造面积近45万平方米,受益户数9780户,受益人口近3万人。强化城市保洁力度。安排资金4000万元用于购置机械化设备,所有街道一、二级道路实现垃圾100%上门收集的目标。

【支持农村经济发展】 完善支农投入机制,集中财力支持新农村建设重点领域和关键环节,全年支农支出4.19亿元,其中用于农业专项支出4.00亿元,占支农总支出的95.5%。支持"两区"建设。全年预算支出1760万元,重点用于支持粮食生产功能区和现代农业园区建设、标准农田质量提升工程、农业综合开发等项目建设以及对种粮农民的直接补贴,确保粮食生产安全,加快推进农业转型升级。加大农业基础设施投入。全年预算支出6506万元,重点用于支持农村新社区建设、"美丽乡村"建设、农田水利设施建设、村级公益事业一事一议等项目建设,推进农村公益事业建设。发展现代都市型农业。全年预算支出800万元,重点用于支持设施农业、蔬菜基地等项目建设以及对家庭农场、农业龙头企业、农民合作组织的扶持。推进绿色生态农业发展。全年预算支出2505万元,重点用于支持生猪养殖户转产转业、沼液综合利用收集入网、动物无害化处理设施建设、绿化造林、动物疫情疫病预防检测的补助,改善农村生态环境,促进农业可持续发展。扶持村级经济发展。全年预算支出920万元,重点用于支持经济薄弱村项目补助,实现村干部基本报酬财政补助全覆盖,保障农村社会稳定和谐。保障灾后恢复工作。针对第23号台风"菲特"造成的各乡镇经济损失,安排资金300万元用于灾后生产恢复。

【推进财政改革】 深化部门预算改革。加强预算编制信息化建设,完善基础信息、指标管理、账户核算、决策分析等一系列功能。推进国库集中收付制度改革。确定2013年度预算项目支出在30万元以上为直接支付项目。全年全区直接支付金额7.89亿元,授权金额1.03亿元。加快国库集中支付制度向乡镇延伸,出台乡镇财政国库集中支付会计核算暂行办法,选取余新镇作为乡镇国库集中支付试点镇。完善公务卡制度改革。制定并出台公务卡强制结算目录和结算制度,规范公务支出行为,全年通过公务卡结算消费资金1547万元,同比增长186.0%。

【完善财政监督机制】 强化绩效评价。根据《南湖区财政专项资金预算绩效目标管理办法》,对2013年度财政预算在80万元以上的项目实施绩效目标申报,涉及资金8.81亿元。同时组织实施2012年度80万元以上项目绩效自评工作,涉及资金5.31亿元。严格控制"三公"经费。规范会议费、差旅费等支付办法,压缩各类不必要评比、考核、宣传、培训经费,会同审计、监察等部门加强日常监督。全年"三公"经费下降17.8%,其中公务接待费压缩18.1%。强化政府性债务管理。建立地方政府性债务收支计划审批制度,提高债务收支的执行度。打造"阳光财政"。妥善推进预算信息公开,全区25个部门预算全部报送区人代会审议。

【强化机构队伍建设】 加强干部教育培训。组织全局财政干部参与省市区主办的各类培训,涉及财政综合业务、纪检监察、保密知识、文书写作等内容,提升干部综合素质。推进廉政惩

东栅街道云东社区图书室

防体系建设。开展“勤廉机关”创建工作,层层落实党风廉政建设各项任务。以党组中心组学习制度为依托,组织开展《廉政准则》和王瑛同志*先进事迹学习活动。深化财税文化建设。组织干部参加以“践行财税文化　共铸中国梦想”为主题的演讲比赛以及各类文体活动,增强干部队伍凝聚力。

(嘉兴市南湖区财政局供稿　王灵洁执笔)

注:

* 王瑛同志:四川省南江县原县委常委、县纪委书记,2007年1月被中央纪委、人事部、监察部表彰为“全国纪检监察系统先进工作者标兵”。

秀洲区

【概况】　2013年,嘉兴市秀洲区实现生产总值251.83亿元,按可比价格计算,比上年增长8.7%。其中:第一产业增加值17.25亿元,增长1.1%;第二产业增加值133.93亿元,增长10.1%;第三产业增加值100.65亿元,增长8.1%。三次产业结构比为6.8∶53.2∶40.0。人均生产总值96024元,增长7.8%。全区财政总收入35.90亿元,增长7.4%,其中区级公共财政预算收入12.79亿元,增长9.3%;全区公共财政预算支出15.48亿元,增长10.3%。全年财政收支平衡。

【加强收入管理】　加大重点税源监控力度,提高收入保障能力。全年纳入重点税源监控企业571户,税源监控企业缴纳税收9.25亿元,占全部地方税收收入的79.8%。当年公共财政预算收入占财政总收入35.6%,同比提高0.6个百分点;公共财政预算收入中税收收入10.87亿元,占比85.0%。强化政府非税收入管理,全年非税收入14.16亿元,增长72.7%。

【助推经济转型升级】　支持实施“工业强区”战略和“三大倍增”计划*,发挥财税政策杠杆作用,促进经济转型升级。围绕深化“项目推进年”活动,加大有效投入。全年安排一二三产业发展专项、招商引资、公路建设、新能源、节能减排等专项资金1.41亿元。落实企业税收优惠政策,全区财政承担出口退税额6294万元,承担国家高新技术企业所得税免税额3836万元。支持实施创新驱动战略,全年科学技术支出5456万元,增长12.3%。推进“三改一拆”三年行动计划,投入财政资金6381万元。

【支持“三农”发展】　全年预算安排“三农”建设资金2.27亿元,增长32.7%。推进农业“两区”建设,全年完成基础设施投入2.70亿元,建成主导产业示范区1个、精品园3个、粮食生产功能区4个、农村公共服务中心7个。全年实施农业综合开发项目8个,总投资7399万元,争取到上级资金5658万元。实施村级公益事业一事一议项目25个,总投资2423万元,争取到上级补助资金1183万元。实施小型公益事业项目申报5个,项目总投资348万元,争取到上级补助资金150万元。落实各类强农惠农政策,兑现各类涉农补贴2386万元。

【保障民生支出】　全年民生支出8.01亿元,占公共财政预算支出的70.3%。促进文化、教育和科技事业发展。支持实施“文化惠民工程”,开展“新农村嘉年华”“现代田园新秀洲”“一镇一品”文化活动,全年文化支出1345万元。完善义务教学经费保障机制,加大校园安全工程建设和现代教育装备投入,全年教育支出4.60亿元,增长8.6%。支持社会保障事业。推动医疗卫生服务体系建设,全年医疗卫生支出9572万元,增长8.0%。加强城乡居民最低生活保障,发放低保救助金1003万元,一次性生活补助105万元。加强残疾人和困难群众保障,拨付残疾人生活困难补助89万元、城乡居民合作医疗保险补助120万元,拨付困难群众医疗救助资金231万元,资助低保对象参加合作医疗个人出资部分42万元。落实就业再就业政策,安排就业专项资金853万元。支持保障性住房建设,安排经济适用房建设资金700万元。支持城乡公交事业发展,安排城乡公交补贴1330万元。

【深化财政改革】　推进部门预算改革。完善部门预算基础库和项目数据库,细化支出预算项目分类,健全预算支出标准体系,实施“财政综合业务”系统建设,推进部门预算精细化管理。深化国库集中支付和公务卡制度改革。扩大直接支付范围,提高直接支付比率,财政直接支付占全部支付的比率为70%。开展乡镇国库集中支付改革试点工作,全面启动乡镇国库集中支付改革。出台公务卡强制结算暂行办法等规范性文件,推进公务卡改革。

【加强财政监督】　严控“三公”经费支出,“三公”经费支出下降21.2%。开展全区财政性资金安全检查,开展财政对外借款清理,收回借款1.30亿元。加强预算绩效管理,组织开展专项资金绩效评价,涉及项目17个、资金1.18亿元。加强政府投资项目竣工财务决算审核,共完成12个政府性投资项目的竣工财务决算审核报告,涉及资金2065万元。加强政府采购管理,完成政府采购金额3.82亿元,合同金额4.37亿元,节约率12.7%。

【健全国资监管】　盘活存量资产。全面核查摸清行政事业单位存量房产,采取划转注入、授权管理等方式盘活处理存量房产1513平方米。强化产权管理。建立秀洲区国有企业产权实时登记机制。加强行政事业单位房产出租管理,审批房产出租面积38576平方米,上缴出租收入169万元。对外公开规范处置国有资产4项,拍卖收入445万元。防范政府性债务风险。做好季度、年度政府性债务调查分析,试编年度债务收支计划,规范担保审批程序。拓展融资渠道,做好重大融资项目前期服务工作。

【加强干部队伍建设】 创新干部培训方式。组织参加"秀洲讲坛"等各类学习活动。依托局党支部开展党性主题教育学习活动。开展机关文化教育活动,鼓励干部参加区机关运动会等各类活动竞赛。规范干部选拔机制。全年新提拔中层干部和部室负责人6人,下派驻村指导员1人,岗位调整8人。加强党风廉政建设。以深化作风效能建设和惩防体系建设为重点,开展"微型党课""微型廉课"活动,实行效能巡查制度。2013年,区财政局被评为市财政系统目标责任制考核一等奖,区级机关部门目标责任制考核一等奖,局党支部连续第10年被区党工委评为"先进支部"。 (嘉兴市秀洲区财政局供稿 姚 良执笔)

注:

*"三大倍增"计划:指现代服务业、战略性新兴产业和大企业(集团)倍增计划。

海宁市

【概况】 2013年,海宁市实现生产总值633.65亿元,按可比价格计算,比上年增长9.5%。按户籍人口计算,人均生产总值94912元,增长9.0%。第一产业增加值25.62亿元,增长0.2%;第二产业增加值364.19亿元,增长9.5%;第三产业增加值243.84亿元,增长10.5%。三次产业结构比为4.0 : 57.5 : 38.5。全市财政总收入94.26亿元,增长15.6%,其中公共财政预算收入52.49亿元,增长18.5%;全市公共财政预算支出51.18亿元,增长18.2%。全年财政收支平衡。

【组织财政收入】 加强税收征收管理。建立财政、国税、地税联席会议制度,增强组织收入工作合力;按月开展收入预测和预算执行分析,增强经济趋势研判能力;加强重点税源管理,全年纳入监控范围1468户企业;在全市餐饮、旅店、娱乐业中推行即开型有奖发票,三行业发票领购户数增长11.8%。促进非税收入增收。制定《海宁市政府非税收入征收管理考核暂行办法》,全年组织非税收入71.79亿元,增长71.2%。强化社保五费合征和扩覆增收,全年社保费收入23.96亿元,增长22.4%。盘活存量资金。清理历年基建项目财政专户资金,收缴结余资金3.22亿元;规范财政资金借款,归还借款12笔,金额3.01亿元。优化收入结构。全年公共财政预算收入占财政总收入比重55.7%,同比提高1.4个百分点;税收收入49.86亿元,占公共财政预算收入比重95.0%。

【推进经济转型】 完善财政政策扶持。扶持修订支持实体经济促进转型发展新跨越政策意见,重点支持"机器换人"和"零增地"技改项目,鼓励大企业、大项目、总部经济发展。强化财政资金扶持。全年兑现专项财政奖励(补助)资金5.41亿元,用于支持企业创新驱动发展、做大工业平台、水利基础设施建设、做强服务业集聚区、品牌创建、企业技术进步、人才引进等项目。同时对闲置土地、低效利用土地、未按要求实施落后产能淘汰以及"亩产效益"考核综合评价得分后10位的企业取消财政奖励2429万元。落实清费减负政策。对6648户中小微工业企业实施集中减征社保费2272万元;取消涉企涉农等行政事业性收费2000万元;减免各类税收4.73亿元,增长5.0%。落实营业税改征增值税试点期间过渡性财政扶持政策,兑现试点企业奖励资金645万元。

【保障改善民生】 优化财政支出结构,全年民生支出38.35亿元,增长18.6%,占财政总支出的76.4%,提高1.8个百分点。支持农业农村事业发展。全年财政等农业支出4.72亿元,增长25.3%。整合支农资金5575万元,用于粮食生产功能区、现代农业园区建设;应对H7N9禽流感对家禽业的影响,补贴资金1652万元;推进"三改一拆",促进生猪养殖业转型发展,兑现养殖场关停复耕转产补助资金6600万元;制定《海宁市星级美丽乡村创建专项资金管理办法》,补助资金3000万元,用于杭浦高速公路海宁段以南美丽乡村建设。支持教育事业发展。全年教育支出13.96亿元,增长19.8%。投入8682万元实施中小学校舍改扩建;落实中职学生免费政策,退还学费2200万元;落实困难学生资助政策,补助资金495万元。支持文化事业发展。全年文化体育与传媒支出1.40亿元,增长18.9%,重点支持国家历史文化名城申报、公共电子阅览室和农村文化礼堂建设等。支持就业和社会保障事业发展。全年社会保障和就业支出2.34亿元,增长12.3%,用于被征地农民基本生活保障、城乡居民社会养老保险、残疾人事业补助等。深化创业促进就业工程,安排促进就业专项资金6180万元。支持医疗卫生事业发展。全年医疗卫生支出2.96亿元,增长28.2%,用于深化基层医疗卫生机构改革、医师规范化培训等。支持交通事业发展。全年交通运输支出2.25亿元,增长21.8%,用于公交提升、农村公路改造、危桥改造等,其中安排扶持公交事业发展资金6080万元。

【深化财政改革】 健全预算管理机制。改进预算编制模式，实行项目经费总量控制管理；推进预算信息公开，市级65个部门预算提交人代会审查，建立与群众生产生活密切相关的18项财政专项资金信息公开制度。深化国库集中支付制度改革。国库集中支付范围在市级预算单位全覆盖的基础上扩大至镇，在周王庙镇和马桥街道先行试点。深化公务卡改革。制定市级预算单位公务卡管理和使用情况考核暂行办法，提高公务消费透明度，全年市级预算单位办理公务卡1906张，公务支出刷卡消费798万元，增长192.3%。推进基层财政体制改革。完善市与镇（街道）、发展平台财政分配关系，建立经济相对薄弱镇（街道）基本财力保障制度；制定关于开展镇（街道）规范化财政所建设的实施意见和公共财政服务平台建设工作实施意见。

【加强财政监管】 强化政府投资项目监管。全年批复竣工财务决算项目45个，完成审查项目178个，送审投资96.11亿元，净核减8.56亿元，核减率8.9%。加强政府性债务管理。制定海宁市政府性债务计划管理试行办法，建立债务融资动态报告制度；配合审计部门做好政府性债务专项审计工作。加强政府采购管理。全年政府采购资金规模10.32亿元，节约资金1.28亿元，节约率11.0%。加强"三公"经费管理。制定党政机关厉行节约工作制度，全年"三公"经费下降12.4%，其中公务接待费下降23.4%。优化会计基础环境。推动《小企业会计准则》实施，深化财政会计管理与税务工作协作机制，加大无会计上岗证人员查处力度。提高资金使用绩效。开展52个部门233个项目财政支出绩效自评，对水环境综合治理等12个重大民生项目实施重点评价。

【创新国资管理】 深化国有资产管理。制定市级机关部门（单位）办公用房调配使用暂行办法，明确实施主体、调配标准、调配程序和责任追究；开展公有存量资产重点核实与处置，理顺产权关系；完善公司治理结构和考核机制，健全财务总监制度，制定市属国资公司2013年度经营业绩考核实施细则。深化国资整合。通过市财政、国资公司出资或增资形式成立或做大国资公司，提升其投融资能力；通过收购民营股权整合资源，增强国资公司经营实力；整合优化交投集团、尖山新区公司资产。拓宽融资渠道。通过引入25.00亿元10年期保险资金长期融资、发行15.00亿元7年期企业债券等方式直接融资53.00亿元。全年国有资产净值320.88亿元，增长33.8%。

【加强队伍建设】 深化党风廉政建设。落实党风廉政建设责任制，组织领导干部述廉评廉和民主评议，健全个人收入和重大事项报告制度；围绕"确权""控权""晒权""督权"四个方面健全制度，规范权力公开透明运行；修订局党委议事规则、行政工作规则，加强对权力的制约和监督；集中学习党的十八大精神，听取报告会，在内网开辟理论专栏。加强作风效能建设。健全基层党组织和党员"双承诺"（党支部承诺、党员承诺）制度；开展在职党员到成长地、居住地服务活动；开展进村入户送服务活动。创新学习培训方式。创建立各类办班模式，满足多层次培训需求，提升业务水平和能力素质；成立海宁市首个行业文联，多角度丰富财税文化内涵。

（海宁市财政局供稿　许立锋执笔）

平湖市

【概况】 2013年，平湖市实现生产总值461.31亿元，按可比价格计算，比上年增长10.8%；按户籍人口计算，人均生产总值94282元，增长10.6%。第一产业增加值17.83亿元，下降1.0%；第二产业增加值287.96亿元，增长13.1%；第三产业增加值155.52亿元，增长7.5%。三次产业结构比为3.9∶62.4∶33.7。全年财政总收入84.65亿元，增长14.6%，其中公共财政预算收入42.22亿元，增长11.1%；全市公共财政预算支出43.08亿元，增长15.1%。全年财政收支平衡。

【组织财政收入】 加强税收征管。关注经济、财税政策变化，及时分解落实收入任务，实施每月、每季税收收入倒排计划。扩大重点税源监控面，全年纳入重点税源监控范围的企业753户，所缴税收19.03亿元，占全部地方税收收入的73.7%。优化财政收入结构。全市公共财政预算收入占财政总收入比重为49.9%；公共财政预算收入中税收收入40.65亿元，占公共财政预算收入比重为96.3%。强化非税收入管理。优化政府性基金收入管理，全年征缴入库政府性基金36.64亿元，增长112.6%，其中国有土地使用权出让金收入29.33亿元，增长117.2%。全年非税收入39.59亿元，增长115.3%。加强社会保险费征缴管理，全年征收社保费18.54亿元，增长23.7%。

【促进经济转型升级】 强化资金扶持。围绕市委、市政府有效投入攻坚年活动规划，安排产业转型升级、产业集聚区发展、战略性新兴产业发展、高新技术产业发展、高层次人才和创新团队引进等各类财政专项补助资金7.08亿元。完善财税政策。出台《关于财税推进传统产业改造提升实施意见》，加强税收支持和财政政策奖励，加快实施"机器换人""减人增效"和"腾笼换鸟"等项目。全年减免各类税费1.34亿元，实现出口退税27.32亿元。推进市场主体转型，建立"个转企"重点培育对象库，全年引导"个转企"832家。建立浙商创业创新回归重大项目领导联系和"一对一"服务制度，全年认定重大项目26个。

加大有效投入。推进平台建设,安排3500万元,用于服装文化创意园、箱包产业研究院和市科创中心二期建设等项目。支持"智慧城市"发展,安排资金2336万元,用于引进培育高层次人才186名、新增院士专家工作站1家。推进"营改增"试点。实施过渡性财政扶持政策,全年拨付财政补助资金263万元,促进现代服务业转型升级。

【保障改善民生】 加大民生事业保障力度,全年民生支出32.69亿元,增长29.6%,占全年公共财政预算支出75.9%,同比提高5.7个百分点。支持民生实事工程。配合"三改一拆"及畜禽养殖污染治理专项行动,全年安排资金7925万元。应对"菲特"台风、H7N9禽流感,落实补助资金489万元。支持农业农村事业。全年安排农林水事务支出3.69亿元,用于支持全国农村综合改革中"农业社会化服务体系建设"示范项目试点建设、小城市培育试点、水环境综合治理、美丽乡村、"两区"(粮食生产功能区和现代农业园区)建设等。支持教育事业发展。全年教育投入9.68亿元,增长12.0%。年内完成平湖技校一期迁建、职业中专教学楼改建等项目等建设。支持文化事业发展。全年文化体育支出8978万元,增长13.5%。支持举办2013中国·平湖西瓜灯文化节和首届中国平湖派琵琶文化论坛、市文化馆迁建、中小学体育设施对外开放等项目。支持社会保障事业发展。加大对困难群体、低收入群体帮扶力度,发放低保救助金1975万元,城乡低保月人均补助标准分别提高到525元和410元。加大保障性住房建设投入,安排资金4103万元,新开工建设经济适用房384套和廉租房100套。支持医疗卫生事业发展。全年医疗卫生支出2.66亿元,增长24.9%。年内完成市第一人民医院搬迁和19个社区卫生服务站标准化建设。

【深化财政改革】 深化部门预算改革。健全部门预算上会制度,做好市级财政和部门预算公开工作,173家预算单位全部公开部门预算。建立市级单位项目支出评价机制,全市部门预算项目数削减51.6%。深化国库集中收付制度改革。扩大国库集中支付规模、提高直接支付比重,国库集中支付金额20.84亿元,增长30.0%,其中财政直接支付14.13亿元,增长20.6%。在当湖和钟埭两个街道实施国库集中支付改革试点。深化公务卡制度改革。实现市、镇两级公务卡改革全覆盖,全年公务卡刷卡消费1406万元。加强镇、街道财政建设。出台《平湖市镇(街道)财政管理工作考核办法》,调整完善新一轮镇(街道)财政管理体制。开展乡镇财政资金监管工作检查,提高乡镇财政资金使用效益提高。推进财政绩效管理改革。开展专项资金绩效自评和预算绩效目标管理试点扩面工作,对12个重大项目进行重点抽查评价,涉及财政资金1.16亿元。盘活存量资金。开展清理结余结转资金专项行动,压缩结余结转资金规模;优化社保资金存款结构,定期存款占社保资金存款的比重为82.5%。

【强化财政监管】 加强"三公"经费管理。严控"三公"经费,推进"三公"经费管理常态化、制度化,全年"三公"经费支出9496万元,下降22.3%。深化公务用车改革。收缴65个部门的375辆公务用车,其中拍卖263辆,成交额1333万元。规范政府采购。丰富政府采购模式,推行网上"在线询价"采购和"跟单采购",提高采购效率。全年政府采购金额7.70亿元,节约资金8645万元,节约率10.1%。加强政府债务管理。科学编制政府性债务收支计划,对镇(街道)政府性债务实施动态监管,加强债务风险管控。做好国有公司融资担保工作,全年办理担保32笔,涉及金额10.66亿元。

【加强国资管理】 创新国资监管。出台《平湖市级国有公司政府投资项目财务总监实施办法(试行)》,建立"财务中心+公司财务总监+项目财务总监"的全方位国资财务监管新模式,提升国资监管能力。优化国资管理。出台《平湖市级国有资本经营预算管理试行办法》,进一步规范、细化国资公司运营。继续做好对国资营运公司的经营业绩考核和审计监督。推进行政事业单位资产管理。加强对国有闲置房屋对外出租监管和重大

财政支持生态河道建设,推行"河长制"管理

资产转让管理，全年审核办理14起产权投资及转让，涉及投资金额6.95亿元。开展市区国有集体资产清租回收工作，全年清退60户，面积18492平方米。

【加强干部队伍建设】 深化作风建设。出台《作风(效能)建设责任追究办法》，贯彻落实改进工作作风密切联系群众八项规定的意见，开展"四敢一不怕"*解放思想大讨论和加强机关效能建设。加强党风廉政建设。出台《2013年平湖市财政地税系统党风廉政和作风建设工作意见》，开设"阳光财税"栏目，深化政务公开、党务公开、事务公开，主动自觉接受群众监督，完善自身建设。加强财税文化建设。创建"阳光青年，五心财税"形象品牌，举办"环游东湖、青春寻宝"宣传绿色环保、倡导健康生活主题活动。与丽水市云和县黄源小学爱心结对，帮助95名贫困学生续学。 （平湖市财政局供稿 毛晓巍执笔）

注：

*"四敢一不怕"：敢于负责、敢于担当、敢于破难、敢于创新、不怕得罪人。

桐乡市

【概况】 2013年，桐乡市实现生产总值573.47亿元，按可比价格计算，比上年增长9.2%。其中：第一产业增加值33.19亿元，增长2.2%；第二产业增加值296.54亿元，增长9.3%；第三产业增加值243.74亿元，增长9.9%。三次产业结构比为5.8：51.7：42.5。按户籍人口计算，人均生产总值84167元，增长8.7%。全市财政总收入81.49亿元，增长7.3%，其中公共财政预算收入45.53亿元，增长9.0%；公共财政预算支出43.08亿元，增长15.1%。全年财政收支平衡。

【组织财政收入】 加强税收分析预测。扩大重点税源监控面，监控企业入库税收收入31.54亿元，占税收收入84.3%。提升"以票控税"措施，全面推行实时开具网络发票。优化财政收入结构。全市公共财政预算收入45.53亿元，占财政总收入的55.9%，其中税收收入43.27亿元，占公共财政预算收入的95.0%。加强非税收入管理。扩大政府非税收入征管软件试点范围，44个执收单位运用非税征管信息系统。全年组织非税收入40.95亿元，其中政府性基金收入38.69亿元，下降22.3%。

【支持经济转型升级】 落实多类财政扶持政策。安排财政专项资金26.55亿元，推进全市经济转型升级和创新发展。设立工业企业应急转贷资金，提供周转借款9360万元。落实中小企业专项信用贷款42户，发放财政信用贷款7500万元，解决中小企业融资难问题。减轻企业税费负担。取消和暂停行政事业性收费项目7个，减轻企业负担4755万元。减免252户"菲特"台风受灾企业税费2855万元。落实结构性减税和清费减负政策，减免税费4.45亿元，增长1.8%。推进"营改增"政策实施，开展"营改增"财税扶持政策调研，拨付"营改增"财政补助资金413万元。保障政府有效投入。安排7.52亿元支持重点项目续建和新开工项目建设。支持崇福镇小城市培育试点，启动濮院历史文化街区项目。完成桐乡市城市建设投资有限公司二期债券13.00亿元发行工作。

【确保民生项目支出】 全市民生支出37.48亿元，增长14.5%，占公共财政预算支出的79.5%。支持"三农"事业发展。投入"三农"资金27.13亿元，增长21.8%。创建省级美丽乡村先进县，省级生态循环农业示范县通过验收。安排资金642万元扶持家禽业持续健康发展。支持"三改一拆"，拨付违章猪舍复垦及转产转业财政补助资金3000万元。支持教育事业发展。教育支出13.67亿元，增长8.3%，完成学前教育三年行动计划，通过首批全国义务教育发展基本均衡县(市)督导评估，实现中等职业学校免学费。支持文化事业发展。文化体育与传媒支出1.11亿元，增长9.4%。加强基层文化建设，建成村级文化礼堂23家，实施文化惠民工程。支持医疗卫生事业发展。医疗卫生支出3.41亿元，增长15.1%。全面完成社区卫生服务中心规范化建设，启动实施妇保院及疾控中心迁建项目。加大医疗救助专项资金投入，筹资标准达到人均12元。健全社会保障体系。社会保障和就业支出2.63亿元，增长8.4%。优化社会救助政策，发放低保救助金及生活补贴1927万元，在全省率先实施退出低保家庭生活补助机制政策。加快养老服务体系建设，健全养老服务评估和补贴制度。加大安居工程建设，住房保障支出3435万元，增长8.9%。

【深化财政改革】 开展定额测算和调研工作，完善预算标准体系。推进专项资金管理制度建设，实行资金管理改革。稳步推进预算信息公开。本级财政预算实现全部公开。完善"三公"经费预算编制，"三公"经费下降13.5%，其中公务接待费下降18.3%。推进国库集中支付和公务卡改革。全市194个预算单位全部实行国库集中支付，拨付资金34.46亿元，完成镇乡镇国库集中支付改革试点。全市单位公务卡实现全覆盖，公务卡消费金额1209万元，增长346.1%。

【完善财政监管】 盘活政府存量资金。建立预算执行进度通报机制，加快支出进度。社保基金实行协议存款，调度财政间隙资金5.53亿元用于城区旧城改造和濮院古镇旅游开发。制定《桐乡市财政出借资金管理办法》,压缩财政对外借款5.75亿元。加强政府债务管理。统计分析全市债务收支计划,加强债务审核,制定国有公司和政府性债务收支计划。规范基层财政建设。开展乡镇公共财政服务平台建设试点,推进财政资金就地就近监管。推动基层财政所规范化建设,出台奖励政策支持基层财政资金统一结算体系建设。完善财政绩效监管。完善政府项目预算管理,开展预算绩效管理试点,加大财政支出绩效评价自评力度,扩大支出绩效重点评价覆盖面,注重评价结果运用。规范政府采购监管。完成18类设备协议供货全省联动工作,做好五大类全市定点采购工作。全年政府采购资金节约率10.4%。强化国资运行管理。推进五大国有资产营运平台体系建设,组建金凤凰集团。统筹安排担保抵押,提高担保资源利用率。清理全市行政事业单位经营性房地产90万平方米,实行统一处置。

【加强队伍建设】 促进财税文化建设。提升"服务基层、服务纳税人"能力,组织"百名干部联千企、强化服务促发展"走访服务活动,开展五星级基层党组织创建工作,建立健全基层党组织创先争优长效机制。深化机关效能建设。实行局领导带班检查制度和今日效能值日班制,实现效能建设制度化、常态化、集约化管理。优化队伍配置。完成新一轮后备干部选拔工作,选拔后备干部10名,优化人力资源配置,提拔中层干部14名,交流干部职工30名。加强业务骨干培养,促进青年干部全面发展。

(桐乡市财政局供稿 沈嘉佶执笔)

嘉善县

【概况】 2013年,嘉善县实现生产总值374.26亿元,按可比价格计算,比上年增长9.0%。按户籍人口计算,人均生产总值96914元,增长8.1%。第一产业增加值24.49亿元,第二产业增加值213.81亿元,第三产业增加值135.96亿元,分别增长0.9%、9.7%、9.1%。三次产业结构比调整为6.6∶57.1∶36.3。全县财政总收入54.77亿元,增长4.8%,其中公共财政预算收入29.00亿元,增长6.2%;全县公共财政预算支出37.02亿元,增长32.2%。全年财政收支平衡。

【组织财政收入】 加强收入研判。完善财政、国税地税联席会议和乡镇财政工作例会等机制,分析县域经济形势,分解落实收入任务。实行重点税源分户管理,健全重点税源企业联系制度。加强税收管理。出台加强"双均"(亩均、人均)化税收保障协作的实施意见,建立与国土、住建、供电、国税等部门数据交换机制,累计补征城镇土地使用税867万元。加强房地产、建筑业、金融保险业三大营业税支柱税源征管。提高以票控税水平,网络发票应用率95.0%,企业实时上传率99.5%。加强费源管理。健全社会保险基金、水利建设资金和残疾人保障金三项规费征管机制,全年收入14.42亿元,增长18.5%,其中社保基金收入13.40亿元,增长20.1%。加强非税收入管理。完善非税收入管理配套制度体系,全年完成非税收入33.50亿元,增长100.0%。优化收入结构。全县公共财政预算收入占财政总收入比重为52.9%,其中税收收入21.37亿元,占公共财政预算收入比重为73.7%。

【服务经济转型】 支持浙商创业创新。完善支持浙商创业创新扶持政策,成立重大项目服务推进组,落实结构性减税政策。帮扶企业发展。制定"营改增"试点过渡期财政扶持政策。实行财政扶持资金部门联审会审制,缩短兑付时间,累计为493家企业兑付财政补助资金1.08亿元。发挥中小企业转贷基金和专项信用贷款机制功效,累计办理贷款、转贷12.90亿元,受惠企业147家。支持科技创新和人才引进。全年安排科技专项经费5619万元,支持高新技术产业化、科创中心二期建设、公共平台建设等项目。落实人才投资优先保证财政政策,安排创业创新高层次人才专项资金1000万元及其他人才培训培养补助经费3400万元。

【支持改善民生】 全县民生支出28.64亿元,占全年公共财政预算支出的77.4%,增长42.5%。推进城乡统筹发展。全年拨付政府性投资项目资金7.85亿元,用于支持保障性住房、交通基础设施、新城区建设以及交通拥堵整治等工作。支持姚庄、西塘小城市培育试点和天凝省级中心镇建设。支持生态文明建设。落实经费6821万元,支持"三改一拆"、畜禽养殖污染治理,推进生猪养殖业转型。安排专项补助495万元,做好病死猪无害化处理。落实财政支农政策。全年"三农"支出18.29亿元,增长26.9%。应对H7N9禽流感,补助畜禽养殖场(户)414万元。安排应急救援资金280万元,降低"菲特"台风灾害损失。推进全国农村综合改革,探索村集体经济有效实现形式示范项目,拨付首批项目补助资金418万元。完成2个国家级农业综合开发项目涉及资金3744万元。支持社会保障事业发展。加大创业与职业技能培训扶持力度,全年拨付促进就业创业专项资金2085万元,增长8.4%。以政府购买服务方式推行养老服务补贴制度,健全县、镇、村三级养老服务网络。落实最低生活保障制度,全年拨付低保金1145万元,补助对象44617人次。支持教育事业发展。全年安排公用经费3169万元,支持学前教育园舍建设,保障义务教育阶段教师流动国家级改革试点。安排1589万元加强高中段学校经费保障,将高中段生均公用经费提高至每年1200元。支持文化事业发展。全年安排文体事业专项经费4636万元,增长11.0%,推动公共文化设施、重点文化产业发展。安排各类文化专项资金698万元,支持群众文化活动、文化遗产保护和文化信息资源共享工程建设等。支持医疗事业发展。全年投入医改资金2.39亿元。完善困难群众医疗救助办法,将四类救助对象自负线以上部分医疗费用统一按70.0%比例实施医疗救助。全年拨付城乡居民合作医疗保险补偿资金1.59亿元,增长14.1%。

【深化财政改革】 深化部门预算改革。深化财政"三位一体"组织机构改革,规范部门预算管理,细化全口径预算编制,所有政府性资金和资产全部纳入财政管理。完善预算分配机制,推进项目支出预算改革。健全预算绩效监督机制,制订预算绩效管理办法,全县158个项目开展绩效检查,涉及4.84亿元。深化财政国库集中支付改革和公务卡改革。扩大国库集中支付规模,国库集中支付金额19.67亿元,增长22.2%。实施全省乡镇财政国库集中支付改革试点。公务卡改革全覆盖,累计发放公务卡2691张。推进乡镇财政管理改革。促进乡镇公共服务平台建设试点工作,全县9个镇(街道)建立公共财政服务中心。

【加强财政监管】 加强政府采购管理。研究制定政府集中采购目录和限额标准,全县行政事业单位办公设备耗材和办公楼物业纳入集中采购目录管理,节约资金2488万元,节约率4.8%。加强政府财政资金安全管理。开展财政存量资金摸底调查,清理回收2012年底前结余财政资金2350万元。加强全县政府性债务统计分析,实行全口径债务月报制度。加强国有资产管理。行政事业单位全年上缴资产有偿使用收入和经营性收入8537万元。县级国有公司通过股权收购、资产整合重组等途径,新增净资产28.00亿元。加强"三公"经费管理。开展"三公"经费使用检查集中行动,建立"三公"经费预警机制,按月统计上报公务接待费支出情况,全年"三公"经费支出9198万元,下降12.3%。

【加强队伍建设】 强化廉洁型队伍管理。制订基层满意站所(服务窗口)标准化建设规范,推进"阳光工程"和提速增效工作。抓好队伍正风肃纪工作,开展党的群众路线教育实践"先学、先走、先查、先改"活动。县局被浙江省纪委等授予"浙江省廉政文化进机关示范点"称号。加强知识型干部培养。制订公务员教育培训管理办法,组织全局中层干部赴上海交通大学集中培训。推进学习型党组织建设,开展"科学发展·先锋建功"等系列活动。 (嘉善县财政局供稿 程高华执笔)

海盐县

【概况】 2013年,海盐县实现生产总值324.75亿元,按可比价格计算,比上年增长8.5%。按户籍人口计算,人均生产总值86299元,增长8.2%。第一、二、三产业增加值分别为21.78亿元、187.38亿元、115.59亿元,分别增长1.7%、8.4%、10.1%。三次产业结构比调整为6.7∶57.7∶35.6。社会消费品零售总额92.33亿元,增长13.6%。城镇居民人均可支配收入41262元,农村居民人均纯收入20683元,分别增长9.5%和10.4%。全县财政总收入47.37亿元,增长10.9%,其中公共财政预算收入24.61亿元,增长10.2%;公共财政预算支出25.69亿元,增长9.5%。全县财政收支平衡。

海盐农村新面貌

【组织财政收入】 强化收入预测分析。注重收入分析研判,强化预算执行分析,研究应对措施,及时落实征收措施。扩大税源监控范围,重点监控企业486户,新增43户,重点监控企业税收12.87亿元,增长2.1%。提高镇(街道)组织收入水平。全县各镇(街道)税收总收入23.70亿元,增长11.1%,其中8个镇(街道)税收收入超亿元。加强非税收入征管。财政票据管理实现"票款同步、以票管收",政府非税收入全额纳入财政管理。全年实现非税收入16.66亿元,增长14.9%。优化财政收入结构。当年公共财政预算收入占财政总收入比重为52.0%,其中税收收入23.70亿元,占公共财政预算收入比重为96.3%。

【支持经济发展】 推进企业转型发展。支持县域产业结构调整,全年兑付工业、外经贸发展等扶持资金1.08亿元。支持服务业发展,兑现财政补助资金1144万元。试行工业企业财政扶持与亩均税收考核挂钩办法,对占用土地3亩以上独立法人工业企业分A、B、C三档实行差别化财政扶持政策。支持“浙商回归”工程,实施重点项目企业动态管理。落实财税优惠政策。全年向上争取各类财政补助资金5890万元。取消、免征部分涉企行政事业性收费,减轻企业负担365万元;全年依法审核审批减免、抵免和减征各项税费9743万元,惠及企业11090户次。优化发展环境。支持第二轮城市建设三年行动计划,加快滨海新城核心区建设,财政投入2.36亿元。开展公共交通发展三年行动计划,完善公共交通服务体系,财政投入3.25亿元。推进“营改增”试点。实施过渡性财政扶持政策,促进现代服务业转型升级。

【改善社会民生】 优化财政支出结构,加大农业、教育、文化、医疗卫生、就业和社会保障等公共领域投入,公共财政用于民生支出20.23亿元,占公共财政支出比重为78.7%。落实财政支农政策。全县“三农”支出14.80亿元,增长19.1%。深化农村产权制度改革,发展壮大村级集体经济,推进就地城镇化进程,投入农村综合改革项目资金2.10亿元。实施农业综合开发投资项目23个。支持教育事业发展。财政用于教育支出7.82亿元。支持实施向阳小学迁建等教育基础设施建设,落实义务教育经费保障机制和教师绩效工资制度,推进城乡教育均衡发展。支持文化事业发展。支持公共文化服务体系建设和城乡文化一体化发展,财政用于文化体育与传媒支出5898万元,增长13.3%。完善城乡社保医疗体系。完善基层医疗机构基本药物和县级公立医院综合改革,投入资金6042万元。城乡居民合作医疗保险人均筹资标准为610元,参保率99.4%;城乡居民社会养老保险累计参保8.75万人。支持保障性住房建设,开工建设安置房15.3万平方米,竣工交付38万平方米,完成763户经济适用房(公共租赁房)实物配售。促进就业再就业。支持各镇(街道)人力资源市场建设,财政用于促进就业再就业资金1635万元。贯彻人才强县战略,支持领军人才引进和“千人计划”培育,兑现人才专项资金1621万元。支持生态文明建设。开展“美丽乡村·乐活海盐”建设,投入建设资金8430万元;实施“三改一拆”三年行动计划,支持生态循环发展,财政补助1165万元;开展“清洁家园”等创建行动,完善“四位一体”城乡保洁机制,财政补助1468万元。

【深化财政管理改革】 深化预算管理改革。按照预算编制、执行、监督“三位一体”的组织机构改革,建立健全“三分离”财政运行机制,推进财政工作精细化、科学化。扩大基本支出定额试点范围,细化项目支出预算编制,规范政府非税收入预算管理,加强全口径政府预算体系建设,推进资产管理、预算管理和财务管理有机结合。深化国库集中支付制度和公务卡改革。深化县级国库集中支付制度和公务卡改革,实施海盐县预算单位公务卡强制结算目录。对县级180个预算单位全部财政资金实施国库集中支付制度和公务卡改革,全年公务刷卡消费金额562万元。完善镇(街道)财政预算管理。实施新一轮镇(街道)财政体制。以数字财政建设为契机,建机制、抓落实,海盐各镇(街道)均建立公共财政服务中心并上线公共财政信息管理系统。盘活存量资金。加强地方财政结余结转资金管理,盘活存量资金3000多万元。

【强化财政监督管理】 加强预算绩效管理。完成县级部门单位绩效评价项目111个,涉及评价资金3.84亿元,比上年增长152.5%。选取社会影响较广、与民生保障和经济社会发展密切相关的9个重大项目,委托社会中介组织实施重点评价,涉及评价资金1.37亿元,增长63.8%。拓展财政监督检查领域。全年完成财政监督检查项目15个,查处违规资金237万元。构建预算执行动态监控机制。从部门预算的编制、核定、执行、调整、评价、决算等环节,对财政资金运行进行日常监督管理,规范经费开支范围、开支标准。规范政府采购管理。完成政府采购预算7.36亿元,采购合同金额6.05亿元,增长13.6%,资金节约率17.8%。加强“三公”经费预算管理。县级预算单位“三公”经费同比减少23.9%,会议经费同比减少43.9%。

【加强国有资产管理】 推进投融资工作。发行第二期国资公司债券,募集债券资金12.00亿元。强化国有企业运行监管。调整完善国有企业法人治理结构,规范企业用工制度,强化国有企业财务资产管理,完成县国资公司年报审计工作。促进国有资产保值增值。组织开展公务用车拍卖,拍卖车辆65辆,拍卖权益298万元。

【加强干部队伍建设】 加强廉政作风建设。开展“基层日”活动,着力解决基层实际的问题。执行领导干部廉洁从政各项规定;出台关于贯彻落实改进工作作风密切联系群众八项规定的意见;开展“廉洁从政　清风财税”系列主题活动;实施局级领导干部和部门中层干部廉洁从政和作风建设的“十项”公开承诺。深化财税文化建设。巩固“省级文明单位”创建成果。开展“双学双提”(学习理论提素养,学习业务提技能)活动,开设“科长讲坛”,建立夜学机制,提升财税干部工作能力。

(海盐县财政局供稿　陆梦婷执笔)

湖州市财政工作概况

湖州市

【概况】 2013年，湖州市实现地区生产总值1803.15亿元，增长9.0%。其中：第一产业增加值125.56亿元，增长0.7%；第二产业增加值953.19亿元，增长10.1%；第三产业增加值724.40亿元，增长9.0%。三次产业结构比为7.0：52.8：40.2。按户籍人口计算，人均生产总值为68839元，增长8.7%。全年限额以上固定资产投资项目2329个，完成投资1070.05亿元，增长10.2%。全年实现社会消费品零售总额766.22亿元，增长13.1%。全年外贸进出口总额95.33亿美元，增长9.3%。其中：出口80.88亿美元，增长9.5%；进口14.45亿美元，增长8.3%。全年城镇居民人均可支配收入36220元，未扣除物价因素增长9.8%；全年农村居民人均纯收入19044元，未扣除物价因素增长10.8%。全市财政总收入271.66亿元，增长10.0%；公共财政预算收入154.66亿元，增长11.6%；公共财政预算支出197.61亿元，增长18.0%。市本级财政总收入105.46亿元，增长8.1%；公共财政预算收入59.55亿元，增长8.7%；公共财政预算支出83.46亿元，增长19.9%。全市和市本级财政收支平衡。

【促进经济转型升级】 发挥财税政策导向作用。会同相关部门针对不同行业企业研究制定创新驱动“22条”、服务业“20条”、开放型经济“20条”、小微企业“10条”以及加快装备制造业发展、促进企业技术改造、加快淘汰落后产能等一批政策意见，推动企业转型发展。落实结构性减税和清费减负政策，临时性下浮部分中小微企业社会保险费比例，全市征前减免及退税减免16.55亿元，减征中小微企业社会保险费4.15亿元。有序推进城镇土地使用税政策调整试点工作，亩产税收导向作用明显，有效促进土地节约集约利用。

【强化依法聚财能力】 把“稳收入增长”摆在突出位置，抓早、抓紧、抓主动。加强对特色重点产业、块状经济的调研分析，强化重点税源跟踪管理，准确把握经济形势的新变化，提高组织收入的准确性和前瞻性。依法加强税收征管，在落实好减免税费政策基础上，突出信息管税，强化税源间接控管，深化纳税评估手段应用，确保应收尽收。2013年，全市地税部门组织各项收入223.00亿元，增长11.0%。收入结构持续优化，公共财政预算收入占财政总收入比重为56.9%，公共财政预算收入中税收收入为145.05亿元，占比93.8%。推行政府非税收入征管信息化建设，全市行政事业单位和市级社会团体中全面应用新版非税系统，实现在线开票，进一步提高非税收入征缴水平。全市地方政府非税收入完成153.86亿元，增长46.5%。

【提高民生保障水平】 2013年全市财政用于民生支出总量为141.40亿元，占财政总支出的71.6%，全年民生方面增支22.15亿元，占总增支额的73.6%。全面落实财政教育投入考核评价各项目标要求，推动各项教育事业全面发展，全市财政教育支出占财政总支出比重为21.0%。稳步提高城乡居民医疗保障筹资水平，市区新型农村合作医疗、城镇居民医疗保险筹资标准分别提高到560元、610元。提高企业退休人员待遇水平，基本养老金月人均2033元。全市争取地方政府债券资金6.60亿元，重点用于保障性安居工程、水环境整治等公益性民生项目；全市财政共安排各类资金18.14亿元，用于保障性住房建设。支持国家生态文明建设先行示范区、国家生态市、国家森林城市和全国水生态文明试点市等各项创建工作。

【推进财政规范管理】 健全政府预算体系，首次试编国有资本经营预算。加强预算编制管理，完善预算编制与预算执行挂钩的约束机制，提高财政资金运行效率。加大对预算单位结余资金清理和统筹使用力度，提高财政资金可用财力集约化程度。全市所有预算单位全面实施国库集中支付和公务卡改革，出台公务卡约束性消费目录，规范公务消费行为。控制行政经费和一般性支出，实施“三公”经费执行过程监督。稳妥推进财政总预算、部门预算公开工作，首次公开市级“三公”经费预算。加强财政监督检查，在全市范围内通过县、区交叉检查的方式开展教育系统联动检查，并选取湖州市急救中心等3家单位开展部门决算专项核查试点检查。加强财政支出绩效管理，完善绩效管理制度体系。加强政府投资项目评审，审核项目85个，核减资金5.37亿元，核减率10.6%。发挥政府采购政策功能作用，加大对环保、节能、中小企业支持力度。首次实施政府购买服务项目，市人力社保局大病保险项目向社会公开招标。市级行政事业单位全面实施资产配置管理工作，根据资产配置管理办法和配置标准对单位新增资产实行配置审批。提请市政府下发《关于进一步推进乡镇财政建设的实施意见》，推进基层财政建设。

【提升队伍整体形象】 组织学习十八大、十八届三中全会精神,凝聚力量,推动工作。精心组织“两看两比”* 作风建设活动,公布“十大重点工作”,开展“阳光问政”,推进作风建设。参与“万名群众评议机关”活动,市财政局在全市 92 个参评单位中总分位列第 6 名。开展“走基层访企业”活动,深入了解企业、基层需求,帮助解决实际问题。政府阳光热线 12345 及时反馈率 100%,群众满意率 99.1%。落实党风廉政建设“一岗双责”,推广应用《税友龙版》廉政效能风险防控模块,廉政风险防控与财税业务工作有机融合,构建具有财税特色的惩防体系。

(湖州市财政局供稿　陈洪全执笔)

注:

* 两看两比:市财政系统开展“看作风改进、看有效服务,比创新实干、比发展实绩”的作风建设活动。

吴兴区

【概况】 2013 年,湖州市吴兴区完成地区生产总值 376.03 亿元,增长 9.0%,人均生产总值 81493 元。全社会固定资产投资 188.76 亿元;社会消费品零售总额 220.71 亿元,增长 14.8%。第一产业增加值 19.57 亿元,第二产业增加值 178.88 亿元,第三产业增加值 177.58 亿元,三次产业结构比为 5.2∶47.6∶47.2。城镇居民人均可支配收入 36932 元,农村居民人均纯收入 19645 元,分别增长 10.0% 和 10.7%。全区财政总收入 31.62 亿元,增长 9.3%,其中公共财政预算收入 17.66 亿元,增长 11.5%。全区公共财政预算支出 15.11 亿元,增长 15.5%。全区公共财政预算收支平衡。

【组织财政收入】 坚持依法治税,夯实税收征管基础,优化收入结构,提升收入质量,税收收入占公共财政预算收入比重为 97.0%,公共财政预算收入占财政总收入比重为 55.9%。将年度财政收入计划分解到月度,纳入区委、区政府对乡镇月度考核中,使高新区、各乡镇、街道、区财政、国税、地税部门形成合力,齐抓共管财政收入。制定加强个体税收社会化征管实施意见,充分调动乡镇、街道组织收入的积极性,做到抓大不放小。继续加大对财政性收入的统筹与调控力度,抓好土地出让金、采矿权出让金等各项资源性收入的筹集与管理,全年政府非税收入 2.61 亿元。

【促进经济发展】 发挥财政资金的杠杆作用,引导农业产业及工业企业转型升级。开展国家现代农业示范区农业改革与建设试点和国家农业综合开发南太湖现代园区建设,投入农村土地综合整治资金 6000 万元。贯彻落实全区扶持工业经济政策,在淘汰落后产能、四大行业整治、矿山机组整治和鼓励科技创新等方面加大投入,共投入财政资金 1.06 亿元。加大对多媒体产业园和省级特色工业园区建设的财政扶持力度,合计投入资金 1490 万元。

【保障民生事业】 全年新增财力的 84.6%用于民生支出,推动经济社会统筹协调发展。统筹资金 1.96 亿元专项用于推进新农村建设,加强美丽乡村、农村环境整治、农村公益事业一事一议等项目补助。完善义务教育经费保障机制,保障教师绩效工资,稳步提高教育公用经费,确保学校必要的经费支出需求,筹措资金专项用于中心城学校校园综合改造、设备更新等;设立学前教育专项资金,为吴兴区创建全国义务教育发展基本均衡区提供财力保障,全区财政教育支出 4.66 亿元,占公共财政预算支出的 30.8%。足额安排城乡居民社会养老保险资金,确保基础养老金等各项待遇按时足额发放。保障基层医疗卫生机构综合改革,结合药品“零差价”和绩效工资实施,探索推行基层医疗卫生机构预算管理办法,加大农村公共卫生体系建设、新型农村合作医疗、城镇居民医疗保险的投入。

【推进财政改革】 推进乡镇财政规范化建设。吴兴区作为全省“加强乡镇财政管理和促进乡镇公共服务平台建设”的 16 个试点单位之一,2013 年在各乡镇和环渚街道已全部成立乡镇财政所(局),并在职能转变、管理方式、资金拨付流程和财政资金监管等方面进行全面改革,实现通过平台系统发放涉农、社保等资金。推进乡镇财政国库集中支付和公务卡改革,确定织里镇为财政国库集中支付试点单位,并结合乡镇财政资金管理实际,重新设计和改造乡镇财政的岗位设置、资金拨付等业务流程,推进乡镇国库集中支付改革试点。高新区、各乡镇(环渚街道)完成公务卡改革工作,实现公务卡改革的全覆盖。控制一般性支出规模,通过国库集中支付制度、会计核算内控制度、公务卡结算制度、公务支出管理制度的完善与执行,控制一般性支出,进一步压缩“三公”经费支出,将有限财力重点用于保障民生,打造“数字财政”,吴兴区财政局被确定为浙江省数字财政建设试点单位。

【强化财政监督】 强化国有资产监管。建立监管机制,加强资产日常管理,全年审批行政事业单位国有资产处置事项 82 批次,涉及金额 1890 万元。优化政府采购流程,提高政府采购效率。落实省公车管理办法,严格按照车辆编制从紧从严审批公务用车的新增和更新。加强财政支出项目绩效管理工作,扩大绩效管理范围,开展多层面、有针对性的项目资金绩效评价,2013 年重点对社会关注度高的教育、农业、社保、建设等 16 个民生项目开展部门评价和财政评价，落实绩效评价整改措施，提升项目资金使用效益。强化政府性债务管理。制定进一步加强政府性债务管理的通知，建立政府性债务归口管理、计划管理、健全偿债准备金等各项管理制度，规范举债审批程序，着力优化债务结构，防范与化解债务风险。

【加强队伍建设】 开展解放思想和"作风建设提升年"活动，通过健全全员岗位责任制考核等各项规章制度，实现提能增效。推进学习型党组织建设，在深入调研的基础上，完成《关于吴兴区财政体制运行情况的调研报告》《关于吴兴区织里小城市培育的几点思考》《进一步完善乡镇财政建设的研究》等调研课题。严格落实党风廉政建设责任制，切实履行"一岗双责"，构建惩防体系。贯彻落实中央"八项规定"及实施细则、省"28条办法"、市"24条办法"和区"八项要求"，党员干部重视形象，率先垂范。深入基层、深入群众，发挥财政职能作用，做好服务工作。开展"局长驻点工作室"活动，着力解决人民群众反映强烈的突出问题，树立良好的财政队伍形象。在区委、区政府年度综合目标考核中，连续第十一年被评为一等奖。

（湖州市吴兴区财政局供稿　王　思执笔）

南浔区

【概况】 2013年，湖州市南浔区实现地区生产总值304.95亿元，增长8.6%。其中：第一产业增加值25.20亿元，增长0.7%；第二产业增加值186.35亿元，增长9.2%；第三产业增加值93.40亿元，增长9.5%。三次产业结构比为8.3∶61.1∶30.6。全区财政总收入为28.46亿元，增长9.5%；公共财政预算收入完成14.16亿元，增长9.9%，占财政总收入的49.8%。全区公共财政预算收入中税收收入为13.65亿元，占比为96.4%。全区公共财政预算支出为14.58亿元，增长18.5%。全区财政预算执行情况良好，财政收支平衡。

【确保收入稳定增长】 加强收入目标管理，及时分解下达镇（开发区）收入目标任务，强化目标考核力度。加强收入跟踪管理，分析季度收入执行情况，细化县区间的对比分析、分行业、重点税源动态分析，实时把握收入进度。加强协税护税工作，出台加强各镇（开发区）协税护税工作意见和南浔区税收保障办法，与镇（开发区）签订"完善财源建设激励机制　促进财政收入稳定增长工作目标责任书"，建立增收激励机制。在菱湖镇实施税收代征试点工作，提高社会综合治税能力。加强非税收入管理，强化收入源头控制，全区139家行政事业单位实施新非税征管系统，提升非税征管信息化水平，全年完成非税收入5091万元。

【服务经济转型升级】 全力助推企业发展，增强企业市场竞争力。落实各项财税优惠政策，全年落实国家政策性减免及退税1.93亿元，切实减轻企业负担。贯彻落实"工业强区"二十条意见，全年拨付资金1.22亿元，扶持战略性新兴产业、零土地技改、节能减排、循环经济等发展项目。推动农业稳步发展。成功申报省农业粮食全产业链能力提升、中央财政农田水利重点县、高标准农田建设等涉农项目，获得各类支农项目资金1.33亿元。支持现代服务业发展，兑现商贸、物流、建材市场转型升级、农贸市场改造提升等服务业发展资金4544万元。

【保障民生重点】 2013年新增财力88.9%用于民生领域。助推省级生态区创建，筹措农村水环境综合整治专项资金2.60亿元，用于"三改一拆""四边三化"等工程。拨付资金7207万元，用于农村土地综合整治。加大农业基础设施投入，争取一事一议、"美丽乡村"和"魅力水乡"等项目补助资金6234万元。支持教育均衡发展，落实教育经费保障机制，公共财政教育支出4.31亿元。落实"学前教育三年行动计划"，学前教育支出2364万元，占教育支出的5.5%；安排资金4493万元，用于"美丽校园"行动计划设备购买及设施建设；落实资金1303万元，用于学生及校园安全建设。加大医疗卫生投入，全年拨付资金7878万元，用于镇卫生院、社区服务站、退休人员生活补贴和公共卫生项目经费；提高城乡居民医疗人均筹资标准至560元，新型农村合作医疗及城镇居民合作医疗资金财政筹资1.34亿元。加大社会保障投入，发放城乡居民基本养老保险资金1.37亿元，发放城乡居民最低生活保障金3029万元。通过"一卡通"发放农资综合补贴、渔业油价补助资金3664万元。发挥财政职能作用，助推重点工作。协调配合做好项目申报，争取上级财政支持，2013年省市已下达转移支付资金8.22亿元，其中省级财力补助9000万元。争取地方政府债券资金3000万元，用于南浔第一人民医院建设和中心城区水系治理。

【深化财政管理改革】 推进财政部门预算改革，以"金财工程"预算编制软件为支撑，完善基本支出定额标准，对项目支出进行规范化管理。按规定做好预算信息公开工作。全年24个区级部门预算提交区人大财经工委审查，区人力社保局等3个部门预算提交区人代会审查。推进国库集中支付改革，全区128家行政事业单位纳入国库集中支付管理。推进财政统发工资和公务卡实施力度，区级行政事业单位公务卡实现"全覆盖"。加强镇财政规范化建设，制定推进乡镇公共财政服务平台建设工作的实施意见,启动镇公共财政服务平台建设和镇国库集中支付、公务卡改革试点工作。

【加强财政资金监管】 加强财政支出绩效管理,扩大绩效评价范围,构建预算绩效管理制度体系。全年对民生支出、社会公益性项目等16个资金项目进行绩效评价,涉及总投资1.29亿元,评价项目优秀率44.0%,良好率100%。强化财政项目审核工作,严格控制投资规模,全年完成南浔区第一人民医院新建工程等38个概算审核项目,审定金额18.05亿元,核减率14.1%;按要求及时公开500万元以上建设项目的评审信息。加强国有资产管理,组建区国有资产监督管理办公室,健全区国有企业资产监管体系,强化对国有资产的有效监管。规范政府采购行为,严格政府采购程序,全年政府采购资金9820万元,节约率为7.8%。完善公车处置办法,以公开拍卖的途径,妥善处置公车报废,有效增加资产处置收益。加强政府投资资金监管,采取财政直接支付的方式拨付工程款,累计拨付资金4524万元。加强财政专户清理整顿工作,规范设置各镇财政账户,实施各镇财政资金安全监管,获全省县级先进单位。加强财政监督检查,对会计信息质量等6个项目进行财政监查,督促及时整改。强化地方政府性债务管理,健全债务风险预警机制,切实防范和化解财政风险。贯彻落实中央、省的各项规定,从严控制因公出国(境)费用、公务用车购置及运行维护费和公务接待费,"三公"经费比上年下降11.2%。

【加强队伍建设】 以"星期一夜校"为学习平台,不断丰富培训方法,采取讨论、论坛、讲座、辅导、自学等多种形式,学习党的十八大和十八届三中全会精神,通过学习,提高全局干部职工的思想理论水平、综合能力。推进内控机制建设,深化ISO管理体系,规范工作流程。落实党风廉政建设工作,重点研究财政岗位风险点设立及相应措施制订工作,签订党风廉政建设责任书,落实局本级财政工作内审,加大廉政建设督查力度。

(湖州市南浔区财政局供稿 马君君执笔)

德清县

【概况】 2013年,德清县实现全县生产总值334.34亿元,增长9.6%。其中:第一产业增加值21.79亿元,增长0.6%;第二产业增加值189.38亿元,增长10.6%;第三产业增加值123.17亿元,增长9.5%。三次产业结构比为6.5∶56.7∶36.8,人均生产总值71281元。全县城镇居民人均可支配收入36796元,增长10.2%;农村居民人均纯收入19570元,增长10.8%。全县财政总收入55.70亿元,增长9.5%,其中公共财政预算收入30.97亿元,增长13.9%,占财政总收入的55.6%。全县公共财政预算支出33.57亿元,增长12.7%。全县财政收支平衡,略有结余。

【组织财政收入】 加强对重点行业、重点企业、重点项目税源的监控分析,监控税款占全部税款的61.8%。联合国税、乡镇部门抽调82人成立乡镇税源管理组,掌握基层税源情况。全面推进企业所得税专业化管理,加强营业税、个人所得税等地方税种征管。开展矿山企业专项整治、存量房最低计税价格管理等工作,提高税收征管实效。全年公共财政预算收入中税收收入28.47亿元,占91.9%,增长12.1%。推进"收支两条线"管理,完善非税收入征管,全年实现非税收入2.50亿元,增长39.8%。

【服务经济发展】 围绕"工业创强、产业兴县"战略,落实平台建设资金和基础设施建设资金5.16亿元,加快推进四大平台*、乡镇工业功能区和重点基础设施建设。鼓励德商回归创业创新,全年兑现选商引资、外经外贸政策资金1708万元。支持金融创新示范县建设,拨付金融创新专项资金4474万元。拨付扶持企业发展政策资金2.49亿元,集中减征社保费及水利建设基金1.35亿元,减轻企业负担。全年拨付技术创新和科技支出1.05亿元,增长45.3%。推动高新技术企业发展,落实高新技术企业所得税优惠3067万元。支持"5+N"服务业体系*建设,安排三产发展专项资金2300万元,加快现代服务业集聚区建设。推进农业"两区"建设,全年农口支出6.26亿元,推进现代农业发展。

【统筹城乡发展】 落实支农惠农政策,兑现能繁母猪补贴、农机购置补贴等政策资金4298万元,其中发放禽流感补贴468万元,保障家禽养殖业稳定发展。安排6000万元支持"中国和美家园"建设。落实"小城市"和中心镇建设资金1.02亿元,全年拨付城乡公交、供水、垃圾和污水处理一体化补助资金9211万元。支持生态公益设施和环境建设,拨付生态公益林损失性补助690万元,增长239.9%,拨付平原绿化资金2134万元,做好生猪养殖场关停转产补助工作,推进生猪养殖污染整治和规范管理。全面完成"家电下乡"财政资金补贴工作,累计补贴金额2594万元。完成2013年村级公益事业建设一事一议财政奖补工作,实施项目47个,总投资3944万元,增长25.6%,受益人口6.3万人。

【保障民生支出】 全年民生支出23.82亿元,增长15.1%,其中县级新增财力的87.7%用于民生支出。完善义务教育经费保障机制,加快学前教育、职业教育、高中教育等各项教育均衡发展,全年教育支出7.24亿元,增长13.8%。加大对文化产业的扶持力度,落实基础文化设施建设及图书馆和体育馆建设资金4500万元。推进医药卫生体制改革,落实基本药物制度和公立医院改革财政补助资金7400万元,新农合和城镇居民医保人均筹资标准提高到750元,财政补助标准提高到每人500元。完善社会保障和救助体系,落实城乡居民养老保险补助和企业退休人员社区补贴1.52亿元。完善失业就业联动机制,拨付就业再就业专项资金2025万元。支持保障性住房建设,安排保障房项目资金1.57亿元。加大社会救助力度,全年支付各类保障和救助对象待遇资金6650万元。

【深化财政改革】 深化"三个子"公共财政管理改革,做好非税收入纳入预算管理工作。细化部门预算编制,健全政府预算体系。推进部门预算公开工作,县人力资源和社会劳动保障局、县农业局两个单位部门预算首次上人代会审议,并通过部门网站向社会公开。强化政府性债务计划管理,细化政府性债务计划报表编制。按照财力适度向基层倾斜的原则,做好新一轮乡镇财政体制调整。推进乡镇财政规范化建设,设立乡镇财政所,明确人员编制。深化国库集中支付改革和公务卡改革,191家实施国库集中支付制度的预算单位全部完成单位公务卡开设。推进政府采购工作,扩大政府采购范围和规模,全年实际采购2.45亿元,节资率13.5%。加大对专项资金结余的清理和整合力度,提高财政资金配置效率。推进乡镇公共服务平台建设试点工作,选取2个乡镇作为试点。

【强化财政监管】 完成财政监督检查项目10项,完成绩效评价项目65项。加强和规范政府投资项目管理,全年审核政府投资项目266项,审减金额2.85亿元。贯彻落实厉行节约有关规定,从严控制行政经费和一般性支出。牵头开展"三公"经费使用检查集中行动,随机抽取县机关事务管理局、县农办、县林业局、武康镇等8家单位,从"三公"经费执行情况、公务用车使用情况、因公出国(境)和"小金库"情况等4个方面进行重点检查。完善行政事业单位和企业国有资产监管制度建设,推进国有企业派出监事工作。开展全县国有资产调查,实现国有资产企业全部纳入财务快报。实施对小、微、亏企业的关停工作,盘活国有资产。落实行政事业单位通用办公设备家具配置标准,做到资产管理与预算管理相结合,严把资产入口关。开展乡镇财政资金监管自查,加强乡镇财政资金监管。

【干部队伍建设】 实施分层分类业务培训,开展"树立阳光思想 打造阳光财税"主题演讲比赛、"共筑中国梦·合力新崛起"主题宣传教育活动等,营造良好的工作氛围。组织参与"创建奉献日"和"党员义工进社区"活动,开展"双千万结对帮扶"工作,树立财税良好形象。开展以"财税服务开放日 同心汇聚零距离"为主题的部门开放日活动,拉近干群距离。开展中层竞岗交流工作,12名一般干部进入中层副职岗位,激发队伍活力。贯彻党风廉政建设责任制,积极履行"一岗双责",强化责任分解、考核和追究。当年德清县局在县委、县政府"千人评议机关(单位)执行力"活动中被评为"群众满意单位",在县级机关部门领导班子年度工作考核中被评为一等奖。

(德清县财政局供稿 胡雅云 孙 伟执笔)

注:

*四大平台:指德清经济开发区、德清临杭产业区、德清工业园、德清科技新城四大工业平台。

*"5+N"服务业体系:旅游、物流、商贸、金融、房地产及其他新兴服务业。

长兴县

【概况】 2013年,长兴县实现地区生产总值407.37亿元,按可比价格计算,增长10.5%。其中:第一产业增加值31.20亿元,增长0.9%;第二产业增加值217.00亿元,增长11.3%;第三产业增加值159.17亿元,增长11.5%。三次产业结构比为7.6∶53.3∶39.1。人均生产总值64964元,增长10.4%。县财政总收入68.11亿元,增长9.6%,增收5.94亿元。其中公共财政预算收入39.44亿元,增长11.1%,增收3.93亿元。公共财政预算支出47.33亿元,增长21.8%。全年公共财政预算收支平衡。

【组织财政收入】 优化收入结构,财政总收入占GDP的比重为16.7%,公共财政预算收入占财政总收入比重为57.9%;公共财政预算收入中税收收入36.52亿元,占比92.6%。加强财源及税源管理,通过信息化监控平台,对5600余户正常户数据进行清理,纠正共性错误问题3大类共计35个;开发部分税友龙版辅助管理平台,征管质量控制平台上线试运行。加强非税收入征管,非税收入完成2.91亿元,增长42.9%。

【支持经济发展】 全年财政兑付各类政策性补助2.53亿元,巩固和壮大新型电池、现代纺织、特色机电三大支柱产业,支持蓄电池、粉体、印染、水泥粉磨和矿山码头等行业转型升级。突出项目扶持,鼓励本土企业家自主创业和浙商回归创业,支持技改投入、机器换人、腾笼换鸟、"个转企"、"小升规",推动企业增效益、上规模。强化科技支撑,发挥财政资金引导作用,首创"科技券"制度,鼓励县内企业共享使用加盟上海研发公共服务平台的大型科学仪器设施和科技文献、标准资源,开展新技术、新产品、新工艺和新材料的研制开发等科技创新活动。全年安排科技支出1.38亿元,用于支持“南太湖精英计划”、产学研合作、创新公共平台和企业科技创新体系建设。强化税收帮扶,落实结构性减税和清费减负政策,帮扶企业发展,减免税收1.71亿元,水利建设专项资金5201万元。

【加大民生投入】 全年全县民生支出34.32亿元,增长23.3%,占财政总支出的72.5%,新增财力用于民生的比重为88.3%,比上年提高14.3%。支持社会事业发展,教育支出11.08亿元,增长11.1%,主要用于中等职业学校免学费补助、实施学前教育三年行动计划和学校布局调整等;医疗卫生支出3.36亿元,增长35.5%,主要用于社区卫生服务站标准化建设和全面实施基本药物制度。健全社会保障体系,社会保障和就业支出4.00亿元,增长21.8%,主要用于提高新农合筹资补助标准,提高养老服务补贴标准。落实支农惠农政策,农林水事务支出6.03亿元,增长56.7%,主要用于提升农业产业化经营水平及苕溪“清水入湖”河道整治等水利重点工程建设。支持生态环保建设,节能环保支出3.17亿元,增长166.3%,出台合溪水库饮用水源保护政策,推进矿山复绿项目建设,实施农村环境综合整治等生态建设。加强与各行业主管部门的联系,支持“人居环境奖”创建工作;推进农村安全供水项目建设;开展保障房建设,对符合条件的人员进行房租补贴;对物业管理企业进行财政补助;对城市公交以及出租车进行补助。

【压缩公务支出】 执行中央“八项规定”,厉行节约,控制行政成本,特别是控制“三公”经费支出。2013年,一般公共服务支出5.16亿元,增长4.9%,占财政总支出的10.9%,比上年同期降低1.76个百分点。

【深化财政改革】 部门预算管理改革成效显著。部门预算编制方案经人大批准后实施,增强预算编制的严肃性,提高约束力。完善定额标准体系,增加日常业务费定额,提高车辆经费标准。对部门新增项目由原来在历年结余中消化20%提高为30%,单位留用由原来的80%下降至70%。预算执行实现新拓展。推进国库集中支付单位扩面,随着62家二级预算单位国库集中支付上线,全县预算单位实现国库集中支付。出台公务卡约束性目录,县级预算单位公务卡改革全面启动。选取泗安镇和画溪街道启动乡镇国库集中支付试点。规范乡镇财政管理。出台新一轮乡镇财政体制,发挥财政体制对乡镇发展的引导和激励作用。乡镇(街道、园区)设立财政所(财政工作办公室),健全管理机构,明确管理职责,强化资金监管。制定加强乡镇财政建设的实施意见和机关管理制度,规范乡镇财政建设。

【加强财政监管】 财政监督贯穿预算编制与执行全过程,将绩效评价、财政监督结果与预算编制挂钩,对新增项目及关系民生的重点项目实行绩效跟踪,对50万元以上的50个县级财政支出项目实行绩效评价,评价标的9.95亿元,实际评价金额10.82亿元。全年对2个行政事业单位(安监局和民政局下属殡葬服务所)和1个市级联动交叉项目(德清二中的财务收支情况)进行财政监督检查,涉及金额6948万元,纠正违规资金295万元。全面核实政府性债务,制定政府性债务管理操作办法,从债务规模、融资成本、资金运作等方面规范政府性债务的举借、使用和偿还行为,防范财政风险。

【加强队伍建设】 开展主题教育活动。先后开展“践行‘十项承诺’,在岗位上提升自我”“学党章、守纪律、转作风”等学习教育活动,提升党员干部的政治素养,全年评出“五星级”党员52人次。开展多形式干部教育培训。全年举办多次《小企业会计准则》、行政事业财务及内控制度等业务培训及考试。组织开展“我学习,我快乐;我工作,我志愿”“双百分”业务竞赛,有效提高干部业务技能。加强廉政建设。贯彻落实中央关于改进工作作风、密切联系群众“八项规定”和省委“六个严禁”的要求,出台加强系统效能建设管理的通知,规范系统工作人员行为,加强督促检查。开展各类创先争优活动。全年县局获得各类荣誉18项,其中省级5项、市级3项、县级10项。

(长兴县财政局供稿　陈家志执笔)

安吉县

【概况】 2013年,安吉县实现生产总值265.43亿元,增长8.5%。其中:第一产业增加值25.62亿元,增长0.7%;第二产业增加值129.68亿元,增长11.1%;第三产业增加值110.13亿元,增长7.1%。三次产业结构比为9.6∶48.9∶41.5。按户籍人口计算,人均生产总值57614元,增长8.3%。全年完成财政总收入42.39亿元,增长16.8%,其中公共财政预算收入24.70亿元,增长17.2%;全年公共财政预算支出33.25亿元,增长13.8%。全年财政收支平衡,财政运行情况良好。

【组织财政收入】 科学编制年度税收收入计划,加强组织收入目标管理,既做到应收尽收,又确保落实好优惠政策、依法减免、不收过头税。借助《税友龙版》的应用加强基础信息动态管理,积极与各部门协作开展税收执法,有效防范税务执法风险。加强年度税额50万元以上538户重点税源企业的监管,实现重点企业入库税收9.40亿元,增长9.3%。完善房产税、城镇土地使用税税源信息管理,自主开发《两税信息查询比对软件》,夯实两税征管基础,实现入库两税2.40亿元,增长31.2%。设立

13个乡镇财政所，推动乡镇范围内税收协作和社会化征管，夯实乡镇税源基础。全年公共财政预算收入占财政总收入的58.3%，其中税收收入为23.13亿元，占公共财政预算收入的93.6%。将相关部门行政事业性收费1048万元纳入公共财政预算管理，增长38.6%，多渠道增加政府收入。全年非税收入为1.57亿元，占比6.4%。

【支持经济发展】 培育经济促企业发展。全年累计拨付各类政策性奖励补助资金3.10亿元，重点支持企业开拓市场、产业提升、兼并重组。落实减税帮扶政策，依法及时做好房产税、城镇土地使用税等税种的政策减免，缓解企业经营困难。降低18项行政事业性收费项目收费标准，减轻小微企业负担。拨付科技专项资金和企业技改奖励资金3023万元，鼓励企业技改创新促转型升级。拨付境内外参展补贴资金1029万元，鼓励企业拓展市场，创新营销模式，提升竞争力。兑付培大育强奖励资金3863万元，培育龙头行业和重点企业，培植重要财源；拨付人才专项资金2200万元，支持企业引进高端人才。腾笼换鸟促转型升级。落实新一轮乡镇财政管理体制，拨付乡镇激励奖补资金1.90亿元、工业平台建设资金4465万元，支持园区基础设施建设，推动平台扩容提档，支持实施重点区域带动战略，支持争创国家级开发区和天子湖省际承接产业转移示范区。推进依托“亩产税收”的城镇土地使用税政策调整试点工作，推进土地节约集约利用，收储工业用地722亩，兑付节地挖潜奖励资金819万元，减免高效企业城镇土地使用税3273万元。

【保障民生支出】 城乡建设稳健推进。推动财政支农工作。全年拨付美丽乡村建设专项资金8223万元。2013年安吉县被财政部列入“一事一议支持美丽乡村建设”试点县，美丽乡村建设高品质推进。支持城市市容建设，累计拨付绿化、市政公用经费等计1.09亿元。惠农强农力度加大。拨付农业发展基金、种粮和农机补贴等各类经费，促进农业增效、农民增收。及时筹集抗旱、防汛等应急救灾资金，支持防灾救灾、灾后重建工作。社会保障成效明显。调整城乡居民社会养老保险基础养老金和企业退休人员基本养老金标准，城乡居民社会养老保险基础养老金每人每月90元，企业退休人员基本养老金人均每月1572元。深化医疗卫生体制改革，全年企业职工基本医疗基金支出2.44亿元，增长36.2%。实施基层医疗机构基本药物零差率制度，将公共卫生服务项目人均标准提高到30元。健全社会救助和社会福利体系，保障群众基本生活，安排发放各类抚恤资金1818万元。加快保障性安居工程建设，拨付保障房建设资金7553万元，推动完成苎麻墩安居工程建设。公共事业全面发展。推动教科文新区、梅溪中学、凤凰山小学等重点工程建设，完善农村中小学教育装备配备。支持昌硕文化中心、农村文化礼堂等城乡文化设施建设，保障龙山体育中心、博物馆等文体馆所免费开放。

【推进财政管理改革】 加强预算管理。完善“全口径”预算编制体系，将预算执行率作为预算编制的重要依据，强化预算“盘子”的完整性和统筹力。落实厉行节约要求，压缩“三公”经费，公用经费和车辆经费定额实行“零增长”。建立“三公”经费、会议费月报制度，规范支出口径，落实控制压缩政策。细化部门预算、“三公”经费预算编制，夯实预算公开基础。部门预算编制实行信息化，国库集中支付实现预算编制到执行一体化管理。推进国库管理。推进国库集中支付制度改革，101家部门预算单位实现国库集中支付全覆盖，孝丰镇完成乡镇国库集中支付改革试点。集中支付资金范围涵盖所有财政性资金，全年直接支付比例94.0%，提高23个百分点。推广应用公务卡，制定并严格执行公务卡约束性结算目录，增强消费透明度。

【强化财政监督】 出台财政项目资金支付使用管理办法，明确专项资金分配、使用等环节的审批程序。强化政府投资项目预算审核，提高政府性资金使用效益，审定项目209个，审核差额2399万元。完成绩效评价项目47个，加大查处整改力度，注重检查成果应用。开展全县行政事业单位土地房产及出租情况专项清查，查实国资家底并纳入预算管理。加强地方政府性债务管理，摸清债务底数，构建债务监管预警机制，防范和化解债务风险。

【加强队伍建设】 加强日常管理。出台加强机关作风建设的通知，从严格考勤管理、严肃工作纪律、强化廉政意识、强化检查督查等方面对全系统工作人员提出更高要求。制订年度教育培训计划，明确培训内容形式、结果运用，建立个人培训档案，确保教育培训工作规范有序开展。推进作风建设。开展“千名干部下基层”活动，对内开展谈心谈话活动，对外解决群众反映的突出问题，内外结合推动干部作风建设。试行《工作日志》制度，开展明察暗访及满意度调查，对“懒、庸、散”等工作纪律问题实施效能督查。推广应用《税友龙版》廉政效能风险防控模块，推进风险防控机制建设，规范权力运行。开展创先争优。持续开展各类创先争优活动，增强服务意识，改进服务作风，提高服务效能，做好12366服务热线与县“12345政府阳光热线”的衔接工作，以两套系统并行的双轨制方式，为社会大众提供满意的政策咨询服务。提高服务主动性，在参与抗击“菲特”台风的同时，开展送政策下企业等活动，帮助困难企业、受灾企业度危解困。县财政局被评为2013年度县级机关部门争创“效能机关”考核一等奖。

（安吉县财政局供稿　徐美虹执笔）

绍兴市财政工作概况

绍兴市

【概况】 2013年，绍兴市生产总值为3967.29亿元，按可比价格计算，比上年增长8.5%。其中：第一产业增加值193.27亿元，第二产业增加值2102.93亿元，第三产业增加值1671.09亿元，分别增长3.1%、8.6%、9.0%。三次产业结构比调整为4.9∶53.0∶42.1。按户籍人口计算，人均生产总值为89911元，增长8.3%。全市固定资产投资2001.99亿元，增长16.2%。全市社会消费品零售总额1318.39亿元，增长13.8%。全市外贸进出口总额333.69亿美元，增长4.0%，其中：自营出口总额279.16亿美元，增长9.2%；进口总额54.53亿美元，下降16.7%。全市城镇居民人均可支配收入40454元，农民人均纯收入19618元，分别增长9.6%和10.8%。2013年，全市实现财政总收入502.15亿元，增长7.0%，其中公共财政预算收入293.07亿元，增长10.3%；全市公共财政预算支出312.11亿元，增长12.0%。市级财政总收入108.12亿元，增长4.2%，其中公共财政预算收入67.46亿元，增长5.8%；市级公共财政预算支出为73.19亿元，增长6.5%。当年全市及市级财政收支平衡。

【集聚政府可用财力】 注重税源培育引进。深入实施支持浙越商创业创新专项行动，建立重点企业"一对一"联系制度、浙越商创业创新信息化平台，实现项目化管理和信息化管理，全市联系支持的浙商创业创新企业项目171户；配合有关部门制定出台《关于个体工商户转企业及小微企业规范升级的意见》，推出税务登记"个转企"绿色通道、网上预约登记、网站专栏宣传等推进举措，全年累计办理"个转企"7770家、"下升上"629家。加强重点税源监控。拓展重点税源监控范围，全市纳入县级以上重点监控企业3513户，监控面70.2%；建立重点税源企业月度税收分析预测机制和大企业信息定期报告制度，强化大企业税源管理；实施全市年度收入考核办法和市本级收入按季考核办法，突出"收入完成进度、征管质量水平、基础数据准确"和重点税源监控水平的考核。加大税费征缴力度。加强所得税征管，制定实施《进一步加强所得税管理若干意见》推进商用房交易环节税收征管，开发建设商业用房交易基准价系统；加强纳税评估管理，重点对工程管理行业、市场管理行业、"长亏不倒"企业、个体建账建证大户、餐饮行业大户等开展专项评估；加强欠税管理，探索建立欠税追缴司法衔接机制；推广网络发票，扩大网络发票实时上传和限时上传范围；推进手持终端开票项目建设，将快递发票由原来的定额发票改为卷式机打发票；启动灵活就业人员欠费催缴平台建设，实现社保费欠费短信自动催缴；全年全市地税部门组织各项收入416.35亿元，同比增长10.2%，其中：税收收入245.72亿元，增长9.6%；市级地税部门组织各项收入101.26亿元，增长9.2%，其中税收收入60.67亿元，增长4.7%。强化非税收入统筹。规范部门单位非税收入执收行为，出台《绍兴市本级政府非税收入管理评价办法（试行）》，全年全市收缴政府非税收入362.94亿元，增长35.5%，其中：土地出让金286.49亿元，增长43.0%，政府性基金42.01亿元，增长18.9%；建立完善政府非税收入收缴动态监控体系，强化"以票控费"，正式启用新版医疗收费票据。

【优化财政收支结构】 优化财政收入结构。加强财政、国税、地税三部门联系协作，做大做优财政收入"蛋糕"，全市公共财政预算收入占财政总收入的比重为58.4%，高于全省平均数3.5个百分点，比上年提高1.8个百分点；全市公共财政预算收入中税收收入276.50亿元，占公共财政预算收入的比重为94.3%，高于全省平均数0.9个百分点。优化财政支出结构。将公共财政保障重点向基本公共服务和重点民生项目聚焦，全年全市及市级公共财政预算支出用于民生支出分别为227.67亿元和47.56亿元，分别占同口径总支出的72.9%和65.0%，比上年分别提高2个百分点和1个百分点，财政农业、科技、教育同口径支出增幅均高于财政经常性收入增幅，达到法定要求。压缩一般行政性开支。贯彻落实中央、省委及市委、市政府有关厉行节约反对浪费专项整治活动精神，细化年度预算约束指标，严控"三公"经费和会议费预算支出规模，制定严控财政性资金使用实施细则、加强和规范公务活动管理实施细则等制度办法，实行出国（境）人数与出国（境）经费额度的"双控"制度，严格实施因公出国（境）经费联动审批制度、公务用车购置报批制度，建立预算执行情况通报考核制度，全年全市和市级"三公"经费支出分别同比下降8.0%和9.8%；会议费支出分别同比下降45.5%和40.2%。

【助推经济平稳增长】 完善财税政策体系。立足一、二、三产业统筹协调发展，牵头或会同有关部门整合完善《2013年农业农村若干配套政策》《关于进一步促进经济转型升级的若干政策意见（试行）》《关于实施创新驱动发展战略　提升企业创新能力的若干政策意见》，对原有相关配套政策条款进行梳理、整合；落实积极的财政政策，配合有关部门制定出台"腾笼换鸟"、"机器换人"、传统产业转型升级等具体扶持意见；创新扶持内容和手段,出台政府采购支持中小企业信用融资政策、"营改增"过渡性财政扶持政策、家禽业财政扶持政策、节能产品财政惠民补贴政策;加强财政政策实施的计划管理和绩效管理,出台《市级新农村建设项目和资金使用管理暂行办法》《节能产品惠民工程财政补贴资金使用管理暂行办法》等,从资金分配、拨付、使用、监督和项目立项、实施、验收、后续管理等环节入手,建立起资金运行全过程的管理制度,探索开展财政支农项目库建设试点工作,实行财政支农项目联审制度,推进财政扶持项目、一事一议财政奖补项目中介机构参与审核工作。落实资金兑付各类政策。全年全市兑现"三农"政策资金 2.08 亿元,二、三产业转型升级政资金 16.95 亿元,落实各类税收优惠政策 13.82 亿元,通过实施"营改增"减轻企业税负 750 万元,实施中小企业五项保险费集中减征政策,全市合计减征 8.16 亿元,受益企业 26229 户。落实重大项目建设资金需求。发挥财政融资对接协调职能,落实信托产品、企业债券、委托债券投资等直接融资资金 97.48 亿元,制定实施 2013 年度政府投资项目资金计划及调整计划,全年市级实际到位政府投资项目资金 196.68 亿元,其中财政性资金 15.56 亿元;加强对地方政府债务管理,有效控制工程造价和投资规模,建立主要融资平台投融资情况月报表制度,及时掌握政府投资项目融资进展情况、资金财务状况和预警偿债支付能力。

【保障社会事业发展】 加大教育投入。提高市级义务教育生均公用经费补助标准,小学和初中分别达到 800 元/年、1000 元/年,比上年分别增长 33.4%、25.0%;落实免费教科书补助、助学金资助等各项基础性资助政策,全面实施中职学校免学费教育补助政策,补助标准生均 6500~12000 元/年,落实补助资金 7003 万元;推动教育重点工程及项目建设,落实高校公寓及考点标准化建设经费 800 万元。加大科技投入。保障科普、科研及人才工程建设,逐步提高人均科普经费标准,落实科普专项资金 505 万元;推进产学研合作和创新平台建设,兑现科技平台建设及科技项目专项经费 2123 万元;推进人才发展平台建设,加大高层次、高技能人才的培育引进力度,落实人才工作经费 2000 万元、干部教育培训经费 650 万元。加大文体投入。统筹安排 5000 万元财政性文化发展专项资金,支持文化下乡、农家书屋、文化大礼堂等文化惠民工程建设,落实博物馆、图书馆免费开放补助政策;支持竞技体育与群众体育协调发展,拨付各类群体比赛活动专项经费 665 万元,统筹落实各级体育基地、农村小康体育村、第十五届省运会等创建资金 2131 万元,促进社区、行政村基本体育设施全覆盖,安排社区、学校等向社会免费开放公共体育设施购置经费 236 万元。加大维稳投入。落实各类维稳专项经费,实施积极的就业再就业政策,出台促进高校毕业生就业创业实施办法,鼓励从事种植业和养殖业补贴等政策,兑现各项就业帮扶和创业扶持政策资金 9415 万元,实现城镇新增就业 25382 人、城镇失业人员再就业 8459 人、就业困难人员再就业 2979 人;主动做好重大疾病、疫情及安全突发事件应急保障工作,安排 H7N9 禽流感疫情防控经费 183 万元。保障食品药品安全管理。落实食品安全检测信息平台建设经费 81 万元,兑现食品安全举报奖励资金 3.5 万元。

【推进社保体系建设】 拓展社保资金筹措渠道。提出并实施《市级多渠道筹措社会保障资金实施办法》,通过提高筹资比例、增加筹资渠道等措施,增强财政社保资金的统筹能力,确保社保资金收支平衡,全年市级筹措各类社保资金 62.00 亿元。落实各项社保惠民政策。完善社保政策体系,出台市区被征地农民养老保险并轨政策,解决被征地农民后顾之忧;连续 9 年提高企业退休人员养老金,人均月增资 214.8 元;做好各类人群社保待遇提标和资金发放工作,市区失业人员救济金标准、城镇低保标准、农村低保标准、无固定收入残疾人生活补贴标准、农村五保供养标准分别提高到人均 1048 元/月、520 元/月、450 元/月、250 元/月、11350 元/年;推进保障性安居工程建设,落实公租房等保障性住房建设资金 2.10 亿元。深化医疗卫生体制改革。在全省率先实施统一的城乡医疗保险制度,实现城镇居民医保、未成年医保和新型农村合作医保"三保"有机整合,做到缴费标准、医保待遇和管理机构"三统一",人均医保筹资标准和财政补助分别提高到 600 元和 420 元;提高基层医疗机构财政补助力度,统筹安排财政补助资金 1.18 亿元;深入推进公立医院综合改革,出台市级公立医院综合改革政府投入政策实施细则,对市级公立医院实行经常性补助、政策性补助、鼓励性补助和专项性补助四个层面专项补助,发挥财政补助对医院成本管控的引导作用,全年市级安排专项资金 1.80 亿元。

【深化预算管理改革】 深化预算编制管理改革。按照"4+1"全口径财政预算*编制体系框架编制年度市级财政预算计划,扩大国有资本经营预算编制范围,市级编制企业户数由 51 家扩大到 81 家。启动市对县(市)转移支付管理改革,对转移支付资金实行"一个口子"支付。稳步推进预算信息公开,市级人代会审查的部门预算扩大至 31 个政府工作部门,首次向社会公开 2013 年市级"三公"经费总预算。深化预算执行管理改革。有序推进国库集中支付改革扩面,至年底,全市国库集中支付实施单位计 1622 家,国库集中支付资金 257.38 亿元,占总支出的 77.9%,拓展改革范围到乡镇一级,在 13 个乡镇成功实施改革。推进公务卡扩面进程,至年底,全市实施公务卡改革单位 1689 家,累计办理个人公务卡 47158 张,激活 37679 张;全面实施公务卡强制结算目录,初步构建市县二级公务卡强制结算目录体系,公务支出中现金的提取和使用进一步减少,全市全年公务卡公务消费8926万元,同比增长68.9%。推进预算执行动态监控工作,出台《市级国库集中支付动态监控工作实施方案》《市级国库集中支付资金动态监控管理暂行办法》等制度,市本级和诸暨市完成上线试运行国库集中支付动态监控系统,初步形成市县两级动态监控体系。深化财政监督管理改革。完善财政监督管理制度,修订《绍兴市财政局内部监督办法》《财政监督检查操作规程》。最大限度发挥财政性资金的导向作用,出台《市本级财政性资金存放考评管理办法》和内部操作规程,探索开展社保资金协议存放工作。加强财政监督检查,在全市范围开展会计信息质量检查,查处违规问题金额3.55亿元。深化财政绩效评价改革。出台《绍兴市预算绩效管理办法(试行)》,完善《财政支出绩效评价管理实施办法》等制度规定,组织对89个部门实施财政支出绩效管理工作考核,对37个重点项目进行绩效目标评审,实现项目绩效目标与部门预算同步批复。规范绩效评价中介机构管理,尝试开展公开招投标的方式选择中介机构。

【履行财政监管职能】 加强政府采购监管。推进政府采购信息化建设,创新协议供货模式,试行协议供货网上竞价采购。有效拓展政府采购范围,将物业管理、车辆保险、会计审计服务、户外广告等纳入政府采购管理范围,全年全市政府采购合同金额74.35亿元,占财政支出比重为23.8%,节约资金8.02亿元,节资率9.7%。强化资产管理职能。出台《绍兴市本级行政事业单位闲置资产调剂和无偿借用暂行办法》,通过设立"公物仓"集中收储和统一调剂各类物资,提高行政事业单位闲置资产的使用效益。规范并细化单位资产处置程序,建立"财政部门—主管部门—行政事业单位"三级管理平台,全年收缴资产处置收入60万元;推进行政事业单位房产阳光租赁工作,全年房租收入2571万元,较原租金增加51.1%。强化会计管理职能。组织开展市属行政事业单位财会人员分类培训,举办行政事业单位会计新准则、新制度及内控制度专题培训;引导会计中介机构有序发展,开展"诚信文化建设年"建设活动,出台会计师事务所综合评价和优秀注册会计(资产评估)师评选办法。建立会计执业信息协作管理机制,借助国税、审计、法院等部门信息,加大对会计从业人员违法违规行为的处罚力度,平稳推进会计从业资格无纸化考试改革,全年全市组织考试223场。推进财税信息化建设。出台"数字财政"改革试点方案及移动办公平台建设方案,上线运行国库集中支付动态监控系统、"一体化"系统3.1版本,升级政府采购、非税管理、资产管理系统强化信息网络安全管理。

【推进行政区划调整】 根据绍兴市部分行政区划调整的实际,出台《市区行政区划调整有关衔接工作的实施方案》,稳妥做好税收管户的接收工作,调研提出市对越城区、高新区、袍江新区财政体制调整方案和市区政府投资项目资金计划管理范围初步方案,理顺行政区划调整后省、市、区之间的财政分配关系,并对机构设置、政策衔接、资产划转等进行调研和摸底,平稳有序推进行政区划调整工作。

【加强干部队伍建设】 加强干部人事管理。全面修订《干部管理若干规定》,出台《2013~2015财税专业人才三年规划》,明确提出三年内与财税相关的专业职称(执业资格)人员增加30%的目标。完善对县(市、区)和局内各单位的工作目标责任制考核办法,落实25项年度重点工作和35项创新工作。推进作风效能建设。实施行政审批制度改革,行政审批事项进便民服务中心集中办理率为80%,承诺办理时限平均压缩到法定时限的22.3%;加大行风监督力度,建立健全多处室共同参与的行风综合监管机制,实行外出学习考察审批备案制度。强化党风廉政建设。制定《2013年全市反腐倡廉建设市财政局牵头重点工作责任分解表》,开展"守住底线专题教育月"系列活动。深化财税文化建设。开展局机关党委、基层支部换届选举,坚持开展"分享喜悦、倍增快乐"激励活动,组织开展青年党员"五·四"座谈、"践行财税文化·共铸中国梦想"演讲等文艺活动。

(绍兴市财政局供稿　裘立周执笔)

注:

*"4+1"全口径财政预算:即按公共财政预算、政府性基金预算、国有资本经营预算、社会保险基金预算及政府性债务计划"4+1"编制财政预算。

越城区

【概况】 2013年,绍兴市越城区实现生产总值287.32亿元,按可比价计算,比上年增长6.0%。其中:第一产业增加值6.09亿元,增长1.0%;第二产业增加值70.83亿元,增长3.1%;第三产业增加值210.40亿元,增长7.2%。三次产业结构比为2.1∶24.7∶73.2。按户籍人口计算,人均生产总值69709元,增长5.1%。全年实现财政总收入17.49亿元,增长9.0%,其中:公共财政预算收入10.99亿元,增长15.1%。完成公共财政预算支出12.43亿元,增长9.4%。全年财政收支平衡。

【组织财政收入】 收入结构持续优化。优化财政收入结构,全区公共财政预算收入占财政总收入的比重为62.8%,比上年提高3.4个百分点;全区公共财政预算收入中税收收入10.38亿元,占公共财政预算收入的比重为94.4%,比上年下降1.4个百分点。发展税源经济。出台促进税源经济奖励办法,加强对重点税源企业的服务、监督和管理；对东湖镇税源经济发展、绍兴港和相关专业市场的发展定位、区“个转企”“营改增”等课题开展调研，为领导决策提供参考。加大财力统筹。增加区级专项补助收入6839万元；根据绍兴市与越城区、越城区与乡镇财政体制结算找补数、省市补助资金和专项资金分成年终结转指标调整，追加调整支出预算1.64亿元；多部门联动向上级部门争取各类项目、资金3.06亿元；规范非税收征收管理，提高政府非税征管质量和效率，编写《政府非税收入征管信息系统工作方案》和《非税收入征收征管信息系统简易操作流程》，推进非税收入征管信息系统上线工作，设立非税收入结算账户，促使非税收入应收尽收，全区完成非税收入1.03亿元，同比增长6.2%。

【优化财政支出结构】 坚持民生导向，落实省、市政府重大民生事业资金保障。全区财政支出中用于民生支出10.08亿元，占总支出比重81.1%，总量增长9.7%。其中：拨付教育资金5.37亿元，增长6.3%；支农资金4340万元，增长128.6%；社会保障与就业支出7846万元，增长6.6%；医疗卫生支出8231万元，增长33.0%。落实皋埠镇中新校区建设专项资金2000万元、社区卫生服务中心经常性收支补差资金2579万元、基层医疗卫生机构设备购置补助经费640万元、基层社会保障平台经费510万元。严格执行省、市政府厉行节约要求，压缩全区行政经费八项支出，从严控制“三公”经费，全区行政事业单位“三公”经费支出1934万元，同比下降5.8%，其中公务接待费下降16.2%。

【支持经济转型升级】 推进企业技术改造、转型升级，做好财政政策兑付工作。全年向上争取“千人计划”奖励、科技创新补助、老小区改造等各类资金1.34亿元。审核、兑付扶持资金2172万元，涉及企业（个人）231家（人）。

【深化财政改革】 构建“三位一体”财政运行机制。按照“收入一个笼子、预算一个盘子、支出一个口子”的“三个子”财政管理模式，建立“预算编制、执行、监督”的“三位一体”财政运行机制。推进镇财政规范化建设。提请越城区人民政府出台《关于进一步加强镇财政建设的意见》，制定《越城区乡镇财政资金监管工作考核办法》，在各镇增设财政所，明确财政所职责和人员配备，为加强区镇财政建设提供制度和政策保障。深化国库集中支付及公务卡改革。对全区70家预算单位的预算资金按“三个层次、三种管理”模式实施国库集中支付改革，恢复15家主管部门及下属事业单位的会计核算权限；深化公务卡改革，实施公务卡强制结算目录，加强对公务卡结算项目的监督与管理，提高公务卡使用的支付比率。

【加强监督管理】 开展财政资金绩效评价，全年确定社会关注度较高的医疗、新农村建设等8个民生项目开展绩效评价，涉及财政资金5671万元；探索预算绩效目标管理工作，拟订《预算绩效管理办法》，审核区级部门财政支出项目绩效预期目标，逐步建立预算绩效管理体系。开展教育系统会计信息质量检查，对区检察院“办案和专业技术用房”建设项目和市区公厕改造二期工程项目进行财政财务检查，对存在问题提出整改意见。按季对财政专户开展内审检查。加强对全区5家融资平台公司政府债务与投资项目管理，严格控制无偿债来源的建设项目，及时掌握政府性债务的动态信息。加强政府采购监管，全年实现政府采购预算金额3.13亿元，节约资金2666万元。加强对各行政事业单位资产动态管理，规范国有资产的使用、调拨、报废、处置等环节，控制资产闲置规模，防止国有资产流失。做好新建项目资金来源审批、工程预算（标底）审核、竣工财务决算审核、项目资金拨付和管理等工作，全年拨付建设资金7641万元，确保各项目正常进行。

【提升干部素质】 引导干部职工树立“重品行、重表率、重修养”的“三重”意识，实现“工作零差错，服务高标准”的创建目标。修订完善各项内部管理制度，并汇编成册。按规定程序对总预算局、预算执行局、财政监督局负责人进行公开竞聘，对部分科长进行岗位轮换。启动越城区“数字财政”建设，完善金财一体化工程，加快局内部信息化网络管理，全局已建成财政系统办公自动化（FTOA）平台，融入全省财政大平台，初步实现财政系统内部办事信息化、办公无纸化。开展争创“三型”（学习型、创新型、服务型）机关，争做“五型”（思考型、忠诚型、开拓型、法治型、奉献型）干部活动，通过开展“最美财政人”演讲、局领导联系镇街及村（社区）、局干部联系贫困户等活动，提升干部素质。 （绍兴市越城区财政局供稿 楼杨燕执笔）

柯桥区

【概况】 2013年，绍兴市柯桥区实现生产总值1103.05亿元，按可比价计算，比上年增长8.5%。其中：第一产业增加值37.28亿元，增长3.2%；第二产业增加值629.59亿元，增长7.7%；第三产业增加值436.18亿元，增长10.2%。三次产业结构比由上年的3.5∶58.2∶38.3调整为3.4∶57.1∶39.5。按户籍人口计算，人均生产总值151244元，增长8.2%。规模以上工业产值3508.86亿元，增长5.3%。固定资产投资503.32亿元，其中工业投资254.92亿元，分别增长17.0%和15.8%。社会消费品零售总额198.55亿元，增长18.6%。自营出口108.47亿美元，增长11.4%。城镇居民人均可支配收入44821

元，农村居民人均纯收入24173元，分别增长9.8%和10.8%。全区财政总收入135.77亿元，增长6.3%，其中公共财政预算收入77.57亿元，增长10.1%。公共财政预算支出68.68亿元，同比增长9.7%。当年财政收支平衡，略有结余。

【组织财政收入】 优化收入结构。全区地税部门组织各项收入101.84亿元，同比增长2.5%，其中：税收收入61.3亿元，增长9.1%。全区公共财政预算收入占财政总收入比重为57.1%，比上年提高2.0个百分点；公共财政预算收入中税收收入73.13亿元，占公共财政预算收入比重为94.3%，比上年下降0.5个百分点。加强税种管理。进行“营改增”等重大税制改革分析及重点行业税收调研，推行企业所得税分行业、分规模预警管理；将股权投资税收任务分解到各镇街，入库税收4.20亿元。开展所得税汇算清缴，入库所得税3.63亿元。加强重点行业税收征管，加大土地增值税清算力度。健全征管措施。运用《税友龙版》和第三方信息开展税源数据比对和税收风险管理；借助“村账镇管”平台，推进农村集体“三资”税收征管*工作，入库税收4200万元，同比增长236.0%。加强社保欠费管理，当年清理欠费5976万元。与国土局建立商业土地出让金收缴联系制度，及时掌握非税收入情况，当年全区收缴政府非税收入66.56亿元，增长5.2%。

【支持经济发展】 注重研究财政支持经济转型升级资金绩效政策，提前介入各类政策的制定，做好财政扶持政策兑现工作，全年累计拨付经济转型升级资金7.83亿元。促进科技创新，鼓励企业创优创新，推进现代纺织业发展，全年科技支出3.77亿元，同比增长13.2%。做好税费减免工作。实施结构性减税和清费减负政策，累计为企业减负6.52亿元；帮扶台风受灾企业，第一时间组织人员走访受灾严重企业，出台帮扶政策，落实税收减免政策。创新服务模式。牵头组建浙商回归项目服务推进组，在全省支持浙商创业创新工作会议上作为唯一县级单位推广介绍经验；树立“服务就是税源”理念，推出“五心级”*服务，设立个转企“绿色通道”和企业投资项目审批专窗。

【统筹城乡发展】 加大对中心镇的培育力度，对欠发达地区实施政策倾斜，支持区域经济协调发展。落实中央农村综合改革示范区、“美丽乡村”、环境综合整治等农业农村建设资金8.05亿元；制定《绍兴县财政支农专项资金管理细则》，规范和细化财政管理的职能重点和职责范围。推进农村环境综合整治和“美丽乡村”建设，落实一事一议财政奖补政策，全年农林水事务支出8.05亿元，同比增长13.2%；实施农业综合开发土地治理项目4个、产业化项目3个，落实资金2935万元。

【全力保障民生】 全年公共财政预算支出中用于民生支出51.24亿元，同比增长13.3%，占当年公共财政预算支出的74.6%。当年新增财力用于民生支出3.6亿元，占73.7%。支持教育优先发展。加大财政教育投入，保障之江学院、中职学生资助、义务教育、学前教育三年行动计划、校安工程以及名师名校工程等经费支出，全年教育支出13.32亿元，同比增长10.1%。推进医疗卫生体系建设。支持公立医院和基层医疗机构改革，落实公共卫生服务、基本药物零差价、基层医疗卫生机构债务化解资金，共投入医疗卫生财政资金5.63亿元，同比增长32.7%。支持社会保障事业。推进社会保障和就业体系建设，落实各类社会保障财政补助资金11.26亿元，同比增长32.3%；推进社保基金保值增值，至年底，社会保障基金滚存积余138.76亿元，基本养老金支付能力从67个月提高到75个月。推进“平安柯桥”创建。完善政法经费保障体制，全年公共安全支出4.38亿元；支持安全生产、道路交通管理和食品药品监管，及时落实禽流感疫情防控经费，健全公共安全财政应急保障机制。

【深化财政改革】 深化综合预算改革。推进财政“三位一体”改革，深化综合预算改革，完善公共财政预算编制管理，加强预算公开，将教育局、水利水电局、交通运输局等5个部门预算方案报人大常委会专题审议。出台《绍兴县县级部门结余资金管理办法》，采取结余结转、暂存暂付等方法，清理整合部门办公经费和其它项目经费，减少冗余资金。推进国库集中支付改革。选择钱清镇作为乡镇（街道）财政国库集中支付制度改革试点镇，全面开展政府投资项目财政性资金实施国库集中支付工作。自2013年1月1日起，全面推行公务卡强制结算制度，结算目录包括办公费、差旅费、公务接待费等17个大项，全年现金支出下降44.2%。健全乡镇财政规范化建设。研究制订区对镇街财政管理体制，完善“分类管理、划分收支、核定基数、超收分成”模式。首先将财政监督检查领域拓展到全区所有镇街，加快乡镇财政和乡镇公共服务平台建设，建立专项资金监管台账和公开公示机制，将镇街所有财政资金纳入监管范围。对19个镇街财政所80名财政人员进行培训，实现财政资金就近监管、财政服务就地就近提供。

【健全财政监管】 严控经费支出。做好全区行政事业单位2013~2015年度公务车辆保险新一轮定点采购工作，从严控制行政经费和一般性支出，严把经费支出审核关，“三公”经费和会议费总计同比下降24.5%。加大监管力度。委托中介机构对191个项目实地审核，节约资金3241万元；会同水利水电局对70个镇村河道清淤项目和4个重点河道清淤项目进行自查和重点检查；实行重点建设资金全过程监督，推进政府资金集中支付模式，审核拨付重点建设资金13.32亿元，核减政府投资项目金额1.30亿元。创新监管方式。推进“数字财政”建设，借助信息化手段，对财政资金使用实行动态监管；对财政奖补资金的兑现实施由中介机构初审，审计、财政、主管部门联合复审机制；采取项目比对方式进行农业项目审核，有效防止重复申报。

【强化绩效评价】 提请区政府出台全区预算绩效管理办法，突出预算单位主体责任，将预算绩效管理纳入部门岗位目标责任制考核；在全省率先开展调整城镇土地使用税政策改革促进土地节约集约用地试点，建立以“亩产税收”为导向的绩效评价体系，对235户亩产效益高的企业减免城镇土地使用税和房产税5031万元。坚持单位绩效自评与财政部门重点评价相结合，完成财政资金绩效项目评估14个；对涉村奖补资金、涉企经济政策资金、清水工程和水利工程、城市运维管理专项资金等4大类195个项目的资金使用情况实行网上绩效监控，涉及资金19.00亿元。

【推进队伍建设】 深化党风廉政效能建设。开展“行风亮剑”专项行动，加大重点工作和作风效能督查力度；编印《明镜》《明剑》《明鉴》等系列廉政教育读本；全面开展《税友龙版》廉政效能风险防控，排查各类风险1206条，清理各类有效文件242件，作废文件9件，主动防范执法风险。2013年在39个区级重点部门和基层站所行风评议中位列第1位。强化干部能力建设。举办“提三力、促发展”推进会*，建立以“公共、特色、自选、营养”四大类“学习套餐”为主体的教育培训新模式，并被省财政厅宣传推广。评选“十佳财税干部”和50名“优秀财税干部”，使干部干有榜样、学有方向。

（绍兴市柯桥区财政局供稿　王淼剑执笔）

注：

*农村集体“三资”税收征管：是指对农村集体“资金、资产、资源”加强税收征管工作，特别是对村级经济出租房产、土地行为的税收征管。

*“五心级”：是指“用心、热心、细心、同心、正心”的“五心”纳税服务。

*“提三力、促发展”推进会：“提升干部的执行力、服务力和担当力，真抓实干促发展”的主体教育活动。

上虞区

【概况】 2013年，绍兴市上虞区实现生产总值为624.98亿元，增长9.0%。其中：第一产业实现增加值41.71亿元，增长3.2%；第二产业实现增加值344.22亿元，增长10.0%；第三产业实现增加值239.05亿元，增长8.4%。三次产业结构比由上年的6.9∶55.9∶37.2调整为6.7∶55.1∶38.2，三次产业对GDP增长的贡献率分别为2.3%、64.5%和33.2%。按户籍人口计算，人均生产总值80229元，增长9.8%。全年实现财政总收入78.38亿元，增长7.5%，其中公共财政预算收入43.11亿元，增长10.0%。全年完成公共财政预算支出45.21亿元，增长13.3%，其中民生支出33.60亿元，占全年公共财政预算支出的74.3%，增长13.2%。当年财政收支平衡，略有结余。

【组织财政收入】 加强对经济、财政形势研判，增强组织收入的预见力和主动权，当年全区地税部门组织各项收入59.79亿元，增长15.9%，其中税收收入34.60亿元，增长10.7%。持续优化收入结构，当年公共财政预算收入中税收收入40.82亿元，占公共财政预算收入94.7%，公共财政预算收入占财政总收入55.0%。以“亩产税收”为重点，加大税源挖潜力度，重视资本市场、楼宇经济和回归税源，实现回归经济税源3.07亿元；加强与国税、工商等部门协作，强化信息管税。开展医疗化工、印染等行业税收专项检查，查补税款2013万元。全面推广应用新版非税收入征管系统，完善土地出让收支管理软件，利用信息化技术加强对土地出让收入的全过程监管，理顺土

上虞新港码头

地出让收入分配关系,完善非税收入管理办法,强化“以票管费”源头管理,及时收缴相关收入,当年征收政府非税收入73.92亿元。

【促进经济转型升级】 落实财税扶持政策,推进“工业强区”建设,争取上级财政项目资金补助2.64亿元,重点支持企业有效投入和兼并重组,实施“腾笼换鸟”,盘活土地、能耗、环境容量等发展要素;推进“招商选资”一号工程、“回归经济”发展、企业规范化股份制改造;鼓励发展融资担保和小额贷款公司,积极改善企业融资环境。统筹安排4000万元资金,促进产业重构,引导和扶持企业技术改造,推动“机器换人”。扶持人才创新创业,投入6936万元,用于领军型人才、海内外高层次人才创业扶持,鼓励上虞籍大学生回乡就业创业、大学生村官创业。落实结构性减税和“营改增”试点期间过渡性扶持政策,临时性下浮社保费征收比例等政策,全年累计为企业减负19.21亿元。安排落实2000万元服务业发展引导资金,助推现代服务业跨越式发展。

【支持城乡统筹发展】 牵头组建上虞交投集团,有序推进融资平台实体化改革;落实城乡公交一体化、公交补亏、社会车辆回购资金9500万元资金。出台曹娥江旅游度假区财政体制,落实度假区资本金5.00亿元。安排支农专项资金4.81亿元,全力保障城乡规划、商贸流通、公交等“五个一体化”*,支持“美丽乡村”建设,强化强农惠农。做好中心镇基本建设项目“以奖代补”、融资贴息和工业功能区基础设施投入工作,兑现补助资金4230万元,推动城镇化建设。

【保障社会民生】 加大财政对教育、医疗卫生、社保就业、公共安全等各项社会事业的投入。确保财政预算教育支出法定增长,全年安排教育支出10.94亿元,促进城乡教育均衡发展,提高普通高中学校经费保障水平,加大校舍安全工程建设和现代教育装备投入,落实中职学生免学费政策。深化医药卫生体制改革,推动城乡卫生事业一体化发展;安排减债资金6395万元,鼓励公立医院提前消化基建负债;安排730万元资金,支持基层医疗机构设备更新、乡镇卫生院急救分中心建设、村卫生室达标建设。安排6224万元资金,提高城乡居民最低生活保障待遇和医疗救助标准,提升群众基本医疗和基本生活保障水平。投入“平安上虞”资金2454万元,专项安排公安治安动态视频系统经费850万元和食品安全管理监测经费495万元,增强公共安全和社会治安保障能力。及时下达490万元台风“菲特”救灾资金,用于受灾人员的转移安置、灾后生产恢复等救助支出。争取中央基建投资补助3747万元,重点保障城市建设基础性和功能性项目启动建设。

【深化财政改革】 推进预算管理改革,完善“全口径”政府预算编制体系,做好预算公开工作。制定乡镇财政管理规范化建设方案,推进乡镇财政公共服务平台建设试点,全面推行乡镇财政管理机构建设。贯彻落实厉行节约有关规定,从严控制行政经费和一般性支出,压缩“三公”经费和会议费,全年“三公”经费下降7.9%,其中:公务接待经费下降27.0%。完善预算执行机制,深化国库集中支付改革,逐步建立预算执行动态监控机制,防范资金风险,提高执行分析和决算管理水平;开展乡镇国库集中支付改革试点及公务卡改革,出台实施公务卡强制结算目录。建立财政资金流量预测机制,提高资金调度和统筹管理能力,合理调度间隙资金;规范财政资金存储管理,制定社保基金存储办理专项办法,创新财政资金保值增值方式,在保证财政资金正常需求的基础上,做到收益提高、绩效可期。2013年,通过预算安排,动用结余资金7.10亿元,累计调度各类财政间歇资金18.69亿元。

【强化财政监督】 强化财政绩效管理,创新绩效目标评审工作,当年财政监督检查项目16个,绩效评价自评项目66个,涉评资金3.46亿元,重点评价项目9个,涉评资金14.53亿元。加强政府采购监管,推进政府采购信息化,建立公务用车管理长效机制。实施会计执业评审,提高会计执业水平。强化国资监管,出台国有资产管理办法及相关细则,加强资产收益收缴,全年共处理国有资产审批事项310项,收缴收益9103万元。加大政府投资项目资金保障力度,筹措项目资金,发行18.00亿元国有企业债券,调整政府负债结构,缓解财政资金风险。

【提升队伍素质】 以“走基层增感情、优服务促发展、提效能强执行、严自律树形象”为重点,开展“作风建设年”活动;加强党风廉政建设,注重风险防控,开展“廉政文化月”活动,召开干部家属廉政座谈会,出台干部管理“三条禁令”*,加强“八小时”外个人行为监督管理,建立岗位廉政教育、依法行政、预防职务犯罪“三联防”工作机制。加强干部人事管理,开展中层正职民主推荐和中层副职公开选拔,做好干部非领导职务晋升报批工作,参与各类人才库选拔,选派年轻干部参加实践锻炼;分层分类组织教育培训活动,提高干部业务技能。加强财税文化建设,开展“崇孝守信、务实创新”新上虞精神主题教育活动,激发队伍活力;组织各类文体活动,丰富财税文化成果,增强团队凝聚力。 (绍兴市上虞区财政局供稿 宋朝阳执笔)

注:

*“五个一体化”:城乡规划、公交、供水、卫生、商贸流通一体化。

*干部管理“三条禁令”:严禁参与任何形式的赌博、严禁酒后驾驶机动车、严禁违反效能建设规定。

诸暨市

【概况】 2013年，诸暨市实现生产总值900.88亿元，按可比价格计算，比上年增长9.2%。其中：第一产业实现增加值48.75亿元，增长3.2%；第二产业实现增加值497.66亿元，增长9.7%；第三产业实现增加值354.47亿元，增长9.2%。三次产业结构比调整为5.4∶55.2∶39.4。按户籍人口计算，人均生产总值83803元，增长9.0%。全市财政总收入100.01亿元，增长8.0%，其中公共财政预算收入59.60亿元，增长13.3%。全年公共财政预算支出67.04亿元，增长20.4%。全年财政收支平衡，略有结余。

【组织财政收入】 2013年，全市地税部门组织各项收入84.55亿元，同比增长14.6%，其中税收收入50.60亿元，增长13.9%。优化财政收入结构。公共财政预算收入占财政总收入的比重为59.6%，税收收入占公共财政预算收入的比重为84.9%。完善税源管理机制。重点税源监控企业增扩至838户。强化个人所得税征收管理，累计入库6.50亿元，增长11.6%；规范个体税收管理，加强对开发票情况和定额情况的比对分析。开展2012年度企业所得税汇算清缴，汇算企业2366户，比上年增加239户。推进征管信息化。通过利用工业用电等核算数据比对，强化税源管理。重启存量房交易评税系统应用工作，取得市区内的存量房信息，导入《税友龙版》房产评税模块。实施城镇土地使用税政策调整试点工作。运用科技手段在全市范围内开展土地使用税计税面积核查，为土地使用税调整夯实基础。全市共测量核查纳税户7539家，增加土地计税面积289万平方米，净增土地使用税3000万元。加强非税收入征管。开展社保费缴费评估和结算工作，抓好水利建设专项资金、教育费附加等费的征收，当年非税收入征收112.00亿元，增长65.3%。

【推进经济转型升级】 落实财政扶持企业政策。扶持传统产业转型升级，兑现各类财政奖补资金4.80亿元，涉及企业1420家。落实高新技术企业研究开发费加计扣除政策，全市26户企业加计扣除7912万元；94家企业减免企业所得税3279万元，其中对23户高新技术企业减征2012年度企业所得税3223万元。落实地方水利建设基金减免政策。全市共审批地方水利建设基金减免企业40户，减免1589万元。临时性下浮2013年部分中小微工业企业社会保险费缴费比例，减轻企业负担1.05亿元。加大科技项目投入。支持国家科技型中小企业技术创新基金项目和高新技术企业发展，科技支出3.67亿元，增长42.7%。

【保障重点支出】 全年公共财政预算支出中用于民生事业支出50.11亿元，增长18.8%，占总支出的74.8%，公共预算增量支出中用于民生的支出为10.03亿元，占比为88.5%。确保支农投入增长。筹集财政资金支持"美丽乡村"建设、生活垃圾处理、农民素质培训等实事工程。全年支农支出6.67亿元。支持教育均衡发展。实行中等职业教育免学费政策，执行教育支出17.87亿元，同比增加16.7%。支持社会保障和促进就业。持续提高城乡居民医保筹资标准、基础养老金、最低生活保障标准，被征地农民养老保险不断扩面。全年执行社会保障和就业支出6.14亿元，增长48.8%。支持公共文化事业发展。支持博物馆免费开放，推进农村电影、周末剧场和农村体育设施补助等重点文化惠民工程，全年文化体育和传媒支出8679万元，增长28.0%。保障政府性投资项目资金需求。保障浙江农林大学暨阳学院、永宁水库、诸暨大剧院、保障房等重点政府性投资项目建设，全年拨付建设资金44.10

山下湖镇公共财政服务中心

亿元。

【深化财政改革】 加强预算管理。严控预算追加,年度预算编制力求精细准确。编好2014年预算,确保在刚性支出不断增加的情况下,一般性项目支出预算略有下降。全面清理、盘活存量资金,统一收回、统筹安排年底结余结转资金。严控"三公"经费支出。牵头成立诸暨市"三公"经费管理领导小组,设计全口径统计报表,按月统计全市"三公"经费支出情况,组织2次"三公"经费支出情况检查,涉及21个乡镇(街道)及21个部门。全市"三公"经费支出同比下降35.6%。推进公务卡和国库集中支付改革。全市所有预算单位实现公务卡全覆盖。推动乡镇国库集中支付制度改革试点,确定4个乡镇先期开展改革试点。推进乡镇公共财政服务平台建设。实现49项民生补贴"一站式受理、一条龙服务、一卡式发放",在枫桥镇试点成功的基础上向全市推广。

【强化财政监管】 加强财政资金监管。做好财政存款存放评价考核工作,开展重点财政专项资金的绩效评价和监督检查。推进政府性投资项目监管,完成政府投资项目审核305个,送审金额91.89亿元,净核减金额7.95亿元,核减率8.7%。推进政府采购改革。制订采购目录,明确采购重点,围绕"扩面增量",加强分散采购管理,全年政府采购规模17.63亿元,节约资金1.77亿元,节资率9.1%。强化国资监管。推进国有资产布局调整和国有企业改革,进一步完善国资监管动态监测数据库。推进行政事业单位房地产规范管理。牵头成立市公共资产管理中心,对全市行政事业单位的房地产开展清查,集中管理。强化财会监管与服务。探索会计人员继续教育网上培训新途径,通过"诸暨市会计服务网"加强会计制度信息发布和宣传,开展农村财会人员财政支农政策及实务操作培训。

【加强队伍建设】 坚持正确的用人导向。公开选拔提任中层正职11人、中层副职14人,对34名中层干部、21名一般干部开展轮岗交流。加大对年轻干部的培养使用力度,体现重"工作实绩、业务素质和群众认可度"的用人导向。完善工作运行机制。强化政务督查,保证工作执行力。优化业务经办流程,提升部门服务效能。建立项目评审专家库,规范上级财政补助资金申报机制,提高项目申报质量和资金使用绩效。抓好党风廉政、行风效能建设。通过组织廉政专题讲座、案件庭审旁听、典型案例剖析等活动,增强干部廉政意识、执法风险防范意识。完善廉政风险防控机制建设,业务流程各环节更公开、透明、规范。注重财税文化建设。举办"我们的价值观"大讨论,组建工会兴趣小组,丰富干部职工的业余生活,增强集体凝聚力和战斗力。2013年市局获得省级荣誉24项,市级荣誉15项,县级荣誉22项。

(诸暨市财政局供稿 陆 昶执笔)

嵊州市

【概况】 2013年,嵊州市实现生产总值396.37亿元,比上年增长8.0%。其中:第一产业增加值36.56亿元,增长3.1%;第二产业增加值202.29亿元,增长9.9%;第三产业增加值157.52亿元,增长6.4%。三次产业对GDP增长的贡献率分别为3.6%、65.8%和30.5%,三次产业结构比为9.2∶51.1∶39.7。按户籍人口计算,人均生产总值54023元,增长10.2%。全市财政总收入37.57亿元,增长11.4%,其中公共财政预算收入22.73亿元,增长15.1%;全年公共财政预算支出30.41亿元,增长13.3%。全年财政收支平衡。

【服务经济发展】 发挥政策引导作用。全年累计兑现各项政策扶持资金1.39亿元,其中:兑现工业经济政策扶持资金1.24亿元,商贸服务业政策扶持资金347万元,建筑业政策扶持资金500万元。向上争取企业类项目资金1.01亿元。重点培育扶持高新技术企业、新锐企业,推进领带服装、机械电机、电器厨具等主导产业提升改造转型升级。帮助企业拓宽融资渠道。争取中央财政对嵊州市瑞丰村镇银行定向费用补贴2145万元,出资1000万元设立中小企业发放贷款担保和风险补偿专项基金,健全财政支持"小微企业"融资体制机制,直接撬动全市新型金融机构发放贷款17.00亿元。全面优化服务。简化行政审批及涉税事项办理,拓宽服务平台,进村入企送服务上门,营造良好的发展环境。

【组织财政收入】 优化收入结构。全年公共财政预算收入占财政总收入的比重为60.5%,比上年提高1.9个百分点;当年全市地税部门组织税收收入19.46亿元,增长18.3%。公共财政预算收入中税收收入21.78亿元,占公共财政预算收入的比重为95.8%。加强税费征管。增强信息化管税能力,对重点税源企业的入库情况、税源变化趋势等进行风险控制;利用电子地图测量工具,对企业土地、房产信息进行比对,强化房产税和城镇土地使用税征管。优化专业化管理手段,开展"营改增"查漏专项行动,拓展"营改增"范围,完成影视行业和邮电通信业的税务移交工作。强化非税收入征管。加强对非税收入执收单位的业务指导,督促执收单位及时将非税收入解缴国库;出台《嵊州市政府非税收入收缴银行代理业务年度综合考评办法》,规范和完善代理业务监管工作。全年非税收入9465万元,增长18.5%。

【保障民生支出】 全年民生和社会事业支出24.26亿元，占财政总支出的79.7%，比上年提高1个百分点。加大惠农力度。安排专项资金1.31亿元，支持现代农业综合区、主导产业示范区、特色农业精品园等农业基地建设；完善落实惠农补贴政策措施，通过农业网、政府网、农民信箱等多种方式和途径将各项支农惠农政策、补贴金额等专项宣传到农户，方便群众查询和监督，确保补贴资金发放准确、公正、透明。支持教育发展。财政用于教育支出8.15亿元，其中安排义务教育免杂费、教科书经费和公用经费补助5267万元，安排职业教育免学费和助学金2135万元。促进文化产业发展。安排文化发展等专项资金670万元，完成42家农村文化礼堂建设。健全社会保障体系。企业退休人员养老金人均增资219元/月，同步调整精减退职人员、职工供养亲属遗属等生活补助标准；建立城乡一体化居民基本医疗保障体系，有序推进被征地农民养老保险向城镇企业职工基本养老保险转移；完善社会救助运行机制，累计发放低保金3276万元；整合完善促进创业和就业援助政策，兑现各类就业再就业补助资金1837万元。

【深化财政改革】 完善预算编制。启用新的预算编制软件，深化公共财政预算、政府性基金预算、社会保险基金预算编制管理；完善政府性债务编制，对政府性债务实行动态监管。压缩行政开支。单独编制“三公”经费和会议费预算，压缩一般性支出，严控专项支出，全年全市公务购车用车、会议、公务接待、因公出国（境）等支出下降12.2%，其中：公务接待经费下降19.9%，会议经费下降41.4%。深化国库集中支付和公务卡改革。启动乡镇财政国库集中支付制度改革，全面推进乡镇公务卡改革，构建国库集中支付动态监控体系；创新财政性资金存款管理模式，确保财政资金安全和保值增值。

【建设乡镇公共服务平台】 完善工作机制。明确乡镇上报的所有补助性项目必须由乡镇财政审核；拨付到乡镇范围内的资金，除部分市财政统发项目，全部由乡镇财政拨付，主管部门不得直接拨付资金到个人、到村各乡镇设立涉农资金专户，由乡镇发放的资金全部经涉农资金专户支出，2013年通过涉农资金专户发放金额2.60亿元。加强工作考核。制定乡镇财政工作考核制度，对乡镇公共财政平台建设等重点工作进行细化，考核结果与乡镇财政体制结算挂钩。各乡镇创建服务大厅，提供各类财政专项，办理各类财政补助信息查询服务。

【加强队伍建设】 以“作风过硬、业务精良、政治坚定、奋发有为”作为选人标准，提拔任用16名中层干部，在系统内形成比学赶超、创先争优氛围。建立对干部进行岗位交流，围绕专题抓教育，科学设置培训课程、合理设计培训形式、精心选聘优质师资，营造学习氛围。引导干部树立大局观念，强化责任意识，准确把握岗位需求，科学确定工作目标；改进作风、提升素质，强化干部律己意识。 （嵊州市财政局供稿　黄小明执笔）

新昌县

【概况】 2013年，新昌县实现生产总值306.41亿元，比上年增长8.5%。其中：第一产业增加值20.50亿元，第二产业增加值160.48亿元，第三产业增加值125.43亿元，分别增长3.1%、10.4%和6.7%。三次产业值结构比从上年的7.1∶52.7∶40.2调整为6.7∶52.4∶40.9。按户籍人口计算，人均生产总值69734元，增长10.0%。全县财政总收入42.30亿元，增长9.8%，其中公共财政预算收入22.60亿元，增长13.0%；公共财政预算支出27.57亿元，增长10.8%。当年全县财政收支平衡。

【组织财政收入】 坚持依法征税，按计划目标把握组织收入的力度与方向，着力提升税收收入把控力。深化《税友龙版》应用，开展税收分析预测，加强涉税信息比对和数据深加工，落实征管工作举措，强化重点税源控管，完善执法监督检查，合理把握收入总量和结构，确保收入均衡入库、持续增长、结构优化、调控有力。当年全县公共财政预算收入完成预算的102.7%，占财政总收入的53.4%，比上年提高1.5个百分点；税收收入21.65亿元，增长13.3%，完成预算的102.2%，占公共财政预算收入的95.8%，比上年提高0.3个百分点。规范非税收入征收管理，加强国有资源类、资产类收益征管，强化收入征缴的精细化、科学化管理，扩大收入总量、优化结构。当年全县实现非税收入9482万元，增长6.5%。

【支持经济发展】 完善财政扶持政策，兑现县级财政扶持资金2.35亿元，增长43.3%。鼓励企业向上申报各类项目，争取资金支持，增加发展后劲，当年审核上报各类项目196个，转拨上级补助资金9157万元。推动现代物流等生产型服务业发展，落实支持浙商创业创新促进发展的财税配套政策，支持发展总部经济和浙商回归创业，提升三产发展水平。当年累计分离服务企业90家，全部分离企业实现销售收入32.47亿元，剔除“营改增”因素累计实现地方税费4229万元，增长18.1%。扶持个体工商户和小型微型企业做大做强，落实措施开展“个转企、下升上”工作，促进经济税收良性互动、协调发展。加强与金融机构协作，通过发行债券直接融资，募集资金12.00亿元，优化政府债务结构，根据《新昌县债券资金使用管理暂行办法》和全县重点项目建设资金需求，加强债券资金的使用管理和监督指导。完善企业贷款担保服务，推动中小企业发展。新昌县兴财担保公司当年提供融资担保业务87户次,担保金额3.06亿元,办理中小企业银行到期借款短期周转业务110户次,累计提供周转资金5.47亿元,推荐中小企业专项信用贷款57户次,金额1.45亿元,着力缓解企业融资困难。

【致力"三农"发展】 以农业"两区"和农田水利建设为重点,加快转变农业发展方式,加大公共财政对农业农村的转移支付力度,保障农村公共服务管理和公共设施基本需求,当年全县公共财政预算支农支出4.42亿元,增长13.0%。以异地联建项目为突破口,探索村级集体经济有效实现形式,出台扶持经济薄弱村发展村级集体经济的若干意见,通过财政扶持、用地保障、免费缓税、金融支持、社会参与等方式,促进村级集体经济可持续发展。新昌县在2013年全省基层财政工作会议上就农村综合改革示范试点工作作典型发言,争取到试点资金1400万元。规范支农项目资金管理,梳理完善强农惠农各项政策,确保项目管理有章可依。当年参与制定县委、县政府涉农政策性文件16个,出台专项资金管理办法6个。加大一事一议财政奖补力度,以中心村培育、美丽乡村建设为重点,提高农村民生保障水平。出台一事一议财政奖补工作考核评价办法,对乡镇、街道一事一议财政奖补工作实施考核评价,督促资金及时到位,抓好项目监督管理,落实项目验收工作。当年上报一事一议财政奖补项目132个,争取省级财政资金1500万元。

【保障民生支出】 当年全县民生类支出20.91亿元,占财政总支出的75.8%,其中新增财力用于民生比重为88.5%。公共财政预算支出中社会保障和就业、医疗卫生和科技支出分别增长16.4%、25.1%、27.8%。促进教育优先发展。实施幼儿园园舍安全工程,安排工程资金400万元、迁建资金890万元。保障义务教育公用经费,提高校园安全保卫水平。加大财政对职业教育的投入,完善对职业教育学生的资助政策,获得省财政厅奖励补助资金400万元。完善社会保障体系。加强社保基金管理,当年全县社保基金收入20.37亿元,支出14.05亿元,全年收支结余6.32亿元,累计结余31.30亿元。落实城乡低保补贴制度,城镇居民每月最低生活保障从上年的460元/人提高到510元/人,农村居民每月最低生活保障从上年的333元/人提高到377元/人。深化医疗卫生改革。加大基本公共卫生服务经费投入,当年安排专项资金1532万元。加快国家卫生信息"3521"工程*建设试点步伐,当年项目总投资1492万元,县财政安排配套资金1000万元。保障村卫生室标准化建设,对每个验收合格村卫生室给予15000元奖补,当年91家村卫生室已实行基本药物制度政策。

【深化财政改革】 试点乡镇财政公共服务平台建设,提高基层政府公共服务能力和水平。新昌县儒岙镇、城南乡两个乡镇公共财政服务平台试点正式上线运行,低收入残疾人就业创业补助、村级邮递员补助、应对禽流感扶助家禽业补助等3项补助资金通过系统平台直接发放到农户账户,实现涉农补助资金"一个平台办事、一卡通发放、一站式查询"。深化国库集中支付改革,在所有县级预算单位全面纳入国库集中支付范围的基础上,当年7月1日全面推行公务卡强制结算制度,督导预算单位提高公务卡开卡率和使用率,减少现金支出,县级预算单位公务消费支出1105万元。探索乡镇财政国库集中支付制度改革,在新昌县儒岙镇试点基础上,改进乡镇财政国库集中支付系统配置,推进新昌县澄潭、大市聚两个中心镇国库集中支付改革扩面工作。

【强化财政监督】 加强财政账户管理。严格管理预算单位银行账户审批和备案,加大财政专户清理整顿力度,落实财政性存款存放与金融机构对本地经济贡献适度挂钩的激励机制,当年撤销财政专户20个,保留财政专户33个。提高资金使用绩效。深化预算绩效管理改革,创新绩效评价方式方法,扩大绩效评价工作范围,选定9个项目进行预期绩效目标评审,选择69个项目开展绩效自评,涉及财政资金4.45亿元,确定13个项目开展重点绩效评价,涉及财政资金2.36亿元。规范单位行政支出。开展行政事业单位财务人员培训,督促预算单位健全内部约束机制、内部控制制度和会计核算制度,规范日常管理和财务支出。厉行节约加强日常经费管理。围绕"三公"经费控制目标,通过预算管理、国库监控、财政督查等途径,严格控制公务接待,强化公务用车管理,规范公务活动管理,推进"三公"经费管理长效化、规范化和制度化管理,做到总量可控、明显下降。全县"三公"经费支出8096万元,比上年下降5.5%,其中公务接待费用下降16.6%。

【加强队伍建设】 加强财税文化建设,以县财政局方圆读书俱乐部为阵地,引导财税干部开展形式多样的读书活动,举办"'中国梦'大家谈"主题活动,开办道德讲堂,提升干部能力素养。开展"服务基层、改善民生""服务企业、助推发展"大推进活动,组建6个工作组走进基层乡镇、农村农户深入110家中小企业走访调研,通过送政策、办实事、解难题,服务民营经济转型升级。 (新昌县财政局供稿 胡炜峰执笔)

注:

*"3521"工程:建设国家、省、地市3级卫生信息平台,加强公共卫生、医疗服务、新农合、基本药物制度、综合管理5项业务应用,建设居民电子健康档案、电子病历2个基础数据库和1个专用网络。

金华市财政工作概况

金华市

【概况】 2013年,金华市实现生产总值2958.78亿元,按可比价计算,比上年增长9.1%。其中:第一产业增加值140.20亿元,增长1.2%;第二产业增加值1445.70亿元,增长9.4%;第三产业增加值1372.88亿元,增长9.6%。三次产业增加值结构比调整为4.7∶48.9∶46.4。全市人均生产总值62688元,增长8.6%。全社会固定资产投资1364.36亿元,增长21.1%。社会消费品零售总额1406.98亿元,增长14.8%。外贸进出口总额342.7亿美元,增长50.8%。全市城镇居民人均可支配收入36423元,增长9.8%,全市农村居民人均纯收入为14788元,增长11.3%。全市财政总收入415.96亿元,增长10.5%,其中公共财政预算收入242.47亿元,增长12.8%;市区财政总收入94.45亿元,增长9.7%,其中公共财政预算收入58.53亿元,增长11.3%。全市公共财政预算支出322.25亿元,增长18.5%;市区公共财政预算支出85.60亿元,增长26.4%。全市及市区财政收支平衡。

【组织财政收入】 财政收入结构优化。全市公共财政预算收入占财政总收入58.3%,比上年提高1.2个百分点;全市公共财政预算收入中税收收入224.14亿元,占比92.4%,比上年提高0.3个百分点。加强地方税费征管。全市地税收入(含契税、耕地占用税)202.08亿元,增长10.7%。社会保险费收入114.33亿元,增长25.4%。调整工业用地转让最低计税价格,强化转让环节税收征管。加强个人出租房税收征管,征收税费1710万元。强化房产交易税收征管,调整市区房屋最低计税价格。企业所得税汇算清缴入库2.89亿元,增长38.0%。强化非税收入征管。市区首次推行排污权有偿使用制度,征收使用资金1310万元。强化土地出让收支管理,市区国有土地使用权出让收入42.66亿元,增长60.8%。加强户外广告使用权、城市道路停车泊位管理,实现政府性资源收益7557万元,增长15.3%。全市非税收入253.11亿元,增长62.4%。其中国有土地使用权出让收入187.20亿元,增长86.8%。

【助力经济转型升级】 落实积极财政政策。落实各项涉企扶持政策,为企业减免各类税费22.33亿元。市区为企业减免各类税费6.92亿元,兑现涉企扶持资金3.26亿元。支持主导产业发展。强化"亩产税收"理念,完善差异化财税扶持政策,"亩产税收"低于2万元的工业企业一律不享受财税扶持政策。推进"腾笼换鸟""退二进三""退低进高"工作,淘汰落后产能,为经济转型升级腾出更多空间和资源。支持服务业发展,市区安排7000万元引导服务业等优势产业发展。制定市区网络经济发展扶持政策。支持企业自主创新。支持创新驱动,财政科技投入12.14亿元,增长16.5%。加快引进创业创新领军团队和人才,市本级安排人才引进专项资金1.00亿元,高端人才和领军人才用房专项资金1.27亿元。

【保障民生事业支出】 全市民生支出241.08亿元,增长15.9%,占公共财政预算支出74.8%。支持"三农"发展。全市农林水事务支出27.90亿元,增长17.1%。市区安排1.69亿元保障"三农"建设,增长12.7%。推进乡镇财政建设,实现机构建设、平台建设、系统建设全覆盖,提前两年完成省财政厅工作目标。加快教育事业发展。全市教育支出76.60亿元,增长5.8%。落实"十二五"期间免费义务教育、中职学校免学费后的财政保障机制等政策。健全社会保障体系。全市社会保障和就业支出26.36亿元,增长16.8%。医疗卫生支出29.21亿元,增长13.8%。市区在全省率先实施大病医疗商业补充保险制度,建成覆盖城乡居民的社会保险、社会救助和社会福利相衔接的社会保障制度体系。建立健全养老服务体系,实施政府购买服务方式提供养老服务。完善被征地农民基本生活保障制度,建立资金筹集标准与保障待遇调整同步机制。安排财政专项资金1.40亿元,支持保障安居工程建设。加快城乡基础设施建设。市本级城市基础设施建设资金支出19.10亿元,推进城市创建、"双清"行动、"五城四边三化"行动、道路畅通工程、"三江六岸"景观带提升等工程建设。市财政安排资金3.10亿元,专项用于县(市)水环境治理和防洪建设。

【深化财政管理改革】 推进预算管理改革。推进"全口径"预算体系建设,规范部门预算编制。制定新一轮市区财政管理体制,制定《区域统筹发展专项资金管理办法》。整合融资平台,重组城投公司、交投公司。首次全面试编完成市本级政府投资预算。深化国库集中支付改革。推进全市"金财工程"和数字财政建设工作。扩大财政直接支付面,对30万元以下的大型会议、培训类项目等政府项目实行直接支付。全面推行公务卡改革,制订公务卡强制结算目录,将公务接待费、公务用车运行维护费、差旅费、会议费等16个项目纳入到公务卡强制结算范围。深化行政审批制度改革。设立财政行政审批中心,清理行政审批业务28项,实行"一窗口受理、一站式服务"。

【加强财政监督管理】 强化财政绩效管理，实现绩效自评全覆盖。通过部门预算绩效初审，取消20个部门的31个项目预算安排，涉及申报金额2.43亿元。对2012年度11个节会项目共1531万元财政资金使用情况实施专项绩效评价，核减财政资金424万元，核减率43.4%。强化财政项目审核。完成政府投资项目估算、概算和结算审核215个，审核总投资22.66亿元。加强财政监督检查。对18家单位开展会计监督和“小金库”专项检查，清退违规发放津补贴132万元，追缴应缴国库收益130万元。强化行政事业资产管理。制定9项有关市本级行政事业单位国有资产管理制度，形成涵盖资产管理各个环节的一整套管理制度体系。盘活财政存量资金。创新资金保值增值方式，全年市本级财政专户资金收益3.23亿元，增加净收益1.28亿元。严控行政经费支出。严格执行厉行节约各项规定，开展专项清查，严禁新建政府性楼堂馆所。加强公务接待、公务用车、因公出国（境）管理，全市“三公”经费支出下降14.4%，会议经费下降32.9%。加强政府采购监管。当年市本级政府采购预算金额7.29亿元，实际采购金额6.45亿元，资金节约率为11.5%。

【加强干部队伍建设】 注重教育培训。制订干部教育培训计划，涵盖近三年新进干部、财税业务骨干、一线窗口人员等各个层面。深化作风效能建设。开展“正风提效促赶超、聚财惠民促发展”主题实践活动，坚持“走基层、访企业、抓帮扶”活动，组织政策宣讲会10场，近千家企业参加。贯彻落实中央“八项规定”、省委“28条办法”、市委“25条意见”，建立服务对象跟踪回访机制，开展基层站所与村级便民服务中心对接工作。主动听民意解民忧，策划以“财政的钱花哪儿了”为主题的市民问政节目。市局在市机关部门考核中获政府序列第一名，在“千企万人双评议”活动中获政府序列第二名。丰富财税文化建设。开展第17个优质服务月活动，组织财税核心价值观征文比赛、“践行财税文化　共铸中国梦想”主题演讲比赛。推进廉政风险防控建设。排查廉政风险，编印《廉政风险防控机制建设工作手册》。组织市局干部参观浙江省法纪教育基地开展警示教育。市财政局在市机关党风廉政建设责任制考核中获先进单位称号。

（金华市财政局供稿　陈玲颖执笔）

婺城区

【概况】 2013年，金华市婺城区实现生产总值264.28亿元，比上年增长8.9%。其中：第一产业增加值17.17亿元，增长1.7%；第二产业增加值90.08亿元，增长9.7%；第三产业增加值157.03亿元，增长9.1%。三次产业增加值结构比调整为6.5∶34.1∶59.4。全区人均生产总值55358元，增长8.9%。城镇居民人均可支配收入35377元，增长9.6%；农村居民人均纯收入13573元，增长10.8%。财政总收入33.06亿元，增长9.3%，其中：区级公共财政预算收入8.75亿元，增长15.2%，占全区财政总收入的比重为26.5%；区级公共财政预算收入中税收收入8.75亿元，占比100%。公共财政预算支出17.87亿元，增长21.2%。当年财政收支平衡。

【组织财政收入】 强化税源监控。加强与乡镇、街道联系，强化区域税源监管，研究收入稳步增长和优化结构的应对措施。挖掘税收潜力。下发《在建工程项目税收情况调查表》，开展房地产业现状调查和房地产企业所得税专项检查，摸清房地产业税源家底，实施重点税源核查。加强个人出租房税收征管，全年征收相关税费939万元。规范非税收入管理。加强和规范非税收入管理，严格执行“收支两条线”，确保各项非税收入及时足额入库。全年非税收入1.69亿元，下降25.4%。

【保障改善民生】 全年公共财政民生领域支出13.96亿元，占公共财政预算支出的78.1%。加快教育事业发展。安排教育事业费支出4.85亿元。支持教育均衡发展以及名师名校工程、“两馆一站”、校舍维修、九峰职校“产学研联合体”等项目建设。支持医疗卫生事业发展。安排医疗卫生事业支出2.12亿元，增长10.4%，全年化解基层医疗卫生系统债务1567万元。加大社会保障投入。安排社会保障和就业支出1.41亿元，增长1.8%。投入资金450万元，完成居家养老服务中心项目。发放救助款3000万元，完善社会救助体系和社会福利体系建设。开展水环境综合整治。拨付沙金兰水源涵养专项整治资金1103万元，关停畜禽养殖场95家、锯板厂49家、非法采砂场4家，完成水源涵养区污染整治和湿地工程建设。支持“三农”发展。104个村列入省级农村公益事业建设一事一议财政奖补范围，拨付奖补资金2555万元，增长33.3%。支持农业“两区”建设，投入资金1699万元，增长12.3%。拨付专项资金4418万元，推进美丽乡村建设。

【推进经济发展】 支持重大项目建设。支持浙（婺）商回归，引进项目23个，到位资金17.38亿元，增长21.5%。做好项目融资申报工作，争取项目补助。调度资金，支持重点工程建设。全年实施政府性投资项目113个，完成投资额18.05亿元。实施省重点项目12个、市重点项目36个，分别完成投资额14.79亿元和28.89亿元。落实财政扶持政策。全年兑付资金1.11亿元，发放农资综合直补资金1829万元、粮食直补资金1838万元。支持企业转型升级，实现“个转企”（个体工商户转企业）440家，“下升上”（限额以下商贸企业升级为限额以上企业）60家，“小上规”（规模以下企业上升为规模以上企业）58家。兑

热闹的乡村文化礼堂

乡镇财政资金管理水平。

现区级转型升级专项资金 839 万元，科技创新专项 408 万元，组织申报科研经费财政补助 400 万元。落实人才引进优惠政策，推进保障用房建设，盘活人才租赁公寓 2240 平方米。支持山区经济发展。围绕“富村五年计划”，加大财政投入，扶持 90 余个村集体经济发展项目，扶持资金 1046 万元。发放小额扶贫贷款 6000 万元，支持农村物业经济发展项目 9 个，家庭农场 26 家，农民专业合作社 1040 家。

【推进财政改革】 完善国库集中支付改革。125 家预算单位实现集中支付，全年直接支付清算 849 期，授权支付清算 164 期，清算资金 9.38 亿元。制定《预算单位公务卡强制结算目录》，明确将预算单位的差旅费、招待费和会议费等 16 项支出纳入强制结算目录范围。深化预算管理改革。推进“全口径”预算体系建设。借助金财工程应用平台一体化财政数据库，统一部门预算“二上二下”编制流程，实现部门预算定员、定量、定额，推进部门预算科学化、精细化管理。

【推进乡镇财政建设】 加强组织机构建设。制订试点工作实施方案，成立领导小组。落实人员编制 58 人，安排工作经费 100 万元。加强硬件设施建设。18 个乡镇全面建立乡镇财政所和乡镇财政公共服务平台，配置办公设备，其中，两个乡镇财政所与村级便民服务中心业务衔接，推进工作前移。实现区、乡业务信息网络通达。加强制度建设。建立健全一次性告知制度、乡镇财政考核办法等各项制度，实现工作流程、服务标准上墙。全年组织开展乡镇财政人员业务素质培训 2 次。通过“巡查抽查制度”先后 4 次对乡镇资金使用情况进行监管，提高乡镇财政资金管理水平。

【强化财政监督】 推进预算公开。执行厉行节约各项规定，加强“三公”经费预算编制和管理。公开当年“三公”经费总预算，推进财政预决算公开、部门预决算公开。全区“三公”经费支出下降 15.9%。推进绩效评价工作。组织 20 个项目开展绩效自评，涉及金额 1.33 亿元。实施 2008～2012 年“千村万村示范整治”项目重点评价，涉及金额 2.90 亿元。规范财政投资评审管理。明确财政投资项目预算审核工作流程和预算审核资料要求。全年完成 75 个政府投资项目的预算审核，送审金额 4.46 亿元，审定金额 3.87 亿元，核减率 13.0%。加强政府采购监督管理。全年采购预算 6903 万元，实际采购金额 6286 万元，节约率 8.9%。加强国有资产监管。制订行政事业单位资产配置管理暂行办法和资产配置标准。实行国有资产处置平台公开招标。出台《行政事业单位公有房产出租收入管理暂行办法》，加强闲置房屋对外出租监管和重大资产转让管理。

【加强队伍建设】 优化财税服务。开展“正风肃纪抓执行、聚财惠民促发展”作风建设系列活动，深入乡镇、企业送政策、送服务，强化干部职工服务意识、责任意识。加强廉政建设。完善《党风廉政建设责任制实施办法》《公务车辆和驾驶员管理办法》，健全内部约束机制。强化惩防体系建设，签订党风廉政建设责任书。区财政局获得年度党政机关岗位目标责任制综合考核先进单位称号。坚持文化引领。围绕财税核心价值理念，组织“中国梦与我的担当”系列宣传教育活动。开展趣味运动会、演讲、读书、征文等文体活动。

（金华市婺城区财政局供稿　杨秀清执笔）

金东区

【概况】 2013 年，金华市金东区实现生产总值 141.50 亿元，比上年增长 9.1%。其中：第一产业增加值 13.75 亿元，增长 1.2%；第二产业增加值 75.46 亿元，增长 8.3%；第三产业增加值 52.29 亿元，增长 12.9%。三次产业结构比调整为 9.7∶53.3∶37.0。全区人均生产总值 44642 元，增长 23.8%。城镇居民人均可支配收入30482元;农村居民人均纯收入14270元,增长11.0%。财政总收入15.69亿元,增长27.2%,其中:公共财政预算收入6.17亿元,增长24.0%,占财政总收入的39.3%;区级公共财政预算收入中税收收入6.17亿元,占比100%。公共财政预算支出(含省市补助指标)17.36亿元,增长54.3%,其中区级公共财政预算支出11.06亿元,增长93.5%。当年财政收支平衡。

【组织财政收入】 强化重点税源管理。加强系统信息分析利用,强化各涉税部门的联系沟通,完善收入考核激励机制。协调做好重点项目税收分片划分调整。深化税源跟踪服务。开展新城区房地产项目、专业市场税源调查,强化门征收入管理。强化"亩均税收"理念,对20亩以上亩均税收3万元以下的100家低效企业开展评估促产,新增税收3880万元。完成"个转企"*562家、"小上规"*57家。

【支持经济发展】 全年兑现涉企扶持资金3200万元。注重创新驱动。作为全市唯一试点开展专利权质押融资区,8家企业、43项专利获银行质押贷款6400万元。支持企业研发中心、科技型企业创建及产学研合作,安排660万元支持高端人才、项目引进和培育。当年财政科技投入2715万元,增长22.7%。加快现代服务业发展。出台加快现代服务业发展扶持政策,投入服务业发展资金1500万元。投入465万元支持源东桃花源、澧浦积道山等景区基础设施建设,推动休闲旅游业发展。支持信息产业发展,金东信息软件产业园被评为省级示范区。加快现代农业发展。投入农业发展资金6500万元,支持农业"两区"建设,新建粮食生产功能区5000亩,推进赤松佛手、澧浦苗木等特色农业精品项目建设。强化农业综合开发项目资金筹措和管理,推进江东低丘缓坡综合利用开发项目建设,投入资金1.06亿元,新增耕地4520亩。

【保障民生改善】 当年民生支出13.50亿元,增长41.6%,占公共财政预算支出的77.8%。完善社会保障体系。投入2000万元新建农村居家养老服务中心226家,加快社会养老服务体系建设。社会保障和就业支出8790万元,增长32.9%。推进公立医院改革,制订公立医院综合改革财政补助办法,化解基层医疗卫生机构债务1400万元,医疗卫生支出1.60亿元,增长18.7%。支持教育文化事业发展。安排500万元支持学前教育,加大中小学校舍维修和设施建设力度,支持全国义务教育发展基本均衡区和省教育现代化区创建。重视文化礼堂和文化品牌建设,获全省基层公共文化建设绩效考核一等奖。推进城乡统筹发展。农林水支出3.51亿元,增长31.4%。投入7000万元推进202个美丽乡村项目建设,争取省、市"一事一议"财政奖补项目71个,获补助资金2028万元。投入水利建设资金1.30亿元,保障小型农田水利重点县、中小河流治理等项目建设。安排资金363万元新建84个城乡公交候车亭。启动水环境治理三年行动计划,拨付6800万元用于水源地附近养殖场拆除补偿奖励。投入1000万元完成市区首条绿道建设,金武公路、曹塘澧公路建成通车。

【深化财政改革】 深化预算编制改革。升级预算编审系统。推行部门预算联审,选择10家单位开展部门预算编制"面对面"联合审查,提高部门预算编制的科学性、合理性。首次编制政府投资项目预算和政府债务收支计划,健全政府预算编制体系。深化国库集中支付和公务卡改革。66家部门单位全部实行国库集中支付,覆盖率100%。鼓励使用公务卡,推行公务卡强制结算目录。启动乡镇国库集中支付改革试点,江东、多湖上线试运行。开展"三位一体"组织机构改革。设立预算局、预算执行局、财政监督局,调整内设科室职能分工,预算局局长、预算执行局局长高配副科,搭建起"三位一体"财政组织运行框架。

【强化财政监督】 推进预算绩效管理。出台预算绩效管理办法,选取一事一议财政奖补项目实行全程绩效跟踪问效,扩大项目绩效目标申报范围,初步实现项目支出绩效目标申报全覆盖。强化政府投资项目管理。规范项目审核操作流程,全年审核项目预算262个,送审造价9.34亿元,核减6813万元,核减率7.3%。加强"三公"经费管理。实行"三公"经费支出指标控制,加强使用监督和考核,"三公"经费支出下降10.9%。加强国有资产管理。出台行政事业单位资产管理工作流程及配置标准。区国资公司与中石化浙江石油分公司达成战略合作意向,联合组建金东中石化公司。完善政府采购监管。出台政府采购监管程序内部管理规则,调整政府采购资金结算程序和文件备案方式,政府采购流程进一步压缩,全年政府采购金额4334万元,增长79.2%,资金节约率15.7%。

【全面开展乡镇公共财政服务平台建设】 将乡镇公共财政服务平台建设列为全区十大民生实事之首,按照"示范先行、稳步推进"原则,选取曹宅镇开展示范点建设,8月底12个乡镇公共财政服务平台全部建成投入运行。加强服务平台硬件建设和软件开发,将村账代理、民政救济、社会保险、惠农补贴等10余项服务事项统一纳入服务平台,实行"一个门进、一站式办理、一个平台操作",成为全省首个乡镇公共财政服务平台建设全覆盖区(县、市)。

【深化干部队伍建设】 优化干部队伍结构。组织中层干部开展竞争上岗和一般干部双向选择，聘任中层正职14人、副职3人。推进学习型组织建设。坚持周一夜学制度，鼓励干部提升业务素质，2名干部通过高级会计师理论考试，50岁以下干部全部通过全市财政业务知识考试。加强党风廉政建设。出台改进工作作风密切联系群众的实施办法，重申各项廉政禁令，组织中层以上干部旁听法院审判，营造风清气正的工作氛围。推进财政文化建设。组队参加全区趣味运动会，开展居家养老中心党员结对服务等活动，选拔干部参加全市财税系统核心价值观主题演讲比赛。区财政局连续第7年获得全区党政机关岗位目标责任制考核综合先进称号。

（金华市金东区财政局供稿　洪　俊执笔）

注：

*“个转企”：具有一定规模的个体工商户转型升级为企业。

*“小上规”：规模以下企业转型升级为规模以上企业。

兰溪市

【概况】　2013年，兰溪市实现生产总值251.29亿元，按可比价计算，比上年增长9.2%。其中：第一产业增加值23.60亿元，增长1.6%；第二产业增加值142.82亿元，增长9.9%；第三产业增加值84.87亿元，增长10.0%。三次产业结构比调整为9.4：56.8：33.8。人均生产总值37712元，增长9.1%。全社会固定资产投资额128.89亿元，增长21.3%。社会消费品零售总额92.65亿元，同口径增长15.7%。外贸进出口总额14.63亿美元，增长20.0%。城镇居民人均可支配收入26649元，增长10.6%；农村居民人均纯收入10882元，增长11.9%。全市财政总收入34.11亿元，增长9.3%，其中公共财政预算收入18.13亿元，增长12.3%；全市公共财政预算支出31.86亿元，增长19.2%。全年财政收支平衡。

【组织财政收入】　优化财政收入结构。全年公共财政预算收入占财政总收入比重为53.2%，提高1.5个百分点；公共财政预算收入中税收收入17.24亿元，占比95.1%，提高1.1个百分点。夯实税收基础。加强重点税源企业监控，组织实施租赁和商务服务业企业专项纳税评估。规范非正常户认定和企业注销审批程序，完成纳税人税务登记验证5499户、纳税信用等级评定18314户。强化所得税专业化管理，企业所得税汇算清缴入库3057万元，年所得12万元以上个人所得税自行申报人数1284人。提高信息管税能力。深化《税友龙版》应用，对2049户企业核查房产税和城镇土地使用税征管信息，补缴税款408万元。开展社会保险费网上年度结算及灵活就业人员欠费清理，补缴社会保险费1327万元。加强非税收入管理。启用新非税收入征管信息系统，构建信息共享及监控机制，190家单位纳入系统管理。全年非税收入18.19亿元，增长34.2%，其中国有土地使用权出让金收入12.91亿元，增长54.1%。

【支持经济发展】　促进浙商回归。对61个浙商回归创业创新项目实行科室联系制度，注重宣传对接、政策引导；落实浙商总部经济企业85家，入库税费2.20亿元。助推产业升级。整合财政奖励政策，支持工业园区扩容和企业技术创新，落实技改补助、品牌奖励、清洁能源、乡镇园区、清闲促产、战略性新兴产业等各项扶持资金2.71亿元。支持第三产业发展，安排服务业奖励资金1487万元。新增5家工业企业分离发展服务业，累计26家，入库税收3531万元。帮扶中小企业。落实结构性减税和清费减负政策，减免中小微工业企业社会保险费等税费2844万元。支持企业信贷，为138户次企业发放转贷资金7.83亿元，兑现小额贷款公司奖励1423万元。落实“个转企”、“小升规”扶持政策，办理“个转企”税务登记443户。加大财政支农投入。农林水支出1.27亿元，增长7.1%，重点支持农业“两区”、新型农业社会化服务体系试点建设，实施农防加固、第二水源工程，推进兰芝风情线建设，争取村级一事一议项目83个、国家农业综合开发项目2个。

【保障民生支出】　全年民生支出15.12亿元，占本级公共财政预算支出的80.1%，提高0.5个百分点。发展教育文化事业。教育支出6.55亿元，增长7.1%。支持义务教育均衡发展，农村小学、初中以及市小学、初中生均公用经费分别提高到700元、900元和600元、800元。促进学前教育发展，水亭等3家乡镇中心幼儿园建成开园。实施职业教育三年行动计划，设立职业教育专项基金。推进文化惠民工程，建成农村文化礼堂21个，全年送电影下乡4500场，送戏下乡100场，送书下乡6000册。支持医疗卫生事业。医疗卫生支出2.55亿元，增长18.4%。完成全市社区卫生服务中心标准化建设，化解基层医疗卫生机构债务687万元。人民医院溪西分院建成使用，挂牌浙医二院兰溪分院。完善社会保障体系。制订促进就业资金管理办法，实施城乡困难群众医疗救助办法。实施低保动态管理，居民家庭经济状况核对中心投入运行。建成农村居家养老服务中心63家，续建城北安居苑保障房，建成廉租房、公租房112套。

【深化财政改革】　推进财政管理改革。深化“三位一体”财政组织机构改革，实现机构设置、人员配备到位。实施新一轮乡镇财政管理改革，全市乡镇街道设立财政所和公共财政服务中心。改进预算管理制度。推进预算信息公开，通过市政府网站公开政府预算。加快数字财政建设，启用预算编制管理系统。

160家市属行政事业单位实行国库集中支付,发放公务卡2558张。完成乡镇国库集中支付改革试点。清理预算内暂存、暂付款,收回上级补助结余指标1907万元、国库集中支付结余指标1689万元。加强国有资产管理。规范国有资产处置程序,实行存量资产动态管理。国有房地产租赁使用权公开拍卖成交租金1123万元,增长36.1%。加快国有资产重组整合,完成120家单位国有资产清理核查。

【加强财政监督】 强化财政资金绩效管理。实施50万元以上财政专项支出项目绩效评价,其中自评项目54个,涉及资金2.14亿元,重点抽评项目26个,涉及资金1.16亿元。完成2012年度企业污染整治补助项目、2008~2012年度"千村整治万村示范"工程项目绩效评价。创新政府投资项目管理。改进政府投资项目审价机制,审价关口由预算、结算向估算、概算前移,探索概预算编制与审核复核同步进行,全年审核项目378个,审定造价25.26亿元,净核减1.13亿元。实行政府集中采购项目二次询价,政府采购金额1.08亿元,节约率11.1%。强化政府融资管理。拓宽政府融资渠道,新增政府项目融资16.99亿元,抵押物重估增值9.21亿元。加强政府性债务管理,实行债务总量控制,强化资金使用、还本付息等环节管控。开展会计监督管理。加强行政事业单位会计监督,重点检查聚仁学校等4家单位财务管理情况,涉及资金4015万元。

【推进队伍建设】 加强党风廉政建设。落实党风廉政建设责任制,上线运行廉政效能风险防控模块系统,健全惩防体系。开展廉政微言征集评选活动,弘扬廉洁风尚。深化干部作风建设。制订执行《关于改进工作作风密切联系群众的实施意见》。开展"争当五型干部、争创五型班子*"主题教育实践活动,走访重点企业和镇村,解决发展难题。推行媒体问政,设立政务微博,宣传财政政策。优化干部配置。实施干部竞争上岗和轮岗交流,竞聘中层正职22人、副职31人,交流一般干部19人。开展学法用法网上考试,提高干部依法行政能力。参加以中国梦为主题的中国特色社会主义宣传教育讲座,组织"践行财税文化 共铸中国梦想"主题演讲比赛,弘扬财税核心价值理念。提升财政服务水平。深化行政审批制度改革,重新确认行政审批事项27项。局机关在政府部门综合考核中获先进单位称号。

(兰溪市财政局供稿 包永平执笔)

注:

*争当五型干部、争创五型班子:争当蓬勃向上型、尽职高效型、锐意进取型、协作有为型、风清气正型干部,争创学习型、服务型、创新型、团结型、廉洁型班子。

东阳市

【概况】 2013年,东阳市实现生产总值403.91亿元,按可比价格计算,比上年增长9.0%。其中:第一产业增加值18.22亿元,增长0.9%;第二产业增加值198.46亿元,增长9.6%;第三产业增加值187.23亿元,增长9.1%。三次产业增加值结构比调整为4.5∶49.1∶46.4。按户籍人口计算,人均生产总值为48704元,增长8.5%。城市居民人均可支配收入33350元,增长9.7%;农村居民人均纯收入16634元,增长10.8%。全市财政总收入59.44亿元,增长18.0%,其中公共财政预算收入35.31亿元,增长17.3%;全市公共财政预算支出43.24亿元,增长10.2%。全年财政收支平衡。

【组织财政收入】 优化财政收入结构。全年公共财政预算收入占财政总收入比重为59.4%。公共财政预算收入中税收收入32.36亿元,占比为91.6%。规范地方税费征管。地税部门组织收入46.23亿元,增长9.4%,其中税收收入28.82亿元,增长6.5%。强化收入测算分析,提升预测准确率至99.8%。加强个人所得税管理,在全市行政事业单位应用个税全员申报软件。规范完善股权交易税收管理,与工商部门建立信息交换机制,审核股权变动企业41户,入库税款2072万元。开展税务登记证验证,验证率96.1%。加强社保五费征收管理,入库社会保险基金15.12亿元,增长17.4%。推进信息管税。推广应用《税友龙版》。开展基础数据清理,涉及纳税人15万户,数据23万条。加强非税收入管理。启用新版政府非税收入管理信息系统,执收单位使用覆盖率51.6%。全年组织非税收入37.28亿元,增长57.2%,其中土地使用权出让金收入32.70亿元。

【支持经济发展】 支持重大项目实施。保障全市重点工程项目建设,全年拨付政府投资项目建设资金9.00亿元。开展支持浙(婺)商创业创新"服务推进年"活动,完成55个回归项目的对接和政策帮扶。开展"个转企,小升规"*政策帮扶,全年完成"个转企"1009户,"小升规"108家。推进横店镇"小城市"培育工作,落实2013年"小城市培育专项"项目资金3000万元。助推区域特色文化产业发展。支持影视文化产业加快发展,安排影视文化发展资金3.76亿元。推进市重点旅游项目和配套设施建设,安排旅游专项发展资金500万元。支持木雕·红木家具产业发展,安排专项资金100万元。促进企业转型升级。全年兑现涉企扶持资金5.64亿元,增长10.7%;减免各类税费1.78亿元;对部分中小微工业企业减征7427万元社会保险费。引导企业加快产业技术改造升级,开展"三化"*融合试点工作,安排专项资金1000万元。落实开放型经济发展专项奖励1733万元,鼓励企业开拓市场、扩大出口。拓宽企业融资渠道。支持小额贷款公司加快发展,落实小额贷款公司财政补贴资金2436万元。鼓励企业进入股权交易中心挂牌交易。设立"同筑梦想·共享阳光"担保基金3000万元,着力解决小微企业贷款难、担保难问题。

【支持改善民生】 全市民生支出33.28亿元,增长12.0%,占公共财政预算支出的77.0%。加大对教育事业投入。全年教育支出13.20亿元,增长11.0%,占公共财政预算支出的30.5%。扶持中等教育事业发展,扩大中职教育免费政策范围,下达补助资金1076万元,增长45.0%。解决外来人员子女入学难题,投入资金2240万元。完善社会保障体系。提高城镇"三无"和农村五保对象供养标准至每人每月525元和357元。建立被征地农民转职工基本养老保险机制,办理转保手续2.2万人。建成或在建居家养老服务中心84家,发放低保资金1500万元。推进卫生体制改革。安排医疗卫生事业支出3.67亿元,增长4.8%。制订基本医疗保险实施办法,将新型农村合作医疗保险、城镇居民医疗保险合并为城乡居民医疗保险。统筹城乡协调发展。安排2000万元用于旧住宅区改造,安排1700万元用于拆除违法建筑,安排"四边三化"*资金2000万元。落实村级公益事业一事一议财政奖补政策,投入资金4083万元。

【深化财政管理改革】 启用预算编制新系统,提高预算编制管理科学化水平。严格控制"三公"经费,全市"三公"经费下降9.6%,其中公务接待费下降16.7%。加强政府性债务管理,将所有政府性债务纳入信息系统。完善国库集中支付改革,出台国库集中支付动态监控办法。强化公务卡改革力度,出台公务卡消费强制结算目录,对16类行政支出强制采用公务卡结算,加强和规范公务支出管理。实施乡镇(街道)财政管理规范化建设,完成机构、平台、系统"三个一"*的建设目标。开展乡镇财政资金监管自查自评和交叉互审工作,启动乡镇财政国库集中支付改革试点。

【加强财政监督】 出台预算绩效管理实施意见,加大预算支出绩效评价力度。开展2008~2012年"千村示范万村整治"项目的重点绩效评价。对市本级和乡镇财政资金开展安全检查,规范财政资金安全管理。做好政府投资项目概算、预算、变更审核工作,审核项目410个,核减投资额7.87亿元(含委托中介机构审核)。加强政府采购监管,完成政府采购金额1.83亿元,资金节约率10.5%。加强会计从业人员管理。加大会计人才的发掘和培育力度,1人被推荐为省级会计领军(后备)人才,5人被推荐为金华市级会计领军(后备)人才。完善行政事业单位资产管理信息系统。加强办公用房出租监管,开展全市办公用房情况调查。加强国有资产管理,推进国有资产优化配置和资源整合。

【加强队伍建设】 提升机关服务效能。深入开展"改作风优化发展环境,提效能服务跨越追赶"系列活动。健全内部管理机制,梳理完善制度31项。出台改进工作作风的实施意见,节约经费使用,精简各类会议文件。开展第五轮中层干部选拔和一般干部双向选择。每月定期开展集中学习教育活动,对全体干部职工分两批进行全员轮训。深化党风廉政建设。落实具有财税特色的惩防体系建设,组织系统全体中层及以上领导干部赴浙江省法纪教育基地进行廉政教育。当年市财政局获得市级机关部门工作目标责任制考核一等奖。

(东阳市财政局供稿　王　克执笔)

注:

*"个转企,小升规":个体工商户转企业,小微企业规范升级。

*"三化":生产自动化,控制智能化,管理网络化。

*"四边三化":公路边、河边、山边、村镇边的洁化、绿化、美化。

*"三个一":一个机构——所有镇乡(街道)建有单设的财政所(局)、一个平台——乡镇公共财政服务平台、一个数据库——市乡财政信息化管理网络。

义乌市

【概况】 2013年,义乌市实现生产总值882.90亿元,按可比价格计算,比上年增长9.6%。其中:第一产业增加值21.90亿元,增长0.3%;第二产业增加值357.30亿元,增长9.4%;第三产业增加值503.70亿元,增长10.1%。三次产业结构比调整为2.5∶40.5∶57.0。按户籍人口计算,人均生产总值116688元,增长9.0%。城镇居民可支配收入48962元,增长10.0%;农村居民人均纯收入21273元,增长11.1%。完成固定资产投资419.40亿元,增长42.9%。实现社会消费品零售总额412.85亿元,增长15.1%。实现进出口总额186.20亿美元,增长99.3%。全市财政总收入109.66亿元,增长8.1%,其中公共财政预算收入63.31亿元,增长10.3%;公共财政预算支出61.65亿元,增长13.0%。全年财政收支平衡。

【组织财政收入】 优化财政收入结构。全年公共财政预算收入占财政总收入比重为57.7%,比上年提高1.1个百分点。税收收入59.48亿元,占公共财政预算收入的94.0%,比上年提高

0.2个百分点。加强地方税费征管。全年地税部门组织收入91.64亿元，增长12.6%，其中税收收入56.03亿元，增长9.7%。建立完善餐饮业、住宿业等10个行业的纳税评估模型，开展各级税源的监控管理。启用国地税联合办证平台，实现双方新办税务登记户数同步更新；建立与工商部门数据实时共享平台，企业的登记、处罚、欠税等信息纳入工商部门的企业信用信息系统。实行社保费日常征管质量情况按月通报制度，增加并细化征管指标。加大低亩产税收企业清查力度，查补入库税款5214万元。强化非税收入管理。出台政府非税收入收缴管理办法，确保资金汇缴及时、安全。全年实现非税收入58.03亿元，其中国有土地使用权出让收入41.00亿元。

【支持经济发展】 推进国际贸易综合改革。实施“市场采购”贸易方式地方税收监管暂行办法。鼓励外向型经济发展，兑付扶持资金2.83亿元，其中扶持市场采购外贸出口资金2.23亿元。促进企业转型升级。开展调整城镇土地使用税政策试点，建立产出效益评价机制和亩产税收长效管理机制，实行与亩产税收相挂钩的差别化的财政扶持政策。出台废旧物资回收利用企业扶持政策，推出支持工业经济发展财税39条。落实各项财税扶持政策，全年拨付企业扶持资金6.53亿元，增长23.7%；减免税费1.33亿元。支持城乡统筹发展。开展鼓励外埠基地以奖代补试点，推进农业“两区”、特色农业和新农村建设，安排各类财政支农专项资金11.57亿元，增长11.0%；拨付种粮农民综合直补1382万元。推进农村生活污水治理和村级公益事业一事一议，申报省级财政项目5个。安排佛堂镇“小城市培育”专项资金1.50亿元。

【支持改善民生】 全市民生支出42.04亿元，增长10.6%。支持教育文化发展。教育支出14.01亿元，增长9.5%，占公共财政预算支出的22.7%。完善财政扶持民办教育实施办法，出台文化类民办非企业单位财政扶持办法，调动社会力量参与教育文化事业建设。推进文化惠民，完成31个村文化礼堂建设项目，落实补助资金1280万元。推进医疗卫生体制改革。全年医疗卫生支出5.46亿元，增长15.3%。出台财政扶持民营医疗机构发展试行办法，助推民营医院向高、精、专方向发展。支持完善社会保障制度。全年社会保障和就业支出4.16亿元，增长10.1%。城乡居民医疗保险财政补助标准提高到每人每年500元；提高报销比例，降低群众医疗负担；将重度精神病、血友病列为城乡居民医疗保险特殊病种；扩大基本医疗保险个人账户支付范围；扩大失业保险基金使用范围，实施项目调整为7类22项。

【深化财政改革】 实行预算支出执行率按季通报制度，强化预算执行动态监控。加大重点工程考核通报力度，全年政府投资预算执行率93.8%。出台《财政支出项目绩效目标申报和绩效评价共性指标体系框架》，试行绩效运行跟踪监控，完善全程绩效管理体系。全年纳入评审的项目增至121个，核减资金1.59亿元，核减率23.2%。开展镇街国库集中支付改革和公务卡制度改革试点，扩大国库集中支付规模。出台公务卡强制结算目录，全年报销金额2067万元。出台关于进一步加强镇街财政建设的意见，完成全市13个镇街公共财政服务平台硬件建设。充实镇街财政干部队伍，定期开展培训，提高干部业务能力。通过合理调度间隙资金，清理盘活专项资金，有效激活沉淀资金，置换银行贷款，全年节省利息支出2.20亿元。创新财政资金定期存款招投标制度，出台义乌市本级财政资金定期存款招投标管理暂行办法，建立市级财政资金公开择优存放机制。推行会计从业资格考试制度改革。考点采用“整体外包，财政监管”的模式，委托义乌工商学院承办具体考务工作，全年组织无纸化考试176场次，11542人次参加。

【加强财政监督】 全面推行镇街“参与式”预算。明确镇街必须在政府网站上公开财政预决算报告，确保公众的知情权和监督权。规范财政资金管理。制定财政资金审批、拨付和监督管理办法，强化财政资金分配和管理职责。用于镇街范围的各类项目性财政资金和民生类补助性资金全部纳入镇街财政就地就近监管范围。

【加强队伍建设】 深化作风效能建设。开展“‘鸡毛换糖’再出发”、“正风提效促转型”等主题活动，切实转变干部作风。深化审批制度改革，梳理涉财涉税事项228项，保留事项203项，其中即办117项，当场办结率57.6%。加强财税文化建设。以浙江大学师资为依托，组织开展干部教育培训。开展主题征文、摄影等形式多样的文化活动，不断完善财税文化建设长效机制。加强机关党风廉政建设。实行干部廉政风险防控公开承诺，开展“廉政微言”征集等活动，提高干部廉政自律意识。修改完善全员绩效考核办法，构建行风建设长效机制。

（义乌市财政局供稿　虞　昕执笔）

永康市

【概况】 2013年，永康市实现生产总值422.56亿元，比上年增长9.3%。其中：第一产业增加值9.28亿元，增长1.4%；第二产业增加值259.94亿元，增长9.8%；第三产业增加值153.34亿元，增长8.8%。全市三次产业结构比调整为2.2∶61.5∶36.3。按户籍人口计算，全市人均生产总值72547元，增长

8.5%。全年财政总收入61.39亿元，增长11.7%，其中公共财政预算收入35.30亿元，增长17.2%；公共财政预算支出36.02亿元，增长11.3%。全市财政收支平衡。

【组织财政收入】 优化收入结构。公共财政预算收入占财政总收入的比重为57.5%，较上年提高2.7个百分点。公共财政预算收入中税收收入32.15亿元，增长21.8%，占比91.1%，较上年提高3.5个百分点。地税部门组织收入46.67亿元，增长32.4%；社保费等其他收入16.56亿元，增长62.5%。加强税费征管。加强房产税、土地使用税征管，开展第三方信息比对，加强新增税源、漏报户、漏征户、漏管户管理，对已办理土地权证的3500多户纳税人及关联企业开展房产税、土地使用税税源数据核查，查补房产税、土地使用税及滞纳金4000万元。加强股权转让税收管理，全年受理股权转让事项735户次，征收税款2300万元。推行纳税评估上下联动机制，对60户企业进行纳税评估，入库税（费、基金）239万元。做好被征地农民转职工基本养老保险工作，征地农民个人分别一次性补缴基本养老保险4.58亿元、基本医疗保险1.02亿元。强化非税收入管理。加强对行政事业性收费和政府性基金的管理，推广应用新版非税收入征收管理系统，全年执收政府非税收入47.87亿元，增长166.8%，其中国有土地使用权出让收入41.49亿元，增长261.8%。

【促进经济发展】 加强产业平台建设。设立6000万元引导资金，鼓励发展金融、旅游、影视、会展经济、商贸连锁、星级酒店、电子商务等产业。助力总部经济发展，支持分离发展服务业，全年兑现总部经济奖励资金1683万元，促进形成永康新经济商圈。加强农业产业平台建设，投入554万元用于粮食生产功能区和现代农业园区的建设；投入1.14亿元用于小型农田水利、土地开发垦造为主的农业基础设施建设，全年总投资4291万元。实施国家农业综合开发项目7个。助推经济转型升级。推进"亩产税收"考核工作，完成《永康市关于开展调整城镇土地使用税政策促进土地集约节约利用试点工作实施方案》的起草和亩产税收数据的测算汇总。落实各类扶持企业发展专项基金2.20亿元。协助部门和企业向上争取金融、粮食、技改、科技和外贸等资金6006万元。办理各类税费减免、退库等3.39亿元。落实临时性下浮工业企业基本养老保险费缴费比例等政策，为企业减负5700万元。

【保障民生支出】 全市民生支出28.56亿元，比上年增加2.65亿元，占公共财政预算支出的79.3%。加大"三农"投入。落实各项强农惠农政策，以粮食生产、美丽乡村、农业基础设施建设为重点，公共财政农林水事务支出3.57亿元。支持教育事业。全部免除义务教育阶段学生学杂费，全额保障义务教育阶段教师绩效工资，加大对义务教育等各阶段学生资助力度，公共财政教育支出11.25亿元。支持医疗卫生事业。推进医药卫生体制改革，加大重大公共卫生投入，完成基层医疗卫生机构基本建设债务化解工作，将城乡居民合作医疗保险财政补助标准由300元提高到350元，公共财政医疗卫生支出3.98亿元。完善社会保障体系。完成社会救助信息平台建设，及时调整低保标准。开展农村居家养老服务工作，完成28家村级照料中心建设。提高城镇企业退休职工、超龄人员和农转非人员养老金待遇，城乡居民养老保险实现全覆盖。公共财政社会保障支出2.34亿元。保障生态建设工作。围绕"清水永康江、清新丽州城"目标，启动"158"碧水蓝天工程*。加大饮用水源区保护力度，推进截污纳管工程和城市污水处理厂提标改造，开工建设垃圾填埋场扩容工程，完成电镀和化工行业整治提升。

永康市政府出资采购安全校车确保学生安全往返学校

【推进财政改革】 做好国库集中支付制度改革和乡镇国库集中支付试点工作。实现支付单位、支付资金、支付过程全覆盖，制订公务卡强制结算目录，加强和规范公务支出，减少公务支出中的现金使用。实行综合预算管理。加强对项目结余资金的管理，将“三公”经费控制列入对各镇(街、区)、部门的考核。全市“三公”经费支出8778万元，下降8.1%，其中公务接待支出3840万元，下降22.4%。加强乡镇财政规范化建设。在15个镇街区全部成立财政所。制定财政所工作职责等一系列规范财政所工作制度。安排乡镇财政规范化建设资金450万元，用于改善办公场所、添置办公设备和公共服务平台建设，15个乡镇的公共服务平台全部建设完工投入运行。

【强化资金监管】 加强政府投资项目管理。完善工程变更管理办法，涉及变更金额9591万元，组织审核概算、预算、结算项目391个，核减资金1.62亿元。强化财政绩效评价。全年对39个项目进行绩效评价，涉及资金6.86亿元。规范政府采购备案手续。实行公务用车网上审批管理，全年政府采购额3.35亿元，节约资金6329万元。加强地方政府性债务管理。从源头上控制债务规模、优化负债结构，实时监控跟踪，实行偿债准备金，防范政府性债务风险。按省财政厅债务管理统一口径，当年底全市政府性债务余额24.52亿元。

【完善国资监管】 开展国有资产清查。从8月开始对全市400多家行政事业单位、国有企业开展资产清查，逐步摸排全市国有资产存量及使用现状。加强国有资产处置监管。规范行政事业单位资产出租管理，严格执行单位收回出租资产、协议出租申请审批，全年组织12个批次的公开招拍租，成交年租金2242万元，增长32.7%。加强大宗国有资产的处置监管，严格土地、房屋建筑物等大宗国有资产处置流程。制订实施国有资产处置、公开招拍租工作，以及规范拍卖机构选聘办法。健全国有企业监管。做好企业资产整合以及企业债券跟踪评级工作。下达国有企业经营者绩效年薪考核指标，考核兑现2012年年薪。

【加强队伍建设】 以小组学习、业务培训、专题研讨、座谈等形式学习贯彻十八届三中全会精神。开展以“中国梦”为主题的中国特色社会主义宣传教育活动。完成“三位一体”机构改革和部分基层分局机构的晋级工作，开展中层干部竞聘和干部轮岗交流工作。做好《税友龙版》廉政效能风险防控模块的推广应用工作，通过“制度+科技”模式加强廉政风险防控动态管理。定期开展廉政巡查，将作风建设、廉政风险防控等内容纳入责任制考核范围。 (永康市财政局供稿 陈琎琎执笔)

注：

*“158”碧水蓝天工程：“1”是实现“清水永康江、清新丽州城”的目标。“5”是5年行动计划，一年打基础，三年出成效，五年夺目标。“8”是永康江、华溪、南溪、李溪、酥溪、倪宅溪、烈桥溪和永祥溪等主要河流水质得到全面治理改善。

浦江县

【概况】 2013年，浦江县实现地区生产总值175.42亿元，按可比价计算，比上年增长8.9%。其中：第一产业增加值9.39亿元，增长1.5%；第二产业增加值103.16亿元，增长10.9%；第三产业增加值62.87亿元，增长6.4%。三次产业结构比调整为5.4∶58.8∶35.8。按户籍人口计算，人均生产总值44647元，增长8.6%。完成固定资产投资78.70亿元，增长20.7%。实现社会消费品零售总额77.80亿元，增长15.2%。城镇居民人均可支配收入30711元，增长10.3%；农村居民人均纯收入12389元，增长10.7%。全县财政总收入21.48亿元，增长5.4%，其中公共财政预算收入12.46亿元，增长8.0%；公共财政预算支出20.51亿元，增长22.1%。全年财政收支平衡。

【组织财政收入】 优化财政收入结构。公共财政预算收入占财政总收入比重58.0%，比上年提高1.4个百分点。公共财政预算收入中税收收入11.02亿元，占比88.4%，财政收入结构持续优化。强化税费征收管理。完成房产税、城镇土地使用税税源普查，做好全县房产税、城镇土地使用税差异情况核实和税源登记信息修改工作。强化与工商、国税等部门的数据交流与共享，加强对股权转让、税负存在差异企业的征管。健全税收社会化协税体系，规范水晶行业税收管理，入库税费3715万元。加强非税收入征收。规范政府非税收入管理制度，开展新版政府非税收入征管信息系统扩面，全县271家行政事业单位和社会团体完成上线。全年非税收入19.24亿元，增长224.4%。其中，国有土地使用权出让收入16.22亿元。

【支持经济发展】 落实财税政策。全年减免地方税费1.55亿元。全面清理行政事业性收费项目，规范收费行为。对营业额不足2万元的小微企业，暂免征收营业税。落实临时性下浮工业企业基本养老保险费缴费比例政策，为企业减负3041万元。兑付工业扶持、科技扶持政策财政补助、企业上市进程补助等资金8285万元。安排“企业转贷应急资金”，累计周转5.47亿元。支持重点项目建设。全年拨付建设工程及重点项目支出10亿元，为水环境综合整治、城北拆迁、绿谷建设、浦阳江堤坝加固等项目工程提供资金保障。

【保障民生支出】 统筹城乡协调发展。支持农田水利、农业“两区”建设，拨付水利建设基金6989万元、现代农业发展资金6597万元。安排57个行政村的村级公益事业一事一议财政奖补项目2431万元。拨付全县9万余户种粮农民农资综合补贴资金1072万元。支持教育文化事业发展。拨付义务教育素质教育及城乡均衡工程经费1170万元。落实首批学生交通安全保障资金120万元。贯彻农村义务教育学生营养改善计划，落实营养餐补助237万元。支持农村文化礼堂、农家书屋等项目建设，加强对文化遗产的保护、传承与利用。深化医疗卫生体制改革。城乡居民基本医疗保障人均财政补助从每年300元提高到410元，住院费用保险比例提高至75.0%，累计财政补助1.31亿元。启动县级公立医院综合改革，对定点医疗机构的医保付费试行总额预算管理办法。支持社会保障事业。城乡基本公共卫生服务标准由每人25元提高到30元，失业人员保险待遇调整至900元。落实针对自谋职业人员、从事来料加工人员及其他就业困难人员的社会保险补助资金406万元。助推生态文明建设。加大江河治理、排污设施建设等项目资金投入。拨付浦阳江流域畜禽排泄物综合治理资金1482万元。生态公益林补偿标准由每年19元/亩提高到25元/亩。支持历史文化村落保护利用，加快农村环境连片整治，推进美丽乡村建设。

【深化财政改革】 深化预算编制管理与改革。试编国有资本经营预算，出台企业国有资本收益收取管理办法。推进预决算信息公开，主动公开四个部门预算。盘活财政存量资金。清理收回当年项目结余资金1136万元，重新预算安排使用。加强和规范财政专户管理，开展地方财政对外借款清查。加强乡镇财政建设。实施新一轮乡镇财政体制，完成乡镇公共财政服务平台建设。对15个乡镇(街道)实行乡镇财力一般性转移支付制度，完成全县乡镇财政机构建设。全面推进国库集中支付改革和公务卡改革。实现全县行政单位和全额拨款事业单位国库集中支付制度全覆盖，在虞宅乡、花桥乡开展国库集中支付试点。推行公务卡强制结算目录，减少预算单位现金结算。

【加强财政监督】 强化财政监督力度。对财政资金的流动进行实时和全程式监控，运用审查、稽核、检查、调查等方式，对预算的编制、执行情况实施再监督，对预算编制、执行过程中重大项目或重要事项组织专项检查，确保各类资金专款专用。强化绩效评价。推动县财政绩效评价专家库建设，建立绩效评价体系。控制国有投资项目成本。预算审核495个政府投资项目，核减资金3.32亿元，平均核减率为10.2%。严控"三公"经费支出。从严控制行政经费和一般性支出，压缩"三公"经费，定期组织专项检查。全县"三公"经费下降19.2%，其中，公务接待费下降30.2%。开展政府采购监督。试运行小额政府采购网上竞价系统，有效控制采购成本，提高采购透明度。拓宽重大采购项目监督形式，会同县纪委、各级专家等参与评标、监督，提高采购绩效。加强国资监管。规范国有企业"三重一大"*报告制度和国有企业管理者年薪和工资总额管理办法。

【干部队伍建设】 深化作风建设。贯彻落实中央"八项规定"、省委"28条办法"等各项规定，加强纪律作风教育，完善作风建设督查制度。开展干部学习提升活动。推行"一周一科一课""部门讨论式讲学""网络平台学习"等学习模式，鼓励干部自主学习、主动学习。组织全体干部参与网上学法培训活动。推动财税文化建设。结合财税业务，举办或参加社会公益活动、各类演讲比赛、运动会等主题活动，引导干部职工培养健康良好的生活情趣。 （浦江县财政局供稿 方 怡执笔）

注：

*"三重一大"：指"重大事项决策、重要干部任免、重要项目安排、大额资金的使用，必须经集体讨论做出决定"的制度。

武义县

【概况】 2013年，武义县实现生产总值181.67亿元，比上年增长9.7%，其中：第一产业增加值15.10亿元，增长1.5%；第二产业增加值100.11亿元，增长9.9%；第三产业增加值66.46亿元，增长11.2%。三次产业结构比调整为8.3∶55.1∶36.6。全县人均国内生产总值53487元，增长9.4%。城镇居民人均可支配收入24530元，增长10.1%；农村居民人均纯收入10872元，增长11.4%。财政总收入25.97亿元，增长9.7%，其中公共财政预算收入14.23亿元，增长14.5%；公共财政预算支出25.82亿元，增长26.2%。全年财政收支平衡。

【组织财政收入】 稳定财政收入结构。全年公共财政预算收入占财政总收入的比重为54.8%，比上年提高2.3个百分点；公共财政预算收入中税收收入12.71亿元，占比89.3%，比上年下降4.5个百分点。强化税源管控。加强对重点行业、企业的动态分析，通过国地税数据比对、上门实地核查等形式，清理漏征漏管户1000余户。地税部门组织收入17.82亿元，增长12.8%，其中税收收入10.46亿元，增长11.2%。开展企业所得税汇算清缴，补征税款3679万元。严格执行股权转让和资产处置管理，缴纳税费4600余万元。开展五费专项检查，通过异常户数据对比，补缴五费335万元。提升非税收入管理水平。推进政府非税收入征管体系建设，做好非税新征管系统扩面工作，规范各项非税收入管理，全年实现非税收入18.32亿元，增长165.8%，其中土地出让金5.88亿元，增长156.8%。

【支持经济发展】 推进新型工业化建设。落实"工业强县"战略，制订工业经济转型升级的若干意见，调整和优化财政扶持重点,进一步向科技创新企业、重点优势企业和特色产业倾斜,审核兑付各类产业发展扶持资金1.38亿元,减免税费6210万元。实施创新驱动发展战略,完成工业技改投资45.32亿元,增长14.7%。安排技改补助资金2500万元,支持大企业技改,促进小微企业"小升规"。完成"个转企"575户,兑现财政奖励26万元。健全"亩产税收"倒逼机制。推进调整城镇土地使用税政策试点,根据亩产税收贡献率实行差别化分档分级税费减免优惠,推进节约集约用地,倒逼企业转型升级。加强土地利用率和单位产出效益考核,兑付工业用地绩效考核奖励1775万元。支持第三产业发展。安排旅游发展专项资金3000万元,助推生态环保、休闲旅游业发展。完善城乡商贸体系,出台扶持电子商务发展政策。

【强化民生保障】 民生支出17.49亿元,占公共财政预算支出的69.5%,当年新增财力的67.9%用于民生支出。加大支农惠农投入。整合财政支农资金2.51亿元,增长7.8%。完成29个美丽乡村、3个生态村建设,启动4个美丽乡村精品村建设。落实村级公益事业一事一议财政奖补政策,申报立项项目91个,拨付财政奖补资金1123万元。推进医疗卫生体制改革。公立医院综合改革平稳过渡,基本药物制度覆盖面进一步扩大。新型农村合作医疗筹资标准从每人每年400元提高到460元,其中财政补助从每人每年300元提高到340元。公共卫生服务经费由每服务人口25元提高到30元。促进教育文化事业发展。教育事业经费4.77亿元。推动教育均衡发展,推进中心小学迁建等13个项目建设。推进文化惠民,完成21个农村文化礼堂建设。完善社会保障体系。社会保障和就业支出2.39亿元,增长12.4%。提高最低生活保障、失业保险金发放标准。扩大物价补贴发放范围,将定期优抚对象纳入补贴范围。加快养老服务体系建设,新建居家养老照料服务中心34个。全县新增城镇就业4376人,城镇登记失业率控制在2.4%。

【深化财政管理改革】 深化预算管理改革。完善预算编制信息库,提高预算编制准确度。实现64个部门220个单位部门预算统编。推进乡镇财政管理体制改革。出台加快推进乡镇(街道)财政管理机构及公共财政服务平台建设的实施方案,有序推进机构、平台、系统建设,全县18个乡镇(街道)的财政所都已挂牌,实现就地就近提供服务、加强监管。推进国库集中支付和公务卡改革。扩大国库集中支付范围,采用"视同县级预算单位"财政国库集中支付改革模式,推进乡镇国库集中支付改革。实行公务卡强制结算目录,县本级单位公务卡覆盖率100%。加强"三公"经费管控。全年"三公"经费支出下降12.8%,作为金华市试点县公开2013年"三公"经费预算。

【加强财政监督】 强化绩效评价管理。建立使用绩效与资金安排相挂钩的机制,完成26个部门项目绩效自评以及全县202个村240个一事一议财政奖补项目财政资金使用绩效的重点评价,引入社会中介力量开展"千村示范万村整治"工程项目绩效评议。加强政府投资项目监管。做好项目资金的概算、预算、结算工作,审核项目273个,核减资金8681万元,核减率5.1%。加强政府采购监管。完成政府采购金额1.35亿元,增长154.5%,资金节约率11.8%。加强行政事业单位资产管理。对全县342家单位进行资产清查,重点查实国有土地、房产,车辆的权属、性质和数量等信息。严格执行资产公开处置,审批资产出租、报废、划拨、拍卖等2138宗,收取租金1764万元。

【深化队伍建设】 加强作风建设。开展"提能增效优作风,六心凝聚促赶超"作风建设系列活动,以"下基层入企业"为重点,走访重点企业,进村入户帮助解决实际困难。推进党风廉政建设。落实党风廉政建设责任制,组织党员干部开展廉政警示教育;运用信息化手段,加大对重点岗位和关键环节的监督。开展执法和工作绩效评议。通过内部自查、企业走访、监督员座谈等形式,征集意见及建议,逐条分解并进行限期整改。在无记名投票评估中,获得"满意"评价。推进财税文化建设。发挥工、妇、团组织作用,开展趣味运动会、演讲比赛等文体活动;结合"民生大篷车",组织志愿者宣讲财税知识、帮扶困难学生。县财政局在县级机关部门考核中获得先进单位称号。

(武义县财政局供稿　王　婷执笔)

磐安县

【概况】 2013年,磐安县实现生产总值69.13亿元,比上年增长8.8%。其中:第一产业增加值10.21亿元,增长1.8%;第二产业增加值34.80亿元,增长9.4%;第三产业增加值24.12亿元,增长10.6%。三次产业结构比调整为14.8∶50.3∶34.9。按户籍人口计算,人均生产总值32905元。城镇居民可支配收入24088元,增长10.4%;农村居民人均纯收入9013元,增长14.4%。全县财政总收入9.46亿元,增长13.9%,其中公共财政预算收入5.19亿元,增长14.6%;公共财政预算支出17.56亿元,增长24.7%。全县财政收支平衡。

【组织财政收入】 稳定收入结构。全县公共财政预算收入占财政总收入的54.9%,比上年提高0.4个百分点;公共财政预算收入中税收收入为4.81亿元,占比92.7%,比上年提高1.2个百分点。加强税收预测分析。密切关注宏观经济走势及企业生产经营变化,关注"营改增"扩围等结构性减税政策,加强财政、地税、国税三方协作。深化税源管理。完善重点税源监控制度，确定县级以上监控企业268家并跟踪监控税源变化情况。完善《所得税管理办法》，探索建立所得税汇算清缴委托中介机构鉴证制度。分行业实行预警税负率指标动态化跟踪管理；强化高收入者个人所得税征管。拓宽房产税和城建税税基，规范建制镇（工矿区）房产税、城建税缴纳行为。强化非税收入征管。推广非税收入征管信息系统，规范乡镇非税收入征管行为，完善土地出让金收支管理办法。全年共组织非税收入7.36亿元，增长66.5%，其中国土出让金收入4.57亿元，增长57.1%。

【服务经济发展】 调整优化财政扶持政策。配合县政府出台促进工业及旅游业持续发展的补充意见，完善财政扶持政策，旅游业发展资金在每年安排800万元的基础上，增加融资计划1000万元。及时兑现产业奖补政策。做好农业"两区"建设、农业产业化发展、工业技改、高新技术产业、科技创新、旅游业发展等三大产业发展项目扶持资金的审核兑现工作，累计拨付各类产业政策奖补资金1.01亿元。新设立2000万元企业应急周转基金，帮助企业缓解资金供求矛盾。全面落实税费优惠政策。落实针对小微企业、高新技术企业、农业龙头企业等经济主体的税收优惠政策和结构性减税政策，涉及资金2427万元，临时性下浮部分小微企业社保费缴费比例，落实免征出口环节增值税及出口退税2.27亿元。保障县重点项目。加大财政资金筹措力度，完成县本级融资计划3.17亿元。通过处置国有资产收益、争取地方政府债券等方式筹借资金，保障政府重点投资项目建设资金需求。

【保障民生改善】 全县民生支出12.28亿元，增长25.2%，占公共财政可用支出的69.9%。保障支农资金投入。除兑现种粮补贴、农业经营主体培育等产业化补助资金外，拨付资金1.22亿元，推进"秀美乡村""一事一议""农发项目""小农水"重点县建设等农业农村基础设施建设；拨付资金2417万元，用于农村环境连片整治、农村饮用水工程建设及农村垃圾污水处理、生态林保护和美化磐安等生态环境整治。促进教育优先发展。公共财政教育总支出3.79亿元。其中兑现教育"三免一补助"*政策及学生营养改善计划资金2257万元，安排小学、初中改扩建等教育基础设施建设资金1.33亿元。加强社保体系建设。兑现各类社保政策资金2.21亿元，加强城乡居民最低生活保障、医疗救助、"新农合"医保、社会优抚等体系建设，构建社会保障网。推进安居工程建设。全县投入保障性住房建设资金5313万元，推进保障房建设，改善群众居住品质。

【推进财政改革】 完善财政管理体制。出台新一轮乡镇（开发区）财政管理体制，完善分类分档激励机制。深化"全口径"预算管理体系建设，加强国土出让金收支计划和地方政府债务计划管理。加快乡镇财政建设，落实乡镇财政"机构建设、平台建设、系统建设"三个百分百要求，19个乡镇均实现财政资金就地就近监管、财政服务就地就近提供。深化国库集中支付和公务卡改革。进一步下放资金支出审核权限，强化部门资金使用主体责任；制订并实施乡镇财政国库集中支付制度改革方案。继续执行公务卡强制结算目录，扩大公务卡消费范围，全县一级预算单位公务卡刷卡率50%以上。推进"数字财政"建设。借助信息化手段，探索建立反映财政奖补项目资金来龙去脉和使用绩效的信息共享平台，加强财政奖补项目资金监管。

【强化财政监管】 提升财政性资金理财收益。加大财政专户清理归并力度，实现财政专户归口管理。出台《财政性存款管理办法》，通过"活期改协定、活期改定期"等方式增加理财收益1000万元。加大政府投资项目"三算"（概算、预算、结算）审核力度，严格项目预算调整和变更管理，完成"三算"审核项目322个，送审金额12.34亿元，审定金额11.76亿元，核减资金5838万元。加强财政监督检查。组织开展会计信息质量、预算执行情况及专项资金使用情况监督检查，规范预算单位财政资金使用管理。深化绩效评价工作。扩大绩效评价范围，逐步将100万元以上的财政支出项目和申报追加本级预算50万元以上的项目列入绩效评价。建立资金拨付与绩效评价结果挂钩机制，加强绩效评价结果运用。实施委托中介机构参与绩效评价工作，完善"事前、事中、事后"全过程绩效评价机制。全年组织实施绩效评价项目34个，涉及财政资金1.33亿元。

【加强队伍建设】 推进业务能力建设。完善周一夜学制度，开展全员培训，提升干部业务知识水平，在金华市财政业务知识考试中平均成绩列居全市第一。分层次开展基层调研活动，注重调研成果转化应用。深化作风效能建设。开展"改进作风提效能、狠抓落实促发展"作风建设系列活动。创建"群众满意基层站所""巾帼文明岗"。开展每季科室作风建设互评，内部通报互评结果。实施效能及行风建设特邀监督员制度，加强社会监督，在全县机关部门涉企中层岗位群众评议中获较高满意度。加强党风廉政建设。深化党风廉政风险防控机制建设，清理规范财税业务行政审批流程，并向社会公开。落实廉政风险预警机制，开展廉政文化正面引导与警示教育活动。

（磐安县财政局供稿　陈益丹执笔）

注：

*三免一补助：免义务教育住宿费、免学费、免教科书费、补助助学金。

衢州市财政工作概况

衢州市

【概况】 2013年,衢州市实现生产总值1056.57亿元,比上年增长9.1%。其中:第一产业增加值83.15亿元,增长1.1%;第二产业增加值555.92亿元,增长10.4%;第三产业增加值417.50亿元,增长9.0%;三次产业结构比调整为7.9∶52.6∶39.5。按常住人口计算,人均生产总值49791元,增长9.0%。全社会固定资产投资670.72亿元,增长18.5%。社会消费品零售总额443.67亿元,增长13.8%。进出口总额37.76亿美元,增长25.0%,其中:出口23.90亿美元,增长28.6%;进口13.86亿美元,增长19.4%。全市城镇居民人均可支配收入28883元,增长10.1%;农村居民人均纯收入11924元,增长11.3%。全市财政总收入118.21亿元,增长11.1%;公共财政预算收入72.75亿元,增长14.7%,其中税收收入66.81亿元,增长17.0%;全市公共财政预算支出165.51亿元,增长19.2%。市本级财政总收入64.43亿元,增长9.1%;公共财政预算收入39.77亿元,增长17.2%;市本级公共财政预算支出71.86亿元,增长25.3%。财政运行情况良好,全市及市本级财政收支平衡。

【调整优化收支结构】 提升收入质量。建立财政收入预测执行考评办法,推进分行业分税种税源管理,加强重大建设项目税收监管,实施基建项目"先税后证"措施,委托国税代征部分地方税费,深化房产税、城镇土地使用税信息比对,以《税友龙版》为平台,加强数据分析应用,提高财政收入质量。全市公共财政预算收入占财政总收入的比重为61.5%,税收收入占公共财政预算收入的比重为91.8%,分别比上年提高1.9和1.8个百分点。组织非税收入。健全政府非税收入征管体系,完善政府非税收入收缴考核联动机制,强化行政事业性收费和政府性基金管理,完善财政票据管理。全市收缴政府非税收入66.82亿元。加强支出管理。严格预算管理,从严控制预算追加,探索编制"三公"经费预算,建立"三公"经费月报和预警制度,控制一般性支出和"三公"经费增长,全市一般公共服务支出增幅低于财政支出平均增幅12.9个百分点,"三公"经费支出下降17.4%。全市公共财政民生支出118.81亿元,新增财力三分之二以上用于民生事业。

【服务经济发展】 强化财政资金引导。落实出口退税政策,支持扩大出口,鼓励外贸企业开拓市场和贸易融资,推进企业节能减排,全市安排节能减排资金4665万元。支持旅游休闲基地建设,市财政安排旅游发展专项资金3000万元。推进城市建设管理"十大专项"工作,市财政投入9.80亿元,支持市区水系改造提升、城市环境整治、交通拥堵治理等重大项目建设。落实帮扶企业政策。推进"个转企、小升规",鼓励企业直接融资,支持旧厂区改造,推进创新驱动发展,全市财政投入涉企扶持资金11.00亿元,其中市本级3.94亿元。落实结构性减税和"清费减负"政策,推进"营改增"试点工作,全市财税部门为企业和居民减轻税费负担10.43亿元。推进城乡统筹发展。全市公共财政投入"三农"资金为70.63亿元,推进林业特色产业、生态循环农业、农业产业化经营和家庭农场建设,支持经济薄弱村发展村级物业经济项目。

【保障民生支出】 坚持教育优先发展。全市教育支出33.67亿元,增长8.2%。支持学前教育发展,对城乡幼教和普惠性幼儿园予以经费补助,免除符合条件的中职在校生学费,支持职业教育实训基地建设。支持完善社保体系。全市社会保障和就业支出14.81亿元,增长26.1%。安排养老服务体系建设专项资金,推进居家养老服务中心项目建设。完善市区被征地农民基本生活保障制度,调高企业退休人员基本养老金待遇,落实精减退职人员生活困难补助政策,免除殡葬基本服务项目费用。深化医药卫生改革。全市医疗卫生支出13.69亿元,增长22.8%。实施医疗保险基金总额控制付费制度,提高基本公共卫生服务经费和城乡居民医疗保险财政补助标准,建立人员经费支出和医疗业务收入与绩效工资挂钩制度。加快文化事业发展。全市文化体育与传媒支出3.02亿元,增长9.9%。支持文化产业园建设,鼓励民资经营文化产业,保障孔子儒学文化区建设、市图书馆扩建等重大功能性公共文化设施建设。

【推进财政改革】 加强预算管理改革。健全政府预算体系,推进全口径政府性资金预算管理。深化部门预算编制改革,推进部门预算标准化体系建设,建立预算绩效目标申报制度,将所有部门单位的结余结转资金纳入部门预算统筹安排,提高部门预算科学化水平。完善财政体制机制。调整优化市与柯城、衢江、绿色产业集聚区财政体制,促进区域经济社会协调发展。加快乡镇财政建设。全市建成乡镇公共服务平台38个,所有乡镇(街道)均设立财政所(局)。实施乡镇国库集中支付制度改革试点,全市14个乡镇完成国库集中支付改革,85个乡镇完成公务卡改革。

【强化财政监管】 规范政府采购。严格控制公务用车购置审批管理,开展政府采购领域行贿犯罪档案查询工作,建立健全政府采购信息数据库。全年全市政府采购节约资金4.60亿元,资金节约率14.3%。强化国有资产监管。完善行政事业单位资产管理制度,探索资产配置与预算编制相结合的管理模式。完善政府性债务监管。建立政府性债务收支月报制度,规范政府融资平台公司举债和担保承诺行为。加强国债专项资金管理,完善国债转贷资金还本付息机制,防范政府性债务风险。推进阳光财政建设。加快预决算信息公开步伐,衢江、开化两地首次公开"三公"经费汇总预算信息,全市财政总预算和决算信息全部向社会公开,市本级和各县(市、区)提交同级人代会审议的部门预算全部向社会公开。

【干部队伍建设】 深化作风建设。开展"三走进"集中活动,上下联动走访村企,帮助基层解决实际问题。推进简政放权和审批流程再造,取消17项市级非行政许可事项。改革考评制度。实行部门工作绩效考核和干部分级考评办法,探索建立分层分类培训形式,鼓励干部参加专业资格、职称和人才库考试。强化督查落实。完善内部督办检查工作制度,健全网络舆情应对管理办法。落实建议提案和信访件办理工作,全年办理议案建议83件、群众来信来访38件,满意率100%。推进廉政建设。建立干部职工廉政风险干预机制和科级干部廉政承诺制度,层层落实党风廉政建设责任制。在市级机关部门综合考核中,衢州市财政局连续两年名列前茅,被授予"最佳满意单位"称号。

(衢州市财政局供稿　王燕萍执笔)

柯城区

【概况】 2013年,衢州市柯城区实现生产总值118.19亿元,按可比价计算,比上年增长9.3%。其中:第一产业增加值9.14亿元,增长1.0%;第二产业增加值为32.78亿元,增长10.3%,其中工业增加值24.88亿元,增长11.8%;第三产业增加值76.27亿元,增长10.0%。三次产业结构比为7.7∶27.8∶64.5。全区财政总收入9.09亿元,增长18.1%,其中公共财政预算收入6.64亿元,增长23.0%。全区公共财政预算支出16.44亿元,增长42.8%。全区财政收支平衡。

【组织财政收入】 按照"均衡入库、持续增长、结构优化、调控有力"的组织收入目标,完善税源管理机制,确保财政收入可持续增长。强化收入分析。加强收入形势的分析研判,增强对财政收入的预见性和针对性,健全财政与国、地税部门横向交流机制,全力组织财政收入。优化收入结构。当年公共财政预算收入占财政总收入的73.0%,比上年提高7.8个百分点;公共财政预算收入中税收收入为6.30亿元,占比94.9%。加强非税收入征管。全面实施政府非税收入征管信息系统,完善非税征管措施,加强票据管理。全年实现非税收入3.22亿元。

【服务经济发展】 围绕推进经济转型升级,突出重点,扶优扶强。及时兑现财政政策。全面落实工业、商贸、现代农业等各项扶持政策,支持工业企业主导产业的技术改造、科技创新、品牌提升,促进工业主导产业做大做强。全年累计兑现省、市、区级各类企业扶持资金3290万元。落实工业企业还贷周转金制度,帮助22家企业解决周转资金1.73亿元。优化金融信贷环境。出台《柯城区财政性资金增效管理考核办法》(试行),把财政性资金存款与银行贷款相挂钩,增强金融机构对区属企业和政府投资主体的信贷资金支持力度。助推项目建设。加强政府建设项目计划管理,深入实施"重点项目攻坚年"活动,整合筹集资金,稳步推进政府

社区养老服务中心的电子阅览室

投资项目建设。

【优化支出结构】 控制行政成本,落实惠民政策,加大民生支出,全年地方财政用于民生支出11.98亿元,占公共财政预算支出的83.5%,全区新增财力88.5%用于民生支出。加大"三农"投入。全区"三农"支出6.81亿元,同比增长26.2%。以美丽乡村建设为载体,安排2000万元专项资金,用于支持示范村、整治村建设,发展特色农家乐,农村垃圾集中处理和户用沼气工程建设,促进农村环境面貌明显改善。支持农业"两区"建设,上报立项项目50余个,争取资金3300万元,农业园区投入8400余万元。落实强农惠农政策。通过"一卡通"发放各类财政补贴392万元,农资综合补助资金292万元。落实村级公益事业一事一议财政奖补政策,全年实施项目36个,总投资2568万元。推动各项社会事业协调发展。落实义务教育经费保障机制,支持教育事业发展,教育支出3.99亿元,占公共财政预算支出的27.8%,同比增长5.9%。完善社会救助体系,健全城镇"三无"和农村"五保"人员集中供养长效机制。推进政府购买养老服务工作,完成3家养老服务中心和52家日间照料中心建设。完成保障性住房建设任务,实施农村困难群众住房救助600余户。完善城乡居民医疗和养老保险制度,城乡居民基本医疗保险和养老保险参保率分别为98.8%和95.2%。加大困难群众生活保障力度,发放城乡最低生活保障金和救助资金2500余万元。压缩政府行政成本。贯彻落实中央"八项规定"和各级政府厉行节约的有关要求,严格执行"三公"经费总额控制、分季预警、超支停报制度。全年"三公"经费支出总额同比下降11.0%,其中,公务接待费用支出同比下降23.3%。

【深化财政改革】 完善公共财政运行机制。深化预算管理改革,加强预算编制、执行、监督管理,规范部门综合预算编制程序,细化预算内容,做到统筹考虑、综合平衡、合理安排。扩大国库集中支付范围,开展乡镇(街道)财政国库集中支付及公务卡改革试点,推动改革向乡镇(街道)延伸。完善公务卡消费制度,制定区本级公务卡强制结算目录,明确刷卡范围,减少现金支出,规范公务支出管理。推进乡镇财政建设,健全组织机构,提高乡镇财政管理能力。

【提升财政监督管理效能】 规范政府投资项目评审,完善审核模式,强化人员配备,拓宽评审范围,将全区政府投资项目单项合同估算价在30万元以上的项目,全部纳入评审范围。全年完成审定项目380个,核减资金5386万元,核减率7.7%。加强政府采购监管,严格采购审批制度,全年累计节约采购资金575万元,节约率11.5%。加强会计信息质量监督检查,提高整改质量。加强国有资产监管。出台《柯城区行政事业单位公房出租管理办法》,建立以集体研究、公开招租、规范租金、检查监督为内容的公房出租管理监督体制和运行机制,确保国有资产保值增值。

【加强队伍建设】 加强党风廉政建设。坚持日常监督和专项检查并重,通过组织干部集中学习、接受警示教育、开展廉洁从政大讨论等多途径,教育引导全局干部强化廉政风险意识。开展为期一个月的党风廉政建设自查自纠活动,梳理排查各职能科室廉政风险点76个,制定相应防范措施68条,建立和完善包括经费和财产物资管理、公务接待管理、财务管理等规章制度10项,健全预防和治理腐败长效机制。优化干部队伍结构。组织局中层干部竞聘上岗,调整局各科室人员配置,促进干部岗位交流,激活干部工作热情,推动财政各项工作开展。

(衢州市柯城区财政局供稿　姜晓临执笔)

衢江区

【概况】 2013年,衢州市衢江区实现生产总值121.92亿元,按可比价计算,比上年增长9.2%。其中:第一产业增加值19.50亿元,增长1.4%;第二产业增加值58.74亿元,增长11.8%;第三产业增加值43.68亿元,增长9.0%。三次产业结构比为16.0∶48.2∶35.8。全社会固定资产投资85.17亿元,增长23.4%;社会消费品零售总额37.16亿元,增长13.7%;人均生产总值30600元,增长9.2%。全年财政总收入10.56亿元,增长24.9%,其中:公共财政预算收入6.61亿元,增长25.0%,占财政总收入的62.6%;税收收入6.39亿元,增长30.0%,占公共财政预算收入的96.7%。全区公共财政预算支出16.56亿元,增长9.5%。全年财政收支平衡。

【组织财政收入】 健全财政收入预测分析体系,跟踪宏观经济和企业经营形势变化,关注重点行业对税收收入的影响,优化收入结构,提升收入质量。建立综合考核体系,完善组织收入和招商引资考核办法,强化国税、地税部门征管责任,激发衢江经济开发区、各乡镇培植财源工作积极性,提高招商引资税收贡献,健全协税护税网络体系,堵塞征管漏洞,确保应收尽收。落实政府非税收入征收责任,扩大非税收入管理信息系统在金融机构的联网范围,提高征管效率,全年实现政府非税收入4.76亿元。清理取消不合理收费项目,严格控制新设行政事业性收费项目。

【服务经济发展】 落实支持经济发展的政策措施,兑现本级财政扶持企业奖补资金4321万元,政策性退税901万元。开展家电、摩托车下乡补贴清算和骗补情况核查,确保促进内需和惠民政策落到实处。加快建设农业"两区",新建粮食功能区1.4万亩,莲花生态循环农业示范区通过省级验收。实施家庭农场培育计划,注册家庭农场625家、面积8.9亩。安排科技创新、产业转型升级专项资金8180万元,坚持创新驱动发展。安排服务业发展引导资金1000万元,促进总部经济、电子商务、农业休闲旅游等现代服务业发展。安排政府投资预算4.07亿元,支持重点项目建设。开展金融服务"走基层、进企业"活动,帮助企业解决周转资金1.29亿元,中小企业新增贷款6.80亿元。推动"个转企、小升规、规改股、股上市",两家公司在浙江股权交易中心挂牌。

【支持加强生态区建设】 推进省级生态区和省级美丽乡村先进县创建,推进楼山后历史文化村建设,完成莲花、双桥国家级和樟潭、浮石省级生态乡镇创建,省级生态乡镇比例为80%,整治村庄49个,建成美丽乡村精品村6个。实施共建生态家园行动,投入资金8000万元,推进乌溪江水资源保护、信安湖流域环境综合整治、生猪养殖整治规范等,加强饮用水源保护。开展"清洁河道、清洁乡村"行动,治理河道水渠120公里,54座山塘水库实现洁水养殖。推动"三改一拆"*行动,拆除违法建筑111万平方米,改造旧厂区12.5万平方米、旧住宅区7万平方米。深化"五边三化"*行动,新增绿化面积1.6万亩。

【保障民生支出】 优化财政支出结构,全年新增财力87.0%以上用于民生支出。公共财政预算投入"三农"资金10.88亿元,增长17.3%。实施村级公益事业一事一议财政奖补项目120个。财政投入9510万元,保障省重点欠发达县特别扶持项目建设。安排农田水利建设资金4826万元,拨付农业综合开发补助资金1071万元。教育支出3.95亿元,强化义务教育经费保障,财政投入6000万元的第一初中项目完工,投入使用。医疗卫生支出1.53亿元,化解基层医疗卫生机构债务995万元,总投资2.30亿元的区人民医院异地扩建工程一期启用,分别安排基层卫生医改专项经费、公立医院改革专项经费2000万元和500万元,助推医药卫生体制改革。文化体育与传媒支出2685万元,安排宣传文化事业发展专项资金700万元,支持农家书屋、流动舞台、农村文化礼堂等项目建设。社会保障和就业支出1.75亿元,打造"阳光低保",城乡居民最低生活保障标准分别提高至每人每月480元和332元。健全养老服务体系,建成杜泽、莲花、太真养老服务中心,农村五保和城镇"三无"人员集中供养率分别为95%、100%。落实积极就业政策,安排人才专项资金200万元,培养高技能人才656人,引进人才68人。创新社会管理,推进全省首批安全生产综合整治试点,加强食品药品安全监管,强化政法经费保障,推进"平安衢江"建设。

【深化财政改革】 深化预算管理改革,在完善公共财政预算、政府性基金预算、社会保险基金预算、政府性融资计划编制的基础上,首次编制国有资本经营预算,实施"全口径"政府预算体系。制定《衢江区预算追加管理暂行办法》,强化预算约束。开展国库集中支付制度改革"回头看",推进乡镇国库集中支付改革。出台公务卡强制结算目录,规范公务支出行为。落实"约法三章",严控"三公"经费支出,降低行政成本。完善衢江经济开发区财政管理体制,增强开发区自我积累、自我发展能力。制定《衢江区乡镇财政管理规范化建设与乡镇公共财政服务平台建设实施意见》,先行在廿里镇、高家镇开展试点。

【强化财政监管】 加快"数字财政"建设,实施一体化预算编制软件。完善《衢州市衢江区财政性资金收支管理与内部控制制度》,规范财政性资金运作程序。出台《衢江区农业综合开发土地治理项目竞争立项实施办法(试行)》,创新农业综合开发项目选报方式。加强预算绩效管理,17个绩效评价项目涉评财政资金4028万元。加强政府投资项目评审管理,全年净核减1.55亿元,净核减率6.6%。强化政府采购监管,严格执行政府集中采购目录及标准。清理乡镇结余专项资金,统筹用于乡镇财政体制补助和鼓励乡镇弥补财政缺口。开展乡镇财政资金监管自查,提升乡镇财政就地就近资金监管水平。实施会计从业资格无纸化考试改革,力推会计人员网络继续教育。推进财政预决算信息公开,主动公开2013年度政府预算和"三公"经费预算。出台《衢江区财政性资金增效考核办法》,提高资金保值增值效益。加强政府性债务管理,防范政府债务风险。

【干部队伍建设】 深化财政"三位一体"组织机构改革,充实财政部门领导班子,公开招录一批年轻干部,优化财政干部队伍结构。加强干部教育培训,开展年轻财政干部业务培训和财税知识讲座,提升干部综合素质。深入基层调研,帮助解决实际困难和问题。加快服务型财政建设,落实首问责任制、限时办结制和服务承诺制等制度,提高服务效率和质量。落实党风廉政建设责任制,推进财政惩治和预防腐败体系建设,规范权力运行。严格遵守中央"八项规定"、省委"六个严禁"等有关规定,确保资金、干部双安全。

(衢州市衢江区财政局供稿　高晓丽执笔)

注:

*"三改一拆":指改造旧住宅区、改造旧厂区、改造城中村和拆除违法建筑。

*"五边三化":指公路边、铁路边、河边、山边、城边,洁化、绿化、美化。

龙游县

【概况】 2013年，龙游县实现生产总值177.82亿元，增长10.0%，其中第一、二、三产业增加值分别为13.57亿元、103.27亿元、60.98亿元，分别增长1.3%、10.9%、10.4%。三次产业结构比为7.6∶58.1∶34.3。按常住人口计算，人均生产总值44035元，增长10.0%，全社会完成固定资产投资106.35亿元，增长0.6%；全年进出口总额3.71亿美元，增长27.5%；社会消费品零售总额92.09亿元，增长13.8%；城镇居民人均可支配收入27792元，农村居民人均纯收入12584元，分别增长10.1%和11.3%。全县财政总收入14.13亿元，增长12.6%，其中公共财政预算收入9.00亿元，增长11.8%；全县公共财政预算支出23.78亿元，增长16.2%。全县财政收支平衡。

【组织财政收入】 探索税源专业化、精细化管理新模式，在实行税源分类管理的基础上，将服务业细分出餐饮、旅店等行业，强化税源专业化管理。调整城镇土地使用税征收标准，推进资源要素集约节约利用。开辟新兴税源，加大笋竹产业、农家乐资源开发力度，大力发展乡村旅游业，促进服务业税收增长，形成梯级税源格局。试行餐饮、旅店等服务业发票抽奖活动，强化以票控税，开票张数提高8.9%，开票金额4.22亿元。加强非税收入管理，全年非税收入12.17亿元。收入结构持续优化，公共财政预算收入占财政总收入的比重为65.0%；税收收入8.20亿元，占公共财政预算收入的91.1%，比上年提高0.7个百分点。

【服务经济发展】 全面落实各项财税优惠政策，扶持中小企业发展，为企业减负1.35亿元，办理出口退税1.30亿元，拨付财政性奖补资金1.30亿元，为工业企业提供周转资金22.10亿元。筹措安排资金9.10亿元，谋划“城市东进”战略，推动新城开发、旧城改造和美丽乡村建设协调发展。强化招商引资财政政策引导，多个总投入5亿元以上项目相继在龙游工业园区开工建设。

【保障民生支出】 全年民生支出18.20亿元，占公共财政预算支出的76.5%，其中新增财力用于民生的比重为78.7%。加大教育、医疗卫生投入，安排教育支出5.49亿元、医疗卫生支出2.29亿元，分别增长44.9%和49.3%。全年投入7670万元充实社保基金，拨付城乡低保补助资金2803万元，城乡居民最低生活保障分别提高至480元和332元。发放农资综合直补资金2329万元。加大农村生态保护资金投入，安排中小河流治理综合整治资金3030万元；投入5328万元开展美丽乡村和新农村建设；安排3400万元山区经济发展专项资金支持农业经济发展；投入955万元支持村级物业和村集体经济发展，增加农民增收渠道。

【深化财政改革】 深化预算管理改革，首次将省专项转移支付、上年结转使用资金、调入资金等全部编入年度财政预算，建立全口径预算编制机制。推进乡镇(街道)国库集中支付改革试点工作，提升个人公务卡强制结算执行力度，全年通过国库集中支付系统直接支付的资金为8.40亿元。开展财政资金保值增值业务，提高财政沉淀资金效益。推进数字财政一体化建设，扩面应用国库集中支付、非税收入等信息系统，搭建预算编审系统。开展一事一议财政奖补，推进美丽乡村试点工作，采用申报比选办法确定试点村，探索实行财政资金竞争性分配。

【强化财政监管】 出台《关于开展乡镇街道公共财政服务平台建设工作的通知》等9个相关文件，推进乡镇公共服务平台建设，完成第一批5个乡镇公共财政服务中心试点，促进财政资金就地就近监管。出台《龙游县发展“一村一品”专项扶持资金使用管理办法(试行)》《龙游县生猪养殖整治资金补助办法》等加强专项资金管理规定。开展部门决算报表和会计信息质量检查，完成首批25家二级会计核算单位的检查，整改问题54项，涉及金额1079万元。推进财政重点支出绩效评价，完成评

一事一议财政奖补深受农村居民欢迎

价项目21个，涉及财政资金5.30亿元。加强政府投资项目评审和资金监管，完成“三算”项目审核1026个，核减资金2.00亿元，审减率9.0%。会同县纪委出台公务接待费指标控制办法，从严控制行政经费和一般性公务支出，全县“三公”经费支出下降17.7%，其中公务接待费用下降18.8%。

【加强队伍建设】 加强廉政教育，编辑《财苑警钟》，通过组织庭审旁听、法律案例分析等警示教育和依法行政教育，增强干部廉洁行政意识。强化服务意识，推行“一窗多能”、当场办结和限时办结各项业务。开展“干部结亲”、“进村入企”大走访等活动。加强干部岗位交流和队伍梯队建设，提拔、交流干部78名。深化财税文化建设，利用业余时间开设“财税讲堂”和“调研课题”评比活动，全年举办“财税讲堂”24期，完成调研课题41个，其中《税源管理精细化初探》等部分调研课题已运用到实际工作中，解决工作难题。举办演讲比赛，发挥工青妇组织作用，增强团队凝聚力。 （龙游县财政局供稿　余敏芬执笔）

江山市

【概况】 2013年，江山市实现生产总值235.24亿元，按可比价格计算，比上年增长9.5%。其中：第一产业增加值20.79亿元，增长1.1%；第二产业增加值131.98亿元，增长10.9%；第三产业增加值82.47亿元，增长9.3%。三次产业结构比为8.8∶56.1∶35.1。按户籍人口计算，人均生产总值39018元，增长8.8%。全市财政总收入20.44亿元，增长11.0%，其中公共财政预算收入12.40亿元，增长11.3%；全市公共财政预算支出28.50亿元，增长17.3%。全年财政收支平衡。

【组织财政收入】 优化收入结构。全年公共财政预算收入占财政总收入比重为60.7%，其中税收收入10.87亿元，增长12.0%，占公共财政预算收入的87.7%。加强收入预测。加强经济税收调研，掌握重点税费增减趋势。完善收入分析预测制度，建立重点税源分级管理工作机制，对重大税源户税费情况实时跟踪监控。监控重点税源企业194户，征收各类税收6.69亿元，占全市税收收入的61.5%。强化征管措施。做好存量房房产评税，加强房地产行业税收征管。推进“营改增”试点，第二批试点的文化体育业相关企业资料和数据移交国税部门。加强城镇土地使用税征管，确保应收尽收。做好股权转让税收前置管理。加强非税收入征管。建立非税收入收缴情况报告制度，调整规范政府非税收入预算管理方式。及时清理政府非税收入项目。全年组织非税收入14.44亿元。

【服务经济发展】 筹措落实“四大百亿”工程和政府投资项目建设资金，支持以城市建设、交通工程、环境保护等为重点的基础设施和民生工程建设。推进贺村小城市培育和峡口中心镇改革试点。做好中央发行地方政府债券相关工作，获得地方政府债券额度1亿元。整合财政惠企政策，参与制定创新型城市、服务业、旅游业“二次创业”“腾笼换鸟”“电商换市”等扶持政策，推进企业转型升级。突出“亩产论英雄”理念，提请政府出台工业企业绩效综合评价办法，加大对高端、高质、高效企业的支持力度。及时兑现财政补助资金，全年兑现涉企财政补助奖励资金2.27亿元，减免各类税费1.00亿元。为重点纳税工业企业提供转贷服务，全年调度财政资金12.66亿元，帮助企业转贷19.76亿元。

【保障民生支出】 加大“三农”支持力度。加大病险水库除险加固、农村饮用水、小农水重点县等水利设施建设投入力度。落实异地搬迁、经济薄弱村发展物业经济等财政扶持政策，促进村级经济发展。统筹安排资金1000万元支持家庭农场培育发展。加大土地整治、灾毁复垦等土地开发整治支持力度，提高农业综合生产能力。会同相关部门将各级财政扶持项目整合到粮食生产功能区和现代农业园区，统筹省级一事一议财政奖补与幸福乡村创建、农民饮用水工程、村庄整治等项目建设资金，加快推进新农村、农业“两区”建设。支持文教事业发展。统筹资金2760万元支持学校布局调整项目建设。拨付5734万元落实义务教育学生免费教科书、空白作业本经费、中职学生免学费、扶困助学和小规模、寄宿制学校补助等政策，提高学生人均公用经费补助标准。参与拟订学前教育资助、校车服务、教育教学奖励等政策。支持文化产业和广播电视等传媒事业，完善城乡公共文化服务体系。促进社保事业发展。开展基层医疗机构改革财政补助资金绩效评价。落实资金1073万元全面化解基层医疗机构历史债务。出台公立医院改革财政补助意见，落实补助资金3235万元推进公立医院综合改革。支持村卫生室标准化建设，推进乡村卫生服务一体化管理。调整城镇职工退休人员基本待遇和城乡最低生活补助标准，发放优抚、大病医疗救助、弱势群体救济救助补助9400多万元。实现失地农民基本生活保障与企业职工基本养老保险的无缝对接。统筹安排财政性资金9450万元建设廉租房及安置房。

【加强生态环境建设】 筹措资金3149万元专项用于企业节能减排、垃圾收集处理和污水处理。筹措资金3600万元支持整治和规范生猪养殖，对禁养区特别是饮用水源地的养殖场进行整治。安排专项工作经费支持须江取砂采砂治理。筹措清洁家园保洁专项资金1200万元，支持清洁家园行动。

【深化财政改革】 推进国库集中支付改革，扩大支付范围。实施乡镇财政国库集中支付改革试点。推进公务卡制度改革，实施预算单位公务卡强制结算目录。提请编委恢复财政所（局、科）和设立公共财政服务中心，并下达乡镇财政人员编制。开展乡镇公共财政服务平台建设，完善乡镇财政内部管理制度，推进乡镇财政规范化建设。开展乡镇政府财力保障能力调研，完善乡镇财政体制。

【强化财政监管】 加强“三公”经费管理，建立“三公”经费、会议费定期统计报送制度。会同纪委等部门对“三公”经费异常的部门、单位开展督查。加强财政专户清理和审批，规范专户资金管理，将农业、社保等财政专户资金全部纳入国库集中支付系统实行指标化管理。开展预算绩效管理，提高财政资金使用质效。扩大投资评审范围，全年评审政府投资项目278个，评审总价13.15亿元，节减财政支出2452万元。加强政府采购监管，全年政府采购金额8275万元，节减资金1227万元，平均资金节减率12.9%。

【规范国资管理】 加强国投公司预算管理，将运行经费预算和政府投资建设项目资金预算纳入国有资本经营预算管理。制定国投公司绩效考核办法，强化项目绩效考评。通过资产资本化运行的方式，新增国资净资产36.00亿元。开展行政事业单位房地产集中管理，明晰产权，建立所有权与使用权、收益权相分离的资产管理制度，提高资产使用效率。做好国有资产公开挂牌处置，交易成交额2617万元，增值率达56.0%。

【加强队伍建设】 细化党风廉政建设责任制，层层签订责任书。开展在职党员“双报到、双服务”活动，树立党员良好形象。开展点子征集和课题调研活动，征集点子65个，完成调研课题103篇。市局机关连续第8年获最佳满意部门（单位）称号，在江山市机关部门工作目标综合考评中荣获一等奖，被评为落实党风廉政建设责任制先进集体，被命名为浙江省依法行政示范单位。 （江山市财政局供稿 王成诗 徐 平执笔）

常山县

【概况】 2013年，常山县实现生产总值107.15亿元，比上年增长8.6%。其中：第一产业增加值7.91亿元，增长1.0%；第二产业增加值56.11亿元，增长9.4%；第三产业增加值43.13亿元，增长8.9%。三次产业增加值结构比为7.4∶52.4∶40.2。按户籍人口计算，全县人均生产总值31768元，增长7.8%。全县财政总收入10.00亿元，增长11.3%，其中公共财政预算收入6.51亿元，增长13.8%，占财政总收入的65.1%；公共财政预算收入中税收收入5.88亿元，增长16.8%，占公共财政预算收入的90.3%。全县公共财政预算支出18.88亿元，增长8.8%。全年财政收支平衡。

【组织财政收入】 注重聚财增收，实现财政收入持续稳定增长。*加强税源分析研判*。密切关注国家财税体制改革动向，分析对地方财政收入的影响，及时做好收入变化的应对预案。建立全县规模以上工业企业季度财务数据分析制度，加强收入预测、分析和信息反馈，重点税源企业入库金额占全部税收收入的80%以上。*完善收入征管措施*。及时编制税收收入计划，建立月度通报制度，并将完成情况纳入县委县政府目标责任制考核。探索风险预警管理模式，对建筑安装、钙类企业实行企业所得税预警管理。优化资源税管理，推进存量房、自建厂房评税工作。*规范非税收入管理*。加强行政事业性收费、罚没收入等政府非税收入征管，完善非税收入管理办法和财政票据管理办法，全面统筹政府财力。全年非税收入7.61亿元，增长89.5%，其中政府性基金收入6.98亿元，增长124.9%。

【支持经济发展】 以重点产业发展规划为导向，加强和改善财政调控，建立“亩产税收论英雄”的激励机制，发挥财政资金的引导放大作用，推动绿色产业集聚发展。*推进农业生产稳定增长*。重点培育粮食、胡柚、油茶、中药材等现代农业产业，扶持农业龙头企业、农民专业合作社、家庭农场等农业新型主体。支持工业产业结构优化。安排专项资金，配合开展石灰窑、矿产资源、化工企业专项整治，组建国有公司经营石灰石矿产资源，加大节能减排和淘汰落后产能的扶持力度，推进钙产业转型升级。*保障服务业发展壮大*。安排旅游业等服务业发展专项资金，支持“三衢石林”4A级景区创建，促进旅游、金融、物流等现代服务业发展。*优化企业发展环境*。深化行政审批制度改革，推进简政放权和审批流程再造。建立服务企业长效机制，定期召开企业家座谈会。加强部门沟通协作，合力推进金融、办证、个转企、浙商创业创新等工作。*落实结构性减税和清费减负政策*。全年兑现涉企扶持资金6350万元、各类税费减免3829万元，为企业提供应急周转专项资金5.00亿元、信用担保贷款3.00亿元，有效缓解企业融资难，促进实体经济发展。

【保障社会民生】 重点保障“三农”、教育、医疗卫生、社会保障和就业等基本公共服务支出，推进民生工程稳步实施。*支持“三农”建设*。整合梳理各类涉农资金，健全农业投入长期增长机制。全年农林水支出3.27亿元，增长15.0%。重点支持农村土地综合整治、重点水利工程等农业基础设施建设，推进以农

财政支持美丽家园建设

目资金 3960 万元，核减率 7.5%。加强政府采购监管，对集中、分散采购实行报备制，全年政府采购预算 8448 万元，实际采购金额 7129 万元，节约率 15.6%。加强国有资产监管。细化国有资本经营收支计划。建立国有公司年报审计制度，开展国有公司年度经营业绩考核。不断注入国有资产，全年新增银行贷款 5.55 亿元，确保政府投资项目资金需求。

村村庄清洁工程为重点的“美丽乡村”建设。支持教育优先发展。全年教育支出 3.93 亿元，增长 3.8%。完善弱势群体就学机制，落实贫困学生资助政策，推进困难家庭学生资助扩面工程和爱心营养餐工程。全面改造农村中小学校舍，启动常山一中迁建项目，推进省中小学和幼儿园标准化建设。完善教育奖励资金，全面推进省教育现代化县创建。支持医疗卫生体制改革。全年医疗卫生支出 2.03 亿元，增长 18.8%。提高新农合筹资标准至 450 元，扩大城镇职工和城乡居民医疗保险参保覆盖面，健全基本医疗保障体系。支持完善社保体系。全年社会保障和就业支出 1.62 亿元，增长 20.6%。构建养老服务体系，推进城乡低保、农村住房改造、农村五保集中供养等工作，做到有保有压，保障城乡群众基本生活。

【推进财政改革】 加快预算管理改革步伐。逐步完善政府公共预算、政府性基金预算和社保基金预算编制，科学细化项目资金预算，推进全口径预算编制。稳步推进预算信息公开，县文广新局、县林业局 2 个部门预算上人代会接受县人大代表公开审议。建立健全绩效管理考核办法，开展 18 个项目专项绩效评价，项目绩效纳入县委、县政府目标考核。加强乡镇财政管理，全面建成乡镇公共财政服务平台并上线运行，实行现镇财政资金就地就近监管，试点乡镇财政国库集中支付模式并着手。优化财政资源配置。规范财政结转结余资金管理，清理整顿财政专户，盘活财政存量资金。

【加强财政监管】 落实有关增收节支、厉行节约的规定，实施会议费等 6 项费用预算支出控制制度、公务接待报销制度、公务用车“三定”制度等，严格预算执行，从严控制预算追加。全年“三公”经费支出下降 20.6%。加强政府投资预算管理和财务监管，强化政府性投资项目概预算评审，全年核减政府投资项

【提升队伍素质】 注重作风建设，完善内部管理，加强党风廉政建设，夯实基层基础工作，组织保障更加有力。落实领导班子成员分工负责制和“一把手七不直接分管”的要求，规范领导干部廉洁从政行为，提高领导班子的凝聚力、战斗力。健全监督机制，提高服务质量和效率，转变工作作风。完善用人机制，激发干部队伍活力，开展中层干部竞争上岗，健全轮岗制度，多名青年干部经过竞争走上中层岗位。参与组织“激情广场月月唱”财税专场晚会，提升财税部门形象，弘扬财税文化精神。

（常山县财政局供稿　毛小勇执笔）

开化县

【概况】 2013 年，开化县实现地区生产总值 94.84 亿元，比上年增长 9.0%。其中第一、二、三产业分别实现增加值 11.98 亿元、44.79 亿元和 38.07 亿元，分别增长 1.0%、13.4%、7.0%。三次产业结构比调整为 12.6 : 47.2 : 40.2。人均 GDP 为 26672 元，增长 8.7%。全县财政总收入 9.21 亿元，增长 24.7%，其中公共财政预算收入 5.08 亿元，增长 11.0%，占财政总收入的比重为 55.2%；税收收入（地方财政可用部分）4.84 亿元，占公共财政预算收入的比重为 95.3%；公共财政预算支出 22.49 亿元，增长 15.9%。全年财政收支平衡。

【组织财政收入】 加强收入与经济、政策、征管等因素的联动分析，有针对性地加强征管。加强重点税源控管，重点税源企业监控面 67.0%。完成广播影视行业和邮政服务业“营业税改增值税”调查、测算、移交工作。加强与住建、国土部门协作，规范企业自建厂房建筑安装营业税征管。推动土地管理信息共享和比对，实施土地价值计入房产原值征收房产税管理。以完税作为享受财政政策前置条件，采取控制不动产发票购领等措

施,清理旧欠税费3192万元。加强社保费年度结算申报和汇算清缴清算工作,调整机关、事业单位和社会团体残疾人就业保障金征收标准,确保规费收入稳定增长。完善非税收入考核办法,考评结果与工作经费、全县年度综合考核挂钩,增强行政事业单位加强非税收入征管的积极性。全年组织非税收入10.30亿元。

【支持经济发展】 参与梳理各项扶持产业发展政策,新出台总部经济、家庭农场、"个转企"、油茶产业等政策,引导企业转型升级。兑现奖励扶持政策资金1.15亿元,促进工业经济平稳发展;设立文化旅游专项资金4000万元,支持生态旅游、文化创意等行业加快发展;国资参股根博园建设,推动5A级景区创建。设立1亿元规模的企业应急专项资金,累计为企业提供应急周转9.61亿元,缓解企业融资难。落实高新技术企业等优惠政策,减免税收3748万元。落实社会保险费集中减征及降低18项行政事业收费、水利建设基金等政策,减轻企业负担864万元。加大基础设施建设支持力度,完成财政投入5.03亿元,支持工业平台、农村发展、城市建设等重点项目。

【优化财政支出结构】 加大财政民生支出保障力度,全年民生支出16.40亿元,增长18.6%,占公共财政支出的82.9%,同比提高2.8个百分点,新增财力用于民生支出的比重为84.5%。助推新农村建设。整合财政支农资金,推进美丽乡村建设、农民饮用水工程、村级公益事业一事一议等项目建设,改善农村面貌。支持省级现代农业综合区、"一村一品"专业村、家庭农场建设,加快茶叶、食用菌、清水鱼、山茶油等生态特色产业发展。支持完成池淮山区中低产田改造项目,支持开化龙顶茶特色园项目通过竞争性评选,列入首批国家农业综合开发"一县一特"产业发展试点项目。促进文教卫事业发展。落实教育经费保障机制,支持华埠初中迁建工程,完成全县教育布局调整。加大专项经费保障力度,支持开展送书、送电影、送文化"三下乡"活动,支持传统文化村落和"非遗"保护,发展文化事业,推进省级文化先进县创建。支持卫生事业发展,将城乡居民基本医疗保障政策范围内住院费用报销比例由70%提高到75%,保障县级公立医院综合改革有序推进,促进乡村卫生服务机构一体化建设。支持社会保障工作。支持实施积极就业政策,落实企业退休职工养老金调整标准和各类群体的待遇保障,企业退休人员基本养老金待遇月人均增加222元,城乡居民社会养老保险基础养老金最低标准提高到每人每月80元。落实保障性住房建设资金与土地出让收益动态挂钩机制,加大保障房建设投入。压缩"三公"经费支出。控制各单位"三公"经费总额对超支的接待费征收调节金,加强公务消费管理,实施公务卡强制结算目录,全县"三公"经费支出下降9.7%,其中公务接待费下降15.0%。

【深化财政改革】 加快乡镇财政公共服务平台建设,通过服务平台及"一卡通",实现财政补助资金直接发放及城乡居民个人账户。建立全口径预算体系,公共财政、政府性基金、国有资本经营和社会保险基金四本预算均提交县人代会审议。推进政府信息公开,首次公开2013年度"三公"经费预算。清理行政事业单位结余周转资金,盘活财政存量资金。落实财政性资金存贷挂钩考核办法,激励金融机构支持地方经济发展,完善大宗财政性存款竞争性选择银行制度,提高社保资金等沉淀资金定期存款比例,增加财政存款利息收入。制定新一轮华埠经济强镇财政体制,加大财力倾斜,支持中心镇建设。国库集中支付和公务卡改革覆盖全部县级全额预算单位,以城关镇为试点,推动乡镇财政国库集中支付改革。

【强化监督管理】 制定财政监督局、绩效管理科合署办公一体化运作方案,规范财政"大监督"机制运作模式。开展国有房产出租情况专项清查,出台开化县国有房地产公开出租管理暂行办法和实施方案推进国有房产公开出租管理。制定《开化县国有产权转让操作规则》,规范国有产权转让行为。完善政府投资项目、支农项目、特扶项目等专项资金管理,严格按照"资金跟着项目走"的要求,严防截留、挪用、套取财政专项资金。完善数字财政查询、监督功能。加强政府投资项目评审工作,审核项目127个,涉及金额5.45亿元,核减金额5811万元。加强财政资金绩效管理,开展部门自评和财政部门重点评价,推动部门提高绩效意识。开展行政事业单位财政监督检查、会计信息质量检查、乡镇财政检查、会计资格举报案件检查,初次尝试部门报表质量检查,做好案件处理。完善政府采购管理创新协议定点采购组织形式和监管模式,引入第三方机构价格调查,实行阳光监管,全年采购金额3623万元,节资率12.6%。

【加强队伍建设】 组织解放思想大讨论,深入开展"治庸懒散、比能力勤勉和谐、评环境站所干部、提升形象效能素养"的主题活动。严格执行中央"八项规定"、省委"六个严禁"等规定,组织开展批评与自我批评,加强纪律执行情况督查。推广应用《税友龙版》廉政效能风险防控模块,以"制度+科技"模式,对廉政和效能风险进行防控。做好21件人大代表建议、政协委员提案的办理,面商率、函复率、满意率均为100%。县局机关在县级部门综合考核中获一等奖,蝉联政府序列最满意单位称号。

(开化县财政局供稿 叶黎明执笔)

舟山市财政工作概况

舟山市

【概况】 2013年,舟山市实现地区生产总值930.85亿元,增长8.5%,按常住人口计算,人均生产总值8.2万元。第一、二、三产业增加值分别为95.73亿元、411.55亿元、423.57亿元,分别增长7.6%、9.2%、7.9%。三次产业结构比为10.3∶44.2∶45.5。海洋经济总产出2195.00亿元,增长12.1%,海洋经济增加值644.00亿元,增长10.0%,占GDP比重为69.1%。全社会固定资产投资750.02亿元,增长20.6%。社会消费品零售总额331.65亿元,增长14.1%。外贸进出口总额126.72亿美元,下降18.7%。城镇居民人均可支配收入37646元,渔农村居民人均纯收入20573元,分别增长10.0%和10.6%,城乡居民收入比为1.83∶1。全市实现财政总收入137.42亿元,增长3.0%,其中公共财政预算收入92.63亿元,增长8.3%;全市公共财政预算支出189.83亿元,增长22.3%。市本级财政总收入61.36亿元,增长5.7%,其中市本级公共财政预算收入42.15亿元,增长10.1%;市本级公共财政预算支出58.38亿元,增长9.1%。全市公共财政预算收入占财政总收入比重为67.4%,比上年增加3.3个百分点;全市公共财政预算收入中税收收入81.80亿元,增长4.3%,占比为88.3%。全市和市本级财政收支平衡。

【组织财政收入】 实施税源精细化管理。完善重点税源监控管理办法,对省级以上重点税源企业和市级重点税源企业进行重点监控。建立财政、国税、地税联动机制,明确收入任务分解、分析、预测、执行等责任。制定《重点税源精细化管理办法》,开展税源风险管理和重点税源精细化管理试点工作,增强税源控管能力。组织非税收入。加强财政专户管理、深化"收支两条线"管理、规范财政票据管理,健全非税收入征管机制和流程。全年实现非税收入10.83亿元,增长51.7%。做好社会保险费年终结算工作,巩固和完善社保费"五费合征"工作机制,全市五项社会保险费收入23.84亿元,增长11.8%。应对重大税制改革。关注"营改增"扩面等改革动向,分析评估税制调整对舟山公共财政预算收入以及产业引导、企业转型升级带来的影响,出台《关于实施营业税改征增值税试点期间过渡性财政扶持政策》。

【支持新区建设】 争取政策资金。争取到省财政厅支持舟山群岛新区建设的二十条具体实施意见,在地方政府债券、海域使用金、体彩福彩公益金等方面给予政策倾斜。配合市属有关部门做好争取舟山港综合保税港区封关运作和自由贸易港区相关工作。完善新区财政体制。结合经济功能区的定位、事权、开发模式和财力现状等,研究探索在新区建设背景下的财政体制创新。对2010~2012年市区财政体制进行分析评估,研究并提出完善市区财政体制的初步方案。建设投融资平台。分析市本级2013~2016年政府投融资平台投资、融资和债务情况,跟踪重大项目进展情况。完善国资重组及投融资平台组建方案,构建"一综多专"* 国有投融资体系。强化债务计划管理,坚持适度举债,将债务控制在警戒线以内。

【培植海洋经济】 加大产业扶持力度。出台《舟山市船舶工业转型升级专项资金使用管理办法》《关于进一步加大支持力度促进舟山航运业平稳发展的若干意见》等文件,支持船舶工业、航运业、水产品精深加工、海洋生物等产业做大做强。组建战略性新兴产业基金、旅游产业基金,培育发展新兴产业,提升传统优势产业。帮扶企业发展。建立重点扶持企业名录,进行定向扶持和动态扶持。落实税费减免政策,促进经济转型和社会和谐,2013年全市减免各项税费9.80亿元。全年发放中小企业专项信用贷款22.00亿元,缓解中小企业流动资金困难;发放企业应急周转资金贷款38.00亿元,有效满足全市重点扶持企业的短期融资需要。

【优化支出结构】 加大"三农"投入。全市财政农林水事务支出49.00亿元,增长61.2%,重点支持"美丽海岛"及"森林舟山"建设,促进现代农渔业发展、农渔村生态环境改善和农渔民创业增收。保障民生支出。根据《关于进一步做好优化财政支出结构的通知》,确保新增财力2/3以上用于民生。教育支出22.95亿元,增长7.5%,推进教育事业全面发展;医疗卫生支出11.52亿元,增长12.2%,深化公立医院综合改革;科学技术支出4.02亿元,增长15.3%,提升海洋自主创新能力;公共安全支出9.70亿元,增长11.0%,支持"平安舟山"建设;社会保障和就业支出8.44亿元,增长11.9%,提高民生保障水平,支持就业创业。推进政府投资项目建设,支持保障性住房建设和旧城改造。控制行政成本。改进工作作风,严格控制一般性支出,减少"三公"经费和会议费支出,2013年全市"三公"经费下降11.7%。

【深化财政改革】 有序推进预算公开。规范预算编制,强化预算执行,4月28日,15家单位的部门预算在人代会上集中公开。加强乡镇财政管理。全市39个乡镇基层预算单位实施乡镇国

市政府重视支持传统文化传承——舟山锣鼓

库集中支付试点改革,涉及资金3540万元。乡镇预算单位公务卡改革实现100%全覆盖,制定2013~2014年度乡镇财政建设工作奖补考核办法,推动乡镇财政公共服务平台建设。加强财税信息化建设。制定全市财税系统第三方信息管理工作规划,建立“政府牵头、财政主导、部门协作、地税主办”的财税综合信息交换机制,全市30个部门的相关数据纳入财税第三方数据应用平台,提升跨部门信息共享水平。

【强化财政监管】 加强政府投资项目监管。成立政府投资项目造价中心,对政府性投资项目工程进行前期论证、编制概预算和变更造价,提高造价编审质量和效率。造价中心成立以来完成概算和预算编审89项,送审金额32.47亿元,调整造价金额1.91亿元,金额调整率为5.9%。土地出让金管理。建立土地出让金收支分析制度,加强土地出让成本管理。结合“亩产税收”,研究岸线资源利用、重点引进项目对地方财力贡献,促成《舟山市港口岸线储备实施办法(试行)》的出台。政府采购监管。制定《市本级政府采购提速增效优化服务若干措施》《政府采购支持中小企业信用融资试点办法》。2013年政府采购预算金额18.44亿元,增长11.0%,节约资金2.12亿元,节约率11.5%。强化财政支出绩效管理。制定《舟山市市本级财政检查选案工作规范》。开展行业性会计监督专项检查,确定14个单位自评项目、6个重点专项评价项目和1个部门预算评价试点项目。会计监管服务。创新会计管理手段,实施会计人员“网格化服务”,探索建立会计人才(人员)的进退制度。组建公益性的会计专业人才(人员)职业交流和拓展平台——群岛新区会计人才(人员)职业中介平台。组织开展内部监督检查和行业性会计监督检查。

【加强队伍建设】 推进机构改革。根据新区行政体制改革要求,整合市财政局、市国有资产监督管理委员会职责,重新组建市财政局,增挂市国有资产监督管理委员会牌子,对新组建的市财政局主要职责、内设机构、人员编制和领导职数进行重新明确和核定。加强基层建设。在全市财政系统创建星级财政服务厅。完善干部培养机制。组织开展“勇担使命、四干兴舟”主题学习实践活动,按照推进群岛新区建设的要求,举办金融专题、新区发展规划等专题讲座,组织人才库成员培训班、财政基础业务轮训班等。通过干部上挂下派的机制,提升年轻干部综合素质。落实依法行政。成立财政行政复议委员会,规范行政调解工作,提升系统执法工作质效。深化作风效能建设。建立基层工作联系点制度,选择市本级直属部门、投融资平台、重点企业等50多个服务对象进行上门走访,征求工作意见建议并提出整改措施。承接省级权限下放事项,推行行政审批“四个清”服务模式*。组成机关效能督查组,对机关处室及基层单位进行明查暗访,重点检查公款接待、请客送礼、公车管理、工作纪律、窗口管理等制度的执行情况。 (舟山市财政局供稿 徐颖娜执笔)

注:

*“一综多专”:一个综合性投融资平台和多个专业性投融资平台。

*行政审批“四个清”服务模式:咨询服务“一口清”、办理业务“一次清”、服务指南“一纸清”、业务人员“一手清”。

定海区

【概况】 2013年,舟山市定海区实现生产总值380.30亿元,按可比价计算,增长9.3%。其中:第一产业增加值11.21亿元,增长4.9%;第二产业增加值176.73亿元,增长12.0%;第三产业增加值192.36亿元,增长7.3%。三次产业结构比为2.9∶46.5∶50.6。全区财政总收入19.64亿元,其中:公共财政预算收入12.10亿元,增长5.2%,占财政总收入的61.6%;公共财政预算收入中税收收入9.07亿元,占比75.0%。公共财政预算支出27.72亿元,增长6.7%。全年财政收支平衡。

【组织财政收入】 加强税源监控。加强财税部门配合协作,发挥财税库联席会议机制作用。关注重点企业财务及税收入库等情况，掌握税源变化，提高预测准确率。规范非税管理。拓宽国有资源（资产）有偿使用收入征收渠道，探索非税收入稳定增长机制，全年收缴非税收入4.21亿元，增长26.4%。通过“以票管票、以票控费”，强化财政票据管理，做到应收尽收。

【支持经济发展】 加大重点产业扶持力度。运用政策、资金等手段，为企业发展创造良好环境，全年累计投入财政资金1.96亿元支持海洋经济发展，重点对航运业、道路运输企业、中小企业进行扶持，投资建设产业服务中心、中大街海洋文化一条街，推进海洋产业转型升级。加大政府投资保障力度。多渠道筹集资金35.84亿元，投资“七中心一基地”* 建设，助推“工业强区”发展，引导企业加快结构调整，支持城乡一体化发展，保障政府投资项目建设。扶持中小企业发展。区担保公司累计完成融资担保业务199笔，为139家企业担保7.03亿元，为区内146家中小企业应急转贷257笔，金额13.53亿元。设立规模为1.43亿元的定海区“蓝海育苗基金”二期信托基金和规模为0.93亿元的“兴业育苗贷款”信贷资金，当年受益企业44家。

【保障民生支出】 2013年，全区民生事业支出18.97亿元，增长14.8%，占公共财政预算支出的68.5%。加大“三农”投入。整合财政资金1.07亿元用于“三农”工作，安排2216万元支持“美丽海岛”及中心村建设；投入1.53亿元支持水利建设项目。投入资金助推“三改一拆”*、“四边三化”*、“双清”* 等民生实事专项。全年农林水事务支出5.45亿元，增长20.2%。促进教育事业均衡发展。推进新校园建设工程，重点保障城东小学、双桥小学、干览中学等迁扩建项目，全年财政教育支出4.70亿元，增长9.7%。丰富群众文化生活。建立区图书馆，建成农渔村文化礼堂16家，开展国际海岛风情秀、唱响定海、文化走亲、送戏下乡等活动，全年文化体育与传媒支出4623万元，增长18.8%。重视公共安全建设。加强社会治理体系建设，扩建治安视频监控系统等技防，连续八年荣获“省平安区”称号，全年公共安全支出2.40亿元，增长31.3%。扩大社会保障覆盖面。提高农村低保标准，加大对残疾人补助力度，社会保障和就业支出1.71亿元，增长13.7%。推进公共卫生发展。加快推进城市社区卫生服务中心建设，引进紧缺卫生人才，筹建区康复医院，全年医疗卫生支出1.86亿元，增长8.5%。

【深化财政改革】 深化预算改革。深化综合预算改革，健全政府预算体系，加快形成“全口径”预算编制体系，细化预算编制，提高部门预算年初到位率和批复率。健全政府采购制度。充分发挥政府采购职能，出台政府采购协议供货二次询价管理办法，实行二次询价管理。推进区级及镇（街道）国库集中支付改革试点。城区三街道以“乡镇视同县级预算单位”模式实行国库集中支付改革试点，出台农渔村社区会计集中核算实施方案，拟订镇（街道）财政国库集中支付改革方案。严控“三公”经费。制定实施定海区预算单位公务卡强制结算目录，扩大公务卡适用范围，完善公务卡管理制度，健全公务支出内控制度，加强对强制结算目录制度实施情况的监督检查。实行“三公”经费一月一报，全区“三公”经费在上年压缩的基础上再下降10.5%。整合重组国有企业。通过兼并、合并、股权变更、收购、出售等方式，重新调整企业的存量资产和产权归属。

【加强财政监管】 开展财政支出绩效评价工作。完善预算绩效管理制度，增强绩效理念。全年绩效评价项目涉及财政资金1.50亿元。加强政府性债务管理。建立政府性债务的计划编制及月度报告制度，定期清理核实地方性债务，落实存量债务和新增债务的分类管理。健全偿债准备金制度，加强土地储备融资计划的编报管理。规范镇（街道）资产管理工作。推进乡镇公共服务平台建设，全面清查镇（街道）及下属单位（公司）资产。加强财务管理。将“金财工程”软件应用于基层医疗卫生机构，掌握基层医疗卫生机构财务情况；实现卫生部门与财政部门信息联通。将现代农业生产发展资金项目、小型农田水利重点县建设项目、一事一议财政奖补项目等纳入县级报账制管理，严格审核报账资料，及时拨付报账资金，确保项目规范实施及财政资金安全使用。做好国库资金出借清理工作，及时收回对外借款。分析财政资金使用进度和库存情况，盘活存量资金。

【加强队伍建设】 开展主题教育活动。组织党员干部开展“勇担使命、四千兴舟”主题学习实践活动。通过报告会、读书会、研讨会、座谈会、专题征文等多种形式，提高财政干部服务意识，推动机关作风转变，提升党员干部服务群众能力。开展财政文化建设。充分发挥党、团、工、妇作用，建立各类兴趣小组，多形式开展各项文体活动，增强团队凝聚力。创建责任型、效率型机关。落实目标责任制考核，完善干部选拔机制，强化服务意识，开展巾帼文明示范岗、财政星级服务大厅创建活动。加强廉政风险防控机制建设。印发内部管理制度汇编，履行“一岗双责”*，开展会员卡自行清退、廉政警示教育等活动，加强对重点岗位和关键环节的监督，以制度保廉政，以公开促廉洁，确保财政资金和财政干部“双安全”。

（舟山市定海区财政局供稿　陈　华执笔）

注：

*七中心一基地：是指浙江舟山群岛新区的临港制造业中心、集装箱国际物流中心、国际粮油集散中心、国际水产品集散中心、现代农业发展中心、港口物流和现代海事商贸服务中心、海洋文化产业中心和国际海洋旅游度假基地。

＊三改一拆:是指在城区中开展的旧住宅区、旧厂区、城中村改造和拆除违法建筑。

＊四边三化:是指公路边、铁路边、河边、山边等区域的洁化、绿化、美化行动。

＊双清:是指清理河道、清洁乡村专项行动。

＊一岗双责:"一岗"即一个领导干部的职务所对应的岗位;"双责"即一个领导干部既要对所在岗位应当承担的具体业务工作负责,又要对所在岗位应当承担的党风廉政建设责任制负责。

普陀区

【概况】 2013 年,普陀区实现地区生产总值 300.01 亿元,按可比价计算,比上年增长 8.6%;按户籍人口计算,全区人均生产总值 93141 元,增长 9.5%。第一产业增加值 37.73 亿元,增长 6.0%;第二产业增加值 125.90 亿元,增长 8.9%;第三产业增加值 136.38 亿元,增长 8.9%。三次产业结构比为 12.6 : 42.0 : 45.4。全区财政总收入 32.56 亿元,增长 1.6%,其中公共财政预算收入 22.42 亿元,增长 6.0%,占财政总收入的 68.9%;全区公共财政预算支出 50.76 亿元,增长 39.5%,其中本级公共财政预算支出 26.12 亿元,增长 9.8%。全年财政收支平衡。

【组织财政收入】 关注经济走势和影响收支的不确定因素,加强统计分析和收入预测。以"质量征管年"为抓手,推进重点税源精细化管理,加强行业数据清理和行政协作,开展村级经济、拆迁安置、政府土地改造项目有关税收调查与清理,"以评促收"提高税收征管质量,全年地方税收收入 20.43 亿元,增长 5.7%,占公共财政预算收入的 91.1%。推进政府非税收入"科学化、精细化"管理,加强收入监管及票据源头管控,拟定非税收入征收管理绩效考核办法,实施征收管理协同机制。全年非税收入 2.00 亿元,增长 9.2%。

【支持经济发展】 加大资金筹措力度支持区域经济发展,争取到地方政府债券 1.50 亿元用于基础设施建设,实现融资 4.80 亿元用于保障房三期、四期项目。全年投入产业发展扶持资金 1.83 亿元,其中现代港口物流业专项资金 5146 万元,工业转型升级资金 4113 万元,旅游发展专项资金 2605 万元。推进"营改增"试点工作,将国家结构性减税政策落到实处,对试点期间税负增加的企业进行补助,优化企业发展环境。制定进一步加快工业经济转型升级的若干意见、"智汇新区·才富普陀"科技创业金融支撑实施细则、帮扶航运业平稳有序发展的实施办法等政策制度,鼓励企业转变发展方式,促进产业良性发展。全年区本级投入建设资金 15.29 亿元,保障政府实事项目、民生项目建设,支持普陀"五大百亿"组团工程＊和"四区一城"＊平台建设。

【保障民生支出】 落实支农惠农政策。全年用于"三农"支出 5.23 亿元,增长 17.7%。建立专项资金整合和统筹安排机制,加大"美丽海岛"创建投入,加快中心村、村庄整治建设,推进发展村级集体经济;做好 2013 年桃花客浦中低产田改造(控制性工程)项目和薰衣草新品种引进繁育与配套生产技术示范推广项目实施工作;申报农业综合开发海洋渔业特色园项目,获省以上补助资金 1000 万元,用于登步、桃花两岛的围塘海水养殖提升改造工程。加大教科文投入。办好学前教育,出台民办幼儿园扶持资金管理办法,加大对民办学校的扶持力度;加快海洋科技创新,加大政策资金支持力度,2013 年科技三项费用由上年的 700 万元增到 1200 万元;健全公共文化服务体系,建立公共文化服务供给长效机制,提高财政资金使用效益。全年本级教育、科技、文化支出分别为 5.68 亿元、6668 万元、5974 万元,分别增长 5.4%、11.1%、30.7%。支持医疗卫生改革。全年本级医疗卫生支出 2.16 亿元,增长 18.1%。深化公立医院改革,解决公立医院无责欠费问题,完善公立医院基础设施建设,优化公立医院资源配置,支持公立医院人才队伍培养、重点学科建设和中医事业发展。推进基层医疗卫生服务体系建设,修订基本公共卫生服务项目资金管理办法,明确基层医疗卫生机构提供基本公共卫生服务项目及绩效考核指标;出台基层医疗卫生机构收入分配管理办法,完善海岛医务人员收入分配机制,特别是加大对偏远、悬水小岛站室医务人员的补助力度。完善社保体系建设。全年本级社会保障和就业支出 1.31 亿元,增长 5.6%。出台养老服务补贴制度实施细则,按补贴对象分别给予 12000 元/年、4800 元/年、2400 元/年和 1200 元/年的养老服务补贴;出台扶持社会工作发展实施办法(试行),以政府购买服务方式向公益性社会组织购买社会工作服务项目;理顺福利中心体制,支付资金 3470 万元用于民营股权收购,推进新型社会救助和社会福利体系建设。

【推进财政管理改革】 在加强区级国库集中支付管理的基础上,以六横镇为试点推行乡镇财政国库集中支付改革,在全区所有乡镇推行公务卡改革。从严从紧控制 2013 年度项目资金预算,对项目支出预算按支出用途和经济科目进行细化申报,按经济分类分解确定全年分月支出明细计划,全年实际项目支出压缩 640 万元。编制行政事业单位"三公"经费、会议费和外出学习、考察经费(包括工会疗养)年度预算,加强"三公"经费和行政经费管控,全年全区"三公"经费比上年下降 10.2%。严格政府采购管理,全年全区政府实际采购金额 2.82 亿元,节约资金3974万元,资金节约率为12.4%。制定出台政府投资项目预算管理暂行办法。从制度上杜绝“预算超概算、决算超预算”现象。

【完善体制机制】 巩固乡镇财政建设。调研原沈家门、朱家尖、勾山等3个街道财政运行情况,对原沈家门街道适时调整支出基数和分成办法,当年新增可用财力1300万元;调查原勾山街道托管区域的资产、企业税收、财政支出等情况,提出合理化建议;专项安排5900万元扶持资金,支持六横、朱家尖、桃花、虾峙重点项目建设;完成行政体制改革所涉及乡镇的资产清查工作,推进乡镇公共服务平台建设。推进数字财政建设。召开专题会议研究制定网络和数据中心改造方案,通过运用数字虚拟化技术和增添安全产品等手段,优化改造现有网络架构和数据中心,强化系统分析和辅助决策能力。加强国有资产管理。深化国有企业改革,对国有企业进行整合重组,初步搭建起“2+4”国有企业格局*;拟定国有企业经营者业绩考核相关制度,完善激励和约束机制;调查摸底全区公有资产情况,并对资产的调配、处置提出可行性方案。

【加强财政监管】 出台森林生态效益补偿基金管理办法、地质灾害治理项目及资金管理办法、土地整治项目及资金管理暂行办法,规范财政农业专项资金管理。清理、核销行政事业单位历史性遗留往来款项,防止资金沉淀。精简财政专户,做好专户资金特别是社保专户资金的保值增值工作。扩大财政专户资金定期协定存款资金量,全年增加理财收入1700万元。强化债务计划管理,规范举债行为,严格将债务控制在警戒线以内;会同国土部门完成土地储备计划的审核,合理确定全区土地储备融资规模;加强地方政府债券管理,及时编制预算调整方案,确保专款专用。开展会计信息质量检查,对违规问题及内控管理提出财政建议。组织实施财政支出绩效评价工作,全年实施2008~2012年“千村示范万村整治”工程、“美丽海岛”建设、展茅街道卫生院建设工程等6个绩效评价项目,涉及资金2.61亿元。

【干部队伍建设】 开展以提升能力素质为核心的分层次、分专业岗位培训,加大对新进年轻干部的培养,以新老干部对口联系形式,发挥中层干部和业务骨干的传帮带作用,培养和构建具有发展潜力的财政干部梯队。推进党风廉政建设,制定普陀区财政局干部廉政报告制度,加强对中层干部、重点岗位工作人员的廉政风险防控。改进工作作风,结合全区影响机关工作效能行为责任追究办法,提出违规违纪具体处理要求,不定期开展效能纪律明察暗访,规范干部职工履职行为。组织开展“勇担使命、四干兴舟”主题学习实践活动,并以传承和弘扬财政机关传统文化为核心,组织开展主题演讲、谈话谈心、学雷锋志愿服务等活动,提升团队凝聚力。

(舟山市普陀区财政局供稿　陈轶伦执笔)

注:

*“五大百亿”组团工程:六横组团、朱家尖组团、东港组团、沈家门渔港组团、本岛西北部组团五个组团的重大项目建设。

*“四区一城”:指省级经济技术开发区、省级普陀滨海国际旅游度假区、省级浙台(舟山普陀)经贸合作区、省级现代商贸流通改革发展试验区和舟山国际水产城。

*“2+4”国有企业格局:指普陀区国有资产投资经营有限公司、舟山水产品中心批发市场有限责任公司(中国舟山国际水产城)、普陀建设投资有限公司、普陀交通投资有限公司、普陀文化传媒有限公司、普陀旅游投资有限公司。

岱山县

【概况】 2013年,岱山县实现生产总值176.92亿元,比上年增长7.0%。其中:第一产业增加值27.54亿元,增长9.0%;第二产业增加值96.94亿元,增长5.8%;第三产业增加值52.44亿元,增长8.6%。三次产业结构比为:15.6∶54.8∶29.6。全县人均生产总值9万元,增长7.5%。全县财政总收入17.67亿元,增长0.5%,其中公共财政预算收入10.59亿元,增长8.4%,占财政总收入的59.9%;县级公共财政预算支出14.86亿元,增长16.4%。当年财政收支平衡。

【组织财政收入】 加强收入预测分析,密切关注重点企业经营和重点项目建设形势变化,及时掌握税源动态,把握收入主动权。坚持科学依法治税,夯实税收征管基础,推进税源管理信息化建设,提升征管精细化水平,征管工作质量不断提高。全年实现地税税收收入7.45亿元,占公共财政预算收入的70.8%。推进政府非税收入信息化建设,进一步完善非税收入监管体系,严格“收支两条线”管理。依法调整政府非税收入征管范围,强化征缴管理工作,确保非税收入及时足额入库,全年入库非税收入5.64亿元。

【推动经济发展】 支持经济转型升级提高发展质量。落实工业转型升级和各类专项扶持政策,加强对实体经济的解困、支持和服务,帮扶企业渡过难关,鼓励传统产业兼并重组和改造升级,促进重点产业、行业健康平稳发展。全年落实各类财政扶企资金8612万元,增长25.9%,其中:企业贴息补贴资金1111万元,工业企业转型升级资金5167万元,集装箱运输业、海运业等技改补助资金2334万元。落实结构性减税和清费减负政策,着力吸引浙商回归和有效投资,深化"营改增"等税制改革,落实取消部分行政事业性收费工作,减轻企业税费负担,全年减免各类税费4229万元。加强中小企业专项信用贷款管理,新增15家企业进入专项信用贷款扶持范围,累计入围企业148家,发放信用贷款3.99亿元,有效缓解企业融资困难。

【促进民生保障】 支持民生事业发展,促进社会和谐稳定。统筹安排支农资金,整合零散支农专项资金,着力提升农渔村生产生活水平,落实农业农村发展重点领域、重点项目扶持政策,加强村级公益事业一事一议和农业综合开发等项目规划,支农支出11.48亿元,增长40.7%。加大社会保障支出力度,推进城乡公共服务均等化建设,提高保障标准和救助水平,支持就业和再就业保障工作,促进保障性住房建设,落实困难群众基本生活价格补贴和无固定收入残疾人生活补贴资金,社保支出1.87亿元,增长14.7%。多渠道提取社会保障风险准备金3100万元,累计1.26亿元,有效提高社保基金抗风险能力。科、教、文、卫支出6.24亿元,增长9.2%。完善县级公立医院药物零差率相关配套政策,支持基层医疗卫生服务机构标准化、规范化建设;落实中等职业学校学费免除政策和经费保障办法,推进非义务教育阶段绩效工资补差工作;支持科学技术创新和文化事业发展。

【深化财政改革】 深化"全口径"预算编制工作,完善公共财政预算、政府性基金预算、国有资本经营预算和社会保险基金预算编制方案,编制国有资产经营预算,推进部门预算上人代会。按照"一级政府、一级财政"的模式,以衢山镇为试点,推进乡镇国库集中支付改革,逐步完善国库集中支付操作流程。以国库集中支付一体化软件信息系统为基础,通过对全县所有财政专户的清理、归并和新设,将财政专户资金申拨和会计核算纳入信息化系统,实现财政专户资金申拨一体化管理。深化公务卡制度改革,开展乡镇公务卡推广工作,制订县级预算单位公务卡强制结算目录,扩大公务卡适用范围,加强和规范公务支出管理。落实"厉行节约"各项规定,严格控制行政支出和"三公"经费预算规模,县属单位"三公"经费下降25.5%。稳步推进数字财政建设,完善信息技术应用,强化系统分析和辅助决策能力。推进乡镇公共财政服务平台建设,加强乡镇财政机构设置和人员配备,规范乡镇财政运行机制。

【强化监督管理】 推进财政"大监督"建设,健全政府性资金和财政运行监督机制,完善财政监督组织管理体系,强化财政监督职能。推进财政监督机构、业务、人员"三融合",启动预算编制绩效管理,规范绩效指标和标准体系,加强对绩效目标实现情况的监控,开展重点项目绩效评价3个,涉及项目资金2.34亿元,组织指导部门自评项目8个,涉及项目资金2124万元。加强对部分国有企业融资资金使用和运行情况监督,开展企业财务收支情况审计。规范政府性债务管理,加强债务计划执行监督,有效控制债务规模。加强重点项目审查,全年审核工程项目37个,核减资金3850万元,核减率为11.0%。加强政府采购监督管理,完善政府采购预算和采购目录编制,严格采购计划审批,全年节减政府采购资金1903万元,资金节约率为12.0%。

【加强队伍建设】 深入开展"五好分局"创建工作,各业务科室和基层分局上下联动,逐步实现分局管理规范化,基层文明创建常态化,促进业务能力和服务质量的再提升。落实巾帼文明示范岗、省级文明单位各项工作要求。围绕深化财税文化建设,打造多样化活动平台,通过"健康、文明、阳光"的文体活动熔炼财税队伍凝聚力。 (岱山县财政局供稿 毛文君执笔)

嵊泗县

【概况】 2013年,全县实现地区生产总值73.61亿元,按可比价格计算,比上年增长9.0%。其中:第一产业增加值19.25亿元,第二产业增加值10.98亿元,第三产业增加值43.38亿元,分别增长10.6%、8.0%和8.7%。三次产业结构比调整为26.2∶14.9∶58.9。按户籍人口计算,人均地区生产总值93880元。全年海洋经济总产出133.88亿元,海洋经济增加值58.37亿元,海洋经济增加值占GDP的比重为79.3%。全年实现财政总收入6.19亿元,增长5.2%,公共财政预算收入5.37亿元,增长10.4%。按现行财政体制计算,全年完成公共财政预算支出21.52亿元,增长50.8%。当年实现财政收支平衡。

【组织财政收入】 *加强税收征收管理。*2013年,全县公共财政预算收入中税收收入完成3.63亿元,同口径增长10.5%,占比67.7%,比上年提高0.1个百分点,实现"收入稳、结构优"的目标。但当年税收增长受土地转让等特殊因素影响,可持续增长的基础依旧薄弱。面对增收税基不稳、政策性减收等困难,充分依托港口区位优势,以小洋山周边海域的海上风电、码头等项目为突破,广开源、深挖潜、强管理、优服务,提升税收征管质效,加强重点税源精细化管理,增加地方可用财力。*加强非税收入征管。*推进社会保险费"五费合征"的扩面征缴工作,自然人参保意识和缴费意识不断提高,基本达到"扩大覆盖、夯实基数、公平费负、规范征管"的目标。全年征缴社会保险费等非税收入2.12亿元,增长20.0%。

【服务经济发展】 保障政府重点项目。合理调度,盘活存量资金,整合各类财政资金,为嵊泗海洋经济发展、"美丽海岛"建设等政府重点项目建设提供财力支撑,通过争取地方债券、财政转借的方式,用于政府投资项目及社会各项公共事业,节约财务成本5000万元,全年财政直接用于政府重点实事项目资金5.37亿元,有力支持了中心渔港扩建、洋山大岙避风港项目、小洋山综合服务中心等重点工程和民生支出需求。壮大国有经济实力。突出国有经济主导地位,加大国有资本投入,全年新增国有参控股企业8家,增加国有净资产3.82亿元。整合国有资源,对出资企业进行清理、合并或注销,收回投资6247万元。贯彻落实优惠政策。加大对小微企业的帮扶力度,依法减免各类税费2000余万元,促进企业创新和经济转型升级。

【保障民生需求】 落实支农惠农各项政策。深化一事一议财政奖补机制,扩大财政奖补试点范围,2013年申报省级项目18个,争取省补资金511万元。申报落户省级农业综合开发特色园项目,助推贻贝特色产业现代化发展,加大特色优势养殖品种优良基地建设,促进渔民增收和转产转业,推进现代渔业发展。加大教育文化科技投入。完善义务教育经费稳步增长机制,按照法定增长要求加大财政教育投入,全年教育支出2.09亿元,增长13.0%。支持文化下乡、广电惠民、乡镇综合文化站等工程建设,加大渔农村公共文化服务体系建设和全民健身服务体系投入,促进公益性体育事业发展,全年文化体育支出3208万元,增长12.9%。加大科技经费投入,引导企业加大对技术创新、可循环经济等科技领域的投入,全年科学技术支出3167万元,同比增长12.1%。加大生态环保投入。确保创建国家卫生县城、再造绿岛、地质灾害治理等项目建设的需要,用于"美丽海岛"建设及人居环境改善的投入8000万元。增强公共财政服务能力。着力提高城乡医疗保障水平,推进基本公共卫生服务均等化,全年医疗卫生支出1.10亿元,增长28.5%。完善城乡居民低保制度和社会救助体系,加大对困难群众的救助力度,最大限度保障城乡困难群众基本生活,城乡低保标准调整至每人每月525元。针对中心农贸市场搬迁、乡镇菜篮子运行成本较高等情况,研究制定新一轮财政补助政策,加大对特惠蔬菜补助扶持力度,用于"菜篮子"支出560万元,较上年增支88.6%。落实加密航班、新增航船、客运企业亏损等补贴资金1135万元。

【深化财政改革】 深化公共财政管理改革。推进国库集中支付纵向到底,在五龙乡开展乡镇国库集中支付改革试点。在加强乡镇财政规范化管理的基础上,依托现有便民服务中心,以洋山镇为试点,搭建以乡镇社会保障、民政救济、惠农服务等财政支付职能为主的乡镇公共财政服务平台。推进政府预算信息公开。将县人代会通过的财政总预决算信息,除涉密信息外,在政府门户网站公开;规范和压缩一般行政支出,并实现"三公"经费预算公开。加强政府投资项目财政财务管理。研究制定进一步加强政府投资项目管理的意见,加强政府投资项目审批程序,规范政府投资项目资金管理,通过引进县外工程造价审核中介机构,建立政府投资项目市场竞争机制。加快数字财政建设。加强数据系统的日常运行维护,抓实网络信息安全管理,夯实财税基础工作,推动管理科学化、服务优质化。

【强化财政监管】 建立厉行节约长效机制。推进节俭型政府建设,把规范和严控"三公"经费支出作为深化作风建设的重要抓手,完善体制机制,强化源头管理,创新监督举措。按照国库集中支付、公务卡改革的要求,加强行政事业单位资金支付审核和财务监督,确保资金使用合法、合理。细化专项资金预算。严格控制招待费、差旅费等挤占专项资金支出,做到专款专用。建立财政监督项目选案制度,加强预算绩效管理,提高专项资金使用效益。加强会计监督管理。贯彻落实《小企业会计准则》,抓好宣传培训,着力规范小企业会计行为。通过直接对县属国有独资、控股单位会计人员进行委派,发挥会计工作的监督管理作用,提高会计信息质量。充分运用互联网平台,建立行政事业单位财务业务交流"QQ群",实现业务交流实时化、便捷化。严格地方政府性债务管理。编制2013年债务收支计划,以负债率、债务率、偿债率等为重点对政府性债务的规模、结构和安全性进行动态预警和评估,防范和化解债务风险。加强政府采购管理。研究制定《政府采购项目评审现场监督管理办法》,确保政府采购活动的公开、公平、公正,降低采购成本,提高财政资金的使用效益。2013年,全县政府采购预算金额1.84亿元,实际采购金额1.72亿元,资金节约率6.3%。强化国有资产监管。履行国有出资人职责,加强对国有企业管理者的选择和考核,做好国有企业经营业绩和工资费用的审核;加强行政事业单位国有资产及非转经资产管理,整合盘活存量资产,规范行政事业单位国有资产出租相关审批程序;加大对公益性项目的国有资产投入和管理。

【加强队伍建设】 加强廉政教育和作风建设。组织学习中央"八项规定"、省委"六个严禁"、市委"25条办法",开展"敬廉倡洁·勤勉实干"主题系列教育活动,做好《税友龙版》廉政效能风险防控模块推广应用工作,开展"转作风、优环境、促发展——走基层访企业'三联动'"主题宣传调研活动。抓好财税业务专题学习和培训。制订实施《青年干部三年培训规划》,培养复合型财税专业人才。因地制宜开展形式多样、内容丰富的财税文化主题活动,强化财税核心价值理念。

(嵊泗县财政局供稿　施伟伦执笔)

台州市财政工作概况

台州市

【概况】 2013年,台州市实现生产总值3153.34亿元,比上年增长7.9%。其中:第一产业增加值213.30亿元,增长0.6%;第二产业增加值1515.55亿元,增长8.1%;第三产业增加值1424.49亿元,增长8.7%。三次产业结构比调整为6.8∶48.0∶45.2。全市人均生产总值53222元,增长7.3%。社会消费品零售总额1449.27亿元,增长12.8%。全社会固定资产投资总额1507.87亿元,增长21.4%。进出口总额218.78亿美元,增长6.1%。城镇居民人均可支配收入37038元,增长9.0%;农村居民人均纯收入16126元,增长10.7%。全市财政总收入448.47亿元,增长9.7%,其中公共财政预算收入247.72亿元,增长12.4%;市本级公共财政预算收入135.45亿元。全市公共财政预算支出329.00亿元,增长14.3%;市本级公共财政预算支出116.87亿元,增长9.6%。全市及市本级财政收支平衡。

【组织财政收入】 *加强组织收入管理*。关注实体经济增长,提高财政政策的针对性和有效性;分析"营改增"试点及其对地方财力的影响,落实地方过渡性扶持政策;通过对宏观形势的分析,把握收入进度,做好应对措施,保持月度间财政收入进度稳定。科学制订组织收入预案,不断提升财政收入质量。*拓宽征收管理思路*。加强税收的精细化、科学化管理,挖掘财源。重点加强对房地产开发中土地增值税的预征和结算、民营企业的股权交易、村级集体资产租赁等各个环节的征税管理,把分散的税源转化为现实税源,增加地方可用财力。全市公共财政预算收入占财政总收入的55.2%,提高1.3个百分点。全面实施非税收入信息化系统,确保依法征收、应收尽收,全年组织非税收入114.89亿元。

【助力经济转型发展】 *落实积极的财政政策*。发行地方政府债券10.40亿元,重点用于公益性在建项目、保障性安居工程建设和交通基础设施建设。争取中央政府公共投资基建资金5.37亿元,国开行贷款11.22亿元,支持产业升级型项目以及重大基础设施、城市综合体建设。落实结构性减税政策,全年为企业减负22.61亿元;减征困难中小微企业社会保险费5.80亿元;各类企业享受水利建设基金优惠4693万元。*加大科技及新兴产业投入*。建设浙江省小微企业金融服务改革创新试验区。安排财政资金38.41亿元,用于支持传统产业改造提升、海洋经济发展、战略性新兴产业和高新技术产业创新发展等方面。其中安排科技专项资金5.40亿元,现代服务业资金1.59亿元,旅游业发展专项资金0.81亿元,外经贸促进资金0.98亿元。出台《台州市海洋经济发展专项资金管理办法》,安排海洋经济发展专项资金12.91亿元;支持集装箱弃陆走水奖补政策试点。支持企业自主创新和科技公共服务平台建设,促进台州现代物流园区建设、旅游资源项目开发和景区建设,推动市级企业"走出去",开拓海外市场。出台《台州市本级战略性新兴产业专项资金管理办法》,扶持引导企业向战略性新兴产业进军,推动企业信息化建设。

【保障重点支出】 *落实强农惠农富农政策*。全市"三农"支出146.42亿元,增长28.3%。不断完善制度,修订水环境整治重点项目资金管理、美丽乡村建设暨"百村示范千村整治"工程专项资金管理等资金管理办法,规范资金管理,确保资金安全有效使用。实行涉农项目申报制度,建立涉农项目绩效评价制度。推进村级公益事业一事一议财政奖补,财政补助项目401个,补助资金2.12亿元,增长22.0%。*加快教育文化事业发展*。促进教育优先发展,教育投入77.60亿元。每年安排800万元学前教育专项奖补资金。落实相关免学费及助学金的补助政策。推进高校债务化解工作,落实贴息经费。文化体育与传媒投入5.41亿元,重点用于公共文化设施建设、国家级非物质文化遗产保护、全民健身活动等。*推进医疗卫生改革*。医疗卫生支出23.70亿元,增长23.3%。推进基层医疗卫生机构债务化解工作,偿还各项债务0.60亿元。提高城乡居民基本医疗保障水平,新农合人均筹资标准500元以上,财政补助人均290元以上,政策范围内住院报销比例75%以上。城乡居民基本公共卫生服务经费补助标准人均30元以上。*持续办好惠民实事*。配合有关部门出台多项民生保障方面政策,推动台州户籍就业困难人员的就业;投入10.63亿元建设保障性住房;加大对困难群众、特殊群体的基本生活补助和就业援助;推进全市55个乡镇开展公共财政服务平台建设;推进交通治堵,加快交通基础设施建设,实现市区公交一体化。加大对循环经济、清洁生产、污染治理等环保方面的支持力度,全市安排生态环保资金22.30亿元,其中水环境整治11.00亿元,医化基地整治3.62亿元。推动城市居住环境整治,多城同创*投入2.72亿元,"三改一拆"投入3.80亿元。支持食品药品安全责任体系建设,保证公检法司资金,促进社会稳定和谐。

【深化财政综合改革】 推进财政各项改革。建立健全全口径政府预算体系,打造透明预算,推进财政预决算公开,明确预决算公开的计划方案;在预算编制环节,编实编细预算,通过加强预算编制和执行,优化财政支出结构,集中资金用于稳增长、调结构和惠民生等重点领域和关键环节。开展乡镇财政国库集中支付和公务卡改革试点。盘活财政资金,联合人民银行、监察局和审计局出台《台州市市级预算单位银行账户管理暂行办法》,加强单位资金管理,预防资金积淀。

【加强财政监督】 加强绩效管理,实现全过程预算绩效管理,以绩效目标管理为龙头,开展预算绩效目标管理;以绩效评价为核心,扩大预算部门单位绩效自我评价的范围,夯实评价基础。全面推进单位自评工作,单位自评项目1018个,涉及资金50.70亿元。其中市级单位自评项目34个,涉及资金3.22亿元。强化财政评价,对新农村建设资金、支农资金、制造业转型升级等14个项目实施评价,涉及资金19.20亿元。加强财政投资项目评审,控制基本建设成本,完成评审项目4297个,审核额度276.69亿元,核减15.69亿元;推进政府采购监管,全市政府采购预算42.51亿元,实际采购金额37.46亿元,节约率11.9%。

【加强干部队伍建设】 提高干部综合素质。抓好教育培训工作,以实际行动贯彻落实党的十八大和十八届三中全会精神。建立基层服务制度,开展"进村入企"工作,全局走访台商回归企业191家,宣传有关财政政策,鼓励企业提振信心、持续发展。转变机关作风。以"实干论英雄"活动为载体,开展创先争优。深化机关效能建设,清理规范非行政许可审批事项。126项涉税审批事项中,取消行政审批事项1项、非行政许可事项107项。开展财税文化建设。创建学习、服务、管理、发展、廉政、形象"六大品牌",激发广大干部职工的工作积极性和创造性。发挥党、团、工、妇和兴趣小组作用,丰富和完善财税核心理念,增强队伍的向心力和凝聚力。加强党风廉政建设。完善党风廉政建设责任制,签订《党风廉政建设责任书》,形成上下联动、各单位齐抓共管的责任机制。当年市局被评为浙江省依法行政示范单位;连续9年被台州市政府评为依法行政示范单位;部门决算连续8年被省财政厅评为一等奖。

(台州市财政局供稿 卢云芬执笔)

注:

＊多城同创:指全民参与创建"国家卫生城市"、"国家环保模范城市"和"全国文明城市"。

椒江区

【概况】 2013年,台州市椒江区实现生产总值403.85亿元,比上年增长7.4%。其中:实现第一产业增加值16.48亿元,第二产业增加值171.22亿元,第三产业增加值216.15亿元。三次产业结构比调整为4.1∶42.4∶53.5。全区财政总收入57.13亿元,增长11.3%,其中公共财政预算收入34.22亿元,增长13.5%;全区公共财政预算支出26.59亿元,增长5.7%。公共财政预算收入占财政总收入的比重为59.9%,税收收入占公共财政预算收入的比重为93.5%。全年财政收支平衡。

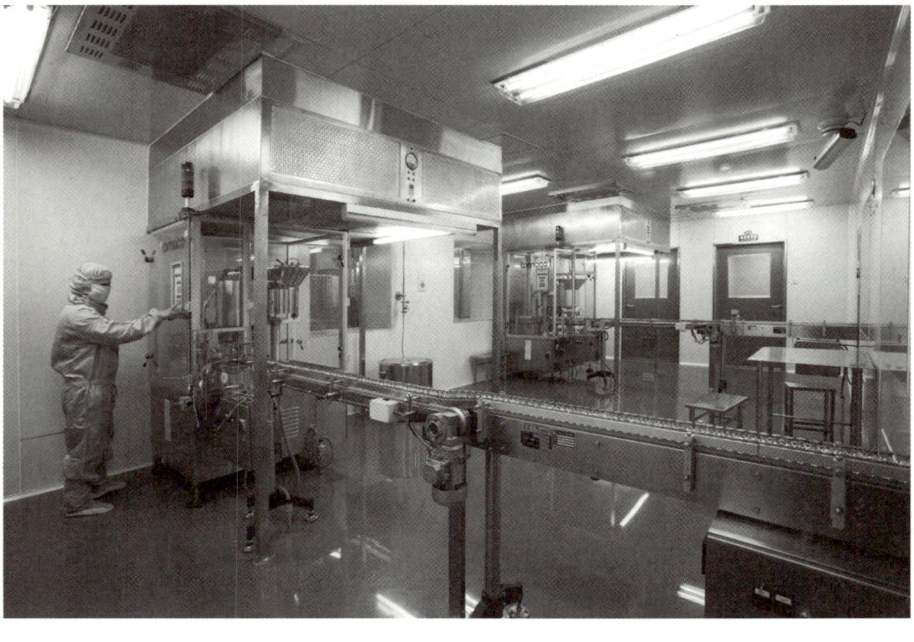

财政政策助推医药化工产业转型升级

【组织财政收入】 建立财政、国税、地税等部门沟通协作机制,围绕全年收入目标,科学制订执收计划,定期召开收入协调会,提高组织收入的前瞻性和主动性。加强税源监控,深化"纳税评估、以电控税、以票控税、专项清缴"工作,强化重点行业的税收征管,实现各类税收应收尽收。调动镇(街道)组织收入的积极性,全区9个镇(街道)组织公共财政预算收入18.11亿元,增长12.2%。规范和完善非税收入管理,加大征缴力度,全年收缴政府性基金收入42.90亿元,其他非税收入2.21亿元。

【助力经济转型发展】 支持现代农业

加快发展。全年公共财政预算安排农林水事务支出4.81亿元，增长41.3%。落实财政支农惠农富农政策，重点加大农业“两区”建设、新型农业经营主体培育等投入。及时发放石油价格补贴资金，保障渔业生产与水产品稳定供应。支持工业转型发展。转变财政支持方式，加大股权改革、企业融资上市、技术改造等财税政策扶持力度，引导经济转型升级。全年累计拨付技术改造、产业扶持、节能降耗等各项专项资金2.50亿元。支持台州湾集聚区椒江分区、八塘和十塘三期、光电子产业园区等重点工业园区建设，加快形成工业核心区。支持现代服务业快速发展。出台电子商务扶持政策，加快“电商换市”步伐；发挥服务业引导资金、旅游业发展资金、文化产业引导资金功能，推动海洋运输、现代物流、商贸旅游、金融保险、科技咨询、创意文化等现代服务业发展。支持小微企业健康发展。设立1.00亿元规模的中小微企业专项信用贷款资金，落实《小微工业企业规范升级实施意见》《关于加快科技型小微企业发展的若干政策意见》等财税政策，孵化一批成长型中小企业。落实清费减负政策，取消和免征56个行政事业性收费项目，减少收费1093万元。

【完善城市功能建设】 投入建设资金27.20亿元，拨付重点工程建设财政资金26.10亿元。保障重点工程、重点项目的资金需要。助力椒江二桥、82省道复线、75省道椒江段等省市重大基础设施建设，构建城市大交通。加大“生态椒江”建设投入。支持截污大会战，推进河道整治和截污控污工作。改善水利基础设施，助力洪家场浦、栅岭汪（椒江段）、高闸浦（椒江段）等排涝调蓄工程开工建设。支持推进医化整治，综合治理城市恶臭源，关停142个高污染的合成、发酵中间体项目，26家企业退出医化生产。投入2.25亿元推进“四边三化”行动，全力支持保障“多城同创”“三改一拆”等重点工作。

【加强社会民生保障】 加大教育投入。支持现代职业教育，全面实施中等职业教育免学费政策。完善义务教育经费保障机制，支持实施中小学教师培训计划和教育信息化工程，提高中小学生均日常公用经费标准。支持幼儿教育发展，设立500万元学前教育专项奖补资金，支持乡镇中心幼儿园建设，落实民办幼儿园奖补政策。加大医药卫生投入。投入9890万元支持医药卫生体制改革，公立医院综合改革稳步推进，“药品零差价”全面实施。加大社会保障投入。支持完善基本养老制度和基本医疗制度。企业退休人员养老金标准平均提高10%；城乡居民基础养老金提高至每月80元；新型农村合作医疗政府补助标准达到390元。健全低保标准自然增长机制和困难群众基本生活价格补贴机制，城乡居民最低生活保障金分别提高至每月580元和440元，残疾人就业保障金筹资规模突破2000万元。支持促进城乡就业再就业，推广实施就业困难人员无障碍小额担保直通车贷款业务。新出台养老服务补贴政策，支持社会养老服务事业发展；支持保障房、公租房建设。加大公共文化体育投入。支持基层文化俱乐部和文化大礼堂建设，健全覆盖城乡的公共文化体育服务体系，增强公共文化体育产品和服务供给能力。加大公共安全投入。完善政法经费保障机制，支持编制政法机关业务装备配备五年规划，推进椒江保安公司改制，深化“平安椒江”建设。加大消防投入，投入3600万元用于消防设施装备和队伍建设，提升城市防灾减灾能力。

【深化财政综合改革】 完善政府预算体系。编制公共财政预算、政府性基金预算和社保基金预算，全面反映政府收支总量。推进预算信息公开。区政府本级预决算信息通过区政府网站向社会公开；22家区级部门向社会公开2013年度部门预算。强化支出标准体系建设。建立健全办公设备配置、差旅费、接待费、会议费、培训费等开支范围和标准，规范各预算单位的支出行为。贯彻落实厉行节约有关规定，印发《椒江区行政事业单位“三公”经费管理办法（试行）》，严控“三公”经费支出，“三公”经费下降19.1%，其中接待费下降35.9%。规范行政权力清理事项。精简行政审批事项，压缩会计代理记账资格审批、外商投资企业财政登记等办理时限。推进财政审批制度改革，清理审批事项3项，保留2项会计类许可审批。

【加强财政监督】 加强预算监管。实施预算绩效管理实施办法和考核办法，首次将该项工作纳入全区机关工作目标考核，并对50万元以上的预算项目全面实施绩效目标追踪管理；全面推进国库集中支付制度，全区9个镇（街道）纳入集中支付范围；出台公务卡强制结算目录，提高公务消费透明度。加强财政项目审核。出台基本建设项目竣工财务决算管理办法，规范竣工结算、资产移交管理。加强政府性投资项目规模控制，落实项目概预算分级审核批复制度。加强政府性工程预结算审核监管，全年完成项目审核667个，资金总额19.47亿元，净核减7978万元。

【强化机关队伍建设】 以“制度建设年”为载体，修订和健全内部管理制度，以“正风肃纪”为抓手，规范权力和优化流程。参与廉政风险干预系统建设，系统梳理岗位廉政风险源，组织开展党纪条规知识考试、“廉政微言”大赛等知识竞赛，提高干部自我警醒、自我教育能力。区局机关获区创建“人民满意机关”示范单位、区级机关工作目标考核优秀单位、全区党建工作先进单位称号。

（台州市椒江区财政局供稿　王永斌　丁海明执笔）

黄岩区

【概况】 2013年，台州市黄岩区实现生产总值305.98亿元，比上年增长7.3%。其中：第一产业增加值15.00亿元，增长0.1%；第二产业增加值156.43亿元，增长7.5%；第三产业增加值134.55亿元，增长7.8%。三次产业结构比调整为4.9∶51.1∶44.0。人均生产总值50798元，增长6.9%。全年财政总收入47.60亿元，增长13.8%，其中公共财政预算收入24.99亿元，增长15.8%；公共财政预算支出26.99亿元，增长12.7%。全年预算执行情况良好，财政收支平衡。

【组织财政收入】 优化收入结构。公共财政预算收入占财政总收入的52.5%，税收收入占公共财政预算收入的93.3%。全区地税部门组织各项收入32.94亿元，增长16.8%，其中地税税收收入20.13亿元，增长16.4%。挖掘增收潜力。建立与工商、国土、国税、房管等多部门联合协调机制，加强税源管控；推进“以电控税、以税核电”的征管模式。提高征管质量。落实房产税、城镇土地使用税核查，拓宽核查范围；加强存量房交易税收征管，对存量房基础价格进行动态调整；完善股权转让审核机制，加强股权交易个人所得税征管；加大所得税汇算清缴力度，深入企业开展纳税辅导；加大对个体户的核查力度，动态调整美发餐饮行业定额管理，引导个体工商户转型升级为企业，当年完成“个转企”884户。完善非税收入管理。加强非税收入分析和预测，确保收入均衡入库；全面推广应用新版非税收入管理信息系统，强化“以票管费”；建立政府非税收入收缴情况报告制度，规范和完善非税收入收缴管理。全年实现非税收入1.67亿元。

【助力经济转型发展】 落实扶持经济政策。拨付1.11亿元，重点支持科技创新、技术改造、产业结构调整和优势产业发展、中小企业培育，惠及企业400家；整合资金1.14亿元，支持模塑工业设计基地建设，17家入驻企业纳入“优惠政策重点服务对象库”，促进以模塑为特色的工业设计产业升级；争取上级部门企业转型升级补助资金1.02亿元，支持地方经济建设。落实结构性减税政策。办理出口退税11.12亿元；实施中小微工业企业社会保险费临时性下浮政策，减免社会保险费9673万元；减免44家高新技术企业所得税8524万元；减免其他各类税费8410万元。落实“浙商回归”财政补助政策。全年引进德邦物流等6家企业。

【保障重点支出】 当年全区民生支出22.27亿元，占公共财政预算支出的82.5%，提高1.7个百分点，新增财力中92.5%用于民生。保障教育优先发展，教育支出7.73亿元，增长15.0%，用于落实义务教育、学前教育和职业教育惠民政策。农林水支出3.38亿元，增长16.1%，用于“美丽乡村”建设、小型水利重点县建设、移民政策性支出和生态公益林补助等支出；文化体育与传媒支出4015万元，增长14.9%，用于农家书屋建设，送书、送戏、送电影、送公益展览下乡等文化惠民活动；社会保障和医疗卫生支出3.87亿元，增长18.6%，用于各类民生补助标准提高和推进医疗卫生改革；投入“多城同创”、交通治堵、“三改一拆”等专项工作3.57亿元；投入一事一议村级公益项目财政资金2242万元，带动村民筹资筹劳及社会资金等其他投入1957万元。在加大民生投入的同时降低行政成本。全区“三公”经费下降24.0%，会议经费下降50.7%。

【深化财政改革】 深化国库集中支付和公务卡制度改革。公共预算资金通过国库集中支付占全部支出的93.5%，公务卡使用量占开卡量的56.7%；在全面实施行政事业单位国库集中支付的基础上，开展两个中心镇国库集中支付改革试点。加强重点工程指挥部财务管理。完善区政府投资项目建设单位财务管理暂行规定，规范工程项目建设预算编制，把节约“三公”经费举措延伸到政府工程领域。强化乡镇财政建设。完成5个乡镇公共财政服务平台建设，打造“一站式、一条龙、一卡通”式乡镇公共财政服务平台。实施行政事业单位房产阳光监管。依托“阳光工程”建设专题网站，全面公开行政事业单位国有房产信息，公开拍租机关房产，租金增幅141.4%。清理盘活行政事业单位及重点工程指挥部闲置房产。

【加强财政监管】 优化财政资金配置。加强行政事业单位账户管理，确保资金高效使用、安全管理；推进数字财政建设，加强信息互联互通、共建共享，提升财政管理水平；加大资金整合力度，按照集中财力办大事原则统筹财力配置，加强结余资金管理，盘活存量资金，确保财政高效运行。开展预算绩效管理。按照“重点突破、整体推进、先易后难、由点及面”的工作思路开展预算绩效管理。区级预算单位，完成90个项目的绩效自评，涉及财政资金5.00亿元，重点对水利专项资金进行预算绩效目标评审。检查财政资金规范使用。对社会关注高、民生关系密切的财政资金进行专项检查，对各乡镇机关单位有无设立“小金库”、是否实行“收支两条线”管理等财务管理情况进行检查，对事业单位绩效工资开展核对工作。

【加强队伍建设】 组织开展"中国梦与文化强国战略"主题党课报告会,深化对"中国梦"的认识;开展"走出机关、服务企业"调研活动,打造和谐税企关系。加强党风廉政建设,进行廉政风险排查,会员卡专项清退工作,开展以"勤政、廉政、善政"为主题的财税系统廉政微言征集活动。开设"道德讲堂",增强党员干部廉洁自律意识;通过网上购买远程教育课件的方式组织干部集中学习,创新在岗培训新模式。

(台州市黄岩区财政局供稿 管 坚 李露茜执笔)

路桥区

【概况】 2013年,台州市路桥区实现地区生产总值428.39亿元,比上年增长8.3%。其中:第一产业增加值11.01亿元,下降0.8%;第二产业增加值201.88亿元,增长7.9%;第三产业增加值215.50亿元,增长9.1%。三次产业结构比调整为2.6∶47.1∶50.3。全年实现财政总收入58.19亿元,增长7.2%,其中公共财政预算收入32.15亿元,增长10.2%;全区公共财政预算支出24.57亿元,增长4.7%。全年财政收支平衡。

【组织财政收入】 关注重点行业景气度对税收收入的影响,研究分析营业税改征增值税等税收政策调整对地方财力的影响,制订征收计划,以及应对不确定因素的措施,实行分季度攻坚,把握组织财政收入主动权。完善综合治税机制,加强与工商、建设、土管、电力、法院、公安等部门的沟通和联系,挖掘增收潜力,着力解决漏征、漏管和偷、逃、骗、欠税等问题,做到应收尽收。出台新版政府非税收入征管信息系统实施方案,全面落实"收支两条线"管理,实现政府非税信息化和精细化管理,全年实现非税收入3.49亿元。

【支持经济发展】 落实积极财政政策,与相关部门共同做好项目筛选、申报和衔接等工作,争取到中央扩大内需(国债)资金3950万元,地方政府债券9000万元,筹集政府性项目资金26.40亿元,推动全区重点工程建设。出台工业经济转型发展专项资金管理办法、服务业发展专项资金管理办法等政策,安排制造业转型升级资金5362万元、现代服务业资金3775万元、外贸扶持资金759万元。积极向上争取资金,取得市级以上专项补助1.87亿元,支持和推进重点优势行业产业升级。落实"个转企""营改增"等政策,支持"小上规"和"个转企"工作,对成长性较好的企业,给予"一企一策"扶持,着力优化中小企业成长空间。支持"多城同创""三改一拆""交通治堵""四边三化"和"美丽乡村"等专项整治和基础设施建设。推进现代服务业优化提升,加快"退二进三""退次进优"步伐,促进专业市场转型提升、改制、重组。发挥金融业在现代经济中的核心作用,配合路桥打造"中国小微金融之都"目标,支持3家地方法人银行做大做强,加快引进各类非银行金融机构,争创省级金融创新示范区,提高金融业服务实体经济的能力。

【优化支出结构】 执行中央"八项规定"、省委"六个严禁"和市、区有关改进作风各项规定,印发《关于开展公务接待费公示及报告工作的通知》,建立公务接待费每季度报告和内部公示制,实施公车轨迹跟踪管理,严格外出学习培训考察审批制,控制和降低行政运行成本,全区一般公共服务支出3.16亿元,下降5.8%,其中"三公"经费压缩23.3%。优化支出结构,重点保障法定支出、民生支出以及重点项目支出,全年公共财政预算支出中用于民生支出17.07亿元,其中新增财力用于民生支出占比85.2%。加快发展社会保障、社会救助、社会福利、慈善事业,提高对城乡困难居民保障水平和补贴力度,充分发挥财政保障的"安全网"和"调节器"作用,着力推进基本公共服务均等化。

【推动"三农"建设】 落实强农惠农富农政策,加快培育农业新型经营主体,财政"三农"投入11.18亿元,比上年净增1.12亿元。安排400万元支持18个农村一事一议公益项目,安排900万元支持29个"美丽乡村"重点村建设,安排295万元支持15个村田园式生态公园建设,加大对农村文化设施、农村饮用水安全、农村污水处理和经济薄弱村发展等财政保障。争取到中央和省级资金1050万元,启动八九十塘地区高标准农田示范工程,促进农村经济和农业产业化发展。出台新型农业社会化服务体系建设实施方案,制订建设项目计划,促进农业生产、农民和农村社会事业发展。

【深化财政管理改革】 确定路桥街道和金清镇为乡镇公共财政服务平台建设试点地区,做好乡镇国库集中支付试点准备工作,创新财政财务管理和服务经济发展手段。逐步推进预算信息公开,在财政总预决算信息公开的基础上,完成区农办、农林局等六个部门预算信息公开。启动会计集中核算转轨工作,将由会计核算中心担负的集中核算转变为国库集中支付,实现财政监督关卡由核算环节前移至支付环节。推进公务卡支付改革,将区级预算单位全部纳入公务卡改革范围,规范公务支出管理。

【强化监管职能】 试编《政府性债务收支计划》,合理预测年度政府债务收支情况,建立债务情况月报制度,严控新债防范财政运行风险。科学编制好《路桥区政府性投资资金计划》,筹措和盘活存量资金,保障在建、续建等重点项目的资金需求。出台《路桥区政府投资基本建设财务管理暂行规定》,加强政府投资项目竣工财务决算工作。出台《区级部门预算绩效管理工作考核办法(试行)》,将预算绩效管理列入区级部门工作目标责任制考核体系。加大绩效自评工作力度,全年预算单位绩效目标申报项目329个,97个项目开展绩效自评,17个项目实施财政部门重点绩效评价,涉及财政资金7.87亿元。加强投资项目审核工作,政府审核竣工决算备案87个,送审8.30亿元,审定7.63亿元,核减6598万元。强化政府采购管理,采购预算2.12亿元,实际采购金额1.82亿元,节约资金3006万元。加强行政事业单位公房出租出借管理,有28个单位110处房产纳入公开招租,全年公开招租19次。

【加强队伍建设】 组织“实干论英雄”等主题实践活动,加强和引导机关干部学习教育,组织各类培训186人次,提高班子成员和干部队伍综合素质与执政能力。落实好党风廉政建设责任制和“一岗双责”制度,结合廉政风险干预机制建设,局班子成员、中层以上干部均制订《岗位廉政风险干预标准文本》,加强内部风险防控机制建设,确保财政资金和干部队伍双安全。

(台州市路桥区财政局供稿　郑宣彬执笔)

临海市

【概况】 2013年,临海市实现生产总值420.44亿元,按可比价格计算,比上年增长8.0%。其中:第一产业增加值37.90亿元,增长0.9%;第二产业增加值210.87亿元,增长7.9%;第三产业增加值171.67亿元,增长9.5%。三次产业结构比调整为9.0∶50.2∶40.8。城镇居民人均可支配收入34283元,增长8.5%;农村居民人均纯收入15390元,增长10.6%。全年完成财政总收入58.00亿元,增长10.1%;公共财政预算收入32.50亿元,增长13.6%,占财政总收入的比重为56.0%;公共财政预算收入中的税收收入30.44亿元,增长9.3%,占比93.7%。公共财政预算支出46.51亿元,增长11.5%。全年财政收支平衡。

【组织财政收入】 坚持“抓大、评中、定小”的税源管理思路,在眼镜、彩灯等以电力消耗为指标的加工行业实行定额加电度系数的征管模式,税收增幅60.0%。推进土地增值税常态化管理。规范存量房交易税收征管,二手房交易计税价格平均调增25.0%以上。有针对性选取连续亏损企业、长期微利企业、实行备案管理的减免税企业以及纳税所得额异常变动的130家企业进行纳税评估,入库税费922万元。充分发挥“以查促管”作用,对70家多年未查工业企业开展专项检查,查补入库税费5000万元。开展企业职工缴费信息采集与登记试点工作,入库社会保险基金增长15.2%,实现规费收入四年翻番;完善非税收入项目管理和票据管理,规范行政事业单位执收行为和土地出让净收益管理,全年组织非税收入1.79亿元,增长25.2%。

【助力经济转型发展】 落实财税优惠政策。落实国家结构性减税和有关清费减负政策,减免企业各类税费3.75亿元,其中19家高新技术企业减免所得税8631万元,减免2578家企业社保费1.03亿元。促进产业转型升级。完善财政激励奖补机制,兑现工业、农业和服务业等各类财政奖励(补助)资金5.20亿元;支持中小企业再担保体系建设,为144家中小企业落实融资担保2.07亿元,减少企业融资费用1500万元。支持重点建设项目。破解项目建设财力制约,争取上级各类项目补助资金18.00亿元,省地方债券及银行融资27.90亿元,安排全市各类项目建设资金23.84亿元。

【保障民生支出】 全年民生支出36.46亿元,占公共财政预算支出的78.4%。支持民生工程建设。落实2.51亿元支持公办幼儿园、公共租赁房和老年安养等市“十大民生工程”建设。支持公共事业发展。加大财政教育投入,安排义务教育免学费、提高生均公用经费标准和职教奖学助学等资金1.39亿元,落实义务教育奖励性绩效工资1.04亿元,安排教育支出12.35亿元,增长22.7%;加大公共文化服务体系投入,安排文化支出4630万元,增长12.0%;深化医药卫生体制改革,拨付城乡基本公共卫生服务经费和基本药物零差价补助资金8033万元;推进社保体系建设,城乡低保标准分别提高61元和91元,城乡居民医疗保险财政补助标准人均提高30元,发放城乡居民养老保险1.85亿元。支持“三农”建设。健全财政支农投入稳定增长机制,安排农业“两区”和农村饮用水工程专项资金5.18亿元;争取省一事一议项目37个,补助资金2442万元。

【深化财政改革】 健全“三位一体”运行机制。深化部门预算管理改革,选取公安局、行政执法局为试点单位推进部门参与式预算改革,推进部门预算和“三公”经费公开基础工作;推广使用公务卡,全年新办公务卡2820张,累计公务卡刷卡消费4138万元。深化城建项目国库集中支付改革。对全市所有城市建设项目实行国库集中支付和会计统一核算,整合统筹资金2.20亿元,节约财务费用5000多万元,探索出“融得进、管得好、还得了”的政府投资管理模式。规范支农项目管理。建立财政支农资金项目库,实行项目资源全市共享、项目储备择优上报、项目立项联动会审和项目资金长效监管,筛选出包括农业产业化、农业科技推广示范、小型农田水利设施、科技扶贫及其他5大类26个项目。推进审批流程改革。清理行政权力283项,规范行政自由裁量权58项。出台《推进市重点项目抓落实工作机制》《财政性专项资金审核拨付工作制度》《效能问责制度》等规范财政专项资金管理制度。

【强化财政监管】 控制行政经费和一般性支出。建立"三公"经费月结月报制度,"三公"经费下降10.5%,其中公务接待费下降19.1%。推进镇街财政规范化建设。深化"数字财政"建设,以古城街道为试点开展乡镇公共财政服务平台建设,完善机构配置、健全内部控制,强化财政资金就地就近监管。提升政府采购管理水平。加强政府采购资金支付和合同环节监管,采购预算资金5.16亿元,实际采购金额4.63亿元,增长83.5%,节减财政支出5316万元,平均资金节约率11.3%。加强政府性投资项目管理。制订《关于加强政府投资项目管理的若干意见》,规范项目立项管理、加强工程招投标管理、严格工程变更管理和强化项目资金管理,审核政府投资项目371项,审核投资额17.55亿元,核减造价6958万元。

【加强队伍建设】 开展中层干部竞争上岗试点工作,任命中层正职13人,中层副职9人,优化干部队伍结构;探索基层单位量化考核改革,将业务项目量化到岗、责任到人,推行"月排位、季竞赛、年考核";深化"新政策、新业务、新知识"考学活动,实行全方位教育培训、学分制量化考评。开展廉政文化教育活动,以学习、制度、情感、激励、宣传和活动"六个平台"建设为载体,推进"制度+科技+文化"的廉政效能风险防控机制建设,防范渎职侵权行为发生。以优化服务为根本,开展"创先争优"活动,市局获浙江省依法行政示范单位、"人民满意机关"示范单位等41项集体荣誉。 (临海市财政局供稿 钱海波执笔)

温岭市

【概况】 2013年,温岭市实现地区生产总值748.27亿元,比上年增长8.4%;人均地区生产总值61930元。其中:第一产业增加值58.19亿元,增长1.5%;第二产业增加值346.60亿元,增长8.2%;第三产业增加值343.48亿元,增长9.7%。三次产业结构比调整到7.8:46.3:45.9。全市财政总收入78.60亿元,增长8.9%,其中:公共财政预算收入43.85亿元,增长12.8%,占财政总收入比重为55.8%;税收收入41.78亿元,占公共财政预算收入比重为95.3%。全市公共财政预算支出60.72亿元,增长24.7%。全年财政收支平衡。

【组织财政收入】 加强多层次税源管理。实施大企业税收管理,统一集中服务全市金融业、房地产业、建筑业、重点工业企业等278家重点税源企业。对销售额、利润额或纳税额等指标明显异常企业实施纳税评估109户次,补征税款740万元。加强双定户税收管理,对旅馆、餐饮等16个行业实施"阳光评税"活动,在专业市场、重点商业街道等范围内开展定额调整,压缩起征点以下定额户1497户。引导规模较大、有条件的定额户建账建制。对重点行业、高污染高能耗企业开展税收专项检查,全年检查203户,查补税费4359万元。加强协税护税管理。15个部门的涉税信息纳入税收管理信息共享范围;联合房管等部门开展商业用房存量房评税基础数据调查,及时更新存量房评税基础数据库;与人民法院加强欠税追缴合作,保障税收、社保费的优先追索权;借助各镇、街道"村账镇管"平台,对808个行政村开展资产租赁情况调查,推进资产租赁税收管理规范化。完善"以电控税"管理,补征税费1124万元。加强非税收入管理。推进规费征收信息化建设,对全市200家非税收入执收单位推广应用新版非税收入管理信息系统,落实行政事业性收费规范政策。全年实现非税收入2.07亿元。

【培育财源促发展】 参与扶持企业上市、"个转企"工程等政策制定,落实技改、科技等扶持资金2.60亿元,支持优化第二产业和壮大第三产业。开展支持温岭商人创业创新"服务推进年"活动,对34家重点企业建立联系走访制度。与多部门建立涉企服务协作机制,开展"个转企"辅导行动,新增"个转企"企业2449家,对33家符合条件的新晋规模以上企业发放奖补资金1300多万元。梳理税收优惠政策,不断优化服务,引入异地回归企业4家。收集筛选上报项目126个,向上争取补助资金6243万元,鼓励企业转型发展。

【优化支出结构】 优先保障民生事业支出。支持"三改一拆"(在城区中开展的旧住宅区、旧厂区、城中村改造和拆除违法建筑)、"四边三化"(在公路边、铁路边、河边、山边等区域开展洁化、绿化、美化行动)、交通治堵、截污治水等专项行动,推进美丽乡村及农业"两区"建设,落实一事一议财政奖补政策。将城乡医疗保险筹资标准从450元提高到510元,支持城乡医疗资源一体化建设。健全社会救助体系,调高城乡最低生活保障标准,推进残疾人共享小康工程。提高生均教育经费标准,设立学前教育发展专项资金,落实职业教育免学费与补助金等扶助政策。保障重点项目支出。整合政府性投融资平台,实现融资26.36亿元,申发政府性债券1.70亿元,促进东部产业集聚区、城市新区、铁路新区及372个政府性投资项目建设。推进"三公"经费管理机制改革,推行公务用车单车运行费用月报制度,开展公车运行费单车核查,推广ETC缴费方式,实现"三公"支出下降11.5%。

【推进财政改革】 推进综合预算管理，编制全口径社会保险基金预算。完善预算支出定额体系，并运用于预算管理全过程。加强财政预决算信息公开，将部门预算公开范围扩大至11个镇、5个街道及所有71个县级部门。开展县级部门决算公开，涉及90.0%的财政资金，并对所有财政奖补资金的发放实行公示。调整财政管理体制，理顺市与镇、街道财力分配关系，支持泽国小城市试点，促进各中心镇、欠发达地区经济发展。深化国库集中支付改革，扩大直接支付范围，探索国有投资项目财政资金的国库集中支付模式，完成3个街道的国库集中支付改革及16个镇、街道的公务卡改革。完善公务出差、住宿、会议培训定点等制度，加强公务卡应用管理，对公务卡刷卡率较低单位实施警示提醒，全市集中核算单位刷卡率74.4%。

【加强财政监管】 制订工业转型升级、服务业发展、公共交通发展财政专项资金管理办法，规范财政专户管理，完善用款计划审核方式。应用"民营化经营，政府购买服务"模式推进城市公交改革，对基建项目财政资金按建设进度拨付。加强政府投资项目造价监管，累计审核项目1348个，涉及金额51.89亿元，累计净核减2.03亿元。规范专项资金管理，加强财政资金使用监督检查，对16个镇(街道)级财政资金进行安全检查，选择16个项目开展财政绩效评价，组织44个部门对70个项目开展财政绩效自评。

【树立财政良好形象】 优化财政服务。完善门户网站运行机制、政府信息公开流程，提升政务沟通督办效率；开展行政审批改革，配合做好企业设立登记"多证联办"，实现所有审批事项办理时限市内最短。完善管理制度。推进行政权力规范化建设，将行政权力清单、权力运行流程、行政处罚结果、行政处罚裁量标准等通过门户网站等渠道进行公开。推进廉政建设。将全体干部纳入廉政风险干预系统，实施廉政提醒17人次；开展"上门纳谏求良言"活动，查找作风建设方面存在的问题。加强干部培养。提拔中层干部8名，对10名干部进行轮岗交流，开展分级、分类培训，鼓励干部参加学历教育。丰富财税文化内涵。开展"创先争优""以实干论英雄"等活动；组织各类兴趣小组活动，编印《蓝海拾贝》文化期刊；开展助残结对、城乡支部牵手共建、慈善一日捐及爱心助学等活动，累计捐款88080元。

(温岭市财政局供稿　冯　威执笔)

玉环县

【概况】 2013年，玉环县实现生产总值400.47亿元，按可比价格计算，比上年增长7.8%。人均生产总值93834元，增长7.1%。其中：第一产业增加值27.01亿元，减少1.2%；第二产业增加值241.36亿元，增长8.5%；第三产业增加值132.10亿元，增长8.1%。三次产业结构比调整为6.7∶60.3∶33.0。全县财政总收入60.01亿元，增长8.7%，其中公共财政预算收入27.60亿元，增长9.9%；公共财政预算支出37.15亿元，增长25.2%。全年财政收支平衡。

【组织财政收入】 加强税源分析控管。对重点税源企业进行监控，当年新增监控企业348户，累计监控税额约占全部税收收入的70.0%；全面提升收入分析预测水平，月度税收误差率控制在省对县3%的考核目标内。夯实税收征管基础。创新税种管理手段，开展房产税、城镇土地使用税税源核查，足额征收企业应交的"房、土"两税，调整城镇土地使用税单位税额标准和等级，实现城镇土地使用税增收1700万元。加强非税收入征管。创新非税收入管理理念，加大非税收入管理宣传力度，全年非税收入2.18亿元。

【优化支出结构】 当年民生支出26.29亿元，占财政总支出的70.8%。推进新农村建设。全年"三农"支出18.67亿元，申请到上级财政补助支农资金1.32亿元，重点支持农村社会事业发展，支持现代农业园区和粮食生产功能区建设，推进水利事业建设，重点实施水系综合整治。推进农业综合开发工作，争取省财政补助资金1452万元。纵深推进一事一议财政奖补工作，实施一事一议项目106个，争取到省补资金4557万元。支持社会事业发展。加大对教科文卫等社会事业投入，安排专项资金7.54亿元，保障教育优先发展；安排资金3861万元促进科技研发，推动高新技术发展和产业结构转型升级；安排专项资金4341万元，用于公共文化服务体系建设，支持文化产业做大做强；安排专项资金1.24亿元，支持公共卫生事业发展。严控行政经费支出。降低行政运行成本，加强车辆编制管理，严格按标准配备车辆和安排运行经费，做好"三公"经费和会议费支出控制工作，全县"三公"经费支出同比下降6%，会议费支出同比下降32.5%。

【深化财税改革】 全面推行国库集中支付制度。乡镇国库集中支付工作全覆盖，全县所有预算单位实施国库集中支付改革并纳入公务卡实施范围。集中支付26.92亿元，占全县公共财政预算支出的84.5%；个人公务卡发行3668张，支付金额1254万元；单位公务卡使用至157家，支付金额4951万元。加强乡镇财政管理机构建设。11个乡镇街道均设立财政所(局)，人员全部到位，推进乡镇公共财政服务平台建设试点，开展乡镇财政资金监管检查，对乡镇民生类资金进行公示，乡镇会计核算实现全县联网。*加强财政资金专户管理*。规范财政专户管理，取消33个财政专户，整合保留财政专户22个，初步建立财政专户集中管理、分账核算、统一调度、动态监控机制，确保财政资金运行安全。加强社保基金等财政专户资金管理，对社保基金等财政专户进行五年期或三年期转存，确保资金保值增值。

【提高监管水平】 *加强国有资产整合*。搭建以玉环县国有资产投资经营集团为龙头的国有资产营运平台。国投集团融资2.20亿元，为国企担保1.17亿元，有效缓解建设资金不足难题。*加强政府投资项目监管*。全面加强项目预算管理，做好财政投资项目全过程监管，加强政府投资项目财务管理，确保建设资金规范使用，委托会计师事务所，对大麦屿对台直航码头、鸡山渔港等6个政府投资项目财务收支执行情况进行重点检查。*加强财政预算绩效管理*。提请县政府出台《玉环县全面推进预算绩效管理实施意见》。实现20万元以上项目支出绩效评价全覆盖、100万元以上项目支出绩效目标全覆盖。*推进财政法制建设*。规范行政权力裁量空间，实现裁量权的标准化、规范化、制度化，清理行政权力265项。

【加强队伍建设】 *廉政建设形式多样*。开展“正风肃纪”专项行动，通过开设廉政党课、开展廉政文化活动、发送廉政短信等多种方式，营造良好的廉政宣教氛围。*加强风险预警防控*。通过党员干部廉政风险干预系统，对38个监管岗位实施干预190人次，实现党员干部廉政干预常态化。*主题活动突显特色*。深入推进学习型党组织和学习型机关建设，结合“书香玉环”领导干部读书活动，在全系统开展“荐好书、读好书”活动，鼓励广大干部职工多读书、读好书、善读书，当年局机关获“群众满意基层站所(办事窗口)”示范单位等多项荣誉。

(玉环县财政局供稿　陈　煜执笔)

天台县

【概况】 2013年，天台县实现生产总值159.40亿元，比上年增长7.1%，其中：第一产业增加值11.94亿元，增长1.8%；第二产业增加值68.96亿元，增长8.2%；第三产业增加值78.50亿元，增长6.9%。三次产业结构比调整为7.5：43.3：49.2。全县财政总收入21.43亿元，增长8.0%，其中公共财政预算收入12.30亿元，增长11.1%；全县公共财政预算支出23.70亿元，增长7.1%。全年财政收支平衡。

【组织财政收入】 *强化收入分析*。密切关注经济走势及营业税改征增值税试点等重大税制改革动向，加强财政、国税、地税三方协作，提高收入预测的准确性。*强化税源监控*。开展营业税及减免税调查。建立《重点税源户台账》，加强对重点税源监控，涉及19个行业261户，监控面70%。*优化收入结构*。公共财政预算收入占财政总收入比重为57.4%。税收收入占公共财政预算收入比重为85.9%。*组织非税收入*。拓展非税系统在线运用范围，健全非税收入征管机制，组织非税收入3.57亿元。*组织社保基金收入*。完成社保基金收入7.34亿元，增长31.4%。

【助力经济转型发展】 加大政府公共投资力度，通过向上争取资金、银行贷款等多途径融资25.43亿元，确保全县重点工程建设。争取中央、省资金1.10亿元，用于中小企业产业振兴、保障性安居工程等建设。推动经济转型升级，实施结构性减税，为企业减负8223万元；落实基本养老保险缴费比例临时性下浮政策，减征2700多万元。审核兑现县级奖励资金1500万元。争取上级各类财政奖补资金3532万元。财政扶、税收减、服务帮，助推“个转企”，完成“个转企”735户。

【保障民生事业发展】 优先保障民生支出，全年民生支出17.50亿元，增长10.8%，占公共财政预算支出的73.8%。*支持教育事业发展*。支持创建省教育现代化县，投入7.06亿元，占公共财政预算支出的29.8%，比上年提高0.8个百分点。*支持社会保障事业发展*。扩大社会保障覆盖范围，提高城乡低保标准，落实困难群众基本生活补贴和物价联动机制；做好困难人员就业扶持工作；拨付2888万元，改善社区服务环境。*支持医疗卫生事业发展*。推进县级公立医院综合改革试点工作，医疗机构全面实施基本药物零差率制度。城乡居民基本医疗保险财政补助标准提高到人均310元；医疗救助筹资标准不低于11元/人。*支持文化事业发展*。投入3883万元，发展“传承天台山文化”项目。支持两岸三地佛教天台宗交流，及浙江省佛学院天台宗学院、浙江道学院建设。

【支持城乡统筹发展】 加大“三农”投入力度，预算内安排支农支出8412万元。投入1163万元支持“清洁家园”建设；投入1200万元，推进“和谐生态村”建设。设立美丽乡村专项资金2000万元，打造精品村、重点村和特色村。投入6000万元，推进森林资源保护和“四边三化”工作，重点加强森林资源培育、生态公益林补偿和溪边路边绿化。拨付资金1100万元，推进村级公益事业一事一议奖补；发放农户直补资金1846万元；投入7617万元，实施中低产田改造。设立400万元专项资金，用于“肥药双控”奖补。兑付4786万元，做好家电下乡清算工作。整合农业综合开发、农田水利建设、土地综合整治等项目；整合资金5000多万元用于“两区”建设。实施中低产田改造实施项目4个。

【深化财政改革】 深化综合预算管理改革，建立健全“全口径”政府预算体系，推进部门预算公开工作。“三公”经费实行总量规模控制和进度控制，实施“三公”经费支出下降23.3%。加强乡镇财政规范化建设，在全县各乡镇设立公共财政服务中心，统一上线乡镇公共财政服务平台软件，实现乡镇公共服务平台建设工作全县所有乡镇街道全覆盖。深化国库集中支付制度改革，从县级预算单位扩大到乡镇预算单位，在街头镇开展乡镇国库集中支付改革试点。深化公务卡改革，全县198家预算单位的6131人办理公务卡，减少预算单位现金支付结算。

【强化财政监管】 加强专项资金管理。全面清理部门历年结余资金、财政专户结余资金、出借资金，对三年未动用的结余资金和完工项目结余资金近1亿元，全部收回国库。在10个部门推行部门预算整体评价，涉及资金3.02亿元。出台《天台县财政支出项目绩效目标评审工作规程（试行）》，申报绩效目标项目77个，申报资金2.51亿元，经审核，取消项目10个，取消金额0.89亿元，核减项目43个，核减资金1.05亿元。深化国有资产管理。规范国有资产有偿使用和处置行为，审批资产处置8832万元。推广应用国有资产管理信息系统，对全县行政事业单位国有资产实行动态管理。规范政府采购管理。全年实现政府采购预算金额2.56亿元，实际采购金额2.27亿元，节约资金2953万元，资金节约率11.5%。加强政府性投资项目评审管理，提高财政资金使用绩效。加强政府性债务管理。启用地方政府性债务管理系统，编制地方政府性债务收支计划，对全县债务进行实时监控。

【加强队伍建设】 加强财税文化建设。以财税文联为活动平台，开展各类文体活动，全面提振干部队伍精神风貌。加强党风廉政建设。出台作风建设、纪检监察等工作要点，与下属各单位逐一签署《党风廉政建设责任状》，增强干部职工反腐倡廉的责任意识。落实党风廉政建设“八项禁令”“六项严禁”“六项要求”。加强行风效能建设。邀请行风、效能监察员和民主监督员下基层站所随访。开展“群众满意站所”“青年文明号”“巾帼文明岗”等创建工作。 （天台县财政局供稿 蔡 斌执笔）

仙居县

【概况】 2013年，仙居县实现生产总值137.86亿元，比上年增长9.2%。其中：第一产业增加值13.32亿元，增长0.4%；第二产业增加值59.69亿元，增长8.9%；第三产业增加值64.85亿元，增长11.4%。三次产业结构比调整为9.7：43.3：47.0。全县人均生产总值27331元，增长6.9%。全县实现财政总收入16.18亿元，增长10.2%；公共财政预算收入9.30亿元，增长17.7%，占财政总收入的比重为57.5%，税收收入8.62亿元，占公共财政预算收入的92.7%；全县公共财政预算支出21.42亿元，增长16.4%。全年财政收支平衡。

【组织财政收入】 坚持依法治税，夯实税收征管基础，提升收入质量。当年地税部门组织各项收入13.56亿元，增长12.0%，其中税收收入8.00亿元，增长9.1%。健全税收预测和分析机制，把握组织收入的主动性。加强分税种、分行业税源管理，强化高收入者个人所得税及股权转让等非劳动所得征管。完善部门信息共享和协作机制，构建社会综合治税体系。运用第三方信息开展税源数据分析比对和税收风险管理，夯实基础、挖掘潜收，深化《税友龙版》应用，提高数据质量和深化数据分析利用，加强信息系统运维和需求管理，保障信息系统安全高效运行。加强规费征管，完善数据比对及清理方法，提高规费征

农村公益事业建设项目

收数据的准确性,全年规费入库5.00亿元,增长17.4%,其中社保费收入4.66亿元,增长16.5%。加强非税收入管理,完成非税收入新系统上线运行,提高非税收入征管信息化水平,全年组织非税收入2.25亿元。

【服务经济发展】 落实积极的财政政策,拨付政府性项目资金3.23亿元,支持经济开发区、交通基础设施等重大项目建设。落实结构性减税和清费减负政策,推进"营改增"改革试点,临时性下浮部分中小微企业社会保险费缴费比例,累计为企业减负4178万元,惠及全县1296家中小微企业。实施创新驱动发展战略,加大财政科技投入,拨付科技项目经费1200万元,兑现工业企业发展政策和技改项目财政扶持政策等奖励资金1843万元,高新技术企业所得税优惠1423万元。加强财税政策引导,鼓励"个转企",完成"个转企"166家。调整城镇土地使用税,促进土地节约集约利用。完善支农投入稳定增长机制,拨付支农资金3.34亿元。支持现代服务业发展,下达旅游发展资金1723万元推进旅游综合改革试点,兑现资金817万元扶持总部经济发展。

【保障民生投入】 支持社会事业发展,全面落实财政教育投入各项目标要求,全年教育支出5.67亿元,增长2.8%。完善公共文化服务体系运行保障机制,拨付文化体育与传媒资金3087万元,增长24.7%。完善社会保障体系,企业退休人员基本养老金提高至月人均1941元,城乡居民基本医疗保障财政补助标准提高至人均290元,基本公共卫生服务补助标准提高至人均30元,城乡医疗救助补助标准提高至人均13元。推进医药卫生体制改革,完善公立医院投入和补偿机制,下达公立医院和基层医疗卫生机构财政补助资金5904万元。加大保障性住房资金投入力度,实施廉租房和农村困难群众住房救助政策。加强道路交通事故社会救助基金管理,推动全县道路交通事故社会救助资金实质化运作。深化"平安仙居"建设,下达2276万元政法奖励性补助资金,支持全县政法部门加强履职支撑能力建设。围绕质量强县目标,落实检验检测项目技术装备经费,重点加强对食品安全监管的投入,全面提升全县产品的质量。推动生态文明建设,加大生态环保投入,拨付2.26亿元支持污染防治和环境保护;下达"三改一拆""四边三化"专项资金6470万元,助推"美丽仙居"建设。

【完善财政管理】 深入推进综合预算管理,深化预算编制改革,健全"全口径"政府预算体系。加强预算执行,深化国库集中支付和公务卡改革,出台《公务卡强制结算目录》,开展乡镇财政国库集中支付改革试点,完成乡镇公务卡改革。全面开展乡镇公共财政服务平台建设,完善乡镇财政体制,提高乡镇财政保障水平。推进绩效管理改革,县委、县政府将预算绩效管理列入县级单位和乡镇街道工作目标责任制考核。完善财政资金审批制度,规范财政拨款结余管理,制订"三公"经费管理办法,"三公"经费缩减19.0%,其中公务接待费减少22.0%。压缩财政结余资金规模,创新财政资金存款方式,做好财政资金保值增值工作。加强政府采购监管,全年预算金额1.50亿元,实际采购金额1.30亿元,节资率13.6%。开展财政项目预算审核工作,完成财政预算审查项目155个,审定工程造价5.32亿元,净核减4414万元,净核减率7.7%。加强政府性债务管理,规范政府融资行为,严格控制乡镇债务。推动财税法制建设,做好规范性文件管理工作。强化财税执法监督,规范财税执法行为。

【加强队伍建设】 深化作风建设,严格执行中央"八项规定"、省委"六个严禁",规范干部职工行为;开展行风监督和"正风肃纪"专项工作,贯彻执行厉行节约、反对浪费等各项规章制度。着力丰富财税文化建设,举办"财税论坛",邀请专家开展"中国梦"、十八届三中全会精神等专题讲座;设立财税图书馆,营造良好学习氛围。推进党风廉政建设,通过观看电影、发放卡片等形式开展廉政教育;做好党员干部廉政风险干预系统和《税友龙版》廉政风险防控模块上线运用工作;加强对财税重点部位和关键环节的监督,设立仙居县强农惠农资金阳光监管网页,推进"阳光财税"建设。

(仙居县财政局供稿　陈可可执笔)

三门县

【概况】 2013年,三门县实现生产总值140.42亿元,比上年增长6.5%;人均生产总值32147元,增长5.7%。其中:第一产业增加值22.53亿元,增长0.3%;第二产业增加值57.63亿元,增长6.1%;第三产业增加值60.26亿元,增长8.9%。三次产业增加值结构比调整为16.0∶41.1∶42.9。全县财政总收入19.70亿元,增长9.7%。其中:公共财政预算收入11.80亿元,增长10.5%,占财政总收入的59.9%;税收收入占公共财政预算收入的90.4%。公共财政预算支出22.66亿元,增长9.8%。全年财政收支平衡。

【组织财政收入】 加强税源分析与收入预测,掌握组织收入主动权;重点监控企业税收收入6.80亿元,占地税收入的68.0%。分解落实全年财政地税收入计划,做好月度收入预测和季度收入形势通报,跟踪了解收入变化,建立分局预测考核机制。加强核电与火电项目税收管理,入库地税收入2.17亿元。规范存量房交易税收征管办法，加强房地产二手市场税收管理。开展耕地占用税清理工作，清理入库3858万元。加大自建厂房税收清查力度，清查入库税款800万元；组织开展对高风险企业、租赁和商务服务业等行业的专项纳税评估，规范行业税收管理。开展社会保险费年度结算，夯实社保缴费基数。健全对参保单位工资总额的申报核定办法。加快非税收入征管信息系统推广应用，核定各单位非税收入计划，密切关注非税收入执行情况；加大对非税收入的监控和征缴力度，当年实现非税收入1.14亿元。

【助力经济转型发展】 落实积极的财税政策，争取省级海洋经济发展专项资金1480万元，支持海洋经济发展，促进产业集聚；加大企业技改扶持力度，帮助企业争取中央、省市预算内专项资金9600万元，支持企业转型升级；组织开展"支持浙商（三门籍商人）创业创新服务推进年"活动，对回归企业进行回访，做好服务工作；支持企业加快上市步伐，推动绿岛科技上市，配合三维橡胶等3家企业完成股份制改造；统筹调度财政资金，构建财银合作机制，搭建政府投融资平台，多渠道筹措建设资金，支持县重点工程项目建设；兑付74省道南延工程9760万元的贷款，为该工程三门段建成通车提供资金保障；发挥担保公司作用，为142家次企业提供3.30亿元担保，缓解企业融资困难；开展企业应急周转资金委托贷款工作，为8家企业办理应急周转金4610万元、为1家企业办理委托贷款1000万元。

【保障重点支出】 加大"三农"投入。加大财政支农资金整合力度，"三农"投入稳定增长，支出11.08亿元，增长13.7%。整合现代农业、农田水利、农业综合开发等项目资金，支持现代农业发展。深入实施"十村示范百村整治""三改一拆""四边三化"等工程，推进美丽乡村建设。开展农村综合改革示范试点，探索基金式扶持新思路，提请县政府出台实行基金式扶持经济薄弱村发展村级集体经济的实施方案，募集基金850万元，促进15个集体经济薄弱村发展，省财政厅拨付三门县试点扶持资金1000万元。上报村级一事一议项目21个，总投资3038万元，申报财政补助672万元。落实惠农政策资金，按期兑付粮农直补资金1234万元，受益农户92996户。推进社会事业发展。落实财政教育投入，学前教育三年行动计划基本完成，提高义务教育阶段中小学日常公用经费保障水平，促进各类教育均衡发展。加大就业和社会保障投入，扩大社会保险覆盖面，落实大学生创业政策，就业和社会保障投入2.60亿元，增长8.5%。加大医疗卫生投入，巩固和完善基本医疗保障制度，医疗卫生支出2.27亿元，增长17.7%。加大公共财政对文化建设的投入力度，支持和推动文化产业发展。完成2.98亿元的县保障性安居工程项目贷款，确保保障性住房工程推进；健全人才专项资金投入机制，支持"人才强县"建设。

【深化财政改革】 深化部门预算管理，推行部门预算公开。全县146家县级预算单位全部纳入国库集中支付管理，并启动乡镇财政国库集中支付改革，选择亭旁镇进行改革试点。推行公务卡强制结算目录制度，减少公务活动现金支出，提高支出透明度，推广使用ETC卡，实现公务用车ETC全覆盖。加强预算单位银行账户管理，出台预算单位银行账户管理暂行办法。提请县政府出台目标责任制考核奖发放办法（试行），规范考核激励机制。以全县行政区划调整为契机，加强乡镇财政建设，推进乡镇财政规范化管理。

【强化财政监管】 出台《三门县预算绩效目标管理工作规程》，将预算绩效管理工作纳入县政府对部门工作目标责任制考核范畴。配合县纪委对25个部门的105项财政专项资金实施"阳光监管"。完成绩效评价项目126个，评价金额9.27亿元，其中部门单位自评项目101个，自评金额4.58亿元。开展对全县教育系统财政财务情况专项检查，在38家单位自查基础上抽取15家教育单位进行重点检查。出台政府投资项目资金管理办法，规范投资项目资金管理，提高政府投资效益。加强行政事业单位国有资产管理，盘活闲置资产。加强地方政府性债务管理，掌握全县政府性债务变化情况，防范债务风险。推进政府采购工作，扩大政府采购规模，实际采购金额8.24亿元，资金节约率10.0%。制定乡镇财政资金监管工作办法，对乡镇资金安全管理情况进行重点检查，提高财政资金安全性。

【干部队伍建设】 加强法治财税建设。以创建"省级依法行政示范单位"活动为契机，着力提升依法行政工作能力。深入推进行政权力规范化建设，将208项行政权力事项进行网上公开，确保财税权力规范操作，当年县局被省政府命名为"省级依法行政示范单位"。加强文化财税建设。整合优化培训资源，推行双轨制培训新模式，增强培训针对性与有效性。完善三门财税网站，提高宣传信息化水平。搭建活动平台，组织开展多项文体活动，增强干部活力，推进机关作风建设，提高群众满意度。获"十佳社会信任机关"称号。加强廉政财税建设。推进党风廉政建设，财税干部做到"零违纪、零违法"；加强岗位廉政教育，增强廉政风险防范意识；推进"数字监察"系统建设，编制行政权力运行风险预警图，重视关键岗位建设，加强对重点岗位监督管理及重点关键岗位绩效考评。

（三门县财政局供稿　杨志华　杨梦琳执笔）

丽水市财政工作概况

丽水市

【概况】 2013年，丽水市实现生产总值983.08亿元，比上年增长9.2%。其中：第一产业增加值84.65亿元，第二产业增加值497.87亿元，第三产业增加值400.56亿元，分别增长3.4%、11.2%和8.0%。三次产业结构比调整为8.6∶50.6∶40.8。人均生产总值46383元，增长9.1%。全社会固定资产投资570.42亿元，增长20.9%。实现社会消费品零售总额420.80亿元，增长15.4%。实现外贸进出口总额25.89亿美元，其中出口23.73亿美元、进口2.16亿美元，分别增长15.6%、20.1%和下降14.8%。全市城镇居民人均可支配收入29045元，农村居民人均纯收入10024元，扣除价格因素，分别增长7.3%和10.0%。全市财政总收入124.22亿元，增长10.3%，其中公共财政预算收入73.70亿元，增长14.1%，占财政总收入的59.3%，税收收入占公共财政预算收入的88.3%。市本级（包括开发区、莲都区）财政总收入44.33亿元，增长11.4%，其中公共财政预算收入27.55亿元，增长10.6%，占市本级财政总收入的比重为62.2%，税收收入占公共财政预算收入的比重为92.0%。全市公共财政预算支出195.38亿元，增长16.3%，市本级公共财政预算支出46.25亿元，增长16.5%。当年全市和市本级财政实现收支平衡。

【组织财政收入】 加强重点税种、重点税源监控管理，应用《税友龙版》征管信息系统，每季进行收入动态分析，提升税收收入征管能力。加强企业新建厂房建筑业“先税后证”控管、企业所得税汇算清缴、高收入行业和自然人股权转让个人所得税管理、城镇土地使用税和房产税清查、清缴房地产企业欠税等工作。全市地税部门组织各项收入100.44亿元，增长15.6%，其中税收收入59.62亿元，增长15.2%（同口径增长18.5%）；市本级地税部门组织各项收入37.12亿元，增长14.4%，其中税收收入23.15亿元，增长12.3%（同口径增长16.5%）。加强非税收入征管，全市组织政府非税收入122.33亿元，增长63.0%，其中市本级36.64亿元，增长53.0%。其中：全市土地出让金收入73.60亿元，增长91.8%；市本级25.87亿元，增长76.5%。加强社保费征管，建立个人缴费明细申报制度，完善个人缴费明细信息数据库，实现与社保部门联网实时交换数据。全市组织社保费收入34.96亿元，增长18.5%，其中市本级11.98亿元，增长20.6%。

【推进经济转型】 完善财税扶持政策，重点助推生态工业、现代服务业、生态旅游业和生态精品农业产业等发展。市财政安排6300万元专项资金用于实施腾笼换鸟、机器换人、空间换地、电商换市等“四换”工程，分别设立服务业引导扶持资金2000万元、旅游业发展引导资金3000万元、金融业专项扶持资金1500万元、商贸流通业发展专项资金500万元。全市财政部门审核兑付企业资金13.45亿元，增长31.5%，其中市本级6.14亿元，增长71.5%。帮扶企业缓解资金困难，市本级设立5000万元企业转贷应急基金，累计为企业转贷2.56亿元；落实各项税费减免优惠政策，全市地税部门减免税费9.57亿元，增长92.6%，其中市本级4.65亿元，增长132.1%；落实部分中小微工业企业社保费临时性下浮政策，全市减征社保费7761万元，惠及企业4258户，其中市本级2752万元，惠及企业899户。推进个体工商户转企业及小微企业规范升级，建立“服务三上门，办事不过夜”特色工作机制，转前上门辅导政策、转中上门讲清程序、转后上门落实优惠。全市完成“个转企”3863户，完成年度计划的351.2%。开展支持浙商创业创新“服务推进年”活动，建立市局领导定点联系县、联系企业、联系乡镇制度，市本级财政部门走访企业159户，解决问题214个。

【保障社会民生】 全市民生支出144.53亿元，增长18.7%，占公共财政预算支出的74.0%；其中市本级34.19亿元，增长18.1%，占公共财政预算支出的73.9%。加大“三农”投入。全市公共财政预算“三农”投入86.87亿元，增长25.4%，其中市本级13.32亿元，增长42.1%。整合生态精品农业发展资金2000万元，安排美丽乡村建设、农家乐、农民异地转移、经济薄弱村发展和农村电子商务等方面的专项资金5100万元，加大对农业、农村发展的投入。落实农村保洁财政保障机制，全市财政安排农村保洁经费1.00亿元，人均55元。支持农村公益事业一事一议建设，全市村级公益事业一事一议财政激励奖补支出4.66亿元，增长42.1%。全市农业综合开发立项77个，投入资金2.15亿元，增长21.5%。加大社会保障和各项社会事业投入。全市社会保障和就业、医疗卫生、教育支出分别为15.18亿元、17.36亿元、38.53亿元，分别增长17.0%、16.3%、4.9%；其中市本级分别为4.26亿元、4.69亿元、8.94亿元，分别增长14.1%、16.2%、2.7%。提高城乡居民基本医疗保险筹资标准和财政补助标准，筹资标准提高到415元/人·年，各级财政补助标准提高到290元/人·年以上，政策范围内住院费用报销比例为75%以上，城乡居民基本公共卫生服务费财政补助标准提高到30元/人·年以上，城乡医疗救助筹资标准提高到11元/

人·年。支持老龄事业发展,落实全市高龄老人一次性奖励资金319万元,惠及全市2705位高龄老人。安排162万元资金,成功申报"中国长寿之乡"。落实积极的就业政策,安排促进就业资金2200万元,增长121.0%。安排人才发展专项资金4000万元,支持"人才强市"建设。安排文化产业发展专项资金1000万元,促进丽水文化产业发展。落实各项财政教育投入政策,提高普通高中生均经费,落实中职学校免学费、帮困助学等政策。加强基本建设收支预算管理,筹措和调度财政建设资金,支持创建国家卫生城市、"三改一拆"、治堵治水治污、城中村改造等重点民生项目建设。市本级筹措基本建设投入70.73亿元。完善市对县(市)财政转移支付政策,扶持县(市)基础设施建设、产业发展以及民生改善。当年市公共财政预算转移县(市)区域统筹发展资金1.55亿元,比上年增加6000多万元。

【倡导厉行节约】 落实中央、省、市有关厉行节约要求,实现"三公"经费控制目标。全市"三公"经费下降14.3%,其中市本级下降15.2%。对"公务接待费""公车运行维护费"按照"指标分解到户"的办法,实行指标控制;对"因公出国(境)费""公务用车购置费"实行控制性总量指标管理。加强过程控制,及时掌握"三公"经费支出情况,对县(市、区)和市直单位"三公"经费支出当月数、累计数同比有增长的,实行函告制,并要求说明理由。

【推进财政改革】 推进国库集中支付和公务卡改革。全市国库集中支付改革覆盖率91%。市、县两级全部实施公务卡强制结算目录制度,公务卡改革单位100%。启动乡镇国库集中支付改革试点,其中实施乡镇国库集中改革单位19个,乡级154个单位实施公务卡制度改革,占比89.5%。推进乡镇财政建设。出台《进一步加强乡镇财政建设的贯彻实施意见》,至年底,各县(市、区)财政局均单独设置乡财科;172个乡镇中有157个设立乡镇财政机构,占比91.3%,落实编制496人。加强政府采购管理。开展公务人员第五轮赴杭公务定点住宿、车辆保险、定点加油等协议供货采购工作。全市政府采购实际金额52.63亿元,增长25.8%,节约资金6.21亿元,其中市本级13.82亿元,增长21.6%,节约资金1.39亿元。推进行政审批制度改革和政府"阳光工程"建设。行政许可审批事项由4项减少为3项,非行政许可审批事项由16项减少为6项,实现审批提速95%以上目标。

【财政监督管理】 加强财政绩效评价。市直完成绩效评价项目93个,评价金额2.83亿元,增长88.0%。开展地方水利建设基金预算绩效目标评审试点,评审额4200万元。实行财政补助项目联评联审机制,评审补助项目386个,涉及财政补助资金2482万元,核减财政资金170万元。加强专项资金管理。提请市政府出台《丽水市直财政专项资金管理试行办法》,按照一个专项资金一个管理办法的原则新修订财政专项资金管理办法24个。开展财政专项资金清理,收集前三年财政补助项目情况。开发财政专项资金项目综合信息平台。盘活地方财政存量资金,建立当年预算与上年结余相结合机制,清收历年财政结余资金,全市盘活资金1.73亿元,市直收回财政结余资金3782万元。开展政府投资项目财政审核工作。全年市本级送审项目238个,送审投资16.30亿元,增长11.8%,审定投资15.30亿元,核减资金1.00亿元。加强政府融资管理。政府融资优先考虑便于调度、利率相对较低的贷款,对超基准利率以上的贷款报市政府审批,合理控制融资成本。

【干部队伍建设】 组织多种形式学习贯彻党的十八大和十八届三中全会精神。按照中央"八项规定"、省委"六个严禁"要求,制定《关于切实加强和改进新形势下机关作风建设的通知》,对公务接待、调研、会议等方面事务做出规定。落实党风廉政建设责任制,明确惩防体系建设项目化管理责任分工,加强反腐倡廉示范和警示教育,层层签订廉政建设责任书。加强干部教育培训,全年组织培训39期,受训人数3509人次。加强财税文化建设,开展读书及征文活动、支持各类兴趣小组活动,培养干部文明健康的生活情趣。2013年,丽水市财政局国库集中支付中心被中华全国妇女联合会授予"全国三八红旗集体"荣誉称号。 (丽水市财政局供稿 刘克华执笔)

莲都区

【概况】 2013年,丽水市莲都区实现生产总值249.15亿元,比上年增长7.0%。其中:第一产业增加值16.24亿元,增长3.3%;第二产业增加值104.62亿元,增长5.6%;第三产业增加值128.29亿元,增长8.5%。三次产业结构比调整为6.5:42.0:51.5。全区人均生产总值54205元,增长6.4%。区级财政总收入16.34亿元,增长16.5%,其中:公共财政预算收入9.73亿元,增长16.8%,占财政总收入的59.5%;税收收入9.14亿元,占公共财政预算收入的93.9%。公共财政预算支出18.73亿元,增长19.8%。全年财政收支平衡。

【组织财政收入】 密切关注经济运行态势和收入增长情况,加强和国、地税部门的协作,定期召开收入分析会。规范行政事业性收费行为。强化收缴分离,实行网络系统核销财政票据,确保非税收入及时足额收缴入库,当年征收政府非税收入0.60亿元。

【推进经济转型】 完善扶持政策。立足产业转型升级,提高企业创新能力,鼓励企业做大做强,制订《关于促进工业经济加快发展的若干意见》,加快工业化进程,推动本区经济快速健康发展。落实财政政策。将工业园区建设、旅游、金融等行业作为财政扶持重点,全年财政兑付企业扶持资金 1.66 亿元,受益企业 486 家。

【建设民生财政】 全区民生支出 15.85 亿元,增长 21.6%,占公共财政预算支出的 84.6%,民生支出重点向教育、社会保障、医疗卫生等领域倾斜。全年新增财力用于民生支出比重为 84.4%,占比保持在三分之二以上。保障教育发展。安排提升教育教学质量奖励资金 350 万元、名师名校长奖励资金 60 万元,扶持民办教育发展支出 359 万元。提高学前教育和农村中小学生均公用经费标准,将公办学前教育生均公用经费从生均 194 元/年提高到 225 元/年,农村和民办中小学生均公用经费提高 100 元/年,农村中小学住宿费按生均 200 元/年列入公共财政预算。提高社会保障水平。提高城乡居民医疗保险筹资标准和财政补助标准,当年投入 1.09 亿元。城乡居民医疗保险全年累计参保 311734 人,城乡居民基本医疗保险参保率为 99.5%,筹资总额 1.41 亿元。加大对生活困难群体低保救助力度,发放最低生活保障金 1896 万元。临时救助资金按区户籍人口每人每年 4 元安排,全年拨付临时救助资金 76 万元、临时救助 507 人次。拨付医疗救助资金 653 万元、惠及群众 2485 人次。支付孤儿困境儿童基本生活补助 130 万元,1714 人次享受。制定出台《莲都区促进就业资金管理实施办法》,加大就业保障力度,就业再就业支出 1187 万元,对下岗失业人员、城乡劳动力和外来务工人员进行免费技能培训,对职业介绍、公益性岗位就业、小额担保贷款等项目进行补贴。及时做好企业退休人员养老金、精减退职人员生活补助等待遇调整工作。实施强农惠农政策。推进村级公益事业一事一议财政奖补,全区 54 个项目,投入 3630 万元,其中财政奖补资金 2404 万元。做好农业综合开发工作,开展碧湖高标准农田示范工程项目建设。继续落实美丽乡村建设促进农业农村事业发展。

【倡导厉行节约】 严格控制一般性支出,建立"三公"经费"指标控制、动态监管和目标考核"的监督机制,"三公"经费支出下降 13.7%。依法完善全区采购管理体系,规范政府采购程序,出台行政事业单位越野车、商务车配备管理办法,严格控制越野车、商务车配备。

【深化财政改革】 强化部门预算管理,严禁无预算支出,规范预算追加和预算结余管理,强化预算约束力。深化国库集中支付改革,推进公务卡制度改革,制订区级预算单位公务卡强制结算目录,完成预算单位公务卡全覆盖。加强预算单位银行账户管理,出台区级预算单位银行结算账户管理办法,严格控制预算单位银行账户开设。全力推进乡镇财政规范化建设,完成碧湖镇公共财政服务平台试点建设。组织乡镇财务培训,全面落实新一轮乡镇财政管理办法,提高乡镇干部抓收入、管支出的能力。强化国有资产管理,完成 235 家行政事业单位国有资产管理"回头看",做好行政事业单位资产"双证"补办的前期工作。

【加强财政监督】 深入开展绩效评价,通过建章立制、扩面扩量、创新方式、注重结果等措施,推进绩效评价工作,开展绩效评价项目 89 个,涉及金额 3.15 亿元,占公共财政预算支出的 16.8%。强化财政资金管理,统筹各类资金,集中财力支持民生事业发展和重点项目建设。实行"部门编报、财政统筹、网上公示、政府审批、阳光操作"的管理制度,解决资金使用分散、效率低下问题。完善乡镇、街道和区直单位会议管理暂行规定,明确会议分类、经费预算标准、支出范围等,有效降低行政运行成本。完善财政评审机制,建立"六先六后"* 财政投资评审监督机制,全年完成政府投资项目审定金额 10.70 亿元,核减金额 8264 万元。

【完善队伍建设】 建立网络学校学习、调研文章撰写、工作业绩创新与评先评优、干部成长相结合的制度。建立健全党风廉政风险防范机制,制定廉政风险问责制度和廉政风险预警制度。建立干部梯队培养制度,出台中层后备干部制度。贯彻落实党的十八届三中全会精神和党的群众路线教育实践活动要求,对照"四风"查找自身不足,落实整改措施,转变工作作风。区财政局获区政府年度目标责任制考核评比"优胜单位"称号。

(丽水市莲都区财政局供稿　吴　潇执笔)

注:

*"六先六后":先评审,后审批概算;先评审,后实施;先评审,后招标;先评审,后拨款;先评审,后变更;先评审,后批复结(决)算。

龙泉市

【概况】 2013 年,龙泉市实现生产总值 95.90 亿元,比上年增长 11.2%。其中:第一产业增加值 12.30 亿元,增长 3.7%;第二产业增加值 45.50 亿元,增长 14.0%;第三产业增加值 38.10 亿元,增长 10.4%。三次产业结构比调整为 12.8 : 47.4 : 39.8。人均生产总值 33184 元,增长 12.1%。全市实现财政总收入 8.52 亿元,增长 12.5%,其中:公共财政预算收入 5.45 亿元，增长17.5%，占财政总收入的64.0%；税收收入5.04亿元，增长16.9%，占公共财政预算收入的92.4%。公共财政预算支出18.18亿元，增长20.2%。全年财政收支平衡。

【组织财政收入】 创新税收征管，地税部门组织各项收入8.40亿元，增长22.6%，其中税收收入4.80亿元，增长18.8%。分月度、季度和年度召开税收预测分析会，把握进度，做到均衡入库，把握收入工作主动性；加强重点税源管理，按照“抓大、评中、定小”的税源管理办法，注重对新的税收增长点和潜在税源进行监控，监控重点税源291户，每季度一次细分行业纳税排名；加强协税护税体系建设，建立与国税、工商、城建、国土等部门协作机制，及时共享涉税信息，合力加强征管。强化非税收入管理，采用新版非税收入征管系统，50余家单位纳入新系统管理；加强土地收入管理，做好与国土等部门衔接，保障收入及时足额缴库；全年实现非税收入4163万元，增长25.2%。加强社保费征缴工作，社保费收入3.20亿元，增长32.9%。

【支持经济发展】 支持新型工业经济发展，兑付企业扶持资金3400万元；落实结构性减税和清费减负政策，为企业减免税费8416万元；支持第三产业发展，重点支持服务业、旅游业、文化创意等产业发展，分别兑现扶持资金2700万元、1200万元和1000万元；开展服务企业“大走访”活动，走访企业500多户。开设“个转企”绿色通道，为“个转企”企业提供快捷便利服务。支持现代农业园区及粮食功能区建设，重点扶持竹茶菌蔬等优势农产品产业发展，支持农业龙头企业和专业合作社做大做强。创新开展农业综合开发工作，强化项目开发和资金科学化精细化管理，实施土地治理项目3个，产业化经营项目6个和贴息贷款项目4个。

【保障民生支出】 坚持民生优先原则，优化支出结构，民生支出占新增财力三分之二以上。支持教育事业发展。全年教育支出3.78亿元，占公共财政预算支出的20.2%。支持社保事业发展，筹集安排资金，确保企业和城乡居民社会养老保险基金及时发放，逐步提高保障水平，当年城乡居民医保基金人均筹资标准由每年360元提高到450元，年人均财政补助330元。建立公立医院改革财政补偿机制，在政策范围内住院费用报销比例为75%，普通门诊个人年度报销限额从300元提高至500元。支持新农村建设，落实各项惠农政策，推进“六边三化”、中心村建设和美丽乡村建设；支持农村基础设施建设和公益事业发展，筹集资金2435万元，实施一事一议财政奖补项目81个，制定村级公益事业建设一事一议财政奖补工作考核评价试行办法等制度。支持重点项目建设，筹措资金确保人民医院迁建等重点工程建设，全年政府性投资21.00亿元。

【深化财政改革】 理顺“三位一体”工作机制，创新预算管理，扩大直接支付范围，加快推进财政大监督工作。深化国库集中支付改革，推进乡镇国库集中支付改革试点，加强预算单位公务卡管理，122家预算单位开通单位公务卡，实施公务卡强制结算目录，规范公务卡管理。加快推进乡镇财政规范化建设，全市19个乡镇（街道）全部单独设立财政所和乡镇财政公共服务平台。推进强乡镇工程建设，出台乡镇财源建设结对帮扶制度，实行局领导班子成员和中层干部与乡镇结对帮扶。

【创新财政监管】 严控“三公”经费，出台《关于进一步做好厉行节约工作的通知》，下达“三公”经费控制指标，做好“三公”经费增长管控工作。完善预算编制管理，在编制公共财政预算、政府性基金预算、社会保险基金预算、国有资本经营预算和政府性债务计划的基础上，向本级人民代表大会提交市交通局部门预算草案，并将交通部门财务纳入会计委派中心核算。创新“四个三”*编制政府投资预算，缓解项目投资规模和项目资金之间的矛盾。出台财政专项资金管理等一系列资金管理办法，规范和加强财政专项资金管理。加强预算绩效管理，对22个项目进行重点绩效评价。建立财政支农资金和项目管理责任制，明确支农资金和项目管理职责。提升服务水平，按照“方便、快捷、高效”原则，在确保资金安全、工作监管到位基础上，优化服务流程，简化办事程序，提速增效60%。推进“大国资、大监管”体系建设，重点盘活国有资产，建立和落实国资运营公司监管制度，履行好出资人职责，下达国资运营机构工作目标责任制考核指标，做好国资运营机构“三定方案（定机构、定职能、定编制）”和财务预算编制、审核工作。

【加强队伍建设】 落实党风廉政建设责任制，引导干部牢筑廉政观，严守纪律观，重视形象观，树立正确的学习观，依托亲情抓廉政，加强自身建设，真正做到清白做人，干净干事。创新夜学模式，实行集中学习、分组学习和分科室学习相结合的模式，丰富夜学内容。当年完成各类调研课题46个，其中省以上课题3个。发挥工会、共青团、妇委会作用，成立各类文体兴趣小组，开展税收宣传、“乡村漫游”、慰问孤寡老人等活动。

（龙泉市财政局供稿　王盛伟执笔）

注：

*“四个三”：三个优先即产业类、基础设施类和项目前期已到位项目优先；三个确保即确保续建项目、重点项目和保民生项目；三个结合即与十二五规划、项目资金是否已落实和项目的进展情况结合；三个慎重即对新增范围的项目要慎重、改

善办公条件类的项目要慎重、不形成实物的项目要慎重。

缙云县

【概况】 2013年,缙云县实现生产总值173.76亿元,比上年增长9.6%,其中:第一、二、三产业增加值分别为9.24亿元、102.98亿元、61.54亿元,分别增长3.2%、10.3%、9.3%。三次产业结构比调整为5.3∶59.3∶35.4。人均生产总值48314元,增长9.4%。全社会固定资产投资77.83亿元,增长5.1%。全县财政总收入15.74亿元,增长8.2%,其中:公共财政预算收入8.70亿元,增长16.9%,占财政总收入的55.3%;税收收入7.96亿元,增长18.4%,占公共财政预算收入的91.5%。全县公共财政预算支出20.19亿元,增长13.9%。全年财政收支平衡。

【组织财政收入】 开展经济税源调查研究工作。分析增减收因素,提出确保收入措施。做好重点企业税源监控,定期完成重点税源现状、税负水平及其变化趋势等数据分析,当年纳入监控的重点税源企业280家,其中省级以上重点税源监控企业26家。激励机关部门"内部挖潜",促进收入量质并提,制定一系列组织收入的考核制度,增加政府可用财力。全县地税部门组织各项收入12.59亿元,增长16.5%,其中税收收入6.53亿元,增长16.0%。税收收入占公共财政预算收入的比重、公共财政预算收入占财政总收入比重分别比上年提高1.2和4.2个百分点。加强非税收入信息化管理。启用非税收入征管信息系统(FSZG),105家一级执收单位全部纳入系统,实现财政、银行、执收单位三方联网,实时对账。全县政府非税收入17.38亿元,增长72.9%。

【服务经济发展】 制订支持浙商创业创新"服务推进年"活动实施方案,做好浙商回归创业创新企业辅导,引导在外浙商回归投资创业。树立"亩产税收"导向,对缙云县亩产税收前10名的重点工业企业和成长型企业进行奖励,兑现2012年工业奖励资金4044万元。贯彻落实结构性减税和清费减负政策,为企业减免各项地方税费9913万元。推进"个转企"工作,设立"个转企"咨询台,指定专项指导员;建立"个转企"培育后备库,通过送政策上门,帮助解决"个转企"过程中遇到的问题;联合工商部门成立业务指导中心,开辟绿色通道,保证审批手续办理。当年完成"个转企"355户,其中纯地税户33户。设立企业贷款应急周转基金为企业贷款提供担保服务。县国资公司为37家(次)企业累计置换金额3.11亿元;为66家企业办理土地回购承诺2777亩,争取贷款12.11亿元;中小企业担保公司为332家企业提供贷款担保8.16亿元。

【支持民生发展】 2013年,全县财政民生支出10.61亿元,占县级财政总支出的80.4%;新增财力用于民生支出比重为83.4%。加大教育投入。全县公共财政预算教育支出5.32亿元,增长15.4%。落实中职教育免学费政策,清退学费869万元。完善社会保障体系。提高新农合筹资水平,人均筹资标准500元(含农民健康体检补助),县财政补助7000余万元;提高城乡居民最低生活保障标准,分别为514元/人·月和350元/人·月;设立城乡困难群众医疗救助专项基金,做好困难群众医疗救助。提升地方公共产品服务水平。落实村卫生室运行经费1216万元;落实县级医疗机构基本药物制度差额补助1849万元;建成"文化礼堂"21个,投入资金200万元。推进"平安缙云"建设。重新编制"十二五"政法机关基本业务装备配备规划。

【支持"三农"发展】 支持现代农业发展。当年投入资金6119万元,支持2个省级现代农业综合区、4个农业主导产业示范区、17个农业精品园发展;投入资金605万元,用于粮食生产功能区建设,支持农业基础设施和生态建设。投入资金2.45亿元,用于千库保安、万里清水河道、千万农民饮用水建设、农田水利等工程。整合新农村建设项目,全年投入资金4929万元。实施中心村培育、村庄整治、农村危旧房改造,鼓励农民发展"农家乐"、来料加工业,推进下山脱贫、异地转移、整村搬迁,助推"双清"行动和"六边三化"* 工作。做好一事一议财政奖补工作,建立项目库,实行评审制,49个项目申请省财政奖补,总投入3904万元,其中获省财政奖补资金1200万元。加大惠农直接补贴力度。及时兑现惠农补贴,全年累计拨付资金2010万元。

【加强财政监管】 从严控制行政经费和一般性支出。建立"三公"经费月报制度,"三公"经费支出下降15.1%,其中公务接待费下降22.2%。推进财税管理专业化、信息化。编制完成数字财政总体规划等规范性文本;建立数字财政建设联席会议制度。加强结余资金管理。单位经常性经费结余以及支出进度超过预算确定期限一年以上的项目资金结余,除特殊情况外收回统筹安排。加强绩效管理。开展行政事业单位县补专项资金绩效评价自评工作,邀请社会中介机构、县人大代表和政协委员参与评价,评价项目涉及农林水、教育、扶贫、卫生、社会保障等领域,参与绩效自评的有43个单位的46个专项,涉及资金1.09亿元。

【深化财政改革】 推进国库集中支付改革。105家县级行政、事业单位纳入国库集中支付改革；选择七里乡作为乡镇国库集中支付改革试点，实施“乡财县管”模式。深化行政审批制度改革。出台《深化行政审批制度改革 推进审批服务提质提速提效实施方案》，6个行政许可项目减少到5个，24个非行政许可项目转为内部行政管理。加强乡镇财政建设。加强乡镇机构建设，明确人员编制，新增乡镇财政编制18名，在新建镇开展乡镇公共财政服务平台建设试点，出台乡镇公共财政服务平台建设实施方案，制订乡镇财政管理规范化建设(2013~2015)行动计划。

【干部队伍建设】 改进机关作风建设。多平台、多渠道宣传“八项规定”“六条禁令”等有关规定。组织局内各单位对工作流程、服务措施等进行自查梳理，针对重点流程和难点问题进行排查分析、落实整改。做好廉政效能风险防控模块上线运行工作。开展集中培训，使全员干部掌握《廉政效能风险防控办法》；开展分散培训，结合具体岗位规范操作流程。多方位推进财税文化建设。举办十八大精神专题讲座，深入贯彻十八大和十八届三中全会精神，集聚干部队伍正能量。组织《小企业会计准则》学习和考试，提升财税干部业务水平。

(缙云县财政局供稿 田晶晶执笔)

注：

*“六边三化”：“六边”指公路边、铁路边、河边、山边、城边、村边；“三化”指洁化、绿化、美化。

青田县

【概况】 2013年，青田县实现生产总值173.11亿元，按可比价格计算，比上年增长11.1%；按户籍人口计算，全县人均生产总值32995元，增长9.6%。其中：第一产业增加值7.20亿元，增长3.0%；第二产业增加值105.49亿元，增长13.8%，其中工业增加值94.41亿元，增长15.0%；第三产业增加值60.42亿元，增长7.2%。三次产业结构比调整为4.2∶60.9∶34.9。全县实现财政总收入20.49亿元，增长9.0%，其中公共财政预算收入11.91亿元，增长12.9%，占财政总收入的58.1%。全县公共财政预算支出26.91亿元，增长10.0%，剔除省专项和上年结转后，支出17.09亿元，增长9.0%。全年财政收支平衡。

【组织财政收入】 加强税收分析预测。对全县28户重点企业开展税收调研，建立税收分析档案。对300多户企业和所有个体工商户开展减免税调查，做好数据采集、审核及分析测算。关注一次性因素和“政策效应”引起的收入增减变动，完善税收基础数据库。加强税收监控管理。扩大重点税源监控范围，加大监控力度，提升风险防控能力，当年全县落实重点税源监控企业247家，增加43家。加强股权转让环节税收征管，入库税收230万元。加强协税护税体系建设，联合国税、工商、国土等涉税部门建立税收征管工作联席机制，共享涉税信息，防止税收流失。地税部门组织各项收入13.50亿元，增长11.0%，其中税收收入8.63亿元，增长20.0%。加强非税收入征管。推进政府非税收入管理信息化建设，依托政府非税收入征管信息系统，提升收入管理精细化水平。加强财政票据管理，严格规范票据领购、结报和核销，深化非税收入征收监管，确保收入及时足额解缴入库。加强非税收入结算户资金清欠，加速资金周转，提高资金使用效益，全年入库非税收入4.88亿元。

【助推经济社会发展】 保障政府重点投资项目建设所需资金，通过牵头抓好项目贷款、及时入库土地出让和土地折抵指标收入、争取地方政府债券、统筹调度存量资金等举措，筹集资金18.90亿元，按项目进度拨付资金16.50亿元，110个项目建成，109个项目加快推进。加大科技投入，县财政投入科技经费5998万元，增长8.4%，占财政决算支出的3.5%；技术研究与开发支出3019万元，增长8.9%，占县财政决算支出的1.8%；保障实施创新驱动发展战略，推动落实省级以上科技项目42个。提升兴工扶企水平，围绕“工业强县”战略，加大财政扶持力度，重点支持先进制造业、企业上市和自主创新，助推企业转型升级，落实企业扶持资金1.27亿元，帮助银企对接授信8.22亿元，减免各类税费3.51亿元，发放应急转贷资金2.31亿元。

【保障和改善民生】 全年县财政安排民生支出11.74亿元，增长12.9%，占县财政支出的68.7%。确保“三农”支出。加大农业综合开发力度，推进农业“两区”建设；申报全国小型农田水利重点县，获中央和省补助资金1600余万元；扩大一事一议财政奖补项目覆盖面，支持农村基础设施建设和公益事业发展，全县申报省一事一议项目85个，落实项目投资6762万元，争取省奖补资金2146万元；保障粮食生产，发放种粮农民综合直补资金994万元，惠及全县8.98万户农户。支持教育优先发展。县财政落实教育支出4.49亿元，增长8.5%，占县财政支出的26.3%；完善义务教育经费保障机制，义务教育生均公用经费提高到小学700元、初中900元，比省定标准各高出150元；落实职业教育免学费政策，县财政投入350万元，惠及全县3480名学生；加大校建资金投入，累计投入8000万元，新建校舍1.9万平方米，创建市学前教育达标乡镇3个、省等级幼儿园15所。加大社保和医疗支撑力度。县财政安排社保支出1.04亿元，增长9.5%。落实最低生活保障制度,发放低保金4326万元、医疗救助金1018万元;推进医疗卫生改革,促进基本公共服务均等化,安排资金1.60亿元,增长24.3%;县财政投入5100万元,实行新型农村合作医疗和城镇居民基本医疗保险并轨制度,设立城乡居民医疗保险统筹专项基金,提升城乡居民医疗保障水平;推进公立医院改革,加大对医院的经常性补助,县财政投入886万元,增长164.0%。落实鼓励和促进就业财政资金扶持政策,保障各类人才招聘会、就业培训会开展。推进文化事业建设。加大文物保护工作资金投入,石门洞摩崖石刻、阜山陈宅毓秀桥列入国家级文物保护单位。保障公共文体设施建设资金,改建农村文化礼堂16个、天天乐文体广场60个。

【深化财政改革】 完善预算编制体系,强化部门预算编制管理,健全政府公共预算、政府性基金预算、国有资本经营预算、社会保险基金预算等政府预算体系。加强乡镇财政管理,推进乡镇财政公共服务平台建设,全县33个乡镇(街道)平台建设工作全面到位,选择温溪镇开展乡镇国库集中支付改革试点。深化行政审批制度改革,落实简政放权理念,财税审批事项从上年的25项减少到13项,承诺办理时限从104天压缩到74天。

【加强财政监管】 强化财政支出绩效考核。确定对上年度财政支出在50万元以上的138个项目实行绩效自评,涉及财政资金14亿元;推进预算绩效目标管理,选择教师进修培训项目开展预算绩效目标评审试点,核减预算资金240万元。严控"三公"经费。建立"三公"经费支出函告制度,对累计支出同比有增长和降幅排名靠后的单位,每月进行函告。从严控制公务用车、公务接待、因公出国(境)等经费支出,降低行政成本,"三公"经费支出下降15.0%。推进国有资本和资产管理。试编国有资本经营预算,促进国有资本收益科学合理分配。推动国有营运机构经费预算和业绩考核,实施行政事业单位固定资产购置预算试点,加强行政事业单位资产管理。加强政府采购监管。规范政府采购,完成全县公务用车定点加油集中采购;统一开展公务用车清查行动,完善控购信息系统内容更新;规范采购程序、严控采购审批,全年全县政府采购预算1.35亿元,采购金额1.18亿元,节约资金1700万元,节资率12.6%。

【干部队伍建设】 抓好干部选任工作,确保干部选任工作公正、科学、民主,调整任免干部37人。提升干部队伍素质。打造"财税业务攻坚创新"平台,成立30个攻坚创新小组,提高财税干部业务水平。健全第三方作风监督机制,开展第三方作风暗访检查。防范廉政风险,围绕人、财、物,管理权力运行和监督制约,对照岗位职权查找廉政风险点,出台系统防控举措。深化财税文化建设。开展周一夜学、"财税沙龙"等学习活动,提升干部队伍综合素质,依托"财税文化窗",打造"财税文化走廊",组建兴趣小组,全员参与,充实业余文化生活。当年县财政局获县部门年度考核先进单位称号。

(青田县财政局供稿 王 瑞执笔)

云和县

【概况】 2013年,云和县实现生产总值48.13亿元,比上年增长9.7%。其中:第一产业增加值4.23亿元,增长3.6%;第二产业增加值26.09亿元,增长11.9%;第三产业增加值17.81亿元,增长7.7%。三次产业结构比调整为8.8∶54.2∶37.0。人均生产总值43228元,增长9.9%。全县财政总收入6.27亿元,完成预算的109.8%,增长20.1%,其中公共财政预算收入3.36亿元,完成预算的107.5%,增长17.2%。公共财政预算收入占财政总收入的比重为53.6%,税收收入占公共财政预算收入的比重为87.9%。公共财政预算支出12.46亿元,完成预算的101.5%,增长19.6%。全年财政收支平衡。

【组织财政收入】 加强重点税源监控。加强木制行业税收管理。健全税收预测和分析机制,关注、跟踪宏观经济形势和企业经营变化,定期召开税收收入形势分析会,按月下达目标任务要求。全年地税部门组织各项收入4.31亿元,增长16.4%;其中税收收入2.38亿元,增长14.3%。加强社保费征收管理。在地税、国税、工商、质监四部门联动的基础上,将社保登记纳入部门联合办证体系,建立五部门联合办证制度。与人力社保局协同制定实时联网工作保障制度、社会保险费征缴例会制度等十一项制度。全年组织社保费1.59亿元,增长25.1%。规范非税收入管理。完善政府非税收入管理制度,严格执行政府非税收入"收支两条线"管理,推进政府非税收入法制化和信息化建设。全县所有使用非税收入票据的单位均纳入信息化管理,组织政府非税收入8.87亿元,增长119.8%。

【支持经济发展】 促进农业产业升级。围绕"山水童话乡村"建设,整合各类财政支农资金2.35亿元,引导社会投入1.64亿元,支持农村危旧房改造、农民下山转移工程等10个农村基础设施建设项目和现代农业综合园区建设、粮食生产功能区建设等6个农业产业项目。全年农业投入2.81亿元,增长36.3%。加强企业培育和扶持。拨付扶持企业发展资金9123万元,减免企业税费1132万元,为105户企业减免地方水利建设基金136

万元。推进"个转企"工作。对"个转企"工作进行专题调研，梳理"个转企"相关税费优惠政策，拟定建账补助等财政支持政策，配合县政府出台个体工商户转企业及小微企业规范升级工作实施意见。全年办理"个转企"企业224户，占工商登记数的89.2%。

【保障民生支出】 全年民生支出9.08亿元，增长25.8%。推进教育事业发展。重点向农村地区、教育发展的薄弱环节和义务教育阶段倾斜，推进教育均等化，全县财政教育支出1.97亿元，增长10.6%。落实惠农政策。全年完成农业综合项目投资1665万元，建成山区小流域农业生态工程等9个项目。完成农资直补资金兑付工作，涉及农户2.23万户次，发放补贴资金395万元。完善支持就业服务体系。加大公益性岗位、就业困难人员职业培训等方面的投入力度，促进就业支出342万元，职业培训1307人次。完善社保体系建设。提高低保标准，完善低保标准动态调整机制，做到应保尽保，应补尽补。4月1日起，城镇低保标准调整为432元/人·月，农村低保标准调整为298元/人·月，全年发放低保救助金1361万元。加大医疗救助资金筹集和补助力度，筹集医疗救助金286万元，其中县财政投入170万元，增长41.7%，救助1009人，救助金额250万元。

【深化财政改革】 提升行政审批效能。对涉及本部门27项行政审批事项逐一进行时限缩减，提效95.1%，其中13项由原来承诺件提速为即办件。梳理现有行政审批事项，取消审批事项2项，转为其他服务事项6项。推进乡镇国库集中支付改革。选取石塘镇为试点乡镇，采用视同县级预算单位的模式纳入国库集中支付，完成支付业务736笔，支付金额743万元。下发全面推行乡镇财政国库集中支付改革的通知，自2014年1月1日起，全县所有乡镇(街道)开始实施国库集中支付制度改革。实施预算单位公务卡强制结算目录，提高支付透明度，加强预算执行监控管理。全县所有乡镇(街道)均已纳入公务卡改革试点范围。累计向122家纳入国库集中支付预算单位发卡1717张，公务刷卡消费1497万元。推进乡镇财政建设。开展乡镇公共财政服务平台建设，全县10个乡镇街道均成立财政办。采用以集中办班培训为主，在岗学习为辅的模式，对乡镇财政干部进行培训。

【强化财政监督】 深化预算绩效管理改革。制订财政预算绩效管理办法及操作规程，逐步建立"预算编制有目标、预算执行有监控、预算完成有评价、评价结果有反馈、反馈结果有运用"的预算绩效管理模式。加强财政预算项目审核。完成全县建设项目概预算及项目变更审核332个，送审金额8.98亿元，审定金额8.48亿元，净核减金额5000万元。推进资产管理信息化。深化资产管理信息平台建设，实现对资产的动态管理。推进国资管理运营体制改革，完成对全县现行国有资产管理体制和国资营运机构的改革规划。

【干部队伍建设】 完善干部选拔机制，开展中层岗位竞争上岗。通过自荐、演讲竞争上岗。提任年轻中层干部11位，占中层干部的25.3%，中层正职干部轮岗率57.1%。加强服务意识，局领导带队走访重点企业110户，征集企业对财政部门的意见和建议，并及时对其进行整改、落实。县财政局获"全省财政系统依法行政工作"考核优秀单位称号。

（云和县财政局供稿 陈 蕾执笔）

遂昌县

【概况】 2013年，遂昌县实现生产总值84.54亿元，比上年增长10.1%。其中：第一产业增加值9.94亿元，增长3.1%；第二产业增加值39.55亿元，增长14.2%；第三产业增加值35.05亿元，增长7.3%。三次产业结构比调整为11.7∶46.8∶41.5。全县人均生产总值45028元，增长10.7%。全县财政总收入9.25亿元，增长10.4%，其中：公共财政预算收入5.52亿元，增长18.1%，占财政总收入的比重为59.7%；税收收入4.85亿元，占公共财政预算收入的87.9%。公共财政预算支出17.82亿元，增长16.8%。当年财政收支平衡。

【组织财政收入】 强化税源跟踪管理。完善重点企业跟踪管理机制，93户重点企业监管责任落实到人，定期开展收入动态预测分析，重点监控税收占全县税收70%以上。细化税种管理。加强建筑业跟踪管理，对25个重点项目实行重点监控，全年建筑营业税入库4181万元，增长27%；加强所得税汇算清缴后续管理，对18户年销售收入1000万元以上企业开展辅导式检查，自查阶段查补入库税收150万元；通过房产税、土地使用税等涉税信息比对，增收700万元；深化与国土、住建等部门协作，入库自建房营业税412万元、耕地占用税5000余万元。深化查补清欠管理。建立欠税信息共享和部门协作机制，避免新欠税款发生；对历年欠税进行集中清理，清缴欠税900余万元；开展金融、小水电、建筑等行业专项检查，查补入库1324万元。

【支持经济发展】 遂昌被列入全国一事一议财政奖补促进美丽乡村建设试点县，积极探索政府购买服务、政企合作发展农村电子商务模式。完善财税扶持政策。参与制定县委发展总部经济、原生态精品农业、加快工业创业创新等扶持政策，及时兑现税费优惠政策，减免税费6000万元、拨付企业扶持资金7700万元；投入1.25亿元成立遂昌暨阳山海协作产业园开发有限责任公司，打造遂昌—诸暨山海协作产业平台；注资成立全省首家农村集体经济发展有限公司，创新县域统筹发展物业经济模式。推动农村金融改革试点。出资参股成立首家村镇银行，完善金融机构考核办法，推动地方金融业发展；投入3000万元设立企协应急转贷周转金，全年累计发放转贷资金计5.95亿元，缓解企业融资困难。

【保障社会民生】 全县民生支出10.70亿元，增长17.1%，占当年新增财力支出的84.2%。发展社会事业。投入1.2亿元开展“六边三化三美”*“双清”等行动，启动农村垃圾分类试点工作；实施“3527”*教育资源优化布局方案，金岸小学建成投入使用，梅溪小学、育才中学启动建设；建成农村文化礼堂24个，支持乡村系列文化节庆活动。健全社会保障体系。制订《遂昌县大社保体系建设实施方案》，将新型农村合作医疗和城镇居民基本医疗并轨运行，设立城乡居民医疗保险统筹专项基金，健全“五保合一”大社保体系；深化医疗卫生体制改革，完善公立医院财政补偿机制。

【深化财政改革】 完善公共财政管理机制。加快国库集中支付和公务卡改革步伐，推动教育系统和试点乡镇运行国库集中支付系统。实行协议优惠利率定存1.92亿元，全年增加利息收益500万元。开展往来款清理工作，出台财政借款管理办法建立监管长效机制。创新农业综合开发以乡镇为项目单位管理模式。加强乡镇财政建设。20个乡镇(街道)均挂牌成立乡镇财政所，确立专职或兼职工作人员68名；确定北界镇、石练镇为乡镇财政公共服务平台建设试点镇，实现机构、场所和人员的“三到位”。

【加强财政监督】 从严控制“三公”支出。出台“三公”经费总量控制、函告和约谈等制度，严把支付审核关，实行支出动态监管，大幅压缩行政经费和一般性支出；当年全县“三公”经费下降15.0%，其中公务接待费下降21.1%，节约资金用于重点民生工程。启动国资整合盘活专项行动。制订行政事业单位国有资产整合盘活专项行动实施方案，推行“统一产权、集中管理、授权使用”的行政事业单位国有资产管理体制，建立“县政府——财政局——资产使用单位”三层次管理模式，促进国有资产保值增值。严格政府采购审批制度。以集中采购为主，分散采购为辅开展政府采购工作，全年全县政府采购计划3479万元，实际采购金额3041万元，节约资金438万元，节约率12.5%。加强财政预算项目审核。全年完成项目审核182个，送审造价5.90亿元，审核造价5.48亿元，核减4234万元。加强财政绩效管理。选择县城市发展公司的南溪桥梁工程项目进行预期绩效目标申报、评审和批复试点。

【干部队伍建设】 打造效率型队伍。探索实行“大科室”制，出台配套的全局业务例会、重点事项督办等制度，完善财政借款、财政扶持政策审核、财政支出考核指标等管理办法，提升规范化管理水平。打造学习型队伍。通过业务学习、轮岗培训、跨科室兼职锻炼等形式，提升财税干部综合素养；成立财税课题调研小组，撰写课题研究报告12篇，编发财税信息24期。打造廉洁型队伍。系统梳理岗位廉政效能风险点，健全岗位风险预警防范机制；创建“勤廉机关”和“勤廉站所”，依法行政工作获省、市、县三级先进单位称号。

(遂昌县财政局供稿　叶晓晖执笔)

注：

*“六边三化三美”：加快推进公路边、铁路边、水边、山边、城边、村边等区域的洁化、绿化、美化行动，实现城美、村美、房美目标。

*“3527”：3所高中、5所初中、27所小学。

松阳县

【概况】 2013年，松阳县实现生产总值73.47亿元，比上年增长10.7%。第一、二、三产业增加值分别为12.19亿元、34.47亿元、26.81亿元，分别增长3.4%、15.8%、8.0%。三次产业结构比调整为16.6∶46.9∶36.5。人均生产总值39705元，增长10.7%。全县财政总收入5.93亿元，增长11.9%，其中公共财政预算收入3.91亿元，增长18.2%，占财政总收入的比重为65.9%。在公共财政预算收入中税收收入3.32亿元，增长29.6%，占比84.9%。全县公共财政预算支出18.25亿元，增长23.1%，县本级公共财政预算支出9.06亿元，增长9.5%，全年财政收支平衡。

【组织财政收入】 加强经济税源分析，扩大重点税源和一次性税源监控范围，完成税务登记验换证、“营改增”清税清票、年收入12万元以上个人所得税自行纳税申报等工作；推动“个转企”工作，全年办理“个转企”地税预登记277户；建立和完善“先税后证”控管体系；完成交通运输业和部分现代服务业“营改增”试点业务交接工作。推进“五费合征”，完成缴费单位和灵活就业人员数据信息重新校对和信息接送工作，社会保险费收入2.48亿元，增长22.2%，其中，企事业单位缴费1.81亿元，增长33.7%。加强非税收入征管，完成对住房公积金、住房资金监管、保障性住房建设资金筹集和土地出让金结算缴库工作,全年政府非税收入 14.17 亿元,增长 73.0%。

【落实强农惠农利农改革】 当年财政支农专项资金支出 4.63 亿元,增长 11.3%,其中以农业产业发展、新农村建设为重点,安排县级农业产业、农业重点项目和新农村建设资金 1.19 亿元;以农民饮用水工程为重点,安排水利资金支出 6783 万元;林业专项支出 5057 万元;土地复垦和开荒造地资金支出 1770 万元;农业综合开发项目资金支出 2991 万元主要用于山区小流域治理和农业产业化项目;一事一议财政奖补资金拨付 4160 万元。落实特别扶持项目资金 2.12 亿元,其中扶贫开发类项目支出 3238 万元,产业发展类项目支出 8168 万元,公共服务类项目支出 9764 万元。完成 2012 年度农业综合开发建设项目 12 个,2013 年度农发项目 3 个。

【支持经济发展】 制订支持浙商创业创新"服务推进年"活动实施方案。当年全县有浙商回归企业 10 户,其中 3 户为浙江省浙商回归引进重大项目。审核兑付企业扶持资金 5060 万元,落实税收(费)减免政策 2.31 亿元。落实部分中小微工业企业临时性下浮社会保险费比例政策,全县减征社保费 485 万元,惠及中小微工业企业 210 户。落实资金应急转贷政策,为 33 家企业发放转贷业务 47 笔,累计转贷 1.41 亿元,缓解企业资金困难。

【保障改善民生】 当年全县民生支出 13.50 亿元,增长 20.6%。教育支出 3.38 亿元,增长 5.8%;科学技术支出 2780 万元,增长 15.9%,主要用于实施科技惠民计划、技术研究与开展等;文化体育与传媒支出 2600 万元,用于县群众文化活动中心、广播电视惠民工程等建设;社会保障和就业支出 1.12 亿元,下降 11.4%;医疗卫生支出 1.66 亿元,增长 17.6%;节能环保支出 4254 万元,增长 16.4%,用于县污水处理厂二期工程等项目;城乡社区事务支出 6970 万元,增长 13.0%,用于精深农产品加工园基础设施建设等项目;农林水事务支出 4.39 亿元,增长 65.4%,主要用于农民异地搬迁、扶持集体经济薄弱村等;加大生态环保投入,全年投入生态环保建设资金 1.83 亿元,增长 14.1%,主要用于畜禽养殖污染专项整治、污水管网建设、生态公益林建设和村庄环境整治等。

【推进财政改革】 深化国库集中支付改革。当年县级预算单位和 4 个乡镇实行国库集中支付改革,"乡镇视同县级预算单位"模式被确定为全省两种乡镇财政国库集中支付改革推广示范模式之一。推进公务卡改革。实行国库集中支付的县级预算单位和 18 个乡镇(街道)实行公务卡改革,自 2013 年 12 月 1 日开始,实行公务卡强制结算目录。推进乡镇财政建设。以提高公共财政服务水平和财政资金监管为重点,所有乡镇(街道)成立财政所,搭建纵向层级之间连接通畅、横向部门之间衔接紧密的"一站式、一条龙、一卡通"式乡镇公共财政服务平台。

【加强财政监督】 推进财政预算信息公开。率先在丽水市试点部门预算公开工作,并对政府财政预决算报告、试点单位部门预算、乡镇财政管理体制进行公开。严控"三公"经费。全县"三公"经费支出下降 15.2%。其中公务接待费支出 2720 万元,下降 22.6%。加强财政法制建设。做好行政执法依据清理工作,按照规定对 3 项行政许可、189 项行政处罚、27 项行政征收等行政执法职权及其法律依据进行梳理,印制《松阳县财政地税局行政执法依据汇编》。加强政府采购规范化管理。构建政府采购长效管理机制,全县政府采购(非工程类)预算金额 1.80 亿元,节约资金 3068 万元,节资率 17.0%。加强预算绩效管理。构筑"预算编制有目标、预算执行有监控、预算完成有评价、评价结果有应用"的预算绩效管理机制。完成绩效评价项目 22 个,评价金额 1.22 亿元,其中,重点评价项目 6 个;预算单位自评项目 16 个。

【加强队伍建设】 建立"两本台账"工作制度。根据科室职能和干部工作职责,分别建立"服务台账"和"工作日记"制度,对日常管理进行动态记录,梳理全局各项工作的办事时限,提醒干部按时办结。开展"三提三查"活动。即自查、互查、外查,提质、提速、提效,加强内部日常检查,杜绝各类违规行为。完善内部管理制度。加强全局效能建设,制订目标责任制考核办法,建立健全岗位责任制、首问责任制、AB 岗工作制、限时办结制、服务承诺制、台账日记管理制、政务公开制等制度。

(松阳县财政局供稿 阙余斌执笔)

庆元县

【概况】 2013 年,庆元县实现生产总值 48.36 亿元,比上年增长 10.5%。人均生产总值 35007 元,增长 11.1%。第一、二、三产业增加值分别为 7.07 亿元、22.57 亿元、18.72 亿元,分别增长 3.6%、13.6%、9.4%。三次产业结构比调整为14.6∶46.7∶38.7。全县财政总收入 4.14 亿元,增长 16.9%,其中公共财政预算收入 2.51 亿元,增长 16.8%;全县公共财政预算总支出 16.90 亿元,增长 24.9%。全县财政收支平衡。

【依法组织收入】 坚持依法治税,夯实税收征管基础,提升收入质量,税收收入占公共财政预算收入的 81.8%。挖掘增收潜力,完善"五位一体"税源管理互动机制,开展税源调查预测分析,优化税收收入结构和地方财政收入结构。以国有土地出让收支管理信息系统为依托,加强土地出让收支管理。推行政府非税收入信息化管理,加强对国有土地使用权出让收入、国有资源(资产)性收入的征收管理。全年实现政府非税收入3.86亿元,增长104.2%。推进社会保险费、残保金征缴扩面,加强水利建设基金等规费(基金)征管。

【助推经济发展】 完善政策体系,出台个体工商户转企业及小微企业规范升级工作实施意见等政策文件,助推企业、产业平台建设。保障重点项目建设,增强项目建设资金整合、配置、保障力度,为重点工程项目提供资金保障,当年拨付基本建设预算资金6.76亿元,其中特别扶持资金1.09亿元。发挥财政资金引导和调控作用,做好产业政策审核兑现,兑付企业扶持资金6782万元,加大对企业的帮扶力度。支持"三农"工作,以农业"两区"、小农水重点县等重点项目为平台,支持现代农业发展,改善农业基础条件。抓住农业发展政策机遇,整合落实财政支农资金5263万元,促进农业产业转型升级。深入实施"千村示范万村整治"工程,支持美丽乡村建设。保障项目建设,加大对平台建设、城乡统筹发展、国家级生态县创建、洁净乡镇行动以及"三改一拆"、"四边三化"、创卫等重点工作、重点领域的支持力度。

【保障民生支出】 当年公共预算中安排民生支出12.54亿元,占公共财政预算支出的76.8%,确保教育、农业、科技等法定支出增长高于经常性财政收入的增长幅度。加大教育经费投入,巩固完善义务教育经费保障机制,义务教育中小学生均公用经费最低标准分别为750元和550元。理顺非义务教育财政体制,促进学前教育、高中教育发展。加大对乡镇卫生院、城乡社区公共卫生和基本医疗领域的投入,巩固推进基层医疗卫生机构实施国家基本药物制度和绩效工资改革,促进乡镇卫生院标准化建设。完善社会保障体系建设,落实1.83亿元,建立高龄老人补贴制度,推动城乡居民养老、医疗保险、失地农民养老保险的实施。调整完善困难群众基本生活价格补贴机制,对孤儿基本生活最低养育标准和重度残疾人托(安)养费用标准实行人员动态调整。支持县委"五台合一"*的社会管理服务创新工作,安排落实资金900万元,推进"平安庆元"、社会治安综合治理工作,加快政法装备标准体系建设,加大对法律援助、社区矫正和人民调解工作的支持力度,促进社会和谐,维护社会稳定。

【推进财政改革】 深化国库集中支付改革,全县148家预算单位完成国库集中支付改革。深化公务卡改革,公务消费刷卡1752万元,增长125.2%,出台公务卡强制结算目录,增强公务卡运用实效性。推进乡镇财政改革,全县19个乡镇(街道)成立乡镇财政所,配备专职财政人员。9个乡镇启动乡镇公共财政服务平台建设。按照"保障基数、突出激励"原则,完善新一轮乡镇(街道)财政管理体制。

【加强财政监管】 开展"走进项目,保障发展"项目资金执行情况中期评估,了解项目资金使用情况;创新建设资金筹措机制,盘活历年沉淀资金。全力保障项目建设资金需求。尝试全程预算绩效管理,对11个财政支出项目实施绩效评价,积累绩效管理工作经验。对财政专项资金使用实行跟踪审计和跟踪问效。加强财政投资项目预算审核,全年完成193个项目审价,送审金额3.88亿元,审减金额3460万元。贯彻厉行节约各项规定,从严控制一般性支出,全年"三公"经费支出5437万元,下降11.9%,其中公务接待费下降14.0%。

【干部队伍建设】 培养干部学习能力,组织中层干部竞聘上岗、一般干部双向选择,为干部成长创造学习条件、提供锻炼平台、创新学习方式。开展"科长讲坛",培养"张口能说、提笔能写"的干部。与浙江大学联合组织财税干部全员轮训,邀请专家就十八大会议精神、小企业会计准则等开展授课,提升干部综合素质。加强财税文化建设,发挥工、青、妇、团等组织作用,开展各类财税文化活动。加强党风廉政建设,开展专题廉政教育、正反面典型教育、落实党风廉政建设责任制,完善财税系统惩防体系建设。当年县财政局获县级机关部门目标管理责任制考核优秀单位称号。 (庆元县财政局供稿 陈 思执笔)

注:

*"五台合一":整合110指挥中心、应急联动指挥中心、96345社会公共服务中心、"数字城管"指挥中心、网络舆情研判指挥中心,建立庆元社会服务管理中心。

景宁畲族自治县

【概况】 2013年,全县实现地区生产总值38.69亿元,比上年增长8.8%。人均生产总值36494元,增长8.8%。第一、二、三产业增加值分别为6.24亿元、14.39亿元、18.06亿元,分别增长3.5%、12.0%、7.9%。三次产业结构比调整为16.1∶37.2∶46.7。全社会固定资产投资33.68亿元,增长29.1%;社会消费品零售总额19.87亿元,增长16.1%;城镇居民人均可支配收入25332元,增长10.8%;农村居民人均纯收入9466元,增长12.9%。全县财政总收入9.55亿元,增长0.5%。公共财政预算收入4.78亿元,增长17.1%,占财政总收入的50.1%;公共财政预算收入中税收收入4.01亿元,增长19.6%,占比83.9%,比上年提高1.8个百分点。全年公共财政预算支出18.99亿元,增长9.0%;县本级公共财政预算支出12.84亿元,增长6.9%。当年财政收支平衡。

【组织财政收入】 坚持依法治税，夯实税收征管基础，提升税收收入质量，优化收入结构。健全税收预测和分析机制，把握组织收入主动权；建立部门信息共享和协作机制，构建社会综合治税体系；加强分税种分行业税源管理，强化高收入者个人所得税及股权转让的税收征管；运用第三方信息开展税源数据比对和税收风险管理，夯实基础、挖潜增收。地税部门组织各项收入7.24亿元，增长18.9%，其中税收收入4.50亿元，增长18.2%。健全政府非税收入征管体系，推进政府非税收入法制化和信息化建设，拓宽国有资源(资产)性收入征收渠道，规范和加强国有土地使用权出让收入收缴管理，完成财政非税收入5.56亿元，增长115.7%，其中政府性基金收入4.79亿元，增长159.3%。完善以“五费合征”为核心的社保费长效征缴机制，征收社会保险费2.34亿元，增长24.4%。

【促进经济发展】 落实县委县政府《关于加快工业经济和总部经济发展的若干意见》，实施加快产业集聚区建设、培育中小微企业、培植龙头骨干企业等政策措施。落实省财政厅《关于加大力度继续扶持景宁畲族自治县加快发展的意见》，筹措基本建设项目资金5.07亿元，到位贷款2.76亿元，支持基础设施、教育文化事业、生态环境保护等重点项目建设。发挥国有资产经营公司的政府投融资职能，通过国有资产抵押贷款、信用担保等方式累计融资15.60亿元，以支持地方经济社会加快发展。强化政策支撑，扶持企业发展，县财政设立企业救灾专项补助资金100万元，用于补助小微企业遭受自然灾害等的损失；设立2000万元小微企业贷款周转应急基金，缓解小微企业“融资难”问题。落实结构性减税和清费减负政策，减轻企业负担，共减免税收2104万元，惠及企业1416户。

【建设民生财政】 全县用于民生类支出7.80亿元，增长10.5%，财政新增支出全部用于民生支出。其中：教育支出3.40亿元，增长5.3%；文化体育与传媒、医疗卫生支出1.20亿元，增长10.0%，高于同期财政经常性支出5%的增幅。推动城乡统筹发展。落实支农惠农各项政策，加大农业综合开发力度，统筹资金重点支持高标准农田和“两区”建设，推进现代农业发展，全县用于“三农”的财政资金4.34亿元，增长59.1%，其中扶贫资金1.60亿元，支持省级扶贫改革试点，构建大扶贫格局。全面开展农村公益事业一事一议财政奖补工作，推进“美丽乡村·魅力畲寨”和中心村建设。完善基本公共文化服务体系。落实经营性文化事业单位转企改制等财税支持政策，推进文化体制改革，推动文化产业发展。支持医药卫生体制改革，医疗卫生支出9453万元，形成具有景宁畲乡特色的基本医疗卫生制度。支持城乡社保和就业工作。投入城乡社保和就业财政资金1.32亿元，增长57.6%，其中：农村最低生活保障支出1900万元，增长16.6%；自然灾害生活救助支出214万元，增长12.6%。统筹资金5675万元，推进保障性安居工程建设，加大对农村困难群众住房救助。

【深化财政改革】 建设“阳光工程”。完成政府信息公开平台改版，通过新版信息公开平台梳理并公开部门行政“权力清单”，稳妥推进财政预决算公开和“三公”经费预算的阳光公开、财税行政权力的阳光运行、财政运行的阳光监督。深化预算改革。在县人大监督下，推进县农业局、县发展和改革局两个部门的部门预算细化。深化国库集中支付和公务卡改革。在县直预算部门国库集中支付和公务卡改革全覆盖的基础上，将国库集中支付和公务卡改革向乡镇推进，完成鹤溪和红星两个街道办事处的乡镇财政国库集中支付改革试点，提前1年实现公务卡制度改革乡镇(街道)全覆盖的工作目标。11月1日起在全县所有预算单位实施公务卡强制结算目录，加强和规范公务支出行为。加快乡镇财政规范化建设。按照“因地制宜、梯次推进”原则，设立2个街道和4个镇的乡镇财政管理机构。

【加强财政监管】 推进财政法制建设，做好规范性文件的制定和管理工作，确保财政执法依据合法有效。开展执法督查，推行执法责任制，预防和化解行政争议。围绕民生支出重点，实施项目绩效管理，探索单位整体支出绩效评价，重视绩效考评成果的应用，强化单位支出绩效主体责任，重点由资金分配转向跟踪问效。完善政府采购监管机制，规范政府采购行为，完成政府采购预算4369万元，实际支付采购金额3651万元，节约资金718万元，节约率16.4%。严格支出管理，压缩一般性开支，降低行政运行成本，腾出资金保民生、保重点、保发展，当年“三公”经费支出下降18.0%。加快财政预算支出管理信息化建设，完善乡财县管机制，加强乡镇债务管理，加强会计核算和会计监督。规范行政事业单位资产监管，盘活存量资产，提高国有资产使用效率。从严审核报废资产，对报废资产的处置严格按规定程序执行，防止国有资产流失。

【加强队伍建设】 围绕财税中心工作，开展“进村入企助推发展”活动，主动向人大代表、特约监督员和广大基层群众征求意见和建议。深化党风廉政建设，通过与基层各单位签订《党风廉政建设责任书》和《行政执法责任书》，全面落实首问责任制、岗位责任制、限时办结制、服务承诺制。打造和谐财税文化，组织全体干部职工与低收入农户结成扶贫对子，为结对村低收入农户提供帮助。县财政局被评为2013年全县综合目标考核先进集体。 (景宁畲族自治县财政局供稿 吴向东执笔)

市县（市、区）图片集锦

zhejiang caizheng nianjian

杭州市 2013年财政投入卫生智慧医疗信息化经费5619万元，支持市民卡智慧医疗诊间结算、全门诊分时段预约诊疗、住院病人床边结算、诊疗信息网上查询等一系列便民惠民创新举措。“市民卡智慧医疗诊间结算”被《中国卫生》杂志评选为“2013年度中国‘推进医改，服务百姓健康’十大新举措”。

1 医院门诊自助挂号
2 住院病人床边结算
3 门诊患者在诊室直接刷卡付费
4 患者在智慧医疗多功能自助机上充值

1

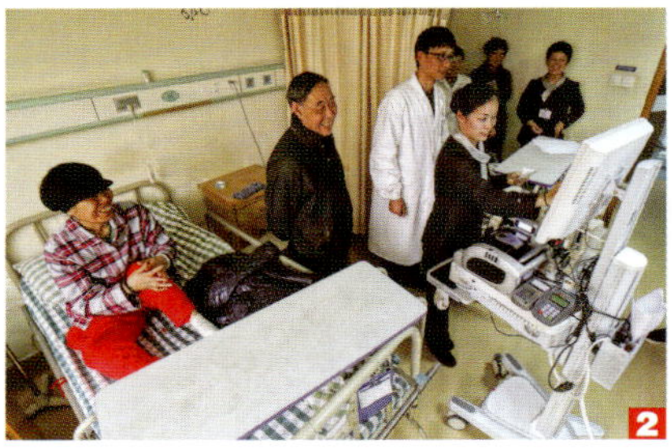
2

3

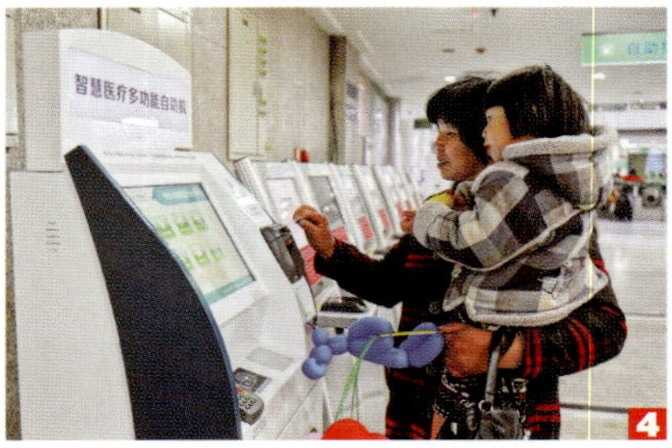
4

5

6

7

8

9

2013年，杭州市下城区投入1.76亿元资金，用于优化河道慢行系统和绿带景观，启动备塘河整治，实施和平停车楼建设、黑臭河道治理、信报箱建设等一系列民生实事工程。

5 坝子桥新貌
6 老小区庭院立体停车库
7 小区信报箱改造工程
8 石桥河整治
9 庆春路古城墙修缮工程

2013年，杭州市上城区推进财源建设，发挥产业集聚效应。湖滨路特色街、南山路特色街、玉皇山南园区以及河坊街（中山中路）四个街区累计实现公共财政预算收入2.70亿元，增长9.1%。

1 玉皇山南创意园俯瞰
2 湖滨路特色街
3 玉皇山南创意园一隅

杭州高新技术产业开发区（滨江）围绕“新天堂、新滨江”目标，不断加快城市建设步伐，构建白马湖生态创意城、奥体博览城、智慧新天地、北塘河畔、物联网产业园等五大平台协同推进产业发展和城市建设的新格局，促进产业与城市融合发展。2013年完成政府性项目投资50.01亿元，增长18.9%。

4 彩虹立交桥
5 海外高层次人才创新创业基地
6 建设中的奥体博览城
7 滨江新城
8 绿色江南

杭州市西湖区推进教育均衡发展，形成结构齐全、富有特色、协调发展的现代教育体系。2013年，西湖区本级教育投入9.59亿元，加大优质教育资源均衡配置和拓展力度，优质义务教育覆盖率97.2%。

1 求是（和家园）小学
2 行知小学教学楼
3 师生在全自动录播教室上课
4 学生在电子阅览室认真阅读

杭州市萧山区财政加大对文教卫事业支持力度，推动社区卫生体制改革和基础设施建设，支持学前教育、职业教育，推进农村文化礼堂建设，促进萧山民生事业进一步发展。

5 举办全国青年击剑锦标赛
6 投入使用的靖江中心幼儿园
7 桥南沈村文化礼堂
8 改建后的新湾街道社区卫生服务中心
9 职高技能比武

富阳市加大城乡统筹力度，着力建设“美丽乡村”，全年农口系统安排政府性专项预算项目 27 个，预算金额 10.50 亿元。

1 富春山水
2 稠溪村新貌
3 种瓜得瓜
4 农业龙头企业加工车间
5 绿满茶园

桐庐县以创建全域旅游专项改革试点县为重点，全年落实旅游发展专项资金 1500 万元，推进中国最美县建设。2013 年全县旅游总收入 87.70 亿元，增长 19.3%。

6 市级精品村——环溪村
7 富春江（芦茨）乡村慢生活体验区
8 全域旅游标识系统
9 3A 级景区——江南古村落

淳安县财政加大对千岛湖水环境保护力度，2013年投入3.73亿元支持“生态淳安”建设，重点推动污水处理设施、湖面垃圾打捞、生态系统监测、乡镇交界断面水质考核等项目。

1 湖面垃圾打捞
2 农村生活垃圾集中处置
3 渔业资源增殖放流活动
4 船舶生活污水“上岸工程”
5 千岛湖水质监测

1

2

4

3

5

6

7

8

9

建德市财政持续加大对环境保护和生态建设投入，实现经济发展和生态建设、环境保护互动双赢。

6 新安江大坝
7 璀璨江城
8 子胥岭之春
9 梦幻新安江

宁波市 2013年遭遇“菲特”强台风袭击，造成巨大损失，财政部门整合专项资金、统筹行政经费及“三公”经费结余，及时筹措救灾复产资金6.28亿元，同时争取中央、省财政补助3.15亿元，统筹用于支持抗洪救灾和灾后复产重建。

1 及时布置统筹资金抗洪救灾
2 调集物资赴一线救灾
3 清理灾后垃圾
4 积极参与运送伤员
5 尽快转移受灾群众

宁波市鄞州区财政投入2.31亿元，用于公共文化建设，当年底成功创建为首批国家公共文化服务体系示范区。

6 黄古林草席博物馆
7 举办全国舞龙大赛
8 梁祝爱情节
9 居家博物馆
10 汽车流动图书馆

宁波市海曙区着眼于中心城区品质提升，推进智慧城区建设。2013 年，全区免费无限上网工程（iNingbo）、智慧社区、智慧城管平台、智慧公共服务平台等各项信息基础设施建设稳步推进。

1 市民代表参观区城管智慧指挥中心
2 设置在街道内的便民智慧服务站
3 81890 智慧服务平台
4 公共自行车租借点
5 体验“智慧城区、海曙领跑——网络改变生活”活动

宁波市江北区以建设品质新江北为目标，筹集资金完善城市功能，一系列重点工程相继完工，城市品味进一步提升。

6 北山休闲游步道
7 来福士广场
8 大医院设立北部院区
方便农村群众就医
9 江北区文化中心

宁波市北仑区加快推进梅山产业集聚区开发建设，梅山保税港区“宜居宜业宜游，观海亲海享海”的国际化滨海新城初具雏形。

1 XCAT 摩托艇锦标赛开幕式
2 梅山大桥
3 梅山港全景
4 梅山港码头
5 首批出口免检汽车从梅山港启航
6 保税区内进口商品
7 梅山保税港区进口汽车展示厅

2013 年，宁波市江东区加大财政教育投入力度，全年公共财政预算教育支出 4.36 亿元，增长 11.3%。其中，学前教育经费占财政性教育经费比重提高至 12.9%，省级幼儿园实现全覆盖，义务教育通过“国家基本均衡区评估”验收。

8 江东实验小学学生二胡三重奏获全国一等奖
9 幼儿园逃生课教学
10 李惠利小学机器人作品展

2013年，宁海县以“项目建设提升年”为突破口，投入130.2亿元加快推进交通基础设施、旧城改造、城中村改造等重点实事工程建设。

1 唐安李安置小区
2 竣工后的县级公路城岭线
3 西溪水库
4 黄坛变电站
5 建设中的金海大桥

余姚市财政因地制宜发展特色农业，2013年投入财政资金1500万元支持杨梅、茶叶等特色产业发展，助推农业产业转型升级。

6 手工制作年糕
7 茶园
8 杨梅园

慈溪市财政加大资金投入，支持美丽乡村建设，通过深入开展“创业增收致富、人居条件改善、环境质量提升、文化培育引领”四大行动，打造特色村 15 个，启动环境改造提升村建设项目 21 个，进一步提升美丽乡村建设水平。

1 西门外村新农房
2 鸣鹤古镇
3 徐福村新民居
4 特色村之任佳溪村
5 特色村之万家河头村
6 环境改善后的河流

奉化市秉持“以人为本”理念，发展各项社会民生事业，打造宜居宜游宜业的“和悦奉化”。2013 年，各项民生总支出 34.45 亿元，占公共财政预算支出的 75.9%。

7 大堰镇西畈梯田
8 残疾人文艺汇演
9 外来民工篮球赛
10 生态农业园

瑞安市大力支持医疗卫生事业发展，支持基层医疗服务机构建设和服务能力提升，促进基本公共卫生服务均等化。2013 年，全市投入医疗卫生经费 3.02 亿元，增长 33.5%，助力瑞安市创建“浙江省卫生强市”。

1 妇幼医院新大楼
2 瑞安市中医院
3 市妇幼医院母婴健康中心
4 瑞安市人民医院
5 市人民医院瑞祥分院传染病区
6 市医疗急救中心

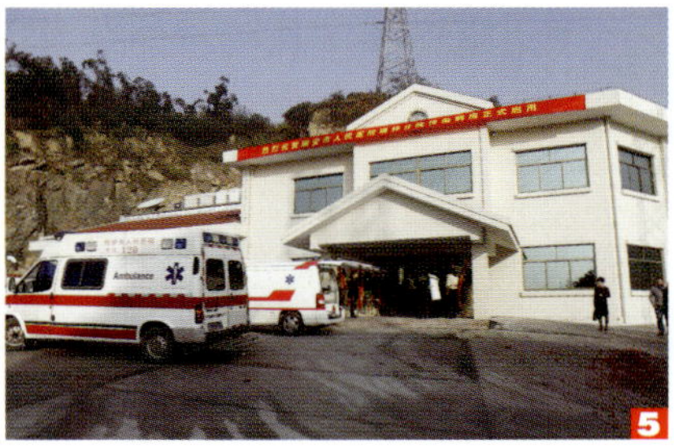

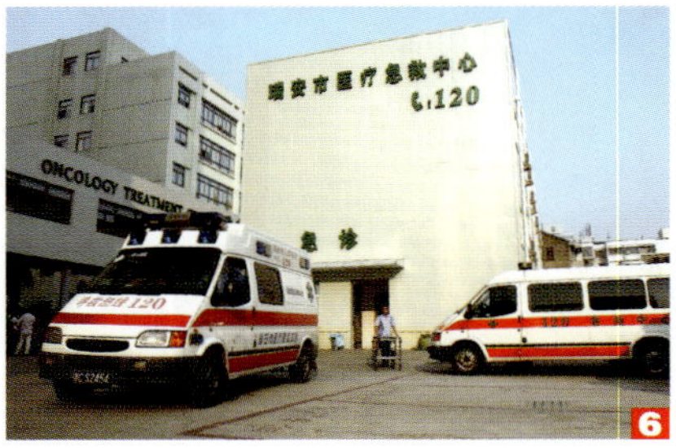

2013 年，平阳县财政规范资金管理，提高资金使用效益，全年农林水事务支出 6.41 亿元，增长 79.0%，城乡环境焕然一新。

7 带溪
8 东塘河生态公园
9 凤巢溪
10 小流域治理后的梅溪

泰顺县财政统筹安排资金8.23亿元，保障县城新城区基础设施、农房集聚项目和交通网道工程等政府投资项目建设，助推城乡统筹发展。

1 泰顺中学新校区
2 县城新城区
3 下山新村
4 新城大道
5 通乡公路

2013年，乐清市财政投入专项资金300万元，通过以奖代补方式，扶持文化礼堂建设，惠及全市30%的农村人口。

6 "走亲连心"进礼堂
7 农村文化礼堂
8 村民自编自演越剧表演
9 农村文化走廊

苍南县财政加大对农业产业化的扶持力度，推进深海网箱设施渔业、鲍鱼养殖基地和高架草莓基地等项目建设，全年落实农业产业化资金1800万元，促进农业产业转型升级。

1 标准化鲍鱼养殖基地
2 深水网箱设施渔业建设
3 深水网箱渔场
4 高架草莓基地

1

2

3

4

5

6

7

8

9

2013年，文成县财政投入资金6107万元，用于现代农业园区、粮食生产功能区、特色农业精品园、生态农业经济循环基地等建设，支持生态农业发展。

5 鲜花产业示范园
6 生态农庄
7 农业观光园
8 月老山生态农庄
9 平和九龙山生态茶园

嘉兴市 建立饮用水水源地生态补偿机制，市财政每年安排3000万元，专项用于市区贯泾港湿地和石臼漾湿地两个水源保护区所辖镇（街道）的生态补偿，区财政按1∶1比例实施配套，营造水源地生态保护“从我做起、从点滴做起”的良好氛围。

1 嘉兴市区生态湿地
2 贯泾港生态湿地水源净化区
3 石臼漾湿地鸟瞰
4 湿地飞鸟栖息

2013年，嘉兴市秀洲区财政投入资金1345万元实施“文化惠民工程”，推进文化强区建设。

5 新落成的农民画中心
6 承办第七届中国艺术节
7 农民画创作
8 端午踏排船比赛
9 农村文化丰富了村民文化生活

2013 年，嘉兴市南湖区财政投入 3.48 亿元，用于加强城乡社区事务管理，提升城乡社区服务水平。

1 新丰镇镇北村警务室
2 湘家荡湘城社区居家养老服务中心
3 建设街道丁家桥社区城市管理服务站
4 社区“老娘舅”调解家庭纠纷
5 南湖街道便民服务中心

1

2

3

4

5

6

7

8

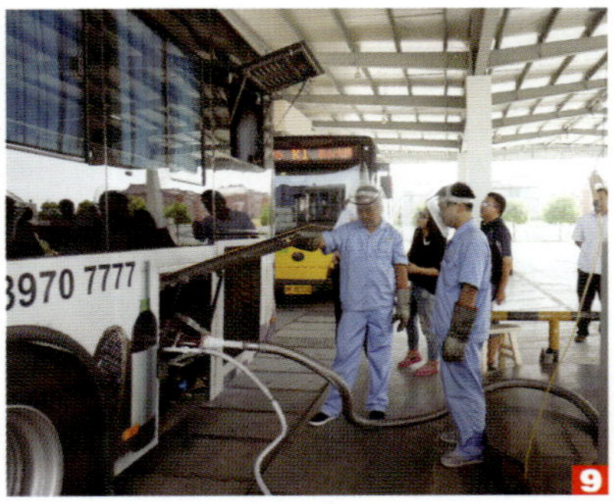

9

海宁市安排公交事业发展资金 6080 万元，倡导绿色出行，推进“公交惠民”工程，降低民居出行成本，缓解城市拥堵。

6 倡导自行车绿色出行
7 公共自行车租借点
8 公交专用通道
9 新能源公交车充电
10 绿色天然气公交车

10

2013 年，海盐县农业综合开发项目争取省以上财政补助资金 1845 万元，县级财政配套资金 426 万元，进一步提高了农业综合生产能力，助推全县农业产业化发展。

1 粮食生产功能区
2 蔬菜种植基地
3 生猪屠宰生产线
4 农产品速冻调理生产线
5 脱水蔬菜生产线

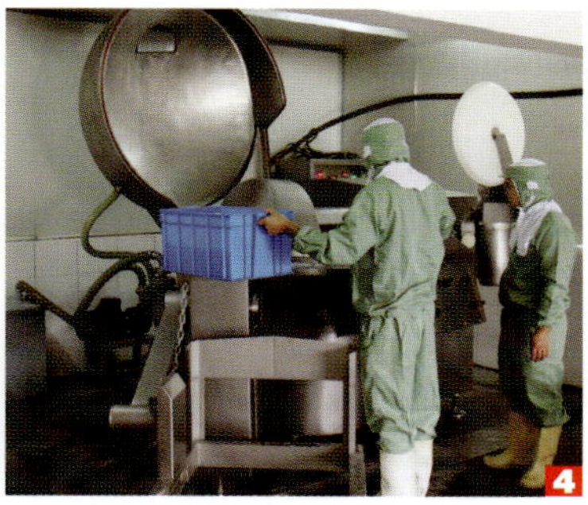

2013 年，嘉善县财政多渠道筹集财政资金，保障县域科学发展示范点建设三年行动计划资金需要，着力推进“产业转型升级引领区、城乡统筹先行区、开放合作先导区，建成民生幸福新家园”的“三区一园”建设。

6 经济转型升级示范地——中国归谷嘉善科技园
7 农村新貌——集体婚礼
8 物流仓储基地
9 开放合作——省际公交车

德清县财政大力支持文化基础设施建设，支持文物保护、民间文化以及非遗传承等文化事业建设。2013 年全县文化体育与传媒支出 7765 万元，增长 7.8%。

1 民间龙灯队表演
2 首批浙江省非物质文化遗产“扫蚕花地”
3 2013 年正式投入使用的德清县图书馆
4 现代题材越剧《德清嫂》
5 村落文化节现场

湖州市南浔区加强村庄整治，统筹财政资金 2.60 亿元，重点支持农村道路改造和水环境综合整治。

6 整治后的河面
7 整洁的乡村河堤
8 硬化后的村庄道路

2013 年，安吉县财政筹措水利资金 6596 万元，重点用于加快水利工程改造提升，增强县域防汛抗旱能力。

1 递铺河滨护岸
2 城南社区沙塘坞水库除险加固
3 递铺河滨美景
4 荷花塘村西苕溪堤防工程
5 西苕溪河道水坝

2013 年，长兴县财政投入资金 2233 万元支持旅游强县建设。当年全县接待旅游人数 1045 万人次，增长 14.2%；旅游景区（点）门票收入 3003 万元，增长 17.1%。

6 赏梅
7 二界岭樱桃节吸引众多游客采摘
8 水密桃丰收了
9 银杏节上展民俗

绍兴市 充分发挥财政补助对医院成本管控的激励作用，投入财政资金 3.66 亿元，支持公立医院综合改革，取得医药费用有效控制、自费药品比重降低、参保群众充分得益的预期成果。

1 通过医改破除“以药补医”机制
2 财政加大对公立医院基本建设的保障力度
3 注重高层次医疗卫生人才培养
4 广泛宣传普及公立医院改革
5 先进的医疗设备
6 医院应急保障能力显著提升

1

2

3

4

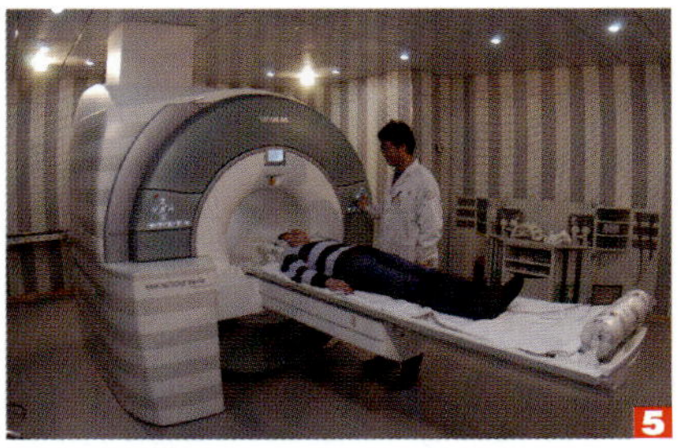
5

6

7

8

9

2013 年，诸暨市推进乡镇公共财政服务平台建设，形成“一个平台办事、一张卡发放、一站式查询”的公共财政服务新模式。

7 枫桥镇公共服务中心财政窗口
8 大唐镇公共财政服务中心大厅一角
9 电子触摸屏方便群众查询

新昌县加大财政投入，推进城乡统筹发展，加快新型城镇化建设步伐。

1 新农村风貌
2 旅游客运中心
3 江滨公园
4 保障性住房
5 农村文化礼堂

2013 年，嵊州市财政教育支出 8.42 亿元，占全市公共财政预算支出的 27.7%，全市教育基础设施持续改善。

6 仙湖幼儿园
7 剡溪小学
8 嵊州中学全景
9 师生教学互动
10 越剧艺校学生苦练基本功

金华市 加大文化惠民工程建设力度，市本级财政投入 19.10 亿元，保障市体育中心、市文化艺术中心、市婺剧院等重点项目建设资金，促进城乡公共文化服务均等化。

1 2013 年 9 月 21 日浙江省第二届体育大会在金华体育中心体育馆举行
2 体育大会比赛现场
3 老年协会里听快板
4 婺剧下乡
5 农民自编自导自演的腰鼓舞

武义县财政加大文化事业投入，重点支持公共文化设施建设，支持文化惠民活动，公共文化服务水平不断提升。

6 送文化下乡
7 文化礼堂展文化
8 书画作品展
9 图书馆免费开放
10 非遗文化进校园

2013年，东阳市实施乡镇（街道）财政管理规范化建设，完成机构、平台、系统“三个一”的建设目标，既方便了居民群众，也使乡镇（街道）财政管理水平进一步提高。

1 办理涉农业务
2 东阳市巍山镇财政所
3 政策查询台
4 虎鹿镇便民服务中心
5 乡镇公共财政服务中心办事大厅

义乌市财政为鼓励外向型经济发展，落实各类扶持政策，拨付资金2.8亿元。2013年，全市外贸进出口总值186.2亿美元，增长99.3%。

6 供需双方业务洽谈
7 小商品城大学生电子商务实习基地签约暨义乌购提升班开课仪式
8 义乌中国小商品城国际生产资料市场开业
9 2013中国义乌国际装备制造业博览会

兰溪市财政多渠道筹集资金4.57亿元，推进城市环境综合整治和重点项目建设，不断提升城市品位。

1 和平公园
2 美丽江城
3 渔舟唱晚
4 溪西新城
5 城防绿堤
6 香格里拉公园

1

2

3

4

5

6

7

8

9

磐安县财政加大文化事业投入力度，加强对历史文化挖掘与民俗文化的保护，提升县域文化底蕴。

7 农民腰鼓队
8 婺州南孔榉溪村全景
9 神奇的磐安炼火

衢州市 鼓励引导绿色产业集聚发展。围绕人才引领、科技支撑和机制保障，落实财税扶持政策，推动相关战略性新兴产业的发展。

1 慧谷工业设计基地
2 浙江中关村科技产业园挂牌成立
3 特种纸生产线
4 新型电子元器件制造
5 光伏发电
6 空心复合绝缘子产品
7 现代农业
8 空气压缩机生产车间

龙游县以实施一事一议财政奖补政策为抓手，扎实推进美丽乡村建设。2013年全县23个一事一议财政奖补政策试点村获批，申报村级建设项目131个。

1 召开村干部座谈会听取意见建议
2 候选村村支书结合本村实际公开演讲，竞争试点村资格
3 评委们现场打分
4 评委们根据项目文本及演讲内容，深入现场实地考评
5 公布评审得分情况
6 一事一议财政奖补项目——童岗坞村事务中心

2013年，江山市财政拨付资金2000余万元，支持乡镇文化礼堂建设和“文化赶集、流动图书馆”等活动，不断提升城乡公共文化服务水平。

7 婺剧进校园
8 流动图书馆进农村
9 文化赶集活动
10 大陈乡全民合唱节现场

衢州市柯城区加快推进居家养老服务中心建设。截至 2013 年末，已建成养老服务中心 5 家和日间照料中心 52 家，让居民老有所依、老有所养，提升生活幸福感。

1 府山街道居家养老服务中心
2 养老服务中心服务大厅
3 养老服务中心提供营养餐
4 手工制作丰富老年人生活内容
5 举办“七夕”幸福舞会
6 老年模特队表演

2013 年，常山县财政构建财税支持生态文明建设的体制机制，全年城乡生态家园建设支出 7.9 亿元，有效改善城乡生态环境。

7 美丽常山·休闲城市之文峰广场
8 美丽常山·休闲城市之县城内河——绿岛景观
9 常山港——江滨小区
10 新建净水厂

舟山市 财政2013年投入海洋旅游发展资金1.15亿元，重点用于海洋旅游综合开发、海洋旅游项目投资和海洋旅游品牌建设，打造群岛型海洋休闲旅游目的地。

1 沈家门海鲜夜排档
2 中西仿古木船远航
3 中国台风博物馆
4 休闲海钓
5 舟山海洋生物科技馆
6 马岙博物馆

岱山县加快推进交通项目建设，完善岛内、岛间交通网络。2013年，全县完成交通基础设施建设投资4.07亿元，其中县级财政安排2.53亿元，占全县政府投资项目支出的62.2%。

7 官山大桥主塔及桥锁
8 风情休闲街
9 建设中的沿山道路
10 城区中心道路——长河路

2013年，舟山市定海区投入专项资金1500余万元，用于渔农村文化礼堂建设，国际海岛风情秀、文化走亲、送戏下乡等各类文体活动，丰富渔农民文化生活，农村村貌大为改观。

1 海上文化礼堂
2 新建社区文化礼堂举行成人礼仪式
3 干览镇新建社区文化礼堂
4 文艺节目镇级海选

嵊泗县大力支持教育事业发展，通过合理安排教育专项，提高财政教育投入绩效，巩固完善教育经费稳步增长机制。2013年全县教育支出2.09亿元，增长13.0%。

5 引进外籍教师
6 菜园三小操场
7 嵊山小学
8 菜园幼儿园外景
9 嵊泗中学

2013 年，舟山市普陀区本级财政文化体育与传媒支出 5974 万元，增长 30.7%，主要用于开展“海洋文化提升年”、百姓大舞台等文体活动，实施渔农村文化礼堂建设等公共文化设施项目。

1 第八届中国普陀佛茶文化节
2 普陀图书馆淘书活动
3 文化下乡巡演
4 普陀展茅干施岙文化广场
5 岑氏木船造船工艺被列入国家级非物质文化遗产名录

1

2

3

4

5

6

7

8

9

温岭市运用“民营化经营、政府购买服务”模式改革城市公交，完善公交运营机制，优化公交线路布局，实行公交低票价政策，强化公交服务质量监管，提升城市公交服务品质。

6 行驶于城市中的公交车
7 车载智能读卡器
8 电子报站设备
9 整洁的公交站台

台州市 椒江区财政全力保障城市建设资金需要。2013 年，累计融入建设资金 27.20 亿元，审核拨付重点工程建设财政资金 26.10 亿元，保障重点项目建设。

1 椒江二桥建成通车
2 城市街区改造
3 城市生态林工程
4 城区河道整治

近年来，仙居县财政拨付生态环保补助资金 6.45 亿元，支持国家生态县创建工作，全县生态环境质量得到显著改善。2013 年 1 月仙居县通过国家生态县创建考核验收。

5 永安溪支流
6 绿道
7 池杉林
8 神仙居景区——初雪
9 仙居城市污水处理厂生化处理池

丽水市 莲都区财政支持农业“两区”建设，筹集、整合资金8000万元，全力打造生态精品农业，推进农业产业转型升级。

1 杏鲍菇生产车间
2 白莲休闲养生园
3 蔬菜大棚
4 蔬菜育秧中心
5 铁皮石斛培植基地

2013年，青田县整合各类财政资金，在优化生态环境、打造生态经济方面做实功，推进地方生态文明建设。

6 杨梅采摘带动生态休闲旅游
7 宜居的城镇环境
8 世界农业文化遗产——“稻鱼共生”系统
9 滩坑水库一景

近年来，云和县财政围绕旧村改造、农民异地搬迁、村庄环境整治、一事一议、村级集体物业经济、农村小型公益设施建设项目等工程，支持“山水童话乡村”基础设施建设。2013 年全县投入建设资金 2.77 亿元，其中财政资金 1.81 亿元。

1 雨后金水坑
2 金水坑社区服务中心
3 坑根石寨
4 梅湾革命老区新貌
5 高畲新村

遂昌县财政加大对电子商务的扶持和投入力度，积极探索政府购买服务，开启政企合作发展农村电子商务新模式。

6 遂昌县政府与阿里巴巴集团战略合作签约仪式
7 政府购买服务，辅导电子商务知识
8 营造发展农村电商氛围

2013年，缙云县财政局从“德、能、体”多方位推进财税文化建设。通过组织开展专题讲座、演讲比赛、社会实践等一系列活动丰富干部职工业余生活，传递积极向上的精神风貌，集聚队伍正能量。

1 微型党课
2 交通安全和消防安全专题讲座
3 应急救护专题讲座
4 慰问敬老院孤寡老人
5 工作专题讲座

庆元县财政局将文化建设与财税工作相融合，发挥团、工、妇等群团组织作用，营造良好工作氛围。

6 “科长讲坛”现场
7 拉丁舞比赛
8 中层干部竞争上岗
9 党风（行风）特邀监督员座谈会

财经统计资料

zhejiang caizheng nianjian

1978～2013年浙江省财政收支表

年　份	财政总收入（亿元）	公共财政预算收入（亿元）		公共财政预算支出（亿元）	增长速度（%）				全省GDP值（亿元）	总收入占GDP比重（%）	人均财政支出（元）
			其中税收收入（亿元）		总收入	公共财政预算收入	其中税收收入占比%	支出			
1978	27.45			17.43					124	21.8	46
1979	25.87			17.74	-5.8			1.8	158	16.4	47
1980	31.13			17.34	20.3			-2.3	180	17.3	45
1981	34.34			17.12	10.3			-1.3	205	16.8	44
1982	36.64			18.88	6.7			10.3	234	15.7	48
1983	41.79			21.94	14.1			16.2	257	16.3	55
1984	46.67			28.80	11.7			31.3	323	14.5	72
1985	58.25			37.40	24.8			29.9	429	13.6	93
1986	68.61			50.96	17.8			36.3	502	13.7	125
1987	76.36			51.24	11.3			0.5	607	12.7	124
1988	85.55			63.14	12.0			23.2	770	11.1	151
1989	98.21			74.77	14.8			18.4	849	11.6	178
1990	101.59			80.23	3.4			7.3	905	11.1	189
1991	108.94			88.43	7.2			10.2	1089	10.2	207
1992	118.36			95.31	8.6			7.8	1376	8.7	221
1993	166.64			125.04	40.8			31.2	1926	8.7	288
1994	209.39	94.63		153.03	25.7			22.4	2689	7.9	351
1995	248.50	116.82		180.29	18.7	23.4		17.8	3558	7.0	411
1996	291.75	139.63		213.71	17.4	19.5		18.5	4189	7.0	484
1997	340.52	157.33		240.16	16.7	12.7		12.4	4686	7.3	542
1998	401.80	198.10		286.81	18.0	25.9		19.4	5053	8.1	644
1999	477.40	245.47		344.04	18.8	23.9		20.0	5444	8.8	769
2000	658.42	342.77		431.30	37.4	39.6		25.4	6141	10.7	922
2001	856.00	500.69		597.30	30.5	46.1		38.5	6898	12.4	1263
2002	1166.58	566.85		749.90	36.3	13.2		25.5	8004	14.6	1570
2003	1468.89	706.56		896.77	25.9	24.6		19.6	9705	15.1	1846
2004	1805.16	901.05		1062.94	22.9	27.5		18.5	11649	15.5	2158
2005	2115.36	1066.60		1265.53	17.2	18.4		19.1	13418	15.7	2536
2006	2567.66	1298.20	1184.24	1471.86	21.4	21.7	91.2	16.3	15718	16.3	2902
2007	3239.89	1649.50	1535.35	1806.79	26.2	27.1	93.0	22.8	18754	17.3	3505
2008	3730.06	1933.39	1792.09	2208.58	15.1	17.2	92.7	22.2	21463	17.4	4237
2009	4122.04	2142.51	1983.67	2653.35	10.5	10.8	92.6	20.1	22990	17.9	5029
2010	4895.41	2608.47	2464.96	3207.88	18.8	21.7	94.5	20.9	27722	17.7	5890
2011	5925.00	3150.80	2952.01	3842.59	21.0	20.8	93.7	19.8	32000	18.5	7034
2012	6408.49	3441.23	3227.77	4161.88	8.2	9.2	93.8	8.3	34606	18.5	7599
2013	6908.41	3796.92	3545.66	4730.47	7.8	10.3	93.4	13.7	37568	18.0	8604

2011~2013年浙江省公共财政收支决算

单位:万元

收入				支出			
预算科目	2011年	2012年	2013年	预算科目	2011年	2012年	2013年
一、税收收入	29520062	32277690	35456603	一、一般公共服务	4715495	5036088	5388767
增值税	4617513	5075666	6516703	二、外交	0	0	0
营业税	9157090	10634916	10699693	三、国防	75374	76706	85349
企业所得税	4975586	5369677	5658815	四、公共安全	2908679	3190272	3477837
企业所得税退税	0	0	0	五、教育	7514236	8778625	9500650
个人所得税	1855628	1789266	1938442	六、科学技术	1439014	1659792	1918660
资源税	84968	84064	92289	七、文化体育与传媒	850908	941755	1060016
城市维护建设税	2000708	2180869	2325807	八、社会保障和就业	2918160	3454375	3970594
房产税	991948	1269351	1341081	九、医疗卫生	2789806	3059117	3507289
印花税	453650	462351	525399	十、节能环保	781140	776980	981384
城镇土地使用税	854992	1053987	1024494	十一、城乡社区事务	3384288	3078153	3329295
土地增值税	1480487	1497291	1865333	十二、农林水事务	3733214	4082038	5130275
车船税	191339	284876	338567	十三、交通运输	2739874	2876419	3725102
耕地占用税	513751	647255	587002	十四、资源勘探电力信息等事务	1378101	1616471	1800477
契税	2341708	1927216	2542029	十五、商业服务业等事务	969714	846303	894751
烟叶税	657	905	947	十六、金融监管等事务支出	57751	98694	121385
其他税收收入	37	0	2	十七、地震灾后恢复重建支出	27998	0	0
二、非税收入	1987891	2134577	2512638	十八、援助其他地区支出	0	108858	158529
专项收入	1107372	1160987	1214034	十九、国土资源气象等事务	304317	283172	365938
行政事业性收费收入	408018	336037	347092	二十、住房保障支出	580494	652499	815942
罚没收入	827606	833210	977954	二十一、粮油物资储备事务	131096	122557	136404
国有资本经营收入	-640704	-527356	-516404	二十二、预备费	0	0	0
国有资源(资产)有偿使用收入	272797	282722	428289	二十三、国债还本付息支出	32037	40089	48181
其他收入	12802	48977	61673	二十四、其他支出	1094220	839816	887834
本年收入合计	31507953	34412267	37969241	本年支出合计	38425916	41618779	47304659

2009～2013年浙江省11市及市本级公共财政预算收入排序

单位：万元

地区	2009年		2010年		2011年		2012年		2013年	
	公共财政预算收入	排序	公共财政预算收入	排序	公共财政预算收入	排序	公共财政预算收入	排序	公共财政预算收入	排序
杭州市	5207899	1	6713412	1	7851524	1	8599875	1	9452020	1
杭州市本级	566154	1	776820	1	793024	1	918148	1	1073595	1
宁波市	4328003	2	5309278	2	6575530	2	7255003	2	7928080	2
宁波市本级	423326	5	546990	3	702039	2	753240	2	720876	3
温州市	1956445	3	2284927	3	2708670	3	2896419	3	3239752	3
温州市本级	497605	2	552955	2	641475	3	710216	3	768436	2
嘉兴市	1417039	5	1768297	5	2264023	5	2577319	5	2823092	5
嘉兴市本级	475050	3	369573	6	490449	5	530176	5	561986	6
湖州市	800106	8	972656	8	1221200	8	1385508	8	1546646	8
湖州市本级	361736	6	202415	7	242539	7	260455	7	277356	7
绍兴市	1604310	4	1932305	4	2396916	4	2657555	4	2930721	4
绍兴市本级	430134	4	483297	4	592237	4	637549	4	566712	5
金华市	1292755	7	1559255	7	1857684	7	2148889	7	2424720	7
金华市本级	314800	7	389850	5	468746	6	525886	6	585265	4
衢州市	378521	10	469780	10	575729	10	634154	11	727535	11
衢州市本级	192062	9	178153	8	219927	8	242527	8	264066	8
舟山市	487786	9	610396	9	764844	9	855627	9	926280	9
舟山市本级	210201	8	177900	10	169776	9	212167	9	249850	9
台州市	1360227	6	1648845	6	2001150	6	2204230	6	2477341	6
台州市本级	88037	11	105566	11	138779	11	180689	10	202549	10
丽水市	374198	11	449423	11	573620	11	646121	10	736997	10
丽水市本级	125530	10	110712	10	150042	10	165692	11	178198	11

2009~2013年浙江省县(市、区)公共财政预算收入排序

单位:万元

地区		2009年		2010年		2011年		2012年		2013年	
		公共财政预算收入	排序	公共财政预算收入	排序	公共财政预算收入	排序	公共财政预算收入	排序	公共财政预算收入	排序
杭州市	富阳市	275699	16	326503	19	409488	18	420063	21	463611	21
	桐庐县	95011	59	130775	58	171946	52	195063	53	221378	54
	临安市	140369	44	169673	45	211018	46	236616	45	261163	44
	建德市	105736	56	120060	61	141146	61	160046	61	173139	63
	淳安县	55893	69	71987	73	95161	73	112098	70	125465	68
	上城区	389886	9	502201	8	535526	10	541005	11	574322	13
	下城区	575339	4	638984	4	710901	5	771770	4	774960	6
	江干区	298945	13	429464	11	516891	11	529111	12	579681	12
	拱墅区	290758	15	352044	15	440264	14	516112	14	554868	14
	西湖区	464546	6	628907	5	719482	4	757183	5	817772	4
	滨江区	369136	11	460248	9	542954	9	640738	8	753969	7
	萧山区	695281	1	981659	1	1133788	1	1226789	1	1265178	1
	余杭区	596701	3	760010	3	956393	3	1046537	3	1261038	2
	开发区	262600	19	333634	17	432777	15	479221	16	508964	18
西湖风景名胜区		25845	82	30443	90	40765	89	49375	83	42917	93
临平工业园区		0		0		0		0		0	
宁波市	慈溪市	491037	5	571910	6	612968	7	650916	7	699670	8
	余姚市	390273	8	440379	10	550163	8	616855	9	596390	10
	奉化市	144213	42	179077	43	219607	44	243728	43	265662	42
	象山县	167067	37	200893	37	248303	37	272793	39	306867	38
	宁海县	179067	32	210058	35	265948	34	298439	33	331354	33
	鄞州区	661218	2	878242	2	972736	2	1097531	2	1228682	3
	镇海区	216618	27	268709	27	362475	24	411273	23	449656	23
	北仑区	186373	29	223532	33	291909	31	321207	30	422666	27
	江东区	247057	22	311898	20	374974	21	421558	20	465810	20
	江北区	247458	21	295639	23	348621	27	361784	28	419047	29

（续表一） 单位:万元

地区		2009年		2010年		2011年		2012年		2013年	
		公共财政预算收入	排序	公共财政预算收入	排序	公共财政预算收入	排序	公共财政预算收入	排序	公共财政预算收入	排序
	海曙区	325218	12	361807	14	423423	16	486306	15	536974	15
	开发区	240525	23	281526	26	372931	22	446227	18	481694	19
	大榭开发区	130657	46	192406	38	300446	30	288939	36	305760	39
	宁波保税区	106155	55	123562	59	150658	59	156578	63	171963	64
	东钱湖区	50050	71	70980	74	78220	76	64701	80	54496	88
	高新开发区	121691	49	151670	48	197874	47	199992	51	249675	47
	杭州湾新区	0		0		102235	69	162936	59	220838	55
温州市	平阳县	99451	58	133741	56	167528	55	171174	57	203581	58
	苍南县	129345	47	149518	49	174301	50	193273	54	236529	50
	瑞安市	274038	17	326992	18	386789	20	406484	24	447415	24
	永嘉县	115877	50	137436	53	162741	57	184454	56	208497	57
	乐清市	272332	18	343622	16	416600	17	457238	17	512937	17
	文成县	26770	80	34822	85	47375	83	49267	84	58317	84
	泰顺县	26327	81	34278	86	46287	84	49193	85	56190	85
	洞头县	22707	84	27352	91	30706	93	33926	93	38344	95
	鹿城区	169557	36	187485	40	222477	42	207578	49	222123	53
	瓯海区	130754	45	141240	51	162033	58	165340	58	210049	56
	龙湾区	107873	53	114980	62	133705	63	145599	64	191462	60
	开发区	83809	61	100776	64	116653	65	122677	67	85872	80
嘉兴市	海宁市	239510	24	303272	22	388194	19	442890	19	524888	16
	桐乡市	225734	26	283049	25	362870	23	417644	22	455301	22
	平湖市	208229	28	255125	28	324423	28	380180	27	422233	28
	嘉善县	159700	39	188182	39	243200	39	273084	38	290035	40
	海盐县	108816	51	136780	54	171825	53	223273	46	246053	49
	南湖区	0		141894	50	174163	51	193040	55	194726	59
	秀洲区	0		90422	66	108899	67	117032	68	127870	67

（续表二） 单位：万元

地区		2009年		2010年		2011年		2012年		2013年	
		公共财政预算收入	排序	公共财政预算收入	排序	公共财政预算收入	排序	公共财政预算收入	排序	公共财政预算收入	排序
湖州市	长兴县	184703	30	223602	32	307492	29	355087	29	394376	30
	德清县	148235	41	186022	41	234045	41	271938	40	309693	37
	安吉县	105432	57	139268	52	166628	56	210821	48	247043	48
	吴兴区	0		121237	60	150280	60	158431	62	176622	62
	南浔区	0		100112	65	120216	64	128776	65	141556	66
湖州经济开发区		0		0		0		0		0	
绍兴市	柯桥区	435832	7	517568	7	637690	6	704424	6	775655	5
	上虞区	227646	25	291582	24	355195	26	391888	25	431075	26
	嵊州市	108594	52	131523	57	184346	49	197498	52	227275	51
	新昌县	106438	54	135008	55	169928	54	200008	50	226028	52
	诸暨市	295666	14	373327	13	457520	13	526188	13	596047	11
	越城区	0		0		0		0		107929	74
金华市	兰溪市	90218	60	112166	63	135660	62	161533	60	181333	61
	永康市	177160	34	224036	31	252637	36	301229	31	352966	32
	武义县	73445	63	88712	68	110662	66	124298	66	142338	65
	东阳市	151531	40	193974	37	239530	40	301057	32	353118	31
	磐安县	27200	79	32800	88	40095	91	45345	90	51965	90
	义乌市	386255	10	427600	12	504600	12	574188	10	633101	9
	浦江县	72146	64	90117	67	105754	68	115353	69	124634	69
	金东区	0		0		0		0		0	
	婺城区	0		0		0		0		0	
	开发区	0		0		0		0		0	
衢州市	龙游县	50011	72	58121	76	70941	78	80506	77	90001	78
	常山县	38056	75	44921	80	53116	81	57160	81	65063	83
	江山市	65879	66	80392	71	100218	70	111408	71	124000	70
	开化县	32513	77	38473	82	43419	86	45735	89	50779	91

（续表三） 单位：万元

地区		2009年		2010年		2011年		2012年		2013年	
		公共财政预算收入	排序	公共财政预算收入	排序	公共财政预算收入	排序	公共财政预算收入	排序	公共财政预算收入	排序
	柯城区	0		34027	87	40713	90	43908	91	66392	82
	衢江区	0		35693	84	47395	82	52910	82	67234	81
舟山市	岱山县	51058	70	67566	75	84685	75	97712	75	105928	75
	嵊泗县	36928	76	40033	81	43738	85	48629	86	53670	89
	定海区	62018	68	152729	47	245716	38	256123	41	261361	43
	普陀区	127581	48	172168	44	220929	43	240996	44	255471	45
台州市	临海市	173388	35	221272	34	261957	35	286066	37	325006	35
	温岭市	250238	20	305918	21	361688	25	388678	26	438479	25
	玉环县	165568	38	182530	42	216856	45	251128	42	275990	41
	三门县	66069	65	80734	70	96011	72	106818	73	118035	73
	仙居县	49377	73	56698	77	68553	79	79028	78	92990	77
	天台县	65442	67	78081	72	96610	71	110722	72	122958	71
	椒江区	180667	31	226478	29	275213	33	293429	34	329903	34
	黄岩区	142843	43	166018	46	197394	48	215851	47	249939	46
	路桥区	178598	33	225550	30	288078	32	291821	35	321492	36
丽水市	缙云县	44467	74	51350	79	66214	80	74401	79	86976	79
	景宁县	17022	87	22412	93	36677	92	40850	92	47828	92
	龙泉市	24870	83	32067	89	40855	88	46409	88	54513	87
	青田县	73922	62	81270	69	93244	74	105442	74	119086	72
	庆元县	12941	88	15533	95	18812	96	21511	96	25130	97
	松阳县	21933	85	25476	92	29225	94	33046	94	39071	94
	遂昌县	31879	78	36885	83	41768	87	46747	87	55228	86
	云和县	19003	86	20312	94	24471	95	28696	95	33630	96
	莲都区	2631	89	53406	78	72312	77	83327	76	97337	76

2013年浙江省公共财政收支决算分级表

单位：万元

预算科目	决算数合计	省级	地级	其中：地级直属乡镇	县级	乡镇级
一、税收收入	35456603	2490514	5083730	69500	18419004	9463355
增值税	6516703	220878	647339	15712	3445458	2203028
营业税	10699693	1441714	1324408	20485	5360718	2572853
企业所得税	5658815	629500	863300	8578	2792541	1373474
企业所得税退税	0	0	0	0	0	0
个人所得税	1938442	88408	232628	1749	1085090	532316
资源税	92289	0	1652	0	31945	58692
城市维护建设税	2325807	71715	466751	6132	1107352	679989
房产税	1341081	19958	162506	4242	646907	511710
印花税	525399	16875	66778	1880	268065	173681
城镇土地使用税	1024494	1466	99260	5936	397546	526222
土地增值税	1865333	0	218145	4785	1120304	526884
车船税	338567	0	46517	1	262668	29382
耕地占用税	587002	0	99047	0	438419	49536
契税	2542029	0	855399	0	1461042	225588
烟叶税	947	0	0	0	947	0
其他税收收入	2	0	0	0	2	0
二、非税收入	2512638	265543	365159	0	1779251	102685
专项收入	1214034	143015	188252	0	786609	96158
行政事业性收费收入	347092	31261	72450	0	239948	3433
罚没收入	977954	48748	247791	0	681240	175
国有资本经营收入	-516404	-30512	-215241	0	-270651	0
国有资源（资产）有偿使用收入	428289	53381	64773	0	309909	226
其他收入	61673	19650	7134	0	32196	2693
本年收入合计	37969241	2756057	5448889	69500	20198255	9566040
一、一般公共服务	5388767	289353	1013602	5070	3045920	1039892
二、外交	0	0	0	0	0	0
三、国防	85349	15266	19148	0	47881	3054
四、公共安全	3477837	458391	793941	525	2143487	82018
五、教育	9500650	905323	1200581	91	6365261	1029485
六、科学技术	1918660	303381	361374	0	1160625	93280
七、文化体育与传媒	1060016	167972	297021	73	514949	80074
八、社会保障和就业	3970594	187120	830777	995	2491536	461161
九、医疗卫生	3507289	385126	554770	1162	2328001	239392
十、节能环保	981384	31267	143212	0	727365	79540
十一、城乡社区事务	3329295	10446	661726	3994	2184076	473047
十二、农林水事务	5130275	458151	506002	3043	3331217	834905
十三、交通运输	3725102	1198291	983923	30	1509005	33883
十四、资源勘探电力信息等事务	1800477	111612	199577	0	1351771	137517
十五、商业服务业等事务	894751	26287	154349	0	687700	26415
十六、金融监管等事务支出	121385	7698	37804	0	75765	118
十七、地震灾后恢复重建支出	0	0	0	0	0	0
十八、援助其他地区支出	158529	34369	33672	0	90351	137
十九、国土资源气象等事务	365938	56722	77452	0	219542	12222
二十、住房保障支出	815942	90794	187882	267	471139	66127
二十一、粮油物资储备事务	136404	70508	20731	0	43213	1952
二十二、国债还本付息支出	48181	0	14566	0	33615	0
二十三、其他支出	887834	9935	373322	10946	467206	37371
本年支出合计	47304659	4818012	8465432	26196	29289625	4731590

2013年浙江省政府性基金收支决算分级表

单位:万元

项　目	决算数合计	省级	地级	其中:地级直属乡镇	县级	乡镇级
地方教育附加收入	751462	85525	137376	0	507932	20629
新增建设用地土地有偿使用费收入	405117	336701	843	0	67573	0
地方水利建设基金收入	979216	142374	195944	0	630155	10743
残疾人就业保障金收入	244185	19907	40732	0	181407	2139
政府住房基金收入	109198	9753	63657	0	35788	0
城市公用事业附加收入	88154	0	30748	0	57004	402
国有土地收益基金收入	1297151	0	504994	0	789924	2233
农业土地开发资金收入	95957	14773	21288	0	59366	530
国有土地使用权出让收入	36699799	78420	13675163	0	22138457	807759
彩票公益金收入	304212	119942	108431	0	75758	81
城市基础设施配套费收入	282895	0	66709	0	213003	3183
车辆通行费	38819	4464	33463	0	892	0
其他各项政府性基金收入	3110225	533181	653703	0	1890105	33236
本年收入合计	44406390	1345040	15533051	0	26647364	880935
地方教育附加安排的支出	657893	9025	84164	0	497932	66772
新增建设用地土地有偿使用费安排的支出	450656	844	33316	0	388767	27729
地方水利建设基金支出	1042034	10962	219564	0	733118	78390
残疾人就业保障金支出	227224	3836	29290	0	175926	18172
政府住房基金支出	52560	9753	18484	0	24323	0
城市公用事业附加安排的支出	83746	0	21372	0	60927	1447
国有土地收益基金支出	1284944	0	436221	0	834366	14357
农业土地开发资金支出	103298	0	14835	0	76369	12094
国有土地使用权出让收入安排的支出	36633942	0	11959339	460	22017635	2656968
彩票公益金安排的支出	251989	21012	103603	7	111329	16045
城市基础设施配套费安排的支出	222552	0	49688	0	129937	42927
车辆通行费安排的支出	43996	2201	35473	0	6318	4
其他各项政府性基金支出	2757067	181169	582832	0	1763706	229360
本年支出合计	43811901	238802	13588181	467	26820653	3164265

2013年浙江省国有资本经营收支决算总表

单位:万元

预算科目	金额	预算科目	决算数
利润收入	157356	教育	0
股利、股息收入	8340	科学技术	304
产权转让收入	3261	文化体育与传媒	665
清算收入	9752	节能环保	0
其他国有资本经营预算收入	11914	城乡社区事务	30616
		农林水事务	5325
		交通运输	50744
		资源勘探电力信息等事务	78183
		商业服务业等事务	6856
		地震灾后恢复重建支出	120
		其他支出	22624
本年收入合计	190623	本年支出合计	195437

2011~2013年浙江省政府非税收入表

单位:亿元

项　　目	2011年	2012年	2013年
行政事业性收费	310.79	306.38	305.46
政府性基金	310.60	332.60	364.56
国有资源有偿使用收入	3615.75	2139.92	3929.65
国有资产有偿使用收入	46.95	54.19	65.95
按规定上缴财政的国有资本经营收入	-35.82	-33.86	-32.68
行政(刑事)处罚的罚没收入	82.84	83.39	97.88
彩票公益金	21.12	25.02	30.37
以政府名义接受捐赠的收入	2.63	1.12	1.38
应当纳入政府非税收入管理的其他资金	72.04	95.65	129.15
合　　计	4426.88	3004.41	4891.73

备注:1. 本表所列政府非税收入项目分类标准依照《浙江省政府非税收入管理条例》,不同于预算科目分类标准;

2. 按规定上缴财政的国有资本经营收入含国有企业计划亏损补贴。

2013年浙江省社会保险基金收支

单位:万元

科目	本年收入	上级补助收入	省补助计划单列市收入	下级上解收入	计划单列市上解省收入	本年支出	补助下级支出	上解上级支出	计划单列市上解省支出	按规定核减基金结余	本年收支结余
一、企业职工基本养老保险	11884871	78130	0	108977	0	8584585	78130	108977	0	0	3300286
二、失业保险基金	983909	0	0	50518	0	485042	0	50518	0	0	498867
三、城镇职工基本医疗保险	4953780	1211	0	25549	0	3769396	1211	25549	0	0	1184384
四、工伤保险	424029	137	0	4281	0	350695	137	4281	0	0	73335
五、生育保险	252131	0	0	0	0	213435	0	0	0	0	38696
合　计	18498720	79478	0	189325	0	13403153	79478	189325	0	0	5095568

注:本表数据均四舍五入后取整数,故"本年收入"合计与"本年支出"合计相抵后,与"本年收支结余"略有尾差。

2013年浙江省财政一般公共服务支出

单位:万元

科　目	决算数	科　目	决算数
人大事务	125491	质量技术监督与检验检疫事务	153599
政协事务	89759	民族事务	4101
政府办公厅(室)及相关机构事务	1852521	宗教事务	9674
发展与改革事务	176746	港澳台侨事务	23289
统计信息事务	94043	档案事务	37315
财政事务	328982	民主党派及工商联事务	36897
税收事务	494053	群众团体事务	107276
审计事务	72682	党委办公厅(室)及相关机构事务	185960
海关事务	9502	组织事务	106371
人力资源事务	127478	宣传事务	91013
纪检监察事务	95222	统战事务	40709
人口与计划生育事务	326122	对外联络事务	231
商贸事务	230429	其他共产党事务支出	116525
知识产权事务	8172	其他一般公共服务支出	145673
工商行政管理事务	298932		
一般公共服务支出合计		5388767	

2013年浙江省教育支出

单位：万元

科　目	决算数	科　目	决算数
教育管理事务	196347	留学教育	0
普通教育	6694910	特殊教育	36842
职业教育	967410	教师进修及干部继续教育	139118
成人教育	44541	教育费附加安排的支出	934613
广播电视教育	26020	其他教育支出	460849
教育支出合计		9500650	

2013年浙江省科学技术支出

单位：万元

科　目	决算数	科　目	决算数
科学技术管理事务	66909	社会科学	12978
基础研究	13854	科学技术普及	55963
应用研究	70164	科技交流与合作	5934
技术研究与开发	1003604	科技重大专项	8000
科技条件与服务	87794	其他科学技术支出	593460
科学技术支出合计		1918660	

2013年浙江省社会保障和就业支出

单位：万元

科　目	决算数	科　目	决算数
人力资源和社会保障管理事务	340270	残疾人事业	70131
民政管理事务	227232	城市居民最低生活保障	43940
财政对社会保险基金的补助	858451	其他城市生活救助	41545
行政事业单位离退休	824277	自然灾害生活救助	44025
企业改革补助	6068	红十字事业	10016
就业补助	108833	农村最低生活保障	194209
抚恤	211370	其他农村生活补助	84932
退役安置	105527	补充道路交通事故社会救助基金	20586
社会福利	217508	其他社会保障和就业支出	561674
社会保障和就业支出合计		3970594	

2013年浙江省文化体育与传媒支出

单位:万元

科　目	决算数	科　目	决算数
文化	530859	广播影视	100054
文物	114946	新闻出版	21226
体育	127834	其他文化体育与传媒支出	165097
文化体育与传媒支出合计		1060016	

2013年浙江省医疗卫生支出

单位:万元

科　目	决算数	科　目	决算数
医疗卫生管理事务	114882	医疗保障	1485340
公立医院	527280	中医药	56545
基层医疗卫生机构	535126	食品和药品监督管理事务	101959
公共卫生	493841	其他医疗卫生支出	192316
医疗卫生支出合计		3507289	

2013年浙江省节能环保支出

单位:万元

科　目	决算数	科　目	决算数
环境保护管理事务	93607	已垦草原退耕还草	0
环境监测与监察	16031	能源节约利用	191350
污染防治	226750	污染减排	92909
自然生态保护	155221	可再生能源	94399
天然林保护	0	资源综合利用	35349
退耕还林	10	能源管理事务	3082
风沙荒漠治理	0	其他节能环保支出	72676
退牧还草	0		
节能环保支出合计		981384	

2013 年浙江省城乡社区事务支出

单位：万元

科　目	决算数	科　目	决算数
城乡社区管理事务	866594	城乡社区环境卫生	481947
城乡社区规划与管理	86851	建设市场管理与监督	24740
城乡社区公共设施	1344321	其他城乡社区事务支出	524842
城乡社区事务支出合计		3329295	

2013 年浙江省农林水事务支出

单位：万元

科　目	决算数	科　目	决算数
农业	2610051	农业综合开发	186483
林业	373919	农村综合改革	562367
水利	929953	引导金融机构支农补助	54909
南水北调	0	其他农林水事务支出	204331
扶贫	208262		
农林水事务支出合计		5130275	

2013 年浙江省交通运输支出

单位：万元

科　目	决算数	科　目	决算数
公路水路运输	2623233	邮政业支出	10098
铁路运输	90741	车辆购置税支出	211634
民用航空运输	37479	其他交通运输支出(款)	424557
石油价格改革对交通运输的补贴	327360		
交通运输支出合计		3725102	

2013年浙江省资源勘探电力信息等事务支出

单位：万元

科　目	决算数	科　目	决算数
资源勘探开发和服务支出	72313	安全生产监管	78336
制造业	207432	国有资产监管	13621
建筑业	7483	支持中小企业发展和管理支出	611612
电力监管支出	346	其他资源勘探电力信息等事务支出(款)	744152
工业和信息产业监管支出	65182		
资源勘探电力信息等事务支出合计	1800477		

2013年浙江省商业服务业等事务支出

单位：万元

科　目	决算数	科　目	决算数
商业流通事务	249049	涉外发展服务支出	177082
旅游业管理与服务支出	130950	其他商业服务业等事务支出(款)	337670
商业服务业等事务支出合计	894751		

2013年浙江省金融监管等事务支出

单位：万元

科　目	决算数	科　目	决算数
金融部门行政支出	5210	金融调控支出	0
金融部门监管支出	2738	其他金融监管等事务支出	32335
金融发展支出	81102		
金融监管等事务支出合计	121385		

2013年浙江省国土资源气象等事务支出

单位:万元

科　目	决算数	科　目	决算数
国土资源事务	166667	地震事务	2414
海洋管理事务	131428	气象事务	28523
测绘事务	26222	其他国土资源气象等事务支出	10684
国土资源气象等事务支出合计		365938	

2013年浙江省住房保障支出

单位:万元

科　目	决算数	科　目	决算数
保障性安居工程支出	343270	城乡社区住宅	17967
住房改革支出	454705		
住房保障支出合计		815942	

2013年浙江省粮油物资储备事务支出

单位:万元

科　目	决算数	科　目	决算数
粮油事务	113438	粮油储备	15950
物资事务	713	重要商品储备	4507
能源储备	1796		
粮油物资储备事务支出合计		136404	

2013年浙江省市县级公共财政收支表

单位:万元

项目＼地区	杭州市	市本级	富阳市	桐庐县	临安市	建德市	淳安县	上城区
一、收入合计	9452020	1073595	463611	221378	261163	173139	125465	574322
(一)税收收入小计	9106690	1041589	430445	201235	249894	164910	115462	558540
增值税	1716041	75408	97618	47459	57927	32824	14637	61220
营业税	2670660	189677	103728	53608	70317	36344	48995	261628
企业所得税	1518112	178766	60774	23557	28934	23212	14847	91526
个人所得税	573227	11340	18805	8797	13152	8720	4788	58444
资源税	13733	0	5483	970	1397	3816	74	0
城市维护建设税	658593	113155	25643	9602	20004	10308	5493	31082
耕地占用税	91622	10123	10745	7441	2629	11274	601	0
契税	674188	433825	32003	12404	17615	13124	11300	0
烟叶税	0	0	0	0	0	0	0	0
其他各项税收收入	1190514	29295	75646	37397	37919	25288	14727	54640
(二)非税收入小计	345330	32006	33166	20143	11269	8229	10003	15782
专项收入	267287	44898	18590	6214	9188	6139	3609	11319
行政事业性收费收入	19738	2651	4850	1227	2528	1224	765	0
罚没收入	148738	54360	11069	12531	6495	5394	5562	4408
国有资本经营收入	-105699	-76400	-3000	0	-7500	-4700	0	0
国有资源(资产)有偿使用收入	14314	6497	1657	171	558	172	67	55
其他收入	952	0	0	0	0	0	0	0
二、支出合计	8557370	1966923	526852	299734	418196	274346	375928	211909
一般公共服务	915881	222406	51260	30911	44517	30350	45940	22149
外交	0	0	0	0	0	0	0	0
国防	9314	2131	33	379	555	500	151	25
公共安全	554377	179151	28426	18268	21342	14040	16861	21078
教育	1624444	252426	158292	69480	100401	69668	74528	53385
科学技术	462599	139428	23932	11625	20461	13513	7708	9516
文化体育与传媒	223603	82946	11567	6636	7694	4854	5768	1600
社会保障和就业	946033	308671	53390	35559	37705	23381	28544	39072
医疗卫生	621519	174378	37043	29271	36059	23316	36511	10913
节能环保	197391	32871	20738	9569	21357	11871	14631	4409
城乡社区事务	1064359	141482	24278	16387	15943	10992	8654	30366
农林水事务	506246	62962	69973	45080	48054	43938	44988	80
交通运输	305919	108661	15212	13166	30301	12433	61430	0
资源勘探电力信息等事务	447523	22127	14344	1587	17235	3120	6394	7300
商业服务业等事务	191742	18007	6502	3343	6543	3700	4396	6273
金融监管等事务支出	16334	4338	73	123	452	12	0	735
地震灾后恢复重建支出	0	0	0	0	0	0	0	0
援助其他地区支出	33881	7771	1825	671	973	733	0	1114
国土资源气象等事务	36341	10034	2921	878	3570	2101	1242	499
住房保障支出	77290	5736	6833	4693	3211	3533	11613	364
粮油物资储备事务	7924	4115	210	1061	620	240	1515	0
国债还本付息支出	3700	0	0	1032	1187	0	24	0
其他支出	310950	187282	0	15	16	2051	5030	3031

（续表一）

单位：万元

项目 \ 地区	下城区	江干区	拱墅区	西湖区	滨江区	萧山区	余杭区	开发区
一、收入合计	774960	579681	554868	817772	753969	1265178	1261038	508964
（一）税收收入小计	755854	564457	537992	794327	731389	1210989	1219006	488737
增值税	119451	81718	107048	153938	184258	241220	294971	142886
营业税	282892	210250	201359	278018	143363	331463	360655	75390
企业所得税	114688	119704	74047	141564	151430	177847	172368	139597
个人所得税	67321	20802	24734	68411	116347	54870	75015	18905
资源税	0	0	0	0	0	1512	481	0
城市维护建设税	43196	34152	39744	45703	58465	94207	80730	45019
耕地占用税	0	0	0	0	0	42802	6007	0
契税	0	0	0	0	0	79508	74409	0
烟叶税	0	0	0	0	0	0	0	0
其他各项税收收入	128306	97831	91060	106693	77526	187560	154370	66940
（二）非税收入小计	19106	15224	16876	23445	22580	54189	42032	20227
专项收入	15726	12437	15098	16620	21287	38854	30145	16401
行政事业性收费收入	600	800	0	3447	0	0	0	1611
罚没收入	2548	1742	1516	3191	1156	21003	17015	510
国有资本经营收入	0	0	0	0	0	-7099	-7000	0
国有资源（资产）有偿使用收入	232	245	262	187	137	1416	1872	768
其他收入	0	0	0	0	0	15	0	937
二、支出合计	227890	345205	250037	407254	523109	1158080	1115000	319143
一般公共服务	25136	35713	38310	48623	24585	122877	132748	31107
外交	0	0	0	0	0	0	0	0
国防	445	0	102	778	23	2469	1696	27
公共安全	19622	24876	23166	35940	13355	60021	55097	15544
教育	50123	62943	49663	87056	62820	265949	234910	30769
科学技术	11106	21667	9934	13599	50647	40594	54045	31982
文化体育与传媒	6626	4901	3748	6851	12826	18593	21636	2488
社会保障和就业	32395	36058	29173	51116	49991	102878	113977	2606
医疗卫生	12877	16857	13135	23206	15226	105644	82972	2801
节能环保	1103	251	724	115	6780	39510	27773	5531
城乡社区事务	40929	62217	60589	72756	158148	160646	137859	52782
农林水事务	24	7359	952	12009	10999	82100	75636	965
交通运输	0	27	100	63	50	44524	19929	23
资源勘探电力信息等事务	3378	2498	4310	11151	95314	73637	54569	128171
商业服务业等事务	15623	3009	4662	10240	12745	12726	77837	5862
金融监管等事务支出	3018	3054	0	2776	1353	250	150	0
地震灾后恢复重建支出	0	0	0	0	0	0	0	0
援助其他地区支出	1379	1771	986	2105	2484	5385	4717	1800
国土资源气象等事务	387	219	684	2091	714	3790	5984	1114
住房保障支出	3719	762	2088	1872	4059	11429	3477	103
粮油物资储备事务	0	0	0	0	0	0	163	0
国债还本付息支出	0	0	0	0	0	0	1457	0
其他支出	0	61023	7711	24907	990	5058	8368	5468

（续表二）

单位：万元

项目 \ 地区	西湖风景名胜区	临平工业园区	宁波市	市本级	慈溪市	余姚市	奉化市	象山县
一、收入合计	42917	0	7928080	720876	699670	596390	265662	306867
（一）税收收入小计	41864	0	7337175	629634	679020	572825	241373	275551
增值税	3458	0	1521674	178036	130872	112901	55909	45701
营业税	22973	0	1887297	31331	199234	170707	70132	85077
企业所得税	5251	0	1266624	259439	74260	62887	30301	37120
个人所得税	2776	0	398790	13049	36434	36272	11946	13993
资源税	0	0	5414	0	264	587	506	1045
城市维护建设税	2090	0	545373	113945	39917	29723	19097	13490
耕地占用税	0	0	122625	0	19976	12253	6989	19692
契税	0	0	529447	0	43918	49565	14007	22707
烟叶税	0	0	0	0	0	0	0	0
其他各项税收收入	5316	0	1059931	33834	134145	97930	32486	36726
（二）非税收入小计	1053	0	590905	91242	20650	23565	24289	31316
专项收入	762	0	276737	50745	21866	20074	10391	10392
行政事业性收费收入	35	0	127787	27432	2000	3953	2469	5090
罚没收入	238	0	123794	30691	18429	9628	6127	10971
国有资本经营收入	0	0	-154297	-48500	-30200	-29184	0	0
国有资源（资产）有偿使用收入	18	0	179765	24050	8514	19094	5302	4855
其他收入	0	0	37119	6824	41	0	0	8
二、支出合计	108981	28783	9398939	1970460	811880	745919	455230	545353
一般公共服务	1925	7324	1048949	188662	91593	90190	54853	52712
外交	0	0	0	0	0	0	0	0
国防	0	0	14967	3324	1385	1477	414	883
公共安全	7590	0	626630	167755	76001	51882	27219	29271
教育	2031	0	1484777	246945	190659	134426	93087	90969
科学技术	441	2401	375758	55093	42698	29708	15224	13998
文化体育与传媒	24869	0	139095	42620	11039	14240	4469	6045
社会保障和就业	1517	0	975642	200095	109093	119714	36738	46605
医疗卫生	1310	0	622133	111354	75005	75188	32765	38023
节能环保	0	158	148078	13049	20616	12144	4872	3956
城乡社区事务	67667	2664	892401	262373	36657	26287	12755	16757
农林水事务	1090	37	803773	66281	91183	84778	110732	180587
交通运输	0	0	709516	372792	23967	35040	27146	23431
资源勘探电力信息等事务	106	2282	604181	20589	11922	21330	7756	11277
商业服务业等事务	186	88	303388	32212	5879	13075	5538	6801
金融监管等事务支出	0	0	55683	12787	765	1285	535	620
地震灾后恢复重建支出	0	0	0	0	0	0	0	0
援助其他地区支出	136	31	34555	10930	3090	2713	1002	1162
国土资源气象等事务	113	0	105839	23347	2931	15244	10640	10709
住房保障支出	0	13798	204490	38070	16843	8232	6440	7386
粮油物资储备事务	0	0	12940	6569	0	1814	201	2613
国债还本付息支出	0	0	14779	8237	0	1199	1553	686
其他支出	0	0	221365	87376	554	5953	1291	862

（续表三）　　单位：万元

项目＼地区	宁海县	鄞州区	镇海区	北仑区	江东区	江北区	海曙区	开发区
一、收入合计	331354	1228682	449656	422666	465810	419047	536974	481694
（一）税收收入小计	278047	1145956	419961	378487	431088	400024	516661	452701
增值税	66074	188230	99737	81116	46397	76356	54977	134393
营业税	75180	305586	115408	103543	181220	102821	217671	67024
企业所得税	40713	146762	61328	68864	50830	54608	66114	117372
个人所得税	17366	75794	20555	18300	27566	20360	33493	23155
资源税	183	1135	47	1272	0	245	0	0
城市维护建设税	19516	72435	32357	24215	19237	23663	24808	37919
耕地占用税	8086	26476	5258	3728	130	2581	214	14320
契税	17049	116009	25380	32146	59994	56450	41987	5358
烟叶税	0	0	0	0	0	0	0	0
其他各项税收收入	33880	213529	59891	45303	45714	62940	77397	53160
（二）非税收入小计	53307	82726	29695	44179	34722	19023	20313	28993
专项收入	14002	32805	17879	19115	8239	10271	10355	16326
行政事业性收费收入	20228	15397	2143	16959	2798	10580	6593	0
罚没收入	9179	15366	6035	8185	1762	1634	3064	62
国有资本经营收入	-2578	-20200	-8000	-2200	-3435	-10000	0	0
国有资源（资产）有偿使用收入	10050	28249	11638	1477	25358	3888	301	3546
其他收入	2426	11109	0	643	0	2650	0	9059
二、支出合计	467116	1202215	418686	404989	302087	349283	258462	432663
一般公共服务	61902	132168	52412	42357	36746	57527	41679	71862
外交	0	0	0	0	0	0	0	0
国防	450	3228	835	819	237	408	184	286
公共安全	36958	65580	30930	27557	24640	32984	25999	10294
教育	92372	213545	73340	71126	43643	52583	45778	53162
科学技术	12054	50562	20981	18425	17404	15086	12066	26550
文化体育与传媒	6779	23110	8119	7843	3341	4253	1513	2881
社会保障和就业	58532	167893	43702	30715	37288	20857	32723	9602
医疗卫生	45338	91634	29923	24081	17842	22713	15053	26748
节能环保	6092	17472	8195	42902	1817	2415	770	6
城乡社区事务	10073	71735	64871	42622	56801	30927	39189	74197
农林水事务	61798	113833	17552	19208	977	30530	1147	3751
交通运输	37791	72133	21439	15403	177	31820	391	11262
资源勘探电力信息等事务	11342	95079	21462	21893	4183	22462	16818	127268
商业服务业等事务	7677	24756	9835	14332	25682	9793	6400	746
金融监管等事务支出	665	4164	827	1787	22874	765	4170	116
地震灾后恢复重建支出	0	0	0	0	0	0	0	0
援助其他地区支出	1246	4229	1266	1146	900	1259	856	1526
国土资源气象等事务	4063	20256	1833	2854	477	1047	341	8043
住房保障支出	10461	29878	10144	16897	6193	6074	10970	4339
粮油物资储备事务	2	194	288	1091	0	0	0	0
国债还本付息支出	686	0	0	0	274	0	2144	0
其他支出	835	766	732	1931	591	5780	271	24

（续表四） 单位：万元

项目＼地区	大榭开发区	宁波保税区	东钱湖区	高新开发区	杭州湾新区	温州市	市本级	平阳县
一、收入合计	305760	171963	54496	249675	220838	3239752	768436	203581
（一）税收收入小计	282824	166731	48529	235093	182670	2953060	709013	186050
增值税	129358	31120	7370	42616	40511	549835	57960	28812
营业税	16858	39694	14011	52217	39583	923250	234591	69145
企业所得税	71722	49343	3621	40579	30761	394714	89364	17922
个人所得税	8868	13064	4329	17782	6464	166951	47630	13102
资源税	0	0	130	0	0	1480	119	63
城市维护建设税	37177	10521	2944	13429	10980	199036	40676	9687
耕地占用税	0	0	1732	0	1190	35300	0	2284
契税	3071	1014	6437	22744	11611	305523	159496	22034
烟叶税	0	0	0	0	0	0	0	0
其他各项税收收入	15770	21975	7955	45726	41570	376971	79177	23001
（二）非税收入小计	22936	5232	5967	14582	38168	286692	59423	17531
专项收入	16011	4530	1307	5814	6615	91614	15706	5532
行政事业性收费收入	2851	91	3188	828	5187	12850	0	906
罚没收入	274	61	649	1343	334	162853	59402	11165
国有资本经营收入	0	0	0	0	0	-32856	-18134	-1600
国有资源（资产）有偿使用收入	3580	455	792	2620	25996	51032	2449	1359
其他收入	220	95	31	3977	36	1199	0	169
二、支出合计	330388	140166	108170	283827	172045	4379565	713097	328165
一般公共服务	19930	12189	9136	15235	17796	614463	108718	41961
外交	0	0	0	0	0	0	0	0
国防	11	0	59	912	55	8276	2085	627
公共安全	4339	524	3759	6033	4905	390476	84926	24493
教育	18516	10406	13135	24901	16184	1163545	185304	88068
科学技术	10100	6540	1149	21302	6818	99913	30624	5740
文化体育与传媒	961	194	449	1087	152	94041	23132	5908
社会保障和就业	41097	2348	8599	5590	4451	292372	46187	22673
医疗卫生	4276	0	6104	3053	3033	349463	47700	22731
节能环保	4704	573	3857	2885	1753	68880	6715	3714
城乡社区事务	69922	42004	2570	28900	3761	250026	36092	6137
农林水事务	1040	0	2994	2796	14586	540891	36270	64027
交通运输	32162	1821	2388	353	0	231175	44465	20168
资源勘探电力信息等事务	59095	8216	485	63708	79296	52086	8373	3731
商业服务业等事务	46528	41097	8105	29221	15711	50242	10024	2397
金融监管等事务支出	0	3480	74	228	541	4896	2207	37
地震灾后恢复重建支出	0	0	0	0	0	0	0	0
援助其他地区支出	874	569	323	764	700	11384	3599	0
国土资源气象等事务	2095	163	634	501	661	38002	9653	6349
住房保障支出	9800	2331	16231	2559	1642	58856	24558	2995
粮油物资储备事务	168	0	0	0	0	6320	1717	666
国债还本付息支出	0	0	0	0	0	1569	0	0
其他支出	4770	7711	28119	73799	0	52689	748	5743

（续表五）

单位：万元

项目＼地区	苍南县	瑞安市	永嘉县	乐清市	文成县	泰顺县	洞头县	鹿城区
一、收入合计	236529	447415	208497	512937	58317	56190	38344	222123
（一）税收收入小计	208447	408821	194870	478013	29848	30829	34550	209421
增值税	28796	80601	42161	124554	3204	2649	5600	47421
营业税	76561	117178	60145	124716	11831	15055	15603	68902
企业所得税	24987	51537	28705	79737	3449	4390	2787	26723
个人所得税	11162	24098	10452	22412	1991	1431	2052	13962
资源税	136	54	158	352	92	3	92	21
城市维护建设税	10591	31736	11575	37116	1335	1347	1611	14414
耕地占用税	2636	5939	1867	4564	772	352	12	1624
契税	22672	37132	15435	39308	4426	2191	2829	0
烟叶税	0	0	0	0	0	0	0	0
其他各项税收收入	30906	60546	24372	45254	2748	3411	3964	36354
（二）非税收入小计	28082	38594	13627	34924	28469	25361	3794	12702
专项收入	6719	14255	7076	18792	769	779	892	5728
行政事业性收费收入	3643	0	143	0	3457	4245	398	0
罚没收入	16150	29142	7117	18363	1601	2392	1556	6867
国有资本经营收入	-1702	-6000	-1350	-3500	300	-210	0	0
国有资源（资产）有偿使用收入	3272	1197	396	1269	21557	18155	948	107
其他收入	0	0	245	0	785	0	0	0
二、支出合计	453291	506842	401979	513504	246082	235395	154061	288226
一般公共服务	64245	59048	56219	55628	31416	28944	23163	47302
外交	0	0	0	0	0	0	0	0
国防	768	1247	563	715	79	135	517	724
公共安全	30904	40854	29485	32712	12737	13261	11336	45383
教育	129819	155198	114806	160292	51700	50742	26304	66078
科学技术	6091	18146	7873	8963	2301	2287	4072	2952
文化体育与传媒	7240	7237	8268	6740	12805	6610	3273	3915
社会保障和就业	18337	37799	32184	47183	17523	19269	8472	16092
医疗卫生	28924	30195	38978	48337	23718	23932	11253	28306
节能环保	4308	7966	1921	2743	12112	8087	2236	4175
城乡社区事务	15621	21431	9396	49626	4439	5308	10300	43007
农林水事务	100664	61595	53064	51748	50083	45855	37759	12814
交通运输	30359	42559	30909	17050	10586	14956	6836	3862
资源勘探电力信息等事务	3469	5850	6603	5828	870	2339	1929	2901
商业服务业等事务	2248	7374	5434	3503	3802	2587	967	4284
金融监管等事务支出	1278	299	36	54	7	0	37	91
地震灾后恢复重建支出	0	0	0	0	0	0	0	0
援助其他地区支出	0	1869	0	2174	0	0	0	1314
国土资源气象等事务	5260	3202	2099	1114	1246	1821	1557	0
住房保障支出	1019	2823	2450	442	3695	7975	1035	4463
粮油物资储备事务	909	501	36	377	716	400	598	0
国债还本付息支出	917	19	0	0	321	312	0	0
其他支出	911	1630	1655	18275	5926	575	2417	563

（续表六）　　单位：万元

项目＼地区	瓯海区	龙湾区	开发区	嘉兴市	市本级	海宁市	桐乡市	平湖市
一、收入合计	210049	191462	85872	2823092	561986	524888	455301	422233
（一）税收收入小计	198906	181991	82301	2677439	545308	498623	432742	406553
增值税	54364	49363	24350	558984	83481	105943	82783	100488
营业税	56046	55049	18428	714849	160414	137100	110798	87630
企业所得税	29317	21944	13852	404598	73774	71443	61924	84695
个人所得税	8107	7565	2987	122132	37658	20049	21812	14455
资源税	250	106	34	1202	0	455	0	0
城市维护建设税	16070	15521	7357	186967	59160	32587	26362	30676
耕地占用税	6645	5931	2674	43795	0	1509	13921	2890
契税	0	0	0	175026	57474	33114	32185	24560
烟叶税	0	0	0	105	0	0	105	0
其他各项税收收入	28107	26512	12619	469781	73347	96423	82852	61159
（二）非税收入小计	11143	9471	3571	145653	16678	26265	22559	15680
专项收入	6148	6356	2862	96856	14395	16530	13181	15805
行政事业性收费收入	0	0	58	28609	8861	3343	2415	1906
罚没收入	5580	2995	523	90965	11980	16617	15675	12514
国有资本经营收入	-660	0	0	-74822	-19486	-10505	-9000	-15000
国有资源（资产）有偿使用收入	75	120	128	4021	916	280	288	455
其他收入	0	0	0	24	12	0	0	0
二、支出合计	253593	201347	83983	3033633	636859	511850	471587	430837
一般公共服务	46671	35558	15590	367685	72803	73726	50964	53963
外交	0	0	0	0	0	0	0	0
国防	628	140	48	4940	707	1010	709	1201
公共安全	32592	21024	10769	219562	41753	36677	32740	34096
教育	72163	45335	17736	708159	75909	139614	136680	96750
科学技术	4099	4364	2401	120641	17790	24342	19863	15380
文化体育与传媒	2915	5288	710	65014	13078	14047	11146	8978
社会保障和就业	12740	10697	3216	216057	70109	23430	26315	34636
医疗卫生	18738	19718	6933	170407	17374	29603	34117	26552
节能环保	7056	2751	5096	118191	16623	23706	20852	13169
城乡社区事务	13036	23802	11831	318188	71534	47470	44384	54008
农林水事务	15341	9795	1876	331742	88292	47224	45297	36902
交通运输	6775	2648	2	169503	78478	22522	25338	9352
资源勘探电力信息等事务	2451	4790	2952	93484	22884	13139	9666	30622
商业服务业等事务	3622	1923	2077	42018	19193	4046	6645	3639
金融监管等事务支出	0	70	780	13345	11887	242	104	107
地震灾后恢复重建支出	0	0	0	0	0	0	0	0
援助其他地区支出	1140	720	568	9722	2076	2011	1582	1742
国土资源气象等事务	333	4850	518	8254	1713	865	525	1167
住房保障支出	4675	1933	793	34200	12251	5666	3435	6407
粮油物资储备事务	400	0	0	4806	529	1079	419	1083
国债还本付息支出	0	0	0	3975	232	892	806	769
其他支出	8218	5941	87	13740	1644	539	0	314

（续表七）　　　　单位：万元

项目＼地区	嘉善县	海盐县	南湖区	秀洲区	湖州市	市本级	长兴县	德清县
一、收入合计	290035	246053	194726	127870	1546646	277356	394376	309693
（一）税收收入小计	276603	236974	171893	108743	1450525	261547	365248	284657
增值税	62961	54226	37323	31779	271980	29212	69112	60484
营业税	65900	65484	55117	32406	397733	92753	86700	67101
企业所得税	36749	35918	22513	17582	199165	37667	53930	39050
个人所得税	14889	11574	1020	675	71847	18204	17502	11971
资源税	0	747	0	0	35248	207	10133	16988
城市维护建设税	17001	21181	0	0	81038	18641	17211	14801
耕地占用税	9813	1780	11454	2428	38440	2989	16637	3760
契税	14329	13364	0	0	115860	19592	26158	21050
烟叶税	0	0	0	0	0	0	0	0
其他各项税收收入	54961	32700	44466	23873	239214	42282	67865	49452
（二）非税收入小计	13432	9079	22833	19127	96121	15809	29128	25036
专项收入	10420	12757	7542	6226	43374	9117	9736	9297
行政事业性收费收入	3217	1925	4142	2800	1403	173	1	0
罚没收入	8137	6014	11033	8995	69230	20662	19019	15303
国有资本经营收入	-8960	-11871	0	0	-19668	-14901	0	0
国有资源（资产）有偿使用收入	611	249	116	1106	1782	758	372	436
其他收入	7	5	0	0	0	0	0	0
二、支出合计	370151	256893	200651	154805	1976149	473268	473330	335748
一般公共服务	46234	32078	18380	19537	236073	50511	51604	50608
外交	0	0	0	0	0	0	0	0
国防	97	865	146	205	2029	398	808	314
公共安全	28163	16346	20141	9646	146248	55389	27937	24406
教育	79110	78453	55606	46037	415340	58193	110838	72415
科学技术	16448	13758	7604	5456	60105	12597	13800	12161
文化体育与传媒	8262	6214	1944	1345	34427	8425	6585	7571
社会保障和就业	23573	14618	15036	8340	160627	32218	40002	31670
医疗卫生	27082	17835	8272	9572	148341	27879	33627	25793
节能环保	22764	6721	6513	7843	94019	12516	31863	14212
城乡社区事务	31447	17479	34807	17059	96599	17365	18259	15790
农林水事务	45323	30362	16692	21650	219648	53292	60283	34226
交通运输	14383	12355	2158	4917	142602	86259	24990	10152
资源勘探电力信息等事务	10005	3326	2561	1281	80664	19661	25677	18864
商业服务业等事务	4451	2199	1507	338	42269	13813	9972	7144
金融监管等事务支出	917	88	0	0	7812	2232	679	2570
地震灾后恢复重建支出	0	0	0	0	0	0	0	0
援助其他地区支出	1116	677	518	0	5148	2522	1309	1317
国土资源气象等事务	1517	1511	133	823	5686	1610	1932	1283
住房保障支出	4286	557	1253	345	39019	11645	6093	3699
粮油物资储备事务	655	845	8	188	2318	695	613	950
国债还本付息支出	651	572	0	53	2889	693	739	603
其他支出	3667	34	7372	170	34286	5355	5720	0

（续表八） 单位：万元

项目 \ 地区	安吉县	吴兴区	南浔区	湖州经济开发区	绍兴市	市本级	柯桥区	上虞区
一、收入合计	247043	176622	141556	0	2930721	566712	775655	431075
（一）税收收入小计	231321	171287	136465	0	2765024	538488	731311	408210
增值税	42631	35478	35063	0	471574	63362	136167	78693
营业税	72744	48852	29583	0	782164	179003	195157	100792
企业所得税	28316	21133	19069	0	366866	72771	93482	67403
个人所得税	10234	6880	7056	0	130383	30649	30180	21176
资源税	787	7122	11	0	3193	787	338	489
城市维护建设税	12741	9112	8532	0	161944	35990	36068	24448
耕地占用税	3553	6542	4959	0	61085	7352	8227	9754
契税	19025	17520	12515	0	209906	44829	51357	39181
烟叶税	0	0	0	0	809	0	0	0
其他各项税收收入	41290	18648	19677	0	577100	103745	180335	66274
（二）非税收入小计	15722	5335	5091	0	165697	28224	44344	22865
专项收入	7141	4024	4059	0	83070	15941	24001	12044
行政事业性收费收入	1048	0	181	0	28557	14578	1129	3872
罚没收入	12129	1289	828	0	74482	13726	14476	8772
国有资本经营收入	-4767	0	0	0	-41964	-22000	-1200	-7714
国有资源（资产）有偿使用收入	171	22	23	0	21462	5889	5938	5891
其他收入	0	0	0	0	90	90	0	0
二、支出合计	332471	151080	145809	64443	3121077	607599	686815	452132
一般公共服务	44736	15245	13964	9405	384976	80579	85974	66289
外交	0	0	0	0	0	0	0	0
国防	188	118	203	0	4452	402	941	532
公共安全	21948	6768	6992	2808	236983	66596	43754	34336
教育	78371	46594	43063	5866	705628	80909	133190	109436
科学技术	10200	4437	3225	3685	158729	32465	37707	20207
文化体育与传媒	8296	1218	2162	170	81016	39163	13953	6057
社会保障和就业	32110	10766	10293	3568	260646	39106	58093	38435
医疗卫生	25141	15572	16505	3824	255840	50887	56265	26699
节能环保	22078	5867	5246	2237	69084	8738	14824	25486
城乡社区事务	8959	8700	9065	18461	176791	26856	74067	13021
农林水事务	32375	17228	19549	2695	332004	30083	80501	62336
交通运输	15147	1302	828	3924	159522	51996	15499	27368
资源勘探电力信息等事务	4568	6302	4657	935	91931	17178	35645	7754
商业服务业等事务	5653	1328	3171	1188	52608	17295	14676	7945
金融监管等事务支出	1644	687	0	0	2537	387	18	911
地震灾后恢复重建支出	0	0	0	0	0	0	0	0
援助其他地区支出	0	0	0	0	12075	3444	3075	1958
国土资源气象等事务	801	60	0	0	7053	2542	775	695
住房保障支出	7057	6011	2295	2219	62967	16152	9514	1272
粮油物资储备事务	60	0	0	0	5821	134	2903	635
国债还本付息支出	508	0	0	346	3736	36	1718	760
其他支出	12631	2877	4591	3112	56678	42651	3723	0

（续表九） 单位：万元

项目 \ 地区	嵊州市	新昌县	诸暨市	越城区	金华市	市本级	兰溪市	永康市
一、收入合计	227275	226028	596047	107929	2424720	585265	181333	352966
(一)税收收入小计	217810	216546	550795	101864	2241422	543682	172429	321517
增值税	37233	49868	90479	15772	412880	72326	37477	64308
营业税	58742	51383	152838	44249	622993	184927	40455	84467
企业所得税	21620	26782	76139	8669	309328	64155	31073	37434
个人所得税	7896	10800	25989	3693	135891	33144	6657	14231
资源税	240	13	1317	9	2400	398	1310	117
城市维护建设税	14232	12216	30902	8088	143411	36161	13076	22326
耕地占用税	4340	15622	15790	0	43118	12630	3095	3119
契税	14289	10266	49984	0	163912	50490	13042	29557
烟叶税	305	504	0	0	0	0	0	0
其他各项税收收入	58913	39092	107357	21384	407489	89451	26244	65958
(二)非税收入小计	9465	9482	45252	6065	183298	41583	8904	31449
专项收入	6183	6702	15237	2962	67715	15025	6618	10235
行政事业性收费收入	759	618	6360	1241	39387	6146	389	8044
罚没收入	8739	5844	21181	1744	89218	24412	6975	12556
国有资本经营收入	-7000	-4050	0	0	-16763	-4983	-5580	0
国有资源(资产)有偿使用收入	784	368	2474	118	3663	945	502	614
其他收入	0	0	0	0	78	38	0	0
二、支出合计	304114	275728	670386	124303	3222488	441550	318613	360200
一般公共服务	34914	36126	63976	17118	385731	48791	26826	44131
外交	0	0	0	0	0	0	0	0
国防	468	527	871	711	5174	1662	118	851
公共安全	23579	18733	43287	6698	260006	52002	14131	28090
教育	84154	65510	178739	53690	765996	74384	71885	112458
科学技术	14866	12223	36700	4561	121362	19067	8700	20167
文化体育与传媒	6867	5708	8678	590	86693	47415	3453	4469
社会保障和就业	29662	26116	61387	7847	263645	47941	38682	23369
医疗卫生	25655	20427	67677	8230	292072	22793	39097	39803
节能环保	5226	4080	10572	158	67004	6814	5658	7450
城乡社区事务	7358	12034	27394	16061	184896	23442	25365	14096
农林水事务	45224	44222	66697	2941	341642	20150	44866	35726
交通运输	9832	8193	46558	76	201257	29881	13230	11490
资源勘探电力信息等事务	4615	12101	14019	619	81325	10242	9712	5681
商业服务业等事务	3615	5658	6319	-2900	57440	15646	5211	3143
金融监管等事务支出	483	144	594	0	3375	902	25	762
地震灾后恢复重建支出	0	0	0	0	0	0	0	0
援助其他地区支出	758	752	2088	0	6096	1114	0	1177
国土资源气象等事务	549	1525	967	0	15087	1503	346	1906
住房保障支出	5853	699	22108	7369	37467	6975	2276	4163
粮油物资储备事务	387	406	1356	0	6284	2222	550	412
国债还本付息支出	9	536	677	0	5861	1670	501	856
其他支出	40	8	9722	534	34075	6934	7981	0

（续表十） 单位:万元

项目 \ 地区	武义县	东阳市	磐安县	义乌市	浦江县	金东区	婺城区	开发区
一、收入合计	142338	353118	51965	633101	124634	0	0	0
（一）税收收入小计	127052	323621	48144	594827	110150	0	0	0
增值税	30133	75258	10842	100904	21632	0	0	0
营业税	30829	87173	14183	151235	29724	0	0	0
企业所得税	15810	58700	6503	83243	12410	0	0	0
个人所得税	5354	21191	3063	46059	6192	0	0	0
资源税	396	87	3	48	41	0	0	0
城市维护建设税	8559	16140	2776	38411	5962	0	0	0
耕地占用税	1395	2581	1874	18424	0	0	0	0
契税	5800	13394	2841	35588	13200	0	0	0
烟叶税	0	0	0	0	0	0	0	0
其他各项税收收入	28776	49097	6059	120915	20989	0	0	0
（二）非税收入小计	15286	29497	3821	38274	14484	0	0	0
专项收入	4671	8741	1695	17171	3559	0	0	0
行政事业性收费收入	4000	12328	672	4501	3307	0	0	0
罚没收入	6328	9705	1335	19553	8354	0	0	0
国有资本经营收入	0	-2000	0	-3200	-1000	0	0	0
国有资源（资产）有偿使用收入	247	723	119	249	264	0	0	0
其他收入	40	0	0	0	0	0	0	0
二、支出合计	258175	432344	175609	616467	205107	173587	178668	62168
一般公共服务	34045	49199	19468	108180	18117	16038	15248	5688
外交	0	0	0	0	0	0	0	0
国防	65	485	50	1075	345	385	138	0
公共安全	15476	35259	10301	60305	13687	9253	13802	7700
教育	47723	132042	37886	140125	52646	31886	48524	16437
科学技术	9031	19737	4329	27878	6148	2715	1790	1800
文化体育与传媒	3751	8556	3816	7987	4368	1473	1311	94
社会保障和就业	23883	31050	10671	41566	21669	8790	14072	1952
医疗卫生	19503	36713	14648	54566	22180	16008	21196	5565
节能环保	4574	10891	4266	9124	14600	1288	2306	33
城乡社区事务	10954	22443	4494	41545	4292	26859	4736	6670
农林水事务	41936	36137	30115	31721	32560	35112	31856	1463
交通运输	14652	16508	13797	63689	6040	16182	15762	26
资源勘探电力信息等事务	22131	8338	4476	7838	1808	616	3117	7366
商业服务业等事务	4594	14240	3752	6779	1484	897	1093	601
金融监管等事务支出	227	556	3	667	233	0	0	0
地震灾后恢复重建支出	0	0	0	0	0	0	0	0
援助其他地区支出	111	1060	0	2059	575	0	0	0
国土资源气象等事务	1796	3024	856	4925	672	51	8	0
住房保障支出	2611	3901	2258	5594	3059	1617	2344	2669
粮油物资储备事务	645	1369	686	87	160	96	57	0
国债还本付息支出	467	806	469	637	455	0	0	0
其他支出	0	30	9268	120	9	4321	1308	4104

（续表十一）　　单位：万元

项目 \ 地区	衢州市	市本级	龙游县	常山县	江山市	开化县	柯城区	衢江区
一、收入合计	727535	264066	90001	65063	124000	50779	66392	67234
（一）税收收入小计	668103	236067	81985	58766	114809	48443	63029	65004
增值税	104751	38225	12990	9532	18008	9358	6607	10031
营业税	202531	61576	26794	17531	36613	15588	23094	21335
企业所得税	83186	31070	8345	6046	16330	8245	4729	8421
个人所得税	28336	10614	3734	1559	4601	2314	3233	2281
资源税	5272	9	537	2787	817	58	4	1060
城市维护建设税	40684	14946	4445	2812	7383	3150	3888	4060
耕地占用税	29102	22062	598	4752	8	19	1663	0
契税	55784	16429	7162	4308	13872	3317	6808	3888
烟叶税	0	0	0	0	0	0	0	0
其他各项税收收入	118457	41136	17380	9439	17177	6394	13003	13928
（二）非税收入小计	59432	27999	8016	6297	9191	2336	3363	2230
专项收入	20856	6221	2490	1905	3653	1629	3363	1595
行政事业性收费收入	9902	3095	2530	1203	2086	354	0	634
罚没收入	23700	14037	2890	3100	3394	279	0	0
国有资本经营收入	-4073	-3990	0	0	-83	0	0	0
国有资源（资产）有偿使用收入	9045	8636	106	89	139	74	0	1
其他收入	2	0	0	0	2	0	0	0
二、支出合计	1655099	409647	237791	188772	285000	224913	143412	165564
一般公共服务	220789	47572	27305	26031	37246	32505	17629	32501
外交	0	0	0	0	0	0	0	0
国防	3110	862	408	202	705	495	125	313
公共安全	105416	44124	12349	11650	16059	11111	5746	4377
教育	336675	51662	57331	39333	67003	42950	39921	38475
科学技术	49415	15155	5803	5700	9211	6542	3594	3410
文化体育与传媒	30238	5495	4677	4375	6859	3872	2520	2440
社会保障和就业	148113	23462	22060	16249	30395	20160	19971	15816
医疗卫生	136875	18290	21396	20269	26680	21380	14218	14642
节能环保	49346	21309	7055	5316	6930	7389	196	1151
城乡社区事务	63546	36844	3599	3321	8620	2544	6144	2474
农林水事务	231627	16642	47318	32676	37566	39353	25108	32964
交通运输	126193	59846	14005	11676	17892	14118	290	8366
资源勘探电力信息等事务	61821	43317	3629	2730	4547	5120	1238	1240
商业服务业等事务	31196	6680	3209	1769	7471	3176	4300	4591
金融监管等事务支出	1133	801	25	91	87	105	3	21
地震灾后恢复重建支出	0	0	0	0	0	0	0	0
援助其他地区支出	0	0	0	0	0	0	0	0
国土资源气象等事务	5989	2246	1254	679	683	1077	36	14
住房保障支出	33700	11163	4952	5403	4442	3069	2373	2298
粮油物资储备事务	6923	2124	983	779	1754	817	0	466
国债还本付息支出	3016	1836	433	429	0	318	0	0
其他支出	9978	217	0	94	850	8812	0	5

（续表十二） 单位:万元

项目 \ 地区	舟山市	市本级	岱山县	嵊泗县	定海区	普陀区	台州市	市本级
一、收入合计	926280	249850	105928	53670	261361	255471	2477341	202549
（一）税收收入小计	817968	227773	92337	36347	226729	234782	2297995	188540
增值税	133756	14356	20662	7863	56786	34089	441897	15557
营业税	251048	76598	24003	11798	62115	76534	603749	69695
企业所得税	82236	17939	13937	2178	24978	23204	334446	22715
个人所得税	36141	6698	3174	1422	13900	10947	142687	12706
资源税	16581	132	4369	1913	8146	2021	3891	0
城市维护建设税	40086	8282	2897	1139	15321	12447	157384	13350
耕地占用税	34758	28886	5872	0	0	0	49525	3276
契税	69285	34044	4391	5433	7945	17472	189654	20119
烟叶税	0	0	0	0	0	0	0	0
其他各项税收收入	154077	40838	13032	4601	37538	58068	374762	31122
（二）非税收入小计	108312	22077	13591	17323	34632	20689	179346	14009
专项收入	20694	3733	2273	687	8061	5940	79221	6655
行政事业性收费收入	13381	8937	1195	620	1262	1367	7760	232
罚没收入	22993	4725	6585	2849	3527	5307	95870	6621
国有资本经营收入	-6047	-6047	0	0	0	0	-28641	-800
国有资源（资产）有偿使用收入	54989	10559	3538	13052	20390	7450	25135	1301
其他收入	2302	170	0	115	1392	625	1	0
二、支出合计	1898260	583769	314575	215200	277156	507560	3290300	387093
一般公共服务	213309	84027	29998	26590	30735	41959	434685	64552
外交	0	0	0	0	0	0	0	0
国防	7151	5393	571	377	110	700	4813	1137
公共安全	96999	31809	12857	8679	24038	19616	245934	41714
教育	229473	70564	33449	20869	47146	57445	776018	55962
科学技术	40225	16716	5120	3167	7847	7375	88293	14706
文化体育与传媒	36630	15320	6244	3208	4623	7235	53947	12060
社会保障和就业	84370	25057	18694	6254	17137	17228	284134	18848
医疗卫生	115211	44710	17544	11029	18620	23308	236732	17295
节能环保	28128	11402	4431	1697	5010	5588	75006	6641
城乡社区事务	95531	17768	19334	10598	10817	37014	115388	16919
农林水事务	490048	72358	114787	71033	54521	177349	507938	37566
交通运输	150102	71744	21363	11752	14647	30596	210660	52669
资源勘探电力信息等事务	48071	11445	6646	2996	18248	8736	76121	13048
商业服务业等事务	24886	7171	1991	2282	3433	10009	50926	11713
金融监管等事务支出	1656	1095	138	20	70	333	5797	773
地震灾后恢复重建支出	0	0	0	0	0	0	0	0
援助其他地区支出	1848	1177	0	0	220	451	9451	1039
国土资源气象等事务	52103	19738	13757	2419	10133	6056	19012	2536
住房保障支出	66774	40746	6387	3091	7914	8636	60832	10205
粮油物资储备事务	3119	1686	417	264	0	752	5029	288
国债还本付息支出	4338	1460	789	720	682	687	2316	402
其他支出	108288	32383	58	28155	1205	46487	27268	7020

（续表十三） 单位：万元

项目 \ 地区	临海市	温岭市	玉环县	三门县	仙居县	天台县	椒江区	黄岩区
一、收入合计	325006	438479	275990	118035	92990	122958	329903	249939
（一）税收收入小计	307099	417812	254237	106633	86197	109866	307840	233197
增值税	58329	67806	85653	17551	16122	19208	54290	55793
营业税	78836	109381	45952	33118	28866	32158	83396	50671
企业所得税	45392	65607	39432	12606	8523	13269	43134	29671
个人所得税	16836	33127	12042	6872	6909	6310	16331	15747
资源税	821	685	403	943	230	147	0	124
城市维护建设税	21390	26589	20001	4710	5274	6304	22125	19091
耕地占用税	7424	4898	3327	9092	2667	2312	5456	5516
契税	21321	44491	14250	5897	5405	11713	26619	18293
烟叶税	0	0	0	0	0	0	0	0
其他各项税收收入	56750	65228	33177	15844	12201	18445	56489	38291
（二）非税收入小计	17907	20667	21753	11402	6793	13092	22063	16742
专项收入	10657	12824	13172	3184	3243	3745	7975	8799
行政事业性收费收入	70	0	2300	469	0	2129	2560	0
罚没收入	8401	12944	7878	6763	3856	7005	15000	15065
国有资本经营收入	-1500	-6775	-4000	-500	-663	0	-3800	-7303
国有资源（资产）有偿使用收入	279	1674	2403	1485	357	213	328	181
其他收入	0	0	0	1	0	0	0	0
二、支出合计	465106	607223	371482	226580	214202	236993	265987	269965
一般公共服务	52105	62325	51501	30758	27288	37932	36202	40460
外交	0	0	0	0	0	0	0	0
国防	656	168	170	547	321	132	920	653
公共安全	29843	34268	27983	16122	13374	15815	21467	21757
教育	116226	147786	75439	47742	56667	70620	69113	76358
科学技术	11927	14034	11563	3098	1935	3315	8457	11342
文化体育与传媒	5039	6023	9008	3843	3087	3883	3165	4015
社会保障和就业	50352	54365	25965	26000	20723	21676	23105	25284
医疗卫生	40561	38855	28130	22725	20405	23528	13651	13438
节能环保	26040	3626	9990	5001	4883	2477	1605	5544
城乡社区事务	19621	22345	19223	1734	6349	5672	6353	9864
农林水事务	65012	152070	55621	32177	33352	27714	48118	33465
交通运输	20578	25218	27459	13641	12569	11158	16986	13569
资源勘探电力信息等事务	4586	10344	6065	6812	3246	3453	8411	4190
商业服务业等事务	6047	6378	9663	1863	3316	5051	2518	1938
金融监管等事务支出	438	425	235	190	94	164	467	200
地震灾后恢复重建支出	0	0	0	0	0	0	0	0
援助其他地区支出	1197	2037	1455	5	0	0	1239	1330
国土资源气象等事务	3765	981	2444	3312	1013	544	1336	1526
住房保障支出	9229	11309	7239	9948	3957	2832	961	3889
粮油物资储备事务	1660	92	296	924	230	204	783	0
国债还本付息支出	10	0	0	13	767	498	0	13
其他支出	214	14574	2033	125	626	325	1130	1130

（续表十四）　　　　　　　　　　　　　　　　　　　　单位：万元

项目＼地区	路桥区	丽水市	市本级	缙云县	景宁县	莲都区	龙泉市	青田县
一、收入合计	321492	736997	178198	86976	47828	97337	54513	119086
（一）税收收入小计	286574	650688	162089	79568	40102	91390	50350	95439
增值税	51588	112453	19416	18371	7531	14202	7669	20203
营业税	71676	201705	43843	23643	9818	37559	20250	26448
企业所得税	54097	70040	15640	7080	2776	14113	4641	12414
个人所得税	15807	43649	10936	3278	8602	3534	2156	6467
资源税	538	3875	0	456	139	775	422	913
城市维护建设税	18550	39576	12445	5129	2045	4185	3375	4798
耕地占用税	5557	37632	11729	17	4466	5040	332	8111
契税	21546	53444	19101	5733	2174	4966	3704	5879
烟叶税	0	33	0	0	0	0	0	0
其他各项税收收入	47215	88281	28979	15861	2551	7016	7801	10206
（二）非税收入小计	34918	86309	16109	7408	7726	5947	4163	23647
专项收入	8967	23595	5816	3211	1733	2284	1596	3121
行政事业性收费收入	0	26457	345	2308	4275	2355	821	13138
罚没收入	12337	27363	7175	2324	884	1263	1714	3165
国有资本经营收入	-3300	-1062	0	-550	0	0	-225	0
国有资源（资产）有偿使用收入	16914	9700	2773	115	583	45	257	4218
其他收入	0	256	0	0	251	0	0	5
二、支出合计	245669	1953767	275167	201896	189898	187327	181776	269096
一般公共服务	31562	276873	44981	25341	27280	21245	24545	44315
外交	0	0	0	0	0	0	0	0
国防	109	5857	1047	156	492	525	378	1559
公共安全	23591	136815	28722	14270	9451	14172	10283	16059
教育	60105	385272	48323	55050	34021	41118	37806	53714
科学技术	7916	38239	7733	4010	1590	4722	4143	6048
文化体育与传媒	3824	47340	7367	4030	6762	3518	5566	7810
社会保障和就业	17816	151835	19083	18116	13154	23476	16150	21341
医疗卫生	18144	173570	22110	18537	9453	24783	19411	26705
节能环保	9199	34990	6534	7455	2733	1536	2859	3837
城乡社区事务	7308	61124	11051	8225	4469	4461	2825	9398
农林水事务	22843	366565	22106	24480	43442	36204	35996	37309
交通运输	16813	120362	27132	9687	10557	2496	8773	22720
资源勘探电力信息等事务	15966	51658	10713	2329	13991	1912	3741	5258
商业服务业等事务	2439	21749	2595	2182	3873	1399	3082	2178
金融监管等事务支出	2811	1119	395	116	19	0	267	245
地震灾后恢复重建支出	0	0	0	0	0	0	0	0
援助其他地区支出	1149	0	0	0	0	0	0	0
国土资源气象等事务	1555	15850	2530	465	994	187	824	2476
住房保障支出	1263	49553	10381	6366	5675	4484	4456	5185
粮油物资储备事务	552	4412	652	226	249	519	196	1060
国债还本付息支出	613	2002	0	467	0	0	466	602
其他支出	91	8582	1712	388	1693	570	9	1277

（续表十五）　　单位：万元

项目 \ 地区	庆元县	松阳县	遂昌县	云和县
一、收入合计	25130	39071	55228	33630
（一）税收收入小计	20556	33193	48457	29544
增值税	3713	4717	8794	7837
营业税	6814	12628	11800	8902
企业所得税	2383	3253	5118	2622
个人所得税	1587	2016	3257	1816
资源税	7	265	676	222
城市维护建设税	1244	1691	2408	2256
耕地占用税	562	0	7370	5
契税	2178	3604	3838	2267
烟叶税	0	33	0	0
其他各项税收收入	2068	4986	5196	3617
（二）非税收入小计	4574	5878	6771	4086
专项收入	962	1263	1960	1649
行政事业性收费收入	1480	727	428	580
罚没收入	1097	3757	4351	1633
国有资本经营收入	-155	0	-132	0
国有资源（资产）有偿使用收入	1190	131	164	224
其他收入	0	0	0	0
二、支出合计	163361	182451	178212	124583
一般公共服务	21499	22557	24889	20221
外交	0	0	0	0
国防	334	485	553	328
公共安全	8993	12826	12823	9216
教育	25326	33817	36341	19756
科学技术	2933	2780	2392	1888
文化体育与传媒	3083	2600	3453	3151
社会保障和就业	8891	11240	13053	7331
医疗卫生	12722	16633	11982	11234
节能环保	1179	4254	3371	1232
城乡社区事务	3840	6970	2869	7016
农林水事务	55262	43854	39788	28124
交通运输	10886	13145	9461	5505
资源勘探电力信息等事务	1751	3557	4359	4047
商业服务业等事务	1743	1271	1769	1657
金融监管等事务支出	0	7	70	0
地震灾后恢复重建支出	0	0	0	0
援助其他地区支出	0	0	0	0
国土资源气象等事务	1069	1084	5241	980
住房保障支出	3180	5141	2806	1879
粮油物资储备事务	515	180	562	253
国债还本付息支出	0	0	7	460
其他支出	155	50	2423	305

2013年浙江省各市县财政总收入

单位:万元

地　　区	财政总收入	地　　区	财政总收入	地　　区	财政总收入
杭州小计	17349750	平湖市	846462	江山市	204417
杭州市	15157584	桐乡市	814935	龙游县	141294
富阳市	832116	嘉善县	547699	常山县	100045
桐庐县	374412	海盐县	473690	开化县	92134
临安市	486425	**湖州小计**	2716588	**舟山小计**	1374225
建德市	307214	湖州市	1054600	舟山市	1135618
淳安县	191999	德清县	557012	岱山县	176664
宁波小计	16511797	安吉县	423888	嵊泗县	61943
宁波市	12594018	长兴县	681088	**台州小计**	4484660
慈溪市	1232298	**绍兴小计**	5021486	台州市	1945430
余姚市	1063402	绍兴市	1081219	温岭市	785977
奉化市	511778	诸暨市	1000066	临海市	580080
象山县	506226	上虞区	783770	玉环县	600092
宁海县	604075	嵊州市	375723	三门县	196980
温州小计	5656347	柯桥区	1357709	天台县	214333
温州市	2535827	新昌县	422999	仙居县	161768
乐清市	1023498	**金华小计**	4159598	**丽水小计**	1242211
瑞安市	786295	金华市	944535	丽水市	443257
永嘉县	386357	兰溪市	341077	龙泉市	85218
洞头县	79604	东阳市	594366	青田县	204903
平阳县	330341	义乌市	1096565	云和县	62713
苍南县	370288	永康市	613903	庆元县	41379
文成县	73498	浦江县	214799	缙云县	157412
泰顺县	70639	武义县	259748	遂昌县	92526
嘉兴小计	5174915	磐安县	94605	松阳县	59294
嘉兴市	1549498	**衢州小计**	1182149	景宁县	95509
海宁市	942631	衢州市	644259		

2013年浙江省乡镇(含比照乡镇财政体制管理的街道)公共财政预算收入排序

单位:万元

排序	所属地区	县(市、区)	乡镇(街道)	公共财政预算收入	排序	所属地区	县(市、区)	乡镇(街道)	公共财政预算收入
1	宁波市	北仑区	新矸街道	217610.00	31	嘉兴市	嘉善县	惠民街道	58061.35
2	绍兴市	柯桥区	柯桥街道	190284.77	32	杭州市	江干区	笕桥镇	57617.00
3	金华市	义乌市	稠城街道	164238.80	33	温州市	乐清市	柳市镇	57514.31
4	绍兴市	诸暨市	暨阳街道	116306.35	34	杭州市	江干区	九堡镇	56937.00
5	宁波市	鄞州区	石碶街道	114697.00	35	温州市	苍南县	灵溪镇	56291.80
6	宁波市	江北区	庄桥镇	95950.00	36	宁波市	镇海区	骆驼街道	55729.05
7	绍兴市	柯桥区	华舍街道	94416.68	37	宁波市	慈溪市	古塘街道	55455.00
8	宁波市	奉化市	锦屏街道	88520.00	38	绍兴市	柯桥区	柯岩街道	55247.71
9	杭州市	西湖区	三墩镇	86692.88	39	杭州市	余杭区	余杭街道	54161.07
10	宁波市	鄞州区	首南街道	85602.00	40	宁波市	慈溪市	宗汉街道	53930.00
11	绍兴市	柯桥区	马鞍镇	83335.06	41	金华市	义乌市	稠江街道	52283.00
12	湖州市	安吉县	递铺镇	82918.00	42	宁波市	鄞州区	高桥镇	51720.00
13	金华市	东阳市	横店镇	80633.00	43	宁波市	余姚市	阳明街道	51304.67
14	宁波市	北仑区	小港街道	79265.00	44	杭州市	富阳市	富春街道	51038.85
15	嘉兴市	海盐县	武原街道	78514.54	45	宁波市	江北区	慈城镇	50522.00
16	杭州市	余杭区	良渚街道	73936.40	46	杭州市	江干区	彭埠镇	50230.00
17	宁波市	鄞州区	潘火街道	73252.00	47	湖州市	德清县	武康镇	50004.64
18	宁波市	镇海区	蛟川街道	68301.30	48	绍兴市	柯桥区	钱清镇	49601.98
19	绍兴市	柯桥区	齐贤镇	66283.79	49	温州市	平阳县	鳌江镇	49074.70
20	嘉兴市	平湖市	钟埭街道	66261.69	50	宁波市	北仑区	戚家山街道	48490.00
21	宁波市	慈溪市	浒山街道	64312.00	51	宁波市	慈溪市	周巷镇	47307.00
22	金华市	义乌市	北苑街道	64086.00	52	嘉兴市	海宁市	长安镇	47280.69
23	温州市	苍南县	龙港镇	62803.15	53	宁波市	象山县	丹西街道	47102.78
24	绍兴市	诸暨市	店口镇	60914.05	54	宁波市	鄞州区	钟公庙街道	46212.00
25	杭州市	萧山区	瓜沥镇	60346.60	55	舟山市	普陀区	六横镇	46194.00
26	宁波市	象山县	丹东街道	60248.18	56	杭州市	余杭区	闲林街道	45460.13
27	温州市	乐清市	乐成街道	60153.79	57	杭州市	萧山区	宁围镇	45321.29
28	宁波市	江北区	甬江镇	59310.00	58	舟山市	普陀区	沈家门街道	45230.80
29	宁波市	鄞州区	中河街道	59146.00	59	杭州市	余杭区	五常街道	45202.03
30	宁波市	北仑区	大矸街道	58852.00	60	宁波市	江北区	洪塘镇	45115.00

（续表一） 单位：万元

排序	所属地区	县（市、区）	乡镇（街道）	公共财政预算收入	排序	所属地区	县（市、区）	乡镇（街道）	公共财政预算收入
61	宁波市	奉化市	岳林街道	44515.00	91	衢州市	江山市	虎山街道	32570.00
62	宁波市	慈溪市	观海卫镇	43962.00	92	绍兴市	诸暨市	陶朱街道	32146.46
63	杭州市	江干区	丁桥镇	43687.66	93	金华市	武义县	白洋街道	31633.85
64	台州市	三门县	海游街道	43399.00	94	宁波市	慈溪市	横河镇	31249.00
65	嘉兴市	桐乡市	梧桐街道	41945.66	95	宁波市	慈溪市	龙山镇	31122.00
66	宁波市	鄞州区	古林镇	40354.00	96	嘉兴市	平湖市	独山港镇	30488.59
67	宁波市	鄞州区	东钱湖镇	40230.00	97	金华市	义乌市	江东街道	30207.00
68	绍兴市	诸暨市	大唐镇	39740.57	98	嘉兴市	嘉善县	魏塘街道	30140.71
69	湖州市	南浔区	南浔镇	38898.00	99	杭州市	萧山区	新街镇	29766.28
70	台州市	临海市	杜桥镇	38311.20	100	宁波市	鄞州区	姜山镇	29682.00
71	台州市	玉环县	楚门镇	37789.00	101	宁波市	余姚市	朗霞街道	29521.00
72	丽水市	青田县	鹤城街道	37736.20	102	宁波市	鄞州区	五乡镇	29429.00
73	杭州市	余杭区	仓前街道	37421.71	103	宁波市	余姚市	兰江街道	29071.29
74	宁波市	余姚市	凤山街道	37370.69	104	杭州市	富阳市	春江街道	29024.03
75	湖州市	吴兴区	织里镇	37229.00	105	嘉兴市	桐乡市	崇福镇	28324.91
76	温州市	瓯海区	新桥街道	37084.37	106	台州市	温岭市	大溪镇	28174.00
77	绍兴市	上虞区	松下镇	37059.00	107	杭州市	富阳市	银湖街道	27821.46
78	杭州市	萧山区	闻堰镇	36443.77	108	绍兴市	柯桥区	福全镇	27705.51
79	宁波市	慈溪市	白沙街道	35945.00	109	宁波市	奉化市	溪口镇	27248.00
80	嘉兴市	海盐县	西塘桥街道	35382.90	110	丽水市	青田县	温溪镇	27085.70
81	宁波市	余姚市	泗门镇	35316.05	111	宁波市	宁海县	西店镇	27014.00
82	温州市	瓯海区	梧田街道	34862.25	112	杭州市	余杭区	塘栖镇	26908.51
83	湖州市	吴兴区	八里店镇	34076.00	113	嘉兴市	平湖市	乍浦镇	26317.56
84	宁波市	宁海县	跃龙街道	33800.00	114	温州市	乐清市	城南街道	26298.73
85	绍兴市	柯桥区	杨汛桥镇	33558.39	115	温州市	瑞安市	塘下镇	26058.09
86	宁波市	鄞州区	集士港镇	33527.00	116	绍兴市	上虞区	百官街道	25708.00
87	台州市	温岭市	泽国镇	33231.00	117	宁波市	象山县	石浦镇	25337.92
88	温州市	乐清市	虹桥镇	32984.03	118	杭州市	富阳市	东洲街道	25328.40
89	温州市	乐清市	北白象镇	32975.78	119	绍兴市	柯桥区	平水镇	25229.04
90	宁波市	慈溪市	坎墩街道	32646.00	120	绍兴市	上虞区	道墟镇	24491.00

（续表二） 单位：万元

排序	所属地区	县（市、区）	乡镇（街道）	公共财政预算收入	排序	所属地区	县（市、区）	乡镇（街道）	公共财政预算收入
121	杭州市	萧山区	临浦镇	24369.55	151	宁波市	余姚市	梨洲街道	19512.58
122	宁波市	镇海区	庄市街道	24241.59	152	金华市	永康市	西城街道	19355.00
123	台州市	路桥区	金清镇	24192.00	153	宁波市	鄞州区	下应街道	19202.00
124	杭州市	萧山区	衙前镇	23979.46	154	宁波市	鄞州区	东吴镇	19080.00
125	杭州市	余杭区	瓶窑镇	23513.19	155	绍兴市	越城区	斗门镇	18917.29
126	温州市	平阳县	昆阳镇	23449.60	156	湖州市	德清县	新市镇	18346.79
127	绍兴市	柯桥区	安昌镇	23349.50	157	宁波市	北仑区	霞浦街道	18278.00
128	杭州市	建德市	新安江街道	23320.00	158	宁波市	慈溪市	庵东镇	18093.00
129	金华市	义乌市	佛堂镇	23257.40	159	金华市	义乌市	廿三里街道	18089.00
130	湖州市	长兴县	画溪街道	23009.84	160	杭州市	余杭区	中泰街道	18084.91
131	宁波市	鄞州区	云龙镇	22995.00	161	绍兴市	越城区	马山镇	17911.61
132	杭州市	余杭区	乔司街道	22241.72	162	丽水市	缙云县	壶镇镇	17854.63
133	嘉兴市	嘉善县	罗星街道	21873.08	163	绍兴市	嵊州市	三江街道	17720.80
134	嘉兴市	嘉善县	西塘镇	21757.67	164	宁波市	鄞州区	邱隘镇	17643.00
135	湖州市	长兴县	煤山镇	21522.67	165	绍兴市	柯桥区	兰亭镇	17608.14
136	嘉兴市	嘉善县	姚庄镇	21248.49	166	金华市	永康市	东城街道	17600.00
137	嘉兴市	海宁市	许村镇	21135.76	167	绍兴市	诸暨市	枫桥镇	17446.64
138	金华市	武义县	壶山街道	21085.07	168	衢州市	江山市	双塔街道	17354.00
139	嘉兴市	桐乡市	濮院镇	21003.71	169	湖州市	德清县	乾元镇	17106.44
140	宁波市	象山县	西周镇	20889.60	170	金华市	浦江县	浦阳街道	17073.13
141	宁波市	奉化市	江口街道	20644.00	171	绍兴市	越城区	灵芝镇	16941.79
142	宁波市	余姚市	低塘街道	20563.42	172	嘉兴市	平湖市	当湖街道	16775.14
143	杭州市	余杭区	崇贤街道	20457.32	173	湖州市	德清县	钟管镇	16478.41
144	杭州市	余杭区	仁和街道	20370.10	174	杭州市	富阳市	胥口镇	16393.34
145	舟山市	普陀区	朱家尖街道	20103.51	175	绍兴市	柯桥区	湖塘街道	16387.83
146	宁波市	慈溪市	逍林镇	19970.00	176	金华市	兰溪市	灵洞乡	16245.00
147	嘉兴市	桐乡市	洲泉镇	19947.09	177	宁波市	余姚市	马渚镇	16111.90
148	绍兴市	诸暨市	浣东街道	19835.43	178	宁波市	宁海县	桃源街道	16107.00
149	嘉兴市	海宁市	马桥街道	19760.69	179	湖州市	长兴县	和平镇	15810.42
150	杭州市	萧山区	义桥镇	19628.71	180	绍兴市	越城区	东浦镇	15728.98

（续表三）　　单位：万元

排序	所属地区	县(市、区)	乡镇(街道)	公共财政预算收入	排序	所属地区	县(市、区)	乡镇(街道)	公共财政预算收入
181	杭州市	萧山区	所前镇	15710.72	211	湖州市	南浔区	双林镇	12219.00
182	绍兴市	上虞区	沥海镇	15628.00	212	宁波市	慈溪市	长河镇	12197.00
183	台州市	温岭市	松门镇	15597.00	213	绍兴市	诸暨市	山下湖镇	12163.00
184	宁波市	镇海区	九龙湖镇	15563.38	214	舟山市	普陀区	勾山街道	12142.26
185	嘉兴市	秀洲区	王江泾镇	15431.88	215	绍兴市	诸暨市	牌头镇	12119.29
186	台州市	温岭市	箬横镇	15310.00	216	湖州市	南浔区	练市镇	11984.20
187	杭州市	富阳市	灵桥镇	15281.10	217	绍兴市	诸暨市	次坞镇	11966.62
188	宁波市	奉化市	西坞街道	15210.00	218	宁波市	象山县	爵溪街道	11961.83
189	嘉兴市	桐乡市	乌镇镇	14923.21	219	嘉兴市	平湖市	新埭镇	11946.10
190	金华市	武义县	桐琴镇	14904.47	220	嘉兴市	平湖市	新仓镇	11902.03
191	嘉兴市	海宁市	海洲街道	14741.86	221	宁波市	鄞州区	横溪镇	11877.00
192	金华市	义乌市	苏溪镇	14686.00	222	宁波市	宁海县	黄坛镇	11870.00
193	台州市	玉环县	清港镇	14680.99	223	金华市	兰溪市	兰江街道	11869.00
194	宁波市	镇海区	蟹浦镇	14539.30	224	舟山市	定海区	岑港街道	11783.65
195	宁波市	鄞州区	横街镇	14240.00	225	嘉兴市	海盐县	百步镇	11638.76
196	温州市	瓯海区	景山街道	14177.18	226	温州市	瓯海区	郭溪街道	11608.89
197	宁波市	奉化市	莼湖镇	13963.00	227	金华市	义乌市	后宅街道	11482.00
198	宁波市	宁海县	梅林街道	13902.00	228	温州市	瓯海区	瞿溪街道	11397.49
199	绍兴市	嵊州市	剡湖街道	13859.66	229	嘉兴市	嘉善县	天凝镇	11383.60
200	绍兴市	诸暨市	草塔镇	13836.14	230	杭州市	桐庐县	富春江镇	11304.00
201	绍兴市	柯桥区	夏履镇	13636.55	231	湖州市	长兴县	李家巷镇	11149.44
202	杭州市	西湖区	双浦镇	13588.24	232	台州市	温岭市	新河镇	11105.00
203	绍兴市	越城区	皋埠镇	13198.00	233	宁波市	余姚市	临山镇	11095.71
204	杭州市	富阳市	鹿山街道	13185.60	234	嘉兴市	平湖市	曹桥街道	11082.88
205	杭州市	富阳市	新登镇	12875.10	235	台州市	路桥区	横街镇	10989.00
206	杭州市	萧山区	党湾镇	12714.37	236	丽水市	缙云县	五云街道	10958.44
207	金华市	武义县	熟溪街道	12699.13	237	温州市	瓯海区	娄桥街道	10852.88
208	温州市	乐清市	城东街道	12674.41	238	宁波市	慈溪市	新浦镇	10825.00
209	金华市	永康市	城西新区	12413.00	239	宁波市	慈溪市	附海镇	10811.00
210	湖州市	德清县	雷甸镇	12319.68	240	嘉兴市	海宁市	袁花镇	10756.92

（续表四）　　单位：万元

排序	所属地区	县（市、区）	乡镇（街道）	公共财政预算收入	排序	所属地区	县（市、区）	乡镇（街道）	公共财政预算收入
241	宁波市	鄞州区	洞桥镇	10754.00	271	宁波市	余姚市	黄家埠镇	9384.25
242	杭州市	桐庐县	桐君街道	10731.00	272	金华市	义乌市	义亭镇	9333.00
243	宁波市	余姚市	小曹娥镇	10720.00	273	金华市	永康市	芝英镇	9304.00
244	台州市	路桥区	新桥镇	10696.00	274	嘉兴市	海宁市	黄湾镇	9264.28
245	金华市	永康市	古山镇	10664.00	275	绍兴市	越城区	鉴湖镇	9222.82
246	湖州市	长兴县	夹浦镇	10651.84	276	杭州市	桐庐县	城南街道	9192.00
247	宁波市	慈溪市	掌起镇	10639.00	277	金华市	东阳市	南马镇	9078.00
248	湖州市	德清县	洛舍镇	10575.91	278	宁波市	奉化市	尚田镇	9042.00
249	杭州市	萧山区	益农镇	10568.23	279	绍兴市	柯桥区	漓渚镇	9003.18
250	衢州市	江山市	贺村镇	10540.00	280	台州市	路桥区	蓬街镇	8948.00
251	嘉兴市	秀洲区	王店镇	10444.94	281	嘉兴市	平湖市	林埭镇	8934.38
252	嘉兴市	嘉善县	大云镇	10349.82	282	嘉兴市	海宁市	周王庙镇	8905.57
253	嘉兴市	海宁市	盐官镇	10286.06	283	绍兴市	上虞区	章镇镇	8880.00
254	绍兴市	上虞区	小越镇	10146.00	284	金华市	永康市	江南街道	8748.00
255	湖州市	长兴县	雉城街道	10090.81	285	宁波市	鄞州区	鄞江镇	8685.00
256	宁波市	余姚市	丈亭镇	10082.71	286	湖州市	吴兴区	埭溪镇	8609.00
257	杭州市	萧山区	浦阳镇	10073.66	287	台州市	临海市	东塍镇	8474.50
258	嘉兴市	桐乡市	石门镇	10003.24	288	宁波市	奉化市	萧王庙街道	8440.00
259	舟山市	定海区	金塘镇	9956.65	289	舟山市	定海区	马岙街道	8434.63
260	湖州市	德清县	三合乡	9918.77	290	温州市	瑞安市	莘塍街道	8336.87
261	宁波市	慈溪市	崇寿镇	9780.00	291	宁波市	慈溪市	胜山镇	8276.00
262	湖州市	长兴县	泗安镇	9695.20	292	宁波市	鄞州区	瞻岐镇	8266.00
263	台州市	黄岩区	院桥镇	9691.47	293	金华市	浦江县	黄宅镇	8213.95
264	绍兴市	柯桥区	陶堰镇	9628.53	294	宁波市	慈溪市	匡堰镇	8082.00
265	宁波市	慈溪市	桥头镇	9589.00	295	温州市	泰顺县	罗阳镇	8048.57
266	宁波市	余姚市	陆埠镇	9553.03	296	金华市	武义县	泉溪镇	8044.49
267	温州市	鹿城区	滕桥镇	9467.00	297	杭州市	富阳市	大源镇	8018.99
268	嘉兴市	海宁市	斜桥镇	9455.24	298	温州市	瓯海区	南白象街道	7997.43
269	绍兴市	诸暨市	璜山镇	9415.53	299	宁波市	余姚市	河姆渡镇	7928.50
270	嘉兴市	嘉善县	干窑镇	9401.11	300	嘉兴市	秀城区	余新镇	7908.92

（续表五） 单位:万元

排序	所属地区	县(市、区)	乡镇(街道)	公共财政预算收入	排序	所属地区	县(市、区)	乡镇(街道)	公共财政预算收入
301	金华市	义乌市	上溪镇	7905.00	331	湖州市	德清县	新安镇	7174.46
302	绍兴市	诸暨市	应店街镇	7860.99	332	嘉兴市	秀城区	大桥镇	7160.68
303	宁波市	余姚市	牟山镇	7859.95	333	舟山市	定海区	白泉镇	7128.92
304	绍兴市	嵊州市	甘霖镇	7849.05	334	金华市	兰溪市	云山街道	7047.00
305	温州市	平阳县	水头镇	7833.55	335	台州市	温岭市	滨海镇	7014.70
306	金华市	义乌市	大陈镇	7809.00	336	温州市	平阳县	萧江镇	6980.70
307	湖州市	南浔区	菱湖镇	7792.90	337	衢州市	常山县	辉埠镇	6950.00
308	湖州市	长兴县	槐坎乡	7763.11	338	湖州市	长兴县	林城镇	6913.28
309	舟山市	岱山县	衢山镇	7740.50	339	杭州市	临安市	太湖源镇	6810.26
310	宁波市	宁海县	深甽镇	7729.00	340	温州市	苍南县	钱库镇	6790.10
311	嘉兴市	海宁市	丁桥镇	7698.81	341	台州市	温岭市	石塘镇	6754.00
312	宁波市	北仑区	春晓镇	7583.00	342	绍兴市	嵊州市	鹿山街道	6729.78
313	丽水市	龙泉市	剑池街道	7583.00	343	绍兴市	上虞区	丰惠镇	6729.00
314	嘉兴市	桐乡市	凤鸣街道	7561.47	344	湖州市	南浔区	和孚镇	6703.50
315	金华市	义乌市	城西街道	7498.00	345	金华市	永康市	象珠镇	6661.00
316	台州市	温岭市	温峤镇	7491.00	346	宁波市	北仑区	柴桥街道	6658.00
317	湖州市	安吉县	天子湖镇	7474.00	347	嘉兴市	桐乡市	屠甸镇	6655.61
318	湖州市	吴兴区	东林镇	7443.00	348	嘉兴市	秀洲区	新城街道	6649.61
319	绍兴市	柯桥区	孙端镇	7435.65	349	杭州市	临安市	高虹镇	6598.47
320	丽水市	缙云县	新碧街道	7428.62	350	嘉兴市	海盐县	元通街道	6596.35
321	舟山市	岱山县	高亭镇	7418.04	351	绍兴市	越城区	东湖镇	6492.29
322	绍兴市	上虞区	东关街道	7414.00	352	杭州市	余杭区	径山镇	6435.95
323	杭州市	萧山区	戴村镇	7389.06	353	宁波市	宁海县	长街镇	6415.00
324	杭州市	桐庐县	横村镇	7343.00	354	嘉兴市	海盐县	沈荡镇	6401.35
325	湖州市	长兴县	小浦镇	7321.74	355	宁波市	余姚市	三七市镇	6397.98
326	宁波市	慈溪市	天元镇	7315.00	356	嘉兴市	海宁市	硖石街道	6354.87
327	台州市	玉环县	芦浦镇	7306.00	357	温州市	平阳县	万全镇	6353.55
328	台州市	玉环县	龙溪乡	7297.72	358	台州市	临海市	涌泉镇	6277.85
329	金华市	东阳市	巍山镇	7255.00	359	杭州市	建德市	洋溪街道	6222.00
330	嘉兴市	秀洲区	油车港镇	7202.22	360	宁波市	鄞州区	咸祥镇	6217.00

（续表六）

单位：万元

排序	所属地区	县（市、区）	乡镇（街道）	公共财政预算收入	排序	所属地区	县（市、区）	乡镇（街道）	公共财政预算收入
361	宁波市	鄞州区	塘溪镇	6205.00	391	宁波市	北仑区	梅山乡	5405.00
362	杭州市	余杭区	运河街道	6204.08	392	杭州市	萧山区	进化镇	5391.08
363	温州市	永嘉县	桥头镇	6202.45	393	嘉兴市	海盐县	澉浦镇	5390.36
364	舟山市	普陀区	展茅街道	6197.46	394	杭州市	富阳市	渌渚镇	5386.65
365	杭州市	萧山区	河上镇	6197.18	395	台州市	临海市	上盘镇	5351.80
366	嘉兴市	海盐县	通元镇	6186.38	396	金华市	磐安县	安文镇	5341.52
367	丽水市	松阳县	西屏街道	6157.00	397	舟山市	岱山县	东沙镇	5309.97
368	舟山市	岱山县	秀山乡	5991.16	398	温州市	苍南县	金乡镇	5265.85
369	台州市	温岭市	城南镇	5984.00	399	金华市	东阳市	歌山镇	5252.00
370	绍兴市	诸暨市	安华镇	5972.10	400	湖州市	德清县	禹越镇	5238.95
371	杭州市	建德市	寿昌镇	5966.00	401	嘉兴市	嘉善县	陶庄镇	5229.19
372	温州市	永嘉县	桥下镇	5962.21	402	嘉兴市	秀城区	新丰镇	5144.22
373	杭州市	富阳市	环山乡	5934.42	403	衢州市	龙游县	湖镇镇	5140.00
374	宁波市	宁海县	强蛟镇	5903.00	404	湖州市	吴兴区	环渚街道	5134.00
375	嘉兴市	桐乡市	龙翔街道	5901.43	405	湖州市	安吉县	孝丰镇	5098.79
376	杭州市	淳安县	千岛湖镇	5889.55	406	舟山市	定海区	小沙街道	5073.85
377	嘉兴市	海盐县	秦山街道	5860.33	407	杭州市	富阳市	新桐乡	5060.09
378	台州市	临海市	汛桥镇	5853.65	408	温州市	瓯海区	仙岩街道	5042.34
379	嘉兴市	秀洲区	洪合镇	5808.96	409	金华市	永康市	花街镇	5029.00
380	绍兴市	上虞区	梁湖镇	5773.00	410	绍兴市	诸暨市	阮市镇	5011.36
381	绍兴市	嵊州市	黄泽镇	5769.64	411	舟山市	定海区	盐仓街道	5003.27
382	嘉兴市	秀洲区	新塍镇	5733.69	412	衢州市	开化县	华埠镇	4922.00
383	宁波市	北仑区	白峰镇	5726.00	413	绍兴市	柯桥区	富盛镇	4910.73
384	嘉兴市	秀城区	凤桥镇	5694.10	414	宁波市	余姚市	梁弄镇	4901.11
385	舟山市	定海区	环南街道	5688.24	415	绍兴市	柯桥区	王坛镇	4886.74
386	湖州市	长兴县	洪桥镇	5678.08	416	台州市	玉环县	沙门镇	4883.00
387	嘉兴市	桐乡市	高桥镇	5664.55	417	杭州市	临安市	板桥镇	4858.83
388	杭州市	桐庐县	分水镇	5575.00	418	杭州市	桐庐县	江南镇	4765.00
389	舟山市	嵊泗县	菜园镇	5480.19	419	绍兴市	嵊州市	三界镇	4746.55
390	金华市	永康市	龙山镇	5459.00	420	金华市	永康市	石柱镇	4704.00

（续表七） 单位:万元

排序	所属地区	县(市、区)	乡镇(街道)	公共财政预算收入	排序	所属地区	县(市、区)	乡镇(街道)	公共财政预算收入
421	湖州市	长兴县	白岘乡	4699.99	451	舟山市	定海区	干览镇	3772.04
422	湖州市	吴兴区	道场乡	4699.00	452	绍兴市	嵊州市	崇仁镇	3757.28
423	嘉兴市	秀城区	七星镇	4688.44	453	宁波市	宁海县	桥头胡街道	3681.00
424	台州市	临海市	沿江镇	4633.15	454	宁波市	奉化市	松岙镇	3637.00
425	湖州市	长兴县	虹星桥镇	4576.99	455	金华市	浦江县	浦南街道	3625.41
426	台州市	三门县	浦坝港镇	4485.00	456	杭州市	临安市	於潜镇	3613.73
427	台州市	三门县	珠岙镇	4479.10	457	宁波市	余姚市	大隐镇	3610.98
428	杭州市	建德市	梅城镇	4477.00	458	杭州市	临安市	天目山镇	3604.54
429	台州市	天台县	平桥镇	4454.59	459	湖州市	安吉县	天荒坪镇	3582.00
430	绍兴市	嵊州市	长乐镇	4444.30	460	舟山市	岱山县	岱西镇	3546.15
431	湖州市	南浔区	旧馆镇	4437.00	461	绍兴市	上虞区	驿亭镇	3542.00
432	台州市	三门县	健跳镇	4429.65	462	丽水市	青田县	北山镇	3532.90
433	嘉兴市	桐乡市	大麻镇	4333.46	463	温州市	乐清市	雁荡镇	3508.91
434	温州市	瑞安市	飞云街道	4310.36	464	温州市	瑞安市	仙降街道	3491.15
435	金华市	义乌市	赤岸镇	4226.00	465	衢州市	柯城区	航埠镇	3482.00
436	绍兴市	诸暨市	东白湖镇	4200.94	466	温州市	瓯海区	丽岙街道	3469.37
437	嘉兴市	桐乡市	河山镇	4187.14	467	舟山市	定海区	城东街道	3446.15
438	杭州市	建德市	下涯镇	4089.00	468	宁波市	奉化市	裘村镇	3441.00
439	绍兴市	诸暨市	王家井镇	4061.36	469	绍兴市	嵊州市	仙岩镇	3435.67
440	温州市	瓯海区	潘桥街道	3999.71	470	杭州市	富阳市	场口镇	3417.22
441	嘉兴市	海盐县	于城镇	3983.10	471	舟山市	普陀区	桃花镇	3412.84
442	温州市	苍南县	宜山镇	3981.20	472	丽水市	莲都区	仙渡乡	3410.21
443	湖州市	安吉县	梅溪镇	3939.97	473	金华市	浦江县	仙华街道	3369.65
444	绍兴市	上虞区	上浦镇	3863.00	474	台州市	临海市	尤溪镇	3368.90
445	金华市	磐安县	尖山镇	3862.44	475	温州市	洞头县	北岙街道	3347.45
446	杭州市	建德市	乾潭镇	3838.00	476	宁波市	宁海县	茶院乡	3318.00
447	宁波市	象山县	东陈乡	3822.14	477	台州市	玉环县	干江镇	3285.74
448	宁波市	宁海县	岔路镇	3779.00	478	绍兴市	诸暨市	街亭镇	3263.39
449	嘉兴市	平湖市	广陈镇	3777.24	479	舟山市	定海区	双桥街道	3260.88
450	衢州市	开化县	城关镇	3773.00	480	绍兴市	诸暨市	江藻镇	3255.78

（续表八） 单位:万元

排序	所属地区	县(市、区)	乡镇(街道)	公共财政预算收入	排序	所属地区	县(市、区)	乡镇(街道)	公共财政预算收入
481	衢州市	龙游县	龙洲街道	3144.00	511	金华市	永康市	唐先镇	2517.00
482	宁波市	象山县	大徐镇	3130.16	512	绍兴市	上虞区	谢塘镇	2498.00
483	宁波市	象山县	贤痒镇	3120.47	513	温州市	瑞安市	汀田街道	2490.63
484	湖州市	长兴县	水口乡	3116.94	514	宁波市	宁海县	前童镇	2480.00
485	舟山市	定海区	昌国街道	3099.59	515	金华市	武义县	履坦镇	2473.70
486	绍兴市	柯桥区	稽东镇	3069.45	516	金华市	武义县	茭道镇	2468.52
487	丽水市	庆元县	濛洲街道	3036.00	517	杭州市	建德市	李家镇	2465.00
488	丽水市	龙泉市	龙渊街道	3023.00	518	温州市	瑞安市	陶山镇	2441.31
489	嘉兴市	海宁市	海昌街道	2977.02	519	衢州市	江山市	上余镇	2437.00
490	金华市	兰溪市	诸葛镇	2933.00	520	温州市	乐清市	翁洋街道	2422.28
491	绍兴市	新昌县	儒岙镇	2932.04	521	杭州市	建德市	更楼街道	2418.00
492	绍兴市	上虞区	盖北镇	2912.00	522	丽水市	青田县	船寮镇	2330.05
493	绍兴市	嵊州市	浦口街道	2910.01	523	台州市	天台县	白鹤镇	2321.29
494	宁波市	宁海县	力洋镇	2905.00	524	湖州市	德清县	莫干山镇	2315.24
495	杭州市	萧山区	楼塔镇	2893.67	525	舟山市	普陀区	蚂蚁岛乡	2307.04
496	金华市	浦江县	白马镇	2878.90	526	金华市	浦江县	郑宅镇	2285.52
497	温州市	乐清市	大荆镇	2844.23	527	温州市	乐清市	淡溪镇	2273.55
498	台州市	天台县	坦头镇	2804.11	528	台州市	临海市	白水洋镇	2258.60
499	杭州市	临安市	潜川镇	2800.41	529	金华市	东阳市	湖溪镇	2248.00
500	宁波市	鄞州区	章水镇	2790.00	530	温州市	瓯海区	泽雅镇	2237.58
501	杭州市	余杭区	黄湖镇	2781.97	531	金华市	兰溪市	女埠街道	2234.00
502	杭州市	建德市	大同镇	2779.00	532	杭州市	余杭区	百丈镇	2232.23
503	宁波市	宁海县	越溪乡	2779.00	533	杭州市	建德市	大洋镇	2222.00
504	杭州市	临安市	昌化镇	2738.38	534	金华市	兰溪市	游埠镇	2220.00
505	台州市	天台县	三合镇	2706.00	535	金华市	东阳市	画水镇	2218.00
506	舟山市	普陀区	虾峙镇	2635.72	536	绍兴市	诸暨市	直埠镇	2215.39
507	绍兴市	上虞区	汤浦镇	2618.00	537	丽水市	云和县	凤凰街道	2215.05
508	台州市	温岭市	石桥头镇	2584.00	538	宁波市	鄞州区	龙观乡	2215.00
509	杭州市	富阳市	渔山乡	2547.24	539	金华市	兰溪市	永昌街道	2215.00
510	湖州市	安吉县	溪龙乡	2527.35	540	金华市	浦江县	郑家坞镇	2213.97

（续表九） 单位:万元

排序	所属地区	县(市、区)	乡镇(街道)	公共财政预算收入	排序	所属地区	县(市、区)	乡镇(街道)	公共财政预算收入
541	金华市	武义县	王宅镇	2187.36	571	台州市	黄岩区	北洋镇	1718.93
542	湖州市	南浔区	善琏镇	2165.00	572	台州市	黄岩区	宁溪镇	1711.78
543	宁波市	宁海县	大佳河镇	2100.00	573	杭州市	富阳市	里山镇	1711.10
544	温州市	平阳县	腾蛟镇	2091.30	574	杭州市	淳安县	汾口镇	1691.29
545	湖州市	德清县	筏头乡	2074.30	575	杭州市	临安市	龙岗镇	1691.25
546	宁波市	象山县	墙头镇	2063.14	576	金华市	永康市	方岩镇	1685.00
547	衢州市	衢江区	廿里镇	2061.00	577	湖州市	长兴县	吕山乡	1673.34
548	台州市	黄岩区	沙埠镇	2052.17	578	宁波市	象山县	涂茨镇	1672.32
549	湖州市	吴兴区	妙西镇	2036.00	579	丽水市	莲都区	白云街道	1671.84
550	台州市	临海市	桃渚镇	2016.00	580	宁波市	宁海县	一市镇	1649.00
551	台州市	仙居县	下各镇	2014.65	581	绍兴市	新昌县	澄潭镇	1646.43
552	金华市	兰溪市	上华街道	1981.00	582	金华市	东阳市	千祥镇	1640.00
553	金华市	永康市	西溪镇	1965.00	583	杭州市	建德市	三都镇	1620.00
554	杭州市	桐庐县	瑶琳镇	1868.00	584	宁波市	象山县	新桥镇	1611.38
555	衢州市	衢江区	上方镇	1856.00	585	杭州市	富阳市	永昌镇	1606.63
556	绍兴市	诸暨市	五泄镇	1850.17	586	绍兴市	新昌县	梅渚镇	1604.22
557	温州市	泰顺县	三魁镇	1834.67	587	杭州市	临安市	太阳镇	1592.11
558	丽水市	缙云县	新建镇	1823.06	588	台州市	临海市	永丰镇	1589.60
559	温州市	瑞安市	南滨街道	1808.68	589	杭州市	桐庐县	凤川街道	1582.00
560	台州市	黄岩区	头陀镇	1803.20	590	衢州市	江山市	峡口镇	1582.00
561	宁波市	象山县	泗洲头镇	1791.65	591	衢州市	江山市	清湖镇	1581.00
562	宁波市	奉化市	大堰镇	1791.00	592	舟山市	嵊泗县	洋山镇	1579.55
563	绍兴市	新昌县	城南乡	1785.06	593	丽水市	云和县	浮云街道	1565.42
564	杭州市	建德市	钦堂乡	1755.00	594	湖州市	安吉县	皈山乡	1558.60
565	宁波市	象山县	茅洋乡	1753.13	595	杭州市	富阳市	万市镇	1535.42
566	宁波市	宁海县	胡陈乡	1751.00	596	衢州市	常山县	天马街道	1505.00
567	宁波市	象山县	黄避岙乡	1744.67	597	台州市	椒江区	大陈镇	1480.00
568	宁波市	象山县	鹤浦镇	1744.38	598	金华市	兰溪市	马涧镇	1467.00
569	宁波市	宁海县	桑洲镇	1733.00	599	金华市	东阳市	虎鹿镇	1429.00
570	舟山市	岱山县	岱东镇	1720.21	600	丽水市	缙云县	东方镇	1417.93

（续表十） 单位：万元

排序	所属地区	县(市、区)	乡镇(街道)	公共财政预算收入	排序	所属地区	县(市、区)	乡镇(街道)	公共财政预算收入
601	台州市	黄岩区	上郑乡	1386.81	631	丽水市	云和县	白龙街道	1145.58
602	金华市	兰溪市	梅江镇	1386.00	632	丽水市	莲都区	紫金街道	1136.56
603	湖州市	安吉县	上墅乡	1383.00	633	湖州市	南浔区	石淙镇	1129.00
604	宁波市	象山县	晓塘乡	1375.59	634	温州市	乐清市	清江镇	1128.43
605	丽水市	青田县	东源镇	1372.60	635	绍兴市	上虞区	永和镇	1112.00
606	丽水市	莲都区	岩泉街道	1367.85	636	宁波市	余姚市	大岚镇	1111.50
607	金华市	永康市	前仓镇	1366.00	637	台州市	三门县	亭旁镇	1093.00
608	金华市	磐安县	新渥镇	1364.95	638	温州市	瑞安市	马屿镇	1089.71
609	宁波市	余姚市	四明山镇	1351.87	639	衢州市	常山县	球川镇	1088.00
610	绍兴市	诸暨市	浬浦镇	1324.82	640	杭州市	临安市	清凉峰镇	1077.86
611	杭州市	建德市	大慈岩镇	1322.00	641	温州市	苍南县	马站镇	1075.55
612	绍兴市	新昌县	大市聚镇	1318.46	642	杭州市	富阳市	上官乡	1074.62
613	丽水市	青田县	高湖镇	1311.00	643	绍兴市	嵊州市	石璜镇	1072.40
614	台州市	临海市	括苍镇	1310.05	644	杭州市	建德市	莲花镇	1066.00
615	杭州市	建德市	航头镇	1298.00	645	绍兴市	诸暨市	赵家镇	1064.34
616	绍兴市	诸暨市	同山镇	1282.87	646	衢州市	衢江区	樟潭街道	1063.00
617	温州市	泰顺县	雅阳镇	1262.11	647	温州市	永嘉县	沙头镇	1054.19
618	舟山市	岱山县	长涂镇	1240.15	648	金华市	磐安县	冷水镇	1051.15
619	嘉兴市	秀洲区	高照街道	1236.57	649	丽水市	缙云县	东渡镇	1050.13
620	金华市	兰溪市	横溪镇	1232.00	650	温州市	乐清市	芙蓉镇	1046.75
621	杭州市	临安市	河桥镇	1226.05	651	宁波市	象山县	定塘镇	1046.18
622	温州市	苍南县	矾山镇	1214.95	652	丽水市	龙泉市	八都镇	1034.00
623	杭州市	富阳市	洞桥镇	1213.08	653	温州市	洞头县	东屏街道	1024.30
624	丽水市	庆元县	竹口镇	1203.00	654	温州市	乐清市	白石街道	1021.61
625	杭州市	富阳市	春建乡	1188.83	655	金华市	东阳市	东江镇	1021.00
626	衢州市	衢江区	大洲镇	1183.00	656	湖州市	安吉县	杭垓镇	1020.00
627	温州市	苍南县	桥墩镇	1178.30	657	台州市	仙居县	白塔镇	1016.44
628	台州市	天台县	洪畴镇	1172.01	658	宁波市	余姚市	鹿亭乡	1008.24
629	杭州市	富阳市	常安镇	1165.16	659	丽水市	莲都区	联城镇	1005.42
630	金华市	磐安县	尚湖镇	1163.97	660	杭州市	建德市	杨村桥镇	988.00

（续表十一）　　　　　　　　　　　　　　　　　　单位:万元

排序	所属地区	县(市、区)	乡镇(街道)	公共财政预算收入	排序	所属地区	县(市、区)	乡镇(街道)	公共财政预算收入
661	丽水市	莲都区	碧湖镇	978.03	691	衢州市	衢江区	高家镇	767.00
662	衢州市	龙游县	小南海镇	972.00	692	台州市	仙居县	大战乡	764.90
663	衢州市	江山市	四都镇	968.00	693	金华市	磐安县	仁川镇	764.11
664	台州市	温岭市	坞根镇	965.50	694	衢州市	龙游县	溪口镇	758.00
665	丽水市	缙云县	舒洪镇	963.55	695	金华市	东阳市	佐村镇	752.00
666	丽水市	龙泉市	塔石街道	958.00	696	金华市	东阳市	马宅镇	742.00
667	衢州市	柯城区	石室乡	921.00	697	温州市	瑞安市	湖岭镇	698.69
668	金华市	磐安县	深泽乡	920.06	698	温州市	文成县	大学镇	694.31
669	金华市	兰溪市	赤溪街道	920.00	699	绍兴市	上虞区	丁宅乡	688.00
670	温州市	乐清市	天成街道	915.43	700	绍兴市	新昌县	回山镇	683.56
671	湖州市	南浔区	千金镇	896.00	701	温州市	乐清市	盐盆街道	678.63
672	金华市	兰溪市	香溪镇	895.00	702	杭州市	富阳市	湖源乡	675.91
673	温州市	洞头县	大门街道	894.56	703	衢州市	衢江区	杜泽镇	671.00
674	丽水市	青田县	山口镇	892.25	704	绍兴市	诸暨市	马剑镇	655.66
675	杭州市	桐庐县	旧县街道	885.00	705	湖州市	安吉县	报福镇	654.00
676	杭州市	余杭区	鸬鸟镇	850.75	706	温州市	泰顺县	泗溪镇	652.91
677	丽水市	龙泉市	西街街道	846.00	707	绍兴市	新昌县	镜岭镇	641.81
678	绍兴市	新昌县	沙溪镇	845.75	708	衢州市	衢江区	后溪镇	641.00
679	金华市	磐安县	玉山镇	839.88	709	台州市	仙居县	官路镇	638.05
680	衢州市	常山县	青石镇	818.00	710	丽水市	青田县	黄垟乡	631.75
681	衢州市	龙游县	东华街道	818.00	711	台州市	临海市	河头镇	631.50
682	丽水市	遂昌县	云峰街道	812.81	712	衢州市	衢江区	莲花镇	629.00
683	台州市	三门县	沙柳街道	803.05	713	丽水市	莲都区	万象街道	615.53
684	杭州市	临安市	湍口镇	801.21	714	丽水市	莲都区	大港头镇	610.89
685	衢州市	龙游县	横山镇	781.00	715	金华市	磐安县	方前镇	607.80
686	温州市	泰顺县	仕阳镇	780.37	716	丽水市	云和县	元和街道	592.35
687	衢州市	柯城区	石梁镇	775.00	717	金华市	兰溪市	水亭畲族乡	592.00
688	温州市	乐清市	石帆街道	772.09	718	台州市	临海市	小芝镇	585.80
689	台州市	仙居县	横溪镇	771.96	719	绍兴市	嵊州市	金庭镇	582.53
690	温州市	苍南县	赤溪镇	771.70	720	温州市	泰顺县	司前镇	571.59

（续表十二） 单位：万元

排序	所属地区	县（市、区）	乡镇（街道）	公共财政预算收入	排序	所属地区	县（市、区）	乡镇（街道）	公共财政预算收入
721	丽水市	莲都区	雅溪镇	562.71	751	衢州市	衢江区	峡川镇	402.00
722	温州市	泰顺县	彭溪镇	554.59	752	杭州市	桐庐县	莪山畲族乡	397.00
723	丽水市	龙泉市	安仁镇	540.00	753	绍兴市	上虞区	长塘镇	397.00
724	金华市	兰溪市	柏社乡	539.00	754	衢州市	常山县	紫港街道	390.00
725	绍兴市	诸暨市	陈宅镇	535.25	755	丽水市	龙泉市	小梅镇	384.00
726	衢州市	柯城区	姜家山乡	535.00	756	金华市	磐安县	窈川乡	380.89
727	湖州市	长兴县	太湖街道	529.95	757	金华市	兰溪市	黄店镇	379.00
728	金华市	磐安县	维新乡	519.28	758	杭州市	淳安县	威坪镇	378.41
729	绍兴市	新昌县	双彩乡	511.99	759	温州市	平阳县	南雁镇	376.35
730	丽水市	遂昌县	妙高街道	506.06	760	丽水市	松阳县	望松街道	368.00
731	舟山市	嵊泗县	黄龙乡	494.78	761	金华市	武义县	柳城镇	366.97
732	金华市	磐安县	双峰乡	488.51	762	丽水市	松阳县	古市镇	363.00
733	丽水市	庆元县	屏都街道	478.00	763	温州市	洞头县	元觉街道	360.31
734	舟山市	嵊泗县	嵊山镇	474.71	764	杭州市	桐庐县	钟山乡	352.00
735	温州市	文成县	南田镇	474.47	765	台州市	临海市	汇溪镇	351.15
736	金华市	磐安县	万苍乡	472.64	766	温州市	文成县	百丈漈镇	350.95
737	金华市	磐安县	大盘镇	469.87	767	温州市	泰顺县	筱村镇	350.04
738	金华市	磐安县	双溪乡	455.94	768	宁波市	象山县	高塘岛乡	349.61
739	台州市	玉环县	鸡山乡	455.14	769	丽水市	遂昌县	三仁乡	346.35
740	台州市	黄岩区	上垟乡	447.22	770	杭州市	桐庐县	百江镇	345.00
741	温州市	苍南县	藻溪镇	433.10	771	杭州市	临安市	岛石镇	339.77
742	杭州市	富阳市	龙门镇	432.84	772	丽水市	青田县	海口镇	337.80
743	丽水市	景宁畲族自治县	红星街道	427.77	773	衢州市	衢江区	横路办事处	334.00
744	衢州市	开化县	池淮镇	427.00	774	绍兴市	新昌县	巧英乡	331.53
745	绍兴市	诸暨市	东和乡	417.22	775	绍兴市	嵊州市	谷来镇	329.30
746	温州市	文成县	珊溪镇	414.87	776	金华市	磐安县	盘峰乡	328.41
747	衢州市	常山县	金川街道	408.00	777	衢州市	江山市	新塘边镇	322.00
748	丽水市	庆元县	黄田镇	408.00	778	台州市	天台县	街头镇	322.00
749	衢州市	江山市	石门镇	406.00	779	丽水市	松阳县	裕溪乡	322.00
750	台州市	玉环县	海山乡	403.35	780	杭州市	淳安县	文昌镇	320.66

（续表十三）　　单位：万元

排序	所属地区	县（市、区）	乡镇（街道）	公共财政预算收入	排序	所属地区	县（市、区）	乡镇（街道）	公共财政预算收入
781	丽水市	青田县	祯旺乡	318.95	811	丽水市	松阳县	象溪镇	253.00
782	绍兴市	新昌县	小将镇	318.88	812	金华市	磐安县	高二乡	249.01
783	丽水市	龙泉市	上垟镇	313.00	813	衢州市	衢江区	灰坪乡	249.00
784	衢州市	衢江区	湖南镇	312.00	814	衢州市	江山市	坛石镇	245.00
785	台州市	黄岩区	屿头乡	311.84	815	温州市	泰顺县	百丈镇	243.32
786	丽水市	庆元县	隆宫乡	310.00	816	丽水市	龙泉市	屏南镇	237.00
787	衢州市	衢江区	全旺镇	308.00	817	杭州市	淳安县	临歧镇	233.74
788	衢州市	龙游县	塔石镇	302.00	818	衢州市	开化县	桐村镇	232.00
789	台州市	仙居县	田市镇	301.83	819	温州市	永嘉县	岩头镇	231.48
790	衢州市	衢江区	浮石街道	301.00	820	衢州市	常山县	招贤镇	224.00
791	衢州市	龙游县	石佛乡	296.00	821	绍兴市	诸暨市	岭北镇	223.84
792	温州市	文成县	峃口镇	295.14	822	衢州市	龙游县	詹家镇	219.00
793	杭州市	富阳市	常绿镇	294.55	823	杭州市	淳安县	安阳乡	218.60
794	金华市	磐安县	胡宅乡	294.11	824	衢州市	柯城区	万田乡	218.00
795	丽水市	青田县	腊口镇	291.90	825	丽水市	云和县	石塘镇	217.04
796	衢州市	常山县	芳村镇	290.00	826	丽水市	莲都区	老竹镇	215.86
797	舟山市	嵊泗县	枸杞乡	289.78	827	丽水市	松阳县	大东坝镇	210.00
798	衢州市	常山县	白石镇	286.00	828	湖州市	安吉县	鄣吴镇	206.00
799	丽水市	莲都区	黄村乡	285.19	829	丽水市	莲都区	太平乡	198.19
800	衢州市	衢江区	云溪乡	280.00	830	舟山市	嵊泗县	五龙乡	193.06
801	衢州市	开化县	马金镇	280.00	831	衢州市	衢江区	黄坛口乡	193.00
802	台州市	黄岩区	茅畲乡	274.06	832	衢州市	衢江区	太真乡	193.00
803	衢州市	江山市	长台镇	270.00	833	衢州市	常山县	同弓乡	192.00
804	丽水市	龙泉市	查田镇	270.00	834	丽水市	青田县	万阜乡	191.80
805	温州市	文成县	巨屿镇	265.10	835	温州市	永嘉县	巽宅镇	190.05
806	湖州市	安吉县	章村镇	264.00	836	湖州市	安吉县	山川乡	183.00
807	金华市	浦江县	岩头镇	263.00	837	温州市	泰顺县	竹里乡	182.30
808	金华市	磐安县	九和乡	262.21	838	丽水市	青田县	阜山乡	180.70
809	衢州市	江山市	大陈乡	259.00	839	温州市	文成县	黄坦镇	173.65
810	丽水市	景宁畲族自治县	鹤溪街道	256.96	840	温州市	平阳县	山门镇	172.50

（续表十四） 单位：万元

排序	所属地区	县（市、区）	乡镇（街道）	公共财政预算收入	排序	所属地区	县（市、区）	乡镇（街道）	公共财政预算收入
841	杭州市	淳安县	大墅镇	172.31	871	杭州市	淳安县	姜家镇	141.81
842	衢州市	开化县	音坑乡	168.00	872	金华市	浦江县	中余乡	138.00
843	丽水市	缙云县	七里乡	167.97	873	温州市	文成县	西坑镇	134.03
844	衢州市	江山市	碗窑乡	166.00	874	衢州市	衢江区	周家乡	134.00
845	温州市	永嘉县	岩坦镇	164.17	875	台州市	三门县	横渡镇	133.00
846	衢州市	开化县	村头镇	164.00	876	丽水市	遂昌县	湖山乡	130.36
847	丽水市	龙泉市	住龙镇	164.00	877	丽水市	龙泉市	兰巨乡	127.00
848	台州市	三门县	蛇蟠乡	162.40	878	温州市	永嘉县	碧莲镇	124.89
849	金华市	浦江县	前吴乡	162.39	879	绍兴市	新昌县	新林乡	124.44
850	温州市	永嘉县	枫林镇	162.31	880	丽水市	松阳县	赤寿乡	124.00
851	金华市	东阳市	三单乡	162.00	881	衢州市	衢江区	双桥乡	123.00
852	丽水市	遂昌县	石练镇	161.38	882	杭州市	桐庐县	新合乡	122.00
853	杭州市	淳安县	枫树岭镇	161.26	883	衢州市	开化县	杨林镇	121.00
854	丽水市	遂昌县	柘岱口乡	161.17	884	衢州市	江山市	大桥镇	119.00
855	丽水市	景宁畲族自治县	梧桐乡	160.93	885	绍兴市	嵊州市	下王镇	118.34
856	金华市	浦江县	檀溪镇	160.41	886	绍兴市	新昌县	东茗乡	115.13
857	丽水市	青田县	高市乡	160.35	887	丽水市	庆元县	淤上乡	115.00
858	丽水市	景宁畲族自治县	东坑镇	160.00	888	丽水市	缙云县	大源镇	114.64
859	衢州市	龙游县	模环乡	159.00	889	温州市	永嘉县	大若岩镇	113.19
860	台州市	三门县	花桥镇	158.00	890	金华市	永康市	舟山镇	113.00
861	衢州市	江山市	凤林镇	157.00	891	丽水市	景宁畲族自治县	英川镇	110.65
862	台州市	黄岩区	富山乡	155.51	892	衢州市	柯城区	华墅乡	110.00
863	金华市	武义县	俞源乡	154.37	893	台州市	仙居县	淡竹乡	108.26
864	衢州市	江山市	廿八都镇	153.00	894	绍兴市	上虞区	下管镇	107.00
865	温州市	瑞安市	高楼镇	151.98	895	衢州市	开化县	长虹乡	107.00
866	丽水市	庆元县	安南乡	149.00	896	丽水市	遂昌县	大柘镇	106.72
867	台州市	天台县	石梁镇	148.00	897	绍兴市	嵊州市	北漳镇	102.69
868	舟山市	普陀区	东级镇	145.72	898	丽水市	松阳县	板桥乡	102.00
869	台州市	仙居县	埠头镇	145.47	899	丽水市	景宁畲族自治县	沙湾镇	101.92
870	金华市	武义县	桃溪镇	142.35	900	温州市	文成县	玉壶镇	101.50

（续表十五）　　　　单位:万元

排序	所属地区	县(市、区)	乡镇(街道)	公共财政预算收入	排序	所属地区	县(市、区)	乡镇(街道)	公共财政预算收入
901	衢州市	柯城区	九华乡	101.00	931	衢州市	常山县	大桥头乡	67.00
902	金华市	浦江县	花桥乡	100.13	932	丽水市	龙泉市	龙南乡	67.00
903	杭州市	淳安县	梓桐镇	99.54	933	台州市	仙居县	双庙乡	65.98
904	丽水市	松阳县	玉岩镇	97.00	934	丽水市	景宁畲族自治县	景南乡	65.32
905	台州市	天台县	泳溪乡	96.91	935	衢州市	常山县	东案乡	65.00
906	丽水市	景宁畲族自治县	澄照乡	96.75	936	杭州市	淳安县	瑶山乡	64.69
907	金华市	武义县	西联乡	93.39	937	温州市	永嘉县	鹤盛镇	64.13
908	金华市	浦江县	杭坪镇	92.19	938	台州市	仙居县	湫山乡	64.10
909	衢州市	衢江区	举村乡	88.00	939	衢州市	柯城区	七里乡	64.00
910	丽水市	青田县	巨浦乡	86.50	940	衢州市	江山市	张村乡	64.00
911	温州市	乐清市	仙溪镇	86.40	941	台州市	仙居县	皤滩乡	62.61
912	台州市	仙居县	步路乡	86.00	942	绍兴市	上虞区	岭南乡	62.00
913	杭州市	淳安县	浪川乡	84.09	943	杭州市	淳安县	石林镇	61.59
914	衢州市	衢江区	岭洋乡	84.00	944	杭州市	淳安县	中洲镇	61.00
915	衢州市	开化县	苏庄镇	84.00	945	丽水市	松阳县	新兴镇	61.00
916	温州市	洞头县	鹿西乡	81.76	946	舟山市	嵊泗县	花鸟乡	59.18
917	温州市	洞头县	霓屿乡	81.69	947	衢州市	常山县	新昌乡	58.00
918	丽水市	缙云县	仙都街道	80.80	948	温州市	平阳县	顺溪镇	57.25
919	丽水市	云和县	崇头镇	80.49	949	绍兴市	嵊州市	通源乡	56.33
920	衢州市	常山县	何家乡	80.00	950	衢州市	江山市	塘源口乡	56.00
921	丽水市	龙泉市	岩樟乡	79.00	951	衢州市	柯城区	沟溪乡	55.00
922	金华市	武义县	白姆乡	76.60	952	衢州市	开化县	张湾乡	55.00
923	丽水市	松阳县	水南街道	76.00	953	衢州市	龙游县	沐尘乡	53.00
924	舟山市	普陀区	登步乡	75.15	954	金华市	浦江县	大畈乡	52.23
925	丽水市	青田县	祯埠乡	74.20	955	杭州市	淳安县	里商乡	50.46
926	衢州市	开化县	金村乡	73.00	956	丽水市	景宁畲族自治县	秋炉乡	49.24
927	丽水市	青田县	季宅乡	71.30	957	丽水市	缙云县	前路乡	49.16
928	杭州市	桐庐县	合村乡	71.00	958	杭州市	淳安县	王阜乡	48.98
929	丽水市	景宁畲族自治县	九龙乡	69.05	959	杭州市	淳安县	屏门乡	48.91
930	丽水市	青田县	吴坑乡	68.10	960	丽水市	景宁畲族自治县	大均乡	47.78

（续表十六）

单位：万元

排序	所属地区	县(市、区)	乡镇(街道)	公共财政预算收入	排序	所属地区	县(市、区)	乡镇(街道)	公共财政预算收入
961	杭州市	淳安县	富文乡	47.71	991	丽水市	遂昌县	黄沙腰镇	28.95
962	台州市	仙居县	溪港乡	46.40	992	丽水市	遂昌县	金竹镇	27.73
963	杭州市	淳安县	左口乡	46.02	993	绍兴市	上虞区	陈溪乡	27.00
964	丽水市	莲都区	峰源乡	45.84	994	绍兴市	嵊州市	雅璜乡	26.97
965	衢州市	开化县	中村乡	45.00	995	丽水市	青田县	万山乡	26.85
966	金华市	浦江县	虞宅乡	44.52	996	丽水市	景宁畲族自治县	郑坑乡	26.76
967	丽水市	莲都区	丽新乡	44.37	997	杭州市	淳安县	宋村乡	26.37
968	衢州市	龙游县	大街乡	44.00	998	绍兴市	嵊州市	竹溪乡	25.95
969	杭州市	淳安县	界首乡	43.43	999	丽水市	龙泉市	城北乡	25.00
970	丽水市	龙泉市	锦溪镇	43.00	1000	丽水市	景宁畲族自治县	大际乡	24.98
971	金华市	武义县	大田乡	40.85	1001	丽水市	遂昌县	新路湾镇	24.28
972	杭州市	淳安县	金峰乡	39.05	1002	台州市	仙居县	朱溪镇	23.66
973	丽水市	缙云县	三溪乡	38.36	1003	丽水市	遂昌县	濂竹乡	22.16
974	丽水市	缙云县	胡源乡	37.85	1004	丽水市	龙泉市	道太乡	22.00
975	衢州市	开化县	齐溪镇	37.00	1005	丽水市	青田县	章村乡	21.65
976	衢州市	开化县	林山乡	37.00	1006	丽水市	缙云县	溶江乡	21.55
977	丽水市	松阳县	叶村乡	37.00	1007	丽水市	遂昌县	龙洋乡	21.30
978	丽水市	龙泉市	竹垟畲族乡	37.00	1008	丽水市	景宁畲族自治县	标溪乡	20.70
979	丽水市	景宁畲族自治县	雁溪乡	36.92	1009	丽水市	景宁畲族自治县	大地乡	20.70
980	丽水市	遂昌县	王村口镇	36.59	1010	丽水市	龙泉市	宝溪乡	20.00
981	丽水市	缙云县	大洋镇	36.09	1011	丽水市	青田县	瓯南街道	19.50
982	衢州市	龙游县	庙下乡	35.00	1012	丽水市	青田县	仁庄镇	19.40
983	丽水市	云和县	赤石乡	34.47	1013	丽水市	遂昌县	西畈乡	18.49
984	衢州市	江山市	保安乡	32.00	1014	衢州市	江山市	双溪口乡	18.00
985	台州市	黄岩区	平田乡	31.92	1015	绍兴市	嵊州市	里南乡	17.63
986	丽水市	遂昌县	安口乡	31.59	1016	丽水市	云和县	紧水滩镇	17.38
987	台州市	仙居县	上张乡	30.88	1017	绍兴市	嵊州市	王院乡	17.22
988	杭州市	淳安县	鸠坑乡	29.78	1018	丽水市	遂昌县	高坪乡	16.00
989	丽水市	景宁畲族自治县	毛洋乡	29.19	1019	丽水市	松阳县	竹源乡	16.00
990	衢州市	开化县	大溪边乡	29.00	1020	丽水市	松阳县	枫坪乡	16.00

（续表十七）　　单位：万元

排序	所属地区	县（市、区）	乡镇（街道）	公共财政预算收入	排序	所属地区	县（市、区）	乡镇（街道）	公共财政预算收入
1021	丽水市	缙云县	双溪口乡	15.90	1049	丽水市	松阳县	安民乡	7.00
1022	丽水市	青田县	仁宫乡	14.95	1050	台州市	仙居县	安岭乡	6.95
1023	丽水市	遂昌县	蕉滩乡	14.25	1051	金华市	武义县	大溪口乡	6.36
1024	丽水市	松阳县	樟溪乡	14.00	1052	丽水市	青田县	小舟山乡	6.20
1025	丽水市	青田县	石溪乡	13.60	1053	绍兴市	嵊州市	贵门乡	5.49
1026	丽水市	遂昌县	蔡源乡	13.23	1054	台州市	仙居县	广度乡	5.01
1027	金华市	武义县	新宅镇	13.00	1055	台州市	天台县	南屏乡	5.00
1028	丽水市	景宁畲族自治县	渤海镇	13.00	1056	台州市	天台县	雷峰乡	5.00
1029	丽水市	缙云县	方溪乡	12.61	1057	丽水市	青田县	海溪乡	3.60
1030	丽水市	青田县	舒桥乡	12.45	1058	丽水市	青田县	方山乡	2.75
1031	丽水市	遂昌县	应村乡	12.43	1059	丽水市	青田县	汤垟乡	2.15
1032	丽水市	青田县	贵岙乡	12.10	1060	金华市	武义县	坦洪乡	1.82
1033	温州市	文成县	周山乡	12.00	1061	温州市	苍南县	凤阳乡	1.00
1034	衢州市	开化县	何田乡	12.00	1062	丽水市	云和县	安溪乡	0.70
1035	舟山市	普陀区	白沙乡	11.72	1063	台州市	天台县	三州乡	0.67
1036	丽水市	景宁畲族自治县	家地乡	11.57	1064	温州市	平阳县	青街乡	0.65
1037	丽水市	景宁畲族自治县	梅歧乡	11.20	1065	温州市	苍南县	岱岭乡	0.40
1038	衢州市	龙游县	社阳乡	11.00	1066	丽水市	缙云县	石笕乡	0.32
1039	金华市	武义县	三港乡	10.39	1067	湖州市	安吉县	昌硕街道	0.10
1040	丽水市	松阳县	三都乡	10.00	1068	金华市	婺城区	安地镇	–
1041	丽水市	景宁畲族自治县	鸬鹚乡	9.29	1069	金华市	婺城区	白龙桥镇	–
1042	台州市	天台县	龙溪乡	9.00	1070	金华市	婺城区	蒋堂镇	–
1043	丽水市	云和县	雾溪乡	8.42	1071	金华市	婺城区	琅琊镇	–
1044	丽水市	松阳县	斋坦乡	8.00	1072	金华市	婺城区	罗埠镇	–
1045	丽水市	松阳县	四都乡	8.00	1073	金华市	婺城区	罗店镇	–
1046	丽水市	遂昌县	北界镇	7.87	1074	金华市	婺城区	汤溪镇	–
1047	衢州市	开化县	塘坞乡	7.00	1075	金华市	婺城区	雅畈镇	–
1048	衢州市	龙游县	罗家乡	7.00	1076	金华市	婺城区	洋埠镇	–

（续表十八） 单位：万元

排序	所属地区	县（市、区）	乡镇（街道）	公共财政预算收入	排序	所属地区	县（市、区）	乡镇（街道）	公共财政预算收入
1077	金华市	婺城区	岭上乡	–	1096	金华市	金东区	东孝街道	–
1078	金华市	婺城区	乾西乡	–	1097	金华市	金东区	多湖街道	–
1079	金华市	婺城区	箬阳乡	–	1098	衢州市	开化县	城关镇工业园区	–
1080	金华市	婺城区	沙畈乡	–	1099	台州市	三门县	海润街道	–
1081	金华市	婺城区	塔石乡	–	1100	丽水市	青田县	章旦乡	–
1082	金华市	婺城区	莘畈乡	–	1101	丽水市	青田县	油竹街道	–
1083	金华市	婺城区	竹马乡	–	1102	丽水市	庆元县	松源街道	–
1084	金华市	婺城区	长山乡	–	1103	丽水市	庆元县	左溪镇	–
1085	金华市	婺城区	苏孟乡	–	1104	丽水市	庆元县	荷地镇	–
1086	金华市	婺城区	新狮街道	–	1105	丽水市	庆元县	贤良镇	–
1087	金华市	金东区	曹宅镇	–	1106	丽水市	庆元县	百山祖镇	–
1088	金华市	金东区	赤松镇	–	1107	丽水市	庆元县	官塘乡	–
1089	金华市	金东区	付村镇	–	1108	丽水市	庆元县	江根乡	–
1090	金华市	金东区	江东镇	–	1109	丽水市	庆元县	举水乡	–
1091	金华市	金东区	澧浦镇	–	1110	丽水市	庆元县	岭头乡	–
1092	金华市	金东区	岭下镇	–	1111	丽水市	庆元县	龙溪乡	–
1093	金华市	金东区	塘雅镇	–	1112	丽水市	庆元县	五大堡乡	–
1094	金华市	金东区	孝顺镇	–	1113	丽水市	庆元县	张村乡	–
1095	金华市	金东区	源东乡	–					

2013 年浙江省乡镇财政基本情况

单位:万元、个、人

项　目	决算数	项　目	决算数
一、本年乡镇数	1107	公共财政支出	4757786
其中:实行"乡财县管"的乡镇数	354	上解上级支出	8082207
二、乡镇财政机构数	1019	援助其他地区支出	0
其中:财税所数	0	债券还本支出	1902
三、已建立乡镇国库的乡镇数	11	增设预算周转金	0
四、税务所机构数	231	安排预算稳定调节基金	9023
国家税务所数	86	调出资金	0
地方税务所数	145	年终结余	345284
其中:一乡(镇)一所数	41	其中:净结余	242802
五、乡镇财政所总人数	4817	十二、乡镇政府性基金收支平衡情况	
1.行政编制实有人数	1686	收入总计	3477741
2.事业编制实有人数	2791	政府性基金收入	880935
3.以工代干人数	109	上级补助收入	2278669
4.集体财务人员人数	231	其中:地震灾后恢复重建补助收入	0
六、乡镇财政供养人数	195892	上年结余	317319
1.公共预算财政拨款开支人数	67912	调入资金	818
2.公共预算财政补助开支人数	127980	支出总计	3477741
其中:教师	77181	政府性基金支出	3164732
七、赤字乡镇个数	9	上解上级支出	16886
八、乡镇年末总人口(万人)	3832	调出资金	51
城镇人口(万人)	1027	年终结余	296072
乡村人口(万人)	2805	十三、乡镇国有资本经营收支平衡情况	
九、乡镇公共财政收入分档		收入总计	0
100 万元(不含)以下的乡镇数	157	国有资本经营收入	0
100 万元(含)-500 万元的乡镇数	157	地震灾后恢复重建补助收入	0
500 万元(含)-1000 万元的乡镇数	102	上年结余	0
1000 万元(含)以上的乡镇数	691	支出总计	0
十、村民委员会个数	26051	国有资本经营支出	0
十一、乡镇公共财政收支平衡情况		调出资金	0
收入总计	13196202	年终结余	0
公共财政收入	9635540	十四、乡镇财政专户管理资金收支平衡情况	
上级补助收入	3112879	收入总计	-49736
其中:地震灾后恢复重建补助收入	0	财政专户管理资金收入	45770
接受其他地区援助收入	0	上级补助收入	17244
上年结余	440343	上年结余	-112750
债务收入	0	支出总计	-49736
债券转贷收入	0	财政专户管理资金支出	51495
调入预算稳定调节基金	1000	上解上级支出	7036
调入资金	6440	调出资金	569
地震灾后恢复重建调入资金	0	年终结余	-108836
支出总计	13196202		

2013年各省、市、自治区财政收支占全国财政收支、税收收入占公共财政预算收入比重及排序

地区	公共财政预算收入（亿元）	约占全国公共财政预算收入的比重（%）	排序	税收收入（亿元）	约占公共财政预算收入的比重（%）	排序	公共财政预算支出（亿元）	约占全国公共财政支出的比重（%）	排序
北京市	3661	5.3	6	3515	96.0	1	4174	3.5	13
天津市	2079	3.0	13	1311	63.0	31	2549	2.1	26
河北省	2296	3.3	10	1725	75.1	15	4410	3.7	10
山西省	1702	2.5	18	1137	66.8	27	3030	2.5	24
内蒙古自治区	1721	2.5	17	1215	70.6	24	3687	3.1	15
辽宁省	3344	4.8	7	2522	75.4	13	5197	4.3	6
吉林省	1157	1.7	25	856	74.0	16	2745	2.3	25
黑龙江	1277	1.9	23	913	71.5	23	3369	2.8	18
上海市	4110	6.0	4	3797	92.4	3	4529	3.8	9
江苏省	6568	9.5	2	5419	82.5	5	7798	6.5	2
浙江省	**3797**	**5.5**	**5**	**3546**	**93.4**	**2**	**4730**	**4.0**	**7**
安徽省	2075	3.0	14	1520	73.3	17	4350	3.6	12
福建省	2119	3.1	12	1723	81.3	7	3069	2.6	21
江西省	1621	2.3	20	1179	72.7	21	3470	2.9	17
山东省	4560	6.6	3	3533	77.5	9	6689	5.6	3
河南省	2415	3.5	9	1765	73.1	20	5582	4.7	5
湖北省	2191	3.2	11	1605	73.2	18	4372	3.7	11
湖南省	2031	2.9	15	1299	64.0	30	4691	3.9	8
广东省	7081	10.3	1	5768	81.5	6	8411	7.0	1
广西壮族自治区	1318	1.9	22	876	66.5	28	3209	2.7	19
海南省	481	0.7	28	412	85.6	4	1011	0.8	30
重庆市	1693	2.5	19	1113	65.7	29	3062	2.6	23
四川省	2784	4.0	8	2104	75.6	11	6221	5.2	4
贵州省	1206	1.7	24	840	69.6	25	3083	2.6	20
云南省	1611	2.3	21	1216	75.4	12	4097	3.4	14
西藏自治区	95	0.1	31	72	75.3	14	1014	0.8	29
陕西省	1748	2.5	16	1256	71.9	22	3665	3.1	16
甘肃省	607	0.9	27	418	68.8	26	2310	1.9	27
青海省	224	0.3	30	175	78.2	8	1228	1.0	28
宁夏回族自治区	308	0.4	29	237	77.0	10	922	0.8	31
新疆维吾尔自治区	1128	1.6	26	826	73.2	19	3067	2.6	22
地方合计	69011			53891			119740		

注：因四舍五入因素，合计数与分项加总数或存有尾差。

浙江省国民经济和社会发展总量与速度

指　标	1978年	1990年	2000年	2007年	2008年	2009年
人口						
年末总人口(万人)	3750.96	4234.91	4501.22	4659.30	4687.85	4716.18
年末从业人员数(万人)	**1794.96**	**2554.46**	**2726.09**	**3405.01**	**3486.53**	**3591.98**
全省生产总值(亿元)	**123.72**	**904.69**	**6141.03**	**18753.73**	**21462.69**	**22990.35**
第一产业	47.09	225.04	630.98	986.02	1095.96	1163.08
第二产业	53.52	408.18	3273.93	10154.25	11567.42	11908.49
第三产业	23.11	271.47	2236.12	7613.46	8799.31	9918.78
人均生产总值(元)	**331**	**2138**	**13415**	**36676**	**41405**	**43842**
交通运输						
旅客周转量(亿人公里)	66.68	257.29	606.73	1026.50	1118.6	1152.38
货物周转量(亿吨公里)	164.19	400.65	1199.74	4962.38	5476.3	5659.78
固定资产投资总额(亿元)				**7704.90**	**8550.71**	**9906.46**
财政收支						
财政总收入(亿元)	27.45	101.59	658.42	3239.9	3730.06	4122.04
#地方财政收入(亿元)	27.45	101.59	342.77	1649.5	1933.4	2142.51
财政支出(亿元)	17.43	80.23	431.3	1806.79	2208.58	2653.35
贸易						
社会消费品零售总额(亿元)	46.86	353.75	2553.59	6271.32	7533.30	8622.26
进出口总额(亿美元)	0.7	27.73	278.33	1768.56	2111.09	1877.35
#出口总额(亿美元)	0.52	21.89	194.43	1282.73	1542.67	1330.10
价格指数						
居民消费价格指数(上年=100)		102.1	101.1	104.2	105.0	98.5
城乡居民收入						
城镇居民人均可支配收入(元)	332	1932	9279	20574	22727	24611
农村居民人均纯收入(元)	165	1099	4254	8265	9258	10007
教育和文化						
高等学校在校学生数(万人)	2.4	6	22.2	80.9	86.8	91.0
普通中学在校学生数(万人)	214.7	169.6	249.6	266.6	269.8	262.3
小学在校学生数(万人)	501.4	372.4	353.8	335.5	332.3	325.1
报纸出版数量(万份)	24080	66865	173526	291048	298677	314033
杂志出版数量(万份)	393	4716	8736	8082	7407	7596
图书出版数量(万份)	12033	19596	27014	25656	29564	31221

（续表）

2010 年	2011 年	2012 年	2013 年	指数(2013 年为以下各年%)			1979～2013 年平均增长(%)	2009～2013 年平均增长(%)
				1978 年	2008 年	2012 年		
4747.95	4781.31	4799.34	4826.89	128.7	103.0	100.6	0.7	0.6
3636.02	**3674.11**	**3691.24**	**3708.73**	**206.6**	**106.4**	**100.5**	**2.1**	**1.2**
27722.31	**32318.85**	**34665.33**	**37568.49**	**6298.0**	**155.3**	**108.2**	**12.6**	**9.2**
1360.56	1583.04	1667.88	1784.62	369.9	112.1	100.4	3.8	2.3
14297.93	16555.58	17316.32	18446.65	13171.0	152.5	108.4	15.0	8.8
12063.82	14180.23	15681.13	17337.22	7995.2	164.5	108.7	13.3	10.5
51711	**59249**	**63374**	**68462**	**4290.0**	**146.7**	**107.8**	**11.3**	**8.0**
1250.74	1296.25	1317.58	1025.10					
7117.04	8634.82	9183.30	8949.57					
11451.98	**14077.25**	**17095.96**	**20194.07**		**236.2**	**118.1**		**18.8**
4895.41	5925.00	6408.49	6908.41	25167.2	185.2	107.8	17.1	13.1
2608.47	3150.80	3441.23	3796.92	13832.1	196.4	110.3	15.1	14.5
3207.88	3842.59	4161.88	4730.47	27141.6	214.2	113.7	17.4	16.5
10245.40	12028.00	13588.34	15225.54	32491.5	202.1	112.0	18.0	15.1
2535.33	3093.78	3124.03	3357.89	479698.6	159.1	107.5	27.4	9.7
1804.65	2163.49	2245.19	2487.46	478357.7	161.2	110.8	27.4	10.0
103.8	105.4	102.2	102.3					
27359	30971	34550	37851	1524.3	147.4	107.1	8.1	8.1
11303	13071	14552	16106	1747.8	152.0	108.1	8.5	8.7
93.3	95.9	98.7	101.7	4204.1	117.2	103.1	11.3	3.2
255.2	244.5	236.9	232.2	108.2	86.1	98.0	0.2	-2.9
333.3	344.1	346.7	349.6	69.7	105.2	100.8	-1.0	1.0
325048	359090	347100	346280	1438.0	115.9	99.8	7.9	3.0
7201	8001	8312	8149	2073.5	110.0	98.0	9.0	1.9
28179	32608	37250	38491	319.9	130.2	103.3	3.4	5.4

注：1. 本表价值量指标按当年价格计算，发展速度按可比价格计算。

2. 城镇居民人均可支配收入，农村居民人均纯收入发展速度均已扣除价格变动因素。

3. 2013 年起交通运输指标按新口径统计。

2013 年浙江省国民经济和社会发展统计公报

浙江省统计局　国家统计局浙江调查总队

2013 年,全省上下认真贯彻中央和省委、省政府的决策部署,浙江经济运行平稳,转型升级扎实推进,发展质量效益向好,民生保障进一步改善。

一、综合

初步核算,全年生产总值(GDP)37568 亿元,比上年增长 8.2%(见图 1)。其中,第一产业增加值 1785 亿元,第二产业增加值 18447 亿元,第三产业增加值 17337 亿元,分别增长 0.4%、8.4%和 8.7%。人均 GDP 为 68462 元(按年平均汇率折算为 11055 美元),增长 7.8%。三次产业增加值结构由上年的 4.8∶50.0∶45.2 调整为 4.8∶49.1∶46.1(见图 2)。

图 1　2007-2013 年全省生产总值及其增长速度

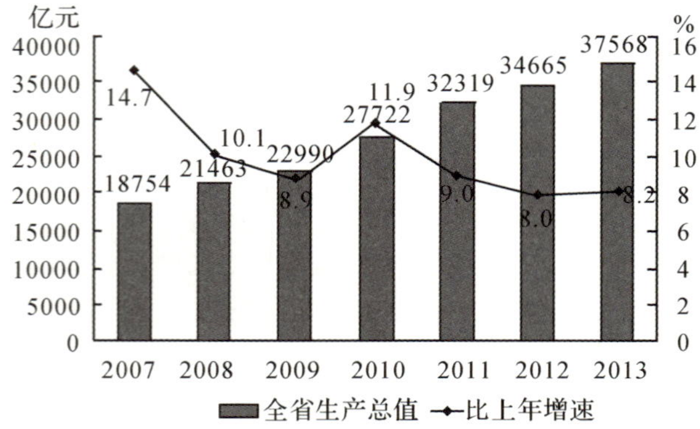

图 2　2013 年全省生产总值及第三产业增加值构成

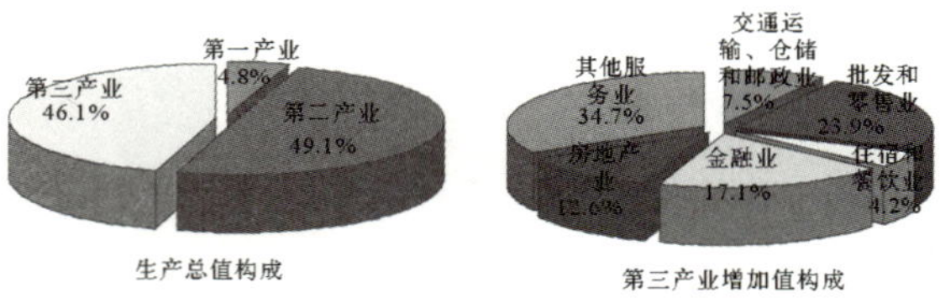

图 3　2007-2013 年居民消费价格涨跌幅度(上年=100)

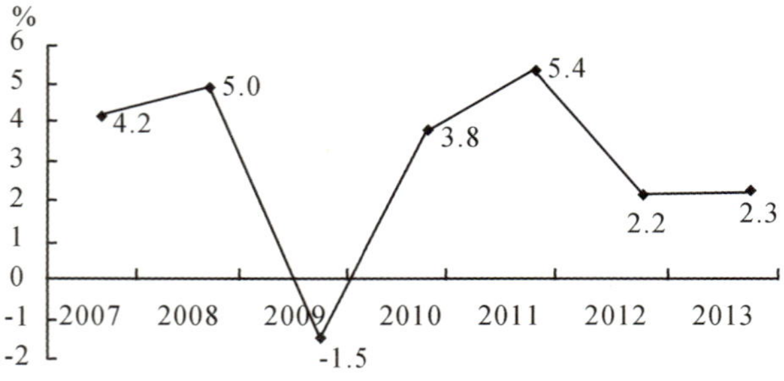

全年居民消费价格(CPI)比上年上涨 2.3%,其中食品类价格上涨 3.8%(见图 3、表 1);商品零售价格上涨 1.0%;农业生产资料价格上涨 2.8%;工业生产者出厂价格下降 1.8%,工业生产者购进价格下降 2.3%;固定资产投资价格与上年持平。

表 1　2013 年居民消费价格变动情况(上年=100)

指标	全省	城市	农村
居民消费价格总指数	102.3	102.3	102.4
1. 食品	103.8	103.8	103.9
#粮食	102.8	102.6	103.4
2. 烟酒及用品	99.8	99.8	99.9
3. 衣着	102.9	103.3	101.6
4. 家庭设备用品及服务	102.2	102.4	101.8
5. 医疗保健及个人用品	100.3	101.1	98.6
6. 交通和通信	99.4	99.3	99.7
7. 娱乐教育文化用品及服务	102.5	102.3	103.3
8. 居住	102.5	102.2	103.7

全年财政总收入 6908 亿元,比上年增长 7.8%,增速比上年回落 0.4 个百分点;地方公共财政预算收入 3797 亿元,增长 10.3%,增速比上年提高 1.1 个百分点。

全年新增城镇就业人数 104.3 万人,其中 46.3 万名城镇失业人员实现再就业。年末城镇登记失业率为 3.01%,与上年末持平。

二、农业和农村建设

全省粮食播种面积为 1254 千公顷,比上年增长 0.2%;粮食单产和总产量分别为 5854 公斤/公顷和 734 万吨,分别比上年减少 4.8%和 4.7%(见表 2)。油料播种面积 183 千公顷,比上年减少 3.1%,其中,油菜籽 160 千公顷,减少 3.6%;蔬菜 619 千公顷,减少 0.7%;棉花 20 千公顷,减少 6.1%;花卉苗木 131 千公顷,增长 4.1%;药材 32 千公顷,增长 2.2%;甘蔗 10 千公顷,减少 6.3%;果用瓜 101 千公顷,减少 0.4%。

生猪年末存栏 1288 万头,年内出栏 1895 万头,分别比上年减少3.8%和2.0%。肉类总产量174万吨,比上年减少3.6%。水产品总产量554万吨,比上年增长2.7%,其中,海水产品产量447万吨,增长3.6%,淡水产品产量108万吨,减少0.7%。

表2 2013年主要农产品产量

指标	绝对数(万吨)	比上年增长(%)
粮食	733.95	-4.7
春粮	63.94	2.3
早稻	71.71	7.3
秋粮	598.30	-6.6
油料	37.78	-1.4
花生	5.19	-2.8
油菜籽	31.67	-1.3
棉花	2.80	-6.5
糖料	63.89	-8.9
茶叶	16.86	-3.6
水果	715.65	1.7
蔬菜	1731.78	-3.1

全省新建成粮食生产功能区1352个,面积107万亩,累计建成4984个、465万亩;已公布建设138个现代农业综合区,省级主导产业示范区创建点394个、省级特色农业精品园创建点921个。"农民信箱万村联网工程"已有38522个基层网站,农民信箱实名注册用户达266万户。全省已有农业龙头企业7492家;规范化农民专业合作社8328家,其中2013年新增1000家。全年全省实际开展环境综合整治的建制村1840个,受益农户68.8万户,全省列入计划的261个历史文化村落已全部启动建设,其中保护利用重点村44个,保护利用一般村217个,受益农户15.86万户。全省94%建制村完成了村庄整治建设,95%以上的建制村实现生活垃圾集中收集处理,79%以上农户家庭实现卫生改厕,65%以上建制村开展了生活污水治理。养老服务覆盖近70%建制村,标准化中小学校比例55%,乡镇卫生院标准化建设达标率99.0%。农家乐休闲旅游村(点)3211个。"千万农民素质提升工程"培训总人数68.07万人。

三、工业和建筑业

全年规模以上工业增加值11701亿元,比上年增长8.5%,轻、重工业增加值分别为5029和6671亿元,分别增长6.4%和10.0%(见表3)。其中,国有及国有控股工业企业增加值1970亿元,增长6.4%。规模以上工业销售产值61837亿元,增长7.1%。规模以上工业企业完成出口交货值11600亿元,增长2.2%;出口交货值占销售产值的比重为18.8%,比上年下降0.9个百分点。

表3 2013年规模以上工业增加值

指标名称	绝对数(亿元)	比上年增长(%)
工业增加值总计	11701	8.5
在总计中:轻工业	5029	6.4
重工业	6671	10.0
在总计中:国有企业	986	6.2
有限责任公司	1972	11.2
股份有限公司	1045	10.0
私营企业	4722	9.2
港澳台商投资企业	1402	6.8
外商投资企业	1508	4.1
在总计中:国有及国有控股企业	1970	6.4

规模以上工业新产品产值16715亿元,比上年增长24.4%,高于工业总产值增幅17.2个百分点;新产品产值率26.3%,比上年提高3.6个百分点。制造业中,高新技术产业增加值2993亿元,增长10.3%,占规模以上工业的比重为25.6%,比上年提高0.3个百分点。汽车产量为37.3万辆,下降0.1%,其中轿车产量为27.4万辆,增长3.8%(见表4)。

表4 2013年主要工业产品产量

指标	单位	绝对数	比上年增长(%)
纱	万吨	239.1	5.9
布	亿米	153.5	5.3
化纤	万吨	1839.3	9.7
卷烟	亿支	923.5	2.5
房间空调器	万台	565.0	17.1
发电量	亿千瓦时	2883.6	4.4
钢材	万吨	3823.4	13.1
水泥	万吨	12462.9	7.4
化肥(折100%)	万吨	30.2	8.8
汽车	万辆	37.3	-0.1
#轿车	万辆	27.4	3.8

续表

指标	单位	绝对数	比上年增长(%)
集成电路	亿块	49.9	17.5
电子元件	亿只	720.7	0.2
微型电子计算机	万台	164.3	1.6

全年规模以上工业企业实现利润3386亿元，比上年增长15.2%。其中，国有及国有控股企业561亿元，增长28.5%；股份制企业413亿元，增长18.3%；外商及港澳台投资企业974亿元，增长17.6%；私营企业1201亿元，增长12.7%。工业企业产品销售率97.3%，比上年下降0.1个百分点。

全年建筑业增加值2078亿元，比上年增长5.6%。资质以上建筑企业利润总额525亿元，增长14.3%；税金总额590亿元，增长20.6%。

四、固定资产投资和房地产业

全年固定资产投资20194亿元，比上年增长18.1%（见图4）。非国有投资13834亿元，增长18.0%，占固定资产投资的68.5%，其中民间投资12396亿元，增长17.3%，占固定资产投资的61.4%。在固定资产投资中，第一产业投资201亿元，比上年增长26.8%。第二产业投资7064亿元，增长15.9%，其中工业投资7028亿元，增长15.9%。在工业投资中，战略性新兴产业投资1881亿元，占工业投资的26.8%，增长13.8%。第三产业投资12929亿元，增长19.2%。全年投资项目43551个，比上年增长11.4%，其中新开工项目25252个，增长10%。

全年房地产开发投资6216亿元，比上年增长18.9%。商品房销售面积4887万平方米，增长22%；商品房销售额5396亿元，增长26.6%。

图4　2007-2013年固定资产投资及其增长速度

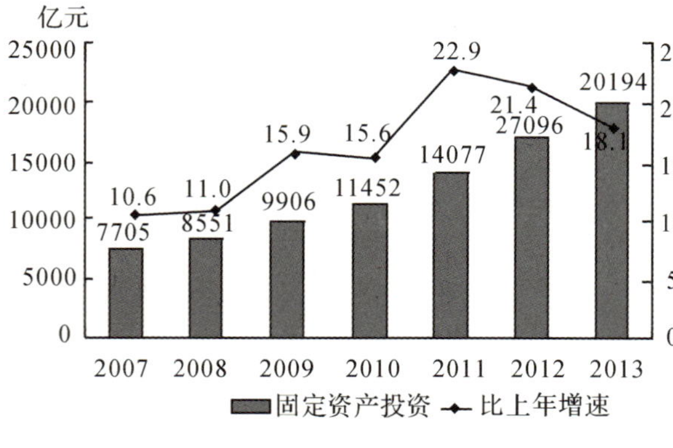

五、国内贸易

全年社会消费品零售总额15138亿元，比上年增长11.8%，扣除价格因素，实际增长10.7%（见图5）。其中，城镇消费品零售额12726亿元，增长11.6%；乡村消费品零售额2412亿元，增长12.8%。分行业看，批发零售贸易业零售额13571亿元，增长12.1%；住宿餐饮业零售额1567亿元，增长8.4%。

图5　2007-2013年社会消费品零售总额及其增长速度

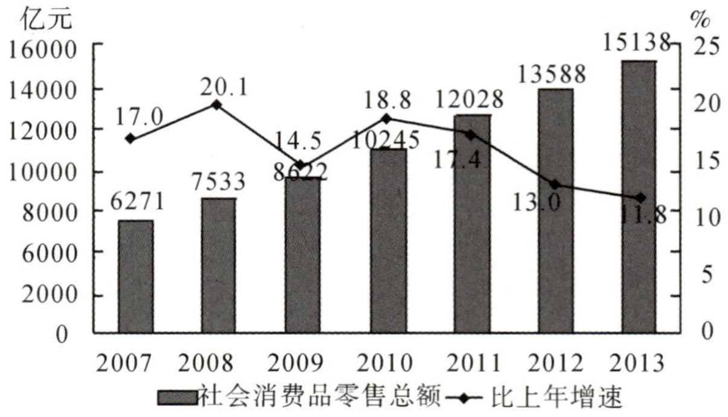

在限额以上批发零售贸易业零售额中，汽车类零售额比上年增长10.7%，石油及制品类增长9.7%，食品饮料烟酒类增长10.9%，服装、鞋帽、针纺织品类增长10.9%，中西药品类增长15.8%，日用品类增长20.7%，金银珠宝类增长34.0%，通讯器材类增长16.7%，家具类增长29.5%，五金、电科类增长26.9%，建筑及装潢材料类增长40.0%。

年末全省已登记的商品交易实体市场4316家，交易额为1.78万亿元，增长12.8%；已登记的网上商品交易市场157家，交易额为1.95万亿元，增长52.0%。

六、对外经济

全年进出口总额3358亿美元，比上年增长7.5%。其中，进口870亿美元，下降1.0%；出口2488亿美元，增长10.8%（见表5）。月均出口207.3亿美元，其中12月份出口241.9亿美元，创历史新高。民营企业出口1667亿美元，比上年增长18.8%，高于全省出口平均增速8.0个百分点，占全省出口总值的67.0%，比上年提高4.5个百分点；对全省出口增长的贡献率为108.6%。

表5　2013年进出口主要分类情况

指标	绝对数(亿美元)	比上年增长(%)
进出口总额	3358.0	7.5
出口额	2488.0	10.8
#一般贸易	1963.4	9.3
加工贸易	322.5	-7.0
#机电产品	1015.6	5.9
#高新技术产品	142.8	-3.6
进口额	870.0	-1.0

续表

指标	绝对数(亿美元)	比上年增长(%)
#一般贸易	632.0	1.2
加工贸易	144.5	-5.4
#机电产品	149.6	-6.0

对欧洲市场出口持续复苏,对北美市场出口稳定增长,对新兴市场出口快速增长(见表6)。

表6 2013年对主要市场进出口情况

国家或地区	出口额(亿美元)	比上年增长(%)	进口额(亿美元)	比上年增长(%)
欧盟	544.7	6.6	101.8	-1.2
东盟	201.3	18.7	117.0	3.2
美国	414.0	8.5	65.6	-9.0
日本	133.2	-1.0	101.4	-9.9
俄罗斯	93.1	16.6	13.0	20.9
韩国	58.5	5.1	74.4	-11.5
中国香港	59.1	-10.8	2.7	-6.5
中国台湾	26.2	12.3	110.0	1.1

新批外商直接投资项目1572个,比上年减少25个;合同外资243.8亿美元,实际到位外资141.6亿美元,分别比上年增长15.7%和8.3%。第三产业利用外资继续保持良好势头,合同外资151亿美元,实际利用外资78.8亿美元,分别比上年增长41.0%和21.9%,分别占外资总额的61.9%和55.6%,比上年分别提高11.1和6.1个百分点。

对外承包工程完成营业额44亿美元,比上年增长18.6%;对外劳务合作实际收入1.1亿美元。经审批和核准的境外投资企业和机构共计568家,比上年减少66家;其中中方投资55.2亿美元,增长41.7%。全年实际对外直接投资24亿美元。

七、交通运输、邮电和旅游

全年交通运输、仓储和邮政业增加值为1326亿元,比上年增长4.7%。全年铁路、公路和水运完成货物周转量9867亿吨公里,比上年增长7.4%;旅客周转量1309亿人公里,下降0.6%(见表7)。港口完成货物吞吐量13.8亿吨,增长4.6%,其中,沿海港口完成10.1亿吨,增长8.4%;内河港口完成3.7亿吨,下降4.4%。

表7 2013年铁、公、水路完成运输量

指标	单位	绝对数	比上年增长(%)
货物周转量	亿吨公里	9867	7.4
铁路	亿吨公里	270	-7.1
公路	亿吨公里	1569	2.8
水运	亿吨公里	8028	9.0
旅客周转量	亿人公里	1309	-0.6
铁路	亿人公里	437	12.0
公路	亿人公里	866	-6.0
水运	亿人公里	6	-4.2

全年邮电业务总量1179亿元,比上年增长15.1%。其中,邮政业务总量328亿元,电信业务总量851亿元。

年末本地电话交换机容量2613万门,比上年减少178万门;移动电话交换机容量10807万户,比上年增加1122万户。本地电话用户1781万户,比上年减少101万户,普及率32.4线/百人;移动电话用户7072万户,比上年增加629万户,普及率128.7部/百人。年末全省互联网用户数5998万户,其中(固定)互联网宽带接入用户1243万户。

全年实现旅游总收入5536亿元,比上年增长15.3%。其中,接待国内旅游者4.34亿人次,增长11.0%,实现国内旅游收入5202亿元,增长16.2%;接待入境旅游者866万人次,入境人数与上年基本持平,实现旅游外汇收入54亿美元,增长4.7%(见表8)。

表8 2007-2013年全省接待旅游人数

年份	入境旅游人数(万人次)	国内旅游人数(亿人次)
2007	511	1.91
2008	540	2.09
2009	571	2.44
2010	685	2.95
2011	774	3.43
2012	866	3.91
2013	866	4.34

八、金融、证券和保险

年末全部金融机构本外币各项存款余额73732亿元,比上年末增长10.6%,其中人民币存款余额增长10.9%。全部金融机构本外币各项贷款余额65339亿元,比上年末增长9.8%,其中人民币贷款余额增长9.9%。年末个人本外币储蓄存款余额29360亿元,比上年末增长9.1%(见表9)。

表 9　2013 年全部金融机构本外币存贷款情况

指标	年末数(亿元)	比上年增长(%)
各项存款余额	73732	10.6
其中:单位存款	39098	8.7
个人储蓄存款	29360	9.1
各项贷款余额	65339	9.8
其中:短期贷款	39639	7.7
中长期贷款	23737	14.3

年末共有境内上市公司 246 家,累计融资 3031 亿元;其中,中小板上市公司 119 家,占全国中小板上市公司总数的 17%;创业板上市公司 36 家,占全国创业板上市公司总数的 10.1%。

全年保险业实现保费收入 1110 亿元,比上年增长 12.7%。其中,财产险保费收入 512 亿元,增长 15.2%;人身险保费收入 598 亿元,增长 10.7%。支付各类赔款及给付 451 亿元,比上年增长 31.6%。其中,财产险赔付支出 349.3 亿元,人身险赔付支出 101.8 亿元。

九、教育和科学技术

全省共有 3400 所小学,招生 60.8 万人;在校生 349.6 万人,比上年增加 2.9 万人,增长 0.8%,小学学龄儿童入学率为 99.99%。共有 1727 所初中,招生 51.2 万人,比上年增加 0.2 万人,增长 0.4%;在校生 148.3 万人,初中入学率为 99.95%。小学生均校舍建筑面积 7.5 平方米;生均图书 25.6 册;每百名学生拥有计算机 15.6 台;小学体育运动场(馆)面积达标的学校比例为 93.8%,比上年提高 6.4 个百分点;建立校园网校数比例为 97.9%,提高 2.8 个百分点。初中生均校舍建筑面积 16.6 平方米;生均图书 41.3 册;每百名学生拥有计算机 24.8 台;初中体育运动场(馆)面积达标的学校比例为 95.1%,提高 2.3 个百分点;建立校园网校数比例为 99.0%,提高 3.3 个百分点。

义务教育中小学进城务工人员随迁子女在校生 139.8 万人,比上年增长 6.9%,其中在公办学校就读人数为 104.5 万人,占 74.7%。其中,在小学就读的进城务工人员随迁子女 111.9 万人,比上年增加 5.7 万人,增长 5.4%;在初中就读的进城务工人员随迁子女 27.9 万人,比上年增加 3.3 万人,增长 13.3%。

全省共有普通高校 106 所(含独立学院及筹建院校)。研究生、本科、专科招生比例为 1 : 7.8 : 6.7;普通高考录取率为 85.9%,与上年基本持平;高等教育毛入学率为 51.7%,比上年提高 2.2 个百分点。全年研究生招生 19535 人,其中,博士生 2346 人,硕士生 17189 人,招生总数比上年增加 787 人,增长 4.2%;在学研究生 57801 人,其中,博士、硕士在校生分别为 10038 人、47763 人,在学研究生总数比上年增加 3432 人,增长 6.3%。普通本专科招生 28.3 万人,比上年增长 0.9%,本专科招生比为 53.5 : 46.5;在校生 96.0 万人,增长 2.9%,毕业生 24.5 万人,减少 1.1%。

各类中等职业教育(含技工学校)招生 22.9 万人,在校生 69.7 万人;普通高中招生 26.5 万人,在校生 84.0 万人,毕业生 29.6 万人。

年末有幼儿园专任教师 11.0 万人,比上年增加 0.3 万人;幼儿教师学历合格率为 99.3%,比上年提高 0.3 个百分点。义务教育中小学专任教师 30.1 万人,比上年增长 1.0%。中等职业教育专任教师 3.28 万人,生师比 17.6 : 1;专任教师学历合格率为 94.8%,比上年提高 0.8 个百分点。双师型教师占专任教师和专业课教师的比例分别为 38.2%、74.2%,比上年分别提高 3.4 个和 5.4 个百分点。普通高等学校专任教师中副高职称以上教师所占比例为 44.3%,比上年提高 0.7 个百分点;具有硕士以上学位教师比例为 74.4%,比上年提高 2.7 个百分点。

全年全社会科技活动经费支出 1300 亿元,比上年增长 13.7%;相当于地区生产总值的 3.46%。研究和发展(R&D)经费支出相当于地区生产总值的比例为 2.2%,比上年提高 0.12 个百分点。财政科技投入 191.9 亿元,比上年增长 15.6%;财政科技拨款占财政支出的比重为 4.06%。

全省有国家认定的企业技术中心 70 家。新认定高新技术企业 797 家,累计 5309 家。新培育省级创新型试点企业 56 家,示范企业 56 家,累计分别为 415 家和 246 家。全年专利申请量、授权量分别为 29.4 万件和 20.2 万件,分别比上年增长 17.9%和 7.3%。

十、文化、卫生和体育

年末全省共有艺术表演团体 70 个,群艺(文化)馆 102 个,公共图书馆 98 个,博物馆 148 个。省市级广播电台、电视台各 12 座,县级广播电视台 66 家。有线电视用户 1452.3 万户,比上年增长 4.9%;广播、电视综合覆盖率分别为 99.6% 和 99.65%。全年共审查电影 36 部,制作电视剧 75 部 3071 集。制作动画片 40 部 2968 集,21154 分钟。全年广播影视经营收入 256.7 亿元,比上年增长 21.3%,其中电影票房收入 18.0 亿元,增长 33.9%。全年观影 4870.5 万人次,共完成 29.8 万场农村电影放映任务。

全省 14 家图书出版社,共出版图书 12040 种,总印数 3.8 亿册,比上年增长 5.6%;公开发行报纸 71 种,年出版量 34.0 亿份,平均每千人每天拥有 169 份报纸;出版期刊 222 种,与上年持平,年出版量 0.81 亿册,下降 2.4%。全省共有综合档案馆 99 个,已开放各类档案 11711 个全宗,共计 216.2 万卷,31.8

万件。

年末共有卫生机构3万个(包括村卫生室)。各类医院床位数19.7万张,比上年增长9%;全省卫生技术人员35.2万人,增长7.1%,其中,执业(助理)医师13.8万人,注册护士13.3万人,分别增长6.3%和9.4%。医院年诊疗22211万人次,比上年增长7.59%。年末全省预约诊疗网络接入医院169家,社区卫生服务中心63家,分别增长1.1倍和65.8%;累计注册用户213.5万人,预约总量829.2万人次,预约成功量561.2万人次,预约成功率为67.7%;日均可预约号源59637人次、日均预约量10000余人次。

全年甲、乙类传染病发病率为192.46/10万,比上年下降7.98%。孕产妇死亡率为6.20/10万;5岁以下儿童死亡率为5.87‰,比上年下降0.65个千分点。“五苗”接种率保持在95%以上。

我省运动员在各类国际性、洲际性、全国性比赛中共获得世界冠军19个、亚洲冠军23个、全国冠军348个。全省共创建省级青少年体育俱乐部24个,青少年户外体育活动营地2个。年末全省共有省级青少年体育俱乐部360所,国家级青少年体育俱乐部133所;省级青少年户外活动营地37个,国家级营地4所。全年共销售体育彩票86.3亿元,比上年增加12.9亿元,增长17.7%。

十一、人口、人民生活和社会保障

据2013年人口变动抽样调查,年末常住人口5498万人,比上年增长0.38%。其中,男性人口2830万人,女性人口2668万人,分别占总人口的51.5%和48.5%。全年出生人口54.9万人,出生率为10.01‰;死亡人口29.9万人,死亡率为5.45‰;全年自然增长人口25.0万人,自然增长率为4.56‰。

图6 2007-2013年城镇居民人均可支配收入及其增长速度

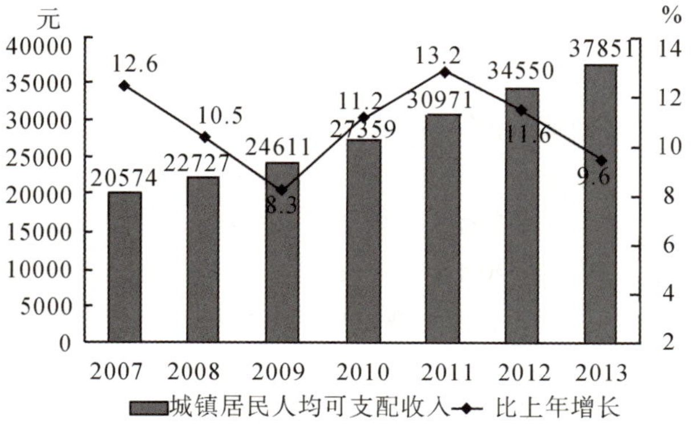

据对城乡住户抽样调查,全省城镇居民人均可支配收入37851元,农村居民人均纯收入16106元,分别比上年增长9.6%和10.7%,扣除价格因素分别增长7.1%和8.1%(见图6、图7)。城镇居民人均消费支出23257元,农村居民人均生活消费支出11760元,分别比上年增长7.9%和10.4%,扣除价格因素增长5.5%和7.8%。城镇居民家庭恩格尔系数为34.4%,比上年下降0.7个百分点;农村居民家庭恩格尔系数为35.6%,比上年下降2.1个百分点。

图7 2007-2013年农村居民人均纯收入及其增长速度

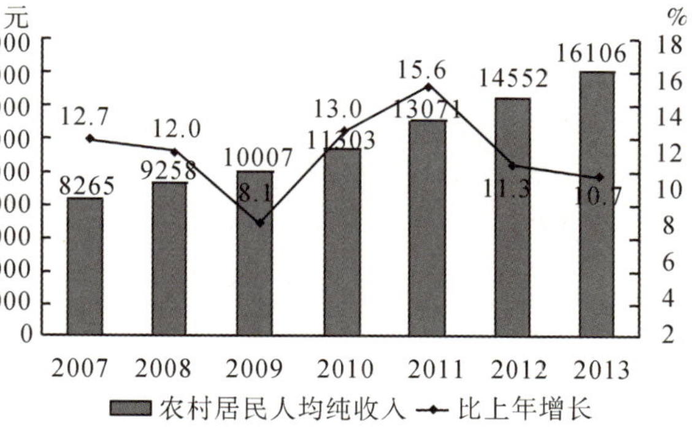

全年城镇居民人均可支配收入中位数为33860元,比上年增加3247元,增长10.6%;农村居民人均纯收入中位数为14420元,比上年增加1633元,增长12.8%。

城镇居民人均住房建筑面积38.82平方米,农村居民人均居住面积60.82平方米。

全年参加企业基本养老保险人数2272.5万人,参加城镇职工基本医疗保险人数1790.5万人,参加失业保险人数1144.3万人,参加工伤保险人数1826.1万人,参加生育保险人数1173.1万人,分别比上年增加189.2万人、119.5万人、78.8万人、94.4万人和88.3万人。企业退休人员基本养老金月人均水平超过2300元。失业保险金平均水平为1046元,因工死亡职工供养亲属抚恤金月人均提高105元。增发社会保障卡1174万张。

年末新型农村合作医疗参合人数2855.1万人,参合率为97.8%;人均筹资标准为557元,比上年增加74.5元,其中,财政补助392.9元,比上年增加50.7元;所有统筹地区最高支付限额全部达到全国农村居民人均纯收入8倍以上且不低于8万元。

年末在册低保对象(未含五保供养)62.9万人,其中,城镇7.3万人,农村55.6万人;低保资金(含各类补贴)支出23.1亿元,比上年增长12.1%;城乡低保平均标准分别为每人每月515.49元和393.42元,分别增长8%和12%;获得生活补助的城乡低收入家庭持证重度残疾人8.9万名,发放补助金额4.0亿元,分别增长13.5%和28.2%。

全年共支出医疗救助资金8.7亿元,比上年增加1.2亿元。投入资金23.8亿元,新增各类养老机构床位数2.8万张,新建成社区居家养老服务照料中心3491个。

年内共发行各类福利彩票124.5亿元,比上年增加22.1亿元,共筹集公益金35.3亿元。

全年新开工建设保障性住房19.4万套、竣工11.1万套，其中开工建设公共租赁住房4.6万套。

十二、资源、环境保护和社会安全

据初步统计，全省平均降水量为1573.2毫米（折合降水总量1632.25亿立方米），全省总水资源量为924.14亿立方米，比多年平均955亿立方米减少3.3%；人均水资源量为1681立方米。

据初步统计，全省完成造林面积39455公顷，其中，重点防护林工程造林面积17369公顷，人工更新造林14380公顷，低产低效林改造8574公顷。加快平原绿化和绿色通道建设步伐，平原新增绿化面积30427公顷，建设森林通道5925公里。增强森林抚育，提高林分质量，完成中央投资森林抚育面积66667公顷。根据2013年全省森林资源监测结果显示，我省森林覆盖率达到60.82%（含灌木林）。全省新增水土流失治理面积710平方公里。

全省有气象雷达观测站点9个，卫星云图接收站点25个，区域自动气象观测站1757个。全省霾平均日数84天，比上年偏多6.5天。11个设区城市日空气质量达标天数（AQI）比例范围为52.2%-90.0%，平均为68.4%。58个县级城市日空气质量优良天数（API）比例为79.6%-99.3%，平均为91.6%。

全省221个省控断面中，Ⅰ～Ⅲ类水质断面占63.8%，比上年下降0.5个百分点；满足水环境功能区目标水质要求断面占67.4%。县级以上集中式饮用水水源地水质达标率为86.1%，其中设区城市主要集中式饮用水水源地水质达标率为92.5%。全省151个跨行政区域河流交接断面中，满足水环境功能区目标水质要求断面占62.9%。全省全面开展烟尘控制区建设，目前已有75个县（市、区）开展高污染燃料禁燃区创建工作。近岸海域共发生赤潮18次，累计面积约1417.4平方千米，其中有害赤潮1次。与上年同期相比，赤潮发生次数增加1次，但累计面积有所减少，有害赤潮发生次数大幅降低。

图8　2007-2013年规模以上工业单位增加值能耗降幅

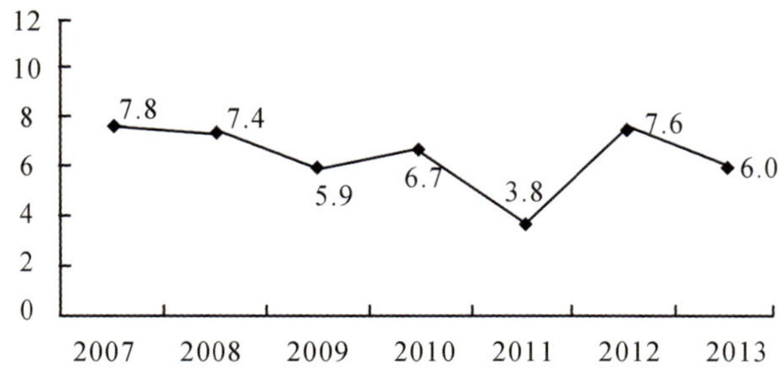

全省城市污水排放量22.56亿立方米，比上年增长1.9%；城市污水处理量为20.42亿立方米，比上年增长5.37%；城市污水处理率90.51%，比上年提高3.01个百分点；城市生活垃圾无害化处理率为99.83%，比上年提高0.86个百分点；城市用水普及率为99.83%；城市燃气普及率98.87%；人均公园绿地面积12.83平方米，比上年增长2.89%。农村沼气产气量1.85亿立方米，太阳能利用累计面积为595万平方米，比上年增长8.18%。

全年规模以上工业企业能源消费比上年增长1.9%，单位工业增加值能耗下降6.0%（见图8）。其中，千吨以上和重点监测用能企业能源消费比上年分别增长0.4%和0.8%，单位工业增加值能耗分别下降6.7%和6.4%。

全年累计建成国家级生态县6个、国家环境保护模范城市7个、诸暨市已通过国家环境保护模范城市的验收，国家级生态示范区45个、国家级生态乡镇450个，省级生态县57个，省级环保模范城市8个、省级生态乡镇979个。

全年共发生各类事故18933起、死亡5518人、受伤18591人、直接经济损失28531.4万元，分别比上年下降5.0%、2.2%、6.2%和8.4%。其中，发生较大事故46起、死亡186人，比上年增加10起、58人；重大及以上事故未发生，比上年减少1起、13人。道路交通共发生事故18298起、死亡4860人、受伤18560人、直接经济损失7522.8万元，分别比上年下降5.0%、2.1%、6.0%、6.2%。

注：

（1）本公报所列各项数据为年度初步统计数据。

（2）全省生产总值和各产业增加值绝对数按现行价格计算，增长速度按可比价格计算。

（3）第三产业增加值构成中，其他服务业包括信息传输、计算机服务及软件业，租赁和商务服务业，科学研究、技术服务和地质勘查业，水利、环境和公共设施管理业，居民服务和其他服务业，教育，卫生、社会保障和社会福利业，文化、体育和娱乐业，公共管理和社会组织等行业。

（4）化肥（100%）：指农用氮、磷、钾化肥以各自合格的氮、磷、钾肥品种实物量按其实际有效成分含量折算。

（5）由于国家统计局2013年正式实施城乡住户一体化调查制度，2013年城乡居民收入支出数据的增速均通过可比口径计算。

（6）居民家庭恩格尔系数：指居民家庭食品消费支出占生活消费总支出的比重。

（7）人均收入中位数：指将所有调查户按人均收入水平从低到高顺序排列，处于最中间位置的调查户的人均收入。

（8）国家环境保护模范城市分别为杭州市、宁波市、绍兴市、湖州市、义乌市、富阳市、临安市。

（9）各类事故口径包括工矿商贸企业、道路交通、水上交通、渔业船舶、铁路路外事故；较大事故口径包括工矿商贸企业、道路交通、水上交通、火灾、海上交通、渔业船舶、铁路路外事故。

财政法规选编

zhejiang caizheng nianjian

浙江省现代农业生产发展资金绩效评价实施细则

2013 年 2 月 1 日 浙财农〔2013〕25 号

第一章 总 则

第一条 为规范和加强现代农业生产发展资金绩效管理，建立健全激励和约束机制，切实提高资金使用效益，根据财政部《中央财政现代农业生产发展资金绩效评价办法》（财农〔2013〕2 号）《浙江省现代农业生产发展资金和项目管理实施细则》（浙财农〔2011〕336 号）《浙江省财政支出绩效评价实施办法》（浙财绩效〔2009〕5 号）等有关规定，特制定本实施细则。

第二条 现代农业生产发展资金绩效评价（以下简称绩效评价），是指财政部门运用一定的评价方法、设置一定的评价指标和评价标准，对财政安排的支持现代农业生产发展资金绩效目标实现程度及项目实施所取得的绩效等进行综合性的衡量和评价。

第三条 绩效评价遵循的原则

（一）客观、公正、科学、规范原则。按照“公开、公平、公正”的要求，采用科学、规范的评价程序和操作方案，准确、全面、系统地衡量资金项目的绩效情况。

（二）有利于推动支农资金整合原则。在绩效评价的内容、评价指标以及计分权重设置等方面，应当充分体现支农资金整合的要求。

（三）权责统一原则。绩效评价应当有利于促进资金分配、管理、使用权的行使，与承担相应责任相统一。

（四）定性与定量评价相结合原则。绩效评价在对评价内容确定量化测定分值的基础上，结合项目实施效果和管理工作情况进行综合分析评价。

第二章 绩效评价的组织实施

第四条 绩效评价工作由省财政厅统一组织，按照“财政牵头、部门配合、权责一致”的原则分级实施。根据需要，可邀请有关部门、专家或委托中介机构参与绩效评价工作，同时加强对参与评价的组织或个人的管理。参与评价的组织或个人要对所作结论的真实性负责。

第五条 部门职责

（一）财政部门的主要工作职责

1. 制定本级绩效评价实施细则。

2. 根据上级财政部门的部署，组织实施绩效评价工作。

3. 指导协调同级农口部门按计划开展绩效评价工作。

4. 加强对下级财政部门绩效评价工作指导和监督。

5. 根据绩效评价结果，落实相关奖惩措施。

6. 按规定向上级财政部门报送绩效评价报告及相关资料。

7. 对绩效评价中发现的问题认真研究和限期整改。

8. 宣传绩效评价有关政策，及时向上级财政部门反馈绩效评价经验总结等相关信息。

（二）农口部门的主要工作职责

1. 及时组织实施本部门归口专项的绩效评价工作。

2. 制订切实可行的绩效评价具体实施方案。

3. 指导和监督项目所在地绩效评价工作。

4. 宣传绩效评价有关政策，及时向财政部门反馈绩效评价相关信息。

5. 按规定向财政部门报送绩效自评或绩效评价报告。

6. 对评价中发现的问题认真研究、及时整改，并将整改结果或情况报财政部门。

第六条 绩效评价采取省和项目县上下联动即分级评价和全省综合评价相结合的方式实施。

1. 项目县评价。由项目所在市、县（市、区）财政部门会同主管部门对纳入绩效评价范围的专项资金使用绩效进行自评，并于每年 7 月底前，将自评报告和相关文件材料报送省财政厅和省级农口部门。

2. 全省综合评价。由省财政厅委托具有资格的中介机构具体实施。受托中介机构经对各地绩效评价报告及相关资料进行汇总、整理、分析后，对项目县进行实地查看和核实，并对照评价指标与标准进行综合评判，形成全省现代农业生产发展资金项目综合绩效评价报告初稿。9 月底前，省里形成综合绩效评价报告，并报财政部备案。

第七条 项目所在市、县（市、区）财政部门对自评报告和评价结果的真实性负责。在绩效评价过程中有违规违纪行为的，一经查实，省财政厅将扣减其现代农业生产发展资金的额度，并在全省范围内通报批评。

第三章 评价依据和内容

第八条 绩效评价的依据

（一）相关法律、行政法规和各级财政部门制定的现代农业生产发展资金管理规章制度。

（二）现代农业生产发展资金项目实施方案、资金申请文件、资金拨付文件、项目实施和资金使用情况总结等有关文件资料。

（三）以粮食生产功能区和现代农业园区发展规划为平台

整合相关支农资金的要求、各地申请立项时制定的资金整合方案。

（四）统计部门公布的有关农业统计数据、财政部门反映资金管理和项目实施效益的有关文件数据。

（五）县级以上财政部门的有关批复文件、检查结论，财政部驻浙江省财政监察专员办事处出具的有关检查结果，审计部门出具的有关审计报告或委托中介机构出具的有关项目评审或竣工验收报告、评价意见等。

（六）其他相关资料。

第九条　绩效评价的内容

（一）实施方案制订：主要评价实施方案内容和实施方案报送。

（二）支农资金整合：主要评价市县财政部门整合相关资金的规模和渠道。

（三）资金项目管理：主要评价管理制度建设、资金执行进度、管理机制创新和管理工作开展。

（四）组织保障工作：主要评价组织协调机制、与部门配合程度、政策信息宣传以及有关总结、统计资料的报送。

（五）项目完成情况：主要评价项目建设内容完成程度、完成质量，是否按时检查验收。

（六）项目实施效果：主要评价项目实施情况以及取得的经济效益、社会效益以及其他效益。

（七）违规违纪行为：主要评价被监察、审计、财政监督机构等查出或被新闻媒体曝光并经查实的违规违纪行为。

第四章　评价结果及运用

第十条　绩效评价实行百分制，计分采用量化指标，满分为 100 分（具体评价量化指标见附表）。根据得分的不同情况将评价结果划分为 4 个等级：总分在 90 分以上（含 90 分）为优秀；80~89 分（含 80 分）为良好；60~79 分（含 60 分）为合格；60 分以下为不合格。

第十一条　绩效评价结果是对现代农业生产发展资金管理工作的综合评价，将作为下年度资金安排的重要依据。对资金使用管理过程中出现的违规违纪行为，根据国家相关规定进行查处。

第十二条　省财政厅对绩效评价结果以适当方式向各地进行通报。

第十三条　各地应当根据绩效评价结果，及时总结经验，查找不足，完善资金、项目管理制度和程序，不断提高管理水平和资金使用效益。

第五章　附　则

第十四条　本实施细则自发文之日起施行。省财政厅 2012 年 2 月 17 日印发的《浙江省现代农业生产发展资金绩效评价实施细则》（浙财农〔2012〕35 号）同时废止。

附件：省财政厅对项目县绩效评价参考量化指标表（略）

浙江省财政厅关于全面开展乡镇公共财政服务平台建设工作的通知

2013 年 4 月 8 日　浙财基〔2013〕7 号

各市、县（市、区）财政局（宁波不发）：

为进一步加强乡镇财政管理，充分发挥乡镇财政职能，促进公共财政管理服务工作下乡村，提高乡镇公共服务水平，根据《中共浙江省委　浙江省人民政府关于进一步加强乡镇（街道）干部队伍建设的意见》（浙委发〔2013〕4 号）《浙江省人民政府关于进一步加强乡镇财政建设的意见》（浙政发〔2011〕52 号）《浙江省人民政府关于完善财政体制的通知》（浙政发〔2012〕85 号）精神，以及《浙江省财政厅关于加强乡镇财政管理与促进乡镇公共服务平台建设试点工作的指导意见》（浙财基〔2012〕12 号）等工作安排，在认真总结 2012 年试点工作成效基础上，经研究，决定从 2013 年起，在全省全面开展乡镇公共财政服务平台建设工作。现将有关要求通知如下：

一、指导思想

全面贯彻落实科学发展观，积极探索加强乡镇财政管理与促进社会管理创新有效结合的路子，以加强乡镇公共财政管理为切入点，以提高乡镇公共服务水平为目标，以改善乡镇公共服务方式为基础，按照先行试点、稳步推进的原则，着力创新机制、整合资源、完善程序、健全制度，努力打造“高效、快捷、便民”的新型乡镇公共服务模式。

二、目标任务

在完善乡镇财政机构、加强人员力量基础上，积极发挥公共财政管理职能，有效整合乡镇行政事业服务资源，努力打造纵向层级之间连接通畅、横向部门之间衔接紧密的“一站式、一条龙、一卡通”式乡镇公共财政服务平台，做到办理财政支付关联的乡镇民生服务事项“一个门进、一个平台办事、一卡通使用、一本册子明了”。

三、主要内容

（一）加强乡镇财政建设。乡镇公共财政服务平台建设的首要任务是要突出体现加强乡镇财政管理工作，有效发挥乡镇财政职能作用。各地要按照省政府《关于进一步加强乡镇财政建设的意见》（浙政发〔2011〕52号）《关于完善财政体制的通知》（浙政发〔2012〕85号）和省财政厅、省编委办、省公务员局《关于转发〈财政部 中央机构编制委员会办公室 国家公务员局关于加强乡镇财政队伍建设的意见〉的通知》（浙财基〔2012〕22号）精神，以及省财政厅《关于开展乡镇财政管理规范化建设的通知》（浙财基〔2011〕29号）等文件的部署，按照“一级政府、一级财政”的基本要求，切实加强乡镇财政建设。要结合深化乡镇机构改革，进一步完善乡镇财政管理职责，设置乡镇财政管理机构，小城市培育试点镇和省级中心镇可设置财政局，其他乡镇设立财政所（办）。经济不发达、财政资金收支规模较小的乡镇，也可实行“乡财县管”。加强人员力量配备，积极探索乡镇财政管理方式，大力开展乡镇财政就地就近资金监管工作。市、县（市、区）财政局要按照“省级加强指导、市级大力推动、县级抓好落实”的要求，落实乡镇财政处、科，切实加强对乡镇财政工作的指导管理。

（二）明确工作职责。乡镇公共服务平台统一称为“乡镇公共财政服务中心”，主要工作任务是：在乡镇财政所（局、办）的主导下，收集、审核和整理有关财政补助性资金和项目类资金使用对象的基本情况和基础数据，支持建立乡镇公共财政服务数据库，为加强财政管理提供支撑；做好各项涉农和民生政策财政补助性资金的发放管理、项目类资金支付和“明白册”发放工作；对相关数据进行审核和比对，防止不当支付；协助做好财政资金监管工作，加强乡镇政府非税收入征收管理；做好涉农和民生政策财政补助资金支付管理、公开公示及查询工作；做好村账乡镇代理等相关事务。在构建乡镇公共财政服务平台过程中，各地可结合当地实际，将与财政支付直接相关的公共服务事项先行纳入，以后逐步扩大范围，增加公共财政服务平台的业务项目内容。

（三）规范工作流程。各项涉农和民生政策补助性资金发放和项目类资金支付管理纳入乡镇公共财政服务平台后，乡镇要对原有的业务程序进行重新梳理和合理整合，不能只是做简单的归集。在原有部门管理职责保持不变的基础上，县级财政部门在资金管理和支付环节上要发挥牵头组织协调作用，科学制定乡镇公共财政服务平台的工作流程，积极改变工作方式，将管理关口前移，做好资金监管和服务工作。

（四）归并使用一张卡。县级财政要大力整顿目前存在的“一项资金、一个部门、一家银行、一张卡”的多头发卡现象，加强对各类财政补助性资金银行卡的整合归并。要从便民出发，结合金融服务网点分布情况，花大力气努力将发放到户、到人的各项财政性资金款项归并成一张卡使用，并尽可能地施行卡、折并用。为便于民众对财政补助性资金和相关政策的了解，县级财政要认真指导乡镇财政机构按照省财政厅《关于对各类涉农和民生政策财政补助资金试行“明白册”管理的通知》（浙财基〔2012〕8号）要求，积极推行“明白册”管理措施，做到政策明了、款项清晰、查询方便，增强民众对惠民财政政策的切身感受，让公共财政“幸福看得见”。

（五）统一平台管理软件。根据全省“数字财政”建设和管理要求，按照便捷、高效、互联、共享的原则，省财政厅统一组织开发乡镇公共财政服务平台管理软件。县级财政要密切结合实际，积极完善工作措施，加快实现县级与乡镇公共服务平台信息网络的互联。

（六）规范设置服务场所。按照“简洁实用、量力而行”的原则，通过改扩建、新建等方式，妥善解决公共财政服务平台的场所问题，满足开展公共财政服务工作的需要。根据实际情况，乡镇公共财政服务平台可设在现有的乡镇便民服务中心内，并保持相对独立；也可以结合乡镇财政所（局、办）办公场所的建设单独设置。乡镇公共财政服务场所除了满足开展服务工作的需要外，还应安排休息、宣传、查询等设施和场所，有条件的地方还可引入银行服务项目或设施。

（七）扩大公开范围事项。要按照“高效、便捷、规范、廉洁”的服务要求，制定乡镇公共财政服务平台的办事流程，将便民服务事项的政策依据、办理条件、办理程序、办理时限、投诉渠道、工作职责等进行规范和公开。同时，在公共财政服务场所发放县级统一编印的民生财政政策手册，向群众免费提供，确保便民服务工作公开化、透明化、制度化。

（八）配好平台工作人员。各地应做好乡镇公共财政服务平台工作人员的选配工作，确保各项服务工作的顺利展开。平台的工作人员由乡镇财政、财务人员和整合到平台上来的业务项目原有办理人员共同担任。

四、总体安排

2012年作为全省乡镇公共财政服务平台建设试点的16个县（市、区）要力争在2013年内将乡镇公共财政服务平台建设覆盖到所有乡镇。其他县（市、区）要在2013年选择试点的基础上稳步推行，力争到2014年扩大到70%以上的乡镇，到2015年覆盖到所有乡镇。

（一）2013年工作安排

1. 制订方案阶段（3月~6月）。16个试点县（市、区）在总结2012年试点经验的基础上，制订覆盖所有乡镇的乡镇公共财政服务平台建设方案。其他县（市、区）要积极借鉴试点经验，建立完善领导和组织机构，成立加强乡镇财政管理促进乡镇公共服务建设工作领导小组和办公室，在深入调研基础上，结合当地实际，制订科学合理的工作实施方案。

2. 组织实施阶段（7月~11月）。按照实施方案，规范乡镇财政机构设置，加强乡镇财政管理，整合乡镇公共服务职能，重梳乡镇公共服务相关工作安排和流程，加快乡镇公共财政服务平台设施配备和业务建设。

3. 考核验收阶段(12 月)。省财政厅对各县(市、区)乡镇公共财政服务平台建设情况进行考核验收通报。

(二)2014 年、2015 年工作安排

除 16 个试点县(市、区)以外的其他县(市、区),在 2013 年试点的基础上,制订覆盖所有乡镇的乡镇公共财政服务平台建设方案,并组织实施。省财政厅逐年组织开展考核验收。

五、工作要求

全面开展乡镇公共财政服务平台建设工作,是加强财政管理的一项基础性工作,也是事关财政业务建设的一项基础性工程,更是财政部门发挥自身职能服务于社会管理创新的具体措施和有力抓手。各县(市、区)要按照省财政厅的总体部署和要求,统一思想,集思广益,细化实施方案,齐心协力做好服务平台建设工作,努力把这项为民服务的事情做实、做细、做到位。

(一)切实加强组织领导。乡镇公共财政服务平台建设工作要积极争取党委、政府的重视,切实加强组织领导工作。各地要成立由县级主要领导协调、财政部门具体推动、有关部门积极参与、乡镇负责做好落实的工作领导机构,加强领导和协调,合力推进平台建设工作。

(二)统筹规划稳步推进。各县(市、区)要认真统筹规划,制订分年计划,在先行试点基础上,有计划、有步骤、有声势地扩大试点范围,稳步推进。

(三)做好部门协调。加强乡镇财政建设,疏通县乡财政管理渠道,打造新型乡镇公共财政服务平台后,将会涉及县级财政与县级部门、县级财政与乡镇政府之间现行资金下达方式和管理办法的改革问题。各县(市、区)要按照有利于加强就地监管要求,积极完善乡镇财政体制和资金管理办法,加强财政部门与相关部门的沟通协调工作,统一认识,形成合力,共同支持构建新型乡镇公共服务平台工作。

(四)加强与乡村两级便民服务中心的衔接。各县(市、区)在推进乡镇公共财政服务平台建设工作中,要注意加强与乡村两级便民服务中心的联网衔接,积极发挥现有乡村两级便民服务渠道和设施的作用,延伸和拓展乡镇公共财政服务平台工作覆盖面,有效借助网络、电视、报刊等媒体,做好民生财政政策和补助资金的信息通达工作。

(五)加强相关支持配套工作。按照“省级加强指导、市级大力推动、县级抓好落实”的要求,各级财政部门要齐心协力做好工作。一是要积极疏通财政管理“最后一公里”,加强乡镇财政建设。积极探索县级国库集中支付和乡镇财政支付相结合的资金拨付办法,适当增加乡镇财政管理渠道的资金流量,努力促进公共财政管理服务工作下乡村,切实发挥乡镇财政职能作用。二是大力推进乡镇财政信息化管理。加快实现县乡财政管理网络的互联共享,促进乡镇财政业务规范化。三是落实必要的经费。乡镇公共财政服务平台建设工作的投入以县级财政统筹安排为主,省财政安排一定的补助予以支持。各级各部门要共同努力,完善措施,齐心协力,全面推进乡镇公共财政服务平台建设工作。

浙江省海洋与渔业科技示范推广项目与资金管理办法

2013 年 5 月 13 日 浙财农〔2013〕112 号

第一章 总 则

第一条 为加强我省海洋与渔业科技示范推广项目与资金管理,提高财政资金使用效益,根据省委、省政府《关于加快推进农业科技创新的若干意见》(浙委〔2011〕97 号)、《关于加快推进农业现代化的若干意见》(浙委〔2012〕118 号)、省财政厅《浙江省财政农业专项资金管理办法》(浙财农〔2011〕6 号)等有关文件和规定,制定本办法。

第二条 专项资金的设立和使用以提升海洋综合管理水平和满足渔业产业需求为导向,推动政产学研用、海渔科教企紧密合作,支持产业提升发展和海洋综合管理的关键、共性技术前期性研究;围绕我省渔业产业发展主要环节,强化生产技术的集成与配套,加强生产性试验与示范,加速科技成果的熟化与转化,增强科技创新对海洋经济发展和现代渔业建设的引领和支撑作用。

第二章 资金补助对象、范围及标准

第三条 专项资金补助对象为承担海洋与渔业关键、共性技术研究与开发,科技成果推广示范应用的行政、科研、推广单位及企业、专业合作组织、养殖大户。

第四条 主要扶持内容及专项资金使用范围

(一)海洋与渔业科技成果转化与推广应用

主要扶持内容:围绕渔业主导产业和海洋新兴产业发展,以渔业主导品种关键技术成果中试转化和示范推广应用为重点,实施海洋与渔业行业科技成果转化工程。重点推进水产养殖良种规范化繁育技术、设施养殖和生态养殖装备和技术、环境友好型海洋捕捞装备和技术、水产品精深加工技术、海洋新兴产业新型技术、设施装备技术等领域的技术转化与推广应用;支持新技术模式、新品种、新装备和新产品的集成创新、中试熟化和示范推广;支持成果转化示范基地和中试基地的建

设;支持开展现有成果分类筛选,强化成果中试、集成,完善成果转化应用链,着力解决关键技术成果转化应用问题。

资金使用范围:因项目实施所产生的原材料费,委托业务费(包括:测试分析加工费、咨询费、资料与知识产权事务费等),小型设备购置及使用费,燃料动力费,差旅费,会议费,临时聘用人员等的劳务费等。

(二)渔业科技入户和示范推广

主要扶持内容:在全省渔业重点县(市、区)深入开展科技入户,以主导品种、主推技术为重点,依托基层渔业技术推广体系和各科研单位,创新建立以解决实际问题为标准、与奖励挂钩的绩效评价和考核机制,构建"专家组+试验示范基地+推广人员+科技示范户+广大渔农民"的新型推广服务模式。支持项目县开展渔技推广补助、科技示范补助等工作,推动科技进村入户,转化落地,解决技术推广"最后一公里"问题。

资金使用范围:因项目实施所产生的水产技术推广服务费(包括技术人员的交通、通讯、印刷、咨询费、劳务费等),渔业科技示范费(包括购买水产苗种、渔药、饲料、水质调控剂、试验设施等物资及组织展示活动补贴,信息服务费),开展技术培训的有关费用。

(三)海洋与渔业关键共性技术开发应用

主要扶持内容:针对海洋与渔业发展存在的公共性、基础性问题,以海洋与渔业发展的关键共性技术开发应用为重点,实施海洋与渔业科技重大协作项目。按照"系统研究、稳定支持"的原则,选择相关重点专题,总体设计,分年实施。支持建立由科研、推广和企业等组成的专题协作团队,开展对制约海洋与渔业发展各个重点环节关键技术的开发推广应用,推动形成支撑海洋与渔业发展的产业技术体系。重点支持品种培育、健康养殖、精深加工、质量安全、疫病防控、渔业装备、市场预警以及海洋、海岛综合开发等领域的技术集成、应用,为海洋与渔业可持续发展提供技术支撑。

高新技术研究项目、纯理论研究项目、低水平重复建设项目,不列入本专项资金扶持范围内。

资金使用范围:材料和小型仪器设备购置费,测试化验加工费,燃料动力费,差旅费,会议费,出版/文献/信息传播/知识产权事务费,临时聘用人员等的劳务费等。

第五条 补助标准

(一)海洋与渔业科技成果转化:海洋与渔业行业科技成果转化工程。支持产学研结合开展以主导产业主要品种为重点的良种、新品种的应用与示范;设施养殖、健康养殖新技术、新模式的集成、示范与应用及中试基地建设;精深加工技术及产品开发和海洋新兴产业技术开发。由企业、专业合作组织、养殖大户承担的成果转化项目补助额度不超过总投资额的50%。

(二)渔业科技入户和示范推广:与中央财政下达的资金配套开展基层渔技推广改革与发展补助项目。用于支持项目县开展渔技推广、科技示范和基层渔技推广宣传培训等工作。每个项目县安排省以上补助资金30~50万元。

(三)海洋与渔业关键共性技术开发应用:海洋与渔业科技重大协作项目。分重点协作项目和一般协作项目两种类型,重点协作项目主要支持海洋与渔业关键共性技术的开发应用,根据研发内容、环节不同,每个项目安排专项资金最高不超过120万元;一般协作项目主要支持行业管理和服务重点领域关键技术开发应用,根据研发内容、领域不同,每个项目安排专项资金最高不超过50万元。

为保持项目稳定性和实施成效,重大项目实施周期不超过3年,一般项目原则上要在1年之内完成。

第三章 项目申报与审批

第六条 申报程序

海洋与渔业科技示范推广项目按《农业财政资金申报标准文本》的格式要求申报,其中申请省级财政补助50万元以上的项目还需编制项目可行性研究报告。申报材料应如实反映项目单位基本情况、项目建设内容、实施方案、资金概算、效益分析。项目申报单位要保证提交的项目可行性研究报告或项目申报标准文本及附件的真实性和完整性。

项目所在地海洋与渔业主管部门、财政部门应对申报材料进行认真审查,海洋与渔业主管部门对项目及申报材料真实性、完整性负责,财政部门对项目及申报材料的合规性负责。

第七条 市或县(市、区)海洋与渔业主管部门、财政部门于每年10月底前向省海洋与渔业局和省财政厅联合申报下一年度海洋与渔业科技示范推广项目。申报材料包括:联合申报文件、《农业财政资金申报标准文本》、按本《办法》规定需提供的可行性研究报告等。申报材料一式3份,交省海洋与渔业局2份,并通过"浙江省海洋与渔业项目管理系统"网上申报;交省财政厅1份。

省级以上单位直接向省海洋与渔业局和省财政厅联合申报。

第八条 省海洋与渔业局会同省财政厅对各地申报项目进行审核、筛选。择优确定后,于每年4月底前联合行文下达本年度项目实施计划。

联合行文下达项目后1个月内,签订计划任务书。项目实施单位严格按照计划任务书执行。省补助资金由省财政厅按预算级次另行拨付。

第四章 项目及资金监督管理

第九条 各地必须严格按照省下达的项目计划组织实施,项目资金必须按计划落实到位,财政补助资金必须用于规定建设内容,不得擅自调整项目实施计划和资金使用方案。如确需调整，必须按原申报程序报批。

第十条　项目主管部门应当规范管理，公开操作，推行公示公告制、政府采购、招投标、工程监理等有效监管制度，确保资金专款专用，安全有效。财政部门要按项目建设进度及时拨付项目资金，保证项目顺利实施，积极推行项目资金国库集中支付和县级财政报账制。

各地财政部门应当会同海洋与渔业部门，对海洋与渔业科技示范推广资金使用管理情况进行监督检查，省里将进行不定期检查和重点抽查。任何单位和个人不得以任何名义挤占、挪用、骗取、滞留财政补助资金。对不按规定使用资金的，财政部门要停拨资金，并责令整改；对拒不整改的，收回财政补助资金。对违法违纪行为，按照《财政违法行为处罚处分条例》等有关法律法规，追究相关单位和个人的法律责任。

第十一条　海洋与渔业科技示范推广项目的验收，由项目所在地海洋与渔业主管部门会同财政局在项目完成后1个月内提出验收申请，由省海洋与渔业局会同省财政厅或者委托有关海洋与渔业主管局及财政部门组织验收。

第十二条　项目所在地海洋与渔业主管部门、财政局应按照《浙江省财政支出绩效评价实施办法》（浙财绩效字〔2009〕5号）的要求，对项目执行情况和专项资金使用情况进行绩效评价，并向省海洋与渔业局、省财政厅报送《浙江省财政支出项目绩效评价报告》。评价结果作为下年度项目安排重要依据。

第十三条　凡出现下列情况之一的，取消该市、县（市、区）及有关单位下年度的项目及专项资金安排：

（一）项目单位在项目申报、实施中存在弄虚作假及挤占挪用、骗取专项资金等行为被依法处理的；

（二）未经批准擅自调整项目实施主体、项目实施地点、项目实施内容等，涉及金额大、造成重大影响的；

（三）存在其他严重违规违纪行为的。

第十四条　凡出现下列情况之一的，将酌情扣减补助额度：

（一）项目未按规定期限完成的（因不可抗力影响除外）；

（二）未经批准擅自调整项目实施主体、项目实施地点、项目实施内容等，但未造成重大影响的；

（三）项目已实施完成并通过项目验收但补助资金未及时兑现的；

（四）未及时报送资料的；

（五）其他影响财政专项资金使用绩效的行为。

第十五条　凡出现下列情况之一的，财政部门可暂缓或停止拨款：

（一）弄虚作假、骗取国家资金的；

（二）截留、挪用项目资金的；

（三）自筹资金落实不到位、影响项目建设的；

（四）拒不接受财政部门、主管部门或其他监督部门监督检查的；

（五）存在其他违规违纪行为的。

第五章　附　则

第十六条　本办法由省财政厅、省海洋与渔业局负责解释。

第十七条　本办法自2013年6月10日起施行。

浙江省农村能源开发利用项目资金管理办法

2013年5月16日　浙财农〔2013〕111号

第一章　总　则

第一条　为切实加强农村能源开发利用项目管理，规范项目建设行为，提高资金使用效益，依据《浙江省可再生能源开发利用促进条例》（省人大常委会公告第78号）《浙江省沼气开发利用促进办法》（省政府令第186号）《浙江省农业废弃物处理与利用促进办法》（省政府令第278号）和《浙江省财政农业专项资金管理办法》（浙财农〔2011〕6号）有关规定，制定本办法。

第二条　本办法适用于中央和省级农村能源开发利用项目的申请立项、组织实施、监督管理和资金管理。地方立项项目可参照本办法执行。

第三条　农村能源开发利用应坚持统筹规划、因地制宜、质量安全、建管并重的原则，优先支持粮食生产功能区、现代农业园区和经济欠发达地区、农业废弃物资源富集地区立项。

第四条　各级农村能源主管部门是项目建设的管理部门，主要负责农村能源建设规划编制、项目立项申请、编报和下达、组织项目实施、工程检查验收、费用支出审核等工作；各级财政部门是项目建设补助资金管理部门，主要负责资金核拨、绩效评价和监督检查等工作。

第二章　建设内容和补助标准

第五条　农村能源开发利用项目包括中央农村沼气工程、中央户用沼气建设、农村能源综合利用示范工程、沼气集中供气示范工程、农业节能与清洁能源利用示范工程、农村能源服务体系建设。

第六条　中央农村沼气工程、中央户用沼气建设等项目建设内容和补助标准以中央项目年度申报通知和中央农村沼气项目建设资金管理的有关规定为依据。省财政对中央立项的户用沼气配套建设给予一定补助，补助标准为100元/户。

第七条　农村能源综合利用示范工程项目以已建大中型沼气工程为基础的拓展完善和其他中小型沼气工程建设为主。已建大中型沼气工程的拓展完善重点扶持建设厌氧池增温设施、沼肥输送管道、转运车辆、沼气发电机组等“三沼”利用设施和其他综合节能设施，补助标准不超过核定投资的1/3。其他中小型沼气工程主要支持厌氧池、贮气柜、贮肥池以及辅助配套设施建设等，补助标准不超过核定投资的1/3。

第八条　沼气集中供气示范工程项目要求每村供气100户（含）以上，补助资金主要用于厌氧发酵装置及附属设施、贮气柜、沼气输配管道、沼气灶具和脱硫器等沼气集中供气设施补助。补助标准不超过核定投资的1/3，每户最高补助3000元。

第九条　农业节能与清洁能源利用示范工程建设补助范围为开展设施农业太阳能集中供热、太阳能杀虫灯应用示范的种养企业或农业经营组织。补助标准为太阳能集热工程不超过500元/平方米；太阳能路灯或杀虫灯原则上按市场平均价格的1/3左右给予补助。

第十条　省级补助资金对中央立项已扶持建设的内容不再重复补助；欠发达地区项目的省级补助标准可适当放宽。

第十一条　农村能源服务体系建设。建立以基层农技推广机构（县级服务站）为主导、服务网点为支撑的后续服务体系，鼓励发展“合作社自我服务”“专业性公司物业化服务”等多种模式，不断提升后续服务能力，保障农村能源生态建设安全生产和高效运行。

基层农技推广机构（县级服务站）任务是定期对乡村农村能源服务人员开展培训，进行应急事故处理，提供沼气配件和工具供应及维修服务。乡村服务网点重点是为农户提供建池、购料、加料、出料、维护维修、配件、综合利用等方面的服务。

补助资金用于县及乡村服务站网点管护设施设备配置；沼气服务人员技能培训；突发事件应急处理；信息直报系统建设维护以及对沼气用户开展安全宣传等。

第三章　申报与立项

第十二条　各地应根据农村能源发展需求，由各地农业局（农村能源主管部门）会同当地财政局，择优选择有较强代表示范作用、项目所在地工作基础好、能落实项目地方投入资金和自筹资金、具有明显社会效益、生态效益的示范项目，有重点、有针对性选择申报。项目建设数量应与当地的专业技术队伍数量和服务能力相匹配。

第十三条　项目申报采用《农业财政资金项目申报标准文本》。项目申报单位必须对拟上报项目进行实地调查研究，落实到具体的乡、村。申报材料必须明确项目建设起止时间，项目管理和项目实施的责任单位、责任人，实施详细地点，具体实施方案和预期实施目标，投资规模、筹资渠道和资金翔实用途，具体建设内容和实施进度计划等内容。

第十四条　项目实行网上申报。每年11月底前，由市、县（市、区）农业局（农村能源管理部门）和财政局通过浙江农业信息政务内网浙江省农业项目信息化管理系统申报下一年度项目；同时，纸质文本以联合文件形式报送省农业厅2份、省财政厅1份。

第十五条　省农业厅会同省财政厅组织有关专家对上报的材料进行评估论证和审核，择优选择，确定项目实施计划和省补资金规模。

第四章　项目管理

第十六条　各地要根据《关于建立财政支农资金和项目管理责任制的意见》（浙财农〔2012〕416号），切实加强项目实施的统一领导和统筹安排，明确职责，落实措施，规范管理。农村能源管理部门负责组织项目的具体实施，加强技术指导和服务，抓好职业技能培训，监督检查工程建设质量和资金使用，并会同有关部门组织检查验收，定期将当地项目执行情况汇总，报送省农业厅和省财政厅。各地财政部门根据项目实施进度，及时拨付项目资金，并加强对项目资金使用监督检查和管理。

第十七条　项目实行合同制管理，项目实施过程中，项目承担单位要严格按照省下达的实施计划和合同要求组织实施，不得随意调整资金用途。项目建设地点、建设内容、建设主体等变动需按原程序报省级主管部门批准。

第十八条　农村能源开发利用项目建设有资质要求的，从事项目建设的设计、施工单位，应当按照规定取得相应资质。

第十九条　项目建设单位应认真组织实施，定期报送项目实施进度和资金使用情况，确保项目保质保量按时完成。

项目建设单位要建立项目档案。所有项目必须建立项目公示制度，对建设任务、资金补助等情况在项目所在地进行公示。

第二十条　项目完工后，当地农业局（农村能源管理部门）要会同财政部门组织对项目的审计验收。同时根据财政项目绩效评价要求，完善制度建设，制订考核评价具体方案，切实做好项目绩效评价工作，并将验收意见和项目绩效评价报告及时报送省农业厅、省财政厅。省农业厅会同省财政厅对项目建设实施全过程跟踪管理，抽查项目执行和资金使用情况，并按要求组织项目的总结验收和绩效评价工作。

第二十一条　各地要加强项目建成后的运行管理，确保工程长期、安全、高效运行。同时要加大总结宣传力度，扩大项目建设的影响力和带动力。

第五章　资金管理

第二十二条　项目建设单位的负责人为项目第一责任人，要严格按照《浙江省财政农业专项资金管理规则实施办法》（浙财农〔2011〕6号）等规定，健全财务管理制度，加强资金使用管理。

第二十三条 各地应加大对农村能源生态建设的扶持力度,确保国家、省立项的农村能源开发利用项目按计划落实建设资金。

第二十四条 各级财政部门应按财政资金管理的有关要求及时拨付资金,并加强对资金使用的监督和检查。省补资金必须专账管理、专款专用,任何单位和个人不得移用。对虚报冒领、挤占挪用和其他违反财政资金管理规定的行为,将依照《财政违法行为处罚处分条例》等法律法规进行查处。

第二十五条 农业、财政部门对管理不善、执行不力、验收未通过的项目建设单位提出整改意见,并予以通报批评。对拒不整改的,收回省补资金,并取消项目单位今后两年财政支农项目的申报资格。

第六章 附 则

第二十六条 本办法自2013年6月14日起施行。

浙江省“千村示范万村整治”工程项目与资金管理办法

2013年5月20日 浙财农〔2013〕125号

第一章 总 则

第一条 为深入实施“千村示范万村整治”工程,全面推进美丽乡村建设,规范项目和资金管理,提升建设水平,提高资金使用效益,根据《关于深化“千村示范、万村整治”工程 全面推进美丽乡村建设的若干意见》(浙委办〔2012〕130号)《关于加强历史文化村落保护利用的若干意见》(浙委办〔2012〕38号)《浙江省美丽乡村建设行动计划(2011~2015年)》(浙委办〔2010〕141号)等文件精神和《浙江省财政农业专项资金管理办法》(浙财农〔2011〕6号)有关规定,结合实际,特制定本办法。

第二条 省财政设立“千村示范万村整治”工程专项资金(以下简称“专项资金”),对列入全省“千村示范万村整治”工程建设计划的行政村有关建设项目进行扶持。按照“全面惠及、打造精品,注重保护、彰显特色,长效运行、连线成片”的工作要求,以建设“四美、三宜、两园”美丽乡村为基本导向,完善村庄功能布局与建设规划,夯实农村环境基础,推动农村人口集聚,彰显农村特色魅力,完善农村基础设施,健全农村公共服务,不断提升农民生活质量和农村生态环境质量,推进城乡发展一体化。

第三条 各市、县(市、区)要积极筹措资金,保障深化“千村示范万村整治”工程、全面建设美丽乡村的需要。要建立村集体和农民自筹为主、政府补助为辅、社会各方力量支持的多渠道投入机制。要加大整合投入力度,将“千村示范万村整治”工程与农村环境连片整治示范工程、农村土地综合整治、农村危旧房改造及农村公共服务体系建设等项目有机结合,形成建设合力。

第二章 项目管理

第四条 “千村示范万村整治”工程实行项目管理,根据县域美丽乡村建设规划,按照彰显干净质朴和乡土特色的要求,项目分待整治村环境综合整治、历史文化村落保护利用重点村、历史文化村落保护利用一般村三类。

第五条 县域村庄布局规划保留的待整治村,要开展村庄环境综合整治,实施垃圾处理、污水治理、卫生改厕、村道硬化、村庄绿化等五大基础项目,确保建设进度、工程质量和村庄覆盖面、群众受益面“四到位”。具体建设标准执行省农办、省财政厅等部门《关于印发〈2008年度“千村示范万村整治”工程项目建设实施方案〉的通知》(浙农办〔2008〕10号)以及省农办、省财政厅等部门《关于〈2008年度“千村示范万村整治”工程项目建设实施方案〉的补充意见》(浙农办〔2009〕19号)有关规定。

第六条 历史文化村落包括古建筑村落、自然生态村落和民俗风情村落等。根据省农办、省财政厅等部门《关于开展全省历史文化村落普查工作的通知》(浙农办〔2012〕42号)明确的登记要求,经省、市、县各级登记审核确定的历史文化村落,重点实施古建筑修复、村内古道修复与改造、搬迁安置区基本公建设施建设等三大项目。

第七条 “千村示范万村整治”工程实行项目库管理。省、市、县各级要根据《关于深化“千村示范万村整治”工程 全面推进美丽乡村建设的若干意见》(浙委办〔2012〕130号)确定的今后五年工作任务,分别建立待整治村环境综合整治(截至2014年)、历史文化村落保护利用重点村、历史文化村落保护利用一般村数据库。省历史文化村落保护利用数据库与财政项目预算管理地理信息系统(F_GIS)对接,并纳入财政支农项目库管理。

第八条 “千村示范万村整治”工程项目建设实行年度计划管理。年度计划分为待整治村环境综合整治年度计划和历史文化村落保护利用重点村年度计划、历史文化村落保护利用一般村年度计划三类。

第九条 根据各地村庄环境整治建设现状、历史文化村落保有数量、经济社会发展水平及“千村示范万村整治”工程建设工作绩效，省“千村示范万村整治”工作协调小组办公室、省历史文化村落保护利用工作协调小组办公室会同省财政厅于每年第四季度将次年的待整治村年度建设任务、历史文化村落保护利用重点村年度建设任务和历史文化村落保护利用一般村年度建设任务分解到各县（市、区）。各地按照要求组织申报、推荐，经省“千村示范万村整治”工作协调小组办公室、省历史文化村落保护利用工作协调小组办公室会同省财政厅审核后，确定三类项目年度建设计划。年度计划在省补助资金拨付时一并下达。

第十条 各地申报的待整治村，要同时符合以下条件，并优先安排生态源头地区、主要流域、水源保护区、肠道传染病和血吸虫病流行区等环境敏感地区的村庄：

1. 必须是县市域村庄布局规划明确保留的行政村，规划已明确需搬、撤、迁、并的不得上报；

2. 必须是待整治村环境综合整治数据库中的村庄，且不得与已经整治过的村庄重复；

3. 村级组织战斗力强，村民整治建设积极性高，村级集体经济有一定的收入来源。

第十一条 各地要根据历史文化村落的古建筑数量规模、物质遗产和非物质文化遗产的历史文化价值以及保护保全的轻重缓急等，申报、推荐历史文化村落保护利用的重点村、一般村。

申报历史文化村落保护利用重点村要同时符合以下条件：

1. 要严格按照《关于开展全省历史文化村落普查工作的通知》（浙农办〔2012〕42 号）明确的登记要求，在各县（市、区）已上报的历史文化村落普查成果中筛选；

2. 村落保有的古民宅、古祠堂、古戏台、古牌坊、古渠、古堰坝、古井泉、古街巷、古会馆、古城堡、古塔、古寺庙等数量多、建筑体量大，布局集中成片，具有丰富的历史文化价值和保护利用价值；

3. 与村落物质遗存相呼应的风土民俗等丰富，历史悠久、特色鲜明、保存完整、传承较好；

4. 村落整体上保存着完整的传统格局和历史风貌；

5. 保护利用的任务十分紧迫，根据有关政策法规，采用规范的技术和工程手段，能够抢救和修复的；

6. 村级班子战斗力强，村民积极性高，县乡两级党委政府高度重视；

7. 主要在历史文化村落保有重点设区市和集中县中筛选；

8. 古建筑村落、自然生态村落以及民俗风情村落等三类村落中重点考虑古建筑村落；

9. 科学发展古村落文化休闲旅游的潜力较大，在保护的基础上，可以进行适度旅游开发，能够实现“保护促利用、利用强保护”的良性循环。

推荐历史文化村落保护利用一般村要同时符合以下条件：

1. 严格按照《关于开展全省历史文化村落普查工作的通知》（浙农办〔2012〕42 号）明确的登记要求，在各县（市、区）已上报的历史文化村落普查成果中筛选；

2. 村落保有的古民宅、古祠堂、古戏台、古牌坊、古渠、古堰坝、古井泉、古街巷、古会馆、古城堡、古塔、古寺庙等数量相对较多、建筑体量相对较大，具有较高的历史文化价值和保护利用价值；

3. 在古建筑村落、自然生态村落以及民俗风情村落等三类村落中重点考虑古建筑村落，村落整体上保存着比较完整的传统格局和历史风貌；

4. 与村落物质遗存相呼应的风土民俗等相对比较丰富，传承较好；

5. 村级组织战斗力强，村民积极性高，县乡两级党委政府高度重视；

6. 历史文化村落保护利用一般村不得与重点村重复。

第十二条 历史文化村落保护利用重点村要编制修建性详细规划，规划设计要按照有关法律法规和省历史文化村落保护利用工作协调小组办公室明确的有关要求编制，经由省历史文化村落保护利用工作协调小组办公室组织会审通过。历史文化村落保护利用一般村要编制建设规划（实施方案），由县（市、区）历史文化村落保护利用工作协调小组办公室组织会审通过。

根据重点村修建性详细规划或一般村建设规划（实施方案），历史文化村落保护利用重点村、一般村要填报《浙江省历史文化村落保护利用项目申报文本》（附件 1）、《浙江省历史文化村落保护利用建设项目表》（附件 2）。历史文化村落保护利用重点村、一般村项目建设对照《项目申报文本》和《建设项目表》组织开展。

第十三条 历史文化村落保护利用重点村项目建设要按照有关规定实行项目法人负责制、招标投标制、建设监理制和合同管理制。历史文化村落保护利用一般村项目建设可参照执行。

第十四条 待整治村环境综合整治的项目建设周期一般为 1 年，历史文化村落保护利用重点村和一般村的项目建设周期原则上不超过 3 年。

第十五条 待整治村的项目验收，按浙农办〔2008〕10 号文件和浙农办〔2009〕19 号文件有关要求进行。

第十六条 历史文化村落保护利用重点村、一般村的项目验收，由省历史文化村落保护利用工作协调小组办公室组织相关成员单位，根据经会审通过后的重点村修建性详细规划、一般村建设规划（实施方案），对照《项目申报文本》和《建设项目表》确定的建设周期内古建筑修复、村内古道修复与改造、搬迁安置区基本公建设施建设等项目的各年度任务安排，逐个项目进行检查验收，凡有1个项目不达标的，即认定为不合格村。具体的《浙江省历史文化村落保护利用项目验收办法》由省历史文化村落保护利用工作协调小组办公室、省财政厅另行制定，明确验收的内容、时间、程序、奖惩等。

第三章 资金补助和管理

第十七条 省补助资金支持对象和范围：

省补助资金对列入历史文化村落保护利用重点村年度计划的行政村，开展古建筑修复、村内古道修复与改造等建设项目进行补助；对列入待整治村环境综合整治年度计划的行政村开展的村道硬化、垃圾处理、卫生改厕、污水治理、村庄绿化等五大基础项目进行补助；对历史文化村落保护利用一般村的扶持，根据“深化千万工程、全面建设美丽乡村”年度工作检查结果等因素，省财政安排一定的以奖代补资金。奖补资金主要用于历史文化村落保护利用一般村古建筑修复、村内古道修复与改造等项目建设。《浙江省“深化千万工程、全面建设美丽乡村”年度工作检查办法》由省“千村示范万村整治”工作协调小组办公室、省历史文化村落保护利用工作协调小组办公室、省财政厅另行制定。

第十八条 省补助资金支持环节：

古建筑修复项目，主要对古建筑的墙体加固、顶瓦修补、立面改造、构件修复及附属设施的材料、设备等购置与建造费用进行补助，古建筑是指古民宅、古祠堂、古戏台、古牌坊、古渠、古堰坝、古井泉、古街巷、古会馆、古城堡、古塔、古寺庙等，还包括具有鲜明时代印记的食堂、会堂等建筑，以及具有显著地域特色的土坯房、石头屋等；

村内古道修复与改造项目，主要对古道（含古桥）的路基、路面、边沟、边坡、沿路附属设施等修复与改造的材料、设备等购置与建造费用进行补助；

村道硬化项目，主要对村内主干道建设的水泥、沥青、钢材、沙石、土方等材料购置费用进行补助；

垃圾处理项目，主要对垃圾箱购置、垃圾清运工具购置、垃圾集中房及分拣设施建造的水泥、钢材、沙石等材料购置费用进行补助；

卫生改厕项目，主要对农户卫生户厕改造、农村卫生公厕建造的水泥、钢材、沙石、管道等材料及污水处理设备购置费用进行补助；

污水治理项目，主要对净化池、截污管网建设的水泥、钢材、沙石、管道等材料及污水处理设备购置费用进行补助；

村庄绿化项目，主要对绿化苗木购置费用进行补助。

第十九条 按照省级专项性一般转移支付管理改革的要求，对历史文化村落保护利用重点村和待整治村环境综合整治的省补助资金，由省财政厅会同省“千村示范万村整治”工作协调小组办公室、省历史文化村落保护利用工作协调小组办公室，以列入待整治村环境综合整治年度计划、历史文化村落保护利用重点村年度计划的村庄数量、省补助标准为因素进行分配。

待整治村环境综合整治补助资金指标一次性下达各市、县（市、区），各市、县（市、区）先下达60%的补助资金指标，剩余的40%补助资金指标对照“深化千万工程、全面建设美丽乡村”年度工作检查结果下达。

历史文化村落保护利用重点村年度计划下达时省财政先下达70%的补助资金指标，各市、县（市、区）按照项目建设进度分配使用资金，另外30%补助资金指标待项目验收后下达。

对历史文化村落保护利用一般村的以奖代补资金以列入历史文化村落保护利用一般村年度计划的村庄数量、项目完成和年度工作检查情况、地方经济社会发展水平等因素，在“深化千万工程、全面建设美丽乡村”年度工作检查后分配拨付。

第二十条 省补助资金对待整治村环境综合整治实行分类差别补助标准，对一、二、三类县每村分别一次性补助15.4万元、12.2万元、8万元。市县分类继续按《浙江省“千村示范万村整治”工程专项资金管理办法》（浙财农字〔2008〕104号）规定执行。

第二十一条 省补助资金对历史文化村落保护利用重点村实行分类差别补助标准。对一类市县的历史文化村落保护利用重点村建设平均每村补助700万元，二类市县的历史文化村落保护利用重点村建设平均每村补助500万元。具体可视经审核通过后的历史文化村落保护利用重点村修建性详细规划测算的投资规模，作适当增减（市县分类见附件3）。

第二十二条 以待整治村环境综合整治、历史文化村落保护利用重点村规划和一般村规划确定的年度建设任务为重点，省对市、县（市、区）的“深化千万工程、全面建设美丽乡村”的工作实绩进行年度检查，对检查为优胜等次的县（市、区）给予适当奖励。有待整治村、历史文化村落保护利用重点村和一般村项目验收不合格的县（市、区），不能评为优胜等次。检查结果与次年省补助资金分配相挂钩。

第二十三条 各级财政要加大对“深化千万工程、全面建设美丽乡村”工作的投入力度，对待整治村，按照省、市、县（市、区）等各级安排到一个待整治村的补助资金不少于24万元的要求，对历史文化村落保护利用重点村和一般村，要按照会审通过后的重点村修建性详细规划、一般村建设规划（实施方案），结合实际需要，落实好地方投入资金。

第二十四条 为加强"千村示范万村整治"工程建设项目的规范化管理,提高项目建设的指导服务水平,保质保量地完成建设任务,按照分级负责和从紧、必需的原则,各级财政应安排相应的项目管理经费,用于"千村示范万村整治"工程项目的数据库建设与运行、业务人员培训、技术指导资料编印、工程建设档案编纂与管理、建设规划(计划、实施方案)编制与评审、项目绩效评价及典型经验宣传等方面的支出。项目管理经费不得挤占、挪用"千村示范万村整治"工程专项资金。

第四章 监督与检查

第二十五条 专项资金的使用和管理必须严格按照有关财务制度执行,做到专账核算,专款使用。专项资金不得用于下列各项支出:

(一)行政事业机构开支和人员经费;

(二)各种奖金、津贴和福利补助;

(三)平衡预算;

(四)交通工具及通讯设备;

(五)其他与专项资金使用范围不相符的支出。

第二十六条 各级财政部门和"千村示范万村整治"工作协调小组办公室、历史文化村落保护利用工作协调小组办公室等有关部门要切实加强资金管理,加大对专项资金的监督检查,配合审计等部门做好资金的审计、检查、稽查工作。

第二十七条 有下列情形之一,扣回省财政拨付的专项资金,并视情节对直接责任人员依法给予查处:

(一)挥霍、浪费、克扣、挤占资金的;

(二)项目资金不落实,造成项目无法实施的。

第二十八条 对以虚报、冒领等手段骗取专项资金,截留、挪用专项资金的,按照《财政违法行为处罚处分条例》(国务院令第 427 号)等法律法规的规定予以查处;构成犯罪的,移交司法部门依法追究刑事责任。

第五章 附 则

第二十九条 各市、县(市、区)可根据本办法,结合当地的实际情况,制定本地区"千村示范万村整治"工程项目与资金管理办法,报省财政厅、省"千村示范万村整治"工作协调小组办公室、省历史文化村落保护利用工作协调小组办公室备案。

第三十条 本办法自 2013 年 6 月 15 日起执行,浙江省财政厅、浙江省"千村示范万村整治"工作协调小组办公室《关于印发浙江省"千村示范万村整治"工程项目与资金管理办法的通知》(浙财农〔2011〕79 号)同时废止,浙江省财政厅等七部门《关于印发浙江省"千村示范万村整治"工程专项资金管理办法的通知》(浙财农字〔2008〕104 号)与本办法不一致的,以本办法为准。

附:1. 浙江省"千村示范万村整治"工程历史文化村落保护利用项目申报文本(略)

2. 浙江省历史文化村落保护利用建设项目表(略)

3. 历史文化村落保护利用省级重点村建设补助市县分类(略)

浙江省财政厅关于积极贯彻落实推进舟山群岛新区建设的实施意见

2013 年 5 月 28 日 浙财办〔2013〕10 号

舟山市财政局:

推进舟山群岛新区建设,是打造浙江海洋经济发展先导区、海洋综合开发试验区,构建浙江新的增长极的重大战略决策。为贯彻落实省委、省政府《关于推进舟山群岛新区建设的若干意见》(浙委发〔2013〕13 号)精神,现就涉及财政方面的工作职责,制定以下实施意见。

一、完善财政体制机制

(一)增强统筹协调能力。从 2012 年起,将省对岱山县、嵊泗县的财政体制相关职能委托给舟山市管理。同时,省对舟山市、岱山县、嵊泗县的转移支付办法、结算项目计算方法保持不变。省对岱山县、嵊泗县体制结算等事项,省算到县,由舟山市下达岱山县、嵊泗县;通过国库拨付的地方政府债券转贷资金、各项拨款补助、资金调度均通过舟山市。

(二)健全县级基本财力保障机制。落实区域统筹发展激励奖补政策,引导舟山市加大对岱山县、嵊泗县的投入,及时兑现省奖补资金。健全县级基本财力保障机制,加大对舟山群岛新区的奖补力度,进一步提高新区基本公共服务水平和财政保障能力。全面推进专项性一般转移支付改革,增强新区内市县财政统筹能力,优化政府财力资源配置。

(三)实行规费收入返还政策。2013~2017 年,舟山群岛新区范围内收取的海域使用金、无居民海岛使用金、渔业资源增值保护费等规费收入留省部分全额返还舟山群岛新区。

二、加大财政资金支持力度

(四)积极争取中央财政资金。积极用好并继续争取中央财政支持舟山群岛新区建设的各项资金,在分配中央下达我省的海洋经济发展示范区建设财力补助时,给予舟山群岛新区更多关注和适当倾斜。

（五）加大省级财力投入。2013～2017年，继续实施省海洋经济发展专项资金政策，优化资金分配办法，资金分配更有利于舟山群岛新区集中财力搞建设。继续加大省对舟山的一般性财政转移支付力度，加大海岛及边境地区转移支付等相关资金支持力度，加强边远海岛基础设施、社会保障、基础教育、公共卫生等领域建设。

（六）债券分配适当倾斜。充分考虑新区基础设施建设需要，在建议分配地方政府债券额度时，适当向舟山群岛新区倾斜。

三、发挥基金示范带动效应

（七）利用省海洋产业投资基金支持新区建设。省海投基金要适当向舟山群岛新区倾斜。通过直接投资，支持对发展海洋经济具有战略意义的资源型项目、省政府重点项目以及海洋经济新兴产业的早期孵化项目。通过母基金模式和战略合作模式支持符合省海洋经济发展战略的特定海洋产业。

（八）加大省创业风险投资引导基金对新区的支持。整合省创业风险投资引导基金在资金、技术、项目、人才等方面的优势，向舟山海洋产业聚集。发挥省创业风险投资引导基金杠杆和放大作用，通过阶段性参股、管理团队引入等方式，支持新区创业投资和股权投资基金行业发展。

四、推进金融体系创新

（九）健全涉海金融机构。配合相关部门推动设立浙江海洋发展银行、海洋开发保险公司、舟山船舶融资租赁公司和区域性投融资平台。推进农村合作金融机构改革发展，在省金融控股有限公司参股舟山市定海海洋农村商业银行的基础上，积极推动舟山市其他农村信用社、农村合作银行改制为股份制金融企业。完善小额贷款公司财税支持政策，推动小额贷款公司发展，鼓励符合条件的小额贷款公司依法转为村镇银行。积极争取中央财政定向费用补贴，支持舟山市村镇银行、农村资金互助社等新型农村金融组织发展。

（十）推进金融产品和服务方式创新。继续实施并不断完善小微企业贷款风险补偿、涉农贷款风险补偿和担保机构风险补偿政策，在资金安排上给予舟山市适当倾斜。积极支持省中小企业再担保公司与舟山市有关担保公司特别是涉海专业性担保公司合作，完善融资担保体系。支持新区企业在区域性股权交易市场挂牌开展股权和债券融资。支持新区企业在银行间交易市场开展直接债务融资。

五、加强社会事业建设

（十一）完善公共就业服务。加大省促进就业资金转移支付力度，重点支持新区人力资源市场建设和基层公共就业服务平台建设。对当地失业人员、农村转移就业劳动力、新成长劳动力、退役士兵等就业技能培训和创业培训，以及当地急需、紧缺的高技能人才培训，加大补助力度。

（十二）促进教育事业发展。完善教育经费保障机制，加强边远海岛基础教育建设。省对新区教育转移支付结合新区的区域发展因素考虑。大力支持海洋类院校和学科专业建设，支持浙江大学舟山校区（浙江大学海洋学院）建设，加快培育建设海洋类大学。

（十三）加快基础设施建设。加大舟山群岛新区重大基础设施项目投资，支持建立和完善跨部门、跨地区联动的投融资机制，集中财力办大事。大力支持舟山大陆引水三期工程及海水淡化工程建设。省级强塘工程、滩涂围垦工程及农田水利等水利专项资金和农业综合开发资金对新区符合条件的项目优先予以扶持。

六、加快推进产业转型升级

（十四）支持港航物流产业发展。充分发挥舟山的港航资源和基础优势，加大对储运、中转、加工、交易等重大项目和平台建设的扶持力度，促进舟山“三位一体”港航物流服务体系建设，加快舟山港航物流产业转型升级，与相关产业形成联动，推进海洋经济快速发展。

（十五）支持海洋捕捞渔业发展。在安排远洋渔业（包括远洋渔船建造、远洋渔业基地建设、探捕等）、国内海洋捕捞渔船转型升级等专项资金时，对新区符合条件的项目予以优先扶持。

（十六）提升水产养殖业现代化水平。在安排现代渔业发展资金、水产种子种苗、海洋经济和渔业新兴产业等渔业产业发展专项资金时，对舟山群岛海水围塘生态高效养殖示范建设、沿海设施养殖示范建设、海洋休闲渔业基地建设、水产品加工项目、渔民培训等渔区亟需的项目予以优先支持；支持新区省级现代渔业园区创建点建设。

（十七）支持生态环保建设。在安排海洋与海岛管理、海洋环保与生态建设、渔业资源增殖放流、海洋防灾减灾体系建设、近岸海域环境监测体系建设等专项资金时，对新区符合条件的项目予以优先扶持。

七、建立健全工作机制

（十八）健全工作联络机制。确定一名厅领导对口联系舟山，加强对舟山财政工作的领导和指导，加强支持舟山群岛新区建设各项财政政策的协调和落实。省财政厅每半年听取舟山财政运行情况汇报，研究迫切需要解决的重大问题。

（十九）深化涉财涉税类行政审批改革。根据舟山群岛新区建设发展需要，继续深化行政审批改革，做到能放则放、能减则减、能快则快。

（二十）加大人才扶持力度。根据工作需要，继续选派优秀年轻干部赴舟山挂职服务。

浙江省财政票据管理实施办法

2013 年 6 月 9 日 浙财综〔2013〕41 号

第一条 根据《浙江省政府非税收入管理条例》和《财政票据管理办法》(财政部令第 70 号)等法规规章规定,结合本省实际,制定本实施办法。

第二条 各级财政部门按照"统一领导,分级管理"的原则,开展财政票据管理工作。

省财政部门负责全省财政票据管理工作,制定本省财政票据管理制度和政策,负责财政票据的监(印)制,组织全省财政票据的监督检查,承担省本级财政票据的申领、发放、审验、核销、销毁等工作。

设区市财政部门负责本行政区域财政票据管理工作,负责相关财政票据的申印和承印管理,承担市本级财政票据的申领、发放、审验、核销、销毁和监督检查等工作。

县(市、区)财政部门负责本行政区域财政票据管理工作,承担本级和所属乡镇(街道)财政票据的申领、发放、审验、核销、销毁和监督检查等工作。

第三条 财政票据实行全省票种目录管理,具体票种、式样、联次、使用范围等由省财政部门根据制度规定和管理要求确定并公布。

第四条 浙江省财政票据的收据联套印全国统一的财政票据监制章。财政票据监制章根据财政部统一规定由省财政部门制作和管理。

第五条 财政票据用票实行年度计划管理。行政事业单位应当准确测算用票需求,在规定的时间内,向同级财政部门报送年度用票计划;各级财政部门应当依据本地区用票需求,按要求编制年度用票计划,并逐级汇总上报。

第六条 县(市、区)财政部门按照本地区财政票据年度用票计划,合理安排分批向设区市财政部门报送财政票据印制申请;设区市财政部门按照本级财政票据年度用票计划和所属县(市、区)财政票据印制申请,合理安排分批向省财政部门报送财政票据印制申请;省财政部门按照全省财政票据年度用票计划,审核设区市财政部门上报的财政票据印制申请,并自受理之日起 5 个工作日内下达核准意见。

印制特定用途的财政票据,行政事业单位须向同级财政部门提出申请,报省财政部门核准。

第七条 财政票据承印企业应当通过政府采购方式确定,并实行定点管理。其中省级财政票据承印企业由省财政部门与承印企业签订财政票据印制合同;市级财政票据承印企业由省财政部门委托各设区市组织政府采购,并会同市财政局与承印企业签订财政票据印制合同。

省财政部门向财政票据承印企业核发《浙江省财政票据准印资格证书》。

第八条 财政票据承印企业应当严格履行财政票据印制合同,按照省财政部门下达的财政票据印制通知和规定的票据式样印制财政票据,及时完成财政票据的印制,并保证质量。

第九条 财政票据承印企业应当建立财政票据印制、运输、仓储等各项管理制度和保密措施,确保财政票据安全。

第十条 财政票据承印企业因违反财政票据印制合同条款被取消或暂停印制资格的,须及时将浙江省财政票据准印资格证书、财政票据监制章印模、财政票据式样模板等印制财政票据的用品和资料交还省财政部门,不得自行保留或者提供给其他单位及个人。

第十一条 省财政部门负责组织实施对财政票据定点承印企业履行合同条款执行情况的监督检查,设区市财政部门做好承印企业日常监管。

第十二条 具有法人资格且独立核算的行政事业单位,按照财务隶属关系,向同级财政部门办理《财政票据领购证》(以下简称"票据领购证")。

经省财政部门同意实行政府非税收入委托执收的,由委托单位办理《票据领购证》。

第十三条 首次领购政府非税收入票据,凭财政部门核发的《政府非税收入收缴情况核定表》;领购其他类财政票据的,提交《财政票据管理办法》(财政部令第 70 号)第二十条规定的相关材料。

第十四条 财政部门对行政事业单位提交的申领材料进行审核,对符合条件的,在 7 个工作日内核发《票据领购证》,同时发放财政票据;对申请材料不全的,应当一次性告知补正材料。

暂停、暂缓供票或者年度用票量极少的,由行政事业单位提出申请,到财政部门办理集中开票。

第十五条 行政事业单位再次领购财政票据,需结报核销前次领购的财政票据。

第十六条 注销或换发的《票据领购证》由财政部门负责收回。

第十七条 《票据领购证》实行年检制度。年检合格的,在票据领购证加盖年检合格戳记，年检不合格或未办理年检的用票单位，经整改合格后，再办理财政票据领用。

第十八条 市、县（市）财政部门应提前15个工作日向省财政部门报告申领相关财政票据。

第十九条 行政事业单位应当将财政票据使用管理列为单位财务管理工作重要内容，建立健全内部财政票据领用、保管、使用、核销等制度，设立票据专管员，设置财政票据领用管理台账，准确完整记录财政票据使用管理等情况。

第二十条 财政票据启用前，行政事业单位应当检查有无缺联、缺号、重号及监制章缺错等情况，一经发现应及时报告财政部门。

第二十一条 填开错误的财政票据，应作废后另行填开，严禁挖补、涂改、拆分、撕毁财政票据。不得填开使用过期作废的财政票据。

第二十二条 已填开的财政票据存根联、作废的财政票据，因特殊原因需要提前销毁的，可书面报告财政部门，核准适当缩短保存期限，但不得少于2年。

第二十三条 财政部门、财政票据使用单位、财政票据印制企业应当设置财政票据专用仓库或者专柜，指定专人负责保管，切实做好防盗、防火、防潮、防蛀、防爆、防腐等工作，确保财政票据存放安全。

第二十四条 对遗失空白财政票据的，经财政部门核实属行政事业单位内部票据管理制度不健全、票据使用管理混乱等所致，由县级以上财政部门责令改正并可予以通报批评。

第二十五条 财政票据实行定期结报核销制度，具体时间由同级财政部门视用票单位情况作出规定，并在《票据领购证》内注明。

政府非税收入票据按照政府非税收入收缴管理制度规定及时结报核销。

第二十六条 财政票据结报核销方式包括网上结报核销和窗口结报核销。

网上结报核销，由行政事业单位通过网络向同级财政部门提交财政票据结报核销申请。经审验合格后，到财政部门办理票据核销确认手续。

窗口结报核销，由行政事业单位持票据领购证和加盖公章的财政票据核销表，携装订成册的票据存根联、补登票据存根联和错、废票据全联次，向同级财政部门办理财政票据结报核销。财政部门审验票据填开是否合规，开票收入上缴财政情况以及票据使用、作废和结存数量等，审验合格的，加盖“已核销”戳记，予以核销；审验不合格的，退回并限期整改。

审验核销空白的财政票据时，须剪去收据联上的监制章。

第二十七条 市、县（市、区）财政部门应当在每年的第一季度，按要求向省财政部门报送上一年度本行政区域内财政票据领用、核销、结存和销毁情况，并据以向省财政部门办理相关财政票据的核销事项。

第二十八条 票据印制费用和各级财政部门依法履行管理职能所需的相关经费由同级财政预算予以保障。

第二十九条 市、县（市、区）财政部门可结合本地实际制定具体实施细则，并报省财政部门备案。

第三十条 本实施办法自2013年7月1日起执行。2004年省财政厅印发的《浙江省财政票据管理暂行办法》（浙财综字〔2004〕52号）同时废止。

关于财税支持个体工商户转型升级为企业的意见

2013年6月25日 浙财预〔2013〕22号

各市、县（市、区）财政局、国家税务局、地方税务局（宁波不发）：

为加快推动个体工商户提升发展，鼓励引导其向现代企业转变，更好地促进我省民营经济发展方式转变和经济转型升级，根据《浙江省人民政府办公厅关于支持个体工商户转型升级为企业的意见》（浙政办发〔2013〕42号）精神，现就财税支持个体工商户转型升级为企业（以下简称“个转企”）工作提出如下意见：

一、加大财税扶持力度，推动个体工商户转型升级

（一）以“个转企”上年度缴纳入库的增值税、营业税、企业所得税（包括生产经营所得个人所得税，以下简称“三税”）地方部分为基数，对当年缴纳“三税”地方部分新增超过1万元的企业，各地在“个转企”后3年内可给予适当补助。根据现行我省财政体制规定，应由省财政负担的部分，通过省与市县财政年终结算补助给市、县（市）。

（二）“个转企”企业按规定享受《浙江省人民政府办公厅关于促进小型微型企业再创新优势的若干意见》（浙政办发〔2012〕47号）、《财政部 工业和信息化部关于印发〈政府采购促进中小企业发展暂行办法〉的通知》（财库〔2011〕181号）、《转发财政部 工业和信息化部关于印发〈政府采购促进中小企业发展暂行办法〉的通知》（浙财采监〔2012〕11号）、《浙江省财政厅 浙江省物价局关于免征小型微型企业部分行政事业性收费的通知》（浙财综〔2011〕126号）等文件相关财政政策。

（三）"个转企"后符合《企业所得税法》及其实施条例规定的小型微利企业条件的，减按20%的税率征收企业所得税，其中，年应纳税所得额低于6万元（含6万元）的小型微利企业，2015年底前，其所得减按50%计入应纳税所得额，按20%的税率缴纳企业所得税。

（四）"个转企"后，经认定属于国家重点扶持的高新技术企业的，减按15%的税率征收企业所得税。企业为开发新产品、新技术、新工艺所发生的研究开发费用，在计算企业所得税时可按规定加计扣除。

（五）对确有困难的"个转企"企业，报经地税部门批准后，可给予减免房产税、城镇土地使用税。按期纳税有困难并符合税法规定的，由纳税人提出申请，经审核批准后，可延期缴纳税款。

（六）转型前的个体工商户与转型后的企业之间划转土地、房屋权属，投资主体不变的，免征契税。

（七）转为符合产业政策的小型微利企业的，在转企当年起3年内免征、第4年至第5年减半征收地方水利建设基金。

（八）"个转企"的小规模纳税人，2015年底前，可根据生产经营情况，向主管国税机关申请认定为增值税一般纳税人，或继续为小规模纳税人；可选择自行申报缴税方式或税务机关核定方式缴纳税款。

（九）对"个转企"的纳税人在个体经营期间取得的固定资产，如果没有原始有效凭证证明其价值，可按照有资质的中介机构出具的评估报告中确定的净值，按规定进行固定资产核算和管理。

二、加强重点对象监控，规范个体税收管理

积极推进个体税收"建账建证、预警管理"。各级地税机关应根据《个体工商户建账管理暂行办法》规定，对以营业税为主体税种且经营规模较大的个体工商户，督促其建立复式账，如实记载经营事项，正确核算盈亏，原则上不再采取定期定额的征收方式，而采取查账征收的征收方式。

对查账征收的个体工商户，主管地税机关应参照同类、同级经营户的经营水平合理设置其营业额等预警值，并根据其实际经营情况变化及时调整。当其出现申报营业额低于预警值等异常情况时，主管地税机关必须派员进行实地核查，对其进行纳税辅导或纳税评估。经纳税评估有逃避缴纳税款等疑点的，应当移送税务稽查。

三、实施财政奖励政策，支持地方推进"个转企"工作

对经省个体工商户转企业及小微企业规范升级领导小组办公室考核优秀的设区市前5名、县（市、区）前10名，省财政分别给予一定的财力性奖补。

四、本意见自2013年1月1日起实施

浙江省会计从业资格管理实施办法

2013年6月28日 浙财会〔2013〕28号

第一章 总 则

第一条 为加强我省会计从业资格管理，规范会计人员行为，根据《中华人民共和国会计法》（以下简称《会计法》）和财政部《会计从业资格管理办法》（财政部第73号令）的规定，制定本实施办法。

第二条 浙江省内（宁波市、武装警察部队、解放军系统除外）会计从业资格的取得和管理适用本实施办法。

第三条 在国家机关、社会团体、企业、事业单位和其他组织（以下统称单位）中担任会计机构负责人（会计主管）的人员，以及从事下列会计工作的人员应当取得会计从业资格：

（一）出纳；

（二）稽核；

（三）资本、基金核算；

（四）收入、支出、债权债务核算；

（五）职工薪酬、成本费用、财务成果核算；

（六）财产物资的收发、增减核算；

（七）总账；

（八）财务会计报告编制；

（九）会计机构内会计档案管理；

（十）其他会计工作。

第四条 单位不得任用（聘用）不具备会计从业资格的人员从事会计工作。

不具备会计从业资格的人员，不得从事会计工作，不得参加会计专业技术资格考试或评审，不得聘任会计专业技术职务。

第二章 管理部门

第五条 会计从业资格管理实行属地原则。县级（含县级，下同）以上地方人民政府财政部门（以下简称会计从业资格管理机构）负责本行政区域内的会计从业资格管理。具体规定如下：

（一）省会计从业资格管理机构负责全省会计从业资格管理工作，并具体负责在杭的省级和中央单位会计从业资格管理工作。

（二）市级（设区市，下同）会计从业资格管理机构负责市本级及本辖区(不包括县级市、县)内中央和省级单位会计从业资格管理工作。

(三)县(市)级会计从业资格管理机构负责全县及本辖区内中央、省级和市级单位会计从业资格管理工作。区级会计从业资格管理机构负责全区会计从业资格管理工作。

(四)外省及本省各市、县(市、区)派驻省内其他地方的单位或分支机构,由其所在地会计从业资格管理机构负责管理。

(五)不与任何单位存在编制关系或聘用关系的人员,在我省有常住户口的,由户口所在地会计从业资格管理机构负责管理;无常住户口的,由居住所在地会计从业资格管理机构负责管理。

(六)大中专院校在校学生,由学校所在地会计从业资格管理机构负责管理。

第六条 各级会计从业资格管理机构应当建立健全会计从业资格管理工作制度,加强内部管理,提升服务水平。

第三章 会计从业资格的取得

第七条 会计从业资格的取得实行考试制度。

第八条 符合下列条件的人员,可以申请参加会计从业资格考试:

(一)遵守会计和其他财经法律、法规;

(二)具备良好的道德品质;

(三)具备会计专业基础知识和技能。

因有《会计法》第四十二条、第四十三条、第四十四条所列违法情形,被依法吊销会计从业资格证书的人员,自被吊销之日起5年以内(含5年)不得参加会计从业资格考试,不得重新取得会计从业资格证书。

因有提供虚假财务会计报告,做假账,隐匿或者故意销毁会计凭证、会计账簿、财务会计报告,贪污、挪用公款,职务侵占等与会计职务有关的违法行为,被依法追究刑事责任的人员,不得参加会计从业资格考试,不得取得或者重新取得会计从业资格证书。

第九条 对申请参加会计从业资格考试人员,在报名时由系统提取违规人员信息,自动进行审核。符合条件的,允许其在省内(不包括宁波)选择任何考点参加会计从业资格考试。

第十条 我省会计从业资格考试科目为:财经法规与会计职业道德、会计基础、会计电算化(或珠算)。

会计从业资格考试大纲、考试合格标准由财政部统一制定和公布。

会计从业资格各考试科目应当一次性通过。

会计从业资格实行无纸化考试,会计从业资格无纸化考试管理相关规定另行制定。

第十一条 会计从业资格考试结果在浙江省财政厅会计从业资格报名网站(网址:http://kjbm.zjczt.gov.cn)公布。

考试通过人员在考试结果公布之日起6个月内,持相关资料,按属地原则到相关的会计从业资格管理机构领取会计从业资格证书。考试通过人员应当对提供资料的真实性负责。

通过会计从业资格考试的人员,可以委托代理人领取会计从业资格证书。代理人领取会计从业资格证书时,应当持本人和委托人的有效身份证件原件。委托人应当对提供资料的真实性负责。

第十二条 领取会计从业资格证书时,应填写《浙江省会计人员基本信息表》,并提供下列资料:

(一)考试成绩合格证明。

(二)有效身份证件原件及复印件。

(三)近期同底片一寸免冠证件照两张。

(四)有学历(学位)的,提供全日制和非全日制最高学历(学位)证书原件及复印件(香港特别行政区、澳门特别行政区、台湾地区居民以及外国居民的学历(学位)须经中华人民共和国教育行政主管部门认可);有会计专业技术资格证书的,提供会计专业技术资格证书原件及复印件。

(五)有工作单位的,必须提供加盖单位公章的工作证明,同时提供单位组织机构代码证复印件。

(六)不与任何单位存在编制关系或聘用关系的,提供户口本或暂住证原件及复印件;在校学生提供学生证原件及复印件。

第十三条 会计从业资格管理机构对申请人材料齐全、符合规定要求的,应填写《会计从业资格证书申领受理通知书》,当场受理;对材料不齐全或不符合规定要求的,应填写《会计从业资格证书申领不予受理通知书》,书面一次性告知需补正的全部内容。会计从业资格管理机构应自受理之日起5个工作日内制作会计从业资格证书并通知申请人领取。

第十四条 省会计从业资格管理机构负责组织实施会计从业资格考试的下列事项:

(一)制定会计从业资格考试考务规则。

(二)组织会计从业资格考试软件系统的建设及管理。

(三)接收并管理财政部下发的会计从业资格无纸化考试题库。

(四)制定、公布全省会计从业资格考试的报考办法、考试相关要求、报名条件和考试科目。

(五)组织开展会计从业资格考试。

(六)监督检查会计从业资格考试考风、考纪,并依法对违规违纪行为处理处罚情况进行监督检查。

第十五条 各市、县(市、区)会计从业资格管理机构负责组织实施本区域内考试考务的具体工作。

第十六条 会计从业资格考试收费标准按照省物价管理部门的有关规定执行。

第十七条 财政部统一规定会计从业资格证书样式和编号规则。省会计从业资格管理机构负责全省会计从业资格证书的印制和管理。各市、县(市、区)会计从业资格管理机构负责会计从业资格证书的制作和颁发。

第十八条 会计从业资格证书是具备会计从业资格的证明文件,在全国范围内有效。

持有会计从业资格证书的人员(以下简称持证人员)不得涂改、出借会计从业资格证书。

第四章 会计从业资格管理

第十九条 持证人员应当接受继续教育,提高业务素质和会计职业道德水平。

持证人员参加继续教育采取学分制管理制度。持证人员继续教育相关规定由浙江省财政厅另行制定。

第二十条 会计从业资格管理机构应当加强对持证人员继续教育工作的监督、指导。单位应当鼓励和支持持证人员参加继续教育,保证学习时间,提供必要的学习条件。

第二十一条 会计从业资格管理机构应当对开展会计人员继续教育的培训机构进行监督和指导,规范培训市场,确保培训质量。

第二十二条 会计从业资格实行信息化管理。会计从业资格管理机构应当在持证人员从业档案信息系统中及时记载、更新持证人员下列信息:

(一)持证人员的相关基础信息;

(二)持证人员从事会计工作情况;

(三)持证人员的变更、调转登记情况;

(四)持证人员换发会计从业资格证书情况;

(五)持证人员接受继续教育情况;

(六)持证人员受到表彰奖励情况;

(七)持证人员因违反会计法律、法规、规章和会计职业道德被处罚情况。

第二十三条 持证人员的姓名、有效身份证件及号码、照片、学历或学位、会计专业技术职务资格、开始从事会计工作时间等基础信息,以及第二十二条第(五)和第(六)项内容发生变化的,应当持相关有效证明和会计从业资格证书,到所属会计从业资格管理机构办理从业档案信息变更。会计从业资格管理机构应当在核实相关信息后,为持证人员办理从业档案信息变更。

持证人员的其他相关信息发生变化的,可以登陆所属会计从业资格管理机构指定网站进行信息变更,也可以到所属会计从业资格管理机构办理。

第二十四条 开始从事会计工作时间的认定。以实际从事会计工作和取得会计从业资格证书时间的后者为开始从事会计工作时间。

从事会计工作间断的,以取得会计从业资格证书后的实际从事会计工作时间累计计算。

第二十五条 持证人员所属会计从业资格管理机构发生变化的,应当及时办理调转登记手续。

持证人员所属会计从业资格管理机构在省内(宁波除外)发生变化的,应当持会计从业资格证书、加盖公章的新工作单位的工作证明及工作单位组织代码证复印件(或户籍证明、居住证明),填写《浙江省会计从业资格调转登记表》到调入地所属会计从业资格管理机构办理调转登记。

持证人员所属会计从业资格管理机构在省际(包括宁波)之间发生变化的,应当及时填写《浙江省会计从业资格调转登记表》,持会计从业资格证书,到原会计从业资格管理机构办理调出手续。持证人员应当自办理调出手续之日起3个月内,持会计从业资格证书、《浙江省会计从业资格调转登记表》、《浙江省会计人员基本信息表》和在调入地的工作证明(或户籍证明、居住证明),到调入地会计从业资格管理机构办理调入手续。

第二十六条 持证人员应当妥善保管会计从业资格证书。如有遗失,持证人员应当在履行公告程序后,填写《浙江省补发会计从业资格证书申请表》,持有关证明材料,向所属会计从业资格管理机构申请补发会计从业资格证书。会计从业资格管理机构核实无误后,应当自受理之日起20个工作日内予以补发。

持证人员的公告必须发布在市级(含)以上公开发行的报刊上。

会计从业资格证书如有毁损,持证人员应当填写《浙江省补发会计从业资格证书申请表》,持毁损证书原件,向所属会计从业资格管理机构申请补发会计从业资格证书。会计从业资格管理机构核实无误后,应当自受理之日起20个工作日内予以补发。

第二十七条 会计从业资格证书实行6年定期换证制度。

持证人员应当在会计从业资格证书到期前6个月内,填写《浙江省会计从业资格证书换证登记表》,持有效身份证件原件和会计从业资格证书,到所属会计从业资格管理机构办理换证手续。

持证人员换证时,必须完成以前年度会计继续教育。

调出省外(包括宁波)的持证人员,会计从业资格证书超过有效期的,必须先办理换证手续后调出。

第二十八条 有下列情形之一的,会计从业资格管理机构可以撤销持证人员的会计从业资格:

(一)会计从业资格管理机构工作人员滥用职权、玩忽职守,作出给予持证人员会计从业资格决定的。

(二)会计从业资格管理机构工作人员超越法定职权或者

违反法定程序,作出给予持证人员会计从业资格决定的。

（三）会计从业资格管理机构工作人员对不具备会计从业资格的人员,作出给予会计从业资格决定的。

持证人员以欺骗、贿赂、舞弊等不正当手段取得会计从业资格的,会计从业资格管理机构应当撤销其会计从业资格。

撤销时,会计从业资格管理机构应当填写《撤销、注销会计从业资格决定书》,并定期在本部门门户网站公示。

第二十九条 持证人员具有下列情形之一的,会计从业资格管理机构应当注销其会计从业资格:

（一）死亡或者丧失行为能力的;

（二）会计从业资格被依法吊销的;

（三）持证人员要求注销的。

注销时,会计从业资格管理机构应当填写《撤销、注销会计从业资格决定书》,并定期在本部门门户网站公示。

第三十条 会计从业资格管理机构应当将领取会计从业资格证书和办理会计从业资格证书换发、调转、变更登记的条件、程序、期限以及需要提交的材料和相关申请登记表格示范文本等在办公场所公示,或者在会计从业资格管理机构指定网站进行公示。相关申请登记表格示范文本应当置放于会计从业资格管理机构办公场所,免费提供,申请人也可以从会计从业资格管理机构指定网站下载。

第三十一条 会计从业资格管理机构应当对下列情况实施监督检查:

（一）从事会计工作的人员持有会计从业资格证书情况;

（二）持证人员换发、调转、变更登记会计从业资格证书情况;

（三）持证人员从事会计工作和执行国家统一的会计制度情况;

（四）持证人员遵守会计职业道德情况;

（五）持证人员接受继续教育情况。

第三十二条 会计从业资格管理机构在依法实施监督检查时,持证人员应当如实提供有关情况和材料,有关单位应当予以配合。

单位和个人对违反本实施办法规定的行为有权检举,会计从业资格管理机构应当及时核实、处理,并为检举人保密。

第三十三条 持证人员对会计从业资格管理机构的处理处罚决定,享有陈述权、申辩权;有权依法申请行政复议或者提起行政诉讼。

第五章 法律责任

第三十四条 参加会计从业资格考试舞弊的,2 年内不得参加会计从业资格考试,由会计从业资格管理机构取消其考试成绩;已取得会计从业资格的,由会计从业资格管理机构撤销其会计从业资格。撤销时,会计从业资格管理机构应当填写《撤销、注销会计从业资格决定书》。

第三十五条 持证人员具有下列情形之一的,由会计从业资格管理机构责令其限期改正:

（一）不参加继续教育或参加继续教育未取得规定学分的;

（二）未按照本实施办法规定办理调转登记的;

（三）未按照本实施办法规定进行信息更新的。

第三十六条 会计从业资格管理机构及其工作人员在实施会计从业资格管理中滥用职权、玩忽职守、循私舞弊的,依法给予处分。构成犯罪的,依法追究刑事责任。

第三十七条 会计从业资格管理机构工作人员违反本实施办法第三十二条规定,将检举人姓名和检举材料转给被检举单位或个人,或者将应当保密的检举信息对外泄露的,由所在单位或者有关单位依法给予处分。构成犯罪的,依法追究刑事责任。

第六章 附 则

第三十八条 香港特别行政区、澳门特别行政区、台湾地区居民和外国居民在我省（宁波除外）境内取得会计从业资格及相关管理适用本实施办法。

第三十九条 取得注册会计师证书,目前尚在从事会计工作的;本实施办法施行之日前已被聘任为高级会计师或者从事会计工作满 20 年,且年满 50 周岁、目前尚在从事会计工作的,经本人申请、填写《浙江省补发会计从业资格证书申请表》并提供加盖公章的单位证明等相关材料,会计从业资格管理机构核实无误后,发给会计从业资格证书。

相关材料包括 2000 年《中华人民共和国会计法》实施以来每年的会计凭证（或账簿、报表）复印件（复印件必须加盖单位公章）等能证明其从事会计工作的证明材料;高级会计师资格证书原件和复印件、单位聘任文件或聘书;注册会计师证书原件和复印件。

申请人向工作单位所在地会计从业资格管理机构提出书面申请,会计从业资格管理机构按月汇总后于次月 10 日前统一上报市级会计从业资格管理机构审核。审核通过的在市级会计从业资格管理机构的门户网站进行公示,公示时间不得少于 30 天。公示期间如无问题的,在公示期结束后 5 个工作日内,市级会计从业资格管理机构将补发会计从业资格证书的人员名单报省会计从业资格管理机构备案,并在公示期结束后 10 个工作日内将补发会计从业资格证书的人员名单告知受理地会计从业资格管理机构,受理地会计从业资格管理机构负责办理会计从业资格证书并通知申请人领取。

第四十条 本实施办法自 2013 年 8 月 1 日起施行。浙江省财政厅于 2005 年 5 月 23 日发布的《浙江省会计从业资格管理实施办法》同时废止。

附表（略）

浙江省农房救助和示范村建设专项资金管理办法

2013年7月9日 浙财建〔2013〕171号

第一章 总 则

第一条 根据住房和城乡建设部《关于开展美丽宜居小镇、美丽宜居村庄示范工作的通知》(建村〔2013〕40号)和浙江省人民政府办公厅《关于实施农房改造建设示范村工程的意见》(浙政办发〔2012〕135号)、《转发省建设厅、省民政厅、省财政厅〈关于实施农村困难群众住房救助工作的意见〉的通知》(浙政办发〔2006〕92号)等精神,为统筹抓好全省农房改造建设示范村工程实施、农村困难群众住房救助、村庄规划编制修编和全国美丽宜居村镇示范工作,确保财政资金使用和管理的规范化、制度化、程序化,提高资金使用效益,特制定本办法。

第二条 省财政设立农房救助和示范村建设专项资金(以下简称"专项资金"),专项用于支持开展全省农房改造建设示范村工程、农村困难群众住房救助、村庄规划编制修编和全国美丽宜居村镇示范工作。按照深入推进新型城市化和新农村建设的要求,围绕建设生产发展、生活富裕、生态良好、自然人文特色彰显的农村新社区,着力提升规划设计水平,改善农村人居环境,营造农村特色风貌,优化农村发展环境,加快城乡一体化发展。

第三条 市、县(市、区)要加大资金投入,保障农房改造建设示范村工程、农村困难群众住房救助、村庄规划编制修编和全国美丽宜居村镇示范工作需要。对农房改造建设示范村试点和农村困难家庭住房救助,要按照市、县(市、区)两级合计不少于省以上补助标准,落实好地方配套资金。要建立村集体和农民自筹为主、政府补助为辅、社会各方力量支持的多渠道投入机制,积极引导和鼓励大型建筑业企业、房地产企业等以村企共建、联合开发、代建制等模式参与,形成多元化的投资格局。要加强各项涉农资金整合,将全省农房改造建设示范村工程、农村困难群众住房救助、村庄规划编制修编、全国美丽宜居村镇示范工作与"三改一拆"专项行动、"四边三化"专项行动、"千村示范万村整治"工程、历史文化村落保护利用、农村环境连片整治等项目有机结合,形成合力,统筹推进。

第二章 资金的申请

第四条 专项资金的支持对象主要有四类:

(一)对符合浙政办发〔2012〕135号文件规定、列入农房改造建设示范村工程试点范围的村庄开展"一个规划、三拆三化"项目建设(即规划设计项目,拆违、拆危、拆旧项目和美化、洁化、绿化项目)进行补助。具体为:

规划设计项目:按照示范村的建设标准和《浙江省农房改造建设示范村规划设计指引》的要求编制修编示范村建设规划。

拆违项目:拆除农村违章搭建的建筑物和构筑物等。

拆危项目:新建、改建、修缮、集中安置或其他形式改造农村危房。

拆旧项目:拆除影响村容村貌、与自然景观不适宜且无历史文化保护价值的破旧房。

美化项目:突出地域特色改造农房外立面、突出风貌特色建设村主入口及主要节点景观、突出空间特色整治村落空间、突出乡土特色改造路面围墙等设施、突出文化特色保护修缮传统建筑等。

洁化项目:利用新能源新技术改造农村污水垃圾和公共厕所等环保基础设施、整治河道池塘等。

绿化项目:村庄房前屋后乡间田头庭院绿化、公共绿地景观建设提升、山体水系等生态修复等。

(二)对符合浙政办发〔2006〕92号文件规定、列入年度农村困难家庭住房救助任务的农户开展危房改造工作进行补助。

(三)对历史文化村、海岛和欠发达地区村庄以及其他村庄规划编制任务重且经费比较紧张的地区开展村庄规划编制修编进行补助。

(四)对列入全国美丽宜居村镇示范创建点的农房改造建设示范村进行补助。

第五条 申请农房改造建设示范村工程补助资金,必须同时具备以下条件:

(一)村庄必须符合县市域村庄布局规划的要求,规划已明确需搬、撤、迁、并的村庄不得申报。

(二)村庄的示范带动效应必须相对突出。优先选取区域位置较为重要、资源优势较为明显、地理位置较为突出特别是地处山边、路边、水边的村庄。

(三)村庄的硬件基础必须相对较好。村庄整体风貌相对完整,基础设施配套相对完善,文化底蕴相对深厚,生态环境相对良好。

(四)村庄的软件条件必须相对较好。村级组织战斗力强,干群关系融洽,村民对示范村建设积极性较高,村级集体经济有一定的收入来源。

（五）经省建设厅、省财政厅审核，已列入全省农房改造建设示范村工程试点范围。

全省农房改造建设示范村工程的试点申报办法另行制定。

第六条 申请农村困难群众住房救助补助资金，必须同时具备以下条件：

（一）救助对象已按有关规定进行严格审核，并已纳入省年度农村困难家庭住房救助任务。

（二）已根据省下达的年度救助任务拟定救助方式和救助标准，并已落实地方配套资金。

（三）救助工作已组织实施，且实施情况良好。

凡符合农村困难群众住房救助补助资金申请条件的救助对象，由各县（市、区）财政、农房救助主管部门初审并报经各市财政、农房救助主管部门复审汇总后，于每年3月底前（2013年为6月底前）联合行文向省财政厅、省建设厅申报，逾期不予受理。

各县（市、区）的申报材料应包括：申请补助资金的正式文件、《浙江省农村困难群众住房救助补助资金申请表》（见附1）、《农村困难群众住房救助对象核准情况汇总表》（见附2）、农村困难群众住房救助工作年度实施方案（包括救助对象的确定、拟定的救助方式和救助标准、资金筹措方案和资金落实情况、实施进度计划安排等情况）。各市在申报时，还应填报《浙江省农村困难群众住房救助补助资金申请汇总表》（见附3）。

第七条 申请村庄规划编制修编补助资金，必须同时具备以下条件：

（一）属当年的规划项目且已委托具有相应资质的规划设计单位编制。

（二）规划编制配套资金已落实。

（三）规划编制工作已经开展。

凡符合村庄规划编制修编补助资金申请条件的，由各县（市、区）财政、规划主管部门初审并经各市财政、规划主管部门复审汇总后，于每年3月底前（2013年为7月31日前）联合行文上报省财政厅、省建设厅。

各县（市、区）的申报材料应包括：申请补助资金的正式文件、规划编制委托合同、配套资金落实证明、规划编制工作情况说明。各市在申报时，应附各县（市、区）的申报材料。

第八条 申请全国美丽宜居示范村镇创建补助资金，必须同时具备以下条件：

（一）列入全省农房改造建设示范村工程试点范围。

（二）符合住房和城乡建设部《关于开展美丽宜居小镇、美丽宜居村庄示范工作的通知》（建村〔2013〕40号）文件中《美丽宜居村庄示范指导性要求》的有关条件。

（三）列入我省创建全国美丽宜居示范村镇候选对象。

全国美丽宜居示范村镇创建点由省建设厅、省财政厅组织有关专家，按照全国美丽宜居村庄的示范要求，从全省农房改造建设示范村试点中选取。全国美丽宜居示范村镇创建点的数量控制在每年5个左右。

第三章 资金的分配

第九条 专项资金由省财政厅会同省建设厅根据公开、公平、公正、透明的原则，实行年度资金总量控制、项目分类管理的方式进行分配，并适当向经济欠发达地区倾斜。

第十条 根据当年省级预算确定的专项资金总量，确定村庄规划编制修编项目资金规模为2500万元，全国美丽宜居村镇示范项目资金规模为2000万元，对全省农房改造建设示范村工程、农村困难群众住房救助项目之间的资金规模暂按1∶1比例进行分类安排，可根据工作重点及项目进展情况合理调整分配比例。

第十一条 专项资金按照示范村试点数、救助任务数等因素，并结合财政困难程度进行分配。

（一）分配因素与权重系数

1. 财力调节系数。综合考虑各地经济发展、财力状况等因素，参照省级转移支付类别档次及系数，按照二类六档设置财力调节系数分别为2.0、1.9、1.8、1.6、1.4、1.2。

2. 示范村试点数。以当年列入全省农房改造建设示范村试点范围的村庄数为准。

3. 救助任务数。为当年经核定的年度农村困难群众住房救助任务数。

（二）补助标准与计算公式

1. 农房改造建设示范村试点的补助资金。某市县的建设补助资金总额＝[（该市县年度示范村试点数×财力调节系数）÷Σ（各市县年度示范村试点数×财力调节系数）]×年度资金规模。具体可视示范村试点各项目建设的投资规模测算，作适当增减。

各市、县（市、区）要切实抓好各个示范村试点建设的督导推进工作。对示范村建设工作推进不力的试点村庄，应及时向省建设厅、省财政厅提出报告，取消其试点资格，停止拨付补助资金。

2. 农村困难群众住房救助的补助资金，根据当年救助任务数、省级专项资金规模和中央补助我省农村危房改造资金规模，按照不低于中央补助标准分配。各市、县（市、区）要依据危房改造方式、建设标准、成本需求和补助对象自筹资金能力等不同情况，合理确定不同类型、不同档次、不同农户的补助标准。

3. 村庄规划编制修编的补助资金，实行分类补助标准。属农房改造建设示范村试点和历史文化村落的村庄，一次性补助10万元；其他村庄，一次性补助5万元。

4. 全国美丽宜居示范村镇单个创建点的补助资金＝该项目年度资金规模÷当年全国美丽宜居示范村镇创建点数量。

第十二条 为加强农房改造建设示范村工程项目建设的规范化管理，切实抓好示范村试点的“一个规划、三拆三化”项目建设，确保示范村建设取得实效，按照分级负责和从紧必需的原则，各级财政应安排相应的项目管理经费，用于农房改造建设示范村工程的业务人员培训、技术资料编印、项目建设档案编纂与管理、规划设计方案评审、项目绩效评价和工作交流宣传等方面的支出。项目管理经费不得挤占、挪用专项资金。

第四章 资金的使用

第十三条 2013年，省财政厅、省建设厅按照上述分配方法计算专项资金，并于8月底前下达给有关市、县（市）。从2014年开始，根据本办法的有关规定，省财政厅、省建设厅将组织专家及有关人员对各地上报材料进行审核，核定各市县年度专项资金补助额度，并于每年6月底前下达给有关市、县（市）。各有关市、县（市）财政部门应按照项目建设进度及时将省下达的补助资金拨付到位。当年未完成的项目，补助资金年终有结余的，可结转下年度继续使用。

第十四条 市、县（市、区）财政部门安排使用省专项资金时，填列《政府收支分类科目》支出科目中的221类“住房保障支出”01款“保障性住房支出”05项“农村危房改造支出”科目。

第十五条 省财政厅、省建设厅等部门对各项工作的推进情况和专项资金的使用情况进行监督检查，并逐步建立绩效评价制度。以农房改造建设示范村试点的“一个规划、三拆三化”项目建设任务为重点，省对市、县（市、区）的农房改造建设示范村工程实施情况进行年度考核，考核结果与次年补助资金分配挂钩，实行“有奖有罚”制度。对于示范村建设任务完成较好的地区，适当增加下一年度试点名额；对于示范村建设任务完成较差的地区，酌情核减下一年度试点名额。农房改造建设示范村工程考核办法另行制定。

第五章 监督与检查

第十六条 各市、县（市、区）应当对专项资金实行专项管理、分账核算，并严格按照规定用途使用。专项资金的支付，按照财政国库管理制度的有关规定执行。专项资金不得用于下列支出：

（一）行政事业机构开支和人员经费。

（二）各种奖金、津贴和福利补助。

（三）不得截留、挤占、挪作他用，也不得用于平衡本级预算。

（四）交通工具及通讯设备。

（五）其他与专项资金使用范围不相符的支出。

第十七条 专项资金的使用，应接受财政、建设、审计等部门的监督和检查。各级财政、建设部门要加强对专项资金的监督管理，督促项目单位严格按规定使用专项资金，并落实项目资金，确保项目建设进度，充分发挥专项资金的使用效益。

第十八条 省财政厅、省建设厅等部门将不定期地对项目实施情况、专项资金使用情况进行监督检查，实施跟踪问效。对违反本办法规定的，将督促有关单位限期整改；情节严重的，省财政厅将停止拨款，并责令项目所在地财政部门收回奖励补助资金，并依照有关法律法规追究有关人员的责任。

第六章 附 则

第十九条 各市、县（市、区）可根据本办法，结合当地的实际情况，制定本地区农房救助和示范村建设专项资金管理办法，报省财政厅、省建设厅备案。

第二十条 本办法自2013年7月31日起执行。原《浙江省农村困难群众住房救助专项资金管理暂行办法》（浙财建字〔2006〕174号）同时废止。

第二十一条 本办法由省财政厅会同省建设厅负责解释。

附表：（略）

浙江省政府投资预算管理办法实施细则

2013年8月9日 浙财建〔2013〕245号

第一条 为依法加强政府投资预算管理，切实推动《浙江省政府投资预算管理办法》（省政府令第286号）的实施，结合我省实际，制定本实施细则。

第二条 政府性资金的范围依照国家和省有关规定确定。包括：公共财政预算安排的基本建设投资和其他专项建设资金、政府性基金预算和国有资本经营预算安排的建设资金等。

由政府按规定授权举债融资取得的建设资金，比照政府性资金管理。

自筹资金的范围依照国家和省有关规定确定。包括：各类投资者投入资金（除政府性资金外）、事业单位提取的修购基金、企业自有资金、各类借款以及其他自筹资金。

第三条 政府投资预算实施分级分类管理，具体分两级和六大类。

两级包括本级政府投资项目和本级政府性资金安排给下级的政府投资项目。政府投资预算分类包括：（一）农业、水利、能源、交通、城乡公用设施等基础性项目；（二）教育、文化、卫生、体育、社会保障、生态建设、环境保护、资源节约等公益性项目;(三)促进欠发达地区发展的重要项目;(四)政府公共服务设施项目;(五)科技进步、高新技术、现代服务业等国家和省重点扶持的产业发展项目;(六)其他项目。

第四条　政府投资预算按照量入为出、统筹兼顾、控制风险、绩效优先的原则,并参考上一年预算执行情况和本年度收支预测进行编制。政府投资预算与政府投资项目年度计划应充分衔接。

(一)财政部门会同同级发改部门研究下一年度本级政府投资预算安排的相关工作,提出政府投资预算的编制原则、主要方向和重点投入领域等意见。

(二)财政部门和发改部门及时就下一年度的政府投资预算草案和政府投资项目计划草案沟通衔接,具体包括项目数、年度项目投资安排、年度政府投资预算安排及其他事项等。

(三)财政部门配合发改部门建立政府投资项目储备库,将具备条件的项目列入政府投资项目储备库,并按照轻重缓急编入年度政府投资预算。

第五条　政府投资项目预算应以批准的概算内容为基础,不得任意突破项目概算。财政部门应参与政府投资项目的概算审查,负责对政府性资金安排情况提出审查意见。

第六条　政府投资项目的政府性资金实行国库集中支付。财政部门应当根据本级政府投资预算和年度政府投资项目计划,及时办理资金拨付,具体按国库集中支付有关规定执行,确保政府投资项目用款正常需要。

第七条　直接投资项目、资本金注入项目的自筹资金应加强管理并实施备案制度。有条件的地区,项目自筹资金可视同财政代管资金足额缴入现有财政专户管理,并可比照国库集中支付制度支付;也可缴入项目资金专户进行管理,项目单位应根据项目年度计划、项目合同及项目建设进度,按资金拼盘比例及时将自筹资金拨付到位。

有关自筹资金的主要合同订立或者其他重要文件签署后,应当在10日内报财政部门备案。

第八条　政府投资项目的施工图设计及预算、项目招标文件应当在发出招标文件前5日内报财政部门备案。财政部门应参与招标文件审核,重点审核以下内容:

(一)招标文件内容是否完整、合法,格式是否符合规范要求;

(二)项目的所有建设内容,包括主体工程、装饰和安装工程、设备购置、绿化工程、附属及配套工程等是否都纳入招标范围,标段划分是否合理,是否存在将建筑工程肢解后分别招标或规避招标的情况;

(三)对投标企业及项目部人员的资质要求是否符合相关规定,是否存在以不合理的条件限制或者排斥潜在投标人,是否明确中标后不得更换项目经理和主要管理人员;

(四)评标办法是否按行业相关规定执行,评分标准是否合理、科学、具体,具可操作性,是否有防止围标、串标等有效措施;

(五)投标担保及履约担保要求是否合理,投标担保的形式是否明确,投标保证金、履约保证金是否合理并列入;

(六)工程价款结算管理规定是否明确规范,设计变更、工程量清单错项、漏项、工程签证是否有相应的规定;是否约定了工程款支付比例和方式,是否明确了结算审结期限。

第九条　政府投资项目主要工程合同应在订立后7日内报拨付资金的财政部门备案。备案合同应符合下列条件:

(一)合同格式采用《建设工程施工合同》(示范文本)。合同主要条款完整、合理,与招标文件、中标人的投标文件的实质性内容一致,符合有关政策法规的规定;

(二)合同内容必须详尽,应包括合同金额、支付条件、结算方式、保修服务条款等项内容。

第十条　政府投资项目不得任意变更设计及相应的工程合同价。确需变更的,其设计变更文件应当经原设计单位同意,并按照政府投资项目管理的有关规定报批。

项目业主应完善和健全内控管理制度,加强工程变更管理,有效控制工程造价。政府投资项目的合同价变更幅度达到10%以上或单项合同变更金额较大的应当报同级财政部门审核批准。单项合同变更金额较大的具体标准由财政部门根据本地区实际另行规定。

未达到一定幅度和金额的,由项目业主与有关项目承包单位依照合同约定进行变更,并在变更确定后14天内报财政部门备案。

第十一条　确因设计变更等导致工程合同价调整的,审核时应重点分析以下几种情况,并区别对待:

(一)建设单位扩大建设规模或提高建设标准;

(二)设计不合理或设计深度不够;

(三)招投标时甩项、漏项,或招标时实物工程量计算严重误差;

(四)工程实施中,主要材料、人工、土方外运价格大幅度上涨;

(五)其他客观原因造成重大变更,如地质情况与地质勘探报告不符造成费用大幅增加等。

第十二条　政府投资项目的工程价款应按照合同条款规定、实际完成工程量申请和拨付,设备、材料货款按采购合同条款规定支付。建设单位或代建单位与设计、施工、监理及设备、材料供应商签订的工程合同有关价款规定必须内容详尽,具体应包括金额、支付条件和时间、结算方式、保修服务条款等项内容。

(一)预付款应在签订工程或设备、材料采购合同,承包商或供货单位提交合法的履约保证手续后,按照合同规定条款支付。原则上预付比例不低于合同金额的10%,不高于合同金额的30%。对重大工程项目,可按年度投资计划逐年预付。

(二)进度款按合同规定条款支付。原则上工程进度款支付累计额达到合同价的85%时停止支付,工程完工并在工程结算审定前进度款最高支付至合同总价的90%。

(三)政府投资项目结算工程价款前,有关项目承包单位应当依照规定编制结算报告。工程价款结算报告应对项目工期、质量、结算金额等按合同约定分清各方责任,并承担相应费用。工程价款结算报告经项目业主及其主管部门审核后,报同级财政部门审定。已经依法审计的工程价款结算报告,经财政部门认定,可作为价款结算的依据。

(四)工程质量保证金的支付,按照合同有关条款,在缺陷责任期满后,按规定程序退还质量保证金。

第十三条 有下列情形之一的,财政部门应根据情况核减政府投资项目预算:

(一)政府投资项目施工图设计及预算未遵循限额设计要求,任意突破项目概算并未依照政府投资项目管理的有关规定重新报批的;

(二)施工图设计及预算、项目招标文件及工程合同应当报财政部门备案而未报备的;项目招标标底、工程合同价违反规定超过已经备案的施工图预算或超过已审定招标控制价的;

(三)直接投资项目、资本金注入项目的自筹资金未及时到位的;

(四)工程合同价变更未经批准或者未按规定重新报备的;

(五)工程结算报告未经项目业主审核并报财政部门审定的;

(六)其他需核减政府投资项目预算的情况。

第十四条 政府投资项目竣工验收合格,具备报送竣工财务决算报告条件的,项目业主应在工程价款结算审核完成后3个月内报送同级财政部门或其委托的有关主管部门批复。

办理政府投资项目资产交付使用手续,应当以经批准的竣工财务决算为依据。

第十五条 实施代建制的政府投资项目,代建单位通过招投标产生的,代建管理费标底应报财政部门审定;代建单位由其他方式产生的,代建管理费由财政部门核定。代建管理费标准原则上控制在项目投资总概算的1%~2.5%以内,具体可根据项目规模调整,分类分档核定,但不得随意突破。代建管理费的开支范围一般包括:建设筹建管理费,临时设施用房经费,管理人员工资补助,招投标有关费用等。

第十六条 财政部门可根据需要,通过公开招标投标或者政府采购等形式委托具有相应能力的机构,对政府投资项目的投资估算、项目概算、施工图预算、工程结算、竣工财务决算等进行评审,所需费用列入财政预算。

第十七条 财政部门应当组织相关部门对政府投资预算安排、执行等情况进行监督检查。检查每年不少于一次,重点检查社会关注度高、投资额较大的重大项目。对监督检查中发现的问题,应当及时督促整改。

第十八条 各市、县(市)财政部门可根据本实施细则制定具体实施办法,报省财政厅备案。

第十九条 本办法由浙江省财政厅负责解释。

第二十条 本实施细则自2013年9月5日起施行。

浙江省创新强省产业基金管理办法

2013年9月10日 浙财企〔2013〕272号

第一章 总 则

第一条 为规范和加强浙江省创新强省产业基金(以下简称“创新基金”)的使用管理,提高创新基金的使用效益,发挥创新基金对于优化我省产业结构的作用,加快推进创新强省建设,根据有关法律法规规章,制定本办法。

第二条 创新基金设立的宗旨是通过财政资金的引导和激励作用,推进科技创新,促进我省新兴产业跨越式发展,带动产业的转型升级和布局完善。

第三条 创新基金按照“政府引导、市场运作、科学决策、规范管理”的原则进行运作,重点支持浙江省内具有产业和技术优势的战略性新兴产业、高新技术产业、高效农业和现代服务业等领域的创新成果产业化,主要投资于成长期和扩张期项目,并积极鼓励和配合参股子基金对接国家新兴产业创投计划,争取国家资金支持。

第四条 创新基金的资金来源为省财政专项拨付的创新强省资金,初期规模为6亿元。

第二章 组织构架

第五条 创新基金的组织形式为有限责任公司,名称暂定为浙江省创新发展投资有限公司(以下简称基金公司),首期注册资金为3亿元。

第六条 基金公司由浙江省金融控股有限公司(以下简称省金融控股公司)受省财政厅委托代为依法履行出资人职责,

享有出资人权利,履行出资人义务。

第七条　基金公司按照《公司法》及《公司章程》等相关规定,建立法人治理结构,设董事会、监事(会),依法履行相应职责,其成员由出资人委派。

第八条　基金公司不设日常经营机构,委托省金融控股公司全资子公司浙江金控投资管理有限公司(以下简称基金管理公司)对创新基金进行日常经营管理。

第三章　经营管理

第九条　基金公司的经营计划和投资方案由基金公司董事会决定,报省金融控股公司、省财政厅备案。

第十条　基金管理公司作为受托管理机构负责组织实施基金公司的日常经营管理。

第十一条　基金管理公司设投资决策委员会,对项目的投入和退出进行全面评议。投资决策委会员会由省金融控股公司选派5名具有丰富投资管理经验的人员组成,并在选派或调整后10个工作日内报省财政厅备案。

第十二条　基金管理公司设顾问委员会,为项目决策提供技术和智力支持。顾问委员会由创新基金重点支持领域的知名专家、具有丰富执业经验的注册会计师和律师等人员组成,必要时,可就特定领域组成若干个项目专家小组,为投资决策委员会提供专业意见。

第四章　风险控制

第十三条　创新基金只能用于重点支持领域的相关项目投资,不得用于股票、债券(国债除外)、期货、房地产等投资,不得用于赞助、捐赠等支出,也不得为他人提供担保。闲置资金只能存放优质的商业银行或购买国债。

第十四条　基金管理公司应建立完善的投资项目风险管理体系,对每个投资项目的整个运作过程进行合规审查和风险评价。基金公司董事会在基金管理公司投资决策委员会的全面评议意见基础上进行项目决策。

第十五条　基金公司董事会在决定参与或退出投资项目以及投资项目增加或减少投资份额前,应当先由基金管理公司投资决策委员会对项目进行评议。决策事项需经4名(含)以上成员表决同意后方可提交基金公司董事会审议,其中重大决策事项需全体成员一致同意。根据项目需要,投资决策委员会可聘请临时专家小组对项目的投资和退出进行分析、论证和评价,完善和优化项目方案。

第十六条　基金管理公司应建立完善的投资管理制度,对项目的内部控制、工作流程和绩效评价等进行规范。投资项目严格按照要求开展尽职调查,必要时可以聘请中介机构进行相关调查。尽职调查结果应形成书面报告。

第五章　项目投资和退出

第十七条　基金公司投资主要采用"母基金"、"战略合作"、"直接投资"等模式。

第十八条　母基金模式是指择优选择国内优秀基金管理机构合作,就创新基金重点支持产业共同组建子基金(以下简称参股子基金),按市场化方式进行运作。

参股子基金应在浙江省内注册,投资方向重点关注创新基金重点支持产业的非上市企业,且投资省内该类企业的资金原则上不低于参股子基金注册资金的50%。基金公司参股比例较小的子基金,投资省内该类企业的资金比例可以酌情降低,但原则上不低于基金公司参股该子基金金额的2倍。

参股子基金不得投资于合伙制企业,不得投资于其他投资企业。

第十九条　战略合作模式是指针对特定项目引进战略合作伙伴进行投资或联合投资,投资方向适当关注省内战略性新兴产业试点示范基地的投资项目。

第二十条　直接投资模式是指基金公司对创新基金重点支持产业领域内的优质项目进行投资,投资方向适当关注战略性新兴产业公共服务平台建设项目。

第二十一条　因运作需要或项目条件成熟时,基金管理公司可根据项目实际情况,按照国家对国有股权转让的有关规定退出或减持所持项目股份。所有的项目退出须报经基金公司董事会同意后组织实施。

第六章　费用和收益分配

第二十二条　基金管理公司按基金公司托管资金的一定比例分年度向基金公司收取管理费,具体标准如下:

(一)基金公司直接投资的项目,基金管理公司按已投项目金额的0.8%向基金公司收取;

(二)以"母基金"和"战略合作"形式投资的项目,基金管理公司按已投项目金额的0.6%向基金公司收取;

(三)基金公司自存的留存现金,基金管理公司按留存金额的0.3%向基金公司收取。

为激励基金管理公司管理团队的积极性,对投资效益特别好的项目,经基金公司申请、省财政厅批准,基金管理公司可以就该项目获取一定比例的业绩奖励。

第二十三条　基金公司仅限列支法律规定的作为公司存在所必须进行的法律行为所需的成本和费用,以及根据本办法支付基金管理公司的管理费和业绩奖励。

第二十四条　基金管理公司参与创新基金经营管理、投资运作等所发生的各项成本、费用应当在基金管理公司列支,不得在基金公司列支。

第二十五条　基金公司的税后利润在提取法定公积金后不分配,全额留存基金公司,用于投资。

第七章　报告制度

第二十六条　每季度结束后15日内,基金管理公司应向基金公司和省金融控股公司报送创新基金的投资运作和资金使用情况，并报省财政厅备案。

第二十七条　会计年度结束后的4个月内，基金管理公司须向基金公司和省金融控股公司提交经注册会计师审计的创新基金年度会计报告。省金融控股公司应当在收到报告后15日内将年度会计报告报送省财政厅。

第二十八条　创新基金投资运作过程中如发生重大或特殊事件，基金管理公司应当及时向基金公司和省金融控股公司报告，并根据要求编制临时报告书。省金融控股公司应当及时向省财政厅报告相关情况。

第八章　监督管理和法律责任

第二十九条　省财政厅对创新基金的运作进行监督，对资金使用情况进行检查，必要时可对运作情况进行专项审计。创新基金运作业绩纳入省金融控股公司年度考核。

第三十条　基金公司和基金管理公司的管理人员如因滥用职权、玩忽职守或因人为故意、重大过失造成创新基金不应有的损失的，依法追究法律责任。

第九章　附　则

第三十一条　本办法由浙江省财政厅发布并负责解释。

第三十二条　本办法自2013年9月30日起施行。

支持市县民办教育发展专项资金管理办法

2013年9月18日　浙财教〔2013〕196号

第一条　为贯彻落实《中华人民共和国民办教育促进法》及其《实施条例》和《浙江省中长期教育改革和发展规划纲要(2010~2020年)》，省财政设立"支持市县民办教育发展专项资金"(以下简称"专项资金")，以推进我省民办教育体制机制创新，加快民办教育发展。为规范专项资金使用管理，特制定本办法。

第二条　设立专项资金的目的是：

(一)调动市、县(市)政府积极性、创造性，增强市、县(市)政府办好民办教育的责任感，激励市、县(市)财政加大对民办教育的投入，从而形成"重视民办教育、关心民办教育、支持民办教育"的良好局面。

(二)引导民间资金进入教育领域。通过设立专项资金，向社会传递"政府鼓励民办教育"的信号，打消社会力量投资办学的顾虑，引导更多的民间资金进入教育领域。

(三)加强对民办教育的管理，提升民办教育质量。通过政府扶持特别是财政支持，将民办教育纳入政府管理范畴，使政府的办学理念渗透到民办教育之中，从而引导民办学校采取措施，改善办学条件、稳定教师队伍，不断提升民办教育质量。

第三条　专项资金按照专项性一般转移支付管理，遵循市县为主、因素分配的原则。

第四条　专项资金用于支持市、县(市)各类民办教育的发展。

第五条　专项资金来源由以下几个部分组成：

(一)省财政按上年市、县(市)级民办学校(不含学前教育，以下简称"其他民办学校")举办者投入数的15%和上年市、县(市)财政对其他民办学校补助数的15%安排的预算资金。

(二)中央财政未指定具体用途或项目的各类民办教育奖励性补助。

(三)从省财政预算安排的学前教育资金中调剂6000万元。

(四)其他。

第六条　专项资金按因素分配。

(一)学前教育阶段按《浙江省扶持民办幼儿园发展奖补暂行办法》(浙财教〔2011〕183号)执行，根据市县普惠性民办幼儿园在园幼儿数量、幼儿园等级、办园质量等因素分配奖补资金。

(二)其他教育阶段，按以下因素分配：

1. 市县投入。指用财力系数折算后的市、县(市)本级对其他民办学校财政投入数(简称"市县民办学校财政投入折算数")，该因素权重60%。

(1)市县民办学校财政投入数的计算公式为：

某市县民办学校财政投入折算数=该市县民办教育的投入数×财力系数

财力系数按两类六档分类法，分别为100%、90%、80%、60%、40%、20%。

(2)市县投入因素分配额的计算公式为：

$$\text{市县投入因素分配额}=\text{专项资金总额}\times\frac{\text{某市县民办学校财政投入折算数}}{\sum\text{市县民办学校财政投入折算数}}\times 60\%$$

市县本级财政未安排其他民办学校财政投入的，不参与专项资金分配。

2. 民办学校产出。指其他民办学校毕业生数，不同阶段毕业生数按不同系数折算。该因素权重30%。

(1)民办学校产出的计算公式为：

民办学校产出=∑各类教育阶段毕业生数×折算系数

折算系数：小学1，初中1.3，普通高中1.5，中等职业教育

2，高职高专 2.8，本科 4。

（2）民办学校产出因素分配额计算公式为：

$$市县民办学校产出因素分配额 = 专项资金总额 \times \frac{某市县民办学校产出}{\sum 市县民办学校产出} \times 30\%$$

3. 管理和绩效因素。指各地推进民办教育发展管理和绩效情况，特别是推进民办教育发展政策制定出台情况。该因素权重 10%。计算公式为：

$$市县管理和绩效因素分配额 = 专项资金总额 \times \frac{某市县管理和绩效得分}{\sum 市县管理和绩效得分} \times 10\%$$

市县未出台相关政策的，该因素不得分。

4. 上述三因素分配额相加，即为某市县专项资金奖补额。

若按上述因素计算的专项资金奖补额大于上年度市县民办学校财政投入数的，按上年市县民办学校财政投入数安排专项资金。

第七条 专项资金由市县统筹用于辖区内的民办教育。其中奖补市县学前教育部分的专项资金必须用于普惠性民办幼儿园发展，不得用于其他幼儿园和其他教育阶段。省转移支付资金不得抵顶本级财政投入。

第八条 专项资金实行绩效管理，省财政将对市县民办教育发展情况进行综合评价，评估专项资金绩效。

第九条 对有以下情况之一的单位，将视情节轻重，缓拨、停拨直至收回专项资金，并依法依规追究有关单位及人员的责任。

1. 弄虚作假，骗取资金；

2. 截留、挤占、挪用资金；

3. 资金使用违反有关法律法规和本办法规定。

第十条 本办法自 2014 年 1 月 1 日起实施。

浙江省对外投资合作专项资金管理实施细则

2013 年 9 月 22 日 浙财企〔2013〕277 号

第一条 为规范和加强中央对外投资合作财政专项资金使用管理，鼓励和支持企业加快实施“走出去”战略，增强国际化经营能力，结合我省实际，特制定本实施细则。

第二条 本实施细则所称浙江省对外投资合作专项资金（以下简称“合作资金”），是指中央财政切块下达我省专门用于支持企业开展境外投资、对外承包工程和对外劳务合作等对外投资合作业务的资金。

第三条 合作资金的使用和管理应当符合国家和省产业导向、外经贸政策的要求，有利于促进我省对外投资合作各项业务工作的规范、有序、健康发展，遵循突出重点、科学论证、公平公正、规范有效的原则。

第四条 合作资金由省财政厅、省商务厅共同管理。

省财政厅负责合作资金的预算管理和资金拨付，会同省商务厅确定年度支持重点及资金分配方案，对资金使用情况进行监督检查，并对实施效果开展绩效评价。

省商务厅负责合作资金的业务管理和跟踪问效，会同省财政厅提出年度支持重点，逐步建立完善合作资金项目库，并组织开展项目申报、专项审计和集中评审，对项目资金实施情况、实施效果进行监督检查和绩效评价。

第五条 申请企业应当具备的基本条件

（一）在浙江省内（不含宁波，下同）依法登记注册，具有独立企业法人资格（不含以金融、股权投资为主营业务的企业）；

（二）依法取得开展对外投资合作的资格；

（三）近 5 年来无严重违规违法行为；

（四）按规定报送统计资料，境外投资企业必须参加联合年检，对外承包工程企业必须参加年度监督检查，对外劳务合作企业必须参加年审。

第六条 合作资金支持内容

（一）境外投资，是指企业通过新设、并购等方式在境外设立非金融企业或取得既有非金融企业的所有权、控制权、经营管理权等权益的行为。重点支持战略性新兴产业及优势制造业投资合作，国际营销网络和知名品牌创建合作，技术研发和农、林、牧、渔投资合作以及矿产资源能源合作开发等。

（二）对外承包工程，是指企业承包境外建设工程项目，包括咨询、勘察、设计、监理、建造、采购、施工、安装、调试、运营、管理等活动。重点支持在基础设施、基础产业及有利于改善当地民生等领域开展的附加值高、影响力大，具有品牌和技术标准优势的工程项目。

（三）对外劳务合作，是指企业组织劳务人员赴其他国家或地区为境外的企业或者机构工作的经营性活动。重点支持对劳务人员开展培训，提高外派劳务素质，推动技能型、高端型劳务输出。

（四）其他符合规定要求的业务。

第七条 合作资金对企业从事上述对外投资合作业务采取直接补助、贷款贴息等方式给予支持。具体包括：

（一）直接补助，重点对企业从事境外投资、对外承包工程等前期发生的法律、技术及商务咨询费;境外资源开发、工程项目换回的资源回运运保费;投保海外投资保险的保费;对外承包工程保函手续费;外派劳务人员的培训费等给予一定的补助。

(二)贷款贴息,主要对经营1年以上的境外投资和对外承包工程等项目发生的境内银行(或我国银行在境外的分支机构)中长期贷款(1年及以上)给予一定的贴息。

第八条 补助或贴息标准

(一)直接补助费用比例原则上不超过申请企业实际支付费用的50%。

(二)人民币贷款贴息不超过中国人民银行公布执行的基准利率,实际利率低于基准利率的,不超过实际利率;外币贷款年贴息率不超过3%,实际利率低于3%的,不超过实际利率。贷款贴息连续资助不超过3年。

第九条 合作资金申请项目必须具备的条件

(一)经国家有关部门核准、登记或备案;

(二)已在项目所在国(地区)依法注册或办理合法手续,项目合同或合作协议生效;

(三)遵守所在国法律,注重环境保护,尊重当地风俗,履行社会责任;

(四)项目投资和贷款金额要求达到以下规定标准:

1. 境外投资项目中方投资额不低于100万美元(或等值货币),对外承包工程项目合同金额不低于500万美元(或等值货币)。

2. 申请贷款贴息的项目单笔贷款金额不低于300万人民币(或等值货币)。

第十条 申请合作资金应当提供以下材料:

(一)合作资金申请报告;

(二)申请单位法人营业执照;

(三)国家或有关部门批准(核准或备案)开展对外投资合作业务的文件;

(四)申请单位上一年度经过审计的财务会计报告;

(五)项目实施的有关证明材料;

(六)项目实际发生费用的有关凭证;

(七)我国驻外经济商务参赞处(室)意见(原件);

(八)年度申报通知要求提供的其他材料。

以上材料为复印件的均须加盖企业公章。

第十一条 合作资金的申报审核管理

(一)企业根据本实施细则及省商务厅、省财政厅年度申报通知要求,在规定时间前将申报材料报送各市、县(市)财政和商务部门;市、县(市)财政和商务部门对申报材料进行初审,汇总后于规定时间前联合行文报送省财政厅、省商务厅。省属企业在规定时间前直接向省财政厅和省商务厅提出申请。

(二)省商务厅根据已建立的合作资金项目库情况,对上报项目进行审查,符合要求的项目委托中介机构对企业申报的材料进行专项审计,必要时组织专家进行集中评审,综合考虑项目规范性和重要性,会同省财政厅确定支持项目及支持金额。

(三)省财政厅根据确定的支持项目方案和财政管理制度要求,将合作资金拨付到市、县(市)财政部门和省级有关单位,省级有关单位和市、县(市)财政部门收到合作资金后,应及时拨付到项目申请单位,不得截留或挪用。

第十二条 当年已获得相同性质的其他中央、省级财政专项资金支持的项目,不得重复申请本年度合作资金支持。

第十三条 各市、县(市)财政和商务部门要按照国家和省的规定,对本地区年度合作资金的使用情况及时进行总结和绩效评价,包括资金到位情况、支持项目明细、存在问题及政策建议等,形成总结报告并按要求上报省财政厅、省商务厅。

第十四条 获得合作资金支持的企业应当严格按照规定使用资金,按现行有关财务会计制度规定做好账务处理,并自觉接受财政、商务部门的监督检查。

第十五条 相关项目申请审核材料要按照国家档案保管有关规定妥善保管,以备核查。

第十六条 对违反规定使用、骗取合作资金的行为,依照《财政违法行为处罚处分条例》(国务院令第427号)等法律法规进行查处。

第十七条 本实施细则由省财政厅会同省商务厅负责解释。

第十八条 本实施细则自2013年10月12日起实施。

浙江省基本公共文化服务专项资金管理办法(试行)

2013年10月30日 浙财教〔2013〕229号

第一章 总 则

第一条 为推进专项资金管理改革,进一步完善全省公共文化服务体系经费保障和运行管理机制,省财政整合公共文化服务相关省级专项资金,统一设立了浙江省基本公共文化服务专项资金(以下简称"专项资金")。为规范专项资金管理,提高资金使用效益,特制定本办法。

第二条 专项资金由省财政设立，用于支持引导市县完善公共文化服务体系，丰富公共文化服务内容，更好地保障人民群众基本文化权益。

第三条 专项资金来源：一是整合省财政设立的基层公共文化服务建设、农村电影公益性放映、广电惠民服务工程、乡镇广电站设施设备更新改造、农家书屋建设、博物馆纪念馆免费开放等用于基本公共文化服务的专项资金。二是中央财政专项转移支付补助或奖励我省用于基本公共文化服务的专项资金。

第四条 专项资金实行专项性一般转移支付，根据市县开展基本公共文化服务的需要和绩效考核结果，采用因素法分配。

第五条 专项资金使用和管理坚持以下原则：

（一）省级引导。省财政通过专项资金管理方式的改革，建立激励约束机制，支持市县健全公共文化服务体系经费保障机制，引导市县增加财政文化投入，加强和完善基本公共文化服务。

（二）市县为主。各市、县（市、区）政府承担本地区开展基本公共文化服务和落实经费保障的主体责任。

（三）统筹安排。各市、县（市、区）财政部门负责统筹省级专项资金和当地财力，根据国家、省有关政策和本办法规定，结合当地实际，合理安排基本公共文化服务各项支出。

（四）保障重点。各市、县（市、区）应当根据省有关部门确定的全省基本公共文化服务重点项目和实施计划，保障落实重点项目经费，按计划完成项目实施任务。

（五）均衡发展。专项资金安排应当向欠发达地区、向农村、向弱势群体倾斜，努力促进基本公共文化服务均等化。

（六）专款专用。专项资金应当按规定用于基本公共文化服务的支出，任何单位和个人不得截留、挤占和挪用，不得抵顶地方财政投入或用于平衡财政预算。

第六条 专项资金管理和使用应当接受财政、审计等部门的监督检查。

第七条 各市、县（市、区）应当以绩效为导向，以资源共享、供需适应、管理协调、服务高效为目标，逐步完善公共文化服务体系。

（一）公共文化设施设备应当实现合理布局、资源共享、充分利用，提高使用效益；

（二）政府提供的基本公共文化服务应当与群众的文化需求相适应，提高服务效果；

（三）村级公共服务设施应当实行统一管理和维护，节约管理成本、提高管理效率。

第二章 支出范围

第八条 专项资金主要用于公共文化设施建设、运行、维护、管理和开展群众文化活动等支出。具体包括：

（一）公共文化设施建设

1. 市、县两级博物馆（纪念馆）、美术馆、文化馆、图书馆的建设和设备购置；

2. 乡镇文化站、广电站以及中心镇图书馆的建设和设备购置；

3. 村级农村文化礼堂、文化活动中心（室）、广播室建设和设备购置，农家书屋建设和出版物补充更新，全国文化信息资源共享工程村级基层服务点平台和数字资源建设等。

（二）公共文化设施运行、维护和管理

指对前款所列各项公共文化设施运行维护所发生的支出和村级公共文化设施管理人员费用。包括博物馆、纪念馆、美术馆等用于陈列布展的支出。

（三）公共文化设施免费开放

1. 博物馆、纪念馆免费开放减收门票的补助；

2. 美术馆、图书馆、文化馆、文化站提供免费开放服务的补助。

（四）开展群众文化活动

1. 农村电影公益放映的补助；

2. 送戏下乡（含民营剧团）的补助；

3. 送书下乡的补助；

4. 广播电视对农节目制作播出的补助和奖励；

5. 开展其他群众文化活动的补助。包括相关主管部门到农村（或社区）开展讲座、展览、文化走亲等活动的支出，以及对农村（或社区）优秀业余文化团队开展活动和购置器材的补助。

（五）保障特殊群体公共文化权益

1. 文化低保工程的补助；

2. 广电低保工程的补助。

（六）文化人才队伍建设

用于直接从事公共文化服务的人才培养、村级公共文化设施管理人员和村级文艺骨干的培训，以及组建文化指导员、志愿者队伍等支出。

（七）省委、省政府决定以及省有关部门根据需要确定的其他基本公共文化服务项目。包括文化示范工程创建、群众文化活动品牌培育等支出。

第九条 专项资金不得用于支付各种罚款、捐款、赞助、投资等支出，不得用于发放编制内在职人员和离退休人员的基本工资，不得用于偿还债务，不得用于国家规定禁止列入的其他支出。

第三章 分配方法

第十条 专项资金包括补助资金和奖励资金，其中补助资金占专项资金总额的70%，奖励资金占30%。

第十一条 补助资金以设区市本级（不含所辖区，下同）和

县(市、区)为单位,按因素法分配。具体因素和权重如下:

(一)基本因素(权重50%)

1. 常住人口数(30%)。

2. 地域面积数(5%)。

3. 乡镇(含街道)数(5%)。

其中:省级中心镇数(2%)。

4. 行政村(含社区)数(5%)。

5. 低保户数(5%)。

(二)业务因素(权重50%)

6. 公共文化设施总建筑面积(20%)。

其中:上年末累计总建筑面积(10%),上年度新增竣工总建筑面积(10%)。

7. 公共文化设施数量(20%)。

8. 公共文化服务机构从业人员数量(10%)。

(三)财力因素

按两类六档财力转移支付系数计算。

补助资金分配细则见附1。

第十二条 补助资金按以下公式计算分配:

某市、县(市、区)补助资金额度=某市、县(市、区)分配因素得分/∑各市、县(市、区)分配因素得分×省补助资金总额

其中:某市、县(市、区)分配因素得分=∑(某市、县(市、区)分配因素值/全省该项分配因素总值×相应权重)×财力转移支付系数

第十三条 对常住人口规模特别小或海域面积较大且对公共文化服务成本有一定影响的市、县(市、区),省财政厅可在按因素法分配资金的基础上以适当方式进行调整。

第十四条 对个别需完成特定目标,且不适用专项性一般转移支付方式按因素法分配资金的特殊内容,省财政厅可根据需要将其从补助资金中单列,实行项目管理。具体包括:

(一)中央财政下达专项资金预算中已明确的具体项目;

(二)博物馆、纪念馆免费开放减少的门票收入补助基数;

(三)经省财政厅同意的其他项目。

第十五条 奖励资金以设区市本级和县(市、区)为单位,根据绩效考核结果分配。考核内容主要包括:

(一)财政投入

1. 公共财政文化体育与传媒支出(207款)占公共财政支出的比例;

2. 公共财政文化体育与传媒支出(207款)比上年增长比例;

3. 按国家、省规定的基本公共文化服务项目保障标准落实经费。

(二)业务指标

1. 公共文化设施覆盖率和合格率

(1)博物馆(纪念馆),美术馆;

(2)图书馆、文化馆,电影院;

(3)乡镇文化站、广电站,中心镇图书馆;

(4)有线(数字)电视覆盖率;

(5)村级公共文化设施。

指农村文化礼堂、文化活动中心(室)、广播室、农家书屋、文化信息资源共享工程村级基层服务点等。

2. 公共文化设施运行管理情况

(1)博物馆(纪念馆)、美术馆免费开放服务情况;

(2)图书馆、文化馆(站)免费开放服务情况;

(3)村级公共文化设施运行管理情况;

(4)文化人才队伍建设情况;

(5)公共文化设施按规定用途使用情况。

3. 开展群众文化活动情况

(1)送书、送戏、送电影下乡任务完成情况;

(2)广电低保工程实施情况;

(3)文化低保工程实施情况;

(4)广播电视对农节目制作播出情况;

(5)开展其他群众文化活动情况。

4. 支持社会力量参与提供公共文化服务情况

(1)制定并落实扶持政策情况;

(2)社会力量参与提供公共文化服务情况。

包括民营博物馆(纪念馆)、美术馆免费开放情况,民营文艺表演团体参与公益性演出情况,民营电影院建设情况,民营书店或农村出版物发行小连锁建设情况等。

5. 省有关部门确定的年度重点项目完成情况

(三)管理因素

1. 专项资金管理情况

包括财政管理制度是否健全,支出安排是否合理,资金拨付是否及时,资金使用是否合规,监督措施是否到位等。

2. 工作创新情况

包括各市、县(市、区)获得国家和省级有关公共文化服务的表彰奖励,交流先进经验,公共文化服务方面的政策、机制和内容创新等情况。

3. 基础管理工作情况

包括按"数字财政"建设的要求做好专项资金管理工作,按有关部门的要求及时准确地统计更新公共文化服务有关信息,按本办法规定的时间和质量要求上报专项资金申报材料、数据等。

第十六条 省财政厅会同省文化厅(省文物局)、省广电局、省新闻出版局等主管部门(以下简称"相关主管部门"),根据每年全省开展基本公共文化服务的工作目标和任务,按照前条规定,制定年度考核细则,确定当年全省统一实施的重点项

目任务和要求，于每年3月31日前以文件形式通知各市、县（市、区），作为下一年度绩效考核的依据。

第十七条 设区市本级和县（市、区）实行分类考核。奖励资金的90%用于县（市、区）的考核奖励；10%用于设区市本级的考核奖励。

第十八条 省财政厅会同相关主管部门，根据各县（市、区）的考核结果，对高于县（市、区）考核得分全省平均水平的县（市、区）按其考核得分和常住人口修正系数计算综合得分，给予考核奖励。其中对全省前10名增加20%奖励资金，对全省最后10名酌情扣减补助资金。

第十九条 各县（市、区）的综合得分按以下公式计算：

某县（市、区）综合得分=某县（市、区）考核得分×常住人口修正系数

其中：某县（市、区）常住人口修正系数=某县（市、区）常住人口数/获得考核奖励县（市、区）的平均常住人口数

第二十条 省财政厅会同相关主管部门，根据各设区市本级及其所辖县（市、区）的考核结果，计算确定各设区市本级的综合得分，对高于设区市本级综合得分全省平均水平的设区市本级按其综合得分计算，给予考核奖励。

第二十一条 各设区市本级的综合得分按以下公式计算：

某设区市本级综合得分=某设区市本级考核得分×40%+所辖区平均考核得分×40%+所辖县（市）平均考核得分×20%

第二十二条 省财政厅会同相关主管部门，根据全省加强和完善基本公共文化服务的需要，适时调整完善专项资金的分配因素和权重，充分发挥专项资金的引导作用。

第四章 申报审批

第二十三条 各市、县（市、区）财政部门应当会同同级相关主管部门，按照省有关部门制定的基本公共文化服务工作目标和年度考核细则，对上一年度工作进行全面总结，并将有关材料于每年3月31日前以文件形式上报省财政厅和省级相关主管部门。

第二十四条 各市、县（市、区）应当上报以下材料：

（一）上一年度本地区基本公共文化服务工作总结。总结材料应当包括上一年度工作完成情况、资金使用管理情况、工作创新情况、存在问题和有关建议、下一步工作计划、其他需要总结或说明的情况等内容。

（二）《浙江省基本公共文化服务专项资金基础数据统计表》（附2）。

（三）《浙江省基本公共文化服务专项资金使用情况表》（附3）。

（四）按照年度考核细则要求上报的其他相关材料。

对不按规定上报所需材料的市、县（市、区），省财政厅可以取消其获得当年度专项资金补助和奖励的资格。

第二十五条 省财政厅会同相关主管部门，根据统计年鉴、财政决算、部门统计数据等，对各市、县（市、区）上报的基础数据进行审核，作为当年度补助资金分配的依据。

第二十六条 省财政厅和相关主管部门按照各自职责，对照年度考核细则的规定，对各市、县（市、区）上年度基本公共文化服务工作的相关内容分别进行考核，在此基础上汇总形成各市、县（市、区）的最终考核结果。

第二十七条 省财政厅会同相关主管部门，根据专项资金年度预算规模、相关数据审核情况和绩效考核结果，按照本办法规定分别核定补助资金和奖励资金预算，于每年6月30日前下达市、县（市、区）财政部门，同时抄送市、县（市、区）相关主管部门。

第二十八条 省财政厅会同相关主管部门于每年6月30日前将考核结果反馈给各市、县（市、区）。全省考核排名最后10名的县（市、区）应当根据考核结果，结合当地实际提出下一年度工作的整改意见，于每年8月31日前上报省财政厅和省级相关主管部门。

第二十九条 省财政厅按照不低于当年补助资金总额70%的比例，于每年10月31日前提前下达下一年度部分补助资金预算。

第五章 使用管理

第三十条 各市、县（市、区）财政部门收到省财政专项资金预算后，应当根据本办法规定，结合地方财力，会同同级相关主管部门制订专项资金分配使用方案，并于每年8月31日前将《浙江省基本公共文化服务专项资金分配使用方案报备表》（附4）报省财政厅和省级相关主管部门备案。

国家、省有明确补助标准的基本公共文化服务项目和实施年度重点项目所需经费，各市、县（市、区）应当统筹财力，按规定予以落实。

第三十一条 各市、县（市、区）财政部门应当会同相关主管部门，按照专项资金分配使用方案，及时组织项目实施和资金拨付，确保专项资金落实到位。

第三十二条 专项资金的管理和使用应当符合财政管理制度和本办法的有关规定，做到分配合理，使用规范。各市、县（市）财政部门收到资金时，收入列“110029930 文化专项性一般转移支付收入”预算科目，支出时列报“207 文化体育与传媒支出”类下相关具体预算科目。资金支付按照财政国库集中支付管理制度规定执行，涉及政府采购的内容，按照政府采购有关规定办理。

第三十三条 各市、县（市、区）财政部门应当按照“数字财政”建设和管理的要求，会同相关主管部门做好与财政项目预算地理信息系统（F-GIS）对接、乡镇财政资金数据管理等相关工作。

第六章 监督检查

第三十四条 各市、县(市、区)财政部门应当会同同级相关主管部门建立专项资金监督检查和绩效评价机制,并针对发现的问题及时采取措施,健全完善相关管理制度。

第三十五条 省财政厅会同相关主管部门或委托第三方中介机构,根据本办法规定,结合年度考核,对各市、县(市、区)上年度专项资金管理使用情况进行监督检查,作为专项资金分配的重要参考依据。

第三十六条 对于违反本办法规定截留、挪用专项资金或者报送虚假材料骗取专项资金的行为,依照《财政违法行为处罚处分条例》(国务院令第427号)等法律法规追究相关人员责任,并对发生上述行为的市县收回或相应扣减省专项资金。

第七章 附 则

第三十七条 各市、县(市、区)财政部门应当会同同级相关主管部门,根据本办法制定具体实施办法,报省财政厅和省级相关主管部门备案。

第三十八条 本办法从印发之日起施行。《浙江省财政厅 浙江省文化厅关于印发〈浙江省农村电影专项资金使用管理办法〉的通知》(浙财教字〔2006〕142号)、《浙江省财政厅 浙江省文化厅 浙江省文物局关于印发〈浙江省博物馆纪念馆免费开放专项资金管理办法〉的通知》(浙财教字〔2008〕105号)、《浙江省财政厅 浙江省文化厅关于调整基层文化设施和农村电影专项资金补助标准的通知》(浙财教字〔2008〕110号)、《浙江省财政厅 浙江省文化厅关于印发〈浙江省基层公共文化服务建设专项补助资金管理办法〉的通知》(浙财教〔2011〕208号)、《浙江省财政厅 浙江省广播电影电视局关于印发〈浙江省广播电视惠民服务工程专项资金使用管理办法〉的通知》(浙财教〔2010〕293号)、《浙江省财政厅 浙江省广播电影电视局关于印发〈浙江省乡镇广播电视站设备设施更新改造工程专项资金管理办法〉的通知》(浙财教〔2013〕229号)同时废止。

附:1. 浙江省基本公共文化服务专项资金(补助资金)分配细则(略)

2. 浙江省基本公共文化服务专项资金基础数据统计表(年度)(略)

3. 浙江省基本公共文化服务专项资金使用情况表(年度)(略)

4. 浙江省基本公共文化服务专项资金分配使用方案报备表(年度)(略)

浙江省商务促进财政专项资金使用管理暂行办法

2013年10月31日 浙财企〔2013〕329号

第一章 总 则

第一条 为加强浙江省商务促进财政专项资金的使用管理,提高财政资金的使用绩效,积极有效地推动拓市场、促消费、扩投资、创优势、优服务,进一步推进内外贸转型升级,全面促进商务事业持续稳定健康发展,特制定本办法。

第二条 资金来源

浙江省商务促进财政专项资金(以下简称"商务资金")由省财政预算统筹安排,专项用于促进全省商贸流通和开放型经济发展。

第三条 使用管理部门

商务资金由各级财政和商务主管部门共同管理。财政部门会同商务主管部门负责预算安排和资金分配,开展资金使用的监督检查和绩效评价。商务主管部门会同财政部门负责根据支持重点制定实施细则,开展项目库管理,对项目建设实施情况进行跟踪问效。

第四条 使用管理原则

商务资金使用管理遵循"公开、公正、规范、透明、绩效"的原则,符合国家、省商贸流通和开放型经济发展规划及政策要求,对欠发达地区给予适当倾斜,资金分配和使用情况向社会公示,接受有关部门和社会监督。

第二章 支持对象、支持重点和分配方式

第五条 支持对象及应具备的基本条件

(一)支持对象:各市、县(市、区)政府;国家级开发区和省级经济开发区;在浙江省内依法登记注册,具有独立法人资格的企业、事业单位、社会团体。

(二)企业和单位应具备的基本条件:

1. 合法经营,依法纳税,管理规范;

2. 具有健全的财务管理制度和良好的财务记录;

3. 按规定向财政和商务主管部门报送会计报表和统计资料,正常参加商务主管部门的业务年检年审。

第六条 支持重点

(一)支持商贸流通业发展,鼓励企业开拓市场。

(二)支持国际贸易协调发展,优化国际贸易结构。

(三)支持招商引资,扩大我省有效投资。

(四)支持企业"走出去",拓展国际发展空间。

(五)支持开发区建设,打造对外开放主平台。

（六）支持电子商务发展，打造国际电子商务中心。

（七）支持商务载体创新建设，优化商务发展环境。

（八）支持省级有关部门组织或承办的境内外重大综合性商务活动。

（九）省委、省政府确定需要支持的其他重点商务事业发展项目。

第七条 分配方式

商务资金纳入专项性一般转移支付和竞争性分配改革，一般采取因素法和竞争法等方式进行分配。对省级重点商务活动和公共服务平台建设等，继续采取项目补助方式进行分配。

（一）因素法分配方式。主要指对用于支持市、县（市、区）内外贸发展的部分商务资金，具体包括切块用于支持企业开拓国际市场、推进开发区建设、扶持欠发达地区外向型经济发展的部分商务资金和用于促进进口、引进外资、服务贸易、对外投资合作、优化出口结构、重点流通企业、电子商务企业及平台等领域考评奖励的部分商务资金，由省商务厅会同省财政厅按照各市、县（市、区）和开发区、企业一般贸易出口额及增幅、企业家数等指标因素和考评结果，将资金分配到各市、县（市、区）政府以及开发区和企业，统筹用于支持内外贸事业发展。

（二）竞争法分配方式。主要指对用于服务贸易、电子商务、连锁经营、物流配送、便民餐饮、家政服务、再生资源、农村商贸、扩大消费、流通业综合改革试验区等方面的部分商务资金，实行竞争性分配改革，由省商务厅会同省财政厅通过制订试点示范实施方案，采用竞争法将资金分配到试点示范单位。

（三）项目补助分配方式。主要指对用于经省商务厅会同省财政厅确认的重点国内外展（博）会、重点国际商务推介活动、重点商务公共服务平台建设项目，以及出口信用保费和维护企业合法权益等其他省级重点商务发展项目，按项目实际发生费用（投入）给予一定比例的补助。

第八条 省商务厅要根据本办法第六条确定的支持重点和第七条确定的分配方式，会同省财政厅研究制定具体的实施细则、考评办法和试点示范方案。

第三章 申请、审核和拨付

第九条 申请审核

（一）每年一季度，根据当年商务发展总体规划和商务资金预算安排情况，由省商务厅会同省财政厅研究提出年度商务促进政策和资金支持重点，确定各种分配方式的补助资金额度，联合下发竞争性分配、考评奖励、项目申报等通知，布置具体申报工作。

（二）商务资金申请实行属地化管理，相关企业单位应按照本办法的规定和具体通知的要求，在规定时间内向所在地商务主管部门和财政部门上报申请文件及有关材料。采用因素法分配方式，且支持对象为市、县（市、区）政府的，一般无需申请和提供相关材料。

（三）各市、县（市）商务主管部门和财政部门要明确职责分工，密切工作配合，认真组织相关单位进行申报。对企业单位报送的材料要认真进行初审，并签署意见、汇总材料后正式行文上报省商务厅、省财政厅。省属企业单位申报的材料需经省级主管单位初审汇总后，正式行文直接报送省商务厅、省财政厅。

（四）根据本办法及具体实施细则、考评办法和试点示范方案的规定要求，省商务厅会同省财政厅对市县及省级单位报送的相关材料进行审核，必要时将采取委托中介机构审查、组织专家评审和开展现场核查等程序，确定的考评结果和试点单位要在省商务厅网站进行公示，无异议后，由省商务厅会同省财政厅协商确定资金分配方案。

第十条 拨付管理

（一）采用因素法分配的资金，由省财政厅会同省商务厅下达到各市、县（市、区），由各市、县（市、区）财政与商务部门按照有关规定使用管理。各市、县（市、区）财政收到省级转移支付资金时，列“110029951 商业流通事务专项性一般转移支付收入”科目，支出时按实际支出方向和具体用途列报相应的支出功能科目。

（二）采用竞争法分配的资金，由省财政厅会同省商务厅根据确定的试点示范项目和补助标准预拨部分资金，待项目实施完毕并进行验收后，清算拨付剩余资金。省财政追加有关市、县（市、区）财政相应支出功能科目预算指标。

（三）采用项目补助方式分配的资金，由省财政厅会同省商务厅根据项目审核情况拨付资金。对于部分重大项目，将采取按计划提前预拨资金的办法，待项目实施结束后，按照项目实际执行情况进行专项审计后予以清算。省财政追加有关市、县（市、区）财政相应支出功能科目预算指标。

（四）市、县（市、区）财政部门、省属有关单位收到商务资金后，应按规定及时将资金拨付到项目承担单位，不得截留或挪用，并督促项目承担单位按规定使用管理。

第四章 监督管理和绩效评价

第十一条 监督管理

（一）省商务厅要会同省财政厅建立健全商务资金的监督管理制度，对商务资金重点资助项目执行情况进行跟踪检查，必要时委托中介机构进行专项检查。

（二）各级财政和商务主管部门要建立健全商务资金使用管理、监督检查和跟踪问效制度，督促指导企业单位按规定要求使用商务资金，确保商务政策的落实到位，对发现的问题要及时纠正，并向省财政厅、省商务厅报告。

（三）项目承担单位应按现行有关财务会计制度规定做好财务处理，按规定的用途使用资金，自觉接受财政、商务部门的监督检查，并根据浙财企〔2013〕178号文件规定报送数字财政收益对象（企业）信息统计表。不按规定报统计表的市、县（市、区）暂停下一年度商务资金的安排。

第十二条 绩效评价

（一）省财政厅要会同省商务厅建立健全商务资金绩效评价制度，每年对商务资金资助的重点领域和项目进行绩效评价，并作为下一年度安排商务资金预算的重要依据。

（二）将分配给市、县（市、区）商务资金与绩效评价结果挂钩，对绩效评价不合格的市县，视情扣减下年度商务资金分配额，对预算执行严重滞后及出现重大违规问题的，加大商务资金扣减力度直至收回已安排商务资金。

第五章 附 则

第十三条 对于发现的骗取、挪用财政资金等行为，将按《财政违法行为处罚处分条例》（国务院令第427号）等法律法规进行查处，追缴全部已拨付的资金；对于违规骗取资金的企业，取消申请商务资金补助的资格。

第十四条 本办法自发布之日起施行，由省财政厅会同省商务厅负责解释。《浙江省再生资源回收利用体系建设专项资金使用管理暂行办法》（浙财企字〔2007〕74号）、《浙江省开发区建设发展专项资金使用管理办法》（浙财企字〔2008〕45号）、《浙江省促进机电和高新技术产品出口专项资金管理办法》（浙财企字〔2008〕196号）、《浙江省流通业发展专项资金使用管理办法》（浙财企〔2010〕225号）、《浙江省农村商贸服务体系建设专项资金管理办法》（浙财企〔2011〕361号）、《浙江省实施“走出去”战略专项资金使用管理办法》（浙财企〔2011〕400号）、《浙江省开拓国际市场专项资金使用管理办法》（浙财企〔2011〕405号）、《浙江省促进国际服务贸易发展专项资金管理办法（浙财企〔2011〕410号）、《浙江省扶持欠发达地区外向型经济发展专项资金使用管理办法》（浙财企〔2012〕174号）、《浙江省进出口公平贸易专项资金使用管理办法》（浙财企〔2012〕486号）、《浙江省出口品牌发展资金使用管理办法》（浙财企〔2012〕505号）同时停止执行。

浙江省省级国有资本经营预算管理办法

2013年11月15日 浙财预〔2013〕46号

一、总 则

第一条 为规范省级国有资本经营预算管理工作，根据《中华人民共和国预算法》、《浙江省人民政府关于试行国有资本经营预算的意见》（浙政发〔2008〕25号）等有关规定，特制定本办法。

第二条 省级国有资本经营预算是省政府以所有者身份依法取得国有资本收益，并按法定程序批准的年度收支计划，是政府预算的重要组成部分，由省级各有关部门的预算组成。

第三条 实行国有资本经营预算，要以邓小平理论、“三个代表”重要思想和科学发展观为指导，认真贯彻落实党的十八大和省第十三次党代会精神，通过对国有资本收益的合理分配及使用，完善国有企业收入分配制度，推进国有资本的合理配置，推动国有企业的改革和发展，促进我省经济又好又快发展。

第四条 实行省级国有资本经营预算，应坚持以下原则：

（一）统筹兼顾、适度集中。统筹兼顾国有企业自身积累、自身发展和国有经济结构调整及国民经济宏观调控的需要，适度集中国有资本收益。

（二）保证重点、兼顾一般。国有资本经营预算支出安排要以国家和省政府确定的产业发展和结构调整投入为重点，兼顾一般项目支出。

（三）相对独立、相互衔接。既保持国有资本经营预算的完整性和相对独立性，又保持与政府公共财政预算的相互衔接。

（四）统一制度、分步实施。还未纳入省级国有资本经营预算范围的企业，要积极创造条件，按统一的制度规定，尽早纳入。

（五）统一上交、量入为出。国有资本收益实行统一上交财政，以收入总量确定支出规模，不留赤字，结余转入下年使用。

第五条 省级国有资本经营预算按财政年度编制，自公历1月1日起，至12月31日止。

第六条 省财政厅为实行省级国有资本经营预算的主管部门，负责制（修）订省级国有资本经营预算管理制度，负责省级国有资本经营预算收支核算，编制省级国有资本经营预算草案，报告国有资本经营预算执行情况，汇总编报省级国有资本经营决算。

第七条 省国资委及其他有国有企业监管职能的部门和单位为国有资本经营预算部门（以下简称预算部门），负责研究制订本部门国有经济布局和结构调整的政策措施，参与制订国有资本经营预算有关管理制度，根据预算编制要求提出本部门国有资本经营预算建议草案，组织和监督本部门国有资本经营预算的执行，负责所监管（所属）企业国有资本收益的监交，汇总编报本部门国有资本经营预算收支季报，根据决算编制要求提出本部门国有资本经营决算草案，按规定接受有关部门的监督检查。

第八条 预算部门所监管（或所属）企业（以下简称企业）

根据预算编制要求提出本企业国有资本经营预算建议书，根据批准的预算按规定使用预算资金并定期向主管预算部门和省财政厅报送预算执行情况，编报本企业国有资本经营预算收支季报和年度决算草案，按规定接受有关部门的监督检查。

二、预算编制

第九条 省财政厅每年布置一次省级国有资本经营预算草案编制工作，同时向预算部门下发预算编报通知。

第十条 省级国有资本经营预算收入是省政府非税收入的组成部分，包括：

（一）利润收入，即国有独资企业按规定应上交国家的税后利润；

（二）国有股股利、股息收入，即国有控股、参股企业国有股权（股份）享有的股利、股息收入；

（三）国有产权转让收入，即国有独资企业产权转让收入和国有控股、参股企业国有股权（股份）转让收入以及国有股减持收入；

（四）清算收入，即扣除清算费用后国有独资企业清算收入和国有控股、参股企业国有股权（股份）享有的清算收入；

（五）其他国有资本收益收入；

（六）上年结转收入。

第十一条 省级国有资本经营预算收入由省财政厅负责收取，各预算部门负责监交，各企业按相关省级企业国有资本收益收取管理办法的规定及时、足额上交省财政。

国家和省政府对企业国有资本预算收入另有规定的，从其规定。

第十二条 省级国有资本经营预算支出包括：

（一）资本性支出，即向新设企业注入国有资本金，向现有国有企业增加资本投入，向公司制企业认购股权、股份等方面的资本性支出；

（二）费用性支出，即补偿国有企业改革成本、分离办社会、消化历史挂账、解决历史包袱、人才队伍建设以及加强国企监管等方面的费用支出；

（三）其他支出。

第十三条 省级国有资本经营预算支出实行项目管理，按项目性质分为资本性支出项目、费用性支出项目和其他支出项目。

省财政按省级国有资本经营预算支出总额的1~3%设置预备费，用于当年预算执行中难以预见的特殊开支，使用时按规定报省政府审批。

第十四条 预算部门及企业申报的项目应当同时符合下列条件：

（一）符合国家和省的方针政策；

（二）符合本办法规定的国有资本经营预算支出范围；

（三）符合国家产业导向或部门履行职能需要；

（四）资本性支出项目要有明确的绩效目标和实施计划，并经过充分的论证。

第十五条 项目申报必须如实填写《浙江省省级国有资本经营预算项目申报书》，属资本性支出项目的还须附报可行性报告，项目申报书和可行性报告具体格式每年随同预算编报通知下发。

第十六条 企业编制的国有资本经营预算建议书包括以下内容：

（一）编制报告（需正式行文）；

（二）项目申报书；

（三）资本性支出项目包括项目立项的依据，项目可行性分析，项目投资方案与资金筹措方案，项目实施进度与年度计划安排，项目经济效益和社会效益的分析等；

（四）预算报表；

（五）与项目有关的其他材料。

第十七条 预算部门编制的国有资本经营预算建议草案包括以下内容：

（一）编制报告（需正式行文）：反映企业户数、经营状况、行业分布和国有资本经营收益等情况；预算编制的主要依据、收支规模；预算资金支出重点，对申报项目的排序；预算编制工作情况；

（二）项目申报书；

（三）资本性支出项目的可行性报告；

（四）预算报表；

（五）与预算编制有关的其他材料。

第十八条 省财政厅编制的省级国有资本经营预算草案包括以下内容：

（一）编制报告：预算编制的原则和依据，预算收支规模及主要内容，对省级预算部门编制的国有资本经营预算建议草案的审核说明；

（二）预算报表。

第十九条 省级国有资本经营预算的编制使用现有“部门预算编制软件”，软件的运用按照省级部门预算的有关规定办理；预算报表格式每年随同预算编报通知下发。

第二十条 省级国有资本经营预算报批程序实行“一上一下”：

（一）“一上”：企业按照预算编报要求，提出本企业国有资本经营预算建议书报主管预算部门，并抄送省财政厅；无主管预算部门的企业直接报省财政厅。主管预算部门根据产业发展规划、国有经济布局和结构调整、国有企业发展要求等，对企业申报的项目，从申报依据、可行性论证、绩效目标等方面进行严格审查后，提出本部门国有资本经营预算建议草案报省财政厅。

(二)"一下":省财政厅根据国有资本预算收支规模和资金投入重点,对各预算部门编制的国有资本经营预算建议草案和企业编制的国有资本经营预算建议书进行审核后,编制省级国有资本经营预算草案报省政府。经省政府批准后,国有资本经营预算草案随同政府公共预算(草案)报省人大常委会预算工作委员会和省人大财政经济委员会审核,提交省人民代表大会审议。

国有资本经营预算草案经省人民代表大会批准后,自批准之日起30日内,由省财政厅批复到预算部门,无主管预算部门的直接批复给企业;主管预算部门在省财政厅批复预算之日起15日内,批复给企业,同时抄报省财政厅备案。

三、预算执行

第二十一条　省级国有资本经营预算收入按相关省级企业国有资本收益收取管理办法的规定执行。

第二十二条　省级国有资本经营预算支出,由省财政厅按照现代国库管理制度的规定,将预算资金直接支付到收款人或用款单位账户。

第二十三条　预算一经批复,企业和预算部门不得自行调整,必须按预算核准的用途使用。预算执行过程中,如发生项目变更、终止等情况,必须及时提出书面申请,经主管预算部门审核后报省财政厅,无主管预算部门的企业直接报省财政厅,按规定程序审批后调整预算。

第二十四条　企业和预算部门应定期编报国有资本经营预算收支报表,向省财政厅报送预算执行情况;省财政厅定期向省政府和财政部报送国有资本经营预算执行情况。

第二十五条　当年收入预算超收,若要动用的,按规定程序审批后相应调增支出预算总额。

四、预算监督

第二十六条　预算部门和企业要建立健全内部财务管理制度,加强项目实施和资金使用监管,提高资金使用效益。预算部门要定期组织企业或委托中介机构对项目实施情况和资金使用情况进行自查自评,并及时将检查评价结果报省财政厅。

第二十七条　省财政厅对预算的实施过程和完成结果进行监督、检查,联合职能部门或委托中介机构进行专项审计。对违反国家有关法律、法规和财务规章制度的,按照《财政违法行为处罚处分条例》等有关法律法规进行查处;情节严重构成犯罪的,依法追究刑事责任。

第二十八条　预算部门省级国有资本经营预算支出实行绩效评价制度,具体评价工作按照浙江省财政支出绩效评价有关规定实施。

第二十九条　预算部门、企业的项目完成情况和绩效评价结果,作为以后年度国有资本经营预算支出安排的重要依据。

五、附　则

第三十条　本办法自发布之日起施行。原省财政厅《关于印发〈浙江省省本级国有资本经营预算管理试行办法〉的通知》(浙财企字〔2009〕116号)同时废止。

浙江省会计从业资格考试管理规定

2013年12月10日　浙财会〔2013〕53号

第一章　总　则

第一条　为加强浙江省(不包括宁波)会计从业资格考试管理,规范会计从业资格考试行为,根据《中华人民共和国会计法》《会计从业资格管理办法》(财政部令第73号)和《会计从业资格考试管理规定》(财会〔2013〕19号)有关要求,制定本规定。

第二条　会计从业资格考试实行无纸化考试,考试科目为:财经法规与会计职业道德、会计基础、会计电算化(或者珠算)。

第三条　会计从业资格考试遵循统一指导、分级管理的原则。

省财政厅负责管理全省会计从业资格考试工作。具体包括:制定会计从业资格考试考务规则,组织会计从业资格考试软件系统的建设及管理,接收并管理财政部下发的会计从业资格考试题库,组织、指导全省开展会计从业资格考试,监督检查会计从业资格考试考风、考纪,并将各考点所在地财政部门依法处理、处罚并上报的考生违规违纪情况导入数据库。

市、县(市、区)财政部门负责本地区考试考务实施工作。具体包括:负责本地区考生报名的组织工作,负责本地区考点和考场建设,做好对管辖的考点监督、指导和管理,负责考务的具体实施工作,按照省财政厅要求下载、保管电子考卷,上传考生答题结果,做好监考、巡考和违规违纪行为的取证和处理、处罚及信息上传工作,做好与其他相关部门的协调沟通,确保考试顺利进行。

第四条　省财政厅根据全省应考人员及其分布等情况确定考点、考场设置和每年的考试周期、考试计划。各市、县(市、区)财政部门按省财政厅的统一部署,负责考点、考场建设和考点日常管理。

第五条 会计从业资格考试各科目考试的时长、题型、题量、分值分布、合格标准等执行财政部规定。

第二章 考试报名

第六条 省财政厅根据实际情况,确定全省会计从业资格考试统一的报考时间、报考办法、报名条件和考试科目,并提前向社会公布。

第七条 报考人员应当按照省财政厅公布的报名时间和办法,到指定的网站提交报考申请,填报个人基本信息、缴纳相关费用。

第八条 报考人员应当在报考时一次性填报所有三门考试科目。

第九条 因有《中华人民共和国会计法》第四十二条、第四十三条、第四十四条所列违法情形,被依法吊销会计从业资格证书的人员,自被吊销之日起5年以内不得参加会计从业资格考试,不得重新取得会计从业资格证书。

因有提供虚假财务会计报告,做假账,隐匿或者故意销毁会计凭证、会计账簿、财务会计报告,贪污、挪用公款,职务侵占等与会计职务有关的违法行为,被依法追究刑事责任的人员,不得参加会计从业资格考试,不得取得或者重新取得会计从业资格证书。

第十条 考务费统一按照省物价管理部门核定的标准收取。

第十一条 省财政厅可根据实际情况确定并调整各考点所在地财政部门留用的考务费比例,以保证会计从业资格考试工作的顺利进行。

第十二条 会计从业资格考试的考务费,应当专项用于会计从业资格考试工作的各项支出。

第十三条 省财政厅负责指导各考点所在地财政部门进行考场安排,开通自行打印准考证网站,供报名成功的应考人员在考试前自行打印准考证。

第三章 考点考场设置

第十四条 考点和考场的设置应按照便利、集中的原则,根据报考人数及地域分布情况,由省财政厅合理确定。

第十五条 会计从业资格考试考点原则上设在地级以上城市。对于报名人数较多、符合考点设立条件的县(市),省财政厅可以决定在该县(市)增设会计从业资格考试考点。

第十六条 会计从业资格考试考点应当有独立的电子考场、服务器机房、考务办公室、应考人员候考区、卫生间等。应考人员候考区应当配置适当的便民服务设施。具体按照《浙江省财政厅关于会计从业资格无纸化考试考点建设工作的指导意见》(浙财会〔2012〕39号)有关规定和要求建设。

第十七条 考点及考场应当安全、安静,宽敞明亮,具有良好的通风性能,并具有防热、防火、防电击等保护措施,以及应急处置能力。

第十八条 会计从业资格考试考点应当配备必要的技术人员,负责考场软硬件设备的维护以及突发故障的处理。

第十九条 各考点应当在考点入口处等显著位置标明考点名称,张贴考场示意图、考试时间表和考场规则等。各考场应当在显著位置张贴考场号及考试机位起止号。

第二十条 考点建设完成后,应先进行压力测试和模拟考试,在确保考场完全满足会计从业资格考试的各项要求后,由考点所在地财政部门向省财政厅提出验收申请,省财政厅组织专家验收通过后才能进行正式考试。

第二十一条 考点因各种原因需要更改地址、增加或减少考试机位数等重要事项,由考点所在地财政部门事先向省财政厅提出申请,经省财政厅同意后才能变更。更改考点地址的,考点所在地财政部门应当通过当地媒体及其网站进行公告,确保平稳过渡。

第二十二条 会计从业资格考试考点不得开展与会计从业资格考试相关的辅导、培训工作。

第二十三条 考点所在地财政部门应当加强对考点和考场的管理,定期进行评估考核。对不符合条件的考点,应当责令限期整改;经整改后仍不符合条件的,不得作为会计从业资格考试考点。省财政厅负责对全省会计从业资格考试考点进行监督和指导,对发现的不符合条件的考点,应责令考点所在地财政部门和考点限期整改;经整改后仍不符合条件的,取消其作为会计从业资格考试考点资格。

第四章 试题的传递和保管

第二十四条 会计从业资格考试试题坚持“分级管理,逐级负责”“谁接收,谁负责”的原则,由省财政厅、考点所在地财政部门和考点分级落实保密安全责任制。必须按照规定的制度和手续进行交接和保管,做到保密和安全,严防泄密或其他事故发生。

第二十五条 考点所在地财政局会计管理部门主要负责人对本地考试试题保密安全工作负责,承担第一保密责任;应当在正式在编人员中选派专门人员具体负责保密管理工作,承担具体保密责任。

第二十六条 省财政厅在接收财政部下发的全国统一题库光盘时,必须严格履行交接手续。

全国统一题库存储在省财政厅服务器,不得向市、县(市)财政部门或考点下发题库。

第二十七条 省财政厅使用专用服务器存储题库,该服务器与其他网络进行严格物理隔离,并分两段设置开机密码,分别由两个保密员掌管。

第二十八条 题库光盘应当在内容导入专用服务器后及时存放在专用保险柜中。保险柜钥匙和存放保险柜房间的钥匙应当由两人分别保管;开柜密码和钥匙由两个保密员分别掌管。

第二十九条 省财政厅负责制定考务手册,建立题库使用保管登记备案制度,禁止无关人员接触存放题库的保险柜或服务器。除考试启用试题或有其他特殊情况外,不得以任何理由开启专用服务器或题库光盘。

第三十条 省财政厅应当在考试前,用专用服务器在题库中随机生成考试试卷。试卷生成时应当采用加密技术处理。

省财政厅应当严格控制试卷的生成时间,并在充分考虑所需生成试卷数量和服务器工作性能等因素的基础上予以合理确定。

第三十一条 根据题库生成的试卷,全省通过专网专线进行传输,并采取数字加密技术处理。

第三十二条 全省试卷下载时间一般不得超出开考前24小时,并在考点的考试服务器中加密保存。

下载至各考点的试卷,只有应考人员登录考试系统方能解密使用。

第三十三条 考试结束后,考务工作人员应当及时将应考人员的试卷试题编号和答题结果等数据采用加密技术收集、备份,通过专网专线传回省财政厅的专用服务器。

考点应在答题结果上传7个工作日后10个工作日前销毁存放于考点服务器中的试题和答题结果。

第五章 考试实施

第三十四条 省财政厅、考点所在地财政部门应由专人负责组织领导本地区的会计从业资格考试实施工作。

第三十五条 各考点应当划出考试专用区域,并设置明显的警戒线。应根据考试工作需要,选配必要的考务工作人员,承担监考、巡视等考试组织工作。考务工作人员在考试期间执行任务时,必须佩戴考试管理机构统一制发的工作证,如"主考""监考""巡视"等。监考人员应当阻止非考务工作人员和非本考场应考人员进入考场。

第三十六条 各考场应当按考生人数配备监考人员,考场外应当设若干流动监考人员。每个考场(80人及以下)应当配备至少2名监考人员,每增加50名考生应当增加配备1~2名监考人员。监考人员应当熟悉监考规则、有责任心、工作严格认真。

第三十七条 考务工作人员应当接受考点所在地财政部门的培训,并经考核通过后方能承担监考、巡视工作。

第三十八条 考务工作人员实行回避制度,凡与本场应考人员有直系亲属或直接工作隶属关系的,不得承担本场考试监考工作。

第三十九条 考试前,考务工作人员应当做好张贴考试信息、确保电力供应、检查调试考试设备、安装或测试考试软件、导入考试试卷等准备工作。

第四十条 应考人员入场时,考务工作人员应当认真核对应考人员身份,对应考人员进行照片采集,有条件的地区可以采集指纹。

第四十一条 应考人员应当提前按指定座位入座,录入身份证号登录考试系统,阅读考生须知。待考试开始后按照试题要求进行答题。

考试开始30分钟后,应考人员不得进入考场参加考试。

第四十二条 考试进行期间,考点网络应当是独立局域网,与外部网络物理隔离。

第四十三条 考试进行期间,考试计算机禁止连接任何可移动存储设备,如U盘、移动硬盘、光盘等。

第四十四条 考试系统应当在考试过程中定时自动备份应考人员答题情况,确保应考人员能够在重启或更换考试计算机的情况下继续答题。

第四十五条 每场考试开考30分钟后,应考人员可提前交卷。本场最后一门科目交卷后,应考人员应当尽快、有序离开考场。

第四十六条 考试时间以考试服务器时间为准,考试结束时间一到,考试服务器将自动收卷。

第四十七条 考点所在地财政部门应当加强考试考风考纪工作、强化考务管理、加大监考力度,禁止应考人员将各种数据存储、传输及通信设备带入考场,禁止拷屏、屏幕录像、屏幕拍照、手工抄题等行为。一经发现,应当没收设备,停止考试并按考试违纪处理。

第四十八条 考试期间,应当确保监控设备对考场进行全程录像,并保证考场无盲区。录像文件严禁无关人员调看、拷贝。省财政厅可以采用远程视频监控系统对全省考场进行监管。

第四十九条 考点所在地财政部门在考试期间应当加强对考试工作的监督和检查,选派巡视人员监督、检查考试的实施情况,协助做好考试管理工作。

第五十条 各考点所在地财政部门应当对考试过程中出现考试设备严重故障、考场断电、考场大面积舞弊等重大突发事件,或自然灾害、交通事故等不可抗拒因素造成无法正常进行考试的情况,做好应急预案并及时妥善处理。省财政厅应对全省各考点应急预案制订情况进行检查,对发现问题的督促其限期整改。

第六章 考试信息管理

第五十一条 省财政厅负责统一管理全省的考试信息,具体包括:考试报名人数、应考人员答题结果和考试成绩等,并按要求向财政部报送相关信息。

第五十二条 会计从业资格考试由考试系统自动进行评卷并生成考试成绩,不得人为调整应考人员成绩。

第五十三条 同一应考人员所有报考科目考试成绩一次性全部合格的,视为通过考试。成绩不得滚动计算。

第五十四条 省财政厅应当在考试结束后7个工作日内公布考试结果。

第五十五条 省财政厅应当在公布考试结果的同时,将所有考试通过人员信息导入会计从业人员管理系统并设置为待激活状态。考试通过人员领取会计从业资格证书时才将其信息激活。

第五十六条 考试系统日志、应考人员信息、试卷试题编号、答题结果、考试成绩的保管期限为1年,考试期间监控录像的保管期限为6个月。

第五十七条 省财政厅应当将考点所在地财政部门上报的考试舞弊人员信息,及时纳入禁考人员数据库管理,在规定期限内不允许再次参加会计从业资格考试。

第七章 附 则

第五十八条 考点所在地财政部门可以结合实际,按照本规定制定本地区的考试管理实施细则,并报省财政厅备案。

第五十九条 本规定自2014年1月1日起施行。

浙江省乡镇财政资金监管实施办法(试行)

2013年12月17日 浙财基〔2013〕47号

第一章 总 则

第一条 为进一步贯彻统筹城乡发展的要求,推进财政科学化精细化管理,更好地发挥乡镇财政职能作用,提高财政资金使用效益,根据《财政部关于印发切实加强乡镇财政资金监管工作的指导意见的通知》(财预〔2010〕33号)《财政部关于印发乡镇财政资金监管工作办法和流程的通知》(财预〔2011〕564号)等文件精神,结合我省实际,特制定本办法。

第二条 监管范围。本办法所称乡镇财政资金是指各级政府安排用于乡镇及以下的各种财政资金,以及乡镇组织支配的集体经济资金等。包括对人员和家庭等方面的补助性资金,支农惠农和农村社会事业建设的项目类资金,乡镇财政本级安排的资金,上级财政部门或主管部门下达到乡镇范围的各项政府性资金。

第三条 监管工作机制。乡镇财政所(局、办,以下简称"乡镇财政机构")要建立和完善资金全程监管机制、信息通达机制、公开公示机制、抽查巡查机制、乡镇财政内部控制机制。县级财政要加强对乡镇财政资金监管工作的指导和督查,建立行之有效的县乡联动资金监管模式以及考核激励机制,切实提高乡镇财政资金监管工作水平。

第四条 监管工作目标。通过加强对乡镇财政资金的分类监管,切实提高财政资金的安全性,防止数据不实、虚假立项、骗取套取、挤占挪用财政资金等行为;加快预算执行进度,促进资金及时拨付;推进资金使用绩效评价工作,提高资金使用效益,努力提高乡镇财政科学化精细化管理水平。

第二章 财政补助性资金的监管

第五条 财政补助性资金是指以行政村、人口、耕地面积、粮食产量、牲畜头(只)数、生产作业机械以及购买行为等作为分配依据,直接或间接补助到农民的财政资金。包括鼓励农民发展农业生产、增加农民收入、建立农村社会保障和支持农村教育、文化、卫生、计划生育事业运转等方面的财政补助资金。

第六条 财政补助性资金监管程序

(一)及时公开、公示补助政策和补助对象。乡镇财政机构按照有关要求,联系或配合有关站所、单位、村组,及时公开各种补助政策、补贴对象、补贴依据、补贴标准、补贴金额、联系电话等,并通过"政(村)务公开栏"、"财务公开栏"或电视、广播、报纸、网络等媒介进行公示,使农民群众及时了解各项惠农政策,确保农民群众的知情权,接受社会监督。

(二)认真核实补助信息。乡镇财政机构对公示中有举报、有反映的,要及时核实真伪。对比较容易发生变化的如在校学生人数、农村贫困家庭大学生补助人数、五保户供养人数、优抚对象人数、低保救助人数、农业保险补贴面积、种粮大户种植面积等,在向县级财政部门或主管部门汇总上报补贴名册前,乡镇财政机构要有重点地派人到现场进行清点抽查,并将抽查结果及时向上级财政部门和主管部门报告。

(三)切实将补助资金落实到户。乡镇财政机构要按照各项补助资金管理办法的规定,结合本地区实际情况,采取县级或乡镇国库集中支付与"一卡通"(或"一折通")相结合等有效的资金发放制度,保证补助资金及时、安全、便捷地落实到户。任何单位和个人不得以任何理由抵顶、挤占、克扣农民补贴资金。

(四)扎实做好补助信息的基础管理工作。乡镇财政机构要与有关站所一起,认真做好本乡镇范围内补助资金相关基础数据信息的收集、整理、分类、报告和建档等台账工作,适时对有关信息进行补充和更新,确保基础信息完整、真实、准确。

第三章 项目类资金的监管

第七条 项目类资金是指用于支持各类农业生产经营组织发展经济，改善农村生产生活条件，加强农村教育、医疗、文化诸领域基础设施项目建设等方面的财政补助资金。

第八条 项目类资金监管程序

（一）严把项目申报关。乡镇财政机构要按照本乡镇的经济社会发展规划，参与做好乡镇范围内的财政扶持项目库建设。开展实地调查，对项目申报和项目安排的真实性、可行性向县级财政部门和项目主管部门提出意见建议，避免随意申报和重复申报项目。

（二）做好项目公示。乡镇财政机构要联合有关站所，在项目申报安排前和收到上级项目批复后，对项目名称、实施范围、资金来源、受益人、项目责任人、施工单位等情况进行公示，鼓励农民群众参与，加强社会监督。

（三）跟踪项目实施。乡镇财政机构要参与对项目招投标的管理，了解招投标信息。参与实地检查项目的开工建设和进展情况，定期或不定期向县级财政部门及相关主管部门报告，根据项目建设进度，做好项目支出审核和资金拨付工作。

（四）及时评估验收。乡镇财政机构要参与做好项目评估验收工作，提出项目运转和维护管理建议措施等，对已完工项目要及时建立扶持资金项目档案，跟踪项目效益。

第九条 细化纳入乡镇财政预算管理的项目类资金监管

（一）细化预算编制。乡镇财政机构要按照部门预算编制工作要求，进一步细化项目预算编报程序，严格审核有关申报项目的真实性、可行性，将符合要求的项目纳入年度预算。

（二）加强预算执行管理。项目预算执行过程中，要确保资金及时拨付到位，并对项目实施进度进行跟踪管理。

（三）项目完成后要及时开展评审验收和绩效评价。县级财政部门要负责加强对乡镇预算管理项目审核把关，组织好资金拨付和跟踪监控工作。

第十条 协作监管项目类资金。对于上级财政与主管部门共同下达或上级主管部门直接下达到本乡镇的资金，乡镇财政机构要建立与各专业站所、村委会的日常信息联络制度，及时掌握上级主管部门下达到各站所、村、组、农场、企业、合作社、专业协会等的项目类资金信息，建立档案，及时纳入监管范围。乡镇财政机构要主动收集县级财政部门下发的项目类资金文件信息，了解掌握上级下达到本乡镇范围内的项目类资金动态，及时实施资金监管工作。要实地察看或抽查项目开工建设情况，检查资金使用情况，评估项目运行效果，并及时向上级有关部门报告。

第四章 规范乡镇本级、村级资金和财务的监管

第十一条 加强乡镇财政预算监督管理。要监督乡镇严格按规定将税收收入、非税收入等全部纳入预算统一管理，实行“一个盘子”式综合预算，严格执行基金收入管理等制度；要加强收入征管，乡镇负责征收的各项财政性收入要按照规定及时足额缴入国库或专户，严格执行“收支两条线”的规定，不得截留、坐支、挪用和私设“小金库”；要逐步完善乡镇基本支出定员定额管理，建立项目库管理制度；要按规定程序及时将预算报送同级人大批复，并强化预算执行管理；要加快推进乡镇财政国库集中支付改革，严格乡镇财政支出和会计核算管理，加强县级财政对乡镇的监督检查。

第十二条 加强乡村财务监督管理。乡镇财政机构既要尊重村级组织资金安排使用的自主权，也要加强对村级组织财务的监督管理，积极探索村账乡代管等管理方式。要对上级部门补助到村级组织的各类项目建设经费进行专账核算。要加强对乡村两级组织资产的管理，建立健全乡村资产购建、验收、保管、使用、处置等管理制度，特别是要指导做好各类财政资金扶持项目形成资产的及时入账核算工作，做到资产实物管理和价值管理相统一。要逐步建立乡村债务动态监控制度，及时、全面地掌握乡村债务变化情况，建立健全债务控制和化债工作规章制度。

第五章 信息通达

第十三条 信息通达是指乡镇财政资金监管信息在乡镇财政机构与上级财政部门之间的双向传递。

乡镇财政资金监管信息，是指各级各部门安排用于乡村等基层组织运转的各类财政资金的政策文件、管理办法、拨款文件，以及乡镇财政机构向上级财政部门反馈的各项资金监管工作情况、问题、结果及建议等。

第十四条 省、市、县级财政部门及相关业务处（科）室向下级财政部门传递乡镇财政资金监管信息时，应同时告知同级乡镇财政管理机构，使其掌握监管工作所必需的信息。

第十五条 省、市、县级财政部门主管乡镇财政资金监管工作的处（科）室应将收到的乡镇财政资金监管信息及时向下级财政部门主管乡镇财政资金监管工作的科室或乡镇财政机构传递。

第十六条 县级财政部门相关业务科室应积极向同级有关部门了解其自身及其上级主管部门直接下达用于乡村等基层组织的财政资金等有关信息，收集并及时传递至乡镇财政机构和同级主管乡镇财政资金监管工作的科室。

第十七条 乡镇财政机构应及时将资金监管工作情况、发现的问题、结果及建议等，向县级财政部门主管乡镇财政资金监管工作的科室反馈。县级财政部门主管乡镇财政资金监管工作的科室在收到乡镇财政机构监管信息反馈后，应及时向相关业务科室传递；涉及有关部门的，由相关业务科室提供给有关部门；涉及上级财政部门的，应逐级上报。

第十八条 县级财政部门相关业务科室、主管乡镇财政资

金监管工作的科室和乡镇财政机构均应指定专人作为信息联络员，具体负责收集、整理、传递和记录乡镇财政资金监管信息等工作。县级财政部门相关业务科室、主管乡镇财政资金监管工作的科室应定期与乡镇财政机构核对信息传递记录。

第十九条　县级财政部门主管乡镇财政资金监管工作的科室和乡镇财政机构应将监管信息进行归类、整理、打印、装订成册并存档。

第六章　公开公示

第二十条　乡镇财政资金监管公开公示，是指按照相关政策要求和规定，对各级各部门安排用于乡村等基层组织的各类财政资金，包括乡村基本支出、补助性资金、项目类资金等有关情况进行公开公示。

第二十一条　相关资金管理办法对公开公示的主体有明确规定的，由规定的主体负责公开公示；没有明确规定的，按照“谁分配、谁公开，分配到哪里、公开到哪里”的原则进行公开公示。乡镇财政机构应对乡镇基层站（所）、单位、村委会的财政资金信息公开公示工作进行督促和配合。

第二十二条　相关资金管理办法对公开公示的内容有明确规定的，按规定执行；没有明确规定的，按以下内容公开公示：

（一）国家有关政策和文件精神；

（二）乡村基本支出情况；

（三）补助性资金的资金名称、政策依据、补助对象、补助标准、补助数量及金额、举报电话等；

（四）项目类资金的项目名称、立项依据、实施范围、建设单位、承建单位、建设内容、责任人和受益人、工程预决算、资金来源及数量、建设时限、举报电话等。

第二十三条　相关资金管理办法对公开公示的形式和时间等有明确规定的，按规定执行；没有明确规定的，原则上按以下要求执行：

（一）补助性资金必须在基础信息采集后、补贴发放前，将受益人相关内容进行公开公示；资金发放后，发放应再次进行公开公示。

（二）项目类资金必须于项目批复后、资金指标文件下达后、工程完工后分别进行公开公示。

对于影响较大、群众关注度较高的财政性资金及项目，可通过广播、电视、网络、短信等方式进行政策宣传，丰富公开公示方式。

第二十四条　对相关责任主体未公开公示或公开公示不符合要求的，乡镇财政机构应及时督促其做好公开公示工作，并将相关情况报上级财政部门。

第二十五条　乡镇财政机构应设立监督举报电话和举报箱，并对外公布。

第二十六条　乡镇财政机构对群众反映的问题进行接访和记录，并会同有关部门进行核实。对发现的问题，应当及时处理；不能处理的，应逐级向上级财政部门报告。

第二十七条　乡镇财政机构应对公开公示的情况进行记录保存，建立档案备查。

第七章　抽查巡查

第二十八条　抽查巡查是指财政部门对纳入乡镇财政监管范围的补助性资金的补助对象、发放标准、发放程序、财务管理等情况，以及项目类资金的使用和实施情况进行的抽样检查或巡视检查。

第二十九条　抽查巡查应以有关政策文件、管理办法、会计核算制度、资金文件等为依据，按程序进行。上级财政部门应加强对乡镇财政机构的工作指导。

第三十条　抽查巡查的内容主要包括：

（一）对补助性资金进行的抽查巡查。核查补助性资金申报审核是否符合规定，发放过程是否符合规定程序，补助对象是否符合补助条件，是否按补助标准发放，是否按规定进行公开公示等。

（二）对项目类资金进行的抽查巡查。重点查看项目立项是否合理，项目是否真实、可行，是否符合政策，是否属于重复安排；工程招投标过程是否全程公开，工程完工后是否及时组织验收；票证使用是否规范；政策、项目、资金公开公示的内容是否真实、全面，有无遗漏和虚假；资金是否按规定程序及时拨付到位，项目资产是否按规定时间和程序移交；是否有完善的管护措施。

（三）对项目实施主体的会计核算准确性进行抽查巡查。

第三十一条　乡镇财政机构是抽查巡查工作的主要承担者，应发挥就近监管的优势，负责对所有乡镇财政资金实施检查监督工作；县级财政部门有选择性地对部分乡镇财政资金进行抽查巡查，并督导和检查乡镇财政所抽查巡查工作开展情况；省市财政部门侧重做好抽查巡查工作的检查指导。

第三十二条　抽查巡查的时间根据资金的不同性质和监管的不同要求确定：

（一）补助性资金。涉及个人的补助性资金原则上应通过“一卡通”发放。对乡镇财政机构或乡镇以上部门发放的补助性资金，发放前乡镇财政机构协同有关主管部门审核相关信息；发放后，应进行抽查核查。

（二）项目类资金。乡镇财政机构对项目资金在申报立项、项目建设、竣工验收等各阶段进行全过程巡查。

第三十三条　乡镇财政机构对在抽查巡查中发现的情况，应及时会同有关部门进行核实。对存在的问题，应当及时处理；不能处理的，应逐级向上级财政部门报告。

第三十四条　地方各级财政部门应对开展抽查巡查的工

作情况进行记录,形成文字材料。乡镇财政机构应定期整理抽查巡查情况,并装订成册、建档保存。

第八章 保障措施

第三十五条 加强领导,明确职责。乡镇财政资金监管工作涉及部门多、资金量大、环节复杂,各级财政部门特别是县级财政部门要高度重视乡镇财政资金监管工作,成立乡镇财政资金监管工作领导小组,由局主要领导任组长,分管副局长任副组长,各相关处(科)室负责人为成员,统一加强对乡镇财政资金监管工作的领导和协调。按照"省级加强指导、市级大力推动、县级抓好落实"的要求,明确各级财政工作职责。省级财政主要是制订乡镇财政资金监管制度框架,促进监管能力建设;市级财政主要是推动乡镇财政资金监管工作在所辖县市区的均衡开展;县级财政要细化乡镇财政资金监管工作措施、量化任务要求,直接带动乡镇财政机构做好资金监管工作;乡镇财政机构则是资金监管工作的直接承担者和最终落实者,负责做好日常监管工作。

第三十六条 加强乡镇财政监管能力建设。各地要根据《浙江省人民政府关于进一步加强乡镇财政建设的意见》(浙政发〔2011〕52号)、《浙江省人民政府关于完善财政体制的通知》(浙政发〔2012〕85号)等文件精神,结合当地实际,抓紧落实乡镇财政机构的组建工作,配足配强人员力量;县级以上财政部门要明确乡镇财政管理的职能处(科)室,加强对乡镇财政工作的管理和指导。在此基础上,按照《浙江省财政厅关于印发〈全省乡镇财政管理规范化建设(2013~2015年)行动计划〉的通知》(浙财基〔2013〕10号)要求,大力开展乡镇财政管理规范化建设,完善岗位设置,规范权力运转;完善乡镇财政管理体制,建立预算管理、预算执行、财政监督等各项基础管理制度;加大培训力度,提高乡镇干部素质;加大财政投入,加快乡镇财政信息化建设进程,不断提升乡镇财政的监管能力。

第三十七条 建立乡镇财政资金监管工作考评机制。为推进乡镇财政资金监管工作,省、市、县财政部门都要建立乡镇财政资金监管工作考评制度,将乡镇财政资金监管工作纳入对乡镇财政重点工作目标管理考评范围,对乡镇财政资金监管工作进行全面考评。对乡镇财政资金监管工作成效明显的给予表彰奖励,对乡镇财政资金监管工作不力的给予通报批评,并责令整改。

浙江省最低生活保障资金管理办法

2013年12月25日 浙财社〔2013〕319号

第一章 总 则

第一条 为进一步加强和规范我省城乡最低生活保障(以下简称城乡低保)资金管理,提高资金使用绩效,根据《国务院关于进一步加强和改进最低生活保障工作的意见》(国发〔2012〕45号)和《财政部、民政部关于印发〈城乡最低生活保障资金管理办法〉的通知》(财社〔2012〕171号)等有关规定,结合我省实际,制定本办法。

第二条 本办法所称的城乡低保资金,是指按照国家和我省有关规定用于保障城乡低保对象基本生活的专项资金,包括城乡低保金和城乡低保对象的价格补贴、节日补贴等临时或一次性补助资金。

第三条 城乡低保资金管理原则

(一)预算管理科学精细。合理编制城乡低保资金预算,提高预算的科学性和完整性。加强预算执行管理,注重绩效考评,完善资金分配办法,提高预算支出的均衡性和有效性。

(二)保障标准动态调整。根据省政府确定的原则适时调整城乡低保标准,实现保障水平与当地经济社会发展水平的有机联动,切实保障低保对象基本生活。

(三)管理信息公开透明。加强城乡低保资金管理的信息公开工作,依法及时公开相关政策、数据等信息。严格执行低保对象审批和资金发放的公示制度,实现低保对象的"应保尽保、应补尽补、应退尽退"。

(四)资金管理规范安全。规范资金管理程序,健全检查监督机制,确保城乡低保资金专项管理、专款专用。完善资金支付和发放管理,提高工作效率,确保城乡低保资金及时足额地发放到低保对象手中。

(五)监管手段科学高效。加强城乡低保资金管理数字化、信息化能力建设,深度开发和充分利用社会救助信息数据,为低保资金收支测算、资金分配、绩效管理、政策制定、信息公开等提供有效支持,不断提高城乡低保资金科学管理水平。

第二章 资金筹集

第四条 低保资金来源

(一)各级财政预算安排的资金;

(二)社会各界捐赠和资助的资金;

(三)其他来源的资金。

各级财政部门要将城乡低保资金列入同级财政预算。同时,通过财税优惠政策,鼓励和引导社会力量提供捐赠和资助,多渠道筹集城乡低保资金。

第五条 各级民政部门应当按照预算编制要求，根据低保对象人数、低保标准和上年结余等有关数据，测算下年度城乡低保资金需求，科学合理编制年度预算报同级财政部门。

省财政于每年10月31日前按当年实际下达数的一定比例（不低于补助数的50%），将下一年度城乡低保补助资金预算指标下达给市、县（市）财政部门。

各级民政、财政部门应当规范城乡低保基础管理工作，加强基础数据的搜集、整理和分析，确保数据的准确性和真实性，为城乡低保资金预算的编制提供可靠依据。

第六条 在年度预算执行过程中，如需调整城乡低保资金预算，应当由各级民政部门根据实际情况向同级财政部门提出申请，经财政部门审核并按规定程序报批后实施。

第七条 城乡低保资金年终如有结余，可结转下年使用，城市和农村低保资金年终滚存结余一般均不得超过当年支出总额的10%。

第八条 市、县（市、区）财政部门应当将城乡低保工作经费纳入财政预算，综合考虑城市、农村低保工作量等因素，按“以事定费”的原则，合理安排本级的低保工作经费。省财政对基层城乡低保工作任务重、工作成效好的地方给予适当奖补。

工作经费主要用于城乡申请救助家庭经济状况核对，低保申请入户调查、审核、审批和低保对象核查、公示，低保工作调研，政策宣传，业务培训，救助信息系统建设等方面的直接或购买服务的支出。

低保工作经费不得从城乡低保资金中列支。

第三章 资金分配

第九条 省级财政、民政部门按照城乡低保补助资金公平、公正、公开的原则，采取因素分配等方法合理分配城乡低保补助资金，推行“以奖代补”机制，以加强最低保障资金的管理。

省级对市、县（市、区）城市、农村低保资金的补助，包括“基本补助”和“以奖代补”两部分。“基本补助”金额依据各地低保人数、财政困难程度等因素计算确定；“以奖代补”依据各地的低保资金保障和绩效情况、低保工作规范程度、低保工作创新等因素来确实。“以奖代补”资金总额一般按照不高于省以上财政城乡低保金补助资金15%的比例掌握。

省级城乡低保对象困难群众基本生活物价补贴资金，依据月度同比价格指数涨幅、城乡月低保标准、享受补贴人数等因素对经济欠发达地区进行补助。省级财政对欠发达地区的城乡最低生活保障对象的价格补贴资金给予一半补助。

城乡低保对象节日补贴等临时或一次性补助资金根据情况发放，省级补助资金依据各地低保对象人数、补助标准等因素进行分配，具体发放标准各地可根据当地实际确定。

第十条 建立城乡低保补助资金预算指标及时下达制度。省财政在接到中央财政预算指标后的30日内下达各市、县（市）。省财政本级安排的城乡低保补助资金当年6月底前下达各市、县（市）。

第四章 使用管理

第十一条 规范审核、审批程序，加强申请救助对象家庭经济状况核对机制建设，准确认定低保对象。

各乡镇人民政府（街道办事处）对低保申请家庭要逐一入户调查，详细核查申请材料以及各项声明事项的真实性和完整性。并组织村（居）民代表或者社区评议小组对申请人声明的家庭收入、财产状况以及入户调查结果的真实性进行民主评议。

各市、县（市、区）民政部门应当全面审查乡镇人民政府（街道办事处）上报的调查材料和审核意见（含民主评议结果），并按照不低于30%的比例入户抽查。要建立健全跨部门、多层次、信息共享的救助申请家庭经济状况核对机制，健全完善工作机构和信息核对平台，确保低保对象高效、公正认定。严禁不经调查直接将任何群体或个人纳入最低生活保障范围。

各地要严格执行低保审核审批公示制度。乡镇人民政府（街道办事处）要及时公示入户调查、民主评议和审核结果；县级民政部门应当就低保对象的家庭成员、收入情况、保障金额等在其居住地长期公示。

第十二条 定期开展分类核查，健全低保对象动态管理机制。

对已经纳入低保的对象，应当加强管理，定期跟踪保障对象家庭变化情况，建立低保对象有进有出、补助水平有升有降的动态管理机制。各地应当建立低保家庭人口、收入和财产状况定期报告制度，定期开展核查，将不符合条件的及时退出保障范围。对无生活来源、无劳动能力又无法定赡养、抚养、扶养义务人的“三无人员”，每年核查一次；对短期内收入变化不大的家庭，每半年核查一次；对收入来源不固定、成员有劳动能力和劳动条件的最低生活保障家庭，原则上实行城市按月、农村按季核查。

对不符合条件的保障对象及时办理退出，正常退出的保障对象，从退出的次月起停止发放低保金。

第十三条 规范城乡低保资金发放程序。民政部门应当及时将城乡低保金发放清册报同级财政部门，财政部门应当按有关规定认真进行审核并及时办理支付。城乡低保金应当按月发放，于每月10日前发放到户。

各地要全面推行低保资金社会化发放，按照财政国库管理制度有关规定，将低保资金通过银行、信用社等代理金融机构，直接发放到低保家庭账户，确保低保资金足额、及时发放到位。

城乡低保对象价格补贴、节日补贴等临时或一次性补助资金，应当按照有关要求及时发放到户。

第十四条 年度终了，各级财政、民政部门应按照有关规定做好城乡低保资金的清理和对账工作，并按要求向上级部门报送城乡低保资金年度执行情况及相关说明。

第十五条　各级财政、民政部门应当严格按规定使用城乡低保资金，不得擅自扩大支出范围，不得以任何形式挤占、截留、滞留和挪用，不得向低保对象收取任何管理费用。

第十六条　各级财政、民政部门应当重视低保资金的预算绩效管理，建立健全城乡低保资金绩效管理制度，科学合理编制低保资金绩效目标，监督检查预算绩效情况。定期对低保制度执行情况和资金使用效果实施评价（包括资金安排、预算执行、资金管理、保障措施、组织实施和实际效果等）。同时，应当重视绩效评价结果的应用，对绩效评价中发现的问题进行及时整改，以进一步提高财政资金使用效益。

第五章　监督检查

第十七条　各级财政、民政部门应当建立健全城乡低保资金财务管理制度，完善城乡低保资金发放台账。定期或不定期对低保资金管理使用情况进行专项检查，及时发现和纠正有关问题，不断加强和改进低保资金管理工作。

第十八条　各级财政、民政部门应当建立健全城乡低保资金信息公开制度，积极主动地向社会公开资金管理办法、分配因素和使用情况等，自觉接受社会公众的监督。

第十九条　各地应当建立低保经办人员和村（居）民委员会干部近亲属享受低保备案制度，县级民政部门要对备案的低保对象严格核查管理。要充分发挥舆论监督作用，对于媒体发现揭露的问题，应及时查处并公布处理结果。要通过政府购买服务等方式，鼓励社会组织参与、评估、监督低保工作。

第二十条　各级财政、民政部门应当自觉接受审计、监察等部门的监督检查。对城乡低保资金使用管理中的违法行为，依据《财政违法行为处罚处分条例》（国务院令第 427 号）等有关法律法规追究法律责任。

第六章　附　则

第二十一条　各市、县（市）财政、民政部门应当参照本办法，结合当地实际，及时制定本地的具体实施意见。

第二十二条　本办法自 2014 年 1 月 1 日起实施，《浙江省最低生活保障资金管理暂行办法》（浙财社字〔2002〕1 号）同时废止。

第二十三条　本办法由省财政厅、省民政厅负责解释。

浙江省服务业发展引导财政专项资金管理办法

2013 年 12 月 30 日　浙财企〔2013〕411 号

第一条　为了加强专项资金的使用管理，提高财政资金使用绩效，调动地方政府和企业发展服务业的积极性，引导多渠道资金对服务业的投入，促进我省服务业加快发展，根据省政府《关于进一步加快发展服务业的若干政策意见》（浙政发〔2011〕33 号）有关规定，特制定本办法。

第二条　浙江省服务业发展引导财政专项资金（以下简称“引导资金”）由省级财政预算统一安排，专款专用。

第三条　引导资金主要用于全省服务业发展中的薄弱环节、关键领域、新兴行业和高端企业，促进服务业的市场化、社会化、产业化和集聚化发展。省级财政已设立专项资金支持的服务业领域，原则上不再重复安排引导资金。

第四条　引导资金的使用要符合国家和省服务业发展规划及政策要求，重点支持现代服务业发展，提升我省服务业发展的整体水平和竞争力，扩大服务业市场规模、容量和就业，带动经济效益和社会效益的显著提高。

第五条　引导资金由省发改委和省财政厅共同使用管理，每年由省发改委会同省财政厅根据省服务业发展规划、政策要求以及省政府当年工作重点，研究确定年度引导资金支持重点。

第六条　支持对象

引导资金支持的对象必须是在浙江省境内（不含宁波）工商部门注册，具有独立法人资格，合法经营、依法纳税，内部财务会计制度健全，并按规定报送财务会计报告和服务业统计报表等相关资料的企业及相关单位。

第七条　支持内容

（一）支持服务业重大项目建设。进一步健全省服务业重大项目计划管理制度，对列入《浙江省服务业重大项目计划》的项目，择优给予支持，根据项目中长期固定资产贷款或直接投资给予一定比例的贴息或补助。

（二）支持服务业集聚示范区提升发展。建立省级服务业集聚示范区年度综合评价制度，对于年度综合评价结果位居前列的服务业集聚示范区给予适当奖励。具体评价奖励办法由省发改委会同省有关部门另行制定。

（三）支持服务业企业做强做大和创新发展。建立健全不同类型服务业企业评价奖励体系，分别对新引进的服务业总部企业和行业龙头企业、突出贡献企业等，依据其税收贡献、吸纳就业、产业水平和成长潜力等情况，经省发改委会同省有关部门评价后给予一次性奖励。具体评价奖励办法由省发改委会同省财政厅等部门另行制定。

(四)支持服务业领域标准化建设。鼓励行业协会和企业参与服务业国家、地方和行业标准的制定,重点支持企业牵头组织实施国家和省级服务业标准化试点示范项目。

(五)支持全省性服务业重大活动和省级重点项目。重点支持省发改委会同有关部门单位组织开展的全省性服务业重大活动、服务业重点领域试点示范、现代服务业人才培训等项目。

第八条 支持方式

引导资金主要采取专项性一般转移支付方式,同时对省级部分重点项目继续采取项目补助方式。

(一)对于支持服务业重大项目、省级服务业集聚示范区、服务业领域标准化建设和服务业企业奖励的引导资金,根据各市、县(市)上年度服务业增加值、服务业投资额、服务业重大项目计划和省级服务业集聚示范区、不同类型服务业企业评价结果等因素,由省发改委会同省财政厅研究确定具体分配方案,采取专项性一般转移支付的方式,将资金分配到市、县(市),专项用于属于支持范围的服务业项目、省级服务业集聚示范区建设及对企业的奖励。

(二)对于经省发改委和省财政厅认定,由省级有关部门单位组织开展的全省性服务业重大活动、现代服务业人才培训等公共服务项目和省属企业(单位)部分重点服务业建设项目,继续按项目实际投资额或发生费用、中长期固定资产贷款额的一定比例给予补助或贴息。对于服务业重点领域的试点示范项目,采取竞争性分配方式。

第九条 申请程序

(一)每年一季度,省发改委会同省财政厅研究确定年度资金支持重点、支持额度和申报要求,联合下发申报通知;各市、县(市)发展改革、财政部门和省级有关单位按照要求组织申报。对于根据服务业增加值、服务业投资额、服务业重大项目计划等因素分配的资金不需另行申报,由省发改委会同省财政厅直接确定分配方案。

(二)资金申请实行属地化管理,符合条件的市、县(市)企业应按照本办法和相应评价奖励办法规定及年度申报通知的要求,向所在地发展改革和财政部门提出申请,各市、县(市)发展改革和财政部门对申请单位报送的材料,要认真进行审核汇总,在规定时间内正式行文联合上报省发改委、省财政厅。省属企业(单位)申请的项目,由主管单位统一汇总并正式行文直接报送省发改委和省财政厅。

第十条 审核和拨付程序

(一)省发改委、省财政厅对省级有关单位和各市、县(市)申报的材料,按各自职能进行审核,必要时委托中介机构进行合规性审查,或组织专家进行评审,共同提出引导资金总体分配方案,并根据引导资金规模综合平衡后,由省财政厅会同省发改委按申请单位财政隶属关系将资金拨付到相关市、县(市)财政局及省级有关单位。

(二)根据服务业增加值、服务业投资额和服务业重大项目计划等因素分配下达的资金,主要应用于服务业重大项目和省级服务业集聚示范区公共服务平台项目等建设。各地要建立健全重大项目储备和管理制度,在规定时间内提出项目安排计划报省发改委和省财政厅审核确认,并按照审核确认的文件将引导资金拨付到项目单位。

(三)根据相关评价结果下达的奖励资金,专项用于服务业总部企业和行业龙头企业、突出贡献企业、省级服务业集聚示范区等的奖励。各地应按照资金下达文件的要求及时将引导资金拨付到有关单位。

第十一条 监督管理和绩效评价

(一)各市、县(市)应根据财力可能相应建立服务业引导资金,并逐步扩大规模,优化使用结构,充分发挥财政资金的引导作用。对于各地组织上报的项目,当地已按一定比例配套扶持的,引导资金将给予优先安排。

(二)省发改委要建立健全对服务业重大项目实施情况的监督检查制度,市、县(市)发展改革部门要对所实施的服务业重大项目进行全过程的跟踪问效,及时协调处理项目实施过程中的问题,并将有关情况报省发改委。

(三)省财政厅要健全引导资金的绩效评价制度,会同省发改委对服务业重点领域和重大项目的资金安排进行监督检查,对资金使用管理情况开展绩效评价工作,评价结果作为下一年度安排引导资金的重要依据。

(四)引导资金必须专款专用,严禁截留或挪用。各市、县(市)财政部门和省级有关单位对于省财政下达的专项资金,应及时、足额拨付到项目单位;项目单位收到财政部门拨付的资金,应严格按规定使用,自觉接受财政、发改部门的监督检查,并根据《浙江省财政厅关于做好财政受益对象(企业)基本信息统计工作的通知》(浙财企〔2013〕178 号)的规定报送数字财政受益对象(企业)信息统计表。对不按规定报统计表的市、县(市、区),暂停下一年度引导资金的安排。

第十二条 对于弄虚作假骗取财政资金等违反财经纪律的,将按《财政违法行为处罚处分条例》(国务院令第 427 号)等法律法规进行查处,追缴全部已拨付的资金;对于违规骗取资金的企业,取消申请引导资金补助的资格。

第十三条 本办法自 2014 年 2 月 1 日起施行,原《浙江省服务业发展引导财政专项资金管理办法》(浙财企〔2011〕227 号)同时停止执行。

第十四条 本办法由省发改委和省财政厅负责解释。

2013年财政规章及相关规范性文件目录(选编)

序号	文件名称	发文单位	文号	发布日期
1	关于印发《中央财政现代农业生产发展资金管理办法》的通知	财政部	财农〔2013〕1号	2013.1.7
2	关于印发《中央财政现代农业生产发展资金绩效评价办法》的通知	财政部	财农〔2013〕2号	2013.1.7
3	关于印发《中国残疾人事业“十二五”发展纲要专项资金管理办法》的通知	财政部 中国残疾人联合会	财社〔2013〕1号	2013.1.10
4	关于印发《战略性新兴产业发展专项资金管理暂行办法》的通知	财政部 国家发改委	财建〔2013〕1111号	2013.1.14
5	关于印发中央财政促进服务业发展专项资金管理办法的通知	财政部 商务部	财建〔2013〕4号	2013.1.24
6	关于支持农民合作组织发展促进农业生产经营体制创新的意见	财政部	财农〔2013〕7号	2013.2.4
7	关于印发《中央财政农业生产防灾救灾资金管理办法》的通知	财政部 农业部	财农〔2013〕3号	2013.2.7
8	关于印发《国家级地质遗迹保护专项资金管理办法》的通知	财政部 国土资源部	财建〔2013〕65号	2013.3.12
9	关于印发《优抚事业单位专项补助资金使用管理办法》的通知	财政部 民政部	财社〔2013〕14号	2013.3.27
10	关于印发《矿山地质环境恢复治理专项资金管理办法》的通知	财政部 国土资源部	财建〔2013〕80号	2013.4.1
11	关于印发《矿山资源节约与综合利用专项资金管理办法》的通知	财政部 国土资源部	财建〔2013〕81号	2013.4.8
12	关于印发《中央补助地方农村文化建设专项资金管理暂行办法》的通知	财政部	财教〔2013〕25号	2013.4.10
13	关于印发《中央财政统筹从土地出让收益中计提的农田水利建设资金使用管理办法》的通知	财政部 水利部	财农〔2013〕14号	2013.4.16
14	关于印发《财政专户管理办法》的通知	财政部	财库〔2013〕46号	2013.4.17
15	关于印发《农村老旧渡船报废更新中央专项奖励资金管理办法》的通知	财政部 交通运输部	财建〔2013〕121号	2013.4.18
16	关于印发《民族贸易企业网点改造和民族特需商品定点生产企业技术改造贷款财政贴息资金管理办法》的通知	财政部 国家民委	财建〔2013〕124号	2013.4.22
17	关于印发《经济建设项目资金预算绩效管理规则》的通知	财政部	财建〔2013〕165号	2013.4.26
18	关于印发《地方特色产业中小企业发展资金管理办法》的通知	财政部	财企〔2013〕67号	2013.5.2
19	关于印发《老旧汽车报废更新补贴资金管理办法》的通知	财政部 商务部	财建〔2013〕183号	2013.5.6

（续表一）

序号	文件名称	发文单位	文号	发布日期
20	关于印发《中央专项彩票公益金支持农村幸福院项目管理办法》的通知	财政部 民政部	财综〔2013〕56 号	2013. 5. 8
21	关于印发《关于加强和改进基层会计管理工作的指导意见》的通知	财政部	财会〔2013〕12 号	2013. 6. 4
22	关于印发《中等职业学校免学费补助资金管理办法》的通知	财政部 教育部 人力资源社会保障部	财教〔2013〕84 号	2013. 6. 7
23	关于印发《中等职业学校国家助学金管理办法》的通知	财政部 教育部 人力资源社会保障部	财教〔2013〕110 号	2013. 6. 7
24	关于印发《中央补助地方博物馆纪念馆免费开放专项资金管理暂行办法》的通知	财政部	财教〔2013〕97 号	2013. 6. 17
25	关于印发《中央补助地方美术馆公共图书馆文化馆(站)免费开放专项资金管理暂行办法》的通知	财政部 文化部	财教〔2013〕98 号	2013. 6. 17
26	关于印发《对外投资合作专项资金管理办法》的通知	财政部 商务部	财企〔2013〕124 号	2013. 6. 20
27	关于印发《边境地区转移支付资金管理办法》的通知	财政部	财预〔2013〕267 号	2013. 6. 25
28	关于印发《国家重点文物保护专项补助资金管理办法》的通知	财政部 国家文物局	财教〔2013〕116 号	2013. 6. 25
29	关于印发《2013 年地方政府自行发债试点办法》的通知	财政部	财库〔2013〕77 号	2013. 7. 1
30	关于修改村级公益事业建设一事一议财政奖补资金管理办法的补充通知	财政部	财预〔2013〕200 号	2013. 7. 3
31	关于做好 2013 年对外劳务合作服务平台资金管理工作的通知	财政部 商务部	财企〔2013〕134 号	2013. 7. 3
32	关于营业税改征增值税试点有关预算管理问题的通知	财政部 中国人民银行 国家税务总局	财预〔2013〕275 号	2013. 7. 5
33	关于印发《中央财政农民专业合作组织发展资金管理办法》的通知	财政部	财农〔2013〕156 号	2013. 7. 24
34	关于暂免征收部分小微企业增值税和营业税的通知	财政部 国家税务总局	财税〔2013〕52 号	2013. 7. 30
35	关于印发《疾病应急救助基金管理暂行办法》的通知	财政部 卫生计生委	财社〔2013〕94 号	2013. 8. 16
36	关于修订《中央财政促进服务业发展专项资金管理办法》的通知	财政部 发展改革委 商务部 科技部 工商总局	财建〔2013〕469 号	2013. 8. 20
37	关于印发《国库集中支付业务电子化管理暂行办法》的通知	财政部 中国人民银行	财库〔2013〕173 号	2013. 9. 16
38	关于加强小额担保贷款财政贴息资金管理的通知	财政部 人力社保部 中国人民银行	财金〔2013〕84 号	2013. 9. 25

（续表二）

序号	文件名称	发文单位	文号	发布日期
39	关于印发《会计从业资格考试管理规定》的通知	财政部	财会〔2013〕19 号	2013. 9. 27
40	关于印发《农村综合改革示范试点考核评价试行办法》的通知	财政部	财农改〔2013〕10 号	2013. 10. 10
41	关于职业教育等营业税若干政策问题的通知	财政部　国家税务总局	财税〔2013〕62 号	2013. 10. 14
42	关于进一步加强地方财政结余结转资金管理的通知	财政部	财预〔2013〕372 号	2013. 10. 23
43	关于印发《出国留学经费管理办法》的通知	财政部　教育部	财教〔2013〕411 号	2013. 11. 7
44	关于印发《国家科技计划及专项资金后补助管理规定》的通知	财政部　科技部	财教〔2013〕433 号	2013. 11. 27
45	关于印发《中央财政国库集中收付代理银行管理办法》的通知	财政部　中国人民银行	财库〔2013〕204 号	2013. 12. 6
46	关于印发《企业会计信息化工作规范》的通知	财政部	财会〔2013〕20 号	2013. 12. 12
47	关于印发《农业保险大灾风险准备金管理办法》的通知	财政部	财金〔2013〕129 号	2013. 12. 12
48	关于进一步加强文化产业发展专项资金管理的通知	财政部	财文资〔2013〕24 号	2013. 12. 13
49	关于将铁路运输和邮政业纳入营业税改征增值税试点的通知	财政部　国家税务总局	财税〔2013〕106 号	2013. 12. 13
50	关于印发《行政单位会计制度》的通知	财政部	财库〔2013〕218 号	2013. 12. 20
51	关于印发《中央财政国库动态监控管理暂行办法》的通知	财政部	财库〔2013〕217 号	2013. 12. 23
52	关于印发《部门决算管理制度》的通知	财政部	财库〔2013〕209 号	2013. 12. 31
53	关于推进舟山群岛新区建设的若干意见	中共浙江省委　浙江省人民政府	浙委发〔2013〕13 号	2013. 4. 22
54	关于推进嘉善县域科学发展示范点建设的若干意见	中共浙江省委　浙江省人民政府	浙委发〔2013〕12 号	2013. 4. 22
55	公布施行《浙江省企业国有资产监督管理办法》	浙江省人民政府	令第 311 号	2013. 1. 21
56	关于印发《浙江省扩大有效投资“411”重大项目建设行动计划（2013～2017 年）》的通知	浙江省人民政府	浙政发〔2013〕24 号	2013. 4. 11
57	关于促进民办教育健康发展的意见	浙江省人民政府	浙政发〔2013〕47 号	2013. 9. 16
58	关于实施省级财政专项资金竞争性分配改革的通知	浙江省人民政府	浙政函〔2013〕145 号	2013. 10. 22

（续表三）

序号	文件名称	发文单位	文号	发布日期
59	关于加快推进省级产业集聚区高质量发展的若干意见	浙江省政府办公厅	浙政办发〔2013〕48 号	2013. 5. 20
60	关于进一步发挥专利支撑作用促进经济转型升级的若干意见	浙江省政府办公厅	浙政办发〔2013〕76 号	2013. 6. 8
61	关于贯彻实施《医疗收费票据使用管理办法》的意见	浙江省财政厅 浙江省卫生厅	浙财综〔2013〕42 号	2013. 6. 24
62	关于印发《浙江海洋经济发展“822”行动计划（2013～2017）》的通知	浙江省政府办公厅	浙政办发〔2013〕89 号	2013. 7. 17
63	关于促进小微企业转型升级为规模以上企业的意见	浙江省政府办公厅	浙政办发〔2013〕118 号	2013. 9. 3
64	关于印发《浙江省政府投资项目省级网上联合审批平台运行管理办法》的通知	浙江省政府办公厅	浙政办发〔2013〕121 号	2013. 9. 4
65	关于深入推进“电商换市”加快建设国际电子商务中心的实施意见	浙江省政府办公厅	浙政办发〔2013〕117 号	2013. 9. 13
66	关于加快发展旱粮生产的意见	浙江省政府办公厅	浙政办发〔2013〕128 号	2013. 9. 27
67	关于加强税收征管保障工作的意见	浙江省政府办公厅	浙政办发〔2013〕145 号	2013. 12. 5
68	关于印发《浙江省山区经济发展专项资金和项目管理办法》的通知	浙江省财政厅 中共浙江省委 浙江省人民政府农业和农村工作领导小组办公室	浙财农〔2013〕607 号	2014. 1. 6
69	关于印发《浙江省省级高技能人才专项资金管理暂行办法》的通知	浙江省财政厅 浙江省人力资源和社会保障厅	浙财社〔2013〕334 号	2014. 1. 19
70	关于印发《浙江省现代农业生产发展资金绩效评价实施细则》的通知	浙江省财政厅	浙财农〔2013〕25 号	2013. 2. 1
71	关于财政支持农民专业合作组织全面发展的意见	浙江省财政厅	浙财农〔2013〕62 号	2013. 3. 26
72	关于全面推进乡镇公共财政服务平台建设工作的通知	浙江省财政厅	浙财基〔2013〕7 号	2013. 4. 8
73	关于印发《浙江省现代农业生产发展资金和项目管理实施细则》的通知	浙江省财政厅 浙江省农业厅 浙江省林业厅 浙江省海洋与渔业局	浙财农〔2013〕54 号	2013. 4. 10
74	关于印发《支持青山湖科技城引进共建创新载体专项资金管理暂行办法》的通知	浙江省财政厅 浙江省科学技术厅	浙财教〔2013〕31 号	2013. 4. 12
75	关于修订《浙江省中央补助城市棚户区改造专项资金管理实施细则》的通知	浙江省财政厅 浙江省住房和城乡建设厅	浙财建〔2013〕33 号	2013. 4. 15
76	关于印发《浙江省农业技术推广与服务补助资金管理实施细则》的通知	浙江省财政厅	浙财农〔2013〕67 号	2013. 4. 15

（续表四）

序号	文件名称	发文单位	文号	发布日期
77	关于加强中央财政林业科技推广示范项目资金管理的意见	浙江省财政厅 浙江省林业厅	浙财农〔2013〕92 号	2013. 4. 26
78	关于印发《浙江省海洋与渔业科技示范推广项目与资金管理办法》的通知	浙江省财政厅 浙江省海洋与渔业局	浙财农〔2013〕112 号	2013. 5. 13
79	关于印发《浙江省农村能源开发利用项目资金管理办法》的通知	浙江省财政厅 浙江省农业厅	浙财农〔2013〕111 号	2013. 5. 16
80	关于印发《浙江省“千村示范万村整治”工程项目与资金管理办法》的通知	浙江省财政厅 浙江省“千村示范万村整治”工作协调小组办公室 浙江省历史文化村落保护利用工作协调小组办公室	浙财农〔2013〕125 号	2013. 5. 20
81	印发《浙江省中小学（幼儿园）教师教育专项资金管理办法》的通知	浙江省财政厅 浙江省教育厅	浙财教〔2013〕62 号	2013. 5. 23
82	关于积极贯彻落实推进舟山群岛新区建设的实施意见	浙江省财政厅	浙财办〔2013〕10 号	2013. 5. 28
83	转发财政部 国土资源部《关于印发〈矿产资源节约与综合利用专项资金管理办法〉的通知》	浙江省财政厅 浙江省国土资源厅	浙财建〔2013〕136 号	2013. 6. 7
84	关于印发《浙江省财政票据管理实施办法》的通知	浙江省财政厅	浙财综〔2013〕41 号	2013. 6. 9
85	关于财税支持个体工商户转型升级为企业的意见	浙江省财政厅 浙江省国家税务局 浙江省地方税务局	浙财预〔2013〕22 号	2013. 6. 25
86	关于印发《浙江省道路交通事故社会救助基金管理操作规程》（试行）的通知	浙江省财政厅等七厅局	浙财金〔2013〕26 号	2013. 6. 28
87	关于印发《浙江省会计从业资格管理实施办法》的通知	浙江省财政厅	浙财会〔2013〕28 号	2013. 6. 28
88	关于进一步加强农资综合补贴资金监管的意见	浙江省财政厅	浙财企〔2013〕203 号	2013. 7. 3
89	关于印发《浙江省农房救助和示范村建设专项资金管理办法》的通知	浙江省财政厅 浙江省住房和城乡建设厅	浙财建〔2013〕171 号	2013. 7. 9
90	关于印发《浙江省省级政府非税收入管理考核评价办法》的通知	浙江省财政厅	浙财综〔2013〕61 号	2013. 7. 16
91	关于印发《企业财政财务监管工作经费管理办法》的通知	浙江省财政厅	浙财企〔2013〕231 号	2013. 7. 26
92	关于印发《浙江省平安浙江建设和社会管理创新专项资金使用管理办法》的通知	中共浙江省委政法委员会 浙江省财政厅	浙财行〔2013〕56 号	2013. 7. 29
93	关于印发《浙江省省级预算绩效目标管理暂行办法》的通知	浙江省财政厅	浙财监督〔2013〕16 号	2013. 7. 31

（续表五）

序号	文件名称	发文单位	文号	发布日期
94	关于修订《浙江省青少年教育经费使用管理办法》的通知	浙江省财政厅 共青团浙江省委员会	浙财行〔2013〕57号	2013.7.31
95	关于印发《省级支出标准体系建设规范》的通知	浙江省财政厅	浙财预〔2013〕30号	2013.8.1
96	关于印发《浙江省财政林业补贴资金与项目管理办法》的通知	浙江省财政厅 浙江省林业厅	浙财农〔2013〕216号	2013.8.8
97	关于印发《乡镇财政建设与管理业务经费使用管理暂行办法》的通知	浙江省财政厅	浙财基〔2013〕20号	2013.8.9
98	关于印发《浙江省政府投资预算管理办法实施细则》的通知	浙江省财政厅	浙财建〔2013〕245号	2013.8.9
99	关于印发《浙江省省级政府非税收入收缴银行代理业务年度综合考评办法》的通知	浙江省财政厅	浙财综〔2013〕71号	2013.8.13
100	关于印发《浙江省财政法制工作补助经费管理办法》的通知	浙江省财政厅	浙财法〔2013〕12号	2013.8.15
101	关于印发《浙江省工商行政管理部门工商事业专项补助经费管理办法》的通知	浙江省财政厅 浙江省工商行政管理局	浙财行〔2013〕64号	2013.8.15
102	转发财政部、民政部《关于印发〈中央财政流浪乞讨人员救助补助资金管理办法〉的通知》	浙江省财政厅 浙江省民政厅	浙财社〔2013〕133号	2013.8.19
103	关于印发《浙江省风景名胜区维护建设专项资金管理办法》的通知	浙江省财政厅 浙江省住房和城乡建设厅	浙财建〔2013〕244号	2013.8.21
104	关于印发《财政综合业务经费使用管理暂行办法》的通知	浙江省财政厅	浙财综〔2013〕80号	2013.9.9
105	关于印发《浙江省创新强省产业基金管理办法》的通知	浙江省财政厅	浙财企〔2013〕272号	2013.9.10
106	关于印发《浙江省道路交通事故社会救助基金省级财政补助资金管理暂行办法》的通知	浙江省财政厅	浙财金〔2013〕66号	2013.9.17
107	关于印发《支持市县民办教育发展专项资金管理办法》的通知	浙江省财政厅	浙财教〔2013〕196号	2013.9.18
108	关于印发《浙江省对外投资合作专项资金管理实施细则》的通知	浙江省财政厅 浙江省商务厅	浙财企〔2013〕277号	2013.9.22
109	关于印发《浙江省对口帮扶四川藏区专项资金管理办法》(试行)的通知	浙江省财政厅 浙江省人民政府经济合作交流办公室	浙财建〔2013〕350号	2013.9.29
110	关于印发《国库业务经费使用管理暂行办法》的通知	浙江省财政厅	浙财预执〔2013〕32号	2013.10.8
111	关于印发《浙江省2013年政府非税收入项目目录》的通知	浙江省财政厅	浙财综〔2013〕85号	2013.10.9
112	关于印发《浙江省中央财政农民专业合作组织发展资金管理实施细则》的通知	浙江省财政厅	浙财农〔2013〕392号	2013.10.10
113	关于印发《浙江省农民异地搬迁项目和资金管理办法》的通知	浙江省财政厅 浙江省扶贫办公室 浙江省国土资源厅	浙财农〔2013〕373号	2013.10.12

（续表六）

序号	文件名称	发文单位	文号	发布日期
114	关于印发《浙江省预算绩效管理工作补助经费管理办法》的通知	浙江省财政厅	浙财监督〔2013〕20 号	2013. 10. 14
115	关于发挥市级管理职能作用进一步推动乡镇财政建设工作的通知	浙江省财政厅	浙财基〔2013〕34 号	2013. 10. 14
116	关于印发《浙江省价格监管专项性一般转移支付资金使用管理暂行办法》的通知	浙江省财政厅　浙江省物价局	浙财综〔2013〕94 号	2013. 10. 18
117	关于印发《浙江省卫生高层次人才培养工程资金暂行管理办法》的通知	浙江省财政厅　浙江省卫生厅	浙财社〔2013〕165 号	2013. 10. 21
118	关于印发《财政监督业务补助经费使用管理暂行办法》的通知	浙江省财政厅	浙财监督〔2013〕23 号	2013. 10. 29
119	关于印发《浙江省基本公共文化服务专项补助资金管理办法（试行）》的通知	浙江省财政厅　浙江省文化厅　浙江省广播电影电视局　浙江省新闻出版局　浙江省文物局	浙财教〔2013〕229 号	2013. 10. 30
120	关于印发《浙江省商务促进财政专项资金使用管理暂行办法》的通知	浙江省财政厅　浙江省商务厅	浙财企〔2013〕329 号	2013. 10. 31
121	关于印发《浙江省山海协作产业园建设专项资金管理办法》（试行）的通知	浙江省财政厅　浙江省人民政府经济合作交流办公室	浙财建〔2013〕424 号	2013. 11. 4
122	关于印发《浙江省“水利资金管理提高年”活动实施方案》的通知	浙江省财政厅　浙江省水利厅	浙财农〔2013〕497 号	2013. 11. 13
123	关于印发《浙江省省级国有资本经营预算管理办法》的通知	浙江省财政厅	浙财预〔2013〕46 号	2013. 11. 15
124	关于提高森林生态效益补偿资金标准的通知	浙江省财政厅　浙江省林业厅	浙财农〔2013〕528 号	2013. 11. 25
125	关于印发《浙江省会计从业资格考试管理规定》的通知	浙江省财政厅	浙财会〔2013〕53 号	2013. 12. 10
126	关于印发《浙江省法律援助经费使用管理办法》的通知	浙江省财政厅　浙江省司法厅	浙财行〔2013〕117 号	2013. 12. 10
127	关于做好铁路运输和邮政服务业营业税改征增值税试点工作的通知	浙江省财政厅　浙江省国家税务局　浙江省地方税务局	浙财税政〔2013〕24 号	2013. 12. 17
128	关于印发《浙江省乡镇财政资金监管实施办法》（试行）的通知	浙江省财政厅	浙财基〔2013〕47 号	2013. 12. 17
129	转发《财政部〈关于进一步加强地方财政结余结转资金管理的通知〉》	浙江省财政厅	浙财预〔2013〕56 号	2013. 12. 18
130	关于印发《浙江省最低生活保障资金管理办法》的通知	浙江省财政厅　浙江省民政厅	浙财社〔2013〕319 号	2013. 12. 25
131	关于印发《浙江省服务业发展引导财政专项资金管理办法》的通知	浙江省财政厅　浙江省发展和改革委员会	浙财企〔2013〕411 号	2013. 12. 30
132	关于印发《浙江省省级单位课题研究项目经费预算管理办法》的通知	浙江省财政厅	浙财预〔2013〕65 号	2013. 12. 31

财政文选

zhejiang caizheng nianjian

省领导论财政

在省财政厅党组专题民主生活会上的讲话（摘要）

浙江省省长 李 强

一、对本次专题民主生活会的感受

一是会前准备充分细致。为开好这次民主生活会，厅党组作了大量充分细致的准备工作，制定了详细的工作方案并作了周密的部署；各位班子成员认真按照要求，撰写对照检查材料，画好“四风”画像，深入剖析自身不足，为民主生活会的召开打下思想基础；各位成员克服以往民主生活会一团和气，多谈成绩、少谈问题，多谈自己、少谈别人，多谈工作、少谈思想的习惯思维，在思想认识上做好了批评和自我批评的准备，在心理承受上做好了红红脸、出出汗的准备，并在会前就开展批评做了充分的交流和沟通。

二是“四风”问题聚焦准确。各位班子成员紧扣基层群众和干部职工反映的问题，结合各自思想实际、岗位职责、成长经历和工作体会，揭短亮丑、直面问题，对自身存在的“四风”突出问题进行了深刻的剖析和自我批评。有的同志谈到，有时存在为了学习而学习，为了完成任务而学习的情况，学习的成果没有很好地用于指导和谋划实际工作；有的同志感到，下基层的时间少了，去也匆匆，回也匆匆，存在走马观花、蜻蜓点水的现象；有的同志觉得工作时间长了，产生了精神懈怠，工作中要求不严、标准不高、紧迫感不强，开拓进取精神有所衰退；许多同志都提到，中央八项规定出台前，公务接待活动中有接待规格高、铺张浪费等现象。这些问题点得都很准，原因分析得都很深刻，在点问题的同时，实际上也指出了下一步的努力方向。

三是批评和自我批评诚恳严肃。各位班子成员本着对党和人民高度负责的精神，本着推动财税事业长远发展的态度，实事求是、从严要求，开展了积极善意的批评和自我批评。大家敞开心扉、坦诚相见、有一说一，批评别人虽然话不多，但都切中要害，不放礼炮、空炮和哑炮，认真深刻、严肃诚恳地交流了思想和体会。在批评和自我批评过程中，我看到了更多的担当精神和责任意识。许多党组成员主动分担责任，联系岗位职责，立足分管工作，从实际工作和自己身上查找差距，在世界观、人生观、价值观这个“总开关”上剖析原因，同时也本着治病救人、增进团结的精神，态度诚恳地指出了其他成员身上存在的问题。

四是整改措施方向明确。针对存在的问题，厅党组和各位成员都结合财税实际和所分管的工作，制定了明确的整改措施，排出了任务表和责任人。整改措施都比较实在、比较具体，直面“四风”问题，紧贴群众需求，切合财税实际，具有很强的针对性和可操作性。如，要以民生事业为重，把社会的需求、人民群众的需要作为发挥公共财政职能的重点；坚持学以致用，自觉运用学习成果指导财税改革发展；改进文风，创新预决算报告内容和形式，让人大代表和社会公众读得懂、看得明白；加大财税政策宣传和预决算信息公开力度，维护好人民群众的监督权、知情权和参与权；建立健全“三公”经费的长效管控机制；推进数字财政建设，借助信息化手段为预算单位、社会公众提供便捷高效的服务，同时加强财政资金监管等，更加透明、更加公开。这些措施，在整治“四风”的同时，也能更好地推进财税工作。

二、对省财政厅、省地税局教育实践活动的总体印象

这次教育实践活动，我主动要求联系省财政厅，不是说省财政厅问题多，而是因为财政地税工作比较重要。活动开展以来，我一直在关注厅局教育实践活动开展情况，通过实地调研、听取汇报、查看资料、督导组反馈等多种渠道，实时了解活动进展情况和活动成效。总体来说，省财政厅党组和主要领导非常重视，花了很多精力，认真贯彻落实中央和省委的部署，不折不扣地完成各项规定动作和自选动作。可以说，活动定位准确、组织有力、措施扎实、成效显著。

一是较好地调动了领导干部和广大群众两个积极性。在活动过程中，坚持将“摆进去”和“请进来”结合起来。一方面，厅党组率先垂范，作出带头遵守各项规定的承诺，并要求全省财政地税部门向厅局看齐，厅局干部职工向厅局领导看齐，厅局领导向“一把手”看齐。这些承诺都很好，通过对自己更高标准的要求、更公开透明的承诺，自觉接受监督，形成“一级带一级、一级做给一级看”的良好导向。另一方面，坚持开门搞活动，通过走亲连心、召开座谈会、蹲点调研等多种形式，把人民

群众和广大干部职工请进来，广泛征求意见，努力把“四风”问题找全、找准、找深。

二是较好地夯实了学习教育和查摆问题两个基础。学习教育和查摆问题是教育实践活动的两个基础环节，学习教育能不能触及灵魂、查摆问题是不是具体深刻，直接决定着教育实践活动的成效。学习教育方面，厅局立足财税实际，创新学习载体，搭建学习平台，注重学习成效，通过中心组学习、举办培训班和专题讲座、自学等形式，认真学习了中央和省委领导同志的重要讲话精神和有关文献，进一步坚定了理想信念，增强了践行群众路线的主动性和自觉性。查摆问题方面，坚持真刀真枪、不走过场，厅局领导班子和领导干部，严格对照党章规定、廉政准则、作风要求，借助“显微镜”和“放大镜”，全面查找“四风”问题，认真撰写对照检查材料，做到“四步成像”，真正触及思想和灵魂。

三是较好地抓住了整改落实和建章立制两个关键。学习教育是为了提高认识，查摆问题是为了解决问题。厅党组将整改落实和建章立制贯穿活动始终，做到立查立整、立整立改、立说立行。针对查摆出来的问题和深层次原因，按照“常规性问题的解决要加大力度、遗留问题的解决要集中攻坚、新发现问题的解决要及时跟进”（即“三句话整改思路”——编者加）的要求，制定了详细的整改落实方案，明确了责任人和整改期限。可以说，厅党组的态度诚恳认真、行动坚决迅速、措施扎实有力并具有较强的针对性，体现了解决问题的决心和勇气。如省财政厅牵头开展了“三公”经费集中检查，并从自己开始带头做好“三公”经费的从严管理；省地税局精简和下放审批权限，简化涉税流程，贯彻落实国税总局“三个服务”“三个实在”“三个禁止”的各项举措，切实提高了服务效能。

三、关于教育实践活动下一步工作的意见

一要深入学习中央领导同志重要讲话精神，坚决克服“闯关”思想。习近平总书记在参加河北省委常委会专题民主生活会时强调，开好民主生活会只是一个开端，不能以为过了这一关就万事大吉了。这个要求针对性很强。云山同志在指导我省省委常委会专题民主生活会时也指出，要进一步强化薄弱环节，一步一回头。我们要认真学习、深刻领会习近平总书记和刘云山同志的重要讲话精神，认识到这次专题民主生活会不是终点，而是“发令枪”和“加油站”，要以锲而不舍的精神抓好活动、改进作风。

二要贯彻“三句话”整改要求，抓好突出问题整改。早在学习实践科学发展观活动中，我省嘉善县提出的“三句话整改思路”，这次总书记在河北调研时又给予充分肯定。我们要认真贯彻落实“三句话整改思路”，下更大的工夫抓好整改落实。要抓紧细化整改方案和措施，制定整改落实任务书、路线图、时间表，做到措施到位、责任到位、落实到位。整改落实得怎么样、问题解决得怎么样，一定要坚持群众标准。这次专题民主生活会情况要在一定范围内通报，会上明确的整改内容要向社会公布，整改过程要让群众监督，整改效果要让群众评判，群众不满意的要“补课”。

三要持之以恒抓好建章立制，深化源头治理。要把整改落实与建章立制结合起来，促使整改措施制度化、整改成果长效化。以管用为原则，建立完善有关制度，从体制机制上堵塞漏洞。要切实抓好制度落实，坚持制度面前人人平等、执行制度没有例外，让制度真正落地成金。要针对征求到的意见，逐条分析原因，没有制度的，要抓紧建立制度；有制度没有执行的，要强化执行监督；制度已不适应形势变化的，要抓紧修改完善。

四要深化六项集中行动，保持正风肃纪高压态势。六项集中行动开展以来，机关作风明显好转，“酒局”“牌局”难觅踪影，阶段性成效显现，云山同志对我省的做法也给予了充分肯定。整治“四风”，没有休止符，要做好打持久战的准备，否则就有可能出现报复性反弹。对违规违纪行为，要严肃查处不手软，该通报的通报，该曝光的曝光，让群众看到活动带来

省长李强参加省财政厅党组专题民主生活会

的变化。

五要以工作成效检验活动实效，统筹做好当前财税工作。现在已是10月下旬，再过66天就是新年了，全年的各项工作进入了最后的攻坚阶段、冲刺阶段。要对照年初的工作部署，有重点、有针对性地抓好落实，扎实做好财政收支管理，确保圆满完成全年目标任务。作为综合经济部门和省委省政府的重要参谋部门，省财政厅、省地税局对明年工作要做到早谋划、早安排，总体讲还是要按照“促进发展、保障民生、科学理财、加强监管”的要求，精心做好“生财、聚财、用财”三篇文章。2014年省政府总体工作思路是改革，财政地税部门也要以改革为主线，继续加强改革创新，进一步提高财政资金的使用绩效。具体来讲，一是政府机关要继续带头过紧日子，严格控制“三公”经费支出，在公务接待管理已见明显成效的基础上，重点加强对公务用车、公务出国的管理，建立合理的标准和制度，明确哪些该支、哪些不该支、应该支出多少，实现“三公”经费常态化管理。二是进一步优化财政支出结构，加强绩效评估，推进要素资源配置改革。当前，针对经济发展和市场主体的钱投入不少，但具体花在哪些地方、绩效怎么样，说不清楚、心中没底。要完善相关制度，如推进财政资金竞争性分配，来研究解决这些问题。三是加大财政存量资金、闲置资金的盘活力度，财政部门要发挥专业优势和特别会理财的作用，多出金点子，做好这篇文章，把“死”钱变“活”。四是继续加强政府性债务管理，防范财政金融风险。虽然我省债务问题没有个别省份突出，管理机制也比较健全，但要认识到债务风险后发性爆发的危害，在思想上引起高度重视，进一步完善体制机制，防范于未然。地税方面，要树立税源导向，培育涵养优质税源，同时，要利用信息化手段，从税收数据中提炼出一些有价值的信息，进行深度分析，由表及里，发现规律和问题，及时提供给省委、省政府决策参考。

四、对厅局领导班子思想作风建设提点希望

习近平总书记强调，要把教育实践活动作为加强领导班子思想政治建设的重要契机。刘云山同志对加强浙江省委领导班子思想作风建设提出了“五个方面作表率”的希望，即在增强政治定力上作表率，在践行根本宗旨上作表率，在坚持务实进取上作表率，在树立担当精神上作表率，在强化自省自律上作表率。省财政厅、省地税局在省直机关中地位重要、作用特殊，要按照总书记的要求，全面加强班子建设，努力在班子的思想作风建设上取得新的进步。

一要坚定自觉地同以习近平同志为总书记的党中央保持高度一致，在增强政治定力上取得新进步。党的十八大以来，习近平总书记反复强调“政治定力”问题。领导班子和领导干部加强思想作风建设，第一位的就是要增强政治定力。要坚定政治信仰，认真学习中国特色社会主义理论体系，着力解决好世界观、人生观、价值观这个“总开关”问题。要提高政治敏锐性，不信谣、不传谣，不跟风、不起哄，防止各种错误思潮的侵袭。要严守政治纪律，在思想上、行动上自觉同以习近平同志为总书记的党中央保持高度一致，切实把中央和省委决策部署落到实处。

二要认真回答“为了谁、依靠谁、我是谁”的问题，在践行根本宗旨上取得新进步。总书记指出，“我们讲宗旨，讲了很多话，但说到底还是为人民服务这句话”。我们做的每一件工作，说到底也都是群众工作。要切实解决好对群众感情问题，牢记和自觉践行马克思主义的群众观，多到群众中间去，倾听群众声音，站稳群众立场。要把对上负责和对下负责统一起来，特别是在关键时刻不能忘记对群众负责。这些问题，刚才大家都提到了，但具体怎么做、怎么改，里面大有文章。大家在实际工作中一定要牢记宗旨意识，认真回答好“为了谁、依靠谁、我是谁”的问题。

三要始终保持良好的精神状态，在强化责任担当上取得新进步。这次活动的一个突出特点，就是领导带头，领导带头就是无声的命令。组织上把大家安排在领导岗位上，赋予了大家干事创业的机会，每位领导干部都要有很强的责任感、使命感，勇于站在困难和挑战的前头，不能当糊涂官、慵懒官。面对矛盾和问题，要知难而进、迎难而上、克难攻坚。要树立正确的政绩观，多做打基础、利长远的事，不急功近利。

四要坚持民主集中制原则，在增进班子团结活力上取得新进步。总书记在浙江工作时讲，班子的团结就好比“手指”与拳头的关系。一个手掌，摊开是“多个指头”，握紧是“一个拳头”。领导班子只有集体攥紧“拳头”，打出“团结牌”，才能形成整体合力。这里，首先“一把手”要带好头，起表率作用，要有容人的气度，做到总揽而不包揽，放手而不甩手，决断而不专断。这一点，从民主生活会发言情况看，大家对“一把手”的评价和印象都很不错。其次要按规矩和原则办事，严格执行各项议事制度和决策程序。还有，就是要相互理解、相互支持、相互配合，大事讲原则，小事讲风格。凡事靠大家帮衬，工作才能做好。

五要坚守清正廉洁的精神家园，在加强党性修养上取得新进步。领导干部能力有大小，水平有高低，但一定要公正廉明，严于律己，这是从政的底线。希望大家从这次民主生活会中总结经验，特别是要继续用好批评和自我批评这个法宝，相互之间经常给予一些善意的提醒和真诚的帮助。要牢固树立正确的权力观、地位观和名利观，严格遵守领导干部廉洁从政的各项规定，带头依纪依法办事，主动接受各方面的监督。在做到自己清的同时，还要做到家属清、亲属清、身边清，以实际行动维护领导干部的形象、维护党在人民群众中的形象。

（2013年10月24日）

厅领导谈财政

在数字财政建设工作会议上的讲话(摘要)

浙江省财政厅厅长 钱巨炎

一、深刻认识数字财政建设的必要性

加快推进数字财政建设，既是基于现实倒逼，更是顺应时代潮流。一方面，在政府性资金体量和财政支出规模越来越大，政府职能转型和管理效能提升呼声日益强烈的新形势下，迫切需要财政部门抓住重点领域和关键环节，进一步深化财政管理，释放改革红利。另一方面，在被喻为大数据时代的今天，数据渗透各行各业，数据本身就是资产，就是生产力，利用好数据可以创造巨大的使用价值。

财政作为政府综合经济部门，更应该有收集数据、积累数据、使用数据的紧迫感和危机感，自觉将管理思维和工作方式与社会发展趋势共振合拍。正是在这样的大背景下，数字财政建设应运而生，成为推进财政管理创新和转型、全面提升财政管理水平的方向和途径。

汲取近年来“金财工程”的成果，财政厅党组2011年提出了数字财政理念，将其作为“三基五财”建设的重要工作来抓。2012年形成了总体规划，并着手铺开;2013年进入加快推进期。我们的目标是:运用现代信息技术构建“纵向到底、横向到边”、触及所有资金点的财政管理平台，有效集聚与财政收、支、管相关的所有数据，并进行深度开发和利用，从而形成数字财政管理和服务新模式。为此，要从三个层面来深入认识这项工作的紧迫性。

从全省情况看，数字财政建设已经提上法定议事日程。省政府和省领导高度重视数字财政建设工作，李强省长在不同场合多次提到数字财政，特别是在年初全省财政地税工作会议上，他提出，“要通过数字财政建设，把财政管理创新成果用信息化手段固定化、程序化，从制度上、手段上延伸到财政运行的细节末梢”。今年政府工作报告也正式将数字财政建设列入财政管理改革的重要内容，使这项工作除了本身的重要性、必要性外，更被赋予了法定性和约束性。因此，数字财政建设，不是做与不做的问题，而是怎么做、怎么早做快做、怎么做精做好的问题。

从兄弟省市看，各地普遍加快信息化建设和数据集聚使用的步伐。特别是广东省财政厅，2012年底根据时任省委书记汪洋的指示精神，明确提出实施大数据战略举措，准备搭建财政大数据战略平台，积极推进大数据战略，提高财政服务经济社会发展的能力和水平，并于近期制定了实施方案，明确建设内容和任务。应该说，广东的大数据战略和我们的数字财政建设在某种程度上存在相似之处，虽然我们起步较早，但广东省工作力度比我们还要大，很有异军突起、后发赶超之势，相信不久的将来，其他省也会提出类似的战略和做法。我们不能满足于已有的成绩，而要有危机感，避免“起个大早，却赶了晚集”。要快马加鞭、加快推进，尽早实现突破，争取率先在全国财政系统做出示范。

从内部管理看，数字财政建设是科学化精细化管理的迫切要求。财政是数字的科学，财政管理各环节，包括决策、执行、监督等，都离不开数据的支撑和佐证，没有信息化和数字化，财政科学化精细化管理就是一句口号和空话。夏宝龙书记多次强调，要通过先进的信息化技术清晰反映每一笔财政资金的来龙去脉和使用绩效，财政运行到哪里，监督就要跟踪到哪里。随着公共财政职能不断深化、资金体量不断增大、管理触角不断纵深、受益范围不断拓展，传统意义上的手工操作或者缺乏数据共享的单机版本，已经不能适应财政监督和管理的要求。特别是社会高度关注的重复申报、不当支付等现象，必须通过信息化的手段加以解决。数字财政建设，就是力求将分散在各系统、各部门、各领域涉及公共财政的数据集聚起来，进行科学管理和深度利用，有效破解“信息孤岛”和“管理孤岛”现象，为财政收支预测、资金分配、项目管理、绩效管理、政策制定、信息公开等提供有效支撑，全面提高财政科学化精细化管理水平。

总之，数字财政建设事关基础、事关长远、事关全局，各地务必从战略和全局的高度，从推动全省财政事业长远发展的高度，充分认识其必要性和紧迫性，按照省财政厅的统一部署，明

确目标，迎难而上，争取早日取得成效。

二、科学把握数字财政建设的内涵

我们要打造的数字财政，核心是要充分集聚、并最大化利用好与我省财政收支相关的所有数据，实现财政管理和服务的创新与转型，而不是要对现有业务系统和软件的颠覆和重构，更不是想借此摸清家底，调整利益分配格局。

各地在建设过程中，要克服三种错误的思想倾向：一是满足现状，固步自封。认为金财工程已基本满足现有的业务需求和管理要求，财政管理改革也已经走得比较快了，没必要再折腾了。二是事不关己、高高挂起。认为数字财政建设是省财政的事，与市县无关，即使要做，也是信息中心等技术部门的工作，业务部门和综合部门不用参与。三是畏首畏尾，顾虑重重。认为数字财政是另起炉灶，要颠覆原有的业务系统，会带来业务操作上的不便，从而产生抵触情绪，甚至担心因为数据集中和信息共享导致家底"裸晒"，最终影响省对市县的利益分成。

各地要牢固树立"全省一盘棋"的理念，学会讲"普通话"，所有规划的设计、需求的编制、系统的开发，都要立足全省这个大局，围绕总体规划这个大纲，切实做到全省财政职责统一、业务统一和平台统一。

一是建立全省统一的财政内部职责划分体系。职责划分是业务梳理和流程重塑的前提。经过多年努力，各地都建立了"三位一体"组织架构，但内设机构之间的职责尚未划分明晰。为此，省财政厅将抓紧按照"三位一体"组织框架和运行机制的要求，着手建立全省统一的财政内部职责划分体系。同时，为不影响数字财政建设进度，各地可先绕开职责分工，直接从预算编制、执行和监督业务本身出发来梳理业务、优化流程，设计财政业务详细规划和业务需求。

二是制定全省统一的业务规范和标准体系。业务是信息技术开发应用的基础，业务规范和标准体系是数字财政建设根本性、基础性的工作。要立足省本级，在充分征求市县意见的基础上，抓紧制定全省统一的、易推广使用的业务规范和标准体系。各地要积极参与，主动建言献策，业务规范和标准体系一经制定，要严格参照执行。今后相关软件开发，特别是部门的软件，涉及财政收支相关的数据标准，都要使用统一的业务规范和标准。

三是研发全省统一的"五大应用平台"。根据使用对象不同，数字财政最终将建立财政综合办公平台、预算单位应用平台、社会公众服务平台、乡镇公共财政服务平台、移动办公平台五大应用平台，所有功能的呈现、数据的交互、服务的提供都要通过这些平台来实现。在开发设计应用平台时，要处理好个性需求与共性需求的关系，既要体现共性需求的统一性，又要体现个性需求的创造性，使共性需求包容个性需求，个性需求服从共性需求，从而提高平台的实用性、可操作性和规范性。

三、加快推进数字财政建设的着力点

数字财政建设是一项复杂的系统工程，同时也是全新的开创性的工作，涉及面广、创新点多、面临阻力大、组织协调难。为此，要举全厅之力、聚系统之力、借部门之力，形成共建合力。

一是要尽快健全组织体系。省厅成立了数字财政建设领导小组，建立了15个由厅领导挂帅的工作推进小组。各级财政部门要成立由一把手任组长的数字财政建设领导小组，要由分管财政业务的副局长任数财办主任。目前，已有9个市36个县（市、区）成立了数字财政建设领导小组，未成立的要于4月底前抓紧成立，并报省厅数财办备案。原来总体规划设想是到2015年实现"一三五七"的建设目标，现在来看，这个目标与紧迫的形势相比还比较保守，大家要积极创造条件，力争在原定计划上有所提前，早日把停留在脑子里和纸面上的蓝图变成实际应用。

二是要抓紧落实工作机制。2013年是数字财政的基础建设年，省厅已经建立联席会议机制、市县联动机制、主管部门配合机制、目标责任制考核机制、先进单位和个人奖励机制、支撑保障机制等六项机制。15个工作小组都已经着手编制详细规划、业务规范、示范和创新业务需求。各地要结合本地实际，抓紧建立健全工作机制，按照省厅的部署，积极行动起来，扎实有效地开展各项工作。省厅将在安排转移支付资金时，把市县财政部门推进数字财政建设的工作举措和成效，以及提供相关数据等情况作为重要参考因素。

三是要努力营造共建氛围。数字财政是一项全新视角的改革，是基于如何开发和利用集聚数据的创造性工作。数字财政建设得好不好，关键在于各级财政部门、各位财政干部脑筋动得多不多。一方面，省厅数财办要抓紧组织全省培训，加强宣传，使全省各级财政部门进一步了解数字财政建设的内涵、目标和要求。另一方面，市县财政和省厅各职能部门都要切实把数字财政建设作为今明两年的重要工作来抓。要在坚持顶层设计的同时，倡导基层首创精神，鼓励人人参与，结合自身工作创造性地提出集聚、开发和利用财政相关数据的金点子和好办法。

此外，数据的集中必然会带来风险的集中，要处理好系统开发与客户服务、数据集中与风险管理的关系，不能因数字财政建设，影响正常的政务和业务流转，影响工作质量和工作效率，影响公共财政数据安全。

（2013年4月18日）

在党的群众路线教育实践活动动员大会上的讲话(摘要)

浙江省财政厅党组书记、厅长兼省地税局局长 钱巨炎

一、提高认识,切实增强参与教育实践活动的自觉性

按照中央和省委部署,开展党的群众路线教育实践活动,要紧紧围绕保持党的先进性和纯洁性,以为民务实清廉为主要内容,以厅局领导班子和处级领导干部为重点,把作风建设放在突出位置,按照"照镜子、正衣冠、洗洗澡、治治病"的总要求,集中解决形式主义、官僚主义、享乐主义和奢靡之风"四风"问题,主要任务是教育引导党员干部树立正确的群众观,弘扬优良作风,保持清廉本色,最终使党员干部思想进一步提高、作风进一步转变,党群干群关系进一步密切,为民务实清廉形象进一步树立。

一要从关系党和国家生死存亡的高度提高认识、端正态度。执政党的党风关系到党的形象,关系到人心向背,关系到党和国家的生死存亡;加强和改进党的作风建设,核心问题是保持党和人民群众的血肉联系;马克思主义执政党的最大危险是脱离群众,苏共亡党的教训是深刻而惨痛的。因此,我们党员干部一定要提高认识、端正态度,把开展教育实践活动作为当前的一项重大政治任务,对作风之弊、行为之垢进行大排查、大检修、大扫除。

二要从以人为本群众利益为先的高度来提高认识、端正态度。习近平总书记鲜明地提出:"人民群众对美好生活的向往,就是我们的奋斗目标。"我们做一切工作,应当把满足群众的需求、解决群众反映的问题、让群众满意作为努力方向,形成需求导向、问题导向、满意导向。广大党员干部必须放下身段,主动拜群众为师,自觉做到谋划工作思路时问计于群众、明确工作重点时问需于群众、检验工作成果时问效于群众。

三要从推动经济社会发展的高度来提高认识、端正态度。人民群众是历史的创造者和推动者。纵观古今中外各个历史时期,哪个政权关注民生、与人民群众联系得紧密,其施政纲领就容易得到拥护和实现,经济社会发展速度就快;反之,脱离了人民群众,经济社会发展就会受到影响,长期停滞不前甚至出现倒退。当前,我省已踏上"两富"现代化浙江建设的新征程,正处于转型升级的战略攻坚期,在加强大政方针顶层设计的同时,更要尊重群众的首创精神,激发群众智慧,凝聚群众力量,更好更快地推动经济社会发展。

二、抓住重点,牢牢把握解决"四风"问题的目标任务

这次教育实践活动的一个鲜明特征,就是聚焦作风建设,集中解决形式主义、官僚主义、享乐主义、奢靡之风"四风"问题。这"四风"是当前作风建设中最具普遍性的问题,是人民群众深恶痛绝、反映最强烈的问题,是损害党群干群关系的重要根源,这些问题迫在眉睫、非解决不可。在中央和省教育实践活动工作会议上,习近平总书记和省委夏宝龙书记对"四风"画了像,对其表现形式和危害程度进行了深刻的剖析。可以说,抓住了"四风"问题,也就抓住了这次教育实践活动的要害。

当前,厅局机关、所属单位和省金控公司,包括全省财政地税系统的各级党组织和党员干部贯彻党的群众路线、围绕中心服务大局的情况主流是好的,党群干群关系、财政地税部门与服务对象之间的关系是好的。特别是中央八项规定、我省28条办法、六个禁令实施以来,我们认真抓好实施,并立即出台相关制度,围绕关系人民群众切身利益的问题,深入基层听取意见、帮助解决实际问题。努力改进文风会风,减少办文办会数量,提倡召开视频会议,注重质量和实效,比如,近年来全省财政地税工作会议都是放在省委党校内办,2012年更是通过电视电话会议形式召开的;厉行勤俭节约,带头执行公务接待、公务出国、公车使用等方面的各项规定,严格控制"三公"经费支出,前两年起,就在系统内倡导基层调研在食堂就餐,带头压缩机关"三公"经费。应该说,干部职工的精神状态和工作成效都有了新的变化。

但是我们也要清醒地认识到,当前"四风"问题是一个普遍现象,在不同的单位有着不同的表现形式,厅局机关及直属单位和财税系统同样也不同程度地存在。比如,形式主义方面,尽管近两年已下大力气精简了一批会议、文件,但在一定程度上还存在着文多会多的现象,还有进一步压缩的空间,少数党员干部抓工作热衷于开会和发文,不注重抓落实、出实效。官僚主义方面,少数党员干部服务意识不强,高高在上,对部门、基层和服务对象口气大、态度差;遇事不敢负责、不敢担当、不敢碰硬,推诿扯皮、效率低下;工作进取心不够,创新意识不强,依赖技术主义和经验主义,凡事想当然;主动服务意识欠缺,与服务对象的主动沟通、提前沟通比较少。享乐主义方面,少数党员干部在个人职级以及福利待遇上心理预期过高、考虑过多而工作精力不够集中,从而精神懈怠,干事创业的激情淡化、工作标准和要求降低。奢靡之风方面,少数党员干部讲求排场,喜欢出入高档会所和高消费场所,存在奢靡浪费的现象。

上述问题的存在不是小事，如果任其发展下去，将严重影响财政地税干部的形象，严重损害财政地税部门的公信力，严重影响财政地税事业的发展。对此，我们绝不能漠然视之、习以为常、听之任之、见怪不怪。要把集中解决“四风”问题作为开展教育实践活动的重中之重来抓，紧密联系实际，以敢于揭短亮丑的勇气，把自身存在的问题找出来，决不能轻描淡写、遮遮掩掩。要深刻剖析根源，尽快拿出整改办法和实际行动，能够及早解决的，就尽快解决，做到早行动、早见效。接下来，省委将针对人民群众反映比较强烈的“饭局”“牌局”问题，对全省党员干部作风进行集中整顿，大家一定要保持警醒，不去踩“红线”。

三、领导带头，抓好开展教育实践活动的重要环节

自中央八项规定实施到教育实践活动拉开序幕，以习近平同志为总书记的中央领导集体，从自身做起，给我们树立了很好的榜样。省委常委会在全省教育实践活动一开始，就向全省作出“六个带头”的公开承诺，并提出要在四个方面先行整改。

“其身正，不令而行”，领导的言行举止比提多少要求、下多少文件、开多少次会都管用。同时，财政地税部门承担着理财治税的重要职责，掌管着财政资金，对其他部门、其他单位也会产生标杆作用和示范意义。为此，厅党组一定要以中央领导集体和省委常委会为榜样，带好头，作好表率。在这里，我代表厅党组郑重承诺：严格执行中央八项规定和浙江省28条办法、六个严禁以及厅局的贯彻意见，严格遵守各项财经制度和纪律；进一步精简会议，可开可不开的坚决不开，能通过视频会议形式的一律开视频会议，内部会议都在机关会议室召开；一律不进高级健身娱乐场所、高档会所，不参与任何形式的高消费活动；基层调研在食堂用工作餐或自助餐，一律不喝酒。

在这次活动中，党员领导干部承担着双重职责，既是直接参与者和受教育者，又是活动的组织者、领导者和监督者。不仅要率先垂范，先学一步，当好学生；更要学深学透，学以致用，高标准要求自己，联系好、指导好分管处室和分管单位。要认真把握教育实践活动的目标任务要求，结合财政地税工作实际，坚持高起点谋划、高标准要求、高层次定位、高质量实施，不折不扣地完成“3个环节”的各项任务，确保“规定动作”做到位、“自选动作”做扎实。

一是学习教育要入心入脑。要认真学习中央和省委领导在教育实践活动工作会议上的重要讲话精神，深刻认识党的群众路线是党的生命线和根本工作路线，深刻认识教育实践活动是“三个必然要求”的重大意义，深刻把握活动的指导思想、基本原则、总体要求和主要内容。要认真学习马克思主义群众观，以及中央领导集体对群众路线的重要论述，坚定理想信念，解决好世界观、人生观、价值观问题。要坚持“入心入脑、学以致用”的原则，带着问题学，在学中解决问题，找准本职工作与教育实践活动的切入点和结合点；要在实际工作中自觉用好群众路线这一重要的方法论，密切与群众的联系，增进与群众的感情，增强服务意识和能力，以出色的业绩赢得好口碑。

二是征求意见要广泛深入。贯彻总要求，必须坚持开门搞活动，让基层群众来参与、来监督、来评判。基层群众从事着最具体、最微观的工作，掌握着第一手的资料，最了解需要什么、欢迎什么；基层群众对党员干部身上的问题，看得最清楚、最有发言权。因此，在教育实践活动过程中，要深入开展以“增进与百姓的感情、增强心中百姓的分量、拉近与百姓的距离”为主要内容的万名机关干部下基层走亲连心活动，并积极主动征求相关部门和服务对象的意见建议。同时，厅党组还将召开离退休老干部、团员青年等不同层次、不同方位、不同角度的座谈会，全面听取大家意见。也真诚欢迎各位党员干部、广大职工对厅党组和我本人提出宝贵意见，进行批评和监督。

三是剖析问题要一针见血。要拿起并用好批评与自我批评这一有力武器，对照群众路线教育的要求，具体摆问题，主动晒问题。批评与自我批评要动真格，不能一团和气、大而化之。批评的目的在于“治病救人”，指出缺点、帮助进步，因此要有一说一、实事求是；要本着“有则改之、无则加勉”的态度，虚怀若谷、虚心接受。厅党组要召开高质量的民主生活会，各党支部以及全体党员干部，也要认真查找工作作风中存在的突出问题，深入剖析原因，提出对策措施。

四是整改落实要对症下药。发现问题是为了解决问题，教育实践活动最终要落到问题的整改落实上。要针对查找出来的毛病，及时寻医问诊，对症下药，标本兼治。要认真分析问题的根源，分门别类，区别对待。对思想认识方面的问题，要通过学习教育、谈心、辅导等方式，帮助消除顾虑，统一思想、提高认识；对体制机制方面的问题，要立足长远，在治标的基础上着力破解制约因素，研究构建长效的治本机制，超出职责范围的，要积极向上级部门提出建设性意见。特别是要将教育实践活动中的好经验好做法上升为制度规范，使制度成为党员干部联系和服务群众的硬约束，使贯彻党的群众路线真正成为党员干部的自觉行动。

四、精心组织，扎实推进教育实践活动

这次教育实践活动是加强班子建设、干部队伍建设、党风廉政建设的有利契机，也是提升干部队伍凝聚力、执行力、战斗力的有利契机，各级党组织和广大党员干部要严格按照中央和省委规定的目标任务、环节步骤和工作要求，开展好教育实践活动。

首先，要加强组织领导。根据省委统一部署，省财政厅、省地税局同属一个督导组，省金控公司与省财政厅同步进行，由

省财政厅委派督导组。为此，厅、局分别成立了教育实践活动领导小组，都由我任组长负总责，金控公司也成立了相应的领导小组。厅、局和金控公司的教育实践活动，要有分有合。今天动员会统一进行，党组理论中心组学习会和民主生活会各集中学习一次，其余活动分别开展。下一步，各领导小组要加强领导、精心组织，统筹协调、强化保障，确保教育实践活动有序有效有力推进。

其次，要体现工作特色。财税管理服务的范围越来越广，触角越来越深，与人民群众的联系越来越紧密。从某种意义上说，公共财政就是管理型财政向服务型财政的转型。省财政厅、省地税局、省金控公司要突出业务特点、结合工作实际制定活动方案和计划，明确活动内容、形式和重点，坚持“规定动作”和“自选动作”两手抓，切实负起责任、齐抓共管、形成合力。

再次，要营造良好氛围。要本着简约务实的原则，为开展教育实践活动提供必要保障，特别是要为督导组工作开展提供便利；要避免形式主义，力戒繁文缛节，不滥发资料简报，不搞层层检查评比；反对铺张浪费，防止以活动名义考察旅游。要注重宣传，充分利用信息、网站、杂志等载体，大力宣传教育实践活动的意义、要求、任务和成效，树立先进典型，为开展活动积聚正能量，营造好氛围。

最后，要注重与巡视工作和财税文化建设相结合。近期，省委即将来厅局开展巡视工作，要结合巡视和督导中暴露出来的问题和巡视组的意见，有针对性地开展教育实践活动，深挖根源，积极整改。同时，要以教育实践活动的主题、内容和成效，不断丰富“实、稳、优”财税核心价值理念和财税文化内涵，进一步彰显出财税文化的引领力、凝聚力和感召力。

五、围绕中心，确保教育实践活动取得实效

教育实践活动必须实打实地解决实际问题，要以活动实效推动实际工作，以工作成效检验活动效果，做到活动和工作两手抓、两不误、两促进。

一是要以完成全年财税收支任务来检验活动成果。今年以来，财税经济形势依然复杂严峻，全省经济正处于转型阵痛期，发展速度有所放缓，加上结构性减税持续影响，财税收入增长的难度加大；另一方面，财政增支压力有增无减，特别是在更高起点上满足民生需求的难度越来越大。各种内外因素的交织都形成强大的现实“倒逼”，对财税收支管理和干部的作风素质提出了更高的要求。我们要以开展教育实践活动为契机，正确研判财税形势，科学谋划收支盘子，管好用好财政资金，深化财税管理、激发改革红利，确保完成年初确定的各项任务，交上一份“全年红”的漂亮答卷。

二是要以“三公”经费管控效果来检验活动成果。中央八项规定、国务院“约法三章”和最近开展的教育实践活动，对加强作风建设、厉行勤俭节约、反对铺张浪费提出明确要求。加强“三公”经费管理是落实各项要求、实现源头管控的重要手段。在这次活动中，省委把检查“三公”经费使用情况作为“六项集中行动”之一，把严格“三公”管理作为先行整改的领域，省委夏宝龙书记明确要求以“三公”经费下降的数据来说话。财政地税部门要认清这个大势，借助这场东风，带头执行作风建设、厉行节约的各项规定，并坚持绩效导向，不断加强财政资金监管，特别是完善“三公”经费的长效管理机制，进一步压缩“三公”经费和行政成本，把节约下来的资金更多地用于解决人民群众最关心、最直接、最现实的利益问题。

三是要以群众满意度的提升来检验活动成果。近年来，全省财政地税部门服务意识不断增强，地税系统连续两年在全国纳税人满意度调查中名列前茅，会计核算中心等窗口单位也不断收获荣誉，对外形象不断提升。但对照教育实践活动的高要求，我们无论是服务质量还是行政效能，还有一定的提升空间。要树立“寓管理于服务”的理念，增强“全心全意为人民服务”的意识，加快推进财税行政审批制度改革，提高办事效率和工作质量；制定财税政策、安排预算资金时，要多听听基层群众的意见；办理涉财涉税事务时，要学会换位思考，在依法依规的前提下，不折不扣地兑现和落实各项财税优惠政策，切实提高人民群众的满意度。

四是要以精气神的提振来检验活动成果。好的作风能带来好的精神状态、好的干事氛围。广大党员干部要把教育实践活动中激发出来的干事创业激情和开拓进取精神转化为做好实际工作的动力，抖擞十二分的精神、鼓足十二分的干劲，干出经得起活动考验、经得起实践检验、经得起群众检阅的出色业绩。

（2013年7月10日）

在全省财政地税工作视频会议上的讲话（摘要）

浙江省财政厅厅长兼省地税局局长 钱巨炎

省委、省政府领导十分关心、支持财税工作。夏宝龙书记多次就财政地税工作作出重要批示。不久前，李强省长来教育实践活动联系点省财政厅、省地税局调研，就开展教育实践活动、做好财税工作作出重要指示。近日，李强省长在省财政厅报送的《关于全国财政厅(局)长座谈会情况的报告》上批示:这次会议非常重要,财政部提出了一系列深化财税体制改革的思路,将对今后的经济社会发展产生重大影响。我省要及早开展前瞻性研究,认真谋划,积极改革,进一步提升我省财政工作水平。省领导的指示和批示,充分体现了省委、省政府对财税工作的高度重视和殷切期望,同时也为我们做好下一步工作,指明了方向,提出了要求。大家一定要认真学习,深刻领会,及时向党委政府作好汇报,并在实际工作中积极贯彻落实。

一、认清形势,积极应对财税工作面临的机遇和挑战

今年以来,面对复杂严峻的国内外经济形势,全省各级财政地税部门在省委、省政府的正确领导下,以"促进发展、保障民生、科学理财、加强监管"理财观为指导,全面落实中央和省委、省政府各项决策部署,积极发挥财税职能作用,统筹有序推进经济社会发展各项工作。财税收入增幅持续回升,财税收支运行总体平稳。1~7月,全省公共财政预算收入2548.90亿元,增长11.6%(同比,下同),完成年初预算的68.6%,其中税收收入占公共财政预算收入的比重为93.3%,收入质量保持较好。全省地税部门组织收入3254.60亿元,同口径增长11.8%;其中,税收收入2108.50亿元,同口径增长10.8%,完成收入进度的69.3%。全省财政支出2302.80亿元,增长8.4%,其中一般公共服务支出增长5.9%,占总支出的比重为12.7%,下降0.3个百分点;教育、科学技术、社会保障与就业等民生支出占总支出的比重为72.4%,提高0.8个百分点。财政支出进度快于上年同期0.4个百分点,支出的均衡性和时效性进一步提高。

作为全面贯彻落实党的十八大和省第十三次党代会精神的开局之年,省委、省政府干好"一三五"、实现"四翻番"的起步之年,2013年承载着更多不同寻常的意义。1~7月,全省经济总体呈现"稳中有进、稳中有好"的态势,公共财政预算收入也实现了阶段性目标。在肯定成绩的同时,更要清醒地认识到,当前和今后一段时期,财税工作将面临更多的机遇和更大的挑战。

(一)深化财税体制改革带来的机遇和挑战

改革是当代中国发展进步的活力之源。我国改革已进入攻坚期和"深水区",全面推进需要更大的决心、勇气和智慧。财税体制改革是整体改革的基础和支撑,也是突破口和先行军,从中央到省委、省政府都提出了新的改革理念和思路。

从中央层面看,十八大报告明确提出,加快改革财税体制,健全中央和地方财力与事权相匹配的体制,完善促进基本公共服务均等化和主体功能区建设的公共财政体系,构建地方税体系,形成有利于结构优化、社会公平的税收制度。建立公共资源出让收益合理共享机制。近期召开的国务院常务会议研究部署了推进政府向社会购买服务事项,这是推动政府职能转变,建设服务型政府的必然要求,同时也是公共服务供给模式和财政管理理念的创新。7月底召开的全国财政厅(局)长座谈会明确下一步深化财税体制改革的主要方向是:加快预算管理制度改革,构建完整、规范、公开、透明的预算体制。完善优化税收制度,健全地方税体系,建设有利于结构优化、社会公平的政府收入体系。明确政府间事权和支出责任,健全中央和地方财力与事权相匹配的财政体制。同时,发挥财税改革对整体改革的支撑性作用,支持养老、医疗、住房等其他领域的改革。可以预见,改革将是今后较长时期我国财税工作的主旋律和"关键词",将为财税事业蓬勃发展注入不竭动力。

从省级层面看,省委十三届三次全会提出了创新驱动发展战略,省委、省政府出台了"四换三名"、个体经济和小微企业提升发展、深化行政审批制度改革等一揽子"组合拳",积极打造浙江经济升级版,为财税增收提效蕴育了良好的经济基础。同时,也对财税工作提出了更高要求,要求我们在实际工作中深入思考,如何抓好税源培植和支持大企业、大项目,增加地方可用财力;如何强化绩效导向、创新资金管理,破解"四不"问题,支持创新驱动发展战略实施;如何建立"个转企"倒逼机制,提升市场主体竞争力;如何深入挖潜,盘活财政存量资金;如何优化财政支出结构,加强支出管理和绩效考评;如何加强地方政府性债务管理,确保财税运行安全等一系列问题。

近年来,浙江财税很多创新之举都走在全国前列成为示范,如今财税改革又站在新的起点上。我们要充分认识到改革的重要性、紧迫性、复杂性和艰巨性,根据改革的大方向、大趋势,坚持法治理念和市场化取向,立足全局、着眼长远,结合地区实际,认真研究,深入思考,推动相关领域加快改革步伐,在更大程度、更广范围释放改革红利。

(二)经济财税形势带来的机遇和挑战

习近平总书记在7月25日政治局常委会议上,深入分析了上半年经济形势,研究了下半年宏观政策取向,提出"宏观政策要稳、微观政策要活、社会政策要托底"的方针,并就如何划清政府和市场边界、改善民生导向等重大问题进行了科学论述,对做好经济财税工作具有十分重大和深远的指导意义。

当前,经济财税形势依然错综复杂。从经济形势看,世界经济正在深度调整,复苏动力不足甚至有可能减弱。发达经济体增长仍有不确定性因素,新兴市场国家经济明显减速。我国仍处于可大有作为的重要战略机遇期,具备经济持续健康发展的基础条件,国内经济运行在合理增长区间,改革红利、创新红利继续释放,但依然存在不平衡、不协调的问题,调结构、促转型与稳增长矛盾突出。我省经济发展质量逐步提升,结构调整加快推进,民生保障持续加强。但经济持续向好基础尚不稳固,内生增长动力仍显不足,中小企业生产经营困难仍较明显,金融潜在风险尤需高度关注。

从财税运行态势看,有利因素不少,不利因素也不容小视,

要完成全年8.0%的增长目标任务仍需努力。收入方面，前期财税收入的较快增长，很大一部分原因在于房产交易量放大导致房地产相关税收增长迅猛，1～7月，全省房地产税收的贡献率达77.3%，下阶段持续平稳增长难度加大。制造业回升基础仍不稳固，企业经营状况仍不乐观，金融业增收贡献率大幅下降；随着“营改增”试点行业扩围，预计全省地方财政收入将减收40亿元左右，取消和免征多批行政事业性收费导致政府非税收入减收，加上2012年财政收入增速“前低后高”，进一步增加了后期收入增长压力。支出方面，优化财政支出结构的难度和阻力较大，社会民生事业发展，对财政保障能力提出更高要求，加上财政支出边界不够明晰，财政支出责任不当扩张，资金使用绩效仍有待提高，财政减收增支的矛盾更加突出。同时，地方政府性债务规模不断加大，风险持续累积，防范和化解债务风险的任务较为艰巨。

可以预见，今后较长一段时期内，财政收入较低增长将呈现常态化，财政地税部门要摆脱持续高增长的思维定势和操作惯性，逐步适应低增长、紧平衡的现实和趋势，习惯于、擅长于用“过紧日子”的思维来统筹谋划财税工作。

（三）深化作风建设带来的机遇和挑战

党的十八大后，中央和省委、省政府相继出台八项规定、“28条办法”“六个严禁”等规定，对加强作风建设、厉行勤俭节约、反对铺张浪费提出明确要求，为民务实清廉之风蔚然兴起。

深化作风建设为推进财税管理改革提供了难得的机遇。政府部门“约法三章”，带头过“紧日子”，进一步压缩一般性支出特别是“三公”经费支出，将是大势所趋。根据中央本级做法并结合全省实际，下半年省级党政机关的日常公用经费压减5%，一般性项目支出压减10%，这为有效缓解突出的财政收支矛盾、拓展优化支出结构空间，起到很好的示范效应。财政地税部门要善于借力、借东风，引导推进节俭型政府建设，把规范和严控“三公”经费支出作为深化作风建设的重要抓手，完善体制机制，强化源头管理，创新监督举措，狠抓贯彻落实，确保取得实效。

同时，深化作风建设也对我们加强干部队伍建设提出了更高的要求和挑战。作风是能力的保障，也是力量的源泉。我们这支队伍总体上是好的，纳税人满意度调查、目标责任制考核结果都充分证明了这一点，但对照“四风”，很多方面还有待改进。同时，近年来社会对财税工作关注度日益提高，负面舆情时有发生。要以解决人民群众最关心、最直接、最现实的利益问题为目标，努力让人民群众满意；切实解决“四风”问题，更好地为人民群众服务。

二、理清思路，科学谋划促进财税事业发展的新举措

（一）处理好五对关系

一是政府与市场的关系。新一届中央政府高度重视政府职能转变和市场化改革。习近平总书记强调，市场机制具有经济稳定器作用，有些事不用政府去做，市场会自动调节。李克强总理也指出，要把错装在政府身上的手换成市场的手，市场能办的，都放给市场；社会可以做好的，就交给社会。当前，由于政府与市场、社会职责边界模糊、职责错位，有些地方把财政资金和财税政策作为刺激经济增长的“灵丹妙药”和“万能钥匙”，并在民生事业上大包大揽，不切实际地提高保障水平，盲目攀比、恶性竞争，造成了财政支出责任的“无限化”，既破坏了正常的财经秩序，弱化了财税法规的权威，又给财税平稳健康运行带来巨大压力。因此，改革的首要之举就是要厘清政府和市场、社会的关系，划清“为”与“不为”的边界，权衡好政府的“宽度”和市场的“广度”，着眼于实现宏观、微观、社会政策三者的有机统一。围绕“宏观政策要稳”，要转变工作重心，重点放在维护公平竞争机制、保护生态环境和支持转型升级等方面，确保稳定的宏观政策预期，向社会释放推进经济结构调整的坚定信号；围绕“微观政策要活”，要坚持市场在资源配置中的基础性作用，促进生产要素优化组合，增强市场主体发展动力和内生活力，推动企业创业创新；围绕“社会政策要托底”，要立足基本国情和财力实际，守住基本公共服务的底线，多“雪中送炭”，少“锦上添花”，改善民生导向，确保民生事业可持续发展。

二是当前与长远的关系。“人无远虑，必有近忧”，财税工作也是如此。作为政府的“大管家”，财税部门要统筹好当前和长远两个大局，在政府决策时发出专业、理性、客观的“财税好声音”。收入方面，要注意培育稳定、优质、广泛的税源，建立健康稳健的收入结构和增长模式，尊重市场规律，不能为了追求短期的高增长，巧立名目，甚至去收“过头税”；也不能把收入增长的筹码过多地押在房地产身上。国内个别城市因房地产泡沫破裂导致“鬼城”“空城”现象，已给我们敲响了警钟。支出方面，出台任何一个政策、提高任何一项标准，都要考虑财政的可承受能力和政策可持续性。有些政策，现在财政保障没有问题，但随着今后支出范围的扩大、基数的增加、标准的提高，未来财政的压力将会很大，甚至可能成为危机的导火索。希腊、西班牙、葡萄牙等南欧国家搞超越生产力水平的“高承诺、高福利、高债务”从而陷入债务危机，以及国内个别城市搞无底线的民生承诺而出现财政风险，就是教训和明证。债务方面，从借债到还债，都有一定的期限，不能只管借不管还，借的时候“拍脑袋”决策，还的时候“拍屁股”走人。财政一定要特别注意这个问题，因为“人走债留”，最终还是要政府财政来埋单。总之，在当前和长远这个问题上，财税部门一定要有超前意识和底线思维，把眼光放得更长远一点，把困难估计得更充分一点，确保财税政策的稳定性和可持续性，有效防范财税金融风险。

三是微观与宏观的关系。财税部门兼有宏观和微观双重

属性。从微观层面来说，财税部门处于理财管财的第一线和最末端，每一笔钱都由财税部门收进来，也都通过财税部门支出去，直接和企业、职能部门、社会公众等服务对象打交道。从宏观层面来说，财税部门是综合经济管理部门，财税政策是宏观调控的重要手段，党委政府的每一项大政方针和决策部署，都离不开财税的参与和支持。近年来，我省财政地税部门围绕科学化精细化管理的目标，立足"三基五财"，做了许多基础性的工作，在预算编制、执行等微观操作层面成效明显，体现出财政地税部门精打细算、严谨务实的工作作风和职业素养。但在宏观层面，仍有较大提升空间。突出表现在以下几个方面：应对面上工作和微观操作层面的事情较多，前瞻性研究和宏观性思考较少；关注短期现象较多，对影响我省长远发展的政策顶层设计较少；被动应付部门需求较多，提前介入并深入思考改革发展过程中新情况新问题较少；当"账房先生"的较多，当主动服务决策的"参谋长"较少。当前，我省正处于转型升级的关键时期，需要财税部门充分发挥主观能动性，提高研究力和谋划力，提升在重大决策中的话语权。妥善处理微观和宏观的关系，关键是既要"埋头拉车"，更要"抬头看路"；既要有"小算盘"，更要有大思路；既要算好"一亩三分地"的小账，更要算好经济社会发展的大账。"不识庐山真面目，只缘身在此山中"。我们要学会跳出具体事务和微观操作，进行研究、分析，由此及彼、由点及面，过了今天还要过好明天，洞悉财税与外部的联系，探索财税运行的规律和趋势，为领导决策提供有价值的参考建议。

四是存量与增量的关系。存量是基础，增量是方向，增量投入能盘活存量，存量盘活又能带来新的增量。当前，中央出台的一些政策更多地体现了存量思维，比如货币政策，面对所谓的"钱荒"，没有一如既往地下调准备金率；再如财政政策，摒弃了传统的大规模刺激经济的做法，要求盘活存量财政资金，用于稳增长、调结构、惠民生等重点领域和关键环节。这种向存量要增量、向管理要效益的做法，为我们在经济形势日趋严峻的背景下做好财税工作提供了一条很好的思路和办法。当前，财税收支矛盾突出，相当一部分原因在于存量和增量的关系没有处理好。比如，在税源培植方面，注重引进外来企业，想方设法给予优惠政策，这是对的，但对本土企业的发展也应重视，不然"招来了女婿、气走了儿子"，增量增加了，存量却流失了。在财政资金方面，主管部门重"要钱"轻"管理"，财政部门重"分钱"轻"绩效"，导致增量不足、存量不活、绩效不高三种现象并存，一方面财政吃紧、政府叫穷，另一方面，相当数额的资金被低效使用或者浪费，相当数额的结余结转资金闲置或沉淀在银行账户里"睡觉"。在政府融资方面，融资需求和保值增值需求未能有效对接，出现大量财政资金存银行获取低利息，同时又要通过各种渠道融资支付高利息的怪现象。因此，在推进财税改革过程中，要学会掌握存量增量两种思维，坚持存量增量一起抓，既要努力做大财税经济蛋糕，保证稳定的增量投入，更要注重加强管理，通过科学合理的体制机制和行之有效的方式方法激活盘活存量，把政府性存量资源、资金、资产的效益真正发挥出来。

五是管理与服务的关系。管理与服务，既相互独立又相互促进，高效的管理能带来优质的服务，新的服务需求又倒逼着管理制度的变革。在财税工作中，要坚持管理、服务并重，寓管理于服务，将服务贯穿于管理全过程，避免顾此失彼。在纳税服务时，不能重服务轻管理，偏离服务本质和正确方向，为服务而服务，甚至弱化税收征管，放松税收执法；也不能重管理轻服务，片面强调严格管理，忽视征纳双方平等的法律地位，忽视税务机关必须履行的纳税服务义务，甚至出现滥用征管职权和执法手段、侵犯纳税人合法权益等问题。在提供公共财政服务时，既要坚持服务至上，研究政策、安排资金，多站在服务对象的角度来考虑，形成需求导向、问题导向和满意导向，真正把民生实事办好；又要守牢原则和底线，善于说"不"，不能为了获得服务对象的满意度，刻意迎合不合理、不合规、不切合实际的需求。同时，还要不断提升社会工作能力，切实将管理型思维转变到服务型思维上来，进一步改进服务方式、转变工作作风，适应在"聚光灯""监视器"和"放大镜"下工作，及时回应社会关切，自觉接受社会监督。

（二）着重实施四项举措

一是加强前瞻性研究。财政部已明确了下一步深化财税体制改革的主要方向，楼继伟部长也多次在不同场合阐述了财税改革思路和方针。可以说，未来几年的财税体制改革，将是继分税制后最重大的财税改革，必将对我省经济社会发展和可用财力盘子带来深刻影响。对此，一定要高度重视，对国家的改革动向保持应有的职业敏锐，深入分析对我省的影响，做好预案。同时，要在做精做细做专微观操作的基础上，加强对重大问题的前瞻性研究，为省委、省政府决策提供参考，向财政部、国家税务总局等国家部委提出有理有据的合理化建议。在财税体制方面，要按照"外部性、信息处理的复杂性、激励相容"的原则，研究各级政府之间，特别是省与市县、市与县、市与区的收入和支出责任，形成较为科学合理的事权和财力匹配体系，还要提前研究国家财税体制调整后我省的基数等问题。在财政支出责任方面，要深入研究政府和市场、社会的运行边界，做到既不越位也不缺位，把该放的放掉，把该管的管好。在政府购买服务方面，要秉承我们历年来"政府花钱买服务，少办机构少养人"的理念，深入研究政府购买服务指导性目录、购买方式、资金管理、监督评价等问题，通过财政引导，真正发挥好市场和社会在提供公共服务中的作用。在支持城镇化建设方面，要注重政策的顶层设计，将财税政策与金融政策、产业政策、民生政策等有机融合起来，建立科学规范的投融资体系，形成政策合力。同时要防范地方债务随着城镇化推进而进一步积累，加剧债务风险。在主体功能区建设方面，要充分发挥财税政策的“指挥棒”引导功能和杠杆撬动作用，念好“山水经”，把浙江“七山一水”的生态优势转化为经济优势和财源优势。要支持海洋经济示范区和舟山群岛新区建设，做好经略海洋这篇大文章，推进海洋强省建设走在全国前列。在社保基金方面，要提前研究养老金区域统筹对我省的影响和应对之策，算好账，统筹好各险种之间的关系，保障好我省的现实利益。要探索社保基金保值增值方式，及时做好支付能力测算和压力测试，防止出现风险。在地方税收改革方面，要密切跟踪并研究国家税制改革动态，加强调研分析，做好相关准备工作。在财税运行机制方面，要研究逆周期的运作机制，充分发挥财税政策“稳压器”和“蓄水池”的作用，通过财税收支运行和反向调节，熨平经济周期波动。

二是强化风险管控。财政地税部门掌握着体量庞大的政府性资金，风险管控尤为重要。从目前情况看，财税风险主要集中在政府性债务和行政执法两个方面，需要引起高度重视。政府性债务方面，尽管多年来全省围绕控制债务规模做了很多工作，也取得了一定成效，但为应对国际金融危机和复杂严峻的经济形势，各地通过举债融资加大投资力度，实施多项刺激经济的投资政策，在促进经济平稳增长的同时，政府性债务规模也不断加大，风险不断累积。2013 年上半年，全省政府性债务规模比上年末增长 8.6%。据测算，2013 年、2014 年两年是全省偿债高峰期，2013 年全省到期需偿还的政府性债务是 1658 亿元，占 2012 年政府性债务余额的 29.6%。随着各地财政收入增长趋缓，部分地区偿债压力进一步加大。对此我们绝不能掉以轻心，要根据国家有关规定，及时修订全省政府性债务管理办法，完善政府性债务审批、风险预警制度和政府融资机制。行政执法风险方面，近年来在财税干部违法违纪案件中，失职渎职的比例不断上升，防范和化解执法风险的压力日益增大。要牢固树立法制观念，坚持依法征税、依法减免，妥善处理好财与法、税与法、情与法的关系，审慎规范地行使好自由裁量权，执行好财税法律法规和政策，在维护法律权威性的同时也保护好自己。

三是认真做好存量文章。在增收矛盾突出、增量不足的情况下，存量是我们可以使用的宝贵资源。如何盘活存量、补充增量，是财税部门必须思考的问题。在税源培育方面，我们既要推动战略性新兴产业和现代服务业加快发展，引进外来优质企业，生好增量优化之财；更要坚持“亩产论英雄”的眼光和思维，利用财税杠杆，着力推动传统优势产业改造提升，支持中小企业、块状经济发展，留住留牢本土企业，培稳培厚老财源，生好存量提升之财。在税收征管方面，要坚持依法征税，通过加强税收分析，准确掌握税源潜力所在，利用科技手段和加强管理实现增收。在存量资金方面，要采取有效措施，激活各类闲置和沉淀资金，建立健全工作机制，组织本级各部门定期清理，将结余结转资金管理与预算编制相结合，切实消化和压缩结余结转资金规模。要创新资金保值增值方式，在依法依规和确保安全的前提下，拓宽理财渠道，适当提高协议存款和定期存款比重，择机开展竞争性存放工作，切实提高存量资金的理财收益。在专项资金方面，财政部将出台专门文件加大清理整合力度，我们要大力推进专项性一般转移支付改革，探索产业发展类和公共事业类专项资金竞争性分配，引入竞争机制和绩效评价机制，真正提高资金使用效益。

四是推进财税信息化建设。信息化是大数据时代深化财税管理改革的重要手段。省委、省政府主要领导高度重视财税信息化建设，多次强调“要通过先进的信息化技术，清晰反映每一笔财政资金的来龙去脉和使用绩效，财政运行到哪里，监督就要跟踪到哪里。”李强省长在近期上报的数字财政有关材料上作出重要批示。2013 年是数字财政的基础建设年，要按照省领导的要求，坚持顶层设计和基础规范两手抓，争取在关键环节取得实质性突破，真正把数字财政办成体现浙江财政管理水平的精品。要结合地税业务实际，认真做好《税友龙版》的深化应用工作，借助信息化手段，寻找发现新税源，挖掘增收潜力。着力构建更全面、更科学的经济分析指标体系，发挥好税收作为经济“晴雨表”和“风向标”的作用。加强地方税收保障机制建设，深化部门间信息共享，减少征纳双方信息不对称现象。

三、统筹安排，积极做好下半年财政地税各项工作

（一）以教育实践活动为契机，进一步加强干部队伍建设

妥善应对错综复杂的形势、承担艰巨繁重的财税改革发展任务，关键是要有一支作风过硬、业务过硬的财税干部队伍。当前正在开展的群众路线教育实践活动，为我们干部队伍建设提出了更高的要求，也创造了难得的契机。

根据省委部署，7 月上旬厅局已启动了教育实践活动，厅党组作出了如下承诺：严格执行中央八项规定和我省 28 条办法、六个严禁以及厅局的贯彻意见，严格遵守各项财经制度和纪律；进一步精简会议，可开可不开的坚决不开，能通过视频会议形式的一律开视频会议，内部会议都在机关会议室召开；一律不进高级健身娱乐场所、高档会所，不参与任何形式的高消费活动；基层调研在食堂用工作餐或自助餐，一律不喝酒。希望同志们对厅局领导班子、干部职工在工作作风、履行承诺等方面，进行监督，提出宝贵的意见建议，我们一定虚心接受，有则改之、无则加勉。这里我还要就加强作风建设提出以下倡议：全省财政地税部门向省财政厅、省地税局看齐；厅局干部职工向厅党组看齐；厅党组向我看齐。叫响“向我看齐”的目的，主

要是请全省财政地税干部职工监督省厅省局，监督厅局领导，监督我本人。与此同时，各级财政地税部门也要按照省委和当地党委的部署，开展好教育实践活动，将其作为一项重大政治任务抓紧抓实抓好。

在思想上要高度重视。充分认识到开展教育实践活动，是财税部门更好发挥职能作用、实现十八大和省第十三次党代会确定的奋斗目标的必然要求；是财税部门改进工作作风、保持党员干部先进性和纯洁性的必然要求；是进一步改进财税工作、实现好维护好发展好广大人民群众根本利益的必然要求。

在行动上要真抓实干。要按照"照镜子、正衣冠、洗洗澡、治治病"的总要求，集中解决形式主义、官僚主义、享乐主义和奢靡之风"四风"问题，进一步树立起为民务实清廉的良好形象。近期，省委将针对人民群众反映比较强烈的"酒局""牌局"问题，对全省党员干部作风进行集中整顿，大家一定要保持警醒，不去踩"红线"。对厅局副处以上领导干部，如违反省委有关规定，一经查实，就地免职。

在内容上要突出特色。要将教育实践活动与领导班子建设、干部队伍建设和党风廉政建设结合起来，全面提高财税干部队伍的责任意识、宗旨意识、服务意识和廉政意识；要培养一批政治过硬、敢抓敢管、富有团队精神和创新精神的"狮子型"干部，切实担负起财税改革发展重任。要落实党风廉政建设责任制，加强制度约束和风险管控，提高理财治税工作透明度。要将教育实践活动与财税文化建设结合起来，以教育实践活动的主题、内容和成效，不断丰富"实、稳、优"财税核心价值理念和财税文化内涵，进一步彰显财税文化的引领力、凝聚力和感召力。

财税工作的专业性、政策性很强。财税局长，作为财税事业发展的谋划者、财税改革的推进者和财税干部的领头雁，除了要具备领导管理能力外，还必须具备过硬的专业素质和勤业精业的职业精神，要洞悉经济和财税的运行规律，并及时做出正确的职业判断。对此，一方面，局长们要加强学习，沉下心来钻研财税业务，补长补足补好业务"短板"；另一方面，要深化财税局长任职资格管理，把更多学过、干过、管过财税业务的专业型干部充实到领导班子中来；要稳定市县局长队伍，加强对市县局长的管理，各地可尝试对新提拔的县地税局副局长实行异地任职。同时，要保持财税干部队伍的稳定性，培养更多的职业权威和财税专家，全面提升财税工作专业化水平。

（二）以工作实效来检验教育实践活动效果

教育实践活动必须实打实地解决实际问题，要以活动实效推动实际工作，以工作成效检验活动效果，做到活动和工作两手抓、两不误、两促进。

一是确保完成全年目标任务。收入方面，始终坚持依法征税，统筹规划，着力提升税收收入把控力，坚决不收"过头税"，按计划目标把握好组织收入的力度与方向，为明年收入平稳增长夯实基础。加强经济税收调研，完善税收经济预警机制，不断提高税收收入预测准确率。加强税收征管，同步推进专项风险应对和日常风险管理。支出方面，认真落实中央和省委、省政府的要求，坚持勤俭办一切事业，继续从严控制行政经费和一般性支出。保障好政府十方面实事的落实及教育、科技、医疗卫生、社会保障等各项重点支出需求，把有限的财政资金集中用到刀刃上。

二是支持创新驱动发展。深入实施创新驱动发展战略，落实税收优惠政策。加快科技项目支出进度，切实提高财政资金的使用绩效。支持引进海外高层次创新创业人才，研究探索科研院所基本支出标准化管理和新增投入与科研绩效挂钩的投入机制，激发创新活力和动力。支持浙商创业创新，促进人才、资金、项目、税收"四个回归"。推动"个转企、小升规、规改股、股上市"，加快调整城镇土地使用税政策促进土地集约节约利用试点，切实提高土地利用效率，促进产业结构调整和经济转型升级。

三是加强"三公"经费管控。省委把检查"三公"经费使用情况作为教育实践活动"六项集中行动"之一，把严格"三公"经费管理作为先行整改的领域，夏宝龙书记明确提出要以"三公"经费的下降数据来检验教育实践活动成效。我们要研究建立"三公"经费管理的长效机制，进一步压缩"三公"经费和行政成本，把节约下来的资金更多地用于改善民生。同时，根据财政部要求，2015 年之前要实现市县级政府"三公"经费全面公开，各地要高度重视、积极准备，做好公开前的各项基础性工作。

四是编制好 2014 年预算。对 2014 年预算，不能再按惯性思维和传统做法来编制。要紧扣经济财税走势，牢固树立"过紧日子"思想，把握好政府和市场的边界，严把支出关口，严控一般性支出，盘活存量资金，保障好法定支出和重点支出。完善政府预算编制，深化全口径预算体系建设。加强预算绩效管理，重点做好绩效目标与部门预算的有效融合，明确财政资金的使用目标与方向，完善预算定额标准体系和支出标准体系，增强预算编制的科学性和公平性。

五是配合做好政府性债务审计工作。经国务院批准，审计署已着手开展政府性债务审计工作。这次审计将对各级政府债务进行全面摸底调查，为政府债务治理提供决策依据，从而有效防范财政金融风险，更好地促进经济转型升级。与以往债务审计相比，这次审计范围更广、力度更大、时间更紧、要求更高。各级财政部门要积极准备，主动接受审计监督。对审计发现的问题，要认真进行整改。

（2013 年 8 月 9 日）

在全省政法经费保障绩效考核工作电视电话会议上的讲话(摘要)

浙江省财政厅副厅长 罗石林

一、充分认识政法经费保障绩效考核的重要意义

(一)政法经费保障绩效考核是深化司法体制改革的重要内容

为深化司法体制改革,加强社会主义法治建设,2008 年,中共中央转发了《中央政法委员会关于深化司法体制和工作机制改革若干问题的意见》,对政法经费保障体制改革提出了总体要求,明确要建立健全适应政法经费保障体制改革需要的专门管理制度,加强政法经费管理;强化政法经费使用的激励约束机制,规范支出行为;优化政法资源配置,提高资金使用效益;加强政法经费管理队伍建设,提高政法经费管理能力和水平。2009 年,《中共中央办公厅、国务院办公厅〈关于加强政法经费保障工作的意见〉》《财政部关于印发〈政法经费分类保障办法(试行)〉的通知》《中共浙江省委办公厅、浙江省人民政府办公厅〈关于加强政法经费保障工作的实施意见〉》等文件都明确提出要建立政法经费分配与使用效益和管理水平相联系的激励约束机制,不断提高政法经费管理使用水平。为科学评价各地在政法经费保障及管理工作中的绩效,2012 年,省财政厅制定了《浙江省政法经费保障绩效考核办法(试行)》,启动全省政法经费保障绩效考核工作。因此,对政法经费保障工作进行绩效考核,不仅是中央确定的司法体制改革的重要内容,也是完善政法经费保障体制机制的重要举措,关系到政法经费保障体制改革的成效。

(二)政法经费保障绩效考核是公共财政管理改革的客观要求

公共财政取之于民,用之于民。随着社会主义民主化程度的提高,社会公众对政府绩效日益关注,对财政资金使用效益越来越关心。加强预算绩效管理已成为继部门预算、国库集中收付、政府采购、收支两条线改革后,公共财政体制改革的重要内容。为进一步建立健全政府绩效管理制度,不断提高财政资金使用绩效,2012 年,省政府出台了《关于全面推进预算绩效管理的意见》,提出要按照加强政府绩效和预算绩效管理的要求,逐步建立以绩效目标为基础,以绩效跟踪为主线,以绩效评价为手段,以结果应用为保障,以改进预算管理、优化资源配置、节约行政成本、提高公共产品质量和公共服务水平为目标,覆盖所有财政性资金的预算绩效管理体系。对政法经费保障进行绩效考核,既是落实预算绩效管理的有效手段,也是适应公共财政管理改革,推进财政科学化、精细化管理的客观要求。

(三)政法经费保障绩效考核是政法事业科学发展的重要保障

加强政法经费保障,对于确保政法机关有效履行职责,维护人民群众合法权益,促进社会公平正义,维护社会和谐稳定,具有重要意义。近年来,全省各级财政部门按照“明确责任、分类负担、收支脱钩、全额保障”的政法经费保障体制,积极筹措落实资金,加大财政资金投入,努力提高经费保障水平,有力推动了我省政法事业科学发展。经统计,2008~2012 年全省政法部门(不含宁波,下同)预算收入 997 亿元,年均增长 16.5%。虽然政法经费投入逐年增长,但政法经费使用管理中仍存在“重资金分配、轻管理绩效”的现象。通过政法经费保障绩效考核,可及时发现政法经费支出管理中存在的薄弱环节和突出问题,有针对性地采取有效措施,进一步加强政法经费支出管理,促进树立财政绩效理念,科学合理配置公共资源,强化财政资金管理水平,提高资金使用效益,建立与政法事业发展相适应的政法经费投入和管理机制,促进政法事业更好更快发展。

二、把握政法经费保障绩效考核依据、原则和目标

2013 年是全面推行政法经费保障绩效考核的第一年,考核要求高,各地各部门要准确把握绩效考核的依据、原则和目标。

(一)主要依据

政法经费保障绩效考核的主要依据包括:财政部、省委省政府及省财政厅有关政法经费保障与管理的规定;省财政厅会同省级政法部门制定的政法机关公用经费保障标准、业务装备配备实施标准;省平安办对各地 2012 年度平安建设考核结果;省公、检、法、司 4 部门对各地 2012 年度业务考核结果;政法财务管理办法;政法经费统计报表;省财政厅下达的政法转移支付资金文件;省财政厅及省级政法部门组织的实地考核报告和评价报告;涉及政法经费的审计报告及检查报告,以及省财政厅布置各地的其他政法财务专项工作完成情况。

(二)考核原则

政法经费保障绩效考核要坚持以下原则:一是实事求是、客观公正,不弄虚作假;二是财政保障与部门管理并重;三是制度建设与队伍建设并重;四是日常管理与重点工作相结合;五是固定指标与可变指标相结合。

（三）工作目标

政法经费保障绩效考核工作目标包括：一是推进“法治浙江”“平安浙江”“和谐社会”建设，促进全省经济社会持续健康发展；二是提高政法部门执法办案能力，改善执法办案条件，促进社会管理创新、公平公正执法；三是加强政法财务制度建设和队伍建设，规范资金管理行为，提高政法财务管理能力和水平；四是强化绩效理念，建立绩效目标，实施绩效预算。

三、全面落实政法经费保障绩效考核工作要求

政法经费保障绩效考核是一项全新的开创性工作，政治性、政策性、专业性都很强，本次考核时间紧、任务重。各地各部门要切实加强领导，密切配合，精心部署，狠抓落实，共同将政法经费保障绩效考核工作做好做实，取得成效。

（一）加强领导，落实责任

实行全省政法经费保障绩效考核是全省各级财政和政法部门共同的工作，由财政部门牵头，会同政法部门共同完成。2013 年是考核工作的第一年，各级财政、政法部门要高度重视，落实分管领导和承办部门，成立考核小组，精心组织各部门开展考核工作。

（二）紧密配合，形成合力

各级财政部门要积极主动做好牵头工作，会同政法部门严格按照《浙江省政法经费保障绩效考核办法（试行）》《浙江省财政厅关于开展 2012 年度全省政法经费保障绩效考核工作的通知》的规定，本着实事求是的原则，对自评项目逐项进行客观评价，于 2013 年 4 月 30 日前将自评报告报送省财政厅。

（三）结果运用，严格奖惩

省财政厅将会同省级政法部门对各地自评报告进行核实，加上平安建设、政法业务考核结果及政法机关经费保障情况统计报表编报质量后形成考核结果，本次考核结果将作为 2013 年分配政法奖励性资金的一个因素。各财政部门也可将同级政法部门绩效考核结果作为财政专项资金安排的一个因素，进行奖优罚劣。

（2013 年 4 月 11 日）

在 2014 年省级预算编制布置会上的讲话（摘要）

浙江省财政厅副厅长　罗石林

一、充分认识当前经济财政形势，切实做好部门预算管理和改革各项工作

2013 年以来，全省上下紧紧围绕干好“一三五”、实现“四翻番”的目标任务，坚持“稳增长”与“促转型”一起抓，全省经济呈现出稳开稳走、积极向好的态势。但也应清醒地看到，当前我们面临的国内外环境仍然十分复杂，经济运行中还存在许多不确定因素：市场需求不足，外贸进出口景气度不高，部分企业经营困难，各种挑战不能低估。实现全年发展预期目标的任务仍很艰巨。

财政是国民经济的综合反映。从上半年财政收入情况看，受经济增长趋于平缓、实施结构性减税等因素影响，全省特别是省级财政收入增幅较低，上半年，省本级公共预算财政收入累计 151.33 亿元，增长 5.9%，较前些年两位数的增长回落明显。即使这样的增长，基础也并不是稳固的，上半年增收主要依靠了房地产市场的复苏，房地产及相关行业的税收增长占了整个收入增量的 70%左右。初步分析，全年财政收入特别是省本级财政收入形势不容乐观。预计 2014 年和今后相当长时期内，财政收入的低增长将成为一种常态，财政收支状况趋紧。

面对这种形势，今后几年，要继续从严从紧编制部门预算。严肃收入预算编制，有非税收入执收的部门要做到应收尽收。支出方面要进一步优化结构，把有限的财力用在刀刃上，切实提高财政资金使用效益。预算编制要从群众利益出发，务实地解决群众关心的事。要明确两个边界，一是政府与市场的边界，政府负责公共服务的托底，凡是市场能解决的，政府原则上都要退出；二是省级政府和市县政府的边界，要明确政府间的职责和权限，省级部门不要越权揽权，县市政府不要将责任内的事往上推。2014 年，省财政将更加严格地控制一般性支出，确保省本级“三公经费”年度预算总规模控制在合理水平内、不新建政府性楼堂馆所、不增加财政供养人员，同时，还要加快改革创新步伐，努力在预算管理体制机制上实现新突破。按照党的十八大关于“加快改革财税体制”的部署和国务院关于“建立公开、透明、规范、完整的预算体制”的要求，加快推进部门预算改革各项工作，着力构建科学透明的预算支出决策机制、规范完整的公共资源配置机制、高效有力的预算约束管控机制和扎实长效的厉行节约机制，更好地发挥财政预算的职能作用，为打造浙江经济的升级版，提供稳固的财力保障。

二、一年来省级预算管理和改革情况

（一）优化财政支出结构，厉行节约工作取得了新进展

做好“加法”，保障重点支出需要。积极落实省委、省政府确定的各项重大支出政策和惠民政策，加大对重点支出和经济社会发展薄弱环节的保障力度。2013 年，省财政预算安排的教育、科技、文化、社会保障、医疗卫生、农林水等重点支出增幅，均超过了省级财政支出平均增幅。

做好“减法”，继续严格控制一般性支出。从严控制“三公”

经费，在省本级“三公”经费连续四年零增长的基础上，2013年，为落实中央八项规定和厉行节约有关要求，省财政又会同各部门对“三公”经费预算作了进一步压缩。压缩后，省本级“三公”经费财政拨款预算总额为7.10亿元，比上年执行数下降3.7%。同时，大力压缩一般性支出，严格行政经费开支。近期根据中央政策要求，再次压减省级单位一般性支出，省级党政机关日常公用经费压减5%，一般性项目支出压减10%。

（二）深化部门预算改革，部门预算编制水平得到了新提高

注重预算编制质量。根据实际情况调整部分预算定额，提高基本支出预算编制的科学性。继续实行预算编制与预算执行、绩效评价挂钩的机制。改进项目支出预算编制，细化支出项目分类，强化项目预算审核。对信息化建设、构建修缮等项目开展投资评审，结合评审结果统筹安排预算。加强项目库建设，做好项目储备工作，优化项目支出结构。细化部门预算编制，强化采购预算管理，提高年初预算到位率。

推进专项资金分配改革。一是按计划深入推进省级专项性一般转移支付管理改革，进一步整合和规范专项转移支付资金，实施“因素法”分配，优化审批分配程序，加快预算执行进度，提高财政资金使用效益。二是结合专项性一般转移支付改革，完善资金分配方式，引入竞争机制。在专项资金梳理分类的基础上，按照循序渐进、试点先行的思路，2013年选取战略性新兴产业等资金进行竞争性分配改革试点。

（三）加快预算执行进度，预算绩效工作开创了新局面

强化预算执行管理。硬化预算约束，规范预算调整行为，对省级预算单位财政性资金实施动态监控，督促部门落实预算执行管理制度。抓好资金支付、政府采购等环节管理，完善支出进度考核办法，加快预算执行进度。

推进全过程预算绩效管理。加强绩效目标管理，2012年起，预算绩效管理纳入省政府对直属单位目标责任制考核内容。2013年预算把绩效目标作为预算申报的必须条件，所有项目都要申报绩效目标。对新增项目的绩效目标实施重点审核，达不到要求的不予进入下一步预算编审流程。继续加强绩效评价结果应用，健全绩效评价结果的反馈机制、与预算安排的结合机制及报告公开机制。

（四）主动接受各方监督，预算公开工作迈出了新步伐

主动接受人大、审计监督。2013年，报送省人大审议预算的部门达到69家。继续完善报送人大审议的部门预算报表，细化部门预算内容，编制通俗易懂的财政预算读本，方便人大代表审议、监督。积极配合审计监督，认真落实审计意见，切实改进预算编制和管理工作。

稳步推进预算信息公开。部门预算公开的内容更加全面、详细。教育、医疗卫生、社会保障和就业、农林水事务、住房保障支出等重点支出科目细化公开到项级科目。首次公开了省级“三公”经费预算。积极回应社会关切的问题，对预算中涉及的专业名词和科目附上了通俗的解释说明。

在充分肯定成绩的同时，我们也要清醒地看到当前省级预算管理中仍然存在一些突出问题，特别是人大、审计提出的问题。主要是：预算编制机制还有待完善。一些部门预算编制不够规范、不够细化的问题依然存在。预算编制时上年结余结转数不够准确，有的部门甚至没有列入，影响预算完整性。一些部门在安排项目时，没有进行充分的比较论证，部分政策制定缺乏全局和长远观念，没有充分考虑需求的度和财力的可持续性；预算执行的规范性和约束力还有待加强。一些部门预算调整、追加数量仍然较多，政府采购预算调整过多，个别部门预算追加不够规范，影响了预算的严肃性。有些部门预算执行进度缓慢，财政资金效益不能及时发挥；部分部门财政纪律不严，对外投资混乱；部门预算透明度还有待提高，一些部门预算信息公开的认识不到位，准备不充分，预算、决算公开的衔接也需要加强研究等；有的单位结余过多，财政资金的使用成效还有待提高，个别单位花钱大手大脚的现象仍然存在。

上述问题存在的原因是多方面的：既有行政决策机制与预算决策机制有机衔接不够等客观原因，也有一些部门重视不够、预算编制缺乏前瞻性考虑、执行预算管理制度不到位等主观原因。对此，我们要高度重视，认真分析，制定措施，尽力尽快加以解决。

三、2014年省级预算编制工作重点

2014年，是实施“十二五”规划的重要一年，也是新一届政府施政的关键一年。一定要紧密结合当前形势编制预算，坚持实事求是、从严从紧的原则，严格控制支出水平。2014年省级预算编制的指导思想是：全面贯彻落实党的十八大精神，以邓小平理论、“三个代表”重要思想和科学发展观为指导，深入实施“八八战略”、“两创”总战略，牢固树立“促进发展、保障民生、科学理财、加强监管”的理财观，围绕做好“生财、聚财、用财”三篇文章，按照“实、稳、优”的工作要求，认真贯彻落实厉行节约有关规定，从严从紧编制预算，激活存量资金，严格控制一般性支出，优化支出结构，集中力量办大事；深化公共财政管理改革，完善政府预算编制体系，加强预算绩效管理，推进专项资金管理改革，积极稳妥推进预算公开，更好地推动“两富”现代化浙江建设。

（一）进一步加大厉行节约工作力度，严格控制一般性支出

一是继续从严安排一般性支出。在合理保障重点支出的同时，严格控制其他一般性项目支出。根据中央精神，2013年日常公用经费压缩5%、一般项目压缩10%的压缩额度2014年继续有效，2014年还要做好一般性转移支付项目的压缩。要继续从严编制管理“三公”经费，严格执行有关经费开支标准，细化“三公”经费预算编制。2013年各部门“三公”经费支出至少

要下降5%。对2014年“三公”经费预算编制，讲三句话，一是要以2013年执行情况为依据；二是起码要在2013年压5%的基础上，根据中央和省的要求再压缩；三是比2013年执行数增加的，要说明原因。各部门在预算编制时就要做好各项经费公开的准备，并注重与执行情况的衔接，经得起公开的考验。要加强“三公”经费执行管理，执行中原则上不再追加部门“三公”经费预算。

二是抓好厉行节约财政财务制度建设。制度建设是推进厉行节约的基础和关键，涉及面广，影响力大。按照中央和省有关部署，扎实、有序地推进相关制度建设，努力增强制度的整体性、协调性和可操作性。各部门要密切配合，同时还要严格执行有关规定，严守财政纪律，确保制度真正得到落实。

三是加大对重点领域的管控力度。要严把预算安排关，认真落实国务院关于“政府性的楼堂馆所一律不得新建，财政供养人员只减不增，‘三公’经费只减不增”等要求。规范政府公务行为，完善公务卡制度，提高公务卡用卡率，严格执行公务卡强制结算目录。精简会议和文件简报，严格控制庆典、研讨会、论坛等活动，努力降低行政运行成本。

（二）进一步深化部门预算改革，规范预算分配行为

一是探索加强全口径预算管理。2014年，根据中央和省人大的要求，要加快推进全口径预算体系建设，推进公共财政预算、政府性基金预算、国有资本经营预算、社会保险基金预算四本预算上会审查。要进一步增强四本预算之间的统筹衔接，清晰界定各本预算的收支范围，避免重复安排预算。

二是完善预算支出标准体系。进一步健全预算支出标准体系，结合现实需要和财力可能，完善定员定额标准和实物费用定额标准，继2012年调整院校生均定额之后，2014年预算将调整完善省级医院床位预算定额。探索公益科研单位“花钱买服务”供给方式的改革。完善标准体系建设，研究出台省级支出标准体系建设规范。

三是推进专项资金管理改革。2014年要继续按照实施计划深化专项性一般转移支付改革。在专项性一般转移支付改革的基础上，加强预算与绩效的结合，推进财政专项资金竞争性分配改革。分类引入竞争机制，对适合项目管理的产业发展类和公共事业类等两类财政专项资金，在分配时引入竞争机制和程序。将绩效目标作为财政专项资金分配的标准，实施全过程绩效管理，对通过竞争性分配确定的扶持项目，建立全过程、全方位的监督和公开机制。部门申报预算项目要扎实做好前期工作，实事求是，细化可行，全面提高资金的效率和绩效。此外，今后对省级机关的信息化建设要共建共享，努力防止重复建设和浪费。

（三）进一步加强预算资金管理，激活财政存量资金

一是强化结转和结余资金管理。做好结转项目的清理规范工作，将结余结转资金管理与预算编制有机结合，积极消化结余结转资金规模。在编制预算时，各部门要主动统筹动用结转和结余资金，尚未动用的结余资金要全部统筹用于2014年相关支出。同时，增强“二上”预算结转资金预计的准确性，加强和当年预算资金的统筹。财政要进一步完善基建投资、政府采购和部分专项资金管理制度，努力消除结转和结余资金形成的制度性因素。各部门都要制定出存量消化的计划，争取几年内将存量消化掉。对结转资金常年居高不下、统筹使用结转资金不力的部门，财政将研究把结转资金收回预算统筹，对消化存量资金有力的部门，在安排项目和增量资金时适当有所倾斜。

二是加大预算执行约束力度。完善预算编制与预算执行、决算、审计监督有机结合的机制。继续将支出进度作为财政管理综合考评的重要内容，调动各方积极性，抓出成效。及时跟踪预算项目执行进展，督促加快项目审核和资金支付，减少资金滞留。除公共财政预算资金外，政府性基金预算也要加快执行进度，消化和压缩结余结转资金。要严格控制执行中调整事项，除因突发情况等特殊原因，必须在当年增加安排的支出外，一般不得追加预算。

三是加强财政资金管理。采取积极措施盘活各类闲置和沉淀资金，提高财政资金使用效益。科学、合理调度资金，切实满足重点支出和民生项目的资金需求。巩固清理整顿财政专户成果，进一步精简压缩专户数量，强化财政专户结余资金管理，实现财政资金的统一调度、统筹使用。

（四）进一步完善预算监督体系，提高预算透明度

一是加强绩效考核监督。强化预算绩效目标管理，项目申报时须明确和细化绩效目标。试行预算单位财政支出整体绩效目标申报，2014年起进一步扩大范围。完善绩效评价指标体系和绩效信息数据库，逐步实现信息共用共享。健全绩效评价结果应用机制，建立绩效评价结果公开机制，强化预算绩效管理责任，接受社会监督。

二是主动接受监督。各部门要积极配合财政加强资金运行监管，及时主动解决监管中发现的问题，将其作为加强预算管理的重要抓手。进一步增强接受人大、审计监督的自觉性、主动性，认真落实人大要求和审计意见，尽快制定并落实整改措施，切实改进预算编制和管理工作。

三是大力推进预算公开。2014年，省级部门预算公开要进一步细化，并将公开部门“三公”经费的预决算数据。部门要认真准备，编制预算时尽可能的细致周全，对准备公开的内容和“三公”经费要作出通俗易懂的解释说明。同时，做好行政支出公开的准备工作，并做好预算与决算数据口径的衔接。各部门要充分发挥预算公开的主体作用，在预算公开过程中，要密切关注各方反应，及时妥善应对。

（2013年8月6日）

在2013年全省财政预算工作会议上的讲话(摘要)

浙江省财政厅副厅长 罗石林

一、牢固树立四个意识

(一)树立岗责意识。岗,即岗位;责,即职责,在什么岗位,就要承担相应的职责。这个道理看似简单,做起来却不容易。这里有3种情形、3个层次:一是对一般性的工作任务,按部就班,完成得比较好;二是在此基础上,对预算管理上的问题,如预算编制、执行流程等,也能精益求精,力求让业务处(科)室和预算部门满意;三是在上述基础上,还能对财政战略进行思考,对财政政策和预算标准体系进行日常维护,及时发现问题,查漏补缺,并不断创新完善,确保预算资金使用安全高效,无跑冒滴漏现象;预算政策无缝可钻,成为"一夫当关、万夫莫开"的财政守门人。在我们预算队伍中,做到一、二方面有不少,三方面都做到的却不多。要么没有看到问题,要么问题发现了,但熟视无睹;还有的对这些是否是自己的事,认识模糊。这是对自己的岗责,在"三定"方案中清楚,在自己心里、脑海里糊涂造成的。因此,做好预算工作,首先要有强烈的岗责意识。

(二)树立操盘意识。预算是一级财政的综合性部门,要有操盘意识。从盘子的提出,到组织实施,再到最后任务的完成,要有计划、有举措、有督查、有把关、有验收。

一是要有思路、计划。无论从整个盘子,还是到每一项具体的任务,都要有周密的思路和具体的实施计划,同时要抓好落实。要养成这样的习惯,每天一上班先想一想一天要做的事,下班再理一理一天的事做完没有,并想好第二天要做的工作。每天是这样,每周、每月、每季、每年都如此。要把任务放在心上,印在脑海里,落实在行动上。对预算的全部工作要有心、关心、劳心、操心,按时限和要求做好每一件事后,才能放心。

二是要养成"沙盘推演"的习惯。经手的每一项政策、每一个制度、每一个举措以及每项活动,从酝酿到出台,都要推演、评估,对可能发生的问题要有完整的应对预案。

三要严格把关。预算部门出去的文字和数据,往往都会涉及到政策和资金,出去了就很难收回,要么不出事,要出事就是大事,所以把关是预算的硬功夫。怎么把关?就是当你把名字签下去的时候,就要对这份文稿、这张表格里的数据了然于胸,承担责任。

(三)树立管家意识。政府领导是当家的,财政是管家,预算是"管家"的牵头部门,从这个意义上说,财政局长是大管家,预算局长就是一个小管家。一级财政就像一户人家,要有"家"的意识,这个"家"是持续经营的,既要考虑当下又要考虑长远;既要考虑本级又要考虑下级;既要考虑财政的综合平衡,也要考虑部门的需求;既要考虑建设发展,也要考虑民生保障;既要考虑丰年日子好过的时候,也要想想灾年日子难过的时候。经济危机来的时候,收入上不去,甚至是负增长,那日子怎么过?如果没有以前年度适当的留存和结余,就没法过这个日子,这就是管家意识。

(四)树立服务意识。预算是一级财政最综合的业务部门,预算跟其他业务处室的关系是总和分的关系,业务处室是分支,分支加起来就是预算的总。没有分就没有总,做好服务是预算的天职。首先,要尽可能地方便业务处室,包括对业务的流程、出台的政策、提出的要求,尽可能地站在业务处室的角度换位思考,他们是不是方便,是不是在这个时间内完得成,是不是能够做得好、能够接受。只有他们做好了、效率提高了,整个工作才有效率。分是总的基础,脑子里要有这个服务意识,而不是高高在上、发号施令,更不能够给他们制造障碍。其次,还要多听听业务部门的意见,譬如流程是不是最合理、最有效,政策是不是最科学,制度是不是最可行,并要充分吸收合理的意见,做到服务到家。只有这样,预算工作效率才能有效提高。

二、做好预算工作的途径与方法

随着收支规模不断扩大,我们会不断遇到新的问题、难题,此外,还有一些刚进入预算岗位的新同志,对预算工作是新手,这就需要掌握解决问题的途径与方法。第一要掌握情况,即遇到一个问题,如何去解决这个问题呢?首先要了解掌握相关情况;第二要了解背景,要弄清楚提出这个问题的背景是什么?是部门自己提出来的,还是领导让他提出来的?这个背景你要了解,因为不同的背景对问题的处理是不一样的,起码重要性的等级是不一样的;第三要对照政策、规章,看看符不符合现有政策和规章制度,符合与否,也都要分门别类,酌情提出处理意见,有的符合规定,但未必合理;有的不符合规定,但随着形势的发展,可能合乎情理;第四要寻求案例,如果找不到政策和法规依据,就要看看类似的问题,兄弟部门是怎么解决的,还可以参考以前类似的问题是怎么解决的,因为财政是经验法则,兄弟部门及以前解决过的案例,对解决当下的问题也是有参考价值的;第五要请示领导,最后一招,实在没有办法了,也千万不要把这个问题束之高阁,而要请示领导,领导会根据你提供的情况,给出指示,把问题解决掉。

三、当前如何克难攻坚

当前,预算工作经常会遇到"部门要钱"的难题,该怎么处理?我给大家的招数是八个字,即"精细、严格、公开、绩效"。

精细:依据必须充分;使用科目必须到底级,还不够清楚的话,再加说明;数额必须按标准如实计算;申报的预算年底必须花完。严格:支出必须有预算;科目使用必须正确;报账必须见单审核,不符要求的坚决拒绝。公开:经费使用情况公开,特别是"三公"经费要按厉行节约条例规定的要求,每一次经费使用的情况都如实、全面公开。绩效:项目必须要有资金使用应达到的目标和绩效,目标和绩效的完成情况要通过第三方及时考评,考评结果公开。这几招下去,部门还要经费,说明是真要,要想方设法满足。

四、不断提高自身素养

做好预算工作,关键要看预算工作者的素养。素养来自于勤奋和坚持:一要勤学知识和技能。预算是综合部门,涉及方方面面的业务,别的业务部门有一技之长就可以应付了,预算必须综合全面,除预算之外还要精熟税收、会计、财务、金融等密切相关的知识和技能。二要历练。财政是经验法则,财政知识不深奥,但要真正明白不容易。深奥在于不经一事,不长一智;你想知道梨子的味道,就一定要亲口尝一尝,否则总是一知半解,上不了认知层次。三要坚持,除学习、历练要持之以恒外,这里要特别强调的是,预算工作一定要坚持原则,坚持公平正义的价值取向。要努力达到这样一种境界:不论你喜欢还是不喜欢的,是重要的部门还是一般的部门,是领导还是一般的干部,在工作中,你都要一视同仁,给予同样的热情和尊重;对于部门提出的需求,不论你给出的是或否,别人是满意还是不满意,但都能尊守你的操守;坚持职业的尊严。这是做好预算工作的关键,也是做好前三个方面的基础。

(2013 年 11 月 7 日)

打造"制度群"编织"防火网"
深入推进反腐倡廉建设(摘要)

浙江省财政厅纪检组长、监察专员 秦 忠

近年来,省纪委驻财政厅纪检组贯彻落实《派驻(出)机构履行监督职责办法》和《关于进一步规范委厅机关与派驻机构工作联系的通知》,牢固树立"制度之治"及"制订制度是成绩,执行好制度也是成绩"的理念,以规范权力运行、加强资金监管为核心,以构建惩防体系和廉政风险防控机制为主线,以教育制度监督惩治改革纠风为主要内容,着力打造"制度群",编织"防火网",突出制度公信力和执行力,努力从源头上防治腐败,取得了明显成效。

一、构建"权力"的制度防线,努力做到赋权于制度、化有权为无权

省财政厅纪检组围绕财政中心工作,紧扣财税改革,将"靠制度"的理念贯穿于财政反腐倡廉工作全程,针对风险易发多发的薄弱环节和重要部位再造流程,完善程序,建章立制,前移防范"关口",努力使权力运行到哪里,制度约束就跟进到哪里,从根本上减少风险滋生的土壤和条件。

(一)助力财政管理制度改革,提升生财聚财用财的科学化水平。省财政厅纪检组积极履行组织协调和监督职责,协助厅党组贯彻落实源头治理各项工作任务,不断规范政府部门收支行为,促进廉洁政府建设。一是完善省管县财政体制,在实施分类分档激励奖补机制的基础上,进一步下沉财力,出台促进地方经济增长和区域统筹发展的奖补机制。二是全面推进预算、执行、监督"三位一体"财政组织体系改革,形成既相互分离又相互制约的财政权力结构和运行机制。三是深化"收入一个笼子、预算一个盘子、支出一个口子"综合预算改革,探索建立"全口径"政府预算体系。四是全面推进国库集中支付改革和公务卡改革,提升财政资金运行透明度和安全性。五是完善绩效管理制度,推进项目绩效目标管理,树立用钱讲效益的理念。六是深化政府采购制度改革,发挥政府采购的政策导向作用。七是加强地方政府性债务监管,防范财政金融风险。八是加强财政专项资金管理,按照"一项资金一个办法"的要求,建立健全专项资金管理制度,确保财政资金安全规范高效运行。

(二)加强厅机关内部管理制度建设,提高廉政风险防控的规范化水平。坚持用制度规范理财从政行为,构建严密有效的内控机制,推行以"不相容职务相分离控制、授权批准控制、集体决策控制、预警控制、监督控制"为主要内容的"五大控制",着力形成决策科学、执行坚决、监督有力的权力运行体系。一是开展廉政风险防控,用制度管权。持续巩固深化廉政风险防控机制和示范点建设,出台《省财政厅工作运行规程》,晒出权力清单,绘制流程图 432 张,提出防控对策 1549 条,出台相关制度办法 20 余项。同时,不断完善廉政风险预防责任体系,实施风险预警防控,及时将风险防范化解在初始。二是持续改进、过程控制,用制度管事。围绕"银行账户开设、财政资金存放、财政资金分配"等风险高发的焦点、难点、重点环节,积极配合、协助驻在部门建章立制,出台《省财政厅机关及领导班子成员廉政风险点和防控措施》,设定游戏规则,管控风险,促进内部管理透明规范化。三是坚持"疏"与"堵"相结合,用制度管人。认真贯彻执行干部选拔任用有关规定,制定厅局干部选拔任用管理办法和财政系统干部管理工作规定,选人用人实行廉政一

票否决制。四是推进反腐倡廉工作制度建设。认真贯彻落实上级关于惩防体系建设、廉政风险防控机制建设、防止利益冲突机制建设有关要求,注重制度配套性、连续性、可操作性,着力完善案件预警、发现、查处机制;有效实施监督的机制;以人为本的惩戒机制,努力使反腐倡廉制度化、使制度规则体系化、使体系效能长效化。出台《〈浙江省建立健全惩治和预防腐败体系2008~2012年实施办法〉的工作措施》《省财政厅工作人员十项禁止性规定》《关于规范省财政厅工作人员在外兼职行为的暂行办法》等制度办法。2013年,开展财政部门反对特权思想和特权现象专题调研,掌握现状,探索对策,为今后出台反对特权制度办法做好理论准备。

二、构建"动机"的制度防线,努力用"好声音"、正能量隔离"污染源"

从动机上去除贪腐思想是反腐倡廉建设的重要途径。而端正动机,离不开思想道德的教化和廉洁文化的熏陶。为此,省财政厅纪检组深入构建党风廉政教育与廉政文化建设制度体系,弘扬真善美,鞭挞假恶丑,用先进文化、高尚道德、崇高理想构筑思想道德防线,努力形成反腐倡廉文化自觉。

(一)抓党风廉政教育,使人"不想腐败"。坚持"三贴近",认真贯彻《关于加强领导干部反腐倡廉教育的意见》,出台《关于进一步加强党风廉政建设的意见》《省财政厅廉政谈话制度》《关于做好元旦春节期间党风廉政建设的通知》等制度文件,采取专题教育与日常教育相结合、正面示范教育与反面警示教育相结合,丰富教育内容,创新教育载体,更加注重因人施教,更加注重心理疏导,更加注重培植"廉商",彰显人文关怀,形成"大宣教"格局,努力克服大呼隆、应景式教育的弊端。推行廉政学习教育制度、党风廉政宣传教育月制度、重要时点提醒风险警示制度,使党风廉政教育常态化。举办优秀情景案例征集,组织参观法纪教育基地和监狱,旁听职务犯罪案件庭审,观看廉政电教片,以简报、网页、手册等形式发送党风廉政教育材料,2013年对防止利益冲突制度进行梳理,印发《防止利益冲突教育手册》。同时,扎实推进廉政文化进机关、进家庭,开展廉政书法、摄影、漫画作品巡展,开辟廉政文化阅览室,编发《廉洁从政手册》,开展廉政格言警句和微评征集展示,推行廉政图片、廉政警言上墙、上屏、上网,在清风正气的浸润中,向干部传递"廉政是底线工程、托底工程、廉政无小事"的理念,增强反腐倡廉价值认同,引导干部自觉从善,形成腐败"零容忍"的从政环境,使"律己、守正、奉公"的精神密码内化于心,自觉主动地从思想深处远离腐败"污染源"。

(二)发挥办信办访办案的治本功能,使人"不敢腐败"。认真贯彻落实信访工作制度办法,畅通门户网站、电话、来信来访等信访渠道,认真办理信访举报件,做到件件有登记、有落实、有结果,并认真开展对信访件的统计和分析,针对所反映的问题和潜在的风险,提出整改意见和建议。近三年来办理信访投诉举报60余件。坚持惩前毖后、治病救人,以人为本、保护爱护干部,保持惩治腐败高压态势,建立健全惩治腐败制度体系,严肃执纪,让违法乱纪者付出应有成本,凸显惩治震慑力,使干部形成有腐必惩的强烈预期,增强不敢腐败的心理约束,近5年来有2人受到刑事追究。同时,认真做好案件"后半篇"文章,编印《全省财政系统五年来案件剖析材料》,深刻剖析案发原因,有针对性地从机制制度上查漏补缺,开展案件警示教育,用"身边事"教育"身边人",达到"查处一个,教育一片"的效果。

(三)推进作风常态化制度建设,使人"不愿腐败"。认真贯彻落实省委、省政府、省纪委作风效能建设各项规定,牢固树立"节约是最大的效能、浪费是最大的可耻"的理念,根据财政具体情况制定《浙江省财政地税系统工作人员禁令》《省财政厅效能告诫暂行办法》等,持续巩固深化效能建设。认真贯彻落实中央"八项规定"、省28条办法和六个严禁,结合群众路线教育实践活动,围绕除"四风",厅纪检组第一时间督促、参与厅党组研究制定贯彻意见,出台《省财政厅工作人员礼品登记上交管理规定》等,明确工作人员"八个不准",就开展调查研究、精简会议活动文件、规范出国(境)活动、公务接待等方面从严规范。大力压缩行政经费开支,改进文风会风,采用电视电话会议方式召开全省性工作会议,规范公务接待审批和费用报销流程、严肃干部下基层纪律。通过常态化的作风效能建设,有利于防止私欲贪念从作风效能的细节上打开缺口,滑向腐败的深渊。

三、构建"机会"的制度防线,着力打造可视、可查、可控、可追溯的监督体系,努力将"风险点"转化为"安全点"

倡导"监督是最大的爱护,接受监督是最好的保护",致力于培育这样的监督文化:它若隐若现,却又警钟长鸣;它若即若离,却又无处不在;它如刀如剑,却又以人为本、春风化雨,通过思想道德修养实现"自我监督",通过机制制度实现"自动监督",通过技术和载体实现"非现场监督",努力从实质上提升制度遵从度和执行力,在源头上铲除廉政风险发生机会。

(一)推进"阳光财政"建设,提升监督可及性。认真贯彻落实省"阳光工程"建设部署和要求,紧密结合财政工作实际,出台《省财政厅深化"阳光工程"建设实施方案》,着力推进富有财政特色的阳光工程建设。一是成立由驻厅纪检组长任组长,有关副厅长任副组长,厅有关处室为成员的阳光财政建设组织协调小组,统领阳光财政建设工作。二是推进财政权力公开透明运行,依法梳理审核行政职权,开展非行政许可审批事项清理,推进审批事项内部整合,编制行政职权目录,明确权力行使的主体、依据、运行程序及必要的监控措施,对119项财政行政权力事项全部在省"阳光工程网"上"裸晒"。三是推进重点事项公开,省级部门"三公"经费在英特网上公开,省级专项性一般转移支付资金在全省财政系统内部公开。截至12月,64个省级部门公开了"三公"经费,65个省级部门公开了2012年度决算，保障纳税人的知情权、参与权、监督权。四是稳步推进厅机关内部人事、财务、资产、基建等事项公开，防止“暗箱操作”“灯下黑”，以公开促公平公正。

（二）完善“立体式、全程化”监督网络，提升监督权威性。一是建立健全监督制约机制。出台《省财政厅行政审批电子监察系统应用管理细则》《省财政厅党风廉政作风效能量化考核办法》等，采取列席会议、现场参与、网络监控、内部审计、专门监督、明察暗访、廉政鉴定、监察建议等形式和途径，形成时时有监督、事事受监督的机制，减少监督“盲区”，及时发现风险线索。二是加强对驻在部门领导干部特别是主要领导干部的监督。严格执行省党内监督十项制度“实施办法”，落实述职述廉、诫勉谈话、个人重大事项报告等制度，每年向省纪委报送《廉情报告》，向全系统书面征求对厅党组及其成员的意见建议，对执行民主集中制、“三重一大”决策等实施监督，防止决策失误、权力失控、行为失范。三是强化对重点环节和部位的监督。围绕财税重大政策的决策、部署、执行；预算的编制、执行、绩效；资金的拨付、使用、管理；项目选项、立项、评审、审批、实施；干部选拔、任用、奖惩等关键环节实施监督，确保资金、项目、干部三个安全。四是开展专项治理和督查。参与全省扩大内需促进经济增长、地方政府债券发行招投标、强农惠农资金专项清理、“小金库”专项治理等工作，促进干部清正、政府清廉、政治清明。

（三）构建“四位一体”廉政风险预警机制，提升监督针对性。一是拓宽廉政信息收集渠道。出台《省财政厅兼职监察员工作办法》等，通过建立兼职监察员制度、上级情况反映、专题报告、会议资料、工作调研、“12366”财税特服热线、效能投诉中心、厅长信箱等平台；外部行风效能监督员以及人大代表、政协委员征集建议；大众传播媒介；审计、公检法、纪委等部门共享的办案信息等方式广泛收集廉政风险信息，逐步建立廉政风险预警信息库。二是加强分析研判。定期对收集的廉政风险信息的真实度以及可能产生的危害性、影响力进行识别、分析，合理确定风险等级，把握风险趋势，研究防范对策。三是强化风险预警处置。根据风险的级别和特征，分别采取风险提示、廉政谈话、诫勉谈话、责令纠错等方式，对相关人员进行警示，及时将倾向性苗头性问题解决在萌芽状态。初步形成廉政风险“信息收集——分析评估——重点预警——跟踪反馈”四位一体的信息预警分析机制，发挥廉政风险防控机制“预警器”和“气象台”的作用。

（四）加大科技防腐力度，提升监督有效性。坚持“制度+科技”，参与编制《浙江数字财政建设总体规划》“廉政文化建设”模块，依托“数字财政”和“金财工程”建设，加强数据标准化、业务规范化等制度建设，通过严密的流程设计，限制“面子”“人情”等因素的影响，最大程度地压缩自由裁量空间，减少人工操作的随意性。同时，借助分级授权、在线运行、不可逆操作和电子监控等现代科学技术对财政权力运行全过程进行监督与制约，在加强项目支出全过程管理、收支动态监控和反不当支付等方面，强化全程“痕迹化”跟踪和回溯，在高危节点进行风险提示，对违反规定和流程的行为进行识别、预警和控制，确保权力沿着正确的轨道行使，不断提升反腐倡廉科技含量。

（2013 年 12 月 5 日）

在全省财政系统文秘综合知识培训班上的讲话（摘要）

浙江省财政厅副厅长 金慧群

一、审时度势，准确把握新形势下办公室工作新要求

准确把握形势，是做好办公室工作的前提。作为财政机关的综合办事机构和指挥协调中枢，办公室要当好参谋助手，落实好领导决策，处理好各项事务，必须保持高度的政治敏锐性，把握宏观大势，顺应社会、时代发展的新要求，统筹谋划好各项工作。

党的十八大以来，干部清正、政府清廉、政治清明的新风蔚然兴起。当前正在开展的党的群众路线教育实践活动，对党员干部作风建设提出了新要求，其中不少需要办公室负责协调落实。上个月召开的全省财政地税工作视频会议上，钱巨炎厅长从深化财税体制改革、经济财税形势和加强作风建设三个方面分析了财税工作面临的新机遇和新挑战，明确了今后一个时期财税改革发展的总体方针。这样的新形势、新要求，必然从方方面面给办公室工作内容和性质带来变化，主要体现在：第一，办公室工作领域越来越宽、承担的工作量越来越繁重。财政系统办公室承担的任务、协调的范围涉及社会诸多领域，不仅包括党政部门，还有各个经济领域；不仅包括财政自身工作，还涉及事关全局、关系群众生产生活的大事；一些新开展的、临时性的、没有具体业务科室承担的工作也大都由办公室承担，加之目前突发性、紧急性事务越来越多，办公室参与处置的事务多，工作量大，工作难度大，责任更加重大。第二，政府职能转变和服务对象的不断变化对我们的工作提出了新的更高的要求。从服务领导看，要跟上领导的思维方式和工作节奏，快捷高效地落实好领导交办的各项任务，需要我们进一步提高自身能力和水平；从服务机关看，需要协作配合共同完成的工作越来越多，一些政策协调和任务分解落实工作时效性强，需要我们更好地统筹协调和快速反应；从服务群众看，随着网络信息社会飞速发展，老百姓的民主意识、权利意识、参与意识越来越强，

了解信息的渠道越来越宽，对突发事件的反应灵敏度也越来越高，对办公室处理网络舆情、群众上访等突发事件都提出了新挑战。

所有这些，要求办公室工作人员要以高度的政治责任感，进一步增强群众观点，牢固树立宗旨意识，积极探索办公室工作的新思路、新办法、新机制、新途径，以务实和精炼的作风竭尽全力做好服务工作，使办公室工作始终与财政中心工作同频共振、与领导要求和群众期待合辙合拍，努力开创办公室工作的新局面。

二、突出重点，全面提升办公室工作科学化水平

办公室工作千头万绪，琐碎繁杂，但万变不离其宗，总体说来，还是要突出政务、加强事务、提升服务。

第一，组织政务要务实高效。组织政务是办公室最重要的一项工作任务，最能体现办公室工作人员的能力，也是当好领导参谋助手的最好体现。

一是要积极主动有为。作为服务部门，办公室处在从属的位置，工作上有一定的被动性。要当好参谋助手、提升服务层次，必须在主动服务上下工夫。要进一步增强使命感，充分发挥主观能动性，对任何问题都要超前思考，提前介入，摸清财政工作的脉络和重点，搞清楚领导关注的热点及焦点问题，及时掌握领导和上级部门的决策意向和行动部署，增强工作的预见性、主动性，切实提高参谋服务的针对性、有效性。

二是要切实改进文风。文稿工作是办公室的“主业”和“脸面”，要把起草精品文稿作为办公室工作之基，作为文秘工作人员立身之本，以更宽广的视野、更系统的思维去谋划、去思考，增强文稿的思想性、实效性。文风问题是多方面的，包括文稿的质量和数量等。近年来，抓综合文稿质量说的比较多，这里强调一下公文处理。总体感觉现在文件数量多，虽然财政办公自动化系统已运行多年，但电子文件的作用发挥得不够充分，文件数量不见减少，公文运转效率不高。改进文风，一方面要控制发文数量，大力精简公文。对上级部门的普发性文件没有新的贯彻要求的，采用翻印或其他便捷方式布置，能通过电话、普通电子邮件解决问题的不印发文件，通过多种手段减少文件数量。另一方面要抓运转效率。现在许多文件部门之间流转时间较长，到领导那里就成了急件。要进一步强化公文办理时效意识，提高公文运转效率。

三是狠抓督查落实。长期以来，政府机关存在的一个薄弱环节就是督促检查力度不够，布置的工作任务经常出现有头无尾、虎头蛇尾、掐头去尾的情况。办公室在协助领导抓落实方面负有重要职责，要按照习近平总书记提出的“钉钉子”精神，以突出实效为目的，以逢山开路、遇水架桥的决心，以锲而不舍的干劲、不达目的不罢休的韧劲做好服务领导抓落实工作，通过实地督查、催报检查、日常催办、网络反馈等方式，善始善终，善做善成，确保财政重点工作任务落到实处。

第二，管好事务要谨慎细致。事务工作在办公室工作中也占有重要的地位，安排好领导日程、办文办会、上下沟通协调等，事无巨细，都非常重要，而且还不能出现差错，必须谨慎细致。

一要建章立制。办公室事务工作多，程序性、规范性强，必须通过建立一套完备的管理制度，形成大家共同遵守的办事规则和行动准则，做到靠制度管人，靠制度办事，才能有效确保事务工作的有序开展。在实际执行过程中，要本着是否有利于改进工作、是否有利于提高效率、是否有利于加强管理的原则，不断修改完善制度，优化流程设置；要完善监督机制，把制度的规范性、程序的严密性和纪律的约束性有机结合起来，进一步理顺关系，摆脱事务缠身，区分轻重缓急，把主要精力集中到抓大事、要事上来。

二要勤俭节约。要积极主动顺应当前社会环境变化，认真贯彻落实中央八项规定和省委28条办法、六个严禁，带头过紧日子，厉行勤俭节约，反对铺张浪费，积极推进节约型机关建设，努力做到财尽其力、物尽其用，真正为机关当好家、理好财、管好物；严把文件、会议、活动审批关，把同志们从文山会海中解放出来，从不必要的应酬事务中解脱出来。厉行勤俭节约，是抓工作作风转变的重要内容，势必要整风、纠风，向一些传统习惯和做法挑战，有些时候，未必能得到理解、支持。对此，办公室同志要敢于坚持原则，善于决断，勇于担责，甚至在某些时候，还要受得了委屈，忍得住骂声。这里特别强调要从简做好接待工作。前两年，厅党组就已经对系统内接待提出了节俭的要求，2012年中央八项规定出台以后，厅里随即制定了实施细则，对办文办会、公务接待等做了进一步明确规定。从目前执行情况看，对上级部门来人，市县局虽已基本做到在机关食堂安排用餐，但菜量偏多、浪费严重的问题还在一定程度上存在。对此，各地一定要切实加以改进，倡导“光盘”行动，真正做到不浪费。

三要认真细致。办公室事务工作繁杂，有很多工作如日常的文件收发、会务接待等都很琐碎，看起来都是小事，但“细节决定成败”，一份文件、一个来电，看似微小，一旦出差错，可能会捅大篓子。我们绝对不能轻慢，要把小事当大事来做，举轻若重，于细微处见精神，在细节上下工夫，努力做到大事不含糊，细节不马虎，以认真细致、严谨踏实的态度，一丝不苟、精益求精的作风，善始善终地做好每一件事。

第三，服务工作要积极主动。办公室工作，无论是政务协调，事务管理，还是后勤保障，贯穿其中的主线都是服务。可以说，服务是办公室工作的核心。

一是服务领导要有新思维。服务领导，要用思想的高站位，带动服务的高层次。要全局思考，打破传统思维定式，大胆跳出经验主义的框框，运用新的视角和手段，多谋善思，大胆开拓，提出新见解；要多维思考，由点及面，由近及远，关注事物发

展态势;要换位思考,站在领导角度、战略维度去想问题、办事情、当参谋、提建议,真正成为领导的"外脑"。

二是服务机关要善于统筹协调。由于机关一些处室、科室职能存在交叉,处理问题存在不同立场,在具体工作中难免会出现意见分歧。办公室作为综合协调部门,要坚持原则性和灵活性相结合,千方百计从差异中寻找共同点,争取从大处着眼,达成共识。同时,要尽可能创造宽容和谐的氛围,确保决策能够很好地贯彻执行。

三是服务群众要热情周到。办公室是一个单位的对外窗口和形象。要牢固树立"以人为本、执政为民"的理念,切实践行党的群众路线,对前来办文办事、联系工作的人员和来电来访群众热情接待,不摆架子,不盛气凌人,以真诚的服务切实让群众满意。

这里结合服务群众,我讲三个问题。

一是信息公开问题。近年来,各地响应社会公众的呼声,在提高公开意识,规范工作程序,畅通公开渠道,扩大公开范围等方面取得了不少成绩,积累了不少好的经验和做法。前面安排分组讨论时,大家也进行了很好的交流。要做好信息公开工作,首先要增强主动公开意识。受各种内外复杂因素影响,特别是基层单位信息比较具体,担心"枪打出头鸟",不愿、不敢公开,畏难情绪大。前期"12366"知识库梳理时,有的市县不愿将一些政策文件梳理进库,很大程度上就是担心兄弟市县知道,连系统内都不敢公开,更别说直接向社会公众公开了。对此,我们要进一步增强公开意识,应民心、顺大势,加大公开力度,凡能公开的,都要主动公开。这方面省厅有了新举措,从今年7月1日起,凡与市县有关的专项性资金分配文件不再分市县下发,而是一律在市县财政部门范围内公开,同时在财政内网发布。其次要加强工作交流,协调公开,处理好局部与整体之间的关系。财政系统具有很强的关联性,局部财政信息公开出现问题往往会放大到整个财政系统,甚至是政府层面,在公开工作中要站在全局角度,把握好上下、左右、内外之间的协同关系,遇到重大问题、难题要及时向上级财政部门报告,努力做到公开规范有序,步调一致,避免出现被媒体轮番炒作的情况。

二是加强舆情引导问题。近年来,涉财舆情日益增多,主要涉及:财政新政策新举措出台引发的矛盾;涉及面广、社会关注度高的预决算公开特别是"三公"经费公开;财政干部作风建设及廉洁自律方面问题等。不论是从顺应时代发展潮流、回应公众诉求、维护财政公信力、提升部门社会形象的目的出发,还是从维护和服务财政工作大局、营造改革发展和谐环境的角度出发,重视和加强涉财舆情管理已是全省财政部门刻不容缓并且要用心稳妥做好的工作。对此,各地要高度重视,重要信息特别是重大突发事件信息要在第一时间及时收集、准确研判、快速上报,为领导决策提供依据;要配合有关部门强化舆情引导,建立与新闻媒体的沟通协作机制,坚持网下处置和网上引导相结合,通过信息跟帖和发布等形式及时公开真相,努力消除不良影响,推动事件有效处置。同时,要加快推进信息化建设,不断创新门户网站栏目设置和版面设计,快捷高效、及时准确地反映财政工作,增加正能量。在舆情应对方面,厅里不仅按照省委外宣办要求设立了新闻发言人制度,组建网络评论员队伍,而且专门与浙江在线合作,发挥各自的专业优势和资源优势,实时关注和监测互联网涉及财政系统特别是浙江财政系统的信息,并做好信息鉴别和分析,及时通知市县。希望市县树立起上下"一盘棋"思路,不断深化与省厅的沟通和协作,形成工作合力,稳妥处置和有效化解网络舆论危机。

三是重视劳务派遣和各种临聘人员教育管理工作。劳务派遣和各种临聘人员已成为机关的一支重要力量,在机关运转方方面面特别是后勤服务工作中发挥着不可替代的作用。各地对他们要高看一眼,从政治上、生活上给予关怀、关心,增强他们的归属感、荣誉感、自豪感。同时,劳务派遣和临聘人员由于各种原因,在管理上特别是作风建设方面还存在一定问题,稍有不慎还可能会成为社会舆论关注的焦点,甚至损害财政干部威信、败坏财政部门形象。对此,各地要高度重视,切实加强临聘人员的学习教育,让其参加单位日常学习教育活动并切实加强管理,与在编人员同部署、同要求,做到作风建设编外人员不例外。

三、德才兼备,进一步加强办公室队伍建设

为政之要,重在用人。从一定意义上讲,干部素质决定着办公室工作的质量和效率。各地必须高度重视办公室队伍建设,加强对办公室工作人员的教育和管理,努力打造一支德才兼备,能干事、会干事、干成事的干部队伍,不断提升办公室工作水平。

一要强化政治意识。办公室工作是体现、执行、贯彻上级和领导意图的工作,具有很强的政治性、全局性和政策性。强化政治意识和大局意识,从大的方面讲,就是要与中央在思想上、政治上、行动上保持高度一致;从小的方面讲,就是要与当地党委、政府及上级主管部门的发展思路保持一致,始终保持头脑清醒,以正确的政治观、大局观指导开展工作。

二要切实改进作风。党的群众路线教育实践活动聚焦作风建设,集中解决形式主义、官僚主义、享乐主义和奢靡之风这"四风"问题。办公室作为机关运转枢纽和对外窗口,更要按照党性最强、作风最正、工作出色的要求,严以律己、从严治队,切实加强作风建设,强化学习意识,使工作人员具备扎实的理论功底和较强的业务技能,努力把办公室建设成为业务精、作风好的模范部门。

三要珍惜工作岗位。办公室工作,大多是"不干有人找,干了看不到"的事情,权力不大责任大、手段不多工作多、待遇不高要求高,一年到头连轴转,加班加点很正常,非常辛苦。没有

乐于奉献的精神、没有吃苦耐劳的素质、没有甘于清贫的心态，是不能胜任办公室工作的。但从另一方面来说，办公室是机关的中枢，在很大程度上关系到全局工作的质量和效率，办公室也是最能锻炼人、考验人、培育人的地方，是培养锻炼干部的重要岗位。作为分管领导，要关心在综合部门工作的同志，努力创造机会，建立人才流动机制。作为具体从事办公室工作的同志，在这个岗位上要格外珍惜，努力以一流的作风、一流的精神、一流的业绩，推动办公室工作再上新台阶，为全省财政改革发展事业做出更大贡献。

（2013 年 9 月 6 日）

在全省财政科研工作会议暨学会秘书长和科研骨干培训班上的讲话（摘要）

浙江省财政厅副厅长 金慧群

一、紧贴中心，切实发挥参谋助手作用

紧贴中心是财政科研和学会工作的生命线。中心不把握，便会失去方向，即便再积极努力地工作，也只是“徒劳”，甚至还会带来一些负面效应。财政科研机构和学会是财政实践工作与理论研究交融结合的有效平台，是虚实结合、以实立虚、以虚促实的重要载体。做好财政科研和学会工作，关键在于始终坚持“为现实服务、为中心工作服务”的基本方针，毫不动摇地把“围绕中心、服务大局”作为财政科研和学会工作的指导思想，扮演好“智囊团”“先锋队”“突击手”“人才库”和“宣传员”五种角色，切实有效地发挥“参谋助手”作用。

一要围绕地方党委、政府重大决策部署，基于财政视角，深入开展调查研究，分析形势、找出症结、探寻原因，进而探索思路、设计方案、研究对策，进一步增强决策的科学性、预见性和有效性，充分发挥“智囊团”作用，为领导当好参谋、出好主意。

二要围绕财政改革发展大局和财政中心工作，主动开展适度超前的理论研究，全方位、多层次探讨财政改革创新的可行性、着力点和突破口，从理论层面先行探讨、预热模拟，充分发挥“先锋队”作用，为深化财政改革“摧营拔寨”。

三要针对应急性研究和工作任务，利用人才队伍和平台优势，强化应急工作机制，时刻做好准备，招之即来、来之能战、战之能胜，充分发挥“突击手”作用，攻坚克难，保质保量完成应急研究和工作任务。

四要充分发挥理论研究者与实际工作者共聚，集思想交流、学术探讨及成果展示于一体的平台优势，培养一批思维敏锐、理论扎实、业务精干、视野开阔的高素质人才，当好财政实践工作的“人才库”和“蓄水池”。省财政厅从 2009 年启动人才库建设，现在拓展到财政科研系统，在分类培养的探索过程中，我们深刻认识到，如果能够充分发挥财政科研人才的作用，将有助于财政事业更好地发展。

五要利用贴近财政工作实际又相对超脱的“身份”优势，通过系统内外媒体资源和自身组织体系，加强财政宣传，着力发挥“宣传员”作用，积极发出“财政好声音”，为财政中心工作和改革发展大局营造良好的社会环境。

二、理顺关系，构建高效财政科研机制

做好财政科研工作，关键在于构建科学高效的科研机制，理顺主动与被动、短期与长期、上级与下级、内部与外部四对关系，从而形成全方位、立体式的研究格局，全面激活财政科研工作，更好地为财政改革与发展建言献策。

（一）正确处理应对性研究与主动性研究的关系。所谓应对性研究，就是要“急领导所急，想领导所想”，认真负责、保质保量地完成领导布置的研究任务和日常性工作，做好课题研究的“规定动作”。同时，我们更要“急领导所未急，想领导所未想”，以超前意识和职业敏感性，对当前财政改革与经济形势作出准确判断，开展一系列前瞻性研究，为领导决策提供参考。

（二）正确处理短期研究和中长期研究的关系。短期研究就是针对当前财政经济运行中的热点、难点问题，在一定时期内组织力量深入开展调查研究，摸清问题的基本情况，提出具有针对性和应用价值的政策建议。比如，“营改增”改革是当前我国财税改革的一项重要内容，对中央与地方、政府与企业的关系调整影响深远，各地要特别注意研究“营改增”对地方财政收入的影响，并积极探索“营改增”后地方税体系的建设，为地方政府当好参谋。有些财政问题则需要通过长时间的观察、记录，才能把握其发展规律，因此需要每年组织力量开展持续深入的跟踪研究分析，才能寻求解决之道。比如，虽然 2012 年刚刚对财政体制作了调整完善，但随着经济社会发展以及中央对地方体制的调整，财政体制将会出现一些新情况新问题，需要不断地跟踪分析、研究完善。即将召开的十八届三中全会，将涉及到中央对地方的财政体制改革，会给浙江带来怎样的变化，希望同志们就此及时展开相应的研究。

（三）正确处理“顶层设计”和“基层创造”的关系。“不谋全局者，不足以谋一域；不谋万世者，不足以谋一时。”研究问题不能就事论事，要掌握联系、发展的方法论，从全局、长远的角度来思考问题。从省级层面看，主要应着眼于全省各地财政经济运行中突出的共性问题，开展“顶层设计”研究。发现问题、提出问题、解决问题，必须具有宏观性、战略性、可持续性的眼

光。从基层市县角度看，不少地方提出的政策举措很有创造性，并且对于其他地区具有重要的借鉴意义，值得提炼、总结并向全省推广。2007年，时任省长吕祖善总结出的“三个子”的财政管理体制就来源于义乌的实践。因此，一方面，省里要积极深入地到各地开展调研，只有深入到基层调查研究，才能掌握详尽准确的第一手资料，做到准确分析，抓住问题的关键，提出有针对性的政策建议；另一方面，市县也可以多与省里加强联系与交流，及时报送各地的创新举措和政策亮点，努力形成上下良性互动的科研机制，在互动合作中多出科研精品。

（四）正确处理“自主研究”和“借脑研究”的关系。“自主研究”与“借脑研究”各有千秋，各具优势。立足自主研究，课题内容更贴近现实，更具现实性和应用性，发挥的作用更直接。但“自主研究”也存在一些不足，比如，在研究过程中视角不够广阔，高度相对欠缺，不能跳出财政看财政，文章落笔不够洒脱。而高校专家身份相对独立，理论水平较高，研究视角更广更高，条条框框的限制较少，观点往往比较独立新颖，能够给人耳目一新的感觉，“借脑研究”恰好弥补了“自主研究”的不足。各设区市包括义乌等地都有大专院校，具备“借脑研究”的条件。当然，“借脑”不一定要局限于本地院校，也可以跨区域合作。因此，可以将“自主研究”和“借脑研究”有机结合起来，充分发挥两者的优势和作用，推动财政科研更上一层楼。

三、与时俱进，着力研究当前热点问题

（一）加快推进数字财政建设的研究

加快推进数字财政建设是当前和未来一段时期各级财政部门必须抓好的一项重点工作。这是顺应大数据时代的迫切要求，更是推动政府职能转型、提升财政管理效能的现实需要。加快推进数字财政建设有三个着力点：健全组织体系、落实工作机制和营造共建氛围。从当前看，数字财政建设的各项工作正有条不紊地推进中，各地推进数字财政建设的组织机构已基本完善，各项工作机制不断建立健全，数字财政共建氛围日益浓厚。从近期看，财政科研部门要充分利用自身优势，发挥舆论宣传优势，加大对加快推进数字财政建设的宣传力度，着力营造好数字财政建设有序推进的氛围；从远期看，财政科研部门要深入思考如何通过应用和推广数字财政建设成果以提升财政科学化、规范化、信息化管理水平。

（二）明晰财政支出责任的研究

随着社会主义市场经济的逐步建立和完善，政府财政的支出责任范围理应有客观的边界约束，但在财政实践中，面临的突出问题之一是政府与市场、社会的边界不清，使得财政支出难以做到“有所为有所不为”，导致“财政支出责任无限化”。具体表现在：“保民生”范围无边、标准无顶；“保增长”政策无数、干预无界；“保稳定”责任无限、支出无底。财政在“三保”过程中无论是份内份外、不分青红皂白，必须是时时参与、事事兜底，成了政府部门解决问题的“灵丹妙药”和“万能钥匙”。这就必然给财政的持续健康运行带来巨大的压力。因此，必须按照市场经济的要求确定政府与市场、社会的边界，明晰政府与市场、社会的责任。摒弃“万能政府”和“无限财政”的不科学理念，充分发挥市场在资源配置中的基础性作用，明确界定政府的支出责任，该放的放掉，该管的管好，建立“有限政府”下的理性财政。基层遇到的民生财政的困惑会更多、体会会更深。习近平总书记和李克强总理曾多次强调：市场能办的事情，政府应逐步退出。这是中央传递给我们的一个很重要的信息。各地可以结合出台的某一项政策，从点上深入研究财政支出的边界问题。

（三）全面推进乡镇财政建设的研究

近年来，浙江省以乡镇公共财政服务平台建设为抓手，以乡镇财政机构建设为重点，出台了一系列加强乡镇财政建设的规范性文件，推进乡镇财政管理和乡镇公共服务平台建设，初步实现了“乡镇财政机构和人员得到加强、乡镇公共财政服务模式雏形初现、乡镇财政资金就近监管工作开启”的预定目标。在这过程中，有许多问题值得我们关注和研究，比如，乡镇公共财政服务平台建设与乡镇财政规范化建设如何结合，乡镇财政建设与数字财政建设如何结合，乡镇财政硬件建设与优化工作流程等软件建设如何结合，等等。

（四）防范社保基金运行风险的研究

经过十多年的改革和发展，在财政有力推动下，全省社保体系逐步建立和完善，为浙江省经济社会的平稳较快发展提供了有效保障。从当前看，社保基金可支付能力较强，在全国位列前茅，基金总体运行健康，但由于存在筹资机制刚性不强、社保待遇调整机制不科学、一次性扩面过宽政策过惠、人口老龄化程度不断加剧等问题，社保基金的收支矛盾不断加剧，部分市县的社保基金可支付能力已经到了较低水平，基金运行的可持续性受到了挑战。据测算，到2020年，全省企业职工基本养老保险基金当年收支结余赤字县（市、区）将有57个，年末滚存结余赤字县（市、区）将有33个。这种趋势值得大家关注和思考。财政如果出问题，这里将是重要的风险点。令人欣慰的是，不少市县已经开始重视这个问题。2012年就有不少地方对社保问题开展了深入研究，提出了不少有益的政策建议。希望各地能够继续跟踪深入研究社保问题，尤其是社保基金运行可持续性问题，为社保制度的良性运转建言献策。

（五）深入推进政府购买服务的研究

推进政府购买服务对于深化社会领域改革，推动政府职能转变，建设服务型政府具有重大而现实的意义。浙江省历来秉承“政府花钱买服务，少办机构少养人”的理念，以优化资源配置、提升公共服务和民生福利水平为目标，积极探索建立政府购买服务机制。一些地区在政府购买服务方面已经先行先试，建立了一整套行之有效的运行机制，积累了很多经验。比如，杭州市在2010年就出台了《关于政府购买社会组织服务的指

导性意见》，明确了政府购买服务的内容、职责分工、工作要求、保障措施等；绍兴市在文化、养老、医疗保险、科技、技能培训等五个方面进行了政府购买服务的试点，取得了比较好的成效。这些地区的实践，为全省推进政府购买服务提供了借鉴。未来，要深入研究政府购买服务指导性目录、购买方式、资金管理、监督评价、进退机制等问题，不断完善政府购买服务机制，引导社会提供更多的公共服务，加快形成改善公共服务的合力，使人民群众享受到丰富优质高效的公共服务。

（六）加强盘活财政存量资金研究

当前，财政运行中存在的另一个突出问题是，有不少财政资金的沉淀、闲置，导致资金使用效率低下。对此，国务院常务会议要求进一步盘活存量，把闲置、沉淀的财政资金用好，集中有限的资金用于稳增长、调结构、惠民生的重点领域和关键环节，提高资金使用效益。盘活存量资金是新形势下缓解收支矛盾、提高资金使用效率的必然选择，更是深化财政改革、打破利益固化的客观要求。从财政角度看，要在摸清财政资金存量"家底"的基础上，进一步分析资金大量沉淀的原因，究竟是预算编制不合理、预算执行不力造成的，还是项目本身的原因，并有针对性地提出改进措施，以进一步推动预算管理改革，提高资金使用绩效。

四、内外兼修，努力提高科研人才队伍素质

科研创新，人才为本。科研人才队伍素质的高低决定了科研力量的强弱，决定了科研成果质量的好坏，决定了财政科研在财政改革与发展过程中的作用大小。"打铁还需自身硬"，从当前看，要提高财政科研人才队伍素质需从以下几个方面着手努力。

（一）培养主动作为意识。有人认为，财政科研和学会工作属于务虚性质的工作，属于边缘工作，领导不重视，可有可无。这种认识是有失偏颇的。正所谓有为才有位，包括科研部门在内的任何部门要想有地位，根本在于有作为，而且要围绕中心主动作为。科研工作者属于幕后英雄，要静得下心，坐得了"冷板凳"，紧紧围绕财政中心工作、服务地方经济社会发展大局，立足财政、放眼全局，突出应用、注重服务，突破原有思维，敢亮观点，务实高效地开展工作，这样才能发挥好"参谋助手"作用，以"有为"实现"有位"。科研工作不要仅仅被动应付上级要求，也不要满足于得奖，研究成果能够上升为决策意志才是科研工作的最高境界。一定要把研究成果能够转化为政策作为对科研工作的标准和要求。

（二）提升沟通协调能力。一要善于跟领导沟通。通过沟通可以更好地了解领导的关注点和兴奋点，明确当前财政中心工作是什么，领导急需要解决的问题是什么，有的放矢地开展研究工作；同时也能通过沟通，启发思路，更好地提出解决问题的对策。二要善于跟业务处室沟通与协调。研究的目的和最终落脚点是要解决业务工作中的实际问题。研究前要多听取业务处室的意见，围绕业务工作的难点问题开展研究，研究后要多征求业务处室的建议，或者与业务处室联合进行课题研究，寻求解决实际问题的良策，形成研究与业务工作良性互动的格局。三要善于跟专家学者和社会媒体沟通。宣传是财政科研工作的重要工作之一。从宣传角度看，专家学者特别是著名的专家学者，以及各大社会媒体的可信度和说服力更强，通过与他们的沟通交流，可以扩大财政工作的影响力，为财政改革与发展营造良好的氛围。

（三）上下联动培养人才。2013 年，省财政厅已经成立了财税政策研究人才库，目的在于提高财政干部业务素质和专业水平，进一步提升财税政策研究队伍的凝聚力和战斗力，更好地发挥财税政策研究围绕中心、服务大局的"参谋助手"作用。政研人才库的建立，将形成全省政研人才网，将目前的时点性培训转化为长期持续性培训，同时将形成上下协作调研长效机制，为全省全面推进科研工作创造条件。

（四）注意自身廉政建设。廉政建设不能有死角。在这里提两点要求：一是加强自身道德修养。修身与治学是财政科研工作者的"两条腿"，两者相辅相成，缺一不可。当两者达到融会贯通时，就会形成更加科学的立场和观点，有益于出科研"精品"。因此，在座的各位一定要处理好修身与治学的关系，堂堂正正做人，清清白白做事，做到修身与治学并举，争取做一名"德艺双馨"的财政科研人才。二是坚持走好群众路线。调研工作与群众路线密切相关。一方面，调研工作不能闭门造车，必须问计于民，从群众来，到群众去。另一方面，在调研过程中，要以当前开展党的群众路线教育实践活动为契机，严格执行中央和省委、省政府的各项要求和规定，坚决纠正和克服"四风"问题，不断加强作风建设，树立为民务实清廉的形象。

（2013 年 10 月 29 日）

在全省财政项目审核工作会议上的讲话（摘要）

浙江省财政厅副厅长 魏跃华

一、提高认识，准确把握新时期财政项目审核的重要作用

一是财政科学化精细化管理的迫切需要。财政项目审核工作的科学化体现在"不唯减、不唯增、只唯实"，以专业技术为支撑，靠专业、数据和事实说话。财政项目审核工作的精细化，

体现在审核工作认真细致的态度上,应做到政策把握泾渭分明,数据核实不失毫厘,定额标准运用准确无误;体现在审核环节的制衡上,应做到审核、复核、稽核步骤环环相扣,相互制约,确保审核质量;体现在定额标准建设上,应做到从简到繁、从易到难,从无到有,不断建立健全费用指标体系。近年来,审核中心在办公用房建设、装修改造,物业管理费等费用标准上已有所突破,今年还将继续开展医院、城市道路照明等建设费用指标测算工作。

二是推进预决算公开的重要基础。目前,预算公开的进程仅限于预算结果的公开。随着工作的推进,预算公开的范围必将扩大,从预算结果的公开回溯到预算编制过程的公开、预决算一致性的公开,这就要求项目支出预算编制工作更加科学、规范。在这样的形势下,财政项目审核机构不仅要认真严谨地做好每个项目的审核,更要具备全局性的眼光,利用手中掌握大量项目基础数据、熟悉众多行业标准、深入项目具体内容的优势,为实现预算信息公开透明提供重要保障。

三是深化财政支出改革的有力保障。近年来,财政资金体量和财政支出规模越来越大,政府投资项目数和金额居高不下,高估冒算、"三超"、挤占挪用建设资金等现象仍普遍存在,财政在政府投资领域的薄弱管理,使得财政部门经常陷入"部门点菜,财政买单"的被动局面。因此,审核工作应充分利用其专业知识和技术手段,在预算编制、执行等环节加强政府投资项目管理。通过专业技术对建设项目预算进行审核,提高预算的准确性和科学性;通过对施工图预算、工程进展情况进行审核,提高资金拨付的规范性和及时性;通过对工程量清单进行审核,进一步规范政府采购行为。

四是提高财政资金使用效益的有效措施。当前,收入的增长赶不上支出的需求,收支矛盾越来越突出,不断提高财政资金使用效益,确保将有限的资金用在刀刃上,"握紧拳头保重点,集中力量办大事",显得尤为重要。这就需要进一步发挥财政项目审核功能,增强"评审出效益""节支也是增收"的理念,通过科学有效地评审,挤掉"水分",堵塞漏洞,切实提高财政资金使用效益。

二、认清形势,服务大局,充分把握财政项目审核工作新机遇

(一)"三位一体"为财政项目审核工作带来新气象

审核工作的重点和难点是标准定额建设、业务范围的规范化、审核结果的应用和信息化建设等。过去受限于审核工作的单一性,难以通览预算管理、财政管理全貌。现在一体化运行为我们提供了机遇,可以对工作流程、业务内容、结果应用等按照科学化、规范化的要求重新进行梳理和规划。这也要求我们必须尽快改变过去传统的审核模式和审核方法,解放思想,改革创新,逐步转向重绩效、精审核、强监督相结合的审核模式,服务于预算编制和执行,真正融入财政管理。

融入财政管理,要有明确的审核业务范围及业务规范,建立审核结果双向反馈和应用机制,通过数字财政建设,将审核工作嵌入支出管理的工作流程中,在制度层面和技术手段上予以固化。在业务范围上,对制度规定的审核业务内容,从流程上将审核环节作为必经程序;对制度规定以外的审核业务,要根据情况量力而行,随便出具审核意见有可能让自身陷入被动局面;对我们并不擅长的审核业务,可借助专家评审等其他手段,最大限度地降低工作风险。在结果应用上,要建立双向反馈机制,变单向反馈为双向反馈,实现信息共享。财政监督可通过内部监督等方式指出责任主体不明确,业务流程欠完善,内部控制有欠缺等,要求将预算安排的结果及变动原因反馈给我们,为今后更好地开展审核工作奠定基础。

财政监督、绩效评价、财政项目审核三方面力量的整合,可实现优势互补。首先是财政项目审核弥补了财政监督、绩效评价在政府投资项目上的专业人员匮乏问题。原有的财政监督、绩效评价人员的知识结构,很难对政府投资项目支出预算编制与执行实施科学有效的监督,政府投资项目监督成为财政支出监督的一大薄弱环节。反过来,财政监督、绩效评价、财政项目审核职能如果没有整合,对项目全过程的合规性、安全性、绩效性监督就很难实现。其次,专业人员往往存在"会做不会说,会说不会写""埋头苦干多,宣传总结少"的问题。一体化运作后,业务的相互融合不仅拓宽了大家的视野,还能改变审核人员就审核论审核的思维方式,可以从更宽的视野和更高的层次去思考问题。比如原先三个部门都有涉及中介机构的委托管理和考核,各自也有不成文的管理模式,现在,融合后共同制定的中介机构管理办法和考核办法基本成型,并且吸收了原先管理的精华,这就是监督职能整合后的好处。

(二)数字财政为财政项目审核工作开拓新思维

数字财政,是大数据时代的产物,解决的不只是效率问题,而是财政管理服务模式的创新。数字财政的目标是构建横向到边、纵向到底、触及所有资金点的财政管理平台,有效聚集与财政收、支、管相关的所有数据,并进行深度开发利用,从而形成数字财政管理和服务新模式。

通过数字财政建设,业务规范、业务流程等都将以信息化手段固化、程序化,达到科学、规范、高效的目的。钱巨炎厅长在数字财政建设电视电话会议上提出,要牢固树立"全省一盘棋"的理念,学会讲"普通话",所有规划的设计、需求的编制、系统的开发,都要立足全省这个大局,围绕总体规划这个大纲,切实做到全省财政职责统一、业务统一和平台统一。因此,这和全省财政系统的每个人都息息相关,这对我们既是挑战,更是机遇。

就审核工作而言,平台统一,至少可以实现经验共享、数据共用、专家库共建,这对于提高评审质量和效率,提高项目评审

组织管理水平具有重要意义；业务规范和标准体系统一，将审核工作和项目预算管理有机结合解决了我们审核工作环节、机制、流程问题，是审核工作科学化、精细化、标准化、规范化的重要保证，也是融入财政管理的重要手段；职责统一，有利于上下对口，有利于财政改革的推进，反过来说，业务规范和标准体系统一了，内部职责分工统一也就不是问题了。

三、求真务实，开拓创新，努力开创财政项目审核新局面

（一）加强组织领导，推进机构队伍建设

目前，全省审核机构无论在机构性质上，还是在人员上都不平衡，首先要建立健全机构，其次要多渠道充实人员力量。有条件的要选拔一批政治素质高、作风优良、开拓创新意识强、业务能力突出的专业技术人员到财政项目审核的岗位上来，并给予他们更多的人文关怀，让我们充满希望的事业留人，让良好的环境留人，让和谐的团队留人；暂时没办法解决人员编制的，要善于“借力”，遵循公开、公平、择优的原则，充分调动社会资源，通过建立财政项目审核专家库、购买劳务等方式，聘请专业人士帮助和参与到审核工作中来。

“工欲善其事，必先利其器”。财政项目审核工作是政策性、技术性、专业性都很强的工作，必须不断学习新知识、新技术，若不注重知识更新，很快就会被超越甚至被淘汰。我们提倡在干中学，学中干，把学习和工作融为一体，不断提高政策水平和业务素质。各市县也要多创造机会让审核人员参加专题讲座、业务培训、理论研讨、案例分析、异地交流、产品展销等，不断拓宽审核人员的思路和视野，提高队伍专业素养。

（二）确保审核质量，健全质量控制体系

首先要时刻绷紧“品质至上”这根弦，不能存在侥幸松懈心理。

其次，要加强审核质量管理，坚持按制度办事，用制度管人。要制定操作规程和质量控制办法，不断改进审核质量考核标准，完善质量控制措施，健全内部控制机制，推动建立科学、完备的审核质量管理体系。要建立分级复核制度，严格执行复核程序，落实责任制度，形成环环相扣、层层把关的审核流程，确保审核结论真实、可靠、准确。

再次，加强基础工作建设。要善于总结审核案例，建立审核案例库，为下一次、其他人、其他地区审核同类项目做参考；要注重基础资料的收集和积累，深化审核资料的利用，加快指标定额体系建设，为全省审核工作的标准化、精细化打好基础。

（三）加强沟通协调，理顺内外关系

一是理顺财政项目审核工作与其他财政业务工作间的关系。要深化“几先几后”的工作机制，即：围绕项目预算编制，逐步建立先审核后编制预算、追加预算的工作机制；围绕国库集中支付，逐步建立不经审核不拨付工程款、不经审核不能办理不得办理项目竣工验收的工作机制；围绕政府采购，对政府投资项目的标底进行审核，逐步建立不经财政项目审核不进行招标的工作机制。

二是加强财政项目审核机构与其他职能部门间的协调配合。进一步建立完善与审计、监察、投资管理、建设等职能部门间的沟通协调机制和信息共享机制，相互利用有关信息，实现信息资源共享。

三是加强财政项目审核系统上下级之间的联系。建立健全上下级财政项目审核机构之间的工作协调联动机制和信息共享机制，在全省财政项目审核系统营造紧密联系、协调配合、互相支持、共同推进的良好氛围。多创造机会，在全省性项目上，指标建设上，实行上下联动、集体参与，加强全省财政项目审核系统凝聚力，提高整体业务水平。

（2013 年 5 月 22 日）

在 2014 年社保基金预算布置视频会议上的讲话（摘要）

浙江省财政厅副厅长 魏跃华

根据省人大常委会要求，2014 年全省社会保险基金预算将首次作为一本独立的预算报送省人代会。这是社保基金预算管理过程中具有里程碑意义的大事，标志着社保基金预算管理在制度化、规范化、科学化轨道上迈出新的步伐。

一、充分肯定社保基金预算编制工作取得的成绩

浙江省试编社保基金预算是从 2010 年开始的。几年来，在党委政府的领导和支持下，各级财政、人力社保、卫生、地税部门和社保经办机构通力合作、共同努力，全省社保基金预算编制工作取得显著成效。

（一）管理机制基本确立

社保基金预算的编制，纵向贯穿中央、省、市、县多个层级，横向涉及财政、人力社保、卫生、地税及社保经办机构等多个部门，只有上下联动、各方配合，才能编成编好预算。经过各地各部门不断探索和总结，全省建立了“财政牵头、部门配合、沟通协商、共同推进”的工作机制，从汇编、审核到报送，各个环节相互衔接，确保了编制工作的顺利开展。

（二）编制范围逐步扩大

本着“成熟一项、扩大一项”的原则，稳步扩大社保基金预算编制范围。在起步阶段，编制范围仅包括企业职工基本养老保险、失业保险、城镇职工基本医疗保险、工伤保险和生育保险

等五项基金。随着社会保险制度的不断健全和完善，城乡居民社会养老保险、新型农村合作医疗保险、城镇居民基本医疗保险基金也逐步纳入预算编制范围。目前，《社会保险法》明确的所有社会保险基金已全部纳入编制范围，各类社保基金的收支全貌在预算中得到全面、完整地反映。

（三）编制质量明显提升

及时性和准确性是衡量预算编制质量的重要标准。经过多年努力，全省基金预算编制的及时性和准确性都有明显提升。从及时性看，全省预算上报中央的时间已由当年的 3 月大幅度提前到上年的 11 月，增强了基金预算的计划性和指导性。从准确性看，执行数与预算数的契合度在不断提高。2011 年五项基金收入完成预算的 128.7%，支出完成预算的 104.8%；2012 年基金收入完成预算的 131.6%，支出完成预算的 107.4%。执行与预算的差距，特别是收入差距还都比较大。但从 2013 年上半年执行情况看，基金收入、支出分别完成预算的 54.2%、48.4%，预算编制的准确度有了明显提升。

（四）基础工作不断夯实

各地各部门做了大量基础性工作，为编好预算提供了有力保障。一是加强队伍建设。通过建立业务联系群、专家库和以会代训等多种形式，加强预算编制队伍建设和人才培养。二是加大金保工程建设力度。大力推进社保数据市级大集中，舟山、丽水、衢州已经基本实现社保数据市级大集中。三是加快基金预算管理系统信息化。浙江省是全国首批实行社会保险基金预决算网络编报管理的少数几个省份之一，借助信息化，初步实现了基金预算信息的动态管理。

在肯定成绩的同时也要看到，目前社保基金的预算管理还存在一些问题和薄弱环节。比如基金预算编制的科学性和规范性有待增强，部分地区没有按照国家和省里的要求对收支进行科学周密的测算，预算编制和执行结合不紧密；部分地区预算编报中会计数据与统计数据之间的逻辑关系明显不合理，编制说明也不符合要求；信息化建设总体滞后，部门之间的信息系统互不连通，信息共享程度不高；基金预算编制的时间需要进一步提前等。总体来说，由于基金预算编制起步较晚，存在一些问题在所难免。但我们不能掉以轻心，要正视并积极研究解决这些问题，不断完善社保基金预算管理。

二、充分认识加强社保基金预算管理的重要意义

2014 年全省社保基金预算将在省人代会上首次“亮相”。我们要以此为契机，进一步提高对社保基金预算管理重要性的认识，扎实推进预算管理工作，不断适应形势发展需要。

（一）社保基金预算管理是保障改善民生的必要手段

全省各类社会保险已全部纳入基金预算编制范围，这本预算的背后牵动着全省几千万人民群众的利益，可以说预算的每一分钱都与老百姓的切身利益息息相关。我们肩负的责任十分重大。必须借助预算管理手段，把基金收支的每一分钱管住管好管出水平。收入预算要打紧打实，并采取必要措施，确保按政策规定完成任务，应收尽收。支出预算要算精算准，确保老百姓“养命钱”“治病钱”足额安排，应付尽付。

（二）社保基金预算管理是社保基金平稳运行的制度保障

2012 年全省社会保险基金资产总量已逾 3000 亿元。要想让体量如此庞大的基金安然无恙、运转顺畅，离开科学、规范、严谨的预算管理，是难以想象的。要按照《社会保险法》和国家社会保障“十二五”规划纲要的要求，不断健全基金预算管理制度，不断提升预算编制的科学性、规范性和准确性，不断强化预算约束和预算监督的刚性，保证基金收支始终运行在预算管理的轨道上。当前比较突出的问题就是预算约束力不强，有的地方擅自扩大支出范围，有的地方财政资金安排不到位，有的地方基金违规运营，有的地方不同基金之间互相串用等。这些问题都需要也可以通过强化预算管理来加以解决。

（三）社保基金预算管理水平是政府预算管理总体水平的重要体现

目前政府有公共预算、政府性基金预算、国资经营预算和社会保险基金预算等四本预算。尽管社保基金预算在整个预算体系中的地位比较特殊，但政府预算管理的核心理念、基本规则和主要方法是相通的。由于历史因素，以及客观上的多种原因，目前社保基金预算编制水平与公共预算编制水平相比还存在不小差距。2014 年基金预算要上会审议，一旦表决通过，就将成为法定预算。那时，预算的刚性就将大为增强。有预算就有钱、没有预算就没有钱，有预算才能支付、没有预算就不能支付，预算就是决算等等理念和规则，必须在我们的实际工作中真正地确立起来。我们要为这一天的到来抓紧做好准备。

（四）社保基金预算管理是社保信息公开透明的必由之路

预算公开大势所趋。社保基金是老百姓自己的钱，更没有理由不公开。当然如同公共预算公开有一个过程一样，基金预算的公开肯定也需要有一个稳步推进的过程。当务之急是要把这本预算编全编细、编实编好。有了一本高质量的预算，我们就不怕到人代会上去“晒”，不怕到大庭广众中去“晒”。老实说，现在还是有些“怕”，因为我们的预算编得还比较“粗”，还有一些说不清、道不明的东西。要意识到，这本预算什么时候拿出来“晒”，不是时间等我们，而是形势逼我们。所以我们必须和时间赛跑，主动准备，提前应对。

三、周密部署，切实做好 2014 年社保基金预算编制工作

（一）积极履行职责，完善工作机制

基金预算编制工作涉及多个部门和单位，各级财政部门要切实负起牵头责任。什么叫牵头责任？牵头责任，就是“第一责任”，就是“负总责”。因此财政部门要主动与人力社保、卫生、地税等部门和社会保险经办机构加强沟通、密切配合，确保社会保险基金预算从编制、审核到报送等各个环节规范操作、相互衔接、有序进行。同时，还要积极与同级人大沟通，主动汇

报社保基金预算编制工作进展情况，根据本级人大的要求报告基金预算。各相关部门要进一步明确分工，按照职责范围做好相关工作，碰到问题和矛盾及时沟通、协商解决。

（二）规范编制方法，提高编制水平

为了做好向人大报告的基金预算编制工作，国家有关部委编制印发了基金预算编制手册，省里在社保基金管理软件系统里设置了预算审核要求。各地要在认真总结前几年试编经验的基础上，对照国家和省里的要求，结合本地实际，进一步规范编制方法，切实提高基金预算编制的准确性，尽快解决基金收入预算偏保守、支出预算偏激进以及预决算“两张皮”等突出问题。

（三）加强预算执行管理，建立绩效考核制度

预算执行管理和预算绩效管理是预算管理的应有之义。按照省人大常委会的要求，2014 年在报送年度预算之后，需要定期向省人大报送预算执行情况。省里将完善基金预算执行报告制度，并且要研究建立绩效考核和激励约束制度。各地要充分认识加强预算执行管理的重要性，把预算执行管理放到更加突出的位置来抓紧抓实抓好。

（四）加强基金收支分析，开展前瞻性研究

预算编得好不好，很大程度上取决于我们对基金收支形势的分析研判是否全面深入、切合实际。同时，当年预算的编制还要考虑来年甚至未来几年的收支运行趋势。现阶段的社保政策尤其是养老保险、医疗保险政策正处在不断调整完善的过程之中，我们必须立足当前，放眼未来，加强收支分析预测工作，努力开展前瞻性研究，以更好地指导实际工作。

（五）提高管理能力，加强队伍建设和信息化建设

社保基金预算管理工作是一项业务性很强、工作量很大、要求很高的工作，要做好这项工作，人是第一位的因素。各地要进一步重视和加强社保机构队伍建设，要结合当前作风建设的要求，继续发挥“特别能吃苦、特别能战斗、特别能奉献”的工作作风，积极主动，全力以赴做好基金预算编制工作。各地还要进一步加强社保信息化建设，巨量资金、海量数据，没有先进的信息系统支撑，是不可能管好用好的。各级财政部门一方面要积极支持金保工程建设，支持社保数据的集中和整合；另一方面，要加强财政自身社保基金管理信息系统的建设，抓住全省全面推进“数字财政”建设的有利契机，加快推进部门之间和上下层级之间数据的互通共享。

（2013 年 9 月 3 日）

在全省财政法制工作座谈会暨法制骨干培训班上的讲话（摘要）

浙江省财政厅副厅长　魏跃华

一、围绕财政中心工作，全省财政法制工作有新进展

（一）推进制度建设，财政法制体系进一步完善

全省各级财政部门围绕财政中心工作，以推进制度建设为重点，加快推进财政立法，探索立法后评估工作，加强行政规范性文件管理，不断完善财政法规制度体系。

加快推进财政立法。认真开展财政法制体系现状分析，提出加强财政法制体系建设的总体设想。结合实际，积极开展重点领域立法调研，2013 年省厅重点就财政监督、国家赔偿费用管理等问题进行了立法调研和论证，并向省人大法工委、省法制办申报了《浙江省财政监督条例》《浙江省国家赔偿费用管理办法》等 4 个方面的财政立法项目，以进一步推进财政立法，提高财政管理的法律效力，更好地服务于财政改革发展。同时，还就财政转移支付、农业综合开发等问题进行了初步调研，为下一步推进立法打下基础。

加强行政规范性文件管理。制定出台《浙江省财政厅行政规范性文件管理办法》，做好行政规范性文件审核备案工作，提高行政规范性文件质量。各地也大多制定了相应的行政规范性文件管理办法，将合法性审查与行政规范性文件“三统一”等工作有机结合起来，加强和规范行政规范性文件管理，突出对财政中心工作的法制保障，保证财政职能的充分履行和合法有效。2013 年以来，全省各级财政法规部门共审核财政规范性文件 180 多件，对规范性文件存在的各种法律问题提出修改意见，全省未出现财政规范性文件因违法而被撤销或不予备案的事项。在杭州、绍兴、湖州等地财政法规部门的支持下，对省财政厅制定的行政规范性文件进行了全面清理，确定继续有效的行政规范性文件 378 件，废止的 139 件，并将清理结果予以公布；按照省委办公厅要求，对涉及财政职能的党内 42 件规范性文件提出清理意见建议。

积极探索立法后评估。根据省法制办要求，省财政厅对 2012 年实施的《浙江省政府投资预算管理办法》进行了立法后评估，对杭州市、湖州市等 12 个市、县（市）财政局、相关业主单位及主管部门，以及省发改委等 11 个省级部门开展问卷调查，赴湖州市、义乌市进行实地调研，听取办法的实施情况和进一步完善的意见建议。丽水等地积极探索开展行政规范性文件评估工作，对完善财政政策提出意见建议，提高了财政政策的针对性和有效性。

（二）注重学法普法，财政法制宣传影响进一步扩大

各级财政部门按照“六五”普法规划，不断创新普法载体，

以“浙江法治宣传月”和“12·4”全国法制宣传日为平台，组织开展一系列丰富多彩的财政普法活动，财政法制宣传教育工作取得了明显成效。

加强财政法制学习。以提高财政干部法治理念和依法行政依法理财能力为目标，严格落实党组中心组学法制度，所有厅领导都按要求参加年度学法用法活动，认真学习宪法、财政法律法规和综合性法律法规，并结合学法心得体会，撰写普法、依法理财等专题文稿13篇，参加法律知识考试。我们还每年举办法制专题讲座、开展财政法制骨干培训工作。各地也普遍建立健全领导干部学法制度，强化新录用的公务员和行政执法人员上岗前法律知识培训制度。全省财政系统逐步形成了学法、懂法、守法、用法的良好氛围，财政干部法治理念进一步增强。

大力开展财政“六五”普法知识竞赛。在各级财政部门的共同组织发动下，全省财政干部、财会人员和社会公众积极参加财政“六五”普法知识竞赛，通过动员部署、发布通知、短信宣传、加强激励等各项措施，调动社会各界特别是财会人员的参赛积极性。2012年，全省共25万多人参加了财政部组织的全国财政“六五”普法知识竞赛，是“五五”普法参赛人数的近两倍。

深入开展普法主题宣传活动。“浙江法治宣传月”活动和“12·4”全国法制宣传日活动期间，各地财政部门组织开展了一系列丰富多彩的财政普法活动。省财政厅组织充实门户网站法制园地，及时更新相关政策法规，并在会计人员服务中心、票据中心等服务窗口开展“财政普法伴我行”宣传活动；杭州市局组织开展“全市财税系统普法特色平台成果展示评定”活动，进一步深化普法成果运用；绍兴市局组织公职律师赴基层分局开展法律服务活动，按季汇编《财税法规政策》分送机关部门和重点企业；温州市局组织“走向良法之治——十八大报告法治内容解读”的普法讲座，制作4300份财政普法宣传小册子；衢州市局开展财政惠民政策宣传，编印发放《衢州市财税惠民政策简明手册》，等等。

通过财政普法，广泛宣传与企业发展、百姓生活息息相关的各项财政政策法规，既推动了政策法规的落实，也拉近了党和政府与基层群众的距离，树立了财政部门的良好形象。在2013年的“六五”普法中期督导中，财政部督导组来我省督导检查财政普法工作时，充分肯定了浙江省财政“六五”普法中期工作，并在全国财政“六五”普法中期工作总结中11次提及浙江省财政普法工作的具体经验和做法。

（三）加强执法监督，财政管理行为进一步规范

深化行政审批制度改革。认真贯彻落实省委、省政府提出的减少审批部门、审批事项、审批环节、审批时间的“四减少”要求，加大行政审批制度改革力度。省厅专门成立了行政审批制度改革领导小组，法规处牵头组织开展行政审批改革制度相关工作。经梳理，厅本级合并减少1项行政许可事项，保留8项行政许可事项；取消非行政许可4项，保留非行政许可9项；清理规范财政行政审批前置中介服务，取消2大项、减少7小项行政审批前置中介服务，保留2大项、4小项行政审批前置中介服务，农业综合开发项目审批事项前置中介服务时间比上年加快2~3个月、最高收费标准同比降低约40%，并进一步规范和优化审批前置中介服务中的审计评估工作。各地也在行政审批制度改革方面做了积极探索，金华市局实行“一窗受理、分段审批、限时办结、流程监控”的协同审批制度，做到行政审批“一窗式受理，一条龙服务”，成效明显。

组织开展行政权力梳理。为进一步规范行政执法，2013年省厅组织梳理并公布了财政执法依据和行政权力目录。一方面，对规章以上财政行政执法依据进行了全面认真的梳理，并将重新梳理后的财政行政执法依据目录予以公布，其中，规范共同行政行为的执法依据35件；财政部门为主实施的执法依据75件；财政部门配合其他行政机关实施的执法依据178件。另一方面，组织开展行政执法职权梳理工作，共梳理出行政权力117项，将117项行政权力目录编制成《省财政厅行政权力事项目录一览表》，并将行政权力信息向社会公开。

加强财政执法风险防范。组织开展财政执法风险点排查，省财政厅已下发通知要求各处室对照检查行政执法风险点，研究加强执法风险防控的措施，建立执法风险防控机制，努力减少行政执法风险和行政争议。丽水市出台重大决策稳定风险评估制度，提高重大决策的科学化、民主化、规范化、法制化水平；杭州市着力构建事前防范、事中完善、事后督办“三位一体”有机融合、“防”“控”“治”多管齐下的依法行政风险防范督办机制，将执法风险排查范围延伸至所有行政行为、所有部门和全体干部。

（四）预防行政争议，财政依法管理水平进一步提高

加强合法性审查。各级财政部门坚持执法监督关口前移，充分发挥法律顾问的作用，对拟做出的行政处罚、重大行政许可，以及政府采购投诉处理决定等直接关系财政管理相对人的切身利益的行政行为，认真进行事前法律审核。落实行政机关合同合法性审查制度，规范机关合同管理。2013年以来，省厅实行事前法律审核的行政处罚、行政处理事项36件；审查机关合同31个，采购（招标）文件38件，保证行政处罚、行政处理及机关合同的合法有效。

认真办理行政争议案件。各级财政部门进一步完善了法制机构牵头组织、各处室积极参与的行政复议、应诉工作机制，复议、应诉效率进一步提高。2011~2012年全省财政系统共依法办理行政复议案件20起，行政应诉案件10起；2013年厅本级依法办理行政复议案件4起，行政应诉案件1起，所有案件均严格按照法定程序和法定期限作出处理，没有发生复议决定被撤销等或行政诉讼败诉的事项，维护了财政系统依法行政的良好形象。省厅还首次开展重大行政处罚案件专家论证活动，邀

请高校法学教授、政府部门实务专家进行案件重点难点问题论证，针对财政法律适用中的"疑难杂症"进行专家会诊，更加准确地把握案情及适用法律，提高办案质量，努力减少潜在的行政复议和行政应诉风险，提升行政行为的社会公信力。

加强国家赔偿费用管理。国家赔偿是今年遇到的新情况、新课题。《国家赔偿法》《国家赔偿费用管理条例》虽然早已实施，但是由于浙江省多年来一直没有发生过，具体的操作流程、支付及追偿办法都没有相应的制度。而根据规定，国家赔偿费用列入年度财政预算，财政部门受理赔偿义务机关申请后，必须在15日内按照预算和财政国库管理的有关规定支付国家赔偿费用。2013年省高院依法向省厅提出张高平等人国家赔偿费用支付申请后，厅法规处积极协调相关业务处室，及时启动国家赔偿费用支付程序，认真审核赔偿费用申请，并在短时间内积极主动地完成复杂的资金拨付程序，目前已办理国家赔偿支付申请6起，向6位申请人支付了900多万元国家赔偿费用，维护了当事人的合法权益，也在更大意义上化解了行政争议，促进了社会和谐。

在肯定成绩的同时，我们也要清醒地认识到，与各级党委政府的要求相比，与广大人民群众和社会各界的期望相比，与财政改革发展要求相比，财政系统法制工作还存在一些不足，主要表现在：财政法规制度体系还不够完善；有的地方对进一步深入开展财政法制工作有畏难情绪；部分财政干部的法治意识和依法行政依法理财的能力水平尚待进一步提高等等。对此要高度重视，采取有力措施，努力加以解决。

二、深入学习十八届三中全会精神，认清财政法制工作新形势

党的十八届三中全会审议通过的《中共中央关于全面深化改革若干重大问题的决定》，是我们党在新的历史起点上全面深化改革的科学指南和行动纲领。全省财政部门法制工作者要认真学习、深刻领会十八届三中全会精神，把握财政改革发展大局，认清财政法制工作面临的新形势，切实提高做好财政法制工作的责任感、使命感。

（一）全面深化法治中国建设的新时代已经到来

《决定》指出："全面深化改革的总目标是完善和发展中国特色社会主义制度，推进国家治理体系和治理能力现代化。"这一总目标，指明了全面深化改革的根本方向，深刻反映了改革发展的趋势和要求。国家治理体系和治理能力是国家制度和制度执行能力的集中体现。推进国家治理体系和治理能力现代化，是要适应时代变化，既改革不适应实践发展要求的体制机制、法律法规，又不断构建新的体制机制、法律法规，使各方面制度更加科学、更加完善，实现各项事务治理制度化、规范化、程序化。《决定》还指出："要进一步完善社会主义市场经济体制，使市场在资源配置中起决定性作用和更好发挥政府作用。"这是一个重大创新和突破。资源配置方式决定经济发展方式，资源配置方式的转变决定经济发展方式的转变。市场配置资源的效率最高，市场反应最灵敏、最及时，虽然包括政府力量在内的其他力量可以影响和引导资源配置，但最终起决定性作用的不是政府力量和其他力量，而是市场力量。同时，即使是政府配置资源也要转变配置方式。《决定》明确提出，要"大幅度减少政府对资源的直接配置"。这意味着我们的发展方式将由要素驱动转为效率驱动，也意味着要真正让市场发挥决定性作用。实现发展方式转变和政府职能转换，就必须理顺政府和市场、政府和企业、政府和社会的关系。靠什么才能做到这一切，只有靠法治。市场经济就是法治经济，民主社会就是法治社会。可以说《决定》通篇贯穿着法治思想，开启了全面深化法治中国建设的新时代。

（二）建立现代财政制度的新目标已经明确

财政制度是国家治理制度体系中基础性、支柱性的制度。《决定》把财政地位提高到前所未有的高度，并明确提出了建立现代财政制度的目标。现代财政制度包括现代税收制度和现代预算制度。在税收制度上，《决定》提出一系列税制改革重要举措，并强调要"落实税收法定原则"；在预算制度上，虽然没有明确提出"预算法定原则"，但字里行间都透着预算法治精神。我们知道，预算规定着政府在预算年度内的活动范围、方向和重点。那么，预算本身也就是预算的规模和结构又由谁来规定？现在的制度安排是人民代表大会批准决定预算。改革的方向是在坚持这个制度的基础上，加快人大审查预算由形式重于实质向实质重于形式的转变。《决定》在这个方面有很多重要论述，如"审核预算的重点由平衡状态、赤字规模向支出预算和政策拓展"，又如"建立跨年度预算平衡机制"，再如"加强人大预算决算审查监督、国有资产监督职能"。这些论述明确了预算制度改革的方向和重点，将给财政预算编制、预算执行、预算监督以及预算绩效的管理实践带来一系列深刻而重大的变革。

（三）财政体制改革和法制建设的新蓝图已经展开

广义来讲，财政法制包括财政体制机制、法律法规等一整套财政制度。《决定》已经勾勒出财税体制改革的新蓝图，明确了改革目标、关键领域和路线图、时间表。这张改革蓝图不仅涵盖财税体制本身的改革，更牵连着经济、政治、文化、社会、生态环境等各个领域的改革。总体看，财政体制改革首当其冲的是财政法制改革。因为只有法制的"先立后破"，才能保证财政重大改革实践于法有据、有序进行，始终运行在法治化的轨道上。由此可以预见，以预算法修订为突破的财政一系列立法进程必将大为加快。未来几年，财政部门包括财政法制机构的改革和建设任务将异常艰巨和繁重。

三、服务中心积极有为，推动财政法制工作再上新台阶

（一）提高对财政法治能力建设重要性的认识

财政法制工作有两层含义。一是指整个财政法制建设工

作,这涉及到财政管理的方方面面,涉及到财政内部所有部门,与每一个财政干部都有关。二是指财政部门法制机构的工作。从地方上看,财政法制工作特点是:工作重心不是在立法上,而是在法制执行力或者法治能力的建设上,越到基层越是这样。应当说,各级财政部门尤其是各级领导,对财政法制工作重要性的认识总体是到位的,法治观念也越来越强。如果说有什么认识不足或认识误区,恐怕指得更多的是一些地方财政部门认为财政法制机构的工作不影响财政收支大局,可有可无。并且由于财政部门少有复议诉讼案件,对财政执法工作中存在的隐患和风险缺乏应有的认识,因而对法制机构的工作重视不够。所以,要从地方实际出发,把对财政法制工作重要性的认识,更多地关注到财政法制执行力的建设上来。这样,就没有理由不重视法制机构的工作,因为这个机构是整个财政部门法制执行力或执法能力建设的牵头部门、综合部门,是“排头兵”“宪兵队”。财政部门要一手抓收支管理,一手抓改革发展,体现到财政法制工作上,就是要一手抓法规体系建设,一手抓治理能力建设。

(二)提高财政法制工作的有效性

法制工作机构的地位和作用,要靠法制工作的成效来体现、来提升。财政法制工作机构的同志要克服无所作为的思想,牢固树立进取意识、机遇意识、责任意识,做到善于“嵌入”、勇于创新、敢于担当,不断提升财政法制工作的有效性和总体水平。

所谓善于“嵌入”,是指善于把财政法制建设的具体工作有机地结合到财政管理各个主要环节中去。财政法制机构既不管钱分钱,也不定具体政策,看起来蛮“虚”,但其实很“实”。许多法规制度虽然是综合性、系统性的,但它的制定本身就是一个综合各方面情况、做出定性定量系统规定的过程,而它的执行本身更是一个由一般到具体、由整体到局部的过程。要善于从这两大过程中找到法制工作的切入点和结合点,有重点地结合中心工作进行“嵌入”。例如《政府投资预算管理办法》的制定、实施和后评估,就是一个很好的例证。当然这也要求法制部门不仅要学习掌握法规知识,也要了解和熟悉财政主要业务内容和必经的流程。这样,就可以更好地做到法制工作与中心工作同频共振,与业务建设同步推进,使法制工作融合到财政改革和发展实践中去。

勇于创新,就是要大胆探索,与时俱进。当前及今后几年,最大的任务是紧密结合浙江实际,贯彻落实三中全会《决定》的财政法治思想和财政改革蓝图。我们面临需要改革和规范的问题有很多,诸如财政转移支付、政府购买服务、专项资金整合、事权与支出责任相适应等等。法制部门要主动与业务部门联系和配合,从法规建设角度认真梳理和分解财政管理的重点部位、关键领域和主要环节,力争从中找到创新点和突破口。

敢于担当,就是不怕担风险,不怕得罪人。法制就是规矩,规矩就要有刚性约束。无论是各项财税政策的制定出台,还是财政资金的分配使用,都要靠制度来规范,都要有规矩来约束。在制定法规上,想清楚弄明白必须定的规矩,就要有理有节、据理力争,抓紧制定,铁板钉钉;在执法监督上,就是要当好“宪兵队”,严格执法,该怎样就怎样,不怕得罪人,包括财政内部的人。

(三)努力做好财政法制重点工作

继续重视财政立法工作。要密切关注国家层面财政法律法规的制订出台,认真研究全省财政改革发展中出现的新情况、新问题,及时总结省财政管理和改革实践中行之有效的做法和经验,推进重点领域立法,提升财政制度建设质量,完善财政法制体系。市县财政部门没有财政立法的职能,但不意味着完善财政立法就可置身事外,而是要与省厅一道共同推进,在各个工作层面上积极发动和参与进来。要以服务大局的意识,积极参与财政部重大立法项目的调研活动,努力将浙江基层财政情况原汁原味地向上反映,努力提出适合浙江省情的立法建议和意见,推动完善国家层面的财政立法。要积极参与省级财政立法的调研和课题研究,形成上下联动、群策群力的生动局面,为全省财政立法的发展和完善多作建设性努力、多释放正能量,努力为浙江省财政立法的完善做出贡献。

管住管好行政规范性文件。从立法权限和层级来看,市县政府部门有权制定并出台本地、本部门的行政规范性文件。把行政规范性文件管理好了,就抓住了依法行政的龙头。一是要健全管理制度。2013 年省厅制定了《行政规范性文件管理办法》,规定了规范性文件的立项、起草、审查、发布、报备和清理等一系列流程,明确了法制工作机构在规范性文件管理中的主导地位。各地也要进一步建立健全相关制度,使这项工作分工明确、责任到位。二是要把住合法性审查关口。法制工作机构对规范性文件进行合法性审查,是法定职责,是本职工作,也是对我们工作能力和水平的考验。要注意从实体和程序两方面进行审查,实体审查主要是看文件内容是否符合上位法的规定,有没有超越部门职权,是否与其他现行的文件规定存在冲突等;程序审查主要是看是否经过了征求意见、会议讨论等程序,是否确定了公开属性等内容。三是要注意文件报备。行政规范性文件管理“三统一”,是省法制办明确规定的,政府部门制定的行政规范性文件,要向本级政府法制办报备,为保持财政政策的上下衔接协调,我们也要求市局的规范性文件向省厅报备。四是要清理历史文件。形势在变化,事业在发展,文件数量越来越多,可能难以适从。要根据上位法和其他客观条件变化情况,建立并落实规范性文件清理制度,实行常规清理、专项清理和动态清理,并根据数字财政建设的实际,上下联动建立法规政策库。

做新做深财政普法宣传。法制宣传教育是一项长期性、基础性工作。从“六五”普法中期督导检查情况看，有些市县财政部门的普法工作比较薄弱。各级财政部门要进一步重视和加强财政法制宣传教育工作，认真总结多年来财政法制宣传教育的宝贵经验，在继承传统有效形式的同时，适应社会发展和科技进步的趋势，不断整合资源，加强策划，创新载体，加强财政普法宣传，为财政改革发展创造更好的外部环境。一是要整合内部资源。法制宣传教育不光是法制工作机构的事，财政业务部门更有需要、有责任、有手段，财政部门内部机构联合起来开展普法宣传，可以使覆盖面更广、影响力更大。二是要调动专业媒体。新闻宣传是专门的学科，有其自身规律、技巧学问。我们不一定要有新闻记者那么专业，我们的优势在于有政策资源、有业务资源、有信息资源，可以吸引媒体来帮助策划、帮助宣传，少花钱甚至不花钱办更多的事。三是要创新普法载体。在普法宣传中，对新闻发布、媒体报道、专题专栏、热线电话、展板横幅、上街宣传这样一些常规的方式方法运用得比较多，也比较熟练，在继续运用的同时，要勇于创新，如开通微博微信、拓展12366热线、编创法制宣传文艺作品等，要重在寓教于乐，宣传内容为群众喜闻乐见，让财政普法宣传工作真正走近群众、融入生活。要加快财政普法信息化建设步伐，继续探索利用新媒体开展财政普法和依法理财工作，扩大财政普法的影响力。

依法依规规范财政行政执法。加强行政执法监督是法制工作机构的重要职能，也是依法行政依法理财工作的关键环节。要推动行政决策程序建设，建立健全行政决策法律论证、合法性审查工作机制，切实履行法制机构职责，推进行政决策的科学化、民主化、法制化。推进财政系统公职律师队伍建设，建立健全法律顾问工作机制，注重发挥法律顾问的作用，进一步拓宽法律顾问的服务范围，提升法律服务的主动性和有效性。完善行政执法责任制，规范行政自由裁量权，加强财政行政执法监督。创新执法监督方式方法，强化各执法机构的责任意识，进一步落实具体行政行为事前法律审核制度，推进财政执法风险防范机制建设。加强和改进行政复议和应诉工作，总结推广重大案件专家论证、行政复议听证、行政争议法律调解等工作机制，探索创新行政复议应诉工作体制机制，提高行政复议的案结事了率和公信力。重视对矛盾纠纷中一些带有普遍性突出问题的研究，及时提出完善制度、改进工作的意见和建议，进一步规范行政行为，争取减少同类矛盾争议的发生。研究完善法治财政考核机制，推动法治财政建设。

全面加强财政法制队伍建设。事业兴衰，关键在人。法制工作比较清苦，压力也比较大。今后几年，财政法制工作的任务更重，要求更高，责任也更大。各级财政部门的领导要继续重视财政法制工作，厘清财政法制工作职责，充分发挥财政法制机构在依法行政依法理财工作中的导向和保障作用；要多关心、过问法制部门的工作，能够经常听取他们的汇报、意见，多给法制部门指方向、提要求；要多关心、关爱法制工作干部，既要交任务、压担子，又要注意培养大胆使用，切实为他们创造良好的工作环境和发展空间，打造一支政治强、业务精、能战斗的财政法制工作队伍。从事财政法制工作的同志要进一步增强大局意识，加强学习，提升素质，练就过硬的本领，进一步转变工作作风，充分发挥主观能动性，积极服务财政改革与发展大局。

（2013年12月3日）

在全省基层财政工作会议上的讲话（摘要）

浙江省财政厅副厅长　王广兵

一、全省基层财政建设和管理工作取得明显成效

（一）乡镇财政管理机构组织体系初步搭建

省政府《关于进一步加强乡镇财政建设的意见》《关于完善财政体制的通知》和财政部、中编办、国家公务员局《关于加强乡镇财政队伍建设意见的通知》等文件下发后，各地狠抓乡镇财政机构队伍建设工作。截至2012年12月底，全省（不含宁波）有55个市、县（市、区）出台了具体措施，37个市、县（市、区）财政局设立了乡镇财政管理处、科，38个县（市、区）编制部门下达了乡镇财政机构设置和人员编制的文件，有740个乡镇单独建立了乡镇财政所（局、办），占全省乡镇数的68%。

（二）乡镇公共财政服务平台建设试点初见成效

根据关于“把加强乡镇财政管理与促进乡镇政府公共服务工作有机结合起来”的要求，省财政厅及时制定下发了《关于加强乡镇财政管理与促进乡镇公共服务平台建设试点工作的指导意见》，选择开化、淳安、嘉善等16个县（市、区）开展乡镇公共财政服务平台建设试点。试点县（市、区）高度重视，相关部门积极配合，财政部门认真组织实施。通过一年努力，试点工作达到预定目标，初步形成了“一站式、一条龙、一卡通”的乡镇公共财政服务新模式，既有力地推进了乡镇财政机构建设，又有力促进了乡镇政府公共服务工作，较好地发挥了乡镇财政就地就近监管服务作用，极大地方便了广大村民群众办理与财政支付相关的民生服务事项。

一是促进了乡镇财政机构建设。16个试点县（市、区）全部

下发了贯彻落实省政府文件精神的实施意见和乡镇财政机构人员编制文件；15个试点县（市、区）单设了乡镇财政所（局、办），共配有乡镇财政人员967人，所均4人。在县级财政局层面，有14个县（市、区）设置了乡镇财政管理科。

二是搭建了乡镇公共财政服务平台。试点县（市、区）通过依托乡镇便民服务中心，采取改扩建和新建的方式解决乡镇公共财政服务平台场所。截至2012年12月底，在16个试点县（市、区）确定的67个试点乡镇中，已有58个乡镇完成了场所建设。12个试点县的试点乡镇已完成了公共财政服务平台场所建设。如淳安县在完成2个试点乡镇场所建设基础上，又加快推进了14个乡镇的场所建设；富阳市80%乡镇基本完成了场所建设。

三是整合了乡镇公共财政服务平台的基本业务流程。通过积极与相关部门沟通协调，有效整合乡镇公共服务资源，将涉农补贴、社会保障、民生补助等资金的受理、审核、发放及公开公示和各项涉农补贴政策的宣传和解答等事项，统一整合到公共财政服务平台上。如开化县将22项用于对个人或家庭的财政补助性资金纳入到乡镇公共财政服务平台进行管理，并以原社保卡为基础，升级为一张多用途的智能卡。当年就发放16万张“一卡通”，6个县级部门归口的6254.8万元补助性资金通过“一卡通”发放。

四是推动了信息技术与乡镇财政管理的深度融合。为推进试点工作，省财政厅统一开发了《数字财政——乡镇公共财政服务平台信息管理系统》（2.0版），实现了三大功能，即：系统集成功能，财政补助性资金、项目类资金以及村级财务等乡镇财政管理相关业务可以同台集中办理，实现平台一体化；数据存储功能，纵向联网各级财政部门，横向联网公安、社保、民政、农业等部门以及商业银行，实现数据集聚化；财政服务功能，推出一个平台办事、一张卡使用、一站式查询、一本册子告知，努力使民众“幸福看得见”，实现服务便民化。

五是探索了财政部门主动适应社会管理创新的路子。通过打造乡镇公共财政服务平台，推动了公共财政管理服务工作下乡村，提升了乡镇政府公共服务水平。

（三）乡镇财政资金监管工作不断深入

资金监管是乡镇财政的一项重点工作。全省各级财政加强组织领导，完善监管机制，努力发挥乡镇财政就地就近监管优势，不断推进乡镇财政资金监管工作深入开展。2012年，省财政厅制定了《关于对各类涉农和民生政策财政补助资金试行“明白册”管理的通知》《转发财政部关于乡镇财政资金监管工作办法和流程的通知》等文件，要求各地把公共财政惠农政策明明白白地告知村民群众，建立县乡财政信息通达、公开公示和抽查巡查等3项管理机制。大部分县市区制定了乡镇财政资金监管工作实施意见和具体监管工作流程，积极利用财政信息化平台，建立了县乡财政之间的信息通达和反馈机制。如温岭市通过财政网FTP系统将资金文件传送到乡镇；临安市依托华数数字电视这一强大媒介，着力打造面向千家万户的涉农财政资金公开公示平台，广大村民群众可以在家里通过华数数字电视及时了解本村财务收支、财政补助性资金发放及财政扶持项目等情况。

（四）一事一议财政奖补工作走上新台阶

全省一事一议财政奖补工作在中央财政的大力支持下，奖补资金规模逐年增加，项目覆盖面不断扩大，其社会和经济效益日益显现，已经成为财政部门积极推进基本公共服务均等化、支持新农村建设的一项品牌性工作。基层干部群众普遍反映，一事一议财政奖补是当前财政支农最受欢迎的项目之一，知晓率和满意度都非常高。一事一议财政奖补办法将民办和公助进行有效对接，发挥了村民群众在新农村建设中的主力军作用，调动了多方投入积极性。2012年全省各级财政奖补资金支出23亿元，奖补项目达3700多个，建成了一大批村内道路、村民饮用水、村庄美化、村民健身休闲活动场所等村内公益项目，深受村民群众称赞。

（五）农村综合改革示范试点工作扎实起步

2012年，浙江省被列入全国农村综合改革首批示范试点省份。示范试点主要目的是转变基层政府职能、完善乡村治理机制，健全公共财政体系、推进基本公共服务均等化，发挥农村要素市场作用、进一步增强农村发展活力。2012年选择了不同类型的19个县（市、区），围绕深化农村产权制度改革、促进土地节约集约利用，建立新型农业社会化服务体系，探索村级集体经济发展有效实现形式等三个方面内容开展试点，已经取得了初步成效。

（六）村级组织建设财政保障力度进一步加大

2012年，各级财政进一步提高了村党支部书记、村委会主任基本报酬保障标准和村级组织运转经费最低保障标准，将村务监督委员会主任基本报酬首次纳入财政保障范畴。省级加大了对经济欠发达地区的财政转移支付，村干部补助经费，从2011年的2.74亿元增加到4.95亿元，增长了80.6%，安排专项资金对欠发达县市的村级便民服务中心给予运转补助。为支持发展村级经济，省财政从2012年起连续5年每年安排8000万元，重点支持经济薄弱村发展村级物业经济。这些措施有力地促进了村级组织建设，进一步巩固了党在农村的执政地位，助推提升了农村基层组织为民服务的能力。

二、当前基层财政工作面临的形势和2013年主要工作任务

基层财政是我国财政体系的基础层级，直接服务于广大农村和农民群众，在加强乡村政权组织建设、落实国家惠农政策、加强财政资金监管、提供基本公共服务、促进农村经济社会事业发展等诸多方面发挥着重要作用。随着全省大力推进城乡统筹发展和美丽乡村建设，公共财政加快向农村覆盖，乡镇财政管理承担的任务日益繁重，工作要求越来越高。在当前和今

后一个较长时期，乡镇财政在服务乡镇政府有效履行职能、促进当地经济社会发展、贯彻落实积极稳健财政政策、加强政府性资金就地就近监管等方面将发挥着越来越重要的作用。同时，我们也应清醒地认识到，当前基层财政工作还面临一些不容忽视的困难和问题。主要表现在：乡镇财政管理机构和人员尚未落实到位，就地就近资金监管工作基础还很薄弱，一事一议财政奖补绩效有待提高，经济薄弱村发展集体经济还有待突破等等。

面对当前加快城乡统筹发展的新形势和基层财政所担当的历史任务，需要有效解决全省基层财政管理，特别是乡镇财政管理工作比较薄弱的问题。各级财政部门对基层财政管理工作的重视程度不仅不能降低，还要继续提高并强化领导；工作力度不仅不能削弱，还要继续加强并形成合力；对基层财政建设的投入不仅不能减少，还要持续增加并发挥整体功效。要进一步统一思想，充分认识新形势下做好基层财政管理工作的重大意义，充分利用当前全省上下重视基层、强化基础的有利契机，充分借助基层财政管理已经取得的工作基础和成效，切实增强责任感和使命感，以更加创新的思路，更加有力的举措，更加务实的作风，推动全省基层财政工作不断向前发展。

2013 年全省基层财政工作的主要任务是：深入学习贯彻党的十八大精神，按照全省财政工作会议部署，牢固树立“促进发展、保障民生、科学理财、加强监管”的科学理财观，遵循“三基五财”工作要求，大力加强乡镇财政机构队伍建设，全面开展乡镇公共财政服务平台建设，努力抓好乡镇财政管理规范化，稳步推进农村综合改革示范试点，进一步提升一事一议财政奖补绩效，积极支持村级组织建设，促进全省基层财政管理工作迈上新台阶。

（一）全面推进乡镇财政管理规范化建设

推进规范化管理，是提升乡镇财政管理水平的有效途径。目前，全省乡镇财政机构已到位了三分之二，为推进业务建设，根据《关于开展乡镇财政管理规范化建设的通知》精神，省财政厅起草了《浙江省乡镇财政管理规范化建设行动计划（2013～2015 年）》，从 2013 年开始，在全省全面开展乡镇财政管理规范化建设推进计划，力争到 2015 年，使全省乡镇财政的组织机构更加健全、工作制度更加完善、办公条件明显改善、管理水平明显提高。

1. 加快乡镇财政机构落实到位工作。目前尚有三分之一的乡镇还未建立乡镇财政机构。各有关县（市、区）财政部门要认真根据财政部中编办、国家公务员局和省政府相关文件精神，切实履行管理职能，积极争取政府和编制部门的支持，加快推进乡镇财政管理机构组建工作，规范机构岗位设置，配足配强人员。省确定的小城市培育试点镇设立财政局；经济较为发达、辐射带动能力强、使用财政资金规模较大、自身城镇化建设水平较高的省级中心镇，也可设置财政局；其他乡镇一般都要设立财政所（办）。

要按照“省级加强指导、市级大力推动、县级抓好落实”要求，切实落实市、县（市、区）两级的管理责任。目前全省有一半多的市县区还没设置乡镇财政管理科（处），这些地方要抓紧做工作，争取早日设立乡镇财政管理科（处）。这是做好乡镇财政管理工作的重要基础条件。

2. 坚持不懈抓好队伍建设。一是严把进人关。乡镇财政管理工作专业性较强，要坚持用人标准，按照专业对口、相对稳定原则，做好人员的选配录用工作。二是加强培训工作。按照省财政厅制定的乡镇财政干部培训规划要求，坚持学以致用，根据乡镇财政岗位工作特点，有计划、分层次组织开展各类有针对性的乡镇财政业务培训和知识更新活动，力争通过 3 年左右的努力，对全体乡镇财政人员进行全员轮训，不断提升乡镇财政人员的政治和业务素质。三是加强作风建设。加强基层财政管理队伍的作风建设和反腐倡廉工作，积极开展多形式的基层财政文化建设活动，不断增强乡镇财政人员的服务意识和责任意识，努力营造一支爱岗敬业、秉公理财、积极有为、廉洁高效的乡镇财政管理队伍。

3. 坚定不移地推进乡镇公共财政服务平台建设工作。2012 年乡镇公共财政服务平台试点工作已经取得了初步成效，2013 年要在总结试点经验做法基础上，在全省全面推进乡镇公共服务平台建设工作。2012 年先行开展试点的 16 个县（市、区）2013 年要扩大到所有乡镇；其他县（市、区）2013 年在选择乡镇进行试点基础上加快向其它乡镇推进。省财政对各县（市、区）开展乡镇公共财政服务平台建设给予一定的经费补助。在开展乡镇公共财政服务平台建设过程中，要着重注意以下几点：一是合理设置平台场所。按照“资源整合、简洁实用”原则，通过改扩建、新建等方式，妥善解决服务平台的场所问题，满足开展公共财政服务工作的需要。乡镇公共财政服务平台可统称为“乡镇公共财政服务中心”。二是整合归并使用一张卡。县级财政要大力整顿目前存在的“一项资金、一个部门、一家银行、一张卡”的多头发卡现象，加强对各类财政补助性资金银行卡的整合归并。要从便民出发，结合金融服务网点分布情况，花大力气将发放到户、到人的各项财政性资金款项，从目前的七卡八卡归并成一张卡使用，并尽可能地施行卡、折并用，以方便农民群众。三是做好平台管理信息系统应用工作。目前适用试点县（市、区）的 2.0 版乡镇公共财政服务管理信息系统已开发完成，正陆续给各试点县（市、区）安装并上线运行。适用全省的 3.0 版也正在抓紧开发之中，完成后将加快在全省推行。各地要积极做好信息系统上线运行的准备，结合当地实际，做好县乡财政的网络互联工作，制订好平台所涉的业务需求和工作流程，整理好相关基础数据，为乡镇公共财政服务平台管理信息系统上线做好各项准备工作。四是合理配备平台人员力量。各地要做好乡镇公共财政服务平台工作人员的选配工作,确保各项服务工作的顺利展开。此项工作坚持以乡镇财政所(局、办)为主导,平台的工作人员由乡镇财政财务人员和整合进来的业务项目原有办理人员共同担任。

4. 加快乡镇财政管理信息化建设。结合"数字财政"建设要求,各地要努力提高乡镇财政管理信息化水平,为乡镇财政规范化管理提供技术支撑。县级财政要依托"金财工程",针对乡财乡管、乡财县管等管理方式和财政资金拨付程序,统一乡镇财政工作基本业务流程,加快推广应用乡镇财政管理软件,积极推进乡镇财政管理信息化建设。加强县乡财政的联网工作,县级财政要及时将有关扶持政策、资金指标、管理要求等信息全面、及时、有效沟通和传导到乡镇财政,提高乡镇财政管理机构的办事效率和管理水平。

(二)进一步深化农村综合改革示范试点工作

2012 年我省农村综合改革示范试点工作已经有了一个好的起步,已经取得了积极进展和良好效果,新华社对我省海盐县开展农村产权制度改革试点做了专门报道。2013 年要继续深化改革,稳步推进,不断扩大改革成果。省级要加强对试点工作的分类指导和督促检查。各试点县要紧紧围绕试点改革工作任务,精心谋划部署,扎实有效推进试点改革工作。同时,各地要注意及时总结提炼改革经验,做好财政支持项目的绩效跟踪反馈工作,力争示范试点工作取得实实在在的改革成效。中央和省财政给予试点单位一定的资金补助,推动改革试点项目的深入实施。

(三)不断提升一事一议财政奖补工作水平

2013 年,要继续大力推进一事一议财政奖补工作,省和市县区都要积极增加奖补资金预算安排。同时,要加强规范管理,巩固"规范管理年"活动成果,进一步落实项目和资金管理办法,完善工作措施,加强绩效考核,不断提升管理水平。积极做好国务院综改办新开发的信息监管系统软件应用工作,抓好培训和实际应用。要加大考核力度,形成绩效导向,鼓励先进,鞭策后劲,推动工作。

(四)积极做好财政支持村级组织建设工作

在积极落实好村干部基本报酬和村级组织运转财政保障政策基础上,重点做好扶持发展村级集体经济财政支持工作。在扶持方式上,要跳出传统习惯定式,多渠道、多途经探索发展路子,凡是有利于发展壮大村级经济的,都值得去试一试。同时,积极探索村级公益设施运行管护问题,通过建立长效机制,使之能更持久地发挥效用,这也是珍惜民力、财力的体现。这也是值得基层财政工作认真研究探索的问题。

(五)强化考核措施,大力推进基层财政管理工作

为进一步推进全省基层财政建设进程,省财政厅计划从 2013 年开始,对市县区基层财政管理工作进行考核。在前期充分调研的基础上,已起草完成了基层财政管理工作综合考核办法和乡镇财政管理规范化建设考核办法、一事一议财政奖补工作考核办法、基层财政管理宣传工作考核办法,构成了"1+3"考核体系。考核结果将作为分配相关资金的重要依据,目的是以此调动各地加强乡镇财政建设的积极性,形成绩效导向,解决干好干坏一个样的问题,进一步推进全省基层财政管理工作。

(2013 年 3 月 27 日)

在一事一议财政奖补推动美丽乡村建设试点启动工作布置会上的讲话(摘要)

浙江省财政厅副厅长 王广兵

这次会议的主要任务是贯彻落实《财政部关于发挥一事一议财政奖补作用推动美丽乡村建设试点的通知》和《财政部关于浙江省推动一事一议财政奖补政策转型升级促进美丽乡村建设试点工作的批复》文件精神,启动全省美丽乡村建设试点工作。会议形式很好,采取现看、现学、现布置的办法,与会代表考察了龙游县贺田村村庄环境,听取了村庄保洁经验介绍,并就地召开会议布置试点启动工作。

一、认真把握试点工作的目标任务

国务院农村综合改革办公室对开展一事一议财政奖补推动美丽乡村建设试点工作寄予了很高的期望,希望通过试点为全国面上推进美丽乡村建设提供经验和示范。今天到会的 5 个县承担的可以说是国家级改革试点任务,大家身上的担子很重,这一点必须要有充分的认识。浙江省试点工作要紧紧围绕科学规划布局美、村容整洁环境美、创业增收生活美、乡风文明身心美的总体目标要求,进一步解放思想,大胆创新,以一事一议财政奖补机制为平台和抓手,探索具有时代特征、地域特色、可持续可复制的美丽乡村实现路径,为在更大范围开展美丽乡村建设积累经验,提供体制机制方面的借鉴。

二、明确试点工作的责任主体

这次试点工作区别于以往美丽乡村建设工作的一个重要特点是,试点由财政部门为主导,试点县的财政部门切实承担起试点工作的组织协调工作。在以党政主要领导为组长的美丽乡村建设试点工作领导小组下,县财政局(农村综合改革办公室)要积极发挥职责和优势,认真负责地做好协调工作,共同

推进美丽乡村建设。

三、几点要求

（一）突出重点，形成各具特色的试点工作内容。根据5个县地域文化特点和经济社会发展基础，省批复对各试点县试点工作的侧重点提出了相应的要求。安吉县重在美丽乡村建设、管理、维护、服务层次的提升，完善美丽乡村建设标准体系；永嘉县突出美丽乡村建设与当前农村产权制度改革、社区管理改革等农村相关改革的结合，吸引社会资本投入，走建设与改革相结合的路子；遂昌县突出发挥山区生态优势，打造农村电子商务网络，探索政企合作、农民参与、社会支持的美丽乡村建设路径；玉环县要充分借助广泛开展一事一议财政奖补工作的基本成效和经验，突出村级组织和村民群众在美丽乡村建设中主体地位，探索构建美丽乡村建设的决策机制、投入机制、长效管护机制和良性发展机制，建设具有海岛特色的美丽乡村；龙游县要突出村级组织的主体作用，动员和吸引村民群众广泛参与建设美丽家园，积极发展农村电子商务，促进现代农业发展，增加农民收入，因地制宜发展村级集体经济。同时，各试点县都要注意进一步弘扬农村优秀传统文化，借助村规民约等建立美丽乡村长效管理机制，走出一条具有地域特色、低成本、可持续可复制的美丽乡村建设路子。

（二）突出美丽乡村建设体制机制的探索。此次试点在以往美丽乡村建设工作基础上要有所创新、有所突破。一是要避免单纯的政府花钱重金打造"盆景式"美丽乡村的做法，把注意力放在体制机制的突破上，包括决策机制、运行维护机制、公共服务机制、乡村治理机制等。二是要发挥村级组织和村民群众在美丽乡村建设中的主体地位，要把发动村民群众自觉投入美丽乡村创建作为工作重点，充分借助一事一议财政奖补机制，吸引社会力量和村民群众广泛投入美丽乡村建设。三是要把发展村级集体经济和促进农民增收作为美丽乡村创建的主要内容，通过试点努力打造内外兼修的美丽乡村样本，使一事一议财政奖补推进美丽乡村建设取得的成效可持续、可复制、可推广。

（三）试点地域布局安排上要适当集中，试点内容上适当集成。要发挥财政集中力量办大事的优势，按照"串点成线、连线成片、适当集中"的要求，在试点布局安排上突出重点乡村，避免遍地开花搞试点。试点资金安排上，省级对试点县给予必要的支持，试点县也要加大地方财政投入，专项安排的配套资金原则上应不低于省级下达的补助数。同时加强资金使用监管，凡用于美丽乡村建设的财政补助资金原则上要通过乡镇财政机构拨付，严格实行乡镇财政就地就近监管，努力提高资金使用绩效。

（2013年9月13日）

在全省乡镇财政国库集中支付改革工作会议上的讲话（摘要）

浙江省财政厅总会计师　赵立妙

一、预算执行管理工作成绩显著

2012年，全省预算执行管理紧紧围绕"稳中求进、转中求好"的工作总思路，遵循"促进发展、保障民生、科学理财、加强监管"的理财原则，积极发挥财税支撑、保障、引导作用，呈现出"改革有序推进、工作绩效提升"的良好局面，取得了显著成绩。

（一）财政收支运行持续向好

在经济下行压力持续加大的背景下，广大财税干部服务"调结构、抓转型，重投入、兴实体，强改革、优环境，惠民生、促和谐"的发展大局，着力推动全省经济持续平稳健康发展，切实保障民生事业发展，财政收支运行持续向好。

一是圆满完成收入年度预算，结构继续优化。2012年全省地方公共财政预算收入3441.23亿元，完成年度预算的100.6%，增长9.2%。税收收入占地方公共财政预算收入的93.8%，比上年提高0.1个百分点。从全国地方公共财政预算收入居前五位的省市看，我省税收收入占地方公共财政预算收入的比重继续居首位，收入结构继续优化。

二是促进发展保障民生，重点支出保障有力。2012年全省公共财政预算支出4161.88亿元，增长8.3%，完成年初预算的102.4%。各级财政部门统筹配置财政资金，不断优化支出结构，全省一般公共服务支出增长6.8%，低于支出平均增幅（8.3%）1.5个百分点，占总支出比重为12.1%，比上年降低0.2个百分点。全省公共安全、教育、科学技术、文化体育与传媒、社会保障与就业、医疗卫生、节能环保、城乡社区事务、农林水事务、住房保障等支出2967.11亿元，占总支出的比重为71.3%，比上年提高1.3个百分点。同时，加强支出进度管理，支出均衡性进一步提高，12月份公共财政预算支出占全年比重为15.8%，比上年降低0.8个百分点。

2013年1～4月，全省地方公共财政预算收入1510.07亿元，增长11.2%；全省公共财政预算支出1267.80亿元，增长13.3%，完成年度预算的29%。收入增速连续四个月回升，支出重点保障有力，财政运行总体良好。

（二）预算执行管理制度改革形势喜人

近年来，全省各级财政部门认真贯彻落实国务院廉政工作会议和全省两项改革会议精神，切实加强组织领导，采取了不少切实可行且行之有效的做法和措施，实现了省市县三级预算单位全覆盖。截至2012年底，全省实施改革的预算单位数量为

15859家，国库集中支付改革预算单位覆盖率为100%，比2011年提高29.1个百分点；公务卡改革预算单位覆盖率为100%，比2011年提高61.9个百分点，如期完成财政部及省委省政府的改革目标任务。

国库集中支付改革方面：

第一，以"拓展"为主题，改革覆盖面不断扩大。一是改革资金范围进一步扩大。出台《关于省级预算单位政府投资项目财政性资金实施国库集中支付的通知》，将省级预算单位政府投资项目所使用的财政性资金纳入国库集中支付管理，实现公共财政预算资金、政府性基金预算资金改革全覆盖，2012年省级国库集中支付资金达327.60亿元；同时市县改革资金范围也在不断扩大，2012年市县级改革资金占财政支出的比重分别为94.6%和64.8%，比2011年上升了4.5个和47.6个百分点。二是改革级次进一步延伸。2012年全省国库集中支付改革覆盖到了所有市县预算单位，出台了《关于推行乡镇财政国库集中支付制度改革的指导意见》，将改革进一步延伸到乡镇。提出各地可以根据实际情况，在"乡镇视同县级预算单位"和"一级政府、一级财政"两种模式中选择一种实施改革，2012年，嘉善、松阳、新昌、淳安、开化等5个县启动乡镇财政国库集中支付改革试点并取得成功，其中松阳采用了"乡镇视同县级预算单位"模式，其他均采用"一级政府、一级财政"模式。

第二，以"深化"为主题，改革规范性不断提高。省级层面：通过实基础、建机制，强化动态监控。为强化国库集中支付风险防范，保障财政资金安全，制定出台了《浙江省省级国库集中支付动态监控管理暂行办法》，对监控对象、监控范围、监控职责、监控内容、监控方式和违规处理等方面作了详细规定，为预算执行动态监控具体工作开展提供指导。同时成立了专门的动态监控机构，设置监控规则，设定监控流程，开展监控分析，跟踪违规问题整改情况等。市县层面：一是集中核算转轨取得新进展。截至2013年4月份，全省原纳入集中核算预算单位9294家，已退回6439家，退回率为69%。二是动态监控工作呈现新局面。目前，湖州、衢州、德清、长兴、柯城、龙游、开化已相继制定了《预算执行动态监控管理办法》，温州、湖州、绍兴、舟山、衢州、丽水、嘉善、海宁、海盐、诸暨等10个市县已上线试运行国库集中支付动态监控系统（一期）。二期监控系统也已进入业务需求修改、定稿阶段，经招投标后将进行实质性开发。

公务卡制度改革方面：

2012年，全国36个省（区、市）本级、328个市（地）、2833个县（区）、7114个乡镇，共计38.2万个基层预算单位实行了公务卡制度改革。

一是下发《浙江省财政厅关于加快推进市县公务卡制度改革的通知》，就全面实施公务卡制度改革、加强制度建设、规范使用管理、改善推广环境及报送改革进展情况等五方面提出了具体要求。二是省市县三级公务卡强制结算目录相继出台，10个地市、34个县（市、区）先后建立公务卡强制结算目录制度，将预算单位的差旅费、招待费和会议费等公务支出纳入强制结算范围。三是乡镇公务卡制度改革陆续启动。2012年，91个乡镇、228个乡级预算单位实施了公务卡制度改革，发放3889张公务卡，公务卡公务消费支出495万元。2013年以来，又新增15个乡镇、1558个乡级预算单位实施改革。四是公务卡发卡量和消费额大幅提升。截至2012年底，省市县三级共计15859个预算单位全部实施公务卡改革，发放公务卡34.2万张，比上年同期增长119%；公务卡激活量25.4万张，激活率比2011年提高了6个百分点。2012年省级公务卡公务消费支出1.86亿元，同比增长82%，公务卡公务消费与现金比由2011年的1：9.76提高至2012年的1：4.02，现金支出规模大幅下降；市县级公务卡公务消费支出9.92亿元，同比大幅增长142%。

（三）预算执行管理工作基础更趋优化

1. 财政专户清理整顿有序开展。2012年，全省全面组织开展财政专户清理整顿"回头看"检查，进一步规范了财政专户管理。通过加大财政专户清理归并力度及严格控制新增财政专户，有效遏制财政专户开设过多、过乱问题。2012年全省县级以上财政部门共撤销财政专户757个，其中省级撤销财政专户22个；同时，加强财政专户归口管理，除非税收入结算户外，全省由预算执行（国库）部门管理的财政资金专户占比为94.39%，基本实现了统一开户、统一拨付、统一核算，形成了预算执行（国库）部门与业务管理部门分工协作、各司其责、互相牵制的管理机制。

2. 总预算会计管理扎实稳妥。以确保财政资金安全为主线，制定工作规范，出台《浙江省财政总预算会计管理基础工作规定实施办法》，明确要求各级财政部门必须健全财政资金内控机制，合理设置岗位，明确岗位分工与职责，严格按照岗位需要配备人员，建立岗位责任追究机制；完善资金拨付流程，通过强化资金拨付内控机制、完善资金申拨系统，减少资金审核、拨付过程中的人为操纵因素；建立对账机制，及时发现并解决财政资金管理中存在的问题和隐患；加强票据管理，设计并启用预算拨款凭证防伪标志，拨款凭证、定期存单等重要票据由资金拨付岗统一保管，堵塞票据管理安全漏洞。

3. 预算执行分析质量不断提高。一是数据基础更加牢固。利用财政部预算执行信息系统功能，依托"金财工程一体化"，开发建设财税库银横向联网数据分析系统，强化分析工作的基础支撑。二是沟通机制更加健全。定期获取国地税分税种、分行业纳税情况，与地税方面达成征管数共享协议；定期从统计、经信、发改等部门收集全省经济和社会事业发展的相关资料。三是分析思路更加广阔。把握重点难点，研判财政经济运行形势和运行方向，就工业经济增长、房地产市场发展、进出口形势变化及其对财政经济运行的影响作细致分析，提出对策措施。浙江省已连续6年获得全国预算执行分析工作评比一等奖。

4. 财政决算编审工作日益进步。建立了规范化的决算编审基础工作流程，保证决算的各项基础数字数出有据，真实可靠。通过加强对账、年终清理和结算工作，研究推进建立标准化审核程序，决算审核流程更加完善，编制《地方财政决算审核工作记录表》，形成了一系列决算工作审核标准；加强决算数据分析利用，分析利用范围更加广泛。2012 年，全省财政总决算在财政部考核评比中获得了二等奖，部门决算工作的进步也得到了财政部的认可。

（四）财政部“两项试点”工作平稳开展

1. 做好 2012 年地方政府债券发行以及还本付息工作。一是顺利完成 2012 年全省地方政府债券发行，发行地方政府债券 87 亿元，比上年增加 20 亿元。二是加强地方政府债券还本付息管理，建立地方政府债券档案和债券本息归还诚信档案，规范本息收缴，促进各地高度重视债券还本付息工作，及时收缴并按时归还财政部 2009 年度发行的地方政府债券本金 67 亿元。

2. 完成 2011 年度政府综合财务报告试编。按照财政部试编权责发生制政府综合财务报告工作安排，结合浙江省实际，将基础相对较好的嘉兴市、海盐县本级纳入试编范围，按时完成 2011 年度政府综合财务报告试编工作。通过试编及难点分析，更加深入地了解政府财务状况及运营情况，为推进政府会计改革奠定了基础。

二、预算执行管理工作存在的问题

（一）国库集中支付和公务卡制度改革还不够彻底

1. 乡镇两项改革尚未全面开展。大部分乡级预算单位未实施国库集中支付和公务卡制度改革。截至 2013 年 4 月底，全省 1089 个乡镇、1789 家乡级预算单位中，只有 7 个乡镇、12 家乡级预算单位实行了国库集中支付改革，覆盖率仅为 0.6%和 0.7%；106 个乡镇、309 家乡级预算单位实施了公务卡改革，覆盖率仅为 9.7%和 17.3%。乡镇改革已成为我省全面深化国库集中支付和公务卡制度改革的重点难点所在。

2. 国库集中支付改革规范性有待提高。根据财政部要求，各级财政部门要加快会计集中核算向国库集中支付转轨，但是不少地方未采取切实有效的措施，转轨行动迟缓。目前仍有 35 个市、县（市、区）共 2855 家预算单位实行会计集中核算。一些地方将国库资金拨付到核算中心实有资金账户，使核算中心成为“第二国库”，支付改革不规范；一些县（市、区）集中支付资金覆盖率较低。

3. 公务卡开卡和刷卡率偏低。2012 年，全省公务卡发放量共计 34.6 万张，激活量 25.7 万张，激活率为 74%，仍有 26%的公务卡未激活，有卡不用的“休眠卡”现象也普遍存在。全年公务卡刷卡消费量仅为 11.82 亿元。目前仍有 49 个县（市、区）未出台实施公务卡强制结算目录，占到 83 个县的 59%。“休眠卡”以及缺乏强制结算目录制度等问题的存在，影响了公务卡作用的有效发挥。

（二）市县预算执行动态监控体系建设进展缓慢

截至 2013 年 4 月底，只有 5 个地市和 14 个县（市、区）实施了动态监控，市县覆盖率仅 50%和 16.9%；仅有 2 个地市和 5 个县（区）建立了动态监控管理制度，分别占市县数的 20%和 6%。市县动态监控工作推进滞后于国库集中支付和公务卡制度改革。

（三）财政资金安全管理存在漏洞

部分地区财政部门资金安全意识淡薄，风险防范机制不全，制度执行不到位，内部监督乏力。一是部分地区未达到财政资金安全管理的人员配备要求，部分开发区财政局未分设预算执行（国库）部门。二是岗位设置不规范。因人员编制紧张、平衡工作量等原因，既负责会计核算或开具支付凭证，同时兼管支付业务专用印鉴的兼岗、替岗现象普遍存在。个别地区的会计核算中心，对代理记账单位的管理分配到人，从支付申请录入、审核到对账，全部由一人负责，财政资金安全管理存在较大隐患。

近期发生的宁波东钱湖案件，究其根源，就是资金安全意识差、内控机制不健全、制度执行不规范、未实行规范的国库集中支付改革，为犯罪分子提供了可乘之机。教训深刻，必须引以为戒。

三、进一步加强预算执行管理

（一）深化国库集中支付改革

第一，全面启动乡镇财政国库集中支付改革。

根据财政部要求和全省工作部署，2013 年乡镇财政国库集中支付改革目标是：各县（市、区）所辖至少 1 个以上乡镇（街道）启动实施改革，力争 2014 年全省所有乡镇（街道）全部实行财政国库集中支付制度。

一是县级财政部门要发挥“聚合器”的作用。加强组织领导，坚持责任到位。各县级财政部门要成立乡镇财政国库集中支付制度改革领导小组，对全县的改革推进工作负总责。要树立全县“一盘棋”的思想，做好总体规划，制定改革路线、实施方案和时间表，并建立健全督办机制。加强协调配合，坚持指导到位。既要做好财政内部各部门之间的协调，还要做好与乡镇政府、乡镇财政、乡镇预算单位之间的改革工作配合，建立内外结合、上下联动、相互支持的协调配合机制；要切实做好业务指导和培训，确保工作人员能够熟练掌握业务知识和操作技能。加强宣传发动，坚持措施到位。既要宣传改革意义又要宣传改革内容，促进有关单位和个人的观念更新，正确认识改革的必要性，了解改革的目的、任务和步骤，减少改革阻力。要围绕建立国库单一账户体系，清理乡镇财政专户和预算单位银行账户；要综合考虑乡镇办理业务的就近便利性，做好与乡镇财政公共服务平台的衔接，选择内控机制健全，乡镇网点覆盖面广的商业银行代理乡镇财政国库集中支付业务。

二是2013年启动改革的乡镇要发挥“领头羊”的作用。试点乡镇要进一步完善乡镇财政国库集中支付实施方案，摸索一套科学规范的业务操作流程，为全省全面推进乡镇财政国库集中支付改革积累经验，提供示范。

三是2014年实施改革的乡镇要发挥“主力军”的作用。各市县要提前做好做足改革的前期准备工作。加强组织领导，成立乡镇改革工作领导小组；适当加大投入，配备必需的硬件设备；制定实施方案并清理乡镇银行账户；学习先期已改革乡镇的先进经验；结合实际研究本地乡镇改革模式等，为全省乡镇财政国库集中支付改革的全面铺开打下良好基础。

第二，完善国库集中支付制度运行机制。

一是继续扩大国库集中支付资金范围。2012年县级国库集中支付资金覆盖率为64.8%，离全覆盖尚有较大距离。市县级财政要将公共财政预算资金、政府性基金预算资金全部纳入国库集中支付。要研究探索将国有资本经营预算资金、社会保障基金预算资金逐步纳入国库集中支付范围。

二是加快推进会计集中核算转轨工作。没有完成转轨的市县，要列出工作进度表，确保2013年、2014年两年全面完成转轨任务。2013年，市级财政部门要完成会计集中核算向国库集中支付转轨，县级财政部门也要在这两年内完成转轨工作。对一些财政收支规模不大或暂不具备条件的县(市、区)，考虑到预算单位资金量少、财务人员缺乏等客观情况，可以在明确界定核算中心与预算单位职责、实行规范化业务流程的基础上，由核算中心代理记账。

三是完善示范引导机制。各市也可以在乡级改革中确定示范点，及时总结示范点的做法和经验，充分发挥示范点的引导、辐射和带动作用，促进地方乡镇财政国库集中支付改革顺利开展。

四是加强改革业务指导。省市县三级财政部门要形成业务指导联动机制，合力推进乡级支付改革工作。市县两级财政部门要在推进改革中发挥积极作用，建立“定人定点、分片包干”责任制，以指导小组形式加强对乡级改革的技术支持与业务指导并落实指导责任。

五是强化改革通报督查。要继续开展两项改革情况通报制度，不定期通报各地改革进展情况和好的经验做法。适时由省市县三级财政部门的预算执行局相关人员组成督查小组，对乡镇两项改革开展督查。

(二)推进公务卡制度改革

各地要加快乡镇公务卡制度改革步伐，2013年各县(市、区)所辖50%以上的乡镇(街道)要启动实施改革，2014年全省所有乡镇(街道)都要实施公务卡制度。

一是科学谋划，完善公务卡管理办法。各级财政部门要进一步完善公务卡管理办法，提高公务卡使用率，减少现金支出。要创造条件，加强公务卡支持系统建设和信息安全管理，规范公务支出行为，督导预算单位提高公务卡开卡和使用率。

二是创新机制，提高公务卡刷卡率。各市、县(市、区)要在2013年建立本级公务卡强制结算目录制度，对预算单位的招待费等具备刷卡条件的公务支出，一律规定使用公务卡。

三是广泛宣传，营造公务卡用卡氛围。要根据公务消费特点和需求，制定鼓励政策，通过“多方动员”“多管齐下”，提高公务人员用卡意识，促进公务卡结算方式的推广普及。

四是沟通协调，营造良好的外部环境。加强与代理银行的沟通协调，督促代理银行加强公务卡支持系统建设，提升服务水平。同时，要研究促使商户积极主动布设POS机具，如将受理公务卡作为确定政府定点饭店以及汽车维修、加油等定点消费场所的前提条件，改善和优化公务卡改革的外部环境。

(三)加快建立市县级预算执行动态监控体系

一是加快建立市县动态监控机制。2013年，市县要加快建立预算执行动态监控机制，制定出台动态监控管理制度。要对“三公”经费列支、大额提现、转拨资金等业务加强重点监控，有效发挥动态监控纠偏、规范、警示和威慑的作用，从执行环节确保有关管理政策落实到位。

二是推进动态监控系统软件应用。力争2013年完成预算执行动态监控信息系统(二期)建设，并在此基础上向市县推广应用。

三是建立动态监控分析报告制度。对监控发现的违规问题和整改情况，要及时统计记录，定期梳理，分析原因，提出建议，供相关部门、单位领导决策参考。

(四)切实加强财政资金安全管理

一是加强内部监督制衡。建立健全重大事项的领导集体决策机制；加强财政部门内部有关机构之间的工作沟通，建立有效的工作协调机制，做到资金收付信息能够及时反馈、实时共享，确保能够及时发现和纠正存在的问题；完善信息系统控制体系，将所有财政性资金收支纳入信息系统管理，实现资金收付各环节之间有效制衡，切实提高资金运行安全性和透明度。

二是加强财政专户管理。全面完成财政专户归口管理工作，少数仍未将财政专户归口财政预算执行(国库)部门统一管理的市、县(市、区)必须在年底前完成；进一步精简财政专户数量，对无法律法规、国务院或财政部正式有效文件依据，以及政策不再执行或专户管理规定已经取消的财政专户，尽快予以撤销，对资金性质相同或相似的财政专户予以精简归并；严格执行新增财政专户审批规定，未经财政部批准，地方不得越权新开财政专户。

三是加强总预算会计管理。合理设置总预算会计基础工作岗位，严格按照岗位需要配备人员，完善和落实总预算会计内部日常监督制约机制；加强财政资金拨付信息化管理，逐步将财政资金拨付完全纳入信息系统；加强财政拨款专用印鉴以及拨款凭证、定期存单等重要票据的管理；建立健全多层次对账机制，探索建立与开户行上级银行核对余额账的两级对账制度；严格财政专户与国库之间的资金调度管理；强化对外借款管理，规范借款审批程序，建立健全借款回收保证机制和责任追究机制，完善国库资金调度应急预案机制。

（五）着力提升预算执行分析和决算管理水平

进一步拓展执行分析的深度和广度。加强基础数据管理，及时报送预算执行信息；加强对经济走势的分析预测，密切关注营业税改征增值税改革对财政收入的影响并作跟踪分析；完善预算执行分析报告制度，深入剖析财政收入增减变动的深层次原因，准确把握预算执行的特点和走势；深入开展专题调研，针对经济运行和预算执行中的新情况、新问题，分析原因，提出对策，更好地发挥预算执行分析服务决策的作用。

继续强化和完善财政决算管理。进一步增强做好决算工作的责任感、使命感，不断提升决算业务工作水平；建立健全决算管理工作机制，不断提高决算数据质量；加强决算数据分析利用，有效发挥决算对预算的反映和促进作用，及时发现和揭示预算编制与执行中存在的问题；建立健全决算核查机制，稳妥推进决算信息公开。

（六）努力做好政府财务报告试编和新《行政单位会计制度》实施的准备工作

浙江省在省级、嘉兴市和海盐县开展政府财务报告试编工作的基础上，将适当扩大试编范围，2014 年各设区市及所辖一个县（市）要开展试编工作。新增试编市县要成立试编工作领导小组，制定工作实施方案，明确实施步骤和职责分工；要引进和培养兼具会计、财政、金融知识以及宏观经济分析能力的人才从事试编工作；要开展调查研究，针对试编过程中存在的难点问题，提出切实可行的解决方案及改进措施。

目前财政部正紧锣密鼓地开展《行政单位会计制度》修订工作，届时，各地财政部门要组织好培训，认真贯彻落实行政单位新会计制度。

（七）认真筹备国库集中支付电子化管理工作

国库集中支付电子化管理既涉及到国库集中支付业务与信息技术的融合和协调，又涉及到财政、人民银行、代理银行和预算单位信息系统的升级和互通。技术要求高、协调难度大，全省要尽快采取行动，着手国库集中支付电子化管理的各项准备工作。如加强技术准备，结合电子签名、电子印章等建设需要对现有支付系统进行技术改造和升级；加强制度准备，建立包括管理办法、业务规范及技术规范在内的标准化体系等。

（2013 年 5 月 23 日）

在全省财政综合工作座谈会上的讲话（摘要）

浙江省财政厅总会计师 赵立妙

一、关于 2013 年工作

2013 年，全省财政综合部门以政府非税收入管理为主线，落实结构性减负政策，推进“收入法治化、监管一体化、资金预算化、运行数字化”建设，为推动经济转型升级、保障和改善民生、优化支出结构提供有力的政策支持和财力保障。2013 年前 10 月，全省收缴政府非税收入 3793.83 亿元，同比增长 72.1%，成绩显著。

（一）发挥政府非税政策调控功能

积极推进结构性清费减负工作，全年取消和免征 56 项行政事业性收费，降低 21 项收费标准。进一步规范地方水利建设基金减免管理，落实简政放权政策，研究将部分减免审批权限由省级下放至市县。完善排污收费、水资源费征收标准政策，推进资源环境可持续发展。发挥海域使用金对海洋相关产业的政策调控及导向功能，推行减免和缓缴海域使用金。强化国有资源（资产）有偿使用收入管理，实现财政综合部门统一执收省本级行政事业单位国有资产有偿使用收入及国有资本经营收益。

（二）规范政府非税收入管理

一是收入法治化建设方面。公布了《浙江省 2013 年政府非税收入项目目录》，落实政府信息公开政策。完善政府非税收入收缴管理制度，印发《浙江省省级政府非税收入管理考核评价办法》和《浙江省省级政府非税收入收缴银行代理业务年度综合考评办法》，强化和落实执收单位责任，改进和规范执收代收行为，确保财政资金安全，促进应收尽收。制定了《浙江省财政票据管理实施办法》，完善票据管理制度，进一步发挥“以票管收，以票控费”的功能。规范医疗收费票据使用管理，全面启动医疗收费票据换版工作。

二是监管一体化建设方面。加强组织机构建设，深化综合处与票据中心一体化运作，进一步梳理工作流程和内部业务审批流程，统一业务管理。推进非税收入征管组织建设，票据中心增挂“省级政府非税收入服务中心”牌子，扩充了省级收缴职能，提升非税收入征管效能。突出财政票据“抓手”作用，夯实票据印制审核、发放、核销、销毁和检查等基础性工作。完善政府非税收入收缴动态监控体系，加强对省级执收单位执收行为和代理银行代收行为的日常监管。

三是资金预算化建设方面。加强政府非税收入计划管理，组织收入均衡入库，提高预算管理科学化、规范化水平。优化政府财力结构，将88项具有专款专用性质的非税收入，由公共财政预算调整到政府性基金预算管理。改进政府非税收入统计分析报告制度，准确预测收入收缴情况，为加强管理和领导决策服务。

四是运行数字化建设方面。积极探索政府非税收入电子化收缴改革，扩大新版非税系统在市县执收部门应用覆盖面，截至10月底，全省（不含宁波）89个市、县（市、区）均已启用新版非税系统，执收单位使用覆盖面达60%以上。同时，深化信息系统业务需求分析，积极完善非税系统和土地系统功能，提出财政票据管理电子化改革需求，提升数字化管理水平。

（三）推进土地、住房和彩票资金监督管理

规范土地出让收支预决算和专项资金计提制度，切实加强土地出让收支管理。督促各地认真贯彻保障性安居工程建设及保障性住房资金筹集的相关规定，加强对嘉兴、湖州、舟山、温州和省直住房公积金管理情况检查财政监督管理工作，促进住房公积金管理水平提升。强化彩票市场监管，完善玩法游戏规则，支持省级福利彩票和体育彩票销售工作站建设，有力促进彩票市场稳定健康发展。完善彩票公益金管理制度，探索出台省级统筹专项彩票公益金管理办法。

（四）依托部门加强政府非税收入管理

加强对部门预算归口单位物价部门、彩票中心和住房公积金中心财务管理工作，创造有利条件，促使其进一步发挥部门职能，更好地为全省政府非税收入征管服务。

二、关于2014年工作

（一）落实政府职能转变要求，探索推进政府非税制度改革

一是继续推进结构性清费减负，减轻社会负担。要按照国家行政审批事项改革精神，优化立项、减免等审批流程，进一步提高审批效率。根据政府机构改革和职能转变有关要求，梳理全省政府非税收入项目，继续清理和取消、免征一批行政事业性收费，完善项目分类管理。研究并做好即将到期的行政事业性收费优惠政策的延续衔接工作，发挥好政策调控功能。尽管从公共财政预算上看，全省政府非税收入占公共财政预算收入的比重较低，但并不等于说非税收入不重要，该收的非税收入可以不收、该管的非税收入可以不管。相反，我们要继续依法依规加强非税收入管理，做到应收尽收。

二是推动社会事业改革创新，促进资源环境可持续发展。要按照十八届三中全会要求，完善再分配调节机制，探索研究、稳步推进建立公共资源出让收益合理共享机制。落实好全省排污费、水资源费征收标准调整政策，促进环境保护、资源节约，同时积极配合，推动环境保护费改税工作。严格执行省政府关于在不改变土地用途的前提下通过各种途径提高土地投资强度、利用效率和容积率不增收土地价款的规定，切实推进土地节约集约利用。

三是进一步拓展国有资源（资产）有偿使用收入征收渠道。加强国有（资源）资产有偿使用收入、国有资本经营收益财政统一执收工作。加强海域使用金和无居民海岛使用金的征收管理。

（二）加快收缴电子化改革，推进非税“四化”建设

2014年的重点就是要积极推进政府非税收入收缴电子化改革，力争在2014年底前基本实现新版非税系统全覆盖，加快推进财政票据电子化改革，充分提高征管效率。要强化政府非税收入动态监管，加强对政府非税收入执收单位和代理银行的日常监管，落实工作责任，提升绩效考评，进一步规范执收代收行为。整合财政票据种类，进一步强化“以票控费、以票管收”功能。完善监督检查机制，开展重点行业、重点收入资金收缴和票据使用管理方面的重点检查。加强收入预测分析工作，提高分析预测水平，确保收入均衡入库，避免收入大起大落。

（三）重点关注民生，深化土地、住房和彩票资金监管

1. 加强土地出让收支管理，规范涉及民生的各专项资金计提。强化对市县土地出让收入的监管，督促各地全面落实土地出让收支预决算制度，做好土地专项分成资金的结算工作。

2. 健全符合国情的住房保障有关制度。十八届三中全会明确要求，建立更加公平可持续的社会保障制度，健全符合国情的住房保障和供应体系，建立公开规范的住房公积金制度，改进住房公积金提取、使用、监督管理机制。财政综合部门要加强全省住房制度改革研究，针对上述要求和住房改革中出现的新情况、新问题，提出切实可行的解决办法和措施。落实国家关于保障性住房安居工程有关政策，督促各地做好保障性安居工程资金筹集、使用、管理有关工作。加强住房公积金监督检查，完善财政监督管理机制。

3. 加强对彩票资金和彩票机构财务监管。研究落实彩票机构业务费统一管理制度，探索推进专项统筹彩票公益金制度，促进社会福利、体育等各项社会公益事业均衡发展。继续做好中央专项彩票公益金支持青少年校外教育事业有关工作，充分发挥资金的公益性和社会效益。

（四）切实改进作风，加强财政综合干部队伍建设

全面深化改革，对干部队伍自身建设提出了新的更高要求。“三位一体”组织机构改革后，财政综合工作的重要性更加凸显。全省财政综合部门的同志们在地方财源建设、调结构、促发展、保民生等方面作出了突出贡献，值得充分肯定。我们要巩固好前期成果，进一步加强财政综合各项工作。各级财政部门要重视综合干部队伍建设，加强组织机构和人员力量配备。从事财政综合工作的同志要积极推进依法行政，优化审批流程，加强窗口服务建设，提高运行效率。同时，要认真梳理各项职责和工作规程，推进廉政风险防控，防范于未然。

（2013年11月28日）

财政工作大事记

zhejiang caizheng nianjian

浙江省

一月

1月1日　省财政厅、省地税局出台《浙江省地方水利建设基金征收和减免管理办法》。

是日　浙江省全面免征政府非税收入票据、往来结算票据、社团票据、医疗票据等财政票据工本费。

1月8日　省财政厅印发《关于切实加强财政资金安全管理的通知》，并派出检查组对各市和部分县(区)财政资金进行安全检查。

1月15日　省政府在杭州召开全省财政地税工作电视电话会议，代省长李强讲话并就做好生财、聚财、用财三篇文章提出要求。省政府常务副省长龚正、省人大常委会副主任冯明、省政府秘书长张鸿铭出席会议。省财政厅厅长兼省地税局局长钱巨炎在会上作工作部署。会前，省财政厅、省地税局召开10个设区市财政地税局长工作座谈会。

1月19日　省财政厅、省地税局召开全体干部、党员大会，党的十八大代表、省财政厅党组书记、厅长兼省地税局局长钱巨炎传达十八大会议文件，并对学习贯彻十八大精神作出部署。

1月31日　省十二届人大一次会议审查批准省人民政府提出的2013年省级预算，同意省财政厅受省人民政府委托所作的《关于2012年全省和省级预算执行情况及2013年全省和省级预算草案的报告》。

二月

2月6日　省财政厅在门户网站公开《关于2012年全省和省级预算执行情况及2013年全省和省级预算草案的报告》和2013年省本级总预算。

是日　成立省财政厅审批制度改革领导小组，厅长钱巨炎任组长。

2月18~19日　省财政厅召开处长会议及厅党组民主生活会、党组理论学习中心组学习会，学习贯彻党的十八大、省委十三届二次全会和省"两会"精神。

2月26日　厅长钱巨炎带队赴永嘉县开展百组调研，并与相关部门负责人和部分人大代表座谈。

2月27日　厅长钱巨炎赴磐安县就乡镇财政及公共服务平台建设开展专题调研。

2月28日　省财政厅印发《关于2013年会计从业资格无纸化考试工作有关事项的通知》，在全省推广会计从业资格无纸化考试。

三月

3月5日　省财政厅在门户网站首次公开省本级"三公"经费预算汇总情况。

3月21日　省政府办公厅转发省财政厅等部门制定的《浙江省高等学校国有资产管理办法》，推进高校国有资产规范化管理。

3月26日　根据《浙江省人民政府关于2012年度省直单位工作目标责任制考核情况的通报》，省财政厅在2012年度省政府工作目标责任制考核中获优秀单位称号。2003年以来，省财政厅连续10年获此殊荣。

是日　省财政厅出台《关于加强土地储备融资管理有关事项的通知》，规定土地储备融资纳入地方政府性债务统一管理。

3月27日　全省基层财政工作会议在海盐县召开，副厅长王广兵出席会议并讲话。

四月

4月2日　全省联动协议采购工作会议在杭州召开，研究部署2013~2014年协议采购工作。

4月3日　省财政厅、省科技厅印发《支持青山湖科技城引进共建创新载体专项资金管理暂行办法》，支持青山湖科技城引进共建高端创新载体、集聚国内外优质科技创新资源。

4月16日　出台《浙江省财政厅行政规范性文件管理办法》。

4月18日　浙江省数字财政建设工作会议在杭州市召开，厅长钱巨炎出席会议并讲话。

4月22日　省财政厅印发《浙江省省级财政资金拨付管理规程》。

五月

5 月 21 日　省人大常委会副主任冯明一行来省财政厅调研，听取全口径预算体系建设等情况汇报。

5 月 22 日　全省项目预算审核工作会议在绍兴市召开，副厅长魏跃华出席会议并讲话。

5 月 23~24 日　全省乡镇财政国库集中支付改革工作会议在嘉善县召开，总会计师赵立妙出席会议并讲话。

六月

6 月 4 日　省财政厅印发《浙江省财政票据管理实施办法》。

6 月 13 日　省财政厅印发《关于印发浙江省政府投资项目绩效评价管理暂行办法》。

是日　省财政厅、省国税局、省地税局联合印发《关于财税支持个体工商户转型升级为企业的意见》。

6 月 14 日　省财政厅、省农业厅印发《关于开展农业重大项目建设的通知》，启动农业重大项目建设竞争性分配工作。

6 月 26 日　省财政厅、省保监局、省公安厅等印发《浙江省道路交通事故社会救助基金管理操作规程（试行）》。

七月

7 月 8~9 日　省财政厅党组召开理论学习中心组学习会，学习贯彻中央和省委关于群众路线教育实践活动精神，研究加强党的建设和组织工作的措施。

7 月 9 日　省财政厅印发《浙江省会计行业中长期人才发展规划（2013—2020 年）》。

7 月 14 日　省财政厅印发《浙江省省级政府非税收入管理考核评价办法》。

7 月 17 日　省十二届人大常委会第九次主任会议听取和审议省政府关于上半年财政预算执行情况的报告。

7 月 18 日　省人大常委会副主任冯明到省财政厅督查省政府十方面实事落实情况。

7 月 18~19 日　省财政厅党组召开理论学习中心组学习会，学习贯彻全国组织工作会议和依法行政有关文件精神，总结 2008 年以来党组工作。

7 月 19 日　财政部副部长刘昆来浙江调研，听取政府采购工作意见。

7 月 24 日　省长李强到省财政厅调研指导群众路线教育实践活动，并征求意见。

7 月 29 日　省委巡视组进驻省财政厅开展巡视工作。

是日　省财政厅、中国人民银行杭州支行印发《关于成立浙江省省级财政国库集中支付电子化管理工作领导小组的通知》，省级国库集中支付电子化改革启动。

7 月 31 日　省财政厅印发《省级支出标准体系建设规范》。

是日　省财政厅印发《浙江省省级预算绩效目标管理暂行办法》。

7 月 31 日~8 月 1 日　厅长钱巨炎赴舟山市开展党的群众路线教育实践活动基层走亲连心活动，听取舟山市对省财政厅在“四风”方面和实际工作中存在问题的意见建议。其他厅领导也分别赴有关市县、省属企业开展走亲连心活动。

八月

8 月 1 日　浙江省取消和免征船舶证明签证费等 33 项行政事业性收费。

8 月 5 日　省财政厅印发《浙江省政府投资预算管理办法实施细则》。

是日　省财政厅依法受理省级机关第一起国家赔偿费用支付申请，支付赔偿请求人张辉和张高平国家赔偿费用各 110.57 万元，共计 221.14 万元。

8 月 6 日　2014 年省级预算编制布置会在杭州市召开，副厅长罗石林出席会议并讲话。

8 月 8 日　省财政厅党组召开理论学习中心组学习会，学习传达全省组织工作会议精神，总结上半年财政地税工作。

8 月 9 日　全省财政地税工作视频会议在杭州市召开,会议分析上半年工作情况,研究部署贯彻落实省委省政府实施创新驱动发展战略的措施。厅长兼省地税局局长钱巨炎作工作报告。

8 月 15 日　省政府新闻办举行新闻发布会,省财政厅新闻发言人、副厅长王广兵发布浙江省财政教育投入情况,并回答记者提问。

8 月 19 日　省财政厅、省地税局印发《关于暂免征收部分小微企业地方水利建设基金的通知》,自 2013 年 8 月 1 日起暂免征收部分小微企业地方水利建设基金。

8 月 22 日　副省长黄旭明就财政支农等工作到省财政厅调研。

8 月 30 日　省财政厅印发《浙江省创新强省产业基金管理办法》。

九月

9 月 11 日　省财政厅印发《支持市县民办教育发展专项资金管理办法》,自 2014 年起设立“支持市县民办教育发展专项资金”。

9 月 16 日　省财政厅转发《财政部关于推进省级以下预决算公开工作的通知》,对 2013～2015 年市县政府预决算公开工作提出要求。

是日　国务院医改办副主任、财政部副部长王保安一行在绍兴市、杭州市检查调研基层医改政策落实情况和公立医院改革情况。

9 月 17 日　省十二届人大常委会第十二次主任会议听取和审议省政府关于浙江省 2012 年财政总决算和省级财政决算的报告。

9 月 23 日　省财政厅印发《浙江省 2013 年政府非税收入项目目录》。

9 月 24 日　根据浙编办函〔2013〕93 号文件,省财政票据管理中心增挂省财政非税收入服务中心牌子。

9 月 27 日　省财政厅由省委党校文欣校区回迁至环城西路 37 号办公。

十月

10 月 8～10 日　财政部部长助理胡静林在杭州、龙游等地考察新农村建设和畜禽排泄物资源化利用项目。

10 月 12 日　省财政厅发布 2014 年度政府采购目录及标准,并首次在全省范围内开展重大公共服务项目的政府采购工作。

10 月 15 日　省政府下发《关于实施省级财政专项资金竞争性分配改革的通知》,启动省级财政专项资金竞争性分配改革。

10 月 23～24 日　省财政厅党组召开厅党组群众路线教育专题民主生活会,省长李强参加会议并讲话。

10 月 25 日　省财政厅招标发行 2013 年浙江省政府债券 118 亿元,其中 5 年期、7 年期债券各 59 亿元,票面年利率分别为 3.96%、4.17%。

是日　省财政厅、省文化厅等部门联合印发《浙江省基本公共文化服务专项补助资金管理办法》,跨部门整合并设立浙江省基本公共文化服务专项资金。

十一月

11 月 1 日　浙江省取消钱塘江辖区内河道取土管理费、招生电子档案制作费、被收容教育人员生活费和职业教育经费等 4 项收费。

11 月 7 日　全省财政预算工作会议暨预算局(处、科)长培训班在萧山举行,副厅长罗石林出席会议并授课。

11 月 8 日　省财政厅、省地税局召开厅党组专题民主生活情况通报会,省财政厅党组书记、厅长兼省地税局局长钱巨炎通报有关情况。

11 月 12 日　省财政厅、省林业厅印发《关于提高森林生态效益补偿资金标准的通知》,将 2013 年省级以上公益林最低补偿标准提高到 25 元/亩 · 年,为全国省级最高标准。

是日　财政部部长助理胡静林带领国务院农村综合改革工作小组办公室调研组来浙江开展农村土地承包经营权确权登记和土地流转情况调研。

11 月 14～15 日　全省财政地税系统纪检监察工作座谈会在杭

州市召开，厅纪检组长秦忠出席会议并讲话。

11 月 19 日　财政部部长助理胡静林带领国务院督查组对浙江省最低生活保障政策落实情况进行监督检查，并赴杭州市、宁波市了解低保家庭生活保障工作情况。

11 月 19~20 日　省财政厅党组召开理论学习中心组学习会，学习十八届三中全会精神和习近平总书记在全国宣传思想工作会议上的重要讲话。

11 月 28 日　全省企业财务管理工作会议在桐庐县召开。

11 月　省财政厅发布《浙江省省级国有资本经营预算管理办法》，规范省级国有资本经营预算管理工作。

11 月　厅长钱巨炎带队赴杭州市、衢州市等地开展工作思路调研，了解各地财税收支运行情况，谋划 2014 年财税工作思路，并结合党的群众路线教育实践活动，听取基层和服务对象对省财政厅及财税工作的意见和建议。其他厅领导也先后赴相关市县开展调研。

十二月

12 月 1 日　浙江省在财政部财政教育投入状况分析评价考核中获得满分，为全国唯一满分省份。

12 月 3 日　全省财政法制工作座谈会在磐安县召开，副厅长魏跃华出席会议并讲话。

12 月 9 日　省财政厅在杭州市召开 2013 年度《政府采购协定》（GPA）工作总结会议，研究 2014 年 GPA 工作面临的形势和主要工作任务。

12 月 17 日　省财政厅、省国税局、省地税局联合印发《关于做好铁路运输和邮政服务业营业税改征增值税试点工作的通知》。

12 月 23 日　根据省委组织部浙组干通〔2013〕403 号文件，张杭平同志为副厅级。

12 月 30 日　省财政厅、省物价局下发《关于公布取消和免征 15 项行政事业性收费的通知》，决定自 2014 年 2 月 1 日起取消和免征物价等 11 个部门 15 项行政事业性收费。

12 月 31 日　省财政厅根据绍兴市行政区划调整，明确从 2014 年起柯桥区、上虞区财政体制不再由省财政直接管理，改由绍兴市管理。

（省财政厅供稿　王　琛执笔）

杭州市

1 月 7 日　市财政（地税）局召开杭州财税工作沟通会。全局 150 余人参加会议，重点座谈 2013 年财税工作思路。

1 月 10 日　市纪委副书记、监察局局长王宏一行到市财政局进行工作调研。

1 月 17 日　市人大财经委员会专题审议《关于杭州市及市本级 2012 年财政预算执行情况和 2013 年财政预算草案的报告》。市财政局局长金翔、副局长吴文兴以及总预算局的有关人员参加会议。

1 月 22 日　市财政（地税）局召开 2012 年推进惩防体系建设和落实党风廉政建设责任制情况反馈会，市委检查组组长吴凤莲等出席会议。

1 月 28 日　根据市政府有关文件，汤军贤任杭州市财政局巡视员。

2 月 5 日　市财政（地税）局召开杭州地区财税系统干部大会。依托视频会议系统，实现萧山、余杭、富阳、临安、建德、桐庐、淳安等区县（市）财税部门与杭州主城区财税部门实时互动，17 个视频接入点，1200 余人参加会议。

2 月 16 日　市财政局召开在杭主流媒体沟通交流会，重点就 2013 年杭州市财政预算报告等内容进行详细介绍与说明。杭州日报、杭州电视台综合频道、都市快报、杭州新闻广播、杭州网等杭城主流媒体到会。

3 月 2 日　杭州市委副书记、市长邵占维在市财政局重点调研财政预算刚性支出、“三公”经费控制及政府性债务等工作。

3 月 18~19 日　市财政局领导走进杭州新闻广播电台《民情热线》直播室，重点解读涉及民生的财政政策。

3 月 21 日　副市长袁野一行在市财政局进行工作调研。

3月25日　市财政局召开全市财政局长工作座谈会。市财政局党委班子成员，总预算局、预算执行局、计财处主要负责人以及杭州市各区县（市）局财政局长和分管地税副局长出席会议。

4月18日　市财政局在市委、市政府2012年度综合考评中名列第七，蝉联优胜（满意）单位称号。

4月27日　市纪委副书记、秘书长陈建华一行到市财政局调研惩防体系建设和廉政风险防控机制建设工作情况。

5月2日　市财政局12366中心获杭州市劳动模范集体荣誉称号。

6月17日　市财政局召开杭州市2013年半年度财政收入分析会，进一步明确各区县（市）收入目标任务和工作要求。

6月19日　省财政厅副厅长罗石林带队到市财政局进行“提高民生财政绩效”专题调研。

是日　根据市政府有关文件，免去陈国东杭州市财政局巡视员职务。

7月7日　市财政局举办杭州市会计领军（后备）人才（行政事业类）培训选拔笔试。选拔出杭州市会计领军（后备）人才50名。

8月6日　省财政厅副厅长薛小杭带领省财政厅相关处室负责人到市财政局调研。

8月12日　杭州市副市长徐文光等一行到市财政局调研。

8月27~28日　市财政局举办2013年度杭州市财税系统课题调研骨干业务培训讲座。

是日　市财政局举行市财税系统2013年高级会计师继续教育培训。

9月5日　市委副秘书长、市考评办（市绩效办）党组书记、主任、市效能办主任伍彬带队到市财政局调研预算绩效管理工作。

9月11日　副市长袁野一行到市财政局检查经济适用房补缴土地收益的各项准备工作。

9月13日　市财政局召开杭州市级2014年预算编制工作会议。市级各行政事业单位分管领导、财务负责人以及各区财政局相关人员参加会议。杭州市委常委、常务副市长杨戌标出席会议并讲话。

9月18日　杭州市委副书记、代市长张鸿铭一行到市财政局调研。

9月25~26日　局长金翔、副局长王希及相关处室负责人走进杭州新闻广播电台《民情热线》直播室，解答群众关心的热点问题。

10月15日　财政部检查组一行6人在省财政厅总会计师赵立妙和预算执行局相关人员的陪同下对市本级清理整顿财政专户和对外借款整改情况进行全面核查。

10月24日　陈平同志任中共杭州市财政局党委委员，中共杭州市纪委派驻市财政局纪律检查组组长。

11月21日　市财政局召开杭州财税系统技能比武总结交流会。局领导、参赛团体单位及近五年新录用公务员代表120多人参加会议。

12月13~14日　市财政局召开2014年杭州财税工作务虚会，全局副处以上干部参加，科学谋划2014年杭州财税各项工作。

12月19~20日　市财政局召开全市财税系统办公室主任会议。

12月25日　省人大代表杭州中心组第一代表小组到市财政局对杭州市财税工作开展情况进行专题视察。

12月31日　杭州市委副书记、代市长张鸿铭一行到市财政局慰问财税干部。

（杭州市财政局供稿　刘　淮执笔）

宁波市

1月16日　召开全市财政地税工作会议，局长叶双猛作题为《在新的起点上推进财税事业再上新台阶》的工作报告。

1月17日　市纪委常委、监察局副局长蒋文丰在市局调研社保基金、住房公积金、扶贫和救灾救济资金以及财政专项资金的监管工作。

1月29日　市局召开全市社会保险费征管工作座谈会，通报市社保费征收体制调整工作进展情况，讨论《宁波市社会保险费征缴管理实施细则》。

2月1日　市局组织参加全国财政反腐倡廉建设工作视频会议。在甬的市局领导，市局机关处级以上干部参加视频会议。

3月8日　市局召开全市财税系统党风廉政建设工作会议，会议采用视频形式，全市系统1400余名干部同步收看。

3月25日　市委常委、市纪委书记暨军民到市局调研。

3月29日　财政部纪检组、监察局组织北京、广东、湖北、宁波等部分省（市）财政厅（局）和专员办在甬开展“反对特权思想和特权现象”课题调研。

4月11～12日　市局组织文化等7个行业事业单位财务制度培训，市本级、各区县（市）财政局和主管部门负责人及财务人员450人参加培训。

4月23日　市局组织《行政单位财务规则》培训，各区、县（市）财政局相关业务科室负责人及财务管理人员、市财政局相关处室财务管理人员150人参加培训。

4月24～25日　市局组织事业单位会计准则师资培训，各区县（市）财政局及市局财政业务处室相关同志近90人参加培训。

5月13～17日　全市财政系统科（所）长能力建设培训班在上海财经大学举办。

5月18～24日　市会计领军（后备）人才培训班在上海国家会计学院举办，来自全市机关和企事业单位的108名会计领军（后备）人才参加集训。

6月13日　根据宁波市委文件通知，徐方同志任中共宁波市财政局（宁波市地方税务局）委员会副书记。

6月17～19日　举办2013年度宁波市高级会计人员培训班，来自全市各大中型企业、行政事业单位的高级会计师、财务负责人300余人参加培训。

6月21日　市局召开预算、国库工作座谈会，回顾总结上阶段市预算、国库管理工作开展情况，深入分析预测财政经济形势，对当前工作重点、难点问题进行讨论交流。副局长高国平出席会议并讲话。

6月27日　市局召开全市财政综合工作座谈会，分析全市及市级基金预算情况，就土地、住房、票据、非税收入征管及基金预算管理等问题进行交流。

7月1日　智慧财税（一期）项目在全市全面推广。

7月5日　市局协同有关部门制定《宁波市市级党政机关公务用车配备使用管理实施细则》。

7月11日　调整制定《宁波市电子商务专项扶持资金管理暂行办法》，该办法重点支持电子商务平台企业，按申报年度电子商务平台项目实际投入和平台推广费用之和的30%给予补助，最高补助60万元。

7月23日　省纪委常委杜康一行由市纪委常委张启表陪同到市局督查会员卡专项清退活动开展情况。

8月6日　市局制定《宁波市政法经费保障绩效考核办法（试行）》。

8月7日　召开宁波市注册会计师协会第五次会员代表大会暨五届一次理事会，来自全市会计师事务所及区、县（市）财政局的代表参加会议。

8月14日　财政部条法司副司长徐国乔带队的财政部“六五”普法检查组来市局督导检查“六五”普法中期开展情况。

9月10日　市局牵头，联合市纪委、市委办和市府办等10个部门启动“三公”经费使用检查集中行动。

9月22日　宁波市设立新材料产业发展专项基金10亿元，主要用于支持新材料领域高端科研机构建设、研发项目资助、高端人才引进、股权激励、科技成果孵化及产业化推广等。

9月25日　市局召开2014年部门预算布置会议，副局长高国平出席会议。

10月9日　市局被评为“2012年度浙江省注册会计师考试管

理工作一等奖”。

10 月 12 日　“菲特”台风重创宁波。市局及时出台帮助受灾企业灾后自救全力恢复生产有关税收政策，并简化对受灾纳税人的办事程序，及时筹措救灾复产资金 6.28 亿元，争取中央、省财政补助 3.15 亿元，统筹用于支持抗洪救灾和灾后复产重建。

10 月 18 日　市局会同有关部门制定出台《宁波市排污权有偿使用收入管理暂行办法》。

10 月 21 日　召开全市财政资金统筹整合救灾工作会议。市财政统筹安排资金 5 亿元设立全市灾后自救和恢复生产专项经费，对受灾群众、企业开展灾后自救和恢复生产予以支持。此外，出台《宁波市救灾资金管理暂行办法》，对资金的来源和使用范围、分配和拨付、监督管理作了明确规定，规范资金的使用与监管。市委常委、常务副市长寿永年出席会议。

11 月 1 日　市局召开全市医疗收费票据改革专题会议，力促新版医疗收费票据的换版和医疗票据信息管理系统联网上线。

11 月 15 日　江北区慈城镇启动国库集中支付试点改革。

11 月 18 日　市局召开全市预算管理工作专题会议，分析 2013 年全市及本级预算收支总体情况，部署下一步预算管理工作。局长叶双猛出席会议并讲话。

11 月 19 日　市委常委、市纪委书记李会光在市局调研。

12 月 11 日　宁波财税网（http://www.nbcs.gov.cn）蝉联市政府“十五佳”网站称号。　（宁波市财政局供稿　谢　鲁执笔）

温州市

1 月 5~6 日　市局召开处室重点目标考核汇报会。36 个处室单位负责人汇报 2012 年度处室重点工作目标及完成情况。

1 月 17 日　印发《温州市区企业搬迁收入划分规定》。

1 月 19 日　局长余中平受温州市政府委托，在温州市第十二届人民代表大会第三次会议上作《关于温州市 2012 年全市和市级预算执行情况与 2013 年全市和市级预算草案的报告》。该报告于 1 月 23 日通过大会审议。

1 月 23 日　市局召开全市财政地税工作会议。局长余中平作工作报告。会议总结 2012 年财税工作，部署 2013 年工作任务。

2 月 3 日　召开 2012 年度局党组民主生活会，市局党组及领导班子全体成员出席会议，市委副书记、市长陈金彪等到会指导。

2 月 17 日　印发《关于施行〈行政事业单位财务管理考核试点办法〉的通知》，规定考核内容为基础工作、日常工作和工作绩效三部分。

3 月 1 日　会同市委市政府、市农业局印发《温州市新型畜牧产业体系建设以奖代补专项资金实施细则（试行）》，决定设立温州市新型畜牧产业体系建设以奖代补专项资金。

4 月 12 日　会同市经济和信息化委员会印发《温州市省级特色工业设计示范基地建设财政专项资金实施细则》，规定对温州市自 2012 年 3 月 1 日后实施的省级特色工业设计基地进行奖励补助，有效期至 2014 年底。

4 月 18 日　市局举办全市行政单位财务规则培训班。100 多家行政单位参加。

4 月 27 日　举办 2013 年第一次会计从业资格考试，开启温州市会计从业资格考试无纸化时代。

5 月 6 日　会同市发展和改革委员会印发《温州市低碳城市专项资金管理办法（试行）》，规定自 2013 年起由市级财政预算安排 2000 万元，主要用于推动低碳城市发展建设。

5 月 20 日　印发《温州市级预算项目绩效目标管理办法》，规定对部门预算资金、财政专项资金、政府投资预算资金等财政性资金进行绩效目标管理。

5 月 30 日　市财政局与市地方税务局和市国家税务局联合印发《关于开展以街镇为单位模块化税源管理的通知》和《关于明确街道税收收入考核工作职责分工的通知》。

6 月 18 日　市局组织召开 2014 年度市级部门预算重点项目绩效目标评审会。评审未成年人医疗保险工作经费等 4 个项目，涉及资金近 3000 万元。

6 月 25 日　召开“万名干部进万企解万难”行动动员大会，着力于“个转企”以及支持浙商创业创新工作。

6 月 28 日　会同市教育局印发《温州市教育局直属学校(单位)装修、设备配置限额标准(试行)》。对直属学校和单位装修、设备配置进行标准化管理。

7 月 15 日　印发《温州市市级部门预算财政结余资金管理办法》,加强市级部门预算财政结余资金管理。

7 月 17 日　局长余中平做客温州网《温网议事厅》栏目,以“同心汇聚阳光财税”为主题,与网友在线交流。

7 月 22 日　印发《温州市预算绩效管理办法》。

8 月 1 日　会同市海洋与渔业局印发《温州市海洋科技创业种子资金管理实施细则(试行)》,规定项目补助标准分 15 万~30 万元、30 万~60 万元和 60 万~90 万元三档。

8 月 12 日　会同市委宣传部印发《温州市市本级文化事业建设费使用管理办法》,规定文化事业建设费支出范围和绩效、监督管理。

8 月 26~28 日　财政部科研所区域经济研究室主任、研究员傅志华一行 3 人来温州调研民营企业发展现状与问题。

8 月 26 日　印发《温州市政府投资项目财政监督检查办法(试行)》《温州市政府采购监督检查办法(试行)》,加强对政府投资项目的财政监督和政府采购监督管理。

8 月 29 日　印发《温州市市级预算支出指标管理业务规范》,进一步规范市级预算支出指标管理。

10 月 9 日　修订并印发《温州市市级行政事业单位办公用房装修、通用办公设备和机动车辆配置限额标准(试行)》,原标准同时废止。

10 月 18 日　会同市中级人民法院印发《温州市市级企业破产援助资金管理和使用办法》,规定破产企业维稳资金适用对象和援助金额,每件一般不超过 10 万元。各县市区可参照本办法执行。

10 月 25 日　印发《温州市市级行政事业单位内部国有资产管理操作规范(试行)》,规范市级行政事业单位内部国有资产管理。

11 月 4 日　印发《市区企业财政收入划分管理办法》,规定市区企业按属地原则进行管理,并明确其财政收入划分方法。

11 月 5 日　省财政厅总会计师赵立妙带队到龙湾区检查国库集中支付改革工作。

11 月 14 日　会同市科学技术局印发《温州市专利资助管理办法》。

12 月 24 日　印发《温州市行政事业单位国有资产监督检查办法(试行)》,加强全市行政事业单位国有资产监督与管理。

12 月 30 日　会同市监察局印发《温州市机关事业单位公务用车维修管理办法》,规范机关事业单位公务用车维修管理。

(温州市财政局供稿　李　侠执笔)

嘉兴市

1 月 9 日　市财政局和嘉兴学院等单位共同发起成立嘉兴公共财政研究中心,旨在对地方公共财政理论和政策开展前瞻性、实务性研究,对政府财政决策提供咨询意见,对财政支出项目进行事前、事中和事后评价等。

1 月 17 日　市财政局与市地税局和市国税局共同举办嘉兴市创建和谐财税先进表彰大会,对全市各行各业诚信纳税先进企业、协税护税先进单位和个人进行表彰。市委常委、常务副市长梁群出席并讲话。

1 月 21 日　市长鲁俊对财政地税工作作出批示,肯定全市财税部门为保障全市经济社会事业发展作出的重要贡献,并要求全市财税工作者坚持“干在实处、走在前列”,进一步优化工作作风,发挥财税职能作用,为嘉兴“三城一市”和“两富”现代化建设再立新功、再创佳绩。

2 月 5 日　召开市财政地税工作暨党风廉政建设工作会议,传达全省财政地税工作会议精神,表彰 2012 年度先进集体和先进个人,部署 2013 年市财政地税工作及党风廉政建设和反腐败工作。局党委书记、局长魏建明作《认清形势坚定信心　发挥财税职能作用助推“三城一市”建设》的工作报告。

2 月 24 日　市七届人大三次会议通过《关于嘉兴市 2012 年全市和市本级预算执行情况及 2013 年全市和市本级预算草案的报告》。

3月4日 嘉兴市财政局获2012年度市级机关工作目标责任制暨五型机关创建考核一等奖。

3月26日 召开全市财税形势分析会，代市长肖培生、常务副市长梁群到会并讲话。

3月28日 省财政厅副厅长魏跃华一行到嘉兴调研社保资金管理工作。

4月15日 市府办出台《嘉兴市本级政府非税收入缓减免管理办法》。

4月19日 市政府出台《市本级税收保障办法》，加强地方财源建设。

5月15日 印发《嘉兴市财政公物仓管理暂行办法》，进一步规范行政事业单位固定资产处置行为，加强罚没物资监督管理，推进国有资产的共享、共用和集约化管理。

5月17日 市财政局、市发展和改革委员会联合印发《嘉兴市餐厨废弃物资源化利用和无害化处理试点城市建设补助资金管理办法》，促进循环经济发展。

5月23日 市财政局、市工商业联合会联合印发《嘉兴市引导银行业金融机构设立市本级中小微企业互助成长基金管理暂行办法》。

6月8日 省财政厅副厅长罗石林一行到嘉兴市调研。

6月18~21日 湖州、嘉兴财税系统优秀青年干部和后备干部培训班在嘉兴举办。

7月4日 市人大副主任周楚兴一行到市财政局调研，听取上半年财政运行情况汇报。

7月8~11日 局长魏建明带队赴苏州、重庆等地学习考察财政金融创新工作。

7月24日 召开全体干部大会，局长魏建明对新形势下做好下一步财税工作提出新要求。

7月26日 印发《嘉兴市市级行政事业单位国有资产收入收缴管理暂行办法》，加强市级行政事业单位国有资产收入管理，维护国有资产权益。

是日 市财政局、市教育局、市体育局联合印发《嘉兴市区学校体育场地设施向社会开放工作补助办法(试行)》，加强单位向社会开放学校体育场地设施的经费保障。

7月30~31日 市七届人大常委会第十次会议听取《市政府关于2013年上半年嘉兴市本级财政预算执行情况的报告》和《市政府关于嘉兴市本级2012年财政决算的报告》等议题。

8月7日 局长魏建明带队赴嘉善县调研县域科学发展示范点建设情况，赴海宁市调研要素市场化配置改革情况。

8月12日 市委副书记胡海峰一行到市财政局调研市本级经济发展情况。

8月16日 市府办印发《关于加强民营企业“二次创业”财税扶持的意见》。

8月19日 省财政厅厅长钱巨炎一行赴南湖区开展基层调研，局长魏建明陪同。

8月30日 副市长祝亚伟一行来市财政局调研多渠道筹措社保资金事宜。

9月3日 印发《嘉兴市异地政府采购管理办法》，规范本市异地政府采购项目管理。

9月10日 市委副书记高玲慧一行到市财政局调研财税工作。

9月13日 召开市级部门预算编制工作会议，市级各预算单位负责人等参加会议。代市长肖培生、市人大副主任周楚兴到会并讲话。

10月10日 国家农业综合开发办公室专家组赴嘉兴现场考察评审王江泾渔业特色园项目，省财政厅副厅长王广兵陪同。

10月24日 市财政局、市国税局、市地税局联合印发《嘉兴市会计诚信体系建设实施方案》，从加强会计人员、单位会计和注册会计师行业管理入手，推进会计诚信建设。

是日 市府办出台《嘉兴市级政府专项资金管理办法》。

10月25日 印发《关于财税支持“菲特”台风灾后恢复生产的意见》，帮助企业做好灾后恢复生产工作。

10月29日 市委、市政府出台《嘉兴市预算绩效管理办法（试行）》。

10月31日 市府办出台《嘉兴市本级生猪养殖业转型发展项目资金补助办法》。

11月6日 省财政厅纪检组长秦忠一行来嘉兴调研2014年财政工作思路。

11月10日 印发《关于进一步推进预决算信息公开工作的通知》，推进省级以下预决算信息公开工作。

12月5日 局长魏建明赴海盐县调研统筹城乡发展投融资工作。

12月13日 印发《嘉兴市市级政府非税收入工作目标责任制考核办法》，加强政府非税收入管理。

（嘉兴市财政局供稿　陆毓英执笔）

湖州市

1月16日 召开全市财政地税系统党风廉政建设工作会议暨作风建设推进会。局党组书记、局长周建明与领导班子成员、各县局局长签订党风廉政建设责任书。市委常委、市纪委书记陈浩出席会议并讲话。

1月17日 市委第21次常委会听取关于《2012年全市和市本级预算执行情况及2013年全市和市本级预算草案（讨论稿）》的汇报。

2月18日 召开全市财政地税工作会议。局党组书记、局长周建明对全年工作作了部署。市委副书记、市长金长征出席会议并讲话。

2月20日 市第七届人民代表大会第三次会议听取《关于2012年全市和市本级预算执行情况及2013年全市和市本级预算草案的报告》。

3月13日 会同市新农村建设领导小组办公室出台《湖州市（本级）社会主义新农村建设市校合作项目专项资金管理办法》，进一步加强资金管理，支持和鼓励与浙大等高等院校、科研院所开展合作。

3月15日 会同市委组织部、市农办、市农业局出台《湖州市集体经济欠发达村村级物业经济项目专项扶持资金管理办法》，规范补助资金管理，扶持村级集体经济发展。

3月18日 会同市科技局出台《湖州市科技金融风险补偿引导专项资金管理暂行办法》，规范资金监管，促进科技和金融结合。

3月22日 市政府第15次常务会议听取《关于2013年湖州市本级财政收支预算安排建议的汇报》。

4月18日 提请市政府出台《关于试行国有资本经营预算的意见》，首次试编国有资本经营预算。

4月25日 市七届人大常委会第14次主任会议听取《2012年市级政府性债务预算执行情况和2013年市级政府性债务预算安排建议》《关于2013年湖州市市级转移支付及政府性专项资金有关情况的汇报》和《2013年市级国有资本经营预算编制情况汇报》。

5月8日 会同市环保局出台《湖州市本级排污权有偿使用资金管理暂行办法》，加强资金管理，推进市本级排污权有偿使用和交易试点。

5月14日 会同市城乡住房工作协调委员会办公室出台《湖州市本级农村住房改造建设资金补助办法（试行）》，推动农房改造建设和村庄集聚。

5月14~15日 举办首期农民专业合作社财政支农政策培训班。市本级近百家农民专业合作社财务人员及较大规模合作社负责人参加培训。

6月4日 会同市国土资源局出台《湖州市本级农村土地整治示范项目资金补助暂行办法》，规范资金管理，支持市本级农村土地整治示范项目启动和实施。

6月5日 提请市政府出台《湖州市老虎潭水库水源地生态保护专项资金管理办法》，强化资金管理，推进水源地生态保护工作。

6 月 18~21 日　与嘉兴市局联合举办财政地税系统青年干部培训班。

6 月 24~26 日　省财政厅和省级政法机关检查组对湖州市政法经费保障工作进行检查。

6 月 25 日　会同市经济和信息化委员会出台《湖州市高效节能工业产品推广财政补贴资金拨付管理办法》，加强资金管理，支持高效节能工业产品推广。

7 月 16 日　提请市政府出台《关于进一步推进乡镇财政建设的实施意见》，发挥乡镇财政职能作用，促进农村经济建设和社会事业协调发展。

7 月 22 日　召开全市乡镇财政建设和管理工作推进会。市委副书记、市长金长征出席会议并讲话，各县区政府主要负责人，市本级乡镇政府（街道）负责人参加会议。

7 月 23 日　市七届人大常委会第 17 次主任会议听取《关于 2012 年全市和市本级财政决算（草案）的报告》和《关于 2013 年上半年全市和市本级预算执行情况的报告》。

8 月 14 日　国务院农村综合改革办公室主任王卫星、国家标准化管理委员会农业食品部副主任徐长兴一行在湖州调研农业科教结合及农业社会化服务标准工作。省财政厅副厅长王广兵陪同调研。

9 月 10 日　会同市住房和城乡建设局出台《湖州市本级可再生能源建筑示范项目专项补助资金管理办法》，加强资金管理，推进可再生能源建筑应用示范。

9 月 30 日　会同市发改委、市教育局、市人力社保局出台《湖州市中等职业教育学生资助管理办法》，加强资助管理，推进中等职业教育发展。

10 月 14 日　会同市科技局、市经信委、市发改委出台《湖州市新能源汽车推广应用试点实施方案》，推进新能源汽车推广应用试点。

10 月 24 日　市政府第 25 次常务会议听取《关于制定出台〈湖州市市级政府专项资金管理暂行办法〉的情况汇报》。

11 月 6 日　省财政厅副厅长魏跃华带队来湖州调研 2014 年工作思路。

11 月 15 日　市政府第 26 次常务会议听取《关于完善〈湖州市市级政府专项资金管理暂行办法〉的补充汇报》。

是日　会同市发改委出台《湖州市循环经济发展专项资金管理办法》，强化资金监管，推动经济社会绿色发展、循环发展、低碳发展。

12 月 16 日　会同市农业局出台《湖州市渔民陆上安居工程市级财政补助资金管理办法》，规范资金管理，推进渔民陆上安居。

是日　会同市科技局出台《湖州市科技贷款贴息资金管理办法（试行）》，强化资金监管，推动湖州国家科技与金融结合试点工作。

12 月 20 日　市政府第 28 次常务会议听取《关于 2013 年市本级预算调整方案（草案）以及相关事项的汇报》。

12 月 27 日　市七届人大常委会第 24 次主任会议听取《关于 2013 年市本级预算调整方案（草案）以及相关事项的报告》。

（湖州市财政局供稿　陈洪全执笔）

绍兴市

1 月 11 日　市财政局印发《关于加强财政资金安全管理工作方案的通知》，决定成立财政资金安全管理工作领导小组，市局党委书记、局长王水君任领导小组组长。领导小组下设办公室。

1 月 14 日　绍兴市机构编制委员会办公室批复同意增加市财政局财务总监（正科级）领导职数 1 名。

是日　市财政局联合市教育局印发《绍兴市属各学校食品安全专项补助资金管理办法》，对加强和规范食品安全专项补助资金管理作出规定。

1 月 15 日　市政府印发《绍兴市预算绩效管理办法（试行）》，明确预算绩效管理的实施主体、实施方式和保障措施。

1 月 22 日　根据绍兴市委办公室、绍兴市人民政府办公室通报，市财政局被评为 2012 年度“企业评部门、群众评行风”活动优胜单位。

1 月 22~23 日　全国财政协作课题研讨会在绍兴市举行。会议就《促进我国小微企业发展的财税政策及相关措施研究》课题报告进行交流研讨。财政部科研所研究生部主任罗文光、财政部科研所国有经济研究室、部分省(市)财政厅(局)科研所负责人以及局领导王水君、何俊杰等参加会议。

是日　省财政厅总会计师赵立妙带队先后在市本级、越城区、诸暨市开展财政资金安全专项检查,市财政局副局长蔡文良向检查组汇报绍兴市相关工作开展情况。

1 月 28 日　根据《浙江省财政厅关于 2012 年度全省农业财政工作考核情况的通报》,市财政局被评为优秀单位。

2 月 1 日　市财政局联合市农业和农村工作办公室、市农业局、市林业局印发《绍兴市市级新农村建设项目和资金使用管理暂行办法》,对规范市级新农村建设专项资金管理作出规定。

2 月 6 日　绍兴市委副书记、市长钱建民,市委副书记王文序等市领导到市级机关财务结算中心慰问窗口一线工作人员。

是日　市财政局召开全局干部会议。会议总结 2012 年工作,研究部署 2013 年目标任务。市局党委书记、局长王水君作《抓实“五大重点” 打造“三型机关” 努力为加快推进现代化绍兴建设作出新贡献》的工作报告。

是日　市财政局干部方卫东被评为 2012 年度市级机关“十佳公务员”。

2 月 18 日　市财政局干部金啸被授予“浙江省优秀农村工作指导员”。

2 月 19 日　绍兴市政府办公室转发《市财政局等单位关于在袍江经济技术开发区开展调整城镇土地使用税标准试点工作实施意见》,对在袍江经济技术开发区开展调整城镇土地使用税标准试点工作作出部署。

3 月 5~8 日　省财政厅党组成员、纪检组长秦忠率省“双服务”工作组到绍兴市开展 2013 年度“双服务”工作第一次集中服务活动。

3 月 15 日　全市财政地税工作会议召开。会议总结 2012 年全市财政地税工作,研究部署 2013 年工作。市局党委书记、局长王水君代表局党委作《依法征收 科学理财 努力为开创现代化绍兴建设新局面提供财力支撑》的工作报告。市委常委、常务副市长陈月亮出席会议并讲话。

3 月 18 日　根据《浙江省财政厅关于 2012 年度新版政府非税收入管理信息系统实施应用情况的通报》,市财政局非税管理工作受到省财政厅通报表彰,并专题介绍经验做法。

4 月 3 日　根据《浙江省财政厅关于表彰 2012 年度预算绩效管理工作先进单位和个人的通报》,市财政局被评为 2012 年度预算绩效管理工作一等奖。

4 月 10 日　市财政局、市经信委联合出台《绍兴市节能产品惠民工程财政补贴资金使用管理暂行办法》,对补贴资金的来源、使用对象、标准及使用管理作出规定。

4 月 17 日　市财政局、市国土局联合印发《关于进一步规范矿山自然生态环境治理备用金收取管理办法的通知》,对治理备用金收取依据、标准、核定程序、收取办法、清算、变更、处置、监督管理等作出规定。

4 月 23~25 日　全省 2013 年财政预算编制人才库培训班在绍兴市举行。

4 月 24~25 日　全省会计从业资格无纸化考试工作会议在绍兴市召开。

5 月 2 日　根据市七届人大三次会议批准的 2013 年市级财政预算报告(草案),市财政局下达《2013 年预算经费指标及部门预算批复》。

是日　印发《绍兴市财政局关于进一步完善财政性资金预算追加审批流程的通知》,从制度上进一步完善财政性资金预算追加审批范围、审批形式、审批程序。

5 月 3 日　市财政局出台《绍兴市市级国库集中支付动态监控工作实施方案》,决定建立健全预算执行动态监控机制,同时成立市级预算执行动态监控机制领导小组,局长王水君担任领导小组组长。

是日　市财政局出台《绍兴市市级乡镇国库集中支付改革实施方案》,决定在市本级马山镇、斗门镇、灵芝镇和东浦镇全面实施国库集中支付改革,同时成立市级乡镇国库集中支付改革工作领导小组,局长王水君担任领导小组组长。

是日 绍兴市机构编制委员会办公室批复同意，市财税干部学校更名为市财税干部教育管理中心，市财税信息中心更名为市数字财政管理中心，并增挂市电子税务管理中心的牌子。

5月21日 市财政局等五部门联合出台《绍兴市级政府采购支持中小企业信用融资试点办法》，决定在市本级实行“政采融资”试点工作。

5月22日 全省财政项目审核工作会议在绍兴市召开。省财政厅副厅长魏跃华、监督局局长张杭平出席会议并讲话。局长王水君参加会议。

5月23日 市财政局、市国家税务局、市地方税务局联合出台《营业税改征增值税试点期间过渡性扶持政策实施办法》，决定在营业税改征增值税试点期间实施过渡性扶持政策。

6月18~19日 省财政厅党组成员、纪检组长秦忠率省“双服务”工作组到绍兴市开展主题为“三改一拆”的第二次集中服务活动。

6月19日 财政部机关党校第58期处级干部进修班第一组一行6人来绍兴市开展政府采购诚信体系及提高政府公信力调研。

6月28日 印发《绍兴市市级国库集中支付资金动态监控管理暂行办法》，明确市级财政国库集中支付动态监控管理有关事项。

7月16~17日 全省注册会计师考试工作会议在绍兴市举行。

8月2日 绍兴市委副书记、市长俞志宏在市财政(地税)局专题调研财政地税工作。

8月5日 印发《市级部门财政支出绩效管理工作考评细则的通知》，决定对市级部门财政支出绩效管理工作进行考评。

8月13日 财政部“六五”普法督查会在市财政局召开。财政部法规司副司长徐国乔带队对市财政局财政“六五”普法中期工作进行督查。局长王水君等局领导参加会议。

8月22日 市财政局印发《绍兴市财政支出绩效评价管理实施办法》，规范财政支出绩效评价工作的组织、实施过程及工作方法。

8月27日 印发《绍兴市本级行政事业单位闲置资产调剂和无偿借用暂行办法》，明确市级行政事业单位闲置资产的范围、调剂和无偿借用的管理主体责任和程序步骤等有关事项。

8月28日 印发《绍兴市本级政府非税收入管理考核评价办法(试行)》，明确考评对象、范围、标准、内容和要求。

9月2日 市财政局印发《绍兴市市级公立医院综合改革政府投入政策实施细则(试行)》，明确市级公立医院综合改革政府投入相关政策。

9月7~8日 财政部副部长、国务院医改办副主任王保安带队来绍兴市督查基层医改政策落实情况。

9月9日 印发《绍兴市财政局关于实施市对县(市)转移支付管理改革的通知》，决定对县(市)转移支付管理进行改革。

是日 印发《绍兴市财政局关于建立政府性投资项目资金审批管理流程的通知》，对政府性投资项目资金审批范围、审批形式、审批程序等作出规定。

10月24日 根据绍兴市委组织部通知，免去楼君的中共绍兴市财政税务局委员会委员职务。

10月28日 根据绍兴市人民政府通知，免去楼君绍兴市财政局副局长职务。

10月30日~11月1日 省财政厅副厅长罗石林率省财政厅相关处室负责人来绍兴市开展2014年度工作思路调研。

11月8日 绍兴县财政局更名为绍兴市柯桥区财政局；上虞市财政局更名为绍兴市上虞区财政局。

11月14日 印发《绍兴市财政局 绍兴市地方税务局关于做好市区区划调整有关衔接工作的实施方案》，对区划调整过程中涉及财税的各项衔接工作作出部署。

11月20日 全国地方政府债券协会会长杨政在绍兴市调研，专题听取绍兴市政府性债券使用管理汇报。

11月21日 市政府办公室印发《绍兴市本级财政性资金存放商业银行考评管理办法》，明确市本级财政性资金存放商业银行的基本原则、考评范围、考评办法和组织实施等有关事项。

11月25日 印发《绍兴市政府投资项目绩效评价管理暂行办

法》,决定构建政府投资项目财政支出绩效评价管理体系。

12月2日 印发《绍兴市市级部门预算结余资金管理办法》,对结余资金的管理作出规定。

12月30日 市财政局直属市级机关财务结算中心被评为2013年度市级青年文明号。

12月31日 市政府印发《在越城区开展调整城镇土地使用税政策促进土地集约节约利用试点工作实施方案的通知》,决定自2014年1月1日起在越城区开展调整城镇土地使用税政策促进土地集约节约利用改革。

（绍兴市财政局供稿 裘立周执笔）

金华市

1月11日 市局副局长倪小波向金华市政府第42次常务会议汇报2012年度金华市本级财政预算绩效管理的有关情况。

是日 市局副局长严国鑫向金华市政府第42次常务会议汇报建立九峰水库项目还款机制的有关情况。

1月14日 金华市人民政府办公室下发《关于公布金华市2013年度政府采购目录及标准的通知》。

1月21日 市局局长陈志身在金华市政府第43次常务会议上,汇报2012年全市和市本级财政收支预算执行情况及2013年财政预算草案报告起草的有关情况。

2月20日 市局召开全市财政地税工作暨作风建设会议。局长陈志身作题为《以十八大精神引领财税赶超发展 为加快“两富”现代化都市区建设而努力奋斗》的主题报告。市委副书记、市长徐加爱参加会议并讲话。

2月25日 金华市财政局、金华市商务局联合出台《金华市国家中小商贸流通企业公共服务平台建设补助资金使用管理办法(试行)》,该资金主要用于基本运行支出、项目建设补助和奖励支出。

2月27日 省财政厅厅长钱巨炎一行到磐安县就乡镇财政及公共服务平台建设情况开展专题调研。调研组一行先后赴安文镇村级便民服务中心、安文镇财政办、县地税局办税服务厅等地进行实地调研。

3月1日 金华市六届人大四次会议审议通过《2012年全市和市本级财政预算执行情况及2013年全市和市本级财政预算草案的报告》。

4月7日 局长陈志身向金华市政府第47次常务会议汇报制定金华市本级行政事业单位国有资产使用管理暂行办法的有关情况。

4月17日 金华市财政局、金华市教育局联合出台《市本级教师专业发展培训经费管理办法(试行)》。

4月19日 局长陈志身向金华市政府第48次常务会议汇报关于2012年全市及市本级政府性债务情况和2013年市区政府性债务收支计划的有关情况。

是日 局长陈志身向金华市政府第48次常务会议汇报规范市本级行政事业单位公务用车购置审批工作的有关情况。

4月22日 财政部等八部委联合发文,同意在义乌市正式试行市场采购贸易方式,明确对市场集聚区的市场经营户以市场采购贸易方式出口的货物,实行增值税免税备案政策,提升贸易便利化水平。

5月2日 金华市财政局、金华市扶贫办公室联合出台《金华市本级财政专项扶贫资金管理办法》,该资金补助范围以经省认定的婺城区扶贫重点村、已整体搬迁至异地的移民村和金东区经批准的50个扶贫重点村为主。

5月7日 局长陈志身在金华市政府第50次常务会议上,汇报关于2012年节会类项目绩效评价情况、2013年社保资金保值增值情况和财政性资金存款分布调整方案。

是日 市局副局长严国鑫在金华市政府第50次常务会议上,汇报2013年政府投资预算安排的有关情况。

6月14日 金华市财政局、金华市经济和信息化委员会联合出台《金华市节能产品惠民工程财政补贴资金使用管理暂行办法》,用于补贴在金华市区注册的单位和企业购买国家公布的目录内高效节能产品。

6月18日 市局副局长严国鑫在金华市政府第53次常务会议上,汇报市人民医院迁建工程投资估算总额的有关情况。

7月4日 金华市财政局、金华市水利渔业局联合出台《金华市本级水利建设基金项目和资金管理暂行办法》。

7月6日 省财政厅副厅长金慧群一行在磐安县盘峰乡榉溪村调研。

8月5日 代市长暨军民专题听取金华市财政地税局工作汇报。

8月6日 局长陈志身向金华市政府第55次常务会议汇报核拨金华银行不良贷款剥离资金问题的有关情况。

8月7日 省财政厅党组成员、纪检组长秦忠一行到金华走访调研有关企业，并到金东区澧浦镇公共服务中心开展“走亲连心”活动。

8月12日 金华市财政局等八部门出台《金华市区道路交通事故社会救助基金使用及追偿操作细则(试行)》。

8月19日 金华市财政局等三部门出台《金华市本级经济薄弱村发展集体经济项目奖励补助办法(暂行)》，决定从2013年起五年内，每年安排1000万元资金，扶持市本级(含婺城、金东、开发区)集体经济薄弱村发展村级物业经济。

8月23日 局长陈志身在金华市政府第56次常务会议上，汇报金义都市新区土地出让金滞纳金的有关情况。

9月5日 局长陈志身向金华市政府第57次常务会议汇报2013年金华市本级国有资本经营预算草案编制有关情况。会议同意市财政局提交的《2013年金华市市本级国有资本经营预算的草案》。

9月12日 金华市财政局、金华市林业局联合出台《金华市本级森林生态效益补偿基金管理办法》，明确各区应当设立森林生态效益补偿基金，除国家、省补助外，由地方承担的部分，市财政给予50%补助。

是日 金华市财政局、金华市林业局联合出台《金华市区饮用水源涵养功能区生态补偿资金使用管理办法》，用于饮用水源涵养生态功能区建设和保护工作。

9月13日 省财政厅副厅长王广兵参加金华市乡镇财政建设现场推进会，市委副书记、代市长暨军民一同出席，各县(市、区)政府、金华经济技术开发区管委会主要领导，市财政局等有关部门及各县(市、区)财政局主要负责人参加会议。

10月11日 市局副局长倪小波在金华市政府第59次常务会议上，汇报设立金华市区域统筹发展专项资金有关情况。会议同意设立此项资金，用于支持各县(市)统筹区域发展。

是日 市局副局长倪小波在金华市政府第59次常务会议上，汇报2013年中职教育免学费专项补助有关情况。

是日 金华市财政局、金华市卫生局联合出台《金华市扶持和促进中医药事业发展专项资金管理办法》，扶持和促进中医药事业发展。

10月29日 金华市财政局、金华市农业局联合出台《金华市区基层农业公共服务中心建设奖励补助办法》，从2013年起执行，有效期三年。

11月14~16日 省财政厅副厅长金慧群带队来金华调研财政工作。调研组先后走访有关企业，以及兰溪市赤溪街道插口村便民服务中心、浙江师范大学行知学院和浙江横店影视职业学院，并召开金华市财政工作座谈会。

11月27日 局长陈志身在金华市政府第63次常务会议上，汇报设立市本级财政扶持中等职业教育专项资金的有关情况。

12月17日 金华市人民政府办公室下发《关于公布金华市2014年度政府采购目录及标准的通知》。

是日 金华市财政局、金华市教育局联合出台《市本级财政扶持中等职业教育发展专项资金管理办法》，自2014年1月1日起执行，有效期五年。

(金华市财政局供稿　陈玲颖执笔)

衢州市

2月22日 市财政局召开全体干部职工大会。局党委书记、局长吴宝骏作《求真务实、开拓创新、努力开创全市财税事业发展新局面》的工作报告。

3月2日 市六届人大四次会议审议通过《关于2012年全市和市本级预算执行情况及2013年全市和市本级预算草案的报告》。

3月4日　市财政国库支付中心被全国妇联授予"巾帼文明示范岗"称号。

3月11日　局长吴宝骏带队赴龙游县小南海镇龙西村等地开展调研。

4月21日　新疆乌什县政协副主席、财政局局长李续跃一行在衢州考察,两地就财政工作进行交流。

4月27日　浙江省会计从业资格衢州考点考试在衢州中专举行,考试首次实行无纸化。

5月16~17日　省财政厅副厅长薛小杭带队在衢州调研巨化集团相关政府和社会管理职能移交地方后,衢州市新增负担情况。衢州市常务副市长江汛波作专题汇报,副市长胡仲明陪同。

5月28日~6月7日　市财政局组织全体财政干部分批赴江西财经大学接受财政业务素质培训。

6月20~21日　省财政厅副厅长罗石林带队在衢州开展民生财政绩效调研,走访衢州市福利院、柯城区府山街道居家养老服务中心和社会管理中心等地。衢州市政协副主席欧阳建华陪同。

7月9~10日　由省公安厅、省财政厅、省司法厅等部门组成的省政法经费保障绩效考核检查组在衢州检查政法经费保障工作。

7月18日　衢州市人大常委会批准衢州市2012年市本级财政决算。

7月24日　省财政厅财政监督局局长张杭平等在衢州调研财政监督立法项目。

7月25日　市财政局出台《关于建立会计人员诚信档案管理办法》,对持有本行政区域内有效会计从业资格证书人员的诚信信息进行采集、处理、使用和监督。

8月15日　市财政局出台《市级预算绩效目标管理实施办法》(试行)。

8月20日　根据市委文件,徐晓文任衢州市财政局党委委员。

9月24日　市财政局、市检察院联合印发《关于进一步加强政府采购领域行贿犯罪档案查询工作的通知》。

10月8日　市财政局印发《衢州市政府预决算公开工作实施方案》。

10月21日　市财政局、市林业局联合出台《衢州市林业特色产业发展项目与资金管理办法》(试行)。

11月8日　根据市委文件,免去周卫云的市财政局党委副书记职务。

11月11~12日　省财政厅厅长钱巨炎在衢州开展财税工作思路调研。调研组一行走访常山县、开化县、衢州绿色产业集聚区和衢江区,召开专题座谈会,听取衢州财税工作情况汇报以及对财税工作的意见和建议。

11月27日　衢州市财政局、市人力社保局联合印发《关于进一步搞活事业单位绩效工资分配的指导意见》。

12月16日　衢州市出台《市级促进建筑业发展专项资金管理办法》,支持建筑业做大做强。

(衢州市财政局供稿　王燕萍执笔)

舟山市

1月24日　市财政局召开2012年度全局工作会议,回顾总结2012年全市财政地税工作,部署2013年财政地税各项任务,表彰2012年度先进。

是日　市政府印发《舟山市市级公立医院综合改革工作实施方案》,从2013年2月1日起,市级公立医院药品将全部实行零差率销售,适当增加政府投入予以补偿。

2月24日　市六届人大三次会议审议并批准《关于舟山市2012年全市和市本级预算执行情况及2013年全市和市本级预算草案的报告》。

3月4日　省财政厅副厅长罗石林一行调研定海区财政工作。

4月12日　市财政局、市住房和城乡建设委员会联合印发《舟山市市本级保障性住房专项资金管理暂行办法》。

4月17~19日　市局举办舟山市行政事业单位财务会计制度培训班，对新修订的《行政单位财务规则》《事业单位财务规则》《事业单位会计制度》和《事业单位会计准则》等制度作解读。

5月2日　市委副书记、代市长周江勇到市财政局作专题调研，常务副市长马国华陪同调研。

5月23日　市政府印发《关于进一步促进船舶工业健康发展的若干意见》，从2013年起，市财政每年安排船舶工业转型升级专项资金不少于6000万元，同时设立舟山市船舶产业发展基金。

5月31日　舟山群岛新区金财会计人才交流有限公司（群岛新区会计人才交流平台）成立，该公司由舟山市财政局设立，免费服务于企事业单位、其他组织和广大会计人员，为公益性机构。

6月20日　市机构编制委员会批复同意市财政局设立舟山市政府投资项目造价中心，该中心负责政府性投资项目工程概算、预算及变更造价的编制。

6月27日　市六届人大常委会第十三次会议审议批准《关于舟山市2012年市本级财政决算的报告》。

7月8日　市政府印发《关于进一步加强“三公”经费等一般性支出管理的通知》。

7月30日　省财政厅核定舟山市2013年地方政府债券规模12亿元，比上年增加2亿元，期限为7年。资金将主要用于保障性安居工程、大陆引水工程、普通公路、医疗卫生和教育等社会事业基础设施建设。

7月31日~8月1日　省财政厅厅长钱巨炎一行到舟山调研，听取基层财税部门、各界代表对财税部门的意见建议。

8月13日　市财政局、市海洋与渔业局联合印发《舟山市远洋渔业项目与资金管理办法》。

9月5日　市政府印发《舟山市道路交通事故社会救助基金管理暂行办法》。

9月18日　市六届人大常委会第十五次会议任命顾央军为舟山市财政局局长。

是日　市财政局等四部门联合印发《舟山市本级政府采购支持中小企业信用融资试点办法》，帮助参加政府采购的中小供应商解决融资难问题。

9月23日　市财政局、市“菜篮子”工作领导小组办公室印发《舟山市“菜篮子”专项资金管理暂行办法》。

9月29日　市财政局召开机构改革动员大会。市委常委、常务副市长、市级机构改革工作第二指导组组长马国华出席会议。会议通报了舟山市财政局（地税局）党组成员、局领导任命情况。

10月8日　省财政厅下达舟山2013年海岛及边境地区转移支付资金补助1亿元。

10月12日　市政府印发《舟山市财政局（地方税务局）主要职责内设机构和人员编制规定》，设立舟山市财政局、舟山市地方税务局，挂市国有资产监督管理委员会牌子。市财政局是主管财政、国资工作的市政府工作部门，履行国有资产出资人职责。

11月12~15日　省财政厅副厅长罗石林一行到舟山开展工作调研，并与部分省人大代表、政协委员座谈。

12月4日　舟山市委副书记徐旭一行到市财政局调研创新新区行政体制改革“回头看”工作。

12月5日　财政部印发《关于批准在浙江省舟山群岛新区试点发行销售中国体育彩票飞鱼游戏的通知》，首次准许在地级市区域范围内发行销售彩票。

12月13日　副省长、舟山新区党工委书记、市委书记孙景淼到市财政局听取2014年财政预算汇报。

（舟山市财政局供稿　徐颖娜执笔）

台州市

1月11日　改版后的台州财税信息网上线运行。

1月22日　市财政局召开推进行政权力规范化建设动员会。局纪检组长孙鑫主持会议，市局进一步推进行政权力规范化建设领导小组及办公室成员、各处（室、局、单位）主要负责人参加会议。

2月5日　市财政局召开2012年度总结会，市局全体工作人员参加。局长吕仁苗总结2012年全局工作。

3月5日　市财政局召开新任职干部座谈会，局长吕仁苗携领导班子成员同30余名新任职干部座谈。

3月9~14日　2013年全市会计领军人才培训班在上海国家会计学院举行。

3月22日　召开全市财政地税系统经济形势分析会。会议对全市一季度收入形势进行深入分析，研究经济运行中存在的突出问题，部署下一阶段工作。

4月1日　召开全市财政地税工作会议，市委副书记、代市长张兵出席会议并讲话。会议回顾总结2012年财政地税主要工作，全面分析财税经济形势，部署2013年财政地税工作任务。

4月18日　全省政府投资预算管理暨固定资产投资决算报表汇审会议在三门县召开。

4月24日　全国人大常委会预算工委预决算审查室副主任何成军一行到台州就种粮农民直补情况开展调研。市财政局、市农业局相关负责人汇报有关情况。

6月18日　全市财政地税系统2013年上半年经济形势分析会在温岭市召开。

6月28日　代市长张兵一行到市局调研，局长吕仁苗汇报全市财政地税工作。

7月3日　《中国会计报》对台州会计管理特色进行专题报道。

7月4日　全省会计管理工作会议在仙居县召开。

7月17~20日　省政法经费保障绩效考核组一行对台州市市本级、黄岩区、临海市2012年政法经费保障绩效工作进行专项检查。

8月13日　全省财政"六五"普法中期工作交流及执法案卷评查会议在天台县召开，全省各市财政局业务机构负责人及法制骨干近30人参加会议。

8月21日　召开全市财政地税局长会议。会议结合全市经济形势，分析财政地税工作运行情况，讨论如何创新工作举措，确保完成下半年目标任务。

9月4~6日　全省财政系统文秘综合知识培训班在台州举办，省财政厅副厅长金慧群出席培训班并讲话。

10月16日　全省会计专业技术资格考试考务工作会议在台州召开。

10月28日　市局财税信息网开通预算绩效管理子网站。

11月6~8日　省财政厅副厅长王广兵到台州调研2014年财政工作思路，就财政运行情况、经济形势及对财政工作的意见和建议开展座谈。

12月6日　市政协副主席张蕴华一行到市局开展落实厉行节约有关情况调研。市局纪检组长孙鑫、总会计师蒋天平汇报相关工作。

12月9日　市委市政府考核组到市局进行2013年度市级单位重点工作目标责任制考核。局长吕仁苗率局班子成员汇报工作。

（台州市财政局供稿　卢云芬执笔）

丽水市

2月6日　市政府第13次常务会议听取2013年丽水市直基本建设预算编制、2012年市本级政府性债务执行及2013年债务收支计划编制情况的汇报。

是日　市机构编制委员会批复同意市财政局、市地方税务局内设信息化管理处；设立局下属事业单位丽水市财税咨询服务中心，挂靠市财税培训中心。

2月17日　市委常委、市纪委书记夏建成一行到市局调研。

是日　召开全局干部职工大会，总结2012年工作，部署2013年工作。局党组书记、局长陈志雄作工作报告；大会表彰2012年度先进集体和先进个人。

2月28日　丽水市国库集中支付中心被中华全国妇女联合会授予"全国三八红旗集体"荣誉称号。

3月13日　市政府第15次常务会议听取市直2013年部门预算编制情况的汇报。

3月29日　丽水市三届人大三次会议审议批准市财政局受市人民政府委托所作的《关于2012年全市和市级预算执行情况

及2013年全市和市级预算草案的报告》。

4月10日　市人大常委会主任会议听取2013年度丽水市本级政府性债务及2013年度部门预算编制情况的汇报。

4月12日　市委副书记、市长黄志平一行到市局调研财政地税工作。局党组书记、局长陈志雄作工作汇报。

4月15日　丽水市首开会计从业资格无纸化考试。

4月18~19日　省财政厅纪检组长秦忠来市局调研。

4月24日　市政府印发《关于进一步加强乡镇财政建设的实施意见》。

4月26日　市政府召开全市推进乡镇财政建设工作座谈会，会议总结前阶段全市乡镇财政建设工作，交流乡镇财政建设经验，研究部署下阶段乡镇财政建设工作。市委常委、常务副市长陈瑞商出席会议。

5月2日　市委决定：甄荣泗任市财政局、市地方税务局党组副书记，中共丽水市纪委派驻市财政局、市地方税务局纪检组长。

5月14日　市委常委、市纪委书记夏建成到市局调研“三公”经费管理情况，局党组书记、局长陈志雄作专题汇报。

5月30~31日　全省财政监督绩效管理会议在丽水市召开，省财政厅监督局局长张杭平出席会议。

6月17~19日　省财政厅副厅长王广兵赴云和、景宁两县调研。

7月11日　市人大常委会副主任吕文明一行来市局调研财政预算工作，局党组书记、局长陈志雄汇报丽水市2012年度财政决算草案和2013年上半年预算执行情况。

7月18日　根据市委有关文件：市财政局财政监督局局长方伟英为副处级。

7月22日　召开全市财政地税工作座谈会。会议总结交流上半年财政地税工作，分析财税经济形势，部署下半年财政地税工作。市委常委、常务副市长陈瑞商出席会议。

7月30日　市委办、市府办印发《丽水市市直机关会议管理暂行规定》。

8月22日　市机构编制委员会批复同意市财政局设立市道路交通事故社会救助基金管理中心，为局下属相当于正科级公益一类事业单位。

8月29日　丽水市第三届人民代表大会常务委员会第十二次会议审议批准丽水市2012年度市级财政决算。

8月30日　市局制定《市直财政专项资金补助项目评审工作制度》。

10月9日　召开省审计厅对丽水市2012年财政决算审计进点会，市委常委、常务副市长陈瑞商出席会议。至11月1日，审计结束。

10月22日　市委决定：留培杨任市财政局、市地方税务局党组成员。

10月28~30日　省委第一巡视组巡视专员郭庄宁带领巡视组就省财政厅巡视工作到市局开展谈话和调研工作。

11月6~8日　省财政厅副厅长薛小杭在丽水市开展2014年财政工作思路调研，在市局召开座谈会，听取财政工作汇报。其间，到丽水经济开发区和庆元县企业走访，到景宁县看望省财政厅挂职干部。

11月11日　印发《市直行政事业单位通用办公设备、家具、软件购置和办公用房装修标准的通知》。

11月22日　市委决定：易远明任市财政局、市地方税务局党组成员。

11月29日　市府办印发《丽水市市直财政专项资金管理试行办法》，加强市直财政专项资金管理。

11月30日　省财政厅副厅长王广兵到丽水考察一事一议财政奖补项目和新农村建设项目情况。

12月31日　市委常委、常务副市长陈瑞商走访慰问财税金融系统，并召开市级财税金融系统迎新座谈会，局长陈志雄参加座谈会。　（丽水市财政局供稿　刘克华执笔）

财政机构人员

zhejiang caizheng nianjian

浙江省财政厅厅领导名单

（2013 年 12 月 31 日）

党组书记、厅长、省地税局局长	钱巨炎
党组副书记、副厅长、巡视员	罗石林
党组成员、纪检组长、监察专员	秦　忠
党组成员、副厅长	金慧群
党组成员、副厅长	魏跃华
党组成员、副厅长	薛小杭
党组成员、副厅长	王广兵
党组成员、总会计师	赵立妙
党组成员、省财务开发公司总经理、省金融控股有限责任公司董事长、党委书记、总经理	杜祖国
副巡视员	宋培军
副巡视员	罗跃琴

浙江省财政厅机构设置及中层干部名单

（2013 年 12 月 31 日）

一、厅机关

办公室

主任：沈　磊

副主任（正处长级）兼省财税政策研究室主任：莫红民

厅工会主任（正处长级）兼办公室副主任：张胜凯

副主任：杨慧芳

副主任兼浙江财政后勤服务中心主任：甘建辛

副主任：陈　栋*

调研员：祝新发

调研员：梁顺敏

副调研员：朱军华

人事处（离退休干部处）、直属机关党委

处长：章忠良

离退休干部处处长兼人事处副处长：姜明路

机关党委专职副书记兼人事处副处长：金洪根

副处长：费　萍

调研员：童新元

副调研员：何小媛

副调研员：李亚东

副调研员：陈津津

省纪委派驻省财政厅纪检组、省监察厅驻省财政厅监察专员办公室

副组长、主任：李文艳

正处长级：叶乃杰（援疆工作）*

副主任：赵灵辉*

正处级纪检监察员：金国荣*

政策法规处

处长：周　瀛

调研员（保留厅机关正处长级待遇）兼注册会计师行业党委专职副书记：周位标

副处长：富德荣

调研员：朱炳仁

总预算局、地方预算处

局长：邢自霞（副厅级）

副局长兼省级部门预算编制中心主任：章启诚

副局长兼地方预算处处长:倪学军
地方预算处副处长:周爱明
地方预算处副处长:张远东
副调研员:杨格来
副调研员:翟晓真

税政处

处长:姚龙飞
副处长:邵　健

预算执行局、国库支付处

局长:侯余兴(副厅级)
副局长兼国库支付处处长:赵利明
副局长兼省级机关会计核算中心主任:何新星
国库支付处副处长:陈丽君
国库支付处副处长:包尧兴
副调研员:吴月宝
副调研员:陈　珍
副调研员:蒋小聪

综合处

处长:沈江平
票据中心主任兼综合处副处长:张亚平
副处长:孙建苗
副处长:吴凤珍
副处长:邬达贵
副调研员:姚如华
副调研员:张　敏
副调研员:孙继霞

会计处

处长:陈　孝
调研员(保留厅机关正处长级待遇):蒋振成
副处长:杨树圣
副处长:周克俭
调研员:李雪萍
副调研员:郑肖亮
副调研员:程少春

行政政法处

处长:楼梅芳
副处长:童黛铭
副处长:姜建成
副处长:马　勇
副处长:管海燕
副处长:陈　达(援藏工作)*
副调研员:王志红

教科文处、省级文化企业国有资产监督管理办公室

处长:金　涛
省级文化企业国有资产监督管理办公室主任兼教科文处副处长:董立国
副处长:傅彩莲
省级文化企业国有资产监督管理办公室副主任:虞劲松
调研员:戴祥波
副调研员:袁艺侨

行政事业资产管理处

处长:陈百平
副处长:牟晨晖

农业处

处长:蒋建建
副处长:王　静
副处长:李建斌
副处长:赵　虹*
副处长:王振权(援疆工作)*
副调研员:王小丽

基层财政管理处(省农村综合改革办公室)

处长:尹红平
副处长:张才德
调研员:崔华英
副调研员:许建全

企业处

处长:俞建人
副处长:叶光胜
副处长:肖艳菱
副处长:吴新芳
调研员:吴中秋
副调研员:朱　玲
副调研员:冯　洁
副调研员:张　卉

金融处

处长兼省道路交通事故社会救助基金管理中心主任:陈建中
副处长:洪小然
副处长:郑可青
副调研员:陈志仁

社会保障处

处长:王雯琳
副处长:李　鸣
副处长:赵雅玲
副处长:陈志远
副调研员:幸春平
副调研员:王柳霞
副调研员:全龙江

经济建设处

处长：王　俭
副处长、调研员：戚国裕
副处长：郭定方
副处长：楼慧芬
副处长：马建胜
副处长：何喜平
调研员：余逸美

财政监督局、绩效管理处

局长：张杭平（副厅级）*
审核中心主任兼财政监督局副局长：郑　耀
绩效管理处处长兼财政监督局副局长：江中亮
副局长：王林尧
绩效管理处副处长：王向群
副调研员：周学伟

省农业综合开发办公室

主任：王广兵（兼）
常务副主任（正处长级）：徐来兴
副主任（正处长级）：赵国瑛
副主任（副处长级）：魏治明
调研员：张和杰*
副调研员：何维君
副调研员：方优良

政府采购监管处

处长：钱国兴
副处长：费国炎
副处长：俞小青
副调研员：徐剑锋

二、事业单位

省财务开发公司

省财政厅党组成员、省财务开发公司总经理、省金融控股有限责任公司董事长、党委书记、总经理：杜祖国
省财务开发公司副总经理兼浙江华财实业发展有限责任公司董事长、总经理：姚　战*
省财务开发公司副总经理兼浙江省创新发展投资有限公司董事长、总经理：叶　忠*
省金融控股有限责任公司副总经理、省中小企业再担保有限公司董事长、总经理：倪一冰*
省金融控股有限责任公司监事会主席：祝云水
省财务开发公司党总支书记：赵献平
省财务开发公司总经理办公室主任：黄志明
省财务开发公司财务内审部经理：柴会荣
省财务开发公司投资管理一部经理：汪一兵
省财务开发公司投资管理二部经理：於亚雄
省财务开发公司投资管理三部经理兼浙江省创业风险投资引导基金管理有限公司副总经理（主持工作）：徐晓坚*
省财务开发公司投资管理四部经理：张宝健
省财务开发公司对外联络部经理：贺贤文
省海洋产业投资公司、浙江金控投资公司副总经理（主持工作）：杜金良*
省海洋产业投资公司、浙江金控投资公司副总经理：邵建协
省财务开发公司部门经理级干部：徐炳权

省级机关会计核算中心

主任：何新星（兼）
副主任：叶时宝
副主任：宋万生
副主任：何玮富
副主任：高　翔
副调研员：和繁荣
副调研员：周小燕
副调研员：陈燕燕

省财政项目预算审核中心

主任：郑　耀
副主任：沈　湧
副主任：沈应庚
总工程师：俞富桥
副调研员：吴春桃
副调研员：徐孝土

省财政票据管理中心

主任：张亚平
副主任：斯志洪
副主任：杨仕聪（援青工作）*
副调研员：刘　宁

省级部门预算编制中心

主任：章启诚（兼）
副主任：陈志光
副主任：石琪琪

省财税政策研究室

主任：莫红民（兼）
副主任：王非文
副主任、《浙江财税与会计》杂志副主编：刘东溟
副主任：冯　健

省数字财政管理中心

主任：李　军
副主任：寿建钢

副主任:金永勤
副主任:陈健东
总工程师:许智敏

省会计人员服务中心

主任:金光对*
副主任:沈幼华

省农业综合开发项目审核中心

主任:陆龙泉
副主任:许锡田
副主任:张光敏

省财政干部教育中心(省中华会计函授学校)

干教中心主任、专职副校长:余丽生*
干教中心副主任、专职副校长:吴小明
干教中心副主任、专职副校长:童联新
干教中心管理五级职员:汪国葆*

省道路交通事故社会救助基金管理中心

主任:陈建中(兼)

省注册会计师服务中心、省注册会计师协会(资产评估协会)

主任、秘书长:汤　淮
注册会计师行业党委专职副书记:周位标(兼)
副主任、副秘书长:林金松
副主任、副秘书长:蒋文军
副主任、副秘书长:韩江南

浙江财政后勤服务中心

主任:甘建辛(兼)
副处级:杨仁三
浙江金溪服务管理有限公司副总经理:章小朝

省财政厅招待所

所长:陈文斌(原部队副团)
副所长、管理五级职员:马　骥*

省莫干山财政干部休养所

所长、浙江金溪服务管理有限公司副总经理:程智灵

省世界银行业务培训中心(杭州金溪山庄)

董事长:华山月*
总经理、浙江金溪服务管理有限公司董事长、总经理:朱　蕾*
副总经理:方卫国
管理五级职员:解亚东*

(注:有*标示者为当年职务有新变动)

浙江省各市、县(市、区)财政局领导

(2013年12月31日)

杭州市财政局

局长:金　翔
副书记:王　希　龚　萍
副局长:吴文兴
纪检组组长:陈　平*
副局长:谢　永　朱觉斐
党委委员、财政监督检查局书记、局长:许　杭*
党委委员、局机关党委书记:余田法
总预算局(税政处)局长、处长(副局长级),地方预算处(基层财政管理处)处长:汪生祥*
巡视员:汤军贤*

上城区财政局

局长:季黄辉
副局长兼国资办主任:卢　伟
区经贸纪工委书记、局党委成员:俞浪进
副局长:欧阳杰　蒋晓斌
调研员:朱红卫

下城区财政局

书记、局长:蔡延平*
副书记、副局长:朱　捷*
副局长:宋震跃　林广瑶

江干区财政局

局长:项伟荣
副局长、纪检组长:周金虎
副局长:余　焱　宋进军

拱墅区财政局

局长:孟三山
副书记、副局长、纪检组长:尤永忠
副局长:许　斌

西湖区财政局

局长:何加新
副书记:祝春霞
副局长:仰红英　袁　骏　沈丽芬
调研员:郑建平

高新(滨江)区财政局

局长:屠国平

副局长:汤　茵*　张　军*

纪检组长:余凤珍

萧山区财政局

局党委书记、局长:何兴良

局党委副书记、纪检组长:俞大明

副局长:徐成梁　金国升　孔富明　杨月万

余杭区财政局

党委书记、局长:梅建胜

党委副书记、副局长:施成华

党委副书记:尤士英

党委委员、财政局副局长:叶立新　袁俊军　楼志燕　姜根军

富阳市财政局

局长:刘学军

副书记、投融资办主任、国资办主任:杨承华*

副书记、纪检组长:潘国明

副局长:金卫泉　俞　杲　金志国

投融资副主任、国资办副主任:李向明

总会计师:倪　兵*

临安市财政局

局长:叶忠华

副局长:周　佳

副局长、纪检组长:曾成华

副局长:胡　钧

建德市财政局

局长:高建军

副书记:储高清

副局长:徐福君　何国良　宁卫珍

纪检组长:王江平

桐庐县财政局

局长:徐志勇

副书记、纪检组长:倪金夫

副书记、副局长:项丽珠

副局长:毕文浩　申屠逸清

淳安县财政局

副书记、局长:毛夏平

副书记:詹　韧*

副局长:唐诗谷　叶建乐　万海卫　王慧红

纪委书记:胡长文

宁波市财政局

党委书记、局长:叶双猛

党委副书记、副局长:贺也贞

党委副书记:徐　方

副局长:张镇岳　王　晓　范国伟　苏丹丹　张立权　高国平

纪检组长:陈仰家

总经济师:张　颖

鄞州区财政局

局长:钱　芳

副局长:金文耀　杨国定　岑卢艳

党组成员:江　泳　郑少军

总会计师:虞文萍

海曙区财政局

局长:舒建国

副局长:蔡　锐　金群辉

纪检组长:忻慧义

总会计师:邱顺年

江东区财政局

局长:章月标

副局长:涂更生　叶良春　童　霞

江北区财政局

局长:孙新土

副局长:邬文珍　李　斌

纪检组长:赵雪芬

总经济师:宋伟官

镇海区财政局

局长:唐东海

副局长:蔡军国　孙　灵　孙泽洪　邵坚宏

纪检组长:胡志利

党组成员:王镇亮　刘　波

北仑区财政局

局长:朱晓雄

副局长:桂　桦　陈建平　孙军泽　胡颖琛　黎旭东(兼)

大榭开发区财政局

副局长:叶奇丹(主持工作)

局长助理:裘锡军

余姚市财政局

局长:施建苗

副局长:杨水昌　王文益　施钧旻　宋建忠　韩胜余

总经济师:周益忠

慈溪市财政局

局长:余银国

副局长:范哲慰　马志灿　胡志远　沈鸣学　潘钊先

党委委员:史　军

奉化市财政局

局长:刘海华

党委副书记、副局长:俞　峰(正局级)

副局长:盛高亮(正局级)　林　鑫　胡志春　李　清

纪检组长:奚际朗

总经济师:江洪平

党委委员:张成方

宁海县财政局

局长:柳正维

副局长:王能选　邬茂俊　叶亦利　丁建华　胡林法

纪检组长:陈知统

象山县财政局

局长:石华云

副局长:姜乐平　赵承松　张　亮　郑　勇　陈忠祥　陈良宝

党组成员:郑世敏

温州市财政局

党组书记、局长:余中平

党组副书记、副局长:朱定钧

党组成员、纪检组长:卢小平

党组成员、副局长:黄夏日　孙建伟

党组成员、总会计师:林江帆

党组成员、机关党委书记、调研员:陈胜利

鹿城区财政局

局长:胡向阳

副局长:陈宇开　渠　奕　陈　辉*

纪检组长:孙丽娟

总会计师:徐　丹*

党组成员、预算科科长:何　军*

瓯海区财政局

局长、党组书记:吴　强

党组副书记:项瞻文

党组副书记:周旭隆*

副局长、党组成员:黄筱萍

副局长、党组成员:叶国蒙

党组成员、纪检组长:陈金凡

党组成员:徐　教

党组成员、总会计师:欧胜武

党组成员:杨海慧　吴建峰　洪　凯*

开发区财政局

局长:潘　强

副局长:夏立芳　黄伟杰

纪检组长:徐定杰

龙湾区财政局

党组书记、局长:王旭辉

党组副书记:董朝贤

党组副书记(兼):潘建华

党组成员、副局长:章崇巧

副局长:方　微

党组成员、副局长:方崇敏

党组成员、总会计师兼副局长:翁　骥

党组成员、纪检组组长:陈启兴

党组成员:施寒毅　周向前*

瑞安市财政局

局长:薛尧弟

副局长:陈胜泉　黄亚平　李建中

纪委书记:张爱芬

党委委员:李盛华　陈大青

总会计师:林孝昭

乐清市财政局

党组书记、局长:詹必华

党组副书记、副局长:董法朗

党组成员、副局长:钱乐洋

党组成员、纪检组长:卢正文

党组成员、总会计师:郑清华

党组成员、办公室主任:杨宏辉

永嘉县财政局

党委书记、局长:陈芝双

党委委员、副局长:谢纯定

党委委员、副局长:徐忠诚

党委委员、总会计师:叶玉庭

党委委员、纪委书记:谢选年*

党委委员、副局长:叶显勇*

洞头县财政局

党组书记、局长、国资办主任:李　毅

党组副书记、副局长:陈后平

党组成员、副局长:颜跃平

党组成员、副局长:南海滨

党组成员、总会计师、国资办副主任:汪秀琪*

党组成员、纪检组长:张海文*

党组成员、财政监督局局长:彭晓东

平阳县财政局

局长、党组书记:林海涵

党组副书记、县国资办副主任(正科长级):薛文秀

副局长、党组成员:黄　佩

副局长(正科长级)、党组成员:林　文

副局长、党组成员：王　炼
党组成员、纪检组长：洪益平
总会计师：余炳亮
党组成员、人教科长：谢秉煌

苍南县财政局
党组书记、局长：徐象广
党组副书记：蔡勤旺
副局长：池长辉　沈志安
纪检组长：陈碧芳
副局长：黄朝晖
总会计师：许明稀

文成县财政局
局长：朱玥阳
副局长：林永熙　叶信钏　金宪树
纪委书记：刘鸿翔
副局长：王光远

泰顺县财政局
局长：尤联辉
纪委书记：毛方酬
副局长：王官玉　徐　光　毛旭升*
党委委员：刘化明*

嘉兴市财政局
局长：魏建明
副局长：吴贵敏　夏林生　姜　东
纪委书记：方季良

南湖区财政局
局长：叶涵初
副局长：马立申　张　磊　顾云祥

秀洲区财政局
局长：张惠明*
党组副书记：岑志雄
副局长：张　军　成海明　陈　嵘　姚颖娟　莫放路*

海宁市财政局
局长：许建明
纪检组长：闵厚文
副局长：曹立群　蒋雪标　孙　伟*

平湖市财政局
局长：唐华荣
副局长：梁晓军　全　骏　沈幼锋

桐乡市财政局
局长：姜　玮
副局长：沈富春　高建学*　徐国平*

嘉善县财政局
局长：沈建伟
党组副书记：张红兵
副局长：徐金连　徐忠明　章立耘*
纪检组长：张小峰

海盐县财政局
局长：俞汉烈*
副局长：陈初霞　陆国华　曹继旻

湖州市财政局
局长：周建明
副局长：屠培红
副局长：姚　温
副局长：钱汇丰
纪检组长：王红明
副局长：张向阳
副局长：黄长泉
副局长：徐　辉
总经济师：袁学平
总会计师：孙倩如

吴兴区财政局
局长：沈国强
副局长：汪　骅*
副局长、纪检组长：沈林林
总会计师：施江红

南浔区财政局
局长：何琪虎
副局长、纪检组长：陈有富
副局长：孙　晖
总会计师：施海凤

德清县财政局
局长：嵇金星
党组副书记：胡　炜
副局长：徐黎娟
副局长：江洪波
纪检组长：沈　英
党组成员：张金云
总会计师：钱伟国*
党组成员：沈新惠*

长兴县财政局
局长：倪建忠
党组书记：陈亦祥*
副局长：李丰红
纪检组长：徐振华*
副局长：顾群伟

副局长:王佳平

安吉县财政局

局长:梁蕴伟

党组副书记:胡建国

副局长:陈显永

副局长:俞土良

党组成员:楼建成

总会计师:郑　立

纪检组长:童升明*

绍兴市财政局

局长:王水君

副书记、副局长:潘旺明

副书记、纪检组长:陈建光

副局长:房　紧　蔡文良　何俊杰

总会计师:赵雄飞

总经济师:倪　兵

党委委员、副调研员:詹　超

党委委员:沈志新

越城区财政局

局长:唐国梁

副书记:唐关荣

副局长:俞谢家　张国昌

党组成员:王　强

柯桥区财政局

局长:喻光耀

副书记:吕铁辉

副书记、副局长:赵忆怀

副局长:徐志方　徐利忠　宋朝忠*　方　荣*

纪检组长:徐姗萍*

党工委委员:来建祥

上虞区财政局

局长:茅国清

副书记、副局长:邵百尧

副局长:周先章*　陈志坚*　卢坚钢　金惠君

纪委书记:单樵兴

党委委员:谢岳雷　俞　军

诸暨市财政局

局长:王孔羽

副书记、纪检组长:赵一平

副局长:戚俏新　吴　伟*　周国新

余龙凡　杨列伟*　潘　勇*

党组成员:孟伟苗

嵊州市财政局

局长:孙元东

党委委员、国资办副主任:茹万红

副局长:竹贵光*　孙作祥　叶　平　吕霞光*

党委委员:张茂雄　王智勇*

新昌县财政局

局长:求国安

副书记、副局长:谢立民

副书记、纪委书记:吴德祥

副局长:周少卿　求伟清

党委委员:竺志刚　陈东辉　俞越红

金华市财政局

局长:陈志身

副局长:李　俊

副局长、纪检组长:严国鑫

副局长:倪小波　徐京红

总会计师:张　宁*

婺城区财政局

局长:傅得樟

副局长:章文志　顾再进　施柯芬

纪检组长:吴明刚

党组成员:胡京宏　俞叶青

金东区财政局

局长:吴一平

副局长、国资办主任:陈春华*

副局长:姜韶军　施杰明

总会计师:王丽华

党组成员:邵国盈

兰溪市财政局

局长:陈玉祥(兼)

党组书记:陈根斗

党组副书记、国资办主任:童洪基*

副局长、纪检组长:金　辉

副局长:周季容　邓培昌

总会计师:陈冬红

国资办副主任:潘燕红

东阳市财政局

党组书记:虞跃桂

局长:沈银福

副局长:杜希庭　吴正华　徐跃卫

纪检组长:单仲尧*

党组成员、人教科科长:金大法*

义乌市财政局

书记、局长:赵健明

副书记、副局长：周健明　陈忠强　赵绍辉
副局长：毛新生　李晓玲　何愫洪　缪永明
　　朱小燕（挂职）*　杨成林
调研员：王新昌　朱理英　朱琴芳
总经济师：傅晓平

永康市财政局
党委书记、局长：施建民
副书记、副局长：吕正时
副书记、国资办主任：程　伟
党委委员、副局长：杜奕铭
党委委员、纪检组长、浙江省永康经济开发区管委会财政分局副局长：谢毅清*
副局长、总会计师：吕美红
党委委员、国资办副主任：童希晨
党委委员、总部中心办公室副主任：朱可可*

浦江县财政局
党委书记、局长：楼向阳
党委副书记：吴林文*
党委委员、副局长：李国平
党委委员、国资办主任：王卫平
党委委员：黄苏安
党委委员、副局长：黄英俊
党委委员、纪检组长：傅文正
党委委员：郑康民
总会计师：黄小莲

武义县财政局
局长：邹子伟
副局长、国资办主任：余景春*
副局长：王柏宜　张李新
总会计师：徐国强　张建平
纪检书记：王献良
国资办副主任：陈武阳　张建桥
局党委委员：陈　莉

磐安县财政局
局长：陈国慧
副书记：吕贤德
副局长：葛精兵　羊荣华　施逢杰　周国钱
纪检组长：郭德富
党组成员：陈忠明（副局级）
总会计师：施国萍
党组成员：朱华军

衢州市财政局
党委书记、局长：吴宝骏
党委副书记：吴小聪
总会计师：方孝琳
党委委员、副局长：王德华　叶浙青　叶旭泉　翁文斌
党委委员：张　庆
党委委员、纪检组长：林祥庚
党委委员：徐晓文*

柯城区财政局
党组书记、局长：楼林钱
党组副书记、副局长：姚正锋
党组成员：朱泉水
预算局局长：郑　云

衢江区财政局
局长：李　青
副书记：秦　勇*
副局长：袁康彬*　马文革*
党组成员：黄晓春

龙游县财政局
局长：徐志明
副局长：朱云峰　蒋澄宇　詹耀明　琚柏华
纪检组长：吴永平

江山市财政局
局长：巫小雄
副书记：王智荣
副局长、国资办主任：张晓华
副局长：毛水芳
纪检组长：周金富
副局长：郑建青
党委委员：毛培泉
副局长：王雁斌*

常山县财政局
局长：戴根林
国资办主任、副局长：谢　诚
副局长：钱志友　朱圣杰　徐光明
党委委员：蒋淑萍
总会计师：江一舟*

开化县财政局
局长：余建华
副书记：傅剑钢
副局长：汪　涌　廖建忠　廖继军
局党委委员：汪福海　曹长洪　余素琴　詹炳法

舟山市财政局
党组书记、局长：顾央军*
党组副书记、副局长：曹国英*
党组成员、副局长：王志杰　竺群力　江立安*
　　邬传统　王海平*　韦晓红

党组成员、纪检组长：张群伟
党组成员、总会计师：邵裕龙　金伟平

定海区财政局

局长：黄　耀*
国资公司总经理：周兆军*
担保公司董事长：庄志伟
副局长：贺松跃　朱巧星　何　红　韩雪军
总会计师：吴　鹰
纪检组长：李汉定*

普陀区财政局

党组书记、局长：俞　斐
国资办主任、党组副书记：水开明*
党组副书记、纪检组长：张友夫
国资公司经理：陈　峰
副局长：陈宇宙　杨琪恒*
党组成员：张雅雪

岱山县财政局

局长：方信伦
副局长：王　挺　蒋伟若　柴忠堂
　　王　敏*（省地税局下派挂职）
财政总会计师：翁燕敏
地税总会计师：马　俊*
纪检组长：陈　宇

嵊泗县财政局

党组书记、局长：王兴军
副书记、纪委书记：张菊花
党组成员、副局长：何世光　罗奇辉　周明雷　何海国
党组成员、总会计师：唐明明
党组成员、总经济师：於国伟*

台州市财政局

局长：吕仁苗
副书记：韩爱军
副局长：张卫平　余延龄*
总会计师：蒋天平*
党组成员、纪检组长：孙　鑫
党组成员：王以南*

椒江区财政局

局长：徐玲荣*
副书记、纪检组长：陈忠贤
副书记、副局长：谷建斌
副局长：蔡建中　章光辉　唐诗虎*

黄岩区财政局

局长：陈灵平
党组成员、纪检组长：郭建明
副局长：陶慧敏　柯卫凌*
总会计师：韩　华*

路桥区财政局

书记：叶代春*
局长：陈明炜
副书记：苏忠贤*
纪检组长：蔡金虎*
副局长：池昌明　黄直诚*　林　波*
总会计师：吴芳霞*

临海市财政局

局长：冯荷琴
副书记、副局长：胡寿坚
副局长：王礼福　方　虹
纪检组长：卢国富
总会计师：蒋向阳
副局长：沈国材

温岭市财政局

局长：王晓宇*
副书记、副局长：柳　敏
副局长：王春连　林作明　江陶舜*
总会计师：王　萍*

玉环县财政局

局长：林仁斌
副书记、副局长：郭显银
副局长：张素燕
纪委书记：唐丹华
副局长：姜仁武
总会计师：张作民*

天台县财政局

局长：戴敏华*
副书记、副局长：范永友*
副局长：方国耀
副局长：姜灵君
总会计师：朱丰强*
党组成员：丁伟生

仙居县财政局

局长：姚文浩
副书记：徐林飞*
副局长：潘海滨
副局长、总会计师：吕汝韦
副局长：郑美金
纪检组长：潘天虎

三门县财政局

局长：叶坚强*
党组成员：马加品

副书记:王立新*
副局长:尤福跳　陈小撑*
总会计师:章日胜
党组成员:吴善帅*

丽水市财政局
党组书记、局长:陈志雄
党组副书记:王　刚
党组副书记、纪检组长:甄荣泗*
党组成员、副局长:崔　军　刘小平　魏叶华
副局长:陈肇平
党组成员、总会计师:叶芳儿
党组成员、办公室主任:留培杨*
党组成员、人事教育处处长:易远明*

莲都区财政局
党组书记、局长:赖志平
党组成员、副局长:黄于林
党组成员、总会计师:吕焕祺*

开发区财政局
局长:韦恩军*
副局长:陈卫媛　吴应娟

龙泉市财政局
党组书记、局长:徐东华
党组副书记、副局长、国资办主任、国资经营公司总经理:吴小波*
党组成员、总经济师:商越敏
党组成员、副局长:季志芬
党组成员、国资办副主任、国资经营公司副总经理:邵仲昕
党组成员、副局长:项海峰*
党组成员:姜苏民
党组成员、农发办主任:叶惠君

缙云县财政局
党组书记、局长:陈贵长
党组副书记、副局长:叶伟民
党组成员、副局长:钭秀千　章一力
党组成员、国资办主任:陶柳杨
党组成员、副局长:王伟民　王青松
党组成员:施丽珍

青田县财政局
党组书记、局长:周冠华*
党组副书记:王伟伟
党组成员、纪检组长:周旭平
党组成员、副局长:张红兵　季耀武　陈升华
党组成员、总会计师:吴超美
党组成员、财政监督局局长:黄林凯
党组成员、人教科科长:赵江庆
党组成员、会计核算中心(国库支付中心)主任:叶选廉
党组成员:叶建文
党组成员、工会主席:叶林惠

云和县财政局
党组书记、局长:柯志宙
党组成员、总会计师:任乐群
党组副书记、副局长:陈文平
党组成员、副局长:王建平
党组成员、纪检组长:叶伟雄
党组成员、国资公司董事长:张颖波
党组成员、农发办主任:毛一明
党组成员:杨立峰

遂昌县财政局
党组书记、局长:周瑞琛
党组副书记兼纪检组长:刘旭萍(正科)*
党组成员、副局长:叶宏放(正科)*
党组成员、农发办主任:谢法文
党组成员、副局长:方文初　程昌文*
党组成员、国资公司董事长:夏飞龙*
党组成员、副局长:蒋旗江(挂职)

松阳县财政局
党组书记、局长:林开武
党组成员、国资办主任、副局长:周永跃
党组副书记、副局长:徐建农
党组副书记:王善亮
党组成员、纪检组长:冯汉饶
党组成员、副局长:毛汇草
党组成员、总会计师:占　友
党组成员:何开健

庆元县财政局
党组书记、局长:刘高深
党组副书记:江旭奎
党组成员、副局长:陈本新　吴叶林
党组成员、总会计师:杨小芬
党组成员、预算局局长:叶　斌

景宁县财政局
党组书记、局长:叶　峰
党组副书记、纪检组长:卞春华
党组成员、副局长:陈华星
党组成员、国资经营公司总经理:汤伟平
党组成员、总会计师:李建伟
党组成员、副局长:周　东

(注:有*标示者为当年职务有新变动)

2013年浙江省财政系统职工基本情况统计

单位：人

项目		总计	性别		民族		学位			学历				高中及以下学历		
			男	女	汉	其他	博士	硕士	学士	研究生	大学本科	大学专科	中专	人数	其中35岁以下	其中36至45岁
总计	合计	13238	7382	5856	13182	56	7	688	2345	581	9022	2741	304	590	54	134
	部级															
	厅(局)级	17	15	2	17		1	4		4	11	1		1		
	地市局(处)级	635	452	183	634	1	1	96	88	123	435	71	4	2		
	县局(科)级	4137	2424	1713	4121	16	4	359	544	256	2994	751	59	77		3
	一般干部	7581	3916	3665	7548	33	1	229	1701	198	5387	1623	155	218	30	41
	工勤人员	868	575	293	862	6			12		195	295	86	292	24	90
省(区、市)厅局	合计	1120	647	473	1113	7	4	263	255	212	755	89	17	47	1	15
	厅(局)级及以上	17	15	2	17		1	4		4	11	1		1		
	处(局)级	394	263	131	393	1	1	76	64	86	270	36	1	1		
	科级	434	219	215	431	3	2	151	121	94	323	15		2		
	一般干部	204	98	106	202	2		32	70	28	142	21	9	4	1	
	工勤人员	71	52	19	70	1					9	16	7	39		15
市(地、州)局	合计	2740	1454	1286	2728	12	3	243	643	211	2024	367	45	93	2	31
	局(处)级及以上	241	189	52	241			20	24	37	165	35	3	1		
	科级	1468	803	665	1460	8	2	148	260	108	1151	188	8	13		
	一般干部	843	344	499	839	4	1	75	358	66	663	92	10	12		3
	工勤人员	188	118	70	188				1		45	52	24	67	2	28
县(市、区)局	合计	6904	3986	2918	6874	30		170	1229	145	4984	1316	141	318	39	81
	局(科)级及以上	2235	1402	833	2230	5		60	163	54	1520	548	51	62		3
	股级	1673	1151	522	1672	1		55	269	34	1430	201	4	4		1
	一般干部	2447	1051	1396	2428	19		55	787	57	1917	365	33	75	19	30
	工勤人员	549	382	167	544	5			10		117	202	53	177	20	47
乡(镇)所	合计	2474	1295	1179	2467	7		12	218	13	1259	969	101	132	12	7
	所(股)级及以上	854	559	295	851	3		2	24	2	393	377	31	51		1
	一般干部	1560	713	847	1556	4		10	193	11	842	567	68	72	10	6
	工勤人员	60	23	37	60				1		24	25	2	9	2	

（续表一）　　　　单位：人

项目		总计	政治面貌				年龄							
			中共党员	共青团员	民主党派	其他	25岁及以下	26岁至30岁	31岁至35岁	36岁至40岁	41岁至45岁	46岁至50岁	51岁至54岁	55岁至59岁
总计	合计	13238	8649	752	195	3642	638	1357	1591	2104	2211	3097	1411	829
	部级													
	厅(局)级	17	17									4	3	10
	地市局(处)级	635	582		12	41			8	48	117	226	114	122
	县局(科)级	4137	3023	26	95	993	5	80	330	658	845	1242	572	405
	一般干部	7581	4712	670	85	2114	601	1222	1173	1237	1085	1448	605	210
	工勤人员	868	315	56	3	494	32	55	80	161	164	177	117	82
省(区、市)厅局	合计	1120	847	13	24	236	17	67	155	206	212	248	117	98
	厅(局)级及以上	17	17									4	3	10
	处(局)级	394	352		9	33			6	38	76	143	69	62
	科级	434	337	2	12	83	2	28	107	128	83	58	19	9
	一般干部	204	118	11	3	72	15	39	40	25	39	26	14	6
	工勤人员	71	23			48			2	15	14	17	12	11
市(地、州)局	合计	2740	1798	180	72	690	103	284	376	481	503	558	258	177
	局(处)级及以上	241	230		3	8			2	10	41	83	45	60
	科级	1468	1050	21	53	344	2	42	169	296	352	379	148	80
	一般干部	843	446	159	15	223	101	241	192	130	75	58	30	16
	工勤人员	188	72		1	115		1	13	45	35	38	35	21
县(市、区)局	合计	6904	4283	429	92	2100	338	682	771	1091	1235	1615	738	434
	局(科)级及以上	2235	1636	3	30	566	1	10	54	234	410	805	405	316
	股级	1673	1320	16	43	294	5	56	163	381	427	488	144	9
	一般干部	2447	1129	366	17	935	304	577	499	380	291	210	126	60
	工勤人员	549	198	44	2	305	28	39	55	96	107	112	63	49
乡(镇)所	合计	2474	1721	130	7	616	180	324	289	326	261	676	298	120
	所(股)级及以上	854	729	5	3	117	2	18	63	95	89	380	153	54
	一般干部	1560	970	113	4	473	174	291	216	226	164	286	138	65
	工勤人员	60	22	12		26	4	15	10	5	8	10	7	1

（续表二）　　　　单位：人

项目		总计	参加工作时间						劳模（先进工作者）	
			1965年前	1966年至1970年	1971年至1980年	1981年至1990年	1991年至2000年	2001年以后	省（部）级	全国
总计	合计	13238	1	38	1688	4582	3725	3204	3	
	部级									
	厅（局）级	17		2	9	6				
	地市局（处）级	635		7	185	322	110	11	1	
	县局（科）级	4137		20	810	1799	1148	360	2	
	一般干部	7581		5	526	2213	2208	2629		
	工勤人员	868	1	4	158	242	259	204		
省（区、市）厅局	合计	1120		8	167	383	334	228	1	
	厅（局）级及以上	17		2	9	6				
	处（局）级	394		3	103	198	82	8	1	
	科级	434			21	101	177	135		
	一般干部	204			14	50	56	84		
	工勤人员	71		3	20	28	19	1		
市（地、州）局	合计	2740	1	7	368	846	844	674	1	
	局（处）级及以上	241		4	82	124	28	3		
	科级	1468		3	191	579	513	182	1	
	一般干部	843			46	83	232	482		
	工勤人员	188	1		49	60	71	7		
县（市、区）局	合计	6904		20	949	2356	1931	1648	1	
	局（科）级及以上	2235		17	598	1119	458	43	1	
	股级	1673			113	717	665	178		
	一般干部	2447		2	153	383	649	1260		
	工勤人员	549		1	85	137	159	167		
乡（镇）所	合计	2474		3	204	997	616	654		
	所（股）级及以上	854			76	557	177	44		
	一般干部	1560		3	124	423	429	581		
	工勤人员	60			4	17	10	29		

（续表三） 单位：人

项目		专业技术人员					特贴专家
		总计	高级职务	其中：正高级职务	中级职务	初级职务	
总计	合计	7902	1146	10	3951	2805	
	部级						
	厅（局）级	13	9	4	4		
	地市局（处）级	466	225	4	186	55	
	县局（科）级	2902	541	1	1613	748	
	一般干部	4375	367	1	2073	1935	
	工勤人员	146	4		75	67	
省（区、市）厅局	合计	766	313	9	335	118	
	厅（局）级及以上	13	9	4	4		
	处（局）级	320	175	4	108	37	
	科级	314	106		168	40	
	一般干部	117	23	1	54	40	
	工勤人员	2			1	1	
市（地、州）局	合计	1655	288	1	967	400	
	局（处）级及以上	146	50		78	18	
	科级	1008	200	1	623	185	
	一般干部	434	34		227	173	
	工勤人员	67	4		39	24	
县（市、区）局	合计	4282	525		2249	1508	
	局（科）级及以上	1580	235		822	523	
	股级	1314	214		759	341	
	一般干部	1319	76		634	609	
	工勤人员	69			34	35	
乡（镇）所	合计	1199	20		400	779	
	所（股）级及以上	493	5		149	339	
	一般干部	698	15		250	433	
	工勤人员	8			1	7	

附 录

zhejiang caizheng nianjian

专题经验介绍

建立低保和价格补贴调整机制　保障困难群众基本生活（摘要）

——浙江省实行低保和价格补贴联动机制情况汇报

省财政厅社保处

一、主要做法和特点

（一）城乡低保制度整体设计、同步推进

1996年开始建立的城乡最低生活保障制度，首先在全省11个设区市和首批小康县市开展这项工作，1997年在全省范围推进城乡低保制度，1998年上半年全面实施了城乡低保制度。2001年8月省政府以省长令形式颁布了《浙江省最低生活保障办法》，进一步规范了低保制度。到2012年底，全省在册低保对象共有67.54万人。

浙江省在建立最低生活保障制度之初，就提出同步建设城乡低保制度的要求，在制度设计上，把城乡低保制度当作一个整体。城镇和农村的低保制度，除了低保标准、收入计算周期城乡有别外，其他方面的政策规定城乡都是一样的。

（二）建立低保标准的动态调整机制和城乡联动机制

2005年12月，省政府下发《进一步完善新型社会救助体系的通知》，提出建立健全与经济发展和物价上涨水平相适应的低保标准正常增长机制，在应保尽保的前提下，适时调整城乡居民最低生活保障标准。规定：城镇居民最低生活保障标准一般按当地最低工资标准的40%确定；农村居民最低生活保障标准原则上按城镇居民最低生活保障标准的60%确定。浙江省实行低保标准与最低工资标准挂钩的做法，是考虑到最低工资标准综合考虑了当地经济发展、物价消费水平增长等因素，在全省只分四档，并定期调整。因此，低保标准与最低工资标准挂钩，不仅能随物价消费水平增长而自然增长，而且也能跟随当地经济社会的发展而提高，并且区域间差距也不会过大。同时，将城乡低保标准挂钩，也有利于城乡的协调发展。

十年来，浙江省城乡最低生活保障标准分别提高了1.34倍和2.1倍，2012年全省城乡低保平均标准分别为每人每月476.8元和350元，平均补差分别为333元和206元。城乡低保标准的差距逐步缩小，农村低保标准已达到城镇的71%，部分地区还实行了城乡统一标准。2012年全省各级财政安排低保资金17.63亿元。

（三）施行困难群众基本生活物价补贴和联动机制

2004年，针对部分副食品价格上涨给困难群众基本生活造成较大影响等实际情况，浙江省政府下发《关于对困难群众实行基本生活消费品价格上涨动态补贴的意见》，要求在物价上涨较快（超过3%）的年份，对困难群众实行一次性基本生活物价补贴，从而在全国率先建立起困难群众基本生活价格补贴机制。此后，浙江省分别在2008年和2011年对这一机制进行健全完善。

1. 享受困难群众基本生活物价补贴的对象。

困难群众基本生活价格补贴的对象为：城乡最低生活保障对象、重点优抚对象、城镇“三无”人员、农村五保供养对象、农村“三老”人员、孤儿、城乡最低生活保障边缘对象以及因下岗失业、患重大疾病、受灾害影响等造成生活特别困难的人员。

各地可以根据实际情况，扩大保障范围，但不得缩小保障范围。如杭州市对市区企业退休人员，也实行了基本生活品价格浮动补贴办法。具有多重身份的补贴对象按照就高不就低的原则，只能以一种身份享受价格补贴。

2. 价格补贴机制启动和停止条件。

浙江省由国家统计局浙江调查总队会同省统计局、省物价局按月编制低收入居民基本生活费用价格指数，作为实施和发放困难群众基本生活物价补贴的依据。当月同比价格指数涨幅达到或超过3%时，启动价格补贴联动机制，发放价格补贴。月同比价格指数涨幅低于3%时，停止发放价格补贴。

3. 价格补贴标准的计算。

城乡最低生活保障对象、重点优抚对象、城镇“三无”人员、农村五保供养对象和农村“三老”人员的补贴标准，按月度同比价格指数涨幅的一定倍数乘以当地城乡月最低生活保障标准确定价格补贴金额，倍数在1.5~2倍之间，具体由各市、县（市、区）政府确定。计算公式为：

月度补贴金额=月度同比价格指数涨幅×各地倍数×城乡月最低生活保障标准

月度价格补贴发放金额原则上不低于每人每月15元。其他保障对象基本生活价格补贴，原则上按不低于城乡最低生活保障对象基本生活价格补贴的50%发放,具体标准由各市、县(市、区)政府确定。

4. 补贴的发放。

价格补贴采用"按月计算、按季发放"的办法,逐月按照月价格指数涨幅计算价格补贴标准,在每季末月价格指数公布后的1个月内一并发放,直至联动机制停止。

价格补贴所需资金,纳入同级政府财政预算。省级财政对我省欠发达地区的城乡最低生活保障对象、重点优抚对象、城镇"三无"人员、农村五保供养对象和农村"三老"人员的价格补贴资金给予一半补助。

(四)不断完善低收入群体生活保障体系

浙江省在建立城乡低保制度后,根据实际情况实施困难群众基本生活物价补贴,两者之间有机衔接,共同构成低收入群体生活保障体系。在工作中,遵循"科学合理、公开公平、积极稳妥"的原则,在规范城乡低保制度的同时,对困难群众基本生活物价补贴制度进行认真总结,不断改进。

1. 贴近困难群众生活实际。在建立困难群众基本生活物价补贴机制之初,浙江省就着眼于困难群体特殊的生活实际,根据低收入群体基本生活消费支出项目及其占总消费支出的结构比重,编制全省低收入居民基本生活费用价格指数,作为实行困难群众基本生活价格补贴的依据。这一指数不同于CPI,更贴近困难群众生活的实际状况,更具有针对性。

2. 不断扩大补贴发放范围。价格补贴发放对象从最初的以城乡低保对象为主逐步扩大到目前的城乡最低生活保障对象、重点优抚对象、城镇"三无"人员、农村五保供养对象、农村"三老"人员、城乡最低生活保障边缘对象以及因下岗失业、患重大疾病、受灾害影响等造成生活特别困难的人员等9类困难群体,使这一机制能够惠及更多的困难群众。

3. 不断提高补贴发放标准。2004年的文件规定:根据低收入群体居民消费价格涨幅,给予城乡低保对象半个月或一个月的当地全额低保标准的物价补贴。2008年,改革补贴标准的计算方法,即按季度价格同比涨幅的一定倍数乘以当地城乡月最低生活保障标准,发给城乡最低生活保障对象基本生活价格补贴。在此基础上,从2012年开始,补贴标准按月度同比价格指数涨幅的一定倍数乘以当地城乡月最低生活保障标准确定价格补贴金额,倍数从2008年的1.5倍提高到1.5~2倍之间,每次发放金额原则上从不少于每人每月10元提高到15元。

4. 有效增强补贴发放的时效性。从最初的按年编制全省低收入居民基本生活费用价格指数、一次性发放价格补贴,到2008年开始按季编制全省低收入居民基本生活费用价格指数、按季发放补贴,再到2012年开始按月编制全省低收入居民基本生活费用价格指数和按月计算、按季发放补贴,可以说,随着机制的不断完善,补贴发放的时效性不断增强。

二、取得的成效

(一)进一步健全了社会救助体系。低保标准和困难群众价格补贴联动机制的建立,使社会救助和保障标准与物价上涨形成有机联动,从而进一步完善了社会救助体系,确保低收入群体生活不因物价上涨而降低,实现了困难群众收入与经济社会发展水平同步。

(二)有效缓解物价上涨给困难群众生活带来的不利影响。2004年以来,浙江省累计18次启动困难群众基本生活价格补贴机制,为近1400万人次困难群众发放补贴13.1亿元。2011年,全省城乡低保对象人均价格补贴分别为702元和419元。2012年,城乡低保对象人均价格补贴分别为252元和150元。补贴的发放,有效缓解了价格上涨给困难群众基本生活带来的影响。

(三)促进社会的和谐稳定。低保标准动态调整和价格补贴制度的建立,使困难群众对物价上涨能够保持一种较为平和的心态,增强了他们的心理预期和承受能力,促进社会的和谐稳定,为全省的改革发展大局创造了良好的外部环境。

(在2013年全国财政系统社会救助政策和资金管理培训班上的交流材料)

发挥财政职能作用　扎实推进桐庐县美丽乡村建设

桐庐县财政局

近几年,桐庐县财政紧紧围绕打造"潇洒桐庐·秀美乡村"品牌,以"中国最美乡村"建设为目标,强化更新理念创新、注重经费保障、致力机制优化、着力绩效提升,扎实推进美丽乡村建设。桐庐县已被国家环保部和省市政府分别确定为全国生态文明建设试点示范区、全域旅游专项改革试点县和城乡统筹示范试验区。

一、注重理念创新,明确扶持主导方向

近几年,桐庐县财政坚持以科学发展观为统领,把美丽乡村作为扶农政策的主攻方向,不断增加"三农"支出,并逐年加大对农村环境保护、危房改造、饮用水工程、道路交通、一事一议财政奖补等支持力度。把农村生产生活最急需、农民群众愿望最迫切的事项作为支持重点,建立了"四个优先"的工作机

制，即优先支持列入县中心村（特色村）、美丽乡村建设和农村饮用水建设规划的村；优先支持群众受益面广的村内公益事业建设项目；优先支持村民积极性高、主动要求筹资筹劳并有村集体投入或社会捐赠赞助的项目；优先支持村级领导班子战斗力强、村务财务管理规范、村规民约完善的村和村民小组。同时，加大向山区乡镇的倾斜力度，对没有享受过一事一议财政奖补的山区行政村，从2012起全部纳入财政奖补范围，有力推动了美丽乡村“全覆盖”。

二、注重经费保障，确保建设资金需求

按照“渠道不乱、权限不变、优势互补、各记其功”的原则，桐庐县财政以一事一议为平台，加强部门间的沟通协调，探索整合美丽乡村建设、区县协作、联乡结村以及农民饮水工程、农村环境整治、水利工程、农村道路等有关涉农项目资金，盘活存量，充分发挥财政资金“四两拨千斤”的作用，集中力量建设农民急盼解决、直接受益的村级公益事业。

一是修订《桐庐县支持村级一事一议筹资筹劳奖补资金管理办法》，按一事一议筹资筹劳金额给予1∶1的标准奖补，鼓励一事一议筹资款的及时足额到位，提高村民对公益事业项目筹资筹劳的积极性。二是加大农村生活垃圾处理投入。投入1.5亿元，建成县生活垃圾无害化处理设施和12个乡镇（街道）15座垃圾中转站以及183个行政村垃圾收集房，配备专业保洁员，并按农村人口60元/人设立专项补助资金。全面形成“村收集、镇中转、县处置”生活垃圾无害化处置体系。三是加大农村生活污水处理投入。2009年以来共投入2亿元实施140个行政村农村生活污水处理整村推进和132个农家乐污水处理工作，建成农村生活污水处理工程队1700余支，到2012年基本实现农村生活污水处理行政村全覆盖目标。并制定出台污水处理运行维护管理办法，明确资金补助政策，对专门维护人员工资实施财政直接支付。四是全面推进农民安全饮用水工程建设。编制饮用水源保护规划，创建饮用水源达标区。2007年以来共投入资金1.88亿元，新增农村安全饮用水受益人口21.3万人。

三、注重机制优化，合力形成建设新机制

一是优化“多元投入”机制。在稳定财政资金投入上，县财政按照杭州市城乡统筹补助资金额度，对中心村和精品村，给予1∶1配套补助；对培育村，在原有各部门建设项目资金不变的基础上，按每村三年（2012~2014年）安排不少于100万元的补助资金，对行政村撤并个数多、人口多的26个培育村，适当增加补助额度。仅在城乡统筹方面，每年市、县财政投入资金4亿元以上。同时，为最大程度地解决资金难题，桐庐县倡导“政府奖补一点、村集体投入一点、农户集资一点、社会捐赠一点”的多元投入机制，充分挖掘社会资源，鼓励社会资本投入，集多方力量缓解资金压力，共同建设自己的家园。涌现出了桐君街道君山村、钟山乡子胥村等“民建民管”“民资促民生”示范村，形成了村级公益事业建设多元投入机制。四年来，共争取到省级以上财政补助6482万元，村集体经济投入6108万元，带动村民筹资筹劳2690万元，社会力量捐助972万元。

二是优化“村美民富”的增收机制。桐庐县财政把村美与民富有机统一贯穿于始终，利用县内丰富的旅游资源和宜居宜游的自然禀赋，大力发展以民宿经济、农家乐休闲旅游为主体的乡村旅游业，推动空心村二次创业，着力打造旅游特色村、农家乐精品村。培育扶持“一乡一品”特色效益农业，进一步加快农村产业转型升级。把发展生态经济作为精品村建设工作的重要内容，大力发展高效生态农业，推进农业规模化经营，重点打造现代农业基地和园区，发展壮大集体经济，促进农民增收致富。

四、注重监督管理，切实提升项目绩效

美丽乡村建设涉及广大农民的切身利益，桐庐县始终秉持“规范、民主、公开、透明”原则，切实将美丽乡村建设打造成为精品工程、阳光工程和民心工程。一是严把立项审查关。将生态建设与环境保护工作作为一项否决性指标列入县部门年终考核。首先立项做到实地审核“四个必须”，即必须是符合土地利用总体规划和镇村建设总体规划，必须群众自愿且召开村民代表会议，必须是筹资筹劳到位且符合筹资筹劳限额标准，必须是村内群众直接受益的公益事业。其次做到资料审核“四有”，即要有项目建设申请表、有筹资筹劳方案、有村民代表会议记录、有村民代表签字表决记录。二是严把事中督查关。加强项目建设的动态督查，对每个在建项目都要进行两次以上的事中专门督查，并将督查情况与资金拨付挂钩，对施工质量达不到要求或施工进度缓慢的进行通报，按进度拨付财政资金，严重的予以停拨直至整改到位。推广运用一事一议财政奖补信息管理系统，实时掌握了解项目实施情况，提高管理的科学化、精细化水平。三是严把项目验收关。要求项目实施村在项目竣工后，及时向县美丽乡村工作领导小组办公室提交竣工验收报告、验收材料，县领导小组办公室认真审核村级集体投入是否落实、村民筹资筹劳是否违反农民意愿、社会捐助有否到位、财务管理是否规范等情况，对符合要求的才拨付财政奖补资金。四是严把项目资金关。对一事一议筹资款，通过农经财务网络监管平台，有效监控资金到位情况，确保资金合理筹集、规范使用。对一事一议财政奖补资金，由县财政直接拨付至各乡镇新农村建设专户，实行乡镇财政报账制、村级财务代理中心集中核算制，确保资金专款专用。认真落实公示制度，在项目实施的各个阶段，定期或随时在村务公开栏进行筹资公示、进度公示。同时，不定期对项目资金、劳务使用的合规性、有效性进行检查，确保资金安全、高效使用。

加快平台建设　构建阳光和谐财政　丰富枫桥经验（摘要）

省财政厅基层财政处、数字中心　诸暨市财政局

一、诸暨市乡镇公共财政服务平台建设基本情况

（一）以三个"一"为要求实现社会服务创新

一个平台办事。通过"乡镇公共财政信息管理系统"管理软件，以财政资金监管为核心，利用乡镇公共财政服务平台，整合低保、残保、医保等49项涉农和民生政策财政补助资金的受理、审核、发放及公开公示等，群众申请财政性补助、补贴资金，只要在行政服务中心相应的公共财政服务窗口递交资料后，补助对象的资格审核、审批到资金拨付等所有事项都在"一个平台"办理完成，真正服务于群众。

一张卡发放。整合补助类资金发放，将原来"七卡八折"归并到"社会保障卡"一张卡上发放，基本做到补贴卡、社保卡和医保卡的三卡合一，极大地方便群众办事、取钱、就医。目前诸暨市的社会保障卡已近全覆盖，改变过去"一个部门、一项补助、一张卡"的现象。为解决乡镇缺少银行营业网点、部分补助对象取款不方便问题，经财政、社保、人民银行与各家承办银行商量后，提出由承办银行在对应乡镇的每个行政村，利用"超市放心店""移动代办店"等场所，设立"助农取款"点配置POS机，用社保卡可以取现或刷卡消费，实现取现不出村。

一站式查询。充分利用数字电视、触摸屏等技术平台延伸社会服务范围，将公共财政服务从乡镇延伸到村级便民服务中心和老百姓家中，实现养老金、医保、低保、残保等几十项民生补贴类资金，以及校安工程、一事一议、水库加固等项目性资金的"一站式"查询机制。补助对象可以通过乡镇公共财政服务中心或村便民服务中心配置的触摸屏，查询本人本年度已经享受到的所有补助资金信息。在条件成熟的村，也可以通过有线电视网络查询本人的补助信息。对不涉及个人隐私的补助项目，市财政按月分乡镇将补助信息提供给电视台，通过电视台的"三务公开"栏目，在有线电视上公示。目前在试点的枫桥镇枫源村已经能通过触摸屏、有线电视进行查询。

（二）以四个"转变"为要求实现社会管理创新

由局部管理转变为全过程管理。以信息化为手段，实现补贴类资金受理、审核、发放及支付一体化管理，形成乡镇受理、部门审核、财政发放及银行支付的补贴类资金管理新模式，实现全过程透明化管理。

由粗放式管理转变为精细化管理。通过"办公一体化，数据集聚化"的信息管理系统，所有涉及人的财政补助性资金，从资格审核开始就明细到人，由过去将资金拨付到部门的粗放型管理向资金直接支付到个人账户的精细化管理转变。整合所有数据，通过跨部门数据对比实现"反不当支付"，避免因信息不对称造成重复支付、不当支付的现象。有效提高财政资金使用效率，促进社会公平。

由静态管理转变为动态管理。实现了对人员信息、办事环节、资金发放等实时动态管理。一是避免了人已逝却仍享受补助的情况发生。二是改变现金支付模式，做到补贴信息和支付资金的一致性。三是便于财政部门对资金的监管。每一笔补助资金，财政部门都可以通过管理系统，实时了解资金审批、发放过程，便于督促部门及时审批、发放补助资金，避免了补助资金由各个部门管理时资金发放不及时的现象。

由感性管理转变为可视化管理。利用平板电脑、地理信息系统等先进技术手段，结合乡镇公共财政服务平台有关信息，同时辅之以"民生财政地图"管理方式，对涉及民生方面的项目建设、财政支出等，通过在"民生财政地图"上点击，能直观地用图片、数据等形式反映出来，实现管理手段的可视化。

二、乡镇公共财政服务平台建设取得的主要成效

（一）提升政府形象。开展乡镇公共财政服务平台建设工作，是改进公共财政管理的一项基础性工作，更是财政部门主动适应社会管理创新的积极探索。从实际效果看，通过流程梳理、岗位整合，乡镇财政职能得到了加强；通过一个平台、一站式办事，与财政支付相关联的乡村民生服务事项办理更为方便，乡镇政府公共服务水平得到了提升，服务效率得到了提高。群众办事方便了，口碑好了，政府形象得到了提升，也成为地方政府加强基层社会管理创新的有力抓手。

（二）有利群众监督。乡镇公共财政服务平台，对财政补助资金政策、办事流程、补助信息公开后，能更有利于群众了解情况，接受群众监督，避免财政资金分配不公，使得财政性资金的补助更公平、公正。

（三）促进资源整合。通过开展乡镇公共财政服务平台建设，对乡镇公共财政服务事项和服务流程进行梳理，将原先分散在各个部门的涉农补贴、社会保障、民生补助等资金的受理、审核、发放及公开工作流程进行了有效整合。初步实现了纵向联网各级财政部门，横向联网公安、社保、民政、农业等部门以及商业银行，共建了一个数据高度共享、集聚的大型数据库，使有关涉及财政资金管理的信息资源达到了高效利用。通过补贴类资金的财政直接支付，对原先各个部门的银行卡进行了有效整合，实现所有的公共财政补助资金通过社会保障卡"一卡通"发放，既方便了群众，又节约了社会资源。

调研报告精选

栏目所刊调研报告均为2013年度浙江省财政系统调研报告评审一等奖作品。

浙江省生态文明建设的财税实践与探索(摘要)

省财政厅政研室、经建处课题组

一、浙江省生态文明建设的财税实践

生态制度创新是生态文明建设的重要保障。浙江省财税部门通过制度创新,灵活运用财税政策工具,打好政策组合拳,着力构建了立体式、行之有效的生态财税政策体系,2007~2012年,省财政累计安排各类生态环保专项资金268.66亿元,为生态浙江建设提供了有力保障。

(一)以加强生态经济建设为重点,不断挖掘财税扶持的实践深度

近年来,基于生态承载力的科学认识,省财政正确把握经济系统和生态系统的辩证关系,不断加大推进生态经济建设的政策力度,通过严守环保底线,实现绿色发展、低碳发展、循环发展,有力地提升了浙江经济生态含金量。

1. 加大对生态循环农业的扶持。一是设立生态循环农业专项资金,支持开展规模化畜禽养殖排泄物资源化利用,推广生态循环农业技术模式,实施沼气工程等。2012年共下达生态循环农业专项资金7880万元,主要用于生态循环农业发展及农业废弃物处理技术模式示范推广,开展农业废弃物资源化、无害化利用处理,农业投入品及包装物回收利用。二是支持推广商品有机肥。在大力实施标准农田治理提升工程和沃土工程,推广冬绿肥种植、秸秆快速腐熟还田、配方施肥等实用新技术的同时,2011年起,省财政每年安排2650万元专项支持推广应用商品有机肥。

2. 加大对工业转型升级的扶持。加快推进工业转型升级有利于缓解要素制约,腾出承载空间,为实施“四大国家战略举措”和推进“四大建设”等提供必要的资源环境容量,也有利于加快淘汰落后产能,是生态文明建设的重要内容,也是财政推进生态文明建设的重要着力点。一是整合设立工业转型升级专项资金。2009年起,整合5亿元设立工业转型升级专项资金,重点支持企业科技成果产业化、技术改造、服务平台建设、新产品新技术研发、品牌建设等。2011~2013年6月累计安排资金14.18亿元,有力地促进了全省工业企业转型升级。二是设立战略性新兴产业专项资金。2011年起,设立每年5亿元战略性新兴产业专项资金,重点支持战略性新兴产业示范基地建设、省级特色工业设计示范基地试点、智慧城市建设试点、工业大县向强县转型升级示范试点、开展战略性新兴产业发展考核评价等。2011~2013年6月已累计安排11.38亿元,对引导企业向战略性新兴产业方向发展起到了积极作用。三是整合设立产业集聚区发展专项资金。加快推进产业集聚平台建设,大力支持14个省级产业集聚区和42个产业集群示范区试点建设,促使产业向集群化、高端化发展。

3. 加大对节能和循环经济的扶持。一是设立节能和工业循环经济专项资金。2008年整合设立每年9000万元的节能和工业循环经济专项资金,进一步加大对重点领域、重点行业和重点企业节能技术改造的支持力度,推进节能新技术、新工艺、新产品的研究开发和推广应用。为鼓励市、县政府贯彻落实节能政策,省财政对超额完成年度节能目标的市县给予财政奖励,五年来合计安排节能专项资金4.42亿元和奖励资金1.39亿元,带动社会投资约1029亿元。二是积极争取中央专项资金支持,推动全省节能降耗工作。2009~2012年,争取中央财政节能与新能源汽车示范推广补助资金7.55亿元,争取节能灯、节能汽车、高效电机、节能家电、节能工业产品等节能产品推广中央财政专项补贴资金11.51亿元。2008~2012年,全省共有151个节能、节水、循环经济等项目获得中央财政专项资金7.1亿元补助。2012~2013年争取节能减排财政政策综合示范城市奖励资金12.22亿元。

(二)以强化生态环境保护为基点,不断提高财税扶持的政策力度

1. 加大生态公益林的财政补助。随着生态公益林区划界定工作的开展,为了保障林农权益,2004年浙江省森林生态效益补偿基金制度在全省范围内正式启动。按照省委、省政府提出的“通过一个时期的努力,建立分类与分档补助相结合,量力而行、分步推进、逐步完善、补偿标准基本合理的森林生态效益补偿机制”的总体目标,以及“最低补偿标准和省补偿标准每两年作一次调整”的政策保障措施,浙江省省以上公益林的补偿标准从2004年的8元/亩提高到2013年的25元/亩。省级以上财政补偿资金从2004年的1.52亿元增加到2012年的5.62

亿元。为促进森林资源的更好保护，2011 年开始，对省级以上森林类自然保护区核心区、缓冲区集体林开展国家租赁试点工作，2013 年租赁范围扩大到试验区，实现了“三区同步”，租赁面积由原来的 29.33 万亩扩大到 78.82 万亩，租赁价由原来的每年 33.2 元/亩提高到 37.2 元/亩。

2. 加大水资源保护的财政补助。一是支持推进太湖流域水环境综合治理。2012 年省财政共安排 6.58 亿元大力支持开工建设项目，2013 年共落实 5.92 亿元继续加大扶持力度。二是支持启动万里清水河道建设，以实现河道“水清、流畅、岸绿、景美”目标，对清水河道建设中的疏浚、拓宽等工程建设和河道保洁予以以奖代补，“十一五”以来共安排 11.2 亿元，支持河网水系综合整治和河道保洁，改善水生态环境。三是加强重要生态保护区、水源涵养区、江河源头区水资源的管理和保护，省财政于 2003 年开始安排水资源管理与保护资金，“十一五”以来共安排 2.06 亿元支持各地开展水资源管理和保护。四是加大对易灾地区、江河源头区、水源涵养区水土流失治理，“十一五”以来省财政共安排 1.35 亿元。五是积极做好新安江流域水环境补偿试点工作。2012 年，省财政筹措安排 1 亿元补偿资金并横向转移到安徽省，促进千岛湖上游水环境综合治理。

3. 加大美丽乡村建设的财力支持。一是推进“千村示范万村整治”工程和美丽乡村建设。2008~2012 年省财政累计投入专项资金 24.44 亿元，支持以村道硬化、垃圾处理、卫生改厕、污水治理、村庄绿化等五大项目为重点的待整治村环境综合整治和省重点示范中心村培育建设，落实美丽乡村创建先进县奖补政策。二是做好农村环境连片整治示范工作。2012 年争取中央农村环境连片整治示范补助资金 2.5 亿元，全省累计安排配套资金 13.75 亿元，扎实推进农村环境连片整治示范项目建设。

4. 加大环保基础设施建设的财政投入。一是支持环境自动监测监控预警体系建设。2012 年安排环境自动监测监控预警体系建设资金 1.6 亿元，推进覆盖省市县联网的水环境、大气环境和辐射环境等自动监测监控预警体系建设，为有效加强生态环境保护提供基础支撑；安排水质自动监测站和空气质量自动监测站的运行管理经费 1740 万元和省级重点污染源在线监控系统运行维护补助经费 2330 万元，确保自动监测监控系统正常运行。二是支持全省污水处理设施和污水管网建设。2007 年至今，省财政共安排 12.78 亿元，支持覆盖全省城乡和农村的污水处理设施等环保基础设施建设。2007 年浙江省在全国率先实现县县建有污水处理厂，大大提高了污水处理能力。

（三）以完善生态补偿机制为亮点，不断增强生态财税的理念厚度

生态环保财力转移支付制度是一项重大的制度创新，丰富并完善了省对市县财政转移支付制度体系，填补了生态补偿机制的空白，体现了生态伦理观念的价值取向，是“为民理财”理念的生动诠释，也是对人民群众生态产品需求日益增长的积极回应，充分体现了浙江省财税部门在助推生态文明建设中的理财思想厚度。

1. 创造性开展生态环保专项补助试点工作。为从根本上激发地方推进生态文明建设的内生动力，省财政秉承生态财税理念，于 2006 年研究建立了生态补偿转移支付制度，在钱塘江流域率先实行源头地区省级财政生态环保专项补助试点政策，从 2006 年开始每年安排 2 亿元，对钱塘江源头地区 10 个县（市、区）根据生态公益林、大中型水库、产业结构调整和环保基础设施建设等四大类因素，按“因素法”分配，由当地根据自身生态环境保护重点安排使用。生态补偿机制的构建打破了以往局限于按项目分配生态补助资金的模式，是对原有扶持方式的改革和创新，为理财内涵增添了新元素，为财政职能作用发挥确立了新坐标。

2. 在全国率先实现省内全流域生态补偿。随着浙江生态文明建设的渐次推进，在深刻认识生态文明建设规律基础上，财政部门进一步挖掘生态补偿机制的内涵，在理财层面进行了一次又一次的探索接力和认识上的飞跃。2008 年，在总结完善钱塘江源头地区试点工作经验的基础上，对八大水系源头地区 45 个市县实施了生态环保财力转移支付政策，成为全国第一个实施省内全流域生态补偿的省份。2012 年，按照“扩面、并轨、完善”的要求，对生态环保财力转移支付的范围、考核奖罚标准、分配因素和权重设置等做了进一步修改完善，将转移支付范围扩大到了全省所有市县。省级财政安排生态环保财力转移支付资金从 2006 年的每年 2 亿元提高到 2012 年的 15 亿元。生态补偿机制很好地触动了地方对“GDP 至上”旧思维的深刻反思，将生态文明内化为绿色发展需求，在发展中更加注重生态建设和环境保护，推进资源的可持续利用，实现经济效益、社会效益和生态环境效益多赢。

（四）以完善生态政策体系为要点，不断拓展财税扶持的创新宽度

1. 推进排污权有偿使用和交易试点工作。排污权交易机制使不同排污单位具有不同的边际污染治理成本，以最低的成本实现环境容量资源配置效率的最大化。自 2009 年开展试点以来，省财政积极安排落实资金支持交易机构建设、排污权交易信息管理平台建设、刷卡排污系统建设等。与此同时，各地加大探索实践力度，加快试点交易步伐，充分利用市场和经济手段促进污染减排，逐步形成了不同的试点风格和特色。如嘉兴市以排污权交易先行，再着手研究和实施初始排污权有偿使用，通过对排污企业在线监管，为核定和控制企业的排污总量探出一条新路。截至 2012 年底，全省共有 60 个县（市、区）开展排污权有偿使用和交易试点工作，累计开展排污权有偿使用和交易 8794 笔，总金额 16.73 亿元。有 210 家排污单位通过排

污权抵押,获得银行贷款25.76亿元。通过推行排污权有偿使用和交易试点,使环境容量控制、环境成本控制与结构调整相得益彰,有力地促进了主要污染物减排和产业结构调整;使生态环境容量资源有价、有限、有偿的意识逐步深入人心,增强了全社会生态环保意识。

2. 积极推进“亩产税收”试点工作,有效发挥税收杠杆作用。强化以“亩产论英雄”的科学发展理念,衡量企业价值的大小不仅看其贡献的产值,还看其消耗的资源、付出的环境代价,并从能耗、排污等方面实行更加严格的指标绩效评价,鼓励和刺激企业挖潜增效,着力破解土地、能源、环境等要素制约,促进企业发展方式从粗放型向集约型转变,鼓励企业做强、做精。2012年浙江开始在绍兴县、安吉县推行“亩产税收”试点,有效倒逼企业淘汰落后产能,加快转型升级步伐,增强企业推进节约集约利用土地的意识。这种直接通过税收调控手段,综合考量企业经济社会贡献的杠杆举措,使得政府与企业在构建共同利益体中形成了更多的默契和共识,增加了更多互动共赢、转型升级的空间。

3. 积极推进政府绿色采购。近年来,浙江省经济持续高速增长,公共事业不断增强,政府采购不仅金额大,而且涉及的产品范围也很广。规模日益扩大的政府采购,使实施政府绿色采购成为引领绿色消费的重要手段。2012年浙江省政府节能产品采购金额为55.96亿元,占同类产品采购总金额的75.89%;环保产品采购金额为53.58亿元,占同类产品采购金额的65.64%。通过优先购买对环境影响较少的环境标志产品,促进企业行为的改善,推动循环经济及其具体措施的落实,同时对社会绿色消费起到巨大的推动和示范作用,传播了生态文明的先进理念,形成倡导生态文明的社会新风尚。

二、浙江省助推生态文明建设的财税政策建议

(一)正确把握财税助推生态文明建设的若干关系

1. 政府和市场的关系。生态系统及其所提供的生态服务具有公共物品属性和外部性特征,导致了生态环境资源的市场配置难以达到帕累托最优,需要政府通过税收与补贴等经济干预手段使外部性“内部化”。因此,政府在生态文明建设中具有不可推卸的重要责任,必须坚持政府主导,确保对生态文明建设的总体设计和财力支撑。但这并不意味着政府必须大包大揽,要本着“有所为,有所不为”的原则,积极引导社会各方参与,探索多渠道、多形式的生态补偿方式,拓宽生态补偿市场化、社会化运作的路子,构建起政府主导、市场推进、社会广泛参与的生态文明推进机制,实现市场功能和政府作用的最佳结合。

2. 事权、支出责任与财力的关系。科学划分事权,明确支出责任,并构建与事权、支出责任相匹配的财力保障机制,是完善生态文明建设财税扶持政策的基石。需要在国家层面重构生态环境事权格局,根据公共产品的层次性理论和供给效率,合理划分各级政府生态环保建设的职能范围,地方政府负责地方性公共产品的提供,中央负责提供全国性的公共产品或牵头协调若干地区共同提供跨区域的公共产品。在对生态文明建设的相关事权进行分类归位基础上,针对目前生态文明建设事权存在要素分离脱节而导致专项“依赖症”的客观事实,需要根据财力进一步落实好支出责任,健全财政转移支付制度,完善基本财力保障机制、收益互动的激励约束机制,确保生态文明建设的事权和支出责任落实有相应的财力保障和支撑。

3. 经济发展与生态文明建设的关系。“开宝马车、喝污染水”不是永续发展,我们不能只重视经济的发展,而罔顾环境的恶化;同样,“蓝天白云、饿着肚皮”也不是我们追求的目标,我们不能片面强调生态文明建设,而不顾经济和社会民生事业的发展。要正确处理好两者之间的关系,切实加大对生态经济的引导力度,让百姓切身感受到生态文明所带来的好处。

4. 点与面的关系。要站在全局和战略高度,正确把握完善政策体系和突出政策重点的关系,既要不断完善财税政策体系,做到面上的全覆盖,防止某些领域存在政策“真空”;更要根据生态文明建设的战略性需求,突出财税扶持的重点,做到政策构建的点面结合。当前,应紧密结合省委、省政府生态文明建设的战略重点调整,突出强化对主体功能区和生态功能区建设、水环境治理、美丽乡村建设等的财税扶持力度,通过点上的突破带动面上的整体推进,使全省生态文明建设迈上新台阶。

5. 事前与事后的关系。在财税助推生态文明建设的资金链条上,扶持的方式和切入点的选择,直接关系着财政资金使用绩效的高低。因此需要正确处理事前与事后关系,紧紧抓住生态文明的根本性、源头性问题,在继续加大生态环保投入力度的同时,适时调整财政资金使用方向,进一步完善对经济生态化改造的政策扶持。只有实现从注重事后的环境治理向事前防控转变,生态经济与生态环境两手都抓、两手都硬,财政资金才能更好地发挥撬动和助推作用。

(二)完善财税助推生态文明建设的对策

1. 加强顶层设计,强化生态文明价值取向。

(1)高度重视生态文明建设的总体规划。生态环保的公共性、外溢性等特征,凸显了其顶层设计的重要性。结合浙江省主体功能区和生态功能区规划,根据不同地区的资源环境承载能力,以尊重自然、顺应自然、保护自然的生态文明理念,科学划分生态功能区,加强建设开发活动的环境保护空间准入管理,指导生态保护与建设、自然资源有序开发和产业合理布局,推动区域经济社会发展布局与生态环境承载力相适应,促进浙江省经济社会与生态保护的协调、可持续发展。

(2)引导民众树立生态价值观。强化生态价值普及的宣传投入,将生态环境教育纳入国民基础教育体系;推进生态文化载体建设,搭建生态文明宣传平台,积极引导民众的生态价值观,逐步形成健康适度的生活方式和消费模式,尤其是形成良

好的诸如垃圾分类等生活习惯,践行低碳生活方式,使得生态文明价值取向成为社会核心价值体系,并内化为民众的自觉行为。加大政府绿色采购力度,完善采购环保低碳产品的补贴政策,引导民众绿色消费观。

2. 加强政策设计,适时调整财政扶持重点。

(1)支持重点生态功能区建设。进一步完善财政体制,从体制上引导经济发展方式转变,加快推进省内生态系统较为完善、自然景观突出且生态产品供给能力较强的重点生态功能区建设,探索建设国家生态公园。一是建立生态功能区建设补偿机制。要积极引导重点生态功能区市县做好产业发展“治旧控新”工作,对其保护生态功能而放弃经济发展的机会成本从体制上给予补偿。二是完善财政体制性补助办法。计算“地方财政税收收入增长激励奖补”时,将省生态功能区建设补偿转移支付作为计算依据。三是加大专项转移支付力度。对重点生态功能区市县适当倾斜有关专项性转移支付,确保社会保障、教育等民生领域建设。四是安排地方政府债券时给予适当倾斜,以支持重点生态功能区市县的重大基础设施建设。

(2)支持水环境治理。按照省委、省政府“治污必先治水”、“以治水为突破口推进转型升级”的决策部署,整合专项资金,调整支出结构,完善投入机制,集中财力做好“治水”文章。重点支持环保基础设施建设,着力提高城镇污水处理效率和农村生活污水治理能力;扎实推进河道综合整治,加大水生态修复力度;加强饮用水水源保护,确保城乡居民饮水安全。通过突出“治水”优先,推动水环境质量持续改善,夯实水环境安全的基础。

(3)加大对生态经济的财政引导力度。加大经济的生态化改造,实现经济发展与生态文明的和谐共进。完善相关扶持举措,加大产业集聚区的政策扶持,支持“空间换地”“电商换市”“机器换人”“腾笼换鸟”,引导企业加强科技创新,淘汰落后产能,发展循环经济,努力构建附加值高、资源消耗低、环境污染少的生态产业格局,努力实现绿色引领、生态富民、科学发展,实现经济发展方式转变。

3. 完善投入机制,提高环保资金使用绩效。

(1)建立稳定增长与动态调整机制。一是建立稳定的增长机制。紧紧围绕省委、省政府战略重点,就生态环境功能区建设、水环境治理、美丽乡村建设、生态环保基础设施建设、生态文明建设的科技和人才体系建设等,加大财政投入力度,将生态文明建设的投入提升到与农业、教育、科技等并重的位置上,确立环保支出的优先和重点保障地位,尤其是要确保最基本的财政投入底线,以应对当前紧迫的生态环保支出需求。二是探索建立投入的动态调整机制。生态文明建设的财政投入总额、增长比例,应根据生态环保形势变化而动态调整,在起步阶段应加大力度给予重点保障,在生态形势好转后,允许适当调整投入增幅,探索建立起投入的动态调整机制。

(2)提高资金使用绩效。一是找准财政投入的切入点,更好地发挥财政资金撬动社会资本投入的杠杆作用。在财政扶持生态环保产业、生态环境改善项目等支出时,应把财政资金用到关键环节上。如垃圾处理项目,目前财政资金扶持更多在填埋场建设、垃圾清扫等环节,建议把扶持重点前移到垃圾分类环节,从源头上抓住垃圾处理问题,通过科学分类,做好变废为宝的再利用工作,既能提高资源的再利用价值和利用率,也可减少垃圾的清运、填埋、焚烧等支出,提高资金的使用绩效。二是整合现有专项资金,加快推进专项性一般转移支付改革。针对目前专项繁杂、“重分配轻管理”、支出绩效不高等问题,梳理现有生态环保类财政政策,按照专项性一般转移支付改革要求,会同省级相关部门从生态环保、产业生态化改造等几个大类进行专项转移支付的整合,使地方政府、相关生态环保部门能更好地根据自身实际需求,科学有效安排财政资金。三是开展生态环保专项资金竞争性分配改革试点,将适合项目管理的生态环保产业发展和公共事业类转移支付项目的资金分配引入竞争机制,优选最能达到生态环保目标的项目作为财政资金补助对象。四是提高政策设计的严密性,防止骗取环保补贴等现象发生,使财政资金补到该补的环节、补到该补的对象,切实发挥补助对技术创新和产品结构调整的推动作用。

4. 完善补偿机制,提高补偿的公平公正性。

(1)完善生态环保财力转移支付制度。一是逐年加大投入力度。根据浙江省生态功能区建设的要求,进一步加大生态环保财力性转移支付力度。要在现有基础上,建立稳定的增长机制,逐年加大投入力度。二是加大奖罚力度。目前生态环保财力转移支付制度中考核奖罚支出只占5%,对地方的激励与约束作用不够,没有真正触动地方利益,需进一步加大考核奖罚力度。一方面,提高考核奖罚支出比重,由原来的5%提高到30%以上,另一方面,对考核较差的地区,可适当倒扣年终体制结算资金,以提高地方政府生态环境保护的责任意识。三是完善考核因素和系数设置。一方面将对百姓生活影响大、社会关注度高的重要指标,如大气环境中的PM2.5等,纳入分配考核因素,促进各地切实改善现有人居环境、提高人民生活品质;另一方面结合主体功能区和生态功能区规划,根据不同地区主体功能定位,对优化开发、重点开发、限制开发和禁止开发地区设定不同的补助系数,发挥财政转移支付在生态保护上的支撑作用,推动各地在不同生态功能发展要求的前提下实现环境保护的共同目标。四是利用数字财政建设,加快建立资源消耗和环境质量基础数据库。生态补偿涉及各方利益,需要提高资源生态、环境质量监测数据质量,夯实生态环保财力转移支付计算基础,以进一步提高补偿机制的公信力。

(2)完善森林生态效益补偿机制。一是稳步提高补偿标准。高度重视林业在生态建设中的基础性地位,按照省委、省政府确定的"量力而行、分步推进"的公益林补偿原则，建立完善生态公益林省级财政补偿标准调整机制，引导和鼓励各地提高补偿标准，与省级补助形成合力，通过加大补偿力度，提高林农保护积极性。二是逐步实现森林生态补偿标准的科学化。森林生态补偿标准的确定，应考虑营造林的直接投入、为保护森林生态功能而放弃经济发展的机会成本和森林生态系统服务功能的效益；同时考虑地域因素、林种、树种、造林方式、地方经济发展水平等。三是支持做好生态系统修复工作。林地保有量和林木蓄积量是决定林业生态功能的关键因素，也是今后发展的约束性指标。虽然浙江省森林覆盖率较高，由于发展原因征占林地的现象在较长时间内还会存在，需要继续重视造林工作，特别是平原绿化工作。要看到浙江省林木郁闭度较低的现实，加大森林抚育力度，提高林分质量，扩大森林蓄积量。

5. 发挥杠杆作用，探索市场化的补偿模式。

（1）拓宽生态建设资金的筹集渠道，构建多元投入机制。一是探索政府、企业、社会、外资等多元化投资主体。要逐步明确企业环保投资的主体地位，通过出台相应优惠政策，积极发挥财政的引导作用，吸引企业投融资于环保产业。鼓励和支持民间团体等社会资本投向生态文明建设事业，努力争取和引导国外投资者投身生态文明建设。要创新思路，积极引导百姓参与，如实施垃圾收费制度，每户每月象征性收取几元钱，既筹集了部分生态环保资金，也可培养百姓生态环保意识。二是借鉴OECD国家的成熟经验，设立环保投资基金，由政府控股、多方参股，投资于发展前景良好的环保项目，再用投资所得收益投入环保领域，弥补环保资金供求缺口，实现环保基金的良性循环发展。

（2）探索市场化的补偿模式。一是提高排污收费标准，逐步建立反映污染治理成本的排污价格和收费机制。目前浙江省的排污费征收标准远低于污染治理成本，也远低于周边省份。应将排污收费标准提高到与治污成本相近的水平，通过环境价格杠杆作用，促进治污成本内部化，用"市场之手"推动企业污染减排，倒逼企业加快转型升级。省财政应当建立相应的奖惩机制，对于排污费标准较低、征收不力的地方，将相应扣减生态环保财力性补助。二是扎实推进排污权有偿使用和交易试点工作，逐步建立体现生态价值和代际补偿的环境资源有偿使用制度。积极有序推进排污权有偿使用和交易试点工作，用好、用活排污权有偿使用收入。三是健全市场化运营机制。积极培育污水处理、废气治理、生活垃圾处理、危险废弃物和工业废弃物处置、污染物自动监测等领域的第三方专业化运行组织和机构，加强污染治理设施运营资质许可管理，实施管办分离、建用分离，推动环保设施市场化运营，通过"政府购买服务"方式，提升财政资金使用绩效。

6. 落实优惠政策，完善生态税收政策体系。

（1）加大相关税收优惠政策的落实力度，切实让"黄金政策"发挥"黄金效益"。一是针对不同优惠对象的具体情况，采取加速折旧、投资抵免、减计收入、加计扣除等多种间接税收优惠形式，落实增值税、营业税、关税、出口退税等税种中涉及的环境保护优惠政策。综合考虑环境税收优惠政策与其他类型的税收优惠政策的协调性，避免不同政策之间的冲突，规避对环境税收政策效应的削弱。二是加快"亩产绿色税收"的试点步伐。积极引导市县在节约资源、提高亩产税收贡献度的同时，算好生态治理的投入与产出的经济账，提高生态环保门槛，把好引资的生态环保关，走经济发展与生态环保共赢的发展之路。

（2）建议中央完善生态文明税收政策体系。一是加快推进环境税政策制定。在现有税制结构中，引入独立的环境税税种，包括节约资源、污染防治和生态保护领域，从资源开发利用、产品生产到消费的全过程，涵盖国内环境保护和国际环境问题。通过开征环境税将污染排放社会成本内部化，准确反映经济活动的真实成本。抓住时机，争取尽快出台碳税，让财税杠杆和市场机制在经济生态化改造中发挥应有作用。同时，积极推进排污费制度改革，逐步实行排污费改税。二是提高现有税种绿色程度。将环境保护因素纳入资源税、车船税等税制设计中，将大量消耗资源、严重污染环境的产品纳入征税范围，以提高资源利用率、减轻对自然生态系统的破坏。三是清理不利于生态文明建设的税收政策，并通过创新实施一系列税收优惠政策，提高企业对环境友好型技术、设备的利用，深度促进污染减排。健全鼓励企业参与生态环保产业发展的奖罚税收举措，如对低碳企业或产业进行投资的给予退税的优惠政策，对从事低碳技术研发的企业给予一定额度的所得税减免；对企业购置环保设备的投资，可按一定比例实行税额抵免等。

课题组组长：钱巨炎

成员：王俭、马建胜、杨博、林森、莫红民、冯健、陈优芳（执笔）、虞斌

浙江省省级公务支出管控的调查研究（摘要）

省财政厅预算执行局课题组

一、浙江省省级公务支出管控的具体措施

1. 进一步压缩一般性财政支出，同时压缩出国团组，暂停审批党政机关办公楼项目。

2. 加强预算编制管理和预算执行监督，严格控制行政成

本。各级党政机关2009年因公出国（境）经费在近三年平均数基础上压缩20%，公务用车运行费用在近三年平均数基础上降低15%，公务接待费用在2008年基础上削减10%。

3. 严格控制地方公务用车编制总数，从严从紧核定各党政机关公务用车编制数，厅级单位每车控制在18万元以内，处级单位每车控制在16万元以内。

4. 严格执行各项开支标准、控制一般性支出、确保“三公”经费只减不增。经过审核压缩，2013年省级“三公”经费预算总额比上年执行数下降3.7%。

5. 压减省级单位一般性支出。省级党政机关2013年日常公用经费和一般性项目支出进行一定比例的压减。

二、浙江省省级公务支出管控中存在的不足

（一）在政策制定依据上，“三公”经费管控以“基数法”为基础，欠缺科学合理性

目前预算单位大部分支出都采用零基预算法，但是“三公”经费是参照单位前三年平均数为基数，采用基数预算法的。这有助于降低行政成本，优化财政资金的使用，但我们在实践中发现基数预算存在与实际情况脱节、欠缺科学性合理性的问题，不能从根本上解决行政成本管控问题。

一是极易出现导向性偏差。由于单位行政成本控制的依据为历年支出，导致历年支出控制管理不严格的单位支出标准高，支出控制管理严格的单位反而支出标准低，单位趋向于在预算范围内不断提高支出而非合理降低支出的“劣币驱逐良币现象”，降低了单位自身加强行政成本控制的动力。

二是可能会影响单位正常工作的开展。典型情况为出国费的“大小年”问题，如某些单位当年的出国经费少，不足以出国考察，并且也无法归并到第二年一起使用，而不使用的话则第二年的出国经费将调减，这会影响部分单位的正常工作，也会导致单位想方设法通过其他途径转移出国费。

（二）在支出管控标准上，标准较为粗放，执行依据不明确

预算执行标准粗放、依据不明确主要体现在无据可依、依据陈旧、依据缺乏可操作性等，导致单位在预算执行的过程中陷入不敢花钱、不知道花多少钱的困境。

一是无据可依。经济活动日益丰富，新的支出类型也层出不穷，然而相应的规定并没有及时出台，导致部分支出遭遇无据可依的尴尬境地。例如对专家劳务费、评审劳务费的发放标准没有明文规定，对部委拨款没有明确使用范围等。

二是依据陈旧。有些政策文件并没有与时俱进、实时更新，导致文件依据与时代脱节严重，缺乏现实意义。例如对领导干部的住宿费没有设定上限，违背了预算法“厉行节约、勤俭建国”的方针。

三是依据缺乏可操作性。一些政策文件规定不够细化，支出范围、支出标准不明确，导致在实际执行中缺乏可操作性。例如现实操作中对于装修工程或维修工程属于服务类支出还是工程类支出的界定没有一个明确的标准，导致一些单位想方设法就高不就低、逃避政府采购监管。

（三）在支出管控源头上，预算编制环节有待全面细化

根据行政成本管控政策及相关办法，目前行政成本管理主要通过相关支出的预算指标控制来实现。预算编制作为财政资金支出管理的“源头”，能在较大程度上实现行政成本管控的基本要求，但由于预算编制环节本身存在一定的片面性和粗略化，不利于实现对行政成本的源头管控。

一是预算编制欠细化。目前预算（特别是专项预算）的编制和下达没有一个科学的定额标准，基本上依照经验和重要程度匡算，某些专项预算的使用时间跨度也不明确，导致预算执行成了一笔糊涂账，主要表现在随意使用专项资金、将活动费列支到正常经费、将招待费等转移到其他科目等。

二是预算编制欠全面。部分单位在年初编制预算时没有统筹考虑，忽略了一些可能发生的支出，或者没有设置一个弹性系数，导致突发事件发生时没有经费支持。预算编制的不全面导致了预算执行过程中产生了一些无预算的支出，使得决算与预算不符，也导致单位频繁向财政部门申请追加或调整预算，增加了工作量，降低了工作效率，预算执行进度受到一定影响。如某单位年初编制预算时对车辆燃料费估算不足，年中出现油费告罄需追加预算等。

（四）在支出管控执行过程中，支付违规时有发生且整改难度较大

行政成本管控措施能否取得成功最终取决于政策的落实过程，也就是预算执行过程，监督有力、执行到位则管控效果好，反之则会影响管控的具体效果。目前在预算执行过程中还存在违规情况频发的现象，主要表现在“三公”经费超额列支、资金支付渠道违规、不符合政府采购相关规定、资金用途模糊化等方面。出现违规是必然现象，但是违规情况得不到整改则会使得违规成为事实列支，背离了管控的出发点和原则。目前预算执行过程中还存在整改不易的问题，有些是通过合规化操作默认了违规的存在，有些是事后监控发现但整改难，不能很好地发挥预警、威慑、警示、纠正作用。

三、建议与展望

（一）在政策制定依据上，实行“零基预算”，提高行政成本管控的合理性

对于“三公”经费，可以考虑采用零基预算，不考虑历年的预算项目和收支水平，根据预算单位实际需要和财力可能，以

零为基点编制预算，不仅能将科学化的预算编制理念贯穿始终，也更有利于调动各方降低支出的积极性，从制度源头上提高行政成本管理的科学性、合理性和可行性。

（二）在管控标准上，结合实际建立更为合理、细化、动态的行政成本控制管理标准

一是要建立细化的行政成本预算定额标准体系和支出控制标准体系。在预算编制方面，根据实际支出情况，结合单位职能、人员构成等因素进行科学测算，建立一套科学、精细的成本支出预算标准体系，对公务接待、因公出国（境）、会议管理、公务用车、公务购车等及其他各项成本进行预算源头控制管理。在预算执行方面，根据实际情况，建立完善公务用车、公务接待、因公出国（境）、会议管理等及其他各项行政成本的实际支出标准，保证预算执行监控中"有据可依"，进一步提高行政成本支出的可控性。

二是要建立动态的行政成本控制管理标准，增加行政成本标准的弹性和科学性。成本控制标准不应一成不变，而应根据实际工作要求及市价的变动作相应调整，以符合市场经济规律，符合实际工作要求。如：公务用车定额标准需根据油价、维修费用等相关市价变动，作进一步的增减调整；因公出国（境）费支出要根据单位职能特点及出国任务变化，结合出国费用的市场变化及出访国家的地域差异，对出国费项目支出标准进行动态管理。

（三）在监督执行层面，加强预算执行过程中对公务支出的规范，加大财政内外部的监督力度

一是要继续深化国库集中支付改革。通过用款计划管理、支出审核等方式严格执行公务支出的相关预算，保证各项支出合法、合规、符合预算。对预算执行中公务支出的标准、监督、反馈、处罚、改进等建立全面细化的管理办法，以确保预算执行过程中对公务支出的规范监督能够有效进行。

二是要建立"五方联动"机制和后续反馈处理机制，多管齐下，加强预算执行规范化。建立财政预算执行部门、各业务处局、主管部门、预算单位和代理银行五个主体之间的业务沟通协调机制，明确审核依据和支付标准，合力解决违规支付问题，畅通政策信息，形成公务支出控制管理"全过程"的良性循环。

三是推进政府信息公开，强化行政成本的外部监督。逐步推进政府信息公开，接受外部主体监督，形成对公务支出合理化管理的外部推力。建立由政府主导的公务支出信息公开机制，加强对包括车辆、会议、因公出国（境）、公务接待为主的支出情况的公示，建立信息公开监督机制，主动接受人大、审计、预算单位和社会民众的监督，使公务支出在阳光下运行。

（四）在管控方式上，加大信息技术监管，用科技化信息化协助公务支出的规范化

一是加快完善动态监控系统。形成一套高效的电子、人工相结合的监控系统，确保实现预警高效和信息集成，达到"实时动态、智能预警、综合分析、实用兼容"等核心主体功能目标，并建立起系统预警→人工监控→实时查询→综合核查→问题处理→要情报告→部门纠正→跟踪反馈的链条型、可追溯的工作流程，真正形成事前事中有效控制、事后跟踪问效的资金支付使用监控模式。

二是深化公务卡改革和电子支付。行政单位的现金支出游离于财政国库动态监控之外，透明度较低，一定程度上成为财务管理的"盲区"，容易诱发不规范使用甚至腐败。而大力推动公务卡改革和电子支付，减少预算单位现金流量，可使得公务支出雁过留痕、有迹可循，改变以往财政资金通过现金方式支付造成的透明度差和难以监管的状况，从而加强单位财务管理和财政监督，提高公务支出的透明度，从技术上防治腐败。

三是推进数字财政建设。数字财政是通过建立集聚的公共财政动态数据库，并对数据实行共享以及深度开发利用，从而实现业务规范、决策科学、运行高效的新型财政管理与服务模式。通过加强数据标准化、业务规范化等制度措施，环环紧扣的严密流程设计，限制"面子""人情"等因素的影响，最大程度地约束自由裁量权，借助分级授权、不可逆操作和电子监控等现代科学技术对公共权力运行全过程进行监督与制约，不仅可以有效控制公务支出，也是制度反腐的重要途径。

课题组组长：侯余兴

成员：宋万生、张宏、黄哲强、翁海萍、楼丽娜、严炯华、宋萍、舒惜虞、吴宜源、孙柳媚（执笔）

建立有利于舟山群岛新区建设发展的财政体制思考（摘要）

舟山市财政局课题组

财政体制作为国家实施调控、处理政府间财政分配关系的重要工具，既是行政管理体制的组成部分，又是经济管理体制的组成部分，在国家政治、经济生活中占有举足轻重的地位。完善舟山群岛新区财政体制，对于推进新区建设发展和保障行

政体制创新工作顺利实施具有重要作用。

一、舟山群岛新区现行财政体制概况及存在的问题

（一）新区现行财政体制概况

1. 县（区）财政体制。

由于浙江省实行省管县财政体制，因此岱山县、嵊泗县财政体制相关职能由省财政管理。为进一步支持和推动新区建设，增强舟山市统筹协调能力，省政府决定自2012年起将省对岱山县、嵊泗县的财政体制相关职能委托给舟山市管理。省对岱山县、嵊泗县的各项转移支付办法、结算项目计算方法保持不变。省对岱山县、嵊泗县体制结算等事项，省算到县，由舟山市下达岱山县、嵊泗县；各项拨款补助、资金调度均通过舟山市。

2010~2012年期间，舟山市实行以“属地征收、核定基数，比例分享、超收分成”为主的市区财政体制。该轮体制改变了原按企业行政隶属关系划分财政收入级次的做法，根据企业所在区域实行属地征管、属地入库，并据此划分市区地方财政收入。为维持市区原有既得利益，以原市区各项税收地方留成部分的2009年决算数为基数，并根据区共享收入占市与区共享收入基数的比重确定区级分享比例，按比例分成各项税收地方留成收入，分享比例实行一区一率。市区共享收入环比在“核定增长率”内按市区分享比例分成，超过“核定增长率”以上部分按市区确定的比例分成。为调动定海区、普陀区发展经济、培植财源的积极性，市政府比照省对市县的财政体制，对两区实行激励奖补财政政策。

2. 经济功能区财政体制。

目前，市对新城、普陀山、海洋产业集聚区等经济功能区建立了财政体制。对新城实行核定支出基数，收入采取“核定基数，超收分成”的分配办法；对普陀山正山门票收入采取“核定基数，超收分成”的分配办法，并对普陀山当年地方财政收入比上年增加部分的40%给予财力补助奖励；对海洋产业集聚区实行核定支出基数，收入采取“核定基数，超收分成”的分配办法。

（二）存在的问题

1. 事权和支出责任划分不够明晰。

目前市、县（区）、乡镇三级政府间的支出责任按现行行政职能划分范围执行，但一定程度上仍存在支出责任交叉、错位的现象。特别是市与定海区，由于受市与定海区行政管理体制历史沿革的影响，市区财政收入的划分和需承担的支出责任有着千丝万缕的关系，很难理清各自的权和责，如市级政府目前仍然承担了区级部分医疗、教育、文化、城区市政、园林、公共交通等支出责任，区级政府承担了市级开发区部分社会管理事务等支出责任。

2. 财政扶持政策未形成合力。

目前市与县（区）级政府财政扶持政策不尽统一，各级政府为引进重点企业、培育产业发展各自出台了相应的涉企财政扶持政策，利用土地、税收优惠、财政返还等政策招商引资。区域之间还存在着无序竞争、盲目争税源的现象，对投资环境、税收秩序、政府形象带来了不良影响，不利于营造公平竞争的投资环境，而且使政府财力在竞争中流失，迫切需要建立新区范围内相对统一的财政扶持政策。

3. 财政转移支付制度有待进一步完善。

受政府间事权和支出责任划分不够明晰、行政层级设置复杂等因素的影响，新区政府间转移支付设计的基础不够扎实。目前市对县（区）的转移支付结构不尽合理，一般性转移支付比重较小，而且存在转移支付体系较为零乱、专项转移支付项目设置较多、资金分配办法不够统一规范等问题，不利于充分发挥转移支付资金的效益。

二、建立有利于舟山群岛新区建设发展的财政体制的对策建议

（一）基本原则

1. 统筹发展，服务大局。财政体制改革要适应创新行政体制和强化新区统筹协调职能的需要，促进建立科学合理的利益分配机制，调整、引导和优化资源布局，合理调整经济功能区、乡镇等财政收入分配格局，集中财力办大事，加快推进新区重大项目建设、城乡一体化和区域统筹协调发展。

2. 整体谋划，权责明晰。围绕推进新区开发建设，通过通盘考虑、顶层设计，研究制定有利于新区建设发展的财政体制。根据经济功能区、乡镇等定位和开发建设实际，合理确定各区域的事权和支出责任，重新核定各区域收入和支出基数，完善转移支付制度，实现各区域财力与事权相匹配。

3. 因地制宜，激发活力。结合新区各区域发展的实际，完善新一轮市区财政体制，制定经济功能区不同类型的财政体制，指导县（区）完善乡镇（街道）财政体制，充分发挥各方主体的积极性，推进新区经济持续稳定增长和基本公共服务均等化。

（二）总体要求

1. 有利于推进新区重大项目建设。重大项目建设是新区建设的生命线，围绕新区三年行动计划中的“五大行动”，要积极推进重大项目建设，加快项目投资。作为推进项目建设的重要保障措施之一，要创新体制机制，建立适应新区建设发展的财政体制，完善金融和投融资体制，扫除体制机制障碍，充分调动各区域的积极性，形成推动发展的强大合力，全力以赴推进新区重大项目建设。

2. 有利于推进经济功能区建设。经济功能区作为新区建设的主战场、主平台，是实现国家对新区战略定位的重要支撑。根据经济功能区产业定位、发展重点和主要职能，按照调整后

功能区的管理范围,重新核定收支基数,制定不同类型的财政体制,赋予功能区党工委、管委会相对独立的财政权和开发建设决策权,建立健全相应的财政管理制度,便于功能区集中精力推进开发建设,充分发挥对新区建设的带动引领作用。

3. 有利于推进城乡一体化发展。根据乡镇(街道)行政区划调整优化的情况,正确处理乡镇(街道)与经济功能区工作重点和事权关系,正确处理社会建设与经济发展关系,因地制宜,指导县(区)完善乡镇(街道)财政体制,探索建立科学、灵活、有效的乡镇(街道)发展模式,强化基层基础建设和资源整合,加快本岛城乡一体化,推进全域城乡统筹。

4. 有利于推进新区产业转型升级。围绕建设具有国际竞争力的现代海洋产业基地,在新区地域范围内分步推进,统一产业发展财政扶持政策,首先推进市区地域范围内统一财政扶持政策,突出资源节约集约利用和"亩产税收"的政策导向,减少区域之间盲目无序竞争现象的发生,着力推进传统产业整合提升,加快发展战略性新兴产业,实现新区海洋产业加快发展和转型升级。

(三)建立有利于新区建设发展财政体制的对策建议

1. 科学界定各区域事权和支出责任。新区设置了5个产业定位和发展重点鲜明的经济功能区,优化了定海区、普陀区部分乡镇(街道)行政区划。科学界定各区域事权和支出责任,是整个财政体制良好运行的基础。按照外部性、信息复杂程度和激励相容三项原则进行划分,把新区实施统一规划、统筹协调的责任主要落实到市级政府;根据赋予功能区部分市级经济管理权限和县级社会管理权限的总体思路,把经济发展的责任主要落实到经济功能区;把社会管理、民生保障的责任主要落实到区级政府和乡镇(街道)。对各区域的事权和支出责任划分具体建议如下:

市级政府主要承担市级机关运转、协调区域发展、全市宏观调控、重要基础设施建设以及市直接管理的社会经济事业发展等支出。

区级政府主要承担区级机关运转、区基础设施建设及社会经济事业发展等支出。

经济功能区管委会主要承担功能区管委会机关运转、区域内经济事业发展、部分社会事务管理及基础设施建设等支出。

乡镇(街道)主要承担组织正常运转的行政管理费等支出、部分社会经济事业发展、公共设施建设维护及其他支出。

2. 建立各区域不同类型的财政体制。根据各区域承担的事权和支出责任,明确界定体制适用范围和收入范围,重新测算、核定各区域收入和支出基数,原则上按照上年决算收支数据并考虑体制上下划和不可比因素确定,明确收入分成具体结算办法,建立各区域财力与事权相匹配的财政体制。具体建议如下:

(1)市与区财政体制:按照简便易行原则,进一步简化市区共享地方财政收入分成结算办法。根据创新行政体制改革乡镇(街道)行政区划调整、经济功能区设置情况,重新划分市区收入范围,并考虑调整因素核定市与区共享收入基数和分享比例。简化、合并原市区财政体制调整确定的定额补助和基数上解项目。完善市级转移支付资金管理机制和办法。

(2)经济功能区财政体制:为强化经济功能区的建设,赋予经济功能区相对独立的财政权。财政体制设计适度向功能区倾斜,便于功能区集中精力推进开发建设。建立健全激励与约束相结合的"统一管理、分别核算、自求平衡、滚存发展"财政运行机制。市、区两级政府进一步加大资源整合力度,确保有限的财政资源向经济功能区倾斜,对经济功能区公共财政收入增量部分给予一定的返还支持;对经济功能区范围内收取的海域使用金,市与县(区)地方留成部分,在一定期限内予以返还支持;继续实施土地出让金支持政策。

(3)乡镇(街道)财政体制:指导定海区、普陀区完善对所辖乡镇(街道)的财政体制。为使乡镇(街道)更好地履行社会管理和公共服务职能,按照财力与事权相匹配原则,结合乡镇(街道)实际情况,划分不同类型,区别对待,分类管理,合理确定乡镇(街道)财政体制。合理划分乡镇(街道)收支范围,进一步理顺区与乡镇(街道)的财力分配关系,体现财力适度向基层倾斜,充分调动基层积极性,确保乡镇(街道)收支平衡,促进乡镇(街道)经济社会事业发展。

3. 完善财政转移支付制度。整合归并部分原市级转移支付资金,建立促进县(区)发展激励奖补一般性转移支付制度。进一步优化转移支付结构。提高一般性转移支付规模和比例,将按相关人数计算的、相对固定的专项转移支付纳入一般性转移支付,推进专项性一般转移支付改革。对现有的专项转移支付项目进行清理归并,从严控制新增专项转移支付项目。完善转移支付资金的分配办法,切实减少资金分配的随意性。加快推进转移支付资金公开工作,接受社会公众的监督,确保资金分配公开、透明。

4. 逐步统一财政扶持经济发展政策。有效整合全市资源,按照大统小分相结合、逐步推进的思路,在市级层面逐步统一财政扶持经济发展政策。经济功能区要建立相对统一的财政扶持经济发展政策,并严格按照统一出台的扶持政策执行。政策兑现原则上由各经济功能区承担,对于经济功能区建设和产业培育有重大推动作用的项目,在报经新区管委会批准后,实行一事一议的扶持政策。

课题组组长:姜建明

成员:韦晓红、宁小军、冯海敏、杜赟(执笔)